clásicos
selectos de

C. S. Lewis

Otros libros de C. S. Lewis

los cuatro amores | mero cristianismo | los milagros

el problema del dolor | el gran divorcio

la abolición del hombre | una pena en observación

cartas del diablo a su sobrino

clásicos

selectos de

C. S. Lewis

GRUPO NELSON

Desde 1798

Clásicos selectos de C. S. Lewis

Contenido

MERO CRISTIANISMO

MERO CRISTIANISMO

CONTENIDO

PREFACIO

EL CONTENIDO DE este libro fue primero emitido por la radio y después publicado en tres partes separadas: *Argumento a favor del cristianismo* (1942), *Comportamiento cristiano* (1943) y *Más allá de la personalidad* (1944). En la versión impresa añadí algunas cosas a lo que había dicho ante los micrófonos, pero aparte de esto dejé el texto más o menos como estaba. Una «charla» por la radio debe asemejarse tanto como sea posible a una charla auténtica, y no a un ensayo leído en voz alta. En mis alocuciones, por tanto, utilicé todas las contracciones y coloquialismos que normalmente utilizo en la conversación. Y cuando en las charlas había acentuado la importancia de una palabra por el énfasis de mi voz, la escribía en letra cursiva. Ahora me inclino a pensar que esto es un error, un híbrido indeseable entre el arte de hablar y el arte de escribir. Un conversador debe utilizar las variaciones de la voz a guisa de énfasis porque su medio se presta naturalmente a ese método, pero un escritor no debe valerse de la cursiva para el mismo fin. Tiene sus medios propios y distintos de resaltar las palabras clave y debe utilizarlos. En esta edición he expandido las contracciones y reemplazado la mayoría de las palabras en cursiva redactando nuevamente las frases cuando ha sido preciso, pero sin alterar, espero, el tono «popular» o «familiar» que siempre había sido mi intención utilizar. También he añadido o suprimido allí donde pensé que comprendía una parte de mi tema mejor que diez años atrás, o donde sabía que la versión original había sido mal comprendida por algunos.

El lector debe quedar advertido de que no ofrezco ayuda alguna a aquellos que dudan entre dos «denominaciones» cristianas. No seré yo quien le diga si debe convertirse en un anglicano, un católico, un metodista o un presbiteriano. Esta omisión es intencionada (incluso en la lista que acabo de dar el orden es alfabético). No hay misterio acerca de mi propia posición. Soy un laico ordinario de la Iglesia de Inglaterra, ni muy «alto» ni muy «bajo», ni ninguna otra cosa en especial. Pero en este libro no intento atraer a nadie a mi propia posición. Desde que me convertí al cristianismo he pensado que el mejor, y tal vez el único, servicio que puedo prestar a mis prójimos no creyentes es explicar y defender la creencia que ha sido común a casi todos los cristianos de todos los tiempos. Tenía más de una razón para pensar esto. En primer lugar, las cuestiones que separan a los cristianos unos de otros a menudo implican temas de alta teología o incluso de historia eclesiástica que nunca deberían ser tratados salvo por auténticos expertos. Yo habría estado fuera de mi jurisdicción en ese terreno: más necesitado de ayuda que capacitado para ayudar a otros. En segundo lugar, creo que debemos admitir que las discusiones sobre estos disputados temas no tienden en absoluto a atraer a un «forastero» a la congregación cristiana. Mientras hablemos y escribamos sobre ellas es mucho más probable que lo disuadamos de ingresar en cualquier comunión cristiana que lo atraigamos a la nuestra. Nuestras divisiones jamás deberían ser discutidas salvo en presencia de aquellos que ya han llegado a creer que hay un solo Dios y que Jesucristo es su único Hijo. Finalmente, tuve la impresión de que tenemos muchos más, y más talentosos, autores ya dedicados a esos temas controvertidos que a la defensa de lo que Baxter llama el «mero» cristianismo. Aquella parte del terreno en la que pensé que podía servir mejor era también la parte que me pareció más desatendida, y allí naturalmente me dirigí.

Por lo que sé, estos fueron mis únicos motivos, y me sentiría muy contento si la gente no extrajera elaboradas conclusiones de mi silencio con respecto a ciertos temas en disputa.

Por ejemplo, tal silencio no necesariamente significa que yo mismo me sienta indeciso. A veces me siento así. Hay cuestiones en liza entre los cristianos para las cuales no creo tener la respuesta. Hay algunas para las que tal vez nunca conozca la respuesta: si las planteara, incluso en un mundo mejor, podría (por todo lo que sé) recibir la misma respuesta que recibió un interrogador mucho más grande que yo: «¿Y a ti qué te importa? Tú sígueme». Pero hay otras cuestiones sobre las cuales me siento definitivamente seguro, y sin embargo no las menciono. Porque no estoy escribiendo para exponer algo que podría llamar «mi religión», sino para exponer el «mero» cristianismo, que es lo que es y era lo que era mucho antes de que yo naciera, me plazca o no.

Algunas personas extraen conclusiones injustificables del hecho de que nunca digo más sobre la Virgen María de lo que implica afirmar el nacimiento virginal de Cristo. ¿Pero no es sin duda evidente la razón por la que no lo hago? Decir más me llevaría inmediatamente a regiones en extremo controvertidas. Y no hay controversia entre los cristianos que necesite ser más delicadamente tratada que esta. Las creencias católicas sobre este tema se sostienen no solo con el fervor inherente a toda creencia religiosa sincera, sino (muy naturalmente) con la peculiar y, por así decirlo, caballerosa sensibilidad que un hombre experimenta cuando el honor de su madre o de su amada están en cuestión. Por eso es muy difícil diferir de ellos sin aparecérseles como un grosero además de un hereje. Por el contrario, las opuestas creencias protestantes en lo que a este tema se refiere inspiran sentimientos que van hasta las mismas raíces del monoteísmo por excelencia. A los protestantes radicales les parece que la distinción entre Creador y criatura (por sana que esta sea) se ve amenazada: que el politeísmo ha vuelto a resurgir. Por tanto es difícil disentir de ellos de modo que uno no parezca algo peor incluso que un hereje: un idólatra, o un pagano. Si hay algún tema que podría arruinar un libro acerca del «mero» cristianismo —si algún libro constituye una lectura totalmente improductiva para aquellos que aún no creen que el hijo de la Virgen es Dios—, con toda seguridad es este.

Por extraño que parezca no podréis sacar la conclusión, a partir de mi silencio sobre puntos en controversia, ni de que los creo importantes ni de que los creo sin importancia. Una de las cosas sobre la que los cristianos están en desacuerdo es la importancia de sus desacuerdos. Cuando dos cristianos de diferentes denominaciones empiezan a discutir no suele pasar mucho tiempo antes de que uno de ellos pregunte si tal o cual punto de la discusión «importa realmente», y el otro contesta: «¿Importar? ¡Es absolutamente esencial!».

Digo todo esto sencillamente para dejar claro qué clase de libro he intentado escribir, y en absoluto para ocultar o evadir la responsabilidad de mis propias creencias. Acerca de ellas, como he dicho antes, no hay ningún secreto. Para citar al tío Toby: «Están escritas en el Libro de la Plegaria Común».

El peligro era claramente que yo presentara como cristianismo común cualquier cosa que fuese peculiar de la Iglesia de Inglaterra o (aún peor) de mí mismo. Intenté protegerme de esto enviando el manuscrito original de lo que ahora es el Libro II a cuatro clérigos (uno anglicano, otro católico, otro metodista y otro presbiteriano) para pedirles su opinión. El metodista pensó que no había hablado lo suficiente sobre la fe, y el católico que había ido demasiado lejos en lo referente a la comparativa poca importancia de las teorías en la explicación de la Redención. Aparte de esto, los cinco estábamos de acuerdo. No sometí a examen los libros restantes porque, aunque en ellos podían suscitarse diferencias entre cristianos, estas serían diferencias entre individuos o escuelas de pensamiento, no entre denominaciones.

Por cuanto puedo deducir de las críticas y las numerosas cartas recibidas, el libro, por imperfecto que sea en otros aspectos, ha conseguido al menos presentar un cristianismo convenido, común, central: un «mero» cristianismo. En ese sentido es posible que sirva de alguna ayuda para silenciar la opinión de que, si omitimos los puntos en controversia, solo nos quedará un factor común más alto. El factor común más alto resulta ser algo positivo y estimulante, separado de todas las creencias no-cristianas por un abismo con el cual las peores divisiones dentro del cristianismo no son comparables en absoluto. Si no he ayudado directamente a la causa de la unión, tal vez haya dejado claro por qué debemos unirnos. Ciertamente me he encontrado con muy poco del renombrado *odium theologicum* por parte de convencidos miembros de comuniones distintas a la mía. La hostilidad ha venido más por parte de personas situadas en las zonas limítrofes, ya sea en la Iglesia de Inglaterra o fuera de ella: personas que no obedecían exactamente a comunión alguna. Esto me resulta curiosamente consolador. Es en su centro donde habitan sus hijos más auténticos, donde cada comunión está más cerca de cada uno en espíritu, si no en doctrina. Y esto sugiere que en el centro de cada una hay algo, o Alguien, que, contra cualquier divergencia de creencias, contra cualquier diferencia de temperamento o cualquier recuerdo de mutua persecución, habla con la misma voz.

Eso en lo que respecta a mis omisiones en cuanto a la doctrina. En el Libro III, que trata sobre moral, he pasado también en silencio por encima de ciertas cosas, pero por una razón diferente. Desde que serví como segundo teniente de Infantería en la primera guerra mundial he sentido una gran antipatía por los que, hallándose cómodos y a salvo, lanzan exhortaciones a los que se encuentran en la línea de batalla. Como resultado me resisto a decir gran cosa acerca de las tentaciones a las que yo mismo no me veo expuesto. A ningún hombre, supongo, le tientan todos los pecados. Ocurre que el impulso que hace a los hombres jugar por dinero ha quedado fuera de mi constitución, y no cabe duda de que pago por esto careciendo de algún impulso bueno del cual aquel otro impulso es el exceso o la perversión. Por ello no me sentí cualificado para dar consejos acerca del juego, permisible o no permisible, si es que existe el juego permisible, porque ni siquiera puedo afirmar saber esto último. Tampoco he dicho nada acerca del control de la natalidad. No soy una mujer, ni siquiera un hombre casado, y tampoco un sacerdote. No me pareció que me correspondiera asumir una actitud de firmeza con respecto a dolores, peligros y cargas de los que estoy protegido, al carecer de un oficio pastoral que me obligase a hacerlo.

Objeciones mucho más profundas pueden expresarse, y han sido expresadas en contra de mi utilización de la palabra *cristiano* como alguien que acepta las doctrinas comunes al cristianismo. La gente pregunta: «¿Quién es usted para dictaminar quién es o quién no es un cristiano?» o «¿No podrían muchos hombres que no creen en estas doctrinas ser mucho más cristianos, estar mucho más cerca del espíritu de Cristo, que otros que sí las creen?». Bien: esta objeción es, en cierto sentido, muy acertada, muy caritativa, muy espiritual, muy sensible. Tiene todas las cualidades salvo la de ser útil. Sencillamente no podemos, sin arriesgarnos al desastre, utilizar el lenguaje como estos objetores quieren que lo utilicemos. Intentaré aclarar esto por medio de la historia de otra, y mucho menos importante, palabra.

La palabra *caballero* significaba originalmente algo reconocible: un hombre que tenía un escudo de armas y era propietario de tierras. Cuando a alguien se le llamaba «un caballero» no se le estaba haciendo un cumplido, sino simplemente estableciendo un hecho. Si se decía que no era «un caballero» no se le estaba insultando, sino que se estaba dando información. No había ninguna contradicción en el hecho de decir que John era un mentiroso y un caballero, del mismo modo que tampoco la hay ahora cuando se dice que James es un imbécil y un M.A.[1] Pero luego llegaron gentes que dijeron —tan acertadamente, tan caritativamente, tan espiritualmente, tan sensiblemente, tan cualquier otra cosa menos útilmente—: «Ah, Pero ¿no es bien cierto que lo importante de un caballero no son su escudo de armas ni sus tierras, sino su comportamiento?

---

1. *Magíster Artium*, grado académico británico

¿No es cierto que el verdadero caballero es el que se comporta como debería comportarse un caballero? ¿No es cierto que en ese sentido Edward es mucho más caballero que John?». Sus intenciones eran buenas. Ser honorable y cortés y valiente es por supuesto algo mucho mejor que tener un escudo de armas. Pero no es lo mismo. Y lo que es peor, no es algo sobre lo cual todo el mundo estará de acuerdo. Llamar a un hombre «un caballero» en este nuevo y refinado sentido se convierte, de hecho, no en un modo de dar información acerca de él, sino en un modo de alabarlo: negar que es «un caballero» se convierte sencillamente en una manera de insultarlo. Cuando una palabra deja de ser un término descriptivo y se transforma simplemente en un término elogioso, deja ya de comunicar hechos acerca del objeto. (Una «buena» comida solo significa una comida que le gusta a la persona que la describe). Un *caballero*, una vez que ha sido espiritualizado y refinado a partir de su antiguo sentido más tosco y objetivo, significa poco más que un hombre que le gusta a la persona que lo describe. Como resultado, *caballero* es hoy una palabra inútil. Ya teníamos muchos términos de aprobación, de modo que no se necesitaba para eso; por otra parte, si cualquiera (digamos en un libro de historia) quiere utilizarlo en su antiguo sentido, no puede hacerlo sin explicaciones. Para esa finalidad, el término ha sido desvirtuado.

Pues bien; si alguna vez permitimos que la gente empiece a espiritualizar y refinar o, como ellos dirían, a «profundizar» el sentido de la palabra *cristiano*, esta también se convertirá rápidamente en una palabra inútil. En primer lugar, los cristianos mismos jamás podrán aplicarla a nadie. No es a nosotros a quienes corresponde decir quién, en el sentido más profundo, está o no está más cerca del espíritu de Cristo. Nosotros no vemos en el corazón de los hombres. No podemos juzgar, y, de hecho, se nos ha prohibido juzgar. Sería una perversa arrogancia por nuestra parte decir si un hombre es, o no es, un cristiano en este sentido refinado. Y evidentemente una palabra que no podemos aplicar nunca no va a ser una palabra muy útil. En cuanto a los no creyentes, no hay duda de que utilizarán alegremente el término en el sentido refinado. En sus bocas se convertirá simplemente en un término de alabanza. Al llamar a alguien un cristiano querrán decir que lo consideran un buen hombre. Pero esa manera de utilizar la palabra no será un enriquecimiento del idioma, puesto que ya tenemos la palabra *bueno*. Entretanto, la palabra *cristiano* habrá sido estropeada para lo que hubiera podido servir.

Debemos por lo tanto adherirnos al significado obvio y original. El nombre de *cristianos* fue dado por primera vez en Antioquía (Hch 11.26) a los «discípulos», a aquellos que aceptaban las enseñanzas de los apóstoles. No cabe duda de que estaba restringido a aquellos que se beneficiaban de esas enseñanzas tanto como debían. No cabe duda de que se extendía a aquellos que de algún modo espiritual, refinado, interior estaban «mucho más cerca del espíritu de Cristo» que los menos satisfactorios de los discípulos. No se trata de un hecho teológico, ni moral. Se trata de utilizar las palabras de manera que todos podamos comprender lo que se está diciendo. Cuando un hombre que acepta la doctrina cristiana vive de un modo que no es digno de esta, es mucho más claro decir que es un mal cristiano que decir que no es un cristiano.

Espero que ningún lector suponga que el «mero» cristianismo se presenta aquí como una alternativa a los credos de las distintas confesiones, como si un hombre pudiese adoptarlo en preferencia al congregacionalismo o a la ortodoxia griega o a cualquier otra cosa. Se parece más a un vestíbulo desde el cual se abren puertas a varias habitaciones. Si puedo hacer que alguien entre en ese vestíbulo habré conseguido lo que intentaba. Pero es en las habitaciones, no en el vestíbulo, donde hay chimeneas encendidas, y sillones, y comidas. El vestíbulo es un lugar donde se espera, un lugar desde el cual pasar a las diferentes puertas, no un lugar para vivir en él. Para eso la peor de las habitaciones (sea cual sea) es, en mi opinión, preferible. Es verdad que algunos pueden descubrir que tienen que esperar en el vestíbulo un tiempo considerable, mientras que otros están seguros, casi inmediatamente, de a qué puerta tienen que llamar. No sé por qué existe esta diferencia, pero estoy seguro de que Dios no hace esperar a nadie a menos que vea que esperar es bueno para él. Cuando entréis en vuestra habitación comprobaréis que la larga espera os ha proporcionado un bien que de otro modo no habríais obtenido. Pero debéis considerarlo como una espera, no como una acampada. Debéis seguir orando para pedir luz y, por supuesto, incluso en el vestíbulo, debéis empezar a obedecer las reglas que son comunes a la casa entera. Y sobre todo debéis preguntar cuál de las puertas es la verdadera, no la que más os gusta por sus paneles o su pintura. En lenguaje común, la pregunta nunca debería ser: «¿Me gusta esa clase de servicio?», sino «¿Son verdaderas estas doctrinas? ¿Está aquí la santidad? ¿Me mueve hacia esto mi conciencia? ¿Mi resistencia a llamar a esta puerta se debe a mi orgullo, a mis simples gustos, o a mi desagrado personal por este guardián de la puerta en particular?».

Cuando hayáis llegado a vuestra habitación, sed amables con aquellos que han elegido puertas diferentes y con aquellos que siguen aún en el vestíbulo. Si están equivocados, necesitan mucho más de vuestras oraciones, y si son vuestros enemigos, entonces se os ha mandado orar por ellos. Esa es una de las reglas comunes a toda la casa.

LIBRO I

Verdad y falsedad como claves para comprender el universo

I

LA LEY DE LA NATURALEZA HUMANA

TODOS HEMOS OÍDO discutir a los demás. A veces nos resulta gracioso y a veces simplemente desagradable, pero, sea como sea, creo que podemos aprender algo muy importante escuchando la clase de cosas que dicen. Dicen cosas como estas: «¿Qué te parecería si alguien te hiciera a ti algo así?». «Ese es mi asiento; yo llegué primero». «Déjalo en paz; no te está haciendo ningún daño». «¿Por qué vas a colarte antes que yo?». «Dame un trozo de tu naranja; yo te di un trozo de la mía». «Vamos, lo prometiste». La gente dice cosas como esas todos los días, la gente educada y la que no lo es, y los niños igual que los adultos.

Lo que me interesa acerca de estas manifestaciones es que el hombre que las hace no está diciendo simplemente que el comportamiento del otro hombre no le agrada. Está apelando a un cierto modelo de comportamiento que espera que el otro hombre conozca. Y el otro hombre rara vez contesta: «Al diablo con tu modelo». Casi siempre intenta demostrar que lo que ha estado haciendo no va realmente en contra de ese modelo, o que si lo hace hay una excusa especial para ello. Pretende que hay una razón especial en este caso en particular por la cual la persona que ocupó el asiento debe quedarse con él, o que las cosas eran muy diferentes cuando se le dio el trozo de naranja, o que ha ocurrido algo que lo exime de cumplir su promesa. Parece, de hecho, como si ambas partes tuvieran presente una especie de ley o regla de juego limpio o comportamiento decente o moralidad o como quiera llamársele, acerca de la cual sí están de acuerdo. Y la tienen. Si no la tuvieran podrían, por supuesto, luchar como animales, pero no podrían discutir en el sentido humano de la palabra. Discutir significa intentar demostrar que el otro hombre está equivocado. Y no tendría sentido intentar hacer eso a menos que tú y él tuvierais un determinado acuerdo en cuanto a lo que está bien y lo que está mal, del mismo modo que no tendría sentido decir que un jugador de fútbol ha cometido una falta a menos que hubiera un determinado acuerdo sobre las reglas de fútbol.

Esta ley o regla sobre lo que está bien o lo que está mal solía llamarse la ley natural. Hoy en día, cuando hablamos de las «leyes de la naturaleza», solemos referirnos a cosas como la ley de la gravedad o las leyes de la herencia o las leyes de la química. Pero cuando los antiguos pensadores llamaban a la ley de lo que está bien y lo que está mal «la ley de la naturaleza» se referían en realidad a la ley de la naturaleza humana. La idea era que, del mismo modo que todos los cuerpos están gobernados por la ley de la gravedad y los organismos por las leyes biológicas, la criatura llamada hombre también tenía su ley... con esta gran diferencia: que un cuerpo no puede elegir si obedece o no a la ley de la gravedad, pero un hombre puede elegir obedecer a la ley de la naturaleza o desobedecerla.

Podemos decirlo de otra manera. Todo hombre se encuentra en todo momento sujeto a varios conjuntos de leyes, pero solo hay una que es libre de desobedecer. Como cuerpo está sujeto a la ley de la gravedad y no puede desobedecerla; si se lo deja sin apoyo en el aire no tiene más elección sobre su caída de la que tiene una piedra. Como organismo, está sujeto a varias leyes biológicas que no puede desobedecer, como tampoco puede desobedecerlas un animal. Es decir, que no puede desobedecer aquellas leyes que comparte con otras cosas, pero la ley que es peculiar a su naturaleza humana, la ley que no comparte con animales o vegetales o cosas inorgánicas es la que puede desobedecer si así lo quiere.

Esta ley fue llamada la ley de la naturaleza humana porque la gente pensaba que todo el mundo la conocía por naturaleza y no necesitaba que se le enseñase. No querían decir, por supuesto, que no podía encontrarse un raro individuo aquí y allá que no la conociera, del mismo modo que uno se encuentra con personas daltónicas o que no tienen oído para la música. Pero tomando la raza como un todo, pensaban que la idea humana de un comportamiento decente era evidente para todo el mundo.

Y yo creo que tenían razón. Si no la tuvieran, todas las cosas que dijimos sobre la guerra no tendrían sentido. ¿Qué sentido tendría decir que el enemigo estaba haciendo mal a menos que el bien sea una cosa real que los nazis en el fondo conocían tan bien como nosotros y debieron haber practicado? Si no tenían noción de lo que nosotros conocemos como bien, entonces, aunque hubiéramos tenido que luchar contra ellos, no podríamos haberles culpado más de lo que podríamos culparles por el color de su pelo.

Sé que algunos dicen que la idea de la ley de la naturaleza o del comportamiento decente conocida por todos los hombres no se sostiene, dado que las diferentes civilizaciones y épocas han tenido pautas morales diferentes. Pero esto no es verdad. Ha habido diferencias entre sus pautas morales, pero estas no han llegado a ser tantas que constituyan una diferencia total. Si alguien se toma el trabajo de comparar las enseñanzas morales de, digamos, los antiguos egipcios, babilonios, hindúes, chinos, griegos o romanos, lo que realmente le llamará la atención es lo parecidas que son entre sí y a las nuestras. He recopilado algunas pruebas de esto en el apéndice de otro libro llamado *La abolición del hombre*, pero para nuestro presente propósito solo necesito preguntar al lector qué significaría una moralidad totalmente diferente. Piénsese en un país en el que la gente fuese admirada por huir en la batalla, o en el que un hombre se sintiera orgulloso de traicionar a toda la gente que ha sido más bondadosa con él. Lo mismo daría imaginar un país en el que dos y dos sumaran cinco. Los hombres han disentido en cuanto a sobre quiénes ha de recaer nuestra generosidad —la propia familia, o los compatriotas, o todo el mundo—. Pero siempre han estado de acuerdo en que no debería ser uno el primero. El egoísmo nunca ha sido admirado. Los hombres han disentido sobre si se debería tener una o varias esposas. Pero siempre han estado de acuerdo en que no se debe tomar a cualquier mujer que se desee.

Pero lo más asombroso es esto: cada vez que se encuentra a un hombre que dice que no cree en lo que está bien o lo que está mal, se verá que este hombre se desdice casi inmediatamente. Puede que no cumpla la promesa que os ha hecho, pero si intentáis romper una promesa que le habéis hecho a él, empezará a quejarse diciendo «no es justo» antes de que os hayáis dado cuenta. Una nación puede decir que los tratados no son importantes, pero a continuación estropeará su argumento diciendo que el tratado en particular que quiere violar era injusto. Pero si los tratados no son importantes, y si no existe tal cosa como lo que está bien y lo que está mal —en otras palabras, si no hay una ley de la naturaleza—, ¿cuál es la diferencia entre un tratado injusto y un tratado justo? ¿No se han delatado demostrando que, digan lo que digan, realmente conocen la ley de la naturaleza como todos los demás?

Parece, entonces, que nos vemos forzados a creer en un auténtico bien y mal. La gente puede a veces equivocarse acerca de ellos, del mismo modo que la gente se equivoca haciendo cuentas, pero no son cuestión de simple gusto u opinión, del mismo modo que no lo son las tablas de multiplicar. Bien; si estamos de acuerdo en esto, pasaré a mi siguiente punto, que es este: ninguno de nosotros guarda realmente la ley de la naturaleza. Si hay alguna excepción entre vosotros, me disculpo. Será mucho mejor que leáis otro libro, ya que nada de lo que voy a decir os concierne. Y ahora, me dirigiré a los demás seres humanos que quedan:

Espero que no interpretéis mal lo que voy a decir. No estoy predicando, y Dios sabe que no pretendo ser mejor que los demás. Solo intento llamar la atención respecto a un hecho: el hecho de que este año, o este mes, o, más probablemente, este mismo día, hemos dejado de practicar la clase de comportamiento que esperamos de los demás. Puede que tengamos toda clase de excusas. Aquella vez que fuiste tan injusto con los niños era porque estabas muy cansado. Aquel asunto de dinero ligeramente turbio —el que casi habías olvidado— ocurrió cuando estabas en apuros económicos. Y lo que prometiste hacer por el viejo Fulano de Tal y nunca hiciste... bueno, no lo habrías prometido si hubieras sabido lo terriblemente ocupado que ibas a estar. Y en cuanto a tu comportamiento con tu mujer (o tu marido), o tu hermano (o hermana), si yo supiera lo irritantes que pueden llegar a ser, no me extrañaría... ¿Y quién diablos soy yo, después de todo? Yo soy igual. Es decir, yo no consigo cumplir muy bien con la ley de la naturaleza, y en el momento en que alguien me dice que no la estoy cumpliendo empieza a fraguarse en mi mente una lista de excusas tan larga como mi brazo. La cuestión ahora no es si las excusas son buenas. El hecho es que son una prueba más de cuán profundamente, nos guste o no, creemos en la ley de la naturaleza. Si no creemos en un comportamiento decente, ¿por qué íbamos a estar tan ansiosos de excusarnos por no habernos comportado decentemente? La verdad es que creemos tanto en la decencia —tanto sentimos la ley de la naturaleza presionando sobre nosotros— que no podemos soportar enfrentarnos con el hecho de transgredirla, y en consecuencia intentamos evadir la responsabilidad. Porque os daréis cuenta de que es solo para nuestro mal comportamiento para los que intentamos buscar tantas explicaciones. Es solo nuestro mal carácter lo que atribuimos al hecho de sentirnos cansados, o preocupados, o hambrientos; nuestro buen carácter lo atribuimos a nosotros mismos.

Estos, pues, son los dos puntos que quería tratar. Primero, que los seres humanos del mundo entero tienen esta curiosa idea de que deberían comportarse de una cierta manera, y no pueden librarse de ella. Segundo, que de hecho no se comportan de esa manera. Conocen la ley de la naturaleza, y la infringen. Estos dos hechos son el fundamento de todas las ideas claras acerca de nosotros mismos y del universo en que vivimos.

2

ALGUNAS OBJECIONES

Si esos hechos son el fundamento, será mejor que me detenga a consolidar esos cimientos antes de seguir adelante. Algunas de las cartas que he recibido demuestran que mucha gente encuentra difícil de comprender qué es exactamente esa ley de la naturaleza, o ley moral, o regla del comportamiento decente.

Por ejemplo, algunas personas me han escrito diciendo: «¿No es lo que usted llama la ley moral sencillamente nuestro instinto gregario y no se ha desarrollado del mismo modo que los demás instintos?». Bien; yo no niego que podamos tener un instinto gregario, pero eso no es lo que yo entiendo por ley moral. Todos sabemos lo que se siente al ser impulsados por el instinto: por el amor maternal, o el instinto sexual, o el instinto por la comida. Significa que uno siente una intensa necesidad o deseo de actuar de una cierta manera. Y, por supuesto, es cierto que a veces sentimos justamente esa clase de deseo al querer ayudar a otra persona. Y no hay duda de que ese deseo se debe al instinto gregario. Pero sentir un deseo de ayudar es muy diferente de sentir que uno debería ayudar lo quiera o no. Suponed que oís un grito de socorro de un hombre que se encuentra en peligro. Probablemente sentiréis dos deseos: el de prestar ayuda (debido a vuestro instinto gregario), y el de manteneros a salvo del peligro (debido al instinto de conservación). Pero sentiréis en vuestro interior, además de estos dos impulsos, una tercera cosa que os dice que deberíais seguir el impulso de prestar ayuda y reprimir el impulso de huir. Bien:

esta cosa que juzga entre dos instintos, que decide cuál de ellos debe ser alentado, no puede ser ninguno de esos instintos. Sería lo mismo decir que la partitura de música que os indica, en un momento dado, tocar una nota de piano y no otra, es ella misma una de las notas del teclado. La ley moral nos indica qué canción tenemos que tocar; nuestros instintos son simplemente las teclas.

Otra manera de comprender que la ley moral no es sencillamente uno de nuestros instintos es la siguiente: si dos instintos están en conflicto, y no hay nada en la mente de la criatura excepto esos dos instintos, es evidente que ganará el más fuerte de los dos. Pero en esos momentos en que somos más conscientes de la ley moral, esta normalmente parece decirnos que nos aliemos con el más débil de los dos. Probablemente *querréis* estar a salvo mucho más de lo que queréis ayudar al hombre que se está ahogando, pero la ley moral os dice que lo ayudéis a pesar de esto. ¿Y no nos dice a menudo que hagamos que el impulso correcto sea más fuerte de lo que naturalmente es? Quiero decir que a menudo sentimos que es nuestro deber estimular el instinto gregario despertando nuestra imaginación o nuestra piedad, etc., para generar estímulos suficientes que nos lleven a hacer lo correcto. Pero está claro que no estamos actuando impulsados *por* el instinto cuando nos empeñamos en hacer que un instinto sea más fuerte de lo que es. Lo que os dice: «Tu instinto gregario está dormido. Despiértalo», no puede *ser* en sí el instinto gregario. Aquello que os dice qué nota del piano debéis tocar más fuerte no puede ser en sí esa nota.

He aquí una tercera manera de verlo: si la ley moral fuera uno de nuestros instintos, deberíamos ser capaces de señalar algún impulso particular en nuestro interior que fuera siempre lo que llamamos «bueno»; que siempre estuviera de acuerdo con las reglas del buen comportamiento. Pero no podemos hacerlo. No hay ninguno de nuestros impulsos que la ley moral no pueda en algún momento decirnos que reprimamos y ninguno que no pueda en algún momento decirnos que alentemos. Es un error pensar que algunos de nuestros impulsos —digamos el amor maternal o el patriotismo— son buenos, y otros, como el sexo o el instinto de lucha, son malos. Lo que queremos decir es que las ocasiones en que el instinto de lucha o el deseo sexual necesitan ser reprimidos son bastante más frecuentes que aquellas en las que es necesario restringir el amor maternal o el patriotismo. Pero hay situaciones en las que es el deber de un hombre casado alentar su impulso sexual, y de un soldado alentar su instinto de lucha. Hay también ocasiones en las que el amor de una madre por sus hijos o el de un hombre por su país tienen que ser reprimidos, o conducirán a una injusticia hacia los hijos o los países de los demás. Hablando con propiedad, no hay tal cosa como impulsos malos o impulsos buenos. Pensad otra vez en un piano. No tiene dos clases de notas, las «correctas» y las «equivocadas». Cada una de las notas es correcta en un momento dado y equivocada en otro. La ley moral no es un instinto ni un conjunto de instintos: es algo que compone una especie de melodía (la melodía que llamamos bondad o conducta adecuada) dirigiendo los instintos.

Por cierto, este punto es de una gran aplicación práctica. Lo más peligroso que podéis hacer es tomar cualquier impulso de vuestra propia naturaleza y fijarlo como lo que tenéis que seguir a toda costa. No hay uno solo de ellos que no nos convierta en demonios si lo fijamos como guía absoluta. Podríais pensar que el amor hacia la humanidad en general es algo seguro, pero no lo es. Si dejáis fuera la justicia os encontraréis violando acuerdos y falseando pruebas en un juicio «en nombre de la humanidad», y finalmente os convertiréis en hombres crueles y traidores.

Otras personas me han escrito diciendo: «¿No es lo que usted llama la ley moral simplemente una convención social, algo que nos ha sido inculcado por educación?». Creo que en este punto hay un malentendido. La gente que hace esa pregunta suele dar por sentado que si hemos aprendido una cosa de nuestros padres o maestros, tal cosa debe ser sencillamente una convención humana. Pero, naturalmente, no es así. Todos hemos aprendido las tablas de multiplicar en el colegio. Un niño que hubiera crecido solo en una isla desierta no las sabría. Pero ciertamente no se sigue de esto que las tablas de multiplicar sean solo una convención humana, algo que los seres humanos han inventado para sí mismos y podrían haber hecho diferentes si lo hubieran querido. Estoy completamente de acuerdo en que aprendemos las reglas del comportamiento decente de los padres y maestros, los amigos y los libros, del mismo modo que aprendemos todo lo demás. Pero algunas de las cosas que aprendemos son meras convenciones que podrían haber sido diferentes —aprendemos a mantenernos en el lado derecho de la carretera, pero igualmente la regla podía haber sido que nos mantuviésemos a la izquierda— y otras de ellas, como las matemáticas, son verdades auténticas. La cuestión es a qué clase pertenece la ley de la naturaleza humana.

Hay dos razones para decir que pertenece a la misma clase que las matemáticas. La primera es, como dije en el primer capítulo, que aunque hay diferencias entre las ideas morales de una época o país y las de otro, las diferencias no son realmente muy grandes —no tan grandes como la mayoría de la gente se imagina— y puede reconocerse la misma ley presente en todas, mientras que las meras convenciones, como las normas de la carretera o la clase de ropa que viste la gente, pueden variar hasta cierto punto. La otra razón es esta: cuando pensáis en estas diferencias entre la moral de un pueblo y la de otro, ¿pensáis que la moral de un pueblo es mejor que la de otro? ¿Algunos de los cambios han sido mejoras? Si no, naturalmente, no podría haber habido ningún progreso moral. El progreso no solo significa cambiar, sino cambiar para mejor. Si ningún conjunto de ideas morales fuera más verdadero o mejor que otro, no tendría sentido preferir la moral civilizada a la moral salvaje, o la moral cristiana a la moral nazi. De hecho, por supuesto, todos creemos que algunas morales son mejores que otras. Creemos que algunas de las personas que intentaron cambiar las ideas morales de su época eran lo que llamamos reformadores o pioneros, personas que comprendían la moralidad mejor que sus vecinos. Pues bien. En el momento en que decís que un conjunto de ideas morales puede ser mejor que otro estáis, de hecho, midiendo a ambos por una norma; estáis diciendo que uno de ellos se ajusta más a esa norma que el otro. Pero la norma que mide dos cosas es diferente de esas dos cosas. Estáis, de hecho, comparando a ambos con una Moral Auténtica, admitiendo que existe algo como el auténtico bien, independientemente de lo que piense la gente, y que las ideas de algunas personas se acercan más a ese auténtico bien que otras. O pongámoslo de esta manera: si vuestras ideas morales pueden ser más verdaderas, y las de los nazis menos verdaderas, debe de haber algo —alguna Moral Auténtica— que haga que las primeras sean verdad. La razón por la que vuestra idea de Nueva York puede ser más verdadera o menos verdadera que la mía es que Nueva York es un lugar auténtico, que existe aparte de lo que cualquiera de nosotros pueda pensar. Si cuando cualquiera de nosotros dijera «Nueva York» simplemente quisiera decir «la ciudad que estoy imaginando en mi cabeza», ¿cómo podría uno de nosotros tener ideas más verdaderas que el otro? No habría cuestión de verdad o falsedad en absoluto. Del mismo modo, si la regla del comportamiento decente significara simplemente «lo que a cada uno le dé por aprobar», no tendría sentido decir que un país habría estado más acertado en su aprobación que cualquier otro; no tendría sentido decir que el mundo podría volverse progresivamente mejor o progresivamente peor.

Llego por tanto a la conclusión de que, aunque las diferencias entre las ideas de la gente acerca del comportamiento correcto a menudo nos hacen sospechar que no hay una auténtica ley de comportamiento en absoluto, lo que podemos pensar acerca de estas diferencias realmente prueban lo contrario. Pero, una palabra antes de terminar. He conocido a gente que exagera las diferencias porque no ha hecho una distinción entre diferencias de creencia y hechos. Por ejemplo, un hombre me dijo: «Hace trescientos años había gente en Inglaterra que quemaba a las brujas. ¿Es eso lo que usted llama la regla de la naturaleza humana o el comportamiento correcto?». Pero no hay duda de que si no ejecutamos a las brujas es porque no creemos que las brujas existan. Si lo creyéramos —si realmente creyéramos que hay gente por ahí que se había vendido al demonio y recibido poderes sobrenaturales a cambio, y estuvieran utilizando estos poderes para matar a sus vecinos o volverles locos o provocar el mal tiempo—, no dudo de que estaríamos todos de acuerdo en que si alguien merecía la pena de muerte eran estos traidores repugnantes. Aquí no hay diferencia de principio moral; la diferencia es simplemente un asunto de hecho. Puede que sea un gran progreso en nuestro conocimiento no creer en las brujas, pero no hay progreso moral en el hecho de no ejecutarlas cuando no se cree que existan. No llamaríamos a un hombre considerado con los animales por dejar de poner trampas para ratones, si lo hiciera porque no creyese que hubiera ratones en la casa.

3

LA REALIDAD DE LA LEY

VUELVO AHORA A lo que dije al final del primer capítulo acerca de que había dos cosas extrañas en la raza humana. La primera es que estaba obsesionada por la idea de una clase de comportamiento que debería practicar, lo que podríamos llamar juego limpio, o decencia, o moralidad, o la ley de la naturaleza humana. La segunda, que de hecho no lo hacía. Algunos de vosotros os preguntaréis por qué digo que es extraño esto. Puede que a vosotros os parezca lo más natural del mundo. Especialmente puede que hayáis pensado que soy bastante duro con la raza humana. Después de todo, podéis decir, lo que yo llamo quebrantar la ley de lo que está bien y lo que está mal, o la ley de la naturaleza, solo significa que la gente no es perfecta. ¿Y por qué iba a esperar que lo fuera? Esa sería una buena respuesta si estuviese intentando fijar la cantidad exacta de culpa que tenemos por no comportarnos como esperamos que se comporten los demás. Pero eso no me compete en absoluto. Por el momento la culpa no me concierne; lo que intento averiguar es la verdad. Y desde ese punto de vista, la sola idea de algo como imperfecto, de algo que no es como debería ser, tiene ciertas consecuencias.

Si se toma algo como un árbol o una piedra, cada uno de ellos es como es, y no parece tener sentido decir que debería haber sido de otra manera. Naturalmente puede decirse que una piedra tiene «la forma equivocada» si quiere utilizársela para un jardín de rocas, o que un árbol es malo porque no nos da tanta sombra como esperamos. Pero lo único que queréis decir con esto es que la piedra o el árbol no resulta conveniente para vuestro interés particular. No les echáis, excepto en broma, la culpa por eso. En realidad sabéis que, dado el clima y el suelo, el árbol no podía haber sido diferente. Lo que nosotros, desde nuestro punto de vista, llamamos un «árbol malo» está obedeciendo las leyes de la naturaleza tanto como un árbol bueno.

Bien, ¿os habéis dado cuenta de lo que se sigue de esto? Se sigue que lo que nosotros llamamos las leyes de la naturaleza —el modo en que el clima actúa sobre un árbol, por ejemplo— pueden no ser realmente *leyes* en el estricto sentido de la palabra, sino solo en un sentido figurativo. Cuando decís que las piedras que caen siempre obedecen a la ley de la gravedad, ¿no es esto tanto como decir que la ley solo significa «lo que siempre hacen las piedras»? No pensáis en realidad que cuando se suelta una piedra, esta recuerda súbitamente que tiene órdenes de caer al suelo. Solo queréis decir que, de hecho, cae. En otras palabras, no podéis estar seguros de que haya algo por encima de los hechos en sí, una ley acerca de lo que debería ocurrir, diferente de lo que de hecho ocurre. Las leyes de la naturaleza, tal como se las aplica a las piedras o a los árboles, podrían significar solamente «lo que la naturaleza, de hecho, hace». Pero si os fijáis en la ley de la naturaleza humana, o ley del comportamiento decente, la cosa cambia. Esa ley no significa, ciertamente, «lo que los seres humanos, de hecho, hacen», porque como he dicho antes, muchos de ellos no obedecen esa ley en absoluto, y ninguno de ellos la obedece completamente. La ley de la gravedad os dice lo que hacen las piedras si las dejáis caer, pero la ley de la naturaleza humana os dice lo que los seres humanos deberían hacer y no hacen. En otras palabras, cuando se trata de seres humanos, algo más entra en juego que está más allá y por encima de los hechos en sí. Tenéis los hechos (cómo se comportan los hombres) y también tenéis algo más (cómo deberían comportarse). En el resto del universo no es necesario que haya otra cosa salvo los hechos. Los electrones y las moléculas se comportan de una cierta manera, y de ahí se siguen ciertos resultados, y puede que esa sea toda la historia.[1] Pero los hombres se comportan de una cierta manera, y esa no es toda la historia, ya que en todo momento se sabe que deberían comportarse de manera diferente.

Pues bien, esto es en realidad tan peculiar que uno se siente tentado de explicarlo. Por ejemplo, podríamos intentar fingir que, cuando decís que un hombre no debería comportarse como lo hace, solo queréis dar a

---

1. No es que yo crea que esa es toda la historia, como veremos más adelante. Lo que digo es que, por lo que llevamos argumentado, esa podría ser.

entender lo mismo que cuando decís que una piedra tiene la forma equivocada; es decir, que lo que el hombre está haciendo resulta ser inconveniente para vosotros. Pero eso, sencillamente, no es verdad. Un hombre que ocupa el asiento de la esquina en el tren porque él llegó primero, y un hombre que se coló en el asiento cuando yo no estaba mirando y quitó de allí mi maleta son los dos igualmente inconvenientes. Pero al segundo hombre le echo la culpa y al primero, no. No me enfado —tal vez quizá por un momento, antes de entrar en razón— cuando un hombre me hace tropezar accidentalmente; me enfado con un hombre que intenta ponerme una zancadilla incluso si no lo consigue. Sin embargo, el primero me ha hecho daño y el segundo, no. A veces, el comportamiento que yo llamo malo no me resulta inconveniente en absoluto, sino todo lo contrario. En la guerra, cada lado puede encontrar que un traidor al otro lado le resulta muy útil. Pero aunque lo utilizan y le pagan, lo consideran un gusano. Así que no podéis decir que lo que llamamos comportamiento decente en los demás es simplemente el comportamiento que nos resulta útil a nosotros. Y en cuanto al comportamiento decente en nosotros mismos, supongo que es bastante evidente que no significa el comportamiento que compensa. Significa cosas como estar satisfecho con treinta chelines cuando podríais haber conseguido tres libras, estudiar honestamente cuando hubiera sido más fácil copiar, dejar a una chica en paz cuando os habría gustado hacer el amor con ella, permanecer en lugares peligrosos cuando podríais haber ido a un sitio más seguro, guardar promesas que habríais preferido no guardar y decir la verdad aunque esto os haga quedar en ridículo.

Algunas personas dicen que aunque el comportamiento humano decente no significa lo que le compensa a una persona en particular en un momento en particular, sí significa lo que le compensa a la raza humana como un todo, y que en consecuencia no hay en ello ningún misterio. Después de todo, los seres humanos son bastante sensatos; se dan cuenta de que no se puede tener felicidad o seguridad auténticas excepto en una sociedad en la que todo el mundo juega limpio, y es porque se dan cuenta de esto por lo que intentan comportarse decentemente. Naturalmente, es muy cierto que la seguridad y la felicidad solo pueden provenir de que los individuos, las clases y los países sean honestos, justos y sinceros los unos con los otros. Esta es una de las verdades más importantes del mundo. Pero como explicación de por qué nos sentimos como nos sentimos acerca de lo que está bien y lo que está mal se queda corta. Si preguntamos: «¿Por qué debería ser generoso?» y alguien contesta: «Porque es bueno para la sociedad», podemos entonces preguntar a nuestra vez: «¿Por qué iba a importarme lo que es bueno para la sociedad salvo cuando resulta compensarme a mí personalmente?». Entonces tendrán que responder: «Porque deberías ser generoso», lo que nos lleva nuevamente adonde empezamos. Estáis diciendo lo que es verdad, pero no estáis haciendo ningún progreso. Si un hombre os preguntara para qué sirve jugar al fútbol, no serviría de mucho decirle: «Para marcar goles», ya que intentar marcar goles es el juego mismo, no la razón del juego, y en realidad solo estaríais diciendo que el fútbol es el fútbol..., lo que es verdad, pero no vale la pena decirlo. Del mismo modo, si un hombre pregunta de qué sirve comportarse decentemente, es inútil contestarle «para beneficiar a la sociedad», ya que intentar beneficiar a la sociedad, en otras palabras, ser generoso (pues la sociedad, después de todo, significa «los demás»), es una de las cosas en las que consiste el comportamiento decente; lo único que estáis diciendo en realidad es que el comportamiento decente es el comportamiento decente. Habríais dicho lo mismo si os hubierais quedado en la frase «los hombres deberían ser generosos».

Y es ahí donde me detengo. Los hombres deberían ser generosos, deberían ser justos. No digo que los hombres son generosos, ni que les gusta ser generosos, sino que deberían serlo. La ley moral, o ley de la naturaleza humana, no es simplemente un hecho acerca del comportamiento humano del mismo modo que la ley de la gravedad es, o puede ser, simplemente un hecho acerca de cómo se comportan los objetos pesados. Por otro lado, no es una mera fantasía, ya que no podemos librarnos de la idea, y la mayoría de las cosas que pensamos y decimos acerca de los hombres quedarían reducidas a un sinsentido si lo hiciéramos. Y no es simplemente una manifestación de cómo nos gustaría que los hombres se comportasen para nuestra propia conveniencia, ya que el comportamiento que llamamos malo o injusto no es exactamente el mismo que el comportamiento que nos parece inconveniente, e incluso puede ser el opuesto. En consecuencia, esta norma de lo que está bien y lo que está mal, o ley de la naturaleza humana, o como quiera llamársela, debe, de uno u otro modo, ser algo auténtico... algo que está realmente ahí, y que no ha sido inventado por nosotros. Y sin embargo no es un hecho en el sentido corriente de la palabra, no del mismo modo que nuestro comportamiento real es un hecho. Casi parece que tendremos que admitir que hay más de una clase de realidad; que, en este caso en particular, hay algo que está más allá y por encima de los hechos ordinarios del comportamiento humano, y que sin embargo es definitivamente real: una ley real, que ninguno de nosotros ha formulado, pero que encontramos que nos presiona.

4

LO QUE YACE DETRÁS
DE LA LEY

HAGAMOS UN RESUMEN de lo que hemos alcanzado hasta ahora. En el caso de las piedras y los árboles y cosas de esa clase puede que lo que llamamos las leyes de la naturaleza no sea otra cosa que una manera de hablar. Cuando decimos que la naturaleza está regida por ciertas leyes, esto puede solamente querer decir que la naturaleza, de hecho, se comporta de cierta manera. Las llamadas leyes pueden no ser nada real —nada por encima y más allá de los hechos que observamos—. Pero en el caso del hombre vimos que esto no es así. La ley de la naturaleza humana, o de lo que está bien y lo que está mal, puede ser algo por encima y más allá de los hechos en sí del comportamiento humano. En este caso, además de los hechos en sí, tenemos algo más: una ley real, que nosotros no inventamos y que sabemos que deberíamos obedecer.

Quiero ahora considerar lo que esto nos dice acerca del universo en que vivimos. Desde que los hombres fueron capaces de pensar han estado preguntándose qué es en realidad este universo y cómo ha llegado a estar donde está. Y, en términos muy generales, se han sostenido dos puntos de vista. Primero está lo que llamamos el punto de vista materialista. La gente que sostiene este punto de vista piensa que la materia y el espacio sencillamente existen, y siempre han existido, sin que nadie sepa por qué, y que la materia, comportándose de ciertas maneras fijas, ha dado en producir, por una suerte de rareza, criaturas como nosotros, que somos capaces de pensar. Por una posibilidad entre un millón, algo chocó contra nuestro sol e hizo que produjese los planetas, y por otra posibilidad entre un millón, los compuestos químicos y la temperatura necesarios para la vida se dieron en uno de esos planetas, y así, parte de la materia de esta tierra cobró vida, y luego, por una larga serie de coincidencias, las criaturas vivientes se convirtieron en seres como nosotros. El otro punto de vista es el religioso.[1] Según este, lo que está detrás del universo se parece más a una mente que a cualquier otra cosa que conozcamos. Es decir, es consciente, y tiene fines, y prefiere una cosa a otra. Y con esta intención hizo el universo, en parte con propósitos que desconocemos, pero, en todo caso, para producir criaturas semejantes a Él. Y cuando digo semejante a Él me refiero a que tengan mente. Por favor, no penséis que una de estas ideas fue sostenida hace mucho tiempo y que la otra fue tomando gradualmente su lugar. Allí donde había gente pensante aparecen ambas ideas. Y fijaos también en esto: no es posible averiguar cuál de las dos ideas es correcta solo con la ayuda de la ciencia en el sentido ordinario de la palabra. La ciencia funciona a base de experimentos. Observa cómo se comportan las cosas. Toda afirmación científica, a la larga, por complicada que sea, significa algo como: «Apunté el telescopio a cierta parte del cielo a las 2.20 a.m. del día 15 de enero y vi tal cosa», o: «Puse un poco de esto en un matraz, lo calenté hasta llegar a tal temperatura e hizo esto y aquello». No penséis que estoy diciendo nada en contra de la ciencia: solo estoy diciendo cuál es su cometido. Y cuanto más científico es un hombre, más (en mi opinión) estaría de acuerdo conmigo en que esta es la misión de la ciencia... una misión por lo demás muy útil y necesaria. Pero la razón de por qué las cosas están donde están, y de si hay algo detrás de las cosas que observa la ciencia —algo de una clase diferente— esto no es cuestión científica. Si hay Algo Detrás, entonces, o tendrá que permanecer del todo desconocido para los hombres o si no hacerse conocer de un modo diferente. La afirmación de que existe tal cosa, o la afirmación de que tal cosa no existe no son afirmaciones que la ciencia pueda hacer. Y los auténticos científicos no suelen hacerlas. Suelen ser los periodistas o los novelistas populares, que han recogido unos cuantos fragmentos de ciencia a medio cocer de los libros de texto, los que prefieren hacerlas. Después de todo, en realidad es un asunto de sentido común. Supongamos que la ciencia se tornase completa, de modo que conociera todas las cosas del universo, ¿no es evidente que las preguntas: «¿Por qué hay un

---

1. Ver nota al final de este capítulo.

universo?, «¿Por qué funciona como funciona?» o «¿Tiene significado?» seguirían sin ser contestadas?

La posición sería desesperada si no fuese por esto: hay una cosa, y solo una, en todo el universo de la que sabemos más de lo que podemos aprender por medio de la observación externa. Esta cosa es el hombre. No solamente observamos al hombre: *somos* hombres. En este caso tenemos, por así decirlo, información confidencial: estamos en el secreto. Y a causa de esto sabemos que los hombres se encuentran bajo una ley moral que ellos no hicieron, que no pueden olvidar incluso si lo intentan y que saben que deben obedecer. Fijaos en el siguiente punto: cualquiera que estudiase al hombre desde fuera como nosotros estudiamos la electricidad o las coles, sin conocer nuestro lenguaje y en consecuencia incapaz de obtener información confidencial sobre nosotros, jamás obtendría la más mínima evidencia de que tenemos esta ley moral. ¿Cómo podría? Puesto que sus observaciones solo demostrarían lo que hacemos, y la ley moral trata de lo que debemos hacer. Del mismo modo, si hubiera cualquier cosa por encima y más allá de los hechos observados en el caso de las piedras o del clima, nosotros, estudiándolos desde fuera, jamás podríamos esperar descubrirlo.

La posición de la pregunta es, por lo tanto, esta: queremos saber si el universo sencillamente es lo que es sin ninguna razón, o si hay algún poder detrás de él que lo hace ser lo que es. Dado que ese poder, si existe, no sería uno de los hechos observados, sino una realidad que los hace, ninguna mera observación de los hechos puede descubrirlo. Hay solo un caso en el que podemos saber si hay algo más, y ese caso es el nuestro, y en ese caso encontramos que ese poder existe. O digámoslo al revés: si hay un poder controlador fuera del universo, no podría mostrársenos como uno de los hechos dentro del universo... del mismo modo que el arquitecto de una casa no podría ser una pared o una escalera o una chimenea de esa casa. El único modo en que podríamos esperar que se nos mostrase sería dentro de nosotros mismos como una influencia o una orden intentando que nos comportásemos de una cierta manera. Y eso es justamente lo que encontramos dentro de nosotros. ¿Y no debería esto despertar nuestras sospechas? En el único caso en el que se podría esperar obtener una respuesta, la respuesta resulta ser sí, y en los otros casos en los que no se obtiene una respuesta se ve por qué no se obtiene. Supongamos que alguien me pregunta, cuando veo un hombre de uniforme azul que va por la calle dejando pequeños paquetitos blancos en cada casa,

¿por qué supongo que estos contienen cartas? Yo debería responder: «Porque cada vez que deja un paquetito similar en mi casa compruebo que contiene una carta». Y si esa persona entonces objetase: «Pero nunca has visto esas cartas que reciben los demás», yo diría: «Claro que no, y no espero hacerlo, porque no están dirigidas a mí. Explico los paquetitos que no se me permite abrir por medio de los paquetitos que sí se me permite abrir». Lo mismo ocurre con esta pregunta. El único paquete que se me permite abrir es el hombre. Cuando lo hago, especialmente cuando abro ese paquete en particular que llamo yo mismo, encuentro que no existo solo, que estoy bajo una ley, que algo o alguien quiere que me comporte de una cierta manera. No creo, por supuesto, que si pudiera meterme dentro de una piedra o un árbol descubriría exactamente la misma cosa, del mismo modo que no creo que todas las demás gentes de la calle reciban la misma carta que yo. Esperaría, por ejemplo, descubrir que la piedra tiene que obedecer la ley de la gravedad... que mientras que el remitente de la carta simplemente me dice que obedezca la ley de mi naturaleza humana, Él compele a la piedra a que obedezca las leyes de su naturaleza de piedra. Pero esperaría encontrar que había, por así decirlo, un remitente de las cartas en ambos casos, un Poder detrás de los hechos, un Director, un Guía.

No penséis que voy más deprisa de lo que en realidad lo hago. No estoy ni siquiera a mil kilómetros del Dios de la teología cristiana. Lo único que tengo es Algo que dirige el universo, y que aparece en mí como una ley que me urge a hacer el bien y me hace sentirme responsable e incómodo cuando hago el mal. Creo que tenemos que asumir que esto se parece más a una mente que a cualquier otra cosa que conozcamos... porque después de todo, la única otra cosa que conocemos es la materia, y es apenas imaginable que un fragmento de materia dé instrucciones. Pero, naturalmente, no es necesario que se parezca mucho a una mente, y aún menos a una persona. En el próximo capítulo veremos si podemos averiguar algo más acerca de ella. Pero una palabra de advertencia: se han dicho muchas cosas aduladoras acerca de Dios en los últimos cien años. Eso no es lo que yo ofrezco. Eso puede suprimirse.

Nota. Con el objeto de que esta sección fuese lo más breve posible cuando fue emitida por la radio, solo mencioné el punto de vista materialista y el punto de vista religioso. Pero para ser completo debería mencionar el punto de vista intermedio llamado la filosofía de la fuerza vital, o evolución creativa, o evolución emergente. Las exposiciones más agudas acerca de esto aparecen en las obras de George Bernard Shaw, pero las más profundas aparecen en las de Bergson. La gente que sostiene este punto de vista dice que las pequeñas variaciones por las cuales la vida en esta tierra «evolucionó» de las formas más simples hasta el hombre no se debían al azar, sino al «esfuerzo» o el «propósito» de una fuerza vital. Cuando la gente dice esto deberíamos preguntarle si por fuerza vital quieren decir algo que tiene mente o que no la tiene. Si la tiene, entonces «una mente que trae la vida a la existencia y la conduce a la perfección» es realmente Dios, y su punto de vista es por lo tanto idéntico al punto de vista religioso. Si no la tiene, ¿qué sentido tiene decir que algo que no tiene mente se «esfuerza» o tiene un «propósito»? Esto me parece fatal para su punto de vista. Una de las razones por las que la gente encuentra tan atractiva la idea de la evolución creativa es que le da a uno gran parte del consuelo emocional de creer en Dios y lo exime de las consecuencias menos agradables. Cuando os sentís bien y brilla el sol y no queréis creer que todo el universo es una simple danza mecánica de átomos, es agradable poder pensar en esta gran fuerza misteriosa que se despliega a lo largo de los siglos y que os transporta en la cresta de la ola. Si, por otro lado, queréis hacer algo que no está muy bien, la fuerza vital, ya que es una fuerza ciega, sin moral y sin mente, jamás interferirá con vosotros como ese molesto Dios acerca del cual nos enseñaron cuando éramos pequeños. La fuerza vital es una especie de Dios domesticado. Podéis ponerlo en funcionamiento cuando queráis, pero no os molestará. Todas las emociones de la religión y ningún precio que pagar por ellas. ¿No es la fuerza vital el mayor logro de creencia deseada que el mundo ha visto hasta la fecha?

5

TENEMOS UN MOTIVO
PARA ESTAR INQUIETOS

TERMINÉ MI ÚLTIMO capítulo con la idea de que en la ley moral alguien o algo desde más allá del universo material estaba de hecho comunicándose con nosotros. Y supongo que cuando llegué a ese punto algunos de vosotros sentisteis cierta irritación. Incluso habréis podido pensar que os estaba tendiendo una especie de trampa... que había estado envolviendo cuidadosamente para que pareciese filosofía lo que resulta ser una «charla religiosa» más. Puede que hayáis pensado que estabais dispuestos a escucharme mientras creyerais que tenía algo nuevo que decir, pero si resulta ser solo religión... bueno, el mundo es así y vosotros no podéis dar marcha atrás al reloj. Si alguien opina de esa manera me gustaría decirle tres cosas.

Primero, en lo que respecta a dar marcha atrás al reloj. ¿Pensaríais que estoy bromeando si dijera que podéis dar marcha atrás al reloj, y que si el reloj estuviera equivocado a menudo esto es algo muy sensato? Pero preferiría apartarme de esa idea de los relojes. A todos nos gusta el progreso. Pero el progreso significa acercarse más al lugar donde se quiere estar. Y si os habéis desviado del camino, avanzar hacia adelante no os acercará más a él. Si estáis en el camino equivocado, el progreso significa dar un giro de ciento ochenta grados y volver al camino correcto, y en este caso, el hombre que se vuelve antes es el hombre más progresista.

Todos hemos visto esto cuando hacemos cuentas. Cuando he empezado a hacer una cuenta y me he equivocado, cuanto antes admita esto y empiece de nuevo, antes voy a progresar. No hay nada de progresista en ser testarudo y negarse a admitir un error. Y creo que si observáis el estado actual del mundo es bastante evidente que la humanidad ha estado cometiendo un gran error. Estamos en el camino equivocado. Y si eso es así, debemos volver atrás. Volver atrás es la manera más rápida de seguir adelante.

En segundo lugar, esto no se ha convertido todavía exactamente en una charla religiosa. No hemos llegado aún al Dios de ninguna religión en sí, y aún menos al Dios de esa religión en particular llamada cristianismo. Hemos llegado solamente hasta un Algo o un Alguien que se encuentra detrás de la ley moral. No estamos sacando nada de la Biblia o de las iglesias; estamos intentando ver qué podemos averiguar acerca de ese Alguien por nuestra propia cuenta. Y quiero dejar claro que lo que averiguamos acerca de ese Alguien es algo que nos deja sin aliento. Tenemos dos pequeñas pruebas acerca de ese Alguien. Una de ellas es el universo que ha creado. Si utilizáramos eso como nuestro único dato, creo que tendríamos que llegar a la conclusión de que es un gran Artista (ya que el universo es un lugar muy bello), pero también de que es bastante despiadado y un enemigo del hombre (ya que el universo es un lugar peligroso y aterrador). El otro indicio de evidencia es esa ley moral que Él ha puesto en nuestras mentes. Y esta es una evidencia mejor que la otra, porque es información confidencial. Se descubre más acerca de Dios a través de la ley moral que a través del universo en general, del mismo modo que se descubre más acerca de un hombre escuchando su conversación que mirando la casa que ha construido. A partir de esta segunda evidencia llegamos a la conclusión de que el universo está intensamente interesado en una conducta correcta... en el juego limpio, la generosidad, el valor, la buena fe, la honestidad y la sinceridad. En ese sentido, deberíamos estar de acuerdo con lo que dicen el cristianismo y otras religiones de que Dios es «bueno». Pero no vayamos aquí demasiado deprisa. La ley moral no nos da ninguna base para pensar que Dios es «bueno» en el sentido de que es indulgente, o blando o simpático. No hay duda indulgente acerca de la ley moral. Es dura como un pedernal. Os dice que hagáis lo correcto y no parece importarle lo doloroso, lo peligroso o lo difícil que resulte esto. Si Dios es como la ley moral, entonces no es blando. No sirve de nada decir en este punto que a lo que os referís cuando habláis de un Dios «bueno» es a un Dios que puede perdonar. Estáis yendo demasiado deprisa. Solo una Persona puede perdonar. Y aún no hemos llegado a hablar de un Dios personal... solo hemos llegado a hablar de un poder, detrás de la Ley Moral, y más parecido a una mente que a cualquier otra cosa. Pero aún puede ser muy diferente a una Persona. Si es una mente puramente impersonal, puede que no tenga sentido pedirle que haga excepciones con vosotros o que os exima, del mismo modo que no tiene sentido pedirle a la tabla de multiplicar que os exima cuando hacéis mal vuestras cuentas. Es inevitable que saquéis un resultado equivocado. Y tampoco sirve de nada decir que si hay un Dios de esa clase —una bondad impersonal absoluta—, entonces no os gusta y no vais a hacerle ningún caso. Ya que el problema es que una parte de vosotros está de su parte y en realidad está de acuerdo con su desaprobación de la avaricia, la trampa y la explotación humanas. Puede que queráis que haga una excepción en vuestro caso, que os perdone por esta vez, pero sabéis en el fondo de vuestro corazón que a menos que el Poder que hay detrás del mundo realmente e inalterablemente deteste esa clase de comportamiento, este no puede ser bueno. Por otro lado, sabemos que si de verdad existe una bondad absoluta, esta debe detestar la mayoría de las cosas que hacemos. Ese es el terrible dilema en el que nos hallamos. Si el universo no está gobernado por una bondad absoluta, todos nuestros esfuerzos, a la larga, son inútiles. Pero si lo está, entonces nos estamos enemistando todos los días con esa bondad, y no es nada probable que mañana lo hagamos mejor, de modo que, nuevamente, nuestro caso es desesperado. No podemos estar sin ella ni podemos estar con ella. Dios es el único consuelo; también es el supremo terror, lo que más necesitamos y aquello de lo que más queremos escondernos. Es nuestro único aliado posible, y nos hemos convertido en sus enemigos. Algunas personas hablan como si encontrarse con la mirada de la bondad absoluta fuera divertido. Tienen que volver a pensárselo. Aún siguen solamente jugando con la religión. La bondad es o la gran seguridad o el gran peligro, según el modo en que reaccionéis ante ella. Y nosotros hemos reaccionado mal.

Y he aquí mi tercer argumento: cuando preferí llegar a mi verdadero tema dando este rodeo no estaba intentando tenderos una trampa. Tenía una razón distinta. Mi razón es que el cristianismo sencillamente no tiene sentido hasta que no os enfrentéis con la clase de hechos que he estado describiendo. El cristianismo le dice a la gente que se arrepienta y les promete perdón. Por lo tanto no tiene, que yo sepa, nada que decir a aquellos que no saben que han hecho algo por lo que deban arrepentirse y que no piensan que necesitan perdón. Es después de que os habéis dado cuenta de que hay una verdadera ley moral, y un Poder detrás de esa ley, y que habéis infringido esa ley y os habéis puesto a mal con ese Poder... es después de todo esto, y no antes, cuando el cristianismo empieza a hablar. Cuando sabéis que estáis enfermos le haréis caso al médico. Cuando os hayáis dado cuenta de que nuestra posición es casi desesperada empezaréis a comprender de qué os habla el cristianismo. Los cristianos ofrecen una explicación de cómo hemos llegado a nuestro estado actual de odiar la bondad en vez de amarla. Ofrecen una explicación de cómo Dios puede ser una mente impersonal detrás de la ley moral y al mismo tiempo Persona. Os dice cómo las exigencias de esta ley, que ni vosotros ni yo podemos satisfacer, han sido satisfechas en nuestro nombre; cómo Dios mismo se hace hombre para salvar al hombre de la desaprobación de Dios. Es también una vieja historia, y si queréis profundizar en ella tendréis sin duda que consultar con personas que tienen más autoridad que yo para hablar del asunto. Lo único que yo hago es pedirle a la gente que se enfrente a los hechos... que comprendan las preguntas que el cristianismo pretende contestar. Y estos son hechos aterradores. Me gustaría poder decir algo más agradable. Pero debo decir lo que creo que es verdad. Naturalmente que estoy de acuerdo en que la religión cristiana es, a la larga, indeciblemente consoladora. Pero no empieza con consuelo: empieza con el desaliento que he estado describiendo, y no sirve de nada pasar al consuelo sin haber pasado antes por el desaliento. En la religión, como en la guerra y todo lo demás, el consuelo es lo único que no se puede obtener buscándolo. Si buscáis la verdad, puede que encontréis el consuelo al final. Si buscáis el consuelo, no obtendréis ni el consuelo ni la verdad... solo palabrería y creencias deseadas para empezar y, al final, desconsuelo. La mayoría de nosotros se ha sobrepuesto a las creencias deseadas de la preguerra sobre política internacional. Ya es hora de que hagamos lo mismo con la religión.

LIBRO II

Lo que creen los cristianos

I

LAS CONCEPCIONES RIVALES DE DIOS

SE ME HA pedido que os hable de lo que creen los cristianos y empezaré por deciros una de las cosas en la que los cristianos no necesitan creer. Si sois cristianos, no tenéis por qué creer que todas las demás religiones están simple y totalmente equivocadas. Si sois ateos, debéis creer que lo más importante de todas las religiones del mundo es sencillamente un tremendo error. Si sois cristianos, sois libres de pensar que todas estas religiones, incluso las más extrañas, contienen al menos un indicio de verdad. Cuando yo era ateo tenía que intentar persuadirme a mí mismo de que la mayor parte de la raza humana ha estado siempre equivocada acerca de la cuestión que más le importaba; cuando me hice cristiano pude adoptar un punto de vista más liberal. Pero, naturalmente, ser cristiano significa pensar que allí donde el cristianismo difiere de otras religiones el cristianismo tiene razón y las otras están equivocadas. Como en aritmética, una cuenta solo tiene un resultado correcto, y todos los demás están equivocados; pero algunos de los resultados equivocados están mucho más cerca de ser el correcto que otros.

La primera gran división de la humanidad ocurre entre la mayoría, que cree en una clase de Dios o dioses, y la minoría, que no cree. En este punto el cristianismo se alinea con la mayoría —con los antiguos griegos y romanos, los salvajes modernos, los estoicos, los platónicos, los

41

hinduistas, los mahometanos, etc.— contra los materialistas modernos de la Europa occidental.

Ahora hablaré de la siguiente gran división. Las personas que creen en Dios pueden dividirse según la clase de Dios en el que creen. Hay dos ideas muy diferentes acerca de esto. Una de ellas es la idea de que Él está más allá del bien y del mal. Nosotros los seres humanos llamamos a una cosa buena y a otra cosa mala. Pero según algunas personas eso es simplemente nuestro punto de vista humano. Estas personas dirían que cuanto más sabio se vuelve uno, menos querrá llamar a una cosa buena y a otra mala, y más claramente verá que todo es bueno en ciertos aspectos y malo en otros y que nada podría haber sido diferente. En consecuencia, estas personas creen que mucho antes de que se llegase incluso cerca del punto de vista divino esta distinción habría desaparecido completamente. A un cáncer lo llamamos malo, dirían, porque mata a un hombre; pero con el mismo criterio podríamos llamar malo a un cirujano porque mata a un cáncer. Todo depende del punto de vista. La otra, y opuesta, idea es que Dios es definitivamente bueno o «justo», un Dios que toma partido, que ama el amor y rechaza el odio, que quiere que nos comportemos de una manera y no de otra. El primero de estos puntos de vista —el que piensa que Dios está más allá del bien y del mal— se llama panteísmo. Lo sostenía el filósofo prusiano Hegel y, en cuanto yo puedo entenderlos, los hindúes. El otro punto de vista lo sostienen los judíos, los mahometanos y los cristianos.

Y a esta gran diferencia entre el panteísmo y la idea cristiana de Dios suele acompañarla otra. Los panteístas normalmente creen que Dios, por así decirlo, anima el universo como tú animas tu cuerpo; que el universo casi *es* Dios, de modo que si este no existiera Él no existiría tampoco, y que cualquier cosa que se encuentre en el universo es una parte de Dios. La idea cristiana es muy diferente. Los cristianos piensan que Dios inventó y creó el universo del mismo modo que un hombre pinta un cuadro o compone una canción. Un pintor no es su cuadro, y no muere si su cuadro es destruido. Podéis decir: «Ha puesto mucho de sí mismo en él», pero con esto solo queréis decir que toda la belleza y el interés del cuadro ha salido de su cabeza. La habilidad del pintor no está en el cuadro del mismo modo que está en su cabeza, o incluso en sus manos. Espero que os deis cuenta de cómo esta diferencia entre los panteístas y los cristianos se compagina con la otra. Si no os tomáis demasiado en serio la distinción entre el bien y el mal es fácil decir que todo lo que se encuentra en el mundo es parte de Dios. Pero, naturalmente, si pensáis que algunas cosas son realmente malas, y que Dios es realmente bueno, entonces no podéis hablar así. Debéis creer que Dios está separado del mundo y que algunas cosas que vemos en él son contrarias a su voluntad. Ante un cáncer o un barrio de chabolas, el panteísta puede decir: «Si solo lo vierais desde el punto de vista divino, os daríais cuenta de que esto también es Dios». El cristiano replica: «No digas esas malditas tonterías».[1] Ya que el cristianismo es una religión luchadora. Cree que Dios hizo el mundo —que el espacio y el tiempo, el calor y el frío, y todos los colores y los sabores, y todos los animales y los vegetales son cosas que Dios «inventó con su cabeza» del mismo modo que un hombre inventa una historia—. Pero también piensa que hay muchas cosas que han ido mal en este mundo que Dios creó, y que Dios insiste, e insiste en voz muy alta, en que volvamos a enderezarlas.

Y, naturalmente, esto suscita una pregunta muy importante. Si un Dios bueno ha creado el mundo, ¿por qué este ha salido mal? Y durante muchos años yo sencillamente me negué a escuchar las respuestas de los cristianos a esta pregunta, porque no hacía más que pensar: «Digáis lo que digáis, y por inteligentes que sean vuestros argumentos, ¿no es mucho más fácil y sencillo decir que el mundo no fue creado por un poder inteligente? ¿No son todos vuestros argumentos más que un complicado intento de evitar lo que es evidente?». Pero entonces eso me llevaba a una nueva dificultad.

Mi argumento en contra de Dios era que el universo parecía tan injusto y cruel. ¿Pero cómo había yo adquirido esta idea de lo que era *justo* y lo que era *injusto*? Un hombre no dice que una línea está torcida a menos que tenga una idea de lo que es una línea recta. ¿Con qué estaba yo comparando este universo cuando lo llamaba injusto? Si todo el tinglado era malo y sin sentido de la A a la Z, por así decirlo, ¿por qué yo, que supuestamente formaba parte de ese tinglado, me encontraba reaccionando tan violentamente en su contra? Un hombre se siente mojado cuando cae el agua porque el hombre no es un animal acuático: un pez no se sentiría mojado. Por supuesto que yo podía haber renunciado a mi idea de la justicia diciendo que esta no era más que una idea privada mía. Pero si lo hacía, mi argumento en contra de Dios se derrumbaba también..., ya

---

1. Un oyente se quejó de que la palabra *malditas* era una frívola expresión malsonante. Pero yo quiero decir justo lo que digo: la tontería que está maldita está bajo la maldición de Dios, y (sin la gracia de Dios) llevará a los que lo crean a la muerte eterna.

que el argumento dependía de decir que el mundo era realmente injusto, y no simplemente que no satisfacía mis fantasías privadas. Así, en el acto mismo de intentar demostrar que Dios no existía —en otras palabras, que toda la realidad carecía de sentido— descubrí que me veía forzado a asumir que una parte de la realidad —específicamente mi idea de la justicia— estaba llena de sentido. En consecuencia, el ateísmo resulta ser demasiado simple. Si todo el universo carece de significado, jamás nos habríamos dado cuenta de que carece de significado, del mismo modo que, si no hubiera luz en el universo, y por lo tanto ninguna criatura tuviese ojos, jamás habríamos sabido que el universo estaba a oscuras. La palabra *oscuridad* no tendría significado.

2

LA INVASIÓN

DE ACUERDO, PUES, el ateísmo es demasiado simple. Y os diré otro punto de vista que también es demasiado simple. Es el que yo llamo cristianismo-con-agua, el punto de vista que dice simplemente que existe un Dios bueno en el cielo y que todo marcha bien, dejando a un lado todas las doctrinas terribles y difíciles acerca del pecado, el infierno y la redención. Ambas filosofías son infantiles.

No sirve de nada pedir una religión sencilla. Después de todo, las cosas no son sencillas. Parecen sencillas, pero no lo son. La mesa ante la que estoy sentado parece sencilla, pero pedidle a un científico que os diga de qué está hecha realmente —que os hable sobre los átomos y sobre cómo las ondas de luz rebotan en ellos y se dirigen a mis ojos y lo que hacen con el nervio óptico y lo que este hace con mi cerebro— y, por supuesto, descubriréis que lo que llamamos «ver una mesa» os lleva a misterios y complicaciones cuyo final apenas podéis alcanzar. Un niño que ora una plegaria infantil parece algo sencillo. Y si os conformáis con deteneros ahí, todo está bien. Pero si no os conformáis —y el mundo moderno no suele conformarse—, si queréis profundizar y preguntar qué está sucediendo realmente, entonces tendréis que prepararos para algo difícil. Si pedimos algo que vaya más allá de la simplicidad, es una necedad quejarse de que ese algo más no sea sencillo.

Muy a menudo, sin embargo, este necio comportamiento es adoptado por personas que no son necias en absoluto, pero que, consciente o inconscientemente, quieren destruir el cristianismo. Gentes como esas presentan una versión del cristianismo adecuada para un niño de seis años y la convierten en el objeto de sus ataques. Cuando intentas explicar la doctrina cristiana tal como realmente la sostiene un adulto instruido, se quejan de que haces que la cabeza les dé vueltas y de que es todo demasiado complicado, y dicen que si realmente hubiera un Dios están seguros de que Él habría hecho simple la «religión», porque la simplicidad es tan hermosa, etc. Debéis poneros en guardia contra estas gentes, porque cambiarán sus bases a cada minuto y sencillamente os harán perder el tiempo. Daos cuenta, además, de su idea de que Dios «haga simple la religión»: como si la religión fuese algo que Dios ha inventado, y no su manifestación a nosotros de ciertos hechos inalterables acerca de su propia naturaleza.

Además de ser complicada, la realidad, en mi experiencia, suele ser extraña. No es nítida, ni obvia, no es lo que se espera. Por ejemplo, cuando habéis comprendido que la tierra y los demás planetas giran alrededor del sol, esperaríais, naturalmente, que todos los planetas hubieran sido creados parejos... todo a igual distancia unos de otros, por ejemplo, o a distancias que aumentaran regularmente, o todos el mismo tamaño, o si no aumentando o disminuyendo de tamaño a medida que se alejan del sol. De hecho, no hay consonancia alguna (que podamos ver) en sus tamaños o las distancias que los separan, y algunos de ellos tienen una luna, uno tiene cuatro, otro tiene dos, algunos no tienen ninguna y otro tiene un anillo.

La realidad, de hecho, suele ser algo que no habríais podido adivinar. Esa es una de las razones por las que creo al cristianismo. Es una religión que no podría haberse adivinado. Si nos hubiera ofrecido exactamente la clase de universo que siempre habríamos esperado, yo habría sentido que la estábamos inventando. Pero, de hecho, no es algo que cualquiera hubiese podido inventar. Tiene justamente ese ingrediente de peculiaridad que poseen las cosas reales. De modo que dejemos atrás todas estas filosofías infantiles, estas respuestas demasiado simples. El problema no es simple y la respuesta tampoco lo será.

¿Cuál es el problema? Un universo que contiene muchas cosas obviamente malas y en apariencia carentes de sentido, pero que también contiene a criaturas como nosotros que sabemos que son malas y carentes de sentido. Solo hay dos puntos de vista que encaran todos los hechos. Uno es el punto de vista cristiano de que este es un mundo bueno que ha ido por mal camino, pero que aún conserva el recuerdo de lo que debería haber sido. El otro es el punto de vista llamado dualismo. El dualismo es la creencia de que hay dos poderes iguales e independientes detrás de todo lo que existe, uno de ellos bueno y el otro malo, y que este universo es el campo de batalla en el que ambos libran una guerra sin fin. Yo, personalmente, creo que después del cristianismo el dualismo es el credo más valiente y sensible del mercado. Pero tiene una trampa.

Los dos poderes, o espíritus, o dioses —el bueno y el malo— son supuestamente independientes el uno del otro. Ambos existieron desde toda la eternidad. Ninguno de ellos creó al otro, y ninguno de ellos tiene más derecho que el otro de llamarse a sí mismo Dios. Presumiblemente, cada uno de ellos piensa que es bueno, y que el otro es malo. A uno de ellos le gusta el odio y la crueldad, al otro el amor y la compasión, y los dos apoyan su propio punto de vista. Bien, ¿qué queremos decir cuando llamamos a uno el Poder Bueno y al otro el Poder Malo? O estamos diciendo simplemente que preferimos el uno al otro —como el que prefiere la sidra a la cerveza—, o si no estamos diciendo que, piensen lo que piensen ambos poderes acerca de ello, y nos guste lo que nos guste ahora mismo a los humanos, uno de ellos está de hecho en un error, está equivocado al llamarse a sí mismo bueno. Pero si lo que queremos decir es que sencillamente preferimos el primero, entonces debemos renunciar totalmente a hablar del bien y del mal. Ya que el bien significa lo que deberíamos preferir, sin importarnos lo que nos pueda gustar en un momento dado. Si «ser bueno» meramente significa unirse al lado que nos gusta en un momento dado, sin razón aparente, entonces el bien no merecería llamarse bien. Así que debemos querer decir que uno de los dos poderes es de hecho equivocado y el otro es de hecho correcto.

Pero en el momento en que decimos esto, estamos poniendo en el universo una tercera cosa en adición a los dos poderes: una ley, o norma o regla del bien a la que uno de los dos poderes se adhiere y el otro, no. Pero dado que ambos poderes son juzgados por este patrón, este patrón, o el Ser que estableció este patrón, está más arriba y por encima de ambos, y Él será el auténtico Dios. De hecho, lo que queríamos decir al llamarlos bueno y malo resulta ser que uno de ellos está en relación correcta con el auténtico y definitivo Dios, y el otro está en una relación equivocada.

Lo mismo puede demostrarse de diferente manera. Si el dualismo es verdad, el poder malo debe de ser un ser a quien le gusta el mal por el mal en sí. Pero en la realidad no tenemos experiencia de alguien a quien le gusta el mal solo porque es malo. Lo más que puede acercarnos a esto es la crueldad. Pero en la vida real la gente es cruel por una de dos razones: o porque son sádicos, es decir, porque tienen una perversión sexual que convierte para ellos la crueldad en causa de placer sexual, o porque hay algo que van a sacar de ello: dinero, o poder, o seguridad. Pero el placer, el dinero, el poder y la seguridad son todas ellas cosas buenas en sí mismas. La maldad consiste en perseguirlas por medio del método equivocado, o de una manera equivocada, o demasiado. No quiero decir, por supuesto, que las personas que hacen esto no sean desesperadamente malas. Quiero decir que la maldad, cuando se la examina, resulta ser la persecución de algún bien de una manera equivocada. Puedes ser bueno por el mero hecho de la bondad; no puedes ser malo por el mero hecho de la maldad. Puedes hacer una buena acción cuando no te sientas bondadoso y aunque no te produzca placer, pero nadie comete un acto cruel sencillamente porque la crueldad está mal, sino simplemente porque la crueldad le resulta útil o agradable. En otras palabras, la maldad no puede conseguir siquiera ser mala del mismo modo en que la bondad es buena. La bondad es, por así decirlo, ella misma, mientras que la maldad es solo bondad echada a perder. Y para que algo se estropee primero tiene que ser bueno. Al sadismo lo consideramos una perversión sexual, pero primero hemos de tener la idea de una sexualidad normal para después llamarla pervertida; y podemos ver cuál es la perversión porque podemos explicar lo perverso a partir de lo normal, y no podemos explicar lo normal a partir de lo perverso. Se sigue que este Poder Malo, que se supone está en términos de igualdad con el Poder Bueno y que ama la maldad del mismo modo que el Poder Bueno ama la bondad, es un mero espejismo. Para ser malo debe tener cosas buenas para desearlas y luego perseguirlas de una manera equivocada: debe tener impulsos que fueron originalmente buenos para poder pervertirlos. Pero si es malo no puede proporcionarse a sí mismo cosas buenas para desearlas o buenos impulsos para pervertirlos. Debe de recibir ambos del Poder Bueno. Y si es así, entonces no es independiente. Forma parte del mundo del Poder Bueno: o fue creado por el Poder Bueno o por algún poder que los supere a ambos.

Digámoslo de manera aún más sencilla. Para ser malo, debe existir y poseer inteligencia y voluntad. Pero la existencia, la inteligencia y la voluntad son en sí mismas buenas. Por lo tanto debe estar obteniéndolas de un Poder Bueno: incluso para ser malo debe pedir prestado o robar a su oponente. ¿Empezáis a comprender por qué el cristianismo ha dicho siempre que el demonio es un ángel caído? Eso no es un mero cuento infantil. Es un reconocimiento real de que el mal es un parásito, no la cosa original. Los poderes que le permiten al mal seguir adelante son poderes que le ha otorgado la bondad. Todas las cosas que le permiten a un mal hombre ser eficazmente malo son buenas en sí mismas: la resolución, la inteligencia, la belleza, la existencia misma. Por eso, el dualismo, en un sentido estricto, no funcionará.

Pero admito libremente que el auténtico cristianismo (en tanto que diferente del cristianismo-con-agua) se acerca mucho más al dualismo de lo que la gente cree. Una de las cosas que me sorprendió la primera vez que leí seriamente el Nuevo Testamento fue que este hablase tanto acerca de un Poder Oscuro en el universo... un poderoso espíritu del mal que se creía estaba detrás de la muerte, la enfermedad y el pecado. La diferencia es que el cristianismo piensa que este Poder Oscuro fue creado por Dios, y que era bueno cuando fue creado, y que fue por mal camino. El cristianismo está de acuerdo con el dualismo en que este universo está en guerra. Pero no cree que sea una guerra entre poderes independientes. Cree que es una guerra civil, una rebelión, y que estamos viviendo en una parte del universo ocupada por los rebeldes.

Un territorio ocupado por el enemigo: eso es lo que es este mundo. El cristianismo es la historia de cómo llegó aquí el verdadero rey, disfrazado, si queréis, y nos convocó a todos para tomar parte en una gran campaña de sabotaje. Cuando acudís a la iglesia estáis en realidad escuchando la secreta telegrafía de nuestros amigos; precisamente por eso el enemigo está tan ansioso por impedirnos acudir. Lo hace aprovechándose de nuestra vanidad, de nuestra pereza y de nuestro esnobismo intelectual. Sé que alguno me preguntaría: «¿De verdad te propones, en la época en que estamos, reintroducir a nuestro viejo amigo el demonio, con sus pezuñas y sus cuernos?». Bueno, no sé qué tiene que ver con ello la época en la que estamos. Y no soy partidario de los cuernos y las pezuñas. Pero en otros aspectos mi respuesta es «Sí». No pretendo saber nada acerca de su apariencia personal. Si alguien quiere conocerlo mejor, yo le diría: «No te preocupes. Si de verdad lo quieres, lo harás. Pero si te gustará o no, esa es otra cuestión».

3

LA CHOCANTE ALTERNATIVA

Los cristianos, pues, creen que un poder maligno se ha constituido de momento en Príncipe de este Mundo. Y, naturalmente, esto presenta problemas. ¿Está esta situación de acuerdo con la voluntad de Dios o no? Si lo está, es un Dios muy extraño, diréis; y si no lo está, ¿cómo puede suceder algo contrario a la voluntad de un ser con poder absoluto?

Pero cualquiera que haya tenido autoridad sabe que una cosa puede estar de acuerdo con su voluntad en un aspecto y no en otro. Puede ser muy sensato por parte de una madre decirles a sus hijos: «No voy a pediros que ordenéis el cuarto de jugar todas las noches. Tenéis que aprender a mantenerlo ordenado por vuestra cuenta». Pero una noche entra en el cuarto de jugar y se encuentra el oso de juguete y la tinta del tintero y el libro de gramática tirados por el suelo. Eso va en contra de su voluntad. Ella preferiría que los niños fueran ordenados. Pero, por otro lado, es su voluntad la que ha permitido a los niños ser desordenados. Lo mismo sucede en un regimiento, en un sindicato o en una escuela. Si haces que algo sea voluntario, la mitad de la gente no lo hará. Eso no es lo que pretendías, pero tu voluntad lo ha hecho posible.

Probablemente lo mismo ocurre en el universo. Dios creó seres con libre albedrío. Eso significa criaturas que pueden acertar o equivocarse. Algunos creen que pueden imaginar una criatura que fuese libre pero que no tuviera posibilidad de equivocarse; yo no. Si alguien es libre de ser bueno también es libre de ser malo. Y el libre albedrío es lo que ha hecho posible el mal. ¿Por qué, entonces, nos ha dado Dios el libre albedrío? Porque el libre albedrío, aunque haga posible el mal, es también lo único que hace que el amor, la bondad o la alegría merezcan la pena tenerse. Un mundo de autómatas —de criaturas que funcionasen como máquinas— apenas merecería ser creado. La felicidad que Dios concibe para sus criaturas más evolucionadas es la felicidad de estar libre y voluntariamente unidas a Él y entre sí en un éxtasis de amor y deleite comparado con el cual el amor más arrobado entre hombre y mujer en este mundo es mera insignificancia. Y para ello deben ser libres.

Por supuesto que Dios sabía lo que ocurriría si utilizaban mal su libertad; aparentemente, le pareció que merecía la pena arriesgarse. Tal vez nos sintamos inclinados a disentir de Él. Pero hay una dificultad acerca de disentir de Dios. Él es la fuente de donde proviene todo vuestro poder razonador: no podríais tener razón y estar Él equivocado del mismo modo que un arroyo no puede subir más alto que su propio manantial. Cuando argumentáis en su contra, estáis argumentando en contra del poder mismo que os capacita para argumentar: es como cortar la rama del árbol en la que estáis sentados. Si Dios piensa que este estado de guerra en el universo es un precio que vale la pena pagar por el libre albedrío —es decir, por crear un mundo vivo en el que las criaturas pueden hacer auténtico bien y auténtico mal, y en el que algo de auténtica importancia pueda suceder, en vez de un mundo de juguete que solo se mueve cuando Él tira de los hilos—, entonces podemos suponer que es un precio que vale la pena pagar.

Cuando hemos comprendido lo del libre albedrío nos damos cuenta de la necedad que es preguntar, como alguien me preguntó una vez: «¿Por qué hizo Dios a una criatura de tan mala pasta que salió mal?». Cuanto mejor sea la pasta de la que está hecha una criatura —cuanto más inteligente, más fuerte y más libre sea esa criatura— mejor será si sale bien y peor será si sale mal. Una vaca no puede ser muy buena ni muy mala; un perro puede ser mejor o peor; un niño, aún mejor y aún peor; un hombre corriente, mejor y peor todavía; un genio, mejor y peor aún, y un espíritu sobrehumano, mejor o peor que todos los anteriores.

¿Cómo salió mal el Poder Oscuro? Aquí, sin duda, hacemos una pregunta a la que los seres humanos no pueden responder con ninguna certeza. Podemos, sin embargo, aventurar una suposición razonable (y tradicional), basada en nuestra propia experiencia. En el momento en que tenemos un ego, existe la posibilidad de poner a ese ego por encima de todo —de querer ser el centro—, de querer, de hecho, ser Dios. Ese fue el pecado de Satanás: y ese fue el pecado que él enseñó a la raza humana. Algunos piensan que la caída de hombre estuvo relacionada con el sexo, pero eso es un error. (La historia del Libro de Génesis sugiere que una cierta corrupción de nuestra naturaleza sexual siguió a la caída y fue su resultado, no su causa). Lo que Satanás puso en la cabeza de nuestros antepasados remotos fue la idea de que podían «ser como dioses», que podían desenvolverse por sí solos como si se hubieran creado a sí mismos, ser sus propios amos, inventar una suerte de felicidad para sí mismos fuera de Dios, aparte de Dios. Y de ese desesperado intento ha salido casi todo lo que llamamos historia humana —el dinero, la pobreza, la ambición, la guerra, la prostitución, las clases, los imperios, la esclavitud—, la larga y terrible historia del hombre intentando encontrar otra cosa fuera de Dios que lo haga feliz.

La razón por la cual este intento no puede salir bien es esta: Dios nos hizo: nos inventó del mismo modo que un hombre inventa una máquina. Un coche está hecho para funcionar con gasolina, y no funcionaría adecuadamente con ninguna otra cosa. Pues bien, Dios diseñó a la máquina humana para que funcionara con Él. El combustible con el que nuestro espíritu ha sido diseñado para funcionar, o la comida que nuestro espíritu ha sido diseñado para comer es Dios mismo. No hay otra cosa. Esa es la razón por la que no sirve de nada pedirle a Dios que nos haga felices a nuestra manera sin molestarnos con la religión. Dios no puede darnos paz ni felicidad aparte de Él, porque no existen. No existe tal cosa.

Esa es la clave de la historia. Se gasta una tremenda energía, se construyen civilizaciones, se pergeñan excelentes instituciones, pero cada vez algo sale mal. Algún defecto fatal acaba por llevar a la cima a las gentes crueles y egoístas y todo se desploma en la miseria y en la ruina. De hecho, la máquina se rompe. Parece empezar bien, consigue avanzar unos cuantos metros, y luego se rompe. Porque intentan que funcione con el combustible equivocado. Eso es lo que Satanás nos ha hecho a los seres humanos.

¿Y qué hizo Dios? En primer lugar, nos dejó la conciencia, el sentido del bien y del mal: y a lo largo de la historia ha habido individuos que han intentado (algunos de ellos con gran empeño) obedecerlo. Ninguno de ellos lo consiguió del todo. En segundo lugar, Dios envió a la raza humana lo que yo llamo sueños felices: me refiero a esas extrañas historias esparcidas por todas las religiones paganas acerca de un Dios que muere y vuelve después a vida y que, por medio de su muerte, ha dado de algún modo nueva vida a los hombres. En tercer lugar, escogió a un pueblo en particular y pasó varios siglos metiéndoles en la cabeza la clase de Dios que era —que solo había uno como Él y que le interesaba la buena conducta—. Ese pueblo era el pueblo judío, y el Antiguo Testamento nos relata todo ese proceso.

Pero entonces viene lo más chocante. Entre estos judíos aparece de pronto un hombre que va por ahí hablando como si Él fuera Dios. Sostiene que Él perdona los pecados. Dice que Él siempre ha existido. Dice que vendrá a juzgar al mundo al final de los tiempos. Pero aclaremos una cosa. Entre los panteístas, como los hindúes, cualquiera podría decir que él es parte de Dios, o uno con Dios: no habría nada de extraño en ello. Pero este hombre, dado que era un judío, no podía referirse a esa clase de Dios. Dios, en el lenguaje de los judíos, significaba el Ser aparte del mundo que Él había creado y que era infinitamente diferente de todo lo demás. Y cuando hayáis caído en la cuenta de ello veréis que lo que ese hombre decía era, sencillamente, lo más impresionante que jamás haya sido pronunciado por ningún ser humano.

Una parte de su pretensión tiende a pasar inadvertida porque la hemos oído tantas veces que ya no nos damos cuenta de lo que significa. Me refiero al hecho de perdonar los pecados: todos los pecados. Ahora bien; a menos que el que hable sea Dios, esto resulta tan absurdo que raya en lo cómico. Todos podemos comprender el que un hombre perdone ofensas que le han sido infligidas. Tú me pisas y yo te perdono, tú me robas el dinero y yo te perdono. ¿Pero qué hemos de pensar de un hombre, a quien nadie ha pisado, a quien nadie ha robado nada, que anuncia que él te perdona por haber pisado a otro hombre o haberle robado a otro hombre su dinero? «Necia fatuidad» es la descripción más benévola que podríamos hacer de su conducta. Y sin embargo esto es lo que hizo Jesús. Les dijo a las gentes que sus pecados eran perdonados, y no esperó a consultar a las demás gentes a quienes esos pecados habían sin duda perjudicado. Sin ninguna vacilación, se comportó como si Él hubiese sido la parte principalmente ofendida por esas ofensas. Esto tiene sentido solo si Él era realmente ese Dios cuyas reglas son infringidas y cuyo amor es herido por cada uno de nuestros pecados. En boca de cualquiera que no fuese Dios, estas palabras implicarían lo que yo no puedo considerar más que una estupidez y una vanidad sin rival en ningún otro personaje de la historia.

Y sin embargo (y esto es lo más extraño y significativo), incluso sus enemigos, cuando leen los Evangelios, no suelen tener la impresión de estupidez o vanidad. Aún menos la tienen los lectores sin prejuicios. Cristo dice que Él es «manso y humilde» y le creemos, sin darnos cuenta de que, si Él fuera meramente un hombre, la humildad y la mansedumbre serían las últimas características que atribuiríamos a algunas de sus enseñanzas.

Intento con esto impedir que alguien diga la auténtica estupidez que algunos dicen acerca de Él: «Estoy dispuesto a aceptar a Jesús como un gran maestro moral, pero no acepto su afirmación de que era Dios». Eso es precisamente lo que no debemos decir. Un hombre que fue meramente un hombre y que dijo las cosas que dijo Jesús no sería un gran maestro moral. Sería un lunático —en el mismo nivel del hombre que dice ser un huevo escalfado— o si no sería el mismísimo demonio. Tenéis que escoger. O ese hombre era, y es, el Hijo de Dios, o era un loco o algo mucho peor. Podéis hacerle callar por necio, podéis escupirle y matarle como si fuese un demonio, o podéis caer a sus pies y llamarlo Dios y Señor. Pero no salgamos ahora con insensateces paternalistas acerca de que fue un gran maestro moral. Él no nos dejó abierta esa posibilidad. No quiso hacerlo.

4

EL PERFECTO PENITENTE

Nos encontramos, pues, con una alternativa aterradora. O este hombre del que hablamos era (o es) justamente lo que Él dijo ser o, si no, era un lunático o algo peor. Bien: a mí me parece evidente que no era ni un lunático ni un monstruo y que, en consecuencia, por extraño o terrible o improbable que pueda parecer, tengo que aceptar la idea de que Él era y es Dios. Dios desembarcó en este mundo ocupado por el enemigo asumiendo una forma humana.

¿Y cuál era el propósito de todo esto? ¿Qué vino Él a hacer aquí? Vino a enseñar, por supuesto; pero en cuanto se examina el Nuevo Testamento o cualquier otro escrito cristiano se descubre que están constantemente hablando de algo diferente... de su muerte y su resurrección. Es evidente que los cristianos consideran que lo más importante de esa historia reside en estos dos hechos. Creen que lo más importante que Él vino a hacer a la tierra fue sufrir y ser crucificado.

Antes de que me convirtiese al cristianismo yo creía que lo primero en lo que debían creer los cristianos era una teoría en particular en cuanto a la razón de esta muerte. Según esa teoría, Dios quería castigar a los hombres por haberle abandonado y haberse unido al Gran Rebelde, pero Cristo se ofreció como voluntario para ser castigado en lugar de ellos, y de ese modo Dios nos perdonó a nosotros. Ahora admito que ni siquiera esta teoría me parece tan inmoral y tan tonta como solía parecerme, pero ese no es el punto al que yo quería llegar. Lo que llegué a comprender más adelante fue que ni esta teoría ni ninguna otra son el cristianismo. La principal creencia cristiana es que la muerte de Cristo nos ha puesto de alguna manera a bien con Dios y nos ha otorgado un nuevo comienzo. Las teorías acerca de cómo su muerte logró esto son un asunto aparte. Se han elaborado muchas y muy diferentes acerca de cómo funciona esto, pero en lo que todos los cristianos están de acuerdo es en que funciona. Os diré cómo lo veo yo. Cualquier persona sensata sabe que si uno está cansado y tiene hambre, una buena comida le hará bien. Pero las teorías modernas acerca de la alimentación —todo lo que se refiere a las vitaminas y proteínas— es una cuestión diferente. Las personas comían y se sentían mejor mucho antes de que se oyese hablar de las vitaminas, y si alguna vez se abandona la idea de las vitaminas, los hombres seguirán comiendo igual que siempre. Las teorías acerca de la muerte de Cristo no son el cristianismo: son explicaciones de cómo esa muerte funciona. No todos los cristianos estarían de acuerdo en cuanto a la importancia de estas doctrinas. Mi propia Iglesia —la Iglesia Anglicana— no establece ninguna de ellas como la única verdadera. La Iglesia Católica va un poco más allá. Pero creo que todas estarán de acuerdo en que el hecho en sí es infinitamente más importante que cualquier explicación que los teólogos hayan podido ofrecernos. Opino que estos probablemente admitirían que ninguna explicación será jamás del todo adecuada a la realidad. Pero como dije en el prefacio de este libro, yo no soy más que un profano, y en este punto nos adentramos en aguas profundas. Solo puedo deciros, por lo que pueda valer, cómo yo, personalmente, considero este tema.

En mi opinión, las teorías no son en sí mismas lo que se os pide que aceptéis. Sin duda muchos de vosotros habéis leído a Jeans o a Eddington. Lo que ellos hacen cuando quieren explicar el átomo o algo parecido es daros una descripción a partir de la cual podéis haceros una imagen mental. Pero luego os advierten que esta imagen no es aquello en lo que en realidad creen los científicos. En lo que los científicos creen es en una fórmula matemática. Las imágenes están allí solo para ayudaros a comprender la fórmula. No son realmente válidas del modo en que la fórmula es válida; no os enseñan la cosa real, sino algo más o menos parecido. Solo están allí para ayudar, y si no lo hacen podéis prescindir de ellas. La cosa en sí no puede ser representada; solo puede ser expresada matemáticamente. Y aquí nos encontramos en una situación parecida. Creemos que la muerte de Cristo es aquel momento de la historia en el que algo absolutamente inimaginable llega desde fuera y aparece en nuestro mundo.

Y si ni siquiera podemos imaginarnos los átomos de los que está construido nuestro mundo, es evidente que no podremos imaginarnos esto. De hecho, si descubriésemos que podemos comprenderlo totalmente, esto mismo demostraría que el hecho no es lo que pretende ser... lo inconcebible, lo increado, lo que se halla fuera de la naturaleza, e irrumpe en la naturaleza como un relámpago. Podréis preguntar de qué nos sirve si no lo comprendemos. Pero eso tiene fácil respuesta. Un hombre puede comerse su cena sin comprender exactamente de qué modo lo alimenta la comida. Un hombre puede aceptar lo que hizo Cristo sin saber de qué modo opera: de hecho, no sabrá ciertamente cómo opera hasta que lo haya aceptado.

Se nos dice que Cristo fue muerto por nosotros, que su muerte ha redimido nuestros pecados y que por el hecho de morir derrotó a la muerte misma. Esa es la fórmula. Eso es el cristianismo. Eso es lo que debe ser creído. Todas las teorías que elaboremos con respecto a cómo la muerte de Cristo logró esto son, a mi modo de ver, secundarias: meros planos o diagramas para ser abandonados si no nos ayudan, e incluso si nos ayudan, para no ser confundidos con el hecho en sí. De todos modos, algunas de estas teorías merecen ser examinadas.

La teoría que han escuchado la mayoría de las personas es la que mencioné antes: la de ser perdonados porque Cristo se había ofrecido voluntario para sufrir el castigo en lugar de nosotros. Pero en apariencia esta teoría es bastante absurda. Si Dios estaba dispuesto a perdonarnos, ¿por qué no lo hizo sin más? ¿Y qué sentido tenía castigar en cambio a una persona inocente? Ninguno, a mi parecer, si estáis pensando en un castigo como los que inflige un juzgado de guardia. Por otro lado, si pensáis en una deuda, tiene mucho sentido el que una persona que tenga medios pague en nombre de otra que no los tiene. O si pensamos en «pagar la multa», no en el sentido de ser castigado, sino en el sentido más general de «aguantar el chaparrón» o «correr con los gastos», entonces, por supuesto, es del todo sabido que, cuando una persona se ha metido en un lío, la responsabilidad de sacarlo de él suele recaer sobre un amigo generoso.

¿Y cuál era el «lío» en que se había metido el hombre? Había intentado valerse por sí solo, comportarse como si se perteneciera a sí mismo. En otras palabras, el hombre caído no es simplemente una criatura imperfecta que necesita mejorarse: es un rebelde que debe deponer sus armas. Deponer vuestras armas, rendiros, pedir perdón, daros cuenta de que habéis escogido el camino equivocado y disponeros a empezar vuestra vida nuevamente desde el principio... esa es la única manera de salir del «lío». Este proceso de rendición —este movimiento hacia atrás a toda máquina— es lo que los cristianos llaman arrepentimiento. Y el arrepentimiento no es divertido en absoluto. Es algo mucho más difícil que bajar la cabeza humildemente. El arrepentimiento significa desaprender toda la vanidad y la autoconfianza en las que nos hemos estado ejercitando durante miles de años. Significa matar parte de uno mismo, padecer una especie de muerte. De hecho, hay que ser muy bueno para arrepentirse. Y aquí está la trampa. Solo una mala persona necesita arrepentirse; solo una buena persona puede arrepentirse perfectamente. Cuanto peor seas, más lo necesitas y menos puedes hacerlo. La única persona que podría hacerlo perfectamente sería una persona perfecta... y ella no lo necesitaría.

Recordad que este arrepentimiento, esta voluntaria sumisión a la humillación y a una especie de muerte, no es algo que Dios os exige antes de recibiros de nuevo y de lo cual podría libraros si quisiera: es simplemente una descripción de lo que es volver a Él. Si le pedís a Dios que os reciba de nuevo sin arrepentiros, lo que realmente le estáis pidiendo es volver a Él sin volver a Él. No puede ocurrir. Pues bien; entonces debemos pasar por ahí. Pero la misma maldad que nos hace necesitarlo nos imposibilita el hacerlo. ¿Podemos hacerlo si Dios nos ayuda? Sí, ¿pero qué queremos decir cuando hablamos de la ayuda de Dios? Queremos decir que Dios nos ponga dentro un trocito de Sí, por así decirlo. Él nos presta un poquito de su capacidad para razonar, y de ese modo pensamos; nos presta un poquito de su amor y así es como nos amamos los unos a los otros. Cuando se le enseña a un niño a escribir, se le sostiene la mano mientras él forma las letras; es decir, él forma las letras porque vosotros las estáis formando. Nosotros amamos y razonamos porque Dios ama y razona y nos sostiene la mano mientras lo hacemos. Si no hubiéramos caído, todo eso sería facilísimo. Pero desgraciadamente ahora necesitamos la ayuda de Dios para hacer algo que Dios, en su propia naturaleza, no haría jamás... rendirnos, sufrir, someternos, morir. Nada en la naturaleza de Dios corresponde a este proceso en absoluto. De modo que el único camino para el que ahora necesitamos más que nunca la ayuda de Dios es un camino que Dios, en su propia naturaleza, jamás ha recorrido. Dios solo puede compartir lo que Él tiene, y esto, en su propia naturaleza, no lo tiene.

Pero supongamos que Dios se hace hombre... supongamos que nuestra naturaleza humana que puede sufrir y morir se amalgamase con la naturaleza de Dios en una persona. Esa persona, entonces, podría ayudarnos. Podría entregar su voluntad, sufrir y morir, porque era un hombre, y podría hacerlo perfectamente porque era Dios. Vosotros y yo solo podemos pasar por este proceso si Dios lo hace en nosotros, pero Dios solo puede hacerlo si se hace hombre. Nuestros intentos de padecer esta muerte podrán llegar a buen fin solo si, como hombres, compartimos la muerte de Dios, del mismo modo que nuestros pensamientos solo pueden llevarse a cabo porque son una gota del océano de su inteligencia. Pero no podemos compartir la muerte de Dios a menos que Dios muera, y Él no puede morir a menos que se haga hombre. Es en este sentido en el que Él paga nuestras deudas, y sufre por nosotros lo que, como Dios, no es necesario que sufra.

He oído decir a algunos que si Jesús era Dios además de hombre, su sufrimiento y su muerte pierden todo valor para ellos «porque tiene que haber sido muy fácil para Él». Otros pueden (con razón) rechazar la ingratitud y descortesía de esta objeción; lo que a mí me asombra es el malentendido que revela. En un sentido, por supuesto, aquellos que la hacen tienen razón. Incluso se han quedado cortos. La perfecta sumisión, el perfecto sufrimiento, la muerte perfecta no solo fueron más fáciles para Jesús porque Él era Dios, sino que fueron posibles solo porque era Dios. Pero ¿no es esa una extraña razón para no aceptarlos? El maestro puede formar las letras del niño solo porque es un adulto y sabe escribir. Eso, naturalmente, lo hace más fácil para el maestro, y solo porque para él es más fácil enseñar al niño. Si el niño lo rechazara porque «para los adultos es fácil», y esperase aprender a escribir de otro niño de su edad que no supiera hacerlo (y así no le llevaría una ventaja «injusta»), no haría demasiados progresos. Si yo me estoy ahogando en un río turbulento, un hombre que aún tenga un pie en la orilla puede echarme una mano que me salve la vida. ¿Debería gritarle, entre jadeos, «¡No, no es justo! ¡Tú tienes ventaja! ¡Aún tienes un pie en la orilla!». Esa ventaja —llamadla «injusta», si queréis— es la única razón por la que ese hombre puede serme útil. ¿A quién recurriréis en busca de ayuda si no a aquel que es más fuerte que vosotros?

Esa es mi manera de entender lo que los cristianos llaman Redención. Pero recordad que esto es solo una imagen más. No lo confundáis con la cosa en sí. Y si no os ayuda, abandonadla.

5

LA CONCLUSIÓN PRÁCTICA

CRISTO SE SOMETIÓ a la rendición y la humillación perfectas: perfectas porque Él era Dios, rendición y humillación porque era un hombre. La creencia cristiana es que si nosotros compartimos de algún modo la humildad y el sufrimiento de Cristo también compartiremos su conquista de la muerte, encontraremos una nueva vida después de muertos y en ella nos haremos criaturas perfectas y perfectamente felices. Esto significa algo mucho más importante que intentar seguir sus enseñanzas. La gente a menudo pregunta cuándo tendrá lugar el próximo paso en la evolución del hombre: el paso hacia algo más allá de lo humano. Pero para los cristianos este paso ya ha sido dado. Con Cristo apareció una nueva clase de hombre: y la nueva clase de vida que empezó con Él nos ha de ser dada.

¿Cómo va a suceder esto? Recordad de qué manera adquirimos la vida común y corriente. La derivamos de otros, de nuestro padre y nuestra madre y de todos nuestros ancestros, sin consentimiento nuestro, y a través de un proceso muy curioso que implica placer, dolor y peligro. Un proceso que jamás podríais haber adivinado. La mayoría de nosotros pasamos muchos años de nuestra infancia intentando adivinarlo, y algunos niños, cuando se enteran de ello por primera vez, no se lo creen. Y yo diría que no se lo reprocho, ya que es verdaderamente peculiar. Pues bien, el Dios que dispuso ese proceso es también el Dios que dispone cómo la nueva clase de vida —la vida de Cristo— va a difundirse. Debemos estar preparados para que esto también nos resulte extraño. Él no nos consultó cuando inventó el sexo: tampoco nos ha consultado cuando inventó esto.

Hay tres cosas que difunden la vida de Cristo en nosotros: el bautismo, la creencia, y ese acto misterioso que diferentes cristianos llaman con nombres diferentes: la santa comunión, la misa, la cena del Señor. Al menos esos son los tres métodos más comunes. No estoy diciendo que no pueda haber casos especiales en los que la vida de Cristo sea difundida sin una o más de estas cosas. No tengo tiempo de referirme a los casos especiales, y no sé lo bastante como para hacerlo. Si intentas decirle a un hombre en pocos minutos cómo llegar hasta Edimburgo le hablarás de los trenes; es verdad que puede llegar allí en barco o en avión, pero es poco probable que le hables de ello. Y no estoy diciendo nada acerca de cuál de estas tres cosas es la más esencial. A mi amigo metodista le gustaría que hablase más de la creencia y menos (en proporción) de las otras dos. Pero no voy a adentrarme en estas. Cualquiera que pretenda enseñar el cristianismo os dirá, de hecho, que utilicéis las tres, y por el momento eso es suficiente para nuestros propósitos.

Yo mismo no puedo entender por qué estas cosas serían los conductores de la nueva clase de vida. Pero, claro, si uno no conociera el proceso, tampoco habría comprendido la conexión entre un placer físico en particular y la aparición de un nuevo ser humano en el mundo. Tenemos que tomar la realidad como se nos presenta: no sirve de nada hablar de cómo debería ser o cómo hubiéramos esperado que fuese. Pero aunque no comprenda por qué debe ser así, puedo deciros por qué creo que es así. He explicado por qué tengo que creer que Jesús era (y es) Dios. Y parece tan claro como un hecho histórico que Él enseñó a sus seguidores que la nueva vida se comunicaba de este modo. En otras palabras: yo lo creo por su autoridad. No dejéis que la palabra autoridad os asuste. Creer cosas por su autoridad solo significa que las creemos porque nos las ha dicho alguien a quien tenemos por digno de confianza. El noventa y nueve por ciento de las cosas que creemos las creemos por autoridad. Yo creo que hay una ciudad llamada Nueva York. No la he visto con mis propios ojos. No podría probar por un razonamiento abstracto que tal ciudad debe de existir. Pero creo que existe porque personas en las que se puede confiar me han dicho que existe. El hombre común cree en el sistema solar, en los átomos, en la evolución y en la circulación de la sangre porque la autoridad de los científicos le dice que estas cosas existen. Todas las afirmaciones históricas del mundo son creídas por su autoridad. Ninguno de nosotros ha vivido la conquista de los normandos o la derrota de la Armada española. Ninguno de nosotros podría demostrarlas por pura lógica como se demuestra una ecuación en matemáticas. Creemos en ellas sencillamente porque personas que sí las vivieron dejaron escritos que hablan de ellas; de hecho, las creemos por su autoridad. Un hombre que desconfiase de la autoridad en otros temas como algunos desconfían de la religión tendría que resignarse a no saber nada en toda su vida.

No creáis que estoy proponiendo el bautismo y la creencia y la comunión como las cosas que bastarán a cambio de vuestros propios intentos de imitar a Cristo. Vuestra vida natural la recibís de vuestros padres; eso no significa que seguirá allí si no hacéis nada por cuidar de ella. Podéis perderla por negligencia, o podéis despreciarla suicidándoos. Tenéis que alimentarla y cuidar de ella, pero recordad siempre que no estáis haciéndola, que solo estáis preservando una vida que obtuvisteis de alguien más. Del mismo modo, un cristiano puede perder la vida de Cristo que le ha sido infundida, y tiene que esforzarse por conservarla. Pero ni siquiera el mejor cristiano que haya vivido nunca actúa por voluntad propia... solo está nutriendo o protegiendo una vida que jamás habría adquirido gracias a sus propios esfuerzos. Y eso tiene consecuencias prácticas. Mientras la vida natural esté en vuestro cuerpo, hará mucho por reparar dicho cuerpo. Heridlo, y hasta cierto punto cicatrizará, lo que un cuerpo muerto no haría. Un cuerpo vivo no es un cuerpo que jamás se lastima, sino un cuerpo que, hasta cierto punto, puede repararse a sí mismo. Del mismo modo, un cristiano no es un hombre que no peca nunca, sino un hombre al que se le ha concedido la capacidad de arrepentirse, levantarse del suelo y empezar de nuevo después de cada tropiezo... porque la vida de Cristo está en su interior, reparándolo en todo momento, permitiéndole que repita (hasta cierto punto) la clase de muerte voluntaria que Cristo mismo llevó a cabo.

De ahí que los cristianos estén en una posición diferente de otras personas que intentan ser buenas. Estas tienen la esperanza de que, siendo buenas, agradarán a Dios, si este existe; o —si creen que no existe— al menos esperan merecer la aprobación de otras personas buenas. Pero los cristianos piensan que cualquier bien que hagan proviene de la vida de Cristo en su interior. No creen que Dios nos amará porque seamos buenos, sino que Dios nos hará buenos porque nos ama, del mismo modo que el tejado de un invernadero no atrae el sol porque es brillante, sino que se vuelve brillante porque el sol brilla sobre él.

Y quiero dejar bien claro que cuando los cristianos dicen que la vida de Cristo está en ellos, no se refieren simplemente a algo mental o moral. Cuando hablan de estar «en Cristo», o de que Cristo está «en ellos», esto no es solo un modo de decir que están pensando en Cristo o imitando a Cristo. Lo que quieren decir es que Cristo está de hecho obrando a través de ellos; que la masa entera de cristianos es el organismo físico a través del cual actúa Cristo; que somos sus dedos y sus músculos, las células de su cuerpo. Y tal vez eso explique un par de cosas. Explica por qué esta vida nueva se propaga no solo por medio de actos mentales como la creencia, sino por actos corporales como el bautismo o la comunión. No es solamente la propagación de una idea; se parece más a la evolución: un hecho biológico o superbiológico. No sirve de nada intentar ser más espiritual que Dios. Dios nunca tuvo intención de que el hombre fuese una criatura puramente espiritual. Por eso precisamente utiliza substancias materiales, como el pan y el vino, para infundirnos esa vida nueva. Tal vez esto nos parezca burdo o poco espiritual, pero a Dios no. Él inventó la comida. Le gusta la materia. Él la inventó.

He aquí otra cosa que solía intrigarme. ¿No parece terriblemente injusto que esta vida nueva esté limitada a las personas que han oído hablar de Cristo y son capaces de creer en Él? Pero la verdad es que Dios no nos ha dicho qué ha dispuesto con respecto a todos los demás. Sabemos que ningún hombre puede salvarse si no es a través de Cristo, pero no sabemos que solo aquellos que le conocen puedan salvarse a través de Él. Pero entretanto, si os preocupan aquellos que han quedado fuera, lo menos razonable que podéis hacer es quedar fuera vosotros. Los cristianos son el cuerpo de Cristo, el organismo a través del cual Él trabaja. Cualquier adición a ese cuerpo le permite a Él hacer más. Si queréis ayudar a aquellos que están fuera debéis añadir vuestra pequeña célula al cuerpo de Cristo que es el único que puede ayudarlos. Cortarle los dedos a un hombre sería una extraña manera de hacer que trabajase más.

Otra posible objeción es esta. ¿Por qué Dios desembarca disfrazado en este mundo ocupado por el enemigo e inicia una especie de sociedad secreta para boicotear al demonio? ¿Por qué no desembarca por la fuerza; por qué no lo invade? ¿Es que no es lo bastante fuerte? Bueno, los cristianos creemos que desembarcará por la fuerza, aunque no sabemos cuándo. Pero podemos adivinar por qué está retrasándolo. Quiere darnos la oportunidad de unirnos a su bando libremente. Supongo que ni vosotros ni yo hubiéramos respetado mucho a un francés que hubiese esperado a que los

Aliados entrasen en Alemania para anunciar entonces que estaba de nuestro lado. Dios nos invadirá. Pero me pregunto si las personas que le piden que interfiera abierta y directamente en nuestro mundo se dan cuenta realmente de lo que ocurrirá cuando lo haga. Cuando eso suceda, será el fin del mundo. Cuando el autor sube al escenario, la obra ha terminado. Dios va a invadirnos, es verdad, pero ¿de qué servirá decir entonces que estáis de su lado, cuando veáis que el universo natural se difumina a vuestro alrededor como un sueño, y que algo más —algo que os hubiera sido imposible concebir— aparece de pronto; algo tan hermoso para algunos y tan terrible para otros que ninguno de nosotros tendrá la posibilidad de elegir? Pues esta vez será Dios sin su disfraz; algo tan sobrecogedor que inspirará o un amor irresistible o un odio irresistible a todas las criaturas. Entonces será demasiado tarde para elegir un bando u otro. No sirve de nada decir que elegís permanecer acostados cuando se ha hecho imposible que estéis de pie. No será ese el momento de elegir. Será el momento en que descubramos qué bando habíamos elegido realmente, nos hayamos dado cuenta antes o no. Hoy, ahora, en este momento tenemos la posibilidad de elegir el bando adecuado. Dios está esperando para darnos esa posibilidad. Pero su espera no durará para siempre. Debemos aceptarlo o rechazarlo.

LIBRO TRES

El comportamiento cristiano

I

LAS TRES PARTES
DE LA MORAL

HAY UNA HISTORIA acerca de un escolar a quien se le preguntó cómo pensaba que era Dios. Él contestó que, a su parecer, Dios era «la clase de persona que siempre está espiando a ver si la gente se divierte y entonces intenta impedírselo». Y me temo que esa es la idea que la palabra «moralidad», inspira a gran número de personas: algo que interfiere, algo que nos impide pasarlo bien. En realidad, las reglas morales son instrucciones para el funcionamiento de la máquina humana. Toda regla moral está ahí para impedir un desperfecto, un esfuerzo desmedido o una fricción en el funcionamiento de esa máquina. Por eso al principio estas reglas parecen estar interfiriendo constantemente con nuestras inclinaciones naturales. Cuando se nos enseña a utilizar una máquina, el instructor no deja de decir: «No, no lo hagáis así», porque, naturalmente, hay toda clase de cosas que creemos que están bien y que nos parecen la manera más natural de tratar una máquina, pero que en realidad no funcionan.

Algunos prefieren hablar de «ideales» morales antes que de reglas morales, y de «idealismo» moral antes que de obediencia moral. Ahora bien, es verdad, por supuesto, que la perfección moral es un «ideal», en el sentido de que no podemos alcanzarla. En ese sentido, cualquier clase de perfección es, para nosotros los humanos, un ideal: no podemos conseguir ser perfectos conductores de automóviles, ni perfectos jugadores de tenis, o dibujar perfectas líneas rectas. Pero hay otro sentido en el que resulta muy equívoco llamar ideal a la perfección moral. Cuando un hombre dice que una cierta mujer, o casa, o barco o jardín es «su ideal», no quiere decir (a menos que sea un idiota) que todos los demás deberían tener el mismo ideal. En esos temas tenemos derecho a tener gustos diferentes y, por lo tanto, ideales diferentes. Pero es peligroso describir a un hombre que intenta con todas sus fuerzas guardar la ley moral como a alguien que tiene «altos ideales», porque podría llevarnos a pensar que la perfección moral es un gusto privado de ese hombre y que el resto de nosotros no estamos llamados a compartirla. Esto sería un error desastroso. Puede que el comportamiento perfecto sea tan difícil de alcanzar como el perfecto cambio de marchas cuando conducimos un automóvil, pero es un ideal necesario que se le recomienda a todos los hombres por la naturaleza misma de la máquina humana, del mismo modo que el cambio de marchas perfecto es un ideal recomendado a todos los conductores por la naturaleza misma de los coches. Y sería aún más peligroso pensar en uno mismo como en una persona de «altos ideales» porque uno intenta no mentir en absoluto (en vez de decir solo unas pocas mentiras), o nunca cometer adulterio (en vez de cometerlo muy de vez en cuando), o no ser un fanfarrón (en vez de serlo moderadamente). Esto podría llevarnos a convertirnos en unos vanidosos y a pensar que somos personas bastante especiales que merecen ser felicitadas por su «idealismo». En realidad, sería lo mismo que esperásemos ser felicitados porque, cada vez que hacemos una cuenta, intentamos que nos salga bien. Sin duda, la perfección aritmética es un «ideal»; es verdad que cometeremos algún error en ciertos cálculos. Pero no hay nada de extraordinario en intentar ser exactos en todos los pasos de todas las cuentas. Sería una estupidez no intentarlo, ya que cualquier error nos causará problemas más adelante. Del mismo modo, todo fracaso moral nos causará problemas, seguramente a los demás y ciertamente a nosotros mismos. Al hablar de reglas y obediencia en vez de «ideales» e «idealismo» nos ayudamos a nosotros mismos a recordar estos hechos.

Y ahora vayamos un paso más adelante. Hay dos maneras en las que la máquina humana se estropea. Una de ellas ocurre cuando los individuos se apartan unos de otros, o chocan entre sí causándose daño, engañándose o agrediéndose. La otra tiene lugar cuando las cosas se estropean dentro del individuo... cuando las diferentes partes que lo componen (sus diferentes facultades, deseos, etc.), se separan entre sí o interfieren unas con otras. Podéis haceros una idea bastante clara si pensáis en nosotros como una flota de barcos navegando en perfecta formación. El viaje será un éxito solo si, en primer lugar, los barcos no chocan unos con otros o se cruzan en sus trayectorias y si, en segundo lugar, cada barco está en buen estado y sus máquinas funcionan como deben. De hecho, no es posible tener una de estas dos cosas sin la otra. Si los barcos no hacen más que colisionar no podrán seguir navegando por mucho tiempo. Por otro lado, si sus timones están estropeados no podrán evitar la colisión. O, si preferís, pensad en la humanidad como en una orquesta que toca una melodía. Para obtener un buen resultado son necesarias dos cosas. El instrumento individual de cada miembro de la orquesta debe estar afinado, y cada uno de ellos debe entrar en el momento indicado para combinar con los demás.

Pero hay una cosa que aún no hemos considerado. No hemos preguntado adónde se dirige la flota, o qué pieza de música está intentando tocar la orquesta. Puede que todos los instrumentos estén afinados y que todos entren a tocar en el momento indicado, pero así y todo la actuación podría no ser un éxito si la orquesta hubiera sido contratada para tocar música bailable y en realidad no tocara otra cosa que marchas fúnebres. Y por bien que navegase la flota, su viaje podría resultar un fracaso si su destino final fuese Nueva York y llegase en cambio a Calcuta.

La moral, pues, parece ocuparse de tres cosas. La primera, de la justicia y la armonía entre los individuos. La segunda, de lo que podríamos llamar ordenar o armonizar lo que acontece en el interior de cada individuo. Y la tercera, del fin general de la vida humana como un todo: aquello para lo que el hombre ha sido creado; el rumbo que debería seguir toda la flota; la canción que el director de la orquesta quiere que esta toque.

Tal vez os hayáis dado cuenta de que las personas modernas están casi siempre pensando en la primera cosa y olvidándose de las otras dos. Cuando se dice en los periódicos que intentamos alcanzar pautas morales cristianas, generalmente quieren decir que nos esforzamos por alcanzar la solidaridad y la justicia entre las naciones, las clases y los individuos; esto es, están pensando solo en la primera cosa. Cuando un hombre dice acerca de algo que quiere hacer: «No puede ser malo, porque esto no le hace daño a nadie», solo está pensando en la primera cosa. Piensa que no importa cómo esté su barco por dentro siempre que no choque con el barco de al lado. Y es bastante natural, cuando empezamos a pensar en la moralidad, que empecemos por lo primero, por las relaciones sociales. Por un lado, los resultados de una mala moral en esa esfera son muy evidentes y nos influyen todos los días: la guerra, la pobreza, los sobornos, las mentiras, el trabajo mal hecho. Y además, mientras se quede uno en la primera cosa, hay muy poco desacuerdo en lo que respecta a la moralidad. Casi todas las gentes de todos los tiempos han acordado (en teoría) que los seres humanos deben ser honestos, amables y serviciales los unos con los otros. Pero aunque es natural empezar con eso, si nuestras ideas acerca de la moral se detienen ahí, daría lo mismo que no las hubiéramos tenido. A menos que progresemos a la segunda cosa —el orden dentro de cada ser humano— solo nos estaremos engañando a nosotros mismos.

¿De qué sirve enseñarles a los barcos a maniobrar para evitar colisiones si en realidad son unos trastos en tan mal estado que no pueden ser maniobrados en absoluto? ¿De qué sirve esbozar sobre el papel reglas de comportamiento social si sabemos que, de hecho, nuestra codicia, nuestra cobardía, nuestro mal carácter y nuestra vanidad van a impedirnos que las cumplamos? No quiero decir ni por un momento que no deberíamos pensar, y pensar mucho, en mejorar nuestro sistema social y económico. Lo que quiero decir es que todos esos pensamientos se quedarán en agua de borrajas a menos que nos demos cuenta de que nada, salvo el valor y la generosidad de los individuos, conseguirá que ningún sistema funcione correctamente. Es relativamente fácil eliminar la clase de sobornos o avasallamientos que tienen lugar bajo el presente sistema, pero mientras los hombres sean tramposos o avasalladores encontrarán una nueva manera de llevar a cabo el antiguo juego bajo el nuevo sistema. No se puede hacer buenos a los hombres por ley, y sin hombres buenos no es posible una sociedad buena. Por eso debemos pasar a la segunda cosa: la moralidad dentro del individuo.

Pero creo que tampoco podemos detenernos ahí. Estamos llegando a un punto en el que diferentes creencias acerca del universo conducen a tipos de comportamiento diferentes. Y a primera vista parecería muy sensato detenernos antes de llegar a ese punto, y seguir hablando de las clases de moralidad en las que todos los hombres prácticos están de acuerdo. ¿Pero podemos hacerlo? Recordemos que la religión implica una serie de afirmaciones acerca de ciertos hechos que deben ser falsos o verdaderos. Si son verdaderos, ciertas conclusiones se seguirán acerca de la correcta navegación de la flota humana; si son falsos, las conclusiones serán enteramente diferentes. Por ejemplo, volvamos al hombre que dice que una cosa no puede estar mal a menos que perjudique a otro ser humano.

Este hombre comprende que no debe dañar a los demás barcos de la flota, pero cree sinceramente que lo que él haga con su propio barco es asunto suyo. Pero ¿no supone una gran diferencia el hecho de que ese barco sea o no de su propiedad? ¿No supone una gran diferencia el hecho de que yo sea, por así decirlo, el propietario de mi mente y mi cuerpo, o solo un inquilino, responsable solo ante su verdadero propietario. Si alguien me ha creado para sus propios fines, yo tendré muchos deberes que cumplir, deberes que no tendría si sencillamente me perteneciera a mí mismo.

Además, el cristianismo afirma que todo ser humano individual vivirá para siempre, y esto debe ser o falso o verdadero. Hay muchas cosas sobre las que no me haría falta molestarme si fuera a vivir solo setenta años, pero por las que más valdrá que me moleste, y mucho, si voy a vivir eternamente. Tal vez mi mal carácter o mis celos están empeorando gradualmente... tan gradualmente que su aumento a lo largo de setenta años no será demasiado evidente. Pero podrían llegar a ser un infierno dentro de un millón de años: de hecho, si el cristianismo es verdad, infierno es el término técnicamente correcto para describir lo que podrían llegar a ser. Y la inmortalidad marca esta otra diferencia, que, por cierto, tiene una relación con la diferencia entre el totalitarismo y la democracia. Si los individuos solo viven setenta años, un estado, una nación o una civilización, que pueden durar más de mil años, son más importantes que un individuo. Pero si el cristianismo es verdad, el individuo no es solo más importante, sino incomparablemente más importante, puesto que él es eterno, y la vida de un estado o una civilización, comparada con la suya, es solo un momento.

Parece, entonces, que si vamos a pensar en la moral, debemos pensar en los tres departamentos: las relaciones entre un hombre y otro, lo que hay en el interior de cada hombre y las relaciones entre el hombre y el poder que lo creó. Todos podemos cooperar en lo primero. Con lo segundo empiezan los desacuerdos, y estos se hacen realmente serios en lo tercero. Es tratando del tercer departamento donde aparecen las principales diferencias entre la moral cristiana y la no-cristiana. En lo que queda de este libro voy a asumir el punto de vista cristiano, y examinar todo el panorama tal como sería si el cristianismo fuera verdad.

2

LAS «VIRTUDES CARDINALES»

LA SECCIÓN ANTERIOR fue compuesta originalmente para ser emitida por la radio como una breve conferencia.

Si a uno se le permite hablar durante solo diez minutos, casi todo deberá ser sacrificado en aras de la brevedad. Una de las principales razones por las que he dividido la moralidad en tres partes (con la imagen de los barcos navegando en formación) fue que esta parecía la manera más corta de cubrir el terreno. Aquí quiero proporcionar una idea de otro modo en el que el tema ha sido dividido por antiguos autores, demasiado largo para utilizar en mi charla, pero indudablemente muy bueno.

Según este esquema más largo, hay siete virtudes. Cuatro de ellas se llaman cardinales, y las tres restantes se llaman teologales. Las virtudes cardinales son aquellas que reconoce toda la gente civilizada; las teologales son aquellas que, principalmente, solo conocen los cristianos. Me ocuparé de las virtudes teologales más tarde: por el momento voy a referirme a las cuatro virtudes cardinales. (La palabra «cardinales» no tiene nada que ver con los «Cardenales» de la Iglesia Católica. Proviene de una palabra griega que significa «el gozne de una puerta». Se llamaron virtudes cardinales porque cumplen, por así decirlo, la función de un eje o pivote). Estas son: prudencia, templanza, justicia y fortaleza.

La prudencia se refiere al práctico sentido común, a tomarse el trabajo de pensar en lo que uno está haciendo y en lo que podría resultar de ello. Hoy en día muy pocas personas piensan en la prudencia como una virtud.

De hecho, porque Cristo dijo que solo podríamos entrar en su reino haciéndonos como niños, muchos cristianos tienen la idea de que, siempre que uno sea «bueno», no importa que sea un imbécil. Pero eso es un malentendido. En primer lugar, la mayoría de los niños dan grandes muestras de prudencia acerca de las cosas que realmente les interesan, y las meditan con mucha sensatez. En segundo lugar, como señala san Pablo, Cristo no quiso decir que debíamos permanecer como niños en cuanto a *inteligencia*: por el contrario, nos dijo que fuéramos no solo «inocentes como palomas» sino también «cautos como serpientes». Cristo quiere un corazón de niño, pero una cabeza de adulto. Quiere que seamos sencillos, coherentes, afectuosos y sujetos a ser enseñados, como son los niños buenos, pero también quiere toda la inteligencia de la que podamos disponer para estar alerta en el trabajo y en óptimo estado físico. El hecho de que estéis donando dinero a una obra de caridad no significa que no necesitéis averiguar si esa obra de caridad es un fraude o no. El hecho de que estéis pensando en Dios mismo (cuando rezáis, por ejemplo) no significa que os deis por satisfechos con las mismas ideas infantiles que teníais a los cinco o seis años. Es cierto, naturalmente, que Dios no os amará menos ni podrá valerse menos de vosotros si habéis nacido con una inteligencia limitada. Dios tiene sitio para personas con muy poco sentido común, pero quiere que todos hagan uso del sentido común que poseen. El lema apropiado no es «Sé buena, tierna doncella, y deja a la que pueda que sea lista», sino «Sé buena, tierna doncella, y no olvides que esto implica ser tan lista como puedas». A Dios no le disgustan menos los perezosos intelectuales que cualquier otra clase de perezosos. Si estáis pensando en haceros cristianos, os advierto que os embarcáis en algo que lo exigirá todo de vosotros, el cerebro incluido. Pero afortunadamente esto funciona también al revés. Cualquiera que está sinceramente intentando convertirse al cristianismo pronto descubrirá que su inteligencia se agudiza: una de las razones por las que no se necesita una educación especial para ser cristiano es que el cristianismo es una educación en sí mismo. Esa es la razón por la que un creyente no educado, como Bunyan,[1] fue capaz de escribir un libro que asombró al mundo entero.

La templanza es, desgraciadamente, una de esas palabras cuyo significado ha cambiado. Ahora suele significar abstinencia del alcohol. Pero en los días en los que la segunda virtud cardinal fue llamada «templanza» no significaba eso, en absoluto. La templanza no se refería en especial a la

---

1. John Bunyan (1628-1688), predicador puritano cuya obra *El progreso del peregrino* llegó a ser la lectura predilecta de los emigrantes que fundaron los Estados Unidos.

bebida, sino a todos los placeres, y no significaba abstenerse de ellos, sino disfrutarlos hasta un límite adecuado y no más allá. Es un error pensar que todos los cristianos deberían ser abstemios: el islam, y no el cristianismo, es la religión de la abstinencia. Naturalmente que el deber de un cristiano en particular, o de cualquier cristiano en un momento en particular, podría ser el de abstenerse de cualquier bebida alcohólica, ya sea porque es un hombre que no puede beber sin hacerlo en exceso, o porque quiere darles a los pobres el dinero que gastaría en beber, o porque está con personas inclinadas a beber demasiado y no debe alentarlas bebiendo él. Pero el caso es que se está absteniendo, por una buena razón, de algo que él no condena y de lo que le gusta ver disfrutar a otros. Una de las particularidades de un cierto tipo de mala persona es que no puede renunciar a una cosa por sí solo sin querer que todos los demás renuncien también a ella. Ese no es el comportamiento cristiano. Un cristiano puede creer conveniente renunciar a toda clase de cosas por razones especiales: el matrimonio, la carne, la cerveza o el cine, pero en el momento en que empieza a decir que esas cosas son malas en sí, o a mirar con desprecio a otras personas que las practican, ha escogido el camino equivocado.

Se ha creado una confusión importante debido a la moderna restricción de la palabra templanza al tema de la bebida. Esto contribuye a que la gente olvide que se puede ser igualmente abusivo de muchas otras cosas. Un hombre que convierte el golf o su motocicleta en el centro de su vida, o una mujer que dedica todos sus pensamientos a la ropa o al *bridge* o a su perro están siendo tan «destemplados» como alguien que se emborracha todas las noches. Claro que esto no se ve en apariencia tan fácilmente: la manía por el *bridge* o por el golf no os hacen caer al suelo en mitad del camino. Pero a Dios no le engañan las apariencias.

La justicia significa mucho más que lo que ocurre en los juzgados. Es el antiguo nombre para todo aquello que ahora llamaríamos «imparcialidad». Esto incluye la honestidad, la flexibilidad, la sinceridad, el cumplir con las promesas, y todos esos aspectos de la vida. Y la fortaleza incluye dos tipos de valor: el que se enfrenta al peligro así como el que «aguanta» ante el dolor. Tener «riñones» es lo que más se aproximaría a esto en el lenguaje moderno. Os daréis cuenta, por supuesto, de que no podéis practicar ninguna de las demás virtudes por mucho tiempo sin que esta haga su aparición.

Hay un punto más acerca de las virtudes que deberíamos hacer notar. Existe una diferencia entre llevar a cabo una acción justa o templada y ser un hombre justo y templado. Alguien que no es un buen jugador de tenis podría de vez en cuando dar un buen golpe. Lo que queremos decir por un buen jugador es un hombre cuyos ojos, músculos y nervios han sido tan entrenados por innumerables buenos golpes que ahora se puede confiar en ellos. Tienen un cierto tono o cualidad que están ahí incluso cuando no está jugando, del mismo modo que la mente de un matemático posee un cierto hábito y punto de vista que permanecen incluso cuando no se dedica a las matemáticas. Del mismo modo, un hombre que persevera en hacer buenas acciones adquiere al final una cierta cualidad de carácter. Y entonces es a esa cualidad, antes que a sus acciones en particular, a lo que nos referimos cuando hablamos de «virtud».

Esta distinción es importante por la siguiente razón. Si pensáramos solamente en las acciones en particular, podríamos fomentar tres ideas equivocadas:

(1) Podríamos pensar que, siempre que hiciéramos lo correcto, no importaba cómo o por qué lo hiciéramos: si lo hiciéramos voluntaria o involuntariamente, alegres o disgustados, por miedo a la opinión pública o por el hecho en sí mismo. Pero la verdad es que las buenas acciones llevadas a cabo por motivos equivocados no ayudan a construir la cualidad interna o característica llamada «virtud», y es esta cualidad o característica la que importa realmente. (Si un mal jugador de tenis tiene un saque muy fuerte, no porque crea que se necesite un saque fuerte, sino porque ha perdido los estribos, es posible que ese saque, con suerte, le ayude a ganar ese juego en particular, pero no lo ayudará a convertirse en un jugador consistente).

(2) Podríamos pensar que Dios solo quiere la simple obediencia a un conjunto de reglas, mientras que lo que quiere es personas de una determinada manera de ser.

(3) Podríamos pensar que las «virtudes» son solo necesarias en la vida presente... que en el otro mundo podremos dejar de ser justos porque no hay nada por qué disputar, o dejar de ser valientes porque allí no hay ningún peligro. Bien, es verdad que probablemente no habrá ocasiones para acciones justas o valientes en el otro mundo, pero habrá todo tipo de ocasiones para ser la clase de personas en las que podríamos convertirnos solo como resultado de haber llevado a cabo tales acciones en la tierra. No se trata de que Dios os niegue la admisión en su paraíso si no poseéis ciertas cualidades de carácter: se trata de que si las personas no tienen al menos un indicio de tales cualidades en su interior, ninguna condición externa posible podría crear un «cielo» para ellas... es decir, hacerlas felices con la profunda, intensa, inamovible felicidad que Dios nos tiene reservada.

3

MORAL SOCIAL

Lo PRIMERO QUE tenemos que aclarar sobre la moral cristiana entre un individuo y otro es que, en este apartado, Cristo no vino a predicar ninguna moral nueva. La regla de oro del Nuevo Testamento (haz a los demás lo que quieres que te hagan a ti) es un resumen de lo que todos, en el fondo, sabíamos que era lo correcto. Los grandes maestros morales nunca introducen moralidades nuevas; solo los embaucadores y los charlatanes lo hacen. Como dijo el doctor Johnson: «La gente necesita que se le recuerden cosas más a menudo que se le enseñen».[1] El verdadero trabajo de todo maestro moral es seguir llevándonos, una y otra vez, a los antiguos y sencillos principios que estamos tan intranquilos por ignorar, del mismo modo que una y otra vez se lleva a un caballo a la valla que se ha negado a saltar, o a un niño a la parte de la lección que quiere pasarse por alto.

El segundo punto que debemos aclarar es que el cristianismo no tiene, ni pretende tener, un detallado programa político para aplicar el «haz a los demás lo que quieres que te hagan a ti» a una sociedad en particular en un momento en particular. No podría tenerlo. Va dirigido a los hombres de todos los tiempos, y el programa en particular que se adecuase a un lugar o un momento no se adecuaría a otros. Cuando os dice que deis de comer al hambriento no os da clase de cocina. Cuando os dice que leáis las Escrituras no os da lecciones de griego o hebreo, y ni siquiera

---

1. Samuel Johnson (1709-1784), autor de un diccionario inglés y líder literario.

de gramática inglesa. Jamás fue destinado a reemplazar o a imponerse sobre las artes o las ciencias humanas en general: se parece más a un director que las pondrá a todas a trabajar en sus funciones adecuadas, y a una fuente de energía que les dará a todas nueva vida solo con que se pongan a su disposición.

La gente dice: «La iglesia debería darnos una pauta». Eso es verdad si lo dicen de la manera acertada, y falso si lo dicen de la manera equivocada. Por iglesia deberían querer decir el cuerpo entero de los cristianos practicantes. Y cuando dicen que la iglesia debería darnos una pauta, deberían querer decir que algunos cristianos —aquellos que posean el talento adecuado— deberían ser economistas y hombres de estado, y que todos los economistas y hombres de estado deberían ser cristianos, y que todos sus esfuerzos en política o economía deberían estar dirigidos a poner en práctica el «Haz a los demás lo que quieres que te hagan a ti». Si eso ocurriera, y si nosotros estuviéramos realmente preparados para aceptarlo, encontraríamos la solución cristiana a nuestros problemas sociales con considerable rapidez. Pero, naturalmente, cuando piden una pauta por parte de la iglesia, la mayoría de las personas se refiere a que sea el clero el que proponga un programa político. Y eso es absurdo. El clero está compuesto por esas personas en particular dentro de la Iglesia que han sido especialmente preparadas y señaladas para cuidar de lo que nos concierne como criaturas que van a vivir para siempre: y nosotros les estamos pidiendo que hagan un trabajo enteramente diferente para el cual no han sido preparadas. El trabajo nos atañe a nosotros, los seglares. La aplicación de los principios cristianos a, digamos, los sindicatos o la educación, debe venir de los sindicalistas o educadores cristianos, del mismo modo que la literatura cristiana viene de novelistas o dramaturgos cristianos... y no de un colegio de obispos que se reúnen para escribir obras de teatro o novelas en sus ratos libres.

De todos modos, el Nuevo Testamento, sin entrar en detalles, nos da una idea bastante clara de lo que sería una sociedad enteramente cristiana. Tal vez nos dé más de lo que podamos soportar. Nos dice que no habrá pasajeros o parásitos: si un hombre no trabaja, no debería comer. Todos deberán trabajar con sus propias manos, y lo que es más, el trabajo de cada uno habrá de producir algo bueno: no habrá manufactura de lujos innecesarios y tampoco vana publicidad para inducirnos a que los compremos. Tampoco habrá «pavoneos», o «esnobismo», o «darse aires». En ese extremo, una sociedad cristiana sería lo que hoy llamamos «de izquierdas». Pero por otro lado el cristianismo no deja de insistir en la obediencia, una obediencia (y manifiestas señales de respeto) por parte de todos nosotros a magistrados apropiadamente escogidos, de los hijos a los padres, y (temo que esto sea muy poco popular) de las mujeres a sus maridos. En tercer lugar, habrá de ser una sociedad alegre, llena de canciones y regocijo, y que contemple la preocupación o la ansiedad como cosas negativas. La cortesía es una de las virtudes cristianas; y el Nuevo Testamento detesta a los que llama «chismosos».

Si tal sociedad existiera y vosotros o yo la visitáramos, creo que saldríamos de allí con una impresión curiosa. Pensaríamos que su vida económica era muy socializada y, en ese sentido, «avanzada», pero que su vida familiar y sus códigos de comportamiento eran bastante anticuados; incluso hasta ceremoniosos y aristocráticos. A cada uno de nosotros nos gustarían partes de ella, pero me temo que a muy pocos de nosotros nos gustara la sociedad entera. Eso es justamente lo que cabría esperar si el cristianismo fuese el plan total para la máquina humana. Todos nos hemos alejado de ese plan total de diferentes maneras, y cada uno quiere hacer ver que su propia modificación del plan original es el plan en sí. Encontraréis que esto se repite una y otra vez en todo lo que es realmente cristiano: a cada uno le atraen pequeños fragmentos de la religión, y quiere escoger esos fragmentos y dejar fuera lo demás. Es por eso por lo que no hacemos grandes progresos, y grupos de personas que luchan por dos cosas opuestas pueden decir en ambos casos que luchan por el cristianismo.

Y ahora algo más. Hay un consejo que nos han dado los antiguos paganos griegos, y los judíos del Antiguo Testamento, y los grandes maestros cristianos de la Edad Media, que los sistemas económicos modernos han desobedecido completamente. Todos estos grupos nos han dicho que no prestemos dinero cobrando intereses, y prestar dinero cobrando intereses —lo que llamamos inversión— es la base de todo nuestro sistema económico. Bien; es posible que de esto no se siga necesariamente que estamos equivocados. Algunos dicen que cuando Moisés y Aristóteles y los cristianos acordaron prohibir el interés (o la «usura», como lo llamaban), no podían prever el mercado bursátil y solo estaban pensando en el prestamista privado, y que, por lo tanto, no debemos preocuparnos por lo que dijeron. Esa es una cuestión sobre la que no puedo pronunciarme. No soy economista, y simplemente desconozco si el sistema de inversiones es responsable del estado en que nos encontramos o no. Aquí es donde necesitamos al economista cristiano. Pero no sería sincero si no os dijera que tres grandes civilizaciones acordaron (o eso parece a primera vista) condenar la operación en la que hemos basado nuestra vida entera.

Una cosa más y habré terminado. En el pasaje del Nuevo Testamento que dice que todos deben trabajar, se da como razón la siguiente: «para que puedan tener algo que dar a los necesitados». La caridad —el dar a los pobres— es una parte esencial de la moral cristiana: en la aterradora parábola de las ovejas y los cabritos esto parece ser el eje alrededor del cual gira todo. Hoy en día algunas personas dicen que la caridad debería ser innecesaria, y que en vez de dar a los pobres deberíamos estar creando una sociedad en la que no hubiera pobres a los que darles nada. Puede que tengan razón al decir que deberíamos crear una sociedad así. Pero si alguno piensa que, en consecuencia, puede entretanto dejar de dar, ese se ha separado de hecho de toda moralidad cristiana. Yo no creo que alguien deba establecer cuánto se ha de dar. Me temo que la única norma segura es dar más de lo que podemos permitirnos. En otras palabras, si nuestros gastos en comodidades, lujos, diversiones, etc., están al mismo nivel que el de aquellos que tienen unos ingresos similares a los nuestros, probablemente estemos dando demasiado poco. Si nuestras obras de caridad no nos incomodan o no afectan demasiado a nuestro presupuesto, yo diría que son demasiado pequeñas. Tendría que haber cosas que nos gustaría hacer y que no hacemos porque el dinero que dedicamos a la caridad las excluye. Hablo ahora de «obras de caridad» en su versión ordinaria. Casos particulares de apuros económicos entre vuestros parientes, amigos, vecinos o empleados que Dios, por así decirlo, pone forzosamente ante vuestros ojos, pueden exigir mucho más: incluso hasta el punto de afectar o poner en peligro vuestra propia posición. Para muchos de nosotros, el gran obstáculo que nos separa de las obras de caridad no reside en nuestra vida lujosa o en nuestro deseo de más dinero, sino en nuestro miedo... nuestro miedo a la inseguridad. Esto debe a menudo ser reconocido como una tentación. A veces también nuestro orgullo afecta a nuestra caridad: nos vemos tentados de gastar más de lo que debemos en las formas más ostentosas de la generosidad (las propinas, la hospitalidad), y menos de lo que debemos en aquellos que realmente lo necesitan.

Y ahora, antes de terminar, voy a aventurar una conjetura en cuanto a cómo ha afectado este capítulo a aquellos que lo han leído. Mi idea es que hay entre ellos algunos de ideas izquierdistas que están furiosos porque dicho capítulo no ha ido más allá en esa dirección, y otros de ideas opuestas que están furiosos porque ha ido demasiado lejos. Si esto es así, nos lleva directamente al auténtico obstáculo en todo este esbozo de planos para una sociedad cristiana. La mayoría de nosotros realmente no abordamos el tema con el objeto de descubrir lo que dice el cristianismo: lo abordamos con la esperanza de encontrar algún apoyo por parte del cristianismo para las ideas de nuestro grupo. Estamos buscando un aliado allí donde se nos ofrece o un Maestro... o un Juez. Yo hago lo mismo. Hay partes de este capítulo que quería suprimir. Y esta es la razón por la que nada en absoluto saldrá de tales disertaciones a menos que demos un rodeo mucho más largo. No llegaremos nunca a conseguir una sociedad cristiana hasta que la mayoría de nosotros lo desee de verdad. Y no lo desearemos de verdad hasta que nos hagamos totalmente cristianos. Yo podría repetir «Haz a los demás lo que quieres que te hagan a ti» hasta que me salgan canas verdes, pero no podré realmente llevarlo a cabo hasta que ame a mi prójimo como a mí mismo. Y no puedo aprender a amar a mi prójimo como a mí mismo hasta que no aprenda a amar a Dios. Y no puedo aprender a amar a Dios salvo aprendiendo a obedecerle. Y así, como ya os lo advertí, llegamos a algo más interior... de los asuntos sociales a los asuntos religiosos. Porque el rodeo más largo es el camino más corto a casa.

4

LA MORAL
Y EL PSICOANÁLISIS

HE DICHO QUE jamás llegaríamos a una sociedad cristiana a menos que la mayoría de nosotros nos convirtamos en personas cristianas. Eso no significa, por supuesto, que podamos aplazar el hacer algo por la sociedad hasta una fecha imaginaria en un futuro lejano. Significa que debemos emprender ambas cosas inmediatamente: 1) la tarea de ver cómo el «Haz a los demás lo que quieres que te hagan a ti» puede aplicarse en detalle a la sociedad moderna, y 2) la tarea de convertirnos en la clase de personas que realmente lo aplicarían si supiéramos cómo. Ahora quiero empezar a considerar cuál es la idea cristiana de un hombre bueno... la especificación cristiana para la máquina humana.

Antes de entrar en detalles hay dos temas más generales que quisiera establecer. En primer lugar, dado que la moral cristiana dice ser capaz de corregir la máquina humana, creo que os gustará saber cómo se relaciona con una técnica que parece preciarse de algo similar: en concreto, el psicoanálisis.

Es necesario hacer una clara distinción entre dos cosas: entre las teorías y técnicas médicas de los psicoanalistas, y la perspectiva filosófica general del mundo que Freud y otros han añadido a las primeras. Lo segundo —la filosofía de Freud— está en directa contradicción con el cristianismo, y también en directa contradicción con ese otro gran psicólogo, Jung. Además, cuando Freud habla de cómo curar a los neuróticos, habla como especialista en su propio tema, pero cuando procede a hablar de filosofía en general, habla como un aficionado. Es por lo tanto sensato escucharle con respeto en un sentido y no hacerlo en el otro... y eso es justamente lo que yo hago. Y estoy aún más dispuesto a hacerlo porque he descubierto que cuando habla fuera de su propio tema y sobre un tema sobre el que yo conozco algo (idiomas, por ejemplo), demuestra ser muy ignorante. Pero el psicoanálisis en sí, aparte de todas las connotaciones filosóficas que Freud y otros le han añadido, no es en absoluto contradictorio con el cristianismo. Su técnica se superpone a la moral cristiana en ciertos puntos, y no sería mala cosa que todos supiéramos algo de él. Pero no transcurre enteramente por el mismo curso.

La elección moral de un hombre implica dos cosas. Una de ellas es el acto de elegir. La otra son los diversos sentimientos, impulsos, etc. que le presenta su estructura psicológica, y que son el material en bruto de su elección. Este material en bruto puede ser de dos clases. Una de ellas es lo que llamaríamos normal: puede consistir en la clase de sentimientos que son comunes a todos los hombres. O, si no, puede consistir en sentimientos antinaturales debido a que algo ha ido mal en su subconsciente. Así, el miedo a cosas que son realmente peligrosas sería un ejemplo de la primera clase, y un miedo irracional a los gatos o las arañas sería un ejemplo de la segunda. El deseo de un hombre por una mujer sería un ejemplo de la primera clase; el deseo pervertido de un hombre por otro hombre sería un ejemplo de la segunda. Lo que el psicoanálisis se encarga de hacer es eliminar los sentimientos anormales; es decir, darle al hombre un mejor material en bruto para llevar a cabo sus elecciones: la moral se ocupa de las elecciones en sí.

Pongámoslo de otra manera. Imaginaos a tres hombres que van a la guerra. Uno de ellos tiene el miedo común y natural al peligro que puede tener cualquier hombre, lo domina a través de un esfuerzo moral y se convierte en un hombre valiente. Supongamos que los otros dos tienen, como resultado del contenido de sus subconscientes, miedos exagerados e irracionales que ningún esfuerzo moral consigue dominar. Supongamos que llega un psicoanalista y cura a estos dos últimos, es decir, los pone a ambos en la posición del primero. Pues bien, es justamente entonces donde termina el problema psicoanalítico y empieza el problema moral. Porque, ahora que están curados, estos dos últimos hombres podrían seguir caminos bien diferentes. El primero podría decir: «Gracias a Dios que me he librado de estos miedos absurdos. Ahora por fin puedo hacer lo que quería... cumplir con mi deber en la causa de la libertad». Pero el otro podría decir: «Bueno, me alegra saber que ahora me sentiré relativamente tranquilo en la batalla, pero naturalmente eso no altera el hecho de que sigo totalmente decidido a cuidar de mí mismo y dejar que otro haga el trabajo peligroso siempre que pueda. De hecho, una de las ventajas de no sentirme tan asustado es que ahora puedo cuidar de mí mismo con mucha más eficacia y ser más astuto para disimularlo ante los demás». Pues bien; esta diferencia es puramente moral, y el psicoanálisis no puede hacer nada al respecto. Por mucho que se mejore el material en bruto de un hombre, aún tenemos algo más: la auténtica y libre elección de ese hombre, basada en el material que se le facilita, de anteponer su propio beneficio o relegarlo a un último lugar. Y esta libre elección es lo único que le concierne a la moral.

El material psicológico malo no es un pecado, sino una enfermedad. No necesita del arrepentimiento, sino de la curación. Y por cierto, esto es muy importante. Los seres humanos se juzgan unos a otros por sus actos externos. Dios los juzga por sus elecciones morales. Cuando un neurótico que tiene un terror patológico de los gatos se obliga a sí mismo a agarrar un gato por una buena razón, es bastante posible que a los ojos de Dios haya demostrado tener más coraje que un hombre sano que gana la V. C.[1] Cuando un hombre que ha sido pervertido desde su juventud y al que se le ha enseñado que la crueldad es lo natural hace una buena acción, por pequeña que sea, o se abstiene de algún acto de crueldad que podría haber cometido, arriesgándose por tanto a las burlas de sus compañeros, es posible que a los ojos de Dios esté haciendo más que vosotros o yo si renunciásemos a la vida misma por un amigo.

Lo mismo da presentar esto desde un punto de vista contrario. Algunos de nosotros, que parecemos buenas personas, podemos haber hecho tan poco uso de una buena herencia genética y una buena educación que somos en realidad peores que aquellos a los que consideramos delincuentes. ¿Podemos estar seguros de cómo nos habríamos comportado si hubiéramos tenido que cargar con la estructura psicológica, la mala educación y por añadidura el poder de un hombre como Himmler? Por eso precisamente se les dice a los cristianos que no juzguen. Solo vemos los resultados que las elecciones de un hombre extraen de su material en bruto. Pero Dios no juzga en absoluto a ese hombre por su material en bruto, sino por

---

1. Victoria Cross: Cruz de la Reina Victoria (*N. del T.*).

lo que ha hecho con él. La mayor parte de la estructura psicológica de un hombre se debe probablemente a su cuerpo: cuando su cuerpo muera todo eso se desprenderá de él, y el hombre central auténtico, aquello que eligió, el mejor o el peor partido que sacó de ese material, se quedará desnudo. Toda clase de cosas buenas que creíamos eran nuestras, pero que en realidad se debían a una buena digestión, se desprenderán de nosotros, y toda clase de cosas malas que se debían a los complejos o a la mala salud de los demás se desprenderán de ellos. Y entonces, por primerísima vez, veremos a todos tal como son. Y habrá sorpresas.

Y esto nos lleva a mi segundo punto. La gente a menudo piensa en la moral cristiana como una especie de trato en el que Dios dice: «Si guardáis una serie de reglas os recompensaré, y si no las guardáis haré lo contrario». Yo no creo que esta sea la mejor manera de considerarla. Preferiría con mucho decir que cada vez que hacéis una elección estáis transformando el núcleo central de lo que sois en algo ligeramente diferente de lo que erais antes. Y considerando vuestra vida como un todo, con todas sus innumerables elecciones, a lo largo de toda ella estáis transformando este núcleo central en una criatura celestial o en una criatura infernal: en una criatura que está en armonía con Dios, con las demás criaturas y con sí misma, o en una que está en un estado de guerra con Dios, con sus congéneres y con ella misma. Ser la primera clase de criatura es el cielo: es alegría, y paz, y conocimiento y poder. Ser la otra clase de criatura significa la locura, el horror, la imbecilidad, la rabia, la impotencia y la soledad eterna. Cada uno de nosotros, en cada momento, progresa hacia un estado o hacia otro.

Eso explica lo que siempre solía intrigarme acerca de los escritores cristianos: parecen ser tan estrictos en un momento dado y tan libres y desenfadados en otro. Hablan acerca de meros pecados de pensamiento como si estos fueran inmensamente importantes, y luego hablan de los más terribles asesinatos y las más pavorosas traiciones como si lo único que hubiera que hacer fuese arrepentirse y todo será perdonado. Pero he llegado a darme cuenta de que tienen razón. En lo que siempre están pensando es en la marca que cada uno de nuestros actos deja en ese minúsculo núcleo central que nadie ve en esta vida pero que cada uno de nosotros tendrá que soportar —o disfrutar— para siempre. Un hombre puede estar situado de tal forma que su ira derrame la sangre de miles, y otro situado de forma tal que por muy airado que se encuentre solo conseguirá que se rían de él. Pero la pequeña marca en el alma podría ser más o menos la misma en ambos casos. Cada uno de ellos se ha hecho algo a sí mismo que, a menos que se arrepienta, hará que sea más difícil para él mantenerse lejos de la ira la próxima vez que sea tentado, y hará que la ira sea peor cuando caiga en la tentación. Cada uno de ellos, si se vuelve de verdad a Dios, puede hacer que ese núcleo central se enderece de nuevo; cada uno de ellos está, a la larga, condenado si no lo hace. La importancia o insignificancia de la cosa, vista desde fuera, no es lo que realmente importa.

Un último punto. Recordad que, como he dicho, la dirección correcta lleva no solo a la paz, sino al conocimiento. Cuando un hombre se va haciendo mejor, comprende cada vez con más claridad el mal que aún queda dentro de él. Cuando un hombre se hace peor, comprende cada vez menos su maldad. Un hombre moderadamente malo sabe que no es muy bueno: un hombre totalmente malo piensa que está bastante bien. Esto, después de todo, es de sentido común. Comprendemos el sueño cuando estamos despiertos, no mientras dormimos. Podemos ver errores en aritmética cuando la mente nos funciona correctamente; cuando los estamos cometiendo no podemos verlos. Podemos comprender la naturaleza de la borrachera cuando estamos sobrios, no cuando estamos borrachos. La buena gente conoce lo que es el bien y lo que es el mal; la mala gente no conoce ninguno de los dos.

5

MORAL SEXUAL

DEBEMOS CONSIDERAR AHORA la moral cristiana en lo que respecta al sexo: lo que los cristianos llaman la virtud de la castidad. La regla cristiana de la castidad no debe ser confundida con la regla social de la «modestia» (en un sentido de la palabra); *i.e.* buena crianza o decencia. La regla social de la decencia establece qué porción del cuerpo humano debería ser enseñada y a qué temas debe referirse, y qué palabras deben usarse, según las costumbres de un cierto círculo social. Así, mientras que la regla de castidad es la misma para todos los cristianos de todos los tiempos, la regla de la decencia cambia. Una muchacha de una isla del Pacífico que apenas lleva ropa encima y una dama victoriana completamente cubierta de ropa podrían ser igualmente «modestas» o decentes, según las normas de la sociedad en que viven, y ambas, por lo que podamos saber de su indumentaria, podrían ser igualmente castas (o igualmente impuras). Parte del lenguaje que utilizaban las mujeres castas en la época de Shakespeare habría sido utilizado en el siglo XIX solo por mujeres totalmente licenciosas. Cuando las gentes transgreden las reglas de la decencia común de su época y lugar, si lo hacen para excitar la lujuria en ellos mismos o en los demás, están pecando contra la castidad. Pero si las transgreden por ignorancia o descuido solo son culpables de mala educación. Cuando, como ocurre a menudo, las transgreden como un desafío para escandalizar o avergonzar a los demás, no están actuando en contra de la castidad sino de la caridad: ya que es poco caritativo complacerse con la incomodidad de los demás. Yo no creo que unas reglas de la decencia muy estrictas o puntillosas sean prueba de castidad o ayuden a ella, y por lo tanto considero que la gran relajación y simplificación de esas reglas que ha tenido lugar en la época en que vivo son una buena cosa. En el momento actual, sin embargo, esto tiene el inconveniente de que personas de diferentes tipos y edades no reconocen todas el mismo patrón, y no sabemos dónde nos encontramos. Mientras dure esta confusión, opino que la gente mayor, o los más anticuados, deberían cuidarse de no asumir que los jóvenes o los «emancipados» son corruptos cuando su conducta es impropia (según las antiguas normas); y que, a su vez, los jóvenes no deberían llamar puritanos a sus mayores porque no adoptan las nuevas normas con facilidad. Un auténtico deseo de creer todo lo bueno que se pueda de los demás y hacer que se sientan lo más cómodos posible resolverá la mayor parte de los problemas.

La castidad es la menos popular de las virtudes cristianas. No hay manera de evitarla: la antigua norma cristiana es «O boda, con fidelidad absoluta a la pareja, o la abstinencia total». Esto es tan difícil y tan contrario a nuestros instintos que, evidentemente, o el cristianismo se equivoca o nuestro instinto sexual, tal como es en la actualidad, se ha desvirtuado. Una de dos. Naturalmente, siendo cristiano, creo que es el instinto lo que se ha desvirtuado.

Pero tengo otras razones para pensar así. La finalidad biológica del sexo es la procreación, del mismo modo que el fin biológico de comer es restaurar el cuerpo. Pero si comemos cada vez que nos venga en gana y todo cuanto queramos, es indudable que la mayoría de nosotros comerá en exceso, aunque no es un exceso irreparable. Un hombre puede comer por dos, pero no puede comer por diez. El apetito va un poco más allá de su finalidad biológica, pero no enormemente. Pero si un hombre joven y sano satisficiera su apetito sexual cada vez que se sintiera inclinado a ello, y si cada uno de sus actos produjera un hijo, en diez años podría poblar con facilidad una pequeña villa. Este apetito está en absurda y excesiva desproporción con su función.

O considerémoslo de otra manera. Podemos reunir un público considerable para un número de *striptease*; es decir, para contemplar cómo una mujer se desnuda en un escenario. Supongamos que llegamos a un país donde podría llenarse un teatro sencillamente presentando en un escenario una fuente cubierta, y luego levantando lentamente la tapa para dejar que todos vieran, justo antes de que se apagasen las luces, que esta contenía una chuleta de cordero o una loncha de tocino, ¿no pensaríais que en ese país algo se había desvirtuado en lo que respecta al apetito por la comida? ¿Y no pensaría alguien que hubiese crecido en un mundo diferente que algo igualmente extraño ha ocurrido en lo que respecta al instinto sexual entre nosotros?

Un crítico ha dicho que si él encontrase un país en el que números de *striptease* con la comida fueran populares, llegaría a la conclusión de que las gentes de ese país se estaban muriendo de hambre. Lo que quiere decir, por supuesto, es que cosas tales como el número de *striptease* serían el resultado no de la corrupción sexual, sino de la inanición sexual. Estoy de acuerdo con él en que si, en un país extraño, descubriésemos que números similares con chuletas de cordero fueran populares, una de las posibles explicaciones que se me ocurriría sería la hambruna. Pero el próximo paso sería poner a prueba esa hipótesis averiguando si, de hecho, en ese país se consumía poca o mucha comida. Si la evidencia demostrase que se comía mucho, tendríamos, naturalmente, que abandonar nuestra hipótesis de la hambruna e intentar pensar en otra. Del mismo modo, antes de aceptar la inanición sexual como la causa del *striptease*, deberíamos buscar pruebas de que existe, de hecho, más abstinencia sexual en nuestra época que en aquellas épocas en las que cosas como el *striptease* eran desconocidas. Pero es indudable que tales pruebas no existen. Los anticonceptivos han hecho de la permisividad sexual algo mucho menos costoso dentro del matrimonio y mucho más seguro fuera de él que en ninguna otra época, y la opinión pública es menos hostil a las uniones ilícitas, e incluso a la perversión, de lo que lo ha sido desde los tiempos paganos. Tampoco es la hipótesis de la «hambruna» sexual la única que podemos imaginar. Todos sabemos que el apetito sexual, como otros de nuestros apetitos, aumenta con su satisfacción. Los que se mueren de hambre pueden pensar mucho en la comida, pero también lo hacen los glotones; a los ahítos, igual que a los hambrientos, les gusta la tentación.

Y he aquí un tercer punto. Encontramos a muy poca gente que quiera comer cosas que no son realmente comida o hacer con la comida otra cosa que no sea comer. En otras palabras, las perversiones del apetito por la comida son raras. Pero las perversiones del instinto sexual son numerosas, difíciles de curar y terribles. Siento tener que entrar en todos estos detalles, pero debo hacerlo. La razón por la que debo hacerlo es que vosotros o yo, a lo largo de los últimos veinte años, hemos sido permanentemente alimentados de rotundas mentiras acerca del sexo. Se nos ha dicho, hasta que nos hemos hartado de escucharlo, que el deseo sexual está en el mismo estado que cualquier otro de nuestros deseos naturales, y que solo con que abandonemos nuestra anticuada idea victoriana de silenciarlo, todo en el jardín será bellísimo. Esto no es cierto. En cuanto consideramos los hechos, e ignoramos la propaganda, vemos que no es así.

Nos dicen que el sexo se ha convertido en un lío porque ha sido mantenido en secreto. Pero a lo largo de los últimos veinte años no ha sido mantenido en secreto. Se ha hablado de él en todo momento. Y sin embargo sigue siendo un lío. Si el hecho de mantenerlo en secreto hubiera sido la razón del problema, el hablar de él lo hubiera solucionado. Pero no ha sido así. Yo creo que ha sido al revés. Creo que la raza humana lo mantuvo originalmente en secreto porque se había convertido en un lío tal. La gente moderna siempre está diciendo: «El sexo no es algo de lo que debamos avergonzarnos». Pueden querer decir dos cosas. Pueden querer decir: «No hay nada de qué avergonzarse en el hecho de que la raza humana se reproduce de una cierta manera, ni en el hecho de que esto produzca placer». Si se refieren a eso, tienen razón. El cristianismo dice lo mismo. El problema no es el hecho en sí, ni el placer que produce. Los antiguos maestros cristianos dicen que si el hombre no hubiera caído, el placer sexual, en vez de ser menor de lo que es ahora, sería en realidad mayor. Sé que algunos cristianos confundidos han hablado como si el cristianismo pensara que el sexo, o el cuerpo, o el placer fueran malos en sí mismos. Pero se equivocaban. El cristianismo es casi la única de las grandes religiones que aprueba el cuerpo totalmente, que cree que la materia es buena, que Dios mismo tomó una vez un cuerpo humano, que recibiremos alguna especie de cuerpo en el cielo y que este será una parte esencial de nuestra felicidad, de nuestra belleza y nuestra energía. El cristianismo ha glorificado el matrimonio más que ninguna otra religión, y casi toda la mejor poesía de amor del mundo ha sido escrita por cristianos. Si alguien dice que el sexo, en sí mismo, es malo, el cristianismo le contradice inmediatamente. Pero, por supuesto, cuando la gente dice: «El sexo no es algo de lo que debamos avergonzarnos», puede querer decir: «el estado en el que se encuentra ahora el instinto sexual no es nada de lo que debamos avergonzarnos».

Si es esto lo que quieren decir, creo que están equivocados. Opino que debemos avergonzarnos de ello, y mucho. No hay nada de qué avergonzarse en el hecho de disfrutar de la comida, pero sí habría de qué avergonzarse si la mitad del mundo hiciera de la comida el mayor interés de su vida y pasara el tiempo mirando fotografías de comida, babeando y chasqueando los labios. Yo no digo que vosotros o yo seamos responsables de la situación actual. Nuestros antepasados nos han legado organismos que se han torcido en este aspecto, y crecemos rodeados de propaganda en favor de la libertad sexual. Hay gente que quiere mantener nuestro instinto sexual inflamado para sacar dinero de ello. Porque, naturalmente, un hombre con una obsesión es un hombre que tiene muy poca resistencia a lo que pueda vendérsele. Dios conoce nuestra situación; no nos juzgará como si no tuviéramos dificultades que sortear. Lo que importa es la sinceridad y perseverancia de nuestra voluntad para sortearlas.

Antes de poder ser curados debemos querer ser curados. Aquellos que realmente desean ayuda la obtendrán; pero para mucha gente moderna incluso este deseo es difícil. Es fácil pensar que queremos una cosa cuando realmente no la queremos. Un famoso cristiano nos dijo hace mucho tiempo que cuando era joven oraba constantemente pidiendo la castidad, pero que muchos años más tarde se dio cuenta de que mientras sus labios decían «Dios mío, dame la castidad», su corazón añadía secretamente: «... pero no todavía». Esto también puede ocurrir en nuestras oraciones con respecto a otras virtudes, pero hay tres razones por las que ahora nos es especialmente difícil desear, para no hablar de conseguir la castidad completa.

En primer lugar, nuestra naturaleza caída, los demonios que nos tientan y toda la propaganda contemporánea en favor de la lujuria se combinan para hacernos sentir que los deseos a los que nos resistimos son tan «naturales», tan «sanos» y tan razonables que es casi perverso resistirse a ellos. Cartel tras cartel, película tras película, novela tras novela asocian la idea de la permisividad sexual con las de la salud, la normalidad, la juventud, la franqueza y el buen humor. Esta asociación es una mentira. Como todas las mentiras poderosas, está basada en una verdad, la verdad, reconocida más arriba, de que el sexo en sí (aparte de los excesos y las obsesiones que han crecido a su alrededor) es «normal» y «sano» y todo lo demás. La mentira consiste en pretender que todo acto sexual al que te sientes tentado es *ipso facto* saludable y normal. Pues bien; esto, desde cualquier punto de vista, y sin ninguna relación con el cristianismo, tiene que ser una insensatez. Ceder a todos nuestros deseos evidentemente conduce a la impotencia, la enfermedad, los celos, la mentira, la ocultación y todo aquello que es lo opuesto a la felicidad, la franqueza y el buen humor. Para cualquier tipo de felicidad, incluso en este mundo, se necesitará una gran dosis de control, de modo que lo que pretende cualquier clase de deseo fuerte, ser sano y razonable, no cuenta para nada. Todo hombre cuerdo y civilizado debe tener un conjunto de principios según los cuales elija rechazar algunos de sus deseos y permitir otros. Un hombre hace esto basándose en los principios cristianos; otro, en principios de higiene; otro, en principios sociológicos. El verdadero conflicto no está entre el cristianismo y la «naturaleza», sino entre los principios cristianos y otros principios en el control de la «naturaleza». Puesto que la «naturaleza» (en el sentido de los deseos naturales) tendrá que ser controlada de todos modos, a menos que uno prefiera arruinar toda su vida. Es cosa admitida que los principios cristianos son más estrictos que otros, aunque pensamos que recibiréis una ayuda para obedecerlos que no recibiréis para obedecer a los otros.

En segundo lugar, muchos se arredran ante la perspectiva de intentar seriamente la práctica de la castidad cristiana porque creen (antes de intentarlo) que esto es imposible. Pero cuando algo ha de ser intentado, nunca se debe pensar en la posibilidad o la imposibilidad. Enfrentado a una pregunta opcional en un examen, uno considera si puede contestarla o no; enfrentados a una pregunta obligatoria, uno ha de hacer lo que pueda. Podemos obtener una nota por una respuesta muy poco correcta, pero no recibiremos ninguna si dejamos la pregunta sin contestar. No solo en los exámenes, sino también en las guerras, en el alpinismo, en aprender a patinar, a nadar, a montar en bicicleta, incluso a abotonarse un cuello duro con los dedos entumecidos, la gente a menudo hace lo que parecía imposible antes de que lo hicieran. Es maravilloso lo que podemos hacer cuando tenemos que hacerlo.

Podemos ciertamente estar seguros de que la castidad perfecta, como la caridad perfecta, no serán alcanzadas por nuestros meros esfuerzos humanos. Debemos pedir la ayuda de Dios. Incluso cuando esto ya se ha hecho, es posible que os parezca que durante mucho tiempo ninguna ayuda, o menos de la que necesitáis, os es otorgada. No importa. Después de cada fracaso, pedid perdón, levantaos del suelo y volved a intentarlo. Muy a menudo, lo que Dios nos otorga primero no es la virtud en sí, sino este poder de volver a intentarlo de nuevo. Pues por muy importante que sea la castidad (o el valor, la sinceridad, o cualquier otra virtud), este proceso nos entrena en hábitos del alma que son más importantes todavía. Nos cura de nuestras ilusiones con respecto a nosotros mismos y nos enseña a depender de Dios. Por un lado, aprendemos que no podemos confiar en nosotros mismos ni siquiera en nuestros mejores momentos y, por el otro, que no debemos desesperar ni en nuestros peores momentos, porque nuestros fracasos son perdonados. La única cosa fatal es sentirse satisfecho con cualquier cosa que no sea la perfección.

En tercer lugar, la gente a menudo malinterpreta lo que la psicología nos enseña acerca de las «represiones». La psicología nos enseña que el sexo «reprimido» es peligroso. Pero «reprimido» es aquí una palabra técnica: no significa «suprimido» en el sentido de «negado» o «resistido». Un deseo o pensamiento reprimido es uno que ha sido relegado al subconsciente (generalmente a una edad muy temprana) y que puede presentarse ahora a la conciencia solo de un modo disfrazado e irreconocible. La sexualidad reprimida no le parece al paciente sexualidad en absoluto. Cuando un adolescente o un adulto se ocupa de resistir un deseo consciente, no está tratando con una represión ni está en el menor peligro de crear una represión. Por el contrario; aquellos que seriamente intentan practicar la castidad son más conscientes, y pronto saben mucho más acerca de su propia sexualidad que ningún otro. Llegan a saber de sus deseos como Wellington sabía de Napoleón, o Sherlock Holmes de Moriarty; como un cazador de ratas sabe de ratas o un fontanero de tuberías que pierden agua. La virtud —incluso la virtud que se intenta— trae consigo la luz; la permisividad trae las tinieblas.

Finalmente, aunque he tenido que extenderme un poco en el tema del sexo, quiero dejar tan claro como sea posible que el centro de la moral cristiana no está aquí. Si alguien piensa que los cristianos consideran la falta de castidad como el vicio supremo, está del todo equivocado. Los pecados de la carne son malos, pero son los menos malos de todos los pecados. Los peores placeres son puramente espirituales: el placer de dejar a alguien en ridículo, el placer de dominar, de tratar con desprecio, de denigrar; el placer del poder o del odio. Puesto que hay dos elementos en mí, compitiendo con el ser humano en el que debo intentar convertirme. Estos son el ser Animal y el ser Diabólico. El ser Diabólico es el peor de los dos. Por eso un hipócrita frío y autocomplaciente que acude regularmente a la iglesia puede estar mucho más cerca del infierno que una prostituta. Aunque, naturalmente, es mejor no ser ninguna de las dos cosas.

6

EL MATRIMONIO CRISTIANO

EL ÚLTIMO CAPÍTULO ha sido principalmente negativo. En él he hablado de lo que iba mal con el impulso sexual en el hombre, pero dije muy poco acerca de su funcionamiento correcto... en otras palabras, del matrimonio cristiano. Hay dos razones por las que particularmente no quiero tratar del matrimonio. La primera es que las doctrinas cristianas sobre este tema son extremadamente impopulares. La segunda es que yo mismo no he estado casado nunca y, por lo tanto, solo puedo hablar de lo que conozco de oídas. Pero a pesar de esto pienso que no puedo dejar fuera este tema en un escrito sobre la moral cristiana.

La idea cristiana del matrimonio está basada en las palabras de Cristo de que un hombre y una mujer han de ser considerados como un único organismo... ya que eso es lo que las palabras «una sola carne» significarían en lenguaje moderno. Y los cristianos creen que cuando Cristo dijo esto no estaba expresando un sentimiento, sino estableciendo un hecho, del mismo modo que uno establece un hecho cuando dice que una cerradura y su llave son un solo mecanismo, o que un violín y su arco son un solo instrumento musical. El inventor de la máquina humana nos estaba diciendo que sus dos mitades, la masculina y la femenina, estaban hechas para combinarse entre ellas en parejas, no simplemente en el nivel sexual, sino combinadas totalmente. La monstruosidad de la unión sexual fuera del matrimonio es que aquellos que la practican están intentando aislar una sola clase de unión (la sexual) de todas las demás clases de unión que habían sido destinadas a acompañarla para realizar la unión. La actitud cristiana no significa que haya nada malo en el placer sexual, como tampoco lo hay en el placer de comer. Significa que no debemos aislar el placer e intentar obtenerlo por sí mismo, del mismo modo que no debemos intentar obtener el placer del gusto sin tragar ni digerir, masticando cosas y escupiéndolas después.

En consecuencia, el cristianismo enseña que el matrimonio es para toda la vida. Aquí existe, por supuesto, una diferencia entre las diferentes iglesias: algunas no admiten el divorcio en absoluto; otras lo permiten de mala gana en casos muy especiales. Es una pena que los cristianos estén en desacuerdo con respecto a un tema como este, pero para un simple profano lo que debe ser notado es que las iglesias están de acuerdo entre ellas acerca del matrimonio en mucha mayor medida de lo que cualquiera de ellas lo está con el mundo exterior. Con esto quiero decir que todas ellas consideran el divorcio como algo parecido a seccionar un cuerpo vivo; como una especie de operación quirúrgica. Algunas piensan que la operación es tan violenta que no puede ser llevada a cabo en absoluto; otras la admiten como un remedio desesperado para casos extremos. Todas están de acuerdo en que se parece más a cortarle las piernas a una persona que a disolver una sociedad de negocios o incluso a desertar de un regimiento. Con lo que todas difieren es con el punto de vista moderno de que se trata de un simple reajuste de parejas, que se puede hacer cuando marido y mujer creen que ya no están enamorados o cuando uno de los dos se enamora de un tercero.

Antes de considerar este punto de vista moderno en relación con la castidad, no debemos olvidar considerarlo en relación con otra virtud: la justicia. La justicia, como he dicho antes, incluye el hecho de mantener las promesas. Todos aquellos que se han casado en una iglesia han hecho una promesa pública y solemne de permanecer junto a su compañero (o compañera) hasta la muerte. El deber de mantener esa promesa no tiene una conexión especial con la moralidad sexual: está en la misma posición que cualquier otra promesa. Si, como la gente moderna no deja de decirnos, el impulso sexual es igual a todos nuestros demás impulsos, debería ser tratado como todos ellos; y como la satisfacción de esos impulsos está controlada por nuestras promesas, también debería estarlo la de este. Si, como yo creo, el impulso sexual no es como todos los demás impulsos, sino que está morbosamente inflamado, deberíamos ser especialmente cuidadosos de no permitirle que nos condujese a la deshonestidad.

A esto alguien puede responder que él consideró la promesa hecha en la iglesia como una mera formalidad y que jamás tuvo intención de cumplirla. ¿A quién, entonces, estaba intentando engañar cuando la hizo? ¿A Dios? Eso es muy poco inteligente. ¿A sí mismo? Esto es poco más inteligente que lo primero. ¿A la novia, o al novio, o a la familia política? Eso es una traición. En la mayoría de los casos, creo, la pareja (o uno de los dos) esperaba engañar al público. Querían la respetabilidad que lleva consigo el matrimonio sin tener la intención de pagar su precio: es decir, eran impostores, hicieron trampa. Si siguen siendo tramposos satisfechos, no tengo nada que decirles: ¿quién impondría el gran y difícil deber de la castidad a personas que aún no desean siquiera ser honestas? Si han vuelto a sus cabales y desean ser honestos, su promesa, ya expresada, los constriñe. Y esto, como veréis, pertenece al apartado de la justicia, no al de la castidad. Si la gente no cree en el matrimonio permanente, tal vez sea mejor que vivan juntos sin casarse antes que hacer promesas que no tienen la intención de cumplir. Es verdad que viviendo juntos sin casarse serán culpables (a los ojos del cristianismo) de fornicación. Pero una falta no es enmendada añadiéndole otra: la falta de castidad no mejora añadiéndole el perjurio.

La idea de que «estar enamorados» es la única razón para permanecer casados no deja realmente espacio en absoluto para el matrimonio como un contrato o una promesa. Si el amor lo es todo, la promesa no puede añadir nada, y si no puede añadir nada, entonces no debería hacerse. Lo curioso es que los enamorados mismos, mientras siguen realmente enamorados, saben esto mejor que aquellos que hablan del amor. Como señaló Chesterton, los que están enamorados tienen una inclinación natural a vincularse por medio de promesas. Las canciones de amor del mundo entero están llenas de promesas de fidelidad eterna. La ley cristiana no impone sobre la pasión del amor algo que es ajeno a la naturaleza de esa pasión: exige que los enamorados se tomen en serio algo que su pasión por sí misma los impulsa a hacer.

Y, por supuesto, la promesa, hecha cuando estoy enamorado y porque estoy enamorado, de ser fiel al ser amado durante toda mi vida, me compromete a ser fiel aunque deje de estar enamorado. Una promesa debe ser hecha acerca de cosas que yo puedo hacer, acerca de actos: nadie puede prometer seguir sintiendo los mismos sentimientos. Sería lo mismo que prometiese no volver a sufrir ningún dolor de cabeza o tener siempre apetito. ¿Pero de qué sirve, podría preguntarse, mantener juntas a dos personas cuando ya no están enamoradas? Hay varias razones sociales de peso: proporcionarles un hogar a sus hijos, proteger a la mujer (que seguramente ha sacrificado o perjudicado su propia carrera para casarse) de ser abandonada cuando su marido se ha cansado de ella. Pero también hay otra razón de la cual estoy seguro, aunque la considere difícil de explicar.

Es difícil porque hay mucha gente que no puede llegar a comprender que cuando *B* es mejor que *C*, *A* puede ser aún mejor que *B*. A la gente le gusta pensar en términos de bueno y malo, no en términos de bueno, mejor y óptimo, o de malo, peor y pésimo. Quieren saber si crees que el patriotismo es bueno: si tú contestas que es, por supuesto, mucho mejor que el egoísmo individual, pero que es inferior a la caridad universal y que siempre debería dejar paso a la caridad universal cuando ambos entran en conflicto, creen que tu respuesta es evasiva. Te preguntan qué piensas de los duelos. Si responden que es mucho mejor perdonar a un hombre que librar un duelo con él, pero que incluso un duelo podría ser mejor que una enemistad de por vida que se manifiesta en secretos intentos de perjudicar a ese hombre, se alejan lamentándose de que no quieres darles una respuesta directa. Espero que nadie cometa este error acerca de lo que ahora voy a decir.

Lo que llamáis «estar enamorados» es un estado glorioso y, en varios aspectos, es bueno para nosotros. Nos ayuda a ser generosos y valientes, nos abre los ojos no solo a la belleza del ser amado, sino a la belleza toda, y subordina (especialmente al principio) nuestra sexualidad meramente animal; en ese sentido, el amor es el gran conquistador de la lujuria. Nadie que estuviera en sus cabales negaría que estar enamorado es mucho mejor que la sensualidad común o que el frío egocentrismo. Pero, como he dicho antes, «lo más peligroso que podemos hacer es tomar cualquier impulso de nuestra propia naturaleza y ponerlo como ejemplo de lo que deberíamos seguir a toda costa». Estar enamorado es bueno, pero no es lo mejor. Hay muchas cosas por debajo de eso, pero también hay cosas por encima. No se lo puede convertir en la base de toda una vida. Es un sentimiento noble, pero no deja de ser un sentimiento. No se puede depender de que ningún sentimiento perdure en toda su intensidad, ni siquiera de que perdure. El conocimiento puede perdurar, los principios pueden perdurar, los hábitos pueden perdurar, pero los sentimientos vienen y van. Y de hecho, digan lo que digan, el sentimiento de «estar enamorado» no suele durar. Si el antiguo final de los cuentos de hadas «y vivieron felices para siempre» se interpreta como «y sintieron durante los próximos cincuenta años exactamente lo que sentían el día antes de casarse», entonces lo que dice es lo que probablemente nunca fue ni nunca podría ser verdad, y algo que sería del todo indeseable si lo fuera. ¿Quién podría soportar vivir en tal estado de excitación incluso durante cinco años? ¿Qué sería de nuestro trabajo, nuestro apetito, nuestro sueño, nuestras amistades? Pero, naturalmente, dejar de «estar enamorados» no necesariamente implica dejar de amar. El amor en este otro sentido, el amor como distinto de «estar enamorado», no es meramente un sentimiento. Es una profunda unidad, mantenida por la voluntad y deliberadamente reforzada por el hábito; reforzada por (en los matrimonios cristianos) la gracia que ambos cónyuges piden, y reciben, de Dios. Pueden sentir este amor el uno por el otro incluso en los momentos en que no se gustan, del mismo modo que yo me amo a mí mismo incluso si no me gusto. Pueden retener este amor incluso cuando cada uno podría fácilmente, si se lo permitieran, estar «enamorado» de otra persona. «Estar enamorados» los llevó primero a prometerse fidelidad; este amor más tranquilo les permite guardar esa promesa. Es a base de este amor como funciona el motor del matrimonio: estar enamorados fue la ignición que lo puso en marcha.

Si no estáis de acuerdo conmigo diréis, por supuesto: «No sabe lo que está diciendo. Él no está casado». Es muy posible que tengáis razón. Pero antes de que digáis eso, aseguraos de que me estáis juzgando por lo que realmente sabéis a partir de vuestra propia experiencia y observando la vida de vuestros amigos, y no por ideas que habéis sacado de libros y películas. Esto no es tan fácil de hacer como la gente cree. Nuestra experiencia está totalmente influenciada por libros y obras de teatro y por el cine, y hace falta paciencia y habilidad para desenredar las cosas que realmente hemos aprendido de la vida por nosotros mismos.

La gente saca de los libros la idea de que si te has casado con la persona adecuada puedes esperar seguir estando «enamorado» para siempre. Como resultado, cuando descubren que no lo están, creen que esto demuestra que se han equivocado y que tienen derecho a un cambio... sin darse cuenta de que, cuando hayan cambiado, el hechizo desaparecerá eventualmente de la nueva relación, del mismo modo que desapareció de la antigua. En este aspecto de la vida, como en muchos otros, las emociones vienen al principio, y no duran. La emoción que siente un muchacho ante la primera idea de volar no perdurará cuando se haya alistado en la R.A.F.[1] y realmente esté aprendiendo a volar. La emoción que uno experimenta cuando se ve por primera vez un lugar encantador desaparece cuando va a vivir allí. ¿Significa esto que sería mejor no aprender a volar o no vivir en ese lugar encantador? De ningún modo. En ambos casos, si se sigue adelante, la desaparición de la primera emoción será compensada por un interés más sosegado y duradero. Lo que es más (y apenas encuentro palabras para deciros lo importante que considero esto): es justamente la gente que está dispuesta a someterse a la pérdida de esa primera intensa emoción y amoldarse al interés más sobrio la que tiene más probabilidad de encontrar nuevas emociones en otras direcciones diferentes. El hombre que ha aprendido a volar y se convierte en un buen piloto descubrirá de pronto la música; el hombre que se ha establecido en ese lugar encantador descubrirá la jardinería.

Esto es, en mi opinión, una pequeña parte de aquello a lo que Cristo se refería cuando dijo que una cosa no vivirá verdaderamente a menos que muera primero. Es sencillamente inútil intentar conservar las emociones fuertes: eso es lo peor que se puede hacer. Dejad que esas sensaciones desaparezcan —dejad que mueran—, seguid adelante a través de ese período de muerte hacia el interés más sosegado y la felicidad que lo suceden, y descubriréis que estáis viviendo en un mundo que os proporciona nuevas emociones todo el tiempo. Pero si decidís hacer de las emociones fuertes vuestra dieta habitual e intentáis prolongarlas artificialmente, se volverán cada vez más débiles y cada vez menos frecuentes, y seréis viejos aburridos y desilusionados durante el resto de vuestra vida. Precisamente porque hay tan poca gente que comprenda esto encontramos muchos hombres y mujeres de mediana edad lamentándose de su juventud perdida a la edad misma en la que nuevos horizontes deberían aparecérseles y nuevas puertas deberían abrirse a su alrededor. Es mucho más divertido aprender a nadar que seguir interminablemente (y desesperadamente) intentando recobrar lo que sentisteis la primera vez que os mojasteis en la orilla de pequeños.

Otra idea que sacamos de novelas y obras de teatro es que «enamorarse» es algo casi irresistible, algo que simplemente le ocurre a uno, como el sarampión. Y porque creen esto, algunas personas casadas tiran la toalla y se rinden cuando se sienten atraídas por una nueva relación. Pero yo me inclino a pensar que estas pasiones irresistibles son mucho

---

1. Royal Air Force: Real Fuerza Aérea.

más raras en la vida real que en los libros, al menos cuando uno es un adulto. Cuando conocemos a una persona guapa, inteligente y simpática, deberíamos, por supuesto, admirar y apreciar estas buenas cualidades. ¿Pero no depende en gran medida de nuestra propia elección el hecho de que este amor se convierta, o no, en lo que llamamos «estar enamorados?». Es indudable que si nuestras mentes están llenas de novelas y obras teatrales y canciones sentimentales, y nuestros cuerpos llenos de alcohol, convertiremos cualquier tipo de amor que sintamos en esa clase de amor: del mismo modo que si tenéis un surco en vuestro camino, el agua de lluvia se acumulará en ese surco, y si lleváis gafas de color azul, todo lo que veáis se volverá azul. Pero eso será culpa nuestra.

Antes de abandonar el tema del divorcio, quisiera distinguir dos cosas que muchas veces se confunden. La concepción cristiana del matrimonio es una; la otra es una cuestión muy diferente. ¿Hasta qué punto deberían los cristianos, si son votantes o miembros del Parlamento, intentar imponer sus opiniones sobre el matrimonio al resto de la comunidad incorporándolas a las leyes del divorcio? Mucha gente parece pensar que si uno es cristiano debería hacer que el divorcio fuera difícil para todos. Yo no opino lo mismo. Al menos, sé que me indignaría si los musulmanes intentaran impedirnos beber vino a todos los demás. Mi opinión es que las iglesias deberían reconocer francamente que la mayoría de los ingleses no son cristianos y que, por lo tanto, no se puede esperar que vivan vidas cristianas. Debería haber dos clases distintas de matrimonio: uno gobernado por el Estado y cuyas reglas fuesen impuestas a todos los ciudadanos, y el otro gobernado por la Iglesia cuyas reglas fuesen impuestas por ella a sus miembros. La distinción debería ser muy nítida, de modo que cualquiera supiese qué parejas están casadas en el sentido cristiano y qué parejas no lo están.

Baste esto acerca de la doctrina cristiana sobre la permanencia del matrimonio. Aún nos queda algo, más impopular aún, que tratar. Las esposas cristianas prometen obedecer a sus maridos. En un matrimonio cristiano se dice que el hombre es «la cabeza». Aquí se presentan, obviamente, dos cuestiones. 1) ¿Por qué ha de haber una «cabeza»? ¿Por qué no la igualdad? y 2) ¿Por qué tiene que ser el hombre?

1) La necesidad de una cabeza deriva de la idea de que el matrimonio es permanente. Naturalmente, siempre que el marido y la mujer estén de acuerdo, no es necesario que surja la idea de una «cabeza», y debemos esperar que este sea el estado normal de las cosas en un matrimonio cristiano. Pero cuando haya un serio desacuerdo, ¿qué sucederá? Se discutirá,

por supuesto, pero estoy asumiendo que la pareja ya ha hecho eso y sigue sin llegar a un acuerdo. ¿Qué hacen a continuación? No pueden decidir por el voto de la mayoría, porque en un grupo de dos no puede haber mayoría. Es indudable que solo puede ocurrir una de dos cosas: o deben separarse e ir cada uno por su lado, o uno de los dos debe tener un voto decisivo. Si el matrimonio es permanente, una de las dos partes debe, en última instancia, tener el poder de decidir la política familiar. No es posible tener una asociación permanente sin una constitución.

2) Si ha de haber una cabeza, ¿por qué el hombre? Bueno, en primer lugar, ¿hay alguna razón de peso por la que debería ser la mujer? Como he dicho, yo no estoy casado, pero creo que incluso una mujer que quiere ser la cabeza de su propia familia no suele admirar el mismo estado de cosas si descubre que está sucediendo en la casa de al lado. Es más probable que diga: «¡Pobre señor X! No puedo entender cómo permite que esa espantosa mujer lo domine de la manera en que lo hace». Y no creo que incluso se sienta halagada si alguien le menciona el hecho de su propia «dominación». Debe de haber algo antinatural acerca de la supremacía de las mujeres sobre los maridos, porque las mujeres mismas se avergüenzan de ella y desprecian a los maridos a quienes dominan. Pero también hay otra razón, y aquí hablo francamente como soltero, porque es una razón que puede observarse desde fuera incluso mejor que desde dentro. Las relaciones de la familia con el mundo exterior —lo que podría llamarse su política exterior— deben depender, en última instancia, del hombre, porque este siempre debería ser, y suele serlo, mucho más justo con los extraños. Una mujer principalmente está luchando por sus hijos y su marido contra el resto del mundo. Naturalmente, y casi, en un sentido, con justicia, sus derechos se imponen, para ella, a todos los demás. Ella es la fiadora especial de sus intereses. La función del marido es cuidar de que esta preferencia natural de la mujer no pase por encima de todo. Él tiene la última palabra con el fin de proteger a los demás del intenso patriotismo familiar de la mujer. Si alguien pone esto en duda, permítaseme hacer una sencilla pregunta. Si vuestro perro ha mordido al niño de la casa de al lado, o si vuestro niño ha hecho daño al perro de al lado, ¿con quién preferiríais entenderos, con el dueño de casa o con la dueña? O, si sois mujeres casadas, dejadme preguntaros lo siguiente: por mucho que admiréis a vuestro marido, ¿no diríais que su defecto principal es su tendencia a no defender sus derechos y los vuestros ante los vecinos tan contundentemente como quisierais? ¿No es un poco un pacificador?

7

EL PERDÓN

Dije en un capítulo anterior que la castidad era la menos popular de las virtudes cristianas. Pero no estoy seguro de no haberme equivocado. Creo que la virtud sobre la que tengo que hablar hoy es aún menos popular: la regla cristiana de «amarás a tu prójimo como a ti mismo». Porque en la moral cristiana «tu prójimo» incluye a «tu enemigo», y así nos encontramos con este terrible deber de perdonar a nuestros enemigos.

Todo el mundo dice que el perdón es una hermosa idea hasta que tienen algo que perdonar, como nos ocurrió durante la guerra. Entonces, el mero hecho de mencionar el tema significaba ser recibidos con gritos de protesta. No es que la gente piense que esta virtud es demasiado refinada o difícil: la considera odiosa y despreciable. «Esta conversación me enferma», dicen. Y la mitad de vosotros estáis a punto de decirme: «Me pregunto qué le parecería perdonar a la Gestapo si fuera usted polaco o judío».

También yo me lo pregunto. Me lo pregunto muchas veces. Del mismo modo que cuando el cristianismo me dice que no debo negar mi religión ni siquiera para salvarme de morir bajo tortura, me pregunto muchas veces qué haría llegado el caso. No intento deciros en este libro lo que haría —podría hacer bien poco—; os digo lo que es el cristianismo. Yo no lo inventé. Y ahí, en el medio mismo del cristianismo, encuentro: «Perdónanos nuestras deudas así como nosotros perdonamos a nuestros deudores». No hay ni la más remota sugerencia de que se nos ofrece el perdón en otros términos. Se deja perfectamente claro que si no perdonamos no seremos perdonados. No cabe ninguna duda. ¿Qué vamos a hacer?

De todos modos será bastante difícil, pero creo que hay dos cosas que podemos hacer para que resulte más fácil. Cuando empezamos con las matemáticas no empezamos por el cálculo; comenzamos con unas sencillas sumas. Del mismo modo, si realmente queremos (pero todo depende de quererlo realmente) aprender a perdonar, tal vez sea mejor que empecemos con algo más fácil que la Gestapo. Podríamos empezar por perdonar a nuestro marido o nuestra mujer, o a nuestros padres o a nuestros hijos, o al oficial no-comisionado más cercano, por algo que hayan dicho o hecho la semana pasada. Probablemente esto nos mantenga ocupados por un tiempo. Y en segundo lugar, podríamos intentar comprender exactamente qué significa amar a nuestro prójimo como a nosotros mismos. Tengo que amar a mi prójimo como me amo a mí mismo. Bien, ¿cómo, exactamente, me amo a mí mismo?

Ahora que lo pienso, no experimento lo que se dice un sentimiento de cariño o afecto por mí mismo, y ni siquiera disfruto siempre de mi propia compañía. Así que «ama a tu prójimo» no significa «tenle cariño» o «encuéntralo atractivo». Tendría que haberme dado cuenta de eso antes porque, naturalmente, uno no puede sentir cariño por alguien intentándolo. ¿Tengo buena opinión de mí, me considero una buena persona? Bueno, me temo que a veces sí (y esos son, sin duda, mis peores momentos), pero esa no es la razón por la que me amo a mí mismo. De hecho, es al revés: el amor que me tengo hace que me tenga por una buena persona, pero tenerme por una buena persona no es la razón por la que me amo a mí mismo. De modo que amar a mis enemigos tampoco parece significar que los tenga por buenas personas. Eso es un enorme alivio. Ya que un gran número de personas imagina que perdonar a nuestros enemigos significa hacer ver que no son tan mala gente después de todo, cuando resulta bastante evidente que sí lo son. Vayamos un paso más allá. En mis momentos más clarividentes no solo no me considero una buena persona, sino que sé que soy una persona muy mala. Puedo contemplar algunas de las cosas que he hecho con rechazo y horror. De modo que en apariencia se me permite odiar y rechazar algunas de las cosas que hacen mis enemigos. Y ahora que lo pienso, recuerdo que los maestros cristianos me decían hace mucho tiempo que debo odiar las malas acciones de un hombre pero no odiar al mal hombre, o, como ellos dirían, odiar el pecado pero no al pecador.

Durante largo tiempo pensé que esta era una distinción estúpida y mezquina. ¿Cómo se podía odiar lo que hacía un hombre y no odiar al hombre? Pero años más tarde se me ocurrió que había un hombre con el que yo había puesto esto en práctica durante toda mi vida. Ese hombre era yo mismo. Por mucho que me disgustase mi cobardía o mi vanidad o mi codicia, seguía queriéndome a mí mismo. Jamás había tenido la más ligera dificultad en ello. De hecho, la razón misma por la que odiaba esas cosas era que amaba al hombre. Justamente porque me amaba a mí mismo lamentaba descubrir que era la clase de hombre que hacía esas cosas. En consecuencia, el cristianismo no quiere que reduzcamos en un átomo el odio que sentimos por la crueldad y la traición. Deberíamos odiarlas. Ni una sola palabra de lo que hemos dicho sobre ellas necesita ser desdicha. Pero el cristianismo quiere que las odiemos del mismo modo en que odiamos esas cosas en nosotros mismos: lamentando que ese hombre haya hecho esas cosas y esperando, si es posible, que de algún modo, en algún momento, en algún lugar, el hombre puede ser curado y humanizado de nuevo.

La prueba de fuego es esta. Supongamos que leemos una historia de terribles atrocidades en el periódico. Supongamos que luego aparece algo que sugiere que la historia podría no ser del todo cierta, o no tan mala como parecía al principio. ¿Lo primero que pensamos es: «Gracias a Dios, ni siquiera ellos son tan malos», o experimentamos un sentimiento de desencanto, o incluso la determinación de aferrarnos a la primera historia por el mero placer de pensar que nuestros enemigos son tan malos como sea posible? Si lo que experimentamos es lo segundo, me temo que esto es el primer paso en un proceso que, seguido hasta el final, nos convertirá en demonios. Porque esto indica que empezamos a desear que lo negro sea un poco más negro. Si le damos curso a ese deseo, más tarde desearemos ver lo gris como si fuera negro, y luego ver incluso lo blanco como si fuera negro. Finalmente, insistiremos en verlo todo —Dios, nuestros amigos, y hasta nosotros mismos— igual de malo, y no podremos dejar de hacerlo: nos quedaremos fijos para siempre en un universo de puro odio.

Ahora vayamos un poco más allá. ¿Amar a nuestros enemigos significa no castigarlos? No, porque amarme a mí mismo no significa que no deba someterme a mí mismo a castigo, incluso a la muerte. Si uno hubiera cometido un asesinato, lo correcto, lo cristiano, sería entregarse a la policía y ser ahorcado. Por lo tanto, en mi opinión, es perfectamente lícito que un juez cristiano sentencie a muerte a un hombre, o que un soldado cristiano mate a un enemigo. Siempre lo he pensado, desde que me convertí al cristianismo, y mucho antes de la guerra, y sigo pensándolo ahora que estamos en paz. De nada sirve citar el «No matarás». Hay dos palabras griegas: la palabra *matar* y la palabra *asesinar*. Y cuando Cristo cita ese mandamiento utiliza la palabra equivalente a *asesinar* en los tres Evangelios, el de Mateo, el de Marcos y el de Lucas. Y me dicen que la misma distinción se hace en la versión hebrea. No toda muerte es un asesinato, del mismo modo que no toda relación sexual es un adulterio. Cuando los soldados acudieron a san Juan el Bautista preguntándole qué debían hacer, este ni remotamente les sugirió que debían dejar el ejército; ni Cristo, cuando se encontró con un sargento romano, a los que llamaban centuriones. La idea del caballero —el cristiano armado para defender una causa noble— es una de las grandes ideas cristianas. La guerra es algo terrible y yo respeto a todos los pacifistas sinceros, aunque pienso que están completamente equivocados. Lo que no puedo comprender es esta especie de semipacifismo que se encuentra hoy en día, que hace pensar a la gente que aunque se tenga que luchar, hay que hacerlo con caras largas y como si uno se avergonzara de ello. Es ese sentimiento lo que despoja a muchos magníficos jóvenes cristianos que están en filas de algo a lo que tienen derecho, algo que es el acompañamiento natural del coraje... una especie de entrega y alegría.

A menudo he pensado cómo hubiera sido si, cuando combatí en la Primera Guerra Mundial, yo y algunos jóvenes alemanes nos hubiéramos dado muerte simultáneamente y nos hubiéramos encontrado un momento después de la muerte. No puedo imaginar que hubiéramos sentido ningún resentimiento o ni siquiera vergüenza. Creo que nos hubiéramos reído de lo ocurrido.

Imagino que alguno dirá: «Bueno, si a uno se le permite condenar las acciones del enemigo, y castigarlo, y matarlo, ¿qué diferencia hay entre la moral cristiana y el punto de vista corriente?». Toda la diferencia del mundo. Recordad que los cristianos pensamos que el hombre vive para siempre. Por lo tanto, lo que realmente importa son esas pequeñas marcas o señales en la parte interior o central del alma que van a convertirla, a la larga, en una criatura celestial o una criatura demoníaca. Podemos matar, si es necesario, pero no podemos odiar ni disfrutar odiando. Podemos castigar, si es necesario, pero no podemos disfrutar haciéndolo. En otras palabras, algo dentro de nosotros, el resentimiento, la sensación de venganza, deben sencillamente ser aniquilados. No quiero decir que alguien pueda decidir en este momento que nunca volverá a sentir esas cosas. No es así como sucede. Quiero decir que cada vez que estos sentimientos asoman la cabeza, día tras día, año tras año, durante toda nuestra vida, debemos hacerlos desaparecer. Es una tarea difícil, pero el intento no es imposible. Incluso mientras matamos o castigamos debemos tratar de sentir por el enemigo lo que sentimos por nosotros mismos: desear que no fuese tan malo, esperar que pueda, en este mundo o en el otro, ser curado; de hecho, desearle el bien. A eso es a lo que se refiere la Biblia cuando dice que debemos amar a nuestros enemigos: deseándoles el bien, y no teniéndoles afecto o diciendo que son buenos cuando no lo son.

Admito que esto significa amar a personas que no tienen nada de amable. Pero ¿tiene uno mismo algo de amable? Uno se ama simplemente porque es uno. Dios nos pide que amemos a todos los seres del mismo modo y por la misma razón; pero Él nos ha dado la operación llevada a cabo en su totalidad en nuestro propio caso para mostrarnos cómo funciona. Tenemos entonces que proceder a aplicar la misma regla a todos los demás seres. Tal vez lo haga más fácil recordar que ese es el modo en que Dios nos ama a nosotros. No por ninguna cualidad atractiva o digna de amor que creamos tener, sino solo porque existimos. Puesto que realmente no hay otra cosa en nosotros que amar. Criaturas como nosotros, a quienes de hecho el odio nos proporciona un placer tal que renunciar a él es como renunciar a la cerveza o al tabaco...

8

EL GRAN PECADO

HOY LLEGAMOS A esa parte de la moral cristiana que difiere mucho más rotundamente de todas las demás. Hay un vicio del que ningún hombre del mundo está libre, que todos los hombres detestan cuando lo ven en los demás y del que apenas nadie, salvo los cristianos, imagina ser culpable. He oído a muchos admitir que tienen mal carácter, o que no pueden abstenerse de las mujeres, o de la bebida, o incluso que son cobardes. No creo haber oído a nadie que no fuera cristiano acusarse de este otro vicio. Y al mismo tiempo, pocas veces he conocido a alguien que no fuera cristiano que demostrase la más mínima compasión con este vicio en otras personas. No hay defecto que haga a un hombre más impopular, y ninguno del que seamos más inconscientes en nosotros mismos. Y cuanto más lo tenemos en nosotros mismos más nos disgusta en los demás.

El vicio al que me refiero es el orgullo o la vanidad, y la virtud que se le opone es, en la moral cristiana, la humildad. Tal vez recordéis, cuando hablaba de moral sexual, que os advertí que el centro de la moral cristiana no residía allí. Pues bien, ahora hemos llegado a ese centro. Según los maestros cristianos, el vicio esencial, el mal más terrible, es el orgullo. La falta de castidad, la ira, la codicia, la ebriedad y cosas tales son meros pecadillos en comparación. Fue a través del orgullo como el demonio se convirtió en demonio: el orgullo conduce a todos los demás vicios: es el estado mental completamente anti-Dios.

¿Os parece esto exagerado? Si es así, pensadlo un poco. He señalado hace un momento que cuanto más orgullo tenía uno más aborrecía el orgullo en los demás. De hecho, si queréis averiguar lo orgullosos que sois, lo más fácil es preguntaros: «¿Hasta qué punto me disgusta que otros me desprecien, o se nieguen a fijarse en mí, o se entrometan en mi vida, o me traten con paternalismo, o se den aires?». El hecho es que el orgullo de cada persona está en competencia con el orgullo de todos los demás. Es porque yo quería ser el alma de la fiesta por lo que me molestó tanto que alguien más lo fuera. Dos de la misma especie nunca están de acuerdo. Lo que es necesario aclarar es que el orgullo es *esencialmente* competitivo —es competitivo por su naturaleza misma—, mientras que los demás vicios son competitivos solo, por así decirlo, por accidente. El orgullo no deriva de ningún placer de poseer algo, sino solo de poseer algo más de eso que el vecino. Decimos que la gente está orgullosa de ser rica, o inteligente, o guapa, pero no es así. Están orgullosos de ser más ricos, más inteligentes o más guapos que los demás. Si todos los demás se hicieran igualmente ricos, o inteligentes o guapos, no habría nada de lo que estar orgulloso. Es la comparación lo que nos vuelve orgullosos: el placer de estar por encima de los demás. Una vez que el elemento de competición ha desaparecido, el orgullo desaparece. Por eso digo que el orgullo es esencialmente competitivo de un modo en que los demás vicios no lo son. El impulso sexual puede empujar a dos hombres a competir si ambos desean a la misma mujer. Pero un hombre orgulloso os quitará la mujer, no porque la desee, sino para demostrarse a sí mismo que es mejor que vosotros. La codicia puede empujar a dos hombres a competir si no hay bastante de lo que sea para los dos, pero el hombre orgulloso, incluso cuando ya tiene más de lo que necesita, intentará obtener aún más para afirmar su poder. Casi todos los males del mundo que la gente atribuye a la codicia o al egoísmo son, en mucha mayor medida, el resultado del orgullo.

Tomemos el dinero. La codicia hará sin duda que un hombre desee el dinero, para tener una casa mejor, mejores vacaciones, mejores cosas que comer y beber. Pero solo hasta cierto punto. ¿Qué es lo que hace que un hombre que gane 10.000 libras al año ansíe ganar 20.000 libras? No es la ambición de mayor placer. Esas 10.000 libras le darán todos los lujos que un hombre puede realmente disfrutar. Es el orgullo... el deseo de ser más rico que algún otro hombre rico, y (aún más) el deseo de poder. Puesto que, naturalmente, el poder es lo que el orgullo disfruta realmente: no hay nada que haga que un hombre se sienta superior a los demás como ser capaz de manipularlos como soldados de juguete. ¿Qué hace que una muchacha bonita reparta miseria allí donde vaya coleccionando admiradores? Ciertamente no su instinto sexual: esa clase de muchacha suele ser sexualmente frígida. Es el orgullo. ¿Qué es lo que hace que un líder político o una nación entera sigan pidiendo más y más, exigiendo más y más? Otra vez el orgullo. El orgullo es competitivo por su naturaleza misma: por eso cada vez demanda más y más poder. Si yo soy orgulloso, mientras haya otro hombre en el mundo que sea más poderoso, más rico o más inteligente que yo, ese hombre será mi rival y mi enemigo.

Los cristianos tienen razón: es el orgullo el mayor causante de la desgracia en todos los países y en todas las familias desde el principio del mundo. Otros vicios pueden a veces acercar a las personas: es posible encontrar camaradería y buen talante entre borrachos o entre personas que no son castas. Pero el orgullo siempre significa la enemistad: *es* la enemistad. Y no solo la enemistad entre hombre y hombre, sino también la enemistad entre el hombre y Dios.

En Dios nos encontramos con algo que es en todos los aspectos inconmensurablemente superior a nosotros. A menos que reconozcamos esto —y, por lo tanto, que nos reconozcamos como nada en comparación— no conocemos a Dios en absoluto. Un hombre orgulloso siempre desprecia todo lo que considera por debajo de él, y, naturalmente, mientras se desprecia lo que se considera por debajo de uno, no es posible apreciar lo que está por encima.

Eso nos plantea una terrible pregunta. ¿Cómo es posible que personas que evidentemente están devoradas por el orgullo puedan decir que creen en Dios y aparecer ante sí mismas como muy religiosas? Me temo que significa que están venerando a un Dios imaginario. En teoría admiten no ser nada en presencia de ese fantasma que es Dios, pero en realidad están imaginando en todo momento que Él los aprueba y los considera mucho mejores que el resto de la gente corriente; es decir, pagan un insignificante tributo de imaginaria humildad a Dios y sacan de ello una ingente cantidad de orgullo con respecto a sus congéneres. Supongo que Cristo pensaba en personas así cuando dijo que algunos predicarían acerca de Él y arrojarían demonios en su nombre, solo para escuchar de sus labios, al final de los tiempos, que Él jamás los había conocido. Y cualquiera de nosotros puede caer en cualquier momento en esta trampa mortal. Afortunadamente, tenemos una prueba. Cada vez que pensemos que nuestra vida religiosa nos está haciendo sentir que somos buenos —y sobre todo que somos mejores que los demás— creo que podemos estar seguros de que es el diablo, y no Dios, quien está obrando en nosotros. La auténtica prueba de que estamos en presencia de Dios es que, o nos olvidamos por completo de nosotros mismos, o nos vemos como objetos pequeños y despreciables. Y es mejor olvidarnos por completo de nosotros mismos.

Es terrible que el peor de todos los vicios pueda infiltrarse en el centro mismo de nuestra vida religiosa. Pero podemos comprender por qué. Los otros, y menos malos, vicios, vienen de que el demonio actúa en nosotros a través de nuestra naturaleza animal. Pero este no viene a través de nuestra naturaleza animal en absoluto. Este viene directamente del infierno. Es puramente espiritual, y en consecuencia, es mucho más mortífero y sutil. Por la misma razón, el orgullo puede ser a menudo utilizado para combatir los vicios menores. Los maestros, de hecho, a menudo acuden al orgullo de los alumnos, o, como ellos lo llaman, a la estimación que sienten por sí mismos, para impulsarles a comportarse correctamente: más de un hombre ha superado la cobardía, la lujuria o el mal carácter aprendiendo a pensar que estas cosas no son dignas de él... es decir, por orgullo. El demonio se ríe. Le importa muy poco ver cómo os hacéis castos y valientes y dueños de vuestros impulsos siempre que, en todo momento, él esté infligiendo en vosotros la dictadura del orgullo... del mismo modo que no le importaría que se os curasen los sabañones si se le permitiera a cambio infligiros un cáncer. Porque el orgullo es un cáncer espiritual, devora la posibilidad misma del amor, de la satisfacción, o incluso del sentido común.

Antes de abandonar este tema quiero advertiros de algunos posibles malentendidos:

(1) El placer ante el elogio no es orgullo. El niño al que se felicita por haberse aprendido bien su lección, la mujer cuya belleza es alabada por su amante, el alma redimida a la que Cristo dice «Bien hecho», se sienten complacidos, y así debería ser. Porque aquí el placer reside no en lo que somos, sino en el hecho de que hemos complacido a alguien a quien queríamos (y con razón) complacer. El problema empieza cuando se pasa de pensar: «Le he complacido: todo está bien», a pensar: «Qué estupenda persona debo de ser para haberlo hecho». Cuanto más nos deleitamos en nosotros mismos y menos en el elogio, peores nos hacemos. Cuando nos deleitamos enteramente en nosotros mismos y el elogio, no nos importa nada, hemos tocado fondo. Por eso la vanidad, aunque es la clase de orgullo que más se muestra en la superficie, es realmente la menos mala

y la más digna de perdón. La persona vanidosa quiere halagos, aplauso, admiración en demasía, y siempre los está pidiendo. Es un defecto, pero un defecto infantil e incluso (de un modo extraño) un defecto humilde. Demuestra que no estás del todo satisfecho con tu propia admiración. Das a los demás el valor suficiente como para querer que te miren. Sigues, de hecho, siendo humano. El orgullo auténticamente negro y diabólico viene cuando desprecias tanto a los demás que no te importa lo que piensen de ti. Naturalmente está muy bien, y a menudo es un deber, el no importarnos lo que los demás piensen de nosotros, si lo hacemos por las razones adecuadas; por ejemplo, porque nos importe muchísimo más lo que piense Dios. Pero la razón por la que al hombre orgulloso no le importa lo que piensen los demás es diferente. Él dice: «¿Por qué iba a importarme el aplauso de esa gentuza, como si su opinión valiera para algo? E incluso si su opinión tuviera algún valor, ¿soy yo la clase de hombre que se ruboriza de placer ante un cumplido como una damisela en su primer baile? No, yo soy una personalidad integrada y adulta. Todo lo que he hecho ha sido hecho para satisfacer mis propios ideales —o mi conciencia artística, o las tradiciones de mi familia— o, en una palabra, porque soy esa *clase de hombre*. Si eso le gusta al vulgo, que le guste. No significan nada para mí». De este modo el puro y auténtico orgullo puede actuar como un freno de la vanidad, porque, como he dicho hace un momento, al demonio le encanta «curar» un pequeño defecto dándonos a cambio uno grande. Debemos tratar de no ser vanidosos, pero jamás hemos de recurrir a nuestro orgullo para curar nuestra vanidad: la sartén es mejor que el fuego.

(2) Decimos que un hombre está «orgulloso» de su hijo, o de su padre, o de su escuela o de su regimiento, y podría preguntarse si el «orgullo» en este sentido es pecado. Creo que esto depende de qué exactamente queremos decir con estar «orgulloso» de algo. Muy a menudo, en frases como esas, las palabras «estar orgulloso» significan «sentir una cálida admiración» por algo o alguien. Tal admiración está, por supuesto, muy lejos de ser un pecado. Pero podría tal vez significar que la persona en cuestión se jacta de su distinguido padre, o de pertenecer a un famoso regimiento. Esto, indudablemente, sería una falta, pero aun así sería mejor que sentirse orgulloso sencillamente de sí mismo. Amar o admirar cualquier cosa que no sea uno es alejarse un paso de la ruina espiritual absoluta; aunque no estaremos bien mientras amemos o admiremos cualquier cosa más de lo que amamos y admiramos a Dios.

(3) No debemos pensar que el orgullo es algo que Dios prohíbe porque se siente ofendido por él, o que la humildad es algo que él exige como algo debido a su dignidad... como si Dios mismo fuese orgulloso. A Dios no le preocupa en lo más mínimo su dignidad. El hecho es que Él quiere que le conozcamos: quiere entregarse a Sí mismo. Y Él y nosotros somos de tal especie que si realmente entramos en algún tipo de contacto con Él nos sentiremos, de hecho, humildes... alegremente humildes, sintiendo el infinito alivio de habernos librado por una vez de toda la necia insensatez de nuestra propia dignidad, que nos ha hecho sentirnos inquietos y desgraciados toda la vida. Dios está intentando hacernos humildes para que este momento sea posible; está intentando despojarnos de todos los vanos adornos y disfraces con los que nos hemos ataviado y con los que nos paseamos como pequeños imbéciles que somos. Ojalá yo mismo hubiese llegado un poco más lejos con la humildad: si así fuera, probablemente podría deciros más acerca del alivio, la comodidad de quitarme ese disfraz... de quitarme ese falso *ego* con todos sus «Miradme» y «¿No soy un buen chico?» y todas sus poses y posturas. Acercarse apenas un poco a ese alivio, aunque solo sea por un momento, es lo que un vaso de agua fresca para un hombre en medio de un desierto.

(4) No imaginéis que si conocéis a un hombre realmente humilde será lo que la mayoría de la gente llama «humilde» hoy en día. No será la clase de persona untuosa y reverente que no cesa de decir que él, naturalmente, no es nadie. Seguramente lo que pensaréis de él es que se trata de un hombre alegre e inteligente que pareció interesarse realmente en lo que *vosotros* le decíais a *él*. Si os cae mal será porque sentís una cierta envidia de alguien que parece disfrutar con tanta facilidad de la vida. Ese hombre no estará pensando en la humildad: no estará pensando en sí mismo en absoluto.

Si alguien quiere adquirir humildad, creo que puedo decirle cuál es el primer paso. El primer paso es darse cuenta de que uno es orgulloso. Y este paso no es pequeño. Al menos, no se puede hacer nada antes de darlo. Si pensáis que no sois vanidosos, es que sois vanidosos de verdad.

9

CARIDAD

DIJE EN UN capítulo anterior que había cuatro virtudes cardinales y tres virtudes teologales. Las tres virtudes teologales son fe, esperanza y caridad. Hablaremos de la fe en los dos próximos capítulos. Tratamos en parte de la caridad en el capítulo 7, pero allí me concentré en esa parte de la caridad que se llama perdón. Ahora quiero añadir algo más.

Primero, en cuanto al significado de la palabra. Ahora la «caridad» significa simplemente lo que antes se llamaba «limosnas», es decir, ayudar a los pobres. Originalmente, su significado era mucho más amplio. (Pueden ver cómo obtuvo el significado moderno. Si un hombre tiene «caridad», ayudar a los pobres es una de las cosas más evidentes que hace, y por eso la gente dio en hablar de ello como si la caridad fuera solamente eso. Del mismo modo, la «rima» es lo más evidente de la poesía, y así la gente quiere decir por «poesía» lo que simplemente es rima y nada más). Caridad significa «amor en el sentido cristiano». Pero el amor, en el sentido cristiano, no significa una emoción. Es un estado, no de los sentimientos, sino de la voluntad; el estado de la voluntad que naturalmente tenemos acerca de nosotros mismos, y que debemos aprender a tener acerca de los demás.

Ya señalé en el capítulo sobre el perdón que nuestro amor por nosotros mismos no significa que nos *gustemos* a nosotros mismos. Significa que deseamos nuestro propio bien. Del mismo modo, el amor cristiano (o la caridad) por nuestros prójimos es algo muy diferente de la simpatía o el afecto. Nos «gustan» o «apreciamos» a algunas personas y no a otras. Es importante comprender que esta simpatía natural no es ni un pecado ni una virtud, del mismo modo que vuestro gusto o disgusto por una comida no lo son. Son solo hechos. Pero, claro, lo que hacemos acerca de ello es o pecaminoso o virtuoso.

Una simpatía o un afecto natural por la gente hace que sea más fácil ser «caritativos» con ellos. Por lo tanto, es normalmente un deber alentar nuestros afectos, «gustar» de la gente tanto como podamos (del mismo modo que a menudo debemos alentar nuestro gusto por el ejercicio o la comida sana) no porque este afecto sea en sí mismo la virtud de la caridad, sino porque la ayuda. Por otro lado, también es necesario mantener una atenta vigilancia en caso de que nuestra simpatía por una persona en particular nos vuelva menos caritativos, o incluso injustos, con alguien más. Incluso hay casos en los que nuestra simpatía interfiere con nuestra caridad por la persona que nos es simpática. Por ejemplo, una madre amante, llevada por su afecto natural, puede sentirse tentada de «malcriar» a su hijo; es decir, de gratificar sus propios impulsos afectuosos a costa de la auténtica felicidad de la criatura más adelante.

Pero, a pesar de que las simpatías naturales deberían ser alentadas, sería equivocado pensar que el modo de volverse caritativo es tratar de fabricar sentimientos de afecto. Algunas personas son «frías» por naturaleza; puede que eso sea una desgracia para ellos, pero no es más pecado que hacer mal la digestión, y no los aleja de la posibilidad, o los disculpa del deber, de aprender a ser caritativos. La regla para todos nosotros es perfectamente simple. No perdáis el tiempo preguntándoos si «amáis» a vuestro prójimo: comportaos como si fuera así. En cuanto hacemos esto, descubrimos uno de los grandes secretos. Cuando nos comportamos como si amásemos a alguien, al cabo del tiempo llegaremos a amarlo. Si le hacemos daño a alguien que nos disgusta, descubriremos que nos disgusta aún más que antes. Si le hacemos un favor, encontraremos que nos disgusta menos. Hay, ciertamente, una excepción. Si le hacemos un favor, no para agradar a Dios u obedecer la regla de la caridad, sino para demostrarle lo buenos y generosos que somos y convertirlo en acreedor nuestro, y luego nos sentamos a esperar su «gratitud», seguramente nos veremos decepcionados. (La gente no es tonta: enseguida se da cuenta de la ostentación, o el paternalismo). Pero cada vez que hacemos un bien a otra persona, solo porque es una persona, hecha (como nosotros) por Dios, y deseando su felicidad como nosotros deseamos la nuestra, habremos aprendido a amarla un poco más o, al menos, a que nos desagrade un poco menos.

En consecuencia, a pesar de que la caridad cristiana le parece algo muy frío a la gente que piensa en el sentimentalismo, y aunque es bastante distinta del afecto, conduce, sin embargo, al afecto. La diferencia entre un cristiano y un hombre mundano no es que el hombre mundano solo siente afectos o «simpatías» y el cristiano solo siente «caridad». El hombre mundano trata a ciertas personas amablemente porque le «gustan»; el cristiano, intentando tratar a todo el mundo amablemente, se encuentra a sí mismo gustando cada vez de más gente, incluyendo personas que al principio jamás se hubiera imaginado le gustarían.

Esta misma ley espiritual funciona de un modo terrible en el sentido inverso. Los nazis, al principio, tal vez maltratasen a los judíos porque los odiaban; más tarde los odiaron mucho más porque los habían maltratado. Cuanto más crueles seamos, más odiaremos, y cuanto más odiemos, más crueles nos volveremos... y así sucesivamente en un círculo vicioso para siempre.

El mal y el bien aumentan los dos a un interés compuesto. Por eso, las pequeñas decisiones que vosotros y yo hacemos todos los días son de una importancia infinita. La más pequeña buena acción de hoy es la conquista de un punto estratégico desde el cual, unos meses más tarde, podremos avanzar hacia victorias con las que nunca soñamos. Ceder hoy a nuestra ira o nuestra lujuria, por trivial que sea esa concesión, es la pérdida de un camino, una vía férrea o un puente desde los que el enemigo puede lanzar un ataque de otro modo imposible.

Algunos escritores utilizan la palabra caridad para describir no solo el amor cristiano entre seres humanos, sino también el amor de Dios para con los hombres y de los hombres para con Dios. Acerca de la segunda clase de amor, la gente a menudo se preocupa. Se les dice que deben amar a Dios. Y no pueden hallar ese sentimiento en sí mismos. ¿Qué deben hacer? La respuesta es la misma que antes. Comportaos como si lo amarais. No intentéis fabricar sentimientos. Preguntaos: «Si yo estuviera seguro de amar a Dios, ¿qué haría?». Cuando hayáis encontrado la respuesta, id y hacedlo.

En general, pensar en el amor de Dios por nosotros es algo mucho más seguro que pensar en nuestro amor por Él. Nadie puede experimentar sentimientos devotos en todo momento, e incluso si pudiéramos, los sentimientos no son lo que a Dios le importa más. El amor cristiano, ya sea hacia Dios o hacia el hombre, es un asunto de la voluntad. Si intentamos hacer su voluntad estamos obedeciendo el mandamiento «Amarás al Señor tu Dios». Dios nos dará sentimientos de amor si le place. No podemos crearlos por nosotros mismos, y no debemos exigirlos como un derecho. Pero lo más importante que debemos recordar es que, aunque nuestros sentimientos vienen y van, el amor de Dios por nosotros no lo hace. No se fatiga por nuestros pecados o nuestra indiferencia, y, por lo tanto, es incansable en su determinación de que seremos curados de esos pecados, no importa lo que nos cueste, no importa lo que le cueste a Él.

10

ESPERANZA

La esperanza es una de las virtudes teologales. Esto significa que una continua expectativa de la vida eterna no es (como piensan algunas personas modernas) una forma de escapismo o de deseo proyectado, sino una de las cosas que un cristiano tiene que hacer. No significa que debemos dejar este mundo tal como está. Si leemos la historia, veremos que los cristianos que más hicieron por este mundo fueron aquellos que pensaron más en el otro. Los apóstoles mismos, que iniciaron a pie la conversión del Imperio romano, los grandes hombres que construyeron la Edad Media, los evangélicos ingleses que abolieron el mercado de esclavos, todos ellos dejaron su marca sobre la tierra, precisamente porque sus mentes estaban ocupadas en el cielo. Es desde que la mayor parte de los cristianos han dejado de pensar en el otro mundo cuando se han vuelto tan ineficaces en este. Si nuestro objetivo es el cielo, la tierra se nos dará por añadidura; si nuestro objetivo es la tierra, no tendremos ninguna de las dos cosas. Parece una extraña regla, pero algo parecido puede verse funcionando en otros asuntos. La salud es una gran bendición, pero en el momento en que hacemos de ella uno de nuestros objetivos directos y principales, nos convertimos en unos hipocondríacos y empezamos a pensar que estamos enfermos. Es probable que disfrutemos de salud solo si deseamos más otras cosas... comida, juegos, trabajo, diversión, aire libre. Del mismo modo, jamás salvaremos a la civilización mientras la civilización sea nuestro principal objetivo. Debemos aprender a desear otras cosas aún más.

La mayoría de nosotros encuentra muy difícil desear el cielo, salvo si esto significa volver a encontrarnos con nuestros amigos que han muerto. Una de las razones de esta dificultad es que no hemos sido entrenados: toda nuestra educación tiende a fijar nuestras mentes en este mundo. Otra de las razones es que cuando el verdadero deseo del cielo está presente en nosotros no lo reconocemos. La mayoría de las personas, si realmente hubieran aprendido a mirar dentro de sus corazones, sabrían que sí desean, y desean intensamente, algo que no puede obtenerse en este mundo. Hay toda clase de cosas en este mundo que ofrecen darnos precisamente eso, pero no acaban de cumplir su promesa. El deseo que despierta en nosotros cuando nos enamoramos por primera vez, o cuando por primera vez pensamos en algún país extranjero, o cuando nos interesamos en algún tema que nos entusiasma, es un deseo que ninguna boda, ningún viaje, ningún conocimiento pueden realmente satisfacer. No hablo ahora de lo que normalmente se calificaría de matrimonios, o vacaciones, o estudios fracasados. Estoy hablando de los mejores posibles. Hubo algo que percibimos, en esos primeros momentos de deseo, que simplemente se esfuma en la realidad. Creo que todos sabéis a qué me refiero. La esposa puede ser una buena esposa, y los hoteles y paisajes pueden haber sido excelentes, y la química puede ser una ocupación interesante, pero algo se nos ha escapado. Hay dos maneras equivocadas de tratar con este hecho, y una correcta.

(1) La manera del necio. —Les echa la culpa a las cosas en sí. Sigue pensando durante toda su vida que solo con que lo hubiera intentado con otra mujer, o se hubiera tomado unas vacaciones más caras, o lo que fuese, entonces, esta vez, sí que aprehendería ese algo misterioso detrás de lo cual vamos todos. La mayor parte de los ricos aburridos e insatisfechos de este mundo pertenecen a este grupo. Pasan su vida entera de mujer en mujer (a través de los juzgados de divorcio), de continente en continente, de afición en afición, pensando siempre que lo último es por fin «lo verdadero», y siempre desilusionados.

(2) La manera del «hombre práctico» desencantado. —Este pronto decide que todo ha sido un espejismo. «Claro —dice—, uno se siente así cuando es joven. Pero cuando se llega a mi edad ya se ha renunciado a las ilusiones». Y entonces se sosiega y aprende a no esperar demasiado y reprime la parte de sí mismo que solía, como él diría, «llorar por la luna». Esto es, por supuesto, una manera mucho mejor que la primera, y hace que un hombre sea mucho más feliz, y mucho menos molesto para la sociedad. Tiende a convertirlo en un pedante (suele adoptar un aire de superioridad

hacia los que él llama «adolescentes»), pero, en general, se las arregla bastante bien. Sería la mejor actitud que podríamos adoptar si el hombre no viviera para siempre. Pero supongamos que la felicidad infinita está realmente ahí, esperándonos. Supongamos que sí pudiéramos alcanzar el final del arcoíris. En ese caso sería una lástima descubrir demasiado tarde (un momento después de la muerte) que gracias a nuestro supuesto «sentido común» hemos reprimido en nosotros la facultad de disfrutarla.

(3) La manera cristiana. —El cristiano dice: «Las criaturas no nacen con deseos a menos que exista la satisfacción de esos deseos. Un niño recién nacido siente hambre: bien, existe algo llamado comida. Un patito quiere nadar: bien, existe algo llamado agua. Los hombres sienten deseo sexual: bien, existe algo llamado sexo. Si encuentro en mí mismo un deseo que nada de este mundo puede satisfacer, la explicación más probable es que fui hecho para otro mundo. Si ninguno de mis placeres terrenales lo satisface, eso no demuestra que el universo es un fraude. Probablemente los placeres terrenales nunca estuvieron destinados a satisfacerlos, sino solo a excitarlos, a sugerir lo auténtico. Si esto es así, debo cuidarme, por un lado, de no despreciar nunca, o desagradecer, estas bendiciones terrenales, y por otro, no confundirlos con aquello otro de lo cual estos son una especie de copia, o eco, o espejismo. Debo mantener vivo en mí mismo el deseo de mi verdadero país, que no encontraré hasta después de mi muerte; jamás debo dejar que se oculte o se haga a un lado; debo hacer que el principal objetivo de mi vida sea seguir el rumbo que me lleve a ese país y ayudar a los demás a hacer lo mismo».

No hay necesidad de preocuparse por los bromistas que intentan ridiculizar la idea del «Cielo» cristiano diciendo que no quieren «pasarse el resto de la eternidad tocando el arpa». La respuesta a esas personas es que si no pueden comprender libros escritos para personas mayores no deberían hablar de ellos. Toda la imaginería de las Escrituras (arpas, coronas, oro, etc.) es, por supuesto, un intento meramente simbólico de expresar lo inexpresable. Los instrumentos musicales se mencionan porque para muchos (no para todos) la música es lo que conocemos en la vida presente que con más fuerza sugiere el éxtasis y lo infinito. Las coronas se mencionan para sugerir el hecho de que aquellos que se unen con Dios en la eternidad comparten su esplendor, su poder y su gozo. El oro se menciona para sugerir la intemporalidad del Cielo (el oro no se oxida) y su preciosidad. La gente que toma estos símbolos literalmente bien puede creer que cuando Cristo nos dijo que fuéramos como palomas quería decir que debíamos poner huevos.

II

FE

EN ESTE CAPÍTULO debo hablar acerca de lo que los cristianos llaman la fe. En términos generales, la palabra fe parece ser utilizada por los cristianos en dos sentidos o niveles, y los tomaré por turno. En el primer sentido, significa simplemente creencia: aceptar o considerar como verdad las doctrinas del cristianismo. Esto es relativamente fácil. Pero lo que confunde a la gente —al menos solía confundirme a mí— es el hecho de que los cristianos consideren a la fe en este sentido como una virtud. Yo solía preguntarme cómo podía ser una virtud... ¿Qué hay de moral o de inmoral en creer o en no creer un conjunto de afirmaciones? Es evidente, solía decirme, que un hombre cuerdo acepta o rechaza cualquier afirmación, no porque quiera o no quiera, sino porque la evidencia le parece suficiente o insuficiente. Si me equivocara acerca de la validez o invalidez de la evidencia, eso no significaría que era un mal hombre, sino solo que no era muy inteligente. Y si pensara que la evidencia era insuficiente pero intentara forzarme a creer en ella a pesar de todo, eso sería simplemente una estupidez.

Pues bien, creo que aún conservo esa opinión. Pero lo que no vi entonces —y mucha gente sigue aún sin verlo— es esto: yo asumía que si la mente humana acepta una vez que algo es verdad seguirá automáticamente considerándolo como verdad, hasta que aparezca alguna buena razón para reconsiderarlo. De hecho, asumía que la mente humana está completamente regida por la razón. Pero esto no es así. Por ejemplo, mi razón está perfectamente convencida por evidencias válidas de que la anestesia no me asfixia, y que los cirujanos adecuadamente preparados no empezarán a operarme hasta que esté inconsciente. Pero eso no altera el hecho de que cuando me han acostado en la camilla y me ponen esa horrible mascarilla sobre la cara, un pánico totalmente infantil se apodera de mí. Empiezo a pensar que me voy a asfixiar, y temo que empiecen a operarme antes de quedarme dormido del todo. En otras palabras, pierdo mi fe en los anestésicos. No es la razón lo que me despoja de mi fe: por el contrario, mi fe está basada en la razón. Son mi imaginación y mis emociones. La batalla es entre la fe y la razón por un lado y la imaginación por el otro.

Cuando penséis en esto encontraréis muchos ejemplos parecidos. Un hombre sabe, gracias a evidencias perfectamente válidas, que una chica bonita que conoce es una mentirosa y no puede guardar un secreto, y que no debería fiarse de ella. Pero cuando se encuentra con ella su mente pierde su fe en ese fragmento de conocimiento, y empieza a pensar: «Puede que esta vez sea diferente», y una vez más comete la tontería de contarle algo que no debería haberle contado. Sus sentidos y sus emociones han destruido su fe en lo que él realmente sabe que es verdad. O tomemos a un chico que está aprendiendo a nadar. Su razón sabe perfectamente bien que un cuerpo humano sin apoyo no necesariamente se hundirá en el agua: ha visto a docenas de personas flotar y nadar. Pero la cuestión está en si seguirá creyendo esto cuando el instructor retire su mano y le deje sin apoyo en el agua... o si dejará súbitamente de creerlo, se asustará y se hundirá.

Lo mismo ocurre con el cristianismo. No le estoy pidiendo a nadie que acepte el cristianismo si su mejor razonamiento le dice que el peso de la evidencia está contra él. Ese no es el punto en el que entra la fe. Pero supongamos que la razón de un hombre decide una vez que el peso de la evidencia está a favor del cristianismo. Yo puedo decirle a ese hombre lo que le pasará en las semanas siguientes. Llegará un momento en el que haya una mala noticia, o tenga un problema, o esté viviendo entre personas que no creen en el cristianismo, y de pronto sus emociones se rebelarán y empezarán a bombardear su creencia. O bien llegará un momento en el que desee a una mujer, o quiera contar una mentira, o se sienta muy complacido consigo mismo, o vea la oportunidad de ganar un poco de dinero de una manera que no es del todo ortodoxa: un momento, de hecho, en el que sería muy conveniente que el cristianismo no fuera verdad. Y una vez más sus deseos y aspiraciones se rebelarán contra él. No estoy hablando de momentos en los que aparezcan auténticas razones en contra del cristianismo. Esos momentos han de ser enfrentados y eso es un asunto diferente. Estoy hablando de momentos en los que un simple cambio de humor se rebela contra él.

Pues bien, la fe, en el sentido en el que utilizo ahora esa palabra, es el arte de aferrarse a las cosas que vuestra razón ha aceptado una vez, a pesar de vuestros cambios de ánimo. Ya que el ánimo cambiará, os diga lo que os diga vuestra razón. Lo sé por experiencia. Ahora que soy cristiano tengo estados de ánimo en los que todo el tema parece muy improbable. Pero cuando era ateo tenía estados de ánimo en los que el cristianismo parecía terriblemente probable. Esta rebelión de vuestros estados de ánimo contra vuestro auténtico yo ocurrirá de todas maneras. Precisamente por eso la fe es una virtud tan necesaria: a menos que les enseñéis a vuestros estados de ánimo «a ponerse en su lugar» nunca podréis ser cristianos cabales, o ni siquiera ateos cabales, sino criaturas que oscilan de un lado a otro, y cuyas creencias realmente dependen del tiempo o del estado de vuestra digestión. En consecuencia es necesario fortalecer el hábito de la fe.

El primer paso es reconocer el hecho de que vuestros estados de ánimo cambian. El siguiente es asegurarse de que, si habéis aceptado el cristianismo, algunas de sus principales doctrinas serán deliberadamente expuestas a vuestra mente todos los días. De ahí que las oraciones diarias, las lecturas religiosas y el acudir a la iglesia son partes necesarias de la vida cristiana. Se nos tiene que recordar continuamente aquello en lo que creemos. Ni esta creencia ni ninguna otra permanecerá automáticamente viva en la mente. Debe ser alimentada. Y, de hecho, si examinásemos a cien personas que hubiesen perdido su fe en el cristianismo, me pregunto cuántas de ellas resultarían haber sido convencidas de su supuesta invalidez por medio de argumentos. La gente, ¿no se va, simplemente, apartando de la fe?

Ahora debo referirme a la fe en su segundo, o más importante, sentido. Y esto es lo más difícil que he tenido que hacer hasta ahora. Quiero acercarme al asunto volviendo el tema de la humildad. Recordaréis que dije que el primer paso hacia la humildad era darse cuenta de que uno es orgulloso. Ahora quiero añadir que el paso siguiente es hacer un intento serio de practicar las virtudes cristianas. Una semana no es suficiente. A menudo las cosas van de maravilla la primera semana. Intentadlo durante seis semanas. Para ese entonces, no habiendo conseguido nada, o incluso habiendo retrocedido aún más del punto donde se empezó, uno habrá descubierto ciertas verdades acerca de sí mismo. Ningún hombre sabe lo malo que es hasta que ha intentado con todas sus fuerzas ser bueno. Circula la absurda idea de que los buenos no saben lo que es la tentación. Esta es una mentira evidente. Solo aquellos que intentan resistir la tentación saben lo fuerte que es. Después de todo, se descubre la potencia del ejército alemán luchando contra él, no rindiéndose a él. Se descubre la fuerza de un viento intentando caminar contra él, no echándose al suelo. Un hombre que se rinde a la tentación después de cinco minutos, sencillamente no sabe qué hubiera pasado una hora después. Por eso los malos, en un sentido, saben muy poco de la maldad. Han vivido una vida protegida porque han cedido siempre a ella. Jamás averiguamos la fuerza del impulso del mal dentro de nosotros hasta que intentamos luchar contra él, y Cristo, porque fue el único hombre que jamás cedió ante la tentación, es también el único hombre que sabe absolutamente lo que la tentación significa... el único realista total. Muy bien, pues. Lo más importante que aprendemos de un intento serio de practicar las virtudes cristianas es que fracasamos. Si teníamos la idea de que Dios nos había puesto una especie de examen, y de que podíamos obtener buenas notas mereciéndolas, esa idea tiene que ser abandonada. Si teníamos la idea de una especie de pacto —la idea de que podíamos llevar a cabo nuestra parte del contrato y así poner a Dios en deuda con nosotros para que le tocase a Él, por simple justicia, llevar a cabo su parte del contrato—, esa idea tiene que ser abandonada.

Creo que todos los que creen vagamente en Dios, hasta que se convierten al cristianismo, tienen la idea de un examen, o de un pacto. El primer resultado del auténtico cristianismo es deshacer esa idea en mil pedazos. Cuando descubren que la idea ha volado en mil pedazos, algunos piensan que el cristianismo es un fracaso y renuncian. Parecen imaginar que Dios tiene ideas muy simples. De hecho, por supuesto, Él conoce todo esto. Una de las primeras cosas que el cristianismo está destinado a hacer es deshacer esta idea en mil pedazos. Dios ha estado esperando el momento en que descubráis que no es cuestión de sacar una buena nota en ese examen, o de ponerlo a Él en deuda con vosotros.

Después viene otro descubrimiento. Todas las facultades que tenemos, nuestra capacidad de pensar o de mover nuestros miembros en todo momento nos son dadas por Dios. Si dedicásemos cada momento de nuestra vida exclusivamente a su servicio no podríamos darle nada que no fuese, en un sentido, suyo ya. De modo que cuando hablamos de un hombre que hace algo por Dios, o que le da algo a Dios, os diré a qué se parece esto. Se parece a un niño pequeño que acude a su padre y le dice: «Papá, dame seis peniques para comprarte un regalo de cumpleaños». Naturalmente, el padre lo hace y se queda encantado con el regalo del niño. Todo está muy bien, pero solo un idiota pensaría que el padre ha ganado seis peniques en la transacción. Cuando un hombre ha hecho estos dos descubrimientos, Dios puede empezar realmente a trabajar. Es después de esto cuando empieza la auténtica vida. El hombre ahora está despierto. Podemos proceder a hablar de la fe en el segundo sentido.

12

FE

QUIERO EMPEZAR DICIENDO algo a lo que me gustaría que todos prestaseis especial atención. Y es esto. Si este capítulo no significa nada para vosotros, si parece estar intentando responder a preguntas que jamás habéis hecho, pasadlo por alto. No lo leáis en absoluto. Hay ciertas cosas en el cristianismo que pueden ser comprendidas desde fuera, antes de que os hayáis convertido al cristianismo. Pero hay muchísimas otras que no pueden ser comprendidas hasta que no hayáis recorrido una cierta distancia por el camino cristiano. Estas cosas son puramente prácticas, aunque no lo parecen. Son instrucciones para tratar con diferentes encrucijadas y obstáculos a lo largo del viaje, y no tienen sentido hasta que el hombre no ha llegado a esos lugares. Cada vez que encontréis en escritos cristianos una afirmación que no comprendáis, no os preocupéis. Dejadla. Llegará un día, tal vez años más tarde, en que súbitamente os daréis cuenta de lo que significa. Si uno pudiese comprenderla ahora, solo podría perjudicarle.

Naturalmente, todo esto habla en contra de mí al igual que de los demás. Puede que lo que voy a intentar explicar en este capítulo esté más allá de mis posibilidades. Tal vez crea que ya he llegado allí aunque no sea así. Solo puedo pedirles a los cristianos instruidos que estén muy atentos, y me digan cuándo me equivoco; y a otros, que se tomen lo que diga con cierta dosis de ligereza: como algo que les es ofrecido, porque podría servirles de ayuda, y no porque yo esté seguro de tener razón.

Estoy intentando hablar de la fe en el segundo sentido, el sentido más alto. La semana pasada dije que la cuestión de la fe en este sentido surge después de que un hombre ha hecho lo posible por practicar las virtudes cristianas, y ha descubierto su fracaso, y ha visto que incluso si pudiera ponerlas en práctica solo le estaría devolviendo a Dios lo que ya es de Dios. En otras palabras, descubre su insolvencia. Pues bien; una vez más, lo que a Dios le importa no son exactamente nuestras acciones. Lo que le importa es que seamos criaturas de una cierta calidad —la clase de criaturas que Él quiso que fuéramos—, criaturas relacionadas con Él de una cierta manera. No añado «y relacionadas entre ellas de una cierta manera», porque eso ya está incluido: si estáis a bien con Él, inevitablemente estaréis a bien con todas las demás criaturas, del mismo modo que si todos los rayos de una rueda encajan correctamente en el centro y en el aro, estarán inevitablemente en la posición correcta unos con respecto de otros. Y mientras un hombre piense en Dios como en un examinador que le ha puesto una especie de examen, o como la parte contraria en una especie de pacto —mientras esté pensando en reclamaciones y contrarreclamaciones entre él y Dios—, aún no está en la relación adecuada con Él. No ha comprendido lo que él es o lo que Dios es. Y no puede entrar en la relación adecuada con Dios hasta que no haya descubierto el hecho de nuestra insolvencia.

Cuando digo «descubierto» realmente quiero decir *descubierto*: no simplemente repetido como un loro. Naturalmente, todo niño, si recibe una cierta clase de educación religiosa, pronto aprenderá a *decir* que no tenemos nada que ofrecerle a Dios que no sea ya *suyo*, y que ni siquiera le ofrecemos eso sin guardarnos algo para nosotros. Pero estoy hablando de descubrir esto realmente: descubrir por experiencia que esto es verdad.

Ahora bien: no podemos, en ese sentido, descubrir nuestro fracaso en guardar la ley de Dios, salvo haciendo todo lo posible por guardarla y después fracasando. A menos que realmente lo intentemos, digamos lo que digamos, en lo más recóndito de nuestra mente siempre estará la idea de que si la próxima vez lo intentamos con mayor empeño conseguiremos ser completamente buenos. Así, en un sentido, el camino de vuelta hacia Dios es un camino de esfuerzo moral, de intentarlo cada vez con más empeño. Pero en otro sentido, no es el esfuerzo lo que nos va a llevar de vuelta a casa. Todo este esfuerzo nos lleva a ese momento vital en el que nos volvemos a Dios y le decimos: «Tú debes hacerlo. Yo no puedo». No empecéis, os lo imploro, a preguntaros: «¿He llegado yo a ese momento?». No os sentéis a contemplar vuestra mente para ver si va haciendo progresos. Eso le desvía mucho a uno. Cuando ocurren las cosas más importantes de nuestra vida, a menudo no sabemos, en ese momento, lo que está sucediendo. Un hombre no se dice a menudo: «¡Vaya! Estoy madurando». Muchas veces es solo cuando mira hacia atrás cuando se da cuenta de lo que ha ocurrido y lo reconoce como lo que la gente llama «madurar». Esto puede verse incluso en las cosas sencillas. Un hombre que empieza a observar ansiosamente si se va a dormir o no es muy probable que permanezca despierto. Del mismo modo, aquello de lo que estoy hablando ahora puede no ocurrirles a todos como un súbito relámpago —como le ocurrió a san Pablo o a Bunyan—: tal vez sea tan gradual que nadie pueda señalar una hora en particular o incluso un año en particular. Y lo que importa es la naturaleza del cambio en sí, no cómo nos encontramos mientras está ocurriendo. Es el cambio de sentirnos confiados en nuestros propios esfuerzos al estado en que desesperamos de hacer nada por nosotros mismos y se lo dejamos a Dios.

Sé que las palabras «dejárselo a Dios» pueden ser mal interpretadas, pero por el momento deben quedar ahí. El sentido en el que un cristiano se lo deja a Dios es que pone toda su confianza en Cristo; confía en que Cristo de alguna manera compartirá con él la perfecta obediencia humana que llevó a cabo desde su nacimiento hasta su crucifixión: que Cristo hará a ese hombre más parecido a Él y que, en cierto sentido, hará buenas sus deficiencias. En el lenguaje cristiano, compartirá su «filiación» con nosotros; nos convertirá, como Él, en hijos de Dios. En el Libro IV intentaré analizar un poco más el significado de estas palabras. Si preferís verlo de este modo, Cristo nos ofrece algo por nada. Incluso nos lo ofrece todo por nada. En cierto modo, toda la vida cristiana consiste en aceptar este asombroso ofrecimiento. Pero la dificultad está en alcanzar el punto en el que reconocemos que todo lo que hemos hecho y podemos hacer es nada. Lo que nos habría gustado es que Dios hubiera tenido en cuenta nuestros puntos a favor y hubiese ignorado nuestros puntos en contra. Una vez más, en cierto modo, puede decirse que ninguna tentación es superada hasta que no dejamos de intentar superarla... hasta que no tiramos la toalla. Pero, claro, no podríamos «dejar de intentarlo» del modo adecuado y por la razón adecuada hasta que no lo hubiéramos intentado con todas nuestras fuerzas. Y, en otro sentido aún, dejarlo todo en manos de Cristo no significa, naturalmente, que dejemos de intentarlo. Confiar en Él quiere decir, por supuesto, intentar hacer todo lo que Él dice. No tendría sentido decir que confiamos en una persona si no vamos a seguir su consejo. Así, si verdaderamente os habéis puesto en sus manos, de esto debe seguirse que estáis tratando de obedecerle. Pero lo estáis haciendo de una manera nueva, de una manera menos preocupada. No haciendo estas cosas para ser salvados, sino porque Él ya ha empezado a salvaros. No con la esperanza de llegar al Cielo como recompensa de vuestras acciones, sino inevitablemente queriendo comportaros de una cierta manera porque una cierta visión del Cielo ya está dentro de vosotros.

Los cristianos a menudo han discutido sobre si lo que conduce al cristiano de vuelta a casa son las buenas acciones o la fe en Cristo. En realidad yo no tengo derecho a hablar de una cuestión tan difícil, pero a mí me parece algo así como preguntar cuál de las dos cuchillas de una tijera es la más útil. Un serio esfuerzo moral es lo único que os llevará al punto en el que tiréis la toalla. La fe en Cristo es lo único que en ese punto os salvará de la desesperación: y de esa fe en Él deben venir inevitablemente las buenas acciones. Hay dos parodias de la verdad de las que diferentes grupos de cristianos han sido, en el pasado, acusados de creer por otros cristianos: tal vez nos ayuden a ver más claramente la verdad. Uno de los grupos fue acusado de decir: «Las buenas acciones son lo único que importa. La mejor de las buenas acciones es la caridad. La mejor clase de caridad es dar dinero. La mejor cosa a la que dar dinero es la Iglesia. De modo que dadnos 10.000 libras y nosotros os ayudaremos». La respuesta a esta insensatez, por supuesto, sería que las buenas acciones hechas por ese motivo, hechas con la idea de que el Cielo puede comprarse, no serían buenas acciones en absoluto, sino solo especulaciones comerciales. Al otro grupo se le acusó de decir: «La fe es lo único que importa. En consecuencia, si tenéis fe, no importa lo que hagáis. Pecad sin tasa, amigos míos, y pasadlo bien, y Cristo se ocupará de que al final eso no importe». La respuesta a esta insensatez es que, si lo que llamáis vuestra «fe» en Cristo no implica prestar la menor atención a lo que Él dice, entonces no es fe en absoluto... no es fe ni confianza en Él, sino solo aceptación intelectual de alguna teoría acerca de Él.

La Biblia parece dar por zanjado el asunto cuando pone ambas cosas juntas en una misma frase. La primera mitad de esa frase es: «... procurad vuestra salvación con temor y temblor», lo que hace pensar que todo depende de nosotros y de nuestras buenas acciones. Pero la segunda mitad dice: «porque Dios es el que en vosotros opera», lo que hace pensar que Dios lo hace todo y nosotros, nada. Me temo que esa es la clase de cosa con la que nos encontramos en el cristianismo. Estoy intrigado, pero no sorprendido. Porque ahora estamos intentando comprender, y separar en compartimentos estancos, exactamente lo que hace Dios y lo que hace el hombre cuando Dios y el hombre trabajan juntos. Y, naturalmente, empezamos por pensar que es como dos hombres que trabajan juntos, de modo que se podría decir: «Él hizo esto, y yo hice aquello». Pero esta manera de pensar hace agua. Dios no es así. Él está dentro de vosotros además de fuera; incluso si pudiéramos comprender quién hace qué, no creo que el lenguaje humano pudiera expresarlo adecuadamente. En un intento de expresarlo, diferentes iglesias dicen cosas diferentes. Pero encontraréis que incluso aquellos que insisten con más vehemencia en la importancia de las buenas acciones os dicen que necesitáis fe; e incluso aquellos que insisten con más vehemencia en la fe os dicen que hagáis buenas acciones. En todo caso, yo no voy a pasar de aquí.

Creo que todos los cristianos estarán de acuerdo conmigo si digo que a pesar de que el cristianismo parece en un principio tratar solo de moralidad, solo de reglas y deberes y culpa y virtud, nos conduce más allá de todo eso hasta algo que lo trasciende. Uno tiene una visión de un país en el que no se habla de esas cosas, salvo tal vez en broma. Todos los que allí habitan están llenos de lo que llamamos bondad del mismo modo que un espejo está lleno de luz. Pero ellos no lo llaman bondad. No lo llaman nada. Ni siquiera piensan en ello. Están demasiado ocupados mirando la fuente de la que ello mana. Pero esto se acerca al punto en que el camino pasa más allá de los confines de nuestro mundo. No hay nadie cuyos ojos puedas ver mucho más allá de eso. Pero los ojos de mucha gente pueden ver más lejos que los míos.

LIBRO IV

Más allá de la personalidad: *o* Primeros pasos en la doctrina de la Trinidad

I

HACER Y ENGENDRAR

TODO EL MUNDO me ha advertido que no os diga lo que voy a deciros en este último libro. Dicen: «El lector común no quiere teología: ofrécele simple religión práctica». Yo he rechazado esta advertencia. No creo que el lector común sea tan necio. Teología significa «la ciencia de Dios», y creo que cualquier hombre que quiera pensar en Dios querría tener sobre Él las ideas más claras y más exactas disponibles. Vosotros no sois niños. ¿Por qué iba a trataros como a niños?

En cierto modo comprendo por qué algunas personas sienten rechazo por la teología. Recuerdo que una vez, cuando estaba dando una charla para la R.A.F., un viejo y curtido oficial se levantó y dijo: «Todo eso a mí no me sirve. Pero le aclaro que soy un hombre religioso. Sé que Dios existe. Lo he sentido: solo en el desierto, por la noche; el inmenso misterio. Y esa justamente es la razón por la que no creo en todos sus pequeños dogmas y fórmulas acerca de Él. ¡A cualquiera que haya conocido al Dios verdadero, todo eso le parece pedante, mezquino e irreal!».

Bien, en un sentido, estoy de acuerdo con ese hombre. Creo que es probable que haya tenido una auténtica experiencia de Dios en el desierto. Y cuando se volvió después a los credos cristianos creo que se estaba volviendo de algo real a algo menos real. Del mismo modo, si un hombre ha mirado alguna vez el Atlántico desde la playa, y luego mira un mapa del Atlántico, también se estará volviendo de algo real a algo menos real: de las olas reales a un trozo de papel coloreado. Pero aquí viene mi argumento. Admitimos que el mapa es solo papel coloreado, pero hay dos cosas acerca de él que debéis recordar. En primer lugar, está basado en lo que cientos de miles de personas han averiguado navegando por el auténtico Atlántico. En este sentido, tiene detrás una inmensa experiencia tan real como la que podría tenerse desde la playa; solo que, mientras que la vuestra sería una única y aislada mirada, el mapa hace que todas esas experiencias diferentes concurran en él. En segundo lugar, si queréis ir a alguna parte, el mapa es absolutamente necesario. Mientras os contentéis con paseos por la playa, vuestras propias miradas son mucho más divertidas que contemplar el mapa. Pero el mapa os será más útil que la playa si queréis llegar a América.

Pues bien; la teología es como ese mapa. El solo hecho de aprender y pensar acerca de las doctrinas cristianas, si os detenéis ahí, es menos real y menos excitante que la experiencia que mi amigo tuvo en el desierto. Las doctrinas no son Dios: solo son una especie de mapa. Pero ese mapa está basado en la experiencia de cientos de personas que realmente estuvieron en contacto con Dios..., experiencias comparadas con las cuales cualquier excitante sensación o sentimiento piadoso que vosotros o yo tengamos la posibilidad de encontrar por nosotros mismos son muy elementales y muy confusos. Y en segundo lugar, si queréis llegar más lejos, tendréis que utilizar el mapa. Lo que le ocurrió a ese hombre en el desierto puede haber sido real, y ciertamente habrá sido emocionante, pero de ello no saldrá nada. No lleva a ninguna parte. No hay nada que hacer con ello. De hecho, esa es justamente la razón por la que una religión vaga —el hecho de sentir a Dios en la naturaleza, etc.— resulta tan atractiva. Es todo emociones y ningún trabajo, como mirar las olas desde la playa. Pero jamás llegaréis a Terranova disfrutando de ese modo del Atlántico, y no conseguiréis la vida eterna simplemente sintiendo la presencia de Dios en las flores o en la música. Tampoco llegaréis a ningún sitio estudiando los mapas sin echaros al mar. Y tampoco estaréis muy seguros echándoos al mar sin un mapa.

En otras palabras: la teología es práctica, especialmente ahora. Antiguamente, cuando había menos educación y menos discusión, era tal vez posible seguir adelante con unas pocas ideas muy sencillas acerca de Dios. Pero ahora ya no es así. Todo el mundo lee, participa en discusiones. En consecuencia, si no le hacéis caso a la teología, eso no significará que tengáis menos ideas acerca de Dios. Significará que tenéis muchas ideas equivocadas, malas, confusas, anticuadas. Puesto que una gran parte de las ideas acerca de Dios que se venden hoy en día como novedades son sencillamente las que los auténticos teólogos intentaron hace siglos y acabaron descartando. Creer en la religión popular de la Inglaterra moderna es un retroceso... como creer que la tierra es plana.

Porque cuando se llega al fondo de la cuestión, ¿no es la idea popular del cristianismo simplemente esto: que Jesucristo fue un gran maestro moral y que con solo seguir sus consejos podríamos establecer un nuevo orden social mejor y evitar otra guerra? Claro que esto es verdad. Pero os dice mucho menos que toda la verdad acerca del cristianismo y no tiene ninguna importancia práctica en absoluto.

Es bien cierto que si siguiéramos los consejos de Cristo pronto viviríamos en un mundo mejor. Y ni siquiera hace falta llegar tan lejos como Cristo. Si hiciéramos todo lo que Platón o Aristóteles o Confucio nos dijeron, nos iría mucho mejor de lo que nos va. ¿Y qué? Jamás hemos seguido los consejos de los grandes maestros. ¿Por qué íbamos a hacerlo ahora? ¿Por qué es más probable que sigamos a Cristo que a cualquiera de los otros? ¿Porque es Él un mejor maestro moral? Pero eso hace aún menos probable que le sigamos. Si no podemos seguir las lecciones elementales, ¿es probable que sigamos las más avanzadas? Si el cristianismo solo significa unos cuantos buenos consejos más, entonces el cristianismo no tiene importancia. No han faltado buenos consejos en estos últimos 4.000 años. Unos pocos más no supondrán una gran diferencia.

Pero en cuanto se examinan unos cuantos auténticos textos cristianos se descubre que hablan de algo muy distinto de esta religión popular. Dicen que Cristo es el Hijo de Dios (sea lo que sea lo que eso signifique). Dicen que aquellos que le entregan su confianza también pueden convertirse en hijos de Dios (sea lo que sea lo que eso signifique). Dicen que su muerte nos salvó de nuestros pecados (sea lo que sea lo que eso signifique).

No sirve de nada quejarse de que estas afirmaciones son difíciles. El cristianismo pretende estar hablándonos de otro mundo, de algo detrás del mundo que nosotros podemos ver, oír y tocar. Podéis pensar que esta pretensión es falsa, pero si fuera verdad, lo que nos dice sería por fuerza difícil, al menos tan difícil como la física moderna, y por la misma razón.

Ahora bien: el punto del cristianismo que nos conmociona más que ningún otro es la afirmación de que, uniéndonos a Cristo, podemos convertirnos en «hijos de Dios». Uno se pregunta: «¿No somos ya hijos de Dios? No hay duda de que la paternidad de Dios es una de las ideas cristianas más importantes». Bueno, en un sentido, no hay duda de que ya somos hijos de Dios. Dios nos ha traído a la existencia y nos ama y cuida de nosotros, y en ese sentido es como un padre. Pero cuando la Biblia habla de «convertirnos» en hijos de Dios, es evidente que debe querer decir algo diferente. Y eso nos lleva al centro mismo de la teología.

Uno de los credos dice que Cristo es el Hijo de Dios «engendrado, no creado», y añade: «engendrado por su Padre antes de todos los mundos». Quiero aclararos que esto no tiene nada que ver con el hecho de que cuando Cristo nació en la tierra como hombre, ese hombre era el hijo de una virgen. No estamos hablando ahora del nacimiento virginal. Estamos hablando de algo que sucedió antes de que la naturaleza misma fuera creada, antes del principio del tiempo. «Antes de todos los mundos» Cristo es engendrado, no creado. ¿Qué significa eso?

En lenguaje moderno, las palabras *engendrar* o *engendrado* no se utilizan demasiado, pero todo el mundo sabe todavía lo que significan. Engendrar es convertirse en el padre de algo o alguien. Crear es hacer. Y la diferencia es esta: cuando alguien engendra, engendra algo de la misma clase que él. Un hombre engendra bebés humanos, un castor engendra castorcitos y un pájaro engendra huevos que luego se convierten en pajaritos. Pero cuando uno hace, hace algo de una clase diferente que uno. Un pájaro hace un nido, un castor construye un dique, un hombre fabrica una radio; o puede fabricar algo que se parezca más a él que una radio: una estatua, por ejemplo. Si es un escultor muy hábil, puede esculpir una estatua que se parezca muchísimo a él. Pero, por supuesto, esa estatua no será un hombre real; solo parece serlo. La estatua no puede respirar ni pensar. No está viva.

Esto es lo primero que queremos aclarar. Lo que Dios engendra es Dios, del mismo modo que lo que engendra un hombre es un hombre. Lo que Dios crea no es Dios, del mismo modo que lo que el hombre crea no es un hombre. Por eso los hombres no son hijos de Dios en el sentido en que lo es Cristo. Pueden parecerse a Dios en algunos aspectos, pero no son cosas de la misma clase. Son más como estatuas o cuadros de Dios.

Una estatua tiene la forma de un hombre, pero no está viva. Del mismo modo, el hombre tiene (en un sentido que voy a explicar ahora) la «forma» de Dios, pero no tiene la misma clase de vida que tiene Dios. Tomemos el primer punto (el parecido del hombre con Dios) en primer lugar. Todo lo que Dios ha hecho tiene un parecido consigo mismo. El espacio es como Él en su inmensidad; no es que la grandeza del espacio sea la misma que la grandeza de Dios, pero es una especie de símbolo de ella, o una traslación de ella a términos no espirituales. La materia es como Dios en cuanto que tiene energía, aunque, por supuesto, la energía física es una cosa diferente del poder de Dios. El mundo vegetal es como Él porque está vivo, y Él es el «Dios vivo». Pero la vida, en este sentido biológico, no es lo mismo que la vida que hay en Dios: es solo una especie de símbolo o sombra de la misma. Cuando llegamos a los animales, encontramos otras clases de parecidos además de la vida biológica. La intensa actividad y fertilidad de los insectos, por ejemplo, es una primera y vaga semejanza a la incesante actividad y creatividad de Dios. En los mamíferos más desarrollados encontramos los principios del afecto instintivo. Esto no es lo mismo que el amor que existe en Dios, pero es semejante a él, del mismo modo que un dibujo trazado en una hoja de papel puede sin embargo ser «como» un paisaje. Cuando llegamos al hombre, el más evolucionado de todos los mamíferos, nos encontramos con la semejanza más completa a Dios que conocemos. (Puede que haya criaturas en otros mundos que se parezcan más a Dios que los hombres, pero no las conocemos). El hombre no solo vive, sino que ama y razona: en él, la vida biológica alcanza su más alto nivel.

Pero lo que el hombre, en su condición natural, no tiene, es vida espiritual; la forma de vida más alta y diferente que existe en Dios. Utilizamos la misma palabra *vida* para ambas, pero si pensaseis que ambas deben por ello ser la misma cosa, sería lo mismo que pensar que la «grandeza» del espacio y la «grandeza» de Dios fueran la misma clase de grandeza. En realidad, la diferencia entre la vida biológica y la vida espiritual es tan importante que voy a darles dos nombres distintos. La forma de vida biológica que nos viene dada por la naturaleza y que (como todo lo demás en la naturaleza) siempre tiende a gastarse y decaer de modo que solo puede mantenerse por medio de incesantes subsidios de la naturaleza en forma de aire, agua, comida, etc., es *Bios*. La vida espiritual que está en Dios desde la eternidad, y que creó el universo entero, es *Zoe*. *Bios* tiene, por supuesto, una cierta semejanza vaga y simbólica con *Zoe*, pero solo la clase de semejanza que hay entre una fotografía y un lugar, o una estatua y un hombre. Un hombre que cambiase de tener *Bios* a tener *Zoe* habría pasado por una transformación tan grande como la de una estatua que pasara de ser una piedra tallada a ser un hombre auténtico.

Y de eso precisamente trata el cristianismo. Este mundo es un gran taller de escultura. Nosotros somos las estatuas, y corre el rumor por el taller de que algunos de nosotros, algún día, vamos a cobrar vida.

2

EL DIOS TRIPERSONAL

EL ÚLTIMO CAPÍTULO trató de la diferencia entre engendrar y hacer. Un hombre engendra a un niño, pero solo puede hacer una estatua. Dios engendra a Cristo, pero solo hace a los hombres. Sin embargo, al decir esto, he ilustrado solo un punto acerca de Dios, y este es que lo que Dios Padre engendra es Dios, algo de la misma clase que Él. En ese sentido, es como un padre humano engendrando un hijo humano. Pero no exactamente. Así que debo intentar explicarlo un poco más.

Un gran número de personas hoy en día dice: «Yo creo en Dios, pero no en un Dios personal». Sienten que ese algo misterioso que está detrás de todas las cosas tiene que ser más que una persona. Y los cristianos están de acuerdo con esto. Pero los cristianos son los únicos que ofrecen alguna idea de cómo podría ser un ser que está más allá de todas las cosas. Todos los demás, aunque dicen que Dios está más allá de la personalidad, realmente creen en Él como en algo impersonal; es decir, como algo menos que personal. Si buscáis algo superpersonal, algo que se parezca más a una persona, no es cuestión de elegir entre la idea cristiana y las demás ideas. La idea cristiana es la única en el mercado.

Además, algunos piensan que después de esta vida, o tal vez después de varias vidas, las almas humanas serán «absorbidas» por Dios. Pero cuando tratan de explicar lo que quieren decir, parecen estar pensando en ser absorbidos por Dios como una cosa material es absorbida por otra. Dicen que es como una gota de agua que se desliza al mar. Pero, por supuesto, ese es el final de la gota. Si eso es lo que sucede con nosotros, ser absorbidos es lo mismo que dejar de existir. Son solo los cristianos los que tienen una idea de cómo las almas humanas pueden ser incorporadas en la vida de Dios y sin embargo seguir siendo las mismas..., de hecho, siendo mucho más ellas mismas de lo que eran antes.

Ya os advertí que la teología era práctica. El único motivo por el que existimos es el de ser incorporados de ese modo a la vida de Dios. Ideas equivocadas acerca de cómo es esa vida solo lo harán más difícil. Y ahora, durante unos minutos, os pediré que me sigáis atentamente.

Sabéis que en el espacio podéis moveros en tres direcciones: a la izquierda y a la derecha, hacia atrás y hacia adelante, y hacia arriba y hacia abajo. Todas las direcciones son o una de estas tres o un compromiso entre ellas; son las denominadas tres dimensiones. Y ahora fijaos en esto: si solo utilizáis una dimensión, solo podríais dibujar una línea recta. Si utilizáis dos, podréis dibujar una figura, por ejemplo, un cuadrado. Y un cuadrado está hecho de cuatro líneas rectas. Y ahora vayamos un paso más allá. Si utilizáis las tres dimensiones, podréis construir lo que llamamos un cuerpo sólido; por ejemplo, un cubo: algo como un dado o un terrón de azúcar. Y un cubo está hecho de seis cuadrados.

¿Veis lo que quiero decir? Un mundo de una sola dimensión sería una línea recta. Es un mundo bidimensional siguen existiendo las líneas rectas, pero muchas líneas forman una figura. En un mundo tridimensional siguen existiendo las figuras, pero muchas figuras hacen un cuerpo sólido. En otras palabras, a medida que avanzamos a niveles más reales y complicados no dejamos atrás las cosas que encontramos en los niveles más simples: seguimos teniéndolas, pero combinadas de nuevas maneras... de maneras que no podríamos imaginar si solo conociéramos los niveles más simples.

La visión cristiana de Dios implica el mismo principio. El nivel humano es un nivel simple y bastante vacío. En el nivel humano, una persona es un ser, y dos personas son dos seres separados, del mismo modo que, en dos dimensiones (digamos en una lisa hoja de papel), un cuadrado es una figura y dos cuadrados son dos figuras separadas. En el nivel divino seguimos encontrando personalidades, pero allí las encontramos combinadas en nuevas maneras, que nosotros, como no vivimos en ese nivel, no podemos imaginar. En la dimensión de Dios, por así decirlo, encontramos un ser que es tres Personas mientras sigue siendo un Ser, del mismo modo que un cubo es seis cuadrados mientras sigue siendo un cubo. Por supuesto, nosotros no podemos concebir del todo a un Ser así, del mismo modo que, si estuviéramos hechos de manera tal que solo percibiéramos dos dimensiones en el espacio, nunca podríamos imaginar adecuadamente un cubo. Pero podemos tener una ligera noción del mismo. Y cuando lo hacemos tenemos, por primera vez en la vida, una idea positiva, por ligera que sea, de algo súper-personal, de algo que es más que una persona. Es algo que jamás podríamos haber podido imaginar, y sin embargo, una vez que nos lo han dicho, sentimos que debíamos haber sido capaces de adivinarlo, dado que encaja tan perfectamente con todas las demás cosas que ya sabemos.

Podréis preguntar: «Si no podemos imaginar a un Ser tripersonal, ¿de qué sirve hablar de Él?». Pues no sirve de nada hablar de Él. Lo que importa es ser realmente atraído por esa vida tripersonal, y eso puede empezar en cualquier momento... esta misma noche, si así lo queréis.

Lo que quiero decir es esto: un cristiano corriente se arrodilla para decir sus oraciones. Está intentando ponerse en contacto con Dios. Pero si es cristiano sabe que lo que le está instando a orar también es Dios: Dios, por así decirlo, dentro de él. Pero también sabe que todo su conocimiento real de Dios le viene a través de Cristo, el Hombre que es Dios..., que Cristo está de pie a su lado, ayudándole a orar, orando con él. ¿Veis lo que está ocurriendo? Dios es aquello a lo cual él está orando, la meta que está intentando alcanzar. Dios es también lo que dentro de él le empuja, la fuerza de su motivación. Dios es también el camino o puente a lo largo del cual está siendo empujado hacia esa meta: de manera que la triple vida del Ser tripersonal está de hecho teniendo lugar en ese dormitorio corriente en el que un hombre corriente está diciendo sus oraciones. Ese hombre está siendo captado por la clase de vida más alta, lo que yo llamo *Zoe* o vida espiritual: está siendo atraído hacia Dios, por Dios, mientras que sigue siendo el mismo.

Y así es como empezó la teología. La gente ya sabía de la existencia de Dios de una manera vaga. Entonces llegó un hombre que afirmó ser Dios y que no era, sin embargo, la clase de hombre que se podía tachar de lunático. Ese hombre hizo que le creyesen. Volvieron a encontrarlo después de que lo hubieran matado. Y luego, después de que habían sido formados en una pequeña sociedad o comunidad, encontraron de alguna manera a Dios también dentro de ellos: dirigiéndolos, haciéndolos capaces de hacer cosas que no habían podido hacer hasta entonces. Y cuando lo dilucidaron todo, encontraron que habían llegado a la definición cristiana del Dios tripersonal.

Esta definición no es algo que hayamos inventado. La teología es, en un sentido, conocimiento experimental. Son las religiones sencillas las que deben inventarse. Cuando digo que la teología es una ciencia experimental «en un sentido», quiero decir que es como todas las demás ciencias experimentales en algunos aspectos, pero no en todos. Si se es un geólogo que estudia las rocas, es necesario salir primero a encontrar las rocas. Las rocas no vendrán a uno, pero si uno va a buscarlas no saldrán corriendo. La iniciativa está enteramente en vuestras manos. Las rocas no pueden ayudar ni obstaculizar. Pero suponed que sois geólogos y queréis sacar fotografías de animales salvajes en su propio hábitat. Eso es algo diferente a estudiar rocas. Los animales salvajes no irán a vosotros, pero pueden huir de vosotros. Y a menos que os mantengáis muy callados, lo harán. Ahí empieza a haber un pequeño índice de iniciativa por su parte.

Y ahora vayamos a un nivel más alto: supongamos que queremos llegar a conocer a una persona humana. Si esta persona está decidida a no dejaros hacerlo, no llegaréis a conocerla. Tenéis que ganaros su confianza. En este caso, la iniciativa está igualmente dividida: se necesitan dos personas para hacer una amistad.

Cuando se trata de conocer a Dios, la iniciativa está de su lado. Si Él no se revela, nada que podáis hacer vosotros os permitirá encontrarle. Y, de hecho, Él enseña mucho más de sí mismo a algunas personas que a otras... no porque tenga favoritos, sino porque es imposible para Él mostrarse a un hombre cuya mente y carácter estén en condiciones adversas. Del mismo modo que la luz del sol, aunque no tiene favoritos, no puede reflejarse en un espejo polvoriento del mismo modo en que lo haría en un espejo limpio.

Esto puede exponerse de otro modo diciendo que mientras en otras ciencias los instrumentos que utilizáis son exteriores a vosotros mismos (como los microscopios o los telescopios), los instrumentos a través de los cuales veis a Dios son vuestro ser entero. Y si el ser de un hombre no se mantiene limpio y brillante, su visión de Dios será borrosa, igual que la luna vista a través de un telescopio sucio. De ahí que las naciones horribles tengan religiones horribles: han estado mirando a Dios a través de una lente sucia.

Dios puede mostrarse a sí mismo tal como es realmente solo a hombres reales. Y eso significa no solo a hombres que son individualmente buenos, sino a hombres que están unidos juntos en un cuerpo, amándose unos a otros, ayudándose unos a otros, enseñándose a Dios unos a otros.

Puesto que eso es lo que Dios quería que fuese la humanidad: como músicos de una única orquesta, u órganos de un único cuerpo.

En consecuencia, el único instrumento adecuado para aprender acerca de Dios es toda la comunidad cristiana, esperándole juntos. La hermandad cristiana es, por así decirlo, el equipo técnico para esta ciencia: el equipo de laboratorio. Por eso toda esa gente que aparece cada pocos años con alguna patente propia para simplificar la religión como sustituto de la tradición cristiana está en realidad perdiendo el tiempo. Como un hombre que no tiene más instrumentos que unos viejos prismáticos y que decide corregirles la plana a los auténticos astrónomos. Puede que sea un tipo listo, incluso puede que sea más listo que algunos de los astrónomos, pero no tiene nada que hacer. Dos años más tarde, todo el mundo se ha olvidado de él, pero la auténtica ciencia sigue adelante.

Si el cristianismo fuese algo que nos estamos inventando, por supuesto podríamos hacerlo más fácil. Pero no lo es. No podemos competir, en simplicidad, con aquellos que están inventando religiones. ¿Cómo podríamos? Estamos tratando con un Hecho. Y es evidente que cualquiera puede ser simple si no tiene que molestarse con hechos.

3

EL TIEMPO Y MÁS ALLÁ
DEL TIEMPO

Es una idea muy tonta la de que leyendo un libro no se debe «saltar» páginas. Todas las personas sensatas se saltan páginas con entera libertad cuando llegan a un capítulo que piensan que no les va a servir de nada. En este capítulo voy a hablar de algo que puede serles útil a algunos lectores, pero que a otros les parecerá simplemente una complicación innecesaria. Si pertenecéis a la segunda clase de lectores, os aconsejo que no os molestéis con este capítulo, sino que vayáis directamente al siguiente.

En el último capítulo tuve que tocar el tema de la oración, y mientras este siga fresco en vuestras mentes y en la mía, me gustaría tratar con una dificultad que la gente encuentra en la idea de la oración. Un hombre me lo presentó de esta manera, diciendo: «Yo puedo creer en Dios, pero lo que no puedo creerme es la idea de Dios escuchando a cientos de millones de seres humanos que se dirigen a Él en el mismo momento». Y yo he descubierto que muchas personas piensan lo mismo.

Lo primero que debemos percibir es que el meollo de la cuestión reside en las palabras «en el mismo momento». La mayoría de nosotros podemos imaginar a Dios atendiendo a cualquier número de suplicantes solo con que acudieran a Él uno por uno, y Dios tuviera un tiempo infinito para escucharlos. De modo que lo que está realmente detrás de esta dificultad es la idea de Dios teniendo que atender demasiadas cosas en un momento de tiempo.

Claro que eso es exactamente lo que nos pasa a nosotros. Nuestra vida nos llega de momento a momento. Un momento desaparece antes de que llegue el siguiente, y en cada uno de ellos hay lugar para muy poco. Es así como es el tiempo. Y, naturalmente, vosotros y yo tendemos a dar por sentado que esta serie del tiempo —este arreglo del pasado, del presente y el futuro— no es simplemente el modo en que la vida viene a nosotros, sino el modo en que todas las cosas existen realmente. Tendemos a asumir que todo el universo y Dios mismo están siempre moviéndose del pasado hacia el futuro del mismo modo que lo hacemos nosotros. Pero muchos hombres sabios están en desacuerdo con eso. Fueron los teólogos los que iniciaron la idea de que algunas cosas no están en el tiempo en absoluto; más tarde, los filósofos la adoptaron y ahora algunos de los científicos están haciendo lo mismo.

Casi con toda certeza, Dios no está en el tiempo. Su vida no consta de momentos que se suceden unos a otros. Si un millón de personas le están orando a las diez y media de esta noche, Él no necesita escucharlas a todas en ese preciso y mínimo espacio de tiempo que nosotros llamamos las diez y media. Las diez y media —y todos los demás momentos desde el principio del mundo— es siempre el presente para Él. Si preferís verlo de esta manera, Dios tiene la eternidad para escuchar el pequeño fragmento de oración que le ofrece el piloto al tiempo que su avión cae envuelto en llamas.

Esto es difícil, lo sé. Dejadme ofreceros algo, que no es exactamente lo mismo, pero que se le parece un poco. Supongamos que yo estoy escribiendo una novela. Escribo: «Mary dejó sus quehaceres; a continuación alguien llamó a la puerta». Para Mary, que tiene que vivir en el tiempo imaginario de mi historia, no hay intervalo entre dejar sus quehaceres y escuchar la llamada a la puerta. Pero yo, que soy el creador de Mary, no vivo en absoluto en ese tiempo imaginario. Entre haber escrito la primera parte de la frase y la segunda puedo sentarme durante tres horas y pensar en Mary. Podría pensar en Mary como si ella fuera la sola protagonista de la novela y durante todo el tiempo que quisiera, y las horas que empleo en hacerlo no aparecerían en el tiempo de Mary (el tiempo de la historia) en absoluto.

Esta no es una ilustración perfecta, por supuesto. Pero puede que proporcione un atisbo de lo que yo creo es la verdad. Dios no es apresurado a lo largo de esta corriente de tiempo que es el universo del mismo modo que un autor no es apresurado a lo largo del tiempo imaginario de su propia novela. Tiene una atención infinita para prodigar entre todos nosotros. No tiene que tratar con nosotros en masa. Estás tan solo con él como si fueras el único ser que hubiera creado. Cuando Cristo murió, murió por ti individualmente como si hubieras sido el único hombre del mundo.

El modo en que mi ilustración se contradice es este: en ella, el autor sale de una serie de tiempo (la de la novela) para entrar en otra serie de tiempo (la real). Pero Dios, creo yo, no vive en ninguna serie de tiempo en absoluto. Su vida no se genera momento a momento como la nuestra. Para Él, por así decirlo, es todavía 1929 y ya 1960. Puesto que su vida es Él mismo.

Si os imagináis el tiempo como una línea recta a lo largo de la cual tenemos que viajar, debéis imaginar a Dios como toda la página en la que se ha dibujado esa línea. Nosotros llegamos a las partes de la línea una por una: tenemos que dejar A antes de llegar a B, y no podemos llegar a C sin dejar atrás a B. Dios, desde arriba o desde fuera o desde todo alrededor, contiene la línea entera, y la ve toda. Merece la pena comprender esta idea porque elimina algunas aparentes dificultades del cristianismo. Antes de que me convirtiera en cristiano, una de mis objeciones era la que sigue: los cristianos dicen que el Dios eterno que está en todas partes y hace que el mundo siga girando se convirtió una vez en ser humano. Pues bien, me decía yo, ¿cómo seguía girando el mundo mientras Él era un bebé, o mientras estaba dormido? ¿Cómo podía ser al mismo tiempo el Dios que todo lo sabía y el hombre que preguntaba a sus discípulos «¿Quién me ha tocado»? Os daréis cuenta de que el quid de la cuestión está en las palabras que se refieren al *tiempo*. «*Mientras* Él era un bebé... ¿cómo podía ser *al mismo tiempo*?». En otras palabras, yo estaba asumiendo que la vida de Cristo como Dios ocurría en el tiempo, y que su vida como el hombre Jesús en Palestina era un período más corto sacado de ese mismo tiempo del mismo modo que mi servicio en el ejército fue un corto período sacado de la totalidad de mi vida. Y esa es la manera en que tal vez la mayoría de nosotros tendemos a pensar en ello. Nos imaginamos a Dios viviendo en un período en el que su vida humana estaba aún en el futuro; luego llegando a un período en que era presente, y luego llegando a un período en que Él pudo mirar atrás como a algo en el pasado. Pero es probable que estas ideas no correspondan a nada de los hechos reales. No se puede establecer ninguna comparación entre la vida terrena de Cristo en Palestina, en su dimensión temporal, con su vida como Dios más allá de todo tiempo y espacio. Yo sugiero que en realidad, y es una verdad intemporal acerca de Dios, la naturaleza humana, y la experiencia humana de la debilidad o el sueño o la ignorancia, quedó de algún modo incluida en la totalidad de su vida divina. Esta vida humana de Dios es, desde nuestro punto de vista, un período particular en la historia de nuestro mundo (desde el año 1 d.C. hasta la Crucifixión). Por lo tanto, imaginamos que es también un período en la historia de la propia existencia de Dios. Pero Dios no tiene historia. Es demasiado definitivamente y totalmente real para tenerla. Puesto que, naturalmente, tener una historia significa perder parte de tu realidad (porque esta ya se ha deslizado en el pasado) y no tener todavía otra parte (porque aún sigue en el futuro), de hecho, no tienes más que el mínimo presente, que ha desaparecido antes de que puedas hablar de él. Dios no permita que podamos creer que Dios es así. Incluso nosotros podemos esperar que no siempre se nos racione de esa manera.

Otra dificultad que tenemos si pensamos que Dios está en el tiempo es esta: todos aquellos que creen en Dios creen que Él sabe lo que vosotros o yo vamos a hacer mañana. Pero si Él sabe lo que yo voy a hacer mañana, ¿cómo puedo ser yo libre de hacerlo? Pues aquí, una vez más, la dificultad viene de pensar que Dios progresa a lo largo de la línea del tiempo como nosotros, siendo la única diferencia que Él puede ver el futuro y nosotros, no. Pues si eso fuera verdad, si Dios *previera* nuestros actos, sería muy difícil comprender cómo podríamos ser libres de no hacerlos. Pero supongamos que Dios está fuera y por encima de la línea del tiempo. En ese caso, lo que nosotros llamamos «mañana» es visible para Él del mismo modo que aquello que nosotros llamamos «hoy». Todos los días son «ahora» para Él. Él no recuerda que hicierais nada ayer; sencillamente os ve hacerlo, porque, aunque vosotros hayáis perdido el ayer, Él no. Él no os «prevé» haciendo cosas mañana; sencillamente os ve hacerlas, porque, aunque mañana aún no ha llegado para vosotros, para Él sí. Nunca suponéis que vuestras acciones en este momento serían menos libres porque Dios ve lo que estáis haciendo. Pues bien, Él ve vuestras acciones de mañana del mismo modo, porque Él ya está en el mañana, sencillamente mirándoos. En un sentido, Él no ve vuestra acción hasta que la habéis hecho; pero, claro, el momento en que la habéis hecho es ya el «ahora» para Él.

Esta idea me ha ayudado mucho. Si no os ayuda a vosotros, abandonadla. Es una «idea cristiana» en el sentido en que grandes sabios cristianos la han sostenido, y no hay nada en ella que sea contrario al cristianismo. Pero no está en la Biblia ni en ninguno de los credos. Podéis ser perfectamente buenos cristianos sin aceptarla, o incluso sin pensar en ella en absoluto.

4

LA BUENA INFECCIÓN

Empiezo este capítulo pidiéndoos que evoquéis una imagen con toda claridad. Imaginad dos libros encima de una mesa, uno encima de otro. Es evidente que el libro de abajo está sosteniendo al de arriba... apoyándolo. Gracias al libro de abajo, el libro de arriba está descansando, digamos a dos pulgadas de la superficie de la mesa en vez de tocar la mesa. Llamemos al libro de abajo A y al libro de arriba B. La posición de A está causando la posición de B. ¿Está claro? Ahora imaginemos —no podría ocurrir, naturalmente, pero nos servirá como ilustración— que los dos libros han estado en esa posición eternamente. En ese caso, la posición de B siempre habría resultado de la posición de A. Pero de todos modos, la posición de A no podría haber existido antes de la posición de B. En otras palabras, el efecto no ha venido *después* de la causa. Por supuesto, los efectos suelen venir después de las causas: uno se come un pepino primero y luego sufre de indigestión. Pero esto no ocurre con todas las causas y todos los efectos. En un momento veréis por qué creo que esto es importante.

Una página atrás dije que Dios es un Ser que contiene tres Personas mientras que sigue siendo un Ser, del mismo modo que un cubo contiene seis cuadrados mientras que sigue siendo un solo cuerpo. Pero en cuanto empiezo a intentar explicar cómo están relacionadas esas tres Personas tengo que utilizar palabras que hacen que parezca que una de ellas ha estado allí antes de las demás. La Primera Persona se llama el Padre y la

Segunda el Hijo. Decimos que la primera engendra la segunda: lo llamamos *engendrar* y no crear, porque lo que la primera Persona produce es de la misma clase que Ella. En ese aspecto, la palabra Padre es la única que podemos utilizar. Pero desgraciadamente esta sugiere que Ella estuvo ahí primero, del mismo modo que un padre humano existe antes que su hijo. Pero esto no es así. Aquí no hay un antes y un después. Y por eso he dedicado algún tiempo al intento de aclarar cómo una cosa puede ser la fuente, o la causa, o el origen de otra sin haber estado allí antes. El Hijo es porque el Padre es, pero nunca hubo un momento en que el Padre produjera al Hijo.

Tal vez la mejor manera de pensar en el asunto es esta. Os pedí hace un momento que imaginaseis esos dos libros, y probablemente la mayoría de vosotros lo hizo. Es decir, hicisteis un acto de imaginación y como resultado obtuvisteis una imagen mental. Evidentemente, vuestro acto de imaginación fue la causa y la imagen mental, el resultado. Pero eso no significa que primero imaginasteis y luego obtuvisteis la imagen. En el momento en que la imaginasteis, la imagen estaba allí. Vuestra voluntad estaba manteniendo la imagen ante vosotros todo el tiempo. Y sin embargo, ese acto de voluntad y la imagen empezaron exactamente en el mismo momento y terminaron en el mismo momento. Si hubiera un Ser que siempre hubiera existido y siempre hubiera estado imaginando una cosa, su acto de imaginación siempre habría producido una imagen mental, pero la imagen sería tan eterna como el acto.

Del mismo modo, siempre debemos pensar en el Hijo como, por así decirlo, emanando del Padre, como la luz emana de una lámpara, o el calor del fuego o los pensamientos de la mente. El Hijo es la autoexpresión del Padre... lo que el Padre tiene que decir. Y nunca hubo un tiempo en que no lo estuviera diciendo. ¿Pero os habéis dado cuenta de lo que está pasando? Todas estas imágenes de luz y de calor hacen que parezca que el Padre y el Hijo fueran dos cosas en lugar de dos personas. De manera que, después de todo, la imagen del Nuevo Testamento de un Padre y un Hijo resulta ser mucho más exacta que cualquier cosa por la que intentemos sustituirla. Eso es lo que siempre ocurre cuando uno se aleja de las palabras de la Biblia. Está bien alejarse de ellas por un momento para dejar claro algún punto en especial. Pero siempre se debe volver. Naturalmente, Dios sabe cómo describirse a sí mismo mucho mejor de lo que nosotros sabemos describirlo. Él sabe que Padre e Hijo se parece más a la relación entre la Primera y la Segunda Persona que ninguna otra cosa en la que podamos pensar. Lo más importante que debemos saber es que es una relación de amor. El Padre se deleita en el Hijo; el Hijo venera al Padre.

Antes de seguir, daos cuenta de la importancia práctica de esto. A todo el mundo le gusta repetir la declaración cristiana «Dios es Amor». Pero parecen no darse cuenta de que las palabras «Dios es Amor» no tienen un significado real a menos que Dios contenga al menos a dos Personas. El amor es algo que una persona siente por otra persona. Si Dios fuera una sola persona, entonces, antes de que el mundo fuese creado, Dios no era amor. Por supuesto, lo que esta gente quiere decir cuando dice que Dios es amor es a menudo algo muy diferente; lo que realmente quieren decir es «Amor es Dios». Realmente quieren decir que nuestros sentimientos de amor, surjan como surjan y surjan de donde surjan, y produzcan los resultados que produzcan, han de ser tratados con gran respeto. Tal vez sea así: pero eso es algo muy diferente de lo que los cristianos quieren decir cuando dicen que «Dios es Amor». Ellos creen que la actividad viva y dinámica del amor ha estado en Dios desde siempre y ha creado todo lo demás.

Y esa es, de paso, tal vez la diferencia más importante entre el cristianismo y todas las demás religiones: que en el cristianismo Dios no es una Cosa —ni siquiera una Persona— estática, sino una actividad dinámica y pulsante, una vida, casi una especie de drama. Casi, si no me tomáis por irreverente, una suerte de danza. La unión entre el Padre y el Hijo es algo tan vivo y concreto que esta unión misma es en sí una Persona. Sé que esto es casi inconcebible, pero consideradlo de esta manera. Sabréis que los seres humanos, cuando se reúnen en familia, o en un club, o en un gremio, hablan del «espíritu» de esa familia, de ese club o de ese gremio. Hablan de su «espíritu» porque los miembros individuales, cuando están juntos, realmente desarrollan maneras particulares de hablar y de comportarse que no adoptarían si estuviesen separados.[1] Es como si se crease una suerte de personalidad común. No se trata, por supuesto, de una persona real; es más bien algo parecido a una persona. Pero esa es justamente una de las diferencias entre Dios y nosotros. Lo que surge de la vida conjunta del Padre y el Hijo es una auténtica Persona; es, de hecho, la Tercera de las tres Personas que son Dios.

---

1. Este comportamiento corporativo puede, naturalmente, ser mejor o peor que sus comportamientos individuales.

Esta Tercera Persona se llama, en lenguaje técnico, el Espíritu Santo o el Espíritu de Dios. No os preocupéis ni os sorprendáis si lo encontráis bastante más vago y difuminado en vuestra mente que a los otros dos. Creo que hay una razón por la que esto debe ser así. En la vida cristiana no se suele estar mirándolo *a* Él: Él está siempre actuando en vosotros. Si pensáis en el Padre como en alguien que está «ahí fuera», delante de vosotros, y en el Hijo como en alguien que está a vuestro lado, ayudándoos a orar, intentando convertiros en otro hijo, entonces tenéis que pensar en la Persona como en alguien que está dentro de vosotros, o detrás de vosotros. Tal vez algunos encuentren más fácil empezar con la Tercera Persona y proceder hacia atrás. Dios es Amor, y ese Amor se difunde a través de los hombres, y especialmente a través de toda la comunidad cristiana. Pero este Espíritu de Amor es, desde toda la eternidad, un Amor que se da entre el Padre y el Hijo.

Y bien, ¿qué importa todo esto? Importa más que cualquier cosa en el mundo. Toda la danza, o drama, o patrón de conducta de esta vida tri-Personal debe ser llevado a cabo en cada uno de nosotros: o (en el sentido inverso), cada uno de nosotros tiene que entrar en ese patrón de conducta, tomar su puesto en esa danza. No hay otro camino hacia la felicidad para la que hemos sido hechos. Sabréis que las cosas buenas, además de las malas, se contagian por una suerte de infección. Si queréis calentaros debéis poneros cerca del fuego; si queréis mojaros debéis meteros en el agua. Si queréis gozo, poder, paz, vida eterna, debéis acercaros, o incluso introduciros, en aquello que los tiene. Estas cosas no son una especie de premio que Dios podría, si quisiera, entregar a cualquiera. Son una gran fuente de energía y belleza que mana desde el centro mismo de la realidad. Si estáis cerca de esa fuente, su salpicadura os mojará; si no lo estáis, permaneceréis secos. Una vez que un hombre está unido a Dios, ¿cómo no iba a vivir para siempre? Una vez que un hombre está separado de Dios, ¿cómo no va a marchitarse y morir?

¿Pero cómo va ese hombre a unirse a Dios? ¿Cómo es posible para nosotros ser absorbidos en la vida tri-Personal?

Recordaréis lo que dije en el capítulo segundo acerca de *engendrar* y *crear*. Nosotros no somos engendrados por Dios: solo somos creados por Él. En nuestro estado natural no somos hijos de Dios: solo somos (por así decirlo) estatuas. No poseemos *Zoe* o vida espiritual: solo poseemos *Bios* o vida biológica que a su tiempo se agotará y morirá. Pues bien, todo lo que ofrece el cristianismo es esto: que podemos, si dejamos que Dios se salga con la suya, llegar a compartir la vida de Cristo. Si lo hacemos, estaremos compartiendo una vida que fue engendrada, no creada, que siempre ha existido y que siempre existirá. Cristo es el Hijo de Dios. Si compartimos esta clase de vida, nosotros también seremos hijos de Dios. Amaremos al Padre como Él le ama y el Espíritu Santo se despertará en nosotros. Él vino a este mundo y se hizo hombre para difundir a otros hombres la clase de vida que Él tiene, a través de lo que yo llamo una «buena infección». Cada cristiano debe convertirse en un pequeño Cristo. Todo el sentido de hacerse cristiano es ese y ningún otro.

5

LOS OBSTINADOS SOLDADOS DE JUGUETE

EL HIJO DE Dios se hizo hombre para que los hombres pudieran hacerse hijos de Dios. No sabemos —al menos yo no lo sé— cómo hubieran ido las cosas si la raza humana nunca se hubiera rebelado contra Dios y se hubiera unido al enemigo. Es posible que todos los hombres hubieran estado «en Cristo», que hubieran compartido la vida del Hijo de Dios desde el momento en que nació. Tal vez la *Bios* o vida natural hubiera sido incorporada al *Zoe*, la vida increada, de una vez y automáticamente. Pero eso son conjeturas. A vosotros y a mí nos interesan las cosas tal como son ahora.

Y el presente estado de las cosas es este. Las dos clases de vida no solo son diferentes (siempre lo hubieran sido), sino que en realidad son antagónicas. La vida natural en cada uno de nosotros es algo centrado en sí mismo, algo que quiere ser mimado y admirado, que quiere aprovecharse de las demás vidas, explotar el universo. Y especialmente quiere que se la deje a su aire: mantenerse aparte de cualquier cosa que sea mejor o más alto que ella, de cualquier cosa que la haga sentirse poca cosa. Tiene miedo de la luz y el aire del mundo espiritual, del mismo modo que las personas que han sido educadas para ser sucias tienen miedo de tomar un baño. Y en cierto sentido tiene razón. Sabe que si la vida espiritual se adueña de ella, todo su egocentrismo y su amor propio morirán, y está dispuesta a luchar con uñas y dientes para evitarlo.

¿Pensasteis alguna vez, cuando erais niños, lo divertido que sería que vuestros juguetes pudieran adquirir vida propia? Pues bien, imaginad que hubierais podido realmente darles vida. Imaginad que hubieseis convertido un soldado de plomo en un hombrecito de verdad. Eso habría implicado transformar el plomo en carne. Y suponed que al soldadito de plomo no le hubiese gustado. A él no le interesa la carne; lo único que ve es que el plomo ha sido estropeado. Él cree que le estáis matando. Hará todo lo que pueda para impedírselo. Si puede evitarlo, no consentirá que le convirtáis en un hombre.

No sé lo que habríais hecho con ese soldado de plomo. Pero lo que Dios hizo con nosotros fue esto. La Segunda Persona en Dios, el Hijo, se hizo humano: nació en este mundo como un hombre real, un auténtico hombre de una altura determinada, con el pelo de un cierto color, que hablaba un idioma concreto y pesaba un cierto número de kilos. El Ser Eterno, que todo lo sabe y creó el universo entero, se convirtió no solo en un hombre, sino (antes de eso) en un bebé, y antes de eso en un feto dentro del cuerpo de una mujer. Si queréis haceros una idea, pensad lo que os gustaría convertiros en una babosa o en un cangrejo.

El resultado de esto fue que ahora existía un hombre que era realmente lo que todos los hombres estaban destinados a ser; un hombre en el que la vida creada, derivada de su madre, se permitía ser completa y perfectamente convertida en la vida engendrada. La criatura natural humana en Él fue asumida por completo en el divino Hijo. Así, en una instancia, la humanidad había llegado, por así decirlo, a su meta: había pasado a la vida de Cristo. Y porque toda la dificultad para nosotros reside en que la vida natural tiene que ser, en cierto sentido, «muerta», Él eligió una carrera terrenal que implicaba la muerte de sus deseos humanos a cada paso: la pobreza, la incomprensión de su propia familia, la traición de uno de sus íntimos amigos, sentirse burlado y vapuleado por la policía, y ser ejecutado mediante tortura. Y luego, después de haber sido muerto de este modo —en cierto sentido muerto todos los días— la criatura humana en Él, porque estaba unida al Divino Hijo, volvió de nuevo a la vida. El hombre en Cristo resucitó de nuevo: no solo el Dios. De eso se trata todo. Por primera vez vimos a un hombre auténtico. Un soldado de plomo —de auténtico plomo, igual que los demás— se había vuelto total y espléndidamente vivo.

Y aquí, por supuesto, llegamos al punto en que mi ilustración del soldado de plomo se desvirtúa. En el caso de verdaderos soldados de plomo o de estatuas, si alguno de ellos cobrara vida, no significaría nada para los demás. Todos están separados. Pero los seres humanos no lo están. Parecen separados porque los veis caminando separadamente. Pero, claro, estamos hechos de tal modo que solo podemos ver el momento presente. Si pudiéramos ver el pasado, todo nos parecería diferente. Porque hubo un momento en que cada hombre era parte de su madre y (antes aún) también parte de su padre, y aún antes parte de sus abuelos. Si pudierais ver a la humanidad esparcida en el tiempo, como la ve Dios, esta no parecería un montón de cosas separadas y esparcidas por ahí. Parecería una única cosa que crece, algo así como un árbol muy complicado. Cada individuo aparecería conectado con los demás. Y no solo eso. Los individuos no están realmente separados de Dios, del mismo modo que no están separados unos de otros. Cada hombre, mujer y niño de todo el mundo está sintiendo y respirando en este momento solo porque Dios, por así decirlo, «los hace funcionar».

En consecuencia, cuando Cristo se hace hombre, no es realmente como si vosotros pudierais convertiros en un soldado de plomo en particular. Es como si algo que siempre está afectando la masa humana empieza, en un cierto punto, a afectar a esa misma masa humana de una manera nueva. A partir de ese punto, el efecto se extiende por toda la humanidad. Afecta a aquellos que vivieron antes de Cristo así como a aquellos que vivieron después de Él. Afecta a aquellos que nunca han oído hablar de Él. Es como dejar caer en un vaso de agua una gota de algo que le da un nuevo sabor o un nuevo color a toda ella. Pero, por supuesto, ninguna de estas ilustraciones sirve perfectamente. En última instancia, Dios no es otra cosa que Sí mismo y lo que Él hace no se parece a ninguna otra cosa. Apenas podría esperarse que fuese de otra manera.

¿Cuál es, pues, la diferencia que Él ha constituido para la totalidad de la masa humana? Es solamente esta: que el trabajo de convertirse en un hijo de Dios, de ser transformado de algo creado en algo engendrado, de pasar de la vida biológica temporal a la vida «espiritual» intemporal Él lo ha hecho por nosotros. En principio, la humanidad ya está «salvada». Nosotros, los individuos, tenemos que apropiarnos de esa salvación. Pero el trabajo realmente duro —aquello que no hubiéramos podido hacer por nosotros mismos— Él lo ha hecho por nosotros. No tenemos que intentar escalar a la vida espiritual por nuestros propios esfuerzos. Esta ya ha descendido a la raza humana. Solo con que nos abramos al único Hombre en el que esa vida estaba totalmente presente y que, a pesar de ser Dios, es también un hombre real, Él lo hará por nosotros y en nosotros. Recordad lo que dije acerca de la «buena infección». Uno de nuestra raza tiene esta nueva vida: si nos acercamos a Él nos la contagiaremos.

Naturalmente, esto puede expresarse de mil maneras diferentes. Podéis decir que Cristo murió por nuestros pecados. Podéis decir que el Padre nos ha perdonado porque Cristo ha hecho por nosotros lo que nosotros debiéramos haber hecho. Podéis decir que hemos sido lavados por la sangre del Cordero. Podéis decir que Cristo ha vencido la muerte. Y todo ello es verdad. Si alguna de estas cosas no os atrae, dejadla y escoged la fórmula que os atraiga. Y, hagáis lo que hagáis, no empecéis a discutir con otras personas porque ellas utilicen otra fórmula diferente de la vuestra.

6

DOS NOTAS

PARA EVITAR LOS malentendidos añado aquí dos notas sobre dos puntos surgidos en el último capítulo.

(1) Un crítico muy sensato me escribió preguntándome por qué, si Dios quería hijos en vez de «soldados de plomo», no engendró muchos hijos desde el principio en vez de *hacer* primero soldados de plomo y luego traerlos a la vida a través de un proceso tan difícil y penoso. Una parte de la respuesta a esta pregunta es relativamente fácil; la otra parte está, probablemente, más allá del conocimiento humano. La parte fácil es esta. El proceso de ser transformado de una criatura en un hijo no habría sido difícil ni doloroso si la raza humana no se hubiese apartado de Dios hace siglos. Y esta pudo hacerlo porque Él les otorgó el libre albedrío: les otorgó el libre albedrío porque un mundo de meros autómatas nunca podría amar y por lo tanto conocer la felicidad infinita. La parte difícil es esta. Todos los cristianos están de acuerdo en que hay, en el sentido pleno y original, solo un «Hijo de Dios». Si insistimos en preguntar: «¿Pero podría haber habido muchos?», nos encontramos en aguas muy profundas. ¿Tienen las palabras «podría haber habido» algún sentido aplicadas a Dios? Se puede decir que una cosa finita en particular «podría haber sido» diferente de lo que es si alguna otra cosa hubiese sido diferente, y aquella otra cosa hubiese sido diferente si otra tercera cosa hubiese sido diferente, y así sucesivamente. (Las letras de esta página habrían sido diferentes si el impresor hubiese utilizado tinta roja, y habría utilizado tinta

roja si se le hubiese dicho que lo hiciera, etcétera). Pero cuando se habla de Dios —es decir, del Hecho final e irreductible del que dependen todos los demás—, no tiene sentido preguntar si Él podría haber sido diferente. Es lo que es, y ahí se acaba el asunto. Pero incluso aparte de todo esto, a mí me resulta difícil pensar en la idea del Padre engendrando muchos hijos para toda la eternidad. Para ser muchos tendrían que ser diferentes unos de otros. Dos peniques tienen la misma forma. ¿De qué manera son dos? Ocupando lugares diferentes y conteniendo diferentes átomos. En otras palabras, para pensar en ellos como diferentes entre sí hemos tenido que introducir la idea del espacio y la materia; es decir, hemos tenido que introducir la idea de la «naturaleza» o el universo creado.

Puedo comprender la distinción entre el Padre y el Hijo sin traer a colación el espacio o la materia, porque el Uno engendra y el Otro es engendrado. La relación del Padre con el Hijo no es la misma que la relación del Hijo con el Padre. Pero si hubiera varios hijos, todos estarían relacionados unos con otros y con el Padre de la misma manera. ¿En qué se diferenciarían unos de otros? Al principio, por supuesto, uno no nota la diferencia. Piensa que puede formar la idea de varios «hijos». Pero cuando lo pienso más detenidamente, encuentro que la idea parecía posible solo porque yo estaba vagamente imaginándolos como formas humanas que se encuentran juntas en una suerte de espacio. En otras palabras: aunque fingía pensar en algo que existe antes de que cualquier universo hubiera sido creado, estaba en realidad introduciendo subrepticiamente la imagen de un universo y poniendo ese algo *dentro* de él. Cuando dejo de hacer eso y aun así sigo intentando pensar en el Padre engendrando muchos hijos «antes de todos los mundos», descubro que en realidad no estoy pensando en nada. La idea se esfuma en meras palabras. (¿Fue creada la naturaleza —el espacio, el tiempo y la materia— precisamente para hacer que la multiplicidad fuese posible? ¿No hay tal vez otra manera de obtener muchos espíritus eternos salvo creando primero muchas criaturas naturales en un universo y luego espiritualizándolas? Claro que todo esto son meras conjeturas).

(2) La idea de que toda la raza humana es, en un sentido, una misma cosa —un inmenso organismo, como un árbol— no debe ser confundida con la idea de que las diferencias individuales no importan o que las personas reales como Tom, Nobby y Kate son de algún modo menos importantes que las cosas colectivas como las clases, las razas, etcétera. De hecho, ambas ideas son opuestas. Cosas que forman parte de un mismo

organismo pueden ser muy diferentes unas de otras; cosas que no lo hacen pueden ser muy parecidas. Seis peniques son cosas separadas y muy parecidas; mi nariz y mis pulmones son muy diferentes, pero solo están vivos porque forman parte de mi cuerpo y comparten su vida común. El cristianismo piensa en los individuos humanos no como en meros miembros de un grupo o componentes de una lista, sino como en órganos de un cuerpo: diferentes unos de otros y cada uno de ellos contribuyendo con lo que ningún otro podría. Cuando os encontréis queriendo convertir a vuestros hijos, o a vuestros alumnos, o incluso a vuestros vecinos en personas exactamente iguales a vosotros mismos, recordad que probablemente Dios jamás pretendió que fueran eso. Vosotros y ellos sois órganos diferentes, y vuestro cometido es hacer cosas diferentes. Por otro lado, cuando os sentís tentados a no dejar que los problemas de otro os afecten porque no son «asunto vuestro», recordad que, aunque él es diferente de vosotros, forma parte del mismo organismo. Si olvidáis que pertenece al mismo organismo que vosotros, os convertiréis en individualistas. Si olvidáis que es un órgano distinto de vosotros, si queréis suprimir las diferencias y hacer que toda la gente sea igual, os convertiréis en totalitarios. Pero un cristiano no debe ser ni un totalitario ni un individualista.

Siento un enorme deseo de deciros —y supongo que vosotros sentís un enorme deseo de decírmelo a mí— cuál de estos dos errores es el peor. Ese es el demonio intentando tentarnos. Siempre envía errores al mundo por parejas, parejas de opuestos. Y siempre nos anima a dedicar mucho tiempo a pensar cuál de los dos es peor. ¿Comprendéis, naturalmente, por qué? Confía en que el disgusto mayor que os cause uno de los dos errores os atraiga gradualmente hacia el otro. Pero no nos dejemos engañar. Tenemos que mantener los ojos fijos en la meta y pasar por en medio de los dos errores. No nos importa nada más que eso en lo que respecta a cualquiera de los dos.

7

FINJAMOS

¿ME PERMITÍS QUE una vez más empiece por presentaros dos imágenes, o mejor dicho, dos historias? Una de ellas es la historia que todos habéis leído y que se llama *La bella y la bestia*. La chica, como recordaréis, tenía, por alguna razón, que casarse con un monstruo. Y lo hizo. Lo besó como si fuera un hombre. Y entonces, para su gran alivio, el monstruo realmente se convirtió en un hombre y todo salió bien. La otra historia trata de alguien que tenía que llevar una máscara; una máscara que lo hacía parecer mucho más guapo de lo que realmente era. Tuvo que llevarla durante años. Y cuando se la quitó se dio cuenta de que su cara se había amoldado a ella. Ahora era guapo de verdad. Lo que había empezado como un disfraz había terminado como una realidad. Creo que estas dos historias pueden (con cierta fantasía, por supuesto) ayudar a ilustrar lo que tengo que decir en este capítulo. Hasta ahora he estado intentando describir hechos: lo que Dios es y lo que ha realizado. Ahora quiero hablar de la práctica. ¿Qué hacemos a continuación? ¿Qué importancia tiene toda esta teología? Esta noche puedo empezar a atribuirle una importancia. Si estáis lo suficientemente interesados como para haber leído hasta aquí, seguramente también estaréis lo bastante interesados como para intentar decir vuestras oraciones, y recéis la oración que recéis, probablemente oraréis el Padrenuestro.

Sus primerísimas palabras son *Padre nuestro*. ¿Veis ahora lo que esas palabras significan? Significan, con toda franqueza, que os estáis poniendo en el lugar de un hijo de Dios. Para decirlo abruptamente, estáis *disfrazándoos de Cristo*. Estáis fingiendo, si lo preferís. Porque, naturalmente, en el momento en que os dais cuenta de lo que esas palabras significan, os dais cuenta de que no sois hijos de Dios. No sois como el Hijo de Dios, cuya voluntad e intereses son los mismos que los del Padre; sois un manojo de miedos, esperanzas, avaricia, celos y vanidad egoístas, destinados a la muerte. De manera que, en cierto modo, este disfrazarse de Cristo es un acto de hipocresía insultante. Pero lo extraño es que Él nos ha ordenado que lo hiciéramos.

¿Por qué? ¿De qué sirve fingir que somos lo que no somos? Pues bien, incluso en el nivel humano hay dos clases de fingimiento. Está la clase mala, en la que el fingimiento está ahí en vez de la cosa auténtica: como cuando un hombre finge que va a ayudaros en vez de ayudaros realmente. Pero también está la clase buena, en la que el fingimiento conduce a la cosa real. Cuando no os sentís particularmente amistosos, pero sabéis que deberíais sentiros, a menudo lo mejor que podéis hacer es poner cara de buenos amigos y comportaros como si en realidad fuerais una mejor persona de lo que realmente sois. Y en pocos minutos, como todos hemos podido darnos cuenta, realmente os sentiréis más amistosos de lo que os sentíais. A menudo, la única manera de adquirir una cualidad en realidad es empezar a comportarnos como si ya la tuviéramos. Por eso los juegos de niños son tan importantes. Ellos siempre están fingiendo ser adultos: juegan a los soldados, o juegan a las tiendas. Pero en todo momento están endureciendo sus músculos y agudizando sus sentidos, para que la ficción de ser adultos les ayude a crecer de verdad.

Pues bien, en el momento en que os dais cuenta de que estáis fingiendo ser Cristo, es sumamente probable que instantáneamente veáis una manera en que el fingimiento pudiera tener menos de fingimiento y más de realidad. Encontraréis que en vuestras mentes tienen lugar varias cosas que no tendrían lugar si verdaderamente fuerais hijos de Dios. Pues bien, detenedlas. O tal vez os deis cuenta de que, en vez de estar orando vuestras oraciones, deberíais estar abajo escribiendo una carta, o ayudando a vuestra mujer a fregar los platos. Pues bien, hacedlo.

Ya veis lo que está ocurriendo. El Cristo en Persona, el Hijo de Dios que es hombre (igual que vosotros) y Dios (igual que su Padre) está realmente a vuestro lado y está ya desde ese momento ayudándoos a transformar vuestro fingimiento en realidad. Esta no es meramente una manera elaborada de decir que vuestra conciencia os está diciendo lo que debéis hacer. Si interrogáis a vuestra conciencia, sencillamente, obtenéis un resultado. Si recordáis que os estáis disfrazando de Cristo, obtenéis otro. Hay muchas cosas que vuestra conciencia podría no llamar definitivamente malas (especialmente las cosas en vuestra mente), pero que reconoceréis de inmediato que no podéis seguir haciendo si intentáis seriamente ser como Cristo. Puesto que ya no estáis pensando simplemente en lo bueno y en lo malo: estáis intentando adquirir la buena infección de una Persona. Esto se parece más a pintar un retrato que a obedecer una serie de reglas. Y lo extraño es que mientras que por un lado es mucho más difícil que pintar un cuadro, por otro es mucho más fácil.

El auténtico Hijo de Dios está junto a vosotros. Está empezando a transformaros en Él mismo. Está empezando, por así decirlo, a «inyectar» su clase de vida y pensamiento, su *Zoe*, en vosotros: está empezando a convertir el soldado de plomo en un hombre vivo. La parte de vosotros a la que esto no le gusta es la parte que sigue siendo de plomo.

Algunos de vosotros podréis pensar que esto se parece muy poco a vuestra propia experiencia. Tal vez digáis: «Yo nunca he tenido la sensación de ser ayudado por un Cristo invisible, pero a menudo he sido ayudado por otros seres humanos». Esto se parece bastante a aquella mujer que durante la Primera Guerra dijo que si hubiera escasez de pan esto no le afectaría demasiado porque en su casa siempre se comían tostadas. Si no hay pan, no habrá tostadas. Si no hubiera ayuda de Cristo, no habría ayuda por parte de otros seres humanos. Cristo actúa en nosotros de muchas maneras, no solo a través de lo que nosotros llamamos nuestra «vida religiosa». Actúa a través de la naturaleza, de nuestros propios cuerpos, de los libros, a veces a través de experiencias que parecen, en su momento, *anti*-cristianas. Cuando un joven que ha estado asistiendo a la iglesia de manera rutinaria, sinceramente se da cuenta de que no cree en el cristianismo y deja de hacerlo —siempre que lo haga en nombre de la honestidad y no solo por enojar a sus padres—, el espíritu de Cristo está probablemente más cerca de él de lo que nunca estuvo antes. Pero, sobre todo, Cristo actúa en nosotros a través de los demás.

Los hombres son espejos, o «portadores» de Cristo para los demás hombres. A veces portadores inconscientes. Esta «buena infección» puede ser portada por aquellos que no la tienen en sí mismos. Personas que no eran cristianas me ayudaron a mí a llegar al cristianismo. Pero normalmente son aquellos que le conocen los que le llevan a otros. Por eso la iglesia, el cuerpo entero de cristianos enseñándose a Cristo unos a otros, es tan importante. Podríais decir que cuando dos cristianos están siguiendo a Cristo juntos no hay dos veces más cristianismo que cuando no están juntos, sino dieciséis veces más.

Pero no olvidéis esto. Al principio es natural que un bebé tome la leche de su madre sin conocer a su madre. Es igualmente natural para nosotros ver al hombre que nos está ayudando sin ver a Cristo detrás de él. Pero no debemos permanecer como bebés. Debemos progresar hasta conocer al auténtico Dador. Es una locura no hacerlo. Porque, si no lo hacemos, estaremos dependiendo de los seres humanos. Y eso va a decepcionarnos. Los mejores de entre ellos cometerán errores; todos van a morir. Debemos estar agradecidos a todos aquellos que nos han ayudado; debemos honrarlos y amarlos. Pero jamás, jamás pongáis toda vuestra fe en ningún ser humano: aunque sea el mejor y más sabio del mundo entero. Hay muchas cosas bonitas que se pueden hacer con arena, pero no intentéis construir una casa sobre ella.

Y ahora empezamos a ver qué es aquello sobre lo que siempre está hablando el Nuevo Testamento. Habla de los cristianos como «nacidos de nuevo»; habla de ellos como «haciéndose en Cristo»; sobre Cristo «formándose en nosotros»; sobre nuestro alcanzar a «tener la mente de Cristo».

Sacaos de la cabeza la idea de que estas son solo maneras rebuscadas de decir que los cristianos han de leer lo que dijo Cristo y luego intentar llevarlo a cabo, del mismo modo que un hombre puede intentar leer lo que Marx o Platón dijeron y luego intentar ponerlo en práctica. Significan algo mucho más importante que eso. Significan que una auténtica Persona, Cristo, aquí y ahora, en esa misma habitación donde estáis orando, está haciéndoos cambiar. No se trata de un hombre bueno que murió hace dos mil años. Se trata de un Hombre vivo tan hombre como vosotros, y aún tan Dios como lo fue cuando creó el mundo, que realmente aparece y entra en contacto con vuestro ser más íntimo, mata el viejo yo natural en vosotros y lo sustituye por la clase de Yo que Él tiene. Al principio, solo por momentos. Luego, durante períodos más largos. Finalmente, si todo va bien, os transforma permanentemente en alguien diferente; en un nuevo pequeño Cristo, en un ser que, a su humilde manera, tiene la misma vida que Dios, que comparte su poder, su gozo, su conocimiento y su eternidad. Y enseguida hacemos dos descubrimientos más.

(1) Empezamos a darnos cuenta, además, de nuestros actos pecaminosos particulares, de nuestro estado de pecado; empezamos a alarmarnos no

solo por lo que hacemos, sino también por lo que somos. Puede que esto os parezca algo difícil, así que intentaré aclarároslo basándome en mi propio caso. Cuando rezo mis plegarias nocturnas e intento hacer un recuento de los pecados del día, nueve veces de cada diez se trata de algún pecado contra la caridad; me he enfurruñado o he contestado bruscamente o me he burlado o he despreciado a alguien o he dado rienda suelta a mi ira. Y la excusa que inmediatamente surge en mi mente es que la provocación fue tan súbita e inesperada que me tomaron de sorpresa, que no tuve tiempo de controlarme. Es posible que esa sea una circunstancia atenuante en lo que respecta a esos actos en particular; evidentemente, habrían sido peores si hubiesen sido premeditados o deliberados. Por otra parte, no cabe duda de que lo que un hombre hace cuando le pillan por sorpresa es la mejor evidencia de lo que ese hombre es. Está claro que lo que surge espontáneamente, antes de que el hombre tenga tiempo de ponerse un disfraz, es la verdad. Si hay ratas en el desván, es más probable que las veáis si entráis allí de repente. Pero ese «de repente» no crea a las ratas; solo les impide esconderse. Del mismo modo, lo intempestivo de la provocación no me convierte en un hombre de mal carácter; solo demuestra el mal carácter que tengo. Las ratas siempre están allí en el desván; pero si entráis dando gritos se habrán puesto a cubierto antes de que hayáis encendido la luz. Aparentemente, las ratas de la vindicación y el resentimiento siempre están allí, en el desván de mi alma. Y ese desván está fuera del alcance de mi voluntad consciente. Puedo, hasta cierto punto, controlar mis actos, pero no tengo un control directo sobre mi temperamento. Y si (como dije antes) lo que somos importa aún más que lo que hacemos —si, ciertamente, lo que hacemos importa principalmente como evidencia de lo que somos— entonces se sigue que el cambio que más necesito llevar a cabo es un cambio que mis propios esfuerzos directos y voluntarios no pueden realizar. Y esto puede aplicarse también a mis buenas acciones. ¿Cuántas de ellas fueron hechas por el motivo correcto? ¿Cuántas por miedo a la opinión pública, o por un deseo de ostentación? ¿Cuántas por una suerte de obstinación o de sentido de superioridad que, en circunstancias diferentes, podrían haber conducido igualmente a una mala acción? Pero yo no puedo, a través de un esfuerzo moral directo, proporcionarme a mí mismo nuevos motivos. Después de los primeros pasos en la vida cristiana, nos damos cuenta de que aquello que verdaderamente necesita hacerse en nuestras almas solo puede ser hecho por Dios. Y esto nos lleva a algo que hasta ahora ha dado pie a malos entendidos en mi idioma.

(2) Yo he estado hablando como si fuésemos nosotros los que lo hiciéramos todo. En realidad, por supuesto, es Dios quien lo hace todo. Nosotros, como mucho, permitimos que se nos haga. En cierto sentido podría decirse que es Dios quien lleva a cabo el fingimiento. El Dios Tripersonal, por así decirlo, ve de hecho ante sí un animal humano egoísta, avaricioso, gruñón y rebelde. Pero Él dice: «Finjamos que esta no es una mera criatura, sino nuestro Hijo. Es como Cristo en cuanto que es un Hombre, puesto que Él se hizo Hombre. Finjamos que también es como Cristo en espíritu. Tratémoslo como si fuera lo que en realidad no es. Finjamos, para hacer que esa ficción se convierta en realidad». Dios os mira como si fueseis pequeños Cristos: Cristo se pone a vuestro lado para convertiros en Él. Me atrevo a decir que esta idea de un divino fingimiento parece algo extraña al principio. Pero ¿es en realidad tan extraña? ¿No es así como lo más alto siempre hace ascender a lo más bajo? Una madre le enseña a hablar a su hijo hablándole como si la entendiera mucho antes de que este lo haga en realidad. Tratamos a nuestro perro como si fuera «casi humano» ; es por eso que al final estos se vuelven «casi humanos».

8

¿ES EL CRISTIANISMO FÁCIL
O DIFÍCIL?

EN EL ÚLTIMO capítulo estábamos considerando la idea cristiana de «hacernos como Cristo», o «disfrazarnos primero de hijos de Dios» para poder finalmente convertirnos en sus auténticos hijos. Lo que quiero dejar claro es que esta no es una entre muchas tareas que un cristiano debe llevar a cabo, y que no se trata de una suerte de ejercicio especial para la clase superior. En eso consiste todo el cristianismo. El cristianismo no ofrece absolutamente nada más. Y quisiera señalar cómo difiere esto de las ideas comunes acerca de la «moralidad» o el «ser bueno».

La idea común que todos tenemos antes de convertirnos en cristianos es esta. Tomamos como punto de partida nuestro yo ordinario con sus varios deseos e intereses. Luego admitimos que algo más —llámese «moralidad» o «comportamiento decente» o «el bien de la sociedad»— le hace reclamos a este yo: reclamos que interfieren con sus propios deseos. Lo que entendemos por «ser buenos» es someternos a esos reclamos. Algunas de las cosas que el yo ordinario quería hacer resultan ser lo que llamamos «malas»; pues bien, debemos renunciar a ellas. Otras cosas, que el yo no quería hacer, resultan ser lo que llamamos «buenas»; pues bien, tendremos que hacerlas. Pero en todo momento tenemos la esperanza de que cuando todas las exigencias han sido satisfechas, el pobre yo ordinario aún tendrá una oportunidad, y un poco de tiempo, de seguir con su vida y con lo que le gusta. De hecho, nos parecemos mucho a un hombre honrado que paga sus impuestos. Los paga, ciertamente, pero tiene la esperanza de que aún le quede un poco de dinero para vivir. Porque aún seguimos tomando nuestro yo ordinario como punto de partida.

Mientras pensemos de ese modo, se dará probablemente uno de los dos resultados siguientes. O renunciamos a intentar ser buenos, o somos realmente muy desgraciados. Porque, y no os equivoquéis, si realmente vais a intentar satisfacer todas las exigencias impuestas al yo natural, a este no le quedará lo suficiente para seguir viviendo. Cuanto más obedezcáis a la conciencia, más os exigirá. Y vuestro yo natural, que de este modo se ve despojado, impedido y preocupado a cada recodo del camino, se pondrá más y más furioso. Al final, dejaréis de seguir intentando ser buenos, u os convertiréis en una de esas personas de las que se dice «viven para los demás», pero que siempre están insatisfechos y gruñendo, preguntándose por qué los demás no prestan atención a sus esfuerzos y haciéndose los mártires. Y cuando os hayáis convertido en eso, seréis un incordio mucho mayor para la gente que tiene que convivir con vosotros que si hubierais seguido siendo francamente egoístas.

El camino cristiano es diferente: más difícil, y más fácil. Cristo dice: «Dádmelo todo. Yo no quiero tanto de vuestro tiempo o tanto de vuestro dinero o tanto de vuestro trabajo: os quiero a vosotros. Yo no he venido a atormentar vuestro ser natural, sino a matarlo. Ninguna medida a medias me sirve. No quiero podar una rama aquí y una rama allí. Tengo que derribar el árbol entero. No quiero perforar el diente, o coronarlo, o taponarlo; quiero arrancarlo. Entregadme por entero vuestro ser natural, todos los deseos que creéis inocentes además de aquellos que creéis malos: lo quiero todo. Y a cambio os daré un nuevo yo. De hecho, me daré a mí mismo: mi propia voluntad se convertirá en la vuestra».

Mucho más difícil y más fácil de lo que estamos intentando hacer. Os habréis dado cuenta, espero, de que Cristo mismo describe a veces la vida cristiana como muy difícil y a veces como muy fácil. Dice: «Toma tu cruz». En otras palabras, es como dirigirse a que le maten a uno a palos en un campo de concentración. Y al momento siguiente dice: «Mi yugo es cómodo, y mi carga ligera». Y ambas cosas las dice de verdad. Y uno puede comprender por qué ambas cosas son verdad.

Los maestros os dirán que el más perezoso de la clase es aquel que trabaja más duramente al final. Y lo dicen de veras. Si a dos alumnos se les da, por ejemplo, una proposición en geometría para hacer, el que está dispuesto a tomarse el trabajo intentará comprenderla. El alumno perezoso intentará aprendérsela de memoria porque, por el momento, esto requiere menos esfuerzos. Pero seis meses más tarde, cuando ambos estén preparándose para el examen, el alumno perezoso tendrá que dedicar horas y horas de fatigoso trabajo a cosas que el otro alumno comprende, y positivamente disfruta, en unos pocos momentos. La pereza, a largo plazo, significa más trabajo. O consideradlo de esta manera. En una batalla, o en alpinismo, a menudo hay una cosa que requiere mucho valor, pero que es, a la larga, lo más seguro. Si os echáis atrás os encontraréis, horas más tarde, en un peligro mucho mayor. La actitud más cobarde es también la más peligrosa.

Y lo mismo ocurre aquí. Lo terrible, lo que resulta casi imposible, es entregar todo vuestro yo —todos vuestros deseos y precauciones— a Cristo. Pero es mucho más fácil que lo que todos estamos intentando hacer a cambio. Porque lo que estamos intentando hacer es seguir siendo lo que llamamos «nosotros mismos», mantener la felicidad personal como nuestra meta más preciada en la vida, y sin embargo, al mismo tiempo, ser «buenos». Todos estamos tratando de que nuestra mente y nuestro corazón sigan su camino —centrado en el dinero, o el placer o la ambición— con la esperanza, a pesar de esto, de comportarnos honesta, casta y humildemente. Y eso es exactamente lo que Cristo nos advirtió que no podíamos hacer. Como Él dijo, un cardo no puede producir higos. Si yo soy un campo que no contiene más que hierba, no puedo producir trigo. Puede que segar la hierba la mantenga corta, pero seguiré produciendo hierba y no trigo. Si quiero producir trigo, el cambio tiene que ir más allá de la superficie. Mi campo debe ser arado y vuelto a sembrar.

Por todo esto, el auténtico problema de la vida cristiana aparece allí donde la gente no suele buscarlo. Aparece en el instante mismo en que os despertáis cada mañana. Todos vuestros deseos y esperanzas para el nuevo día se precipitan sobre vosotros como bestias salvajes. Y lo primero que ha de hacerse cada mañana consiste sencillamente en echarlos atrás: en escuchar aquella otra voz, adoptando aquel otro punto de vista, dejando que aquella otra vida más grande, más fuerte y más silenciosa fluya en vosotros. Y así todo el día. Apartándoos de todos vuestros remilgos y resquemores; protegiéndose del viento.

Al principio solo podemos hacerlo por momentos. Pero a partir de esos momentos, la nueva clase de vida se extenderá por nuestro organismo: porque ahora estamos dejando que Él actúe en nuestra parte apropiada.

Es la diferencia entre la pintura, que meramente se extiende sobre la superficie, y una tintura o mancha que penetra la materia. Cristo nunca habló de superficialidades vagas e idealistas. Cuando dijo «Sed perfectos», hablaba en serio. Quería decir que debemos someternos al proceso completo. Es difícil, pero la clase de compromiso por el que todos penamos es más difícil aún..., de hecho, es imposible. Puede que para un huevo sea difícil convertirse en pájaro, pero será muchísimo más difícil para él aprender a volar mientras siga siendo un huevo. Por el momento, todos somos como huevos. Y no podemos seguir siendo meros huevos comunes y decentes indefinidamente. Hemos de romper el cascarón o estropearnos.

¿Puedo volver a lo que dije antes? Esto es todo el cristianismo. No hay nada más. Es muy fácil confundirse acerca de eso. Es fácil pensar que la iglesia tiene un montón de objetivos diferentes: la educación, la edificación, las misiones, la celebración de cultos. Del mismo modo que es fácil pensar que el Estado tiene un montón de objetivos diferentes: militares, políticos, económicos, etcétera. Pero en cierto modo las cosas son mucho más sencillas. El Estado existe simplemente para promover y proteger la cotidiana felicidad de los seres humanos en esta vida. Un marido y su mujer charlando junto al fuego, dos amigos jugando a los dardos en un bar, un hombre leyendo un libro en su habitación o cavando en su jardín... es para esas cosas para las que existe el Estado. Y a menos que estén ayudando a aumentar y prolongar y proteger esos momentos, todas las leyes, ejércitos, Parlamentos, juzgados, policía, economía, etc., son sencillamente una pérdida de tiempo. Del mismo modo, la iglesia no existe más que para atraer a los hombres a Cristo, para convertirlos en otros Cristos. Si no cumple este cometido, todas las catedrales, el sacerdocio, las misiones, los sermones, incluso la Biblia misma, son sencillamente una pérdida de tiempo. Dios se hizo hombre para ese único fin. Incluso es dudoso que el universo haya sido creado para otro fin que ese. La Biblia dice que el universo entero fue creado para Cristo y que todo ha de ser reunido en Él. No creo que ninguno de nosotros comprenda cómo va a suceder esto en lo que respecta al universo entero. No sabemos qué o quién (si acaso) vive en aquellas partes del universo que están a millones de kilómetros de esta Tierra. Incluso en esta Tierra no sabemos cómo esto se aplica a otras cosas que no sean los hombres. Después de todo, eso es lo que cabía esperar. Se nos ha enseñado el plan solo en lo que nos concierne a nosotros mismos.

A veces me gusta imaginar que puedo vislumbrar cómo podría aplicarse a otras cosas. Creo que puedo ver cómo los animales más desarrollados se sienten en un sentido atraídos hacia la cualidad de humano cuando el hombre los estudia y los utiliza y los ama. Y si hubiera criaturas inteligentes en otros mundos, tal vez hagan lo mismo con ellos. Podría ser que cuando las criaturas inteligentes entrasen en Cristo trajeran consigo, de ese modo, todas las demás cosas. Pero no lo sé: no es más que una conjetura.

Lo que se nos ha dicho es cómo nosotros, los hombres, podemos ser atraídos hacia Cristo. Cómo podemos convertirnos en parte de ese maravilloso regalo que el joven Príncipe del Universo quiere ofrecerle a su Padre... ese regalo que es Él mismo y por lo tanto nosotros en Él. Esto es lo único para lo que hemos sido hechos. Y hay extraños, excitantes indicios en la Biblia de que, cuando hayamos sido atraídos, un gran número de otras cosas en la naturaleza empezarán a funcionar bien. La pesadilla habrá terminado, y llegará el amanecer.

9

CALCULANDO EL PRECIO

Descubro que hay un gran número de personas que se han sentido molestas por lo que dije en el último capítulo acerca de las palabras de nuestro Señor: «Sed perfectos». Algunos parecen pensar que esto significa «A menos que no seáis perfectos, no os ayudaré» y, como no podemos ser perfectos, si eso es en verdad lo que Él quiso decir, nuestra posición es desesperada. Pero yo no creo que haya querido decir eso. Creo que quiso decir: «La única ayuda que yo os daré es para que os hagáis perfectos. Es posible que queráis algo menos, pero yo no os daré nada menos».

Dejadme que os lo explique. Cuando yo era niño a menudo me dolían las muelas, y sabía que si acudía a mi madre ella me daría algo que mitigase el dolor por aquella noche y permitiría que me durmiese. Pero yo no acudía a mi madre a menos que el dolor fuera demasiado intenso. Y la razón por la que no lo hacía es esta. Yo no dudaba de que ella me daría la aspirina, pero sabía que también haría algo más. Sabía que a la mañana siguiente me llevaría al dentista. Yo no podía obtener de ella lo que quería sin obtener algo más, algo que no quería. Yo quería un alivio inmediato para el dolor, pero no podía obtenerlo sin que al mismo tiempo mis muelas fuesen curadas del todo. Y yo conocía a esos dentistas. Sabía que empezarían a hurgar en otras muelas diferentes que aún no habían empezado a dolerme. No dejarían en paz a los tigres dormidos; si se les daba una mano se tomarían el brazo entero.

Pues bien, si se me permite ese símil, nuestro Señor es como los dentistas. Si se le da una mano agarrará el brazo entero. Cientos de personas acuden a Él para que se les cure de un pecado en particular del cual se avergüenzan (como la masturbación o la cobardía física), o que está obviamente interfiriendo con la vida cotidiana (como el mal carácter o el alcoholismo). Pues bien, Él lo curará, por supuesto: pero no se quedará ahí. Es posible que eso fuera todo lo que vosotros pedíais, pero una vez que le hayáis llamado, os dará el tratamiento completo.

Por eso parece advertir a la gente que «calculen el precio» antes de convertirse en cristianos. No os equivoquéis, viene a decir, si me dejáis, Yo os haré perfectos. En el momento en que os ponéis en mis manos, es eso lo que debéis esperar. Nada menos, ni ninguna otra cosa, que eso. Poseéis el libre albedrío y, si queréis, podéis apartarme. Pero si no me apartáis, sabed que voy a terminar el trabajo. Sea cual sea el sufrimiento que os cueste en vuestra vida terrena, y por inconcebible que sea la purificación que os cueste después de la muerte, y me cueste lo que me cueste a mí, no descansaré, ni os dejaré descansar, hasta que no seáis literalmente perfectos... hasta que mi Padre pueda decir sin reservas que se complace en vosotros, como dijo que se complacía en mí. Esto es lo que puedo hacer y lo que haré. Pero no haré nada menos.

Y sin embargo... este es el otro lado, igualmente importante, de esto: este Ayudante que no se sentirá satisfecho, a la larga, con nada menos que con la absoluta perfección, también se sentirá deleitado con el primer esfuerzo, por débil y torpe que sea, que hagáis mañana para cumplir con el deber más sencillo. Como señaló un gran escritor cristiano (George McDonald), todo padre se deleita con los primeros intentos que hace su bebé por caminar: ningún padre se sentiría satisfecho con nada menos que un caminar libre, firme y valiente en un hijo adulto. Del mismo modo, dijo: «Dios es fácil de agradar, pero difícil de satisfacer».

El resultado práctico es este. Por un lado, no es necesario que la exigencia de perfección por parte de Dios os descorazone en lo más mínimo en vuestros actuales esfuerzos por ser buenos, o incluso en vuestros actuales fracasos. Cada vez que os caigáis Él os levantará de nuevo. Y Él sabe perfectamente bien que vuestros propios esfuerzos no os llevarán ni siquiera cerca de la perfección. Por otro lado, debéis daros cuenta desde el principio de que la meta hacia la cual Él está empezando a guiaros es la perfección absoluta, y que ningún poder en todo el universo, excepto vosotros mismos, puede impedirle que os haga alcanzarla. Esto es lo que debéis esperar. Y es muy importante que nos demos cuenta de esto. Si no lo hacemos, es muy probable que empecemos a apartarnos y a resistirnos después de un cierto punto. Yo creo que muchos de nosotros, cuando Cristo nos ha permitido superar uno o dos pecados que resultaban una auténtica molestia, nos sentimos inclinados a sentir (aunque no lo pongamos en palabras) que ahora ya somos lo bastante buenos. Él ha hecho todo lo que queríamos que hiciese, y le agradeceríamos que ahora nos dejara en paz. Y decimos: «Yo no esperaba convertirme en un santo. Lo único que quería era ser una buena persona». Y cuando decimos esto nos imaginamos que estamos siendo humildes.

Pero este es el error fatal. Por supuesto que no queríamos, y nunca pedimos, convertirnos en la clase de criatura en las que Él quiere convertirnos. Pero la cuestión no es lo que nosotros teníamos intención de ser, sino lo que Dios tenía intención de que fuéramos cuando nos creó. Él es el inventor; nosotros solo somos las máquinas. Él es el pintor; nosotros solo somos los cuadros. ¿Cómo vamos a saber lo que Él quiere que seamos? Porque Él ya nos ha convertido en algo muy diferente de lo que éramos. Hace muchos años, antes de que naciéramos, cuando estábamos dentro del vientre de nuestra madre, pasamos por varias etapas. En un momento nos parecimos de algún modo a vegetales, y en otro a pescados; fue solo más tarde cuando nos convertimos en bebés humanos. Y si hubiéramos estado conscientes en aquellas primeras etapas, me atrevo a decir que nos hubiésemos contentado con seguir siendo vegetales o pescados... que no hubiésemos querido convertirnos en humanos. Pero en todo momento Dios sabía cuál era su plan para nosotros y estaba decidido a llevarlo a cabo. Algo parecido está ocurriendo ahora a un nivel más alto. Tal vez nos contentemos con seguir siendo «buenas personas», pero Él está decidido a llevar a cabo un plan muy diferente. Apartarse de ese plan no es humildad: es pereza y cobardía. Someterse a él no es vanidad o megalomanía: es obediencia.

He aquí otra manera de exponer los dos lados de la verdad. Por un lado, nunca debemos imaginar que podemos depender de nuestros propios esfuerzos para que nos lleven incluso a través de las próximas veinticuatro horas a salvo de algún grave pecado. Por otro, ningún grado posible de santidad o heroísmo que haya sido alcanzado por los grandes santos está más allá de lo que Dios está decidido a producir en cada uno de nosotros al final. El trabajo no será completado en esta vida: pero Él quiere llevarnos lo más lejos posible antes de la muerte.

Por tanto no debemos sorprendernos si nos esperan momentos duros. Cuando un hombre se vuelve hacia Cristo y le parece que le está yendo muy bien (en el sentido de que algunos de sus malos hábitos se han corregido), a menudo piensa que sería natural que las cosas salieran con cierta facilidad. Cuando se presentan problemas —enfermedades, dificultades económicas, nuevas tentaciones— se siente defraudado. Estas cosas, piensa, podrían haber sido necesarias para despertarle y hacerle arrepentirse en sus antiguos días de maldad, ¿pero por qué ahora? Porque Dios le está forzando hacia adelante, o hacia arriba, a un nivel más alto, poniéndolo en situaciones en las que tendrá que ser mucho más valiente, o más generoso, de lo que jamás hubiera soñado antes. A nosotros todo eso nos parece innecesario, pero eso es porque aún no hemos tenido ni la más remota noción de la grandeza de lo que Él quiere hacer de nosotros.

Veo que aún tengo que pedir prestada otra parábola de George MacDonald. Imaginaos a vosotros mismos como una casa viva. Dios entra para reconstruir esa casa. Al principio es posible que comprendáis lo que está haciendo. Está arreglando los desagües, las goteras del techo, etcétera: vosotros sabíais que esos trabajos necesitaban hacerse y por lo tanto no os sentís sorprendidos. Pero al cabo de un tiempo Él empieza a tirar abajo las paredes de un modo que duele abominablemente y que parece no tener sentido. ¿Qué rayos se trae entre manos? La explicación es que Dios está construyendo una casa muy diferente de aquella que vosotros pensabais —poniendo un ala nueva aquí, un nuevo suelo allí, erigiendo torres, trazando jardines—. Vosotros pensasteis que os iban a convertir en un pequeño *chalet* sin grandes pretensiones: pero Él está construyendo un palacio. Tiene pensado venirse a vivir en él.

El mandamiento «Sed perfectos» no es una banalidad idealista. Tampoco es un mandamiento para hacer lo imposible. Dios va a convertirnos en criaturas que puedan obedecer ese mandamiento. En la Biblia, Dios dijo que éramos «dioses», y va a llevar a cabo sus palabras. Si le dejamos —porque podemos impedírselo si así lo deseamos— convertirá al más débil y sucio de nosotros en un dios o una diosa, en criaturas luminosas, radiantes, inmortales, latiendo en todo su ser con una energía, un gozo, un amor y una sabiduría tales que devuelvan a Dios la imagen perfecta (aunque, naturalmente, en una menor escala) de su poder, deleite y bondad infinitos. El proceso será largo y, en parte, muy doloroso, pero eso es lo que nos espera. Nada menos. Él hablaba en serio.

10

BUENAS PERSONAS
U HOMBRES NUEVOS

Dios hablaba en serio. Aquellos que se ponen en sus manos se volverán perfectos, como Él es perfecto: perfecto en sabiduría, amor, gozo, belleza e inmortalidad. El cambio no será completado en esta vida, porque la muerte es una parte importante del tratamiento. Hasta dónde haya ido el cambio antes de la muerte en un cristiano en particular es incierto.

Creo que este es el momento adecuado para considerar una pregunta que a menudo se plantea: si el cristianismo es verdad, ¿por qué no son todos los cristianos claramente mejores que aquellos que no son cristianos? Lo que yace detrás de esta pregunta es en parte algo muy razonable y en parte algo que no es razonable en absoluto. La parte razonable es esta. Si la conversión al cristianismo no produce ninguna mejora en las acciones externas del hombre —si este sigue siendo tan orgulloso o despreciativo o envidioso o ambicioso como era antes—, entonces creo que debemos sospechar que su «conversión» fue en gran medida imaginaria; y después de la conversión propia de cada uno, cada vez que uno piensa que ha hecho un progreso, esa es la prueba que debemos aplicar. Buenos sentimientos, nuevas perspectivas, mayores intereses en la «religión» no significan nada a menos que hagan que nuestro presente comportamiento sea mejor, del mismo modo que en una enfermedad «sentirse mejor» no sirve de gran cosa si el termómetro muestra que nuestra temperatura sigue subiendo. En ese sentido, el mundo exterior tiene mucha razón al juzgar al cristianismo por sus resultados. Cristo nos dijo que juzgásemos por los frutos. A un árbol se le conoce por sus frutos, o, como decimos los ingleses, la prueba del pudin está en el comérselo. Cuando los cristianos nos comportamos mal, o dejamos de comportarnos bien, hacemos que el cristianismo resulte increíble para el mundo no cristiano. Los carteles de la guerra nos decían que las conversaciones negligentes cuestan vidas. Es igualmente cierto que las vidas negligentes cuestan conversación. Nuestras vidas negligentes hacen hablar al mundo, y nosotros les damos bases para ello de un modo que arroja dudas sobre la verdad del cristianismo mismo.

Pero hay otra manera de exigir resultados en la que el mundo exterior puede ser bastante ilógico. Este puede exigir no solamente que la vida de cada hombre deba mejorar si se convierte al cristianismo: también puede exigir, antes de creer en el cristianismo, ver el mundo entero dividido limpiamente en dos campos —el cristiano y el no cristiano— y que toda la gente del primer campo en cualquier momento dado sea claramente mejor que la gente del segundo. Esto es irrazonable por varias razones.

(1) En primer lugar, la situación en el mundo actual es mucho más complicada que eso. El mundo no consta de cristianos al cien por cien y no cristianos al cien por cien. Hay personas (y muchas) que están poco a poco dejando de ser cristianas, pero que aún pueden llamarse a sí mismas por ese nombre: algunos de ellos son clérigos. Hay otras personas que poco a poco se están convirtiendo al cristianismo aunque aún no se llamen a sí mismos cristianos. Hay personas que no aceptan toda la doctrina cristiana acerca de Cristo, pero que se sienten tan fuertemente atraídos por Él que son suyos en un sentido mucho más profundo de lo que ellos mismos pueden comprender. Hay personas de otras religiones que están siendo conducidas por la influencia secreta de Dios para concentrarse en aquellas partes de su religión que están de acuerdo con el cristianismo, y que de este modo pertenecen a Cristo sin saberlo. Por ejemplo, un budista de buena voluntad puede ser conducido a concentrarse más y más en las enseñanzas budistas acerca de la piedad y relegar (aunque aún pueda decir que cree en ellas) las enseñanzas budistas sobre ciertos otros temas. Gran parte de los buenos paganos mucho antes del nacimiento de Cristo pueden haber estado en esa posición. Y siempre, por supuesto, hay un gran número de personas que se sienten confusas y tienen una cantidad de creencias inconsistentes mezcladas entre sí. En consecuencia, no sirve de mucho formar juicios sobre los cristianos y los no cristianos en masa.

Sirve de algo comparar gatos y perros, o incluso hombres y mujeres, en masa, porque en ese caso uno sabe definitivamente cuál es cuál. Además, un animal no se convierte (ni lenta ni súbitamente) de perro en gato. Pero cuando comparamos los cristianos en general con los no cristianos en general, normalmente no estamos pensando en personas reales que conozcamos en absoluto, sino en una o dos vagas ideas que podemos haber obtenido de los periódicos y las novelas. Si queréis comparar al mal cristiano con el buen ateo tendréis que pensar en dos especímenes auténticos que hayáis conocido en la realidad. A menos que aclaremos las cosas en ese aspecto, solo estaremos perdiendo el tiempo.

(2) Supongamos que hemos aclarado las cosas y estamos hablando ahora no de un cristiano y un no cristiano imaginarios, sino de dos personas reales en nuestro vecindario. Incluso en este caso debemos tener cuidado de hacer la pregunta adecuada. Si el cristianismo es verdad, debería seguirse que a) cualquier cristiano será más bueno que la misma persona si no fuera cristiana; b) que cualquier hombre que se convierte al cristianismo será mejor de lo que era antes. Del mismo modo, si los anuncios de la pasta dentífrica Whitesmile son verdad debería seguirse que a) cualquiera que la utilice debería tener mejores dientes de los que tendría si no la utilizara; b) que si alguien empieza a utilizarla, sus dientes mejorarán. Pero señalar que yo, que utilizo Whitesmile (y que también he heredado malos dientes de mis padres) no tengo unos dientes tan buenos como los de un negro joven y sano que vive en la jungla africana y que nunca ha utilizado Whitesmile en absoluto prueba, por sí mismo, que los anuncios sean falsos. La cristiana señorita Bates puede tener una lengua más viperina que la del descreído Dick Firkin. Eso, en sí mismo, no nos dice si el cristianismo funciona. La cuestión es cómo habría sido la lengua de la señorita Bates si ella no hubiera sido cristiana, y cómo sería la de Dick si él lo fuese. La señorita Bates y Dick, como resultado de ciertas causas naturales y la educación recibida en sus primeros años, tienen ciertos temperamentos: el cristianismo promete poner ambos temperamentos bajo una nueva dirección si ellos se lo permiten. Lo que tenéis derecho a preguntar es si esa nueva dirección, si se le permite hacerse cargo, mejora la compañía. Todo el mundo sabe que lo que está siendo dirigido en el caso de Dick Firkin es mucho más «bueno» que lo que está siendo dirigido en el caso de la señorita Bates. Pero no es esa la cuestión. Para juzgar la dirección de una fábrica, debe tenerse en cuenta no solo su producción, sino también su instalación. Si consideramos la instalación de la fábrica

A, podría ser de extrañar que tenga producción en absoluto, y si tenemos en cuenta la instalación de primera clase de la fábrica B, su producción, aunque alta, puede ser mucho más baja de lo que debería. No cabe duda de que el buen director de la fábrica A va a instalar maquinaria nueva en cuanto pueda, pero eso lleva tiempo. Entretanto, la baja producción no prueba que este sea un fracaso.

(3) Y ahora profundicemos un poco más. El director va a instalar maquinaria nueva: antes de que Cristo haya terminado con la señorita Bates, esta será ciertamente muy «buena». Pero si lo dejásemos en eso, parecería que el único cometido de Cristo fuera llevar a la señorita Bates al mismo nivel en el que Dick Firkin ha estado desde el principio. Hemos estado hablando, de hecho, como si Dick estuviera bien; como si el cristianismo fuese algo que los malos necesitaran, o algo de lo que los buenos pudieran permitirse prescindir, y como si la bondad fuera todo lo que Dios exigiera. Pero esto sería un error fatal. La verdad es que, a los ojos de Dios, Dick Firkin necesita ser «salvado» tanto como la señorita Bates. En un sentido (y explicaré en cuál dentro de un momento), la bondad apenas necesita intervenir en el asunto.

No puede esperarse que Dios considere el temperamento plácido y la disposición amistosa de Dick exactamente como nosotros. Ambas cosas son el resultado de causas naturales que Dios mismo crea. Siendo puramente temperamentales, desaparecerán si la digestión de Dick se ve alterada. La bondad, de hecho, es el regalo de Dios a Dick, no el regalo de Dick a Dios. Del mismo modo, Dios ha permitido que las causas naturales, operando en un mundo dañado por siglos de pecado, produzcan en la señorita Bates la estrechez de mente y los nervios alterados que dan cuenta de la mayor parte de su maldad. Dios tiene pensado, a su tiempo, arreglar esa parte de ella. Pero esa no es, para Dios, la parte crítica del asunto. Esta no presenta dificultades. No es eso lo que le inquieta. Lo que Dios está observando y esperando, aquello para lo cual está trabajando es algo que no es fácil ni siquiera para Dios, porque, debido a la naturaleza del caso, ni siquiera Él puede producirlo por un mero acto de poder. Dios está observando y esperando esto tanto por parte de la señorita Bates como de Dick Firkin. Es algo que ambos pueden darle o negarle libremente. ¿Se volverán, o no se volverán, hacia Él y cumplirán así con el único fin para el que fueron creados? Su libre albedrío está temblando dentro de ellos como la aguja de una brújula. Pero esta es una aguja que puede elegir. *Puede* apuntar a su verdadero

Norte, pero no necesita hacerlo. ¿Girará la aguja, se detendrá, y apuntará hacia Dios?

Dios puede ayudarla a hacerlo. Pero no puede forzarla. No puede, por así decirlo, alargar su mano y orientarla en la dirección apropiada, porque entonces ya no sería libre albedrío. ¿Apuntará al Norte? Esa es la pregunta de la que pende todo lo demás. ¿Ofrecerán Dick y la señorita Bates sus naturalezas a Dios? La cuestión de si las naturalezas que le ofrecen o retienen son, en ese momento, buenas o malas es de importancia secundaria. Dios puede ocuparse de esa parte del problema.

No me interpretéis mal. Por supuesto que Dios considera una naturaleza malvada como algo malo y deplorable. Y, por supuesto, considera una naturaleza bondadosa como algo bueno: bueno como el pan, o el agua, o la luz del sol. Pero estas son las cosas buenas que Él da y nosotros recibimos. Dios creó los nervios sanos y las buenas digestiones de Dick, y hay mucho más de eso allá de donde vino. A Dios no le cuesta nada, por lo que sabemos, crear cosas buenas, pero convertir voluntades rebeldes le costó la crucifixión. Y porque son voluntades pueden —en la buenas personas así como en las malas— rechazar su demanda. Y así, como la bondad de Dick era simplemente parte de la naturaleza, acabará haciéndose trizas al final. La naturaleza misma pasará. Las causas naturales se reúnen en Dick para formar un patrón psicológico agradable, del mismo modo que se reúnen en una puesta de sol para formar un conjunto agradable de colores. Al cabo (porque así es como funciona la naturaleza), estos se desharán nuevamente y el patrón en ambos casos desaparecerá. Dick ha tenido la oportunidad de convertir (o, mejor dicho, de permitirle a Dios que convirtiera) ese patrón momentáneo en la belleza de un espíritu eterno. Y no la ha aprovechado.

Hay aquí una paradoja. Mientras Dick no se vuelva hacia Dios, piensa que su bondad es suya, y mientras siga pensando eso, no es suya. Lo es cuando Dick se da cuenta de que su bondad no es suya, sino un regalo de Dios, y cuando se la ofrece a su vez a Dios, es justamente entonces cuando empieza a ser realmente suya. Porque ahora Dick está empezando a intervenir en su propia creación. Las únicas cosas que podemos guardar son aquellas que le damos libremente a Dios. Lo que intentamos guardarnos para nosotros es justamente lo que con toda seguridad perderemos.

Por lo tanto, no debemos sorprendernos si encontramos entre los cristianos algunas personas que siguen siendo malas. Incluso existe, cuando se piensa en ello, una razón por la que puede esperarse que las malas personas se vuelvan hacia Cristo en mayor número que las buenas. Era eso lo que la gente objetaba con respecto a Cristo durante su vida en la tierra: parecía atraer a «personas terribles». Y la gente sigue objetando eso, y seguirá haciéndolo. ¿Comprendéis por qué? Cristo dijo «Bienaventurados los pobres», y «difícilmente entrará un rico en el reino de los cielos», y no cabe duda de que originalmente se refería a los económicamente pobres y los económicamente ricos. ¿Pero no se aplican sus palabras a otra clase de pobreza y otra clase de riqueza? Uno de los peligros de tener mucho dinero es que podéis sentiros bastante satisfechos con la clase de felicidad que el dinero puede proporcionar y dejar así de percataros de vuestra necesidad de Dios. Si todo parece seros dado sencillamente firmando cheques, es posible que olvidéis que en todo momento dependéis totalmente de Dios. Pues bien, es evidente que los regalos naturales llevan consigo un peligro similar. Si tenéis unos nervios sanos, una inteligencia desarrollada, salud, popularidad y una buena educación, es probable que estéis bastante satisfechos con vuestro carácter tal como es. «¿Para qué meter a Dios en esto?», podréis preguntaros. Un cierto nivel de buena conducta os resulta relativamente fácil. No sois una de esas desgraciadas criaturas que siempre están cayendo en la trampa del sexo, o la dipsomanía, o el nerviosismo o el mal carácter. Todo el mundo dice que sois buenas personas y (entre nosotros) estáis de acuerdo con ellos. Es muy posible que creáis que todas estas virtudes son obra vuestra, y también es fácil que no sintáis la necesidad de mejorarlas. A menudo, la gente que goza de esta clase de virtudes no puede ser llevada a reconocer su necesidad de Cristo hasta que un día las virtudes le abandonan y su autosatisfacción se ve defraudada. En otras palabras, es difícil para aquellos que son «ricos» en este sentido entrar en el Reino.

Es muy diferente para los miserables: la gente solitaria, mísera, tímida, deformada, cobarde, o los lujuriosos, los sensuales, los desequilibrados. Si estos intentan acercarse a la bondad aprenden, en la mitad de tiempo, que necesitan ayuda. Para ellos, es Cristo o nada. O toman su cruz y le siguen, o pierden toda esperanza. Estas son las ovejas perdidas: Él vino especialmente a buscarlas. Ellos son (en un sentido muy real y terrible) los «pobres». Él los bendijo. Son «la gentuza» con la que Él se pasea y, por supuesto, los fariseos siguen diciendo, como dijeron desde el principio: «Si algo hubiera en el cristianismo, esa gente no sería cristiana».

Hay aquí una advertencia o una palabra de aliento para cada uno de nosotros. Si sois buenas personas —si la virtud se os da con facilidad— ¡cuidado! Mucho se espera de aquellos a quienes mucho se les da. Si confundís con vuestros propios méritos lo que en realidad son regalos de Dios para vosotros a través de la naturaleza, y si os contentáis simplemente con ser buenos, seguís siendo rebeldes: y todos esos regalos solo harán que vuestra caída sea más terrible, vuestra corrupción más complicada, vuestro mal ejemplo más desastroso. El diablo fue una vez un arcángel: sus dones naturales estaban tan por encima de los vuestros como los vuestros están de los de un chimpancé.

Pero si sois unas pobres criaturas, envenenadas por una educación miserable en una casa llena de celos vulgares y disputas sin sentido; lastradas, no por elección propia, por alguna odiosa perversión sexual; abrumadas día sí y día no por un complejo de inferioridad que os lleva a tratar bruscamente a vuestros mejores amigos, no desesperéis. Dios está al tanto de ello. Vosotros sois los pobres que Él bendijo. Sabe lo estropeada que está la máquina que estáis intentando conducir. Seguid adelante. Haced lo que podáis. Un día (tal vez en otro mundo, pero tal vez mucho antes que eso), Él la tirará al montón de chatarra y os dará una nueva. Y es posible que entonces nos asombréis a todos, y no menos a vosotros mismos: porque habréis aprendido a conducir en una escuela difícil. (Algunos de los últimos serán los primeros y algunos de los primeros serán los últimos).

La «bondad» —la personalidad sana e integrada— es una cosa excelente. Debemos intentar por todos los medios educacionales, médicos, económicos y políticos que obren en nuestro poder, producir un mundo en el que tantas personas como sea posible se formen «buenas», del mismo modo que debemos intentar producir un mundo en el que todos tengan suficiente para comer. Pero no debemos suponer que incluso si consiguiéramos que todo el mundo se hiciera bueno habríamos salvado sus almas. Un mundo de buenas personas, satisfechas con su propia bondad, sin mirar más allá, dándole la espalda a Dios, estaría tan desesperadamente necesitado de salvación como un mundo miserable... e incluso podría ser aún más difícil de salvar.

El mero mejoramiento no es la redención, aunque la redención siempre mejora a la gente, incluso aquí y ahora, y la mejorará al final hasta un grado que aún no podemos imaginar. Dios se hizo hombre para convertir a las criaturas en hijos: no simplemente para producir hombres mejores de la antigua clase, sino para producir una nueva clase de hombre. No es como enseñarle a un caballo a saltar cada vez mejor, sino como transformar a un caballo en una criatura alada. Naturalmente, una vez que tenga alas, se elevará por encima de vallas que jamás habrían podido ser saltadas, y así superaría al caballo original en su propio juego. Pero puede que haya un período, cuando las alas estén empezando a crecer, en que el caballo no podrá hacerlo, y en ese momento las protuberancias encima del lomo —nadie podría decir, mirándolas, que van a convertirse en alas— pueden darle incluso una apariencia extraña.

Pero tal vez hayamos dedicado demasiado tiempo a esta cuestión. Si lo que queréis es un argumento en contra del cristianismo (y recuerdo muy bien con qué ansiedad los buscaba yo cuando empecé a temer que este fuera verdad), podéis fácilmente encontrar a algún cristiano estúpido e insatisfactorio y decir: «¡Conque ahí está tu tan cacareado hombre nuevo! Me quedo con los de antes». Pero una vez que hayáis empezado a ver que el cristianismo es, en otros aspectos, posible, sabréis en vuestro corazón que esto es solo evadir el tema. ¿Qué podéis acaso saber de las almas de los demás... de sus tentaciones, de sus oportunidades, de sus luchas? Solo conocéis un alma en toda la Creación: y esa es la única cuyo destino está en vuestras manos. Si existe un Dios estáis, en cierto modo, solos con Él. No podéis aplacarle con especulaciones acerca de vuestros vecinos o recuerdos de cosas que habéis leído en los libros. ¿De qué servirán todas las palabras y rumores (¿seréis siquiera capaces de recordarlos?) cuando la neblina anestésica que llamamos «naturaleza» o «el mundo real» se desvanezca y la Presencia ante la cual siempre habéis estado se vuelva palpable, inmediata, inevitable?

11

LOS HOMBRES NUEVOS

En el último capítulo comparé la manera de Cristo de hacer hombres nuevos con el proceso de convertir un caballo en una criatura alada. Utilicé ese ejemplo extremo para subrayar el hecho de que no se trata de un simple mejoramiento, sino de una transformación. El paralelo más cercano a esto en el mundo de la naturaleza ha de encontrarse en las asombrosas transformaciones que podemos llevar a cabo en los insectos aplicándoles ciertos rayos. Algunos piensan que así es como se desarrolló la evolución. Las alteraciones en las criaturas de las que todo depende pueden haber sido producidas por rayos provenientes del espacio. (Naturalmente, una vez que las alteraciones están ahí, lo que ellos llaman «selección natural» empieza a actuar; por ejemplo, las alteraciones útiles persisten y las otras desaparecen).

Tal vez un hombre moderno pueda comprender mejor la idea cristiana si la concibe en relación con la evolución. Ahora todo el mundo conoce la teoría de la evolución (aunque, por supuesto, algunos hombres instruidos no la creen): a todos se nos ha dicho que el hombre ha evolucionado a partir de especies menos desarrolladas de vida. En consecuencia, la gente a menudo se pregunta: «¿Cuál es el próximo paso? ¿Cuándo aparecerá aquello que va más allá del hombre?». Escritores imaginativos intentan a veces concebir este próximo paso —el «Superhombre», como lo llaman—, pero generalmente solo consiguen imaginarse a alguien mucho más malo que el hombre tal como lo conocemos, y luego intentan compensar esto añadiéndole brazos y piernas extra. Pero supongamos que el próximo paso fuera algo aún más diferente de los primeros pasos que lo que jamás soñaran. ¿Y no es muy probable que así fuera? Hace miles de siglos se desarrollaron criaturas con durísimas armaduras. Si alguien en aquel momento hubiera estado observando el curso de la evolución, seguramente habría supuesto que las armaduras iban a volverse cada vez más duras. Pero se habría equivocado. El futuro tenía una carta en la manga que nada en aquel tiempo le hubiera llevado a sospechar. Iba a sorprenderle con unos animales pequeños, desprovistos de armadura, que tenían mejores cerebros: y con esos cerebros iban a convertirse en los amos de todo el planeta. No solamente iban a tener más poder que los monstruos prehistóricos; iban a tener una nueva clase de poder. El siguiente paso no solo iba a ser diferente, sino diferente con una clase de diferencia nueva. La corriente de la evolución no iba a fluir en la dirección en que él la veía; de hecho, iba a dar un giro muy brusco.

Y me parece a mí que la mayor parte de las conjeturas populares sobre el siguiente paso en la evolución están cometiendo el mismo error. La gente ve (o al menos cree ver) al hombre desarrollando cerebros más poderosos y adquiriendo un mayor dominio sobre la naturaleza. Y porque piensan que la corriente fluye en esa dirección imaginan que seguirá fluyendo en esa dirección. Pero yo no puedo evitar pensar que el próximo paso será realmente nuevo; que irá en una dirección que jamás habríamos podido soñar. Apenas merecería llamársele el próximo paso si así fuera. Yo esperaría no solamente una diferencia, sino una nueva clase de diferencia. Esperaría no solamente un cambio, sino un nuevo método de producir ese cambio. O, para decirlo más claramente, esperaría que el próximo paso en la evolución no fuera en absoluto un paso en la evolución: esperaría que la evolución misma como método que produce el cambio fuera superada. Y, finalmente, no me sorprendería que, cuando esto ocurriera, muy poca gente se diera cuenta de que estaba ocurriendo.

Y, si hablamos en estos términos, el punto de vista cristiano es precisamente que el próximo paso ya ha aparecido. Y es realmente nuevo. No se trata de un cambio de hombres inteligentes a hombres aún más inteligentes: es un cambio que va en una dirección totalmente diferente... un cambio de ser criaturas de Dios a ser hijos de Dios. La primera muestra apareció en Palestina hace dos mil años. Ciertamente, el cambio no es una «evolución» en absoluto, porque no es algo que surge del proceso natural de los acontecimientos, sino que adviene a la naturaleza desde fuera.

Pero eso es lo que cabría esperar. Llegamos a nuestra idea de la «evolución» estudiando el pasado. Si se nos reservan auténticas novedades, está claro que nuestra idea, basada en el pasado, no las cubrirá. Y, de hecho, este nuevo paso se diferencia de todos los anteriores no solo en que viene de fuera, sino también en varios otros aspectos.

(1) No se lleva a cabo por medio de la reproducción sexual. ¿Debe esto sorprendernos? Hubo un tiempo, antes de que apareciera el sexo, en que el desarrollo se daba según diferentes métodos. En consecuencia, podríamos haber esperado que llegaría un momento en que el sexo desapareciera, o si no (que es lo que está ocurriendo actualmente), que llegara un momento en que el sexo, aunque continuara existiendo, dejara de ser el canal principal del desarrollo.

(2) En las primeras etapas, los organismos vivos han tenido poca o ninguna elección en cuanto al siguiente paso a dar. El progreso era, principalmente, algo que les sucedía, no algo que ellos hicieran. Pero el nuevo paso, el paso de ser criaturas a ser hijos, es voluntario. No es voluntario en el sentido de que nosotros, por nosotros mismos, podríamos haber elegido darlo o incluso imaginarlo, pero es voluntario en el sentido de que cuando nos es ofrecido podemos rechazarlo. Podemos, si queremos, echarnos atrás; podemos clavar los talones en el suelo y dejar que la nueva humanidad siga su camino sin nosotros.

(3) He dicho que Cristo fue «la primera muestra» del hombre nuevo. Pero, naturalmente, Cristo fue mucho más que eso. Cristo no es meramente un hombre nuevo, un individuo de la especie, sino que es *el* hombre nuevo. Él es el origen, el centro y la vida de todos los hombres nuevos. Llegó al universo creado, por su propia voluntad, trayendo consigo el *Zoe*, la nueva vida. (Y quiero decir nueva para nosotros, por supuesto; en su lugar de origen, *Zoe* ha existido desde la eternidad). Y Cristo la transmite no por herencia, sino por lo que hemos llamado la «buena infección». Todo el mundo que la adquiere lo hace por medio de un contacto personal con Él. Otros hombres se hacen «nuevos» estando «en Cristo».

(4) Este paso se está dando a una velocidad diferente de los anteriores. Comparada con el desarrollo del hombre en nuestro planeta, la difusión del cristianismo entre la raza humana parece ir a la velocidad de un rayo, puesto que dos mil años no es casi nada en la historia del universo. No olvidéis nunca que aún seguimos siendo «los primeros cristianos». Las actuales nefastas e inútiles divisiones entre nosotros son, esperemos, una enfermedad de la infancia: aún seguimos echando los dientes. El mundo

no cristiano, sin duda, piensa justamente lo contrario. Cree que nos estamos muriendo de viejos. ¡Pero ha pensado eso tantas veces! Una y otra vez, el mundo no cristiano ha pensado que el cristianismo se moría, que se moría de persecuciones desde fuera y de corrupción desde dentro, que se moría por el auge del islamismo, el de las ciencias físicas, el de los grandes movimientos revolucionarios anticristianos. Pero cada vez el mundo se ha visto defraudado. Su primera decepción vino después de la crucifixión. El Hombre volvió de nuevo a la vida. En cierto sentido —y me doy cuenta de lo terriblemente injusto que esto debe de parecerles a ellos—, eso ha venido ocurriendo desde entonces. Siguen matando aquello que Él comenzó, y cada vez, cuando están alisando la tierra sobre su tumba, oyen súbitamente que el cristianismo aún sigue vivo y que ha surgido en algún otro lugar. No es extraño que nos detesten.

(5) Es mucho lo que está en juego. Quedándose atrás en sus primeros pasos, una criatura perdía, como mucho, los pocos años de vida que tenía sobre esta tierra: a menudo ni siquiera perdía eso. Quedándonos atrás en este paso, perdemos un premio que es (en el sentido más estricto de la palabra) infinito. Porque ahora ha llegado el momento crítico. Siglo tras siglo, Dios ha guiado a la naturaleza hasta el punto de hacerla producir criaturas que pueden (si así lo quieren) ser extraídas de esa naturaleza y transformadas en dioses. ¿Permitirán ellas que esto ocurra? En cierto modo, esto es semejante a la crisis del nacimiento. Hasta que no nos levantemos y sigamos a Cristo, seguimos siendo parte de la naturaleza y seguimos en el vientre de nuestra gran madre. Su embarazo ha sido largo, doloroso y lleno de ansiedad, pero ahora ha llegado a su clímax. El gran momento ha llegado. Todo está listo. El doctor ya está aquí. ¿Saldrá bien el parto? Aunque naturalmente esto se diferencia de un nacimiento ordinario en un aspecto importante. En un nacimiento ordinario, el bebé no tiene muchas opciones. Es posible que prefiera permanecer en la oscuridad, la tibieza y la protección que le proporciona el útero. Porque, por supuesto, el bebé puede pensar que el útero significa protección. Y ahí es justamente donde se equivoca: porque si se queda allí se morirá.

Desde este punto de vista, el acontecimiento ha ocurrido: el nuevo paso ha sido dado, y está siendo dado. Ya los nuevos hombres empiezan, diseminados aquí y allá, a poblar la tierra. Algunos, como he admitido, aún son apenas reconocibles, pero a otros puede reconocérseles. De vez en cuando nos encontramos con alguno. Sus voces y sus rostros mismos son diferentes de los nuestros: más fuertes, más tranquilos, más felices, más radiantes. Ellos parten del sitio al que nosotros hemos llegado.

Son, como digo, reconocibles, pero ha de saberse cómo buscarlos. No se parecerán mucho a la idea de las personas «religiosas» que nos hemos hecho a partir de nuestras lecturas. No llaman la atención sobre sí mismos. Tendemos a pensar que estamos siendo amables con ellos cuando en realidad son ellos los que están siendo amables con nosotros. Nos aman más de lo que nos aman otras personas, pero nos necesitan menos. (Debemos sobreponernos a la idea de ser necesitados: en algunas personas que «hacen el bien», especialmente las mujeres, esta es la tentación más difícil de resistir). Generalmente parecerán tener mucho tiempo libre: os preguntaréis de dónde lo sacan. Cuando hayáis reconocido a una de esas personas, reconoceréis a la siguiente con mayor facilidad. Y yo sospecho mucho (¿pero cómo iba a saberlo?) que entre ellas se reconocen inmediata e infaliblemente, por encima de cualquier barrera de color, sexo, clase, edad o incluso credo. En ese aspecto, determinarse a ser santo es como ingresar en una sociedad secreta. Para decirlo en términos vulgares, debe de ser muy divertido. Pero no debéis imaginar que los nuevos hombres son, en el sentido ordinario, todos iguales. Mucho de lo que he estado diciendo en este último libro podría haceros suponer que eso sería así. Convertirse en un hombre nuevo significa perder lo que ahora llamamos «nosotros mismos». Debemos salir de nosotros y dirigirnos hacia Cristo. Su voluntad debe convertirse en la nuestra y debemos pensar sus pensamientos, tener «la mente de Cristo», como dice la Biblia. Y si Cristo es uno, y si está destinado a estar «en nosotros», ¿no seremos todos iguales? Podría parecer que sí, pero de hecho no es así.

Es difícil en este caso presentar una buena ilustración porque, por supuesto, no hay otras dos cosas relacionadas entre sí como lo está el Creador con una de sus criaturas. Pero intentaré ofreceros dos ilustraciones muy imperfectas que podrían daros una idea de la verdad. Imaginaos un montón de gente que siempre ha vivido en la oscuridad. Vosotros intentáis describirles lo que es la luz. Podríais decirles que si salen a la luz esa luz caerá sobre todos ellos y ellos la reflejarán y se harán lo que nosotros llamamos visibles. ¿No es acaso posible que imaginasen que, dado que todos estaban recibiendo la misma luz y todos reaccionaban a ella de la misma manera (es decir, todos la reflejaban), todos ellos se parecerían entre sí? Mientras que vosotros y yo sabemos que la luz, de hecho, hará resaltar, o mostrará, lo diferentes que son entre ellos. Pensemos ahora en una persona que no conoce la sal. Le dais una pizca para que la pruebe y él experimenta un sabor particular, fuerte e intenso. A continuación le decís que en vuestro país la gente utiliza la sal en todo lo que cocina. ¿No es posible que él replique: «En ese caso, todos vuestros platos tendrán exactamente el mismo sabor, porque el sabor de eso que acabas de darme es tan fuerte que matará el sabor de todo lo demás». Pero vosotros y yo sabemos que el verdadero efecto de la sal es exactamente el contrario. Lejos de matar el sabor del huevo, de la carne o de la col, en realidad lo aumenta. Los alimentos no muestran su verdadero sabor hasta que no les habéis puesto sal. (Como ya os he dicho, este no es, por supuesto, un ejemplo muy bueno, ya que se puede, después de todo, matar el sabor de los alimentos si se les añade demasiada sal, mientras que no se puede matar el sabor de la personalidad humana añadiéndole «demasiado» Cristo. Estoy haciendo lo que puedo).

Lo que ocurre con Cristo y nosotros es algo parecido. Cuanto más nos liberemos de lo que llamamos «nosotros mismos» y le dejemos a Él encargarse de nosotros, más nos convertiremos verdaderamente en nosotros mismos. Hay tanto de Él que millones y millones de «otros Cristos», todos diferentes, serán aún demasiado pocos para expresarlo totalmente. Él los hizo a todos. Él inventó —como un autor inventa los personajes de su novela— todos los hombres diferentes que vosotros y yo estábamos destinados a ser. En ese sentido, nuestros auténticos seres están todos esperándonos en Él. Es inútil intentar ser «nosotros mismos» sin Él. Cuanto más nos resistamos a Él e intentemos vivir por nuestra cuenta, más nos vemos dominados por nuestra herencia genética, nuestra educación, nuestro entorno y nuestros deseos naturales. De hecho, lo que tan orgullosamente llamamos «nosotros mismos» se convierte simplemente en el lugar de encuentro de cadenas de acontecimientos a los que jamás dimos comienzo y que no podemos detener. Lo que llamamos «nuestros deseos» se convierte simplemente en los deseos manifestados por nuestro organismo físico o instilados en nosotros por los pensamientos de otros hombres o incluso sugeridos por los demonios. Los huevos, el alcohol o un buen descanso nocturno serán el auténtico origen de lo que nos complacemos en considerar como nuestra propia decisión, altamente personal y discriminadora, de hacerle la corte a la chica que se sienta frente a nosotros en el vagón del tren. La propaganda será el verdadero origen de lo que tengamos como nuestros propios y originales ideales políticos. No somos, en nuestro estado natural, tan personales como nos gustaría creer: la mayor parte de lo que llamamos «nosotros» puede ser fácilmente explicable. Es cuando nos volvemos a Cristo, cuando nos entregamos a su Personalidad, cuando empezamos a tener una auténtica personalidad propia.

Al principio dije que había Personalidades en Dios. Ahora voy a ir más lejos. No hay auténticas personalidades en ningún otro sitio. Hasta que no hayáis entregado vuestro ser a Cristo no tendréis un auténtico ser. La igualdad se encuentra sobre todo entre los hombres más «naturales», no en aquellos que se entregan a Cristo. ¡Cuán monótonamente iguales son los grandes conquistadores y tiranos; cuán gloriosamente diferentes son los santos!

Pero ha de haber una auténtica entrega del ser. Debéis rendirlo «ciegamente», por así decirlo. Cristo os dará ciertamente una auténtica personalidad: pero no debéis acudir a Él solo por eso. Mientras que sea vuestra propia personalidad lo que os preocupa, no estáis acudiendo a Él en absoluto. El primer paso es intentar olvidar el propio ser por completo. Vuestro auténtico nuevo ser (que es de Cristo, y también vuestro, y vuestro solo porque es suyo) no vendrá mientras lo estéis buscando. Vendrá cuando estéis buscando a Cristo. ¿Os parece esto extraño? El mismo principio rige para asuntos más cotidianos. Incluso en la vida social, nunca causaréis una buena impresión en los demás hasta que no dejéis de pensar en la buena impresión que estáis causando. Incluso en la literatura y el arte, ningún hombre que se preocupa por la originalidad será jamás original; mientras que si simplemente intenta decir la verdad (sin importarle cuántas veces esa verdad haya sido dicha antes), será, nueve veces de cada diez, original sin ni siquiera haberse dado cuenta. Y este principio aparece a lo largo de la vida en su totalidad. Entregad vuestro ser y encontraréis vuestro verdadero ser. Perded vuestra vida y la salvaréis. Someteos a la muerte, a la muerte de vuestras ambiciones y vuestros deseos favoritos de cada día, y a la muerte de vuestros cuerpos enteros al final: someteos con todas las fibras de vuestro ser, y encontraréis la vida eterna. No os guardéis nada. Nada que no hayáis entregado será auténticamente vuestro. Nada en vosotros que no haya muerto resucitará de entre los muertos. Buscaos a vosotros mismos y encontraréis a la larga solo odio, soledad, desesperación, furia, ruina y decadencia. Pero buscad a Cristo y le encontraréis, y con Él todo lo demás.

CARTAS DEL DIABLO
A SU SOBRINO

A J. R. R. Tolkien

La mejor forma de expulsar al diablo, si no se rinde
ante el texto de las Escrituras, es mofarse y no
hacerle caso, porque no puede soportar el desprecio.

LUTERO

El diablo... el espíritu orgulloso...
no puede aguantar que se mofen de él.

TOMÁS MORO

PRÓLOGO

NO TENGO LA menor intención de explicar cómo cayó en mis manos la correspondencia que ahora ofrezco al público.

En lo que se refiere a los diablos, la raza humana puede caer en dos errores iguales y de signo opuesto. Uno consiste en no creer en su existencia. El otro, en creer en los diablos y sentir por ellos un interés excesivo y malsano. Los diablos se sienten igualmente halagados por ambos errores, y acogen con idéntico entusiasmo a un materialista que a un hechicero. El género de escritura empleado en este libro puede ser logrado muy fácilmente por cualquiera que haya adquirido la destreza necesaria; pero no la aprenderán de mí personas mal intencionadas o excitables, que podrían hacer mal uso de ella.

Se aconseja a los lectores que recuerden que el diablo es un mentiroso. No debe aceptarse como verídico, ni siquiera desde su particular punto de vista, todo lo que dice Escrutopo. No he tratado de identificar a ninguno de los seres humanos mencionados en las cartas, pero me parece muy improbable que los retratos que hacen, por ejemplo, del padre Spije, o de la madre del paciente, sean enteramente justos. El pensamiento desiderativo se da en el Infierno, lo mismo que en la Tierra.

Para terminar, debiera añadir que no se ha hecho el menor esfuerzo para esclarecer la cronología de las cartas. La número 17 parece haber sido redactada antes de que el racionamiento llegase a ser drástico, pero, por lo general, el sistema de fechas diabólico no parece tener relación alguna con el tiempo terrestre, y no he intentado recomponerlo.

Evidentemente, salvo en la medida en que afectaba, de vez en cuando, al estado de ánimo de algún ser humano, la historia de la Guerra Europea carecía de interés para Escrutopo.

C. S. LEWIS

Magdalen College,
5 de julio de 1941

I

MI QUERIDO ORUGARIO:

TOMO NOTA DE lo que dices acerca de orientar las lecturas de tu paciente y de ocuparte de que vea muy a menudo a su amigo materialista, pero ¿no estarás pecando de ingenuo? Parece como si creyeses que los razonamientos son el mejor medio de librarle de las garras del Enemigo. Si hubiese vivido hace unos (pocos) siglos, es posible que sí: en aquella época, los hombres todavía sabían bastante bien cuándo estaba probada una cosa y cuándo no lo estaba; y una vez demostrada, la creían de verdad; todavía unían el pensamiento a la acción, y estaban dispuestos a cambiar su modo de vida como consecuencia de una cadena de razonamientos. Pero ahora, con las revistas semanales y otras armas semejantes, hemos cambiado mucho todo eso. Tu hombre se ha acostumbrado, desde que era un muchacho, a tener dentro de su cabeza, bailoteando juntas, una docena de filosofías incompatibles. Ahora no piensa, ante todo, si las doctrinas son «ciertas» o «falsas», sino «académicas» o «prácticas», «superadas» o «actuales», «convencionales» o «implacables». La jerga, no la argumentación, es tu mejor aliado en la labor de mantenerle apartado de la iglesia. ¡No pierdas el tiempo tratando de hacerle creer que el materialismo es la verdad! Hazle pensar que es poderoso, o sobrio, o valiente; que es la filosofía del futuro. Eso es lo que le importa.

La pega de los razonamientos consiste en que trasladan la lucha al campo propio del Enemigo: también Él puede argumentar, mientras que, en el tipo de propaganda realmente práctica que te sugiero, ha demostrado durante siglos estar muy por debajo de Nuestro Padre de las Profundidades. El mero hecho de razonar despeja la mente del paciente, y, una vez despierta su razón, ¿quién puede prever el resultado? Incluso si una determinada línea de pensamiento se puede retorcer hasta que acabe por favorecernos, te encontrarás con que has estado reforzando en tu paciente la funesta costumbre de ocuparse de cuestiones generales y de dejar de atender exclusivamente al flujo de sus experiencias sensoriales inmediatas. Tu trabajo consiste en fijar su atención en este flujo. Enséñale a llamarlo «vida real», y no le dejes preguntarse qué entiende por «real».

Recuerda que no es, como tú, un espíritu puro. Al no haber sido nunca un ser humano (¡oh, esa abominable ventaja del Enemigo!), no te puedes hacer idea de hasta qué punto son esclavos de lo ordinario. Tuve una vez un paciente, ateo convencido, que solía leer en la Biblioteca del Museo Británico. Un día, mientras estaba leyendo, vi que sus pensamientos empezaban a tomar el mal camino. El Enemigo estuvo a su lado al instante, por supuesto, y antes de saber a ciencia cierta dónde estaba, vi que mi labor de veinte años empezaba a tambalearse. Si llego a perder la cabeza, y empiezo a tratar de defenderme con razonamientos, hubiese estado perdido, pero no fui tan necio. Dirigí mi ataque, inmediatamente, a aquella parte del hombre que había llegado a controlar mejor, y le sugerí que ya era hora de comer. Presumiblemente —¿sabes que nunca se puede oír *exactamente* lo que les dice?—, el Enemigo contraatacó diciendo que aquello era mucho más importante que la comida; por lo menos, creo que esa debía ser la línea de su argumentación, porque cuando yo dije: «Exacto: de hecho, *demasiado* importante como para abordarlo a última hora de la mañana», la cara del paciente se iluminó perceptiblemente, y cuando pude agregar: «Mucho mejor volver después del almuerzo, y estudiarlo a fondo, con la mente despejada», iba ya camino de la puerta. Una vez en la calle, la batalla estaba ganada: le hice ver un vendedor de periódicos que anunciaba la edición del mediodía, y un autobús número 73 que pasaba por allí, y antes de que hubiese llegado al pie de la escalinata, ya le había inculcado la convicción indestructible de que, a pesar de cualquier idea rara que pudiera pasársele por la cabeza a un hombre encerrado a solas con sus libros, una sana dosis de «vida real» (con lo que se refería al autobús y al vendedor de periódicos) era suficiente para demostrar que «ese tipo de cosas» no pueden ser verdad. Sabía que se había salvado por los pelos, y años después solía hablar de «ese confuso sentido de la realidad que es la última protección contra las aberraciones de la mera lógica». Ahora está a salvo, en la casa de Nuestro Padre.

¿Empiezas a captar la idea? Gracias a ciertos procesos que pusimos en marcha en su interior hace siglos, les resulta totalmente imposible creer en lo extraordinario mientras tienen algo conocido a la vista. No dejes de insistir acerca de la *normalidad* de las cosas. Sobre todo, no intentes utilizar la ciencia (quiero decir, las ciencias de verdad) como defensa contra el cristianismo, porque, con toda seguridad, le incitarán a pensar en realidades que no puede tocar ni ver. Se han dado casos lamentables entre los físicos modernos. Y si ha de juguetear con las ciencias, que se limite a la economía y la sociología; no le dejes alejarse de la invaluable «vida real». Pero lo mejor es no dejarle leer libros científicos, sino darle la sensación general de que sabe todo, y que todo lo que haya pescado en conversaciones o lecturas es «el resultado de las últimas investigaciones». Acuérdate de que estás ahí para embarullarle; por cómo habláis algunos demonios jóvenes, cualquiera creería que nuestro trabajo consiste en *enseñar*.

Tu cariñoso tío,

ESCRUTOPO

2

MI QUERIDO ORUGARIO:

VEO CON VERDADERO disgusto que tu paciente se ha hecho cristiano. No te permitas la vana esperanza de que vas a conseguir librarte del castigo acostumbrado; de hecho, confío en que, en tus mejores momentos, ni siquiera querrías eludirlo. Mientras tanto, tenemos que hacer lo que podamos, en vista de la situación. No hay que desesperar: cientos de esos conversos adultos, tras una breve temporada en el campo del Enemigo, han sido reclamados y están ahora con nosotros. Todos los hábitos del paciente, tanto mentales como corporales, están todavía de nuestra parte.

En la actualidad, la misma iglesia es uno de nuestros grandes aliados. No me interpretes mal; no me refiero a la iglesia de raíces eternas, que vemos extenderse en el tiempo y en el espacio, temible como un ejército con las banderas desplegadas y ondeando al viento. Confieso que es un espectáculo que llena de inquietud incluso a nuestros más audaces tentadores; pero, por fortuna, se trata de un espectáculo completamente invisible para esos humanos; todo lo que puede ver tu paciente es el edificio a medio construir, en estilo gótico de imitación, que se erige en el nuevo solar. Y cuando penetra en la iglesia, ve al tendero de la esquina que, con una expresión un tanto zalamera, se abalanza hacia él, para ofrecerle un librito reluciente, con una liturgia que ninguno de los dos comprende, y otro librito, gastado por el uso, con versiones corrompidas de viejas canciones religiosas —por lo general malas—, en un tipo de imprenta diminuto; al llegar a su banco, mira en torno suyo y ve precisamente a aquellos vecinos que, hasta entonces, había procurado evitar. Te trae cuenta poner énfasis en estos vecinos, haciendo, por ejemplo, que el pensamiento de tu paciente pase rápidamente de expresiones como «el cuerpo de Cristo» a las caras de los que tiene sentados en el banco de al lado. Importa muy poco, por supuesto, la clase de personas que realmente haya en el banco. Puede que haya alguien en quien reconozcas a un gran militante del bando del Enemigo; no importa, porque tu paciente, gracias a Nuestro Padre de las Profundidades, es un insensato, y con tal de que alguno de esos vecinos desafine al cantar, o lleve botas que crujan, o tenga papada, o vista de modo extravagante, el paciente creerá con facilidad que, por tanto, su religión tiene que ser, en algún sentido, ridícula. En la etapa que actualmente atraviesa, tiene una idea de los «cristianos» que considera muy espiritual, pero que, en realidad, es predominantemente gráfica: tiene la cabeza llena de togas, sandalias, armaduras y piernas descubiertas, y hasta el simple hecho de que las personas que hay en la iglesia lleven ropa moderna supone, para él, un auténtico (aunque inconsciente, claro está) problema. Nunca permitas que esto aflore a la superficie de su conciencia; no le permitas que llegue a preguntarse cómo esperaba que fuese. Por ahora, mantén sus ideas vagas y confusas, y tendrás toda la eternidad para divertirte, provocando en él esa peculiar especie de lucidez que proporciona el Infierno.

Trabaja a fondo, pues, durante la etapa de decepción o anticlímax que, con toda seguridad, ha de atravesar el paciente durante sus primeras semanas como hombre religioso. El Enemigo deja que esta desilusión se produzca al comienzo de todos los esfuerzos humanos: ocurre cuando el muchacho que se deleitó en la escuela primaria con la lectura de las *Historias de la Odisea* se pone a aprender griego en serio; cuando los enamorados ya se han casado y acometen la empresa efectiva de aprender a vivir juntos. En cada actividad de la vida, esta decepción marca el paso de algo con lo que se sueña y a lo que se aspira a un laborioso quehacer. El Enemigo acepta este riesgo porque tiene la curiosa ilusión de hacer de esos asquerosos gusanillos humanos lo que Él llama sus «libres» amantes y siervos («hijos» es la palabra que Él emplea, en su incorregible afán de degradar el mundo espiritual entero a través de relaciones «contra natura» con los animales bípedos). Al desear su libertad, el Enemigo renuncia, consecuentemente, a la posibilidad de guiarles, por medio de sus aficiones y costumbres propias, a cualquiera de los objetivos que Él les propone: les deja que lo hagan «por sí solos».

Ahí está nuestra oportunidad; pero también, tenlo presente, nuestro peligro: una vez que superan con éxito esta aridez inicial, los humanos se hacen menos dependientes de las emociones y, en consecuencia, resulta mucho más difícil tentarles.

Cuanto te he escrito hasta ahora se basa en la suposición de que las personas de los bancos vecinos no den motivos *racionales* para que el paciente se sienta decepcionado. Por supuesto, si los dan —si el paciente sabe que la mujer del sombrero ridículo es una jugadora empedernida de *bridge*, o que el hombre de las botas rechinantes es un avaro y un chantajista—, tu trabajo resultará mucho más fácil. En tal caso, te basta con evitar que se le pase por la cabeza la pregunta: «Si yo, siendo como soy, me puedo considerar un cristiano, ¿por qué los diferentes vicios de las personas que ocupan el banco vecino habrían de probar que su religión es pura hipocresía y puro formalismo?». Te preguntarás si es posible evitar que incluso una mente humana se haga una reflexión tan evidente. Pues lo es, Orugario, ¡lo es! Manéjale adecuadamente, y tal idea ni se le pasará por la cabeza. Todavía no lleva el tiempo suficiente con el Enemigo como para haber adquirido la más mínima humildad auténtica: todo cuanto diga, hasta si lo dice arrodillado, acerca de su propia pecaminosidad, no es más que repetir palabras como un loro; en el fondo, todavía piensa que ha logrado un saldo muy favorable en el libro mayor del Enemigo, solo por haberse dejado convertir, y que, además, está dando prueba de una gran humildad y de magnanimidad al consentir en ir a la iglesia con unos vecinos tan engreídos y vulgares. Mantenle en ese estado de ánimo tanto tiempo como puedas.

Tu cariñoso tío,
ESCRUTOPO

3

Mi querido Orugario:

ME COMPLACE MUCHO todo lo que me cuentas acerca de las relaciones de este hombre con su madre. Pero has de aprovechar tu ventaja. El Enemigo debe estar trabajando desde el centro hacia el exterior, haciendo cada vez mayor la parte de la conducta del paciente que se rige por sus nuevos criterios cristianos, y puede llegar a su comportamiento para con su madre en cualquier momento. Tienes que adelantártele. Mantente en estrecho contacto con nuestro colega Gluboso, que se ocupa de la madre, y construid entre los dos, en esa casa, una costumbre sólidamente establecida y consistente en que se fastidien mutuamente, pinchándose todos los días. Para ello, los siguientes métodos son de utilidad:

1. Mantén su atención centrada en la vida interior. Cree que su conversión es algo que está *dentro* de él, y su atención está, por tanto, volcada, de momento, sobre todo hacia sus propios estados de ánimo, o, más bien, a esa versión edulcorada de dichos estados que es cuanto debes permitirle ver. Fomenta esta actitud; mantén su pensamiento lejos de las obligaciones más elementales, dirigiéndolo hacia las más elevadas y espirituales; acentúa la más sutil de las características humanas, el horror a lo obvio y su tendencia a descuidarlo: debes conducirle a un estado en el que pueda practicar el autoanálisis durante una hora, sin descubrir ninguno de aquellos rasgos suyos que son evidentes para cualquiera que haya vivido alguna vez en la misma casa, o haya trabajado en la misma oficina.

2. Por supuesto, es imposible impedir que ore por su madre, pero disponemos de medios para hacer inocuas estas oraciones: asegúrate de que sean siempre muy «espirituales», de que siempre se preocupe por el estado de su alma y nunca por su reúma. De ahí se derivarán dos ventajas. En primer lugar, su atención se mantendrá fija en lo que él considera pecados de su madre, lo cual, con un poco de ayuda por tu parte, puede conseguirse que haga referencia a cualquier acto de su madre que a tu paciente le resulte inconveniente o irritante. De este modo, puedes seguir restregando las heridas del día, para que escuezan más, incluso cuando está postrado de rodillas; la operación no es nada difícil, y te resultará muy divertida. En segundo lugar, ya que sus ideas acerca del alma de su madre han de ser muy rudimentarias, y con frecuencia equivocadas, orará, en cierto sentido, por una persona imaginaria, y tu misión consistirá en hacer que esa persona imaginaria se parezca cada día menos a la madre real, a la señora de lengua puntiaguda con quien desayuna. Con el tiempo, puedes hacer la separación tan grande que ningún pensamiento o sentimiento de sus oraciones por la madre imaginaria podrá influir en su tratamiento de la auténtica. He tenido pacientes tan bien controlados que, en un instante, podía hacerles pasar de pedir apasionadamente por el «alma» de su esposa o de su hijo a pegar o insultar a la esposa o al hijo de verdad, sin el menor escrúpulo.

3. Es frecuente que, cuando dos seres humanos han convivido durante muchos años, cada uno tenga tonos de voz o gestos que al otro le resulten insufriblemente irritantes. Explota eso: haz que tu paciente sea muy consciente de esa forma particular de levantar las cejas que tiene su madre, que aprendió a detestar desde la infancia, y déjale que piense lo mucho que le desagrada. Déjale suponer que ella sabe lo molesto que resulta ese gesto, y que lo hace para fastidiarle. Si sabes hacer tu trabajo, no se percatará de la inmensa inverosimilitud de tal suposición. Por supuesto, nunca le dejes sospechar que también él tiene tonos de voz y miradas que molestan a su madre de forma semejante. Como no puede verse, ni oírse, esto se consigue con facilidad.

4. En la vida civilizada, el odio familiar suele expresarse diciendo cosas que, sobre el papel, parecen totalmente inofensivas (las *palabras* no son ofensivas), pero en un tono de voz o en un momento en que resultan poco menos que una bofetada. Para mantener vivo este juego, tú y Gluboso debéis cuidaros de que cada uno de ellos tenga algo así como un doble patrón de conducta. Tu paciente debe exigir que todo cuanto dice se tome

en sentido literal, y que se juzgue simplemente por las palabras exactas, al mismo tiempo que juzga cuanto dice su madre tras la más minuciosa e hipersensible interpretación del tono, del contexto y de la intención que él sospecha. Y a ella hay que animarla a que haga lo mismo con él. De este modo, ambos pueden salir convencidos, o casi, después de cada discusión, de que son totalmente inocentes. Ya sabes cómo son estas cosas: «Lo único que hago es preguntarle a qué hora estará lista la cena, y se pone hecha una fiera». Una vez que este hábito esté bien arraigado en la casa, tendrás la deliciosa situación de un ser humano que dice ciertas cosas con el expreso propósito de ofender, y, sin embargo, se queja de que se ofendan.

Para terminar, cuéntame algo acerca de la actitud religiosa de la vieja señora. ¿Tiene celos, o algo parecido, de este nuevo ingrediente de la vida de su hijo? ¿Se siente quizá «picada» de que haya aprendido de otros, y tan tarde, lo que ella considera que le dio buena ocasión de aprender de niño? ¿Piensa que está «haciendo una montaña» de ello, o, por el contrario, que se lo toma demasiado a la ligera? Acuérdate del hermano mayor de la historia del Enemigo.

Tu cariñoso tío,
ESCRUTOPO

4

MI QUERIDO ORUGARIO:

LAS INEXPERTAS SUGERENCIAS que haces en tu última carta me indican que ya es hora de que te escriba detalladamente acerca del penoso tema de la oración. Te podías haber ahorrado el comentario de que mi consejo referente a las oraciones de tu paciente por su madre «tuvo resultados particularmente desdichados». Ese no es el género de cosas que un sobrino debiera escribirle a su tío..., ni un tentador subalterno al subsecretario de un Departamento. Revela, además, un desagradable afán de eludir responsabilidades; debes aprender a pagar tus propias meteduras de pata.

Lo mejor, cuando es posible, es alejar totalmente al paciente de la intención de orar en serio. Cuando el paciente, como tu hombre, es un adulto recién reconvertido al partido del Enemigo, la mejor forma de lograrlo consiste en incitarle a recordar —o a creer que recuerda— lo parecidas a la forma de repetir las cosas de los loros que eran sus plegarias infantiles. Por reacción contra esto, se le puede convencer de que aspire a algo enteramente espontáneo, interior, informal, y no codificado; y esto supondrá, de hecho, para un principiante, un gran esfuerzo destinado a suscitar en sí mismo un estado de ánimo vagamente devoto, en el que no podrá producirse una verdadera concentración de la voluntad y de la inteligencia. Uno de sus poetas, Coleridge, escribió que él no oraba «moviendo los labios y arrodillado», sino que, simplemente, «se ponía en situación de amar» y se entregaba a «un sentimiento implorante». Esa es, exactamente, la clase de oraciones que nos conviene, y, como tiene cierto parecido superficial con la oración del silencio que practican los que están muy adelantados en el servicio del Enemigo, podemos engañar durante bastante tiempo a los pacientes listos y perezosos. Por lo menos, se les puede convencer de que la posición corporal es irrelevante para orar, ya que olvidan continuamente —y tú debes recordarlo siempre— que son animales y que lo que hagan sus cuerpos influye en sus almas. Es curioso que los mortales nos pinten siempre dándoles ideas, cuando, en realidad, nuestro trabajo más eficaz consiste en evitar que se les ocurran cosas.

Si esto falla, debes recurrir a una forma más sutil de desviar sus intenciones. Mientras estén pendientes del Enemigo, estamos vencidos, pero hay formas de evitar que se ocupen de Él. La más sencilla consiste en desviar su mirada de Él hacia ellos mismos. Haz que se dediquen a contemplar sus propias mentes y que traten de suscitar en ellas, por obra de su propia voluntad, *sentimientos* o *sensaciones.* Cuando se propongan solicitar caridad del Enemigo, haz que, en vez de eso, empiecen a tratar de suscitar sentimientos caritativos hacia ellos mismos, y que no se den cuenta de que es eso lo que están haciendo. Si se proponen pedir valor, déjales que, en realidad, traten de sentirse valerosos. Cuando pretenden orar para pedir perdón, déjales que traten de sentirse perdonados. Enséñales a medir el valor de cada oración por su eficacia para provocar el sentimiento deseado, y no dejes que lleguen a sospechar hasta qué punto esa clase de éxitos o fracasos depende de que estén sanos o enfermos, frescos o cansados, en ese momento.

Pero, claro está, el Enemigo no permanecerá ocioso entretanto: siempre que alguien ora, existe el peligro de que Él actúe inmediatamente, pues se muestra cínicamente indiferente hacia la dignidad de su posición y la nuestra, en tanto que espíritus puros, y permite, de un modo realmente impúdico, que los animales humanos arrodillados lleguen a conocerse a sí mismos. Pero, incluso si Él vence tu primera tentativa de desviación, todavía contamos con un arma más sutil. Los humanos no parten de una percepción directa del Enemigo como la que nosotros, desdichadamente, no podemos evitar. Nunca han experimentado esa horrible luminosidad, ese brillo abrasador e hiriente que constituye el fondo de sufrimiento permanente de nuestras vidas. Si contemplas la mente de tu paciente mientras ora, no verás *eso;* si examinas el objeto al que dirige su atención, descubrirás que se trata de un objeto compuesto y que muchos de sus ingredientes son francamente ridículos: imágenes procedentes de retratos del Enemigo tal como se apareció durante el deshonroso episodio conocido como la Encarnación; otras, más vagas, y puede que notablemente disparatadas y pueriles, asociadas con sus otras dos Personas; puede haber, incluso, elementos de aquello que el paciente adora (y de las sensaciones físicas que lo acompañan), objetivados y atribuidos al objeto reverenciado. Sé de algún caso en el que aquello que el paciente llama su «Dios» estaba *localizado*, en realidad..., arriba y a la izquierda, en un rincón del techo de su dormitorio, o en su cabeza, o en un crucifijo colgado de la pared. Pero, cualquiera que sea la naturaleza del objeto compuesto, debes hacer que el paciente siga dirigiendo a este sus oraciones: a aquello que él ha creado, no a la Persona que le ha creado a él. Puedes animarle, incluso, a darle mucha importancia a la corrección y al perfeccionamiento de su objeto compuesto, y a tenerlo presente en su imaginación durante toda la oración, porque si llega a hacer la distinción, si alguna vez dirige sus oraciones conscientemente «no a lo que yo creo que Sois, sino a lo que Sabéis que Sois», nuestra situación será, por el momento, desesperada. Una vez descartados todos sus pensamientos e imágenes, o, si los conserva, conservados reconociendo plenamente su naturaleza puramente subjetiva, cuando el hombre se confía a la Presencia real, externa e invisible que está con él allí, en la habitación, y que no puede conocer como Ella le conoce a él... bueno, entonces puede suceder cualquier cosa. Te será de ayuda, para evitar esta situación —esta verdadera desnudez del alma en la oración—, el hecho de que los humanos no la desean tanto como suponen: ¡se pueden encontrar con más de lo que pedían!

Tu cariñoso tío,
ESCRUTOPO

5

Mi querido Orugario:

Es un poquito decepcionante esperar un informe detallado de tu trabajo y recibir, en cambio, una tan vaga rapsodia como tu última carta. Dices que estás «delirante de alegría» porque los humanos europeos han empezado otra de sus guerras. Veo muy bien lo que te ha sucedido. No estás delirante, estás solo borracho. Leyendo entre las líneas de tu desequilibrado relato de la noche de insomnio de tu paciente, puedo reconstruir tu estado de ánimo con bastante exactitud. Por primera vez en tu carrera has probado ese vino que es la recompensa de todos nuestros esfuerzos —la angustia y el desconcierto de un alma humana—, y se te ha subido a la cabeza. Apenas puedo reprochártelo. No espero encontrar cabezas viejas sobre hombros jóvenes. ¿Respondió el paciente a alguna de tus terroríficas visiones del futuro? ¿Le hiciste echar unas cuantas miradas autocompasivas al feliz pasado? ¿Tuvo algunos buenos escalofríos en la boca del estómago? Tocaste bien el violín, ¿no? Bien, bien, todo eso es muy natural. Pero recuerda, Orugario, que el deber debe anteponerse al placer. Si cualquier indulgencia presente para contigo mismo conduce a la pérdida final de la presa, te quedarás eternamente sediento de esa bebida de la que tanto estás disfrutando ahora tu primer sorbo. Si, por el contrario, mediante una aplicación constante y serena, aquí y ahora, logras finalmente hacerte con su alma, entonces será tuyo para siempre: un cáliz viviente y lleno hasta el borde de desesperación, horror y asombro, al que puedes llevar los labios tan a menudo como te plazca. Así que no permitas que ninguna excitación temporal te distraiga del verdadero asunto de minar la fe e impedir la formación de virtudes. Dame, sin falta, en tu próxima carta, una relación completa de las reacciones de tu paciente ante la guerra, para que podamos estudiar si es más probable que hagas más bien haciendo de él un patriota extremado o un ardiente pacifista. Hay todo tipo de posibilidades. Mientras tanto, debo advertirte que no esperes demasiado de una guerra.

Por supuesto, una guerra es entretenida. El temor y los sufrimientos inmediatos de los humanos son un legítimo y agradable refresco para nuestras miradas de afanosos trabajadores. Pero ¿qué beneficio permanente nos reporta, si no hacemos uso de ello para traerle almas a Nuestro Padre de las Profundidades? Cuando veo el sufrimiento temporal de humanos que al final se nos escapan, me siento como si me hubiese permitido probar el primer plato de un espléndido banquete y luego se me hubiese denegado el resto. Es peor que no haberlo probado. El Enemigo, fiel a sus bárbaros métodos de combate, nos permite contemplar la breve desdicha de sus favoritos solo para tantalizarnos y atormentarnos... para mofarse del hambre insaciable que, durante la fase actual del gran conflicto, su bloqueo nos está imponiendo. Pensemos, pues, más bien cómo usar que cómo disfrutar esta guerra europea. Porque tiene ciertas tendencias inherentes que, por sí mismas, no nos son nada favorables. Podemos esperar una buena cantidad de crueldad y falta de castidad. Pero, si no tenemos cuidado, veremos a millares volviéndose, en su tribulación, hacia el Enemigo, mientras decenas de miles que no llegan a tanto ven su atención, sin embargo, desviada de sí mismos hacía valores y causas que creen más elevadas que su «ego». Sé que el Enemigo desaprueba muchas de esas causas. Pero ahí es donde es tan injusto. A veces premia a humanos que han dado su vida por causas que Él encuentra malas, con la excusa monstruosamente sofista de que los humanos creían que eran buenas y estaban haciendo lo que creían mejor. Piensa también qué muertes tan indeseables se producen en tiempos de guerra. Matan a hombres en lugares en los que sabían que podían matarles y a los que van, si son del bando del Enemigo, preparados. ¡Cuánto mejor para nosotros si *todos* los humanos muriesen en costosos sanatorios, entre doctores que mienten, enfermeras que mienten, amigos que mienten, tal y como les hemos enseñado, prometiendo vida a los agonizantes, estimulando la creencia de que la enfermedad excusa toda indulgencia e incluso, si los trabajadores saben hacer su tarea, omitiendo toda alusión a un sacerdote, no sea que revelase al enfermo su verdadero estado! Y cuán desastroso es para nosotros el continuo acordarse de la muerte a que obliga la guerra. Una de nuestras mejores armas, la mundanidad satisfecha, queda inutilizada. En tiempo de guerra, ni siquiera un humano puede creer que va a vivir para siempre.

Sé que Escarárbol y otros han visto en las guerras una gran ocasión para atacar a la fe, pero creo que ese punto de vista es exagerado. A los partidarios humanos del Enemigo, Él mismo les ha dicho claramente que el sufrimiento es una parte esencial de lo que Él llama Redención; así que una fe que es destruida por una guerra o una peste no puede haber sido realmente merecedora del esfuerzo de destruirla. Estoy hablando ahora del sufrimiento difuso a lo largo de un período prolongado como el que la guerra producirá. Por supuesto, en el preciso momento de terror, aflicción o dolor físico, puedes pillar a tu hombre cuando su razón está temporalmente suspendida. Pero incluso entonces, si pide ayuda al cuartel general del Enemigo, he descubierto que el puesto está casi siempre defendido.

Tu cariñoso tío,
ESCRUTOPO

6

Mi querido Orugario:

Me encanta saber que la edad y profesión de tu cliente hacen posible, pero en modo alguno seguro, que sea llamado al servicio militar. Nos conviene que esté en la máxima incertidumbre, para que su mente se llene de visiones contradictorias del futuro, cada una de las cuales suscita esperanza o temor. No hay nada como el «suspense» y la ansiedad para parapetar el alma de un humano contra el Enemigo. Él quiere que los hombres se preocupen de lo que hacen; nuestro trabajo consiste en tenerles pensando qué les pasará.

Tu paciente habrá aceptado, por supuesto, la idea de que debe someterse con paciencia a la voluntad del Enemigo. Lo que el Enemigo quiere decir con esto es, ante todo, que debería aceptar con paciencia la tribulación que le ha caído en suerte: el «suspense» y la ansiedad actuales. Es sobre *esto* por lo que debe decir: «Hágase tu voluntad», y para la tarea cotidiana de soportar *esto* se le dará el pan cotidiano. Es asunto tuyo procurar que el paciente nunca piense en el temor presente como en su cruz, sino solo en las cosas de las que tiene miedo. Déjale considerarlas sus cruces: déjale olvidar que, puesto que son incompatibles, no pueden sucederle todas ellas, y déjale tratar de practicar la fortaleza y la paciencia ante ellas por anticipado. Porque la verdadera resignación, al mismo tiempo, ante una docena de diferentes e hipotéticos destinos es casi imposible, y el Enemigo no ayuda demasiado a aquellos que tratan de alcanzarla: la resignación ante el sufrimiento presente y real, incluso cuando ese sufrimiento consiste en tener miedo, es mucho más fácil, y suele recibir la ayuda de esta acción directa.

Aquí actúa una importante ley espiritual. Te he explicado que puedes debilitar sus oraciones desviando su atención del Enemigo mismo a sus propios estados de ánimo con respecto al Enemigo. Por otra parte, resulta más fácil dominar el miedo cuando la mente del paciente es desviada de la cosa temida al temor mismo, considerado como un estado actual e indeseable de su propia mente; y cuando considere el miedo como la cruz que le ha sido asignada, pensará en él, inevitablemente, como en un estado de ánimo. Se puede, en consecuencia, formular la siguiente regla general: en todas las actividades del pensamiento que favorezcan nuestra causa, estimula al paciente a ser inconsciente de sí mismo y a concentrarse en el objeto, pero en todas las actividades favorables al Enemigo haz que su mente se vuelva hacia sí mismo. Deja que un insulto o el cuerpo de una mujer fijen hacia fuera su atención hasta el punto en que no reflexione: «Estoy entrando ahora en el estado llamado Ira... o el estado llamado Lujuria». Por el contrario, deja que la reflexión: «Mis sentimientos se están haciendo más devotos, o más caritativos» fije su atención hacia dentro hasta tal punto que ya no mire más allá de sí mismo para ver a nuestro Enemigo o a sus propios vecinos.

En lo que respecta a su actitud más general ante la guerra, no debes contar demasiado con esos sentimientos de odio que los humanos son tan aficionados a discutir en periódicos cristianos o anticristianos. En su angustia, el paciente puede, claro está, ser incitado a vengarse por algunos sentimientos vengativos dirigidos hacia los gobernantes alemanes, y eso es bueno hasta cierto punto. Pero suele ser una especie de odio melodramático o mítico, dirigido hacia cabezas de turco imaginarias. Nunca ha conocido a estas personas en la vida real; son maniquíes modelados en lo que dicen los periódicos. Los resultados de este odio fantasioso son a menudo muy decepcionantes, y de todos los humanos, los ingleses son, en este aspecto, los más deplorables mariquitas. Son criaturas de esa miserable clase que ostentosamente proclama que la tortura es demasiado buena para sus enemigos, y luego le dan té y cigarrillos al primer piloto alemán herido que aparece en su puerta trasera.

Hagas lo que hagas, habrá cierta benevolencia, al igual que cierta malicia, en el alma de tu paciente. Lo bueno es dirigir la malicia a sus vecinos inmediatos, a los que ve todos los días, y proyectar su benevolencia a la circunferencia remota, a gente que no conoce. Así, la malicia se hace totalmente real y la benevolencia, en gran parte imaginaria. No sirve de nada inflamar su odio hacia los alemanes si, al mismo tiempo, un pernicioso hábito de caridad está desarrollándose entre él y su madre, su patrón, y el hombre que conoce en el tren. Piensa en tu hombre como en una serie de círculos concéntricos, de los que el más interior es su voluntad, después su intelecto, y finalmente su imaginación. Difícilmente puedes esperar, al instante, excluir de todos los círculos todo lo que huele al Enemigo; pero debes estar empujando constantemente todas las virtudes hacia fuera, hasta que estén finalmente situadas en el círculo de la imaginación, y todas las cualidades deseables hacia dentro, hacia el círculo de la voluntad. Solo en la medida en que alcancen la voluntad y se conviertan en costumbres no son fatales las virtudes. (No me refiero, por supuesto, a lo que el paciente confunde con su voluntad, la furia y el apuro conscientes de las decisiones y los dientes apretados, sino el verdadero centro, lo que el Enemigo llama el corazón). Todo tipo de virtudes pintadas en la imaginación o aprobadas por el intelecto, o, incluso, en cierta medida, amadas y admiradas, no dejarán a un hombre fuera de la casa de Nuestro Padre: de hecho, pueden hacerle más divertido cuando llegue a ella.

Tu cariñoso tío,
ESCRUTOPO

7

Mi querido Orugario:

ME ASOMBRA QUE me preguntes si es esencial mantener al paciente ignorante de tu propia existencia. Esa pregunta, al menos durante la fase actual del combate, ha sido contestada para nosotros por el Alto Mando.
Nuestra política, por el momento, es la de ocultarnos. Por supuesto, no
siempre ha sido así. Nos encontramos, realmente, ante un cruel dilema.
Cuando los humanos no creen en nuestra existencia perdemos todos los
agradables resultados del terrorismo directo, y no hacemos brujos. Por
otra parte, cuando creen en nosotros, no podemos hacerles materialistas
y escépticos. Al menos, no todavía. Tengo grandes esperanzas de que
aprenderemos, con el tiempo, a emotivizar y mitologizar su ciencia hasta
tal punto que lo que es, en efecto, una creencia en nosotros (aunque no
con ese nombre) se infiltrará en ellos mientras la mente humana permanece cerrada a la creencia en el Enemigo. La «Fuerza Vital», la adoración
del sexo, y algunos aspectos del psicoanálisis pueden resultar útiles en
este sentido. Si alguna vez llegamos a producir nuestra obra perfecta —el
Brujo Materialista, el hombre que no usa, sino meramente adora, lo que
vagamente llama «fuerzas», al mismo tiempo que niega la existencia de
«espíritus»—, entonces el fin de la guerra estará a la vista. Pero, mientras tanto, debemos obedecer nuestras órdenes. No creo que tengas mucha
dificultad en mantener a tu paciente en la ignorancia. El hecho de que los
«diablos» sean predominantemente figuras *cómicas* en la imaginación moderna te ayudará. Si la más leve sospecha de tu existencia empieza a surgir en

su mente, insinúale una imagen de algo con mallas rojas, y persuádele de que, puesto que no puede creer en eso (es un viejo método de libro de texto de confundirles), no puede, en consecuencia, creer en ti.

No había olvidado mi promesa de estudiar si deberíamos hacer del paciente un patriota extremado o un extremado pacifista. Todos los extremos, excepto la extrema devoción al Enemigo, deben ser estimulados. No siempre, claro; pero sí en esta etapa. Algunas épocas son templadas y complacientes, y entonces nuestra misión consiste en adormecerlas más aún. Otras épocas, como la actual, son desequilibradas e inclinadas a dividirse en facciones, y nuestra tarea es inflamarlas. Cualquier pequeña capillita, unida por algún interés que otros hombres detestan o ignoran, tiende a desarrollar en su interior una encendida admiración mutua, y hacia el mundo exterior, una gran cantidad de orgullo y de odio, que es mantenida sin vergüenza porque la «Causa» es su patrocinadora y se piensa que es impersonal. Hasta cuando el pequeño grupo está originariamente al servicio de los planes del Enemigo, esto es cierto. Queremos que la iglesia sea pequeña no solo para que menos hombres puedan conocer al Enemigo, sino también para que aquellos que lo hagan puedan adquirir la incómoda intensidad y la virtuosidad defensiva de una secta secreta o una «clique». La iglesia misma está, por supuesto, muy defendida, y nunca hemos logrado completamente darle *todas* las características de una facción; pero algunas facciones subordinadas, dentro de ella, han dado a menudo excelentes resultados, desde los partidos de Pablo y de Apolo en Corinto hasta los partidos Alto y Bajo dentro de la Iglesia Anglicana.

Si tu paciente puede ser inducido a convertirse en un objetor de conciencia, se encontrará inmediatamente un miembro de una sociedad pequeña, chillona, organizada e impopular, y el efecto de esto, en uno tan nuevo en la cristiandad, será casi con toda seguridad bueno. Pero solo *casi* con seguridad. ¿Tuvo dudas serias acerca de la licitud de servir en una guerra justa antes de que empezase esta guerra? ¿Es un hombre de gran valor físico, tan grande que no tendrá dudas semiconscientes acerca de los verdaderos motivos de su pacifismo? Si es ese tipo de hombre, su pacifismo no nos servirá seguramente de mucho, y el Enemigo probablemente le protegerá de las habituales consecuencias de pertenecer a una secta. Tu mejor plan, en ese caso, sería procurar una repentina y confusa crisis emotiva de la que pudiera salir como un incómodo converso al patriotismo. Tales cosas pueden conseguirse a menudo. Pero si es el hombre que creo, prueba con el pacifismo.

Adopte lo que sea, tu principal misión será la misma. Déjale empezar por considerar el patriotismo o el pacifismo como parte de su religión. Después déjale, bajo el influjo de un espíritu partidista, llegar a considerarlo la parte más importante. Luego, suave y gradualmente, guíale hasta la fase en la que la religión se convierte en meramente parte de la «Causa», en la que el cristianismo se valora primordialmente a causa de las excelentes razones a favor del esfuerzo bélico inglés o del pacifismo que puede suministrar. La actitud de la que debes guardarte es aquella en la que los asuntos materiales son tratados primariamente como materia de obediencia. Una vez que hayas hecho del mundo un fin, y de la fe un medio, ya casi has vencido a tu hombre, e importa muy poco qué clase de fin mundano persiga. Con tal de que los mítines, panfletos, políticas, movimientos, causas y cruzadas le importen más que las oraciones, los sacramentos y la caridad, será nuestro; y cuanto más «religioso» (en ese sentido), más seguramente nuestro. Podría enseñarte un buen montón aquí abajo.

Tu cariñoso tío,
ESCRUTOPO

8

MI QUERIDO ORUGARIO:

¿CON QUE TIENES «grandes esperanzas de que la etapa religiosa del paciente esté finalizando», eh? Siempre pensé que la Academia de Entrenamiento se había hundido desde que pusieron al viejo Babalapo a su cabeza, y ahora estoy seguro. ¿No te ha hablado nadie nunca de la ley de la Ondulación?

Los humanos son anfibios: mitad espíritu y mitad animal. (La decisión del Enemigo de crear tan repugnante híbrido fue una de las cosas que hicieron que Nuestro Padre le retirase su apoyo). Como espíritus, pertenecen al mundo eterno, pero como animales habitan el tiempo. Esto significa que mientras su espíritu puede estar orientado hacia un objeto eterno, sus cuerpos, pasiones y fantasías están cambiando constantemente, porque vivir en el tiempo equivale a cambiar. Lo más que puede acercarse a la constancia, por tanto, es la ondulación: el reiterado retorno a un nivel del que repetidamente vuelven a caer, una serie de simas y cimas. Si hubieses observado a tu paciente cuidadosamente, habrías visto esta ondulación en todos los aspectos de su vida: su interés por su trabajo, su afecto hacia sus amigos, sus apetencias físicas, todo sube y baja. Mientras viva en la tierra, períodos de riqueza y vitalidad emotiva y corporal alternarán con períodos de aletargamientos y pobreza. La sequía y monotonía que tu paciente está atravesando ahora no son, como gustosamente supones, obra tuya; son meramente un fenómeno natural que no nos beneficiará a menos que hagas buen uso de él.

Para decidir cuál es su mejor uso, debes preguntarte qué uso quiere hacer de él el Enemigo, y entonces hacer lo contrario. Ahora bien, puede sorprenderte aprender que, en sus esfuerzos por conseguir la posesión permanente de un alma, se apoya más aún en los bajos que en los altos; algunos de sus favoritos especiales han atravesado bajos más largos y profundos que los demás. La razón es esta: para nosotros, un humano es, ante todo, un alimento; nuestra meta es absorber su voluntad en la nuestra, el aumento a su expensa de nuestra propia área de personalidad. Pero la obediencia que el Enemigo exige de los hombres es otra cuestión. Hay que encararse con el hecho de que toda la palabrería acerca de su amor a los hombres, y de que su servicio es la libertad perfecta, no es (como uno creería con gusto) mera propaganda, sino espantosa verdad. Él realmente *quiere* llenar el universo de un montón de odiosas pequeñas réplicas de Sí mismo: criaturas cuya vida, a escala reducida, será cualitativamente como la suya propia, no porque Él las haya absorbido, sino porque sus voluntades se pliegan libremente a la suya. Nosotros queremos ganado que pueda finalmente convertirse en alimento; Él quiere siervos que finalmente puedan convertirse en hijos. Nosotros queremos sorber; Él quiere dar. Nosotros estamos vacíos y querríamos estar llenos; Él está lleno y rebosa. Nuestro objetivo de guerra es un mundo en el que Nuestro Padre de las Profundidades haya absorbido en su interior a todos los demás seres; el Enemigo desea un mundo lleno de seres unidos a Él, pero todavía distintos.

Y ahí es donde entran en juego los bajos. Debes haberte preguntado muchas veces por qué el Enemigo no hace más uso de sus poderes para hacerse sensiblemente presente a las almas humanas en el grado y en el momento que le parezca. Pero ahora ves que lo Irresistible y lo Indiscutible son las dos armas que la naturaleza misma de su plan le prohíben utilizar. Para Él, sería inútil meramente dominar una voluntad humana (como lo haría, salvo en el grado más tenue y reducido, su presencia sensible). No puede seducir. Solo puede cortejar. Porque su innoble idea es comerse el pastel y conservarlo; las criaturas han de ser una con Él, pero también ellas mismas; meramente cancelarlas, o asimilarlas, no serviría. Está dispuesto a dominar un poco al principio. Las pondrá en marcha con comunicaciones de su presencia que, aunque tenues, les parecen grandes, con dulzura emotiva, y con fáciles victorias sobre la tentación. Pero Él nunca permite que este estado de cosas se prolongue. Antes o después retira, si no de hecho, sí al menos de su experiencia consciente, todos esos apoyos e incentivos. Deja que la criatura se mantenga sobre sus propias piernas, para cumplir, solo a fuerza de voluntad, deberes que han perdido todo sabor. Es en esos períodos de bajas, mucho más que en los períodos de altos, cuando se está convirtiendo en el tipo de criatura que Él quiere que sea. De ahí que las oraciones ofrecidas en estado de sequía sean las que más le agradan. Nosotros podemos arrastrar a nuestros pacientes mediante continua tentación, porque los destinamos tan solo a la mesa, y cuanto más intervengamos en su voluntad, mejor. Él no puede «tentar» a la virtud como nosotros al vicio. Él quiere que aprendan a andar, y debe, por tanto, retirar su mano; y solo con que de verdad exista en ellos la voluntad de andar, se siente complacido hasta por sus tropezones. No te engañes, Orugario. Nuestra causa nunca está tan en peligro como cuando un humano, que ya no desea pero todavía se propone hacer la voluntad de nuestro Enemigo, contempla un universo del que toda traza de Él parece haber desaparecido, y se pregunta por qué ha sido abandonado, y todavía obedece.

Pero, por supuesto, los bajos también ofrecen posibilidades para nuestro lado. La próxima semana te daré algunas ideas acerca de cómo explotarlos.

Tu cariñoso tío,
Escrutopo

9

Mi querido Orugario:

Espero que mi última carta te haya convencido de que el seno de monotonía o «sequía» que tu paciente está atravesando en la actualidad no te dará, por sí mismo, su alma, sino que necesita ser adecuadamente explotado. Ahora voy a considerar qué formas debería tomar esta explotación.

En primer lugar, siempre he encontrado que los períodos bajos de la ondulación humana suministran una excelente ocasión para todas las tentaciones sensuales, especialmente las del sexo. Esto quizá te sorprenda, porque, naturalmente, hay más energía física, y por tanto más apetito potencial, en los períodos altos; pero debes recordar que entonces los poderes de resistencia están también en su máximo. La salud y el estado de ánimo que te conviene utilizar para provocar la lujuria pueden también, sin embargo, ser muy fácilmente utilizados para el trabajo o el juego o la meditación o las diversiones inocuas. El ataque tiene mucho mayores posibilidades de éxito cuando el mundo interior del hombre es gris, frío y vacío. Y hay que señalar también que la sexualidad de los bajos es sutilmente distinta, cualitativamente, de la de los altos: es mucho menos probable que conduzca a ese débil fenómeno que los humanos llaman «estar enamorados», mucho más fácil de empujar hacia las perversiones, mucho menos contaminado por esas concomitancias generosas, imaginativas e incluso espirituales que tan a menudo hacen tan decepcionante la sexualidad humana. Lo mismo ocurre con otros deseos de la carne. Es mucho más probable que consigas hacer de tu hombre un buen borracho imponiéndole la bebida como un anodino cuando está aburrido y cansado que animándole a usarla como un medio de diversión junto con sus amigos cuando se siente feliz y expansivo. Nunca olvides que cuando estamos tratando cualquier placer en su forma sana, normal y satisfactoria, estamos, en cierto sentido, en el terreno del Enemigo. Ya sé que hemos conquistado muchas almas por medio del placer. De todas maneras, el placer es un invento suyo, no nuestro. El creó los placeres; todas nuestras investigaciones hasta ahora no nos han permitido producir ni uno. Todo lo que podemos hacer es incitar a los humanos a gozar los placeres que nuestro Enemigo ha inventado, en momentos, o en formas, o en grados que Él ha prohibido. Por eso tratamos siempre de alejarnos de la condición natural de un placer hacia lo que en él es menos natural, lo que menos huele a su Hacedor, y lo menos placentero. La fórmula es un ansia siempre creciente de un placer siempre decreciente. Es más seguro, y es de mejor *estilo*. Conseguir el alma del hombre y no darle *nada* a cambio: eso es lo que realmente alegra el corazón de Nuestro Padre. Y los bajos son el momento adecuado para empezar el proceso.

Pero existe una forma mejor todavía de explotar los bajos; me refiero a lograrlo por medio de los propios pensamientos del paciente acerca de ellos. Como siempre, el primer paso consiste en mantener el conocimiento fuera de su mente. No le dejes sospechar la existencia de la ley de la ondulación. Hazle suponer que los primeros ardores de su conversión podrían haber durado, y deberían haber durado siempre, y que su aridez actual es una situación igualmente permanente. Una vez que hayas conseguido fijar bien en su mente este error, puedes proseguir por varios medios. Todo depende de que tu hombre sea del tipo depresivo, al que se puede tentar a la desesperación, o del tipo inclinado a pensar lo que quiere, al que se le puede asegurar que todo va bien. El primer tipo se está haciendo raro entre los humanos. Si, por casualidad, tu paciente pertenece a él, todo es fácil. No tienes más que mantenerle alejado de cristianos con experiencia (una tarea fácil hoy día), dirigir su atención a los pasajes adecuados de las Escrituras, y luego ponerle a trabajar en el desesperado plan de recobrar sus viejos sentimientos por pura fuerza de voluntad, y la victoria es nuestra. Si es del tipo más esperanzado, tu trabajo es hacerle resignarse a la actual baja temperatura de su espíritu y que gradualmente se contente convenciéndose a sí mismo de que, después de todo, no es tan baja. En una semana o dos le estarás haciendo dudar si los primeros días de su cristianismo no serían, tal vez, un poco excesivos. Háblale sobre la «moderación en todas las cosas». Una vez que consigas hacerle pensar que «la religión está muy bien, pero hasta cierto punto», podrás sentirte satisfecho acerca de su alma. Una religión moderada es tan buena para nosotros como la falta absoluta de religión, y más divertida.

Otra posibilidad es la del ataque directo contra su fe. Cuando le hayas hecho suponer que el bajo es permanente, ¿no puedes persuadirle de que su «fase religiosa» va a acabarse, como todas sus fases precedentes? Por supuesto, no hay forma imaginable de pasar mediante la razón de la proposición: «Estoy perdiendo interés en esto» a la proposición: «Esto es falso». Pero, como ya te dije, es en la jerga, y no en la razón, en lo que debes apoyarte. La mera palabra *fase* lo logrará probablemente. Supongo que la criatura ha atravesado varias anteriormente —todas lo han hecho—, y que siempre se siente superior y condescendiente para aquellas de las que ha salido, no porque las haya superado realmente, sino simplemente porque están en el pasado. (Confío en que le tengas bien alimentado con nebulosas ideas de Progreso y Desarrollo y el Punto de Vista Histórico, y en que le des a leer montones de biografías modernas; en ellas, la gente siempre está superando «fases», ¿no?)

¿Te das cuenta? Mantén su mente lejos de la simple antítesis entre lo Verdadero y lo Falso. Bonitas expresiones difusas —«Fue una fase», «Ya he superado todo eso»—, y no olvides la bendita palabra «Adolescente».

Tu cariñoso tío,
Escrutopo

IO

Mi querido Orugario:

Me encantó saber por Tripabilis que tu paciente ha hecho varios nuevos conocidos muy deseables y que pareces haber aprovechado este acontecimiento de forma verdaderamente prometedora. Supongo que el matrimonio de mediana edad que visitó su oficina es precisamente el tipo de gente que nos conviene que conozca: rica, de buen tono, superficialmente intelectual y brillantemente escéptica respecto a todo. Deduzco que incluso son vagamente pacifistas, no por motivos morales, sino a consecuencia del arraigado hábito de minimizar cualquier cosa que preocupe a la gran masa de sus semejantes, y de una gota de comunismo puramente literario y de moda. Esto es excelente. Y pareces haber hecho buen uso de toda su vanidad social, sexual e intelectual. Cuéntame más. ¿Se comprometió a fondo? No me refiero a verbalmente. Hay un sutil juego de miradas, tonos y sonrisas mediante el que un mortal puede dar a entender que es del mismo partido que aquellos con quienes está hablando. Esa es la clase de traición que deberías estimular de un modo especial, porque el hombre no se da cuenta de ella totalmente; y para cuando lo haga, ya habrás hecho difícil la retirada.

Sin duda, muy pronto se dará cuenta de que su propia fe está en directa oposición a los supuestos en que se basa toda la conversación de sus nuevos amigos. No creo que eso importe mucho, siempre que puedas persuadirle de que posponga cualquier reconocimiento abierto de este hecho, y esto, con la ayuda de la vergüenza, el orgullo, la modestia y la vanidad, será fácil de conseguir. Mientras dure el aplazamiento, estará en una posición falsa. Estará callado cuando debería hablar, y se reirá cuando debería callarse. Asumirá, primero solo por sus modales, pero luego por sus palabras, todo tipo de actitudes cínicas y escépticas que no son realmente suyas. Pero, si le manejas bien, pueden hacerse suyas. Todos los mortales tienden a convertirse en lo que pretenden ser. Esto es elemental. La verdadera cuestión es cómo prepararse para el contraataque del Enemigo.

Lo primero es retrasar tanto como sea posible el momento en que se dé cuenta de que este nuevo placer es una tentación. Como los servidores del Enemigo llevan predicando acerca del «mundo» como una de las grandes tentaciones típicas dos mil años, esto podría parecer difícil de conseguir. Pero, afortunadamente, han dicho muy poco acerca de él en las últimas décadas. En los modernos escritos cristianos, aunque veo muchos (de hecho, más de los que quisiera) acerca de Mammón, veo pocas de las viejas advertencias sobre las Vanidades Mundanas, la Elección de Amigos y el Valor del Tiempo. Todo eso lo calificaría tu paciente, probablemente, de «puritanismo». ¿Puedo señalar, de paso, que el valor que hemos dado a esa palabra es uno de los triunfos verdaderamente sólidos de los últimos cien años? Mediante ella, rescatamos anualmente de la templanza, la castidad y la austeridad de vida a millares de humanos.

Antes o después, sin embargo. La verdadera naturaleza de sus nuevos amigos le aparecerá claramente, y entonces tus tácticas deben depender de la inteligencia del paciente. Si es lo bastante tonto, puedes conseguir que solo se dé cuenta del carácter de sus amigos cuando están ausentes; se puede conseguir que su presencia barra toda crítica. Si esto tiene éxito, se le puede inducir a vivir como muchos humanos que he conocido, que han vivido, durante períodos bastante largos, dos vidas paralelas; no solo parecerá, sino que será, de hecho, un hombre diferente en cada uno de los círculos que frecuente. Si esto falla, existe un método más sutil y entretenido. Se le puede hacer sentir auténtico placer en la percepción de que las dos caras de su vida son inconsistentes. Esto se consigue explotando su vanidad. Se le puede enseñar a disfrutar de estar de rodillas junto al tendero el domingo solo de pensar que el tendero no podría entender el mundo urbano y burlón que habitaba él la noche del sábado; y, recíprocamente, disfrutar más aún de la indecente y blasfema sobremesa con estos admirables amigos pensando que hay un mundo «más profundo y espiritual» en su interior que ellos ni pueden imaginar. ¿Comprendes?: los amigos mundanos le afectan por un lado y el tendero por otro, y él es el hombre completo, equilibrado y complejo que ve alrededor de todos ellos. Así, mientras está traicionando permanentemente a por lo menos dos grupos de personas, sentirá, en lugar de vergüenza, una continua corriente subterránea de satisfacción de sí mismo. Por último, si falla todo lo demás, le puedes convencer, desafiando a su conciencia, de que siga cultivando esta nueva amistad, con la excusa de que, de alguna manera no especificada, les está haciendo «bien» por el mero hecho de beber sus *cocktails* y reír sus chistes, y que dejar de hacerlo sería «mojigato», «intolerante» y (por supuesto) «puritano».

Entretanto has de tomar, claro está, la obvia precaución de procurar que este nuevo desarrollo le induzca a gastar más de lo que puede permitirse y a abandonar su trabajo y a su madre. Los celos y la alarma de esta, y la creciente evasividad y brusquedad del paciente, serán invaluables para agravar la tensión doméstica.

Tu cariñoso tío,

ESCRUTOPO

11

MI QUERIDO ORUGARIO:

EVIDENTEMENTE TODO VA muy bien. Me alegra especialmente saber que sus dos nuevos amigos ya le han presentado a todo el grupo. Todos ellos, según he averiguado por el archivo, son individuos de absoluta confianza: frívolos y mundanos constantes y consumados que, sin necesidad de cometer crímenes espectaculares, avanzan tranquila y cómodamente hacia la casa de Nuestro Padre. Dices que se ríen mucho; confío en que eso no quiera decir que tienes la idea de que la risa, en sí misma, esté siempre de nuestra parte. El asunto merece cierta atención.

Yo distingo cuatro causas de la risa humana: la alegría, la diversión, el chiste y la ligereza. Podrás ver la primera de ellas en una reunión en vísperas de fiesta de amigos y amantes. Entre adultos, suele usarse como pretexto el contar chistes, pero la facilidad con que las mínimas ingeniosidades provocan, en tales ocasiones, la risa, demuestra que los chistes no son su verdadera causa. Cuál pueda ser la verdadera causa es algo que ignoramos por completo. Algo parecido encuentra su expresión en buena parte de ese arte detestable que los humanos llaman música, y algo así ocurre en el Cielo: una aceleración insensata en el ritmo de la experiencia celestial, que nos resulta totalmente impenetrable. Tal tipo de risa no nos beneficia nada, y debe evitarse en todo momento. Además, el fenómeno es, en sí, desagradable, y supone un insulto directo al realismo, la dignidad y la austeridad del Infierno.

La diversión tiene una íntima relación con la alegría: es una especie de espuma emocional, que procede del instinto de juego. Nos es de muy poca utilidad. A veces puede servirnos, claro está, para distraer a los humanos de lo que al Enemigo le gustaría que hiciesen o sintiesen, pero predispone a cosas totalmente indeseables: fomenta la caridad, el valor, el contento y muchos males más.

El chiste que nace de la súbita percepción de la incongruencia es un campo mucho más prometedor. No me estoy refiriendo, principalmente, al chiste indecente u obsceno, que —a pesar de lo mucho que confían en él los tentadores de segunda categoría— es, con frecuencia, muy decepcionante en sus resultados. La verdad es que los humanos están, en este aspecto, bastante claramente divididos en dos categorías. Hay algunos para los que «ninguna pasión es tan seria como la lujuria», y para los que una historia indecente deja de provocar lascivia precisamente en la medida en que resulte divertida; hay otros cuya risa y cuya lujuria son excitadas simultáneamente y por las mismas cosas. El primer tipo de humanos bromea acerca del sexo porque da lugar a muchas incongruencias; el segundo, en cambio, cultiva las incongruencias porque dan pretexto a hablar del sexo. Si tu hombre es del primer tipo, el humor obsceno no te será de mucha ayuda: nunca olvidaré las horas (para mí, de insoportable tedio) que perdí con uno de mis primeros pacientes, en bares y salones, antes de aprender esa regla. Averigua a qué grupo pertenece el paciente, y procura que él *no* lo averigüe.

La verdadera utilidad de los chistes o el humor apunta en una dirección muy distinta, y es especialmente prometedora entre los ingleses, que se toman tan en serio su «sentido del humor» que la falta de este sentido es casi la única deficiencia de la que se avergüenzan. El humor es, para ellos, el don vital que consuela de todo y que (fíjate bien) todo lo excusa. Es, por tanto, un medio inapreciable para destruir el pudor. Si un hombre deja, simplemente, que los demás paguen por él, es un «tacaño»; si presume de ello jocosamente, y le toma el pelo a sus amigos por permitir que se aproveche de ellos, entonces ya no es un «tacaño», sino un tipo gracioso. La mera cobardía es vergonzosa; la cobardía de la que se presume con exageraciones humorísticas y con gestos grotescos puede pasar por divertida. La crueldad es vergonzosa, a menos que el hombre cruel consiga presentarla como una broma pesada. Mil chistes obscenos, o incluso blasfemos, no contribuyen a la condenación de un hombre tanto como el descubrimiento de que puede hacer casi cualquier cosa que le apetezca no solo sin la desaprobación de sus semejantes, sino incluso con su admiración, simplemente con lograr que se tome como una broma. Y esta tentación puedes ocultársela casi enteramente a tu paciente, gracias precisamente a la seriedad de los ingleses acerca del humor. Cualquier insinuación de que puede ser demasiado humor, por ejemplo, se le puede presentar como «puritana», o como evidencia de «falta de humor».

Pero la ligereza es la mejor de todas estas causas. En primer lugar, resulta muy económica: solo a un humano inteligente se le puede ocurrir un chiste a costa de la virtud (o, de hecho, de cualquier otra cosa); en cambio, a cualquiera le podemos enseñar a hablar *como si* la virtud fuese algo cómico. Las personas ligeras suponen siempre que son chistosas; en realidad, nadie hace chistes, pero cualquier tema serio se trata de un modo que implica que ya le han encontrado un lado ridículo. Si se prolonga, el hábito de la ligereza construye en torno al hombre la mejor coraza que conozco frente al Enemigo, y carece, además, de los riesgos inherentes a otras causas de risa. Está a mil kilómetros de la alegría; embota, en lugar de agudizarlo, el intelecto, y no fomenta el afecto entre aquellos que la practican.

Tu cariñoso tío,
ESCRUTOPO

12

Mi querido Orugario:

Evidentemente, estás haciendo espléndidos progresos. Mi único temor es que, al intentar meter prisa al paciente, le despiertes y se dé cuenta de su verdadera situación. Porque tú y yo, que vemos esa situación tal como es realmente, no debemos olvidar nunca cuán diferente debe parecerle a él. Nosotros sabemos que hemos introducido en su trayectoria un cambio de dirección que le está alejando ya de su órbita alrededor del Enemigo; pero hay que hacer que él se imagine que todas las decisiones que han producido este cambio de trayectoria son triviales y revocables. No se le debe permitir sospechar que ahora está, por lentamente que sea, alejándose del sol en una dirección que le conducirá al frío y a las tinieblas del vacío absoluto.

Por este motivo, casi celebro saber que todavía asiste a la iglesia y comulga. Sé que esto tiene peligros; pero cualquier cosa es buena con tal de que no llegue a darse cuenta de hasta qué punto ha roto con los primeros meses de su vida cristiana: mientras conserve externamente los hábitos de un cristiano, se le podrá hacer pensar que ha adoptado algunos amigos y diversiones nuevos, pero que su estado espiritual es muy semejante al de seis semanas antes, y, mientras piense eso, no tendremos que luchar con el arrepentimiento explícito por un pecado definido y plenamente reconocido, sino solo con una vaga, aunque incómoda, sensación de que no se ha portado muy bien últimamente.

Esta difusa incomodidad necesita un manejo cuidadoso. Si se hace demasiado fuerte, puede despertarle, y echar a perder todo el juego. Por otra parte, si las suprimes completamente —lo que, de pasada, el Enemigo probablemente no permitirá—, perdemos un elemento de la situación que puede conseguirse que nos sea favorable. Si se permite que tal sensación subsista, pero no que se haga irresistible y florezca en un verdadero arrepentimiento, tiene una invaluable tendencia: aumenta la resistencia del paciente a pensar en el Enemigo. Todos los humanos, en casi cualquier momento, sienten en cierta medida esta reticencia; pero cuando pensar en Él supone encararse —intensificándola— con una vaga nube de culpabilidad solo a medias consciente, tal resistencia se multiplica por diez. Odian cualquier cosa que les recuerde al Enemigo, al igual que los hombres en dificultades económicas detestan la simple visión de un talonario. En tal estado, tu paciente no solo omitirá sus deberes religiosos, sino que le desagradarán cada vez más. Pensará en ellos de antemano lo menos que crea decentemente posible, y se olvidará de ellos, una vez cumplidos, tan pronto como pueda. Hace unas semanas necesitabas *tentarle* al irrealismo y a la falta de atención cuando oraba, pero ahora te encontrarás con que te recibe con los brazos abiertos y casi te implora que le desvíes de su propósito y que adormezcas su corazón. *Querrá* que sus oraciones sean irreales, pues nada le producirá tanto terror como el contacto efectivo con el Enemigo. Su intención será la de «dejar la fiesta en paz».

Al irse estableciendo más completamente esta situación, te irás librando, paulatinamente, del fatigoso trabajo de ofrecer placeres como tentaciones. Al irle separando cada vez más de toda auténtica felicidad, esa incomodidad, y su resistencia a enfrentarse con ella, y como la costumbre va haciendo al mismo tiempo menos agradables y menos fácilmente renunciables (pues eso es lo que el hábito hace, por suerte, con los placeres) los placeres de la vanidad, de la excitación y de la ligereza, descubrirás que cualquier cosa, o incluso ninguna, es suficiente para atraer su atención errante. Ya no necesitas un buen libro, que le guste de verdad, para mantenerle alejado de sus oraciones, de su trabajo o de su reposo; te bastará con una columna de anuncios por palabras en el periódico de ayer. Le puedes hacer perder el tiempo no ya en una conversación amena, con gente de su agrado, sino incluso hablando con personas que no le interesan lo más mínimo de cuestiones que le aburren. Puedes lograr que no haga absolutamente nada durante períodos prolongados. Puedes hacerle trasnochar, no yéndose de juerga, sino contemplando un fuego apagado en un cuarto frío. Todas esas actividades sanas y extrovertidas que queremos evitarle pueden impedírsele sin darle *nada* a cambio, de tal forma que pueda acabar diciendo, como dijo al llegar aquí abajo uno de mis pacientes: «Ahora veo que he dejado pasar la mayor parte de mi vida sin hacer *ni* lo que debía *ni* lo que me apetecía». Los cristianos describen al Enemigo como aquel «sin quien nada es fuerte». Y la Nada es muy fuerte: lo suficiente como para privarle a un hombre de sus mejores años, y no cometiendo dulces pecados, sino en una mortecina vacilación de la mente sobre no sabe qué ni por qué, en la satisfacción de curiosidades tan débiles que el hombre es solo medio consciente de ellas, en tamborilear con los dedos y pegar taconazos, en silbar melodías que no le gustan, o en el largo y oscuro laberinto de unos ensueños que ni siquiera tienen lujuria o ambición para darles sabor, pero que, una vez iniciados por una asociación de ideas puramente casual, no pueden evitarse, pues la criatura está demasiado débil y aturdida como para librarse de ellos.

Dirás que son pecadillos, y, sin duda, como todos los tentadores jóvenes, estás deseando poder dar cuenta de maldades espectaculares. Pero, recuérdalo bien, lo único que de verdad importa es en qué medida apartas al hombre del Enemigo. No importa lo leves que puedan ser sus faltas, con tal de que su efecto acumulativo sea empujar al hombre lejos de la Luz y hacia el interior de la Nada. El asesinato no es mejor que la baraja, si la baraja es suficiente para lograr este fin. De hecho, el camino más seguro hacia el Infierno es el gradual: la suave ladera, blanda bajo el pie, sin giros bruscos, sin mojones, sin señalizaciones.

Tu cariñoso tío,
ESCRUTOPO

13

MI QUERIDO ORUGARIO:

ME PARECE QUE necesitas demasiadas páginas para contar una historia muy simple. En resumidas cuentas, que has dejado que ese hombre se te escurra entre los dedos de la mano. La situación es muy grave, y realmente no veo motivo alguno por el que debiera tratar de protegerte de las consecuencias de tu ineficiencia. Un arrepentimiento y una renovación de lo que el otro llama «gracia» de la magnitud que tú mismo describes, supone una derrota de primer orden. Equivale a una segunda conversión... y, probablemente, más profunda que la primera.

Como debieras saber, la nube asfixiante que te impidió atacar al paciente durante el paseo de regreso del viejo molino es un fenómeno muy conocido. Es el arma más brutal del Enemigo, y generalmente aparece cuando Él se hace directamente presente al paciente, bajo ciertas formas aún no completamente clasificadas. Algunos humanos están permanentemente envueltos en ella, y nos resultan, por tanto, totalmente inaccesibles.

Y ahora, veamos tus errores. En primer lugar, según tú mismo dices, permitiste que tu paciente leyera un libro del que realmente disfrutaba, no para que hiciese comentarios ingeniosos a costa de él ante sus nuevos amigos, sino meramente porque disfrutaba de ese libro. En segundo lugar, le permitiste andar hasta el viejo molino y tomar allí el té: un paseo por un campo que realmente le gusta, y encima a solas. En otras palabras: le permitiste dos auténticos placeres positivos. ¿Fuiste tan ignorante que no viste el peligro que entrañaba esto? Lo característico de las penas y de los placeres es que son inequívocamente reales y, en consecuencia, mientras duran, le proporcionan al hombre un patrón de la realidad. Así, si tratases de condenar a tu hombre por el método romántico —haciendo de él una especie de Childe Harold o Werther, autocompadeciéndose de penas imaginarias—, tratarías de protegerle, a cualquier precio, de cualquier dolor real; porque, naturalmente, cinco minutos de auténtico dolor de muelas revelarían la tontería que eran sus sufrimientos románticos, y desenmascararían toda tu estratagema. Pero estabas intentando hacer que tu paciente se condenase por el Mundo, esto es, haciéndole aceptar como placeres la vanidad, el ajetreo, la ironía y el tedio costoso. ¿Cómo puedes no haberte dado cuenta de que un placer *real* era lo último que debías permitirle? ¿No previste que, por contraste, acabaría con todos los oropeles que tan trabajosamente le has estado enseñando a apreciar? ¿Y que el tipo de placer que le dieron el libro y el paseo es el más peligroso de todos? ¿Que le arrancaría la especie de costra que has ido formando sobre su sensibilidad, y le haría sentir que está regresando a su hogar, recobrándose a sí mismo? Como un paso previo para separarle del Enemigo, querías apartarle de sí mismo, y habías hecho algunos progresos en esa dirección. Ahora, todo eso está perdido.

Sé, naturalmente, que el Enemigo también quiere apartar de sí mismos a los hombres, pero en otro sentido. Recuerda siempre que a Él le gustan realmente esos gusanillos, y que da un absurdo valor a la individualidad de cada uno de ellos. Cuando Él habla de que pierdan su «yo», se refiere tan solo a que abandonen el clamor de su propia voluntad. Una vez hecho esto, Él les devuelve realmente toda su personalidad, y pretende (me temo que sinceramente) que, cuando sean completamente suyos, serán más «ellos mismos» que nunca. Por tanto, mientras que le encanta ver que sacrifican a su voluntad hasta sus deseos más inocentes, detesta ver que se alejen de su propio carácter por cualquier otra razón. Y nosotros debemos inducirles siempre a que hagan *eso*. Los gustos y las inclinaciones más profundas de un hombre constituyen la materia prima, el punto de partida que el Enemigo le ha proporcionado. Alejar al hombre de ese punto de partida es siempre, pues, un tanto a nuestro favor; incluso en cuestiones indiferentes, siempre es conveniente sustituir los gustos y las aversiones auténticas de un humano por los patrones mundanos, o la convención, o la moda. Yo llevaría esto muy lejos: haría una norma erradicar de mi paciente cualquier gusto personal intenso que no constituya realmente un pecado, incluso si es algo tan completamente trivial como la afición al *cricket*, o a coleccionar sellos, o a beber batidos de cacao. Estas cosas, te lo aseguro, de virtudes no tienen nada; pero hay en ellas una especie de inocencia, de humildad, de olvido de uno mismo, que me hacen desconfiar de ellas; el hombre que verdadera y desinteresadamente disfruta de algo, por ello mismo, y sin importarle un comino lo que digan los demás, está protegido, por eso mismo, contra algunos de nuestros métodos de ataque más sutiles. Debes tratar de hacer siempre que el paciente abandone la gente, la comida o los libros que le gustan de verdad, y que los sustituya por la «mejor» gente, la comida «adecuada» o los libros «importantes». Conocí a un humano que se vio defendido de fuertes tentaciones de ambición social por una afición, más fuerte todavía, a los callos con cebolla.

Falta considerar de qué forma podemos resarcirnos de este desastre. Lo mejor es impedir que haga cualquier cosa. Mientras no lo ponga en práctica, no importa cuánto piense en este nuevo arrepentimiento. Deja que el animalillo se revuelque en su arrepentimiento. Déjale, si tiene alguna inclinación en ese sentido, que escriba un libro sobre él; suele ser una manera excelente de esterilizar las semillas que el Enemigo planta en el alma humana. Déjale hacer lo que sea, menos actuar. Ninguna cantidad, por grande que sea, de piedad en su imaginación y en sus afectos nos perjudicará, si logramos mantenerla fuera de su voluntad. Como dijo uno de los humanos, los hábitos activos se refuerzan por la repetición, pero los pasivos se debilitan. Cuanto más a menudo sienta sin actuar, menos capaz será de llegar a actuar alguna vez, y, a la larga, menos capaz será de sentir.

Tu cariñoso tío,
Escrutopo

14

Mi querido Orugario:

Lo más alarmante de tu último informe sobre el paciente es que no está tomando ninguna de aquellas confiadas resoluciones que señalaron su conversión original. Ya no hay espléndidas promesas de perpetua virtud, deduzco; ¡ni siquiera la expectativa de una concesión de la «gracia» para toda la vida, sino solo una esperanza de que se le dé el alimento diario y horario para enfrentarse con las diarias y horarias tentaciones! Esto es muy malo.

Solo veo una cosa que hacer, por el momento. Tu paciente se ha hecho humilde: ¿le has llamado la atención sobre este hecho? Todas las virtudes son menos formidables para nosotros una vez que el hombre es consciente de que las tiene, pero esto es particularmente cierto de la humildad. Abórdalo en el momento en que sea realmente pobre de espíritu, y métele de contrabando en la cabeza la gratificadora reflexión: «¡Caramba, estoy siendo humilde!», y casi inmediatamente el orgullo —orgullo de su humildad— aparecerá. Si se percata de este peligro y trata de ahogar esta nueva forma de orgullo, hazle sentirse orgulloso de su intento, y así tantas veces como te plazca. Pero no intentes esto durante demasiado tiempo, no vayas a despertar su sentido del humor y de las proporciones, en cuyo caso simplemente se reirá de ti y se irá a la cama.

Pero hay otras formas aprovechables de fijar su atención en la virtud de la humildad. Con esta virtud, como con todas las demás, nuestro Enemigo quiere apartar la atención del hombre de sí mismo y dirigirla hacia

Él, y hacia los vecinos del hombre. Todo el abatimiento y el autoodio están diseñados, a la larga, solo para este fin; a menos que alcancen este fin, nos hacen poco daño, e incluso pueden beneficiarnos si mantienen al hombre preocupado consigo mismo; sobre todo, su autodesprecio puede convertirse en el punto de partida del desprecio a los demás y, por tanto, del pesimismo, del cinismo y de la crueldad.

En consecuencia, debes ocultarle al paciente la verdadera finalidad de la humildad. Déjale pensar que es, no olvido de sí mismo, sino una especie de opinión (de hecho, una mala opinión) acerca de sus propios talentos y carácter. Algún talento, supongo, tendrá realmente. Fija en su mente la idea de que la humildad consiste en tratar de creer que esos talentos son menos valiosos de lo que él cree que son. Sin duda *son* de hecho menos valiosos de lo que él cree, pero no es esa la cuestión. Lo mejor es hacerle valorar una opinión por alguna cualidad diferente de la verdad, introduciendo así un elemento de deshonestidad y simulación en el corazón de lo que, de otro modo, amenaza con convertirse en una virtud. Por este método, a miles de humanos se les ha hecho pensar que la humildad significa mujeres bonitas tratando de creer que son feas y hombres inteligentes tratando de creer que son tontos. Y puesto que lo que están tratando de creer puede ser, en algunos casos, manifiestamente absurdo, no pueden conseguir creerlo, y tenemos la ocasión de mantener su mente dando continuamente vueltas alrededor de sí mismos, en un esfuerzo por lograr lo imposible. Para anticiparnos a la estrategia del Enemigo, debemos considerar sus propósitos. El Enemigo quiere conducir al hombre a un estado de ánimo en el que podría diseñar la mejor catedral del mundo, y saber que es la mejor, y alegrarse de ello, sin estar más (o menos) o de otra manera contento de haberlo hecho él que si lo hubiese hecho otro. El Enemigo quiere, finalmente, que esté tan libre de cualquier prejuicio a su propio favor que pueda alegrarse de sus propios talentos tan franca y agradecidamente como de los talentos de su prójimo... o de un amanecer, un elefante, o una catarata. Quiere que cada hombre, a la larga, sea capaz de reconocer a todas las criaturas (incluso a sí mismo) como cosas gloriosas y excelentes. Él quiere matar su amor propio animal tan pronto como sea posible; pero su política a largo plazo es, me temo, devolverles una nueva especie de amor propio: una caridad y gratitud a todos los seres, incluidos ellos mismos; cuando hayan aprendido realmente a amar a sus prójimos como a sí mismos, les será permitido amarse a sí mismos como a sus prójimos. Porque nunca debemos olvidar el que es el rasgo más repelente e inexplicable de nuestro Enemigo: Él *realmente* ama a los bípedos sin pelo que Él ha creado, y siempre les devuelve con su mano derecha lo que les ha quitado con la izquierda.

Todo su esfuerzo, en consecuencia, tenderá a apartar totalmente del pensamiento del hombre el tema de su propio valor. Preferiría que el hombre se considerase un gran arquitecto o un gran poeta y luego se olvidase de ello a que dedicase mucho tiempo y esfuerzo a tratar de considerarse uno malo. Tus esfuerzos por inculcar al paciente o vanagloria o falsa modestia serán combatidos consecuentemente por parte del Enemigo, con el obvio recordatorio de que al hombre no se le suele pedir que tenga opinión alguna de sus propios talentos, ya que muy bien puede seguir mejorándolos cuanto pueda sin decidir su preciso lugar en el templo de la Fama. Debes tratar, a cualquier costo, de excluir este recordatorio de la conciencia del paciente. El Enemigo tratará también de hacer real en la mente del paciente una doctrina que todos ellos profesan, pero que les resulta difícil introducir en sus sentimientos: la doctrina de que ellos no se crearon a sí mismos, de que sus talentos les fueron dados, y de que también podrían sentirse orgullosos del color de su pelo. Pero siempre, y por todos los medios, el propósito del Enemigo será apartar el pensamiento del paciente de tales cuestiones, y el tuyo consistirá en fijarlo en ellas. Ni siquiera quiere el Enemigo que piense demasiado en sus pecados: una vez que está arrepentido, cuanto antes vuelva el hombre su atención hacia fuera, más complacido se siente el Enemigo.

Tu cariñoso tío,
ESCRUTOPO

15

MI QUERIDO ORUGARIO:

POR SUPUESTO, HABÍA observado que los humanos estaban atravesando un respiro en su guerra europea —¡lo que ingenuamente llaman «La Guerra»!—, y no me sorprende que haya una tregua correlativa en las inquietudes del paciente. ¿Nos conviene estimular esto o mantenerle preocupado? Tanto el temor torturado como la estúpida confianza son estados de ánimo deseables. Nuestra elección entre ellos suscita cuestiones importantes.

Los humanos viven en el tiempo, pero nuestro Enemigo les destina a la Eternidad. Él quiere, por tanto, creo yo, que atiendan principalmente a dos cosas: a la eternidad misma y a ese punto del tiempo que llaman el presente. Porque el presente es el punto en el que el tiempo coincide con la eternidad. Del momento presente, y solo de él, los humanos tienen una experiencia análoga a la que nuestro Enemigo tiene de la realidad como un todo; solo en el presente la libertad y la realidad les son ofrecidas. En consecuencia, Él les tendría continuamente preocupados por la eternidad (lo que equivale a preocupados por Él) o por el presente; o meditando acerca de su perpetua unión con, o separación de, Él, o si no obedeciendo la presente voz de la conciencia, soportando la cruz presente, recibiendo la gracia presente, dando gracias por el placer presente.

Nuestra tarea consiste en alejarles de lo eterno y del presente. Con esto en mente, a veces tentamos a un humano (pongamos una viuda o un erudito) a vivir en el pasado. Pero esto tiene un valor limitado, porque tienen algunos conocimientos reales sobre el pasado, y porque el pasado tiene una naturaleza determinada, y, en eso, se parece a la eternidad. Es mucho mejor hacerles vivir en el futuro. La necesidad biológica hace que todas sus pasiones apunten ya en esa dirección, así que pensar en el futuro enciende la esperanza y el temor. Además, les es desconocido, de forma que al hacerles pensar en el futuro les hacemos pensar en cosas irreales. En una palabra, el futuro es, de todas las cosas, la *menos* parecida a la eternidad. Es la parte más completamente temporal del tiempo, porque el pasado está petrificado y ya no fluye, y el presente está totalmente iluminado por los rayos eternos. De ahí el impulso que hemos dado a esquemas mentales como la evolución creativa, el humanismo científico, o el comunismo, que fijan los afectos del hombre en el futuro, en el corazón mismo de la temporalidad. De ahí que casi todos los vicios tengan sus raíces en el futuro. La gratitud mira al pasado y el amor, al presente; el miedo, la avaricia, la lujuria y la ambición miran hacia delante. No creas que la lujuria es una excepción. Cuando llega el placer presente, el pecado (que es lo único que nos interesa) ya ha pasado. El placer es solo la parte del proceso que lamentamos y que excluiríamos si pudiésemos hacerlo sin perder el pecado; es la parte que aporta el Enemigo, y por tanto experimentada en el presente. El pecado, que es nuestra contribución, miraba hacia delante.

Desde luego, el Enemigo quiere que los hombres piensen también en el futuro: pero solo en la medida en que sea necesario para planear *ahora* los actos de justicia o caridad que serán probablemente su deber mañana. El deber de planear el trabajo del día siguiente es el deber de *hoy*; aunque su material está tomado prestado del futuro, el deber, como todos los deberes, está en el presente. Esto es ahora como partir una paja. Él no quiere que los hombres le den al futuro sus corazones, ni que pongan en él su tesoro. Nosotros, sí. Su ideal es un hombre que, después de haber trabajado todo el día por el bien de la posteridad (si esa es su vocación), lava su mente de todo el tema, encomienda el resultado al Cielo y vuelve al instante a la paciencia o gratitud que exige el momento que está atravesando. Pero nosotros queremos un hombre atormentado por el futuro: hechizado por visiones de un Cielo o un Infierno inminente en la tierra —dispuesto a violar los mandamientos del Enemigo en el presente si le hacemos creer que, haciéndolo, puede alcanzar el Cielo o evitar el Infierno—, que dependen para su fe del éxito o fracaso de planes cuyo fin no vivirá para ver. Queremos toda una raza perpetuamente en busca del fin del arco iris, nunca honesta, ni gentil, ni dichosa ahora, sino siempre sirviéndose de todo don verdadero que se les ofrezca en el presente como de un mero combustible con el que encender el altar del futuro.

De lo que se deduce, pues, en general —si las demás condiciones permanecen constantes—, que es mejor que tu paciente esté lleno de inquietud o de esperanza (no importa mucho cuál de ellas) acerca de esta guerra que el que viva en el presente. Pero la frase «vivir en el presente» es ambigua: puede describir un proceder que, en realidad, está tan pendiente del futuro como la ansiedad misma; tu hombre puede no preocuparse por el futuro no porque le importe el presente, sino porque se ha autoconvencido de que el futuro va a ser agradable, y mientras sea esta la verdadera causa de su tranquilidad, tal tranquilidad nos será propicia, pues no hará otra cosa que amontonar más decepciones, y por tanto más impaciencia, cuando sus infundadas esperanzas se desvanezcan. Si, por el contrario, es consciente de que le pueden esperar cosas horribles, y ora para pedir las virtudes necesarias para enfrentarse con tales horrores, y entretanto se ocupa del presente, porque en este, y solo en este, residen todos los deberes, toda la gracia, toda la sabiduría y todo el placer, su estado es enormemente indeseable y debe ser atacado al instante. También aquí ha hecho un buen trabajo nuestra Arma Filológica: prueba a utilizar con él la palabra «complacencia». De todas formas, lo más probable es, claro está, que no esté «viviendo en el presente» por ninguna de estas razones, sino simplemente porque está bien de salud y disfruta con su trabajo. El fenómeno sería entonces puramente natural. En cualquier caso, yo en tu lugar lo destruiría: ningún fenómeno natural está realmente de nuestra parte, y, de todas maneras, ¿por qué *habría* de ser feliz la criatura?

Tu cariñoso tío,
Escrutopo

16

Mi querido Orugario:

En tu última carta, mencionabas de pasada que el paciente ha seguido yendo a una iglesia, y solo a una, desde su conversión, y que no está totalmente satisfecho de ella. ¿Puedo preguntarte qué es lo que haces? ¿Por qué no tengo ya un informe sobre las causas de su fidelidad a la iglesia parroquial? ¿Te das cuenta de que, a menos que sea por indiferencia, esto es muy malo? Sin duda sabes que, si a un hombre no se le puede curar de la manía de ir a la iglesia, lo mejor que se puede hacer es enviarle a recorrer todo el barrio, en busca de la iglesia que «le va», hasta que se convierta en un catador o *connoisseur* de iglesias.

Las razones de esto son obvias. En primer lugar, la organización parroquial siempre debe ser atacada, porque, al ser una unidad del lugar, y no de gustos, agrupa a personas de diferentes clases y psicologías en el tipo de unión que el Enemigo desea. El principio de la congregación, en cambio, hace de cada iglesia una especie de club, y, finalmente, si todo va bien; un grupúsculo o facción. En segundo lugar, la búsqueda de una iglesia «conveniente» hace del hombre un crítico, cuando el Enemigo quiere que sea un discípulo. Lo que Él quiere del laico en la iglesia es una actitud que puede, de hecho, ser crítica, en tanto que puede rechazar lo que sea falso o inútil, pero que es totalmente acrítica en tanto que no valora: no pierde el tiempo en pensar en lo que rechaza, sino que se abre en humilde y muda receptividad a cualquier alimento que se le dé. (¡Fíjate lo rastrero, antiespiritual e incorregiblemente vulgar que es el

Enemigo!). Esta actitud, sobre todo durante los sermones, da lugar a una disposición (extremadamente hostil a toda nuestra política) en que los tópicos calan realmente en el alma humana. Apenas hay un sermón, o un libro, que no pueda ser peligroso para nosotros, si se recibe en este estado de ánimo; así que, por favor, muévete, y manda a ese tonto a hacer la ronda de las iglesias vecinas, tan pronto como sea posible. Tu expediente no nos ha dado hasta ahora mucha satisfacción.

He mirado en el archivo las dos iglesias que le caen más cerca. Las dos tienen ciertas ventajas. En la primera de ellas, el vicario es un hombre que lleva tanto tiempo dedicado a aguar la fe, para hacérsela más asequible a una congregación supuestamente incrédula y testaruda, que es él quien ahora escandaliza a los parroquianos con su falta de fe, y no al revés: ha minado el cristianismo de muchas almas. Su forma de llevar los servicios es también admirable: con el fin de ahorrarle a los laicos todas las «dificultades», ha abandonado tanto el leccionario como los salmos fijados para cada ocasión, y ahora, sin darse cuenta, gira eternamente en torno al pequeño molino de sus quince salmos y sus veinte lecciones favoritas. Así estamos a salvo del peligro de que pueda llegarle de las Escrituras cualquier verdad que no le resulte ya familiar tanto a él como a su rebaño. Pero quizá tu paciente no sea lo bastante tonto como para ir a esta iglesia, o, al menos, no todavía.

En la otra tenemos al padre Spije. A los humanos les cuesta trabajo, con frecuencia, comprender la variedad de sus opiniones: un día es casi comunista, y al día siguiente no está lejos de alguna especie de fascismo teocrático; un día es escolástico, y al día siguiente está casi dispuesto a negar por completo la razón humana; un día está inmerso en la política, y al día siguiente declara que todos los estados de este mundo están *igualmente* «en espera de juicio». Por supuesto, nosotros sí vemos el hilo que lo conecta todo, que es el odio. El hombre no puede resignarse a predicar nada que no esté calculado para escandalizar, ofender, desconcertar o humillar a sus padres y sus amigos. Un sermón que tales personas pudiesen aceptar sería, para él, tan insípido como un poema que fuesen capaces de medir. Hay también una prometedora veta de deshonestidad en él: le estamos enseñando a decir «el magisterio de la Iglesia» cuando en realidad quiere decir «estoy casi seguro de que hace poco leí en un libro de Maritain o alguien parecido...». Pero debo advertirte que tiene un defecto fatal: cree de verdad. Y esto puede echarlo todo a perder.

Pero estas dos iglesias tienen en común un buen punto: ambas son iglesias de partido. Creo que ya te he advertido antes que, si no se puede mantener a tu paciente apartado de la iglesia, al menos debiera estar violentamente implicado en algún partido dentro de ella. No me refiero a verdaderas cuestiones doctrinales; con respecto a estas, cuanto más tibio sea, mejor. Y no son las doctrinas en lo que nos basamos principalmente para producir divisiones: lo realmente divertido es hacer que se odien aquellos que *dicen* «misa» y los que *dicen* «santa comunión», cuando ninguno de los dos bandos podría decir qué diferencia hay entre las doctrinas de Hooker y de Tomás de Aquino, por ejemplo, de ninguna forma que no hiciese agua a los cinco minutos. Todo lo realmente indiferente —cirios, vestimenta, qué sé yo— es una excelente base para nuestras actividades. Hemos hecho que los hombres olviden por completo lo que aquel individuo apestoso, Pablo, solía enseñar acerca de las comidas y otras cosas sin importancia: es decir, que el humano sin escrúpulos debiera ceder siempre ante el humano escrupuloso. Uno creería que no podrían dejar de percatarse de su aplicación a estas cuestiones: uno esperaría ver al «bajo» eclesiástico arrodillándose y santiguándose, no fuese que la conciencia débil de su hermano «alto» se viese empujada a la irreverencia, y al «alto» absteniéndose de tales ejercicios, no fuese a empujar a la idolatría a su hermano «bajo». Y así habría sido, de no ser por nuestra incesante labor; sin ella, la variedad de usos dentro de la Iglesia de Inglaterra podría haberse convertido en un semillero de caridad y de humildad.

Tu cariñoso tío,
Escrutopo

17

Mi querido Orugario:

El tono despectivo en que te refieres, en tu última carta, a la gula, como medio de capturar almas, no revela sino tu ignorancia. Uno de los grandes logros de los últimos cien años ha sido amortiguar la conciencia humana en lo referente a esa cuestión; de tal forma que difícilmente podrás encontrar ahora un sermón pronunciado en contra de ella, o una conciencia preocupada por ella, a todo lo ancho y largo de Europa. Esto se ha llevado a efecto, en gran parte, concentrando nuestras fuerzas en la promoción de la gula por exquisitez, no en la gula del exceso. La madre de tu paciente, según sé por el dossier y tú podrías saber por Gluboso, es un buen ejemplo. Se quedaría perpleja —un día, espero, se quedará perpleja— si supiese que toda su vida ha estado esclavizada por este tipo de sensualidad, que le resulta perfectamente imperceptible por el hecho de que las cantidades en cuestión son pequeñas. Pero ¿qué importan las cantidades con tal de que podamos servirnos del estómago y del paladar humano para provocar quejumbrosidad, impaciencia, dureza y egocentrismo? Gluboso tiene bien atrapada a esta anciana. Esta señora es una verdadera pesadilla para las anfitrionas y los criados. Siempre está rechazando lo que le han ofrecido, diciendo, con un suspiro y una sonrisa coqueta: «Oh, por favor, por favor... todo lo que quiero es una tacita de té, flojo pero no demasiado, y un pedacito chiquitín de pan tostado verdaderamente crujiente». ¿Te das cuenta? Puesto que lo que quiere es más pequeño y menos caro que lo que le han puesto delante, nunca reconoce como gula su afán de conseguir lo que quiere, por molesto que pueda resultarles a los demás. Al tiempo que satisface su apetito, cree estar practicando la templanza. En un restaurante lleno de gente, da un gritito ante el plato que una camarera agobiada de trabajo le acaba de servir, y dice: «¡Oh, eso es mucho, demasiado! Lléveselo, y tráigame algo así como la cuarta parte». Si se le pidiese una explicación, diría que lo hace para no desperdiciar; en realidad, lo hace porque el tipo particular de exquisitez a la que la hemos esclavizado no soporta la visión de más comida que la que en ese momento le apetece.

El auténtico valor del trabajo callado y disimulado que Gluboso ha llevado a cabo, durante años, con esta vieja puede medirse por la fuerza con que su estómago domina ahora toda su vida. Ella se encuentra en un estado de ánimo que puede representarse por la frase «todo lo que quiero». *Todo* lo que quiere es una tacita de té hecho como es debido, o un huevo correctamente pasado por agua, o una rebanada de pan adecuadamente tostada; pero nunca encuentra ningún criado ni amigo que pueda hacer estas cosas tan sencillas «como es debido», porque su «como es debido» oculta una exigencia insaciable de los exactos y casi imposibles placeres del paladar que cree recordar del pasado, un pasado que ella describe como «los tiempos en que podía conseguirse un buen servicio», pero que nosotros sabemos que son los tiempos en que sus sentidos eran más fácilmente complacidos y en los que otra clase de placeres la hacían menos dependiente de los de la mesa. Entretanto, la frustración cotidiana produce un cotidiano mal humor: las cocineras se despiden y las amistades se enfrían. Si alguna vez el Enemigo introduce en su mente la más leve sospecha de que pueda estar demasiado interesada por la comida, Gluboso la contrarresta susurrándole que a ella no le importa lo que ella misma come, pero que «le gusta que sus hijos coman cosas agradables». Naturalmente, en realidad, su avaricia fue una de las causas principales de lo poco a gusto que su hijo se ha sentido en casa durante muchos años.

Pues bien, tu paciente es hijo de su madre, y aunque, acertadamente, te dediques a luchar más a fondo en otros frentes, no debes olvidar una pequeña y silenciosa infiltración en lo referente a la gula. Como es un hombre, no resulta tan fácil atraparle con el camuflaje del «*Todo* lo que quiero»: como mejor se hace que los hombres pequen de gula es apoyándose en su vanidad. Hay que hacer que se crean muy entendidos en cuestiones culinarias, para aguijonearles a decir que han descubierto el único restaurante de la ciudad donde los filetes están de verdad «correctamente» guisados. Lo que empieza como vanidad puede convertirse luego, paulatinamente, en costumbre. Pero, de cualquier modo que lo abordes, lo bueno es llevarle a ese estado de ánimo en que la negación de cualquier satisfacción —no importa cuál, *champagne* o té, *sale Colbert* o cigarrillos— le «irrita», porque entonces su caridad, su justicia y su obediencia estarán totalmente a tu merced.

El mero exceso de comida es mucho menos valioso que la exquisitez. Es útil, sobre todo, a modo de preparación artillera antes de lanzar ataques contra la castidad. En esta materia, como en cualquier otra, debes mantener a tu hombre en un estado de falsa espiritualidad; nunca le dejes darse cuenta del lado médico de la cuestión. Mantenle preguntándose qué pecado de orgullo o qué falta de fe le ha puesto en tus manos, cuando el simple análisis de lo que ha comido o bebido durante las últimas veinticuatro horas podría revelarle de dónde proceden tus municiones y le permitiría, por consiguiente, poner en peligro tus líneas de aprovisionamiento mediante una muy ligera abstinencia. Si *ha* de pensar en el aspecto médico de la castidad, suéltale la gran mentira que hemos hecho que se traguen los humanos ingleses: que el ejercicio físico excesivo, y la consecuente fatiga, son especialmente favorables para esta virtud. Podría muy bien preguntarse uno, en vista de la notoria lubricidad de los marineros y de los soldados, cómo es posible que se lo crean. Pero nos servimos de los maestros de escuela para difundir este camelo, hombres a quienes de verdad la castidad solo les interesaba como excusa para fomentar la práctica de los deportes, y que, por tanto, recomendaban tales juegos como ayuda a la castidad. Pero todo este asunto resulta demasiado amplio como para abordarlo al final de una carta.

Tu cariñoso tío,
ESCRUTOPO

18

Mi querido Orugario:

Hasta con Babalapo tienes que haber aprendido en la escuela la técnica rutinaria de la tentación sexual, y ya que para nosotros los espíritus todo este asunto es considerablemente tedioso (aunque necesario como parte de nuestro entrenamiento), lo pasaré de largo. Pero en las cuestiones más amplias implicadas en este asunto creo que tienes mucho que aprender.

Lo que el Enemigo exige de los humanos adopta la forma de un dilema: *o* completa abstinencia *o* monogamia sin paliativos. Desde la primera gran victoria de Nuestro Padre, les hemos hecho muy difícil la primera. Y llevamos unos cuantos siglos cerrando la segunda como vía de escape. Esto lo hemos conseguido por medio de los poetas y los novelistas, convenciendo a los humanos de que una curiosa, y generalmente efímera, experiencia que ellos llaman «estar enamorados» es la única base respetable para el matrimonio; de que el matrimonio puede, y debe, hacer permanente este entusiasmo, y de que un matrimonio que no lo consigue deja de ser vinculante. Esta idea es una parodia de una idea procedente del Enemigo.

Toda la filosofía del Infierno descansa en la admisión del axioma de que una cosa no es otra cosa y, en especial, de que un ser no es otro ser. Mi bien es mi bien, y tu bien es el tuyo. Lo que gana uno, otro lo pierde. Hasta un objeto inanimado es lo que es excluyendo a todos los demás objetos del espacio que ocupa; si se expande, lo hace apartando a otros objetos, o absorbiéndolos. Un ser hace lo mismo. Con los animales, la absorción adopta la forma de comer; para nosotros, representa la succión de la voluntad y la libertad de un ser más débil por uno más fuerte. «Ser» *significa* «ser compitiendo».

La filosofía del Enemigo no es más ni menos que un continuo intento de eludir esta verdad evidente. Su meta es una contradicción. Las cosas han de ser muchas, pero también, de algún modo, solo una. A esta imposibilidad Él le llama Amor, y esta misma monótona panacea puede detectarse bajo todo lo que Él hace e incluso todo lo que Él es o pretende ser. De este modo, Él no está satisfecho, ni siquiera Él mismo, con ser una mera unidad aritmética; pretende ser tres al mismo tiempo que uno, con el fin de que esta tontería del Amor pueda encontrar un punto de apoyo en su propia naturaleza. Al otro extremo de la escala, Él introduce en la materia ese indecente invento que es el organismo, en el que las partes se ven pervertidas de su natural destino —la competencia— y se ven obligadas a cooperar.

Su auténtica motivación para elegir el sexo como método de reproducción de los humanos está clarísima, en vista del uso que ha hecho de él. El sexo podría haber sido, desde nuestro punto de vista, completamente inocente. Podría haber sido meramente una forma más en la que un ser más fuerte se alimentaba de otro más débil —como sucede, de hecho, entre las arañas, que culminan sus nupcias con la novia comiéndose al novio—. Pero en los humanos, el Enemigo ha asociado gratuitamente el afecto con el deseo sexual. También ha hecho que su descendencia sea dependiente de los padres, y ha impulsado a los padres a mantenerla, dando lugar así a la familia, que es como el organismo, solo que peor, porque sus miembros están más separados, pero también unidos de una forma más consciente y responsable. Todo ello resulta ser, de hecho, un artilugio más para meter el Amor.

Ahora viene lo bueno del asunto. El Enemigo describió a la pareja casada como «una sola carne». No dijo «una pareja felizmente casada», ni «una pareja que se casó porque estaba enamorada», pero se puede conseguir que los humanos no tengan eso en cuenta. También se les puede hacer olvidar que el hombre al que llaman Pablo no lo limitó a las parejas *casadas*. Para él, la mera copulación da lugar a «una sola carne». De esta forma, se puede conseguir que los humanos acepten como elogios retóricos del «enamoramiento» lo que eran, de hecho, simples descripciones del verdadero significado de las relaciones sexuales. Lo cierto es que siempre que un hombre yace con una mujer, les guste o no, se establece entre ellos una relación trascendente que debe ser eternamente disfrutada o eternamente soportada. A partir de la afirmación verdadera de que esta relación trascendente estaba prevista para producir —y, si se aborda obedientemente, lo *hará* con demasiada frecuencia— el afecto y la familia, se puede hacer que los humanos infieran la falsa creencia de que la mezcla de afecto, temor y deseo que llaman «estar enamorados» es lo único que hace feliz o santo el matrimonio. El error es fácil de provocar, porque «enamorarse» es algo que con mucha frecuencia, en Europa occidental, precede a matrimonios contraídos en obediencia a los propósitos del Enemigo, esto es, con la intención de la fidelidad, la fertilidad y la buena voluntad; al igual que la emoción religiosa muy a menudo, pero no siempre, acompaña a la conversión. En otras palabras, los humanos deben ser inducidos a considerar como la base del matrimonio una versión muy coloreada y distorsionada de algo que el Enemigo realmente promete como su resultado. Esto tiene dos ventajas. En primer lugar, a los humanos que no tienen el don de la continencia se les puede disuadir de buscar en el matrimonio una solución, porque no se sienten «enamorados» y, gracias a nosotros, la idea de casarse por cualquier otro motivo les parece vil y cínica. Sí, eso piensan. Consideran el propósito de ser fieles a una sociedad de ayuda mutua, para la conservación de la castidad y para la transmisión de la vida, como algo inferior que una tempestad de emoción. (No olvides hacer que tu hombre piense que la ceremonia nupcial es muy ofensiva). En segundo lugar, cualquier infatuación sexual, mientras se proponga el matrimonio como fin, será considerada «amor», y el «amor» será usado para excusar al hombre de toda culpa, y para protegerle de todas las consecuencias de casarse con una pagana, una idiota o una libertina. Pero ya seguiré en mi próxima carta.

Tu cariñoso tío,
Escrutopo

19

M<small>I QUERIDO</small> O<small>RUGARIO</small>:

H<small>E PENSADO MUCHO</small> acerca de la pregunta que me haces en tu última carta. Si, como he explicado claramente, todos los seres, por su propia naturaleza, se hacen la competencia, y, por tanto, la idea del Amor del Enemigo es una contradicción en sus términos, ¿qué pasa con mi reiterada advertencia de que Él realmente ama a los gusanos humanos y realmente desea su libertad y su existencia continua? Espero, mi querido muchacho, que no le hayas enseñado a nadie mis cartas. No es que importe, naturalmente. Cualquiera vería que la aparente herejía en que he caído es puramente accidental. Por cierto, espero que comprendieses, también, que algunas referencias aparentemente poco elogiosas a Babalapo eran puramente en broma. En realidad, le tengo el mayor respeto. Y, por supuesto, algunas cosas que dije acerca de no escudarte de las autoridades no iban en serio. Puedes confiar en que me cuide de tus intereses. Pero guarda todo bajo siete llaves.

La verdad es que, por mero descuido, tuve el desliz de decir que el Enemigo ama realmente a los humanos. Lo cual, naturalmente, es imposible. Él es un ser; ellos son diferentes, y su bien no puede ser el de Él. Toda su palabrería acerca del Amor debe ser un disfraz de otra cosa: debe tener algún motivo *real* para crearlos y ocuparse tanto de ellos. La razón por la que uno llega a hablar como si Él sintiese realmente este Amor imposible es nuestra absoluta incapacidad para descubrir ese motivo real. ¿Qué pretende conseguir de ellos? Esa es la cuestión insoluble. No creo que pueda hacer daño a nadie que te diga que precisamente este problema fue una de las causas principales de la disputa de Nuestro Padre con el Enemigo. Cuando se discutió por primera vez la creación del hombre y cuando, incluso en esa fase, el Enemigo confesó abiertamente que preveía un cierto episodio referente a una cruz, Nuestro Padre, muy lógicamente, solicitó una entrevista y pidió una explicación. El Enemigo no dio más respuesta que inventarse el camelo sobre el Amor desinteresado que desde entonces ha hecho circular. Naturalmente, Nuestro Padre no podía aceptar esto. Imploró al Enemigo que pusiese sus cartas sobre la mesa, y Le dio todas las oportunidades posibles. Admitió que tenía verdadera necesidad de conocer el secreto; el Enemigo le replicó: «Quisiera con todo mi corazón que lo conocieses». Me imagino que fue en ese momento de la entrevista cuando el disgusto de Nuestro Padre por tan injustificada falta de confianza le hizo alejarse a una distancia infinita de su Presencia, con una rapidez que ha dado lugar a la ridícula historia enemiga de que fue expulsado, a la fuerza, del Cielo. Desde entonces, hemos empezado a comprender por qué nuestro Opresor fue tan reservado. Su trono depende del secreto. Algunos miembros de su partido han admitido con frecuencia que, si alguna vez llegásemos a comprender qué entiende Él por Amor, la guerra terminaría y volveríamos a entrar en el Cielo. Y en eso consiste la gran tarea. Sabemos que Él no puede amar realmente: nadie puede; no tiene sentido. ¡Si tan solo pudiésemos averiguar qué es lo que *realmente* se propone! Hemos probado hipótesis tras hipótesis, y todavía no hemos podido descubrirlo. Sin embargo, no debemos perder nunca la esperanza; teorías más y más complicadas, colecciones de datos más y más completas, mayores recompensas a los investigadores que hagan algún progreso, castigos más y más terribles para aquellos que fracasen, todo esto, seguido y acelerado hasta el mismo fin del tiempo, no puede, seguramente, dejar de tener éxito.

Te quejas de que mi última carta no deja claro si considero el «enamoramiento» como un estado deseable para un humano o no. Pero Orugario, de verdad, ¡ese es el tipo de pregunta que uno espera que hagan *ellos*! Déjales discutir si el «Amor», o el patriotismo, o el celibato, o las velas en los altares, o la abstinencia de alcohol, o la educación, son «buenos» o «malos». ¿No te das cuenta de que no hay respuesta? Nada importa lo más mínimo, excepto la tendencia de un estado de ánimo dado, en unas circunstancias dadas, a mover a un paciente particular, en un momento particular, hacia el Enemigo o hacia nosotros. En consecuencia, sería muy conveniente hacer que el paciente decidiese que el Amor es «bueno» o «malo». Si se trata de un hombre arrogante, con un desprecio por el cuerpo basado realmente en la exquisitez, pero que él confunde con la pureza —y un hombre que disfruta mofándose de aquello que la mayor parte de sus semejantes aprueban—, desde luego déjale decidirse en contra del Amor. Incúlcale un ascetismo altivo y luego, cuando hayas separado su sexualidad de todo aquello que podría humanizarla, cae sobre él con una forma mucho más brutal y cínica de la sexualidad. Si, por el contrario, se trata de un hombre emotivo, crédulo, aliméntale de poetas menores y de novelistas de quinta fila, de la vieja escuela, hasta que le hayas hecho creer que el «Amor» es irresistible y además, de algún modo, intrínsecamente meritorio. Esta creencia no es de mucha utilidad, te lo garantizo, para provocar faltas casuales de castidad; pero es una receta incomparable para conseguir prolongados adulterios «nobles», románticos y trágicos, que terminan, si todo marcha bien, en asesinatos y suicidios. Si falla eso, se puede utilizar para empujar al paciente a un matrimonio útil. Porque el matrimonio, aunque sea un invento del Enemigo, tiene sus usos. Debe de haber varias mujeres jóvenes en el barrio de tu paciente que harían extremadamente difícil para él la vida cristiana, si tan solo lograses persuadirle de que se casase con una de ellas. Por favor, envíame un informe sobre esto la próxima vez que me escribas. Mientras tanto, que te quede bien claro que este estado de *enamoramiento* no es, en sí, necesariamente favorable ni para nosotros ni para el otro bando. Es, simplemente, una ocasión que tanto nosotros como el Enemigo tratamos de explotar. Como la mayor parte de las cosas que excitan a los humanos, tales como la salud y la enfermedad, la vejez y la juventud, o la guerra y la paz, desde el punto de vista de la vida espiritual es, sobre todo, materia prima.

Tu cariñoso tío,
Escrutopo

20

Mi querido Orugario:

Veo con gran disgusto que el Enemigo ha puesto fin forzoso, por el momento, a tus ataques directos a la castidad del paciente. Debieras haber sabido que, al final, siempre lo hace, y haber parado antes de llegar a ese punto. Porque, tal como están las cosas, ahora tu hombre ha descubierto la peligrosa verdad de que estos ataques no duran para siempre; en consecuencia, no puedes volver a usar la que, después de todo, es nuestra mejor arma: la creencia de los humanos ignorantes de que no hay esperanza de librarse de nosotros, excepto rindiéndose. Supongo que habrás tratado de persuadirle de que la castidad es poco sana, ¿no?

Todavía no he recibido un informe tuyo acerca de las mujeres jóvenes de la vecindad. Lo querría de inmediato, porque si no podemos servirnos de su sexualidad para hacerle licencioso, debemos tratar de usarla para promover un matrimonio conveniente. Mientras tanto, me gustaría darte algunas ideas acerca del tipo de mujer —me refiero al tipo físico— del que debemos incitarle a enamorarse, si un «enamoramiento» es lo más que podemos conseguir.

Esta cuestión la deciden por nosotros espíritus que están mucho más abajo en la Bajojerarquía que tú y yo, y por supuesto de una forma provisional. Es trabajo de estos grandes maestros el producir en cada época una desviación general de lo que pudiera llamarse el «gusto» sexual. Esto lo consiguen trabajando con el pequeño círculo de artistas populares, modistas, actrices y anunciadores que determinan el tipo que se considera «de moda». Su propósito es apartar a cada sexo de los miembros del otro con quienes serían más probables matrimonios espiritualmente útiles, felices y fértiles. Así, hemos triunfado ya durante muchos siglos sobre la naturaleza, hasta el punto de hacer desagradables para casi todas las mujeres ciertas características secundarias del varón (como la barba); y esto es más importante de lo que podrías suponer. Con respecto al gusto masculino, hemos variado mucho. En una época lo dirigimos al tipo de belleza estatuesco y aristocrático, mezclando la vanidad de los hombres con sus deseos, y estimulando a la raza a engendrar, sobre todo, de las mujeres más arrogantes y pródigas. En otra época, seleccionamos un tipo exageradamente femenino, pálido y lánguido, de forma que la locura y la cobardía, y toda la falsedad y estrechez mental general que las acompañan, estuviesen muy solicitadas. Actualmente vamos en dirección contraria. La era del *jazz* ha sucedido a la era del vals, y ahora enseñamos a los hombres a que les gusten mujeres cuyos cuerpos apenas se pueden distinguir de los de los muchachos. Como este es un tipo de belleza todavía más pasajero que la mayoría, así acentuamos el crónico horror a envejecer de la mujer (con muchos excelentes resultados), y la hacemos menos deseosa y capaz de tener niños. Y eso no es todo. Nos las hemos arreglado para conseguir un gran incremento en la licencia que la sociedad permite a la representación del desnudo aparente (no del verdadero desnudo) en el arte, y a su exhibición en el escenario o en la playa. Es una falsificación, por supuesto; los cuerpos del arte popular están engañosamente dibujados; las mujeres reales en traje de baño o en mallas están en realidad apretadas y arregladas para que parezcan más firmes, esbeltas y efébicas de lo que la naturaleza permite a una mujer desarrollada. Pero, al mismo tiempo, se le enseña al mundo moderno a creer que es muy «franco» y «sano», y que está volviendo a la naturaleza. En consecuencia, estamos orientando cada vez más los deseos de los hombres hacia algo que no existe; haciendo cada vez más importante el papel del ojo en la sexualidad y, al mismo tiempo, haciendo sus exigencias cada vez más imposibles. ¡Es fácil prever el resultado!

Esa es la estrategia general del momento. Pero, dentro de ese marco, todavía te será posible estimular los deseos de tu paciente en una de dos direcciones. Descubrirás, si examinas cuidadosamente el corazón de cualquier humano, que está obsesionado por, al menos, dos mujeres imaginarias: una Venus terrenal, y otra infernal; y que su deseo varía cualitativamente de acuerdo con su objeto. Hay un tipo por el cual su deseo es naturalmente sumiso al Enemigo —fácilmente mezclable con la caridad, obediente al matrimonio, totalmente coloreado por esa luz dorada de respeto y naturalidad que detestamos—; hay otro tipo que desea brutalmente, y que desea desear brutalmente, un tipo que se utiliza mejor para apartarle totalmente del matrimonio, pero que, incluso dentro del matrimonio, tendería a tratar como a una esclava, un ídolo o una cómplice. Su amor por el primer tipo podría tener algo de lo que el Enemigo llama maldad, pero solo accidentalmente; el hombre desearía que ella no fuese la mujer de otro, y lamentaría no poder amarla lícitamente. Pero con el segundo tipo lo que quiere es sentir el mal, que es el «sabor» que busca: lo que le atrae es, en su rostro, la animalidad visible, o la mohína, o la destreza, o la crueldad; y, en su cuerpo, algo muy diferente de lo que suele llamar belleza, algo que puede incluso, en un momento de lucidez, describir como fealdad, pero que, por nuestro arte, podemos conseguir que incida en su obsesión particular.

La verdadera utilidad de la Venus infernal es, sin duda, como prostituta o amante. Pero si tu hombre es un cristiano, y si le han enseñado bien las tonterías sobre el «Amor» irresistible y que lo justifica todo, a menudo se le puede inducir a que se case con ella. Y eso es algo que vale la pena conseguir. Habrás fracasado con respecto a la fornicación y a los vicios solitarios; pero hay otros, y más indirectos, medios de servirse de la sexualidad de un hombre para lograr su perdición. Y, por cierto, no solo son eficaces, sino deliciosos; la infelicidad que producen es de una clase muy duradera y exquisita.

Tu cariñoso tío,
Eоcnuтоrо

21

Mi querido Orugario:

Sí. Un período de tentación sexual es un excelente momento para llevar a cabo un ataque secundario a la impaciencia del paciente. Puede ser, incluso, el ataque principal, mientras piense que es el subordinado. Pero aquí, como en todo lo demás, debes preparar el camino para tu ataque moral nublando su inteligencia.

A los hombres no les irrita la mera desgracia, sino la desgracia que consideran una afrenta. Y la sensación de ofensa depende del sentimiento de que una pretensión legítima les ha sido denegada. Por tanto, cuantas más exigencias a la vida puedas lograr que haga el paciente, más a menudo se sentirá ofendido y, en consecuencia, de mal humor. Habrás observado que nada le enfurece tan fácilmente como encontrarse con que un rato que contaba con tener a su disposición le ha sido arrebatado de imprevisto. Lo que le saca del quicio es el visitante inesperado (cuando se prometía una noche tranquila), o la mujer habladora de un amigo (que aparece cuando él deseaba tener un *tête-à-tête* con el amigo). Todavía no es tan duro y perezoso como para que tales pruebas sean, *en sí mismas*, demasiado para su cortesía. Le irritan porque considera su tiempo como propiedad suya, y siente que se lo están robando. Debes, por tanto, conservar celosamente en su cabeza la curiosa suposición: «Mi tiempo es mío». Déjale tener la sensación de que empieza cada día como el legítimo dueño de veinticuatro horas. Haz que considere como una penosa carga la parte de esta propiedad que tiene que entregar a sus patrones, y como una generosa donación aquella parte adicional que asigna a sus deberes religiosos. Pero lo que nunca se le debe permitir dudar es que el total del que se han hecho tales deducciones era, en algún misterioso sentido, su propio derecho personal.

Esta es una tarea delicada. La suposición que quieres que siga haciendo es tan absurda que, si alguna vez se pone en duda, ni siquiera nosotros podemos encontrar el menor argumento en su defensa. El hombre no puede ni hacer ni retener un instante de tiempo; todo el tiempo es un puro regalo; con el mismo motivo podría considerar el sol y la luna como enseres suyos. En teoría, también está comprometido totalmente al servicio del Enemigo; y si el Enemigo se le apareciese en forma corpórea y le exigiese ese servicio total, incluso por un solo día, no se negaría. Se sentiría muy aliviado si ese único día no supusiese nada más difícil que escuchar la conversación de una mujer tonta; y se sentiría aliviado hasta casi sentirse decepcionado si durante media hora de ese día el Enemigo le dijese: «Ahora puedes ir a divertirte». Ahora bien, si medita sobre su suposición durante un momento, tiene que darse cuenta de que, de hecho, está en esa situación todos los días. Cuando hablo de conservar en su cabeza esta suposición, por tanto, lo último que quiero que hagas es darle argumentos en su defensa. No hay ninguno. Tu trabajo es puramente negativo. No dejes que sus pensamientos se acerquen lo más mínimo a ella. Envuélvela en penumbra, y en el centro de esa oscuridad deja que su sentimiento de propiedad del tiempo permanezca callada, sin inspeccionar, y activa.

El sentimiento de propiedad en general debe estimularse siempre. Los humanos siempre están reclamando propiedades que resultan igualmente ridículas en el Cielo y en el Infierno, y debemos conseguir que lo sigan haciendo. Gran parte de la resistencia moderna a la castidad procede de la creencia de que los hombres son «propietarios» de sus cuerpos; ¡esos vastos y peligrosos terrenos, que laten con la energía que hizo el Universo, en los que se encuentran sin haber dado su consentimiento y de los que son expulsados cuando le parece a Otro! Es como si un infante a quien su padre ha colocado, por cariño, como gobernador titular de una gran provincia, bajo el auténtico mando de sabios consejeros, llegase a imaginarse que realmente son suyas las ciudades, los bosques y los maizales, del mismo modo que son suyos los ladrillos del suelo de su cuarto.

Damos lugar a este sentimiento de propiedad no solo por medio del orgullo, sino también por medio de la confusión. Les enseñamos a no notar los diferentes sentidos del pronombre posesivo: las diferencias minuciosamente graduadas que van desde «mis botas», pasando por «mi perro», «mi criado», «mi esposa», «mi padre», «mi señor» y «mi patria», hasta «mi Dios». Se les puede enseñar a reducir todos estos sentidos al de «mis botas», el «mi» de propiedad. Incluso en el jardín de infancia, se le puede enseñar a un niño a referirse, por «mi osito», *no* al viejo e imaginado receptor de afecto, con el que mantiene una relación especial (porque eso es lo que les enseñará a querer decir el Enemigo, si no tenemos cuidado), sino al oso «que puedo hacer pedazos si quiero». Y, al otro extremo de la escala, hemos enseñado a los hombres a decir «mi Dios» en un sentido realmente no muy diferente del de «mis botas», significando «el Dios a quien tengo algo que exigir a cambio de mis distinguidos servicios y a quien exploto desde el púlpito..., el Dios en el que me hecho un rincón».

Y durante todo este tiempo, lo divertido es que la palabra «mío», en su sentido plenamente posesivo, no puede pronunciarla un ser humano a propósito de nada. A la larga, o Nuestro Padre o el Enemigo dirán «mío» de todo lo que existe, y en especial de todos los hombres. Ya descubrirán al final, no temas, a quién pertenecen realmente su tiempo, sus almas y sus cuerpos; desde luego, no a *ellos,* pase lo que pase. En la actualidad, el Enemigo dice «mío» acerca de todo, con la pedante excusa legalista de que Él lo hizo. Nuestro Padre espera decir «mío» de todo al final, con la base más realista y dinámica de haberlo conquistado.

Tu cariñoso tío,
ESCRUTOPO

22

Mi querido Orugario:

¡Vaya! Tu hombre se ha enamorado, y de la peor manera posible, ¡y de una chica que ni siquiera figura en el informe que me enviaste! Puede interesarte saber que el pequeño malentendido con la Policía Secreta que trataste de suscitar a propósito de ciertas expresiones incautas en algunas de mis cartas ha sido aclarado. Si contabas con eso para asegurarte mis buenos oficios, descubrirás que estás muy equivocado. Pagarás por eso, igual que por tus restantes equivocaciones. Mientras tanto, te envío un folleto, recién aparecido sobre el nuevo Correccional de Tentadores Incompetentes. Está profusamente ilustrado, y no hallarás en él una página aburrida.

He mirado el expediente de esa chica y estoy aterrado de lo que me encuentro. No solo una cristiana, sino vaya cristiana: ¡una señorita vil, escurridiza, boba, recatada, lacónica, ratonil, acuosa, insignificante, virginal, prosaica! ¡El animalillo! Me hace vomitar. Apesta y abrasa incluso a través de las mismas páginas del expediente. Me enloquece el modo en que ha empeorado el mundo. La hubiésemos destinado a la arena del circo, en los viejos tiempos: para eso está hecha su clase. Y no es que tampoco allí fuese a servir de mucho, no. Una pequeña tramposa de dos caras (conozco el género), que tiene el aire de ir a desmayarse a la vista de la sangre, y luego muere con una sonrisa. Una tramposa en todos los sentidos. Parece una mosquita muerta, y sin embargo tiene ingenio satírico. El tipo de criatura que me encontraría DIVERTIDO ¡a mí! Asquerosa, insípida, pacata, y sin embargo dispuesta a caer en los brazos de este bobo, como cualquier otro animal reproductor. ¿Por qué el Enemigo no la fulmina por eso, si Él está tan loco por la virginidad, en lugar de contemplarla sonriente?

En el fondo, es un hedonista. Todos esos ayunos, y vigilias, y hogueras, y cruces, son tan solo una fachada. O solo como espuma en la orilla del mar. En alta mar, en su alta mar, hay placer y más placer. No hace de ello ningún secreto: a su derecha hay «placeres eternos». ¡Ay! No creo que tenga la más remota idea del elevado y austero misterio al que descendemos en la Visión Miserífica; Él es vulgar, Orugario; Él tiene mentalidad burguesa: ha llenado su mundo de placeres. Hay cosas que los humanos pueden hacer todo el día, sin que a Él le importe lo más mínimo: dormir, lavarse, comer, beber, hacer el amor, jugar, orar, trabajar. Todo ha de ser *retorcido* para que nos sirva de algo a nosotros. Luchamos en cruel desventaja: nada está naturalmente de nuestra parte. (No es que eso te disculpe a *ti*. Ya arreglaré cuentas contigo. Siempre me has odiado y has sido insolente conmigo cuando te has atrevido).

Luego, claro, tu paciente llega a conocer a la familia y a todo el círculo de esta mujer. ¿No podías haberte dado cuenta de que la misma casa en que ella vive es una casa en la que él nunca debía haber entrado? Todo el lugar apesta a ese mortífero aroma. El mismo jardinero, aunque solo lleva allí cinco años, está empezando a adquirirlo. Hasta los huéspedes, tras una visita de un fin de semana, se llevan consigo un poco de este olor. El perro y el gato también lo han agarrado. Y una casa llena del impenetrable misterio. Estamos seguros (es una cuestión de principios elementales) de que cada miembro de la familia debe de estar, de alguna manera, aprovechándose de los demás; pero no logramos averiguar cómo. Guardan tan celosamente como el Enemigo mismo el secreto de lo que hay detrás de esta pretensión de amor desinteresado. Toda la casa y el jardín son una vasta indecencia. Tiene una repugnante semejanza con la descripción que dio del Cielo un escritor humano: «las regiones donde solo hay vida y donde, por tanto, todo lo que no es música es silencio».

Música y silencio ¡Cómo detesto ambos! Qué agradecidos debiéramos estar de que, desde que Nuestro Padre ingresó en el Infierno —aunque hace mucho más de lo que los humanos, aun contando en años luz, podrían medir—, ni un solo centímetro cuadrado de espacio infernal y ni un instante de tiempo infernal hayan sido entregados a cualquiera de esas dos abominables fuerzas, sino que han estado completamente ocupados por el ruido; el ruido, el gran dinamismo, la expresión audible de todo lo que es exultante, implacable y viril; el ruido que, solo, nos defiende de dudas tontas, de escrúpulos desesperantes y de deseos imposibles. Haremos del universo eterno un ruido, al final. Ya hemos hecho grandes progresos en este sentido en lo que respecta a la Tierra. Las melodías y los silencios del Cielo serán acallados a gritos, al final. Pero reconozco que aún no somos lo bastante estridentes, ni de lejos. Pero estamos investigando. Mientras tanto, *tú*, asqueroso, pequeño...

(Aquí el manuscrito se interrumpe, y prosigue luego con letra diferente).

En el entusiasmo de la redacción resulta que, sin darme cuenta, me he permitido asumir la forma de un gran miriápodo. En consecuencia, dicto el resto a mi secretario. Ahora que la transformación es completa, me doy cuenta de que es un fenómeno periódico. Algún rumor acerca de ello ha llegado hasta los humanos, y un relato distorsionado figura en el poeta Milton, con el ridículo añadido de que tales cambios de forma son un «castigo» que nos impone el Enemigo. Un escritor más moderno —alguien llamado algo así como Pshaw— se ha percatado, sin embargo, de la verdad. La transformación procede de nuestro interior, y es una gloriosa manifestación de esa Fuerza Vital que Nuestro Padre adoraría, si adorase algo que no fuese a sí mismo. En mi forma actual, me siento aún más impaciente por verte, para unirte a mí en un abrazo indisoluble.

(Firmado) SAPOTUBO

Por orden, Su Abismal Sublimidad
Subsecretario, ESCRUTOPO, T. E., B. S.,
etc.

23

Mi querido Orugario:

A través de esta chica y de su repugnante familia, el paciente está conociendo ahora cada día a más cristianos, y además cristianos muy inteligentes. Durante mucho tiempo va a ser imposible extirpar la espiritualidad de su vida. Muy bien; entonces, debemos corromperla. Sin duda, habrás practicado a menudo el transformarte en un ángel de la luz, como ejercicio de pista. Ahora es el momento de hacerlo delante del Enemigo. El Mundo y la Carne nos han fallado; queda un tercer Poder. Y este tercer tipo de éxito es el más glorioso de todos. Un santo echado a perder, un fariseo, un inquisidor, o un brujo, es considerado en el Infierno como una mejor pieza cobrada que un tirano o un disoluto corriente.

Pasando revista a los nuevos amigos de tu paciente, creo que el mejor punto de ataque sería la línea fronteriza entre la teología y la política. Varios de sus nuevos amigos son muy conscientes de las implicaciones sociales de su religión. Eso, en sí mismo, es malo; pero puede aprovecharse en nuestra ventaja.

Descubrirás que muchos escritores políticos cristianos piensan que el cristianismo empezó a deteriorarse, y a apartarse de la doctrina de su Fundador, muy temprano. Debemos usar esta idea para estimular una vez más la idea de un «Jesús histórico», que puede encontrarse apartando posteriores «añadidos y perversiones», y que debe luego compararse con toda la tradición cristiana. En la última generación, promovimos la construcción de uno de estos «Jesuses históricos» según pautas liberales y humanitarias; ahora estamos ofreciendo un «Jesús histórico» según pautas marxistas, catastrofistas y revolucionarias. Las ventajas de estas construcciones, que nos proponemos cambiar cada treinta años o así, son múltiples. En primer lugar, todas ellas tienden a orientar la devoción de los hombres hacia algo que no existe, porque todos estos «Jesuses históricos» son ahistóricos. Los documentos dicen lo que dicen, y no puede añadírseles nada; cada nuevo «Jesús histórico», por tanto, ha de ser extraído de ellos, suprimiendo unas cosas y exagerando otras, y por ese tipo de *deducciones* (*brillantes* es el adjetivo que les enseñamos a los humanos a aplicarles) por las que nadie arriesgaría cinco moneditas en la vida normal, pero que bastan para producir una cosecha de nuevos Napoleones, nuevos Shakespeares y nuevos Swifts en la lista de otoño de cada editorial. En segundo lugar, todas estas construcciones depositan la importancia de su «Jesús histórico» en alguna peculiar teoría que se supone que Él ha promulgado. Tiene que ser un «gran hombre» en el sentido moderno de la palabra, es decir, situado en el extremo de alguna línea de pensamiento centrífuga y desequilibrada: un chiflado que vende una panacea. Así distraemos la mente de los hombres de quien Él es y de lo que Él hizo. Primero hacemos a Él tan solo un maestro, y luego ocultamos la muy sustancial concordancia existente entre sus enseñanzas y las de todos los demás grandes maestros morales. Porque a los humanos no se les debe permitir notar que todos los grandes moralistas son enviados por el Enemigo, no para informar a los hombres, sino para recordarles, para reafirmar contra nuestra continua ocultación las primigenias vulgaridades morales. Nosotros creamos a los sofistas; Él creó un Sócrates para responderles. Nuestro tercer objetivo es, por medio de estas construcciones, destruir la vida devocional. Nosotros sustituimos la presencia real del Enemigo, que de otro modo los hombres experimentan en la oración y en los sacramentos, por una figura meramente probable, remota, sombría y grosera, que hablaba un extraño lenguaje y que murió hace mucho tiempo. Un objeto así no puede, de hecho, ser adorado. En lugar del Creador adorado por su criatura, pronto tienes meramente un líder aclamado por un partidario, y finalmente un personaje destacado, aprobado por un sensato historiador. Y en cuarto lugar, además de ser ahistórica en el Jesús que describe, esta clase de religión es contraria a la historia en otro sentido. Ninguna nación, y pocos individuos, se ven arrastrados realmente al campo del Enemigo por el estudio histórico de la biografía de Jesús, como mera biografía. De hecho, a los hombres se les ha privado del material necesario para una biografía completa. Los primeros conversos fueron convertidos por un solo hecho histórico (la Resurrección) y una sola doctrina teológica (la Redención), actuando sobre un sentimiento del pecado que ya tenían; y un pecado no contra una ley inventada como una novedad por un «gran hombre», sino contra la vieja y tópica ley moral universal que les había sido enseñada por sus niñeras y madres. Los «Evangelios» vienen después, y fueron escritos, no para hacer cristianos, sino para edificar a los cristianos ya hechos.

El «Jesús histórico», pues, por peligroso que pueda parecer para nosotros en alguna ocasión particular, debe ser siempre estimulado. Con respecto a la conexión general entre el cristianismo y la política, nuestra posición es más delicada. Por supuesto, no queremos que los hombres dejen que su cristianismo influya en su vida política, porque el establecimiento de algo parecido a una sociedad verdaderamente justa sería una catástrofe de primera magnitud. Por otra parte, queremos, y mucho, hacer que los hombres consideren el cristianismo como un medio; preferentemente, claro, como un medio para su propia promoción; pero, a falta de eso, como un medio para cualquier cosa, incluso la justicia social. Lo que hay que hacer es conseguir que un hombre valore, al principio, la justicia social como algo que el Enemigo exige, y luego conducirle a una etapa en la que valore el cristianismo porque puede dar lugar a la justicia social. Porque el Enemigo no se deja usar como un instrumento. Los hombres o las naciones que creen que pueden reavivar la fe con el fin de hacer una buena sociedad podrían, para eso, pensar que pueden usar las escaleras del Cielo como un atajo a la farmacia más próxima. Por fortuna, es bastante fácil convencer a los humanos de que hagan eso. Hoy mismo he descubierto en un escritor cristiano un pasaje en el que recomienda su propia versión del cristianismo con la excusa de que «solo una fe así puede sobrevivir a la muerte de viejas culturas y al nacimiento de nuevas civilizaciones». ¿Ves la pequeña discrepancia? «Creed esto, no porque sea cierto, sino por alguna otra razón». Ese es el juego.

Tu cariñoso tío,
ESCRUTOPO

24

Mi querido Orugario:

Me he estado escribiendo con Suburbiano, que tiene a su cargo a la joven de tu paciente, y empiezo a ver su punto débil. Es un pequeño vicio que no llama la atención y que comparte con casi todas las mujeres que se han criado en un círculo inteligente y unido por una creencia claramente definida; consiste en la suposición, completamente inconsciente, de que los extraños que no comparten esta creencia son realmente demasiado estúpidos y ridículos. Los hombres, que suelen tratar a estos extraños, no tienen este sentimiento; su confianza, si son confiados, es de otra clase. La de ella, que ella cree debida a la fe, en realidad se debe en gran parte al mero contagio de su entorno. No es, de hecho, muy diferente de la convicción que tendría, a los diez años de edad, de que el tipo de cuchillos de pescado que se usaban en la casa de su padre eran del tipo adecuado, o normal, o «auténtico», mientras que los de las familias vecinas no eran en absoluto «auténticos cuchillos de pescado». Ahora, el elemento de ignorancia e ingenuidad que hay en esta convicción es tan grande, y tan pequeño el elemento de orgullo espiritual, que nos da pocas esperanzas respecto a la chica misma. Pero ¿has pensado cómo puede usarse para influir en tu paciente?

Es siempre el novicio el que exagera. El hombre que ha ascendido en la escala social es demasiado refinado; el joven estudioso es pedante. Tu paciente es un novicio en este nuevo círculo. Está allí a diario, encontrando una calidad de vida cristiana que nunca antes imaginó, y viéndolo todo a través de un cristal encantado, porque está enamorado. Está impaciente (de hecho, el Enemigo se lo ordena) por imitar esta cualidad. ¿Puedes conseguir que *imite* este defecto de su amada, y que lo exagere hasta que lo que era venial en ella resulte, en él, el más poderoso y el más bello de los vicios: el Orgullo Espiritual?

Las condiciones parecen idealmente favorables. El nuevo círculo en el que se encuentra es un círculo del que tiene la tentación de sentirse orgulloso por muchos otros motivos, aparte de su cristianismo. Es un grupo mejor educado, más inteligente y más agradable que ninguno de los que ha conocido hasta ahora. También está un tanto ilusionado en cuanto al lugar que ocupa en él. Bajo la influencia del «amor», puede considerarse todavía indigno de ella, pero está rápidamente dejando de sentirse indigno de los demás. No tiene ni idea de cuántas cosas le perdonan porque son caritativos, ni de cuántas le aguantan porque ahora es uno de la familia. No se imagina cuánto de su conversación, cuántas de sus opiniones, ellos reconocen como ecos de las suyas. Aún sospecha menos cuánto del gozo que siente con esas personas se debe al encanto erótico que, para él, esparce la chica a su alrededor. Cree que le gusta su conversación y su modo de vida a causa de alguna concordancia entre su estado espiritual y el suyo, cuando, de hecho, ellos están tan mucho más allá que él que, si no estuviese enamorado, se sentiría meramente asombrado y repelido por mucho de lo que ahora acepta. ¡Es como un perro que se creyese que entendía de armas de fuego porque su instinto de cazador y su cariño a su amo le permiten disfrutar de un día de caza!

Esta es tu ocasión. Mientras que el Enemigo, por medio del amor sexual y de unas personas muy simpáticas y muy adelantadas en su servicio, está tirando del joven bárbaro hasta niveles que de otro modo nunca podría haber alcanzado, debes hacerle creer que está encontrando el nivel que le *corresponde*: que esa es su «clase» de gente y que, al llegar a ellos, ha llegado a su hogar. Cuando vuelva de ellos a la compañía de otras personas, las encontrará aburridas; en parte porque casi cualquier compañía a su alcance es, de hecho, mucho menos amena, pero más todavía porque echará de menos el encanto de la joven. Debes enseñarle a confundir este contraste entre el círculo que le encanta y el círculo que le aburre con el contraste entre cristianos y no creyentes. Se le debe hacer sentir (más vale que no lo formule con palabras) «¡qué distintos somos los cristianos!»; y por «nosotros los cristianos» debe referirse, en realidad, a «mi grupo»; y por «mi grupo» debe entender no «las personas que, por su caridad y humildad, me han aceptado», sino «las personas con que me asocio por derecho».

Nuestro éxito en esto se basa en confundirle. Si tratas de hacerle explícita y reconocidamente orgulloso de ser cristiano, probablemente fracasarás; las advertencias del Enemigo son demasiado conocidas. Si, por otra parte, dejas que la idea de «nosotros los cristianos» desaparezca por completo y meramente le haces autosatisfecho de «su grupo», producirás no orgullo espiritual, sino mera vanidad social, que es, en comparación, un inútil e insignificante pecadillo. Lo que necesitas es mantener una furtiva autofelicitación interfiriendo todos sus pensamientos, y no dejarle nunca hacerse la pregunta: «¿De qué, precisamente, me estoy felicitando?». La idea de pertenecer a un círculo interior, de estar en un secreto, le es muy grata. Juega con eso: enséñale, usando la influencia de esta chica en sus momentos más tontos, a adoptar un aire de *diversión* ante las cosas que dicen los no creyentes. Algunas teorías que puede oír en los modernos círculos cristianos pueden resultar útiles; me refiero a teorías que basan la esperanza de la sociedad en algún círculo interior de «funcionarios», en alguna minoría adiestrada de teócratas. No es asunto tuyo si estas teorías son verdaderas o falsas; lo que importa es hacer del cristianismo una religión misteriosa, en la que él se sienta uno de los iniciados.

Te ruego que no llenes tus cartas de basura sobre esta guerra europea. Su resultado final es, sin duda, de importancia; pero eso es asunto del Alto Mando. No me interesa lo más mínimo saber cuántas personas han sido muertas por las bombas en Inglaterra. Puedo enterarme del estado de ánimo en que murieron por la oficina destinada a ese fin. Que iban a morir alguna vez ya lo sabía. Por favor, mantén tu mente en tu trabajo.

Tu cariñoso tío,
ESCRUTOPO

25

Mi querido Orugario:

El verdadero inconveniente del grupo en el que vive tu paciente es que es *meramente* cristiano. Todos tienen intereses individuales, claro, pero su lazo de unión sigue siendo el mero cristianismo. Lo que nos conviene, si es que los hombres se hacen cristianos, es mantenerles en el estado de ánimo que yo llamo «el cristianismo y...». Ya sabes: el cristianismo y la Crisis, el cristianismo y la Nueva Psicología, el cristianismo y el Nuevo Orden, el cristianismo y la Fe Curadora, el cristianismo y la Investigación Psíquica, el cristianismo y el Vegetarianismo, el cristianismo y la Reforma Ortográfica. Si han de ser cristianos, que al menos sean cristianos con una diferencia. Sustituir la fe misma por alguna moda de tonalidad cristiana. Trabajar sobre su horror a Lo Mismo de Siempre.

El horror a Lo Mismo de Siempre es una de las pasiones más valiosas que hemos producido en el corazón humano: una fuente sin fin de herejías en lo religioso, de locuras en los consejos, de infidelidad en el matrimonio, de inconstancia en la amistad. Los humanos viven en el tiempo y experimentan la realidad sucesivamente. Para experimentar gran parte de la realidad, consecuentemente, deben experimentar muchas cosas diferentes; en otras palabras, deben experimentar el cambio. Y ya que necesitan el cambio, el Enemigo (puesto que, en el fondo, es un hedonista) ha hecho que el cambio les resulte agradable, al igual que ha hecho que comer sea agradable. Pero como Él no desea que hagan del cambio, ni de comer, un fin en sí mismo, ha contrapesado su amor al cambio con su amor a lo permanente. Se las ha arreglado para gratificar ambos gustos al mismo tiempo en el mundo que Él ha creado, mediante esa fusión del cambio y de la permanencia que llamamos ritmo. Les da las estaciones, cada una diferente, pero cada año las mismas, de tal forma que la primavera resulta siempre una novedad y al mismo tiempo la repetición de un tema inmemorial. Les da, en su iglesia, un año litúrgico; cambian de un ayuno a un festín, pero es el mismo festín que antes.

Ahora bien, al igual que aislamos y exageramos el placer de comer para producir la glotonería, aislamos y exageramos el natural placer del cambio y lo distorsionamos hasta una exigencia de absoluta novedad. Esta exigencia es enteramente producto de nuestra eficiencia. Si descuidamos nuestra tarea, los hombres no solo se sentirán satisfechos, sino transportados por la novedad y familiaridad combinadas de los copos de nieve de *este* enero, del amanecer de *esta* mañana, del *pudding* de *estas* Navidades. Los niños, hasta que les hayamos enseñado otra cosa, se sentirán perfectamente felices con una ronda de juegos según las estaciones, en la que saltar a la pata coja sucede a las canicas tan regularmente como el otoño sigue al verano. Solo gracias a nuestros incesantes esfuerzos se mantiene la exigencia de cambios infinitos, o arrítmicos.

Esta exigencia es valiosa en varios sentidos. En primer lugar, reduce el placer mientras aumenta el deseo. El placer de la novedad, por su misma naturaleza, está más sujeto que cualquier otro a la ley del rendimiento decreciente. Una novedad continua cuesta dinero, de forma que su deseo implica avaricia o infelicidad, o ambas cosas. Y además, cuanto más ansioso sea este deseo, antes debe engullir todas las fuentes inocentes de placer y pasar a aquellas que el Enemigo prohíbe. Así, exacerbando el horror a Lo Mismo de Siempre, hemos hecho recientemente las Artes, por ejemplo, menos peligrosas para nosotros de lo que nunca lo fueron, pues ahora tanto los artistas «intelectuales» como los «populares» se ven empujados por igual a cometer nuevos y nuevos excesos de lascivia, sinrazón, crueldad y orgullo. Por último, el afán de novedad es indispensable para producir modas o bogas.

La utilidad de las modas en el pensamiento es distraer la atención de los hombres de sus auténticos peligros. Dirigimos la protesta de moda en cada generación contra aquellos vicios de los que está en menos peligro de caer, y fijamos su aprobación en la virtud más próxima a aquel vicio que estamos tratando de hacer endémico. El juego consiste en hacerles correr de un lado a otro con extintores de incendios cuando hay una inundación, y todos amontonándose en el lado del barco que está ya casi con la borda sumergida. Así, ponemos de moda denunciar los peligros del entusiasmo en el momento preciso en que todos se están haciendo mundanos e indiferentes; un siglo después, cuando estamos realmente haciendo a todos byronianos y ebrios de emoción, la protesta en boga está dirigida contra los peligros del mero «entendimiento». Las épocas crueles son puestas en guardia contra el Sentimentalismo, las casquivanas y ociosas contra la Respetabilidad, las libertinas contra el Puritanismo; y siempre que todos los hombres realmente están apresurándose a convertirse en esclavos o tiranos, hacemos del Liberalismo la máxima pesadilla.

Pero el mayor triunfo de todos es elevar este horror a Lo Mismo de Siempre a una filosofía, de forma que el sinsentido en el intelecto pueda reforzar la corrupción de la voluntad. Es en este aspecto en el que el carácter Evolucionista o Histórico del moderno pensamiento europeo (en parte obra nuestra) resulta tan útil. Al Enemigo le encantan los tópicos. Acerca de un plan de acción propuesto, Él quiere que los hombres, hasta donde alcanzo a ver, se hagan preguntas muy simples: ¿es justo? ¿Es prudente? ¿Es posible? Ahora, si podemos mantener a los hombres preguntándose: «¿Está de acuerdo con la tendencia general de nuestra época? ¿Es progresista o reaccionario? ¿Es este el curso de la Historia?», olvidarán las preguntas relevantes. Y las preguntas que se *hacen* son, naturalmente, incontestables; porque no conocen el futuro, y lo que será el futuro depende en gran parte precisamente de aquellas elecciones en que ellos invocan al futuro para que les ayude a hacerlas. En consecuencia, mientras sus mentes están zumbando en este vacío, tenemos la mejor ocasión para colarnos, e inclinarles a la acción que *nosotros* hemos decidido. Y ya se ha hecho muy buen trabajo. En un tiempo, sabían que algunos cambios eran a mejor, y otros a peor, y aún otros indiferentes. Les hemos quitado en gran parte este conocimiento. Hemos sustituido el adjetivo descriptivo «inalterado» por el adjetivo emocional «estancado». Les hemos enseñado a pensar en el futuro como una tierra prometida que alcanzan los héroes privilegiados, no como algo que alcanza todo el mundo al ritmo de sesenta minutos por hora, haga lo que haga, sea quien sea.

Tu cariñoso tío,
ESCRUTOPO

26

Mi querido Orugario:

Sí; el noviazgo es el momento de sembrar esas semillas que engendrarán, diez años después, el odio doméstico. El encantamiento del deseo insaciado produce resultados que se puede hacer que los humanos confundan con los resultados de la caridad. Aprovéchate de la ambigüedad de la palabra «Amor»: déjales pensar que han resuelto mediante el amor problemas que de hecho solo han apartado o pospuesto bajo la influencia de este encantamiento. Mientras dura, tienes la oportunidad de fomentar en secreto los problemas y hacerlos crónicos.

El gran problema es el del «desinterés». Observa, una vez más, el admirable trabajo de la Rama Filológica al sustituir por el negativo desinterés la positiva caridad del Enemigo. Gracias a ello, puedes desde el principio enseñar a un hombre a renunciar a beneficios no para que otros puedan gozar de tenerlos, sino para poder ser «desinteresado» renunciando a ellos. Este es un gran punto ganado. Otra gran ayuda, cuando las partes implicadas son hombre y mujer, es la diferencia de opinión que hemos establecido entre los sexos acerca del desinterés. Una mujer entiende por desinterés, principalmente, tomarse molestias por los demás; para un hombre significa no molestar a los demás. En consecuencia, una mujer muy entregada al servicio del Enemigo se convertirá en una molestia mucho mayor que cualquier hombre, excepto aquellos a los que Nuestro Padre ha dominado por completo; e, inversamente, un hombre vivirá durante mucho tiempo en el campo del Enemigo antes de que emprenda tanto trabajo espontáneo para agradar a los demás como el que una mujer completamente corriente puede hacer todos los días. Así, mientras que la mujer piensa en hacer buenas obras y el hombre en respetar los derechos de los demás, cada sexo, sin ninguna falta de razón evidente, puede considerar y considera al otro radicalmente egoísta.

Además de todas estas confusiones, tú puedes añadir algunas más. El encantamiento erótico produce una mutua complacencia en la que a cada uno le agrada *realmente* ceder a los deseos del otro. También saben que el Enemigo les exige un grado de caridad que, de ser alcanzado, daría lugar a actos similares. Debes hacer que establezcan como una ley para toda su vida de casados ese grado de mutuo sacrificio de sí que actualmente mana espontáneamente del encantamiento, pero que, cuando el encantamiento se desvanezca, no tendrán caridad suficiente para permitirles realizarlo. No verán la trampa, ya que están bajo la doble ceguera de confundir la excitación sexual con la caridad y de pensar que la excitación durará.

Una vez establecida como norma una especie de desinterés oficial, legal o nominal —una regla para cuyo cumplimiento sus recursos emocionales se han desvanecido y sus recursos espirituales aún no han madurado—, se producen los más deliciosos resultados. Al considerar cualquier acción conjunta, resulta obligatorio que A argumenta a favor de los supuestos deseos de B y en contra de los propios, mientras B hace lo contrario. Con frecuencia, es imposible averiguar cuáles son los auténticos deseos de cualquiera de las partes; con suerte, acaban haciendo algo que ninguno quiere, mientras que cada uno siente una agradable sensación de virtuosidad y abriga una secreta exigencia de trato preferencial por el desinterés de que ha dado prueba y un secreto motivo de rencor hacia el otro por la facilidad con que ha aceptado su sacrificio. Más tarde, puedes adentrarte en lo que podría denominarse la Ilusión del Conflicto Generoso. Este juego se juega mejor con más de dos jugadores, por ejemplo en una familia con chicos mayores. Se propone algo completamente trivial, como tomar el té en el jardín. Un miembro de la familia se cuida de dejar bien claro (aunque no con palabras) que preferiría no hacerlo, pero que, por supuesto, está dispuesto a hacerlo, por «desinterés». Los demás retiran al instante su propuesta, ostensiblemente a causa de su propio «desinterés», pero en realidad porque no quieren ser utilizados como una especie de maniquí sobre el que el primer interlocutor deje caer altruismos baratos. Pero este no se va a dejar privar de su orgía de desinterés. Insiste en hacer «lo que los otros quieren». Ellos insisten en hacer lo que él quiere.

Los ánimos se caldean. Pronto alguien está diciendo: «¡Muy bien, pues entonces no tomaremos té en ningún sitio!», a lo que sigue una verdadera discusión, con amargo resentimiento por ambos lados. ¿Ves cómo se consigue? Si cada uno hubiese estado defendiendo francamente su verdadero deseo, todos se habrían mantenido dentro de los límites de la razón y la cortesía; pero, precisamente porque la discusión está invertida y cada lado está contendiendo la batalla del otro lado, toda la amargura que realmente fluye de la virtuosidad y la obstinación frustradas y de los motivos de rencor acumulados en los últimos diez años queda ocultada por el «desinterés» oficial o nominal de lo que están haciendo, o, por lo menos, les sirve como motivo para que se les excuse. Cada lado es, de hecho, plenamente consciente de lo barato que es el desinterés del adversario y de la falsa posición a la que está tratando de empujarles; pero cada uno se las arregla para sentirse irreprochable y abusado, sin más deshonestidad de la que resulta natural en un hombre.

Un humano sensato dijo: «Si la gente supiese cuántos malos sentimientos ocasiona el desinterés, no se recomendaría tan a menudo desde el púlpito»; y además: «Es el tipo de mujer que vive para los demás: siempre puedes distinguir a los demás por su expresión de acosados». Todo esto puede iniciarse incluso en el período de noviazgo. Un poco de auténtico egoísmo por parte de tu paciente es con frecuencia de menor valor a la larga, para hacerse con su alma, que los primeros comienzos de ese elaborado y consciente desinterés que puede un día florecer en algo como lo que te he descrito. Cierto grado de falsedad mutua, cierta sorpresa de que la chica no siempre note lo desinteresado que está siendo, se pueden meter de contrabando ya. Cuida mucho estas cosas, y, sobre todo, no dejes que los tontos jóvenes se den cuenta de ellas. Si las notan, estarán en camino de descubrir que el «amor» no es bastante, que se necesita caridad y aún no la han alcanzado, y que ninguna ley externa puede suplir su función. Me gustaría que Suburbiano pudiera hacer algo para minar el sentido del ridículo de esa joven.

Tu cariñoso tío,
ESCRUTOPO

27

Mi querido Orugario:

Pareces estar consiguiendo muy poco por ahora. La utilidad de su «amor» para distraer su pensamiento del Enemigo es, por supuesto, obvia, pero revelas el pobre uso que estás haciendo de él cuando dices que la cuestión de la distracción y del pensamiento errante se han convertido ahora en uno de los temas principales de sus oraciones. Eso significa que has fracasado en gran medida. Cuando esta o cualquier otra distracción cruce su mente, deberías animarle a apartarla por pura fuerza de voluntad y a tratar de proseguir su oración normal como si no hubiese pasado nada; una vez que acepta la distracción como su problema actual y expone *eso* ante el Enemigo y lo hace el tema principal de sus oraciones y de sus esfuerzos, entonces, lejos de hacer bien, has hecho daño. Cualquier cosa, incluso un pecado, que tenga el efecto final de acercarle al Enemigo, nos perjudica a la larga.

Un curso de acción prometedor es el siguiente: ahora que está enamorado, una nueva idea de la felicidad *terrena* ha nacido en su mente; y de ahí una nueva urgencia en sus oraciones de petición: sobre esta guerra y otros asuntos semejantes. Ahora es el momento de suscitar dificultades intelectuales acerca de esta clase de oraciones. La falsa espiritualidad debe estimularse siempre. Con el motivo aparentemente piadoso de que «la alabanza y la comunión con Dios son la verdadera oración», con frecuencia se puede atraer a los humanos a la desobediencia directa al Enemigo, Quien (en su habitual estilo plano, vulgar, sin interés) les ha dicho claramente que recen por el pan de cada día y por la curación de sus enfermos. Les ocultarás, naturalmente, el hecho de que la oración por el pan de cada día, interpretada en un «sentido espiritual», es en el fondo tan vulgarmente de petición como en cualquier otro sentido.

Ya que tu paciente ha contraído el terrible hábito de la obediencia, probablemente seguirá diciendo oraciones tan «vulgares» hagas lo que hagas. Pero puedes preocuparle con la obsesionante sospecha de que tal práctica es absurda y no puede tener resultados objetivos. No olvides usar el razonamiento: «Cara, yo gano; cruz, tú pierdes». Si no ocurre lo que él pide, entonces eso es una prueba más de que las oraciones de petición no sirven; si ocurre, será capaz, naturalmente, de ver algunas de las causas físicas que condujeron a ello, y «por tanto, hubiese ocurrido de cualquier modo», y así una petición concedida resulta tan buena prueba como una denegada de que las oraciones son ineficientes.

Tú, al ser un espíritu, encontrarás difícil de entender cómo se engaña de este modo. Pero debes recordar que él toma el tiempo por una realidad definitiva. Supone que el Enemigo, como él, ve algunas cosas como presentes, recuerda otras como pasadas y prevé otras como futuras; o, incluso si cree que el Enemigo no ve las cosas de ese modo, sin embargo, en el fondo de su corazón, considera eso como una particularidad del modo de percepción del Enemigo; no cree realmente (aunque diría que sí) que las cosas son tal como las ve el Enemigo. Si tratase de explicarle que las oraciones de los hombres de hoy son una de las incontables coordenadas con las que el Enemigo armoniza el tiempo que hará mañana, te replicaría que entonces el Enemigo siempre supo que los hombres iban a decir esas oraciones, y, por tanto, que no oraron libremente, sino que estaban predestinados a hacerlo. Y añadiría que el tiempo que hará un día dado puede trazarse a través de sus causas hasta la creación originaria de la materia misma, de forma que todo, tanto desde el lado humano como desde el material, está «dado desde el principio». Lo que debería decir es, por supuesto, evidente para nosotros: que el problema de adaptar el tiempo particular a las oraciones particulares es meramente la aparición, en dos puntos de su forma de percepción temporal, del problema total de adaptar el universo espiritual entero al universo corporal entero; que la creación en su totalidad actúa en todos los puntos del espacio y del tiempo, o mejor, que su especie de consciencia les obliga a enfrentarse con el acto creador completo y coherente como una serie de acontecimientos sucesivos. *Por qué* ese acto creador deja sitio a su libre voluntad es el problema de los problemas, el secreto oculto tras las tonterías del Enemigo acerca del «Amor». *Cómo* lo hace no supone problema alguno, porque el Enemigo no *prevé* a los humanos haciendo sus libres aportaciones en el futuro, sino que los *ve* haciéndolo en su Ahora ilimitado. Y, evidentemente, contemplar a un hombre haciendo algo no es obligarle a hacerlo.

Se puede replicar que algunos escritores humanos entrometidos, notablemente Boecio, han divulgado este secreto. Pero en el clima intelectual que al fin hemos logrado suscitar por toda la Europa occidental, no debes preocuparte por eso. Solo los eruditos leen libros antiguos, y nos hemos ocupado ya de los eruditos para que sean, de todos los hombres, los que tienen menos probabilidades de adquirir sabiduría leyéndolos. Hemos conseguido esto inculcándoles el Punto de Vista Histórico. El Punto de Vista Histórico significa, en pocas palabras, que cuando a un erudito se le presenta una afirmación de un autor antiguo, la única cuestión que nunca se plantea es si es verdad. Se pregunta quién influyó en el antiguo escritor, y hasta qué punto su afirmación es consistente con lo que dijo en otros libros, y qué etapa de la evolución del escritor, o de la historia general del pensamiento, ilustra, y cómo afectó a escritores posteriores, y con qué frecuencia ha sido mal interpretado (en especial por los propios colegas del erudito), y cuál ha sido la marcha general de su crítica durante los últimos diez años, y cuál es el «estado actual de la cuestión». Considerar al escritor antiguo como una posible fuente de conocimiento —presumir que lo que dijo podría tal vez modificar los pensamientos o el comportamiento de uno— sería rechazado como algo indeciblemente ingenuo. Y puesto que no podemos engañar continuamente a toda la raza humana, resulta de la máxima importancia aislar así a cada generación de las demás; porque cuando el conocimiento circula libremente entre unas épocas y otras, existe siempre el peligro de que los errores característicos de una puedan ser corregidos por las verdades características de otra. Pero, gracias a Nuestro Padre y al Punto de Vista Histórico, los grandes sabios están ahora tan poco nutridos por el pasado como el más ignorante mecánico que mantiene que «la historia es un absurdo».

Tu cariñoso tío,

ESCRUTOPO

28

Mi querido Orugario:

Cuando te dije que no llenases tus cartas de basura acerca de la guerra quería decir, por supuesto, que no quería oír tus rapsodias más bien infantiles sobre la muerte de los hombres y la destrucción de las ciudades. En la medida en que la guerra afecte realmente el estado espiritual del paciente, naturalmente quiero informes completos. Y en este aspecto pareces singularmente obtuso. Así, me cuentas con alegría que hay motivos para esperar intensos ataques aéreos sobre la ciudad donde vive el paciente. Este es un ejemplo atroz de algo acerca de lo que ya me he lamentado: la facilidad con que olvidas la finalidad principal de tu goce inmediato del sufrimiento humano. ¿No sabes que las bombas matan hombres? ¿O no te das cuenta de que la muerte del paciente, en este momento, es precisamente lo que queremos evitar? Ha escapado de los amigos mundanos con los que intentaste liarle, se ha «enamorado» de una mujer muy cristiana y de momento es inmune a tus ataques contra su castidad, y los diferentes métodos de corromper su vida espiritual que hemos probado hasta ahora no han tenido éxito. En este momento, cuando todo el impacto de la guerra se acerca y sus esperanzas mundanas ocupan un lugar proporcionalmente inferior en su mente, llena de su trabajo de defensa, llena de la chica, obligada a ocuparse de sus vecinos más que nunca lo había hecho y gustándole más de lo que esperaba, «fuera de sí mismo», como dicen los hombres, y aumentando cada día su dependencia consciente del Enemigo, es casi seguro que le perderemos si muere esta noche. Esto es tan evidente que me da vergüenza escribirlo. Me pregunto a veces si no se os mantendrá a los diablos jóvenes durante demasiado tiempo seguido en misiones de tentación, si no corréis algún peligro de resultar infectados por los sentimientos y valores de los humanos entre los que trabajáis. Ellos, por supuesto, tienden a considerar la muerte como el mal máximo, y la supervivencia como el bien supremo. Pero esto es porque les hemos educado para que pensaran así. No nos dejemos contagiar por nuestra propia propaganda. Ya sé que parece extraño que tu objetivo primordial por el momento sea precisamente aquello por lo que oran la novia y la madre del paciente; es decir, su seguridad física. Pero así es: deberías estar cuidándole como la niña de tus ojos. Si muere ahora, lo pierdes. Si sobrevive a la guerra, siempre hay esperanza. El Enemigo le ha protegido de ti durante la primera gran oleada de tentaciones. Pero, solo con que se le pueda mantener vivo, tendrás al tiempo mismo como aliado tuyo. Los largos, aburridos y monótonos años de prosperidad en la edad madura o de adversidad en la misma edad son un excelente tiempo de combate. Es tan difícil para estas criaturas el *perseverar*... La rutina de la adversidad, la gradual decadencia de los amores juveniles y de las esperanzas juveniles, la callada desesperación (apenas sentida como dolorosa) de superar alguna vez las tentaciones crónicas con que una y otra vez les hemos derrotado, la tristeza que creamos en sus vidas y el resentimiento incoherente con que les enseñamos a reaccionar a ella, todo esto proporciona admirables oportunidades para desgastar un alma por agotamiento. Si, por el contrario, su edad madura resulta próspera, nuestra posición es aún más sólida. La prosperidad une a un hombre al Mundo. Siente que está «encontrando su lugar en él», cuando en realidad el Mundo está encontrando su lugar en él. Su creciente prestigio, su cada vez más amplio círculo de conocidos, la creciente presión de un trabajo absorbente y agradable, construyen en su interior una sensación de estar realmente a gusto en la Tierra, que es precisamente lo que nos conviene. Notarás que los jóvenes suelen generalmente resistirse menos a morir que los maduros y los viejos.

Lo cierto es que el Enemigo, tras haber extrañamente destinado a estos meros animales a la vida en su propio mundo eterno, les ha protegido bastante eficazmente del peligro de sentirse a gusto en cualquier otro sitio. Por eso debemos con frecuencia desear una larga vida a nuestros pacientes; en setenta años no sobra un día para la difícil tarea de desenmarañar sus almas del Cielo y edificar una firme atadura a la Tierra. Mientras son jóvenes, siempre les encontramos saliéndose por la tangente. Incluso si nos las arreglamos para mantenerles ignorantes de la religión explícita, los imprevisibles vientos de la fantasía, la música y la poesía —el mero rostro de una muchacha, el canto de un pájaro o la visión de un horizonte— siempre están volando por los aires toda nuestra estructura. *No* se dedicarán firmemente al progreso mundano, ni a las relaciones prudentes, ni a la política de seguridad ante todo. Su apetito del Cielo es tan empedernido que nuestro mejor método, en esta etapa, para atarles a la Tierra es hacerles creer que la Tierra puede ser convertida en el Cielo en alguna fecha futura por la política o la eugenesia o la «ciencia» o la psicología o cualquier cosa. La verdadera mundanidad es obra del tiempo, ayudado, naturalmente, por el orgullo, porque les enseñamos a describir la muerte que avanza arrastrándose como Buen Sentido o Madurez o Experiencia. La *experiencia*, en el peculiar sentido que les enseñamos a darle, es, por cierto, una palabra de gran utilidad. Un gran filósofo humano casi reveló nuestro secreto cuando dijo que, en lo referente a la Virtud, «la experiencia es la madre de la ilusión»; pero gracias a un cambio de moda, y gracias también, por supuesto, al Punto de Vista Histórico, hemos hecho prácticamente inofensivo su libro.

Puede calcularse lo inapreciable que es el tiempo para nosotros por el hecho de que el Enemigo nos conceda tan poco. La mayor parte de la raza humana muere en la infancia; de los supervivientes, muchos mueren en la juventud. Es obvio que para Él el nacimiento humano es importante sobre todo como forma de hacer posible la muerte humana, y la muerte solo como pórtico a esa otra clase de vida. Se nos permite trabajar únicamente sobre una minoría selecta de la raza, porque lo que los humanos llaman una «vida normal» es la excepción. Al parecer, Él quiere que algunos —pero solo muy pocos— de los animales humanos con que está poblando el Cielo hayan tenido la experiencia de resistirnos a lo largo de una vida terrenal de sesenta o setenta años. Bueno, esa es nuestra oportunidad. Cuanto menor sea, mejor hemos de aprovecharla. Hagas lo que hagas, mantén a tu paciente tan a salvo como te sea posible.

Tu cariñoso tío,
ESCRUTOPO

29

MI QUERIDO ORUGARIO:

AHORA QUE ES seguro que los humanos alemanes van a bombardear la ciudad de tu paciente y que sus obligaciones le van a mantener en el lugar de máximo peligro, debemos pensar nuestra política. ¿Hemos de tomar por objetivo la cobardía o el valor, con el orgullo consiguiente... o el odio a los alemanes?

Bueno, me temo que es inútil tratar de hacerle valiente. Nuestro Departamento de Investigación no ha descubierto todavía (aunque el éxito se espera cada hora) cómo producir ninguna virtud. Esta es una grave desventaja. Para ser enorme y efectivamente malo, un hombre necesita alguna virtud. ¿Qué hubiera sido Atila sin su valor, o Shylock sin abnegación en lo que se refiere a la carne? Pero como no podemos suministrar esas cualidades nosotros mismos, solo podemos utilizarlas cuando las suministra el Enemigo; y esto significa dejarle a Él una especie de asidero en aquellos hombres que, de otro modo, hemos hecho más totalmente nuestros. Un arreglo muy insatisfactorio, pero confío en que algún día conseguiremos mejorarlo.

El odio podemos conseguirlo. La tensión de los nervios humanos en medio del ruido, el peligro y la fatiga les hace propensos a cualquier emoción violenta, y solo es cuestión de guiar esta susceptibilidad por los conductos adecuados. Si su conciencia se resiste, atúrdele. Déjale decir que siente odio no por él, sino en nombre de las mujeres y los niños, y que a un cristiano le dicen que perdone a sus propios enemigos, no a los de otras personas. En otras palabras, déjale considerarse lo bastante identificado con las mujeres y los niños como para sentir odio en su nombre, pero no lo bastante identificado como para considerar a los enemigos de estos como propios y, en consecuencia, como merecedores de su perdón.

Pero es mejor combinar el odio con el miedo. De todos los vicios, solo la cobardía es puramente dolorosa: horrible de anticipar, horrible de sentir, horrible de recordar; el odio tiene sus placeres. En consecuencia, el odio es a menudo la compensación mediante la que un hombre asustado se resarce de los sufrimientos del miedo. Cuanto más miedo tenga, más odiará. Y el odio es también un antídoto de la vergüenza. Por tanto, para hacer una herida profunda en su caridad, primero debes vencer su valor.

Ahora bien, esto es un asunto peliagudo. Hemos hecho que los hombres se enorgullezcan de la mayor parte de los vicios, pero no de la cobardía. Cada vez que hemos estado a punto de lograrlo, el Enemigo permite una guerra o un terremoto o cualquier otra calamidad, y al instante el valor resulta tan obviamente encantador e importante, incluso a los ojos de los humanos, que toda nuestra labor es arruinada, y todavía queda un vicio del que sienten auténtica vergüenza. El peligro de inculcar la cobardía a nuestros pacientes, por tanto, estriba en que provocamos verdadero conocimiento de sí mismos y verdadero autodesprecio, con el arrepentimiento y la humildad consiguientes. Y, de hecho, durante la última guerra, miles de humanos, al descubrir su cobardía, descubrieron la moral por primera vez. En la paz, podemos hacer que muchos de ellos ignoren por completo el bien y el mal; en peligro, la cuestión se les plantea de tal forma que ni siquiera nosotros podemos cegarles. Esto supone un cruel dilema para nosotros. Si fomentásemos la justicia y la caridad entre los hombres, le haríamos el juego directamente al Enemigo; pero si les conducimos al comportamiento opuesto, esto produce antes o después (porque Él permite que lo produzca) una guerra o una revolución, y la ineludible alternativa entre la cobardía y el valor despierta a miles de hombres del letargo moral.

Esta es, de hecho, probablemente, una de las razones del Enemigo para crear un mundo peligroso, un mundo en el que las cuestiones morales se plantean a fondo. Él ve tan bien como tú que el valor no es simplemente *una* de las virtudes, sino la forma de todas las virtudes en su punto de prueba, lo que significa en el punto de máxima realidad. Una castidad o una honradez o una piedad que cede ante el peligro será casta u honrada o piadosa solo con condiciones. Pilatos fue piadoso hasta que resultó arriesgado.

Es posible, por tanto, perder tanto como ganamos haciendo de tu hombre un cobarde: ¡puede aprender demasiado sobre sí mismo! Siempre existe la posibilidad, claro está, no de cloroformizar la vergüenza, sino de agudizarla y provocar la desesperación. Esto sería un gran triunfo. Demostraría que había creído en el perdón de sus otros pecados por el Enemigo, y que lo había aceptado, solo porque él mismo no sentía completamente su pecaminosidad; que con respecto al único vicio cuya completa profundidad de deshonra comprende no puede buscar el Perdón, ni confiar en él. Pero me temo que le has dejado avanzar demasiado en la escuela del Enemigo, y que sabe que la desesperación es un pecado más grave que cualquiera de los que la producen.

En cuanto a la técnica real de la tentación a la cobardía, no hace falta decir mucho. Lo fundamental es que las precauciones tienden a aumentar el miedo. Las precauciones públicamente impuestas a tu paciente, sin embargo, pronto se convierten en una cuestión rutinaria, y ese efecto desaparece. Lo que debes hacer es mantener dando vueltas por su cabeza (al lado de la intención consciente de cumplir con su deber) la vaga idea de todo lo que puede hacer o no hacer, dentro del marco de su deber, que parece darle un poco más de seguridad. Desvía su pensamiento de la simple regla («Tengo que permanecer aquí y hacer tal y cual cosa») a una serie de hipótesis imaginarias («Si ocurriese A —aunque espero que no— podría hacer B, y en el peor de los casos, podría hacer C»). Si no las reconoce como tales, se le pueden inculcar supersticiones. La cuestión es hacer que no deje de tener la sensación de que, aparte del Enemigo y del valor que el Enemigo le infunde, tiene *algo a lo que recurrir*, de forma que lo que había de ser una entrega total al deber se vea totalmente minado por pequeñas reservas inconscientes. Fabricando una serie de recursos imaginarios para impedir «lo peor», puedes provocar, a ese nivel de su voluntad del que no es consciente, la decisión de que no ocurrirá «lo peor». Luego, en el momento de verdadero terror, méteselo en los nervios y en los músculos, y puedes conseguir que cometa el acto fatal antes de que sepa qué te propones. Porque, recuérdalo, el *acto* de cobardía es lo único que importa; la emoción del miedo no es, en sí, un pecado, y, aunque disfrutamos de ella, no nos sirve para nada.

Tu cariñoso tío,
ESCRUTOPO

30

MI QUERIDO ORUGARIO:

A VECES ME pregunto si te crees que has sido enviado al mundo para tu propia diversión. Colijo, no de tu miserablemente insuficiente informe, sino del de la Policía Infernal, que el comportamiento del paciente durante el primer ataque aéreo ha sido el peor posible. Estuvo muy asustado y se cree un gran cobarde, y por tanto no siente ningún orgullo; pero ha hecho todo lo que su deber le exigía y tal vez un poco más. Frente a este desastre, todo lo que puedes mostrar en tu haber es un arranque de mal genio contra un perro que le hizo tropezar, un número algo excesivo de cigarrillos fumados, y haber olvidado una oración. ¿De qué sirve que te me lamentes de tus dificultades? Si estás actuando de acuerdo con la idea de «justicia» del Enemigo e insinuando que tus posibilidades y tus intenciones debieran tenerse en cuenta, entonces no estoy muy seguro de que no te estés haciendo merecedor de una acusación de herejía. En cualquier caso, pronto verás que la justicia del Infierno es puramente realista, y que solo le interesan los resultados. Tráenos alimento, o sé tú mismo alimento.

El único pasaje constructivo de tu carta es aquel donde dices que todavía esperas buenos resultados de la fatiga del paciente. Eso está bastante bien. Pero no te caerá en las manos. La fatiga *puede* producir una extremada amabilidad, y paz de espíritu, e incluso algo parecido a la visión. Si has visto con frecuencia a hombres empujados por ella a la irritación, la malicia y la impaciencia, eso es porque esos hombres tenían tentadores eficientes. Lo paradójico es que una fatiga moderada es mejor terreno para el malhumor que el agotamiento absoluto. Esto depende en parte de causas físicas, pero en parte de algo más. No es simplemente la fatiga como tal la que produce la irritación, sino las exigencias inesperadas a un hombre ya cansado. Sea lo que sea lo que esperen, los hombres pronto llegan a pensar que tienen derecho a ello: el sentimiento de decepción puede ser convertido, con muy poca habilidad de nuestra parte, en un sentimiento de agravio. Los peligros del cansancio humilde y amable comienzan cuando los hombres se han rendido a lo irremediable, una vez que han perdido la esperanza de descansar y han dejado de pensar hasta en la media hora siguiente. Para conseguir los mejores resultados posibles de la fatiga del paciente, por tanto, debes alimentarle con falsas esperanzas. Métele en la cabeza razones plausibles para creer que el ataque aéreo no se repetirá. Haz que se reconforte pensando cuánto disfrutará de la cama la próxima noche. Exagera el cansancio, haciéndole creer que pronto habrá pasado, porque los hombres suelen sentir que no habrían podido soportar por más tiempo un esfuerzo en el momento preciso en que se está acabando, o cuando creen que se está acabando. En esto, como en el problema de la cobardía, lo que hay que evitar es la entrega absoluta. Diga lo que *diga*, haz que su íntima decisión no sea soportar lo que le caiga, sino soportarlo «por un tiempo razonable»; y haz que el tiempo razonable sea más corto de lo que sea probable que vaya a durar la prueba. No hace falta que sea *mucho* más corto; en los ataques contra la paciencia, la castidad y la fortaleza, lo divertido es hacer que el hombre se rinda justo cuando (si lo hubiese sabido) el alivio estaba casi a la vista.

No sé si es probable o no que se vea con la chica en situaciones de apuro. Si la ve, utiliza a fondo el hecho de que, hasta cierto punto, la fatiga hace que las mujeres hablen más y que los hombres hablen menos. De ahí puede suscitarse mucho resentimiento secreto, hasta entre enamorados.

Probablemente, las escenas que está presenciando ahora no suministrarán material para llevar a cabo un ataque *intelectual* contra su fe; tus fracasos precedentes han puesto eso fuera de tu poder. Pero hay una clase de ataque a las emociones que todavía puede intentarse. Consiste en hacerle *sentir*, cuando vea por primera vez restos humanos pegados a una pared, que así es «como es realmente el mundo», y que toda su religión ha sido una fantasía. Te habrás dado cuenta de que les tenemos completamente obnubilados en cuanto al significado de la palabra «real». Se dicen entre sí, acerca de alguna gran experiencia espiritual: «Todo lo que *realmente* sucedió es que oíste un poco de música en un edificio iluminado»; aquí «real» significa los hechos físicos desnudos, separados de los demás elementos de la experiencia que, efectivamente, tuvieron. Por otra parte, también dirán: «Está muy bien hablar de ese salto desde un trampolín alto, ahí sentado en un sillón, pero espera a estar allá arriba y verás lo que es *realmente*»: aquí «real» se utiliza en el sentido opuesto, para referirse no a los hechos físicos (que ya conocen, mientras discuten la cuestión sentados en sillones), sino al efecto emocional que estos hechos tienen en una conciencia humana. Cualquiera de estas acepciones de la palabra podría ser defendida; pero nuestra misión consiste en mantener las dos funcionando al mismo tiempo, de forma que el valor emocional de la palabra «real» pueda colocarse ahora a un lado, ahora al otro, de la cuenta, según nos convenga. La regla general que ya hemos establecido bastante bien entre ellos es que en todas las experiencias que pueden hacerles mejores o más felices, solo los hechos físicos son «reales», mientras que los elementos espirituales son «subjetivos»; en todas las experiencias que pueden desanimarles o corromperles, los elementos espirituales son la realidad fundamental, e ignorarlos es ser un escapista. Así, en el alumbramiento, la sangre y el dolor son «reales», y la alegría un mero punto de vista subjetivo; en la muerte, el terror y la fealdad revelan lo que la muerte «significa realmente». La odiosidad de una persona odiada es «real»: en el odio se ve a los hombres tal como son, se está desilusionando; pero el encanto de una persona amada es meramente una neblina subjetiva que oculta un fondo «real» de apetencia sexual o de asociación económica. Las guerras y la pobreza son «realmente» horribles; la paz y la abundancia son meros hechos físicos acerca de los cuales resulta que los hombres tienen ciertos sentimientos. Las criaturas siempre están acusándose mutuamente de querer «comerse el pastel y tenerlo»; pero gracias a nuestra labor están más a menudo en la difícil situación de pagar el pastel y no comérselo. Tu paciente, adecuadamente manipulado, no tendrá ninguna dificultad en considerar su emoción ante el espectáculo de unas entrañas humanas como una revelación de la realidad y su emoción ante la visión de unos niños felices o de un día radiante como mero sentimiento.

Tu cariñoso tío,
ESCRUTOPO

31

Mi querido, mi queridísimo Orugario, ricura, monada:

¡Qué equivocadamente vienes lloriqueando, ahora que todo está perdido, a preguntarme si es que los términos afectuosos en que me dirijo a ti no significaban nada desde el principio!

¡Al contrario! Queda tranquilo, que mi cariño hacia ti y tu cariño hacia mí se parecen como dos gotas de agua. Siempre te he deseado, como tú (pobre iluso) me deseabas. La diferencia estriba en que yo soy el más fuerte. Creo que te me entregarán ahora; o un pedazo de ti. ¿Quererte? Claro que sí. Un bocado tan exquisito como cualquier otro.

Has dejado que un alma se te escape de las manos. El aullido de hambre agudizada por esa pérdida resuena en este momento por todos los niveles del Reino del Ruido hasta las profundidades del mismísimo Trono. Me vuelve loco pensar en ello. ¡Qué bien sé lo que ocurrió en el instante en que te lo arrebataron! Hubo un repentino aclaramiento de sus ojos (¿no es verdad?) cuando te vio por vez primera, se dio cuenta de la parte que habías tenido de él, y supo que ya no la tenías. Piensa solo (y que sea el principio de tu agonía) lo que sintió en ese momento: como si se le hubiese caído una costra de una antigua herida, como si estuviese saliendo de una erupción espantosa, y parecida a una concha, como si se despojase de una vez para todas de una prenda sucia, mojada y pegajosa. ¡Por el Infierno, ya es bastante desgracia verles en sus días de mortales quitándose ropas sucias e incómodas y chapoteando en agua caliente y dando pequeños resoplidos de gusto, estirando sus miembros relajados! ¿Qué decir, entonces, de este desnudarse final, de esta completa purificación?

Cuanto más piensa uno en ello, peor resulta. ¡Se escapó tan fácilmente! Sin recelos graduales, sin sentencia del médico, sin sanatorio, sin quirófano, sin falsas esperanzas de vida: la pura e instantánea liberación. Un momento pareció que era todo nuestro mundo: el estrépito de las bombas, el hundimiento de las casas, el hedor y el sabor de explosivos de gran potencia en los labios y en los pulmones, los pies ardiendo de cansancio, el corazón helado por el horror, el cerebro dando vueltas, las piernas doliendo; el momento siguiente todo esto se había acabado, esfumado como un mal sueño, para no volver nunca a servir de nada. ¡Estúpido derrotado, superado! ¿Notaste con qué naturalidad —como si hubiese nacido para ella— el gusano nacido en la Tierra entró en su nueva vida? ¿Cómo todas sus dudas se hicieron, en un abrir y cerrar de ojos, ridículas? ¡Yo sé lo que la criatura se decía!: «Sí. Claro. Siempre ha sido así. Todos los horrores han seguido la misma trayectoria, empeorando y empeorando y empujándole a uno a un embotellamiento hasta que, en el instante preciso en el que uno pensaba que iba a ser aplastado, ¡fíjate!, habías salido de las apreturas y de pronto todo iba bien. La extracción dolía cada vez más, y de pronto la muela estaba sacada. El sueño se convertía en una pesadilla, y de pronto uno se despertaba. Uno muere y muere, y de pronto se está más allá de la muerte. ¿Cómo pude dudarlo alguna vez?».

Al verte a ti, también les vio a Ellos. Sé cómo fue. Retrocediste haciendo eses, mareado y cegado, más herido por Ellos que lo que él lo fue nunca por las bombas. ¡Qué degradación!: que esta cosa de tierra y barro pueda mantenerse erguida y conversar con unos espíritus ante los cuales tú, un espíritu, solo podías encogerte de miedo. Quizá tuviste la esperanza de que el temor reverencial y la extrañeza de todo ello mitigasen su alegría. Pero esa es la maldición del asunto: los dioses son extraños a los ojos mortales, y sin embargo no son extraños. Él no tenía hasta aquel preciso instante la más mínima idea de qué aspecto tendrían, e incluso dudaba de su existencia. Pero cuando los vio supo que siempre los había conocido y se dio cuenta de qué papel había desempeñado cada uno de ellos en muchos momentos de su vida en los que se creía solo, de forma que ahora podría decirles, uno a uno, no «¿Quién *eres* tú?», sino «Así que fuiste *tú* todo el tiempo». Todo lo que fueron y dijeron en esta reunión despertó recuerdos. La vaga consciencia de tener amigos a su alrededor que había encantado sus soledades desde la infancia estaba ahora, por fin, explicada;

aquella música en el centro de cada pura experiencia que siempre se había escapado de su memoria era ahora por fin recobrada. El reconocimiento le hizo libre en su compañía casi antes de que los miembros de su cadáver se quedasen rígidos. Solo a ti te dejaron fuera.

No solo les vio a Ellos; le vio a Él. Este animal, esta cosa engendrada en una cama, podía mirarle. Lo que es para ti fuego cegador y sofocante es ahora, para él, una luz fresca, es la claridad misma, y viste la forma de un Hombre. Te gustaría, si pudieras, interpretar la postración del paciente en su Presencia, su horror de sí mismo y su absoluto conocimiento de sus pecados (sí, Orugario, un conocimiento incluso más claro que el tuyo), a partir de la analogía de tus propias sensaciones de ahogo y parálisis cuando tropiezas con el aire mortal que respira el corazón del Cielo. Pero todo eso es un disparate. Todavía puede tener que enfrentarse con penas, pero ellos *abrazan* esas penas. No las trocarían por ningún placer terreno. Todos los deleites de los sentidos, o del corazón, o del intelecto con que una vez pudiste haberle tentado, incluso los deleites de la virtud misma, ahora le parecen, en comparación, casi como los atractivos seminauseabundos de una prostituta pintarrajeada le parecerían a un hombre cuya verdadera amada, a la que ha amado durante toda la vida y a la que había creído muerta, está viva y sana ahora a su puerta. Está atrapado en ese mundo en el que el dolor y el placer toman valores infinitos y en el que toda nuestra aritmética no tiene nada que hacer. Una vez más, nos enfrentamos con lo inexplicable. Después de la maldición de tentadores inútiles como tú, nuestra mayor maldición es el fracaso de nuestro Departamento de Información. ¡Si tan solo pudiésemos averiguar qué se propone! ¡Ay, ay, que el conocimiento, algo tan odioso y empalagoso en sí mismo, sea, sin embargo, necesario para el Poder! A veces casi me desespera. Todo lo que me mantiene es la convicción de que nuestro Realismo, nuestro rechazo (frente a todas las tentaciones) de todos los bobos desatinos y de la faramalla, *deben* triunfar al final. Entretanto, te tengo a ti para saciarme. Muy sinceramente firmo como

Tu creciente y vorazmente cariñoso tío,

ESCRUTOPO

LOS MILAGROS

Un estudio preliminar

A Cecil y Daphne Harwood

Un meteorito allá entre las colinas
yace inmenso; y el musgo lo ha arropado,
y lluvia y viento con certeros roces
aristas de su roca suavizaron.

Tan fácilmente dirigió la Tierra
una ascua de los fuegos de los astros;
y a su huésped de allende nuestra Luna
lo hace nativo de un inglés condado.

Que estos errantes peregrinos siempre
encuentran hospedaje en su regazo,
porque toda partícula terrestre
en el principio vino del espacio.

Lo que hoy es tierra alguna vez fue cielo;
del sol cayó cuando él soltó su mano,
o de un astro viajero que rozara
la enmelenada llama con su trazo.

Así, si aún llueven retardadas gotas,
la Tierra con destreza de artesano
las modela, lo mismo que a la ignífera
primera lluvia que cayó en sus brazos.

C. S. L.

LOS MILAGROS
CONTENIDO

I

FINALIDAD DE ESTE LIBRO

Los que quieren acertar deben investigar las exactas
preguntas preliminares.

ARISTÓTELES, *METAFÍSICA*, II (III), I

EN TODA MI vida he encontrado solo una persona que asegure haber visto un espíritu. Y el aspecto más interesante de la historia es que esta persona no creía en la inmortalidad del alma antes de ver el espíritu, y siguió sin creer después de haberlo visto. Decía que lo que vio debió de ser una ilusión o una argucia de los nervios. Seguramente tenía razón. Ver no es lo mismo que creer.

Por esta razón, a la pregunta de si se dan milagros no se puede responder simplemente por experiencia. Todo ofrecimiento que pueda presentarse como milagro es, en último término, algo que se ofrece a nuestros sentidos, algo que es visto, oído, tocado, olido o gustado. Y nuestros sentidos no son infalibles. Si nos parece que ha ocurrido alguna cosa extraordinaria, siempre podemos decir que hemos sido víctimas de una ilusión. Si mantenemos una filosofía que excluye lo sobrenatural, esto es lo que siempre tendremos que decir. Lo que aprendemos de la experiencia depende del género de filosofía con que afrontamos la experiencia. Es, por tanto, inútil apelar a la experiencia antes de haber establecido lo mejor posible la base filosófica.

Si la experiencia inmediata no puede demostrar ni rechazar el milagro, menos aún puede hacerlo la historia. Muchos piensan que es posible determinar si un milagro del pasado ocurrió realmente examinando testimonios «de acuerdo con las reglas ordinarias de la investigación histórica». Pero las reglas ordinarias no entran en funcionamiento hasta que hayamos decidido si son posibles los milagros, y si lo son, con qué probabilidad lo son. Porque si son imposibles, entonces no habrá acumulación de testimonios históricos que nos convenzan. Y si son posibles pero inmensamente improbables, entonces solo nos convencerá el argumento matemáticamente demostrable. Y puesto que la historia nunca nos ofrecerá este grado de testimonio sobre ningún acontecimiento, la historia no nos convencerá jamás de que ocurrió un determinado milagro.

Si, por otra parte, los milagros no son intrínsecamente improbables, se sigue que las pruebas existentes serán suficientes para convencernos de que se ha dado un buen número de milagros.

El resultado de nuestras investigaciones históricas depende, por tanto, de la visión filosófica que mantengamos antes incluso de empezar a considerar las pruebas. Es, pues, claro que la cuestión filosófica debe considerarse primero.

Veamos un ejemplo de los problemas que surgen si se omite la previa tarea filosófica para precipitarse en la histórica: en un comentario popular de la Biblia, se puede encontrar una discusión sobre la fecha en que fue escrito el cuarto Evangelio. El autor mantiene que tuvo que ser escrito después de la ejecución de san Pedro, porque en el cuarto Evangelio aparece Cristo prediciendo el martirio de san Pedro. El autor discurre así: «Un libro no puede haber sido escrito antes de los sucesos a los que se refiere». Por supuesto no puede... a no ser que alguna vez se den verdaderamente predicciones. Si se dan, el argumento sobre la fecha se derrumba y el autor no se ha molestado en discutir si las auténticas predicciones son posibles o no. Da la negativa por supuesta, quizá inconscientemente. Tal vez tenga razón; pero si la tiene, no ha descubierto este principio por una investigación histórica. Ha proyectado su incredulidad en las predicciones sobre un trabajo histórico, por decirlo así, prefabricadamente. A menos que lo hubiera investigado anteriormente, su conclusión histórica sobre la fecha del cuarto Evangelio no habría sido establecida de ningún modo. Su trabajo es, por consiguiente, inútil para una persona que quiere saber si existen predicciones. El autor entra en materia de hecho después de haberse respondido en forma negativa y sobre cimientos que no se toma el trabajo de exponernos.

Este libro está pensado como un paso preliminar a la investigación histórica. Yo no soy un historiador avezado y no pretendo examinar los testimonios históricos de los milagros cristianos. Mi esfuerzo es poner a mis lectores en condiciones de hacerlo. No tiene sentido acudir a los textos hasta adquirir alguna idea sobre la posibilidad o probabilidad de los milagros. Los que establecen que no pueden darse los milagros están simplemente perdiendo el tiempo al investigar en los textos; sabemos de antemano los resultados que obtendrán, ya que han comenzado por prejuzgar la cuestión.

2

EL NATURALISTA
Y EL SOBRENATURALISTA

¡Caramba!, exclamó la Sra. Snip, «¿hay algún lugar
donde la gente se atreve a vivir sobre la tierra?».
«Yo nunca he oído hablar de gente que viva bajo tierra»,
replicó Tim, «antes de venir a Giant-Land».
«¡Venir a Giant-Land!», exclamó la Sra. Snip,
«¿cómo? ¿no es todas partes Giant-Land?».

ROLAN QUIZZ, *GIANT-LAND*, CAP. 32

HE USADO LA palabra «Milagro» para designar una interferencia en la
Naturaleza de un poder sobrenatural.[1] A menos que exista, además de la
Naturaleza, algo más que podríamos llamar sobrenatural, no son posi-
bles los milagros. Hay personas que creen que no existe nada excepto la
Naturaleza; llamaré a estas personas «naturalistas». Otros piensan que,
aparte de la Naturaleza, existe algo más; los llamaré «sobrenaturalistas».
Nuestra primera cuestión es quiénes están en lo cierto: ¿los naturalistas o
los sobrenaturalistas? Y aquí viene nuestra primera dificultad.

---

1. No es esta la definición que darían muchos teólogos. La utilizo no por pensar que aventaja a
las otras, sino precisamente porque, al ser simple y «popular», me da la oportunidad de tratar más
fácilmente los interrogantes que «el lector medio» tiene probablemente en la cabeza cuando se
enfrenta con un libro sobre milagros.

Antes de que el naturalista y el sobrenaturalista puedan empezar a discutir sus diferencias de opinión, tienen necesariamente que coincidir en una definición compartida de los dos términos: Naturaleza y Sobrenaturaleza. Pero desgraciadamente es poco menos que imposible obtener tal definición. Precisamente porque el naturalista piensa que no existe nada más que la Naturaleza, la palabra «Naturaleza» significa para él simplemente «todo» o «el espectáculo total» o «cualquier cosa que exista». Y si esto es lo que significamos por Naturaleza, es evidente que no existe nada más. La verdadera cuestión entre este y el sobrenaturalista se nos ha escapado. Algunos filósofos han definido la Naturaleza como «Lo que percibimos por los cinco sentidos». Pero tampoco satisface; porque nosotros no percibimos nuestras propias emociones por este camino, y sin embargo podemos presumir que son acontecimientos «naturales». Para evitar este callejón sin salida y descubrir en qué difieren realmente el naturalista y el sobrenaturalista, tenemos que acercarnos al problema por un camino en espiral.

Comenzaré por considerar las siguientes sentencias: (1) ¿Tus dientes son naturales o postizos? (2) El perro en un estado natural está cubierto de pulgas. (3) Me encanta alejarme de las tierras cultivadas y carreteras asfaltadas y estar a solas con la Naturaleza. (4) Sé natural. ¿Por qué eres tan afectado? (5) Quizá estuvo mal besarla, pero fue algo natural.

Se puede fácilmente descubrir un hilo conductor de significado común en todas estas expresiones. Los dientes naturales son los que crecen en la boca; no tenemos que diseñarlos, fabricarlos o fijarlos. El estado natural del perro lo comprobaremos solo con que nadie se moleste en usar jabón y agua para evitarlo. El campo donde la Naturaleza reina como suprema señora es aquel en que el suelo, el agua y la vegetación realizan su obra ni ayudados ni impedidos por el hombre. El comportamiento natural es la conducta que la gente seguiría si no tuviera la preocupación de cohibirla. El beso natural es el que se daría si consideraciones morales o de prudencia no interfirieran. En todos estos ejemplos, Naturaleza significa lo que ocurre «por sí mismo» o «por una propia iniciativa»; aquello por lo que no es necesario trabajar; lo que se obtiene si no se toman medidas para impedirlo. La palabra griega que designa «Naturaleza» (*fisis*) está en conexión con el verbo «surgir»; la latina «Natura» con el verbo «nacer». Lo «natural» es lo que brota, lo que se da, lo que ya está ahí, lo espontáneo, lo no pretendido, lo no solicitado.

Lo que el naturalista cree es que el Hecho último, la cosa más allá de la cual no se puede llegar, es un vasto proceso en espacio y tiempo que «marcha por su propia iniciativa». Dentro de este sistema total, cada evento particular (como el que esté usted sentado leyendo este libro) ocurre porque otro evento ha ocurrido antes; a la larga, porque el Evento total está ocurriendo. Cada cosa particular (como esta página) es lo que es porque otras cosas son lo que son; y así, en último término, porque el sistema total es lo que es. Todas las cosas y todos los sucesos están tan completamente trabados que ninguno de ellos puede reclamar la más leve independencia de «el espectáculo total». Ninguno de ellos existe «por sí mismo» o «continúa por su propia iniciativa» excepto en el sentido de que muestra, en un particular lugar y tiempo, esta general «existencia propia» o «conducta propia» que corresponde a la «Naturaleza» (el gran trabado acontecimiento total) como un todo. Según esto, ningún naturalista consecuente cree en la voluntad libre; porque la voluntad libre significaría que los seres humanos tienen el poder de efectuar acciones independientes, el poder de hacer otra cosa o más de lo que está implicado en la serie total de eventos. Y cualquier género de poder independiente capaz de originar sucesos es lo que niega el naturalista. Espontaneidad, originalidad, acción «por propia iniciativa» es, según él, un privilegio reservado al «espectáculo total» que llama *Naturaleza*.

El sobrenaturalista coincide con el naturalista en que tiene que haber algo que exista por sí mismo; algún Hecho básico cuya existencia sería un sinsentido intentar explicar, porque este Hecho es en sí mismo el fundamento o punto de partida de toda explicación; pero no identifica este Hecho con «el espectáculo total». Piensa que las cosas se dividen en dos clases. En la primera clase encontramos o cosas o (más probablemente) un Algo Único que es básico y original, que existe por sí mismo. En la segunda clase encontramos cosas que son meramente derivaciones de ese Algo Único. El Algo Único básico ha causado todas las demás cosas. Existe por sí mismo, lo demás existe porque Ello existe. Las cosas dejarían de existir si Ello dejara algún momento de mantenerlas en existencia; serían alteradas si Ello las alterara.

La diferencia entre las dos concepciones podría expresarse diciendo que el Naturalismo nos da una visión democrática de la realidad, y el Sobrenaturalismo, una visión monárquica. El sobrenaturalista piensa que este privilegio pertenece a algunas cosas o (más probablemente) a ese Algo Único y no a los demás, como en la monarquía absoluta el rey tiene la soberanía y no el pueblo. Y como en la democracia todos los ciudadanos son iguales, así para el naturalista cada cosa o cada evento es tan bueno como cualquier otro en el sentido en que son igualmente dependientes del sistema total de cosas. Por supuesto, cada una de ellas es solamente la manera en la cual el ser del sistema total se muestra a sí mismo en un punto particular de espacio y tiempo. El sobrenaturalismo, por su parte, cree que el Algo Único o existente por sí mismo está en un nivel diferente de los demás y más importante que el resto de las cosas.

Al llegar a este punto, puede ocurrirse la sospecha de que el sobrenaturalismo brota del hecho de proyectar en el universo las estructuras de la sociedad monárquica. Pero entonces, evidentemente, sospecharíamos con igual razón que el naturalismo ha surgido de proyectar en el universo las estructuras de la moderna democracia. Estas dos sospechas, por tanto, nos cierran la puerta y la esperanza a la decisión de cuál de las dos teorías es más probable que sea la verdadera. Ambas posturas, por supuesto, nos evidencian que el sobrenaturalismo es filosofía característica de las épocas monárquicas y el naturalismo de las democráticas, en el sentido de que el sobrenaturalismo, aunque sea falso, fue mantenido por la gran masa del pueblo que no piensa durante centenares de años, lo mismo que el naturalismo, aunque sea falso, será mantenido por la gran masa del pueblo que no piensa en el mundo actual.

Cualquiera verá que el Algo Único existente por sí mismo (o la categoría menor de cosas existentes por sí mismas) en que cree el supernaturalista es lo que llamamos Dios o dioses. Propongo que, a partir de aquí, consideramos solo la forma de sobrenaturalismo que cree en un Dios único, en parte porque el politeísmo no es probable que sea una concepción vigente para la mayoría de mis lectores, y en parte porque los que creen en muchos dioses rara vez, de hecho, considerarán a estos dioses como creadores del universo y existentes por sí mismos. Los dioses de Grecia no eran realmente sobrenaturales en el sentido estricto que estamos dando a la palabra. Eran productos del sistema total e incluidos dentro de él. Esto introduce una distinción importante.

La diferencia entre naturalismo y sobrenaturalismo no es exactamente la misma que entre creer y no creer en Dios. El naturalismo, sin dejar de ser fiel a sí mismo, puede admitir una cierta especie de Dios. El gran evento intertrabado llamado Naturaleza puede ser de tal índole que produzca en un determinado estadio una gran conciencia cósmica, un «Dios» intramundano que brote del proceso total, lo mismo que la mente humana surge (de acuerdo con el naturalismo) de organismos humanos. Un naturalista no se opondría a este género de Dios. La razón es esta: un Dios así no quedaría fuera de la naturaleza o del sistema total, no existiría por sí mismo. Seguiría siendo «el espectáculo total», el Hecho básico, y este Dios sería meramente una de las cosas que el Hecho básico contiene, aunque se tratara de la más interesante. Lo que el naturalismo no puede admitir es la idea de un Dios que permanece fuera de la Naturaleza y que la crea.

Estamos ya en situación de establecer la diferencia entre el naturalista y sobrenaturalista a pesar de que den significados distintos a la palabra Naturaleza. El naturalista cree que un gran proceso o «acontecimiento» existe «por sí mismo» en espacio y tiempo, y que no existe nada más, ya que lo que llamamos cosas y eventos particulares son solo las partes en las que analizamos el gran proceso o las formas que este proceso toma en momentos concretos y en determinados puntos del espacio. El sobrenaturalismo cree que un Algo Único existe por sí mismo y ha producido el entretejido de espacio y tiempo y la sucesión de eventos trabados sistemáticamente que llenan ese lienzo. A este entretejido y a su contenido lo llama Naturaleza. Ello puede ser o puede no ser la única realidad que el Algo Primario ha producido. Podría haber otros sistemas además de este que llamamos Naturaleza.

En este sentido, podría haber varias «Naturalezas». Esta concepción debe ser cuidadosamente diferenciada de la que se llama comúnmente «pluralidad de mundos», es decir, diferentes sistemas solares o diferentes galaxias, «universos islas» que existan anchamente separadas en partes diversas de un único espacio y tiempo. Estas, sin que importe lo remotas que estén, formarían parte de la misma Naturaleza que nuestro Sol; él y ellas estarían intertrabadas por relaciones de una a otra, relaciones espaciotemporales y también relaciones causales. Y es precisamente esta intertrabazón recíproca dentro de un mismo sistema la que constituye eso que llamamos una Naturaleza. Otras Naturalezas pueden no ser espaciotemporales en absoluto; o si alguna de ellas lo fuera, su espacio y tiempo no tendría relación espacial ni temporal con nosotros. Es exactamente esta discontinuidad, esta falta de trabazón, lo que justificaría que las llamáramos Naturalezas distintas. Lo cual no significa que carecieran en absoluto de relación entre ellas, quedarían vinculadas por su origen común de una única Fuente sobrenatural. Serían, en cierto sentido, como las diferentes novelas de un mismo autor; los sucesos de una trama no tienen conexión con los sucesos de la otra excepto que han sido inventados por el mismo autor. Para encontrar la relación entre ambas, hay que llegar a la mente del escritor. No hay diálogo posible entre lo que dice Mr. Pickwick en *Pickwick Paper* y lo que oye Mrs. Gamp en *Martin Chuzzlewit*. Igualmente, no habrá diálogo normal entre dos sucesos de Naturaleza diferente. Por diálogo «normal» entiendo aquel que ocurre en virtud del carácter específico de los dos sistemas. Tenemos que poner la cualificación «normal» porque no conocemos de antemano si Dios quiere conectar parcialmente dos Naturalezas en un determinado punto: es decir, Él puede permitir que eventos «especiales» de una produzcan efectos en la otra. Así, haría en determinadas ocasiones una conexión parcial; porque la reciprocidad total que constituye una Naturaleza seguiría faltando a pesar de todo, y la anómala conexión surgiría no de lo que uno o ambos de los sistemas fuera en sí mismo, sino del acto divino que los juntara. Si esto ocurriera, cada una de las dos Naturalezas sería «sobrenatural» con respecto a la otra; pero el hecho de un contacto sería sobrenatural en un sentido más pleno, ya que no solo superaría esta o aquella Naturaleza, sino quedaría por encima de cualquier y de todas las Naturalezas. Esto sería un género de milagro. Lo otro sería una «interferencia» divina simplemente y no por el hecho de juntar las dos Naturalezas.

Todo esto, por el momento, es pura especulación. De ninguna manera se sigue del sobrenaturalismo que, de hecho, tengan que suceder Milagros de cualquier clase. Dios (el Algo primario) puede que nunca interfiera en concreto con el sistema natural que Él ha creado; y si ha creado más de un sistema natural, puede ser que nunca haga incidir el uno en el otro.

Pero este es un problema para más profunda investigación. Si decidiéramos que la Naturaleza no es la única cosa existente, se sigue que no podemos determinar de antemano si es o no inmune a los milagros. Hay cosas fuera de ella; no sabemos aún si pueden penetrarla. Las puertas pueden estar cerradas a cal y canto o puede que no lo estén. Pero si el Naturalismo es verdadero, entonces ciertamente sabemos desde ahora que los milagros son imposibles: nada puede penetrar en la Naturaleza desde fuera porque no hay nada fuera para poder penetrar, ya que la Naturaleza es todo. Sin duda, pueden ocurrir sucesos que en nuestra ignorancia malinterpretemos por milagros; pero serán en realidad (lo mismo que los sucesos más vulgares), una consecuencia inevitable de la índole del sistema total.

Nuestra primera opción, por tanto, tiene que ser entre Naturalismo y Sobrenaturalismo.

3

LA DIFICULTAD CARDINAL
DEL NATURALISMO

No podemos admitir los dos extremos, y no nos mofemos de las
limitaciones de la lógica... enmienda el dilema.

J. A. RICHARDS, *PRINCIPLES OF LITERARY*
CRITICISM, CAP. 25

SI EL NATURALISMO es verdad, cada cosa finita o cada suceso debe ser, en principio, explicable dentro de los términos del Sistema Total. Digo «explicable en principio» porque, desde luego, no se le puede pedir al Naturalismo que, en cualquier momento dado, tenga la explicación detallada de cada fenómeno. Evidentemente, muchas cosas solo se explicarán cuando las ciencias hayan hecho ulteriores procesos. Pero si se ha de aceptar el Naturalismo, tenemos el derecho de exigir que cada una de las cosas sea de tal género que podamos ver en conjunto cómo puede ser explicada en los términos del Sistema Total. Si existe cualquier cosa de tal condición que advirtamos de antemano la imposibilidad de darle esta clase de explicación, el Naturalismo irremediablemente se desmorona. Si la exigencia del pensamiento nos coacciona a permitir a cualquier cosa cualquier grado de independencia respecto al Sistema Total, si cualquier cosa nos da buenas pruebas de que funciona independientemente y de que es algo más que una expresión de la índole de la Naturaleza como un todo, en ese mismo punto hemos abandonado el Naturalismo. Porque por Naturalismo entendemos la doctrina de que solo existe la Naturaleza como sistema total intertrabado. Y si esto fuera verdad, cada cosa y suceso —si lo conociéramos suficientemente— sería explicable sin dejar residuos o cabos sueltos (nada de «jugadas de tacón») como un producto necesario del sistema. El Sistema Total, supuesto lo que es, resultaría una contradicción en sí mismo si usted no estuviera leyendo este libro en este momento y viceversa. La única causa por la cual usted está leyendo el libro tendría que ser que el Sistema Total en tal lugar y hora estaría forzado a seguir este derrotero.

Una amenaza contra el Naturalismo estricto ha sido disparada recientemente, sobre la cual no pienso dar ningún argumento, pero que vale la pena indicar. Los antiguos científicos creían que las más pequeñas partículas de materia se movían según leyes estrictas; en otras palabras, que los movimientos de cada partícula estaban «intertrabados» con el sistema total de la Naturaleza. Algunos científicos modernos piensan (si los entiendo correctamente) que no es así. Parecen afirmar que la unidad individual de materia (sería temerario seguir llamándola «partícula») se mueve de un modo indeterminado e impredecible; de hecho, se mueve «por sí misma» o «por su cuenta». La regularidad que observamos en los movimientos de los más pequeños cuerpos visibles se explica por el hecho de que cada uno de ellos contiene millones de unidades y que, por las leyes estadísticas, se equilibran las arbitrariedades de comportamiento de las unidades individuales. El movimiento de una unidad es impredecible, como es impredecible el resultado de tirar una vez una moneda al aire; sin embargo, el movimiento mayoritario de un billón de unidades se puede predecir, igual que si tiramos al aire una moneda un billón de veces, podemos calcular un número casi igual de caras y cruces. Advirtamos que, si esta teoría es verdad, hemos ya admitido algo distinto a la Naturaleza. Sería ciertamente un trauma demasiado fuerte para nuestra mentalidad el calificarlos de sobrenaturales. Pienso que tendríamos que llamarlos subnaturales. Pero toda nuestra seguridad de que la Naturaleza no tiene puertas y que no hay realidad alguna fuera de ella a la que abrir las puertas habría desaparecido. Parece que hay algo fuera de ella, lo «subnatural»; de este subnatural es desde donde son todos los sucesos y todos «los cuerpos», como si de él fueran alimentados; y es claro que si tiene la Naturaleza una puerta trasera que da a lo subnatural, entra en las posibilidades del juego que tenga una puerta principal que da a lo sobrenatural... y los sucesos podrían ser alimentados por esta puerta también.

He mencionado esta teoría porque nos ilumina con una luz suficientemente nítida ciertas concepciones que tendremos que analizar posteriormente. Por lo que a mí respecta, no estoy admitiendo que sea verdad. Quienes, como yo, han tenido una educación más filosófica que científica, encuentran casi imposible creer que los científicos quieren decir realmente lo que parece que dicen. No puedo evitar el pensar que ellos solo expresan que los movimientos de las unidades individuales son permanentemente incalculables para nosotros, no que sean en sí mismos arbitrarios y desprovistos de ley. Y aunque realmente mantengan esto segundo, un profano difícilmente puede abrazarse con la seguridad de que algún progreso científico ulterior no vaya mañana a echar por tierra toda esta idea de la subnaturaleza sin ley. Porque la gloria de la ciencia es progresar. Por tanto, me dirijo de buen grado hacia otros terrenos de argumentación.

Es claro que todo lo que conocemos más allá de nuestras propias sensaciones inmediatas lo deducimos de esas sensaciones. No quiero con esto decir que de niños empecemos por considerar nuestras sensaciones como «testimonios» y después arguyamos conscientemente sobre la existencia del espacio, la materia y las otras personas. Lo que quiero decir es que, si después de que hemos madurado lo suficiente como para entender la cuestión, nuestra seguridad en la existencia de cualquier cosa (digamos el Sistema Solar o la Armada Invencible) es atacada, nuestra argumentación en su defensa tendrá que tomar la forma de deducciones de nuestras sensaciones inmediatas. Expresado en su forma más general, la deducción se desarrollaría así: «Supuesto que se me ofrecen colores, sonidos, formas, placeres y dolores que yo no puedo predecir plenamente o controlar del todo, y supuesto que cuanto más los investigo más regular aparece su comportamiento, tiene que existir algo más que mi propio yo y esto debe ser algo sistemático». Dentro de esta deducción tan general, toda clase de concretas concatenaciones de deducciones nos llevan a desembocar en conclusiones más detalladas. Deducimos la evolución por los fósiles, deducimos la existencia de nuestro propio cerebro por lo que encontramos dentro de las calaveras de seres como nosotros en el laboratorio de disección.

Todo posible conocimiento, por tanto, depende de la validez de nuestro razonamiento. Si el sentimiento de certeza que expresamos por palabras como debe ser y por consiguiente y por supuesto que es una percepción real de cómo las cosas deben ser realmente, vamos por buen camino. Pero si esta certeza es solo un sentimiento en nuestra mente y no una penetración verdadera en las realidades más allá de nosotros —si solamente expresa el procedimiento como nuestra mente funciona—, entonces no podemos tener conocimiento alguno. Solo si el razonamiento humano es válido, la ciencia puede ser verdad.

De aquí se desprende que ninguna explicación del universo puede ser verdadera si esta explicación no abre la posibilidad de que nuestro pensamiento llegue a penetrarlo realmente como es. Una teoría que explicara todas las cosas en el universo pero que hiciera inviable creer que nuestro pensamiento es válido quedaría drásticamente descalificada. Porque se habría llegado a esta teoría precisamente por el pensamiento, y si nuestro pensamiento no es válido, la teoría se desmoronaría por sí misma. Habría destruido sus propias credenciales. Sería un argumento que probara que ningún argumento es válido —una prueba de que no pueden darse pruebas— lo cual es un sinsentido.

De este modo, el materialismo estricto se refuta a sí mismo con la razón aducida hace tiempo por el profesor Haldane: «Si mis procesos mentales están completamente determinados por los movimientos de los átomos en mi cerebro, no tengo razón ninguna para suponer que mis convicciones son verdaderas... y, por consiguiente, no tengo razón para suponer que mi cerebro esté formado por átomos» (*Possible Worlds*, p. 209).

Pero el Naturalismo, aunque no se trate del exclusivamente materialista, me parece que encierra la misma dificultad, si bien en una forma algo menos evidente. Ya que desacredita nuestro proceso de razonamiento o, por lo menos, reduce su credibilidad a un nivel tan pobre que lo hace inservible para soportar ese mismo Naturalismo que defiende.

La manera más sencilla de hacer ver esta afirmación es advertir los dos sentidos de la palabra «porque». Podemos decir: «El abuelo está hoy enfermo *porque* ayer comió langosta». También podemos decir: «El abuelo debe de estar hoy enfermo *porque* aún no se ha levantado» (puesto que sabemos que es un madrugador invariable cuando está bien). En la primera sentencia, *porque* indica relación Causa-Efecto: la comida le puso enfermo. En la segunda, indica la relación que los lógicos denominan Antecedente-Consecuente. La tardanza en levantarse el anciano no es la causa de la indisposición, sino la razón por la que deducimos que está indispuesto. Se da una diferencia semejante entre «Gritó *porque* se hirió» (Causa-Efecto) y «Se debió de herir *porque* gritó»

(Antecedente-Consecuente»). Nos es especialmente familiar la relación Antecedente-Consecuente *porque* así se procede en el razonamiento matemático: «A=C *porque*, como hemos probado antes, ambas son iguales a B».

La primera indica una conexión dinámica entre acontecimientos o «estados de cosas»; la otra, una relación lógica entre opiniones o afirmaciones.

Seguimos: una cadena de razonamiento no tiene valor como medio de encontrar la verdad, a menos que cada uno de los eslabones esté trabado con los anteriores en la relación Antecedente-Consecuente. Si nuestra B no se sigue lógicamente de nuestra A, el raciocinio es inútil. Si ha de ser verdad el pensamiento alcanzado al final del razonamiento, la respuesta correcta a la pregunta: «¿Por qué piensas esto?» tiene que empezar con el Antecedente-Consecuente *porque*.

En la otra vertiente, cada acontecimiento en la Naturaleza debe estar vinculado con los acontecimientos previos en la relación Causa-Efecto. Ahora bien, nuestros actos de pensamiento son acontecimientos. Por tanto, la verdadera respuesta a «¿Por qué piensas esto?» tiene que empezar con la Causa-Efecto *porque*. Si nuestra conclusión no es el consecuente lógico de un antecedente, resulta sin valor alguno y solo podría ser verdad por pura casualidad. Si no es el efecto de una causa, es de todo punto imposible que ocurra. Parece, pues, que para que cualquier cadena de raciocinio tenga valor, estos dos sistemas de conexión tienen que aplicarse simultáneamente a las mismas series de actos de la mente.

Pero desgraciadamente estos dos sistemas son totalmente distintos. Que algo sea causado no es lo mismo que ser demostrado. Pensamientos angustiosos, prejuicios, las exaltaciones de la locura, son causados; pero no tienen fundamento sólido objetivo. Más aún, ser causado es tan distinto de ser demostrado que nos comportamos en la discusión como si ambos términos se excluyeran mutuamente. La nueva existencia de causas para creer algo se considera, en la dialéctica popular, como motivo para levantar la sospecha de falta de fundamento, y la manera más frecuente de desacreditar la opinión de una persona es explicarla en el orden de las causas: «Tú dices eso *porque* (Causa-Efecto) eres capitalista, o hipocondríaco, o simplemente *porque* eres hombre, o *porque* eres mujer». La implicación es que si las causas explican totalmente una opinión, entonces, supuesto que las causas actúan inevitablemente, la opinión tendrá que surgir, tanto si tiene fundamento como si no. No necesitamos, así se piensa, descubrir fundamentos para una cosa que sin ellos puede explicarse plenamente.

Pero aunque existan fundamentos, ¿cuál es exactamente su conexión con la realidad actual de mi opinión, considerada como un fenómeno psicológico? Si es un fenómeno, debe ser causado. De hecho, debe ser simplemente un eslabón en una cadena de causas que se extiende hacia atrás hasta el comienzo y hacia adelante hasta el final del tiempo. ¿Cómo puede tal insignificancia como la falta de fundamentos lógicos impedir que surja mi opinión o cómo puede la existencia de fundamentos impulsarla?

Solo aparece una respuesta. Podríamos decir que lo mismo que un fenómeno de la mente causa otro fenómeno mental por Asociación (cuando pienso en *algarabía* pienso en mi escuela primaria), así también otro modo de ser causado un fenómeno mental es simplemente por el hecho de que haya fundamento para que se dé. Porque de este modo coincidirían el que haya causa y el que haya prueba.

Sin embargo, así expuesta esta explicación, es claramente falsa. Conocemos por experiencia que un pensamiento no causa necesariamente todos, e incluso no causa ninguno de los pensamientos que lógicamente se le podrían unir como Consecuente a Antecedente. Nos encontraríamos en un terrible marasmo si jamás pudiéramos pensar: «Esto es un vaso», sin derivar todas las interferencias que se pueden seguir. Es imposible derivarlas todas; lo más frecuente es que no derivemos ninguna. Tenemos, por tanto, que enmendar la ley que sugeríamos. Mi pensamiento puede causar otro no porque haya fundamento para él, sino porque veamos que lo hay.

Si usted desconfía de la metáfora sensorial «veamos», puede substituirla por «aprehendamos» o «descubramos» o simplemente «conozcamos». No existe diferencia, porque todas estas palabras nos representan lo que es realmente pensar. Los fenómenos del pensamiento son, sin duda, acontecimientos; pero son una clase muy especial de acontecimientos. Son «a propósito» de algo distinto de sí mismos, y pueden ser verdaderos o falsos. (Decir que «estos acontecimientos o hechos son falsos» significa, por supuesto, que la exposición de alguien sobre ellos es falsa). De aquí que los actos de inferencia pueden, y deben, ser considerados bajo dos luces diferentes. De una parte, son acontecimientos subjetivos, elementos en la historia psicológica de alguien. De otra parte, son penetraciones en algo, o conocimiento de algo distinto de sí mismos. Lo que desde mi primer punto de vista es una transición psicológica del pensamiento A al pensamiento B en un momento particular en una determinada mente, es desde el punto de vista del sujeto pensante una percepción de una implicación (si se da A, se sigue B). Cuando adoptamos el punto de vista psicológico, podemos usar el tiempo verbal pretérito. «B *siguió* a A en mis pensamientos». Pero cuando afirmamos una implicación, siempre usamos el presente: «B se sigue de A». Si alguna vez «se sigue de» en el sentido lógico, siempre se sigue. Y no es posible rechazar el segundo punto de vista como si fuera una ilusión subjetiva, sin desacreditar todo el conocimiento humano. Porque no podemos conocer nada más allá de nuestras propias sensaciones, a no ser que el acto de inferencia sea verdaderamente una penetración cognoscitiva.

Ahora bien, esto es así solo dentro de ciertos límites. Un acto de conocimiento tiene que estar determinado en cierto sentido, por lo que es conocido; nosotros tenemos que conocer que es así solamente porque es así. Esto es lo que significa conocer. Podemos, si nos parece, llamarlo una Causa-Efecto *porque*, y decir que «ser conocido» es un modo de causalidad. Pero es un modo singular y único. El acto de conocer tiene sin duda varias condiciones, sin las cuales no puede darse: atención y los estados de voluntad y de salud que presupone. Pero este carácter positivo tiene que estar determinado por la verdad que conoce. Si se pudiera explicar totalmente por otros orígenes, dejaría de ser conocimiento; de la misma manera (para usar un paralelo sensorial) que el pitido de mis oídos deja de ser lo que expresamos por el término «oír», si se explica plenamente por causas que no sean un sonido proveniente del otro mundo; como podría ser el sinsineo producido por un resfriado. Si lo que parece un acto de conocimiento es en buena parte explicable por otras fuentes distintas del mismo conocimiento, entonces el acto de conocer propiamente dicho quedaría limitado a la porción del fenómeno que esas otras fuentes dejan sin explicación; de la misma manera que las exigencias de explicación del fenómeno conocido como audición es la zona desconocida que nos queda después de haber descartado como su causa el sinsineo del oído producido por el resfriado. Cualquier camino que mantenga la explicación total de nuestro razonamiento sin admitir un acto de conocimiento determinado solamente por aquello que es conocido es una teoría que niega el razonamiento.

Entiendo que es precisamente esto lo que el Naturalismo se ve obligado a hacer. En efecto, el Naturalismo ofrece lo que afirma ser una completa explicación de nuestro comportamiento mental. Pero esta explicación, una vez analizada, no deja lugar a los actos de conocimiento o penetración, de los cuales depende todo el valor de nuestro pensamiento como medio para alcanzar la verdad.

Se admite comúnmente que la razón e incluso los sentimientos y aun la vida misma son aparecidos de última hora en la Naturaleza. Si no existe nada más que la Naturaleza, se desprende que la razón tiene que haber llegado por un proceso histórico. Y, por supuesto, para el Naturalista este proceso no fue programado para producir una conducta mental capaz de descubrir la verdad. No hubo Programador; y es claro que hasta que no hubo sujetos pensantes, no hubo tampoco verdad o falsedad. La forma de conducta mental que ahora llamamos pensamiento racional o inferencias tiene, por consiguiente, que haber ido «evolucionando» por una selección natural, por una poda gradual de los individuos menos aptos para sobrevivir.

Por consiguiente, hubo tiempos en que nuestros pensamientos no eran racionales. Es decir, hubo tiempos en que todos nuestros pensamientos eran —como muchos de nuestros pensamientos todavía lo son— meros sucesos subjetivos, no aprehensiones de verdades objetivas. Los que tenían una causa externa a nosotros mismos eran (lo mismo que el dolor) respuestas a estímulos. Ahora bien, la selección natural pudo solamente actuar por eliminación de las respuestas que fueron biológicamente perjudiciales, y multiplicación de aquellas que tendían a la supervivencia. No es concebible que ningún perfeccionamiento de las respuestas las pudiera convertir en actos de penetración, ni siquiera que remotamente intentara hacerlo así. La relación entre la respuesta y el estímulo es absolutamente distinta de la relación entre conocimiento y verdad conocida. Nuestra visión física es una respuesta a la luz mucho más útil que la de los organismos más elementales, que solo poseen una porción fotosensitiva. Pero ni esta ventaja ni ningún otro progreso que podamos suponer acercan un milímetro el hecho de que se dé conocimiento de la luz. Se requiere algo más sin lo cual nunca habríamos llegado a este conocimiento. Pero al conocimiento se llega por experiencias y por las deducciones que de ellas se extraen, no por el perfeccionamiento de las respuestas. No son los hombres de mejor vista los que más saben de la luz, sino los que han estudiado la ciencia pertinente. Del mismo modo, nuestras respuestas psicológicas a nuestro medio ambiente (nuestras curiosidades, aversiones, placeres, ilusiones) pueden mejorar indefinidamente (en el plano biológico) sin que lleguen a ser nada más que respuestas. Tal perfección de las respuestas no racionales, lejos de contribuir a su transformación en deducciones o inferencias válidas, deberían ser concebidas como un método diferente de obtener la supervivencia, como una alternativa de la razón. Un condicionamiento que garantizara que nunca hubiéramos de sentir placer excepto en aquello que nos fuera útil ni aversión más que ante lo peligroso, y que el grado de ambos sentimientos fuera minuciosamente proporcional al grado de utilidad o de peligro reales en el objeto, nos serviría tanto como la razón y mejor aún que ella en muchas circunstancias.

Sin embargo, además de la selección natural se da también la experiencia, experiencia que originariamente es individual, pero es además transmitida por tradición e información. Se podría pensar que la experiencia, a lo largo de los milenios, era la que habría hecho aparecer ese comportamiento mental que llamamos razón —dicho de otro modo, capacidad de deducción— extrayéndolo de una conducta mental que fue no racional originariamente. Experiencias repetidas de encontrar fuego (o residuos de fuego) donde había visto humo, condicionarían al hombre a suponer que encontraría fuego donde quiera que viera humo. Esta suposición, expresada en la forma «Si humo, entonces fuego» se convierte en lo que llamamos inferencia o deducción. ¿Se han originado así todas nuestras inferencias?

Si fue así, todas ellas son inferencias válidas. Tal proceso produciría sin duda suposiciones. Entrenaría a los hombres a suponer que habrá fuego cuando aparezca el humo, del mismo modo que los entrenaría a suponer que todos los cisnes eran blancos (hasta que vieron uno negro) o que el agua siempre herviría a 100° (hasta que alguno, de excursión en la montaña, intentó hervirla). Tales suposiciones no son deducciones y no son necesariamente verdad. La suposición de que cosas que han estado vinculadas en el pasado siempre estarán vinculadas en el futuro es el principal rector, no del comportamiento racional, sino del animal. La razón entra en juego precisamente cuando se hace la inferencia: «Supuesto que siempre han estado vinculadas, por tanto probablemente seguirán vinculadas» y prosigue para tratar de descubrir la vinculación. Cuando descubrimos lo que es el humo, entonces somos capaces de sustituir la mera suposición del fuego por una genuina inferencia. Hasta que esta deducción se efectúa, la razón reconoce la suposición como una mera suposición. Cuando esta suposición no es necesaria —es decir, cuando la inferencia depende de un axioma— ya no apelamos en absoluto a las experiencias pasadas. Mi creencia de que dos cosas iguales a una tercera son iguales entre sí no se basa en absoluto en el hecho de que yo no he sorprendido a las cosas comportándose de otra manera. Simplemente veo que «tiene» que ser así. El que algunos en nuestros tiempos llame a los axiomas tautologías me parece irrelevante. Es precisamente por medio de esas «tautologías» como avanzamos de conocer menos a conocer más.

Y llamarlas tautologías es otro modo de decir que son conocidas completa y ciertamente. El ver plenamente que A implica B exige (una vez que lo hemos visto) el reconocer que la afirmación de A y la afirmación de B están en lo profundo de la misma aserción. El grado en que una proporción verdadera es tautológica depende del grado de nuestra penetración en ella. Para el perfecto aritmético, 9 X 7 = 63 es una tautología, pero no para el niño que aprende la tabla ni para el primitivo calculador que la alcanza quizá juntando nueve grupos de siete elementos. Si la Naturaleza es un sistema totalmente cerrado en sí mismo, entonces cada ascensión verdadera sobre ella (por ejemplo, fue caluroso el verano de 1959) sería una tautología para una inteligencia que pudiera abarcar este sistema en su totalidad. «Dios es amor» puede ser una tautología para los serafines; no para los hombres.

Se dirá: «Es incontestable que, de hecho, adquirimos verdades por inferencias y deducciones». Ciertamente. Los dos, el Naturalista y yo lo admitimos. No podríamos discutir nada en caso contrario. La diferencia que pretendo subrayar es que él ofrece, y yo no, una historia de la evolución de la razón que es inconsistente con la pretensión de que él y yo tenemos que hacer las inferencias exactamente de la manera como de hecho las realizamos. Porque su historia es, y por la naturaleza del caso solo puede ser, una explicación en términos de Causa-Efecto de cómo el hombre llega a pensar de la manera como lo hace. Y, por supuesto, deja en el aire el problema completamente distinto de cómo puede justificar el pensar así. Esto carga sobre él el trabajo embarazoso de intentar mostrar cómo el producto evolucionante que ha descrito llega a ser también un poder de «ver» verdades.

Ya el mero intento es absurdo. La mejor manera de verlo es si consideramos la forma más humilde y casi desesperada de intentarlo. El Naturalista podría decir: «Bueno, quizá no podamos ver exactamente —por ahora al menos— cómo la selección natural transformó la subracional conducta mental en inferencias que alcanzan la verdad. Pero tenemos certeza de que esto, de hecho, ha ocurrido. Porque la selección natural está inclinada a preservar y promocionar la conducta útil. Y también descubrimos que nuestros hábitos de inferencia son útiles en realidad. Y si son útiles, deben alcanzar la verdad». Pero advirtamos lo que estamos haciendo. La misma inferencia está en juicio: es decir, el Naturalista ha dado una explicación de lo que nosotros pensábamos que son nuestras inferencias, que muestra que no son verdaderas penetraciones en absoluto. Nosotros y él queremos reafirmarnos. Y esta confirmación resulta una inferencia más (si es útil, entonces es verdadero); ¿y si esta inferencia no fuera verdad, en el supuesto de que aceptemos su cuadro evolucionante bajo la misma sospecha que todo el conjunto? Si el valor de nuestro razonamiento se pone en duda, no podemos restablecerlo razonando. Si, como dije antes, no tiene sentido una prueba de que no se pueden dar pruebas, tampoco lo tiene una prueba de que se pueden dar pruebas. La razón es nuestro punto de partida. No puede haber cuestión de atacarla ni de defenderla. El que por tratarla como un mero fenómeno se sitúa fuera de la razón no tiene medio de volver a entrar si no es escamoteando la cuestión básica.

Queda todavía una postura más humilde. Se puede, si se prefiere, renunciar a la posesión de la verdad. Se puede simplemente decir: «Nuestra manera de pensar es útil», sin añadir, ni siquiera para su interior, «y por tanto verdadera». Nos capacita para arreglar un hueso dislocado, construir un puente y fabricar un «Sputnik». Y esto ya es bastante. Las antiguas elevadas pretensiones de la razón deben ser olvidadas. Es un comportamiento desarrollado totalmente como ayuda a la práctica. Por esto precisamente, cuando lo utilizamos simplemente en la práctica funcionamos de maravilla; pero cuando nos remontamos a la especulación para conseguir vistas generales de «la realidad», terminamos en un sinfín de disputas filosóficas inútiles y probablemente de juego de palabras. Adiós a todo eso. No más teología, ni ontología ni metafísica...

Pero entonces, de igual modo, no más Naturalismo. Porque, por supuesto, el Naturalismo es un primer espécimen de esta torre de especulación descubierta desde la práctica para remontarse muy por encima de la experiencia, que acaba de ser condenada. La Naturaleza no es un objeto que pueda ser presentado a los sentidos o a la imaginación. Solo se puede alcanzar por las más remotas inferencias. O mejor, no se puede alcanzar, solo podemos aproximarnos. La Naturaleza es la unificación en un sistema único cerrado en sí mismo de todas las cosas deducidas de nuestros experimentos científicos. Más todavía, el Naturalista, no contento con establecer todo esto, continúa adelante con el barrido general de una afirmación negativa: «No hay nada más que esto». Una aserción ciertamente tan remota de la práctica, la experiencia y de cualquier comprobación imaginable como jamás se ha hecho desde que el hombre empezó a usar la razón especulativamente. Desde esta visión, el primerísimo paso hacia este uso es un abuso, es la perversión de una facultad exclusivamente práctica y el origen de todas las quimeras.

En estos supuestos, la posición del teísta puede ser una quimera casi tan exacerbada como la del Naturalista. (Casi, no exactamente; porque se abstiene de la suma audacia de una negación total). Pero el teísta ni necesita ni de hecho mantiene la defensa de estos supuestos. Él no se siente comprometido con la concepción de que la razón es fruto de un desarrollo comparativamente reciente, modelada por un proceso selectivo que selecciona solo lo biológicamente útil. Para él la razón —la razón de Dios— es más antigua que la Naturaleza, y de aquí proviene la ordenación de la Naturaleza, de donde se deriva nuestra capacidad de conocerla. Para él, la mente humana es iluminada en el acto de conocer por la razón Divina. Queda plenamente libre, en la medida necesaria, de la tremenda atadura de la causación no racional; y, por eso, libre para ser guiada por la verdad conocida. Y los procesos preliminares interiores a la Naturaleza que conducen a esta liberación, si existieran, estarían concebidos y programados para realizar esa misión.

Llamar al acto de conocer «sobrenatural» —al acto, no de recordar que algo fue así en el pasado, sino de «ver» que tiene que ser así siempre y eso en cualquier mundo posible—, llamar a ese acto sobrenatural es violentar nuestro uso lingüístico ordinario. Por supuesto que al decir «sobrenatural» no queremos expresar que sea fantasmagórico o sensacional, ni siquiera «espiritual» en cualquiera de los sentidos religiosos. Solo queremos significar que este acto «no encaja dentro»; que este acto, para ser lo que pretende ser —y si no lo es, todo nuestro pensamiento queda desacreditado— no puede ser simplemente la manifestación en un determinado lugar y tiempo de ese sistema de acontecimientos total y en gran parte carente de sentido que llamamos «Naturaleza». El acto de conocimiento tiene que saltar suficientemente libre de esa cadena universal para poder ser determinado por aquello que conoce.

Tiene aquí alguna importancia asegurarnos de que, si se nos introduce una vaga imaginería espacial (y así ocurrirá en muchas mentes) no sea esta equivocada. Debemos, para ello, situar nuestros actos de razón no como algo «por encima» o «por debajo» o «más allá» de la Naturaleza, sino más bien «de este lado de la Naturaleza». Si hemos de dibujarlos espacialmente, dibujémoslos entre nosotros y ella. Es mediante inferencias como edificamos la idea de Naturaleza. La razón se presenta antes que la Naturaleza, y de la razón depende nuestro concepto de Naturaleza. Nuestros actos de inferencia son anteriores a nuestra imagen de Naturaleza, casi como el teléfono es anterior a la voz del amigo que oímos por él. Cuando intentamos encajar estos actos en el cuadro de la Naturaleza, fracasamos. La imagen que situamos en el cuadro y rotulamos «Razón» siempre resulta que se convierte en una cosa diferente de la razón que disfrutamos y ejercemos mientras la colocamos allí. La descripción que tenemos que dar de pensamiento como fenómeno evolutivo siempre hace una excepción táctica en favor del pensamiento que nosotros mismos concebimos en ese momento. Porque la descripción del pensamiento, lo mismo que cualquier otro hecho particular, solo puede mostrar en un momento concreto y en un estado concreto de conciencia el trabajo general y en su mayor parte no racional, de todo el sistema intertrabado. Mientras que el acto presente de nuestro pensar exige, y debe exigir, ser un acto de penetración, un conocimiento suficientemente liberado de las causas no racionales para ser determinado positivamente solo por la verdad que conoce. En cambio, el pensamiento imaginado que colocamos dentro del cuadro depende —como depende la idea total de Naturaleza— del pensamiento que ahora estamos elaborando, no viceversa. Esta es la realidad primaria, en la que se fundamenta todo contenido de realidad de cualquier cosa. Si no encaja dentro de la Naturaleza, no podemos evitarlo. Ciertamente, por razón de esa explicación, no hemos de rendirnos. Si abandonáramos, estaríamos abandonando la Naturaleza también.

4

NATURALEZA
Y SOBRENATURALEZA

*A través de la larga tradición del pensamiento europeo
se ha dicho, aunque no lo han dicho todos, pero sí la
gran mayoría y, en cualquier caso, la gran mayoría de
aquellos que han probado que tenían derecho especial a
ser escuchados, que la Naturaleza, aunque es una cosa
que existe realmente, no es algo que exista en sí misma
o por su propia iniciativa y derecho, sino una cosa que
depende en su existencia de algo ulterior.*

R. G. COLLINGWOOD, *THE IDEA OF
NATURE*, III, III

SI NUESTRA ARGUMENTACIÓN ha sido sensata, los actos de razonamiento
no están intertrabados con el total sistema intertrabado de la Naturaleza,
como todas las demás partes lo están unas con otras. Los razonamientos
están conectados con la Naturaleza de una manera distinta; como el entender una máquina está ciertamente ligado con la máquina, pero no de la
misma manera que las partes de la máquina lo están unas con otras. El conocimiento de una cosa no es una parte de esa cosa. En este sentido, algo

más allá de la Naturaleza opera cuando quiera que razonamos. No digo que la consciencia esté necesariamente toda ella en la misma situación. Placeres, dolores, temores, esperanzas, afectos e imágenes mentales no tienen por qué estarlo. Ningún absurdo se seguiría por considerar todo esto como parte de la Naturaleza. La distinción que tenemos que hacer no es entre «mente» y «materia», mucho menos entre «alma» y «cuerpo» (cuatro palabras difíciles), sino entre Razón y Naturaleza: la frontera se sitúa no donde termina el «mundo del más allá» y donde empieza lo que en lenguaje vulgar llamaríamos «yo mismo», sino entre la razón y toda la masa de eventos no racionales, sean físicos o psicológicos.

En esta frontera, encontramos gran densidad de tráfico, pero es tráfico de una sola dirección. Es algo que forma parte de nuestra experiencia cotidiana el ver cómo los pensamientos racionales nos inducen y nos capacitan para alterar el curso de la Naturaleza. De la naturaleza física cuando utilizamos las matemáticas para construir un puente, de la naturaleza psicológica cuando aplicamos argumentos para alterar nuestras emociones. Solemos tener éxito con más frecuencia y más completamente al modificar la naturaleza física que al modificar la psicológica, pero algo conseguimos en los dos campos. Por otra parte, la Naturaleza es impotente por completo para producir pensamiento racional. No es que nunca modifique nuestro pensamiento, sino que en el momento en que lo hace, se para ahí, por esta misma razón, porque es racional. Porque, como ya hemos visto, cualquier cadena de razonamiento pierde todas las credenciales de racionalidad en el momento en que aparece como resultado total de causas no racionales. Cuando la Naturaleza intenta (por decirlo así) interferir en los pensamientos racionales solo logra matarlos. Este es el peculiar estado de cosas en la frontera. La Naturaleza solo puede penetrar en la Razón para matar; en cambio, la Razón puede invadir a la Naturaleza para tomar prisioneros e incluso para colonizar. Cada uno de los objetos que usted ve delante en este preciso momento —las paredes, el techo, los muebles, el libro, sus propias manos lavadas, sus uñas bien cortadas— son testigos de esta colonización de la Naturaleza por la Razón; porque ninguna de estas cosas estaría en el presente estado si la Naturaleza hubiera seguido su camino. Y si usted está atendiendo a mi argumentación tan de cerca como espero, esta atención también proviene de hábitos que la Razón ha impuesto al vagar natural de la consciencia. Por otra parte, si un dolor de muelas o una ansiedad está en este preciso momento impidiéndole a usted atender, entonces la Naturaleza está interfiriendo con su consciencia;

pero no para producir alguna nueva variedad de razonamiento, sino solo (en la medida en que puede) para suspender la Razón por completo.

En otras palabras, la relación entre Razón y Naturaleza es lo que algunos llaman una Relación Asimétrica. Fraternidad es relación simétrica, porque si A es hermano de B, B es hermano de A. Paternidad-filiación es relación asimétrica, porque si A es el padre de B, B no es el padre de A; la relación entre Razón y Naturaleza es de este género. La Razón no se relaciona con la Naturaleza como la Naturaleza se relaciona con la Razón.

Soy perfectamente consciente de lo chocante que los que han sido formados en el Naturalismo encontrarán este cuadro que empieza o esbozarse. Es francamente un lienzo en el que la Naturaleza (al menos en la superficie de nuestro planeta) está perforada o picada de viruelas en toda su extensión por pequeños orificios desde cada uno de los cuales algo de una entidad diferente a ella misma —es decir, la Razón— puede interferir en ella. Yo solo puedo suplicarle que, antes de tirar el libro, considere usted seriamente si su repugnancia instintiva a tal concepción es verdaderamente racional o es solo emocional o estética. Ya sé que la apetencia por un universo que es todo una pieza, y en el que cada cosa es la misma clase de cosa que cualquier otra cosa —una continuidad, una tela sin costura, un universo democrático— está profundamente asentada en el corazón moderno; en el mío no menos que en el de usted. Pero ¿tenemos alguna evidencia real de que las cosas son así?, ¿estamos confundiendo una probabilidad intrínseca con lo que solo es un afán humano por orden y armonía? Bacon nos previno hace tiempo de que «el entendimiento humano es, por su propia naturaleza, inclinado a suponer la existencia de mayor orden y regularidad en el mundo de lo que en realidad encuentra. Y aunque hay muchas cosas que son singulares y no encajadas, sin embargo, esbozamos para ellas paralelos, conjugaciones y relaciones que no existen. De aquí la ficción de que todos los cuerpos celestes se mueven en círculos perfectos» (*Novum Organum*, 1, 45). Pienso que Bacon tenía razón. La misma ciencia ha hecho que la realidad aparezca menos homogénea de lo que esperábamos que fuera. El atomismo newtoniano encajaba mucho más con lo que esperábamos (y deseábamos) que la teoría física de los quantas.

Si puede usted soportar, aunque solo sea de momento, la imagen de la Naturaleza que hemos sugerido, consideremos el otro factor, la Razón o ejemplos de la Razón que atacan a la Naturaleza. Hemos visto que el pensamiento racional no es parte del sistema de la Naturaleza. Dentro de cada hombre debe de haber una zona (por pequeña que sea) de actividad que está fuera o es independiente de la Naturaleza. En relación a la Naturaleza, el pensamiento racional anda «por su cuenta» o existe «de por sí». De aquí no se sigue que el pensamiento racional exista absolutamente por sí mismo. Puede ser independiente de la Naturaleza por ser dependiente de otra cosa. Porque lo que socava las credenciales del pensamiento no es la simple dependencia, sino la dependencia de lo no racional. La razón de un hombre ha sido conducida a ver cosas por la ayuda de la razón de otro hombre, y no es por eso de inferior calidad. Todavía queda abierta una cuestión: si la razón de cada hombre existe absolutamente de por sí, o si es el resultado de alguna causa racional; de hecho, de alguna otra Razón. Esta otra Razón podría encontrarse que depende de una tercera, y así sucesivamente, no importa lo lejos que este proceso se prolongue, con tal de que encontremos que la Razón proviene de la Razón en cada uno de los pasos. Solo cuando se nos pida que creamos que la Razón proviene de la no razón es cuando tenemos que gritar ¡Alto!, porque si no lo hacemos todo pensamiento queda desacreditado. Es, por tanto, evidente que antes o después tenemos que admitir una Razón que existe absolutamente por sí misma. El problema es si usted o yo podemos ser tal Razón existente por sí misma.

La cuestión casi se autorresponde en el momento que recordemos lo que significa la existencia «por sí misma». Significa ese género de existencia que el Naturalista atribuye al «espectáculo total» y el Sobrenaturalista atribuye a Dios. Por ejemplo, lo que existe por sí mismo tiene que haber existido desde toda la eternidad; porque si alguna otra cosa le pudo hacer a él que empezara a existir, entonces no existirá por sí mismo, sino por causa de otra cosa. Debe además existir incesantemente; es decir, no puede cesar de existir y luego empezar de nuevo. Porque si deja de ser, es evidente que no puede llamarse a sí mismo de nuevo a la existencia, y si otra cosa lo recrea, sería un ser dependiente de otro. Pues bien, es claro que mi Razón ha ido creciendo gradualmente desde mi nacimiento y queda interrumpida durante algunas horas cada noche. Yo, por consiguiente, no puedo ser la Razón eterna existente por sí misma que ni duerme ni dormita. Y si algún pensamiento es válido, tal Razón tiene que existir y tiene que ser la fuente de mi racionalidad imperfecta e intermitente. Por consiguiente, las mentes humanas no son las únicas entidades sobrenaturales que existen. Provienen de alguna parte. Cada una ha entrado en la Naturaleza desde la Sobrenaturaleza; cada una tiene su espíritu radical en un Ser eterno racional existente por sí mismo, a quien llamamos Dios. Cada una es un disparo o punta de lanza o incursión de esta realidad Sobrenatural en la Naturaleza.

Algunos levantarían aquí la siguiente pregunta: si la Razón es a veces presente y a veces no en mi mente, ¿no sería más sensato, en lugar de decir que «yo» soy un producto de la Razón eterna, decir simplemente que la Razón eterna opera ocasionalmente en mi organismo, dejándome a mí en mi condición de ser natural? Un alambre no se convierte en otra cosa superior a un alambre por el hecho de que una corriente eléctrica pase por él. Pero decir esto, en mi opinión, es olvidar la condición del razonar. No es un objeto que nos golpea, ni siquiera una sensación que percibimos. El razonamiento no es algo que «ocurre» en nosotros; nosotros lo producimos. Cada cadena de pensamientos va acompañada por lo que Kant llamó «el yo pensante». La doctrina tradicional de que yo soy una criatura a quien Dios ha dado la razón, pero que es distinta de Dios, me parece mucho más filosófica que la teoría de que lo que parece ser mi pensamiento es Dios pensando a través de mí. Desde ese otro punto de vista, es muy difícil explicar lo que pasa cuando yo pienso correctamente, pero llego a una conclusión falsa porque he sido mal informado de los hechos. Cómo Dios —que hay que suponer que conoce los hechos reales— se tendría que tomar la molestia de efectuar algunos de sus perfectamente racionales pensamientos a través de una mente proclive a producir Dios, tendría Él que equivocarse por causa del mío o hacer que yo me equivocase tomándolo por mío. Me parece mucho más de acuerdo con la realidad que los pensamientos humanos no son de Dios, sino iluminados por Dios.

Tengo, sin embargo, que apresurarme a añadir que este libro es sobre los milagros, no sobre todos los problemas. No pretendo dar una doctrina completa sobre el hombre; y nada más lejos de mi intención que pasar de contrabando una argumentación sobre la «inmortalidad del alma». Los más antiguos documentos cristianos muestran un asentimiento de pasada y sin excesivo relieve a la convicción de que la parte sobrenatural del hombre sobrevive a la muerte del organismo natural. Se interesan poco por el asunto. Lo que les interesa intensamente es la restauración o «resurrección» de toda la criatura por un acto divino milagroso; y hasta que hayamos llegado a alguna conclusión sobre los milagros en general, no entraremos a discutir este punto. A estas alturas, el elemento sobrenatural del hombre solo nos concierne como prueba de que existe algo más allá de la Naturaleza. La dignidad y el destino del hombre por el momento no tienen nada que ver con la argumentación. Nos interesamos en el hombre solo porque su racionalidad es el pequeño recadero que atraviesa la Naturaleza para decirnos que hay algo por detrás o por debajo de ella.

En un estanque cuya superficie estuviera completamente cubierta de suciedad y vegetación flotante, pudiera haber algunos nenúfares. Podríamos fijarnos en su belleza. Pero podría también llamar nuestra atención el hecho de que, por su estructura, nos pareciera deducir que debían tener unos tallos debajo prolongados en raíces hasta el fondo. El Naturalista piensa que el estanque, es decir, la Naturaleza (el gran acontecimiento en el espacio y el tiempo) tiene una profundidad indefinida; que no hay nada más que agua por mucho que profundicemos. Mi afirmación es que algunas de las cosas en la superficie (esto es, en nuestra experiencia) muestran lo contrario. Estas cosas (mentes racionales) revelan, tras una observación, que ellas al menos no están flotando, sino unidas por tallos al fondo. Por tanto, el estanque tiene fondo. No es estanque, estanque sin fin. Desciende lo suficientemente profundo y llegarás a algo que no es estanque... fango, arena, después roca y al final, toda la masa de la tierra y del fuego subterráneo.

Al llegar a este punto, resulta tentador comprobar si el Naturalismo tiene alguna salvación. Ya indiqué en el capítulo 3 que se puede ser Naturalista y sin embargo creer en un cierto Dios... una cierta consciencia cósmica erigida por «el espectáculo total»; lo que podríamos llamar un Dios Emergente. ¿No nos proporcionaría un Dios Emergente todo lo que buscamos? ¿Es absolutamente necesario presentar un Dios supernatural, distinto y fuera de todo el sistema intertrabado? (Advierte, lector moderno, cómo tu espíritu se levanta, cuánto más cómodo te sientes con un Dios emergente que con un Dios trascendente; cómo te parece menos primitiva, rechazable e ingenua la concepción emergente. A propósito de esto, como verás después, cuelga un cuentecillo).

Pero lo siento, esto no sirve. Podría ser admisible que cuando todos los átomos llegaran a una cierta relación (a la cual necesariamente tuvieran que llegar antes o después) dieran origen a una conciencia universal. Y que esta conciencia universal pudiera tener pensamientos que a su vez pasaran a través de nuestras mentes. Pero desgraciadamente esos propios pensamientos, en esta suposición, serían productos de causas no racionales, y consiguientemente, por la regla que usamos a diario, no tendrían validez alguna. Esta mente cósmica sería, exactamente igual que nuestras propias mentes, el producto de una Naturaleza sin mente. Así no hemos evadido la dificultad recientemente expuesta. La mente cósmica es solución solo si la situamos en el comienzo, si suponemos que es, no el producto del sistema total, sino el Hecho básico, original existente por sí mismo. Claro está que admitir ese género de mente cósmica es admitir un Dios fuera de la Naturaleza, un Dios trascendente y sobrenatural. Este camino, que podría parecer una escapatoria, en realidad nos lleva circularmente al punto de partida.

Hay, pues, un Dios que no es parte de la Naturaleza. Pero nada se ha dicho hasta ahora de que Él la haya creado. ¿Podrían Dios y la Naturaleza ser ambos existentes por sí mismos y totalmente independientes el uno de la otra? Si usted lo cree así, es un dualista y mantiene una visión que reconozco ser más seria y más razonable que cualquier otra forma de Naturalismo. Se puede ser muchas cosas peores que dualista; pero creo que el Dualismo es falso. Se da una tremenda dificultad al concebir dos cosas que simplemente coexisten sin tener ninguna otra relación. Si esta dificultad nos pasa a veces inadvertida, es porque somos víctimas del pensamiento pictórico. En realidad, los imaginamos hombro con hombro en cierto género de espacio. Pero, evidentemente, si ambos estuvieran en un espacio común, o en un común tiempo o en cualquier otro tipo de medio compartido, cualquiera que este fuera, ambos serían partes del mismo sistema, de hecho, de la misma «Naturaleza». Aunque consigamos eliminar tal imagen, el mero hecho de intentar pensar en ellos como juntos nos hace resbalar sobre la verdadera dificultad, porque desde este momento, en cualquier caso, nuestra propia mente se convierte en ese medio común. Si pueden darse tales cosas que se limiten a compartir su «alteridad», si hay cosas que se reducen a coexistir y nada más, es en cualquier caso una concepción que mi mente no puede formar. Y en el presente estudio parece especialmente gratuito intentar formarla, porque ya conocemos que Dios y Naturaleza han llegado a una cierta relación. Tienen como mínimo una relación —al menos en cierto sentido una frontera común— en cada mente humana.

Las relaciones que surgen en esta frontera son, ciertamente, de una especie peculiar y complicada. Esa punta de lanza del Sobrenatural a la que llamo «mi razón» se entreteje con cada uno de mis elementos naturales —mis sensaciones, emociones y todo lo demás— tan completamente que denomino a ese entramado con una sola palabra: «yo». Además queda lo que he denominado el carácter asimétrico de las relaciones fronterizas. Cuando el estado físico de mi cerebro domina a mi pensamiento, solo produce desorden. En cambio, mi cerebro no se deteriora cuando es dominado por la Razón, ni tampoco se deterioran mis emociones y sensaciones. La Razón salva y fortifica todo mi sistema psicológico y físico, mientras que la rebeldía contra la Razón destruye ambas cosas: a la Razón y a sí mismo. La metáfora militar de la punta de lanza ha sido poco acertada. La Razón sobrenatural entra en mi ser natural no como un arma, sino más bien como un rayo de luz que ilumina, o como un principio de organización que unifica y desarrolla. Nuestra imagen de la Naturaleza, siendo «invadida» (como por ejemplo por un ejército enemigo), es equivocada. Cuando examinamos una de esas invasiones, se parece mucho más a la llegada de un rey a sus súbditos o de un *mahout* a su elefante. El elefante puede ponerse furioso, la Naturaleza de igual modo puede rebelarse. Pero al observar lo que ocurre cuando la Naturaleza obedece, es casi imposible no concluir que su verdadera «naturaleza» es someterse. Todo acontece como si hubiera sido concebida precisamente para esta misión.

Creer que la Naturaleza produjo a Dios, o incluso a la mente humana, es absurdo, como acabamos de ver. Creer que Dios y la Naturaleza son independientemente existentes por sí mismos es imposible; al menos, el intentarlo me incapacita por completo a decir que yo estoy pensando nada de nada. Es cierto que el Dualismo tiene un cierto atractivo teológico: parece hacer más fácil el problema del mal. Pero si, de hecho, no podemos llevar el Dualismo hasta el final, esta atractiva promesa no se puede mantener; y además pienso que hay soluciones mejores al problema del mal. Queda, por consiguiente, la única respuesta de que Dios creó la Naturaleza. Esta concepción nos proporciona inmediatamente la relación entre ambos y suprime la dificultad de que tengan que compartir la «alteridad». También explica la observada situación fronteriza, en la cual todo se comporta como si la Naturaleza no estuviera rechazando a un invasor extranjero, sino rebelándose contra un legítimo soberano. Esto, y quizá solo esto, engrana con el hecho de que la Naturaleza, aunque no aparezca inteligente, sí es inteligible. Y de que los acontecimientos, aun en las partes más remotas del espacio, se comporten como si obedecieran las leyes del pensamiento racional. Incluso el acto de creación en sí mismo no presenta ninguna de las dificultades intolerables que parecen salirnos al encuentro en cada una de las otras hipótesis. Se da en nuestras mismas mentes humanas algo que refleja una cierta semejanza con esto. Nosotros podemos imaginar, es decir, podemos causar la existencia de imágenes mentales de objetos materiales, e incluso de caracteres humanos y acontecimientos, pero nos quedamos lejos de la creación por dos razones. En primer lugar, porque nosotros solo podemos combinar elementos prestados del universo real: nadie puede imaginar un nuevo color primario o un sexto sentido. En segundo lugar, porque lo que nosotros imaginamos existe solo para nuestra propia conciencia aunque podamos, por medio de palabras, inducir a otros a construir por sí mismos imágenes propias en sus mentes que puedan parecerse en algo a las nuestras. Tenemos que atribuir a Dios ese doble poder de producir elementos básicos, de inventar no solo colores, sino el mismo color, los sentidos, el espacio, el tiempo y la materia; y además, de imponer lo que Él ha inventado a las mentes creadas. Esto no me parece una presunción intolerable. Es ciertamente más fácil que la idea de Dios y Naturaleza como dos entidades totalmente irrelacionadas, y mucho más fácil que la idea de la Naturaleza productora de pensamiento válido.

No pretendo que la creación de la Naturaleza por Dios se pueda probar tan rigurosamente como la existencia de Dios, pero lo considero aplastantemente probable; tan probable que nadie que se acerque al problema con mente abierta mantendría seriamente ninguna otra hipótesis. De hecho, difícilmente se encuentra a alguien que, habiendo captado la idea de un Dios sobrenatural, le niegue su función de Creador. Todas las pruebas que tenemos apuntan en esta dirección y, en cambio, las dificultades brotan a chorros por todos lados si intentamos presentarlo de otra manera. Ninguna teoría filosófica con la que me he cruzado hasta ahora es una mejora radical sobre las palabras del Génesis: «En el comienzo Dios hizo el cielo y la tierra». He dicho mejora «radical», porque la narración del Génesis, como san Jerónimo dijo hace mucho tiempo, es expuesta en el estilo «de un poeta popular», o como podríamos decir, en forma de cuento folklórico. Pero si lo comparamos con las leyendas similares de otros pueblos —con todos esos deliciosos absurdos en que los gigantes tienen que ser descuartizados y las inundaciones disecadas antes de la creación—, la profundidad y originalidad del folklore hebreo resalta inmediatamente. La idea de creación en el sentido riguroso de la palabra está aquí plenamente conseguida.

UNA ULTERIOR DIFICULTAD PARA EL NATURALISMO

Incluso un determinista tan rígido como Karl Marx, que a veces describe el comportamiento social de la burguesía en términos que podrían parecer de física social, es capaz de someterlo otras a un desprecio tan radical que solo puede explicarse por la presunción de una verdadera responsabilidad moral.

R. NIEBUHR, *AN INTERPRETATION OF CHRISTIAN ETHICS*, CAP. III

ALGUNAS PERSONAS CONSIDERAN el pensamiento lógico como la más inerte y más árida de todas nuestras actividades y, por tanto, pueden sentir rechazo por la privilegiada posición que le hemos concedido en el último capítulo. Pero el pensamiento lógico —Razonamiento— tiene que ser necesariamente la clave de la argumentación, porque de todas las reivindicaciones que la mente humana puede presentar, la exigencia de que el razonamiento es válido es la única que el Naturalista no puede negar sin estrangularse filosóficamente hablando. No se puede, según vimos, probar que no hay pruebas. Pero puede usted, si lo desea, considerar todos los ideales humanos, todos los amores humanos, como derivados biológicos. Es decir, puede hacerla sin despeñarse en palmaria contradicción y sinsentido. El que lo pueda hacer sin caer y hacernos caer en una total insatisfacción —sin admitir una configuración de cosas que nadie realmente cree— es problema aparte.

Junto con esto, cuando el hombre razona sobre cuestiones de hecho, suele indicar juicios morales: «Yo debería hacer esto», «Yo no debería hacer lo otro», «Esto está bien», «Esto está mal».

Dos visiones se han mantenido sobre el juicio moral. Algunos piensan que cuando los hacemos, no usamos la Razón, sino que utilizamos un poder diferente. Otros opinan que los hacemos mediante la Razón. Yo, por mi parte, mantengo esta segunda postura; es decir, creo que los principios morales primarios, de los que todos los demás dependen, son descubiertos racionalmente. Nosotros «vemos exactamente» que no hay razón por la cual la felicidad de mi prójimo tenga que sacrificarse a la mía, de la misma manera que «vemos exactamente» que dos cosas iguales a una tercera son iguales entre sí. Si no podemos probar ninguno de estos dos axiomas, no es porque sean irracionales, sino porque son evidentes por sí mismos y todas las pruebas dependen de ellos. Su racionabilidad intrínseca brilla con luz propia. Y porque toda la moralidad se basa en tales principios evidentes por sí mismos es por lo que, cuando queremos atraer a un hombre a la buena conducta, le decimos: «Sé razonable».

Aclaramos que esto lo tratamos solo de pasada. Porque para nuestro propósito inmediato nada importa cuál de las dos visiones aceptemos. El punto fundamental es advertir que los juicios morales levantan ante el Naturalismo la misma dificultad que cualquier otro pensamiento. Damos siempre por supuesto en discusiones sobre moralidad, lo mismo que en las demás discusiones, que las opiniones del interlocutor son inválidas si pueden ser totalmente explicadas por una causa inmoral o irracional. Cuando dos hombres difieren sobre el bien y el mal, pronto oímos que este principio se ha puesto en juego: «Él cree en la santidad de la propiedad porque es millonario»; «Defiende el pacifismo porque es un cobarde»; «Aprueba el castigo corporal porque es un sádico». Tales vituperios con frecuencia serán falsos; pero el mero hecho de que se esgriman por una de las partes y de que sean calurosamente rechazados por la otra muestra claramente la utilización del principio. Ninguno de los contrincantes duda de que si eso fuera verdad, el argumento sería decisivo. Nadie en la vida real presta atención a un juicio moral que pueda mostrarse que brota de causas inmorales o irracionales. El freudiano y el marxista atacan la moral tradicional, y con éxito, precisamente en este campo. Todos los hombres aceptan el principio.

Pero, por supuesto, lo que desacredita a juicios morales particulares puede igualmente desacreditar al juicio moral en su conjunto. Si el hecho de que los hombres tengan tales ideas como «debería» y «no debería» puede ser explicado por causas no morales e irracionales, entonces estas ideas son pura ilusión. El Naturalista está pronto para explicar cómo surge esta ilusión. Ciertas condiciones químicas producen la vida. La vida, bajo el influjo de la selección natural, produce la conciencia. Los organismos conscientes, que se comportan como tales, viven más que los que se comportan así. Al vivir más, son más aptos para hacerse más fecundos. La herencia, y a veces también la enseñanza, transmite a la prole este modo de comportamiento racional. Así se construye en cada especie un esquema de comportamiento. En la especie humana, la enseñanza es el elemento más importante en la construcción del esquema de conducta, y la tribu lo fortifica más aún eliminando a los individuos que no se configuran con él. Además, inventan dioses que castiguen a los que se separan de la norma. De este modo, andando el tiempo, surge una fuerte tendencia humana al conformismo. Pero como esta tendencia está frecuentemente en contradicción con los otros impulsos, aparece un conflicto mental que el hombre expresa diciendo: «Yo quiero hacer A, pero debo hacer B».

Esta exposición logra (o no logra) explicar por qué, de hecho, los hombres emitimos juicios morales. Lo que no explica es cómo podemos estar en lo cierto al emitirlos. Más, excluye la misma posibilidad de que tales juicios sean correctos. Porque cuando los hombres dicen «yo debo», piensan ciertamente que están diciendo algo, y algo que es verdad, acerca de la naturaleza de una determinada acción y no solamente acerca de sus propios sentimientos. Pero si el Naturalismo es verdadero, «yo debo» es el mismo género de afirmación que cuando digo «me apetece» o «me voy a poner malo». En la vida real, cuando alguien dice «yo debo», se le puede contestar: «Sí, tienes razón, eso es lo que debes hacer»; o también: «No, creo que te equivocas». En cambio, en un mundo de Naturalistas (si los Naturalistas se acordaran de su filosofía fuera de las aulas), la única contestación razonable sería: «Ah, ¿sí?». Es claro, puesto que todos los juicios morales serían meras afirmaciones acerca de los sentimientos de quien habla, malinterpretados por él como afirmaciones acerca de algo más (la real cualidad moral de las acciones) que no existe.

He admitido que tal doctrina no es palmariamente contradictoria. El Naturalista puede, si así lo desea, continuar moldeándola. Diría: «Sí, admito plenamente que no existen tales cosas como «malo» o «bueno». Mantengo que ningún juicio moral es «verdadero» o «correcto». Y, por consiguiente, que ningún sistema moral puede ser mejor o peor que cualquier otro. Todas las ideas de bien y mal son alucinaciones, sombras proyectadas hacia el mundo exterior a nosotros por impulsos que estamos condicionados a experimentar. Ciertamente que nuestros Naturalistas se complacen en exponerlo así.

Solo que entonces deben mantener su posición; y, afortunadamente (aunque inconsecuentemente), la mayoría de los Naturalistas no perseveran fieles a sus creencias. Un momento después de haber defendido que bien y mal son ilusiones, los encontrará exhortándonos a trabajar para la posteridad, a educar, a hacer la revolución, a transformar, a vivir y morir por el bien de la humanidad. Un Naturalista como el señor H. G. Wells empleó su vida entera en este empeño con apasionada elocuencia y fiel celo. ¿Es esto muy infrecuente? Exactamente igual que todos los libros sobre las nebulosas en espiral, los átomos y los hombres de las cavernas nos llevan a suponer que los Naturalistas se consideran capaces de saber algo, de idéntica manera todos los libros en que los Naturalistas nos dicen lo que debemos hacer nos deben llevar al convencimiento de que estos piensan tener algunas ideas del bien (las suyas, por ejemplo) preferibles en cierto modo a las de los demás. Porque los Naturalistas escriben con indignación como quienes proclaman lo que es bueno en sí mismo y denuncian lo que es malo en sí mismo, y de ninguna manera como hombres que exponen que, personalmente, prefieren cerveza suave mientras otros la prefieren amarga. Y con todo, si los «deberes» del señor Wells y, digamos por ejemplo, los de Franco, son ambos igualmente los impulsos con que la Naturaleza ha condicionado a cada uno, y ninguno de los dos nos dice nada acerca de ninguna objetiva rectitud o maldad, ¿de dónde proviene y cómo se justifica tanta fogosidad? ¿Se acuerdan, mientras escriben de esa manera, de que cuando nos dicen «debemos hacer un mundo mejor», las palabras «debemos» y «mejor» tienen que referirse por su mismo significado a un impulso irracionalmente condicionado que no puede ser más verdadero o falso que un vómito o un bostezo?

Mi opinión es que a veces se olvidan. Esta es su gloria. Manteniendo una filosofía que excluye a la humanidad, sin embargo, permanecen humanos. Ante la injusticia tiran todo el Naturalismo por la borda y hablan como hombres de genio. Conocen mucho más de lo que piensan que conocen. Pero sospecho que otras veces se confían en una imaginaria puerta de escape de su dificultad.

Las cosas funcionan —o parece que funcionan— de este modo. Se dicen a sí mismos: «Sí, sí, moralidad» —o «moralidad burguesa» o «moralidad convencional» o «moralidad tradicional» o moralidad con algún otro aditamento por el estilo—. «Moralidad es una ilusión; pero hemos encontrado los comportamientos que de hecho preservan y defienden a la raza humana. Esta es la conducta que te persuadimos que sigas. Por favor, no nos tomes por moralistas. Nos movemos en un procedimiento completamente nuevo...». Como si esto sirviera de algo. Serviría solo si garantizáramos primero que la vida es mejor que la muerte; segundo, que debemos preocuparnos por las vidas de nuestros descendientes tanto o más que por las nuestras. Y estas dos afirmaciones son juicios morales que, al igual que los demás, han sido desacreditados por el Naturalismo. Claro que, habiendo sido condicionados de esta manera por la Naturaleza, sentimos así acerca de la vida y la posteridad; pero los Naturalistas nos han curado de la equivocación de tomar estos sentimientos por penetraciones intelectuales en lo que antaño llamábamos «valor real». Ahora que ya sé que mi impulso a trabajar por la posteridad es de la misma índole que mi afición al queso —ahora que estas transcendentales pretensiones han sido puestas en la picota del ridículo— ¿se imaginan que me van a importar siquiera un comino? Cuando acontezca que estos impulsos sean fuertes (y se han hecho considerablemente más débiles desde que me han explicado su verdadera naturaleza), supongo que les haré caso. Cuando sean débiles, gastaré mi dinero en queso. No existe razón alguna para excitar y fomentar un impulso con preferencia a otro, desde que conozco lo que ambos son. El Naturalista no puede destruir todo mi aprecio por la conciencia el lunes y encontrarme rindiéndole culto el martes.

No hay escapatoria a lo largo de estas dos líneas. Si hemos de continuar haciendo juicios morales (y digamos lo que digamos de hecho continuamos haciéndolos), tendremos que creer que la conciencia del hombre no es un mero producto de la Naturaleza. Solo pueden ser válidos si son un reflejo de alguna sabiduría moral absoluta, una sabiduría moral que existe absolutamente «por sí misma» y no un producto de la no moral y no racional Naturaleza. De igual modo que la argumentación del capítulo precedente nos llevó a reconocer una fuente supernatural del pensamiento racional, así la argumentación del presente capítulo nos lleva a reconocer una fuente sobrenatural de nuestras ideas de bien y de mal. En otras palabras, conocemos algo más de Dios. Si admitimos que el juicio moral es algo distinto del Razonamiento, expresaremos esta nueva idea diciendo: «Conocemos que Dios tiene al menos otro atributo además de la racionalidad». Si admiten conmigo que el juicio moral es una especie de Razonamiento, dirán sin dificultad: «Conocemos ahora algo más sobre la Razón Divina».

Esto sentado, estamos casi listos para comenzar nuestra principal argumentación. Pero, antes de emprenderla, será bueno hacer una pausa para considerar algunas dudas o malos entendidos que pueden haber surgido.

6

EN QUE SE RESPONDEN DUDAS

Porque como los ojos del murciélago son a la luz del día,
así es nuestro ojo intelectual a aquellas verdades que son
las más evidentes de todas.

ARISTÓTELES, *METAFÍSICA*, I (BREVIOR) I

TIENE QUE QUEDAR claramente establecido que nuestra argumentación hasta ahora no nos lleva a ninguna concepción sobre el «alma» o el «espíritu» (palabras cuidadosamente evitadas) flotando sobre los dominios de la Naturaleza y sin relación alguna con su medio ambiente. De aquí que no neguemos —al contrario, las recibimos encantados— algunas reflexiones frecuentemente consideradas como pruebas del Naturalismo. Admitimos de buen grado, incluso insistimos en ello, que el Pensamiento Racional puede ser condicionado en su funcionamiento por un objeto natural, el cerebro por ejemplo. El pensamiento es entorpecido temporalmente por el alcohol o por un golpe en la cabeza. Se deteriora conforme el cerebro se debilita, y desaparece y se esfuma cuando el cerebro cesa de funcionar. Del mismo modo, el criterio moral de una colectividad aparece en estrecha conexión con su historia, su situación geográfica, sus estructuras económicas y demás factores. Las ideas morales del individuo se modifican igualmente por su situación general; no es accidental el hecho de que padres y maestros digan con tanta frecuencia que prefieren cualquier falta antes que la mentira, teniendo en cuenta que la mentira es la única arma defensiva del niño. Todo esto, lejos de oprimirnos con una dificultad, es exactamente lo que esperábamos.

El elemento racional y moral en cada mente humana es un vértice de fuerza proveniente del Supernatural que se abre camino para penetrar en la Naturaleza, potenciando en cada momento aquellas condiciones que la Naturaleza le ofrece. Esta fuerza es repelida cuando las condiciones son adversas, y es impedida cuando son desfavorables. El pensamiento Racional de un hombre es una participación de la Razón eterna en el grado exacto que su cerebro le permite hacerse operativo; representa, por decirlo así, el acuerdo convenido o la frontera establecida entre la Razón y la Naturaleza en una ocasión concreta. La concepción moral de una nación es una participación en la eterna Sabiduría moral en la medida en que su historia, su economía, etc. le permiten penetrar, del mismo modo que se percibe la voz humana del locutor en la medida en que el receptor de radio la deja pasar a su través. Por supuesto que varía según el estado del receptor, pierde calidad cuando este se deteriora y desaparece por completo si deshago la radio de un ladrillazo. La voz es condicionada por el aparato, pero no es producida por él. Si fuera así —si supiéramos que no hay una persona al micrófono—, no escucharíamos las noticias. Las variadas y complejas condiciones bajo las que aparecen Razón y Moralidad son la cara y el envés de la frontera entre Naturaleza y Supernaturaleza. Precisamente por esto, siempre se puede, si se prefiere así, ignorar la Supernaturaleza y tratar los fenómenos exclusivamente desde su vertiente natural, del mismo modo que al estudiar en un mapa los límites de Cornwall y Devonshire siempre se puede decir: «Lo que tú llamas un entrante de Devonshire es en realidad un repliegue de Cornwall». Y, en cierto sentido, se le podría refutar: «Lo que llamamos un entrante de Devonshire siempre es un repliegue de Cornwall». Lo que llamamos pensamiento racional en el hombre siempre implica un estado del cerebro y, en último término, una correlación de átomos. Pero no por eso Devonshire deja de ser algo más que «donde Cornwall termina» y Razón es algo más que bioquímica cerebral.

Me vuelvo ahora hacia otra posible dificultad. Para algunas personas, la mayor preocupación sobre cualquier argumento en defensa de lo Supernatural es simplemente el hecho de que se requieran argumentos. Si existe una cosa así de estupenda ¿no debería ser tan evidente como el sol en el cielo? ¿No resulta intolerable e incluso increíble que el conocimiento del más básico de todos los Hechos sea solo accesible por razonamientos de conducción alámbrica, para los cuales la gran mayoría de los hombres no tienen ni oportunidad ni capacidad? Sintonizo plenamente con este punto de vista. Pero hemos de advertir dos cosas.

Cuando contemplamos un jardín desde el piso superior de una casa, es evidente (una vez que hayamos reflexionado sobre ello) que estamos mirando a través de una ventana. Pero si es el jardín lo que nos interesa, podemos contemplarlo durante largo rato sin pensar para nada en la ventana. Cuando leemos un libro es evidente (si nos detenemos a considerarlo) que estamos usando los ojos; pero a menos que empiecen a dolernos los ojos o que se trate de un texto sobre óptica, podemos leer toda la tarde sin pensar ni una sola vez en los ojos. Cuando hablamos, usamos lenguaje y gramática; y si hablamos una lengua extranjera somos con frecuencia penosamente conscientes de este hecho. Pero cuando hablamos nuestra lengua nativa no lo advertimos. Cuando gritamos desde lo alto de una escalera: «Bajo en un momento», no somos conscientes de que hemos hecho concordar «un» con «momento» en género, número y caso. Hay una historia de un piel roja a quien, después de aprender varias lenguas, se le pidió que escribiera una gramática sobre la lengua de su propia tribu. Contestó, tras un momento de reflexión, que su lengua no tenía gramática. La gramática que había estado usando toda su vida le había pasado inadvertida toda su vida. La conocía tan bien, en un cierto sentido, que en otro cierto sentido no descubrió que la conocía.

Todos estos ejemplos muestran que el hecho, que es en un aspecto la realidad primaria y la más directa, y la única a través de la cual tenemos acceso a todas las otras realidades, puede ser precisamente la que es más fácilmente olvidada. Olvidada no por ser remota y abstrusa, sino por ser así de directa y cercana. Y así es exactamente como lo Supernatural ha sido olvidado. Los Naturalistas han estado enredados pensando sobre la Naturaleza. No han atendido al hecho de que estaban pensando. En el momento que se atiende al pensamiento, es manifiesto que el propio pensamiento no puede ser un suceso meramente natural y, por tanto, existe algo más que la Naturaleza. Lo Supernatural no es remoto y abstruso; es cuestión de experiencia de todos los días y todas las horas, tan íntimo como respirar. La negación de esto depende de una cierta distracción. Pero esta distracción no es sorprendente en absoluto. No necesitamos —más aún, no queremos— estar pensando todo el tiempo en la ventana cuando contemplamos el jardín, o en los ojos cuando leemos. De igual modo, el procedimiento correcto de toda investigación particular y limitada es ignorar el hecho de nuestro propio pensamiento y concentrarnos en el objeto de nuestra consideración. Solamente cuando nos retrotraemos de investigaciones particulares e intentamos formar una filosofía completa es cuando tenemos que incluir el pensamiento dentro de la explicación. Porque una filosofía completa debe tener en cuenta todos los hechos. En ella nos apartamos de todo pensamiento especializado o incompleto para afrontar el pensamiento total; y uno de los hechos sobre el que debe pensar el pensamiento total es sobre el mismo fenómeno de pensar. De esta manera, se da una tendencia en el estudio de la Naturaleza que nos hace olvidar el más inmediato de todos los hechos. Y desde el siglo XVI, cuando nace la ciencia, las mentes de los hombres han ido progresivamente dedicándose más a conocer la Naturaleza y a dominarla. El hombre se ha implicado cada vez más en esas investigaciones especializadas para las cuales el pensamiento incompleto (no total) es el método correcto. No es, por consiguiente, en absoluto sorprendente que nos hayamos olvidado de las pruebas de lo Supernatural. El hábito profundamente enraizado de pensamiento incompleto —que llamamos hábito mental «científico»— era inevitable que desembocara en el Naturalismo, a menos que esta tendencia fuera corregida continuamente por otros agentes eficaces. Pero no había a mano agentes correctores, porque durante ese período los hombres de ciencia tendrían cada vez menos formación metafísica y teológica.

Esto nos lleva a la segunda consideración. El estado de cosas en el cual el hombre medio solo puede descubrir lo Supernatural mediante abstruso razonamiento es reciente y anormal según principios históricos. En todas partes del mundo hasta tiempos muy modernos, la directa penetración de los místicos y el razonamiento de los filósofos impregnaba a la masa del pueblo por la autoridad y la tradición; podía ser bien asimilada por quienes no eran grandes pensadores, en la forma concreta del mito y de las prácticas rituales, y en la misma contextura de la vida. En las condiciones creadas por un siglo más o menos de Naturalismo, el hombre medio está siendo forzado a aguantar cargas que jamás antes tuvo que soportar. Hoy hay que encontrar la verdad por nuestro esfuerzo o irnos sin ella. Se pueden dar a este fenómeno dos explicaciones: quizá la humanidad, al rebelarse contra la tradición y la autoridad, ha cometido un espantoso error; un error que no se puede calificar de menos demoledor por el atenuante de que la corrupción de los constituidos en autoridad lo haya hecho bastante explicable. Por otra parte, pudiera ser que el Poder que gobierna nuestra especie esté en estos momentos llevando a cabo un atrevido experimento. ¿No será pretendido a propósito que el pueblo masivamente tenga ahora que avanzar para ocupar por sí mismo aquellas alturas en otros tiempos solo reservadas a los sabios? ¿Estará llamada a desaparecer la diferencia entre sabio e ignorante porque todos estén destinados ahora a ser sabios? Si es así, nuestro actual desconcierto sería nada más que dolores de parto. Pero no nos equivoquemos a propósito de nuestras penalidades. Si nos conformamos con regresar a nuestra situación de hombres humildes obedientes a la tradición, bien está. Si nos decidimos a la escalada y a la lucha hasta llegar a ser sabios, mejor aún. Pero si el hombre no hiciera ninguna de las dos cosas, si no obedeciera a la sabiduría de los otros, ni corriera la aventura sapiencial por sí mismo, el resultado sería fatal. Una sociedad donde los muchos sencillos obedecen a los pocos videntes puede sobrevivir; una sociedad en que todos fueran videntes puede vivir más plenamente. Pero una sociedad donde la masa es ignorante y los videntes no son ya escuchados, solo puede construir superficialidad, mezquindad, fealdad y al final, extinción. Tenemos que volver sobre nuestros pasos; permanecer ahí es la muerte.

Tenemos que afrontar otro problema que puede levantar duda o dificultad. Hemos adelantado razones para creer que un elemento supernatural está presente en todo hombre racional. Por consiguiente, la presencia de la racionalidad humana en el mundo es ya un Milagro, según la definición propuesta en el capítulo 2. Sería excusable que el lector, al entender esto, dijera: «Ah bueno, si esto es lo que se expresa por Milagro...» y tirara el libro al cesto. Le ruego que tenga paciencia. La Razón humana y la Moralidad no se han mencionado como ejemplos de Milagro (al menos, de ese género de Milagros que usted está esperando que abordemos), sino como pruebas del Supernatural; no para demostrar que la Naturaleza haya sido alguna vez invadida, sino para afirmar que existe un posible invasor. El que nos decidamos a calificar de Milagro o no esta cotidiana y familiar invasión de la Razón humana es, en gran parte, una cuestión de palabras. Su cotidianidad —el hecho de que penetre a diario por la misma puerta que las relaciones sexuales— nos inclinaría más bien a evitar el nombre de Milagro. Parece como si fuera, por decirlo así, la misma naturaleza de la Naturaleza el soportar *esta* invasión. Pero entonces podríamos descubrir después que la verdadera naturaleza de la Naturaleza es soportar Milagros en general. Afortunadamente, el curso de nuestra argumentación nos va a permitir dejar a un lado el problema de terminología. Nos vamos a ocupar de otra invasión en la Naturaleza, de esa invasión a la que todo el mundo llamaría Milagros. Se podría plantear la cuestión en estos términos: «¿Produce alguna vez la Supernaturaleza especiales fenómenos en el espacio y en el tiempo excluidos aquellos efectuados por la instrumentalidad del cerebro humano actuando en nuestros nervios y músculos?».

He dicho «especiales fenómenos» porque, desde nuestro punto de vista, la misma Naturaleza como conjunto es ya de por sí un inmenso resultado de lo Supernatural; Dios la creó. Dios la perfora donde quiera que hay una mente humana. Dios seguramente la mantiene en su existencia. La pregunta es si Él, en alguna ocasión, hace algo más a la Naturaleza. ¿Introduce en ella alguna vez acontecimientos de los cuales no se podría decir con verdad: «Esto es simplemente el resultado activo de la índole específica que Dios le dio a la Naturaleza como conjunto al crearla»? Estos acontecimientos son los que comúnmente se llaman Milagros; y solo en este preciso sentido tomaremos la palabra Milagro en lo sucesivo.

7

UN CAPÍTULO
SOBRE EQUÍVOCOS

De aquí surgió Maul, el gigante. Maul acostumbraba a despojar a los jóvenes peregrinos por medio de sofismas.

BUNYAN

No por admitir la existencia de Dios y que Él es autor de la Naturaleza se sigue en manera alguna que los milagros deban, ni siquiera que puedan, ocurrir. Dios podría ser de tal índole que fuera en contra de sus procedimientos el hacer milagros. O también podría haber hecho una Naturaleza de tal género que no se le pudiera ni añadir nada ni quitar nada ni modificar nada. Consiguientemente, la fuerza contra los Milagros se puede proyectar en dos frentes distintos: o bien argüir que el carácter de Dios los excluye o que los excluye el carácter de la Naturaleza. Empezaremos por el segundo, por ser el más común. En este capítulo, atenderemos a aspectos de este frente que, en mi opinión, son muy superficiales y que incluso podrían llamarse simples malentendidos.

He aquí el primer equívoco: cualquier día se puede oír a un hombre (no necesariamente ateo) a propósito de un supuesto milagro: «No, desde luego que no creo eso. Sabemos que eso es contrario a las leyes de la Naturaleza. La gente creía esas cosas en otros tiempos porque ignoraba las leyes de la Naturaleza. Ahora sabemos que eso es científicamente imposible».

Al decir «leyes de la Naturaleza», quiere indicar el interlocutor el curso observado de la Naturaleza. Si pretende decir algo más, este no es el hombre sencillo que yo había supuesto, sino un filósofo Naturalista con el que dialogaremos en el próximo capítulo. El hombre al que me refería cree que las meras experiencias (y especialmente esas preparadas artificialmente que llamamos experimentos) nos refieren lo que ocurre regularmente en la Naturaleza. Y piensa que nuestros descubrimientos excluyen la posibilidad del Milagro. Esto es una confusión mental.

Supuesto que los milagros puedan ocurrir, es efectivamente cometido de la experiencia decidir si verdaderamente lo ha habido en una determinada ocasión. Pero la mera experiencia, aunque se prolongue un millón de años, no tiene medios de aclarar si el milagro es posible. El experimento descubre lo que ordinariamente ocurre en la Naturaleza; la norma o la regla de su comportamiento. Quienes admiten los Milagros no niegan la existencia de tales normas o reglas; solamente afirman que pueden ser suspendidas. El Milagro es por definición una excepción. ¿Cómo puede el descubrimiento de la regla decirnos si, al ofrecerse una causa suficiente, pueden o no ser estas suspendidas? Si decimos que la regla es A, la experiencia puede después refutarnos descubriendo que es B. Si decimos que no hay regla, la experiencia puede después refutarnos observando que sí la hay. Pero ahora no decimos ninguna de estas dos cosas. Admitimos que existe la regla y que la regla es B. ¿Qué tiene esto que ver con la cuestión de si la regla puede ser suspendida? Se replicaría: «Es que la experiencia prueba que nunca es suspendida». Respondo: «Aunque fuera así, esto no probaría que nunca lo pueda ser. Pero ¿realmente prueba la experiencia que nunca lo ha sido? El mundo está lleno de historias de gente que asegura haber comprobado milagros. Quizá las historias sean falsas; quizá sean verdaderas. Pero antes de poder decidir sobre el problema histórico, tenemos primero que descubrir (como se expuso en el capítulo 1) si la cosa es posible y, si es posible, con qué grado de probabilidad».

La idea de que el progreso científico ha alterado un tanto la cuestión está estrechamente ligada con la suposición de que la gente «en los tiempos antiguos» creía en los milagros «porque desconocían las leyes de la Naturaleza». Podemos oír a alguien decir: «Los primitivos cristianos creían que Cristo era hijo de una virgen porque ignoraban que esto es científicamente imposible». Tales personas parecen tener la idea de que la creencia en milagros surge en una época en que los hombres eran tan ignorantes del comportamiento de la Naturaleza que no percibían que los Milagros eran contrarios a ella. Basta pensarlo un momento para comprender que pensar así es un sinsentido; y la historia del nacimiento virginal es un ejemplo significativo. Cuando san José descubrió que su esposa iba a tener un hijo, piensa en repudiarla. ¿Por qué? Porque él conocía tan bien como cualquier ginecólogo moderno que, según el curso normal de la naturaleza, las mujeres no tienen hijos sin haberse unido previamente a un hombre. Sin duda que el ginecólogo moderno conoce muchas cosas sobre la genética y la concepción que san José ignoraba. Pero esas cosas no afectan al hecho fundamental de que la concepción virginal es contraria al comportamiento de la naturaleza. Y san José evidentemente lo sabía. En cualquiera de los sentidos en que ahora es verdad decir: «Esto es científicamente imposible», él hubiera dicho lo mismo. Esto fue siempre imposible, y siempre conocido como tal, excepto si el proceso regular de la naturaleza fuera, en este caso concreto, «sobrerregulado» o «suplementado» por un factor ultranatural. Cuando san José finalmente aceptó la explicación de que el embarazo de su esposa no era contra la castidad, sino efecto de un milagro, aceptó el milagro como algo contrario al conocido orden natural. Todas las constataciones de milagros enseñan lo mismo. En tales historias, los milagros provocan temor y admiración (esto es lo que expresa la misma palabra «milagro») en los espectadores, y son constatados como prueba de poder supernatural. Si no se conocieran como contrarios a las leyes de la naturaleza, ¿cómo testimoniarían la presencia de lo supernatural?, ¿cómo serían sorprendentes si no se consideraran excepciones a las reglas?, ¿y cómo considerar algo como excepción antes de conocer las reglas? Si hubieran existido alguna vez hombres desconocedores por completo de las leyes de la naturaleza, no tendrían en absoluto idea del milagro, y no sentirían el menor interés en caso de que alguno ocurriera ante ellos. Nada parece extraordinario hasta que se descubre lo que es ordinario. La creencia en los milagros, lejos de provenir de la ignorancia de las leyes de la naturaleza, solo es posible en la medida en que estas leyes son conocidas. Ya hemos visto que si empezamos por descartar lo supernatural, no percibiríamos ningún milagro. Tenemos ahora que añadir que, de igual modo, no captaremos el milagro hasta que no admitamos que la naturaleza actúa según leyes constantes. Si usted no ha advertido aún que el sol nace por el este, no encontrará nada milagroso si una mañana aparece por el oeste.

Si los milagros se nos presentaran como acontecimientos normales, el progreso científico, cuyo cometido es decirnos lo que ocurre normalmente, nos haría cada vez más difícil creer en ellos, y finalmente nos lo haría imposible. El avance de la ciencia precisamente en este punto (y en gran parte, para nuestro beneficio) ha hecho increíbles infinidad de cosas que creían nuestros antepasados: hormigas antropófagas e hipogrifos en Escitia, hombres con un solo pie gigante, islas magnéticas que absorbían a los barcos, sirenas y dragones vomitadores de fuego. Pero estas cosas no se presentaron nunca como interrupciones del curso de la naturaleza. Aparecían como fenómenos dentro de lo natural, de hecho como «ciencia». La ciencia posterior las ha barrido. Los Milagros se sitúan en una posición totalmente distinta. Si hubiera dragones vomitadores de fuego, nuestros colosos del safari los habrían encontrado; pero nadie jamás ha pretendido que el nacimiento virginal o el andar de Cristo sobre las aguas vaya a repetirse. Cuando una cosa se presenta desde su mismo comienzo como una invasión única y singular de la Naturaleza, proveniente de algo exterior a ella, el ulterior conocimiento progresivo de la Naturaleza no puede hacer a esta cosa ni más ni menos creíble de lo que era al principio. En este sentido, no es más que una simple confusión de pensamiento suponer que los avances de la ciencia han hecho más difícil la aceptación de los Milagros. Siempre supimos que eran contrarios al curso natural de los sucesos; sabemos también que, si hay algo más allá de la Naturaleza, son posibles. Esto es la columna vertebral del problema. El tiempo, el progreso, la ciencia y la civilización no lo han alterado ni un milímetro. Las bases para la creencia o la incredulidad son hoy las mismas de hace dos mil o diez mil años. Si a san José le hubiera faltado fe para fiarse de Dios o humildad para percibir la santidad de su esposa, podría no haber creído el origen milagroso de su Hijo tan fácilmente como cualquier hombre moderno; y cualquier hombre moderno que cree en Dios puede aceptar el milagro tan fácilmente como san José. Usted y yo podemos disentir, incluso al final de este libro, sobre si los milagros se dan o no; pero al menos no digamos incongruencias; no permitamos que una vaga retórica sobre el progreso de la ciencia nos tome el pelo diciéndonos que una explicación más elaborada sobre la concepción en términos de genes y espermatozoides nos deja más convencidos que antes de que la naturaleza no envía niños a jovencitas que «no conocen varón».

Un segundo equívoco es este: mucha gente dice: «En los tiempos antiguos, creían en los milagros porque tenían una falsa concepción del universo. Pensaban que la Tierra era el centro y lo más grande y el Hombre la criatura más importante. Desde esta concepción, parecía razonable suponer que el Creador tuviera especial interés en el Hombre y que interrumpiera en su favor el curso de la Naturaleza. Pero ahora que conocemos la verdadera inmensidad del universo —ahora que sabemos que nuestro planeta e incluso todo el sistema solar es solo una mota—, resulta ridículo admitir los Milagros por más tiempo. Hemos descubierto nuestra insignificancia y no podemos continuar imaginando que Dios está seriamente preocupado en nuestros minúsculos asuntos».

Cualquiera que sea el valor de este argumento, debemos establecer inmediatamente que su enfoque es totalmente erróneo en la consideración de los hechos. La inmensidad del universo no es un descubrimiento reciente. Hace más de diecisiete siglos que Ptolomeo enseñó que, en relación con la distancia de las estrellas fijas, la Tierra entera debía ser considerada como un punto carente de magnitud. Su sistema astronómico fue universalmente aceptado en la oscura Edad Media. La insignificancia de la Tierra era un lugar común para Boecio, el rey Alfredo, Dante y Chaucer, como lo es ahora para Mr. H.G. Wells o el profesor Haldare. La afirmación contraria en libros modernos solo se debe a ignorancia.

El verdadero problema es completamente diferente de lo que por lo común suponemos. La cuestión básica es por qué la insignificancia espacial de la Tierra, después de haber sido afirmada por los filósofos cristianos, cantada por los poetas cristianos y comentada por los ascetas y moralistas cristianos durante más de quince siglos, sin la menor sospecha de conflicto con su teología, de repente, en los tiempos modernos, se presenta como un argumento frontal contra el cristianismo y ha logrado bajo este diploma tan brillante carrera. Ofreceré un intento de respuesta a esta pregunta enseguida. De momento, consideremos la fuerza de este argumento.

Cuando el forense, después de observar los órganos del difunto, diagnostica envenenamiento, tiene una idea clara del estado diferente en que habrían quedado los órganos si hubiera sufrido una muerte natural. Si por la inmensidad del universo y la pequeñez de la Tierra diagnosticamos que el cristianismo es falso, deberíamos tener una idea clara de la clase de universo que tendría que haber si el cristianismo fuera verdadero. ¿Pero la tenemos? Sea el espacio lo que sea, es cierto que nuestra percepción nos lo hace aparecer tridimensional; y para un espacio tridimensional no se pueden concebir límites. En virtud de las mismas formas de nuestra percepción, por consiguiente, tenemos que sentirnos como si viviéramos en un espacio infinito; y cualquiera que en realidad sea el tamaño de la Tierra, tiene que ser pequeñísimo en comparación con la infinitud. Y este espacio ilimitado necesariamente una de dos, o está vacío o contiene cuerpos. Si estuviera vacío, si no acogiera nada excepto nuestro Sol, entonces el inmenso vacío sería utilizado ciertamente contra la misma existencia de Dios. ¿Por qué —preguntamos— iba Él a crear una mota y dejar todo el espacio restante a la nada? Si, por el contrario, encontramos (como es en realidad) incontables cuerpos navegando en el espacio, entonces una de dos, o son habitables o inhabitables. Lo curioso del caso es que ambas alternativas se utilizan igualmente como objeción al cristianismo. Si el universo encierra otra vida además de la nuestra, se nos presenta totalmente ridículo creer que Dios vaya a estar tan preocupado con el género humano como para «bajar del cielo» y hacerse hombre por nuestra salvación. Si, por otro lado, nuestro planeta es el único en albergar vida orgánica, entonces esto se esgrime como prueba de que la vida es solo un producto derivado accidentalmente en el universo, y así de nuevo se socava nuestra religión. Tratamos a Dios como el policía de la película trataba al sospechoso: «Cualquier cosa que haga se utilizará como prueba contra Él». Este tipo de objeción a la fe cristiana no se basa en absoluto en la observación de la naturaleza de nuestro universo. Se puede objetar así sin aguardar a descubrir cómo es el universo, porque sirve igualmente para cualquier modelo que decidamos imaginar. Según esto, el forense puede diagnosticar envenenamiento sin mirar el cadáver porque él mantiene la teoría de envenenamiento que defenderá cualquiera que sea el estado de los órganos.

Quizá la razón por la cual no podemos ni siquiera imaginar un universo constituido de tal manera que excluya estas objeciones es la siguiente: el hombre es una criatura finita que tiene el sentido suficiente como para reconocerse finita; por consiguiente, dentro de cualquier perspectiva imaginable, se siente empequeñecido por la realidad como conjunto. Es además un ser dependiente; la causa de su existencia se apoya no en sí mismo, sino (inmediatamente) en sus padres y (últimamente) *o* en la índole de la Naturaleza como conjunto *o* (si hay Dios) en Dios. Pero tiene que haber algo, sea Dios o la totalidad de la Naturaleza, que existe por sí mismo o que funciona «por su propia iniciativa»; no como el producto de causas más allá de sí mismo, sino simplemente porque es así. En presencia de este «algo» (cualquier realidad que resulte ser) el hombre experimenta necesariamente su propia existencia dependiente como sin importancia, irrelevante, casi accidental. No hay aquí distinción del individuo religioso imaginando que todo existe para el hombre, o del individuo científico manteniendo que no es así. Tanto si el último e inexplicable ser —que simplemente *es*— resulta ser Dios, como si resulta ser «el espectáculo total», es evidente que no existe por nosotros. En cualquiera de las dos perspectivas, nos enfrentamos con algo que existe antes de que apareciera el género humano y que existirá después que la Tierra sea inhabitable; que es radicalmente independiente de nosotros, aunque nosotros somos totalmente dependientes de ello; y que, situado tras las inmensas fronteras de su ser, no sufre alteración por nuestras esperanzas y temores. Porque supongo que no habrá habido jamás nadie tan loco como para pensar que el hombre, o la creación entera, *llenara* por completo la Mente divina; si somos tan insignificantes ante el espacio y el tiempo, tiempo y espacio son mucho más minúsculos que Dios. Es un profundo error imaginar que el cristianismo ha intentado jamás disipar el desconcierto e incluso el terror, el sentimiento de nuestra propia nada, que nos aprisiona cuando pensamos en la naturaleza de las cosas. Más aún, la intensifica. Sin este sentimiento no hay religión. Tal vez muchas personas educadas en la inestable profesión de una forma superficial de cristianismo, y que a través de lecturas sobre astronomía comprueban por vez primera la majestuosa indiferencia de toda esa realidad ante el hombre, y por este motivo llegan incluso a abandonar la religión, quizá en este momento estén experimentando su primer sentimiento religioso genuino.

El cristianismo no implica la creencia de que todas las cosas hayan sido hechas para el hombre. Sí ciertamente implica la creencia de que Dios ama al hombre y por él se hizo hombre y murió. Yo todavía no he logrado descubrir cómo lo que sabemos (y hemos sabido desde Ptolomeo) sobre el tamaño del universo afecta a la credibilidad de esta doctrina en un sentido o en otro.

El escéptico inquiere cómo podemos creer que Dios descendió a este minúsculo planeta. La pregunta sería embarazosa si nos constara: (1) que existen criaturas racionales en alguno de los cuerpos que flotan en el espacio; (2) que ellos, como nosotros, han prevaricado y necesitan redención; (3) que su redención tiene que ser del mismo género que la nuestra; (4) que esta redención les ha sido negada. Desconocemos todas las respuestas a estas preguntas. El universo puede estar repleto de vidas felices que no han necesitado redención. Puede rebosar de vidas que han sido redimidas de maneras adecuadas a su condición, que no podemos ni imaginar. Puede estar lleno de vidas que han sido redimidas de la misma manera que nosotros. Puede abundar en otros elementos diferentes a la vida en los que Dios tenga interés aunque no lo tengamos nosotros.

Si se mantiene que una cosa tan minúscula como la Tierra tiene que ser, en cualquier caso, demasiado insignificante como para merecer el amor del Creador, replicaremos que ningún cristiano supuso jamás que lo hayamos podido merecer. Cristo no murió por los hombres porque fueran intrínsecamente dignos de que se muriera por ellos, sino porque Él es intrínsecamente Amor y por eso ama infinitamente. Y después de todo, ¿qué añade o quita el tamaño de un mundo o una criatura sobre su valor o importancia?

No hay duda de que todos nosotros sentimos la incongruencia de suponer que el planeta Tierra pueda ser más importante, digamos, que la Gran Nebulosa de Andrómeda. Sin embargo, al mismo tiempo, comprendemos que solo un lunático pensaría que un hombre de un metro noventa de estatura habría de ser necesariamente más importante que otro de uno setenta, o un caballo más importante que un hombre, o la pierna más importante que el cerebro. En otras palabras: esta supuesta proporción del tamaño a la importancia parece solo aceptable cuando uno de los tamaños es grandísimo. Y esto traiciona la misma base de este tipo de razonamiento. Cuando una relación es percibida por nuestro entendimiento, es percibida como constantemente válida. Si la Razón nos dijera que el tamaño es proporcionado a la importancia, se seguiría que las pequeñas diferencias de tamaño irían acompañadas de pequeñas diferencias de importancia, exactamente igual que a las grandes diferencias de tamaño le seguirían grandes diferencias de importancia. Nuestro hombre de un metro noventa sería módicamente más valioso que el hombre del metro setenta y la pierna un poco más importante que el cerebro; todo lo cual es un absurdo. La conclusión es inevitable: la importancia que nosotros vinculamos al tamaño no es asunto de razón, sino de emoción; de esa emoción especial que comienza a producir en nosotros la superioridad de tamaño solo cuando se alcanza un cierto umbral de tamaño absoluto.

Somos inveterados poetas. Cuando una cantidad es muy grande, dejamos de mirarla como mera cantidad. Se nos despierta la imaginación. En lugar de cantidad ha surgido cualidad: lo Sublime. Si no fuera por esto, la simple magnitud aritmética de la galaxia no sería más impresionante que las cifras de un libro de contabilidad. Para una mente que no compartiera nuestras emociones y careciera de nuestra capacidad imaginativa, el argumento contra el cristianismo derivado de la magnitud del universo sería simplemente ininteligible. El universo material extrae de nosotros mismos su poder para abrumarnos. Hombres de sensibilidad contemplan con sobrecogimiento el cielo en la noche; los insensibles y los estúpidos, no. Cuando el silencio de los eternos espacios llenaba de pavor a Pascal, era la propia grandeza de Pascal la que le permitía hacerlo; aterrorizarse por la inmensidad de las nebulosas es, casi literalmente, aterrorizarse de la propia sombra. Porque los años luz y los períodos geológicos son simple aritmética hasta que la sombra del hombre, del poeta, del creador de mitos, cae sobre ellos. Como cristiano, no digo que hacemos mal cuando temblamos ante esta sombra, porque creo que todo eso es la sombra de una imagen de Dios. Pero si la inmensidad de la Naturaleza amenaza alguna vez con aplastar a nuestro espíritu, debemos recordar que todo ese impacto lo produce solamente la Naturaleza espiritualizada por la imaginación humana.

Esto sugiere una posible respuesta a la pregunta planteada unas páginas antes: por qué la grandeza del universo, conocida por siglos, deviene por primera vez en los tiempos modernos un argumento contra el cristianismo. ¿Es quizá porque en esta época la imaginación se hace más sensible a la magnitud? Desde esta visión, el argumento basado en la grandeza podría casi considerarse como un derivado del movimiento romántico en poesía. Además del incremento de la vitalidad imaginativa en este tópico, se ha dado una notable disminución en otros. Cualquier lector de poesía antigua comprobará que la luz y el brillo impresionaban al hombre antiguo y medieval más que la grandeza y más de lo que esta nos impresiona a nosotros. Los pensadores medievales creían que las estrellas tenían que ser en algún modo superiores a la Tierra porque aquellas brillaban y la Tierra, no. Los pensadores modernos piensan que las galaxias tienen que ser más importantes que la Tierra porque son mayores. Ambas mentalidades pueden crear buena poesía. Ambas pueden ofrecer imágenes que despierten emociones respetables; emociones de asombro, humildad e hilaridad. Pero consideradas como serios argumentos filosóficos ambas son ridículas. El argumento del ateo a partir del tamaño es de hecho un ejemplo del pensamiento pictórico, con el cual —como veremos en un capítulo posterior— no está implicado el cristiano. Esta es la manera peculiar en que el pensamiento pictórico aparece en el siglo XX; debido al cual lo que llamamos con aire de superioridad errores «primitivos» no se eliminan. Solamente cambian de aspecto.

8

EL MILAGRO Y LAS LEYES
DE LA NATURALEZA

Esto es cosa prodigiosa
hasta en su abismo perderte;
si come Miss T. una cosa
siempre en Miss T. se convierte.

W. DE LA MARE

DESPUÉS DE DESCARTAR esas objeciones basadas en una popular y confusa noción de que «el progreso científico» ha salvado al mundo de alguna manera del Milagro, tenemos que abordar el problema a un nivel algo más profundo. Esta es la cuestión: ¿se puede comprobar que la Naturaleza es de tal índole que toda interferencia supernatural en ella es imposible? Ya nos es conocida la Naturaleza como constantemente regular, en general: se comporta según leyes fijas, muchas de las cuales han sido descubiertas y que se intertraban unas con otras. No hay duda en esta discusión sobre posibles fallos o inexactitud en cuanto al cumplimiento de estas leyes por parte de la Naturaleza, ni duda sobre casualidad o variaciones espontáneas.[1] La única pregunta es si, supuesta la existencia de un Poder fuera de

---

1. Si en alguna zona o realidad se da la casualidad o la carencia de ley, entonces, lejos de admitir el Milagro con mayor facilidad, se destruye el mismo sentido de la palabra «Milagro» en toda la extensión de esa zona.

la Naturaleza, se da un absurdo intrínseco en la idea de su intervención para producir dentro de la Naturaleza acontecimientos que la marcha regular de todo el sistema natural no habría producido nunca.

Tres son las teorías que se mantienen sobre las «Leyes» de la Naturaleza: (1) son meros hechos fenoménicos solo conocidos mediante observación sin cadencia ni razón descubrible. Sabemos que la Naturaleza se comporta de tal y tal manera; pero no sabemos el porqué y no se encuentra razón para que no se pudiera comportar de manera contraria. (2) Son solamente aplicación de las leyes estadísticas. Los fundamentos de la Naturaleza son azar y carencia de leyes. Pero el número de unidades con que nos enfrentamos es tan enorme que el comportamiento de esas multitudes (como la conducta de las grandes masas humanas) puede ser calculado con exactitud práctica. Lo que llamamos «sucesos imposibles» son en realidad tan abrumadoramente improbables —por el cálculo de probabilidades— que podemos ignorarlos. (3) Las leyes fundamentales de la física son realmente lo que llamamos «verdades necesarias» como las verdades matemáticas; dicho de otro modo: si entendemos claramente lo que decimos al formularlas, comprenderemos que lo opuesto sería un absurdo sin sentido. Así, es una «ley» que cuando una bola de billar choca con otra, la cantidad de impulso perdida por la primera es exactamente igual al impulso ganado por la segunda. Quienes mantienen que las leyes naturales son verdades necesarias, nos dirán que todo lo que hemos hecho ha sido partir en dos mitades un único suceso (las aventuras de la bola A y las de la bola B) para descubrir que «las dos partes del suceso se equilibran». Cuando entendemos esto, vemos que por supuesto tienen que equilibrarse. Las leyes fundamentales en su conjunto son meras aserciones de que cada fenómeno es él mismo y no otro alguno.

Queda inmediatamente claro que la primera de estas tres teorías no ofrece seguro alguno contra los Milagros; más aún, no garantiza que, incluso aparte de los Milagros, las «leyes» hasta ahora observadas vayan a ser obedecidas pasado mañana. Si no tenemos ni noción de por qué ocurre una cosa, se sigue que tampoco tenemos razón de por qué no va a ser de otra manera y, por consiguiente, no tenemos certeza de que cualquier día no sea de otra manera. La segunda teoría, que se basa en las leyes estadísticas, se encuentra en idéntica posición. La garantía que nos ofrece es del mismo género que la seguridad de que una moneda lanzada al aire mil veces no caerá del mismo lado, digamos, novecientas veces; y que cuantas más veces la lancemos, tanto más se irá aproximando el número de caras al de cruces. Pero esto será así solo en el supuesto de que sea una moneda honrada. Si está trucada, nuestros pronósticos pueden fallar. Pero los que creen en milagros mantienen precisamente que la moneda está trucada. Los pronósticos basados en las leyes estadísticas sirven solamente para la Naturaleza no manipulada. Y la cuestión de si se dan milagros es precisamente la cuestión de si la Naturaleza es alguna vez manipulada.

La tercera teoría (las leyes de la Naturaleza son verdades necesarias) parece a primera vista presentar una dificultad insuperable al Milagro. Su suspensión sería en este caso una autocontradicción, y ni siquiera la Omnipotencia puede hacer lo que es contradictorio en sí mismo. Por tanto, las leyes no pueden ser quebrantadas. ¿Tendremos que admitir en este supuesto la imposibilidad del Milagro?

Hemos ido demasiado rápidos. Es cierto que las bolas de billar se comportarán de una manera determinada, lo mismo que es cierto que si dividimos un chelín en calderilla desigualmente entre dos cajas, la caja A contendrá tanto más de la mitad cuanto la caja B contenga menos de la mitad; con la condición de que A, mediante un hábil juego de mano, no sustraiga algún penique de B en el instante de la transacción. De la misma manera, sabemos lo que ocurrirá con nuestras dos bolas de billar, supuesto que no haya interferencias ajenas. Si una bola encuentra una arruga en el tapete y la otra no, su trayectoria no ilustrará la ley en la manera esperada. Por supuesto, la resultante ocurrida por el tropiezo con la arruga ilustrará la ley de un modo distinto, pero nuestra primitiva predicción habrá resultado falsa. Y, si en otro ejemplo, yo tomo un taco de billar y empujo un poco a una de las bolas, obtendremos un tercer resultado; y este tercer resultado ilustrará igualmente las leyes de la física y falsificará igualmente nuestra predicción. Habré «estropeado el experimento». Todas las interferencias dejan intacta la verdad de las leyes. Pero no demuestran que toda predicción sobre el resultado en un determinado caso se hace bajo la condición «en igualdad de circunstancias» o «si no hay interferencias». El que se dé igualdad de circunstancias en un determinado caso y el que las interferencias puedan presentarse es un problema distinto. El matemático, como matemático, desconoce la probabilidad de que A sustraiga algún penique de B cuando estamos dividiendo el chelín; para esto mejor sería preguntar a un criminólogo. El físico, como físico, no sabe qué garantías hay de que yo coja un taco de billar y «estropee» el experimento con las bolas; más vale que le pregunte a alguien que me conozca. Del mismo modo el físico, como tal, desconoce el riesgo que existe de que algún poder supernatural vaya a intervenir; mejor se lo diría un metafísico. Pero el físico ciertamente sabe, como buen perito en la materia, que si las bolas de billar son alteradas por una agente natural o supernatural, que él no ha tenido en cuenta, su comportamiento diferirá de lo que él habría predicho. No porque la ley sea falsa, sino precisamente porque es verdadera. Cuanto más ciertos estamos de la ley, tanto más claramente conocemos que, si nuevos factores intervienen, el resultado variará de acuerdo con su interferencia. Lo que desconocemos, como físicos, es si el poder supernatural puede o no puede ser uno de los nuevos agentes.

Si las leyes de la Naturaleza son verdades necesarias, no hay milagros que las puedan quebrantar; pero el caso es que ningún milagro necesita quebrantarlas. El milagro está de su parte lo mismo que de parte de las leyes aritméticas. Si pongo seis peniques en un cajón el lunes y seis más el martes, las leyes establecen que —manteniéndose las cosas en su lugar— encontraré allí doce peniques el miércoles. Pero si hay un robo por medio, puedo encontrar solamente dos. Algo se ha roto (la cerradura del cajón o las leyes de Inglaterra) pero lo que no se ha roto son las leyes aritméticas. La nueva situación originada por el ladrón ilustra las leyes aritméticas lo mismo que la situación creada. Ahora bien, si Dios entra a hacer milagros, viene «como ladrón en la noche». El Milagro es, desde el punto de vista del científico, una forma de manipular, trampear e incluso (si usted quiere) bromear. Introduce un factor nuevo en una situación, es decir, una fuerza supernatural con la que el científico no había contado. Él calcula lo que ocurrirá o lo que habría ocurrido en una ocasión ya pasada, en el supuesto de que la situación en ese momento dado del tiempo y del espacio es o era A; pero se ha añadido una fuerza supernatural; de aquí que la situación es o era AB; y nadie conoce mejor que el científico que AB *no puede* desembocar en el mismo resultado que A. La necesaria verdad de las leyes, lejos de hacer imposible que los milagros ocurran, establece inconcusamente que, si el Supernatural actúa, los milagros tienen que ocurrir. Porque si la situación natural por sí sola, y la situación natural *plus* algo más, efectúan el mismo resultado, se seguiría que tendríamos que enfrentarnos con un universo sin sistema y sin ley. Cuanto alguien conozca mejor que dos y dos son cuatro, tanto mejor conocerá que tres y dos no lo son.

Esto quizá nos ayude un poco para aclarar lo que son en realidad las leyes de la Naturaleza. Tenemos el hábito de hablar como si ellas hicieran que los sucesos ocurrieran; sin embargo, las leyes naturales no han causado nada nunca. Las leyes del movimiento jamás ponen en danza las bolas de billar; nos permiten analizar el movimiento después que alguna otra cosa (digamos, un hombre con un taco o un bandazo del buque, o quizá un poder supernatural) lo ha provocado. Las leyes no producen sucesos; solo establecen el diagrama según el cual cada suceso —con tal de que sea provocado por algún agente— tiene que configurarse; exactamente igual que las reglas de la aritmética establecen el patrón por el cual todas las transacciones monetarias han de regirse, con tal de que se consiga el dinero. Así, en un cierto sentido, las leyes de la Naturaleza cubren todo el campo del espacio y el tiempo; en otro sentido, lo que queda fuera de su alcance es precisamente todo el universo real, el incesante torrente de acontecimientos concretos que constituyen de hecho la verdadera historia. Esto tiene que venir de algún otro sitio. Pensar que las leyes pueden producirlo es como pensar que usted puede crear dinero contante y sonante a fuerza de hacer sumas. Porque toda ley en última instancia dice: «Si usted hace A, entonces obtendrá B». Pero primero consiga usted su A; las leyes no se brindan a hacerle ese favor.

Es, por consiguiente, inexacto definir el milagro como algo que quebranta las leyes de la Naturaleza. No, señor. Si yo golpeo mi pipa, altero la posición de un gran número de átomos; en conjunto y en un grado infinitesimal, de todos los átomos. La Naturaleza digiere y asimila este suceso con perfecta facilidad, y lo armoniza en un instante con todos los demás sucesos. No es más que un pedacito de materia cruda que las leyes deben asimilar y que de hecho asimilan. Yo he lanzado simplemente un suceso al torrente general de sucesos, y él se encuentra allí tan a gusto, adaptándose a los demás. Si Dios aniquila, crea o desvía una unidad de materia, ha creado una nueva situación en ese momento. Inmediatamente, toda la Naturaleza domicilia esta nueva situación, la hace sentirse como en casa, en sus dominios y adapta a ella todos los demás sucesos. La nueva situación por su parte se encuentra a sí misma sometiéndose a todas las leyes. Si Dios crea un milagroso espermatozoide en las entrañas de una virgen, no procede por quebrantamiento de leyes. Las leyes lo acogen al instante. La Naturaleza está siempre a punto. Se sigue el embarazo de acuerdo con todas las leyes normales, y nueve meses después nace un niño. Vemos a diario que la naturaleza física no se incomoda lo más mínimo por el cotidiano tráfico de sucesos que le lanza la naturaleza biológica o la psicológica. Si en alguna ocasión los sucesos provienen de más allá de la Naturaleza, no se incomodará tampoco. De seguro que se apresurará al punto donde ha sido invadida, como nuestras defensas orgánicas se apresuran a una cortadura en el dedo, y allí se desvivirá para acomodar al recién llegado. Y en el momento que penetra estos dominios, el huésped se somete a todas las leyes. El vino milagroso emborrachará, la concepción milagrosa evolucionará en embarazo, los libros inspirados sufrirán el proceso ordinario de la corrupción de transcripciones, el pan milagroso será digerido. El arte divino del milagro no es el arte de suspender el patrón a los que los sucesos se conforman, sino de alimentar este patrón con nuevos acontecimientos. El Milagro no viola la previsión de la ley: «Si A, entonces B»; sino que establece: «Por esta vez, en lugar de A, va a ser A2»; y la Naturaleza, hablando a través de sus leyes, replica: «Entonces, será B2», y naturaliza al inmigrante como ella bien sabe hacerlo. Es una anfitriona consumada.

Quede perfectamente sentado que un milagro no es, en manera alguna, un acontecimiento sin causa o sin consecuencias. Su causa es la actividad de Dios; sus resultados se siguen de acuerdo con las leyes naturales. En la dirección hacia adelante (es decir, en el tiempo que sigue a su realización) se intertraba con toda la Naturaleza exactamente igual que cualquier otro suceso. Su peculiaridad consiste en que no se intertraba igualmente en su dirección hacia atrás con la historia anterior de la Naturaleza. Y esto es lo que muchos encuentran intolerable. Y la razón es porque comienzan estableciendo que la Naturaleza constituye la sola y total realidad, y que esta total realidad tiene que estar intertrabada y consistente. Estoy de acuerdo, pero creo que confunden un sistema parcial dentro de la realidad, en concreto de la Naturaleza, con el conjunto total. Esto supuesto, el Milagro y la historia anterior de la Naturaleza pueden estar intertrabados perfectamente después de todo; pero no de la manera que el Naturalista supone, sino más bien de un modo mucho más planificado desde lejos. El gran complejo acontecimiento llamado Naturaleza y el nuevo suceso particular introducido en ella por el Milagro están relacionados por un origen común en Dios; y, ciertamente, si supiéramos lo suficiente, los encontraríamos profunda e intrínsecamente relacionados en la intención y designios divinos; hasta tal punto que una Naturaleza que hubiera tenido una historia diferente y, por tanto, fuera una Naturaleza distinta, habría sido invadida por milagros distintos o no habría conocido ninguno en absoluto. En este sentido, los milagros y el curso previo de la Naturaleza están tan plenamente intertrabados como cualesquiera otras dos realidades; pero para encontrar esta conexión, tenemos que ir hacia atrás lo suficientemente lejos como para encontrar a su común Creador; no encontraremos su nexo dentro de la Naturaleza. Esto mismo ocurre con cualquier sistema parcial. El comportamiento de los peces que están siendo estudiados en una pecera constituye un sistema relativamente cerrado. Supongamos ahora que la pecera es sacudida por una bomba que cae en las cercanías del laboratorio. El comportamiento de los peces ya no se puede explicar en su totalidad, por lo que se desarrollaba en la pecera antes de la explosión; hay un fallo de trabazón hacia atrás. Esto no significa que la explosión y la historia previa de los sucesos dentro de la pecera estén totalmente y finalmente desconectados. Solo significa que, para descubrir su conexión, tenemos que retrotraernos a una realidad mucho más amplia que incluye ambas cosas, la pecera y la bomba: la realidad de tiempo de guerra en Inglaterra en que caen bombas y algunos laboratorios permanecen activos. Nunca encontraríamos esta realidad en la historia de la pecera. De igual modo, el Milagro no está naturalmente intertrabado en la dirección hasta atrás. Para descubrir cómo se relaciona con la historia anterior de la Naturaleza, tenemos que situar a la Naturaleza y al Milagro en un contexto más amplio. Cada cosa está en conexión con todas las demás; pero no siempre se relacionan por esa red de carreteras directas que imaginamos.

El postulado correcto de que toda la realidad debe ser consistente y sistemática no excluye por lo tanto los milagros; en cambio, sí ofrece una valiosa aportación a nuestro modo de concebirlos. Nos recuerda que los milagros, si se dan, deben ser, como todos los demás sucesos, revelación de esa total armonía de todo lo que existe. Nada arbitrario, ningún pegote que quede irreconciliado con la contextura de la realidad total, puede ser admitido. Por definición, los milagros tienen que interrumpir el curso normal de la Naturaleza; pero si son auténticos, tienen, en el mismo acto de la interrupción, que afirmar la unidad y consistencia de la realidad total a un nivel más profundo. No serán como un arrítmico fragmento de prosa que rompe la unidad del poema, sino como la cumbre de una genial audacia métrica, que aunque no encuentre consonante con otro verso de la poesía, sin embargo, inserta en ese preciso punto y actuando en ese preciso momento, descubre (a quienes lo entienden) la suprema revelación de la unidad en la concepción del poeta. Si lo que llamamos Naturaleza es modificada por un poder supernatural, podemos estar seguros de que la capacidad de ser así modificada pertenece a la esencia de la Naturaleza;

que el conjunto de los acontecimientos, si lo pudiéramos abarcar, nos mostraría que implica por su misma índole la posibilidad de tales modificaciones. Si la Naturaleza ofrece milagros, es prueba evidente de que para ella es tan «natural» hacerlo cuando es fecundada por el poder masculino transnatural como es para una mujer darle un hijo a un hombre. Decir milagro no es decir contradicción o ultraje a la Naturaleza; solo significa que, limitada a sus propios recursos, no lo hubiera podido producir.

9

UN CAPÍTULO NO
ESTRICTAMENTE NECESARIO

También vimos allí gigantes, hijos de Anac, raza
de los gigantes, y éramos nosotros, a nuestro parecer,
como langostas; y así les parecíamos a ellos.

NÚMEROS 13.33

EN LOS DOS últimos capítulos hemos estado ocupados con objeciones al
Milagro provenientes, por decirlo así, de la vertiente de la Naturaleza,
para esclarecer si esta constituye o no un sistema refractario a los milagros. Si siguiéramos un orden riguroso, nuestro paso siguiente sería
atender a las objeciones de la vertiente opuesta; es decir, preguntarnos
si se puede razonablemente considerar que eso que está más allá de la
Naturaleza es de tal índole que podría o querría hacer milagros. Pero me
siento fuertemente inclinado a desviarme de momento para afrontar primero una objeción de otro tipo. Se trata de algo puramente emocional;
los lectores más exigentes en el orden lógico pueden saltarse este capítulo.
Pero es una objeción que cargó muy pesadamente sobre mí en un cierto
período de mi vida, y si otros han pasado por la misma experiencia, les
puede interesar leer algo sobre el particular.

Una de las cosas que me mantuvo en oposición al Supernaturalismo fue una profunda repugnancia al panorama de la Naturaleza como aprisionada por el Supernaturalismo, según yo la imaginaba. Deseaba apasionadamente que la Naturaleza existiera «por su cuenta». La idea de que hubiera sido hecha por Dios, y por Él pudiera ser alterada, me parecía substraer de ella toda esa espontaneidad que yo encontraba seductora. Para respirar libremente, necesitaba sentir que en la Naturaleza alcanzaba al fin algo que simplemente *era*; el pensamiento de que hubiera podido ser manufacturada o «puesta ahí», y puesta ahí con una finalidad, era para mí asfixiante. Escribí una poesía por entonces sobre un amanecer, recuerdo, en la que, después de describir la escena, añadía que algunos deseaban creer que había un Espíritu detrás de todo esto y que este Espíritu se estaba comunicando con ellos. En cambio, decía, eso es exactamente lo que yo rechazo. La poesía no era una maravilla y la he olvidado en gran parte, pero sí recuerdo cómo la terminaba expresando cuánto más prefería sentir:

Que tierra y cielo por su propia cuenta
continuamente danzan a su gusto.
Me arrastro y llego en el momento justo
de que todo mi ser contemple y sienta
el mundo por azar.

«¡Por azar!». No podía soportar sentir que el amanecer había sido de alguna manera «preparado» o no tenía nada que ver conmigo. Descubrir que no había simplemente ocurrido, que había sido de algún modo tramado, hubiera sido para mí tan triste como descubrir que el ratón campestre que vi junto a una solitaria senda era en realidad un ratón mecánico puesto allí para mofarse de mí, o (peor aún) para enseñarme una lección moral. El poeta griego pregunta: «Si el agua se atascara en la garganta, ¿qué tomaremos para hacer que baje?». De modo semejante, yo preguntaba: «Si la Naturaleza misma nos prueba que es artificial, ¿dónde iremos a buscar la selva?, ¿dónde está el verdadero extramuros?». Encontrar que todos los bosques y los riachuelos en medio de la arboleda, y los misteriosos rincones de los valles entre montañas, y el viento y el césped eran solamente una especie de escenario, solo un telón de fondo para algo así como una función, y la función tal vez de contenido moralizante... ¡qué monotonía decepcionante, qué anticlímax, qué insoportable aburrimiento!

La cura de este estado de ánimo comenzó hace años; pero debo aclarar que la curación completa no llegó hasta que empecé a estudiar este problema de los Milagros. En cada frase de la redacción de este libro, he encontrado que mi idea de la Naturaleza se iba haciendo más vívida y más concreta. Puse manos a una obra que parecía empequeñecer la situación de la Naturaleza y barrenar sus murallas a cada paso; el resultado paradójico es una creciente sensación de que, si no ando con mucho cuidado, se convertirá en la heroína del libro. Nunca me ha parecido más grande y más real que en este momento.

No hay que buscar lejos la razón. Mientras se es Naturalista, «Naturaleza» es solo una palabra para designar «todas las cosas». Y todas-las-cosas no es un sujeto sobre el que se pueda sentir o decir nada apasionante, salvo por efecto de ilusión. Nos impresiona un aspecto de las cosas y hablamos de la «paz» de la Naturaleza; nos impresiona otro y hablamos de su crueldad. Y así, porque tomamos a la Naturaleza falsamente como el Hecho último autoexistente, y no podemos dominar por completo nuestro profundo instinto de adorar al ser Autoexistente, nos encontramos en un mar donde nuestros sentimientos fluctúan, y en que la Naturaleza significa lo que se nos antoja según nuestros estados de ánimo eligen y asocian. Pero todo se hace diferente cuando reconocemos que la Naturaleza es una criatura, una cosa creada, con su propio particular sabor y gusto. Entonces no hay necesidad de elegir y asociar. Ya no es en ella, sino en Algo más allá de ella, donde todas las líneas se encuentran y todos los contrastes se explican. Se acaba el desconcierto de que la criatura llamada Naturaleza haya de ser a la vez amable y cruel y de que el primer individuo que se siente a su lado en el tren sea un tendero tramposo y un cariñoso marido. Porque la naturaleza no es el Absoluto; es una criatura con sus cosas buenas y malas y su propio inconfundible sabor impregnando todo su ser.

Decir que Dios la ha creado no es llamarla irreal, sino precisamente afirmar su realidad. ¿Vamos a pensar que Dios es menos creativo que Shakespeare y Dickens? Lo que Él crea es rotundamente creado; es mucho más concreto que Falstaff o Sam Weller. Los teólogos nos dicen que creó la Naturaleza libremente. Con esto expresan que no fue obligado por ninguna coacción externa. Pero no hemos de interpretar su libertad negativamente, como si la Naturaleza fuera una mera yuxtaposición de partes arbitrariamente ensambladas. La libertad creadora de Dios hay que concebirla como la libertad del poeta: la libertad de crear una cosa positiva y consistente con su inimitable sabor. Shakespeare puede no crear a Falstaff, pero si lo crea, tiene que ser gordo. Dios no necesita crear esta Naturaleza. Podía haber creado otras, puede haber creado otras. Pero decidido por esta, no cabe duda de que ni la menor parte de ella es superflua, porque expresa el carácter que Él ha determinado que tenga. Sería un error lamentable suponer que las dimensiones de espacio y tiempo, la muerte y renacimiento de la vegetación, la unidad y multiplicidad de los organismos, la unión y oposición de los sexos, y el color de cada una de las manzanas en cada pomarada este otoño fueran simplemente una colección de artificios útiles forzosamente soldados unos con otros. Son en realidad el idioma exacto, casi la expresión facial, el gusto y el olor de una cosa individual. La cualidad de la Naturaleza se presencia en todos ellos exactamente igual que la latinidad del latín vibra en cada inflexión del idioma o la «correggiosidad» del Correggio se detecta en cada trazo del pincel.

La Naturaleza es, según los esquemas humanos (y quizá según los divinos), en parte buena y en parte mala. Los cristianos creemos que ha sido corrompida. Sin embargo, el mismo gusto y sabor impregna sus corrupciones y sus excelencias. Todo encaja en su carácter. Falstaff no peca de igual modo que Otelo. El pecado de Otelo está en íntima relación con sus virtudes. Si Perdita cae en el mal, no será mala de la misma manera que Lady Macbeth; si Lady Macbeth hubiera sido buena, su bondad habría sido totalmente distinta de la bondad de Perdita. Los males que vemos en la Naturaleza son, por decirlo así, los males propios de esta Naturaleza. Su mismo carácter determina que si se corrompe, su corrupción tiene que tomar esta forma y no otra. Los males del parasitismo y las glorias de la maternidad son bienes y males brotados del mismo terreno básico o idea.

He hablado hace un momento de la latinidad del latín. Esta es más clara para nosotros de lo que lo era para los romanos. La anglicidad del inglés es perceptible solo para aquellos que conocen además otras lenguas. De la misma manera y por la misma razón, solo los Supernaturalistas ven verdaderamente la Naturaleza. Es necesario separarse un poco de ella, entonces volverse y mirar hacia atrás. Entonces, por fin, el auténtico paisaje se hace visible. Hay que gustar, aunque sea brevemente, el agua pura de más allá del mundo, antes de poder ser plenamente consciente de las cálidas salobres corrientes de la Naturaleza. Considerarla como Dios o como el todo es no descubrir su meollo más íntimo y su auténtico placer. Ven afuera, mira hacia atrás y entonces verás... esa asombrosa catarata de osos, niños y plátanos; ese diluvio de átomos, orquídeas, naranjas, cangrejos, canarios, moscas, gases, tornados y ranas. ¿Cómo se ha podido jamás pensar que esta era la realidad última? ¿Cómo se ha podido jamás pensar que todo esto no era más que el escenario para el drama moral de hombres y mujeres? Es ella misma. No le ofrezcas ni adoración ni desprecio. Sal a su encuentro y conócela. Si nosotros somos inmortales y ella está sentenciada (como nos dicen los científicos) a desmoronarse y morir, echaremos de menos a esta última mitad tímida y mitad gloriosa criatura, esta ogresa, esta *hoyden*, esta hada incansable, esta bruja salvaje. Pero los teólogos nos dicen que ella, como nosotros, será redimida. La «vanidad» a la que está sometida es su enfermedad, no su esencia. Será curada, pero curada en su carácter; no domesticada (Dios no lo quiera) ni esterilizada. Todavía podremos reconocer nuestra vieja enemiga, amiga, compañera de juegos y madre nutricia tan perfecta que no sea menos sino más ella misma. Y este será un encuentro feliz.

10

TERRIBLES COSAS ROJAS

El intento de refutar el teísmo exponiendo la
continuidad de la creencia en Dios como un engaño
primitivo, se podría denominar: Método de intimidación
antropológica.

EDWYN BEVAN, *SYMBOLISM AND BELIEF*,
CAP. II

HEMOS EXPUESTO QUE no hay posibilidad de encontrar argumento contra el Milagro por el estudio de la Naturaleza. No es la Naturaleza la realidad total, sino solo una parte; por lo que sabemos, quizá una parte pequeña. Si lo que está fuera de ella quisiera invadirla, no tendría, según lo que podemos observar, defensa alguna. Por supuesto que muchos de los que rechazan los Milagros admitirán todo esto. Su objeción viene desde la otra vertiente. Piensan que lo Supernatural no invadirá; acusan a los que creen en la invasión de tener una noción infantil y baladí del Supernatural. Rechazan, por tanto, todas las formas de Supernaturalismo que afirmen tales interferencias e invasiones; y especialmente la forma llamada cristianismo; porque en esta los Milagros, o al menos algunos Milagros, están más íntimamente ligados con la fábrica de toda la creencia que en cualquier otra religión. Las esencias todas del hinduismo permanecerán intactas, según pienso, si elimináramos los milagros, y casi lo mismo se diría del islamismo. Pero al cristianismo no podemos hacerle esta disectomía. Es precisamente la historia de un gran Milagro. Un cristianismo naturalista eliminaría todo lo que es específicamente cristiano.

Las dificultades del no creyente no comienzan con este o aquel milagro en particular; empiezan mucho antes. Cuando un hombre que tiene solamente la educación media moderna mira hacia alguna afirmación doctrinal del cristianismo, se encuentra cara a cara con lo que le parece un cuadro completamente «salvaje» o «primitivo» del universo. Se encuentra con que se supone que Dios ha tenido un «Hijo», lo mismo que si Dios fuera una deidad mitológica como Júpiter u Odín. Se encuentra con que de este «Hijo» se dice que «bajó del cielo», como si Dios tuviera un palacio en el éter desde donde envió a su «Hijo» como un paracaidista. Después se encuentra con que este «Hijo» «descendió a los infiernos» —a una cierta tierra de los muertos debajo de la superficie de la tierra y seguramente de una tierra plana— y de allí «subió» de nuevo como en globo al palacio celestial del Padre, donde finalmente se sentó en una silla artísticamente decorada y situada un poco a la derecha de su Padre. Todo esto parece presuponer una concepción de la realidad que el progreso del conocimiento ha ido refutando con pasos firmes durante los últimos dos mil años, y que ningún hombre honrado en su sano juicio puede hoy volver a aceptar.

Es esta impresión la que explica el desprecio, e incluso el disgusto, que muchos experimentan por los escritos de cristianos actuales. Cuando un hombre se convence de que el cristianismo en general implica un «cielo» local, una tierra plana y un Dios que puede tener niños, escucha naturalmente con impaciencia nuestras soluciones de dificultades concretas y nuestras defensas contra concretas objeciones. Cuanto más ingeniosos somos en tales soluciones y defensas, más perversos le parecemos. «Por supuesto —dice—, una vez que las doctrinas están ahí, hombres inteligentes pueden inventar inteligentes argumentos para defenderlas; lo mismo que cuando un historiador ha cometido un desatino, puede continuar inventando más y más elaboradas teorías para que parezca que aquello no era desatino; pero la verdad es que jamás habría ni imaginado ninguna de esas complicadas teorías si hubiera entendido correctamente los documentos en el principio. ¿No es claro, por la misma regla, que la teología cristiana no habría jamás existido si los autores del Nuevo Testamento hubieran tenido la más ligera idea de lo que el universo es en realidad?». En cualquier caso, así es como yo pensaba. Así es como pensaba el hombre que me enseñó a pensar. Se trataba de un hombre duro, ateo satírico, expresbiteriano, entusiasta del Golden Bough, y que llenaba su casa con las producciones de la Rationalist Press Association. Era un hombre tan honrado como la luz del día, a quien yo reconozco aquí gustosamente que conservo una inmensa gratitud. Su actitud hacia el cristianismo era para mí el punto exacto de partida del pensamiento adulto; podría decir que se enraizó en mis huesos. Y, sin embargo, desde aquellos días he llegado a considerar esa actitud como un malentendido radical.

Recordando desde dentro, tan bien como yo lo veo ahora, la postura del escéptico impaciente, me doy perfecta cuenta de cómo se encuentra blindado contra todo lo que yo pueda decir en el resto del capítulo.

«Sé exactamente lo que va a hacer —murmurará—, va a descartar todas esas afirmaciones mitológicas. Es el sistema invariable de estos cristianos. En todas las materias en donde la ciencia no ha hablado todavía y en las que aún no pueden ser acorralados por completo, te contarán algún absurdo cuento de hadas; y después, en el momento en que la ciencia haga un nuevo avance y demuestre (como invariablemente lo hace) que sus cuentos eran falsos, girarán rápidamente en redondo para explicar que no querían decir lo que dijeron, que solo estaban empleando una metáfora poética o exponiendo una alegoría, y que lo que en realidad intentaban era una inofensiva enseñanza moral. Estamos ya hastiados de estos zurcidos y remiendos teológicos». Siento una enorme comprensión con este hastío, y admito sin dificultad que el cristianismo «modernista» ha practicado ese juego del que le acusa el impaciente escéptico. Pero también pienso que existe una explicación que no es salirse por la tangente. En cierto sentido voy a hacer precisamente lo que el escéptico espera que voy a hacer; es decir, voy a distinguir lo que entiendo ser el «meollo» o el «auténtico sentido» de las doctrinas de aquello que es su expresión y que considero no esencial e incluso susceptible de ser cambiado sin detrimento. Pero lo que voy a descartar como no perteneciente al «auténtico sentido» en mi exposición no serán de ningún modo los milagros. Estos son el meollo mismo, el meollo limpio y descortezado de lo no esencial, todo lo que podamos descortezarlo, y que debe permanecer absolutamente milagroso, sobrenatural y, ¿por qué no?, si se quiere «primitivo» e incluso «mágico».

Para poder explicar esto, necesito abordar ahora un tema cuya importancia es por completo diversa de nuestro objetivo inmediato. Quien quiera tener claridad de ideas sobre el particular debería doctorarse por su cuenta tan pronto como le sea posible. Le recomendaríamos que comenzara leyendo *Poetic Diction* de Owen Barfield y *Symbolism and Belief* de Edwyn Bevan. Pero para nuestra presente argumentación, será suficiente dejar a un lado los problemas más profundos y proceder de un modo popular y sencillo.

Cuando pienso en Londres, suelo ver una pintura imaginativa de la estación de Euston. Pero cuando pienso que Londres tiene varios millones de habitantes, no quiero decir que haya varios millones de imágenes de personas contenidas en mi imagen de la estación de Euston; ni tampoco que varios millones de personas reales vivan en la estación de Euston. De hecho, aunque tenga esa imagen mientras pienso en Londres, lo que pienso o digo no se refiere a esa imagen, lo cual sería un absurdo evidente. Mi afirmación tiene sentido porque no se refiere a mi pintura imaginativa, sino al verdadero Londres independiente de mi imaginación, acerca del cual nadie puede tener en absoluto una representación mental adecuada. De igual modo, cuando decimos que el Sol está a unos noventa millones de millas de distancia, entendemos con toda claridad lo que indicamos con esa cifra, la podemos dividir y multiplicar por otros números y podemos calcular el tiempo que tardaríamos en recorrer esta distancia a una determinada velocidad. Pero este pensamiento nítido va acompañado de una imaginación que es ridículamente falsa en relación con lo que sabemos que es la realidad.

Pensar es una cosa, imaginar es otra. Lo que pensamos y decimos puede ser, y generalmente lo es, totalmente distinto de lo que imaginamos o de la representación mental que lo acompaña. Y lo que indicamos puede ser verdadero mientras que la pintura imaginativa es completamente falsa. Es muy discutible que exista alguien, a excepción quizá de un visualizador extraordinario, que simultáneamente sea un consumado artista, que reproduzca alguna vez imágenes mentales exactas de las cosas que piensa.

En estos ejemplos, la imagen mental no solo es diferente de la realidad, sino que es reconocida como tal, al menos después de un momento de reflexión. Yo sé que Londres no es solo la estación de Euston. Progresemos ahora hacia una consideración ligeramente distinta. Oí una vez a una señora decirle a su hija pequeña que se moriría si tomaba muchas tabletas de aspirina. «¿Por qué? —preguntó la niña—, no es veneno». «¿Por qué sabes que no es veneno?», le dijo la madre. La niña respondió: «Porque cuando partes una aspirina no aparecen dentro esas terribles cosas rojas». Es claro que cuando la niña pensaba en veneno, tenía una imagen mental de «terribles cosas rojas», igual que yo de la estación de Euston cuando pienso en Londres. La diferencia está en que, mientras yo sé que mi imagen es inadecuada a la realidad de Londres, ella creía que el veneno era verdaderamente rojo. En este punto se equivocaba. Pero eso no quiere decir que todo lo que pensaba o dijera del veneno fuera falso o sin sentido necesariamente. Conocía muy bien que el veneno era algo que podría matar o causar enfermedad, y sabía en cierto modo que había cosas en su casa que eran venenosas. Si la niña advirtiera a un visitante: «No beba eso; mamá dice que es veneno», la persona en cuestión actuaría imprudentemente si no hiciera caso de su indicación arguyendo que «esta niña tiene una idea primitiva del veneno, como "terribles cosas rojas", que mi adulto conocimiento científico ha superado».

A nuestra previa afirmación (de que el pensamiento puede ser correcto aunque la imagen que lo acompaña sea falsa) podemos ahora añadir una ulterior afirmación: el pensamiento puede ser correcto en ciertos aspectos, aunque la imagen que lo acompaña no solo sea falsa, sino que además sea admitida equivocadamente como verdadera.

Queda todavía una tercera situación que debemos considerar. En los dos ejemplos previos hemos analizado pensamiento e imaginación, pero no el lenguaje. Yo imagino la estación de Euston, pero no necesito mencionarla. La niña concebía el veneno como «terribles cosas rojas», pero podía haber hablado del veneno sin expresarlo así. Sin embargo, muy frecuentemente, cuando hablamos de algo que no es perceptible por los cinco sentidos, usamos palabras que en alguno de sus significados se refieren a cosas o acciones sensoriales. Cuando decimos: «Ya he pillado la fuerza de su razonamiento», usamos un verbo (*pillar*) que literalmente significa atrapar algo con las manos; pero evidentemente no pensamos que nuestra inteligencia tenga manos o que el razonamiento se pueda empuñar como una pistola. Para evitar el verbo *pillar*, se puede utilizar esta otra expresión: «Ya veo la fuerza de su razonamiento», pero no indicamos con esto que el razonamiento haya aparecido como un objeto en el campo visual. Podríamos hacer un tercer intento y decir: «Ya sigo su razonamiento», pero con esta frase no indicamos que vayamos andando detrás del interlocutor a lo largo de un camino. A todos nos son familiares estos procedimientos lingüísticos que los gramáticos llaman metáforas. Pero sería un grave error pensar que la metáfora es algo opcional que los poetas y oradores utilizan en sus obras como elemento decorativo y que el sencillo interlocutor puede prescindir de ellas. La verdad es que si tenemos que hablar de cosas no perceptibles por los sentidos, estamos forzados a usar lenguaje metafórico. Los libros sobre psicología, economía o política son tan persistentemente metafóricos como los libros de poesía o devoción. No hay otra manera de expresarse, como reconoce cualquier filólogo. Quienes lo deseen pueden convencerse simplemente leyendo libros de las materias que acabo de mencionar. Este estudio podría llenar toda una vida, pero aquí ahora me conformo con una nueva afirmación: toda exposición de cosas supersensoriales es y tiene que ser metafórica en el más alto grado.

Al llegar a este punto, tenemos tres principios orientadores entre nosotros: (1) El pensamiento es distinto de la forma imaginativa que lo acompaña. (2) El pensamiento puede ser correcto en lo fundamental, aun cuando las falsas formas imaginativas que lo acompañan sean tomadas como verdaderas por el sujeto pensante. (3) Quienquiera que habla de cosas que no pueden ser vistas o tocadas u oídas o percibidas de modo semejante tiene inevitablemente que hablar como «si de hecho pudieran ser» vistas, tocadas u oídas. Así, por ejemplo, tendrá que hablar de «complejos» y «represiones» «como si» los deseos pudieran realmente ser atados en fardos y ser traídos de nuevo a empujones; o de «crecimiento» y «desarrollo» «como si» las instituciones crecieran realmente como árboles o se abrieran como flores; o de que «se suelte» la energía «como si» fuera un animal desenjaulado.

Apliquemos esto ahora a los «primitivos» artículos del Credo cristiano. Admitamos de entrada que muchos cristianos (aunque no todos, por supuesto), cuando afirman las diversas proposiciones tienen de hecho en la mente esas mismas crudas imágenes mentales que tanto horrorizan al escéptico. Cuando dicen que Cristo «bajó de los cielos» tienen una vaga imagen de algo flotando o planeando hacia abajo desde las alturas. Cuando dicen que Cristo es el «Hijo» del Padre, pueden tener la representación de dos formas humanas de las cuales una parece de más edad que la otra. Pero ahora reconocemos que la mera presencia de estas imágenes mentales no nos dice por sí misma nada sobre lo razonable o absurdo de los pensamientos que las acompañan. Si las imágenes absurdas supusieran pensamientos absurdos, todos nosotros estaríamos pensando insensateces continuamente. Y los cristianos dejan claramente sentado que las imágenes no pueden ser identificadas con aquello que se cree.

Pueden representar al Padre con forma humana, pero al mismo tiempo mantienen que carece de cuerpo. Pueden representarlo de más edad que el Hijo, pero afirmando al mismo tiempo que el uno no existió antes que el otro, puesto que ambos han existido toda la eternidad. Estoy hablando, por supuesto, de cristianos adultos. No se puede juzgar al cristianismo por las fantasías de los niños, como tampoco a la medicina por la idea de la pequeña que creía en terribles cosas rojas.

Establecidas así las cosas, tenemos que dar un giro para afrontar un engaño un tanto simplista. Cuando se insiste en que lo que los cristianos expresamos no puede ser identificado con la imagen mental, algunos dicen: «¿Y no sería mejor cortar por lo sano de una vez todas esas imágenes mentales y el lenguaje que las fomenta?». Esto es imposible. Quienes hablan así no han advertido que cuando intentan evitar esas imágenes humanizadas de Dios o antropomórficas, lo único que logran es substituirlas por imágenes de otro género. «Yo no creo en un Dios personal —dicen algunos—. Yo creo en una gran fuerza espiritual». Lo que desconocen es que la palabra «fuerza» le ha introducido en toda clase de imágenes de vientos, oleajes, electricidad y gravitación. «Yo no creo en un Dios personal —dicen otros —, yo creo que todos somos parte de un gran Ser que actúa y trabaja a través de todos nosotros», sin advertir que se ha limitado a cambiar la imagen de un hombre paternal y majestuoso por la imagen de un gas o fluido que se extiende en amplitud. Una joven conocida mía fue educada por sus padres, elevados pensadores, de modo que considerara a Dios como «la substancia perfecta»; más adelante, descubrió que esta concepción la había llevado a pensar en Dios como algo parecido a un inmenso pastel de tapioca. (Para empeorar más las cosas, ella aborrecía la tapioca). Podemos creernos seguros de evitar este grado de absurdez, pero nos equivocamos. Si un hombre observa su propia mente, estoy seguro de que descubrirá que lo que él profesa como una concepción de Dios avanzada o filosófica, va siempre acompañada en su pensamiento de vagas imágenes que, si se analizan de cerca, resultarían aún más absurdas que las imágenes antropomórficas sugeridas por la teología cristiana. Porque, después de todo, el hombre es lo más perfecto de todo lo que nosotros percibimos por la experiencia sensorial. El hombre, por lo menos, ha conquistado la tierra, honrado (aunque no practicado) la virtud, adquirido conocimientos científicos, ha creado poesía, música y arte. Si Dios de hecho existe, no es un contrasentido suponer que nosotros somos menos diferentes de Él que cualquier otra cosa que conocemos.

Evidentemente que nosotros somos inexpresablemente diferentes de Él; en este sentido, todas las imágenes humanizadas de Dios son falsas. Pero esas imágenes de nieblas, informes y fuerzas irracionales que cautivan la mente cuando pensamos que nos estamos elevando a la concepción del Ser impersonal y absoluto son mucho más falsas. En cualquier caso, aparecerán imágenes de una u otra clase; no podemos librarnos de nuestra propia sombra.

En lo que respecta al cristiano adulto de los tiempos modernos, la absurdez de las imágenes no implica absurdez de la doctrina; pero cabe preguntar si los primitivos cristianos estaban en la misma situación. Quizá tomaron las imágenes falsas por verdaderas, y creyeron realmente en el palacio celestial y en el trono cubierto de ornato. Pero, como acabamos de ver en el ejemplo de «las terribles cosas rojas», aun así no invalidaría necesariamente todo lo que pensaron en esta materia. La niña de nuestro ejemplo puede conocer muchas cosas verdaderas sobre el veneno, que incluso en determinados casos un adulto concreto puede ignorar. Imaginemos un campesino galileo que pensaba que Cristo, literal y físicamente, «se sentó a la diestra de Dios Padre». Si este hombre hubiera ido a Alejandría y adquirido una formación filosófica, habría descubierto que el Padre no tenía derecha ni izquierda y no estaba sentado en un trono. ¿Es por eso concebible que encontrara alguna diferencia con lo que él había creído y valorado en la doctrina seguida durante el tiempo de su ingenuidad? Porque, a menos que lo supongamos no solo un campesino, sino además un tonto (cosas muy distintas), los detalles físicos sobre un supuesto salón del trono le tendrían totalmente sin cuidado. Lo realmente importante es la creencia de que una persona a quien él había conocido en Palestina como un hombre habría sobrevivido a la muerte como persona y estaba ya actuando como el agente supremo del Ser sobrenatural que gobierna y mantiene todo el conjunto de las realidades. Y esta creencia se mantendría sustancialmente igual después de haber reconocido la falsedad de sus antiguas imágenes.

Aunque se pudiera demostrar que los primitivos cristianos entendían sus imaginaciones literalmente, esto no significaría que podríamos en justicia relegar su doctrina como en su conjunto al cuarto trastero. El que de hecho lo creyeran así es otro asunto. La dificultad surge de que ellos no escribían como filósofos para satisfacer su curiosidad especulativa sobre la naturaleza de Dios y del universo. Ellos «creían» en Dios; y cuando un hombre cree, las definiciones filosóficas nunca pueden ser su «primera» necesidad. Un náufrago no analiza la cuerda que le arrojan, ni un enamorado apasionado presta atención a los cosméticos en la cara de su amada. De aquí que tampoco el problema que consideramos sea estudiado por los autores del Nuevo Testamento. Cuando surge posteriormente, el cristianismo determina con toda claridad que esas ingenuas imágenes son falsas. La secta que en el desierto de Egipto creyó que Dios era como un hombre fue condenada; el monje que sintió que había perdido algo por esta corrección fue considerado como «débil de razón».[1] Las tres Personas de la Santísima Trinidad son declaradas «incomprensibles».[2] Dios es proclamado «inexpresable», impensable, invisible para todos los seres creados.[3] La Segunda Persona no solo carece de cuerpo, sino que es tan distinta del hombre que si su única intención solo hubiera sido la revelación de sí mismo, no habría escogido el encarnarse en forma humana.[4] No encontramos afirmaciones semejantes en el Nuevo Testamento, porque el problema no se ha planteado de forma explícita; pero sí encontramos afirmaciones que establecen cómo se debe decidir la cuestión una vez que se explicite. El título de «Hijo» puede parecer «primitivo» o «ingenuo». Pero ya en el Nuevo Testamento este «Hijo» es identificado con el Discurso o Razón o Palabra que estaba eternamente «en Dios» y que «era Dios».[5] Él es el Principio de concreción y cohesión en el que el universo encuentra su consistencia y permanencia.[6] Todas las cosas y especialmente la Vida provienen de Él,[7] y en Él todas las cosas encontrarán su consumación y plenitud; afirmación definitiva de lo que se nos ha estado intentando expresar.[8]

Siempre es posible imaginar un estado anterior de cristianismo en el que tales ideas estuvieran ausentes; exactamente igual que siempre es posible decir que cualquier cosa que nos desagrade en Shakespeare fue añadida por un «adaptador» y que eso no se encontraba en la obra original; pero ¿qué tiene que ver semejante presupuesto con una seria investigación? Y en este caso, la fabricación de tales presupuestos es especialmente gratuita, ya que si nos retraemos más allá del cristianismo

---

1. *Senex mente confusus.* Casiano, citado en Gibbon, Cap. 47.
2. Credo atanasiano.
3. *De Incomprehensibili.* S. Juan Crisóstomo, citado en Otto, *Idea of the Holy*, Apéndice 1.
4. *De Incarnatione.* S. Atanasio, VIII.
5. Juan 1.1.
6. Colosenses 1.17.
7. Colosenses 1.15-17 y Juan 1.4.
8. Efesios 1.10.

hasta el mismo judaísmo, no encontramos tampoco este ambiguo antropomorfismo (o humanización) que se pretende. Es verdad —lo admito— que tampoco se encuentra su negación explícita. Encontraremos de una parte a Dios presentado como viviendo en las alturas «en el excelso y santo lugar»; de otra parte, «¿No lleno yo [...] el cielo y la tierra?», dice el Señor.[1] Encontraremos en la visión de Ezequiel que Dios aparece (adviértase las palabras ambiguas) como «una semejanza que parecía de hombre».[2] Pero también encontramos la advertencia: «Guardad, pues, mucho vuestras almas; pues ninguna figura visteis el día que Jehová habló con vosotros de en medio del fuego; para que no os corrompáis y hagáis para vosotros escultura, imagen de figura alguna».[3] Y lo más desconcertante para cualquier moderno literalista: el Dios que aparece como habitando localmente en el cielo, resulta que Él lo «creó».[4]

La razón por la que un literalista moderno queda desconcertado es porque intenta encontrar en los escritos antiguos cosas que no están en ellos. A partir de una clara distinción moderna entre material e inmaterial, intenta averiguar en qué parte de esta distinción se sitúa la antigua concepción hebrea. Olvida que esta distinción se ha establecido claramente solo a través del pensamiento ulterior.

Se nos dice con frecuencia que el hombre primitivo no podría concebir el puro espíritu; pero entonces tampoco pudo concebir la pura materia. El trono y la habitación local se atribuyen a Dios en una fase en que es todavía imposible mirar incluso el trono y el palacio de un rey terreno como meros objetos físicos. En los tronos y palacios terrenos era el significado espiritual —podríamos decir «la atmósfera»— lo que importaba para la mentalidad antigua. Tan pronto como el contraste de «espiritual» y «material» apareció en sus mentes, reconocieron que Dios era «espiritual» y descubrieron que su religión siempre había implicado este concepto. Pero en una fase anterior el contraste no estaba ahí. El considerar esa fase anterior como no espiritual, solo porque no encontramos en ella una clara afirmación de espíritu incorpóreo, es una grave equivocación. Con igual derecho se le podría llamar espiritual porque no se encontraba consciencia clara de materia pura. Mr. Barfield ha demostrado, en relación con la historia del lenguaje, que las palabras no comenzaron por

1. Jeremías 23.24.
2. Ezequiel 1.26.
3. Deuteronomio 4.15-16.
4. Génesis 1.1.

referencia a objetos físicos, y después se extendieron metafóricamente a emociones, estados de la mente y cosas semejantes. Por el contrario, los que llamamos ahora significados «literal y metafórico», se han desgajado ambos de una antigua unidad de significado que no correspondía a ninguno de los dos. Del mismo modo, es totalmente erróneo pensar que el hombre comenzó con un Dios o un cielo «material» y gradualmente los espiritualizó. No pudo haber comenzado por algo «material», porque esto «material», tal como nosotros lo entendemos, llega a verificarse solo por contraste con lo «inmaterial», y ambos lados del contraste avanzaron a la misma velocidad. Se comenzó por algo que no era ninguno de los dos, y que era los dos al mismo tiempo. Mientras intentemos releer en la antigua unidad cualquiera de los dos lados opuestos, que desde entonces han sido entresacados de ella, malinterpretaremos toda la primitiva literatura y desconoceremos muchos estados de consciencia que nosotros mismos todavía experimentamos de tiempo en tiempo. El tema es crucial no solo con relación a nuestra discusión presente, sino con miras a cualquier crítica literaria profunda o filosófica.

Las enseñanzas cristianas e incluso la judaica que la precede, han sido siempre afirmaciones sobre la realidad espiritual, no retazos de ciencia física primitiva. Todo lo que es positivo en la concepción de lo espiritual se ha encontrado siempre contenido en ellas; solamente el aspecto negativo (inmaterialidad) es el que ha tenido que esperar para ser reconocido hasta que el pensamiento abstracto se desarrollara por completo. Las imágenes materiales no fueron entendidas literalmente por nadie que alcanzara el nivel en que se podía comprender el significado de «acepción literal». Y ahora, llegamos a la diferencia que existe entre interpretación y malinterpretación.

1. Muchos, cuando se dice que una cosa tiene «sentido metafórico», concluyen que en realidad no tiene en absoluto el sentido expresado. Piensan acertadamente que Cristo habló metafóricamente cuando nos dijo que cargáramos con la cruz. Concluyen equivocadamente que el cargar con la cruz no significa nada más que llevar una vida honrada y subscribirse con aportación moderada a alguna obra de caridad. Piensan acertadamente que el «fuego» del infierno es metafórico; y concluyen equivocadamente que solo significa remordimiento. Dicen que el relato de la caída en el pecado del Génesis no es literal; y de aquí deducen (yo lo he oído) que en realidad fue una caída hacia arriba; lo cual es como decir que, como la frase «se me ha partido el corazón» contiene una metáfora,

significa en realidad «me siento muy alegre». Este modo de interpretación lo considero francamente un sinsentido. Para mí, las doctrinas cristianas que son «metafóricas» —o que se han hecho metafóricas al incrementarse el pensamiento abstracto— significan algo que es exactamente tan «sobrenatural» y tan acuciante, después de haber suprimido las antiguas imágenes, como lo eran anteriormente. Significan que, además del universo físico o psicofísico conocido por la ciencia, existe una realidad increada e incondicionada que es la causa de que el universo exista; que esta realidad posee una estructura concreta o constitución que es descrita, útilmente y suficientemente —aunque, claro está, incompletamente— en la doctrina de la Trinidad; y que esta realidad, en un concreto instante del tiempo, penetró en el universo que conocemos al quedar convertido en una de sus criaturas y produjo determinados efectos en el acontecimiento histórico que el esfuerzo normal del universo natural no produce; y que este hecho ha efectuado un cambio en nuestras relaciones con la realidad incondicionada. Adviértase que nuestra descolorida expresión «penetró en el universo» no es ni un ápice menos metafórica que la más gráfica «descendió del cielo». Solo hemos substituido con una imagen de movimiento horizontal o indeterminado a otra de movimiento vertical. Y en todos los intentos por mejorar el lenguaje antiguo, nos encontraremos con idéntico resultado. Estas cosas no solo no pueden ser afirmadas, sino ni siquiera presentadas a discusión sin la apoyatura de la metáfora. Podríamos hacer nuestro lenguaje más aburrido, pero no más literal.

2. Estas afirmaciones conciernen a dos campos: el de la realidad sobrenatural e incondicionada y el de los acontecimientos a nivel histórico, que reconocemos haber producido la irrupción de esta realidad en el universo natural. Lo primero es indescriptible en lenguaje «literal» y, por consiguiente, con razón interpretamos lo que de ella se dice metafóricamente. Pero lo segundo está en una posición completamente distinta. Acontecimientos a nivel histórico son cosas de las que podemos hablar literalmente. Si ocurren, son percibidos por los sentidos del hombre. La «interpretación» legítima degenera en turbia o insincera malinterpretación en el momento en que comenzamos a aplicar a estos acontecimientos la interpretación metafórica que correctamente aplicábamos a las proposiciones sobre Dios. La proposición de que Dios tiene un Hijo nunca pretendió significar que Dios es un ser que propaga su especie mediante la unión sexual; y así no alteramos en nada el cristianismo al explicitar el hecho de que la «generación» no se aplica a Cristo exactamente en

el mismo sentido en que se aplica al hombre. Pero la afirmación de que Jesús transformó el agua en vino es expresada de modo perfectamente literal, porque se refiere a algo que, si ocurrió, se hallaba totalmente dentro de nuestro campo sensorial y de nuestro lenguaje. Cuando digo: «Se me parte el corazón», todo el mundo entiende perfectamente que yo no pretendo significar algo que se pueda verificar en mi autopsia. Pero cuando digo: «Se me ha partido el cordón del zapato», si su comprobación demuestra que está intacto, yo estoy mintiendo o me he equivocado. Las narraciones de los «milagros» en la Palestina del primer siglo son una de tres: mentiras, leyendas o historia. Y si la mayoría o los más importantes de estos son mentiras o leyendas, entonces la predicación que el cristianismo ha estado haciendo durante los últimos dos mil años es simplemente falsa. Sin duda podrán contener, a pesar de todo, nobles sentimientos y verdades morales. También la mitología griega y la nórdica. Pero se trata de un asunto totalmente distinto.

Nada de lo expuesto en este capítulo nos ayuda en la decisión sobre la probabilidad o improbabilidad de la verdad cristiana. Nos hemos limitado a despejar un malentendido, con el fin de asegurar al asunto una correcta lectura.

CRISTIANISMO Y «RELIGIÓN»

Quienes hacen de la religión su dios, se encontrarán sin Dios para su religión.

THOMAS ERSKINE OF LINLATHEN

DESPUÉS DE ELIMINAR la confusión proveniente de ignorar las relaciones entre pensamiento, imaginación y lenguaje, podemos volver a nuestro asunto: los cristianos dicen que Dios ha hecho milagros. El mundo moderno, aun cuando se crea en Dios, y aun cuando se constate la impotencia de la Naturaleza para impedirlos, no los admite. Piensa que Dios no hace ese estilo de cosas. ¿Existe algún motivo para suponer que el mundo moderno tiene razón? Admito que la clase de Dios que concibe una «religión» generalizada de nuestros tiempos, casi con toda certeza no hará milagros. La cuestión es si esta religión generalizada tiene alguna probabilidad de ser verdadera.

La he llamado «religión» con toda intención. Los que defendemos el cristianismo nos encontramos constantemente con la oposición no de la irreligión de nuestros interlocutores, sino con su religión real. Hablemos de la belleza, la verdad y la bondad, o de Dios que es meramente el principio inhabitante en estas tres cualidades; hablemos de la gran fuerza espiritual que impregna todas las cosas, de la gran inteligencia común de la cual todos nosotros somos parte, de un estanque de espiritualidad absoluta en la que todos podemos anegarnos; y encontraremos un propicio interés amistoso. Pero la temperatura desciende en cuanto mencionamos a un Dios que tiene proyectos y realiza acciones concretas, que hace una cosa y no otra, un Dios concreto, que decide, que manda, que prohíbe, con unas características determinadas. La gente se siente embarazada o molesta. Tal concepción les parece primitiva, cruda e incluso irreverente. La «religión» generalizada excluye los milagros porque excluye al «Dios vivo» del cristianismo y cree en su lugar en una especie de Dios que evidentemente no haría milagros y, por supuesto, ninguna otra cosa. Esta «religión» generalizada se puede denominar poco más o menos panteísmo, y ahora conviene examinar sus credenciales.

En primer lugar, suele basarse en una concepción completamente imaginaria de la historia de la religión. Según esta concepción, el hombre empieza por inventar los «espíritus» para explicarse los fenómenos naturales, y en un comienzo, imagina que estos espíritus son exactamente iguales a él. A medida que se culturiza, los espíritus se van haciendo menos semejantes al hombre, menos «antropomórficos», como dicen los eruditos. Sus atributos antropomórficos se desprenden uno a uno; primero la forma humana, después las pasiones, después la personalidad, la voluntad, la actividad; por fin, todo atributo positivo o concreto cualquiera que sea. Queda al final una pura abstracción, mente como tal, espiritualidad como tal. Dios, en lugar de ser una entidad concreta con un propio y personal carácter real, se convierte simplemente en «el espectáculo total» considerado de una manera particular, o en el punto teórico en el que convergirían todas las líneas de la aspiración humana si se prolongaran hasta el infinito. Y supuesto que, desde la visión moderna, la fase final de cualquier cosa es siempre la más refinada y civilizada, esta «religión» se presenta como creencia más espiritual y más iluminada que el cristianismo.

Ahora bien, esta supuesta historia de la religión no es verdadera. El panteísmo ciertamente (como sus defensores dirían) es connatural a la mente moderna; pero el hecho de que un zapato entre fácilmente en el pie no prueba que sea nuevo y mucho menos que preserve de la humedad. El panteísmo es connatural a nuestras mentes, no porque sea la fase final en un largo proceso de iluminación, sino porque es casi tan viejo como el hombre. Puede que incluso sea la más antigua de todas las religiones, y el «orenda» de una tribu salvaje lo han interpretado algunos como un «espíritu que todo lo impregna». Es inmemorial en la India. Los griegos lo superaron solo al llegar a la cumbre con el pensamiento de Platón y Aristóteles; sus sucesores recayeron en el gran sistema panteísta de los estoicos. La Europa moderna se libró de él solo mientras permaneció predominantemente cristiana; volvió con Giordano Bruno y Spinoza. Con Hegel se convirtió casi en la filosofía admitida en los ambientes altamente cultos, mientras que el panteísmo más popular de Wordsworth, Carlyle y Emerson suministraron la misma doctrina a los de nivel cultural ligeramente inferior. Lejos de ser el refinamiento religioso final, el panteísmo es de hecho la constante curva descendente natural de la mente humana; el permanente nivel ordinario por debajo del cual el hombre a veces naufraga bajo la influencia de hechicerías y supersticiones; pero sobre el cual sus propios esfuerzos sin otra ayuda no son capaces de remontar nunca al hombre, sino después de mucho tiempo. Platonismo y judaísmo, y cristianismo (que ha incorporado a ambos) han demostrado que son las únicas fuerzas capaces de resistirlo. Panteísmo es la actitud en la que cae automáticamente la mente humana cuando se abandona a sí misma. Nada tiene de extraño que lo consideremos connatural. Si «religión» significa simplemente lo que el hombre dice de Dios, y no lo que Dios hace en el hombre, el panteísmo «es» casi religión. Y «religión» en este sentido se enfrenta a la larga con solo un formidable oponente: el cristianismo.[1] La filosofía moderna ha descartado a Hegel y la ciencia moderna toma la salida sin mirada alguna en favor de la religión; pero ambas han demostrado su impotencia para remontar el impulso humano hacia el panteísmo. Es casi tan fuerte hoy como lo fue en la antigua India o en la antigua Roma. La teosofía y el culto de la fuerza vital son dos de sus formas. Incluso el culto germánico del espíritu racial es solamente un panteísmo truncado o modelado para acomodarlo a bárbaros. Sin embargo, por una extraña ironía, cada nueva recaída en esta «religión» inmemorial es aclamada como la última palabra de la novedad y la emancipación.

Esta curva natural de la mente puede ser parangonada con lo que ocurre en un campo de pensamiento totalmente distinto. Los hombres creían en los átomos siglos antes de obtener evidencia alguna experimental de su existencia. Parece lógico que fuera así. Y, naturalmente, la clase de

---

1. Por consiguiente, si un ministro de Educación afirma que valora la religión y al mismo tiempo toma medidas para suprimir el cristianismo, no se sigue necesariamente que sea hipócrita o siquiera un necio (en el sentido que este mundo da a la palabra). Quizá desee sinceramente más «religión» y vea acertadamente que la supresión del cristianismo es una necesidad preliminar para realizar su intención.

átomos en que creíamos eran bolitas duras, como las duras sustancias que encontrábamos en nuestra experiencia, solo que demasiado pequeñas para verse. La mente llega a esta concepción por una fácil analogía con los granos de arena o de sal. Esto explica una serie de fenómenos, y nos sentimos cómodos con átomos de este género; nos los podemos imaginar. Esta creencia hubiera durado por siempre si la ciencia no hubiera sido tan puntillosa como para descubrir lo que los átomos son «realmente». En el momento en que lo descubre, todo nuestro confort mental, toda la inmediata aceptación y clarividencia de la antigua teoría atómica, se nos derrumba. Los átomos verdaderos resultan ser totalmente ajenos a nuestro modo natural de pensar. Ni siquiera están hechos de «sustancia» dura o «materia» (como la imaginación entiende «materia»); no son simples, sino que tienen una estructura, no son todos iguales; no son representables. La antigua teoría atómica es en física lo que el panteísmo es en religión: la natural, instintiva sospecha de la mente humana, no completamente equivocada, pero necesitada de rectificación. La teología cristiana y los quanta de la física son ambos, en comparación con la primera imaginación, incómodos, complejos, secos y repelentes. El primer choque de la naturaleza real del objeto, irrumpiendo en nuestros espontáneos sueños sobre lo que el objeto debería ser, tiene siempre estas características. No podemos esperar que Schrödinger sea tan bien aceptado como Demócrito; aquel sabe demasiado. No podemos esperar que san Atanasio sea tan bien aceptado como Mr. Bernard Shaw; aquel también sabe demasiado.

Se malinterpreta frecuentemente el verdadero estado de la cuestión, porque se compara el conocimiento que un adulto puede tener del panteísmo con el conocimiento del cristianismo adquirido en la infancia. Así se obtiene la impresión de que el cristianismo ofrece la explicación «elemental» de Dios, la que es demasiado simple para ser verdad, mientras que el panteísmo ofrece algo sublime y misterioso. La realidad es exactamente lo contrario. La aparente profundidad del panteísmo vela débilmente un conglomerado de espontáneo pensamiento-imagen y debe a este hecho precisamente su aceptación. Panteísmo y cristianismo coinciden en que Dios es presente en todos sitios. El panteísmo concluye que Él está «difundido» o «latente» en todas las cosas, y por tanto, es un medio universal más que una entidad concreta, porque las mentes están de hecho dominadas por la imagen de un gas o fluido del mismo espacio. Los cristianos, por su parte, eliminan tales imágenes, manteniendo que Dios está totalmente presente en cada punto del espacio y del tiempo y «localmente» presente en ninguno. También panteístas y cristianos coinciden en que todos somos dependientes de Dios e íntimamente referidos a Él. Pero el cristiano define esta relación en términos de Creador y criatura, mientras que el panteísta (al menos el común y popular) dice que somos partes de Él o que somos contenidos en Él. Una vez más, la imagen de algo inmenso extendido que puede dividirse en áreas ha hecho su aparición. Por causa de esta imagen fatal, el panteísmo concluye que Dios debe de estar igualmente presente en lo que nosotros llamamos mal y en lo que llamamos bien y, por tanto, es indiferente a ambos, como el éter interpreta imparcialmente lo mismo el barro que el mármol. El cristiano ha de responder que esto es excesivamente simple; Dios se presencia en una inmensa variedad de modos; no está presente en la materia como lo está en el hombre; no en todos los hombres lo está lo mismo; ni presente en ninguno como lo está en Jesús. Panteísmo y cristianismo coinciden en que Dios es superpersonal. El cristiano expresa con esto que en Dios se da una determinada estructura que nunca habríamos podido sospechar por nuestra cuenta, lo mismo que el conocimiento de un cuadrilátero no nos habría capacitado para adivinar el cubo. Dios contiene tres «personas» y permanece un solo Dios, como un cubo contiene seis cuadriláteros y permanece un cuerpo sólido. Nosotros no podemos comprender tal estructura como un ser bidimensional[1] no podría comprender un cubo. Pero podemos, al menos, comprender nuestra incomprensión; y admitir que si existe algo más allá de la personalidad, esto «tendría que ser» incomprensible de esta manera indicada. El panteísmo, por su parte, aunque diga «superpersonal», realmente concibe a Dios en unos términos que lo hacen infrapersonal; como si un ser bidimensional pensara que un cubo tiene «menos» dimensiones que un cuadrilátero.

En cada uno de los aspectos, el cristianismo tiene que corregir la concepción natural del panteísmo y ofrecer algo más difícil, lo mismo que Schrödinger tiene que corregir a Demócrito. En cada instante, tiene que multiplicar las distinciones y eliminar falsas analogías. El cristianismo se ve obligado a introducir la concepción de algo que tiene una peculiar, concreta y profundamente articulada manera de ser, en lugar de las amorfas generalidades en las que el panteísmo se reclina cómodamente.

---

1. El autor usa la palabra «Flatlanders», que significaría habitantes de una tierra «plana» en que solo existieran dos dimensiones (largo y ancho), y desconocieran la altura; por eso, lo hemos traducido por «ser bidimensional» (*N. del T.*).

Por supuesto que, según la discusión ha ido desarrollándose, el panteísta tiene el recurso de cambiar el terreno; y así como al principio nos acusó de infantil ingenuidad, ahora nos puede echar en cara la pedante complejidad de nuestros «fríos Cristos y laberínticas Trinidades». Y nosotros podemos comprenderlo sin dificultad. El cristianismo, al enfrentarse con la «religión» convencional, es fuente continua de perturbación. A la larga serie de bienintencionadas objeciones por parte de la «religión», se ve forzado a responder una y otra vez: «Bueno, no es así exactamente» o «yo no lo plantearía de esa manera». Desde luego que esta perturbación causada por el cristianismo no es una prueba de que sea verdadero; pero ciertamente que si fuera verdadero se vería obligado a producir esta perturbación. El verdadero músico es molesto de modo semejante para quien quisiera conformase con una «apreciación musical» de aficionado; el auténtico historiador es igualmente un fastidio cuando queremos novelear sobre «los tiempos antiguos» o «los griegos y romanos». El conocimiento exacto de cualquier cosa es siempre de entrada una molestia para nuestras naturales fantasías; es un intruso desafortunado, pedante, diseccionador de la lógica, aguafiestas de la conversación que discurría desenfadadamente hasta que él llegó.

Pero la «religión» afirma también que se basa en la experiencia. Las experiencias de los místicos (esa clase mal definida pero popular) se admite que indican que Dios es Dios de «religión» más que de cristianismo; que Él —o ello— no es un Ser concreto, sino un «ser en general» sobre el cual nada puede afirmarse con verdad. A cada cosa que intentamos decir de Él, los místicos tienden a responder «No exactamente». Consideraré en seguida lo que estas negaciones de los místicos significan realmente; pero primero quiero indicar por qué me parece imposible que cualquier afirmación de Dios pueda ser verdadera entendida en lenguaje común.

Se me admitirá que, venga de donde se quiera, hoy existen cosas concretas, individuas, determinadas: cosas como flamencos, generales alemanes, enamorados, bocadillos, piñas, cometas y canguros. Estos no son meros principios o generalidades o teoremas, sino cosas —hechos— reales, existencias consistentes. Se podría incluso decir «opacas» existencias, en el sentido de que cada una contiene algo que nuestra inteligencia no puede completamente digerir. Mientras nos limitemos a ilustrar con ellas leyes generales, la inteligencia puede digerirlas; pero estas cosas no son nunca meras ilustraciones. Por encima y más allá de este aspecto ilustrativo, hay en cada una de ellas el hecho bruto y «opaco» de la existencia, el hecho de que la cosa está ahí ahora y de que es ella misma. Pues bien, este hecho opaco, esta concreción, no es en modo alguno tenido en cuenta por las leyes de la naturaleza, ni siquiera por las leyes del pensamiento. Toda ley puede reducirse a la forma: «Si A, entonces B». Las leyes nos ofrecen un universo de «si...» y de «entonces...», no este universo que de hecho existe. Lo que nosotros conocemos por las leyes y los principios generales es una serie de conexiones. Pero para que llegue a ser real un universo, las conexiones necesitan tener algo que conectar; un torrente de existencias actuales y opacas tienen que alimentar el esquema de las leyes. Si Dios creó el mundo, entonces Él es precisamente la fuente de este torrente, y solo este hecho nos ofrece nuestros más verdaderos principios determinantes de que cualquier cosa puede ser verdadera. Y si Dios es la fuente última de todas las cosas concretas e individuas y de todos los acontecimientos, entonces Dios mismo tiene que ser concreto e individuo en grado sumo. Solo en el caso de que el origen de todas las cosas sea el mismo concreto e individuo, pueden las cosas serlo también; porque no hay medio concebible de que lo abstracto y general pueda producir realidad concreta alguna. La contabilidad prolongada por toda la eternidad no puede producir jamás ni un céntimo. La métrica por sí misma no puede producir un poema. La contabilidad necesita algo más (esto es, dinero contante y sonante introducido en caja) y la métrica necesita algo más (palabras concretas introducidas en el verso por un poeta) antes de que cualquier cuenta o cualquier poema pueda existir. Si alguna cosa ha de existir alguna vez, entonces la Cosa Originante tiene que ser no un principio ni una generalización, mucho menos un «ideal» o un «valor», sino un hecho tremendamente concreto.

Probablemente, nadie que piense negaría así de claro que Dios es concreto e individuo. Pero no todo el que piensa, y ciertamente no todo el que cree, en «religión» mantiene esta verdad firme en su mente. Debemos estar muy alerta, como dice el profesor Whitehead, para no ofrecer a Dios «equivocados respetos metafísicos». Decimos que Dios es «infinito». En el sentido de que su conocimiento y su poder se extiende, no a algunas cosas sino a todo, es verdad. Pero si por usar la palabra «infinito» nos lanzamos a pensar en Él como un conjunto informe de todas las cosas, sobre el que nada en particular y todo en general es verdad, entonces sería mejor abandonar esta palabra por completo. Atrevámonos a decir que Dios es una Cosa especial. En un tiempo Él fue la única Cosa; pero es creativo, hizo que otras cosas existieran. Él no es esas otras cosas. No es «el ser universal». Si lo fuera, no existirían criaturas, porque una generalización no puede hacer nada. Él es «ser absoluto», o mejor, «el» Ser Absoluto, en el sentido que solo Él existe por sí mismo. Pero hay cosas que Dios no es. En este sentido, Él tiene unas características determinadas. Por ejemplo, Él es justo, no amoral; creador, no inerte. Los escritos hebreos en este aspecto mantienen un admirable equilibrio. En una ocasión, Dios dijo simplemente YO SOY, para manifestar el misterio de su existencia por sí mismo. Pero en innumerables ocasiones dijo «Yo soy el Señor». Yo, el Hecho último, tengo «este» carácter determinado y no «otro». Y a los hombres se les exhorta a que «conozcan al Señor» para descubrir y experimentar su carácter determinado y concreto.

El error que estoy intentado corregir es uno de los errores más sinceros y respetables del mundo; lo comprendo suficientemente como para sentirme incómodo por el lenguaje que me he visto obligado a usar al establecer el punto de vista opuesto, que considero ser el único verdadero. Decir que Dios es «una Cosa especial» parece olvidar la inconmensurable diferencia no solo entre lo que Él es y lo que son las demás cosas, sino entre el mismo modo de ser de su existencia y el de lo demás. Tengo que restablecer el equilibrio inmediatamente empezando por insistir en que las demás cosas, desde los átomos hasta los arcángeles, a duras penas se puede decir que tienen alguna existencia si se comparan con su Creador. El principio de su existencia no es ellos mismos. Podemos distinguir «lo que ellos son» del hecho de que «ellos son». Se entiende la definición de lo que son y nos formamos una clara idea sin conocer siquiera «si» en realidad son o no. La existencia es una «opaca» añadidura a la idea de su ser. Pero en Dios no es así; si comprendiéramos completamente «lo que es» Dios, veríamos en seguida que no cabe la pregunta de «si» Dios es. Veríamos cómo siempre ha sido imposible que Dios no exista. Él es el centro opaco de todas las existencias, aquello que simplemente y totalmente «es», la fuente de lo fáctico. Y con todo, ahora, después que Él ha creado, se da un verdadero sentido según el cual tenemos que afirmar que Él es una Cosa especial, e incluso una Cosa entre otras cosas. Decir esto no es disminuir la distancia inconmensurable entre Él y ellas. Al contrario, es reconocer en Él una perfección positiva que el panteísmo ha obscurecido: la perfección de ser creativo. Dios está tan repleto de existencia que puede volcar existencia hacia fuera, puede causar que otras cosas existan y que sean realmente distintas de Sí mismo, puede hacer falso el decir que Él es todas las cosas.

Es obvio que nunca hubo un tiempo en que nada existió; si no fuera así, nada existiría ahora. Pero existir significa que hay un Algo positivo, que tiene (metafóricamente) una determinada forma y estructura, que es esto y no aquello. Esta Cosa que siempre ha existido, Dios, ha tenido siempre su propia característica positiva. A través de toda la eternidad, determinadas afirmaciones sobre Dios hubieran sido verdaderas y otras, falsas. Y a partir del mero hecho de nuestra propia existencia y de la existencia de la Naturaleza, sabemos ahora en un cierto grado cuáles son unas y otras. Sabemos que Él produce, actúa, crea. Después de esto no hay razón para dar por supuesto que no hace milagros.

¿Por qué, entonces, los místicos hablan de Dios de la manera que lo hacen, y por qué muchas personas se disponen de antemano a sostener que cualquier otra cosa que Dios pueda ser no es ciertamente ese Dios concreto, viviente, que decide y actúa, de la teología cristiana? Pienso que la razón es la siguiente: supongamos un percebe místico, sabio entre los percebes, que, en el rapto de una visión, obtuviera un destello de cómo es el hombre. Al transmitir su experiencia a sus discípulos, que tienen también algún conocimiento de lo que es el hombre, aunque inferior, tendría que usar muchas negaciones. Tendría que decirles que el hombre no tiene caparazón, que no vive adherido a las rocas ni está rodeado de agua. Y sus discípulos, que ya tienen una cierta visión que les ayuda, adquieren así una mayor idea del hombre. Pero ahora se presentan los percebes eruditos, percebes que escriben historia de la filosofía y dan conferencias sobre religiones comparadas, y que nunca han tenido ninguna visión del hombre. Lo que estos deducen de las proféticas palabras del percebe místico es simple y solamente las negaciones. A partir de aquí, sin posibilidad de puntualización proveniente de una visión positiva, reconstruyen una imagen del hombre como una especie de gelatina amorfa (carece de caparazón) que no existe en ningún sitio concreto (no está adherido a una roca) y que jamás se alimenta (no está rodeado de agua que arrastre el alimento). Y, supuesto que tienen una reverencia tradicional por el hombre, concluyen que el ser una famélica gelatina en un vacío adimensional es el modo supremo de existencia, y rechazan como burda superstición materialista cualquier doctrina que atribuya al hombre una forma definida, una estructura y unos órganos.

Nuestra situación es muy semejante a la de los percebes eruditos. Los grandes profetas y santos tienen una intuición de Dios que es positiva y correcta en el más alto grado. Precisamente porque al tocar la orla de su

Ser, han visto que Él es plenitud de vida energía y gozo, por eso mismo (y no por otra razón), tienen que proclamar que trasciende esas limitaciones que nosotros llamamos personalidad, pasión, cambio materialidad, etc. La positiva cualidad que Él es, que repele todas estas limitaciones, es la única base que sustenta todas esas negaciones. Pero cuando llegamos nosotros detrás renqueando e intentamos construir una religión intelectual o iluminante, nos aferramos a esas negaciones (infinito, inmaterial, impasible, inmutable, etc) y las usamos sin confrontarlas con ninguna intuición positiva. A cada paso tenemos que arrancar de nuestra idea de Dios alguna cualidad humana. Pero la sola razón real para arrancar las cualidades humanas es la de hacer hueco para poner en su lugar algún atributo divino positivo. Expresado en lenguaje paulino, la finalidad de todo este desvestimiento no es que nuestra idea de Dios alcance la desnudez total, sino que sea revestida. Pero, desgraciadamente, no tenemos medios de revestirla. Cuando por fin desgajamos de nuestra idea de Dios alguna de las pobres características humanas, nosotros (como meros eruditos o inteligentes investigadores) no tenemos recursos a los que acudir para introducir ese cegadoramente real y concreto atributo de la Deidad que tendría que sustituirlo. Así, en cada paso en el proceso de depuración, nuestra idea de Dios tiene menos contenido, hasta que aparecen las imágenes lamentables de un interminable mar silencioso, un cielo vacío más allá de todas las estrellas, una cúpula de blanco resplandor, hasta alcanzar al final el cero absoluto, y venerar a una no entidad. Y la intelección, dejada a sus propias fuerzas, difícilmente puede evitar el seguir este camino. Por eso, la cristiana afirmación de que solo el que hace la voluntad del Padre puede llegar a conocer la verdad es filosóficamente exacta. La imaginación puede ayudar un poco; pero es en la vida moral y, todavía más, en la vida de devoción, donde tocamos algo concreto que comienza al instante a rectificar el creciente vacío de nuestra idea de Dios. Un solo momento de débil contrición o de brumosa acción de gracias nos encamina, al menos en un cierto grado, fuera de este abismo de abstracción.

Es solamente nuestra misma razón la que nos enseña a no apoyarnos en la razón en esta materia. Porque nuestra razón sabe que no puede trabajar sin materiales. Cuando se ve con claridad que no podemos descubrir razonando si el gato se ha metido en el armario de la ropa, es la misma razón la que nos susurra: «Ve a mirar; esto no es asunto mío; es cuestión de los sentidos». Del mismo modo, los materiales para corregir nuestra abstracta concepción de Dios no puede ofrecerlos la razón; ella será la primera en decirnos que vayamos a intentarlo por el camino de la experiencia: «¡Oh, gustad y ved!», porque es claro que la razón ya habrá comprobado que esa situación es absurda. Mientras seamos solamente eruditos percebes, estamos olvidando que si nadie ha conocido alguna vez de Dios más que nosotros, no tenemos razón alguna para creer que Él es inmaterial, impasible y todo lo demás. Incluso ese conocimiento negativo que nos parece tan iluminante no es más que una reliquia abandonada del conocimiento positivo de hombres mejores..., solamente la señal que esa ola del cielo dejó sobre la arena cuando se retiró.

«Un Espíritu y una Visión —dijo Blake— no son, como supone la moderna filosofía, un vapor nuboso o la nada. Son organizados y minuciosamente articulados mucho más de lo que la naturaleza normal y perecedera puede producir».[1] Está hablando solamente de cómo pintar cuadros de apariciones que bien pueden ser ilusorias; pero sus palabras sugieren una verdad válida también en la esfera metafísica. Dios es el Acto básico o la básica Actualidad, la fuente de todo lo fáctico. Por consiguiente, a toda costa hemos de evitar pensarlo como una generalización sin rasgos característicos. Si Dios existe, es la cosa más concreta que existe, el más individual, «organizado y minuciosamente articulado». Dios es indecible no por ser indefinido, sino por ser demasiado definido para la inevitable vaguedad del lenguaje. Las palabras «incorporal» e «impersonal» son equívocas, porque sugieren que Dios carece de una realidad que nosotros poseemos. Sería más seguro llamarle «transcorporal» o «transpersonal». Cuerpo y personalidad como nosotros los conocemos son en realidad negativos; son el residuo del ser positivo cuando este queda lo suficientemente diluido como para presentarse en formas temporales o finitas. Incluso nuestra sexualidad debería considerarse como una transposición en clave menor del gozo creativo que en Dios es incesante y como irresistible. Gramaticalmente, las cosas que decimos de Dios son «metafóricas»; pero en un sentido más profundo, son nuestras energías físicas y psíquicas las que son pobres «metáforas» de la Vida auténtica que es Dios. La Filiación Divina es, por decirlo así, el sólido tridimensional, del cual la filiación biológica es meramente una representación diagramática de un plano.

Y ahora el tema de las imágenes, que se cruzó en nuestro camino en el capítulo anterior, puede aparecer con una nueva luz. Porque es

---

1. *A Descriptive Catalogue*, Núm. IV.

precisamente el reconocimiento de la realidad concreta y positiva de Dios la que preserva la imagen religiosa. La más cruda imagen veterotestamentaria de Yahvé tronando y relampagueando entre densas humaredas, haciendo que las montañas salten como carneros, amenazando, prometiendo, rogando, incluso cambiando sus planes, nos transmite ese sentido de «viviente» Deidad, que el pensamiento abstracto hace que se evapore. Incluso las imágenes subcristianas, incluso un ídolo hindú con cien brazos, capta «algo» que la mera «religión» de nuestros días ha perdido. Con razón las rechazamos, porque de por sí fomentarían la más insidiosa de las supersticiones, la adoración del poder. Quizá hagamos bien en rechazar buena parte de las imágenes del Antiguo Testamento. Pero debemos tener muy claro por qué lo hacemos; no porque las imágenes sean demasiado fuertes, sino porque son demasiado débiles. La última realidad espiritual no es más vaga, más inerte, más transparente que estas imágenes, sino más positiva, más dinámica, más opaca. La confusión entre Espíritu y alma (o «ánima») ha hecho mucho daño a este respecto. Las ánimas habría que representarlas, si es que nos lanzamos a representarlas, como sombrías y tenues, porque las ánimas son hombres a medias, un elemento substraído de un ser que debería tener carne. Pero el Espíritu, si lo representamos, debe ser expresado de modo totalmente opuesto. Ni Dios, ni siquiera los dioses, son «nombres» en la imagen tradicional, incluso los muertos humanos, una vez glorificados en Cristo, dejan de ser «ánimas» y se convierten en «Santos». La atmósfera diferente que, aún en nuestros días, envuelve a las expresiones «He visto una ánima» y «He visto a un Santo», toda la palidez e insubstancialidad de la primera, todo el oro y el azul de la segunda, contienen más sabiduría que bibliotecas enteras de «religión». Si hemos de formarnos una imagen mental que simbolice el Espíritu, tenemos que representarlo como algo más «consistente» que la materia.

Y si decimos que rechazamos las viejas imágenes para hacer más justicia a los atributos morales de Dios, debemos estar muy en guardia sobre lo que realmente queremos decir. Cuando deseamos aprender algo sobre el amor y la bondad de Dios por «analogía» —es decir, imaginándolos paralelos a nuestros sentimientos en el ámbito de las relaciones humanas— acudimos, por supuesto, a las parábolas de Cristo. Pero cuando intentamos concebir la realidad tal como es en sí misma, hemos de precavernos para no interpretar los «atributos morales» de Dios en términos de mera consciencia o abstracta benevolencia. El error surge fácilmente porque nosotros negamos, con toda razón, que en Dios se den pasiones; y entre nosotros un amor que no es apasionado es un amor inferior. Pero la razón por la que en Dios no se dan pasiones es porque estas implican pasividad e intermitencia. La pasión del amor es algo que nos ocurre, como mojarse con la lluvia es algo que le ocurre al cuerpo; y Dios está exento de esta «pasión», de igual modo que el agua está exenta de mojarse. Dios no puede ser afectado por el amor, porque Él «es» amor. El imaginar este amor como algo menos torrencial o menos agudo que nuestras advenedizas y derivadas «pasiones» es la más desastrosa de las fantasías.

Se puede experimentar también una dificultad proveniente de la imaginación tradicional que tiende a envolver en oscuridad la inmutabilidad de Dios y su paz, de las que nos hablan prácticamente todos los que se han aproximado a Él: el «silbo apacible y delicado». Y es en este punto, pienso yo, en el que la imaginación precristiana es menos sugerente. Sin embargo, aun aquí se da un peligro, y es que se nos introduzca furtivamente la semiconsciente imagen de una inmensidad en reposo total, un iluminado océano de quietud, una cúpula de blanco resplandor, que nos lleve a concebirlo como inercia y vacío. La quietud en que los místicos se aproximan a Dios es tensa y alerta, en el polo opuesto a la dormición o el ensueño. Se van asemejando a Él. Los silencios en el mundo material se realizan en espacios vacíos; pero la Paz última es silenciosa a través de la misma densidad de vida. El decir es absorbido en el ser. No hay movimiento porque la acción de Dios (que es Él mismo) carece de tiempo. Podríamos llamarlo, si nos parece bien, movimiento a una velocidad infinita, que es lo mismo que quietud pero alcanzada por un camino diferente y quizá menos engañoso.

Los hombres nos resistimos a pasar desde una noción de abstracta y negativa deidad a la del Dios vivo. No es extraño. Aquí se inserta la raíz más profunda del panteísmo y su objeción a la imagen tradicional. En el fondo, se odia esta imagen, no porque lo representa como hombre, sino porque lo representa como rey, o incluso como guerrero. El Dios panteísta no hace nada ni exige nada. Está ahí si lo buscamos, como un libro en una estantería. No interpelará. No hay peligro de que, en un momento dado, una mirada suya pueda hacer desaparecer cielos y tierra. Si este fuera el Dios verdadero, tendríamos que afirmar que todas las imágenes cristianas de su realeza no son más que adherencias históricas, de las que nuestra religión debe ser purificada. Nos causa un trauma descubrir que estas imágenes son indispensables. Ya hemos tenido antes traumas pareci-dos, si lo relacionamos con asuntos de menor cuantía, cuando de pronto, inesperadamente, da un tirón la cuerda atada a la mano, o cuando alguien, que ignorábamos que estuviera ahí, respira junto a nosotros en la oscuri-dad. De este modo, el trauma nos sacude en el preciso momento en que la emoción de la «vida» se nos comunica a través de la pista que hemos ido siguiendo. Siempre sorprende encontrarse con vida cuando pensábamos estar solos. «¡Cuidado! —gritamos—, está *vivo*». Y, por consiguiente, este es el momento preciso en el que muchos se retiran. Yo mismo hu-biera hecho igual, si hubiera podido, y no hubiera proseguido adelante con el cristianismo. Un «Dios impersonal», ¡está bien! Un Dios subjetivo de belleza, verdad y bondad dentro de nuestro cerebro, ¡todavía mejor! Una informe fuerza vital surgiendo de nosotros, un inmenso poder que nos es dado acariciar, ¡lo mejor de todo! Pero el mismo Dios viviente, tirando del otro extremo de la cuerda, quizá acercándose a velocidad in-finita, el cazador, el rey, el esposo... esto es una cosa muy distinta. Llega un momento en que el niño que está jugando a ladrones se detiene de repente: «¿Se oyen "verdaderos" pasos en el salón?». Llega un momento en que personas que han estado chapoteando en religión («¡El hombre en busca de Dios!»), de pronto se detienen: ¿y si realmente lo encontramos? Nunca pensamos que las cosas fueran tan lejos. Peor todavía: suponga-mos que es Él quien nos encuentra.

Es una especie de Rubicón. Se cruza o no. Pero si se cruza, no existe seguridad contra los milagros. Hay que estar preparados para «cualquier cosa».

12

LA PROPIEDAD
DE LOS MILAGROS

El principio, en el mismo instante en que explica
las reglas, las supera.

SEELEY, *ECCE HOMO*, CAP. XVI

SI EL HECHO último no es una abstracción, sino el Dios vivo, opaco por
la misma plenitud de su cegadora actualidad, entonces puede ser que Él
haga cosas. Puede ser que haga milagros. ¿Pero los hace? Muchas personas de piedad sincera sienten que no. Lo consideran indigno de Dios. Son
solamente los tiranos insignificantes y caprichosos los que quebrantan sus
propias leyes; los reyes buenos y sabios las observan. Solo un artesano
incompetente hace trabajos que necesitan enmienda. Y quienes piensan
así no se sentirán satisfechos con la seguridad ofrecida en el capítulo 8
de que los milagros, de hecho, no quebrantan las leyes de la Naturaleza.
Esto puede ser innegable. Pero aun así pueden sentir (y con razón) que
los milagros interrumpen la marcha ordenada de los acontecimientos, el
continuado desarrollo de la Naturaleza conforme a su índole innata o carácter peculiar. Esta marcha ordenada les parece a tales críticos, según yo
lo considero, más impresionante que cualquier milagro. Mirando hacia
arriba (como Lucifer en el soneto de Meredith) al cielo de noche, sienten

que es casi impío suponer que Dios pudiera alguna vez desdecir lo que Él ha dicho una vez con tanta magnificencia. Este sentimiento brota de profundas y nobles fuentes en la mente y debe ser siempre tratado con respeto. Sin embargo, según creo, está fundado en un error.

Cuando los estudiantes comienzan a aprender a hacer versos latinos, tienen prohibido, con toda razón, poner lo que técnicamente se dice «un espondeo en el quinto pie del verso». Es una buena regla para principiantes, porque el verso hexámetro normalmente no tiene un pie espondeo ahí, sino un dáctilo. Si se les permitiera usar esta forma anormal, lo estarían utilizando continuamente por comodidad, y nunca llegarían a conseguir la característica armonía del verso hexámetro. Pero cuando los estudiantes llegan a leer a Virgilio, encuentran que el poeta hace eso mismo que a ellos se les ha prohibido; no continuamente, pero tampoco tan raras veces. De igual modo, los jóvenes que acaban de aprender a escribir en inglés versos con rima consonante pueden sorprenderse al encontrar «malas» rimas (es decir, medias rimas) en los grandes poetas. Incluso en carpintería, conducción de automóviles o cirugía, pienso que puede haber «licencias» (manera anormal de hacer las cosas) que el maestro puede usar con dos características: seguridad y juicio, pero que consideraría imprudente enseñarlas a sus discípulos.

Vemos con frecuencia que el principiante que acaba de aprender las reglas formales y estrictas es excesivamente puntilloso y pedante en lo que toca a su observancia. Y el que solo es crítico es más pedante todavía. Los críticos clásicos se escandalizaban de las «irregularidades» o «licencias» de Shakespeare. Un colegial inexperto puede pensar que los hexámetros irregulares de Virgilio, o las medias rimas de los poetas ingleses, se deben a incompetencia. En realidad, por supuesto, cada una de ellas tiene su porqué, y quebranta la norma superficial de la métrica en función de una ley más profunda y más sutil, como las irregularidades en *El cuento de invierno* no perturban, sino que abrazan y perfeccionan la ulterior unidad de su espíritu.

En otras palabras: hay reglas más allá de las reglas, y una unidad más profunda que la uniformidad. Un artista genial nunca perturbará con una nota musical o una sílaba o una pincelada la ley viviente y profunda de la obra que realiza. Pero sí quebrantará sin escrúpulo cualquiera de estas regulaciones superficiales y estas ortodoxias que críticos poco imaginativos confunden con sus leyes. La capacidad con que se puede distinguir una justa «licencia» de una chapucería o de un fracaso en la unidad, depende de la capacidad de percibir el verdadero significado interior de la obra en su conjunto. Si hubiéramos captado en su conjunto el espíritu de esa «obra que Dios ha realizado desde el comienzo hasta el fin», y de la cual la naturaleza es solo una parte, quizá una parte pequeña, estaríamos en situación de decidir si la milagrosa interrupción de la historia de la naturaleza sería una mera impropiedad indigna del Gran Artista o la expresión de la más verdadera y más profunda unidad de la obra total. De hecho, por supuesto, no nos encontramos en tal situación. La distancia entre la mente de Dios y la nuestra tiene que ser, desde cualquier ángulo que la consideremos, incalculablemente mayor que la distancia entre la mente de Shakespeare y la de los más pedestres críticos de la antigua escuela francesa.

Porque ¿quién puede pensar que la acción externa de Dios, contemplada desde su interior, sea efectivamente esa complejidad de relaciones matemáticas que revela la naturaleza estudiada científicamente? Es como pensar que un poeta latino construyó cada verso introduciendo palabras en el molde de los pies de versificación que nosotros analizamos, o que el lenguaje vivo toma la gramática como punto de partida. Pero el mejor ejemplo es el de Bergson: supongamos una raza de gente cuya peculiar limitación mental les impulsara a considerar un cuadro como constituido por pequeños puntos de color que se han ido juntando como un mosaico. Al estudiar las pinceladas de un gran cuadro a través de sus microscopios, descubren cada vez más complicadas relaciones entre los diversos puntos y clasifican estas relaciones, después de mucho trabajo, dentro de determinadas leyes. Puede ser que su trabajo no resulte inútil. Puede ser que estas leyes, de hecho, den resultados positivos; puede que cubran la mayor parte de los hechos. Pero si se lanzaran a sacar la conclusión de que cualquier desvío de estas leyes sería indigno del pintor, y un quebrantamiento arbitrario de sus propias reglas, cometerían un error considerable.

Porque las constantes que ellos han observado no fueron nunca las leyes que el pintor siguió. Lo que ellos reconstruyeron penosamente analizando un millón de puntos, intertrabados en una angustiosa complejidad, él en realidad lo efectuó con un simple y rápido movimiento de la mano, mientras sus ojos consideraban el lienzo como una totalidad y su mente obedecía a las leyes de la composición que los observadores, contando los puntos, no han vislumbrado y que tal vez nunca vislumbrarán. No digo que las constantes de la naturaleza sean irreales. La fuente viva de la energía divina, solidificada para efectuar los cometidos de esta naturaleza espacio-temporal en cuerpos móviles en espacio y tiempo, y ulteriormente en virtud de nuestro pensamiento abstracto, expresada en fórmulas matemáticas, coinciden de hecho, según nuestra observación, con tales y cuales esquemas establecidos. Al encontrar y establecer estos esquemas obtenemos, por tanto, conocimiento real y frecuentemente útil, pero pensar que la alteración de estos esquemas supondría una grieta en la regla viva y en la unidad orgánica por la cual Dios actúa desde su propio punto de vista es un error. Si los milagros de hecho se dan, entonces podemos estar totalmente seguros de que el «no» haberlos realizado sería la verdadera incongruencia.

Cómo el Milagro puede no ser una incongruencia, sino la más profunda congruencia, resultará claro para quienes hayan leído el libro indispensable de la señorita Dorothy Sayers *The mind of the Maker*. La tesis de la señorita Sayers está basada en la analogía entre la relación de Dios con el mundo de un lado, y de otro la relación de un autor con su libro. Si escribimos una narración, los milagros o sucesos anormales pueden ser prueba de incompetencia o pueden no serlo. Si, por ejemplo, escribimos una novela realista, y hemos situado al protagonista en unas circunstancias económicas desesperadas, sería intolerable cortar de repente el nudo y obtener un final feliz por el procedimiento de que el héroe herede de repente una fortuna de un inesperado pariente. El acontecimiento anormal es perfectamente permisible si se elige como materia para escribir sobre él. Las narraciones de apariciones son una forma legítima de arte; pero no se puede introducir una aparición en una novela corriente para superar una dificultad de la trama. No cabe duda de que una buena parte de las objeciones modernas a los milagros están basadas en la sospecha de que son maravillas de mala calidad; que una historia de un cierto género (Naturaleza) es perturbada arbitrariamente, para librar a los personajes de una dificultad, mediante sucesos que no pertenecen propiamente a este tipo de narración. Muchos piensan probablemente en la Resurrección como un desesperado esfuerzo en el último momento para salvar al Héroe de una situación que el autor no ha sabido controlar.

El lector puede tranquilizarse. Si yo pensara que los milagros son así, no creería en ellos. Si los milagros han ocurrido, ha sido porque ellos son precisamente el asunto sobre el que versa esta historia universal. No son excepciones (por más que ocurran excepcionalmente) ni naderías. Son exactamente los capítulos en esta gran historia sobre los que versa el meollo de la trama. Muerte y Resurrección es el tema de la historia;

y si tuviéramos ojos para verlo, descubriríamos cómo está indicado en cada página, nos sale al encuentro revestido de diversas formas en cada esquina, e incluso es susurrado en las conversaciones entre personajes secundarios (si es que son secundarios) como los vegetales. Si usted hasta ahora no ha creído en los milagros, merece la pena detenerse un momento a considerar si no será principalmente porque ha pensado que había descubierto el verdadero tema de la historia: que los átomos y el tiempo y el espacio y la economía y la política eran el tema principal. ¿Es evidente que está usted en lo cierto? Es fácil cometer equivocaciones en tales materias. Un amigo mío escribió un drama en el que la idea principal era que el protagonista padecía un horror patológico a los árboles y una manía por cortarlos. Pero naturalmente ocurrían también otras cosas; y se entrelazaban con una cierta historia de amor. Al final, los árboles acababan por matar al protagonista. Cuando mi amigo terminó su obra, se la envió a un señor mayor para que le diera su opinión. Se la devolvió con este comentario: «No está mal; pero yo quitaría todos los fragmentos "de relleno" sobre los árboles». Seguramente, podemos con razón esperar que Dios escriba una obra mejor que la de mi amigo. Pero es una historia «larga» con una trama complicada y nosotros quizá no seamos lectores muy perspicaces.

13

SOBRE LA PROBABILIDAD

La probabilidad se funda en la suposición de la
semejanza entre aquellos objetos de los que tenemos
experiencia y aquellos otros de los que no tenemos
ninguna y, por consiguiente, es imposible que esta
suposición pueda surgir de la probabilidad.

HUME, *TREATISE OF HUMAN NATURE*, I, III, VI

NUESTRO ARGUMENTO HASTA ahora muestra que los milagros son posibles y que no hay nada ridículo *a priori* en que existan historias que nos digan que Dios en determinados momentos los ha realizado. Esto no significa de ninguna manera que nos veamos comprometidos a creer todas estas narraciones. Probablemente la mayoría de los relatos de milagros son falsos; si nos ponemos a analizar, también la mayoría de los relatos sobre sucesos naturales son falsos. Mentiras, exageraciones, malos entendidos y rumores constituyen tal vez más de la mitad de todo lo que se ha dicho y escrito en el mundo. Tenemos, por tanto, que encontrar un criterio para poder juzgar cualquier narración concreta sobre milagros.

En un cierto sentido, nuestro criterio es obvio: debemos aceptar aquellos relatos cuya prueba histórica es suficientemente segura. Pero entonces, como hemos visto al comienzo, la respuesta a la pregunta «¿Qué fuerza debemos exigir a la prueba histórica en este relato?» depende de nuestra respuesta a la pregunta «¿Hasta qué punto es este relato intrínsecamente probable?». Tenemos, por tanto, que encontrar un criterio de probabilidad.

El procedimiento ordinario del moderno historiador, aun cuando admita la posibilidad del milagro, es no aceptar ninguno en particular, hasta que todas y cada una de las probadas posibles explicaciones «naturales» han sido probadas y descartadas. Es decir, el historiador aceptará la más improbable explicación «natural» antes que admitir que el milagro ha ocurrido. Alucinación colectiva, hipnotismo de los espectadores reluctantes, conspiración generalizada instantáneamente para ponerse de acuerdo en la mentira entre personas no conocidas por otra parte como embusteras y que no obtienen ninguna ventaja de ese engaño; todos estos son reconocidos como sucesos muy improbables; tan improbables que, si no es por el especial empeño de evitar el milagro, nunca se admiten. Pero se prefiere estas explicaciones a la aceptación del milagro.

Tal modo de proceder es, desde el punto de vista puramente histórico, participar en la locura de *El sueño de una noche de verano* con tal de establecer de entrada que un milagro, cualquiera que sea, es más improbable que el más improbable de los acontecimientos naturales. ¿Somos conscientes de esto?

Tenemos que distinguir las diferentes clases de improbabilidad. Supuesto que los milagros, por definición, son más raros que otros acontecimientos, es lógicamente improbable de antemano que alguno se dé en un determinado tiempo y lugar. En este sentido, cada milagro en concreto es improbable. Pero esta clase de improbabilidad no hace increíble la historia de que un milagro haya ocurrido de hecho; porque, en este sentido, todos los acontecimientos fueron en algún tiempo improbables. Es inmensamente improbable de antemano que una piedra, arrojada desde la estratosfera sobre Londres, caiga precisamente en un determinado punto, o que una persona concreta gane el premio gordo de la lotería. Pero la noticia de que la piedra ha caído a la puerta de tal casa o que a Fulano de Tal le ha tocado el premio gordo de la lotería no es en manera alguna increíble. Cuando consideramos el número inmenso de círculos y uniones fértiles entre nuestros antepasados que han sido necesarias para que cada uno de nosotros naciéramos, percibimos que en un tiempo anterior fue inmensamente improbable que una persona concreta, como yo, por ejemplo, viniera a la existencia; pero una vez que yo estoy aquí, la afirmación de mi existencia no es increíble en absoluto. No es nuestro cometido entrar a considerar una probabilidad de este género, es decir, probabilidad antecedente de posibilidades. Nuestra ocupación aquí es la probabilidad histórica.

Sobre todo atrae nuestra atención este problema desde que, a partir del famoso *Ensayo* de Hume, se ha admitido que las afirmaciones históricas sobre milagros son las más intrínsecamente improbables de todas las afirmaciones históricas. Según Hume, la probabilidad se fundamenta en lo que se podría denominar el voto mayoritario de nuestras pasadas experiencias. Cuanto más frecuentemente se conozca que una cosa ha ocurrido, tanto es más probable que la cosa puede volver a ocurrir; y cuanto menos frecuente, tanto menos probable. Esto supuesto, dice Hume, la regularidad del curso de la naturaleza se funda en algo más seguro que el voto mayoritario de las experiencias pasadas; se fundamenta en el voto unánime o, como Hume dice, en «la firme e inalterable experiencia». Se da de hecho «experiencia uniforme» contra el milagro; ya que de no ser así, no sería milagro, afirma Hume. El milagro es, por tanto, el más improbable de todos los sucesos. Siempre es más probable que el testigo mienta o se equivoque que el milagro ocurra.

Por supuesto, tenemos que coincidir con Hume en que si se da absoluta «experiencia uniforme» contra los milagros, si, en otras palabras, los milagros nunca han ocurrido, bueno, pues entonces no han ocurrido. Desgraciadamente, solo conoceremos que la experiencia contra ellos es uniforme si conocemos que todos los testimonios en favor de los milagros son falsos. Y podemos conocer que todos los testimonios a favor de los milagros son falsos solo si ya conocemos que los milagros nunca han ocurrido. En realidad, estamos arguyendo en círculo.

Hay, además, una objeción contra Hume que nos conduce más profundamente al interior del problema. Toda la idea de la probabilidad (como Hume la entiende) depende del principio de la «uniformidad de la naturaleza». A menos que la naturaleza vaya siempre en la misma dirección, el hecho de que algo haya ocurrido diez millones de veces no lo hace ni un ápice más probable que vaya a ocurrir de nuevo. Y ¿cómo conocemos la «uniformidad de la naturaleza»? Basta pensar un momento para comprender que no la conocemos por experiencia. Observamos muchas regularidades en la naturaleza. Pero, desde luego, todas las observaciones que el hombre ha hecho o hará mientras dure la carrera cubren solamente una fracción de minuto de los sucesos que ocurren. Nuestras observaciones serían del todo inútiles, a no ser que nos sintamos totalmente seguros de que la naturaleza se comporta exactamente igual cuando la observamos y cuando no; en otras palabras, a no ser que creamos en la «uniformidad de la naturaleza». La experiencia, por tanto, no puede probar la uniformidad, porque la uniformidad tiene que ser admitida antes de que la experiencia pueda probar algo. Y la sola longitud de la experiencia no es ayuda ninguna. Es inútil decir: «Cada nueva experiencia confirma nuestra convicción en la uniformidad y, por tanto, esperamos razonablemente que será semejante al pasado»; que es ni más ni menos la presunción de la uniformidad bajo un nombre distinto. ¿Podemos afirmar que la uniformidad es en cualquier caso muy probable? Desgraciadamente, no. Acabamos de ver que todas las posibilidades dependen de ella: a no ser que la naturaleza sea uniforme, nada es ni probable ni improbable. Y claro está que la presunción que hay que hacer antes de que se dé una cosa tal como probabilidad, no puede ser por sí misma probable.

Lo curioso del caso es que nadie conoció esto mejor que Hume. Su *Ensayo sobre los milagros* es totalmente incongruente con el más radical y honorable escepticismo de su obra principal.

La pregunta «¿Se dan los milagros?» y la pregunta «¿Es el curso de la naturaleza absolutamente uniforme?» son la misma pregunta propuesta de dos maneras diferentes. Hume, por un juego de manos, las trata como dos preguntas distintas. Primero responde «sí» a la pregunta de si la naturaleza es absolutamente uniforme, y después utiliza este «sí» como fundamento para responder «no» a la pregunta de «si se dan los milagros». La verdadera y única pregunta no es respondida, ni siquiera discutida. Responde a una forma de la pregunta dando por supuesta la contestación a la otra forma de la misma pregunta.

Las probabilidades de esta especie que Hume aborda ocultan en su interior el entramado de una supuesta uniformidad de la Naturaleza. Cuando nos planteamos la cuestión de los milagros, lo que estamos preguntando es precisamente la validez o perfección de ese mismo entramado. Ningún estudio sobre las probabilidades contenidas en un determinado entramado nos puede decir nada sobre la probabilidad de que ese entramado en cuestión pueda ser quebrantado. Supuesto un horario escolar que señala clase de francés los martes por la mañana a las diez, es verdaderamente posible que García, que siempre descuida la preparación del francés, tenga dificultades en clase el próximo martes y que también las tuviera los martes anteriores. Pero ¿qué probabilidades podemos deducir de aquí de que se cambie el horario de clases? Para aclarar este punto, tendremos que curiosear en la sala de profesores. No sacaremos nada en limpio por analizar el horario en vigor.

Si nos aferramos al método de Hume, lejos de conseguir lo que pretendemos (es decir, la conclusión de que todos los milagros son infinitamente improbables) nos encontramos con un callejón sin salida. La única especie de probabilidad que nos brinda se encierra exclusivamente dentro del entramado de la uniformidad. Cuando está en cuestión la misma uniformidad (y está en cuestión desde el instante en que nos preguntamos si los milagros ocurren) esta especie de probabilidad queda en suspenso. Y Hume no conoce otro género de probabilidad. Con ese método, por tanto, no podemos decir si la uniformidad es probable o improbable. Hemos sumergido ambas cosas, la uniformidad y los milagros en una especie de limbo, a donde nunca podrán llegar ni la probabilidad ni la improbabilidad. Este resultado es igualmente desastroso para el científico y para el teólogo; pero siguiendo la línea de Hume no hay nada que hacer.

Nuestra única esperanza será lanzarnos por otro género completamente distinto de probabilidad. Dejemos por el momento de preguntarnos qué razón tenemos para creer en la uniformidad de la naturaleza, para investigar por qué de hecho los hombres creen en ella. Pienso que esta creencia proviene de tres causas, dos de las cuales son irracionales. En primer lugar, somos criaturas de hábitos. Esperamos que las nuevas situaciones se parecerán a las anteriores. Es una inclinación que compartimos con los animales; la vemos con frecuencia en nuestros perros y gatos con resultados cómicos a veces. En segundo lugar, cuando hacemos planes, tenemos que dejar a un lado y prescindir de la posibilidad teórica de que la Naturaleza pueda comportarse mañana de manera diferente, porque en ese terreno no tenemos nada que hacer. No merece la pena preocuparse, porque no podemos tomar medida alguna contra esta hipotética posibilidad. Y lo que habitualmente dejamos de tener en consideración acabamos por olvidarlo pronto. Así, la idea de la uniformidad llega a dominar nuestras mentes por no encontrar antagonista y acabamos por admitirla. Estas dos causas son irracionales y pueden ser tan efectivas para construir una creencia falsa como para construir una verdadera.

Pero estoy convencido de que existe una tercera causa. «En la ciencia —dice Sir Arthur Eddington— tenemos a veces convicciones que acariciamos, pero que no podemos justificar; somos influidos por un cierto sentido de justeza en las cosas». Puede parecer este un criterio peligrosamente subjetivo y estético; pero ¿se puede dudar que esta es la principal fuente de nuestra creencia en la uniformidad? Un universo en el que acontecimientos sin precedentes e impredecibles fluyeran en el seno de la Naturaleza a cada momento no solo sería incómodo, nos resultaría profundamente repugnante. No aceptaríamos un universo así en ningunas condiciones. Es absolutamente detestable para nosotros. Repugna a nuestro «sentido de justeza de las cosas». Con anterioridad a su comprobación experimental, en el comienzo de muchas experiencias, ya nos encontramos alistados del lado de la uniformidad. Porque la ciencia en realidad procede concentrándose, no en las regularidades de la Naturaleza, sino en sus supuestas irregularidades. Es la irregularidad aparente la que hace surgir cada nueva hipótesis; nunca descansamos hasta haber formado y verificado una hipótesis que nos capacita para afirmar que no eran irregularidades en absoluto. La Naturaleza, según se nos presenta, aparece al principio como un conjunto de irregularidades. La estufa, que ardía ayer estupendamente, no se enciende hoy; el agua saludable del año pasado es venenosa este. El conjunto de experiencias aparentemente irregulares nunca habría llegado a ser conocimiento científico, si no hubiera sido porque desde su mismo comienzo aportamos nuestra fe en una uniformidad que casi ningún número de fracasos puede resquebrajar.

¿Esta fe es algo en lo que podamos confiar? ¿o es solo la manera como, de hecho, nuestra mente funciona? De nada sirve decir que hasta ahora siempre ha sido confirmada por los acontecimientos. Esto es inútil, a no ser que añadamos (aunque solo sea por lo bajo) «Y, por lo tanto, siempre será así». Y no tenemos derecho a decir esto, excepto si ya conocemos que nuestra confianza en la uniformidad está perfectamente fundada. Y esto es precisamente lo que nos estamos preguntando. ¿De veras que este nuestro sentimiento de justeza se corresponde con algo en la realidad externa y objetiva?

La respuesta depende de la metafísica sobre la que edifiquemos. Si todo lo que existe es solo la Naturaleza, el gran suceso intertrabado carente de inteligencia, si nuestras más profundas convicciones son solamente el subproducto de un proceso irracional, entonces es claro que no existe ni el más tenue fundamento para suponer que nuestro sentimiento de justeza y nuestra consecuente confianza en la uniformidad nos puedan decir nada sobre la realidad externa a nosotros mismos. Nuestras convicciones serán en este caso simplemente un hecho «acerca de nosotros», como el color de nuestro pelo. Si el Naturalismo es verdad, no tenemos razón alguna para fiarnos de nuestra convicción de que la Naturaleza es uniforme. Solamente podemos fiarnos de nuestro sentimiento en el caso de que sea verdad una metafísica completamente distinta; si aquello que es lo más profundo de la realidad, el Hecho que es la fuente de todo lo fáctico, es algo en cierto modo semejante a nosotros; si es un Espíritu racional y nosotros derivamos de Él, nuestra espiritualidad racional, entonces, desde luego, nuestra convicción ofrece garantía. Nuestra repugnancia al desorden se deriva del Creador de la Naturaleza, que es nuestro Creador. El mundo en desorden que no podemos admitir es el mundo en desorden que Él no admitiría crear. Nuestra convicción de que el horario de clases no será perpetuamente y sin razón alterado es sensata, porque (en un cierto sentido) hemos curioseado en la sala de profesores.

Lógicamente, las ciencias postulan una metafísica de este género. Nuestro más grande filósofo natural piensa que es también de esta metafísica de la que surgieron originariamente las ciencias. El profesor Whitehead señala[1] que siglos de creer en un Dios que fusiona «la energía personal de Yahvé» con «la racionalidad del filósofo griego», produjo la firme confianza en el orden sistemático que hizo posible el nacimiento de la ciencia moderna. Los hombres se hicieron científicos porque confiaban en una ley de la naturaleza, y confiaban en una ley de la naturaleza porque creían en un Legislador. En muchos científicos modernos esta creencia ha muerto; será interesante comprobar cuánto tiempo sobrevivirá su confianza en la uniformidad. Dos hechos significativos han aparecido ya: la hipótesis de la subnaturaleza carente de leyes y la mitigación de la afirmación de que la ciencia es verdadera. Puede ser que nos encontremos más cerca de lo que parece del fin de la era científica.

Pero si admitimos a Dios, ¿tenemos por eso que admitir los milagros? Claro está que, al menos, no estamos asegurados contra ellos. Este es el trato. La teología dice en efecto: «Admite a Dios y con Él el riesgo de unos pocos milagros y yo, a cambio, ratificaré tu confianza en una uniformidad con respecto a la aplastante mayoría de los acontecimientos». El filósofo que impide constituir a la uniformidad como absoluta es también el filósofo que ofrece bases sólidas para creer que la uniformidad es general, que es «casi» absoluta. El Ser que niega a la naturaleza su pretensión de omnipotencia, es el que la confirma en la seguridad de sus leyes. Dame esa porción de brea y salvaré el barco. La alternativa es en realidad mucho peor:

---

1. *Science and the Modern World*, Cap. II.

intenta hacer absoluta a la naturaleza y te encontrarás con que su uniformidad no es ni siquiera probable. Por pedir demasiado, no consigues nada; encuentras solo el callejón sin salida como Hume. La teología nos ofrece un compromiso satisfactorio que deja al científico en libertad para continuar sus experimentos y al cristiano para continuar sus oraciones.

Hemos encontrado además, considero, lo que andábamos buscando: un criterio por el que podamos juzgar la probabilidad intrínseca de un supuesto milagro. Lo podemos juzgar por nuestro «innato sentido de justeza de las cosas», este mismo sentido de justeza que nos lleva a presuponer que debe haber orden en el universo. No quiero decir, por supuesto, que tengamos que usar este sentido para decidir si los milagros son posibles en general; puesto que ya sabemos que lo son en el terreno filosófico. Ni tampoco quiero decir que este sentido de justeza deba sustituir a una seria investigación sobre el testimonio histórico. Según he indicado repetidamente, el testimonio histórico no se puede apreciar sin haber apreciado primero la probabilidad intrínseca del suceso en cuestión. Es en la elaboración de esta estimación sobre cada narración del milagro en donde nuestro sentido de justeza interviene.

Si al dar tanta importancia al sentido de justeza, yo estuviera estableciendo algo nuevo, me sentiría un tanto nervioso. En realidad, solamente estoy reconociendo formalmente un principio siempre usado. Independientemente de lo que los hombres puedan «decir», nadie piensa realmente que la doctrina cristiana sobre la Resurrección está exactamente en el mismo nivel que cualquier piadosa historia de cómo la madre Egarée Louise encontró milagrosamente su mejor dedal con la ayuda de san Antonio. El religioso y el antirreligioso están en el fondo totalmente de acuerdo en este punto. El aire de satisfecha ironía con que el escéptico saca a relucir la historieta del dedal, y la púdica modestia con que el cristiano trata de encubrirla, nos están diciendo lo mismo. Aun los que piensan que todas las narraciones milagrosas son absurdas consideran que unas son mucho más absurdas que otras; y aun los que creen en todas (si los hay) entienden que algunas requieren una credulidad mayor. El criterio que en estos casos están utilizando ambas partes es precisamente el de justeza. Más de la mitad de la incredulidad en los milagros se funda en el sentimiento de su «injusteza»: una convicción (debida, según he intentado probar, a una falsa filosofía) de que los milagros desentonan con la dignidad de Dios, de la Naturaleza o incluso con la indignidad e insignificancia del hombre.

En los tres capítulos siguientes, intentaré presentar los milagros centrales de la fe cristiana de tal modo que aparezca su «justeza». Sin embargo, no voy a proceder estableciendo formalmente las condiciones que debe satisfacer esta «justeza» en abstracto, y después encajando los milagros dentro de este esquema. Nuestro «sentido de justeza» es algo demasiado delicado y escurridizo como para someterlo a este tratamiento. Si tengo éxito, la justeza —y si fracaso, la injusteza— de estos milagros aparecerá por sí misma de manifiesto a la vez que los estudiamos.

14

EL GRAN MILAGRO

Una luz brilló desde detrás del sol; el sol no fue tan
agudo como para penetrar hasta donde llegó esta luz.

C H A R L E S   W I L L I A M S

EL MILAGRO CENTRAL afirmado por el cristianismo es la Encarnación. La afirmación es que Dios se hizo Hombre. Cada uno de los demás milagros son una preparación para este, o lo señalan, o son su consecuencia. Exactamente igual que cada acontecimiento natural es la manifestación del carácter total de la Naturaleza en un determinado lugar y momento, así cada milagro concreto en el cristianismo manifiesta en un lugar y momento concretos el carácter y significado de la Encarnación. No es cuestión en el cristianismo de ir despejando interferencias arbitrarias. No expresa una serie de golpes inconexos de la Naturaleza, sino una serie medida de pasos hacia una invasión coherente estratégicamente estudiada; invasión que pretende una conquista completa y una «ocupación». La armonía y, por consiguiente, la credibilidad de cada milagro en particular depende de su relación con el Gran Milagro; toda discusión de los milagros separadamente de él es fútil.

Es claro que la armonía y la credibilidad del Gran Milagro en sí mismo no pueden ser juzgadas por el mismo patrón. Admitamos de entrada que es muy difícil encontrar un patrón por el cual pueda ser juzgado. Si el hecho ocurrió, fue el acontecimiento central en la historia de nuestro planeta; precisamente el hecho en torno al cual gira toda la historia. Dado que ocurrió solo una vez, será, según los principios de Hume, infinitamente improbable. Pero entonces resulta que la historia entera de la humanidad también ha ocurrido solo una vez; ¿es por eso increíble? De aquí la dificultad que pesa igualmente sobre cristianos y ateos para estimar la probabilidad de la Encarnación. Es como preguntar si la existencia de la Naturaleza misma es intrínsecamente probable. Esta es la razón de por qué es más fácil argüir sobre bases históricas que la Encarnación de hecho ocurrió que mostrar sobre bases filosóficas la probabilidad del acontecimiento. Es muy grande la dificultad histórica para ofrecer una explicación, por ejemplo, de la vida, la doctrina y la influencia de Jesús que sea más admisible que la explicación cristiana. La discrepancia entre la profundidad, la lucidez y (permítaseme añadir) el ingenio de su enseñanza moral de una parte, y de otra la desenfrenada megalomanía que tiene que palpitar debajo de su doctrina teológica, a menos que efectivamente sea Dios, nunca ha sido satisfactoriamente superada. De aquí que las hipótesis no cristianas se hayan sucedido unas a otras con incesante y desconcertante exuberancia. Hoy día se nos invita a considerar todos los elementos teológicos como excrecencias posteriores brotando de narraciones sobre un «histórico» Jesús meramente humano; ayer se nos invitaba a creer que todo el asunto arrancaba de mitos vegetales y religiones esotéricas y que el Hombre pseudohistórico fue esquematizado en una fecha posterior. Pero esta exposición histórica queda al margen del objetivo de mi libro.

Puesto que la Encarnación, si ocurrió de hecho, es el acontecimiento medular que ocupa la posición central, y puesto que estamos suponiendo que todavía ignoramos si de veras ocurrió en la realidad histórica, nos encontramos en unas circunstancias que bien pueden ser iluminadas por la siguiente analogía. Supongamos que poseemos partes de una novela o de una sinfonía. Alguien se presenta ahora con un fragmento de manuscrito recién descubierto y dice: «Esta es la parte que faltaba del trabajo. Este es el capítulo en el que se explica toda la trama de la novela. Este es el tema fundamental de la sinfonía». Nuestro cometido sería comprobar si efectivamente el nuevo fragmento, una vez admitido como la parte central que el descubridor proclama, realmente ilumina todas las partes que ya conocemos, las ensambla y les da unidad. No es probable que por este procedimiento vayamos muy descaminados. El nuevo pasaje, si es espurio, por muy atractivo que parezca a primera vista, será cada vez más difícil de reconciliar con el resto de la obra a medida que más profundamente consideremos el asunto. Pero si el fragmento es genuino, entonces cada nueva audición de la música o cada nueva lectura del libro nos hará descubrir más base y más armonía, nos parecerá más natural y nos ofrecerá mayores significados en toda clase de detalles del conjunto de la obra que hasta entonces nos habían pasado inadvertidas. Aun cuando el nuevo capítulo central o el principal tema de la sinfonía ofrezcan grandes dificultades en sí mismos, seguiremos con todo considerándolos genuinos con tal de que continuamente resuelvan dificultades de las otras partes. Algo semejante a esto debemos hacer con la doctrina de la Encarnación. Aquí, en lugar de una sinfonía o de una novela, se nos presenta todo el cúmulo de nuestro conocimiento. La credibilidad dependerá de la extensión en que esta doctrina, una vez admitida, ilumina y reajusta todo el conjunto. Esto es mucho más importante que el hecho de que la doctrina en sí misma sea totalmente comprensible. Creemos que el sol está en el cielo al mediodía, no porque podamos ver claramente el sol (de hecho, no podemos verlo), sino porque podemos ver las demás cosas.

La primera dificultad que sale al encuentro a cualquier crítico de esta doctrina brota del mismo centro de ella. ¿Qué puede significar la afirmación «Dios hecho hombre»? ¿En qué sentido es concebible el Espíritu existente por sí mismo, supremo Hacedor, compenetrado con un organismo natural humano hasta formar con él una sola persona? Este hecho sería una barrera fatal insuperable si no tuviéramos ya conocida en cada ser humano una actividad más que natural (el acto de razonar) y, por consiguiente, un agente más que natural que es de este modo unido con una parte de la Naturaleza; tan unido que la criatura, pese a ser un compuesto (no simple), se denomina a sí misma «Yo». Nada más lejos de mi intención que suponer que lo que ocurrió cuando Dios se hizo hombre fue un paso más de este proceso. En los hombres, una criatura «sobrenatural» constituye, en unión con la criatura natural, un ser humano. En Jesús mantenemos que el mismo Creador Sobrenatural así lo hizo. No pienso que esfuerzo alguno que podamos hacer nos capacita para imaginar el modo de ser de la conciencia del Dios encarnado. Este es el punto en que la doctrina no es del todo comprensible. Pero la dificultad que experimentamos en la mera idea del Sobrenatural descendiendo dentro de lo Natural no es verdadera dificultad o, al menos, es superada en la persona de cada hombre. Si no conociéramos por experiencia qué es ser animal racional, no podríamos concebir, mucho menos imaginar, que tal cosa ocurriera de verdad: no sospecharíamos cómo todos esos actos naturales, toda la bioquímica y la atracción instintiva o la instintiva repulsión y la percepción sensorial, pueden ser campo del pensamiento racional y de la voluntad moral que entienden las relaciones necesarias y reconocen formas de comportamiento como universalmente obligatorias. La discrepancia entre un movimiento de átomos en la masa gris de un astrónomo y su comprensión de que tiene que haber planetas no descubiertos detrás de Urano es tan inmensa que la Encarnación del mismo Dios es, en cierto sentido, ligeramente más desconcertante. Nosotros no podemos concebir cómo el Espíritu Divino habita dentro del espíritu humano y creado de Jesús; pero tampoco podemos concebir como el espíritu humano de Jesús, o el de cualquier otro hombre, habita dentro de su organismo natural. Lo que podemos entender, si la doctrina cristiana es verdad, es que nuestra misma existencia compuesta no es la anómala participación que podría parecer que es, sino una débil imagen de la misma Encarnación divina, el mismo tema musical en una clave mucho menor.

Podemos entender que si Dios desciende de este modo dentro de un espíritu humano y el espíritu humano desciende a su vez dentro de la Naturaleza y nuestros pensamientos dentro de nuestros sentidos y pasiones, y si mentes adultas (aunque solo las mejores de ellas) descienden hasta sintonizar con los niños, y los hombres hasta sintonizar con los animales, entonces todas las cosas se enganchan en su conjunto, y la realidad total, así la Natural como la Sobrenatural, en la que vivimos, es más multiforme y sutilmente armoniosa de lo que habíamos sospechado. Hemos conseguido así la visión de un nuevo principio que es la clave: el poder de lo superior para descender, el poder de lo más grande para incluir lo más pequeño. Así, los cuerpos sólidos significan muchas verdades de la geometría plana; pero las figuras planas no pueden ejemplificar verdades de la geometría del espacio; muchas afirmaciones sobre elementos inorgánicos son verdad dichas de los organismos; pero no son verdad las afirmaciones sobre organismos aplicadas a los minerales; Montaigne se hace gatuno con su gato, pero a él su gato nunca le habló de filosofía.[1] En todas partes lo grande entra en lo pequeño; su poder para actuar así es casi como el test de su grandeza.

---

1. *Essays*, I, xii, Apología por Raimond de Sebonde.

Según la explicación cristiana, Dios desciende para ascender. Él baja; baja desde las alturas de su ser absoluto al tiempo y al espacio, baja a la humanidad; baja más lejos todavía, si los embriólogos tienen razón, para verificar la recapitulación hasta el viejo útero y a las fases de la vida prehumanas, baja hasta las mismas raíces y al lecho oceánico de la Naturaleza que Él ha creado. Pero baja a lo profundo para surgir de nuevo y levantar a todo el mundo arruinado hacia arriba con Él. Se nos presenta como la figura de un gigante agachándose y agachándose hasta introducirse debajo de una inmensa y complicada carga. Tiene que agacharse para conseguir levantar, tiene casi que desaparecer bajo el peso antes de enderezar increíblemente sus espaldas y marchar adelante con toda la carga colgada de sus hombros. O se podría imaginar un buceador, primero despojándose de todo hasta la desnudez, después como una centella en medio del aire, después desapareciendo en una salpicadura hasta perderse en la profundidad surcando por aguas verdes cálidas hasta las negras aguas frías, y bajar, aguantando la presión en aumento, hasta las regiones muertas de fango, lodo y ruina; después, arriba de nuevo de vuelta al color y a la luz, sus pulmones a punto de estallar, hasta que de pronto rompe la superficie mientras aprieta en su mano goteando el objeto precioso que bajó a recobrar. Él y el objeto se colorean de nuevo ahora que han irrumpido en la luz; abajo en lo profundo donde el objeto yacía incoloro en la oscuridad él había perdido también el color.

En este descenso y ascensión todos reconocemos un esquema familiar; algo escrito en toda la creación. Es el esquema de toda la vida vegetal. Primero tiene que empequeñecerse y hacerse una cosa dura, insignificante, similar a la muerte, tiene que caer en tierra; de aquí la nueva vida reasciende. Es también el esquema de toda generación animal. Se da un descenso de los organismos plenos y perfectos hasta el espermatozoide y el óvulo, y en la oscuridad de un vientre surge una vida al principio inferior en su género a la de la especie que va a ser reproducida; después, la lenta ascensión hasta formar un embrión perfecto, hasta brotar a la vida, hasta el recién nacido, finalmente hasta el adulto. Así ocurre también en nuestra vida moral y emocional. Los primitivos, inocentes y espontáneos deseos tienen que someterse al proceso mortificante del control y la autonegación total; pero a partir de aquí surge la ascensión al carácter plenamente formado, en el que la fuerza del principio original actúa en su totalidad pero de un modo nuevo. Muerte y renacimiento —descenso y ascensión— es un principio clave. A través de este cuello de botella, de este empequeñecimiento, casi siempre se extiende el camino real.

Si se admite la doctrina de la Encarnación, este principio queda más marcadamente en el centro y como eje. El esquema está ahí en la Naturaleza porque estuvo primero en Dios. Todos los ejemplos aducidos resulta que no son más que transposiciones del tema Divino puesto en tono menor. Y no me estoy refiriendo ahora simplemente a la crucifixión y resurrección de Cristo. El esquema total, del cual lo demás es solo la proyección, es la auténtica Muerte y Renacimiento; porque ciertamente jamás cayó una semilla de árbol tan maravilloso en un suelo tan oscuro y frío que pueda ofrecernos más que una desdibujada analogía de ese gran descenso y ascensión por el cual Dios dragó el salobre y fangoso fondo de la creación.

Desde este punto de vista, la enseñanza cristiana se encuentra tan pronto en su casa en medio de las más profundas aprehensiones de la realidad que hemos adquirido por otras fuentes, que la duda puede brotar en una nueva dirección: ¿no encaja todo demasiado bien? Tan bien que puede haber penetrado en la mente del hombre de la observación de este esquema en algún otro sitio, especialmente en la anual muerte y resurrección del maíz. Porque, por supuesto, ha habido muchas religiones en las que el drama anual (tan importante para la vida de la tribu) era admitido como el tema central, y la divinidad —Adonis, Osiris o cualquier otro— casi sin caracterizar eran una personificación del maíz, un «Rey de maíz» que moría y volvía a resucitar cada año. ¿No será Cristo otro Rey del maíz?

Esto nos aproxima a lo más extraño del cristianismo. En un cierto sentido, la idea que acabo de expresar es de hecho verdad. Desde una determinada óptica, Cristo es «el mismo género de fenómeno» que Adonis u Osiris; siempre, por supuesto, esgrimiendo el hecho de que aquellos personajes vivieron nadie sabe dónde ni cuándo, mientras que Él fue ejecutado por un magistrado romano que conocemos en un año que puede ser aproximadamente señalado. Y este es precisamente el enigma: si el cristianismo es una religión de esta especie, ¿por qué se menciona tan poco la analogía de la semilla que cae en la tierra (solo dos veces, si no me equivoco) en el Nuevo Testamento? Las religiones del maíz son populares y respetables; si esto es lo que los primitivos maestros cristianos querían enseñar, ¿qué motivo pudieron tener para ocultar el hecho? La impresión que dan es la de hombres que simplemente no conocen lo cerca que están de las religiones del maíz; hombres a quienes se les escaparon las estupendas fuentes de imaginería plástica y de asociaciones de ideas a las que ellos habrían tenido la oportunidad de recurrir en cada momento. Si se respondiera que lo suprimieron porque eran judíos, esto no hace más que proyectar el enigma en una nueva dirección. ¿Por qué la única religión de un «Dios que muere» que ha subsistido hasta nuestros días y ha alcanzado unas alturas de espiritualidad inigualables se desarrolla precisamente entre gentes para quienes, y para quienes casi exclusivamente, el ciclo total de ideas pertenecientes al «Dios que muere» era totalmente extraño? Yo, personalmente, leí por primera vez con seriedad el Nuevo Testamento precisamente cuando era seguidor apasionado imaginativa y poéticamente de la teoría de la muerte y renacimiento y buscaba con ansiedad ese rey-maíz. Me sobrecogió y desconcertó la casi total ausencia de tales ideas en los documentos cristianos. Hubo un momento que especialmente me impresionó: Un «Dios a punto de morir» —el único Dios a punto de morir con fundamento histórico— toma el pan-maíz en sus manos y dice: «Esto es mi cuerpo». Ciertamente aquí, aun cuando no apareciera en ningún otro lugar, y si no aquí, al menos en los más primitivos comentarios de este pasaje y a través de todo el posterior desarrollo devocional en todos los libros importantes, la verdad tendría que salir a la superficie: la conexión entre el gesto de Jesús y el drama anual de las cosechas tendría que surgir. Pero no hay ni rastro. Solo yo descubro esa conexión. No existe signo de que lo descubrieran los discípulos, ni siquiera el mismo Cristo. Se diría que ni Él mismo descubre lo que ha hecho.

Los documentos, en efecto, muestran una Persona que «representa» el papel de un Dios que muere, pero cuyos pensamientos y palabras permanecen totalmente fuera del ámbito de los conceptos religiosos a los que pertenece la idea del Dios que muere. El punto preciso de las religiones de la Naturaleza se presenta como si realmente hubiera ocurrido una vez; pero el hecho de Jesús ocurrió en un ámbito en el que no aparece ni traza de religión de la Naturaleza. Es como si encontráramos una serpiente marina y descubrimos que ella no cree que existan serpientes marinas; o como si la historia probara la existencia de un hombre que hubiera hecho todas las hazañas atribuidas a Lancelot, pero que nunca hubiera oído nada de la caballería andante.

Se da, sin embargo, una hipótesis que, si se admite, hace todo simple y coherente: los cristianos no se limitan a afirmar que simplemente Dios fue encarnado en Jesús; ellos dicen que el único verdadero Dios es Aquel a quién Jesús adora como Yahvé, y que es Él quien ha descendido. Ahora bien, el doble carácter de Yahvé es este: de un lado, Él es el Dios de la Naturaleza, su alegre Creador; es Él quien envía lluvia a los surcos hasta que los valles se levantan repletos de maíz que ríen y cantan. Los árboles de los bosques se regocijan ante Él y su voz hace que la gacela dé a luz a sus crías. Es el Dios del trigo, del vino y del aceite. A este respecto, Él está constantemente haciendo todas las cosas que realiza el Dios Naturaleza; él es Baco, Venus, Ceres, todos apretados en uno. No hay señal en el judaísmo de la idea arraigada de muchas religiones pesimistas y panteístas de que la Naturaleza es una especie de ilusión o desastre, que la finita existencia es en sí misma un mal y que la solución consiste en el deshacerse de todas las cosas en Dios. Comparado con tales concepciones antinaturales, Yahvé casi podría ser confundido con un Dios-Naturaleza.

Por otra parte, Yahvé con toda claridad «no» es Dios-Naturaleza. No muere y revive cada año como un verdadero Rey-maíz debe hacer. El da vino y fertilidad, pero no debe ser venerado con ritos bacanales o afrodisíacos. No es el alma de la Naturaleza ni forma parte de ella en manera alguna. Él habita en la eternidad; Él mora en la altura en el lugar santo; los cielos son su trono, no su vehículo, la tierra es su escabel, no su vestidura; un día desmantelará a ambos y hará un nuevo cielo y una nueva tierra. No puede ser identificado ni siquiera con la «divina inspiración» en el hombre. Es Dios y no hombre; sus pensamientos no son nuestros pensamientos; ante Él toda nuestra justicia es como harapos. Su apariencia ante Ezequiel es presentada con imágenes no prestadas de la Naturaleza, sino (y esto es un misterio poco considerado)[1] de máquinas que los hombres fabricarían muchos siglos después de la muerte de Ezequiel. El profeta vio algo sospechosamente semejante a una dinamo.

Yahvé no es ni el alma de la Naturaleza ni su enemigo. Ella no es ni su cuerpo ni una emanación o un desprendimiento de su Ser. La Naturaleza es su criatura. Él no es un Dios-Naturaleza, sino el Dios de la Naturaleza, su inventor, su hacedor, su dueño, su dominador. Para cualquiera que lea este libro, esta concepción le ha sido familiar desde la infancia; por eso pensamos fácilmente que es la concepción más natural del mundo: «Si hemos de creer en Dios —nos decimos—, ¿en qué otra clase de Dios vamos a creer?». Pero la respuesta de la historia es: «Casi en cualquier otra clase distinta». Confundimos nuestros privilegios con nuestros

---

1. Yo debo esta consideración al canónigo Adam Fox.

instintos; igual que encontramos señoras que piensan que sus maneras refinadas les son naturales; no se acuerdan de que fueron educadas.

Ahora, si existe tal Dios y si desciende para levantarse de nuevo, entonces podemos entender por qué Cristo es a la vez tan semejante al Rey-maíz, y tan reticente sobre este punto. Él es semejante al Rey-maíz porque el Rey-maíz es su retrato. La semejanza no es en absoluto irreal o accidental; porque el Rey-maíz es derivado (a través de la imaginación humana) de los actos de la Naturaleza, y los actos de la Naturaleza de su Creador; el esquema de muerte y resurrección está en ella porque estuvo primero en Él. Por otra parte, los elementos de la religión de la Naturaleza están extremadamente ausentes de la enseñanza de Jesús y de la preparación judaica que conduce hasta Él, precisamente porque en la región judeocristiana se está manifestando el Original de la Naturaleza y detrás de la Naturaleza misma. Donde el verdadero Dios está presente, la sombra de Dios no aparece; está presente lo que las sombras indicaban. Los judíos a todo lo largo de su historia tuvieron que ser constantemente apartados de la tentación de adorar a los dioses de la Naturaleza; no porque los dioses de la Naturaleza fueran bajo todos los aspectos distintos del Dios de la Naturaleza, sino porque, en el mejor de los casos, ellos eran solo semejantes; y era el destino de esta nación el ser apartada de la semejanza para llegar a la realidad misma.

Al mencionar a esta nación, se dirige nuestra atención a una de esas facetas de la doctrina cristiana que resultan repelentes a la mente moderna. Para ser totalmente franco, no nos agrada la idea del «pueblo escogido». Demócratas por nacimiento y educación, preferimos pensar que todas las naciones y los individuos parten del mismo nivel en la búsqueda de Dios o, incluso, que todas las religiones son igualmente verdaderas. Hay que admitir desde el comienzo que el cristianismo no hace concesión alguna a este punto de vista. No se nos habla de una búsqueda humana de Dios en absoluto, sino de algo que hace Dios por, para y acerca de, el Hombre. Y la manera como se hace es selectiva, antidemocrática hasta el grado sumo. Después que el conocimiento de Dios había sido universalmente perdido u obscurecido, un hombre de toda la tierra (Abraham) es elegido. Él es separado (de modo bastante doloroso, podemos suponer) de su natural entorno, enviado a un país extraño y constituido patriarca de una nación que debe mantener el conocimiento del Dios verdadero. Dentro de esa nación hay una selección ulterior: unos mueren en el desierto, otros se quedan atrás en Babilonia. Todavía hay más selección.

El proceso evoluciona estrechándose y se agudiza al fin en un pequeño punto brillante como la punta de una lanza. Hay una joven israelita en oración. Toda la humanidad (en lo que afecta a su redención) se ha estrechado hasta este extremo.

Tal proceso es muy distinto de lo que piden los modernos sentimientos; pero es increíblemente semejante al modo de actuar de la Naturaleza. Selección, y con ella (hemos de admitirlo) inmenso desperdicio, es su sistema. En el inmenso espacio, una parte muy pequeña es ocupada por materia. De todas las estrellas, quizá muy pocas, quizá solo una tiene planetas. De todos los planetas en nuestro sistema solar, probablemente solo uno contiene vida orgánica. En la transmisión de la vida orgánica, semillas sin cuento y espermatozoides son emitidos; pocos de ellos son seleccionados para el honor de la fertilidad. Entre todas las especies, solo una es racional. Dentro de esta especie, solo unos pocos obtienen el privilegio de la belleza, la fuerza y la inteligencia.

Al llegar a este punto, nos acercamos peligrosamente al famoso argumento de la *Analogy* de Butler. Y digo «peligrosamente» porque el argumento de este libro está muy cerca de admitir parodiándolo en la forma: «Tú dices que el comportamiento atribuido al Dios cristiano es a la vez malo y tonto; pero no es menos probable que sea verdad esta afirmación desde este otro ángulo en virtud del cual yo puedo mostrar que la Naturaleza, que Él creó, se comporta igualmente mal». A lo cual el ateo responderá —y cuanto más cerca esté de Cristo en su corazón, más ciertamente responderá así—: «Si existe un Dios semejante, yo lo desprecio y lo desafío». Pero yo no estoy diciendo que la Naturaleza, tal como la conocemos ahora, sea buena; a este punto volveremos en un momento. Ni tampoco estoy diciendo que un Dios cuyas acciones no fueran mejores que las de la Naturaleza deba ser un objeto adecuado de adoración para un hombre honrado. El punto es un poco más agudo que esto. Esta selectiva o antidemocrática cualidad en la Naturaleza, al menos en el grado que afecta a la vida humana, no es buena ni mala. Según el espíritu saque partido o fracase en su intento de esta situación de la Naturaleza, surgirá el bien o el mal. Esta situación permite de un lado la brutal competición, la arrogancia y la envidia; pero permite, por otra parte, la modestia y (uno de los más grandes placeres) la admiración. Un mundo en el cual yo fuera «realmente» (y no meramente por razón de una útil ficción legal) «tan bueno como cualquier otro», en el cual yo nunca pudiera mirar a nadie más sabio, más inteligente, más valiente o más culto que yo, sería insufrible. Los mismos «fans» de las estrellas de cine o de los héroes del deporte lo entienden mejor como para desear una cosa así. Lo que hace la doctrina cristiana no es establecer a nivel divino una crueldad y un desperdicio que acaba de desagradarnos en el orden natural, sino mostramos en la acción de Dios que no actúa ni cruelmente ni con derroches inútiles, el mismo principio que también se da en la Naturaleza, aunque aquí abajo este principio unas veces se mueve en una dirección y otras veces en otra. Ilumina la escena natural sugiriendo que este principio, que a primera vista parece sin sentido, puede sin embargo derivarse de otro principio que es bueno y recto, y puede por supuesto ser una copia de él, aunque depravada y empañada, la forma patológica que habría de tomar una Naturaleza deteriorada.

Porque cuando miramos a este principio de selectividad que los cristianos atribuyen a Dios, no encontramos en él nada de ese «favoritismo» que temíamos. El pueblo «elegido» es elegido no por él mismo (ciertamente no para su honor o su placer), sino para bien de los no elegidos. A Abraham se le dice que «todas las familias de la tierra serán benditas en ti y en tu simiente [la nación elegida]». Esta nación es elegida para acarrear una pesada carga. Sus sufrimientos son grandes; pero, como Isaías reconoce, sus sufrimientos curan a otros. En la Mujer elegida como culmen se descarga la más espantosa profundidad de la angustia maternal. Su Hijo, el Dios encarnado, es el «varón de dolores»; el único Hombre al que desciende la Divinidad, el único hombre que puede ser legítimamente adorado, es preeminente en el sufrimiento.

Pero podía preguntarse: ¿arregla esto mucho el asunto? ¿No es esto también injusticia, solo que a la inversa? Donde en una primera vista acusábamos a Dios de favoritismo indebido con su «elegido», ahora sentimos la tentación de acusarlo de indebido agravio. (El intento de evitar a la vez las dos acusaciones es mejor que lo descartemos). Y ciertamente acabamos de llegar a un principio de profundas raíces en el cristianismo: el cual bien podría designarse como principio de *Vicariedad*. El Hombre justo sufre por el pecador, y cada uno en su grado, todos los hombres buenos por todos los hombres malos. Y la Vicariedad —no menos que la muerte y la resurrección o la Selección— es también característica de la Naturaleza. La autosuficiencia, viviendo de los propios recursos, es algo imposible en sus dominios. Cada cosa está en deuda con cualquier otra cosa, sacrificada a cualquier otra cosa, dependiente de cualquier otra cosa. Y aquí también debemos reconocer que el principio en sí mismo no es ni bueno ni malo; las abejas y las flores viven unas de otras de un modo más placentero. El parásito vive en su «huésped»; y así también el niño antes de nacer en su madre. En la vida social, sin Vicariedad no habría ni explotación ni opresión; pero tampoco delicadeza ni gratitud. Es una fuente tanto de amor como de odio, de amargura como de felicidad. Cuando hayamos entendido esto, no pensaremos más que los depravados ejemplos de Vicariedad en la Naturaleza nos impiden suponer que el principio en sí mismo es de origen divino.

Al llegar a este punto, puede ser oportuno lanzar una mirada hacia atrás para comprobar cómo la doctrina de la Encarnación está ya actuando sobre el resto de nuestros conocimientos. Hasta ahora hemos visto su conexión con cuatro principios: la naturaleza compuesta del hombre, el esquema de descenso y ascensión, la Selección y la Vicariedad. El primero se puede designar como un hecho en torno a la frontera entre Naturaleza y Sobrenatural; los otros tres son características de la misma Naturaleza. Ahora bien, la mayoría de las religiones, cuando se enfrentan cara a cara con los hechos de la Naturaleza, una de dos, o simplemente los reafirman, les dan (exactamente tal como se presentan) un prestigio trascendente o, por el contrario, simplemente los niegan y nos prometen una liberación de tales hechos y de la Naturaleza en su totalidad. Las religiones de la Naturaleza siguen la primera línea; santifican la agricultura y, por supuesto, toda nuestra vida biológica. Así nos emborrachamos realmente en la adoración de Dionisos y nos unimos a mujeres reales en el templo de la diosa de la fertilidad. En el culto a la fuerza vital, que es el género de religión de la Naturaleza moderna y occidental, tomamos la dirección existente hacia el «desarrollo» o la creciente complejidad de la vida orgánica social e industrial y hacemos de ella un dios. Las religiones en contra de la Naturaleza o pesimistas que son más civilizadas y sensatas, como el budismo o el alto hinduismo, nos dicen que la Naturaleza es mala y engañosa, que hay que encontrar la escapatoria a su incesante cambio, a esa hoguera de luchas y deseos. Ninguna de las dos tendencias establece los hechos de la Naturaleza bajo una nueva luz. Las religiones de la Naturaleza simplemente refuerzan la visión de la Naturaleza que nosotros adoptamos espontáneamente en los momentos de salud exuberante y de alegre brutalidad; las religiones en contra de la Naturaleza hacen igual desde la óptica que adoptamos en los momentos de compasión, fastidio o pereza. La postura cristiana no hace ninguna de estas dos cosas. Si alguien se aproxima al cristianismo con la idea de que, porque Yahvé es

Dios de fertilidad, nuestra lascivia va a ser autorizada o que la Selección y Vicariedad del método de Dios nos va a excusar de imitar (como los héroes y superhombres o los parásitos sociales) los grados inferiores de Selección y Vicariedad de la Naturaleza, se sentirá aturdido y repelido por la inflexible y continua exigencia cristiana de castidad, humildad, misericordia y justicia. Por otra parte, si nos acercamos al cristianismo considerando la muerte precedente a cada resurrección, o el hecho de la desigualdad, o nuestra dependencia de los demás y su dependencia de nosotros, como meras necesidades odiosas de un mundo perverso, y con la esperanza de ser transformados en una transparente y luminosa espiritualidad donde todas estas realidades desaparezcan y se esfumen, quedaremos igualmente decepcionados. Habremos de comprender que, en un cierto sentido, y a pesar de enormes diferencias, todo es lo mismo a lo largo del camino hacia arriba; que la desigualdad jerárquica, la necesidad de rendimiento de sí mismo, de sacrificio voluntario del propio ser en bien de otros y la aceptación agradecida y amorosa (pero no avergonzada) del sacrificio de los demás para bien mío, se mantienen como en oscilación en los dominios de más allá de la Naturaleza. Por supuesto, que es solo el amor el que realiza la diferencia: estos mismísimos principios, que son malos en el mundo del egoísmo y de la obligación, son buenos en el mundo del amor y de la comprensión. De este modo, a medida que aceptamos esta doctrina del mundo superior, hacemos nuevos descubrimientos acerca del mundo inferior. Es desde esta colina desde donde por primera vez entendemos el paisaje de este valle. Aquí encontramos por fin (como no podemos encontrarlo ni en las religiones de la Naturaleza ni en las religiones en contra de la Naturaleza) la verdadera iluminación. La Naturaleza ha sido ensalzada por una luz proveniente de más allá de la Naturaleza. Alguien nos está hablando que conoce más de ella de lo que puede ser conocido desde dentro de ella.

A través de toda esta doctrina se da, por supuesto, la implicación de que la Naturaleza está infectada de mal. Estos grandes principios claves que existen como modos del bien en la Vida Divina adoptan en su operación no solamente una forma imperfecta (como en cierto modo deberíamos esperar), sino incluso formas que nos han llevado a describirlas como mórbidas y depravadas. Y esta depravación no puede ser totalmente arrancada sin una drástica nueva creación de la Naturaleza. La completa virtud humana podría desvanecer de la vida humana los males que ahora brotan de la Vicariedad y Selección y conservar solo el bien, pero el desperdicio y el dolor de la Naturaleza no humana permanecerían, y continuarían, por supuesto, infectando la vida humana en forma de enfermedad. El destino, en cambio, que el cristianismo promete al hombre incluye claramente la «redención» o «remodelación» de la Naturaleza que no puede detenerse en el hombre ni incluso en este planeta. Se nos dice que «toda la creación» se encuentra en sufrimiento y que el renacer del hombre será la señal para el renacimiento de la Naturaleza. Esto levanta varios problemas, cuya discusión sitúa la total doctrina de la Encarnación ante una luz más clara.

En primer lugar, nos preguntamos cómo la Naturaleza, creada por un Dios bueno, puede llegar a encontrarse en tal situación. Por esta pregunta, podemos indicar dos cosas: ¿cómo llega a ser imperfecta como para dejar espacio «para mejorar»? (como los maestros dicen de sus alumnos), o también ¿cómo se encuentra en estado de positiva depravación? A la primera cuestión pienso que la respuesta cristiana sería que Dios creó a la Naturaleza desde el principio de tal manera que adquiriera la perfección por un proceso a lo largo del tiempo. Dios hizo en el principio la tierra informe y vacía y la empujó gradualmente a su perfección. En esto, como en otras ocasiones, vemos el esquema familiar: descenso desde Dios hasta la tierra informe y reascensión desde lo informe hasta lo terminado. En este sentido, un cierto grado de «evolucionismo» o «desarrollacionismo» es inherente al cristianismo. Hasta aquí lo relativo a la imperfección de la Naturaleza. Su positiva depravación exige una explicación muy diferente. De acuerdo con la enseñanza cristiana, todo se debe al pecado; el pecado tanto del hombre como de unos poderosos seres no humanos, sobrenaturales pero creados. La impopularidad de esta doctrina surge del ampliamente extendido Naturalismo de nuestra época; es decir, la creencia de que nada existe fuera de la Naturaleza, y de que, si algo existiera, la Naturaleza estaría protegida de ello como por una línea Maginot. La actitud alérgica contra esta doctrina desaparece en cuanto su error es corregido. Desde luego las mórbidas pesquisas acerca de tales seres, que llevó a nuestros antepasados hasta una pseudociencia tal como la Demonología, deben ser severamente descartadas. Nuestra actitud debería ser la del ciudadano sensato en tiempo de guerra que cree que hay espías enemigos en la retaguardia, pero que no da crédito a casi ningún cuento concreto de espías. Debemos limitarnos a la afirmación general de la existencia de seres en una diferente Naturaleza superior, parcialmente interrelacionada con la nuestra, que han caído, como el hombre, y han interferido dentro de nuestras fronteras. Esta doctrina, además de aparecer positiva para el bien en la vida espiritual de cada hombre, nos ayuda a protegemos de concepciones superficialmente optimistas o pesimistas sobre nuestra Naturaleza. Calificar esta doctrina de «buena» o «mala» es filosofía de niños. Nos encontramos en un mundo de placeres arrebatadores, enloquecedoras bellezas y posibilidades apasionantes, pero todo eso es constantemente destruido, todo se queda en nada. La Naturaleza tiene todo el aspecto de algo bueno echado a perder.

Ambos pecados, el de los hombres y el de los ángeles, fueron posibles por el hecho de que Dios les otorgó voluntad libre. Así, cediendo una parte de su omnipotencia (de nuevo encontramos esta cuasi muerte o movimiento de descenso), Dios vio que desde un mundo de criaturas libres, aunque cayeran, Él podía elaborar (y esta es la reascensión) una felicidad más profunda y un esplendor más pleno que el que admitiría cualquier mundo de autómatas.

Otra cuestión que surge es esta: si la redención del hombre es el comienzo de la redención de la Naturaleza en su conjunto, ¿debemos de aquí concluir, después de todo, que el hombre es la cosa más importante de la Naturaleza? Si a esta pregunta hubiera de responder «Sí», no me sentiría por ello incómodo. Suponiendo que el hombre sea el único animal racional en el universo, entonces (como hemos demostrado) su pequeña estatura y las exiguas dimensiones del planeta en que habita no harían ridículo el considerarlo como el héroe del drama cósmico. Después de todo, Jack es el personaje más pequeño en *Jack, el matagigantes*. Ni pienso que sea improbable en absoluto que, de hecho, el hombre sea la única criatura racional en esta Naturaleza espacio-temporal. Esta es precisamente la clase de preeminencia solitaria —exactamente la desproporción entre la pintura y el marco— que todo lo que conozco sobre la Selección de la Naturaleza me llevaría a presuponer. Pero no necesito aferrarme a esta opinión. Supongamos que el hombre constituye solo una entre miríadas de especies racionales, y supongamos que esa especie humana es la única que ha caído. Precisamente porque el hombre ha caído, Dios realiza por él el mayor portento; igual que en la parábola, el buen pastor va a buscar solamente a la oveja que se perdió. Admitamos que la preeminencia o soledad del hombre no es de superioridad, sino de miseria y de mal; entonces con más motivo será la especie humana precisamente sobre la que descenderá la Misericordia. Por este hijo pródigo, el ternero cebado, o para ser más exacto, el Cordero eterno, será sacrificado. Pero una vez que el Hijo de Dios, arrastrado hasta nosotros no por nuestros merecimientos, sino por nuestros desmerecimientos, ha penetrado en la naturaleza humana, entonces nuestra especie (no importa lo que antes haya sido) se convierte en cierto sentido en el hecho central de toda la Naturaleza; nuestra especie, al levantarse después de un largo descenso, arrastra hacia arriba a toda la Naturaleza junto consigo, porque en nuestra especie el Señor de la Naturaleza ha sido incluido. Y todo forma una pieza compacta con lo que conocemos y con lo que desconocemos: si noventa y nueve razas de justos, habitantes de los distantes planetas que circulan en torno a distantes soles, no necesitan Redención por ellos mismos, son sin embargo remodeladas y glorificadas por la gloria que ha descendido hasta nuestra raza. Porque Dios no se está limitando a enmendar ni a restaurar un *statu quo*. La humanidad redimida está llamada a ser algo más glorioso que la humanidad no caída hubiera sido, más glorioso que cualquiera otra raza no caída (si es que en el momento presente el cielo en la noche oculta alguna así). Cuanto mayor es el pecado, mayor es la misericordia, y cuanto más profunda la muerte, más brillante la resurrección. Y esta gloria sobreañadida, dentro de la verdadera vicariedad, exalta a todas las criaturas, y aquellos que nunca cayeron bendecirán la caída de Adán.

Escribo hasta ahora en el supuesto de que la Encarnación fue ocasionada solamente por la caída. Otra visión ha sido mantenida a veces por los cristianos. Según esta, el descenso de Dios a la Naturaleza no fue en sí mismo ocasionado por el pecado. Hubiera tenido lugar como glorificación y perfección si no hubiera sido requerida como Redención. Sus circunstancias concomitantes habrían sido muy diferentes; la humildad divina no hubiera sido humillación, los sufrimientos, la hiel y el vinagre, la corona de espinas y la cruz hubieran estado ausentes. Si aceptamos esta opinión, entonces claramente la Encarnación, cuando quiera y donde quiera hubiera ocurrido, siempre habría sido el renacer de la Naturaleza. El hecho de que haya acontecido en la especie humana convocada allí por esta tremenda encarnación de miseria y abyección, que el Amor se ha hecho a sí mismo incapaz de soportar, no la priva de su universal significado.

Esta doctrina de una redención universal expandiéndose hacia fuera a partir de la redención del hombre, por muy mitológica que pueda parecer a las mentes modernas, es en realidad mucho más filosófica que cualquier otra teoría que mantenga que Dios, después de haber entrado en la Naturaleza, la abandonara después, y la abandonara substancialmente incambiada, o que la glorificación de una criatura podría haber sido realizada sin la glorificación de todo el sistema. Dios nunca deshace nada que no sea el mal y nunca hace el bien para deshacerlo después. La unión entre Dios y la Naturaleza en la Persona de Cristo no admite divorcio. Él no va a «marcharse fuera» de la Naturaleza de nuevo y ella debe ser glorificada de todas las formas que esta milagrosa unión exige. Cuando llega la primavera no deja rincón de la tierra sin tocar; aún la piedra arrojada en el estanque envía círculos a los márgenes. La pregunta que debemos hacer sobre la posición «central» del hombre en este drama está realmente en el nivel de la pregunta de los discípulos: ¿quién de ellos era el mayor? Es el tipo de preguntas que Dios no responde. Si desde el punto de vista del hombre la remodelación de la Naturaleza no humana e incluso inanimada puede aparecer como un mero subproducto de su propia redención, entonces de igual modo, desde un remoto punto de vista no humano, la redención del hombre puede parecer meramente el paso preliminar hacia esa más ampliamente difundida primavera, y la misma permisión de la caída del hombre se puede considerar en función de ese fin más grandioso. Ambas actitudes son correctas si consienten en prescindir de las palabras «mero» y «meramente». Nada es «meramente» un subproducto de otra cosa. Todos los resultados son pretendidos desde el principio. Lo que queda sometido desde un punto de vista es la principal intencionalidad desde otro. Ninguna cosa y ningún acontecimiento es lo primero o lo más alto en un sentido que le impida ser a la vez lo último y lo ínfimo. El estar alto o ser central significa estar abdicando continuamente; estar bajo significa ser levantado; todos los grandes maestros son sirvientes; Dios lavó los pies de los hombres. Los conceptos que ordinariamente aducimos a la consideración de estos asuntos son miserablemente políticos y prosaicos. Pensamos en la igualdad plana y repetitiva o en los privilegios arbitrarios como las dos exclusivas alternativas, y así se nos escapan todos los tonos superiores, los contrapuntos, la vibrante sensibilidad, la interanimación de la realidad.

Por este motivo, no creo en absoluto probable que haya habido (como Alice Meynell sugiere en su interesante poema) muchas encarnaciones para redimir a muchas diferentes especies de criaturas. Un cierto sentido del «estilo» del idioma divino rechaza esta suposición. La imagen de producción masiva y de largas colas de espera proviene de un nivel de pensamiento que está aquí fuera de lugar y es inadecuado. Si otras criaturas, distintas del hombre, han pecado, debemos pensar que han sido redimidas; pero la Encarnación de Dios hecho Hombre será un acto único en el drama de la redención total, y las otras especies habrán presenciado completamente actos diferentes, cada uno igualmente único, igualmente necesario y necesario de modo diferente en función del conjunto total del proceso, y cada uno explicablemente considerado, desde un determinado punto de vista, como «la gran escena» del espectáculo. Para los que viven en el acto II, el acto III aparece como un epílogo; para los que viven en el acto III, el acto II aparece como un prólogo. Y unos y otros tienen razón hasta que añaden la palabra fatal «meramente», o también los que intentan evitarla mediante la torpe suposición de que los dos actos son el mismo.

A estas alturas habría ya que advertir que la doctrina cristiana, si se acepta, incluye una visión particular de la muerte. La mente humana espontáneamente adopta una de dos actitudes ante la muerte. Una es la elevada visión, que alcanza su mayor intensidad entre los estoicos, que la muerte no importa, que es «una delicada indicación de la naturaleza» para que nos retiremos, y que hemos de afrontarla con indiferencia. La otra es la visión «natural», implícita en casi todas las conversaciones privadas sobre la materia y en gran parte del pensamiento moderno sobre la supervivencia de las especies humanas: que la muerte es el mayor de todos los males. Hobbes es quizá el único filósofo que ha erigido un sistema sobre esta base. La primera idea simplemente niega, la segunda simplemente afirma nuestro instinto de conservación. Ninguna de las dos arroja la menor luz sobre la Naturaleza ni sobre el contenido del cristianismo. La doctrina cristiana es más sutil: de una parte, la muerte es el triunfo de Satanás, el castigo de la caída y el último de los enemigos. Cristo lloró junto a la tumba de Lázaro y sudó sangre en Getsemaní; la Vida de las vidas que existía en Él detestó el horror de esta pena no menos que nosotros, sino más. Por otra parte, solo aquel que pierda su vida la salvará. Somos bautizados en la muerte de Cristo y es el remedio de la caída. La muerte es, en efecto, lo que algunos modernos llamarían «ambivalente». Es la gran arma de Satanás y también la gran arma de Dios; es santa y no santa; aquello que Cristo vino a conquistar y los medios por los cuales lo conquistó.

Penetrar este misterio en su totalidad está, por supuesto, muy lejos de nuestras posibilidades. Si el esquema de descenso y ascensión es (como parece no improbablemente) la mismísima fórmula de la realidad, entonces en el misterio de la muerte palpita escondido el misterio de los misterios. Pero es necesario decir una cosa para situar al Gran Milagro en su auténtica luz. No se requiere discutir la muerte en el nivel más alto de todos: La muerte mística del Cordero «antes de la fundación del mundo» queda por encima de la muerte en su nivel ínfimo: la muerte de los organismos que no son más que organismos y no tienen personalidad tampoco nos concierne. De ellos podemos con todo derecho decir lo que mentes excesivamente espiritualistas querrían que dijéramos de la muerte humana: «eso no importa». Pero, en cambio, la desconcertante doctrina cristiana sobre la muerte humana no puede ser preterida.

La muerte humana, según los cristianos, es el resultado del pecado humano; el hombre, como fue creado originalmente, era inmune de muerte; el hombre después de redimido y convocado a una nueva vida (que en algún sentido indefinido será una vida corporal) en medio de una Naturaleza más orgánica y más completamente obediente, será inmune de muerte de nuevo. Desde luego, será toda ella un sinsentido si el hombre no es más que un organismo natural. Pero si fuera así, entonces, según hemos visto, todos los pensamientos serían igualmente sin sentido, porque todos tendrían causas irracionales. El hombre, por tanto, tiene que ser un ser compuesto, un organismo natural penetrado por, o en estado de «simbiosis» con, un espíritu sobrenatural. La doctrina cristiana, por muy desconcertante que pueda parecer a quienes no han purificado completamente sus mentes de Naturalismo, establece que las relaciones que ahora observamos entre el espíritu y los organismos son anormales o patológicas. En el presente, el espíritu puede mantener sus posiciones contra los incesantes ataques de la Naturaleza (ataques fisiológicos y psicológicos) a costa de una constante vigilancia, y siempre al final es derrotado por la Naturaleza fisiológica. Antes o después, el espíritu se hace incapaz de resistir el proceso de desintegración desencadenado en el cuerpo y el resultado es la muerte. Un poco después, el organismo natural (porque no se regocija mucho tiempo de su triunfo) es, de un modo semejante, conquistado por la Naturaleza meramente física y se convierte en inorgánico. Pero desde la visión cristiana eso no es siempre así. Por una vez, el espíritu no fue como una guarnición militar que mantiene su posición con dificultad en medio de una Naturaleza hostil, sino que se encontró plenamente «en su casa» con su organismo como un rey en su propio país o como un jinete en su propio caballo o, todavía mejor, como la parte humana de un centauro se encontraba en plena armonía con su parte equina. Donde el poder del espíritu sobre el organismo fuera completo y sin resistencia, la muerte no tendría lugar jamás. Sin duda que el permanente triunfo del espíritu sobre las fuerzas naturales que, dejado a su propia dinámica, mataría al organismo, implicaría un milagro ininterrumpido; pero no mayor milagro que el que ocurre constantemente, porque cuando pensamos racionalmente estamos, por un poder espiritual directo, forzando ciertos átomos en nuestro cerebro y ciertas tendencias psicológicas en nuestra alma natural para realizar lo que nunca hubiera efectuado de haber dejado sola a la Naturaleza. La doctrina cristiana sería demasiado fantástica solo en el caso de que la presente situación fronteriza entre el espíritu y la Naturaleza en cada ser humano fuera tan inteligible y explicable por sí misma que bastara el limitarnos a «ver» que esta fuera la única situación que en cualquier caso tendría que haber existido. ¿Pero es así?

En realidad, la situación fronteriza es tan extraña que nada más que la costumbre puede hacer que parezca natural, y nada más que la doctrina cristiana puede hacerla plenamente inteligible. Estamos ciertamente en estado de guerra; pero no una guerra de mutua destrucción: la Naturaleza, al dominar al espíritu, rompe todas las actividades espirituales; el espíritu dominando a la Naturaleza confirma y enriquece las actividades naturales. El cerebro no se hace menos cerebro al ser usado para el pensamiento racional. Las emociones no se debilitan ni se fatigan por ser organizadas en servicio de una voluntad moral, al contrario, se hacen más ricas y más fuertes como la barba se fortalece al ser afeitada o el río se hace más profundo al construir presas. En igualdad de condiciones, el cuerpo de un hombre razonable y que practica las virtudes es un cuerpo mejor que el del insensato o depravado, y más agudos sus placeres sensuales simplemente como placeres sensuales; porque los esclavos de los sentidos después del primer bocado son condenados al hambre por sus mismos dueños. Todo se desarrolla como si lo que nosotros observamos no fuera una guerra, sino una rebelión, esta rebelión de lo inferior contra lo superior por la cual lo inferior destruye a lo superior y a sí mismo. Y si la presente situación es de rebelión, entonces la razón no puede rechazar, sino más bien postular la creencia de que hubo un tiempo antes de que la rebelión estallara, y puede haber un tiempo después que la rebelión haya sido dominada. Y si por este camino encontramos fundamentos para creer que el espíritu sobrenatural y el organismo natural en el hombre se han enfrentado conflictivamente, lo veremos confirmado inmediatamente desde dos posiciones totalmente inesperadas.

Casi toda la teología cristiana podría quizá ser deducida de dos hechos: (*a*) que los hombres hagan bromas groseras, (*b*) que sientan que los muertos no son gratos. Las bromas groseras prueban que hay en nosotros un animal que encuentra su propia animalidad o rechazable o graciosa. A menos que haya habido un enfrentamiento entre el espíritu y el organismo, no entiendo cómo esto se puede dar; esto es la prueba manifiesta de que los dos no se encuentran juntos a gusto. Pero es muy difícil considerar como original tal estado de cosas: imaginar una criatura que ya en su primer instante por un lado padeció un trauma, por otro lado padeció cosquillas ante el mero hecho de ser la criatura que es. No percibo que los perros encuentren nada divertido el hecho de ser perros; sospecho que los ángeles no encuentran divertido el hecho de ser ángeles. Nuestro sentimiento acerca de los muertos es igualmente extraño. Es ocioso decir que nos desagradan los cadáveres porque nos atemorizan los espíritus. Se podría decir con igual razón que nos aterrorizan los espíritus porque nos desagradan los cadáveres. Porque los espíritus deben mucho de su horror a la asociación de ideas de palidez, corrupción, féretros, sudarios y gusanos. En realidad, detestamos la separación que hace posible la aparición tanto del cadáver como de los espíritus. Porque el compuesto no debería ser dividido, cada una de las mitades en que se convierte por la división es detestable. Las explicaciones que da el naturalismo, tanto de la vergüenza en lo relativo al cuerpo como de nuestros sentimientos acerca de los muertos, no son satisfactorias. Nos remite a tabúes primitivos y supersticiones, como si estos no fueran obviamente consecuencias de lo que queremos explicar. Pero, en cambio, una vez aceptada la doctrina cristiana de que el hombre fue originariamente una unidad y que la división actual es antinatural, todos los fenómenos encajan en su sitio. Sería fantástico sugerir que la doctrina fue concebida para explicar nuestro regocijo leyendo un capítulo de Rabelais, una buena narración de fantasmas o los *Cuentos* de Edgar Allan Poe.

Debería quizá indicar que mis argumentos no son en absoluto afectados por el juicio de valor que hagamos sobre las narraciones de espíritus o el humor grosero. Podemos sostener que ambos son malos. Como podemos pensar que son consecuencia de la caída del pecado (como los trajes en la caída de la hoja) y que, sin embargo, son la manera adecuada de comportarse ante la caída, una vez que esta ha ocurrido; hasta que el hombre remodelado y perfecto no deje de experimentar para siempre esta especie de risa o esta especie de estremecimiento, el no sentir aquí y ahora el horror o no descubrir el chiste es ser menos que humano. Pero, de una u otra manera, los hechos sirven de testigos de nuestro presente desajuste.

Y nada más sobre el sentido en que la muerte humana es resultado del pecado y triunfo de Satanás. Pero esto es también el medio de la redención del pecado, la medicina de Dios para el hombre y su arma contra Satanás. En términos generales, no es difícil entender cómo la misma cosa puede ser un golpe maestro de uno de los combatientes y, al mismo tiempo, el medio precisamente por el cual venza el combatiente superior. Todo buen general, todo buen jugador de ajedrez, escoge precisamente el punto fuerte del plan de su oponente y hace de él la palanca eficaz para su propio plan. Cómeme la torre si te empeñas. No era mi intención que lo hicieras; de hecho, yo pensé que tendrías mayor visión de la jugada. Pero cómela de todos modos, a partir de aquí yo muevo así... y así... y es mate en tres jugadas. Algo parecido debemos suponer que ha ocurrido con respecto a la muerte. No se diga que tales metáforas son demasiado simplistas para ilustrar materias tan elevadas; las metáforas tomadas del mundo de la mecánica y de los minerales, que pasan inadvertidas en nuestra época, dominan por completo nuestras mentes (sin ser reconocidas en absoluto como metáforas) en el momento en que descuidamos nuestra vigilancia, y son incomparablemente menos adecuadas.

Y se puede ver cómo esto puede ocurrir. El enemigo persuade al hombre a que se rebele contra Dios; el hombre, al hacerlo así, pierde su poder de control sobre la rebelión que el enemigo levanta ahora en el organismo del hombre (rebelión psíquica y física) contra su espíritu, igualmente que el organismo, a su vez, pierde poder para mantenerse contra la rebelión de lo inorgánico. De esta manera, Satanás provoca la muerte humana. Pero cuando Dios creó al hombre, le dio tal constitución que, si su parte superior se rebelaba contra Él, esto le llevaría a perder control sobre las partes inferiores; es decir, a la larga, padecer la muerte. Esta dinámica puede considerarse igualmente como sentencia primitiva («El día que de él comieres, ciertamente morirás») y también como misericordia y como instrumento de defensa. Es castigo porque la muerte —esa muerte de la cual Marta dice a Cristo: «Señor, hiede ya»— es horror e ignominia. («No siento tanto temor a la muerte cuanto vergüenza de ella», dijo Sir Thomas Browne). Es misericordia porque, por una voluntaria y humilde sumisión a ella, el hombre deshace su acto de rebeldía y realiza, incluso con este depravado y monstruoso modo de morir, un ejemplo de aquella muerte elevada y mística que es eternamente santa y elemento necesario de la más alta de las vidas. «La disposición es todo», no, por supuesto la solo heroica disposición, sino la de humildad y autorrenuncia. Nuestro enemigo, así bienvenido, se hace nuestro esclavo; el monstruo de la muerte corporal se convierte en una bendita muerte espiritual del propio ser si el espíritu así lo quiere, o mejor, si le permite al Espíritu de Dios que muere libremente quererlo así en él. Es instrumento de defensa porque, una vez que el hombre ha caído, la inmortalidad natural sería lógicamente para él el único destino desesperadamente inalcanzable. Añádase a esta desesperanza el sometimiento que el hombre se ve obligado a hacer de sí mismo a la muerte; así, el hombre hubiera quedado libre (si a esto se le puede llamar libertad) solo para remachar, cada vez más fuertemente en torno a sí mismo a través de interminables generaciones, las cadenas de su propia soberbia y sensualidad, y la pesadilla de civilizaciones que fueran engrosando esas cadenas con poder y complicación siempre crecientes; de este modo, el hombre hubiera pasado de ser meramente un hombre caído a convertirse en un ser perverso, seguramente incapacitado para cualquier género de redención. Este peligro se evitó. La sentencia de que aquellos que comieran del fruto prohibido serían separados del Árbol de la Vida estaba implícita en la naturaleza compuesta en la cual el hombre fue creado. Pero para convertir esta pena de muerte en el medio para la vida eterna —para añadir a su función negativa y preventiva una función positiva y salvadora— fue en adelante necesario el que la muerte tuviera que ser «aceptada». La humanidad tiene que abrazar la muerte libremente, someterse a ella con humildad total, beberla hasta las heces, y así convertirla en la muerte mística que es el secreto de la vida. Pero solo un Hombre que no necesitara en absoluto ser hombre, a no ser que Él lo decidiera, solo el que sirviera en nuestro triste regimiento como voluntario y, sin embargo, también el único que fuera perfectamente Hombre, pudo consumar esta perfecta muerte; y así (no tiene importancia el modo como lo expresemos), o derrota a la muerte o la redime. Gustó la muerte en beneficio de todos los demás. Él es el «Mortal» representante del universo, y por esta misma razón, la Resurrección y la Vida. O viceversa, porque Él vive verdaderamente, verdaderamente muere, porque este es el verdadero esquema de la realidad. Porque el superior puede descender al inferior, Aquel que por toda la eternidad se ha estado sumergiendo en la bendita muerte del propio sometimiento al Padre puede también más plenamente descender a la horrible (para nosotros) muerte involuntaria del cuerpo. Porque la Vicariedad es el auténtico idioma de la realidad que Él ha creado, su muerte puede hacerse nuestra.

El Milagro total, lejos de negar lo que nosotros ya conocemos de la realidad, escribe el comentario que hace lúcido este intrincado texto; o mejor, demuestra que él es el texto del cual la Naturaleza es solo el comentario. En la ciencia hemos estado solamente leyendo las notas al poema; el poema mismo lo encontramos en el cristianismo.

Con esto puede acabar nuestro esbozo sobre el Gran Milagro. Su credibilidad no se basa en evidencias. Pesimismo, optimismo, panteísmo, materialismo, todos tienen su evidente atractivo. Cada uno es confirmado a primera vista por multitud de hechos; después, cada uno de ellos encuentra obstáculos insuperables. La doctrina de la Encarnación actúa en nuestras mentes de modo completamente diferente: excava por debajo de la superficie, se abre paso a través del conjunto de nuestros conocimientos por canales inesperados, armoniza mejor con nuestras más profundas aprehensiones y nuestros pensamientos segundos, y en unión con ellos mina nuestras opiniones superficiales. Tiene muy poco que decirle al hombre que todavía está cierto de que todo camina hacia la perdición, o que todo va a mejor, o que todo es Dios, o que todo es electricidad. La hora llega en que todos estos credos de saldo total comienzan a decepcionarnos. El que el acontecimiento ocurriera de verdad es una cuestión histórica. Pero cuando nos volvemos a la historia no le exigimos esa clase y grado de evidencia que con todo derecho postularíamos para aquello que es intrínsecamente improbable; solo la clase y el grado de evidencia que pedimos para algo que, si se acepta, ilumina y ordena todos los otros fenómenos explica ambas cosas, nuestra risa y nuestra lógica, nuestro temor de los muertos y nuestro conocimiento de que de alguna manera es bueno morir y que, de un golpe, cubre lo que multitud de teorías separadas difícilmente cubrirían si esta se rechaza.

15

MILAGROS DE LA VIEJA
CREACIÓN

No puede el Hijo hacer nada por su cuenta,
sino lo que ve hacer al Padre.

JN 5.19

SI ABRIMOS LIBROS tales como los cuentos de hadas de Grimm o *La Meta-morfosis* de Ovidio o los épicos italianos, nos encontramos en un mundo de milagros que difícilmente pueden ser clasificados. Animales se convierten en hombres y hombres en animales o árboles, los árboles hablan, barcos se transforman en diosas, y un anillo mágico puede hacer aparecer mesas ricamente abastecidas con manjares en un lugar solitario. Hay quien no puede soportar este género de narraciones, otros lo encuentran divertido. Pero la simple sospecha de que esto pudiera ser verdad convertiría la diversión en una pesadilla. Si tales cosas realmente acontecieran nos indicarían, supongo, que la Naturaleza estaba siendo invadida por un poder ajeno a la Naturaleza. La adecuación de los milagros cristianos y su diferencia con estos mitológicos estriba en que los cristianos muestran una invasión por un Poder que no es ajeno a la Naturaleza. Son lo que se podría esperar que ocurriría si la invasión se efectuara no simplemente por un dios, sino por el Dios de la Naturaleza; por un Poder que está fuera de la jurisdicción de la Naturaleza, no como un extranjero, sino como un soberano. Esos milagros proclaman que el que viene no es meramente un rey, sino el Rey, su Rey y el nuestro.

Esto es lo que en mi entender sitúa a los milagros cristianos en una clase distinta de la mayoría de los otros milagros. No pienso que sea tarea de un apologeta cristiano (como muchos escépticos suponen) descalificar todas las narraciones de milagros que caen fuera de los textos y tradición cristiana, ni actitud necesaria en el cristiano el rechazarlos. De ninguna manera intento comprometerme con la aserción de que Dios nunca ha obrado milagros en favor de paganos o que nunca haya permitido a otros seres sobrenaturales creados intervenir así. Si, como Tácito, Suetonio y Dion Casio cuentan, Vespasiano realizó dos curaciones, y si médicos modernos me dicen que no pudieron ser efectuadas sino milagrosamente, para mí no hay objeción. Pero yo mantengo que los milagros cristianos tienen mucha mayor probabilidad intrínseca, en virtud de su conexión orgánica, entre sí y con la contextura total de la religión que presentan. Si se puede demostrar que a un emperador romano concreto —y admitamos un emperador razonablemente bueno entre los emperadores— en una ocasión se le otorgó el poder de hacer un milagro, debemos atenernos al hecho. Pero esto permanecerá como un hecho aislado y anómalo. Nada se sigue de aquí, nada conduce a aquí, no establece ningún cuerpo de doctrina, nada explica, no se conexiona con nada. Y esto, después de todo, es un ejemplo excepcionalmente favorable de un milagro no cristiano. Las interferencias inmorales y frecuentemente estúpidas a los dioses del paganismo, aun cuando tuvieran un atisbo de garantía histórica, solo se podrían aceptar con la condición de aceptar un universo total sin sentido. Lo que despierta infinitas dificultades y no resuelve ninguna, solo será aceptado por un hombre razonable ante una evidencia contundente. A veces la credibilidad de los milagros está en razón inversa a la credibilidad de la religión. Así se presentan (según creo, en antiguos documentos) los milagros de Buda. Pero ¿qué puede ser más absurdo que quien viene a enseñarnos que la Naturaleza es una ilusión de la que debemos escapar se ocupe en producir efectos en el plano natural, y que quien viene a despertarnos de la pesadilla *contribuya* a aumentarla? Cuanto más respetemos sus enseñanzas, menos aceptaremos sus milagros. En cambio, en el cristianismo, cuanto más entendemos que Dios es presente y la intención por la que ha aparecido entre nosotros, más creíbles se hacen los milagros. Esta es la razón por la que rara vez son negados los milagros cristianos si no es por aquellos que han abandonado una parte de la doctrina cristiana. La mente que busca un cristianismo no milagroso es una mente de decadencia desde el cristianismo a la «mera religión».[1]

Los milagros de Cristo se pueden clasificar de dos maneras. El primer sistema engloba los siguientes órdenes: (1) Milagros de Fertilidad, (2) de Curaciones, (3) de Destrucción, (4) de Dominio sobre la materia inorgánica, (5) de Reversión, (6) de Perfección y Glorificación. El segundo sistema, que atraviesa el anterior como si fueran diversos estratos, abarca solo dos clases: (1) Milagros de la Vieja creación, y (2) Milagros de la Nueva creación.

Afirmo que, en todos estos milagros, el Dios encarnado realiza de repente y localmente algo que Dios ha hecho o va a hacer en general. Cada milagro nos escribe en una pequeña carta algo que Dios ya ha escrito o escribirá en cartas, casi demasiado grandes como para que se perciban, a través del gran lienzo de la Naturaleza. Cada uno enfoca un punto particular de las actuales o de las futuras operaciones de Dios en el universo. Cuando reproducen operaciones que ya hemos visto a gran escala, son milagros de la vieja creación; cuando iluminan aquellas que están todavía

---

1. El examen de los milagros del Antiguo Testamento está fuera del alcance de este libro y exigiría muchos conocimientos que no poseo. Mi opinión actual —que es provisional y está sujeta a múltiples correcciones— es que, al igual que en el aspecto fáctico una larga preparación culmina en la encarnación de Dios como Hombre, en el aspecto documental la verdad aparece primero en forma mítica y luego, mediante un largo proceso de condensación o enfoque, se encarna finalmente como Historia. Esto implica la creencia de que el Mito en general no es una mera historia mal entendida (como pensaba Euhemerus) ni una ilusión diabólica (como pensaban algunos de los padres) ni una mentira sacerdotal (como pensaban los filósofos de la Ilustración) sino, en el mejor de los casos, un destello real aunque desenfocado de la verdad divina que cae sobre la imaginación humana. Los hebreos, como otros pueblos, tenían mitología: pero como eran el pueblo elegido, su mitología era la mitología elegida, la mitología elegida por Dios para ser el vehículo de las primeras verdades sagradas, el primer paso en ese proceso que termina en el Nuevo Testamento, donde la verdad se ha convertido en algo completamente histórico. Otra cuestión es si podemos decir con certeza en qué punto de este proceso de cristalización falla una historia concreta del Antiguo Testamento. Considero que las Crónicas de la corte de David se sitúan en un extremo de la escala y son apenas menos históricas que el Evangelio de Marcos o los Hechos; y que el Libro de Jonás se encuentra en el extremo opuesto. Hay que tener en cuenta que, según este punto de vista, (a) así como Dios, al hacerse Hombre, se «vacía» de su gloria, la verdad, al bajar del «cielo» del mito a la «tierra» de la historia, sufre una cierta humillación. De ahí que el Nuevo Testamento sea, y deba ser, más prosaico, en cierto modo menos espléndido, que el Antiguo; del mismo modo que el Antiguo Testamento es y debe ser menos rico en muchos tipos de belleza imaginativa que las mitologías paganas. (b) Así como Dios no es menos Dios por ser Hombre, el Mito sigue siendo Mito incluso cuando se convierte en Realidad. La historia de Cristo nos exige, y nos recompensa, no solo una respuesta religiosa e histórica, sino también imaginativa. Se dirige al niño, al poeta y al salvaje que hay en nosotros, así como a la conciencia y al intelecto. Una de sus funciones es derribar los muros de separación.

por venir, son milagros de la nueva. Ninguno de ellos es aislado o anómalo, todos van marcados con la rúbrica de Dios, al cual ya conocemos a través de la conciencia y desde la Naturaleza. La autenticidad va refrendada por el *estilo*.

Antes de proseguir debo constatar que no pretendo proponer la cuestión, que antes de ahora se ha preguntado: si Cristo era capaz de realizar esas cosas porque era Dios solamente o también porque era perfecto Hombre; porque se da la posible opinión de que si el hombre no hubiera caído, todos podrían haber sido capaces de hacer esas mismas cosas. Es una de las glorias del cristianismo que podamos responder a esta cuestión: «No importa». Cualesquiera que pudieran ser los poderes del hombre no caído, aparece que los del hombre redimido serán casi ilimitados.[1] Cristo, resurgiendo de su gran inmersión, levanta a la naturaleza humana consigo. A donde Él va, ella va también; será hecha «semejante a Él».[2] Si en sus milagros no actúa como el hombre antiguo podría haberlo hecho antes de su caída, entonces está actuando como el Hombre nuevo, como todo hombre nuevo lo hará después de su redención. Cuando la humanidad, nacida sobre sus hombros, pase con Él hacia arriba desde el agua fría y oscura al agua verde y templada y fuera por fin al aire y la luz del sol, también será brillante y coloreada.

Otro camino de expresar el carácter real de los milagros sería decir que, aunque aislados de las demás acciones, no lo están en cualquiera de las dos formas que tenemos derecho a suponer. De una parte, no están aislados de los demás actos divinos: iluminan en menor escala y de forma próxima, por así decirlo, lo que Dios en tiempos distintos realiza tan a lo grande que al hombre se le escapa. Ni están tampoco tan aislados de los demás actos humanos como podríamos suponer; anticipan poderes que todos los hombres poseeremos cuando seamos nosotros también «hijos» de Dios y entremos en la «gloriosa libertad». El aislamiento de Cristo no es el del hijo pródigo, sino el del explorador. Él es el primero de su género. Él no será el último.

Pero volvamos a nuestra clasificación y primeramente a los milagros de Fertilidad. El primero de estos fue la transformación del agua en vino en las bodas de Caná. Este milagro proclama que el Dios de todo el vino está presente. La viña es una de las bendiciones otorgadas por Yahvé: Él es la realidad detrás del falso dios Baco. Cada año, como una parte

---

1. Mateo 17.20 y 21.21; Marcos 11.23; Lucas 10.19; Juan 14.12; 1 Corintios 3.22; 2 Timoteo 2.12.
2. Filipenses 3.21; 1 Juan 3.12.

del orden natural, Dios hace vino. Lo hace al crear un vegetal que puede cambiar el agua, las sustancias de la tierra y la luz del sol en un jugo que, bajo las condiciones adecuadas, se convierte en vino. Así, en un cierto sentido, constantemente convierte agua en vino, porque el vino, como las demás bebidas, no es más que agua modificada. Una vez solo y en un año, Dios, ahora encarnado, acorta el proceso del circuito; hace vino en un momento; usa jarras de tierra en lugar de fibras vegetales para que contengan el agua. Pero las usa para hacer lo que siempre está haciendo. El milagro consiste en la abreviación del proceso; pero el resultado al que conduce es el normal. Si el hecho ocurrió, conocemos que lo que ha penetrado en la Naturaleza no es un espíritu antinatural, ni el Dios que desea la tragedia y las lágrimas y el ayuno por sí mismos (aunque lo pueda permitir y demandar por razones especiales), sino el Dios de Israel que nos ha otorgado a través de los siglos el vino que alegra el corazón del hombre.

Otros hechos que se integran en esta clase son los dos ejemplos de alimento milagroso. Abrazan la multiplicación de un poco de pan y unos pocos peces en mucho pan y muchos peces. Una vez en el desierto Satanás lo había tentado para que convirtiera en pan las piedras; Él rehusó la propuesta. El Hijo no hace más que lo que ve hacer a su Padre. Quizá se pueda sin simplismo suponer que el cambio directo de piedra a pan le parezca al Hijo que no se encuentra totalmente en el estilo hereditario. Poco pan en mucho pan es completamente distinto. Cada año, Dios transforma poco maíz en mucho maíz; la semilla se siembra y se da un aumento. Y el hombre dice, según las diversas estaciones: «Son las leyes de la Naturaleza» o «es Ceres, es Adonis, o es el Rey del maíz». Pero las leyes de la Naturaleza tienen solo un esquema: nada provendrá de ellas a no ser que, por expresarlo así, tenga en cuenta el universo entero como una marcha en armonía. En cuanto a Adonis, nadie puede decir dónde murió o cuándo resucitó. Aquí en la comida de los cinco mil, es Él, a quien ignorantemente habíamos adorado; el *verdadero* Rey de maíz que morirá una vez y una vez resucitará en Jerusalén durante el gobierno de Poncio Pilato.

El mismo día también multiplicó los peces. Mira a cualquier bahía y a cualquier río; esa populosa, ondulante fecundidad muestra que Él está manos a la obra atestando los mares con innumerables especies. Los antiguos tenían un dios llamado Genio, el dios de la fertilidad humana y animal, el patrono de la ginecología, embriología y del lecho nupcial, el lecho «genial», así llamado por el dios Genio. Pero Genio es solo otra máscara del Dios de Israel, porque fue Él quien al comienzo mandó a todas las especies: «Fructificad y multiplicaos; llenad la tierra». Y ahora, ese día, en la comida de los miles, el Dios encarnado hace lo mismo; hace pequeño y próximo, bajo sus manos humanas, manos de trabajador, lo que Él siempre ha estado haciendo en los mares, los lagos y los pequeños torrentes.

Con esto, llegamos al umbral del milagro que por alguna razón se presenta como el más arduo de todos para ser aceptado por la mente moderna. Yo puedo entender al hombre que niega todo milagro; pero ¿quién es el que se atreve a decir a quienes creen en algunos milagros que hay que trazar una línea divisoria que los separe del nacimiento virginal? ¿Es porque de todos sus obedientes servicios a las leyes de la Naturaleza solo hay un único proceso natural en el cual realmente creen? ¿O es que ven en este milagro un rechazo de la unión sexual (aunque podrían ver también en el alimento de los cinco mil una ofensa a los panaderos) y que la unión sexual es la única cosa reverenciada en esta edad irreverente? En realidad, este milagro no es ni más ni menos sorprendente que cualquier otro.

Quizá la mejor manera de enfocarlo es desde la observación que yo leí en uno de los más arcaicos de nuestros periódicos ateos. La observación era que los cristianos creían en un Dios que había «cometido adulterio con la mujer de un carpintero judío». El escritor probablemente estaba solamente soltando baba y no pensó realmente que Dios, en la relación cristiana, había tomado forma humana y se había acostado con una mujer mortal, como Júpiter se acostó con Alcmena. Pero si hubiera que responder a esta persona, habría que decir que el que llame a la milagrosa concepción divino adulterio sería arrastrado a encontrar un semejante divino adulterio en la concepción de cada niño, más aún, de cada animal también. Lamento usar expresiones que pueden ofender piadosos oídos, pero no encuentro otra manera de establecer mi posición.

En un acto normal de generación, el padre no tiene función creadora. Una microscópica partícula de materia de su cuerpo y una microscópica partícula del cuerpo de la mujer se encuentran. Y con esto se le comunica el color del pelo de él y el labio inferior caído del abuelo de ella y la forma humana en toda su complejidad de huesos, tendones, nervios, hígado, corazón y la forma de todos aquellos organismos prehumanos que el embrión recapitulará en el seno materno. Detrás de cada espermatozoide reposa toda la historia del universo; encerrado en su interior se encuentra una no pequeña parte del futuro del mundo. El peso o la dirección detrás de ello es el «momentum» de todo el evento intertrabado que llamamos Naturaleza actual. Y nosotros conocemos ya que las «leyes de la Naturaleza» no pueden producir este «momentum». Si creemos que Dios creó la Naturaleza, este «momentum» proviene de Él. El padre humano es meramente un instrumento, un portador, frecuentemente un involuntario portador, siempre simplemente el último de una larga serie de portadores, una línea que se estira hacia atrás mucho más allá de sus antecesores hasta los prehumanos y preorgánicos desiertos del tiempo, más allá de la misma creación de la materia. Esta línea está en las manos de Dios. Es el instrumento por el cual Él crea normalmente al hombre. Porque Él es la realidad detrás de ambos: Genio y Venus. Ninguna mujer jamás concibió un hijo ni ninguna yegua un potro sin Él. Pero una vez, y por un motivo especial, Él prescindió de esta larga línea que es un instrumento; una vez su dedo dador de vida tocó a una mujer sin pasar a través de edades de eventos intertrabados. Una vez el gran globo de la Naturaleza fue suspendido por su mano; su mano desnuda la tocó. Por supuesto que hubo una razón única para hacerlo así. En esta ocasión, Dios estaba creando no simplemente un hombre, sino el Hombre que iba a ser Él mismo; estaba creando el Hombre de nuevo; estaba empezando en este instante humano-divino la Nueva Creación de todas las cosas. El universo total, manchado y desgastado, se estremeció ante esta inyección de vida esencial, directa, incontaminada, no arrastrada a través de toda la multitudinaria historia de la Naturaleza. Pero resultaría fuera de lugar aquí explorar la importancia religiosa de este milagro. Lo abordamos aquí simplemente como Milagro, exactamente esto y nada más.

En lo que concierne a la creación de la Naturaleza humana de Cristo (el Gran Milagro por el cual su divina Naturaleza entra en el mundo es asunto distinto) la milagrosa concepción es un testigo más de que aquí está el Señor de la Naturaleza. Él está aquí haciendo pequeño y próximo, lo que hace de manera diferente en cada mujer que concibe. Dios lo hace esta vez sin una línea de antecesores humanos; pero aun cuando utiliza humanos antecesores, no es por eso menos Él el dador de vida.[1] Es estéril el lecho donde este Genio, el gran tercer elemento, no está presente.

Los milagros de «Curaciones» a los que ahora me dirijo están en una peculiar posición, los hombres están dispuestos a admitir que muchos de ellos ocurrieron, pero se inclinan a negar que fueran milagrosos. Los

---

1. Ver Mateo 23.9.

síntomas de muchas enfermedades pueden ser estimulados por la histeria, y la histeria puede ser frecuentemente curada por «sugestión». Se puede sin duda argüir que tal sugestión es un poder espiritual, y por consiguiente (si se quiere) un poder sobrenatural, y que todos los casos de «curación por fe» son por tanto milagros. Pero, en nuestra terminología, estos serían milagros solamente en el mismo sentido en que sería milagroso cada acto de razonamiento humano; y lo que nosotros estamos buscando son milagros milagrosos. Mi opción personal es que no sería razonable pedirle a una persona, que todavía no haya abrazado el cristianismo en su totalidad, que admitiera que todas las curaciones mencionadas en el Evangelio son milagrosas; es decir, que se sitúan más allá de las posibilidades de la «sugestión» humana. Corresponde a los médicos decidir en lo que se refiere a cada caso particular, suponiendo que las narraciones son lo suficientemente detalladas como para admitir al menos probables diagnósticos. Tenemos aquí un buen ejemplo de lo que se habló en un capítulo anterior. Hasta ahora, de la creencia en milagros que dependen de la ignorancia de las leyes naturales, estamos encontrando por nosotros mismos que la ignorancia de la ley hace al milagro inaveriguable.

Sin decidir en detalle (aparte de la aceptación que proviene de la fe cristiana) cuáles de las curaciones deben ser consideradas milagrosas, podemos con todo indicar el género de milagro que envuelve. Su carácter puede fácilmente ser obscurecido por esa dosis de sentido mágico que algunas gentes atribuyen a las ordinarias curaciones médicas. Hay un sentido en el cual ningún médico cura jamás. Los mismos médicos serían los primeros en admitirlo. Lo mágico no está en la medicina, sino en el cuerpo del paciente, en la *vis medicatrix naturae*, es decir, la energía recuperativa o autocorrectiva de la Naturaleza. Lo que el tratamiento hace es simular las funciones naturales o evitar lo que las impide. Hablamos por simplificación de médico, de medicina o de curar una herida; pero en otro sentido las heridas se curan a sí mismas; ninguna herida se cura en un cadáver. La misma fuerza misteriosa que llamamos gravedad cuando dirige el curso de los planetas, y bioquímica cuando cura a un cuerpo vivo, es la causa eficiente de toda recuperación. Y esta energía procede de Dios en primera instancia. Todos los que se curan son curados por Él, no solo en el sentido de que su Providencia les proporciona la asistencia médica y el conjunto adecuado de circunstancias, sino también en el sentido de que cada tejido concreto es reparado por la energía descendente que fluyendo de Dios energiza el sistema total de la Naturaleza. Pero en cierta ocasión, Él lo hizo visiblemente a un enfermo en Palestina, un Hombre encontrándose con los hombres. Lo que en sus generales operaciones referimos a las leyes de la Naturaleza, o en otros tiempos se refería a Apolo o a Esculapio, así se revela a sí mismo. El poder que siempre está detrás de todas las curaciones, localizado en una cara y en unas manos. Es ocioso quejarse de que Él curó a aquellos a quienes de hecho encontró, y no a los demás. Ser hombre exige estar en un lugar y no en otro. El mundo que no lo conocería como presente en todo lugar fue salvado por el hecho de hacerse «local».

El único milagro de «destrucción» de Cristo, el secar la higuera, se ha presentado como incómodo para algunas personas, pero pienso que su significado es suficientemente claro. El milagro es una parábola en acción, un símbolo de la sentencia de Dios sobre todo lo que es infructuoso y especialmente, sin duda, sobre el judaísmo oficial de aquella época; este es su significado moral. Como milagro es una iluminación, repite en pequeño y cercanamente, lo que Dios hace constantemente y a través de la Naturaleza. Vimos en el capítulo precedente cómo Dios, torciendo el arma de Satanás y arrancándola de sus manos, se ha constituido, desde la caída, el Dios incluso de la muerte humana. Pero mucho más, y quizá siempre desde la creación, y Él ha sido el Dios de la muerte de los organismos. En ambos casos, aunque de algún modo por diferentes caminos, Él es el Dios de la muerte, porque Él es el Dios de la vida; el Dios de la muerte humana porque por su medio llega el incremento de la vida; el Dios de la muerte meramente orgánica porque la muerte es parte precisamente del modo por el que la vida orgánica se extiende a lo largo del tiempo y sin embargo permanece nueva. Un bosque de mil años está todavía colectivamente vivo porque unos árboles están muriendo y otros creciendo. Su rostro humano se cubrió de negación en los ojos sobre esta higuera y realizó lo que su acción efectúa sobre todos los árboles. Ningún árbol murió aquel año en Palestina, o en cualquier año en cualquier parte, sin que Dios haga —o mejor dejara de hacer— algo en ese árbol.

Todos los milagros que hemos considerado hasta ahora son milagros de la vieja creación. En todos ellos vemos al Hombre divino iluminándonos lo que el Dios de la Naturaleza ha hecho ya a gran escala. En nuestra próxima clasificación, los milagros de «dominio» sobre lo inorgánico, encontramos algo que pertenece a la vieja creación y algo que pertenece a la nueva. Cuando Cristo calma la tempestad hace lo que Dios ha hecho frecuentemente antes. Dios hizo la Naturaleza de tal manera que hubiera tormentas y calmas; en este sentido, todas las tempestades (excepto las que se están dando en este momento) han sido calmadas por Dios. Es antifilosófico, si hemos aceptado el Gran Milagro, rechazar el calmar la tempestad. No existe dificultad en adaptar las condiciones del tiempo del resto del mundo a esta milagrosa sedación. Yo mismo puedo calmar una tormenta en mi cuarto cerrando la ventana. La Naturaleza debe hacer lo mejor que pueda. Y, para hacerle justicia, no crea conflicto ninguno. El sistema solar, lejos de ser desviado de su trayectoria (que es lo que muchas personas nerviosas parece que piensan que hace el milagro), asimila la nueva situación tan fácilmente como un elefante asimila un trago de agua. La Naturaleza es, como ya hemos visto antes, una perfecta anfitriona. Pero cuando Cristo anda sobre las aguas tenemos un milagro de la nueva creación. Dios no ha hecho a la vieja Naturaleza, el mundo anterior a la Encarnación, de tal suerte que el agua soporte un cuerpo humano. Este milagro es la degustación de una Naturaleza que está todavía en el futuro. La nueva creación está empezando a brotar. Por un momento, parece como si fuera a extenderse. Por un momento, dos hombres están viviendo en este nuevo mundo. San Pedro también anda sobre las aguas, un paso o dos; después la confianza le falla y se hunde. Vuelve a la vieja Naturaleza. Este fulgor momentáneo fue un copo de nieve de milagro. Los copos de nieve muestran que hemos doblado la esquina del año. El verano llega; pero falta mucho y los copos de nieve duran poco.

Los milagros de reversión todos pertenecen a la nueva creación. Se da milagro de reversión cuando los muertos resucitan. La vieja Naturaleza no conoce nada de este proceso; supone proyectar un film hacia atrás que nosotros hemos visto siempre hacia delante. Los ejemplos de ellos en el Evangelio son flores tempranas, que llamamos flores de primavera, porque son proféticas y florecen realmente cuando todavía es invierno. Y los milagros de perfeccionamiento o de gloria, la Transfiguración, la Resurrección y la Ascensión son aún más marcadamente de la nueva creación. Son la primavera o incluso el verano del año nuevo del mundo. El capitán, el destacado corredor está ya en mayo o junio, aunque sus seguidores en la tierra están todavía en el hielo y viento del este de la vieja Naturaleza, porque la primavera llega lentamente por este camino.

Ninguno de los milagros de la nueva creación puede ser considerado separadamente de la Resurrección y Ascensión; y esto requiere otro capítulo.

16

MILAGROS DE LA NUEVA CREACIÓN

¡Cuidado de la risa en el triunfo
con los malos espíritus que acechan
a aquel que a medias la verdad aprende!
¡Cuidado! porque Dios nunca tolera
que los hombres fabriquen su esperanza
más pura que de Dios la gran promesa,
o que una lira[1] busquen diferente
que aquella que les dio de cinco cuerdas,
que Él le concede a las devotas manos
de quien armonizarla consiguiera
en su aquí y en su ahora.

C. PATMORE, *THE VICTORIES OF LOVE*

EN LOS DÍAS más antiguos del cristianismo, un apóstol era ante todo un hombre que proclamaba ser testigo ocular de la Resurrección. Solo unos pocos días después de la Crucifixión, cuando fueron presentados dos candidatos para ocupar el lugar vacío por la traición de Judas, su cualificación

---

1. El cuerpo con sus cinco sentidos.

433

era que ellos habían conocido a Jesús personalmente tanto antes como después de su muerte y podrían ofrecer testimonio de primera mano de la Resurrección al dirigirse al resto del mundo (Hch 1.22). Unos días después, san Pedro, predicando el primer sermón cristiano, hace la misma proclamación: «A este Jesús resucitó Dios, de lo cual todos nosotros (los cristianos) somos testigos» (Hch 2.32). En su primera carta a los Corintios, san Pablo basa su afirmación de ser apóstol en los mismos fundamentos: «¿No soy yo apóstol? [...] ¿No he visto a Jesús el Señor nuestro?» (1 Co 9.1).

Según surgieron estas cualificaciones, predicar el cristianismo significaba primeramente predicar la Resurrección. Así, gente que había oído solo fragmentos de san Pablo enseñando en Atenas sacó la impresión de que estaba hablando de dos nuevos dioses, Jesús y Anástasis (es decir, Resurrección) (Hch 17.18). La Resurrección es el tema central en todos los sermones cristianos que consignan los Hechos de los Apóstoles. La Resurrección y sus consecuencias eran el evangelio o buena nueva que los cristianos anunciaban. Lo que nosotros llamamos «Evangelios», los relatos de la vida y muerte del Señor, fueron escritos más tarde en beneficio de los que ya habían aceptado «el evangelio». No eran en modo alguno la base del cristianismo, sino escritos para los ya convertidos. El milagro de la Resurrección y la teología de este milagro llega primero; la biografía llega después como un comentario de aquella. Nada sería menos histórico que el seleccionar frases de Cristo de los Evangelios y considerarlos como el dato, y el resto del Nuevo Testamento como una construcción basada en él. El primer hecho de la historia del cristianismo es un número de personas que afirman que han visto la Resurrección. Si ellos hubieran muerto sin conseguir que otros creyeran este «evangelio», jamás los Evangelios habrían sido escritos.

Es importante en extremo el aclarar lo que estas personas querían decir. Cuando los escritores modernos hablan de la Resurrección, suelen frecuentemente entender un momento particular: el descubrimiento de la tumba vacía y la aparición de Jesús a unos pocos metros de distancia. La narración de este momento es lo que los apologetas cristianos tratan de defender y los escépticos pretenden principalmente impugnar. Pero esta casi exclusiva concentración en los primeros cinco minutos, poco más o menos, de la Resurrección hubiera dejado atónitos a los primeros maestros cristianos. Al afirmar que ellos habían visto la Resurrección, no estaban necesariamente diciendo «esto». Unos la habían visto y otros, no.

Eso no tenía más importancia que cualquiera de las otras apariciones de Jesús resucitado, aparte de la poética y dramática importancia que el comienzo de algo siempre tiene. Lo que ellos afirmaban es que todos, en una ocasión o en otra, se habían encontrado con Jesús durante las seis o siete semanas que siguieron a su muerte. Algunas veces parece que fue uno solo, pero en una ocasión doce de ellos juntos lo vieron, y en otra, unos quinientos. San Pablo dice que la mayoría de los quinientos estaban todavía vivos cuando escribe la primera carta a los Corintios, es decir, alrededor del año 55 d.C.

La «Resurrección» de la que ellos dan testimonio era, de hecho, no la acción de resucitar de la muerte, sino el estado de resucitado; un estado, según mantienen, atestiguado por encuentros intermitentes durante un período limitado, excepto en el caso especial y en cierto modo distinto del encuentro concedido a san Pablo. Esta terminación del período es importante porque, como veremos, no hay posibilidad de aislar la doctrina de la Resurrección y de la Ascensión.

El próximo punto que tenemos que advertir es que la Resurrección no fue considerada simplemente, ni siquiera primariamente, como prueba de la inmortalidad del alma. Así se considera hoy frecuentemente. He oído a un hombre defendiendo que la importancia de la Resurrección es que prueba la pervivencia. Tal postura no puede en ningún caso conciliarse con el lenguaje del Nuevo Testamento. Desde ese punto de vista, Cristo hubiera hecho simplemente lo que todos los hombres cuando mueren; la única novedad consistiría en que en este caso se nos hubiera permitido constatar su realización. Pero no existe en la Sagrada Escritura la más ligera sugerencia de que la Resurrección fuera un nuevo testimonio de algo que siempre de hecho hubiera estado ocurriendo. Los escritores del Nuevo Testamento hablan como si la plenitud de Cristo resucitando de la muerte fuera el primer acontecimiento de este género en la historia total del universo. Él es «las primicias», «el primero de la vida». Él ha forzado la puerta que estaba cerrada desde la muerte del primer hombre. Él se ha enfrentado, ha luchado y ha vencido al rey de la muerte. Todo es distinto desde que Él lo ha realizado. Este es el comienzo de la nueva creación; en la historia cósmica se ha inaugurado un nuevo capítulo. Por supuesto que no quiero con esto decir que los escritores del Nuevo Testamento dudaran de la pervivencia. Todo lo contrario, creían en ella tanto que Jesús, en más de una ocasión, tuvo que demostrarles que Él no era un espíritu. Desde tiempos antiguos los judíos, igual que otras muchas naciones, habían creído que el hombre poseía un alma o *nephesh* separable del cuerpo, que iba después de la muerte a un lugar sombrío llamado *sheol*, un lugar de olvido o inactividad donde no se invocaba a Yahvé, a una tierra medio irreal y melancólica como el Hades de los griegos o el Nifheim de los nórdicos. Desde aquí, las sombras podían volver a aparecerse a los vivos, como la sombra de Samuel se aparece ante la llamada de la adivina de Endor. En tiempos más recientes surgió una creencia más grata de que el justo pasaba de la muerte al cielo. Ambas doctrinas son doctrinas de la inmortalidad del alma como los griegos o un inglés moderno la entienden. Y ambas son completamente irrelevantes con relación al hecho de la Resurrección. Los escritores consideran este acontecimiento como una absoluta novedad. De modo totalmente claro no piensan que han sido sorprendidos por un espíritu del *sheol*, ni siquiera que han tenido una visión de un alma del cielo.

Tiene que quedar totalmente claro que, si las investigaciones psicológicas llegan a demostrar la pervivencia y prueban que la Resurrección fue un caso concreto de esta, no por eso habrían corroborado la doctrina cristiana, sino la habrían refutado. Si esto fuera todo lo que ocurrió, el evangelio sería falso. Lo que los apóstoles proclamaban que habían visto ni probaba ni excluía ni tenía en absoluto nada que ver con la doctrina del cielo o con la del *sheol*. Si algo corroboraba, era una tercera creencia judía que es totalmente distinta de ambas tesis. Esta tercera doctrina afirmaba que en «el día de Yahvé», la paz sería restaurada y el dominio del mundo sería otorgado a Israel bajo un Rey justo, y que cuando esto ocurriera los muertos justos, o algunos de ellos, volverían a la tierra no como espectros flotantes, sino como hombres de carne y hueso que dan sombra a la luz del sol y hacen ruido cuando suben las escaleras. «¡Despertad y cantad, moradores del polvo!», dijo Isaías «y la tierra sacará a la vida sus sombras» (Is 26.19). Lo que los apóstoles enseñaron que habían visto fue, si no esto, en cualquier caso un único primer ejemplo de esto; el primer movimiento de una gran rueda que empieza a girar en dirección opuesta a la que hasta entonces habían contemplado. De todas las ideas mantenidas por los hombres en relación con la muerte, es esta precisamente, y solo esta, la que el relato de la Resurrección pretende confirmar. Si la historia es falsa, entonces es el mito hebreo de la Resurrección el que lo produjo. Si la historia es verdadera, entonces el principio y la anticipación de la verdad se fundamenta no en creencias populares sobre espíritus, ni en doctrinas orientales de reencarnación, ni en especulaciones filosóficas

sobre la inmortalidad del alma, sino exclusivamente en las profecías he-
breas del gran retorno y de la restauración. La inmortalidad simplemente
como inmortalidad es irrelevante para el anuncio cristiano.

Admito que se dan ciertos aspectos en los que el Cristo resucitado
tiene semejanzas con los espíritus de la tradición popular. Como un
espíritu aparece y desaparece, las puertas cerradas no son obstáculo
para Él. Pero por otra parte, Él afirma vigorosamente que es corporal
(Lc 24. 39-40) y come pez asado. Es en este punto en el que el lector moderno empieza a sentirse incómodo. Se siente más incómodo todavía ante
las palabras: «Suéltame, porque aún no he subido a mi Padre» (Jn 20.17).
Para palabras y apariciones estamos preparados en un cierto grado, pero
¿por qué no debe ser tocado?, ¿qué significa todo eso de subir al Padre?,
¿no está ya con el Padre en el único sentido que importa?, ¿qué puede
significar «subir» si no es una metáfora de lo ya ocurrido? Y si es así, ¿por
qué dice que todavía no ha subido? Estos inconvenientes surgen porque
la narración que los apóstoles tienen que transmitirnos comienza en este
punto a hacerse conflictiva con la narración que nosotros esperamos y
estamos determinados de antemano a leer dentro de su relato.

Esperamos que nos hablen de una vida resucitada que es exclusivamente espiritual en el sentido negativo de esta palabra; esto es, usamos la
palabra «espiritual» no para significar lo que es, sino lo que no es. Expresamos una vida sin espacio, sin historia, sin entorno, sin elementos sensoriales en ella. También nosotros, en lo más hondo del corazón, tendemos
a deslizarnos sobre la hombría de Jesús para concebirlo, después de su
muerte, como simplemente volviendo a la Divinidad, de tal modo que
la Resurrección no sea más que la reversión o el deshacer de la Encarnación. Siendo eso así, todas las referencias al cuerpo resucitado nos hacen
sentirnos incómodos; esto despierta cuestiones inconvenientes. Porque
mientras mantengamos esta visión espiritual negativa, no creemos en
absoluto en ese cuerpo. Hemos pensado (lo reconozcamos o no) que el
cuerpo no era objetivo, que era una apariencia enviada por Dios para
confirmar a los discípulos verdades de otra manera incomunicables. Pero
¿qué verdades? Si esta verdad fuera que después de la muerte viene una
vida espiritual negativa, una eternidad de experiencias místicas, ¿qué camino más equívoco para enseñar esto se puede encontrar que la aparición
de una forma humana que come pez asado? Bajo este aspecto, el cuerpo
sería realmente una alucinación. Y toda teoría de alucinación se pulveriza
ante el hecho (y si es invención, es la invención más extraña que salió de

cabeza humana) de que en tres distintas ocasiones, esta alucinación no fue inmediatamente reconocida como Jesús (Lc 24.13–31; Jn 20.15; 21.4). Aun admitiendo que Dios enviara una santa alucinación para enseñar verdades ya ampliamente aceptadas sin ella, y mucho más fácilmente enseñadas por otros medios, y ciertamente obscurecidas totalmente por este procedimiento, ¿no era lógico esperar que Él adoptaría el rostro de la alucinación correctamente? ¿O es que el que hizo todos los rostros es tan torpe que no pudo ni siquiera producir una semejanza con el Hombre que era Él mismo?

En este punto, el asombro y el sobrecogimiento cae sobre nosotros al leer los relatos evangélicos. Si la narración es falsa, es al menos mucho más extraña de lo que se podría esperar; es algo para lo que ni la filosofía de la religión, ni las investigaciones psicológicas, ni las supersticiones populares han conseguido prepararnos. Si la narración es cierta, entonces ha surgido en el universo un modo de existencia totalmente nuevo.

El cuerpo que vive en esa nueva modalidad es semejante, y a la vez diferente, al que sus amigos conocían antes de que lo ejecutaran. Se relaciona con el espacio y, probablemente, con el tiempo de manera diferente, pero en absoluto está exento de toda relación con ellos. Puede realizar el acto animal de comer. Está tan asociado a la materia, tal como la conocemos, que puede ser tocado, aunque al principio es mejor no hacerlo. También tiene una historia ante sí que está a la vista desde la Resurrección; en este momento va a convertirse en algo diferente o va a ir a otra parte. Por eso la historia de la Ascensión no puede separarse de la de la Resurrección. Todas las narraciones sugieren que las apariciones del Cuerpo Resucitado terminaron; algunas describen un final abrupto unas seis semanas después de la muerte. Y describen este final abrupto de una manera que a la mente moderna le plantea más problemas que ninguna otra parte de la Escritura. Porque aquí tenemos sin duda la implicación de todas esas ridiculeces primitivas que he mencionado que no comprometen a los cristianos: el ascenso vertical como un globo, el cielo local, la silla engalanada a la diestra del trono del Padre. Dice el Evangelio de san Marcos: «Fue recibido arriba en el cielo (*ouranos*), y se sentó a la diestra de Dios». En Hechos leemos: «Fue alzado y una nube lo ocultó de su vista».

Es cierto que si queremos librarnos de estos pasajes embarazosos tenemos los medios para ello. El de Marcos probablemente no formaba parte del texto más antiguo de su Evangelio: y se puede añadir que la Ascensión, aunque está siempre implícita en todo el Nuevo Testamento, solo se describe en estos dos pasajes. ¿Podemos entonces prescindir sin más del relato de la Ascensión? La respuesta es que solo podemos si contemplamos las apariciones de la Resurrección como si fueran las de un fantasma o una alucinación. Porque un fantasma puede desvanecerse sin más, pero una entidad objetiva debe ir a alguna parte, algo debe ocurrirle. Y si el Cuerpo Resucitado no fuera objetivo, todos nosotros (cristianos o no) deberíamos imaginar alguna explicación para la desaparición del cadáver. Y todos los cristianos deberíamos explicar por qué Dios envió o permitió una «visión» o «fantasma» cuyo comportamiento parece dirigido casi exclusivamente a convencer a los discípulos de que no era una visión o un espectro, sino un ser realmente corpóreo. Si era una visión, era la visión más sistemáticamente engañosa y mentirosa que se haya conocido. Pero si era real, algo le ocurrió después de que dejara de aparecerse. No se puede suprimir la Ascensión sin poner alguna otra cosa en su lugar.

Los registros muestran a Cristo pasando tras su muerte (como nadie antes lo había hecho) a un modo de existencia ni puramente, es decir, negativamente, «espiritual», ni a una vida «natural» como la que conocemos, sino a una vida que tiene su propia y nueva Naturaleza. Lo presenta como si seis semanas más tarde se retirara a un modo de existencia diferente. Se dice —Él lo dice— que va «a preparar lugar» para nosotros. Se supone que esto significa que está a punto de crear toda esa nueva Naturaleza que ofrecerá el entorno o las condiciones para su humanidad glorificada y, en Él, para la nuestra. No es la imagen que esperábamos, aunque que sea menos o más probable y filosófica por ello ya es otra cuestión. No es la imagen de un escape de cualquier tipo de naturaleza hacia alguna clase de vida no condicionada y totalmente trascendente. Es la imagen de una nueva naturaleza humana, y de una nueva Naturaleza en general, que son traídas a la existencia. Por supuesto, debemos creer que el cuerpo resucitado es sumamente diferente del cuerpo mortal: pero la existencia, en ese nuevo estado, de cualquier cosa que pueda describirse en algún sentido como «cuerpo» implica algún tipo de relaciones espaciales y, en definitiva, un universo completamente nuevo. Esa es la imagen, que no es la de deshacer, sino la de rehacer. El viejo campo del espacio, el tiempo, la materia y los sentidos debe ser desbrozado, cavado y sembrado para una nueva cosecha. Nosotros podemos estar cansados de ese viejo campo: Dios, no.

Y, sin embargo, la forma en que esta Nueva Naturaleza comienza a brillar tiene cierta afinidad con los hábitos de la Vieja Naturaleza. En la

Naturaleza que conocemos, las cosas tienden a tener un anticipo. La naturaleza es aficionada a las «falsas auroras», a los elementos precursores: así, como he dicho antes, algunas flores surgen antes de la primavera verdadera; los sub-humanos (conforme al modelo evolucionista) antes que los seres humanos. Así, aquí también, tenemos la Ley antes que el Evangelio, los sacrificios de animales que prefiguran el gran sacrificio de Dios ante Dios, el Bautista antes que el Mesías, y esos «milagros de la Nueva Creación» que vienen antes de la Resurrección. El andar de Cristo sobre las aguas y la resurrección de Lázaro entran en esta categoría. Ambos nos dan indicios de cómo será la Nueva Naturaleza.

En el Andar sobre las Aguas vemos las relaciones del espíritu y la Naturaleza tan alteradas que la Naturaleza puede hacer lo que al espíritu le plazca. Por supuesto, esta nueva obediencia de la Naturaleza no debe separarse, ni siquiera en el pensamiento, de la propia obediencia del espíritu al Padre de los Espíritus. Aparte de esa condición, tal obediencia de la Naturaleza, si fuera posible, desembocaría en el caos: el sueño maligno de la Magia surge del anhelo del espíritu finito de obtener ese poder sin pagar tal precio. La realidad maligna de la ciencia aplicada sin escrúpulos (que es hija y heredera de la Magia) está en este momento reduciendo grandes extensiones de la Naturaleza al desorden y la esterilidad. No sé hasta qué punto la Naturaleza misma tendría que ser radicalmente alterada para hacerla así obediente a los espíritus, cuando los espíritus se han vuelto totalmente obedientes a su fuente. Al menos hay una cosa que debemos observar. Si somos de hecho espíritus, no hijos de la Naturaleza, entonces debe haber algún punto (probablemente el cerebro) en el que el espíritu creado, incluso ahora, puede producir efectos en la materia no por manipulación o técnica, sino simplemente por el deseo de hacerlo. Si eso es lo que se entiende por Magia, entonces la Magia es una realidad que se manifiesta cada vez que se mueve la mano o se piensa. Y la Naturaleza, como hemos visto, no se destruye, sino que se perfecciona mediante su servidumbre.

La resurrección de Lázaro se diferencia de la de Cristo mismo porque, por lo que sabemos, Lázaro no fue resucitado a un modo de existencia nuevo y más glorioso, sino que meramente fue devuelto al tipo de vida que había tenido antes. La idoneidad del milagro radica en el hecho de que Aquel que resucitará a todos los hombres en la resurrección general, lo hace aquí de forma reducida y cercana, y en un modo inferior, meramente anticipatorio. Porque la simple restauración de Lázaro es tan inferior en esplendor a la gloriosa resurrección de la Nueva Humanidad como lo son las tinajas de piedra a la vid verde y floreciente o los cinco panecillos de cebada a todo el ondeante bronce y oro de un fértil campo listo para la cosecha. La resurrección de Lázaro, por lo que podemos ver, es una simple inversión: una serie de cambios que actúan en la dirección opuesta a la que siempre hemos experimentado. Al morir, la materia que ha sido orgánica, comienza a deshacerse en lo inorgánico, para acabar siendo dispersada y utilizada (en parte) por otros organismos. La resurrección de Lázaro implica el proceso inverso. La resurrección general implica el proceso inverso universalizado: una precipitación de la materia hacia la organización ante la llamada de los espíritus que la requieren. Es presumiblemente una veleidad (sin justificación en las palabras de la Escritura) pensar que cada espíritu recupere las unidades particulares de materia que antes regía. Para empezar, no serían suficientes para todos: todos vivimos en trajes de segunda mano y sin duda hay átomos en mi barbilla que han servido a muchos otros hombres, a muchos perros, a muchas anguilas, a muchos dinosaurios. Tampoco la unidad de nuestros cuerpos, incluso en esta vida presente, consiste en conservar las mismas partículas. Mi forma sigue siendo una, aunque la materia que contiene cambia continuamente. En ese sentido, soy como la curva de una cascada.

Pero el milagro de Lázaro, aunque solo es anticipatorio en un sentido, pertenece rotundamente a la Nueva Creación, pues nada está tan excluido por la Vieja Naturaleza como cualquier regreso a un *statu quo*. El patrón de Muerte y Renacimiento nunca restaura el organismo individual anterior. Del mismo modo, en el plano inorgánico, se nos dice que, allí donde se ha producido el desorden, la Naturaleza nunca restablece el orden. «El desorden —dijo el profesor Eddington— es algo que la Naturaleza nunca deshace». De ahí que vivamos en un universo en el que los organismos están en un desorden cada vez mayor. Estas leyes —la muerte irreversible y la entropía irreversible— cubren casi la totalidad de lo que san Pablo llama la «vanidad» de la Naturaleza: su inutilidad, su ruina. Y la película nunca va al revés. El movimiento de mayor a menor orden casi sirve para determinar la dirección en la que fluye el Tiempo. Casi se podría definir el futuro como el período en el que lo que ahora está vivo estará muerto y en el que el orden que aún queda se verá reducido.

Pero, por su propio carácter, la entropía nos asegura que, aunque sea la regla universal en la Naturaleza que conocemos, no puede ser universal de manera absoluta. Si alguien dice «Humpty Dumpty está cayendo», se ve enseguida que no es una historia completa. La parte que se le ha contado implica tanto un capítulo posterior en el que Humpty Dumpty habrá llegado al suelo como un capítulo anterior en el que todavía estaba sentado sobre la tapia. Una naturaleza que «se está agotando» no puede ser la historia completa. Un reloj no puede funcionar si no se le ha dado cuerda. Humpty Dumpty no puede caerse de una tapia que nunca existió. Si una Naturaleza que desintegra el orden fuera toda la realidad, ¿dónde encontraría ella algún orden que desintegrar? Por lo tanto, desde cualquier punto de vista, tuvo que haber un tiempo en el que se produjeron procesos inversos a los que ahora observamos: un tiempo de preparación. El cristianismo afirma que esos días no han desaparecido para siempre. Humpty Dumpty va a ser reemplazado en el muro, al menos en el sentido de que lo que ha muerto va a volver a la vida, probablemente en el sentido de que el universo inorgánico va a ser reordenado. O bien Humpty Dumpty no llegará nunca al suelo (ya que será agarrado en plena caída por los brazos eternos) o bien, cuando llegue, será recompuesto y sustituido en una tapia nueva y mejor. Cierto es que la ciencia no percibe «caballos y hombres del rey» que puedan «recomponer a Humpty Dumpty». Pero no cabe esperar que lo haga. Ella se basa en la observación: y todas nuestras observaciones son de Humpty Dumpty en el aire. No pueden ver ni la tapia por encima ni el suelo por debajo, y mucho menos al Rey con sus caballos y sus hombres dirigiéndose a toda prisa hacia el lugar.

La Transfiguración o «Metamorfosis» de Jesús es también, sin duda, una visión anticipada de algo que está por venir. Lo vemos conversando con dos difuntos de la antigüedad. El cambio que había sufrido su propia forma humana se describe como algo luminoso, resplandeciente. Al principio del libro del Apocalipsis aparece con una blancura similar. Un detalle bastante curioso es que este resplandor o blancura afectaba tanto a sus ropas como a su cuerpo. De hecho, san Marcos menciona los vestidos más explícitamente que el rostro, y añade, con su inimitable ingenuidad, que «ningún lavador en la tierra los puede hacer tan blancos». Este episodio tiene todas las características de una «visión», es decir, de una experiencia que, aunque sea enviada por Dios y revele una gran verdad, no es, desde un punto de vista objetivo, la experiencia que parece ser. Pero si la teoría de la «visión» (o de la sagrada alucinación) no se aplica a las apariciones de la Resurrección, introducirla aquí no sería más que multiplicar las hipótesis. No sabemos a qué fase o característica de la Nueva Creación apunta este episodio. Puede revelar alguna glorificación especial de la humanidad de Cristo en alguna fase de su historia (ya que la historia parece tenerla) o puede revelar la gloria que esa humanidad posee siempre en su Nueva Creación: puede incluso revelar una gloria que heredarán todos los hombres resucitados. No lo sabemos.

En efecto, hay que subrayar en todo momento que conocemos y podemos conocer muy poco de la Nueva Naturaleza. El cometido de la imaginación no es pronosticarla, sino tan solo, dándole vueltas a muchas posibilidades, dar cabida a un agnosticismo más pleno y reflexivo. Conviene recordar que, incluso ahora, los sentidos que reaccionan a diferentes vibraciones nos permitirían acceder a mundos de experiencia totalmente nuevos: que un espacio multidimensional sería diferente, casi irreconocible, del espacio que conocemos ahora, pero no discontinuo: que el tiempo podría no ser siempre para nosotros, como lo es ahora, unidireccional e irreversible: que otras partes de la Naturaleza podrían algún día obedecernos como lo hace ahora nuestro córtex. Es útil no porque podamos confiar en que estas fantasías nos proporcionen alguna verdad efectiva sobre la Nueva Creación, sino porque nos enseñan a no ser tan temerarios como para limitar el vigor y la variedad de las nuevas cosechas que aún podría producir este viejo campo. Por lo tanto, nos vemos en la obligación de creer que casi todo lo que se nos dice sobre la Nueva Creación es metafórico. Pero no todo. Es justo ahí donde el relato de la Resurrección nos hace retroceder de repente como si se tratara de otra cosa. Las apariencias localizadas, el comer, el tocar, la afirmación de ser corpóreo, deben ser o bien realidad o bien pura ilusión. La Nueva Naturaleza está, de la manera más conflictiva, entrelazada en algunos puntos con la Vieja. Debido a su carácter nuevo, tenemos que pensar en ella, principalmente, de forma metafórica; pero, a causa de este entrelazamiento parcial, algunos hechos sobre ella llegan a nuestra experiencia en toda su literalidad, al igual que algunos hechos sobre un organismo son hechos inorgánicos, y algunos hechos sobre un cuerpo sólido son hechos de geometría lineal.

Incluso aparte de eso, la sola idea de una Nueva Naturaleza, una Naturaleza más allá de la Naturaleza, una realidad sistemática y diversificada que es «sobrenatural» en relación con el mundo de nuestros cinco sentidos, pero «natural» desde su propio punto de vista, resulta muy chocante para un cierto preconcepto filosófico del que todos adolecemos. Creo que Kant está en la raíz de ello. Se puede expresar diciendo que estamos preparados para creer en una realidad de un piso o en una realidad de dos pisos, pero no en una realidad como un rascacielos de varios pisos.

Estamos preparados, por un lado, para el tipo de realidad en la que creen los naturalistas. Esa es una realidad de un solo piso: esta Naturaleza presente es todo lo que existe. También estamos preparados para la realidad como la concibe la religión: una realidad con un piso a ras del suelo (Naturaleza) y encima otro piso, y solo uno, espiritual eterno, sin espacio y sin tiempo, algo de lo cual no podemos tener imagen alguna y que, si en alguna ocasión se presenta a la consciencia humana, lo hace dentro de una experiencia mística que quebranta todas nuestras categorías de pensamiento. Para lo que de ninguna manera estamos preparados es para un piso entre ambos. Nos sentimos completamente seguros de que el primer paso más allá del mundo de nuestra experiencia presente nos conduce o a ningún otro sitio o al abismo cegador de la espiritualidad indiferenciada, lo incondicionado y lo absoluto. Esta es la razón por la que muchos que creen en Dios no pueden creer en los ángeles y en el mundo angélico. Por esto, muchos que creen en la inmortalidad no pueden creer en la resurrección del cuerpo. Por esto, el panteísmo es más popular que el cristianismo, y por esto muchos desean un cristianismo despojado de sus milagros. Yo no puedo entenderlo ahora, pero recuerdo muy bien la apasionada convicción con que yo mismo en otros tiempos defendí estos principios; cualquier apariencia de pisos o de niveles intermedios entre el Incondicionado y el mundo presente que nos manifiestan los sentidos yo la rechazaba sin juicio previo como mitológico.

Sin embargo, es muy difícil descubrir alguna base racional para establecer el dogma de que la realidad no puede tener más que dos niveles. Por la misma naturaleza del problema, no puede haber evidencia de que Dios nunca creó y nunca creará más de un sistema. Cada uno de ellos sería el menos extranatural en relación con los otros; y si uno de ellos es más concreto, más permanente, más excelente y rico que otro, este sería «sobrenatural» con relación a él. Y un contacto parcial entre ambos no haría por eso desaparecer la diferencia existente entre uno y otro. En este sentido, podrían existir Naturalezas superpuestas a otras Naturalezas hasta cualquier altura que Dios eligiera, cada una de ellas sobrenatural con respecto a la inferior y subnatural con respecto a la superior. Pero el tenor de la enseñanza cristiana es que estamos de hecho viviendo en una situación incluso más compleja que esto. Una Naturaleza nueva está siendo no meramente hecha, sino extraída de la antigua. Vivimos en medio de anomalías, inconveniencias, esperanzas y emociones en una casa que está siendo reedificada. Algo ha sido derribado y algo está ocupando su lugar.

El aceptar la idea de pisos intermedios (que la enseñanza cristiana nos fuerza a admitir si no es una mentira) no implica, por supuesto, la pérdida de nuestra espiritual convicción de un último piso por encima de todos los demás. Con toda certeza, por encima de todos los mundos, incondicionado e inimaginable, trascendiendo el pensamiento discursivo, abre sus brazos por siempre el último Hecho, la fuente de todo lo fáctico, la ardiente y no dimensionada profundidad de la Vida divina. Con toda certeza, también el ser unidos con esta Vida en la eterna filiación de Cristo es, hablando estrictamente, lo único que merece un instante de consideración. Y en la medida en que esta Vida es lo que llamamos «Cielo», la Naturaleza divina de Cristo nunca lo abandonó y, por consiguiente, nunca volvió a él; y su Naturaleza humana ascendió allí no en el momento de la Ascensión, sino en todo momento. En este sentido, con la ayuda de Dios, no dejaré de afirmar cada una de las palabras que han dicho los espiritualistas. Pero esto no implica que no existan también otras verdades. Admito desde luego que Cristo no puede «estar a la diestra de Dios» más que en un sentido metafórico. Admito e insisto en que el eterno Verbo, la segunda Persona de la Trinidad, no puede nunca estar y nunca ha estado confinado a un lugar en absoluto; es más bien en Él en quien tienen existencia todos los lugares. Pero los relatos afirman que el Cristo glorificado, sin embargo en una forma corporal, se mostró en un modo diferente de ser durante unas seis semanas después de su crucifixión, y que Él ha ido a «preparar un lugar» para nosotros. La afirmación de san Marcos de que está sentado a la derecha de Dios podemos tomarla metafóricamente; esta era aún para el autor una cita poética del Salmo 110; pero la aserción de que subió y desapareció no permite el mismo tratamiento.

Lo que nos perturba aquí no es simplemente la afirmación misma, sino lo que estamos seguros que el autor quiere significar con ella. Supuesto que existen Naturalezas distintas, diferentes niveles de ser, diferentes pero no siempre discontinuos, supuesto que Cristo se trasladó de uno a otro, que su traslación fue ciertamente el primer paso en su creación del nuevo, ¿qué es precisamente lo que nosotros esperamos que habían de contemplar los observadores? Quizá un desvanecerse instantáneo nos dejaría más tranquilos. Una ruptura repentina entre lo perceptible y lo imperceptible nos preocuparía menos que cualquier tipo de juntura entre ambos. Pero si los espectadores afirman que vieron primero un corto movimiento vertical y después una vaga luminosidad (esto es lo que «la nube» seguramente significa aquí como ciertamente lo indica en el relato de la Transfiguración) y después nada, ¿tenemos alguna razón que objetar? Somos perfectamente conscientes de que el aumento de distancia del centro de nuestro planeta no está en sí mismo en relación con el aumento de poder o de feliz bienaventuranza. Pero esto es lo mismo que decir que si el movimiento no tiene conexión con tales sucesos espirituales, ¿por qué entonces no tiene conexión con ellos?

El movimiento de separación (en cualquier dirección menos en una) de la posición momentáneamente ocupada por nuestra Tierra siempre móvil será para nosotros movimiento hacia arriba. Es completamente arbitrario decir que el paso de Cristo a una nueva Naturaleza no puede implicar tal movimiento o ningún movimiento en absoluto dentro de la Naturaleza que abandonaba. Donde quiera que hay un tránsito hay una partida, y la partida es un hecho en la región de la que parte el viajero. Todo esto aun en el supuesto de que Cristo ascendente se moviera en un espacio tridimensional. Si el cuerpo no era de este género tridimensional ni el espacio tampoco, entonces estamos todavía menos cualificados para afirmar que los espectadores de este suceso completamente nuevo pueden o no ver o sentir lo que ellos vieron. Por supuesto que no es cuestión de un cuerpo humano como el que experimentamos existiendo en un espacio interestelar como lo conocemos. La Ascensión pertenece a una nueva Naturaleza en el preciso momento de la transición. Pero lo que realmente nos preocupa es la convicción de que, digamos lo que digamos, los autores del Nuevo Testamento significan algo completamente distinto. Nosotros estamos seguros de que ellos pensaban que habían visto a su Maestro partir de viaje hacia un cielo local donde Dios está sentado en su trono y donde hay otro trono preparado para Él. Y pienso que en un cierto sentido esto es precisamente lo que ellos pensaron. Y pienso que por esta razón, al margen de lo que ellos en realidad habían visto (el sentido de la percepción, casi por hipótesis, tendría que estar confuso en un momento así) casi con toda seguridad lo recordaron como un movimiento vertical. Lo que no debemos decir es que ellos confundieron el cielo local, el celestial salón del trono y todo lo demás, con el cielo espiritual de unión con Dios en poder y felicidad supremos. Hemos estado desenredando y distinguiendo gradualmente sentidos diferentes de la palabra «cielo» a lo largo de este capítulo. Puede ser oportuno hacer aquí un resumen. *Cielo* puede significar: (1) la Vida divina incondicionada que transciende todos los mundos; (2) la bienaventurada participación en esa Vida por el espíritu creado; (3) la Naturaleza total o sistema de condiciones en que los espíritus humanos redimidos, permaneciendo humanos, pueden gozar tal participación plenamente y por siempre. Este es el cielo que Cristo va a prepararnos. (4) El Cielo físico, el cielo del espacio en que la Tierra se mueve. Lo que nos capacita para distinguir estos diversos conceptos y mantenerlos claramente separados no es ninguna pureza espiritual, sino el hecho de ser los herederos de siglos de análisis lógicos; no el hecho de ser hijos de Abraham, sino de Aristóteles. No supongamos que los escritores del Nuevo Testamento confundieron el cielo del sentido cuatro o tres con el del dos o el uno. No podemos confundir medio soberano con seis peniques hasta que no conocemos el sistema inglés de monedas; es decir, hasta que no sabemos la diferencia entre ellos. En su idea de cielo, todos estos significados estaban latentes, preparados para plasmarse por un análisis ulterior. Ellos nunca pensaron meramente en un cielo azul o meramente en un cielo espiritual. Cuando miraban al cielo azul nunca dudaron que allí, de donde descienden la luz, el calor y la apreciada lluvia, era la casa de Dios; pero de otra parte, cuando pensaban en la Ascensión al cielo no dudaban que ascendía hacia lo que llamaríamos cielo en sentido espiritual. El verdadero y pernicioso período de literalismo viene mucho después, en la Edad Media y en el siglo XVII, cuando la distinción ya había sido hecha y gente de dura cerviz intenta forzar de nuevo la unión de los conceptos distintos de manera equivocada. El hecho de que los varones galileos no pudieran distinguir lo que ellos vieron en la Ascensión de ese otro género de subida que, por su misma naturaleza, nunca pudo ser vista de ninguna manera, no prueba de una parte que ellos no fueran espirituales y, de otra parte, que ellos no vieran nada. Un hombre que realmente piense que la gloria está en el cielo que vemos puede tener perfectamente en su corazón una concepción mucho más verdadera y más espiritual de la gloria que muchos lógicos modernos capaces de destruir tal falacia con unos pocos trazos de su pluma. Porque aquel que hace la voluntad del Padre conocerá la doctrina. Materiales equívocos brillando en la idea de ese hombre sobre la visión de Dios no le perjudicarán, porque no están ahí por sí mismos. La purificación de tales imágenes en una idea cristiana meramente teórica no hará bien ninguno si solamente se han perfilado por crítica lógica.

Pero debemos dar un paso más. No es accidental el que el pueblo sencillo, y sin embargo espiritual, mezcle las ideas de Dios y la gloria con las del cielo azul. Es un hecho, no una ficción, el que la luz y el calor dador de vida descienden del cielo a la Tierra. La analogía de la acción del cielo como fecundador y la tierra como fecundada es sensata y razonable. La inmensa cúpula del cielo es de todas las cosas sensorialmente percibidas la más semejante al infinito. Y cuando Dios hizo el espacio y los mundos que se mueven en el espacio y vistió nuestro mundo con aire y nos dio unos ojos y una imaginación como los que tenemos, Él conoció lo que el cielo habría de significar para nosotros. Y puesto que nada de su obra es accidental, si Él lo conoció es porque lo pretendió. No podemos estar seguros de que no fuera esta una de las principales finalidades por las que la Naturaleza fue creada; todavía menos que esta no sea una de las principales razones por las cuales Dios hizo que los sentidos humanos captaran el alejarse de la tierra como un movimiento hacia arriba. Una mera desaparición dentro de la tierra daría origen a una religión totalmente distinta. Los antiguos, dejando que el simbolismo espiritual del cielo azul penetrara directo en sus mentes sin detenerse a descubrir por medio del análisis que se trataba de un símbolo, no estaban equivocados del todo. En cierto sentido, estaban quizá menos equivocados que nosotros.

Porque nosotros hemos caído en una dificultad opuesta. Confesemos que probablemente todos los cristianos que hoy vivimos encontramos una dificultad en reconciliar las dos cosas que se nos han dicho sobre el cielo; estas son, de una parte, una vida en Cristo, una visión de Dios, una adoración sin fin, y de otra parte, una vida corporal. Cuando nos sentimos más próximos a la visión de Dios en esta vida, el cuerpo nos parece casi superfluo. Y si intentamos concebir nuestra vida eterna como vida en el cuerpo (en cualquier género de cuerpo) nos inclinamos a sentir que un vago sueño de paraíso platónico y de jardín de las Hespérides ha sustituido aquel enfoque místico que pensamos (y entiendo que con toda razón) que es más importante. Pero si esta discrepancia fuera definitiva, entonces se seguiría —lo cual es absurdo— que Dios se equivocó originariamente cuando introdujo nuestros espíritus en el orden natural. Debemos concluir que esa misma discrepancia es precisamente uno de los desórdenes que la nueva creación viene a curar. El hecho de que el cuerpo, la locación, la locomoción y el tiempo nos parezcan ahora sin importancia ante los más altos grados de la vida espiritual es todo un síntoma, como el hecho de pensar en nuestros cuerpos como algo grosero. El espíritu y la Naturaleza se han peleado en nosotros; esta es nuestra enfermedad. Nada hasta ahora que podamos hacer nos capacita para imaginar su curación completa. Tenemos solamente algunos destellos y débiles atisbos: así en los Sacramentos, en la dimensión sensorial de las imágenes de los grandes poetas, en las mejores muestras del amor sexual, en las experiencias de emoción ante las bellezas del mundo. Pero la curación completa está más allá totalmente de nuestras actuales concepciones. Los místicos han llegado tan lejos en la contemplación de Dios como es el punto en que los sentidos se desvanecen; el punto siguiente en el que serán devueltos a sus sentidos no lo ha alcanzado ninguno, según lo que yo puedo entender. El destino del hombre redimido no es menos sino más inimaginable de lo que el misticismo nos llevaría a suponer, porque ese destino está lleno de elementos semiimaginables que no podemos admitir en el presente sin destruir su carácter esencial.

Un punto debe ser abordado, porque aunque yo guarde silencio sobre él, estaría sin embargo presente en la mente de algunos lectores. La letra y el espíritu de la Escritura y de todo el cristianismo nos prohíbe suponer que en la nueva creación habrá vida sexual; y esto reduce a nuestra imaginación a la desconcertante alternativa, o de imaginar cuerpos difícilmente reconocibles como cuerpos humanos o si no, a un perpetuo ayuno. Por lo que se refiere al ayuno, pienso que nuestra perspectiva presente podría ser semejante a la del niño que, al oír que el acto sexual es el más grande placer corporal, pregunta inmediatamente si se come chocolatinas al mismo tiempo; y al recibir como respuesta «No», considera la ausencia de chocolatinas como la principal característica de la sexualidad. En vano se le dirá que la razón por la que no se comen chocolatinas es porque en estos momentos hay cosas mejores en qué pensar. El niño conoce las chocolatinas y no conoce el bien positivo que las excluye. Nosotros estamos en la misma situación; conocemos la vida sexual; no conocemos, excepto por débiles destellos, la otra realidad que en el cielo no dejará lugar para ella; de aquí que, en donde nos aguarda la plenitud, nosotros proyectamos el ayuno. Al negar que la vida sexual, tal como la conocemos ahora, no forma parte de la bienaventuranza final, no afirmamos que vaya a desaparecer la distinción de sexos. Lo que ya no es necesario por razones biológicas puede ser conveniente que sobreviva por motivos de esplendor. La sexualidad es el instrumento de la virginidad y de la virtud conyugal; ni a los hombres ni a las mujeres se les pedirá que arrojen las armas que han usado victoriosamente. Son los vencidos y los fugitivos lo que arrojan las espadas; los conquistadores las envainan y las conservan. «Transexual» sería una palabra más adecuada que «asexual» para expresar a este respecto la vida del cielo.

Soy consciente de que este último párrafo puede parecer a muchos desafortunado y a otros, cómico. Pero precisamente esta comedia, como me veo obligado a repetir insistentemente, es el síntoma de hasta qué punto nos sentimos extraños como espíritus de la Naturaleza y del espíritu como animales. La concepción total de la nueva creación incluye la creencia de que este nuestro mal será curado. Una consecuencia se va a seguir. Esta arcaica manera de pensar que no puede distinguir claramente el cielo espiritual del cielo azul es, desde nuestro punto de vista, un pensamiento confuso. Pero, al mismo tiempo, se asemeja y anticipa a una manera de pensar que un día será verdad. La manera arcaica de pensar vendrá a ser la correcta cuando la naturaleza y el espíritu estén en armonía total; cuando el espíritu cabalgue tan perfectamente sobre la naturaleza que ambos juntos constituyan más bien un centauro que un jinete a caballo. No quiero decir que la fusión del cielo de la gloria con el cielo azul en concreto resulte especialmente verdad, sino que este género de fusión reflejará exactamente la realidad que entonces existirá. No quedará lugar para el más fino pensamiento, ni siquiera como filo de navaja, para distinguir entre espíritu y naturaleza. Cualquier estado de cosas en la nueva Naturaleza será una perfecta expresión de un estado espiritual, y cada estado espiritual una perfecta información y una floración de un estado de cosas; en unión perfecta como el perfume con la flor o el espíritu de la gran poesía con la forma que la expresa. Existe en la historia del pensamiento humano, como en todo lo demás, un esquema de muerte y renacimiento. El viejo pensamiento ricamente imaginativo, que todavía sobrevive en Platón, tiene que someterse a una especie de muerte, pero indispensable, del proceso del análisis lógico; naturaleza y espíritu, materia y mente, hecho y mito, lo literal y lo metafórico tienen que ser más y más rígidamente separados hasta que, al final, un universo pensante matemático y una mente puramente subjetiva se confronten el uno ante la otra a través de un abismo infranqueable. Pero desde este descenso también, si el pensamiento ha de sobrevivir, tiene que haber una reascensión, y la concepción cristiana nos la ofrece. Aquellos que lleguen a la gloriosa resurrección verán los huesos secos revestidos de nuevo con carne, el hecho y el mito redesposados, lo literal y lo metafórico apretándose uno con otro.

La afirmación tan frecuentemente hecha de que «el cielo es un estado de la mente» es un testimonio de la fase de muerte e invernal en que ahora vivimos. La implicación es que, si el cielo es un estado de la mente —o más exactamente, del espíritu—, entonces debe ser solamente un estado de espíritu o, al menos, una situación en la que cualquier cosa añadida al estado de espíritu carezca de importancia. Esto es lo que diría cualquiera de las grandes religiones, excepto el cristianismo. Pero la enseñanza cristiana, al afirmar que Dios hizo el mundo y lo calificó de bueno, nos descubre que la Naturaleza o el entorno no pueden carecer de importancia para la espiritual bienaventuranza en términos generales, sin que afecte el hecho de lo lejos que hayan podido quedar recluidos en una naturaleza particular durante los días de su esclavitud. Al enseñar la resurrección del cuerpo, enseña que el cielo no es nuevamente un estado del espíritu, sino un estado del cuerpo también y, por tanto, un estado de la Naturaleza como conjunto. Cristo, es verdad, dijo a sus oyentes que el Reino de los cielos estaba «dentro» o «entre» ellos. Pero sus oyentes no se encontraban solo en «un estado de mente». El planeta que Él había creado estaba debajo de sus pies, el Sol encima de sus cabezas, la sangre, los pulmones, las vísceras, estaban en pleno trabajo dentro de sus cuerpos que Él había inventado, fotones y ondas sonoras les estaban bendiciendo con la visión de su rostro humano y el sonido de su voz. Nunca nos encontramos meramente en un estado de la mente. La oración y la meditación hecha entre el viento que gime o a pleno sol, en la alegría de la mañana o en la resignación de la tarde, en la juventud o en la vejez; con buena o mala salud, puede ser igual pero es bendecida de manera diferente. Ya en esta vida presente todos hemos comprobado cómo Dios puede acoger todas estas aparentes futilezas dentro del hecho espiritual y hacer que tengan parte no pequeña en hacer que la bendición de este particular momento sea una particular bendición, como el fuego puede quemar igualmente carbón o leña, pero siempre es diferente el fuego de la leña que el del carbón. El cristianismo nos enseña a no desear una independencia total de estos elementos del entorno. Nosotros deseamos, como san Pablo, no ser desvestidos, sino revestidos, para encontrarnos no con un amorfo «en todas partes y en ninguna», sino con la tierra prometida, con la Naturaleza que será siempre y perfectamente —el instrumento Naturaleza lo es parcial e intermitentemente— el instrumento para la música que entonces brotará entre Cristo y nosotros.

Pero ¿qué importancia tienen estas cuestiones? ¿No están estas ideas distrayéndonos de cosas más inmediatas y más importantes como es el amor de Dios y al prójimo y el soportar nuestras cruces diarias? Si encuentras que te distraen otras cosas, no pienses más en ellas. Admito de todo corazón que es más importante hoy para ti y para mí impedir una burla o abrasar con un pensamiento caritativo a un enemigo que conocer todo lo que los ángeles y los arcángeles conocen sobre los misterios de la nueva creación. Yo escribo sobre estos temas no porque sean los más importantes, sino porque este libro es sobre los milagros. A partir del título, no se puede esperar un libro de devoción o de teología ascética. Con todo, no admitiría que lo que hemos estado discutiendo en las últimas páginas no tenga importancia para la práctica de la vida cristiana. Porque sospecho que nuestra concepción del cielo como un mero estado de la mente no está desconectado del hecho de que la específicamente cristiana virtud de la esperanza se haya desarrollado en nuestros tiempos tan lánguidamente. Donde nuestros padres, atisbando el futuro, vieron fulgores de oro, nosotros no vemos más que bruma, vacío, informidad, frío e inmovilidad.

El pensamiento que está en el trasfondo de toda esta espiritualidad negativa es algo en realidad prohibido a los cristianos. Ellos, de entre todos los hombres, no pueden concebir el gozo espiritual y su valor como algo que necesita ser salvado del tiempo y del lugar, de la materia y de los sentidos. Su Dios es el Dios del maíz, del aceite y del vino. Él es el alegre Creador. Él se ha encarnado a sí mismo. Los Sacramentos han sido instituidos. Ciertos dones espirituales se nos confieren solo con la condición de que realicemos determinados actos corporales. Después de estos, no podemos tener la menor duda sobre su intención. El desertar de toda esta realidad es arrastrar a la Naturaleza a una espiritualidad negativa como si huyéramos de los caballos en lugar de aprender a montar. Se da en nuestra presente condición de peregrinos bastante espacio (más espacio del que muchos de nosotros desearíamos) para la abstinencia, la renuncia y la mortificación de nuestras apetencias naturales. Pero en el fondo de todo este ascetismo, el pensamiento debe ser: «¿Quién nos confiará la verdadera riqueza si no se nos puede confiar ni siquiera esta riqueza perecedera?». ¿Quién me confiará un cuerpo espiritual si ni siquiera puedo controlar un cuerpo terreno? Estos pequeños cuerpos perecederos que ahora tenemos se nos dieron como los *ponies* en que aprenden a montar los niños; hemos de aprender a manejarlos; esto no significa que algún día seremos privados totalmente de caballos, sino que algún día podremos montar a pelo, confiados y regocijados, esas grandes monturas, esos alados, brillantes estremecedores pegasos del mundo, que quizá ya ahora nos esperan impacientes piafando y resoplando en los establos del Rey. Y no es que el galope tenga valor alguno, a menos que sea galopar junto con el Rey; pero ¿quién si no —puesto que Él retiene su gran caballo de guerra— le podrá acompañar?

17

EPÍLOGO

*Si abandonamos una cosa, la abandonamos a un torrente
de cambios. Si abandonamos un poste blanco, pronto será
un poste negro.*

G. K. CHESTERTON, *ORTODOXIA*

MI TRABAJO TERMINA aquí. Si después de leerlo quieres penetrar en el estudio de las pruebas históricas por ti mismo, comienza por el Nuevo Testamento y no por los libros sobre él. Si no sabes griego, consigue una traducción moderna. La de Moffat es probablemente la mejor. La de monseñor Knox es también buena. No recomiendo la versión *Basic English*. Y cuando pases del Nuevo Testamento a los modernos eruditos, recuerda que estás entre ellos como oveja en medio de lobos. Presupuestos naturalistas, planteamientos de problemas tales como los que he indicado en la primera página de este libro, te saldrán al paso en cada momento, aun de las plumas de clérigos. Esto no significa (como yo me vi en ocasiones tentado a sospechar) que estos clérigos sean apóstatas disfrazados que deliberadamente se valgan de su posición y de la vitalidad que les concede la iglesia cristiana para minar el cristianismo. Esto proviene parcialmente de lo que podríamos llamar «resaca». Todos nosotros tenemos el Naturalismo metido en los huesos e incluso la conversión no elimina inmediatamente la infección de nuestro organismo. Esta mentalidad brota de nuevo en nuestro pensamiento en el momento en que se relaja la vigilancia. Y, en parte, el proceder de estos eruditos surge de un sentimiento que incluso muestra su buena intención y que es digno de consideración en la medida en que es quijotesco. Tienen el empeño de conceder al enemigo todas las ventajas que pueden bajo el signo del juego limpio. De esta manera, hacen parte de su metodología al eliminar lo sobrenatural donde quiera que es aun remotamente posible, para encontrar explicaciones naturales hasta el límite extremo antes que admitir la menor apariencia de milagro. Del mismo modo y con el mismo espíritu, algunos examinadores tienden a calificar más alto al candidato cuyas opiniones y carácter, según se manifiestan por sus trabajos, contradicen a las propias. Tememos tanto ser empujados a la injusticia por nuestro espontáneo rechazo del individuo que caemos en supervalorarlo y tratarlo demasiado amablemente. Muchos modernos eruditos cristianos supercalifican al adversario por razones semejantes.

Al usar los libros de tales escritores debes estar en continua vigilancia. Tienes que desarrollar una nariz como la de un perro de caza en aquellos pasos en el argumento que no dependen del conocimiento histórico o lingüístico, sino de la oculta presunción de que los milagros son imposibles, improbables o impropios. Y esto significa que tienes realmente que reeducarte a ti mismo; tienes que trabajar duro y constantemente para erradicar de la mente el estilo total de pensamiento en que todos nosotros hemos sido educados. Es el estilo de pensamiento que bajo diversos disfraces ha sido nuestro adversario a través de todo este libro. Técnicamente se llama *monismo*; pero quizá el lector no erudito me entenderá mejor si lo denomino *totalismo*. Esto significa la creencia de que «todo», o lo que hemos llamado «el espectáculo total» tiene que ser existente por sí mismo, tiene que ser más importante que cada cosa particular, y tiene que contener todas las cosas particulares de tal manera que no pueden ser realmente muy distintas las unas de las otras, que no pueden «ir a una», sino que tienen que «ser una». Así, el totalismo, si comienza por Dios, se convierte en un panteísmo; no puede haber nada que no sea Dios. Si comienza por la Naturaleza, se convierte en un naturismo; no puede haber nada que no sea Naturaleza. Así, se piensa que todo es a la larga meramente un precursor o un desarrollo, una reliquia o una muestra o un disfraz de todo lo demás. Pienso que esta filosofía es profundamente falsa. Uno de los modernos ha dicho que la realidad «es incorregiblemente plural». Pienso que tiene razón. Todas las cosas están relacionadas, relacionadas de maneras diferentes y complicadas. Pero todas las cosas no son una. La palabra «todas las cosas» debe significar simplemente la totalidad (el total que debe ser alcanzado por enumeración si lo conocemos suficientemente) de lo que existe en un momento dado. No le debemos otorgar una mental letra mayúscula; no debemos (por el influjo de la imaginación pictórica) convertirlo en una especie de estanque en el que naufragan todas las cosas particulares o en un pastel en el que todas las cosas son como los piñones. Las cosas reales son con aristas y nudosas y complicadas y diferentes. El totalismo congenia con nuestras mentes porque es la filosofía natural de una edad determinada totalitaria y de producción masiva. Esta es la razón por la que tenemos que estar siempre en guardia contra ella.

Y con todo..., y con todo... Es este «y con todo» al que temo más que cualquier argumento positivo contra los milagros, esta suave subida de la marea que nos devuelve a nuestros habituales puntos de vista al cerrar este libro y advertir que se reafirman nuestras cuatro paredes familiares a nuestro alrededor y los ruidos familiares que surgen de la calle. Tal vez (si me atrevo a esperar tanto) tú has sido transportado a ratos mientras leías, has sentido brotar en el corazón viejas esperanzas y temores, has llegado casi a la trastienda de creer... pero ahora... No. No sirve de nada. Aquí está lo cotidiano, aquí está el mundo real en torno a mí de nuevo. El sueño ha terminado; como todos los sueños similares terminan siempre. Porque, por supuesto, no es esta la primera vez que ocurre una cosa así. Muchas veces antes de tu vida has oído una extraña historia, leído algún libro curioso, visto algo raro o imaginado que lo has visto, mantenido alguna incontrolada esperanza o temor; pero siempre ha terminado lo mismo. Y siempre has preguntado cómo pudiste, ni siquiera por un momento, haber pensado que no sería así. Por qué «este mundo real», cuando vuelves a él, es algo tan sin respuesta. Por supuesto que la extraña historia era falsa; por supuesto, la voz era en realidad subjetiva; por supuesto, el aparente portento fue una coincidencia. Te sientes avergonzado de haber por un momento pensado de otra manera; avergonzado, tranquilo, divertido, disgustado y molesto, todo a la vez. Deberías haber conocido que, como dice Arnoldo, «los milagros no ocurren».

A propósito de este estado de mente, tengo dos cosas que decir. Primera, que esto es precisamente uno de esos contraataques de la Naturaleza que, según mi teoría, tú deberías anticiparte a rechazar. Tu pensamiento racional no tiene bastión ninguno en la conciencia meramente natural, excepto lo que arrebata y mantiene por conquista. En el momento que cesa el pensamiento racional, la imaginación, el hábito mental y «el espíritu de nuestro tiempo» vuelven a la carga de nuevo. Los pensamientos nuevos, hasta que se convierten en habituales, afectarán a tu conciencia como un todo solo mientras los estás tú presenciando. No tiene la razón más que asentir desde su puesto para que, inmediatamente, los comandos de la Naturaleza empiecen a infiltrarse. Por consiguiente, mientras que los contrargumentos de los milagros requieren atención plena (porque si me equivoco, cuanto antes sea refutado mejor, no solo para ti sino también para mí), en cambio, la mera gravitación de la mente que vuelve a su habitual visión debe ser desatendida. Y esto no solo en la investigación presente, sino en toda investigación. El mismo cuarto familiar reafirmándose en su inmediatez desde el momento que cierras el libro puede hacer que muchas cosas se sientan como increíbles además de los milagros. Tanto si el libro te ha estado diciendo que se acerca el fin de la civilización como que te mantienes en la silla gracias a la curvatura del espacio, como incluso que estás boca abajo con relación a Australia, puede parecer un poco irreal mientras bostezas y piensas en irte a la cama. He encontrado una simple verdad (por ejemplo, que mi mano, esta mano que ahora reposa sobre el libro, será la mano de un esqueleto) resulta inconcebible en estos momentos. «Los creyentes en sentimientos» como los llama el doctor Richards, no siguen a la razón sino después de largo entrenamiento; siguen a la Naturaleza, siguen los surcos y las rodadas que ya existen en la mente. La más firme convicción teorética en favor de los milagros no podrá evitar a otro género de hombres en otras condiciones de «sentir» una pesada, inevitable certeza de que ningún milagro puede ocurrir jamás. Pero los sentimientos de un hombre cansado y nervioso compelido inesperadamente a pasar una noche en una casa de campo grande y vacía, al final de una jornada en la que ha estado leyendo cuentos de fantasmas, no es prueba de que existan los espíritus. Así, los sentimientos en un determinado momento no son prueba de que los milagros no ocurran.

La segunda cosa es la siguiente. Tú tienes seguramente toda la razón al pensar que nunca verás un milagro; tú tienes seguramente la misma razón al pensar que existe una explicación natural a cualquier cosa de tu vida pasada que pueda parecer a una primera vista extraña o curiosa. Dios no espolvorea milagros sobre la Naturaleza porque sí como si utilizara un salero. Los milagros ocurren en grandes ocasiones; se encuentran en los grandes ganglios de la historia; no de la historia política o social, sino de la historia espiritual que no puede ser plenamente conocida por el hombre. Si no acontece que tu vida se encuentre cerca de uno de esos grandes ganglios, ¿cómo puedes esperar ver un milagro? Si fuéramos heroicos misioneros, apóstoles o mártires, sería cuestión diferente. Pero ¿por qué tú o yo? A menos que vivas cerca de la vía, no verás pasar trenes delante de tu ventana. ¿Qué probabilidades hay de que tú o yo estemos presentes cuando se firme un tratado de paz, cuando se realice un gran descubrimiento científico o cuando se suicide un dictador? Así debemos entender que ver un milagro es aún menos probable. Y, si lo entendiéramos, tampoco deberíamos tener empeño en presenciarlo. «Casi nada ve el milagro sino la miseria». Milagros y martirios tienden a juntarse en las mismas áreas de la historia; áreas que naturalmente tenemos pocos deseos de frecuentar. Te recomiendo muy seriamente no desear ninguna prueba ocular, a menos que ya estés totalmente cierto de que no va a ocurrir.

ACERCA DE LAS PALABRAS «ESPÍRITU» Y «ESPIRITUAL»

Conviene advertir al lector que la perspectiva desde la que se aborda el Hombre en el capítulo 4 es muy diferente de la que sería propia de un tratado devocional o práctico sobre la vida espiritual. El tipo de análisis que se realiza de cualquier cosa compleja depende del propósito que se tenga en mente. Así, en una sociedad las distinciones importantes, desde cierto punto de vista, serían las de hombre y mujer, niños y adultos, y otras similares. Desde otro punto de vista, las distinciones importantes serían las de gobernantes y gobernados. Desde un tercer punto de vista, las distinciones de clase u ocupación podrían ser las más importantes. Todos estos diferentes análisis podrían ser igualmente correctos, pero serían útiles para diferentes propósitos. Cuando consideramos al hombre como prueba de que esta naturaleza espacio-temporal no es lo único que existe, la distinción importante es la que se hace entre la parte del hombre que pertenece a esta naturaleza espacio-temporal y la que no: o, si se prefiere, entre los fenómenos de la humanidad que están rígidamente entrelazados con todos los demás acontecimientos de este espacio y tiempo y los que tienen cierta independencia. Estas dos partes del hombre pueden llamarse con razón Natural y Sobrenatural: al llamar a la segunda «Sobrenatural» queremos decir que es algo que invade, o se añade, al gran evento entrelazado en el espacio y el tiempo, en lugar de surgir simplemente de él. Por otra parte, esta parte «Sobrenatural» es en sí misma un ser creado, una cosa llamada a la existencia por el Ser Absoluto y a la que Él ha dado un determinado carácter o «naturaleza». Por lo tanto, podríamos decir que, aunque es «sobrenatural» en relación con *esta* Naturaleza (este acontecimiento complejo en el espacio y el tiempo), es, en otro sentido, «natural», es decir, es un espécimen de una clase de cosas que Dios crea normalmente según un patrón estable.

Sin embargo, hay un sentido en el que la vida de esta parte puede llegar a ser *absolutamente* Sobrenatural, es decir, no más allá de *esta* Naturaleza, sino más allá de toda y cualquier Naturaleza, en el sentido de que puede alcanzar un tipo de vida que nunca podría haberse *dado* a ningún ser creado en su mera creación. La distinción será, quizás, más clara si la consideramos en relación no con los seres humanos, sino con los ángeles. (Aquí no importa si el lector cree o no en los ángeles. Me refiero a ellos solo para aclarar el argumento). Todos los ángeles, tanto los «buenos» como los malos o «caídos» que llamamos demonios, son igualmente «Super-naturales» en relación con *esta* Naturaleza espacio-temporal: es decir, están fuera de ella y tienen poderes y un modo de existencia que ella no podría proporcionar. Pero los ángeles buenos llevan una vida sobrenatural también en otro sentido. Es decir, por su propia voluntad, han devuelto a Dios en amor las «naturalezas» que les dio en su creación. Todas las criaturas, por supuesto, viven de Dios en el sentido de que Él las hizo y en cada momento las mantiene en existencia. Pero hay un tipo más elevado de «vida de Dios» que solo puede darse a la criatura que se entrega voluntariamente a ella. Esta vida la tienen los ángeles buenos y no la tienen los ángeles malos: y es absolutamente Sobrenatural porque ninguna criatura de ningún mundo puede tenerla por el mero hecho de ser la clase de criatura que es.

Lo mismo que ocurre con los ángeles ocurre con nosotros. La parte racional de todo hombre es sobrenatural en sentido relativo, en el mismo sentido en que lo son *tanto* los ángeles como los demonios. Pero si, como dicen los teólogos, «nace de nuevo», si se entrega de nuevo a Dios en Cristo, tendrá entonces una vida absolutamente Supernatural, que no es creada en absoluto, sino engendrada, pues la criatura participa entonces de la vida engendrada de la Segunda Persona de la Deidad.

Cuando los devocionarios hablan de la «vida espiritual» —y a menudo cuando hablan de la «vida sobrenatural» o cuando yo mismo, en otro libro, hablé de *Zoe*— se refieren a esta vida *absolutamente* sobrenatural que ninguna criatura puede recibir por el simple hecho de ser creada, pero que toda criatura racional puede tener al entregarse voluntariamente a la vida de Cristo. Pero se produce una gran confusión porque en muchos libros las palabras «espíritu» o «espiritual» se utilizan también para designar el elemento *relativamente* sobrenatural del hombre, el elemento exterior a *esta* naturaleza que le es (por así decirlo) «emitido» o entregado por el mero hecho de haber sido creado como hombre.

Tal vez sea útil hacer una lista del sentido en que se utilizan o se han utilizado en nuestro idioma las palabras del campo semántico de «espíritu».

1. El sentido químico, por ejemplo: «Los productos espirituosos se evaporan muy rápidamente».

2. El sentido médico (ahora obsoleto). Los médicos más viejos creían en ciertos fluidos extremadamente finos del cuerpo humano a los que llamaban «espíritus» o «humores». Como ciencia médica, este punto de vista ha sido abandonado hace tiempo, pero es el origen de algunas expresiones que todavía se utilizan, especialmente en inglés.

3. El término «espiritual» se utiliza a menudo para significar simplemente lo contrario de «corporal» o «material». Así, todo lo que es inmaterial en el hombre (emociones, pasiones, memoria, etc.) suele llamarse «espiritual». Es muy importante recordar que lo que es «espiritual» en este sentido no es necesariamente bueno. No hay nada particularmente bueno en la mera inmaterialidad. Las cosas inmateriales pueden, como las materiales, ser buenas o malas o indiferentes.

4. Algunos utilizan el término «espíritu» para referirse a ese elemento relativamente sobrenatural que se da a todo ser humano en su creación: el elemento racional. Esta es, en mi opinión, la forma más útil de emplear la palabra. Aquí también es importante darse cuenta de que lo que es «espiritual» no es necesariamente bueno. Un espíritu (en este sentido) puede ser lo mejor o lo peor de las cosas creadas. Por ser el hombre (en este sentido) un animal espiritual, puede convertirse en un hijo de Dios o en un demonio.

5. Por último, los escritores cristianos utilizan «espíritu» y «espiritual» para referirse a la vida que surge en esos seres racionales cuando se rinden voluntariamente a la gracia divina y se convierten en hijos del Padre Celestial en Cristo. Es en este sentido, y solo en este sentido, en el que lo «espiritual» es siempre bueno.

Es absurdo quejarse de que las palabras tengan más de un sentido. El lenguaje es un ser vivo y las palabras están destinadas a generar nuevos sentidos como un árbol genera nuevas ramas. No es del todo un inconveniente, ya que en el acto de desentrañar estos sentidos aprendemos mucho sobre las cosas implicadas que de otro modo podríamos haber pasado por alto. Lo que sí es desastroso es que cualquier palabra cambie de sentido durante una discusión sin que nos demos cuenta de ello. Por lo tanto, para la presente discusión, podría ser útil dar diferentes nombres a las tres cosas que se refieren a la palabra «espíritu» en los sentidos tres, cuatro y cinco. Así, para el sentido tres, una buena palabra sería «alma», y el adjetivo que la acompañaría sería «psicológico». Para el sentido cuatro podríamos mantener las palabras «espíritu» y «espiritual». Para el sentido cinco, el mejor adjetivo sería «regenerado», pero no hay un sustantivo muy adecuado.[1] Y esto es quizás significativo, porque de lo que estamos hablando no es (como lo son el *alma* y el *espíritu*) de una parte o elemento del Hombre, sino de una reorientación y revitalización de todas las partes o elementos. Así, en un sentido, no hay nada más en un hombre regenerado que en un hombre no regenerado, como no hay nada más en un hombre que camina en la dirección correcta que en uno que camina en la dirección equivocada. En otro sentido, sin embargo, podría decirse que el hombre regenerado es *totalmente* diferente del no regenerado, porque la vida regenerada, el Cristo que se forma en él, transforma cada parte de él: en ella renacerán su espíritu, su alma y su cuerpo. Así, si la vida regenerada no es una *parte* del hombre, esto se debe en gran parte a que donde ella surge no puede descansar hasta que se convierta en el hombre completo. No está separada de ninguna de las partes, como estas están separadas entre sí. La vida del «espíritu» (en el sentido cuarto) está en cierto modo separada de la vida del alma: el hombre puramente racional y moral que intenta vivir enteramente por su espíritu creado se ve obligado a tratar las pasiones y las imaginaciones de su alma como meros enemigos que hay que destruir o encarcelar. Pero el hombre regenerado encontrará su alma finalmente en armonía con su espíritu por la vida de Cristo que está en él. De ahí que los cristianos crean en la resurrección del cuerpo, mientras que los antiguos filósofos consideran el cuerpo como un mero estorbo. Y esto es quizás una ley universal, que cuanto más alto se asciende, más bajo se puede descender. El hombre es una torre en la que los diferentes pisos apenas pueden ser alcanzados unos desde otros, pero todos pueden ser alcanzados desde el último piso.

---

1. En nuestra versión de la Biblia, el hombre «espiritual» significa lo que yo llamo el hombre «regenerado»; el hombre «natural» significa, creo, tanto lo que yo llamo el «hombre espíritu» como el «hombre alma».

SOBRE LAS «PROVIDENCIAS ESPECIALES»

En este libro, el lector ha oído hablar de dos clases de hechos y solo de dos: los milagros y los hechos naturales. Los primeros no están entrelazados con la historia de la Naturaleza en sentido inverso, es decir, en el tiempo anterior a su ocurrencia. Los segundos sí. Sin embargo, muchas personas piadosas hablan de ciertos acontecimientos como «providenciales» o «providencias especiales» sin querer decir que sean milagrosos. Esto implica generalmente la creencia de que, aparte de los milagros, algunos acontecimientos son providenciales en un sentido en el que otros no lo son. Así, algunas personas pensaron que el clima que nos permitió sacar a gran parte de nuestro ejército en Dunkerque fue «providencial» de cierta manera en la que el clima en general no es providencial. La doctrina cristiana de que algunos acontecimientos, aunque no sean milagros, son respuestas a la oración, pareciera a primera vista implicar esto.

Me parece muy difícil concebir una clase intermedia de hechos que no sean ni milagrosos ni meramente «ordinarios». El clima de Dunkerque fue o no fue lo que la historia física previa del universo, por su propio carácter, habría producido inevitablemente. Si lo fue, ¿en qué sentido es «especialmente» providencial? Si no lo fue, entonces se trata de un milagro.

Por lo tanto, me parece que debemos abandonar la idea de que existe una clase especial de acontecimientos (aparte de los milagros) que puedan distinguirse como «especialmente providenciales». A menos que abandonemos por completo la idea de la Providencia, y con ella la creencia en la oración eficaz, se deduce que todos los acontecimientos son igualmente providenciales. Si Dios dirige el curso de los acontecimientos, entonces dirige el movimiento de cada átomo en cada momento; «ni un gorrión cae al suelo» sin esa dirección. La «naturalidad» de los acontecimientos naturales no consiste en estar de alguna manera fuera de la providencia de Dios. Consiste en que están entrelazados unos con otros dentro de un espacio-tiempo común de acuerdo con el patrón fijo de las «leyes».

Para obtener una imagen de una cosa, a veces es necesario comenzar con una imagen falsa y luego corregirla. La falsa imagen de la Providencia (falsa porque representa a Dios y a la Naturaleza como contenidos en un Tiempo común) sería la siguiente: cada acontecimiento de la Naturaleza es el resultado de un acontecimiento anterior, no de las leyes de la Naturaleza. A la larga, el primer acontecimiento natural, cualquiera que haya sido, ha dictado todos los demás sucesos. Es decir, cuando Dios, en el momento de la creación, introdujo el primer acontecimiento en el marco de las «leyes» —dando el pistoletazo de salida—, determinó toda la historia de la Naturaleza. Previendo cada parte de esa historia, Él quiso cada parte de ella. Si hubiera deseado un clima diferente en Dunkerque, habría hecho que el primer acontecimiento fuera ligeramente diferente.

El clima que tenemos en la actualidad es, por lo tanto, en el sentido más estricto, providencial; fue decretado, y decretado con un propósito, cuando se creó el mundo, pero no lo es más (aunque sea más interesante para nosotros) que la posición precisa en este momento de cada átomo del anillo de Saturno.

De ello se sigue (manteniendo nuestra falsa imagen) que todo acontecimiento físico fue determinado de manera que sirviera para un gran número de propósitos.

Por lo tanto, hay que suponer que Dios, al predeterminar el tiempo en Dunkerque, ha tenido totalmente en cuenta el efecto que tendría no solo sobre el destino de dos naciones, sino (lo que es incomparablemente más importante) sobre todos los individuos implicados en ambos bandos, sobre todos los animales, vegetales y minerales a su alcance, y por último sobre cada átomo del universo. Esto puede parecer excesivo, pero en realidad estamos atribuyendo al Omnisciente solo un grado infinitamente superior del mismo tipo de habilidad que un simple novelista humano ejerce a diario en la construcción de su trama.

Supongamos que estoy escribiendo una novela. Tengo entre manos los siguientes problemas: (1) El viejo Sr. A. tiene que estar muerto antes del capítulo 15. (2) Y más vale que muera de repente porque tengo que evitar que modifique su testamento. (3) Su hija (mi heroína) tiene que permanecer fuera de Londres durante al menos tres capítulos. (4) Mi héroe tiene que recuperar de alguna manera la buena opinión por parte de la heroína que perdió en el capítulo 7. (5) Ese joven pedante B. que tiene que mejorar antes del final del libro, necesita un buen golpe moral que le saque de su engreimiento. (6) Todavía no hemos decidido el trabajo de B.; pero todo el desarrollo de su carácter implicará darle un trabajo y mostrarle en el trabajo. ¿Cómo voy a conseguir las seis cosas?... Ya lo tengo. ¿Qué tal un accidente ferroviario? El viejo A. puede morir en él, y eso lo resuelve. De hecho, el accidente puede ocurrir mientras va a Londres a ver a su abogado con el propósito de modificar su testamento. ¿Qué hay más natural que su hija vaya con él? La dejaremos levemente herida en el accidente: eso le impedirá llegar a Londres durante todos los capítulos que necesitemos. Y el héroe puede ir en el mismo tren. Puede comportarse con gran frialdad y heroísmo durante el accidente; probablemente rescatará a la heroína de un vagón en llamas. Eso resuelve mi cuarto punto. ¿Y el joven B.? Lo convertiremos en el guardavía cuya negligencia causó el accidente. Eso le da su golpe moral y también lo vincula con la trama principal. De hecho, una vez que hayamos ideado el accidente ferroviario, ese único acontecimiento resolverá seis problemas aparentemente independientes.

Sin duda, se trata de una imagen intolerablemente engañosa: en primer lugar, porque (salvo en lo que se refiere al cretino B.) no he pensado en el bien final de mis personajes, sino en el entretenimiento de mis lectores; en segundo lugar, porque simplemente ignoramos el efecto del accidente ferroviario en todos los demás pasajeros de ese tren; y, por último, porque soy yo quien hace que B. dé la señal equivocada. Es decir, aunque yo pretenda que él tiene libre albedrío, en realidad no lo tiene. Sin embargo, a pesar de estas objeciones, el ejemplo puede sugerir cómo el ingenio divino puede diseñar la «trama» física del universo para dar una respuesta «providencial» a las necesidades de innumerables criaturas.

Pero algunas de estas criaturas poseen libre albedrío. Es en este punto donde debemos empezar a corregir la imagen, a todas luces falsa, de la Providencia que hemos estado utilizando hasta ahora. Esa imagen, como se recordará, era falsa porque representaba a Dios y a la Naturaleza como habitantes de un tiempo común. Pero es probable que la Naturaleza no esté realmente en el Tiempo y casi seguro que Dios no lo está. El tiempo es probablemente (como la perspectiva) el modo de nuestra percepción. Por lo tanto, en realidad no se trata de que Dios, en un momento del tiempo (el momento de la creación), adapte la historia material del universo por adelantado a los actos libres que usted o yo vamos a realizar en un momento posterior del Tiempo. Para Él todos los acontecimientos físicos y todos los actos humanos están presentes en un eterno Ahora. La liberación de voluntades finitas y la creación de toda la historia material del universo (relacionada con los actos de esas voluntades en toda la complejidad necesaria) es para Él una sola operación. En este sentido, Dios no creó el universo hace mucho tiempo, sino que lo crea en este momento, en cada instante.

Supongamos que me encuentro un papel en el que ya hay dibujada una línea ondulada negra, ahora puedo sentarme y dibujar otras líneas (digamos en rojo) con una forma que se combine con la línea negra formando un patrón. Supongamos ahora que la línea negra original es consciente. Pero no es consciente a lo largo de toda su longitud, sino en cada punto de esa longitud.

De hecho, su consciencia viaja a lo largo de esa línea de izquierda a derecha reteniendo el punto A solo como un recuerdo cuando llega a B y sin poder ser consciente de C hasta que haya salido de B. Demos también a esta línea negra libre albedrío. Elige la dirección en la que va. Su forma ondulada particular es la forma que quiere tener. Pero mientras que ella es consciente de su propia forma elegida solo momento a momento y no sabe en el punto D hacia dónde decidirá girar en el punto F, yo puedo ver su forma como un todo y toda a la vez. En cada momento encontrará mis líneas rojas esperándola y adaptándose a ella. Por supuesto, es así porque yo, al componer el diseño total rojo y negro tengo a la vista todo el recorrido de la línea negra y lo tengo en cuenta. No es una cuestión de imposibilidad, sino simplemente de habilidad del diseñador, que yo conciba líneas rojas que en cada punto tengan una relación correcta, no solo con la línea negra, sino también entre sí, para llenar todo el papel con un diseño satisfactorio.

En este modelo, la línea negra representa una criatura con libre albedrío, las líneas rojas representan los acontecimientos materiales y yo represento a Dios. Por supuesto, el modelo sería más exacto si yo hiciera el papel, así como el patrón, y si hubiera cientos de millones de líneas negras en lugar de una, pero en aras de la simplicidad debemos dejarlo así.[1]

Se verá que si la línea negra me dirigiera sus oraciones, yo podría (si así lo decidiera) concedérselas. Ora para que, cuando llegue al punto N, encuentre las líneas rojas dispuestas a su alrededor con una forma determinada. Esa forma puede necesitar, por las leyes del diseño, estar equilibrada por otras disposiciones de líneas rojas en partes muy diferentes del papel: algunas en la parte superior o inferior, tan lejos de la línea negra que no sabe nada de ellas; algunas tan a la izquierda que vienen antes del comienzo de la línea negra, otras tan a la derecha que vienen después de su final. (La línea negra llamaría a estas partes del papel «El tiempo antes de mi nacimiento») y «El tiempo después de mi muerte»). Pero estas otras partes del patrón exigidas por esa forma roja que la Línea Negra quiere en N no impiden que le conceda su plegaria. Porque todo su curso ha sido visible para mí desde el momento en que miré el papel y sus exigencias en el punto N están entre las cosas que tuve en cuenta al decidir el patrón total.

La mayoría de nuestras oraciones, si se analizan a fondo, piden o bien un milagro o bien acontecimientos cuyos cimientos tendrán que haber sido puestos antes de que yo naciera, es más, puestos cuando empezó el universo. Pero para Dios (aunque no para mí) tanto yo como la oración que hago en 1945 estábamos tan presentes en la creación del mundo como lo estamos ahora y lo estaremos dentro de un millón de años. El acto creador de Dios es intemporal y está adaptado de forma intemporal a los elementos «libres» que hay en él: pero esta adaptación intemporal se encuentra con nuestra consciencia como una secuencia y como oración y respuesta.

De ello se siguen dos corolarios:

1. A menudo la gente se pregunta si un acontecimiento determinado (no un milagro) fue realmente una respuesta a la oración o no. Creo que si analizan su pensamiento se darán cuenta de que están preguntando: «¿Lo hizo Dios con un propósito especial o habría ocurrido de todos modos como parte del devenir natural de los acontecimientos?». Pero se hace

---

1. Admito que lo único que he hecho es dar la vuelta a la tortilla haciendo que las voluntades humanas sean la constante y el destino físico la variable. Esto es tan falso como el punto de vista opuesto; lo importante es que no es más falso. Una imagen más sutil de la creación y la libertad (o más bien, de la creación de lo libre y lo no libre en un único acto atemporal) sería la casi simultánea adaptación mutua en el movimiento de dos miembros de una experta pareja de baile.

imposible cualquiera de las dos respuestas. En la obra *Hamlet*, Ofelia se sube a una rama que sobresale de un río: la rama se rompe, ella cae y se ahoga. ¿Qué respondería usted si alguien le preguntara: «¿Murió Ofelia porque Shakespeare, por razones poéticas, quería que muriera en ese momento o porque la rama se rompió? Creo que habría que decir: "Por ambas razones"». Todos los hechos de la obra ocurren como resultado de otros hechos de la obra, pero también todos los hechos ocurren porque el poeta quiere que ocurran. Todos los acontecimientos de la obra son acontecimientos shakesperianos; del mismo modo, todos los acontecimientos del mundo real son acontecimientos providenciales. Sin embargo, todos los acontecimientos de la obra se producen (o deberían producirse) por la lógica argumental de los acontecimientos. Del mismo modo, todos los acontecimientos del mundo real (excepto los milagros) se producen por causas naturales. La «Providencia» y la causalidad natural no son alternativas; ambas determinan todos los acontecimientos porque ambas son una.

2. Cuando oramos por el resultado, por ejemplo, de una batalla o de una consulta médica, a menudo se nos pasa por la cabeza la idea de que (ojalá lo supiéramos) el acontecimiento ya está decidido en un sentido o en otro. Creo que esto no es razón para dejar de orar. Es cierto que el acontecimiento ya está decidido; en cierto modo, se decidió «antes de todos los mundos». Pero una de las cosas que se han tenido en cuenta para decidirlo, y por lo tanto una de las cosas que realmente hacen que ocurra, puede ser esta misma oración que estamos ofreciendo ahora. Así pues, por chocante que pueda parecer, concluyo que a las doce de la mañana podemos convertirnos en parte de las causas de un suceso que ocurra a las diez de la mañana (a algunos científicos esto les resultará más fácil que al pensamiento popular). Se preguntará: «Entonces, si dejo de orar, ¿puede Dios volver atrás y alterar lo que ya ha sucedido?». No. El suceso ya ha ocurrido y una de sus causas ha sido que usted se haga esas preguntas en lugar de orar. Se preguntará: «Entonces, si empiezo a orar, ¿puede Dios volver atrás y alterar lo que ya ha sucedido?». No. El suceso ya ha ocurrido y una de sus causas es su oración actual. Por lo tanto, algo depende realmente de mi elección. Mi acto libre contribuye a la forma cósmica. Esa contribución se hace en la eternidad o «antes de todos los mundos»; pero mi consciencia de haber contribuido me llega en un punto concreto de la serie temporal.

Se puede plantear la siguiente pregunta: si es razonable orar por un acontecimiento que, de hecho, debe de haber sucedido o no hace varias horas, ¿por qué no podemos orar por un acontecimiento que sabemos que *no* ha sucedido? Por ejemplo, orar por la seguridad de alguien que, según sabemos, fue asesinado ayer. Lo que marca la diferencia es precisamente nuestro conocimiento. El acontecimiento conocido es la voluntad de Dios. Es psicológicamente imposible orar por lo que sabemos que es inalcanzable; y si fuera posible, la oración pecaría contra el deber de sometimiento a la voluntad conocida de Dios.

Queda por extraer una consecuencia más. Nunca es posible demostrar empíricamente que un determinado acontecimiento no milagroso fue o no una respuesta a la oración. Puesto que no fue milagroso, el escéptico siempre puede señalar sus causas naturales y decir: «Debido a ellas, habría ocurrido de todos modos», y el creyente siempre puede responder: «Pero como solo eran eslabones de una cadena de acontecimientos, que dependen de otros eslabones, y toda la cadena depende de la voluntad de Dios, pueden haberse producido porque alguien oró». La eficacia de la oración, por lo tanto, no puede ser ni afirmada ni negada sin un ejercicio de la voluntad: la voluntad que elige o rechaza la fe a la luz de toda una filosofía. No puede haber pruebas experimentales en ninguno de los dos lados. En la secuencia M–N–O, el acontecimiento N, a menos que sea un milagro, siempre es causado por M y causa O; pero la verdadera cuestión es si la serie total (digamos A–Z) se origina o no en una voluntad que pueda tener en cuenta las oraciones humanas.

Esta imposibilidad de comprobación empírica es una necesidad espiritual. Un hombre que supiera empíricamente que un suceso ha sido causado por su oración se sentiría como un mago. Le daría vueltas la cabeza y se le corrompería el corazón. El cristiano no debe preguntarse si tal o cual hecho ocurrió a causa de una oración. Más bien debe creer que todos los acontecimientos, sin excepción, son *respuestas* a la oración, en el sentido de que, tanto si se trata de concesiones como de rechazos, se han tenido en cuenta las oraciones de todos los implicados y sus necesidades. Todas las oraciones son escuchadas, aunque no todas se conceden. No debemos imaginarnos el destino como una película que se desarrolla en su mayor parte por sí sola, pero en la que nuestras oraciones pueden insertar a veces elementos adicionales. Por el contrario, lo que la película nos muestra mientras se desarrolla ya contiene los resultados de nuestras oraciones y de todos nuestros otros actos. No se trata de *si* un suceso determinado ha ocurrido gracias a su oración. Cuando se produce el hecho por el que oró, la oración siempre ha contribuido a ello. Cuando se da el suceso contrario, su oración no ha sido ignorada, sino que ha sido considerada y rechazada, para su bien final y el de todo el universo. (Por ejemplo, porque a la larga es mejor para usted y para todos los demás que otras personas, incluso las malvadas, ejerzan el libre albedrío y no que usted sea protegido de la crueldad o la traición haciendo que la raza humana se convierta en un autómata). Pero esto es, y debe seguir siendo, una cuestión de fe. Creo que solo se engañará a usted mismo si trata de encontrar pruebas especiales para ello en algunos casos más que en otros.

EL GRAN DIVORCIO

un sueño

«No, no hay escapatoria. No hay cielo con un poco de infierno dentro; no hay ningún plan para guardarnos esto o aquello del diablo en nuestros corazones o bolsillos. Afuera con Satanás, hasta el último pelo y la última pluma».

GEORGE MACDONALD

A Barbara Wall,
la mejor y más resignada amanuense.

PREFACIO

Blake escribió *El matrimonio del cielo y el infierno*. Si yo escribo sobre su divorcio, no es porque me considere un adversario a la altura de un genio tan grande, ni siquiera porque esté del todo seguro de saber lo que Blake quería decir. En un sentido u otro, el intento de celebrar ese matrimonio es permanente. La tentativa está basada en la creencia de que la realidad no nos depara nunca una alternativa totalmente inevitable; de que, con habilidad, paciencia y tiempo suficientes (sobre todo con tiempo), encontraremos la forma de abrazar los dos extremos de la alternativa; de que el simple progreso, o el arreglo, o la ingeniosidad convertirán de algún modo el mal en bien sin necesidad de consultarnos para rechazar definitiva y totalmente algo que nos gustaría conservar. Considero que esta creencia es un error catastrófico. No podemos llevar con nosotros todo el equipaje a todos los viajes. En algunos quizá haya que incluir entre las cosas que debemos dejar atrás nuestra mano derecha o nuestro ojo derecho. No vivimos en un mundo en el que las carreteras sean radios de un círculo, o en el que los caminos, si continúan lo suficiente, se acerquen hasta encontrarse en el centro. Nuestra vida transcurre, más bien, en un mundo en el que los caminos se bifurcan en dos tras unos kilómetros, y esos dos, de nuevo, en otros dos. Y en cada una de las bifurcaciones hemos de tomar una decisión. La vida no es, ni siquiera en el nivel biológico, como un río, sino como un árbol. No marcha hacia la unidad, sino que se aleja de ella, y las criaturas se separan tanto más cuanto más crecen en perfección. El bien, al perfeccionarse, se diferencia cada vez más no solo del mal, sino también de otros bienes.

Yo no creo que todo el que elija caminos erróneos perezca. Pero su salvación consiste en volver al camino recto. Una suma equivocada se puede corregir; pero solo es posible hacerlo volviendo atrás hasta encontrar el error y calculando de nuevo a partir de ese punto. No basta, sencillamente, con seguir. El mal puede ser anulado, pero no puede «evolucionar» hasta convertirse en bien. El tiempo no lo enmienda. El hechizo se puede deshacer, poco a poco, «con murmullos retraídos de poder separador». De otro modo no es posible. Es una alternativa insuperable. Si insistimos en quedarnos con el infierno (o, incluso, con la tierra), no veremos el cielo; si aceptamos el cielo, no podremos guardar ni un solo recuerdo, ni el más pequeño y entrañable, del infierno. Y yo creo, sin duda, que el hombre que alcance el cielo descubrirá que no ha perdido lo que ha dejado (ni siquiera si se arrancó el ojo derecho), que en el cielo encontrará —mejor de lo que podría esperar—, aguardándole en las «Tierras Altas», el núcleo de lo que realmente buscaba hasta en sus deseos más depravados. En este sentido es verdad que los que hayan completado el viaje, solo ellos, dirán que el bien es todo y que el cielo está en todas partes. Pero nosotros, en este extremo del camino, no debemos intentar anticipar esa visión retrospectiva. Si lo hacemos, nos exponemos a aceptar la proposición contraria —equivocada y desastrosa— y a suponer que todo es bueno y que en todas partes está el cielo.

¿Y qué hay de la tierra?, se preguntará alguien. Yo creo que cualquiera descubrirá que la tierra no se encuentra, al fin y al cabo, en una situación muy distinta. Considero que, si se elige la tierra en lugar del cielo, resultará que fue, desde el principio, una región del infierno. Pero si se pone en segundo lugar, tras el cielo, resultará que desde el principio fue una parte de este.

Solo quedan por decir dos cosas más sobre este libro. En primer lugar, debo expresar mi deuda con un escritor cuyo nombre he olvidado y al que leí hace algunos años en una revista americana muy coloreada que trataba de lo que los americanos llaman «ciencia ficción». El desconocido escritor me sugirió la inquebrantable e irrompible cualidad de mi celestial tema, aunque él utilizaba la imaginación para un propósito diferente y más ingenioso. Su héroe viajaba al pasado, y en el pasado descubrió, muy adecuadamente, gotas de agua que podían atravesarlo como balas y sándwiches que ninguna fuerza podía morder, porque, como es lógico, las cosas pasadas no se pueden cambiar. Yo, con menos originalidad pero igual corrección (eso espero), he trasladado la situación a lo eterno. Pido al escritor de aquella historia, si alguna vez lee estas líneas, que acepte mi reconocimiento agradecido.

En segundo lugar, debo decir lo siguiente. Ruego al lector que no olvide que el libro es una fantasía. Tiene, por supuesto —o yo tengo el propósito de que la tenga—, una enseñanza. Pero las circunstancias transmortales son tan solo una hipótesis imaginativa. No son ni siquiera una conjetura o una especulación de lo que en realidad puede aguardarnos. Lo último que deseo es despertar verdadera curiosidad por los detalles del más allá.

C. S. LEWIS

abril, 1945.

I

Me encontraba en la cola del autobús, situada en la acera de una larga y sórdida calle. Comenzaba a caer la tarde y llovía. Yo había estado deambulando durante horas por calles lúgubres, bajo una lluvia incesante y la penumbra del crepúsculo. El tiempo parecía haberse detenido en ese instante melancólico en que unas pocas tiendas se hallan iluminadas y no ha oscurecido aún lo suficiente para que los escaparates parezcan animados. Así como la tarde parecía resistirse a dar paso a la noche, mi deambular se había negado siempre a llevarme a los mejores barrios de la ciudad. Por mucho que me alejara, encontraba invariablemente sucias casas de huéspedes, estancos estrechos, carteleras con anuncios colgados en las paredes andrajosas de almacenes sin ventanas, estaciones de mercancías sin trenes y librerías de esas en las que se venden *Las obras completas* de Aristóteles. Nunca me encontré con nadie. El pequeño gentío de la parada del autobús parecía haber dejado vacía la ciudad. Creo que esa fue la razón por la que me agregué a la cola.

Tuve un golpe de suerte en seguida. Nada más llegar a la parada, una mujer pequeña e irascible que estaba delante de mí se dirigía a un hombre que parecía estar con ella, y le decía con brusquedad:

—Muy bien. No estoy dispuesta a ir de ninguna manera. Como lo oyes.

Después abandonó la cola.

—Por favor —le decía el hombre con tono grave—, no creas que tengo el más mínimo interés en ir. Solo he intentado agradarte para restablecer la paz entre nosotros. Pero claro, mis sentimientos no importan. Lo entiendo perfectamente.

Luego, haciendo coincidir las palabras y los hechos, se alejó.

«Vaya —pensé—, acabo de adelantar dos puestos».

Ahora estaba junto a un hombre muy bajo y con aspecto ceñudo, que me miraba con expresión de honda desaprobación mientras le decía a gritos —levantando innecesariamente la voz— al hombre situado delante de él:

—Estas son las cosas que le hacen a uno pensarse dos veces si ir o no.

—¿Qué cosas? —gruñó el otro, un tipo grande y fornido.

—Mire —dijo el Hombre Bajo—, esta no es, ni con mucho, la clase de sociedad a la que, de hecho, yo estoy acostumbrado.

—¡Ah ya! —dijo el Hombre Grande. Después, lanzándome una mirada, añadió—: No aguante impertinencias suyas, señor. ¿No tendrá miedo de él?, ¿verdad?

A continuación, al ver que yo no reaccionaba, se volvió de pronto hacia el Hombre Bajo y dijo:

—No somos bastante buenos para usted, ¿no es cierto? No me gusta su descaro.

Y sin pensárselo dos veces, le asestó un golpe en la cara que lo dejó tendido en la cuneta.

—Dejadlo tumbado, dejadlo tumbado —decía el Hombre Grande a nadie en particular—. Yo soy un hombre llano, eso soy, y tengo mis derechos como los demás, ¿entendido?

Como el Hombre Bajo no mostraba intención de reincorporarse a la cola, sino que comenzó a alejarse cojeando, me acerqué un poco más, con mucha cautela, al Hombre Grande y me felicité por haber avanzado un nuevo puesto.

Un momento después, dos jóvenes situados delante de él nos dejaron y se alejaron tomados del brazo. Los dos usaban pantalones, y eran tan delgados, reían tan fácilmente y en falsete que no podría asegurar el sexo de ninguno de ellos. Pero quedaba claro que los dos preferían de momento la compañía del otro a la posibilidad de un asiento en el autobús.

—No conseguiremos entrar nunca —dijo una voz femenina envuelta en gimoteos, que salía de alguien situado unos cuatro puestos delante de mí.

—Le cambio el puesto por cinco chelines, señora —le dijo alguien.

Yo oí el tintineo del dinero y, a continuación, un chillido de la voz femenina mezclado con un rugido de carcajadas del resto del grupo. La mujer estafada saltó del lugar donde estaba y se lanzó sobre el hombre que la había engañado, pero los demás se cerraron y la echaron fuera.

Entre unas cosas y otras, la cola se había reducido a unas proporciones manejables mucho antes de que llegara el autobús.

Era un vehículo prodigioso, resplandeciente de luz dorada, heráldicamente coloreado. El conductor parecía también bañado de luz. Solo utilizaba una mano para conducir, mientras agitaba la otra delante del rostro como para aventar el vaho untuoso de la lluvia. Un rugido estalló en la cola cuando apareció.

—Parece que le divierte todo esto, ¿no? ¡Demonios!, está satisfecho de sí mismo, apuesto... ¡Hombre!, ¿por qué no puede comportarse naturalmente? Cree que es demasiado bueno para mirarnos. ¿Quién se cree que es?... Todo ese oropel y esa púrpura, yo lo llamo basura horrorosa. ¿Por qué no gastan algún dinero en sus casas y propiedades de aquí abajo? ¡Dios! ¡Cuánto me gustaría darle un golpe en toda la oreja!

Yo no pude ver nada en el semblante del conductor que justificara todo aquello, salvo que tenía un aire de autoridad y que parecía absorto en realizar su trabajo. Mis compañeros de viaje reñían como gallinas por subir al autobús, aunque había sitio suficiente para todos. Yo fui el último en entrar. El autobús estaba medio lleno y escogí un asiento al final, lejos de los demás; pero un joven con el pelo enmarañado vino inmediatamente y se sentó junto a mí. Cuando se hubo instalado, nos pusimos en marcha.

—Pensé que no tendría ningún inconveniente en que me sentara a su lado —dijo—, pues he notado que usted siente lo mismo que yo sobre nuestra actual compañía. No puedo imaginarme por qué diantres insisten en venir; no les gustará el lugar al que vamos, y estarían mucho más cómodos en casa. Para usted y para mí cambia la cosa.

—¿Les gusta este lugar? —pregunté.

—Lo mismo que les gustaría cualquier otro sitio —respondió—. Tienen cines, y restaurantes baratos, y anuncios y todas las cosas que quieren. No les inquieta la ausencia espantosa de vida intelectual. Nada más llegar me di cuenta de que había habido un error; yo tendría que haber tomado el primer autobús, pero me he dedicado a juguetear intentando despertar a la gente de aquí. He encontrado a algunos compañeros que conocía de antes y he tratado de formar un pequeño círculo, pero todos parecen haber descendido al nivel del ambiente que los rodea. Antes incluso de que viniéramos aquí tenía dudas sobre un hombre como Cyril Blellow. Siempre he pensado que no se sentía a gusto; pero al menos era inteligente: aunque fuera un fracaso desde el punto de vista creativo, había críticas suyas que valía la pena escuchar. Pero ahora parece no haber dejado nada salvo su engreimiento. La última vez que intenté leerle algunas de mis creaciones..., pero espere un minuto, me gustaría que lo viera.

Al darme cuenta, estremecido, de que lo que sacaba del bolsillo era un grueso fajo de papel escrito a máquina, murmuré en voz baja que no tenía mis gafas y exclamé:

—¡Oiga, hemos despegado!

Era verdad. Unos cientos de metros más abajo, medio ocultos ya por la lluvia y la niebla, asomaban los húmedos tejados de la ciudad, que se extendían hasta donde el ojo podía alcanzar.

2

No ESTUVE MUCHO tiempo a merced del poeta de cabellos enmarañados, pues otro pasajero interrumpió nuestra conversación. Pero antes de que eso sucediera yo había aprendido ya mucho acerca de él. Parecía ser un hombre especialmente maltratado. Sus padres no le habían querido jamás, y ninguno de los cinco colegios en los que se había educado parecía estar preparado para un talento y un temperamento como los suyos. Para colmo de desgracias, había sido de esos muchachos para los que el sistema de exámenes funciona con la máxima injusticia e irracionalidad.

Al llegar a la Universidad empezó a entender que las injusticias no ocurrían por azar, sino como resultado inevitable del sistema económico. El capitalismo no ha esclavizado solo a los trabajadores; además ha corrompido el gusto y vulgarizado el intelecto. De ahí procede nuestro sistema educativo y la falta de «reconocimiento» que sufren los nuevos genios.

Este descubrimiento hizo de aquel hombre un comunista. Pero conforme fue avanzando la guerra y vio a Rusia aliada con los gobiernos capitalistas, se sintió aislado una vez más y hubo de hacerse pacifista. Las afrentas sufridas en esta fase de su carrera, confesaba, le habían amargado. Decidió que podía servir mejor a la causa yéndose a América. Pero entonces América entró también en guerra. En esta época, Suecia se le presentó, súbitamente, como la patria de un arte verdaderamente nuevo y radical, pero ninguno de los diferentes tiranos le había dado facilidades para ir a Suecia. Tenía dificultades económicas, pues su padre, que no había logrado rebasar la abominable presunción y la complacencia mental de la época victoriana, le pasaba una pensión ridícula e insuficiente. También había sido muy maltratado por una muchacha.

Aquel hombre había creído que la joven tenía una personalidad verdaderamente civilizada y adulta, hasta que ella se le reveló, de improviso, como un montón de prejuicios burgueses e instintos monogámicos. La envidia y el carácter dominante eran defectos que le disgustaban especialmente. Ella también se había mostrado siempre mezquina en asuntos de dinero. Esa fue la gota que colmó el vaso, y aquel hombre se tiró a la vía del tren.

Yo me sobresalté, pero él no lo advirtió.

Incluso después, continuó, siguió persiguiéndole la mala suerte. Fue enviado al pueblo gris; pero se trataba, como es lógico, de un error. Yo descubriría, según me aseguró, que los demás pasajeros regresarían conmigo en el viaje de vuelta. Pero él no; él iba a quedarse «allí». Estaba completamente seguro de que, por fin, iba al lugar donde su espíritu primorosamente crítico no sería ultrajado por un ambiente desagradable, donde hallaría «reconocimiento» y «aprecio». Mientras tanto, como yo no me había traído las gafas, él me leería el pasaje sobre el que tan indiferente se había mostrado Cyril Blellow.

Pero en ese mismo instante nos interrumpieron. Una de las reyertas, siempre a punto de estallar en el autobús, estalló, y se produjo un alboroto momentáneo. Se sacaron cuchillos y se dispararon pistolas, pero todo parecía extrañamente inofensivo. Cuando pasó la pelea, comprobé que yo estaba ileso, aunque en otro asiento y con otro compañero. Era un hombre de aspecto inteligente, con la nariz ligeramente bulbosa y un bombín en la cabeza. Miré por la ventana. Estábamos tan alto que las cosas de abajo se habían vuelto borrosas, no podía ver ni ríos, ni montañas, ni sembrados. Tenía la sensación de que el pueblo gris ocupaba todo el campo visual.

—Parece la sombra de un pueblo —me permití observar—. No lo puedo entender. Los barrios que se ven están totalmente vacíos. ¿Tuvo alguna vez una población más numerosa?

—En absoluto —contestó mi vecino—. El problema está en que hay muchas pendencias. Cuando alguien llega, se instala enseguida en una calle; pero antes de veinticuatro horas, ya ha tenido algún altercado con el vecino. No ha pasado todavía una semana cuando, tras verse enredado en crueles riñas, decide irse a otro sitio.

»Lo más probable es que encuentre vacía la siguiente calle, pues las personas que la habitaban también se peleaban con sus vecinos y se mudaron; de ser así, se instalará allí. Si por casualidad la calle está llena, buscará otra. Pero da igual dónde se quede; seguro que, sin tardar mucho, tendrá nuevas pendencias que le obligarán de nuevo a mudarse. Finalmente se irá a vivir a las afueras de la ciudad y se construirá una nueva casa. Aquí es muy fácil, ¿entiende? Solo hace falta pensar en una casa y ya se tiene. Así es como la ciudad continúa creciendo.

—¿Dejando cada vez más calles vacías?

—Así es. Aquí sobra tiempo. El lugar donde subimos al autobús se halla a cientos de kilómetros del Centro Cívico, que es donde dejan a los recién llegados de la tierra. La gente con la que se ha topado vivía ahora cerca de la parada de autobús, pero les ha costado siglos —de nuestro tiempo— llegar allí por traslados sucesivos.

—¿Y qué pasa con los primeros que llegaron? Quiero decir que debe de haber mucha gente que vino de la tierra hace más tiempo.

—Desde luego. Han estado trasladándose sin cesar, y se han separado cada vez más, y ahora ya están tan lejos que no pueden siquiera pensar en venir hasta la parada de autobús. Son distancias astronómicas. Cerca de donde yo vivo hay un terreno ascendente, y un vecino tiene un telescopio, así que se pueden ver las luces de las casas donde viven esos viejos, separados millones de kilómetros. Millones de kilómetros alejados de nosotros y entre ellos mismos. Cada vez se alejan más. Esa es una de las decepciones; yo creía que aquí encontraría personajes históricos interesantes, pero no ha sido así. Están demasiado lejos.

—¿Llegarían a tiempo a la parada de autobús si se pusieran en camino?

—Teóricamente sí. Pero sería una distancia de años luz. Y ahora no querrían. Esos viejos tipos, como Tamerlán, Gengis Khan, o Julio César, o Enrique V, no querrían.

—¿No querrían?

—Así es. El más cercano de esos viejos es Napoleón. Lo sabemos porque dos jóvenes hicieron un viaje para verle. Se pusieron en camino mucho antes de que yo llegara, por supuesto, pero ya estaba aquí cuando regresaron. Necesitaron unos quince mil años de nuestro tiempo. Ahora hemos divisado la casa: es como un destello de luz sin nada más a su alrededor en millones de kilómetros.

—¿Pero llegaron hasta allí?

—En efecto. Napoleón se había construido una enorme casa de estilo imperial: hileras de ventanas flameantes de luz que, vistas desde donde nosotros vivimos, parecen solo un ligero destello.

—¿Vieron a Napoleón?

—Naturalmente. Subieron y miraron por una de las ventanas. Napoleón estaba bien.

—¿Qué hacía?

—Paseaba de arriba abajo, siempre de un lado para otro, de izquierda a derecha y de derecha a izquierda, sin parar ni un momento. Los dos muchachos estuvieron observándole casi un año y no le vieron parar en todo el tiempo. Murmuraba sin parar: «Soult tuvo la culpa. Ney tuvo la culpa. Josefina tuvo la culpa. Los rusos tuvieron la culpa. Los ingleses tuvieron la culpa». Así constantemente; no paró ni un momento. Era un hombre gordo y pequeño, y parecía vagamente cansado. Pero también parecía incapaz de parar.

Por las vibraciones deduje que el autobús seguía moviéndose, pero ahora no se podía ver nada por las ventanas que pudiera confirmarlo. Nada salvo el vacío gris arriba y abajo.

—Entonces —dije—, ¿el pueblo seguirá extendiéndose indefinidamente?

—En efecto —contestó el Hombre Inteligente—. Salvo que alguien haga algo para evitarlo.

—¿Qué quiere decir?

—Bueno, de hecho, y que quede entre nosotros, esa es mi tarea en este momento. ¿Qué le pasa a este lugar? El problema no es que la gente sea pendenciera; eso es solo un rasgo de la naturaleza humana que ha existido siempre en la tierra. El problema es que no tienen necesidad alguna. Cada cual puede conseguir lo que quiera (salvo, naturalmente, buenas cualidades) con solo imaginarlo. Esa es la razón por la que no supone ninguna dificultad trasladarse de una calle a otra o construirse una casa nueva. En otras palabras, no existe base propiamente económica para ninguna forma de vida en comunidad. Si necesitaran tiendas de verdad, tendrían que vivir cerca de donde estuvieran situadas. Si necesitaran casas de verdad, tendrían que estar cerca de donde estuvieran los constructores. Es la escasez lo que hace posible que la sociedad exista. Y ahí es donde entro yo. Yo no hago el viaje por placer; hasta donde se me alcanza, no creo que me gustara vivir allí arriba. Pero si pudiera regresar con algunas mercancías de verdad —algo que realmente se pueda morder, o beber, o que sirva para sentarse—, ahí abajo, en nuestro pueblo, la gente empezaría a demandarlas y yo montaría un pequeño negocio. Tendría algo para vender. Pronto habría gente dispuesta a vivir cerca: centralización. Dos calles densamente pobladas alojarían a la gente expandida ahora por un millón de kilómetros cuadrados de calles vacías. Obtendría una ganancia muy pequeña pero también sería un benefactor público.

—¿Quiere decir que si tuvieran que vivir juntos, aprenderían poco a poco a ser menos pendencieros?

—La verdad es que no lo sé, pero creo que se mantendrían algo más sosegados. Habría posibilidad de crear una fuerza de policía e imponerles algún tipo de disciplina. En todo caso (aquí bajó la voz) sería mejor. Todo el mundo lo reconoce. La seguridad depende del número.

—Seguridad ¿de qué? —comencé a preguntar, pero mi compañero me dio un codazo para que me callara.

Yo cambié la pregunta.

—Pero, oiga —le dije—, si pueden conseguirlo todo con solo imaginarlo, ¿por qué iban a querer cosas de verdad, como usted las llama?

—¿Que por qué? Bien, les gustaría tener casas en las que no entrara la lluvia.

—Las casas que tienen ahora, ¿no?

—Por supuesto que no. ¿Cómo podrían construirlas?

—¿Para qué las construyen, entonces?

El Hombre Inteligente acercó su cabeza a la mía.

—Otra vez la seguridad —murmuró—. Por lo menos la sensación de seguridad. Ahora todo está bien, pero después... ya me entiende.

—¿Qué? —dije casi involuntariamente, bajando la voz hasta convertirla en un susurro.

Él expresó su opinión en voz baja esperando que yo supiera leer en sus labios. Acerqué mi oído a su boca.

—Hable alto —le dije.

—Dentro de poco oscurecerá —susurró.

—¿Quiere decir que la tarde se va a convertir realmente en noche? Asintió con la cabeza.

—¿Y qué va a pasar cuando suceda? —pregunté.

—Bien..., nadie quiere estar fuera cuando ocurre.

—¿Por qué?

Su respuesta fue tan sigilosa que tuve que pedirle varias veces que la repitiese. Después de que lo hiciera, y como yo estaba un poco irritado (como nos solemos irritar habitualmente con los cuchicheadores), respondí sin acordarme de bajar la voz.

—¿Quiénes son ‹Ellos›? —quise saber—. ¿Qué teme que le hagan? ¿Y por qué habrían de salir con la oscuridad? ¿Y qué protección podría ofrecer una casa imaginaria si hubiera algún peligro?

—¡Eh, ahí! —gritó el Hombre Grande—. ¿Quién está contando esos chismes? Vosotros dos, dejad de cuchichear si no queréis recibir una paliza, ¿comprendido? Difundir rumores, así es como yo lo llamo. Y tú, Ikey, cállate de una vez.

«Bien dicho». «Escandaloso». «Habría que denunciarlos». «¿Cómo se les ha permitido subir al autobús?», gruñían los pasajeros.

Un hombre gordo y esmeradamente afeitado, que estaba sentado enfrente de mí, se inclinó y se dirigió a mí en un tono culto.

—Discúlpeme —dijo—, pero no he podido evitar oír fragmentos de su conversación. Es sorprendente que persistan estas supersticiones primitivas. Perdone, ¿qué dijo usted? ¡Oh, válgame Dios!, no hay más que supersticiones. No hay la menor evidencia de que el crepúsculo vaya a dar paso a la noche. En los círculos instruidos se ha producido un cambio de opinión revolucionario al respecto. Me sorprende que no se haya enterado. Todas las pesadillas y fantasías de nuestros antepasados están siendo superadas.

Lo que vemos ahora, envuelto en una penumbra tenue y delicada, es la promesa del amanecer: el lento viraje de una nación entera hacia la luz. Lenta e imperceptiblemente, por supuesto. «Y la luz, cuando llega el alba, no entra solo por las ventanas que miran a Oriente». Esa pasión por las cosas «reales» de que habla su amigo no es más que materialismo, ¿comprende? Es una tendencia retrógrada. Sumisión a la tierra. Anhelo de materia.

Pero nosotros consideramos esta ciudad espiritual; a pesar de sus defectos, es espiritual como un semillero en que las funciones creativas del hombre, liberadas de las trabas de la materia, comienzan a volar con sus propias alas. Un pensamiento sublime.

Algunas horas después se produjo una novedad. El autobús comenzó a iluminarse. El color gris del espacio exterior adquirió una tonalidad como de barro, luego otra nacarada, después tomó un tenue color azul, luego un azul brillante que hería los ojos. Parecía que flotábamos en un completo vacío. No se divisaba ni tierra, ni sol, ni estrellas: solo el abismo radiante. Abrí la ventanilla que tenía al lado. Un frescor delicioso entró durante unos segundos, y luego...

—¿Qué demonios está haciendo? —gritó el Hombre Inteligente, echándose de modo grosero sobre mí y cerrando repentinamente la ventanilla—. ¿Quiere que pesquemos un resfriado de muerte?

—Dele una bofetada —dijo el Hombre Grande.

Yo eché un vistazo por el autobús. Aunque las ventanas estuvieran cerradas —habían echado enseguida las cortinas—, el autobús estaba lleno de luz. Era una luz inclemente.

Me sobrecogieron los rostros y las figuras que me rodeaban. Eran rostros estereotipados, llenos de imposibilidades, no de posibilidades; unos flacos, otros hinchados; los había que miraban con ira y con necia crueldad, y otros que se sumían en sueños de los que parecían no poder salir. Pero todos eran, de un modo u otro, rostros deformados y apagados. Uno tenía la impresión de que podían deshacerse en pedazos en cualquier momento si la luz iluminaba con más fuerza. Después vi mi rostro reflejado en el espejo de la parte posterior del autobús.

Y la luz seguía creciendo.

3

ANTE NOSOTROS APARECIÓ un precipicio. Se abría verticalmente bajo nuestros pies y era tan profundo que no podía verse el fondo. Era un abismo negro y continuo.

Subíamos incesantemente. Por fin pudimos divisar el borde del acantilado, que parecía una delgada línea verde esmeralda, extendida y tirante como la cuerda de un violín. Luego planeamos sobre la cumbre. Volamos por encima de una región llana y herbácea atravesada por un ancho río; después empezamos a perder altura. Las copas de los árboles más altos estaban solo a unos veinte metros debajo de nosotros. Después, súbitamente, nos detuvimos. Todos nos levantamos bruscamente. A mis oídos llegaron blasfemias, dicterios, ruido de golpes, insultos e injurias cuando mis compañeros de viaje empezaron a forcejear para salir. Un momento después habían logrado salir todos; yo era el único que quedaba dentro. A través de la puerta entreabierta llegó hasta mí, envuelto en una quietud nueva, el canto de una alondra.

Salí. La luz y el frescor que me bañaban eran como la luz y el frescor de las mañanas de verano, a primera hora, unos minutos antes de la salida del sol. Había, sin embargo, cierta diferencia. Yo tenía la sensación de estar en un espacio muy grande, quizás en un tipo de espacio más amplio que el que había conocido hasta ahora. Parecía como si el cielo estuviera más lejos y la extensión de la llanura verde fuera mucho mayor de lo que suele ser en esta pequeña bola que es la tierra. Había bajado del autobús, pero en un sentido especial que hacía que el sistema solar pareciera un asunto de puertas adentro. Todo me producía una sensación de libertad, pero también tenía la impresión de estar expuesto a algún riesgo, tal vez a graves peligros, y esa impresión no dejó de acompañarme durante el tiempo que siguió. La imposibilidad de comunicarla, e incluso de recordarla con precisión y rememorar cómo continuó todo, es lo que hace que abandone la esperanza de describir las verdaderas cualidades de lo que vi y oí.

Al principio, como es lógico, atrajeron mi atención mis compañeros de viaje, quienes estaban aún reunidos cerca del autobús, aunque algunos comenzaban ya a avanzar y adentrarse en el paisaje con paso vacilante. Me quedé boquiabierto al verlos. Ahora que se encontraban en plena luz, eran transparentes. Cuando se colocaban entre la luz y yo, eran completamente transparentes, y aparecían borrosos e imperfectamente opacos cuando se hallaban a la sombra de algún árbol. Eran, en efecto, fantasmas: manchas con forma humana sobre la claridad del aire. Uno podría, a discreción, prestarles atención o ignorarlos, como hacemos con la suciedad en el cristal de una ventana. Advertí que la hierba no se doblaba bajo sus pies. Ni siquiera las gotas de rocío se alborotaban.

Entonces tuvo lugar una reorientación de mis pensamientos, o una concentración de la visión, y pude ver el prodigio al revés. Los hombres eran como siempre habían sido, como tal vez sean todos los hombres que he conocido. La luz, la hierba y el aire eran diferentes; estaban hechos de una sustancia diferente, mucho más sólida que las cosas de nuestro país, hasta el punto de que los hombres, comparados con ellos, parecían fantasmas. Sacudido por un pensamiento súbito, me incliné y traté de arrancar una margarita que crecía a mis pies; pero me resultó imposible romper el tallo. Intenté retorcerlo, pero fue inútil. Tiré hasta que el sudor empapó mi frente y me desollé las manos. La florecilla era dura, no como la madera, ni siquiera como el hierro, sino como el diamante. A su lado, tendida en la hierba, había una hoja de haya tierna y joven. El corazón estuvo a punto de rompérseme debido al esfuerzo que hice al intentar levantarla del suelo. Creo que conseguí levantarla, pero tuve que soltarla enseguida; pesaba más que un saco de carbón.

Al ponerme de pie —lo que me permitió recuperar el aliento con grandes jadeos— y bajar la vista para mirar a la margarita, me di cuenta de que no solo veía la hierba entre mis dos pies, sino también a través de ellos. Yo también era un fantasma. ¿Dónde encontrar palabras para expresar el terror del descubrimiento?

«Dios mío, pensé, ¡la que se me viene encima!».

—¡No me gusta! ¡No me gusta! —grité—. ¡Esto me fastidia horriblemente!

Uno de los fantasmas corría delante de mí de regreso al autobús. Que yo sepa no volvería a salir de allí.

Los demás permanecían dubitativos.

—¡Eh, señor! —gritó el Hombre Grande, dirigiéndose al conductor—, ¿cuándo tenemos que estar de vuelta?

—No tienen que volver si no quieren —respondió—. Quédense todo el tiempo que les plazca —añadió, y se produjo una pausa embarazosa.

—Es sencillamente ridículo —me dijo una voz al oído. Era uno de los fantasmas más respetables y apaciguadores, que se me había acercado silenciosamente—. Debe de haber algún mal manejo —continuó—. ¿Qué sentido tiene permitir a toda esta chusma que flote por aquí todo el día? Mírelos, no están gozando del lugar. Serían mucho más felices en sus casas. Ni siquiera saben qué hacer.

—La verdad es que yo tampoco lo sé muy bien —respondí—. ¿Qué hace uno?

—¡Ay de mí! Me encontrarán de un momento a otro. Me esperan. La verdad es que no me preocupa; pero es bastante desagradable tener todo el lugar, ya el primer día, atestado de excursionistas. ¡Maldita sea! ¡Una de las principales razones que me llevaron a venir aquí era huir de ellos!

Después se fue alejando de mí. Yo comencé a mirar a mi alrededor. A pesar de haber aludido a una «multitud», la soledad era tan inmensa que apenas si reparé en el corrillo de fantasmas que se hallaban en primer plano; el verdor y la luz casi se los había tragado. Pero a lo lejos se divisaba algo que podía ser una gran formación nubosa o una cordillera de montañas. A ratos podía distinguir en ella bosques empinados, valles remotos e, incluso, ciudades encaramadas sobre cumbres inaccesibles. Pero otras veces se volvía borrosa. La altura era tan enorme que mi vista vigilante no habría abarcado en absoluto un objeto así. La luz se cernía sobre la cumbre, desde la que, inclinándose, formaba largas sombras tras cada uno de los árboles de la llanura. El paso de las horas no producía cambios ni sucesión. La promesa —o la amenaza— de la salida del sol permanecía inalterable allí arriba.

Pasado un buen rato, vi gente que venía a reunirse con nosotros. Como eran seres luminosos, pude divisarlos cuando todavía se hallaban a gran distancia; aunque al principio no distinguía siquiera si eran personas. Se acercaban kilómetro a kilómetro. La tierra temblaba bajo sus pisadas cuando sus fuertes pies se hundían en el césped mojado; una delgada niebla y un dulce olor subían en donde habían aplastado la hierba y esparcido el rocío.

Unos estaban desnudos, otros vestidos. Pero los desnudos no parecían menos engalanados, y las túnicas no disimulaban en quienes las llevaban la maciza grandiosidad de los músculos y la refulgente lisura de la piel. Alguno tenía barba, pero ningún miembro de la compañía permitía desvelar que tuviera una edad determinada. Uno recibe destellos, incluso en nuestro país, de las cosas que no tienen edad, como un pensamiento grave en el rostro de una criatura o la niñez traviesa en la cara de un hombre viejo. Aquí era todo así. Avanzaban sin parar. A mí aquello no me gustaba del todo. Dos fantasmas empezaron a gritar y corrieron en busca del autobús. Los demás nos apiñamos unos junto a otros.

Cuando la gente sólida estaba más cerca, noté que se movían con orden y determinación, como si cada uno de ellos hubiera escogido ya a su hombre dentro de nuestra incorpórea sociedad.

«Van a organizar un escándalo —me dije—. Tal vez no sea correcto mirar». Dicho esto, me alejé con el vago pretexto de realizar una pequeña exploración. Una arboleda de cedros gigantes situada a mi derecha me pareció atractiva y me adentré en ella. Andar resultaba difícil. La hierba, dura como el diamante para mis pies poco sólidos, me hacía sentir como si anduviera sobre rocas desnudas, y padecer igual dolor que las sirenas de las que hablaba Hans Andersen. Un pájaro cruzó el espacio delante de mí y sentí envidia; pertenecía a este país y era tan real como la hierba. Podía combar los tallos y salpicarse de rocío.

Enseguida me siguió aquel al que he llamado el Hombre Grande o, con mayor precisión, el Fantasma Grande. A él le seguía, a su vez, una de las personas luminosas.

—¿No me conoce? —le gritó al Fantasma.

A mí me resultó imposible no volverme y prestar atención. El rostro del espíritu sólido —era uno de los que llevaba túnica— hizo que deseara bailar, tan alegre era, y tan lleno de juventud.

—¡Anda! ¡Qué sorpresa! Nunca lo hubiera creído. Me deja pasmado. Esto no es justo, Len. ¿Y qué hay del pobre Jack, ¿eh? Usted parece muy satisfecho, pero ¿qué pasa con el pobre Jack?

—Está aquí —dijo el otro. Se encontrará pronto con él si se queda.

—Pero si lo asesinó usted.

—Naturalmente que lo asesiné. Ahora todo está en orden.

—¿En orden?, ¿todo en orden? Querrá decir en orden para usted. Pero ¿qué pasa con el pobre tipo que yace frío y muerto?

—No está muerto. Ya se lo he dicho. Pronto se encontrará con él. Le envía un cariñoso saludo.

—Lo que me gustaría saber —dijo el Fantasma— es por qué está usted aquí, tan complacido como un polichinela; sí, usted, un miserable asesino, mientras yo he estado allí abajo, recorriendo las calles y viviendo todos estos años en sitios que parecían pocilgas.

—A primera vista resulta difícil de entender. Pero ahora ha pasado todo, y dentro de poco se alegrará usted de ello. Hasta entonces no hay que preocuparse.

—¿Que no hay que preocuparse? ¿No se avergüenza de sí mismo?

—No. No en el sentido que usted quiere decir. Yo no me miro. He renunciado a mí mismo. Tuve que hacerlo después del asesinato, ¿comprende? Eso fue lo que me cambió. Y así fue como comenzó todo.

—Personalmente —dijo el Fantasma Grande con un énfasis que desmentía el significado trivial de sus palabras—, personalmente había pensado que la relación entre usted y yo debería ser la contraria de la que es. Esa es mi opinión personal.

—Es muy probable que pronto lo sea —dijo el otro—. Haga el favor de dejar de pensar en eso.

—Ahora míreme —dijo el Fantasma, dándose un golpe en el pecho (un manotazo que no hizo el menor ruido)—. Yo he ido toda mi vida por el camino recto. No digo que fuera un hombre religioso; tampoco digo que no tuviera defectos, lejos de mí afirmar cosas así. Pero durante toda mi vida he hecho todo lo que he podido, ¿entiende?, todo lo que he podido por todo el mundo. Esa es la clase de hombre que soy. Jamás pedí nada que en justicia no fuera mío; si quería una copa, la pagaba, y recibía el salario por el trabajo realizado, ¿comprende? Así soy yo, y no me importa que los demás lo sepan.

—Sería mucho mejor no seguir con eso ahora.

—¿Y quién tiene interés en continuar? No estoy discutiendo. Solo me he limitado a decirle la clase de hombre que yo era, ¿entiende? Y no pido nada más que mis derechos. Usted tal vez piense que puede hacerme callar porque va acicalado de ese modo (de forma muy distinta a como iba cuando trabajaba a mis órdenes), y yo soy solo un pobre hombre. Pero yo tengo oportunidad de ejercer mis derechos igual que usted, ¿comprende?

—¡Oh, no! La cosa no es tan negra como usted la pinta. Yo no tengo derechos; de tenerlos no estaría aquí. Usted tampoco obtendrá los suyos; pero tendrá algo mucho mejor. No se preocupe.

—Eso es precisamente lo que digo, que no he obtenido mis derechos. Siempre hice lo que estuvo en mi mano y nunca hice nada censurable. No entiendo, pues, por qué debo estar por debajo de un miserable asesino como usted.

—¿Quién sabe si lo va a estar? Limítese a ser feliz y venga conmigo.

—¿Por qué sigue disputando? Solo le estoy explicando la clase de hombre que soy, y únicamente pido mis derechos. No pido la maldita caridad de nadie.

—Pues hágalo. Enseguida. Pida por caridad. Todo lo que hay aquí se consigue pidiéndolo, y nada se puede comprar.

—Eso puede estar muy bien para usted, lo concedo. Si optan por dejar entrar a un miserable asesino por el simple hecho de que en el último momento se lamenta mucho, eso es asunto suyo. Pero yo no me veo viajando en el mismo barco que usted, ¿comprende?

—¿Por qué tendría que hacerlo? Yo no quiero caridad. Soy una buena persona, y si se hubieran respetado mis derechos, tendría que haber estado aquí hace ya tiempo. Puede decirles que lo he dicho yo.

El otro movió la cabeza.

—Usted no puede hacer algo así —dijo—. Sus pies no se endurecerán nunca lo suficiente como para caminar por nuestra hierba. Caería rendido antes de que llegáramos a las montañas. Y eso no es del todo cierto, ¿sabe?

La alegría le bailaba en los ojos al decir estas palabras.

—¿Qué es lo que no es cierto? —preguntó malhumorado el Fantasma.

—Usted no ha sido una buena persona ni ha hecho todo lo que estaba en su mano. Ninguno de los dos lo hemos sido ni hemos hecho lo que estaba en nuestras manos. Pero ¡que Dios le bendiga!, ya no importa. No hay por qué entrar ahora en ese tema.

—Oiga —gritó el Fantasma. ¿Se atreve usted a decirme a mí que no he sido una buena persona?

—Por supuesto. ¿Pero tengo que hablar de todo eso ahora? Le diré algo para empezar. Asesinar al viejo Jack no fue la peor de mis acciones. Fue cosa de un momento, y yo estaba medio loco cuando lo hice. Pero a usted lo asesiné, en mi corazón, deliberadamente y durante muchos años. Yo solía pasarme las noches despierto pensando lo que le haría si alguna vez tenía la oportunidad. Esa es la razón por la que ahora he sido enviado a su lado: para pedirle perdón y ser su criado todo el tiempo que usted necesite un criado, y más aún si le place. Yo fui el peor, pero todos los que trabajaban bajo sus órdenes sentían lo mismo. Usted nos puso las cosas muy difíciles, ¿sabe? Y también se las puso muy difíciles a su esposa y a sus hijos.

—Ocúpese de sus propios asuntos, joven —dijo el Fantasma—. Nada de insolencias, ¿entendido? No voy a permitir ninguna insolencia suya acerca de mis asuntos privados.

—No hay asuntos privados —replicó el otro.

—Y le diré otra cosa —prosiguió el Fantasma—. Puede irse si quiere, ¿comprende? No es usted persona grata. Yo puedo ser un pobre hombre, pero no hago migas con un asesino, y menos aún voy a recibir lecciones de él. Le puse las cosas difíciles a usted y a otros como usted, ¿verdad? Pues si lo tuviera otra vez a mis órdenes, le iba a enseñar lo que es trabajar.

—Venga y enséñemelo ahora —dijo el otro, risueño—. Será una gran alegría ir a las montañas, pero habrá mucho trabajo.

—¿No creerá que voy a ir con usted?

—No se niegue. Usted solo no llegará; y es a mí a quien han enviado para acompañarle.

—En eso consiste el truco, ¿verdad? —gritó el Fantasma, con voz aparentemente cortante, aunque, en mi opinión, sus palabras expresaban una especie de triunfo. Le habían suplicado y podía negarse. Todo esto le parecía que le daba una cierta superioridad—. Yo sabía que habría algún abominable disparate. Son una pandilla, una pandilla sangrienta. Dígales que no voy a ir, ¿comprende? Prefiero ser condenado a seguir con usted. He venido aquí a hacer valer mis derechos, ¿entiende? No he venido para seguir implorando caridad cosido a sus faldas. Si son demasiado buenos para que yo esté con ellos y sin usted, me iré a casa —en ese momento, en que en algún sentido podía proferir amenazas, se sentía casi feliz—. Eso es lo que pienso hacer —repetía—. Me iré a mi casa. Eso es lo que haré. No he venido aquí para que me traten como un perro. Me iré a mi casa; sí, eso es lo que pienso hacer. Maldita sea toda vuestra pandilla.

Al final, refunfuñando aún, pero también lloriqueando, mientras andaba con tiento por las hierbas afiladas, se alejó.

4

Durante un momento se produjo bajo los cedros un silencio que rompió el ruido —*pas, pas, pas*— de unas pisadas. Dos leones con los pies de terciopelo venían saltando por el espacio abierto. Cada uno tenía clavados los ojos en los del otro y empezaron a jugar y a hacer afectadas travesuras. Sus melenas parecían haberse sumergido recientemente en el río, cuyo sonido podía oír cerca aunque los árboles lo ocultaban a mi vista. Como no les gustaba demasiado mi compañía, me alejé para buscar el río, y después de dejar atrás espesos arbustos florecidos, lo encontré. Los arbustos llegaban casi a la orilla, y el río era tan manso como el Támesis, pero fluía tan rápido como un arroyo de las sierras. Tenía un color verde pálido donde los árboles lo cubrían, mas sus aguas eran tan claras que se podían contar los guijarros del fondo. Cerca de mí pude ver a otro Hombre Luminoso conversando con un fantasma. Era este el fantasma gordo con voz culta que me había dirigido la palabra en el autobús. Ahora parecía llevar polainas.

—Querido amigo, me alegro de verle —le decía al Espíritu, que estaba desnudo y era deslumbradoramente blanco—. Hace unos días estuve hablando con su pobre padre y le pregunté dónde estaba usted.

—¿No lo ha traído consigo? —preguntó el otro.

—La verdad es que no —respondió el Fantasma—. Vive muy lejos del autobús y, sinceramente, en los últimos tiempos se está volviendo un poco excéntrico; un poco difícil. Está perdiendo fuerza. No estaba preparado para hacer grandes esfuerzos, ¿comprende? Si recuerda, solía irse a dormir cuando usted y yo empezábamos a hablar seriamente. ¡Ay, Dick!, nunca olvidaré nuestras conversaciones. Espero que desde entonces hayan cambiado un poco sus opiniones. Al final de su vida se volvió usted bastante intolerante. Pero, sin duda, ahora tendrá unas opiniones más abiertas.

—¿Qué quiere decir?

—¡Mire! Ahora resulta obvio, ¿o no?, que usted no tenía del todo razón. ¿Por qué, querido amigo, llegó usted a creer en un verdadero cielo y un verdadero infierno?

—¿Es que no es así?

—Bien, en un sentido espiritual, sí, sin duda. En ese sentido yo sigo creyendo todavía que existen los dos, y sigo esperando, querido amigo, el reino. Pero no un reino supersticioso o mitológico....

—Discúlpeme. ¿Dónde se figura que ha estado?

—¡Ah!, ya entiendo. Usted quiere decir que el pueblo gris, con su incesante esperanza en la aurora (todos vivimos con esperanzas, ¿no es así?), con su extenso campo para seguir creciendo indefinidamente, es, en cierto sentido —si tenemos ojos para verlo— el cielo. Se trata de una hermosa idea.

—Yo no quiero decir eso en absoluto. ¿Es posible que no sepa dónde ha estado?

—Ahora que alude a ello, no creo que le hayamos puesto nunca un nombre. ¿Cómo lo llaman?

—Lo llamamos infierno.

—No hace falta ser irreverente, querido amigo. Puede que yo no sea muy ortodoxo, en el sentido que usted da a la palabra, pero sí creo que estas cosas se deben discutir de forma llana, seria y reverente.

—¿Hablar del infierno con reverencia? Yo quería decir lo que dije. Usted ha estado en el infierno, aunque si no regresa de nuevo a él, lo puede llamar purgatorio.

—Qué va, querido amigo, qué va. No ha cambiado nada. Estoy seguro de que me dirá por qué, a su juicio, me enviaron allí. No estoy enojado.

—¿Pero no lo sabe? A usted le enviaron allí por ser un apóstata.

—¿Habla en serio, Dick?

—Completamente.

—Eso es peor de lo que esperaba. ¿Cree que la gente es castigada por sus opiniones sinceras, aun suponiendo, por razones argumentativas, que fueran opiniones equivocadas?

—¿Cree de verdad que no hay pecados de la inteligencia?

—Ya lo creo que los hay, Dick. Hay prejuicios obstinados y fraudes intelectuales, y timidez y estancamiento. En cambio, las opiniones sinceras que se mantienen valientemente no son pecados.

—Sé que solíamos hablar de ese modo. Yo también seguí haciéndolo hasta el final de mi vida, cuando me convertí en lo que usted llama un hombre de miras estrechas. El problema está en determinar qué son opiniones sinceras.

—Las mías, ciertamente, lo eran. No solo sinceras, sino también heroicas. Cuando la doctrina de la Resurrección me pareció inaceptable a la luz de la capacidad crítica que Dios me ha dado, la rechacé abiertamente. Entonces prediqué mi famoso sermón y desafié a todo el cabildo. Acepté todos los riesgos.

—¿Qué riesgos? ¿En qué otra cosa podía venir a parar todo aquello salvo en lo que, realmente, vino a parar: popularidad, venta de sus libros, invitaciones y, finalmente, un obispado?

—Dick, eso es algo indigno de usted. ¿Qué está insinuando?

—No estoy insinuando nada, amigo. Ahora lo sé con certeza, ¿comprende? Seamos francos. Nosotros no formamos nuestras opiniones honestamente; sencillamente nos hallábamos en contacto con cierta corriente de opinión y nos sumergimos en ella porque parecía algo moderno y auguraba grandes éxitos.

»En la Universidad, ¿recuerda?, comenzamos automáticamente a escribir el tipo de ensayos que permitía conseguir las mejores notas y a decir las cosas que provocaban aplausos. ¿En qué momento de nuestra vida afrontamos honestamente y en soledad la única pregunta sobre la que giraba todo lo demás: la de si, al fin y al cabo, podía darse de hecho lo sobrenatural? ¿Hubo un solo momento en que ofreciéramos una verdadera resistencia a la pérdida de nuestra fe?

—Si sus palabras pretenden ser un bosquejo de la génesis de la teología liberal en general, mi respuesta es que se trata de una calumnia. ¿Acaso insinúa que hombres como...?

—No es mi intención exponer ninguna generalidad, ni hablar de hombres como usted o yo. ¡Oh, cómo se amaba a sí mismo! ¿Recuerda? Usted sabe que ambos estábamos jugando con dados cargados. No queríamos que el otro fuera fiel. Teníamos miedo del crudo salvacionismo, miedo de romper con el espíritu de la época, miedo de hacer el ridículo y, sobre todo, miedo de los auténticos miedos y esperanzas espirituales.

—Lejos de mí negar que los jóvenes pueden equivocarse. Los jóvenes pueden dejarse influir por estilos de pensamiento de actualidad. Pero no se trata de saber cómo se forma la opinión. Lo esencial es que mis opiniones eran honestas y estaban expuestas con sinceridad.

—Por supuesto. Cuando uno se entrega a vivir sin rumbo, sin ofrecer resistencia, sin orar, accediendo a cualquier requerimiento semiconsciente del deseo, se llega a un punto en el que se pierde la Fe. De igual modo, un hombre envidioso, que viva a la deriva y no ofrezca resistencia, alcanza una situación en la que se cree las mentiras que le cuentan sobre su mejor amigo. Y un borracho llega a un punto en que cree de verdad, al menos de momento, que un vaso más no le hará daño. Las creencias son sinceras en el sentido de que suceden como acontecimientos psicológicos en la mente del hombre. Si eso es lo que usted entiende por sinceridad, entonces son sinceras. Y así eran las nuestras. Pero los errores sinceros en este sentido no son inocuos.

—¡En un instante justificará la Inquisición!

—¿Por qué? ¿El hecho de que la Edad Media se equivocara en una dirección significa que en la dirección opuesta no hay errores?

—¡Bueno! Eso es muy interesante —dijo el Fantasma Episcopal. Es un punto de vista. Es un punto de vista, indudablemente. Mientras tanto...

—No hay mientras tanto —replicó el otro—. Todo eso ha sucedido ya. Ahora no estamos jugando. He hablado del pasado, del suyo y el mío, solo para que pueda apartarse de él para siempre. Un tirón y saldrá el diente. Puede comenzar como si nunca hubiera ocurrido nada malo: blanco como la nieve. Es verdad, ya lo sabe. Él está en mí, con ese poder, por usted. Y he hecho un largo viaje para encontrarme con usted. Ya ha visto el infierno. Ahora tiene el cielo al alcance de la vista. ¿Quiere, en este mismo momento, arrepentirse y creer?

—No estoy seguro de haber entendido exactamente la idea que está tratando de establecer —dijo el Fantasma.

—No trato de establecer ninguna idea —replicó el Hombre Luminoso. Lo que le estoy diciendo es que se arrepienta y crea.

—Pero, querido amigo, yo creo ya. Puede que no estemos de acuerdo en todo, pero me ha interpretado mal si no ha entendido que mi religión es una cosa muy verdadera y muy preciosa para mí.

—Muy bien —dijo el otro, tratando de cambiar de método—. ¿Quiere creer en mí?

—¿En qué sentido?

—¿Quiere venir conmigo a las montañas? Al principio le dolerá, hasta que sus pies se endurezcan. La realidad es dura para los pies de las sombras. ¿Quiere venir?

—Bien. Es un plan posible. Estoy completamente decidido a considerarlo. Por supuesto, necesitaría algunas garantías... Quisiera que me garantizara que me va a llevar a un lugar donde encontraré una esfera más dilatada de utilidad, y una oportunidad para los talentos que Dios me ha dado, y una atmósfera para investigar en libertad, en resumen, todo eso que se expresa con los términos «civilización» y... mmm... «vida espiritual».

—No —dijo el otro—. No puedo prometerle nada de eso. Ni una esfera de utilidad: pues a usted no se le necesita aquí en absoluto. Ni oportunidad para sus talentos; solo misericordia por haberlos empleado mal. Ni atmósfera de investigación, pues no le voy a llevar al país de las preguntas, sino al de las respuestas, donde verá el rostro de Dios.

—¡Ah! ¡Pero nosotros tenemos que interpretar esas bellas palabras a nuestra manera! Para mí no existe algo así como una respuesta final. El libre viento de la investigación deberá seguir soplando siempre a través de la mente, ¿no es verdad? «Comprobarlo todo»... Viajar esperanzadamente es mejor que llegar.

—Si eso fuera verdad, y se supiera que lo es, ¿cómo podría alguien viajar esperanzadamente? No habría nada que esperar.

—Pero usted mismo notará que en la idea de finalidad hay algo sofocante, ¿no es cierto? El estancamiento, querido amigo, ¿hay algo que destruya más el alma que el estancamiento?

—Usted cree eso porque hasta ahora ha experimentado la verdad solo con el intelecto abstracto. Yo le llevaré donde pueda saborearla como la miel y pueda ser abrazado por ella como por una novia desposada. Su sed quedará saciada.

—Bien, lo cierto, como usted sabe, es que yo no concibo que una sed de verdades preconcebidas ponga fin a la actividad intelectual de la forma que usted está describiendo. ¿Me permitirá seguir con el libre juego de la mente, Dick? Debo insistir en ello, ¿comprende?

—Libre como es libre el hombre para beber mientras está bebiendo. Pero mientras bebe no es libre para no mojarse.

El Fantasma pareció pensar por un momento.

—No puedo entender esa idea —dijo.

—Escuche—dijo el Espíritu Luminoso—. Una vez fue usted niño. Hubo un tiempo en que usted sabía para qué servía la investigación. Eran tiempos en que hacía preguntas porque quería respuestas y se ponía contento cuando las hallaba. Hágase de nuevo niño: ahora, en este momento.

—¡Ah! El problema está en que cuando me hice hombre guardé las cosas infantiles.

—Usted anda extraviado. La sed se hizo para el agua; la investigación, para la verdad. Lo que llama «libre juego de la investigación» no tiene ni más ni menos que ver con los fines para los que se le otorgó la inteligencia que lo que la masturbación tiene que ver con el matrimonio.

—Si no podemos ser reverentes, procuremos, al menos, no ser obscenos. La sugerencia de que podría volver, a mi edad, a tener aquella curiosidad objetiva de la juventud me suena un poco absurda. En cualquier caso, la concepción del pensamiento como sucesión de preguntas y respuestas se aplica solo a las cuestiones de hecho. La teología y los problemas especulativos se hallan, sin duda, en un nivel diferente.

—Aquí no sabemos nada de teología: solo pensamos en Cristo. Aquí no sabemos nada de especulación. Venga y compruébelo. Le llevaré ante la Realidad Eterna, el Padre de las demás realidades.

—Yo tengo serios reparos que poner a la descripción de Dios como un Hecho. El Supremo Valor sería, seguramente, una descripción menos inapropiada. Difícilmente...

—¿Todavía no cree que exista?

—¿Existir? ¿Qué significa existencia? Usted seguirá entendiendo por existencia un tipo de realidad estática, ya hecha, que está, digamos, ahí, y con la que nuestra mente se limita a conformarse. Los grandes misterios no se pueden abordar de ese modo. Si existiera una realidad semejante (no es preciso interrumpir, querido amigo), con toda franqueza, yo no tendría el menor interés por ella. No tendría ninguna relevancia religiosa. Dios es para mí algo puramente espiritual. El espíritu de la dulzura y la luz y la tolerancia. Y también... mmm... el espíritu de servicio, Dick, de servicio. No debe olvidar nada de eso, ¿comprende?

—Si la sed de la Razón se ha apagado realmente... —dijo el Espíritu, deteniéndose después para meditar. Luego, súbitamente, continuó—, ¿puede desear todavía al menos la felicidad?

—La felicidad, querido Dick—dijo el Fantasma tranquilamente—... la felicidad, como alcanzará a comprender cuando tenga más años, es la senda del deber. Lo cual me trae a la memoria... ¡Válgame Dios!, casi lo había olvidado. Me resulta imposible ir con usted. Tengo que estar de regreso el viernes próximo para dar una conferencia. Allí abajo tenemos una pequeña sociedad teológica; ¡oh, sí!, hay una gran vida intelectual, aunque, tal vez, no sea de gran calidad. Se nota cierta falta de comprensión, una cierta confusión mental. En eso es en lo que les puedo proporcionar alguna ayuda. Hay, incluso, celos reprobables... No sé por qué, pero los caracteres parecen menos controlados de lo que solían. No obstante, hay que seguir esperando mucho de la naturaleza humana. Creo que aún puedo hacer una gran labor entre ellos.

»Pero no me ha preguntado cuál es el tema de mi conferencia. Voy a tomar el texto en que se habla de ser otro Cristo, y a desarrollar una idea en la que, seguramente, estará usted interesado. Voy a poner de manifiesto cómo la gente suele olvidar que Jesús (en este momento el Fantasma inclinó la cabeza) era un hombre relativamente joven cuando murió. Si hubiera vivido más tiempo, habría abandonado alguna de sus primeras ideas, ¿comprende? Es algo que podría haber hecho con un poco más de tacto y paciencia. Voy a pedir a mi audiencia que piense cuáles habrían sido sus ideas en la madurez. Se trata de un problema extraordinariamente interesante. ¡Qué cristianismo tan diferente podríamos haber tenido por el simple hecho de que su Fundador hubiera alcanzado la plena madurez! Terminaré señalando cómo ahonda todo esto la importancia de la Crucifixión. Al principio se tiene la impresión de que fue un gran desastre, un trágico derroche... una gran promesa interrumpida. ¡Oh! ¿Se tiene que ir? Yo también. Adiós, querido amigo. Ha sido muy agradable, extraordinariamente estimulante y sugerente. Adiós, adiós, adiós.

El Fantasma movió la cabeza y sonrió al Espíritu con una clerical sonrisa blanca —o con lo más parecido a una sonrisa que sus labios poco sólidos podían conseguir— y se alejó despacio, murmurando para sus adentros: «Ciudad de Dios, qué lejana y vasta».

Pero no me quedé mucho tiempo mirándole, pues en ese momento se me acababa de ocurrir una nueva idea. Si la hierba era dura como una piedra, pensé, ¿no será el agua lo bastante dura como para andar por ella? Lo intenté posando solo el pie, que no se hundió. Un momento después apreté el paso con osadía sobre la superficie. Súbitamente me caí de bruces y me hice algunas contusiones; había olvidado que, aunque para mí fuera sólida, no discurría menos rápida. Cuando me recuperé, estaba unos treinta metros corriente abajo, alejado de la orilla. Pero esto no me impidió caminar corriente arriba; el único problema era que, a pesar de andar muy rápido, avanzaba muy poco.

5

La superficie fresca y tersa del agua clara resultaba deliciosa para mis pies. Estuve caminando sobre ella cerca de una hora y recorrería, tal vez, unos doscientos metros. Después se hizo más difícil la marcha; la corriente era más rápida. Grandes copos o islas de espuma se aproximaban formando remolinos, y me hubieran magullado los tobillos —como si fueran piedras— si no me hubiera apartado de su camino. La superficie se onduló y se redondeó formando hermosas concavidades y recodos de agua que deformaban la figura de los guijarros del fondo y me hacían perder el equilibrio, de manera que tuve que gatear hasta la orilla. Como en ese lugar las riberas estaban formadas por grandes piedras lisas, pude continuar la marcha sin dañar mucho mis pies. Un ruido enorme, pero hermoso, estremeció el bosque. Horas después doblé un recodo y hallé la explicación.

Grandes taludes verdes formaban un amplio anfiteatro que encerraba un lago espumoso y oscilante, donde se precipitaba una cascada sobre rocas polícromas. En este lugar comprendí de nuevo que a mis sentidos les había ocurrido algo. Ahora recibían impresiones que sobrepasaban su capacidad normal. En la tierra no habría podido percibir como un todo una cascada como la que ahora tenía delante. Era demasiado grande. El sonido que hacía hubiera producido terror en el bosque en veinte kilómetros a la redonda. Después del primer sobresalto, mi sensibilidad soportó las dos sensaciones como el barco bien construido aguanta las olas gigantes. Ahora sentía un gran alborozo. El ruido, inmenso, era como la risa de un gigante, como el jolgorio de un colegio de gigantes riéndose a la vez, bailando, cantando y burlándose estrepitosamente de sus gigantescas obras.

Cerca del lugar donde la catarata se precipitaba en el lago, crecía un árbol. Mojado por el rocío del agua, medio velado entre arcos de espuma, lleno de vida por los innumerables pájaros alegres que volaban entre sus ramas, se elevaba grande como nube en el terreno pantanoso, formando raras figuras con el follaje. Manzanas doradas destellaban por doquier entre las hojas.

De repente, una curiosa aparición atrajo mi mirada: un arbusto espinoso, alejado unos veinte metros de donde yo estaba, parecía comportarse de un modo extraño. Luego vi que no era el arbusto, sino alguna otra cosa situada junto a él, en el lado que yo podía ver. Finalmente percibí que era uno de los Fantasmas. Se agachaba como si quisiera ocultarse de algo situado más allá del arbusto; miraba hacia atrás y me hacía señales: no dejaba de indicarme que me agachara. Pero como yo no veía ningún peligro, me puse de pie.

Luego, tras mirar alrededor en todas direcciones, se aventuró a alejarse del arbusto espinoso. No podía avanzar muy rápido, se lo impedía la hierba torturadora bajo sus pies. Pero resultaba evidente que caminaba, de árbol en árbol, tan rápido como le era posible. En uno de ellos se paró de nuevo y se mantuvo contra el tronco, impasible y derecho, como si quisiera esconderse. Ahora, cobijado bajo la sombra de las ramas, podía verlo mejor: era el compañero con sombrero de copa, aquel al que el Fantasma Grande había llamado Ikey. Después de permanecer cerca de diez minutos de pie junto al árbol, jadeando, y de explorar cuidadosamente el terreno que tenía delante, dio una carrera —hasta donde le era posible dar carreras— hasta otro árbol. De este modo, con esfuerzo y cuidado infinitos, alcanzó el Gran Árbol en una hora aproximadamente. O, mejor dicho, llegó a poco menos de diez metros de donde estaba.

Aquí se detuvo. Alrededor del árbol crecía un cinturón de lirios: un obstáculo insalvable para el Fantasma. Lo mismo podía intentar pisar una trampa antitanque que caminar sobre ellos. Se echó en el suelo e intentó arrastrarse entre los lirios, pero estaban muy juntos y no se combaban. Durante todo el tiempo le perseguía, por lo visto, el terror a ser descubierto. Al menor susurro del viento, el Fantasma se detenía y se agachaba. En una ocasión, asustado por el trino de un pájaro, trató de regresar hacia el último lugar en que se había protegido; pero el deseo lo azuzó de nuevo a salir y a seguir arrastrándose hacia el árbol. Yo le veía apretar las manos y retorcerse en la agonía de su frustración.

Comenzó a levantarse viento. Vi al Fantasma retorcerse y meterse el pulgar en la boca; se hallaba, sin duda, cruelmente atrapado entre dos tallos de lirios balanceados por la brisa. Luego sopló una verdadera ráfaga, y las ramas del árbol comenzaron a agitarse. Un momento después habían caído docenas de manzanas encima y alrededor del Fantasma, quien dio un grito agudo, pero lo sofocó súbitamente. Yo creía que el peso de la fruta dorada le habría lisiado los miembros sobre los que habían caído; y la verdad es que, durante unos minutos, le fue imposible levantarse: se hallaba tumbado, gimoteando y palpándose las heridas. Pero poco después estaba actuando de nuevo. Yo podía verle intentando, febrilmente, llenarse los bolsillos de manzanas. Por supuesto, era inútil. Pude ver cómo desaparecía poco a poco su ambición. Primero renunció a la idea de llenarse los bolsillos: bastaría con dos. Pero también renunció a la idea de llevarse dos. Se llevaría una, la más grande. Pero también renunció a esa esperanza. Ahora buscaba la más pequeña; trataba de encontrar una pequeña que pudiera llevarse.

Y lo asombroso fue que lo consiguió. Al recordar lo pesada que me pareció la hoja cuando intenté levantarla, admiré a la infeliz criatura viendo cómo se ponía de pie y se tambaleaba con la manzana más pequeña en las manos. Cojeaba por culpa de las heridas, y el peso le obligaba a doblarse. Pero aun así, palmo a palmo, aprovechando la menor protección, se lanzó a recorrer su vía dolorosa hasta el autobús, arrastrando su tortura.

—Necio. Tírala al suelo —dijo de pronto una voz potente.

Era completamente distinta de cualquiera de las voces que yo había oído hasta entonces. Era atronadora y, sin embargo, límpida. Descubrí, con una certeza asombrosa, que era la cascada la que hablaba, y vi que, sin dejar de parecerse a una cascada, era un ángel luminoso el que estaba de pie, como un crucificado, contra las rocas, y fluía sin parar, con gozo sonoro, hacia el bosque.

—Necio —repitió—, tírala al suelo. No puedes llevártela. En el infierno no hay sitio para ella. Quédate aquí y aprende a comer esas manzanas. Las hojas y las briznas de hierba estarán encantadas en enseñarte.

No sé si el Fantasma oyó o no las palabras. En cualquier caso, tras detenerse unos minutos, se preparó de nuevo para su agonía y continuó, con más cuidado todavía, hasta que lo perdí de vista.

6

AUNQUE YO MIRABA con cierta complacencia las desgracias del Fantasma del bombín, descubrí, cuando nos dejaron solos, que no podía soportar la presencia del Gigante de Agua. Él no parecía haber reparado en mi presencia, y yo, sin embargo, me sentía cohibido. Conforme me alejaba andando sobre las rocas planas, de nuevo corriente abajo, pensé que en mis movimientos había cierta fingida indiferencia. Comenzaba a estar cansado. Al mirar a los peces plateados lanzarse al lecho del río, deseé ardientemente que el agua fuera permeable también para mí. Me hubiera gustado zambullirme.

—¿Pensando en regresar? —dijo una voz cerca de mí. Me volví y vi a un Fantasma alto recostado en el tronco de un árbol y mascando un fantasmal cigarro puro. Era la voz de un hombre flaco y recio, con el pelo canoso y el tono bronco, pero no inculto: el tipo de hombre del que yo había pensado siempre, de forma instintiva, que era una persona de confianza.

—No sé —respondí—. ¿Y usted?

—Sí —respondió—. Creo que ya he visto todo lo que hay que ver aquí.

—¿No ha pensado en quedarse?

—Todo esto es propaganda —dijo—. Nunca se ha tratado en serio de que nos quedáramos. No se puede comer la fruta ni se puede beber el agua, y se precisa todo el tiempo disponible para andar por la hierba. Un ser humano no podría vivir aquí. La idea de permanecer aquí es solo una treta publicitaria.

—¿Entonces por qué ha venido?

—¡Oh! Pues no lo sé. Tal vez para echar una ojeada. Soy uno de esos a los que les gusta ver las cosas por sí mismos. En todos los sitios donde he estado he procurado echar un vistazo a todo lo que era elogiado. Una vez que salí hacia el Oriente, fui a ver Pekín. Cuando...

—¿Cómo es Pekín?

—Nada comparado con lo que se dice. Es un zurcido de calles unas dentro de otras. Sencillamente, una trampa para turistas. Yo he estado bastante bien en todas partes: en las cataratas del Niágara, las Pirámides, en Salt Lake City, en el Taj Mahal...

—¿Cómo eran estos lugares?

—Nada digno de ver. Todos son trucos publicitarios. Todos dirigidos por la misma gente. Existe una asociación, una asociación mundial, que se limita a tomar un atlas y a decidir los lugares que se han de visitar. No importa cuál sea su decisión, todo servirá si se maneja hábilmente la publicidad.

—Ha vivido usted... mmm... algún tiempo ahí abajo, en el pueblo.

—¿En lo que llaman el infierno? Sí. También es un fracaso. Te inducen a esperar rojo fuego y demonios y toda clase de gente interesante churrascándose en la parrilla —Enrique VIII y gente así—, pero cuando llegas allí es como cualquier otro pueblo.

—Yo prefiero estar aquí arriba —le respondí.

—La verdad es que no sé de qué estamos hablando —dijo el Fantasma Recio—. Es tan digno de verse como cualquier otro parque, y extremadamente incómodo.

—Parece existir la opinión de que si uno se quedara aquí se aclimataría, se volvería más sólido.

—Yo ya sé todo eso —replicó el Fantasma—. La misma vieja mentira de siempre. La gente me ha dicho durante toda mi vida cosas parecidas. En la guardería me decían ya que si era bueno sería feliz. Y en el colegio me decían que el latín sería más sencillo conforme avanzara. Después de llevar unos meses casado, algunos necios me dijeron que al principio siempre había dificultades, pero que con tacto y paciencia pronto «me acostumbraría» y otras cosas por el estilo. ¡Y qué no me dirían, durante el tiempo que duraron las dos guerras, acerca de los buenos tiempos que me esperaban si era un muchacho valiente y seguía disparando! Por supuesto, aquí jugarán el mismo juego de siempre, si uno es tan estúpido como para escuchar.

—Pero ¿quiénes son «ellos»? ¿No tendría que estar dirigido este lugar por gente diferente?

—¿Una dirección completamente nueva, eh? ¡No se lo crea! Nunca hay una dirección nueva. Usted se encontrará, sin excepción, con la misma vieja camarilla de siempre. Yo lo sé todo acerca de la querida y bondadosa mamaíta que se acercaba a su cama para conseguir enterarse de todo lo que quería saber de usted. Pero usted descubrió desde el principio que ella y el padre eran, realmente, la misma empresa. ¿No descubrimos que en todas las guerras los dos bandos estaban dirigidos por las mismas firmas de armamento? ¿No es la misma firma la que está detrás de los judíos y el Vaticano, y de las dictaduras y las democracias, y de todo lo demás? Aquí arriba las cosas están dirigidas por la misma gente que las dirige en el pueblo de abajo. Sencillamente, se ríen de nosotros.

—Yo creía que estaban en guerra entre sí.

—Es natural que lo crea. Esa es la versión oficial. ¿Pero quién ha visto jamás signos del conflicto? ¡Oh! Sé que es así como ellos hablan. Pero ¿por qué no hacen algo si existe una verdadera guerra? ¿No comprende que si la versión oficial fuera cierta, los jóvenes de aquí arriba atacarían y aniquilarían el pueblo? Ellos son los que tienen la fuerza. Si quisieran rescatarnos, podrían hacerlo; pero, evidentemente, lo último que querrían es que se terminara la llamada guerra. El juego entero depende de que siga.

Esta descripción de la cuestión me impresionó por su aire inquietantemente plausible. No dije nada.

—De cualquier modo —prosiguió el Fantasma—, ¿quién quiere que le rescaten? ¿Qué demonios se puede hacer aquí?

—¿Y allí? —pregunté.

—Muchas cosas —respondió el Fantasma—. De los dos modos te tienen.

—¿Qué le gustaría hacer si tuviera alternativa?

—Váyase... —dijo el Fantasma con cierta euforia—. No es a mí a quien hay que pedir que haga un plan. Es a la dirección a la que le corresponde proponer algo que no nos aburra, ¿no es así? Esa es su tarea. ¿Por qué hemos de hacerlo nosotros por ellos? En eso es, justamente, donde los clérigos y moralistas lo hacen todo al revés. Unos y otros siguen pidiéndonos que cambiemos. Pero si la gente que dirige la empresa es tan inteligente y poderosa, ¿por qué no encuentran ellos mismos el modo de satisfacer a su público? ¡Qué tonterías son esas de endurecerse para que la hierba no hiera nuestros pies! Ahí tiene un ejemplo. ¿Qué diría usted si fuera a un hotel en el que todos los huevos estuvieran en malas condiciones, y, cuando fuera a quejarse al director, en vez de disculparse y cambiar de proveedor, le dijera que, si lo intentara, conseguiría que con el tiempo le gustaran los huevos podridos?

»Bien, continuaré la marcha —dijo el Fantasma tras un breve silencio—. ¿Va usted por el mismo camino que yo?

—Según sus propias palabras, no parece que merezca la pena ir a ninguna parte —respondí. Me había invadido un profundo desaliento—. Al menos aquí no llueve.

—De momento no —dijo el Fantasma Recio—. Pero no he visto ninguna mañana radiante en la que el tiempo no cambie y más tarde llueva. Y, ¡válgame Dios!, ¡menuda lluvia cae aquí! ¿No ha pensado usted en eso? ¿No se le ha ocurrido que con la clase de agua que hay aquí las gotas le harán agujeros como si fueran balas de ametralladora? Esa es su pequeña broma, ¿comprende? Al principio le atormentan con un suelo sobre el que no puede andar y un agua que no puede beber, y luego le perforan con multitud de agujeros. Pero a mí no me atraparán de ese modo.

Unos minutos después, se fue.

7

ME HALLABA SENTADO todavía en una roca a orillas del río, y me sentía más triste que nunca antes en mi vida. Hasta ahora no se me había ocurrido dudar de las intenciones de la Gente Sólida, ni desconfiar de las bondades esenciales de su país, aunque se tratara de un lugar en el que yo no pudiera vivir mucho tiempo. Es cierto que en una ocasión se me había venido a la mente la idea de que si la Gente Sólida fuera tan benevolente como había oído decir a más de uno que era, podría haber hecho algo para ayudar a los habitantes del pueblo, algo más que encontrarse con ellos en la llanura. Pero en aquel momento se me ocurrió una explicación terrible. ¿Qué pasaría si nunca se hubieran propuesto hacernos buenos? ¿Y si hubieran concedido este viaje a los Fantasmas tan solo para burlarse de ellos? Mitos y doctrinas horribles se agitaban en mi memoria. Pensaba en cómo los dioses habían castigado a Tántalo.[1] Pensaba en el pasaje del Apocalipsis donde se dice que el humo del infierno sube eternamente a la vista de los espíritus bienaventurados. Recordaba cómo el pobre Cowper,[2] soñando que después de todo no estaba condenado al infierno, se dio cuenta enseguida de que el sueño era falso y dijo: «Esas son las flechas más afiladas de su aljaba». Y lo que el Fantasma Recio había dicho sobre la lluvia era, evidentemente, cierto. Un simple chapuzón de rocío que cayera de una rama podría hacerme pedazos. Hasta ahora no se me había ocurrido pensar en eso. ¡Con qué facilidad me habría aventurado a sumergirme en la espuma de la cascada!

---

1. Personaje mitológico, hijo de Zeus. Fue condenado a sufrir eternamente hambre y sed.
2. Poeta inglés (1731–1800). Su obra se sitúa en la transición entre el Neoclasicismo y el Romanticismo.

La sensación de peligro, que no había desaparecido nunca por completo desde que me bajé del autobús, despertó de repente. Contemplé los árboles a mi alrededor, las flores y la catarata habladora. Todos comenzaban a parecerme insoportablemente siniestros. Alegres insectos se movían con rapidez de un lado a otro ¿No me traspasaría cualquiera de ellos si chocaba en su vuelo con mi cara? ¿No me aplastaría contra el suelo si se posaba sobre mi cabeza? El terror me susurraba: «Este no es lugar para ti». Entonces me acordé también de los leones.

Sin ningún plan determinado en la cabeza, me levanté y comencé a alejarme del río en dirección al lugar en que los árboles crecían muy juntos unos de otros. No me había preparado del todo para regresar al autobús, pero quería evitar los lugares abiertos. Si pudiera encontrar algún rastro de evidencia de que era posible para un Fantasma quedarse —de que la elección no era solo una cruel comedia—, no regresaría. Entretanto, seguía andando con pies de plomo y manteniendo una estrecha vigilancia. A la media hora aproximadamente, llegué a un pequeño claro en cuyo centro había unos matorrales. Al detenerme y preguntarme si me atrevería a cruzar, me di cuenta de que no estaba solo.

Un Fantasma caminaba cojeando por el claro. Iba tan deprisa como le permitía tan difícil suelo, y mirando por encima de sus hombros, como si lo persiguiera alguien. Me di cuenta de que había sido una mujer; una mujer bien vestida, recuerdo que pensé, pero la sombra de sus galas parecía tener un aspecto horrible a la luz de la mañana. Se encaminaba a los matorrales. No podría adentrarse en ellos —las hojas y las ramas eran muy duras—, pero los empujaba como si pudiera. Parecía creer que así se ocultaba.

Un momento después oí ruido de pasos, y vi aproximarse a uno de la Gente Luminosa. Allí se percibía siempre ese sonido, pues nosotros, los Fantasmas, no hacíamos ruido al andar.

—¡Márchese! —gritó el Fantasma—. ¡Márchese! ¿No se da cuenta de que quiero estar sola?

—Pero usted necesita ayuda —dijo el Espíritu Sólido.

—Si conserva un mínimo sentido de la decencia —replicó el Fantasma—, se mantendrá alejado. No quiero ayuda. Quiero que me dejen en paz. Váyase.

»Usted sabe que yo no puedo andar con rapidez sobre estos pinchos horribles y no me puedo alejar. Es detestable que se aproveche de esta circunstancia.

—¡Oh! ¡Así que es eso! —dijo el Espíritu—. No se preocupe, pronto estará todo en orden. Pero va en dirección equivocada. Es hacia atrás, hacia las montañas, hacia donde tiene que ir. Puede apoyarse en mí durante el trayecto. No puedo llevarla a hombros, pero a usted le vendrá bien cargar el menor peso posible sobre sus pies. Conforme vaya andando le irá doliendo menos.

—No me importa hacerme daño, usted ya lo sabe.

—¿Entonces qué pasa?

—¿Es usted incapaz de entender nada? ¿Cree de verdad que voy a salir ahí, entre toda esa gente, así como estoy?

—¿Por qué no?

—Jamás habría venido si hubiera sabido que todos iban a vestirse de ese modo —dijo el Fantasma.

—Amiga, usted puede ver que no estoy vestido.

—Yo no quería decir eso. Márchese.

—¿Pero no puede decírmelo?

—Si no puede comprender, no tiene ningún sentido que intente explicarlo. ¿Cómo puedo salir así entre tanta gente con cuerpos realmente sólidos? Es mucho peor salir así de lo que sería salir desnuda en la tierra. Todo el mundo está mirando a través de mí.

—¡Oh!, entiendo. Pero todos nosotros éramos un poco espectrales cuando vinimos por primera vez, ¿comprende? Eso desaparecerá. ¡Vamos!, salga e inténtelo.

—Pero me van a ver.

—¿Y qué importa que la vean?

—Preferiría morirme.

—Pero usted ya ha muerto. Es inútil intentar volver a eso.

El Fantasma hizo un sonido indefinible, entre un sollozo y un gruñido.

—Desearía no haber nacido —dijo—. ¿Para qué hemos nacido?

—Para la felicidad infinita —contestó el Espíritu Sólido—. Puede acelerar el paso en cualquier momento para alcanzarla.

—Pero le estoy diciendo que me van a ver.

—Dentro de una hora ya no le importará y mañana se reirá de todo eso. ¿No recuerda lo que ocurría en la tierra? ¿No había cosas demasiado calientes para tocarlas con los dedos pero que se podían beber perfectamente? Con la vergüenza pasa lo mismo. Si quiere aceptarla —si quiere beber la taza hasta apurarla—, la encontrará muy nutritiva, pero si trata de hacer alguna otra cosa con ella, se quemará.

—¿Lo dice de verdad?... —dijo el Fantasma, y se detuvo.

Mi expectación llegó hasta el extremo. Consideraba que mi destino dependía de su respuesta. Me habría echado a sus pies y le hubiera pedido que accediera.

—Sí —dijo el Espíritu—. Venga e inténtelo.

Por un momento pensé que el Fantasma había obedecido. Y, ciertamente, se había movido. Pero de repente empezó a gritar:

—¡No, no puedo. Le digo que no puedo! Por un momento, mientras hablaba, casi llegué a pensar... Pero cuando llega el momento... No tiene derecho a pedirme que haga algo sí. Es repugnante. No me lo perdonaría nunca si lo hiciera. Nunca, nunca. Y no es honrado. Deberían habernos avisado. Nunca habría venido. Y ahora, por favor, por favor, ¡váyase!

—Amiga —dijo el Espíritu—, ¿podría, aunque sea solo por un momento, prestar atención a algo que no sea su propia persona?

—Ya le he dado mi respuesta —contestó el Fantasma, con indiferencia, pero llorosa todavía.

—Entonces solo queda un recurso —replicó el Espíritu, y para mi sorpresa se llevó un cuerno a los labios y lo hizo sonar.

Me tapé los oídos con las manos. La tierra parecía temblar, y el bosque entero se estremeció con el sonido. Supongo que después debió de producirse una pausa (aunque parecía que no había habido ninguna) antes de que comenzara a oírse el ruido de unos cascos; al principio lejos, luego, antes de haberlos podido identificar, más cerca, y finalmente, tan cerca que comencé a buscar un lugar seguro para refugiarme. Antes de poder encontrarlo, el peligro estaba ya sobre nosotros. Una manada de unicornios venía tronando por los claros del bosque; eran veintisiete, muy altos, blancos como cisnes, excepto por el rojo destello de los ojos y el añil centelleante de los cuernos. Aún recuerdo el ruido, parecido a un chapoteo, de sus cascos sobre el césped ligeramente mojado, el rompimiento de la maleza, cómo bufaban y relinchaban. También recuerdo cómo subían las patas traseras y bajaban las cabezas enastadas fingiendo una batalla. Incluso después seguía preguntándome qué batalla real sería la que estaban ensayando.

Oí gritar al Fantasma y pensé que se habría fugado repentinamente de los matorrales..., quizás habría ido hacia donde estaba el Espíritu. A mí también se me vino abajo el ánimo y salí huyendo, sin prestar atención por el momento al horrible suelo bajo mis pies, y sin detenerme ni siquiera una vez. No llegué a ver cómo terminó la entrevista.

8

—¿DÓNDE VAIS? —DIJO una voz con marcado acento escocés.

Me detuve para mirar. El ruido de los unicornios había desaparecido hacía tiempo, y la huida me había llevado a campo abierto. Veía ahora las montañas, en las que había una inmutable salida del sol, y más cerca, en primer plano, dos o tres pinos sobre un otero con grandes rocas suaves, y brezo. En una de las rocas estaba sentado un hombre muy alto, casi un gigante, con barba abundante. Yo aún no había mirado a la cara a nadie de la Gente Sólida. Ahora, al hacerlo, descubrí que se los ve con una especie de doble visión. Era un dios radiante, sentado en su trono, cuyo espíritu sin edad pesaba sobre mí como una carga de oro macizo. Y sin embargo, a la vez, era un hombre viejo curtido por la intemperie. Bien podría haber sido un pastor: uno de esos hombres a los que los turistas consideran simple porque es honesto, y los vecinos creen que es «profundo» por la misma razón. Sus ojos tenían esa mirada capaz de ver a larga distancia, propia de quienes han vivido mucho tiempo en lugares abiertos y solitarios. De algún modo imaginé el cerco de arrugas que debía de haberlos rodeado antes de que la reencarnación los hubiera bañado de inmortalidad.

—No... no estoy muy seguro —dije.

—Entonces podéis sentaros y hablarme —contestó, haciéndome sitio en la roca.

—No le conozco, señor —dije, sentándome a su lado.

—Me llamo George, George MacDonald.[1]

---

1. Escritor escocés. Lewis le consideró siempre su maestro, no solo en literatura. MacDonald tuvo una influencia decisiva en su conversión.

—¡Oh! —exclamé—. ¿Entonces usted puede contarme lo que sabe? Usted al menos no me engañará.

Después, como supuse que estas expresiones de confianza requerían alguna explicación, intenté, temblando, explicarle todo lo que sus escritos habían hecho por mí. Traté de decirle cómo una gélida mañana, en la Estación de Leatherhead, la primera vez que compré un ejemplar de *Phantastes*[1] (yo tendría unos dieciséis años), me ocurrió algo parecido a lo que le debió de ocurrir a Dante al ver por primera vez a Beatriz: aquí comienza la nueva vida. Empecé a reconocer cuánto tiempo se había detenido esta vida en la región de la mera imaginación, qué lentamente y de qué mala gana llegué a reconocer que el cristianismo tenía con la vida más que una conexión accidental, con qué obstinación me había negado a ver que el verdadero nombre de la cualidad con la que primero me encontré en sus libros fue la santidad. Él me puso la mano encima del hombro y me detuvo.

—Hijo —dijo—, vuestro amor, todo amor, tiene para mí un valor indecible. Pero os podéis ahorrar un tiempo precioso (de repente adquirió un aire típicamente escocés) si os informo de que ya conozco bien esos pormenores biográficos. De hecho, he observado que vuestra memoria os engaña en un par de detalles.

—¡Oh! —exclamé, y me quedé en silencio.

—Habéis comenzado —dijo mi maestro— a hablar de algo más provechoso.

—Señor —dije—, casi lo había olvidado y ahora ya no espero la respuesta con inquietud, aunque todavía tengo curiosidad. Se trata de los Fantasmas. ¿Se queda alguno? ¿Pueden quedarse? ¿Se les ofrece una verdadera elección? ¿Cómo les va aquí?

—No habéis oído hablar nunca del *Refrigerium*? Un hombre con sus cualidades tendría que haber leído algo sobre ello en Prudentius,[2] y no digamos en Jeremy Taylor.[3]

—El nombre me resulta familiar, señor, pero temo haber olvidado lo que significa.

—Significa que los condenados tienen vacaciones, excursiones, ¿comprendéis?

—¿Excursiones a este país?

---

1. Una de las obras más importantes de George MacDonald.
2. Poeta latino cristiano (348–405), autor de obras didácticas de carácter alegórico y apologético.
3. Escritor eclesiástico inglés (1613–1667). Se enfrentó en su diócesis con católicos y presbiterianos.

—Para aquellos que quieren hacerlas. La verdad es que la mayoría, necias criaturas, las rechazan; prefieren viajar de regreso a la tierra. Van allí y le hacen malas jugadas a esas pobres mujeres necias que vosotros llamáis médiums. Van a la tierra y tratan de hacer valer la propiedad de alguna casa que una vez les perteneció, y experimentáis entonces lo que se llama una aparición. Otras veces se dedican a espiar a sus hijos. Los espíritus literarios rondan por las bibliotecas públicas para ver si todavía alguien lee sus libros.

—¿Pero podrían quedarse aquí si vinieran?

—Sí. Ya habréis oído que el emperador Trajano vino y se quedó.

—Pero no entiendo. ¿El juicio no es final? ¿Hay, realmente, una salida del infierno hacia el cielo?

—Depende de cómo uséis las palabras. Si lo dejan atrás, ese pueblo gris no habrá sido el infierno. Para todo el que lo deja, el pueblo gris es el purgatorio. Y tal vez os valdría más no llamar cielo a este país. Podéis llamarlo Valle de la Sombra de la Vida. Sin embargo, para los que se queden aquí habrá sido el cielo desde el principio. Y a las calles tristes de ese pueblo, podéis llamarlas Valle de la Sombra de la Muerte. Pero para aquellos que se queden allí habrá sido el infierno desde el comienzo.

Supongo que se daría cuenta de que yo parecía perplejo, pues al poco rato comenzó a hablar de nuevo.

—Hijo, en vuestro estado actual no podéis entender la eternidad. Cuando Anodos se asomó a la puerta de lo intemporal volvió sin ninguna noticia. Pero vos podéis obtener alguna imagen de lo infinito si decís que el bien y el mal, cuando se han desarrollado hasta el extremo, se vuelven retrospectivos. No solo este valle, sino también todo su pasado terrenal, habrá sido cielo para los que se salvan. No solo el crepúsculo de este pueblo, sino también su vida entera sobre la tierra, les parecerá a los condenados el infierno. Eso es lo que los mortales no entienden. Ellos hablan de sufrimiento temporal; dicen que «ninguna bienaventuranza futura les compensa de ese dolor», ni siquiera saber que el cielo, una vez que se ha alcanzado, obra hacia atrás convirtiendo en gloria hasta la agonía. De algunos deseos pecaminosos dicen: «Déjame que disfrute de esto y aceptaré las consecuencias», sin imaginar siquiera hasta qué punto la condenación se propagará más y más a su pasado y contaminará el placer del pecado. Ambos procesos comienzan incluso antes de la muerte. El pasado del hombre bueno comienza a cambiar, de manera que los pecados perdonados y los pesares recordados se tiñen de la tonalidad del cielo. El pasado del hombre malo se contamina también con su maldad y se llena de tristeza. Esa es la razón por la que, al final de todo, cuando aquí salga el sol y el crepúsculo se convierta en oscuridad allá abajo, el bienaventurado dirá: «Nunca hemos vivido en otro sitio distinto del cielo», y el condenado dirá: «Hemos vivido siempre en el infierno». Y los dos dirán la verdad.

—¿No es eso muy duro, señor?

—Quiero decir que ese es el verdadero sentido de lo que dirán. En el lenguaje de los condenados, las palabras serán diferentes, sin duda. Uno dirá que sirvió siempre, acertada o equivocadamente, a su país. Otro que lo sacrificó todo por el arte. Unos que nunca fueron comprendidos, otros que, gracias a Dios, se habían ocupado siempre de cuidar al Número Uno. Y casi todos dirán que al menos han sido fieles a sí mismos.

—¿Y los salvados?

—Ah, los salvados..., lo que le ocurre al que se salva queda mejor descrito como lo opuesto de un espejismo. Lo que le parecía, al entrar en él, un valle de lágrimas, cuando mira hacia atrás, resulta que fue un manantial. Y donde la experiencia del momento veía solo desiertos salobres, la memoria le recordará que eran vergeles.

—¿Tienen razón, entonces, los que dicen que el cielo y el infierno son solo estados de la mente?

—¡Callad! —dijo severamente—. No blasfeméis. El infierno es un estado de la mente; no habéis dicho nunca una palabra más cierta. Y todo estado de la mente dejado a sí mismo, toda clausura de la criatura dentro de su propia mente es, a la larga, infierno. Pero el cielo no es un estado de la mente. El cielo es la realidad misma. Todo lo que es completamente real es celestial. Todo lo que se puede descomponer se descompondrá. Solo permanecerá lo incorruptible.

—¿Pero hay elección real después de la muerte? Mis amigos católicos romanos se sorprenderían, pues para ellos, las almas del purgatorio son almas que se han salvado. Y a mis amigos protestantes no les gustaría menos, pues ellos dirían que el árbol está tendido cuando cae.

—Tal vez tengan razón los dos. No debéis irritaros con esos problemas. No podéis entender completamente las relaciones de la elección y del tiempo hasta que no estéis más allá de ambos. Y no os han traído aquí para estudiar esas curiosidades. Lo que os interesa es la naturaleza de la elección misma, y podéis mirar cómo la hacen.

—Bien, señor —dije—, eso también requiere una explicación. ¿Qué eligen las almas que regresan? Y yo no he visto todavía otras. ¿Y cómo pueden elegirlo?

—Milton[1] tenía razón —dijo mi maestro—. La elección de las almas perdidas se puede expresar con estas palabras: «Mejor reinar en el infierno que servir en el cielo». Hay algo que insisten en mantener incluso al precio del sufrimiento. Hay algo que prefieren a la alegría, es decir, a la realidad. Vos podéis ver algo parecido en el niño mimado, que prefiere no jugar ni cenar a decir que se arrepiente y a reconciliarse con sus amigos. Vos llamáis a eso mal genio. Pero en la vida adulta tiene cien nombres primorosos: cólera de Aquiles, y magnificencia de Coriolanus, venganza y dignidad herida, amor propio y grandeza trágica, y digno orgullo.

—¿Entonces no hay un solo condenado, señor, por sus vicios indecorosos? ¿Por pura sensualidad?

—Hay algunos, sin duda. El sensual, os confesaré, comienza persiguiendo un placer real, aunque pequeño. Su pecado es el menor. Pero llega un momento en que, aunque el placer sea cada vez más pequeño y el ansia cada vez más intensa, y aunque sepa que por ese camino no puede alcanzar alegría, prefiere disfrutar el simple halago del placer insaciable y no quiere verse privado de él. Lucharía hasta la muerte por conservarlo. Mucho le gustaría poder rascarse; pero incluso cuando ya no se puede rascar, preferiría que le picara a que no le picara.

Guardó silencio unos minutos y luego habló de nuevo:

—Vos entenderéis que esa elección tiene formas muy variadas. No hace mucho tiempo vino aquí una criatura y regresó. Señor Archibald lo llamaban. En su vida terrena no había tenido interés por nada salvo por la supervivencia. Escribió una estantería entera de libros sobre el tema. Comenzó siendo filósofo, pero al final se dedicó a la investigación física. Su única ocupación llegó a ser la experimentación, dar conferencias y dirigir una revista. Y, además, viajar: desentrañar historias raras entre los lamas tibetanos e iniciarse como miembro en hermandades del África Central. Lo único que quería eran pruebas y más pruebas y más pruebas todavía. Le volvía loco ver que alguien se tomara interés por alguna otra cosa. Cayó en desgracia durante una de vuestras guerras

---

1. Poeta inglés (1608-1674). Dedicó veinte años de su vida a componer obras en defensa del puritanismo. Después de la Restauración monárquica, se retiró de la vida pública y compuso sus obras más importantes, entre las que destaca *El paraíso perdido*.

por recorrer de arriba abajo el país diciendo a los contendientes que no lucharan, pues eso suponía gastar sumas de dinero que deberían dedicarse a la investigación. La pobre criatura murió a tiempo y vino aquí. No había poder en el universo que le hubiera impedido quedarse e ir a las montañas. ¿Pero creéis que le hizo algún bien? Este país era inútil para él. Todos los que vivían en él habían «sobrevivido» ya. Nadie se tomó el menor interés por el problema, pues ya no había nada que demostrar. Su ocupación había desaparecido completamente. Con que hubiera admitido que había elegido mal los medios para el fin que perseguía y se hubiera reído de sí mismo, habría comenzado todo de nuevo como si fuera un niño y hubiera participado del gozo. Pero él no estaba dispuesto a hacer algo así. No le preocupaba en absoluto la alegría. Al final se fue.

—¡Es fantástico! —dije.

—¿Lo creéis así? —dijo el Maestro con mirada penetrante—. Pues está más cerca de gente como vos de lo que podáis creer. Ha habido hombres antes de ahora que se tomaron tanto interés en demostrar la existencia de Dios que llegaron a desinteresarse completamente de Dios... ¡Como si el Señor bueno no tuviera otra cosa que hacer que existir! Ha habido hombres tan ocupados en difundir el cristianismo que nunca han pensado en Cristo. ¡Por Dios!

»Y lo mismo ocurre en asuntos más pequeños. ¿No habéis conocido nunca a un amante de libros que, por su afición a las primeras ediciones y los ejemplares firmados, haya perdido interés en leerlos? ¿Ni a un organizador de actos benéficos que haya perdido todo amor por los pobres? Esa es la más sutil de las trampas.

Movido por el deseo de cambiar de tema, pregunté por qué la Gente Sólida, que estaba inflamada de amor, no bajaba al infierno a rescatar a los Fantasmas. ¿Por qué se contentaban con reunirse con ellos en la llanura? Uno habría esperado de ellos una caridad más agresiva.

—Lo entenderéis mejor quizás antes de iros —dijo—. Entretanto tengo que deciros que, por amor a los Fantasmas, han llegado más lejos de lo que jamás podáis comprender. Cada uno de nosotros vive solamente para viajar a las montañas y adentrarse más y más en ellas. Todos nosotros hemos interrumpido el viaje y desandado distancias inconmensurables para bajar hoy aquí, por si existía la oportunidad de salvar a algún Fantasma. Hacerlo supone, por supuesto, una gran alegría; pero no podéis culparnos si no lo conseguimos. Y en cuanto a ir más allá, aunque fuera posible, sería inútil. A los cuerdos no les haría bien volverse locos para ayudar a los dementes.

—¿Y qué pasa con los pobres Fantasmas que no han conseguido subir al autobús?

—Todo el que lo desea sube al autobús. No hay cuidado. En última instancia no hay más que dos clases de personas, las que dicen a Dios «hágase Tu voluntad» y aquellas a las que Dios dice, a la postre, «hágase tu voluntad». Todos estos están en el infierno, lo eligen. Sin esta elección individual no podría haber infierno. Ningún alma que desee en serio y lealmente la alegría se verá privada de encontrarla. Los que buscan encuentran. A los que llamen a la puerta se les abrirá.

En este momento fuimos repentinamente interrumpidos por la tenue voz de un Fantasma que hablaba a gran velocidad. Al mirar hacia atrás vimos a la criatura. Le dirigía la palabra a una de las Personas Sólidas y lo hacía tan solícitamente que nos llamó la atención. Una y otra vez intentaba el Espíritu Sólido, sin éxito, decir una palabra. Esto era, poco más o menos, lo que estaba diciendo el Fantasma:

—¡Oh, querido amigo, lo he pasado terriblemente mal! Ni siquiera sé cómo he llegado aquí. Venía con Elinor Stone, lo habíamos arreglado todo y teníamos que encontrarnos en la esquina de la calle Sink. Lo planeé todo con sencillez, pues sabía cómo era, y le dije una y mil veces que no me reuniría con ella delante de la casa de Marjoribank, esa horrible mujer, no después de como me había tratado... esa fue una de las cosas más terribles que me pasaron. Me moría por decírselo a usted, porque estaba segura de que me diría que había obrado correctamente; no, espere un momento, amigo, hasta que se lo cuente. Traté de vivir con ella al principio, cuando vinimos. Todo estaba decidido: ella haría la cocina y yo me ocuparía de la casa. Pensé que iba a estar más confortable después de todo lo que había pasado, pero ella resultó ser tan distinta: completamente egoísta y sin una pizca de simpatía por nadie que no fuera ella misma. Y porque una vez le dije: «Creo que tengo derecho a algo de consideración, pues tú al menos has vivido tu tiempo hasta el fin, en tanto que yo no debería haber estado aquí hasta dentro de muchos años» —¡oh!, pero, claro, estoy olvidando que usted lo sabe—. Me asesinó, sencillamente me asesinó. Aquel hombre no debería haber actuado nunca, yo debería estar viva; pero ellos simplemente me mataron de hambre en esa espantosa clínica, y nadie se acercó jamás a mí y...

El agudo y monótono gimoteo se fue apagando mientras el Fantasma, acompañado por el espíritu luminoso, que, paciente, aún seguía a su lado, se iba alejando del alcance del oído.

—¿Qué os aflige, hijo? —preguntó mi maestro.

—Estoy preocupado, señor —dije—, porque esta infeliz criatura no me parece a mí que sea el tipo de alma que deba ni siquiera correr peligro de condenación. No es mala, es solo una vieja mujer necia y charlatana que ha adquirido el hábito de murmurar, y uno percibe que algo de amabilidad, descanso y algún cambio podría arreglarlo todo.

—Eso es lo que fue una vez, y eso es lo que tal vez siga siendo todavía. Si es así, puede, efectivamente, ser curada. La verdadera cuestión es si ahora es una murmuradora.

—Yo hubiera pensado que sobre eso no había duda.

—Sí, pero vos me malinterpretáis. La cuestión es si es una murmuradora o solo una murmuración. Si sigue habiendo una mujer verdadera —o el menor vestigio de una mujer verdadera— dentro de su gruñir, se puede conseguir que viva de nuevo. Si hay todavía una pequeña chispa bajo las cenizas, las soplaremos hasta que el montón de leña se encienda y arda con seguridad. Pero si no hay más que cenizas, no seguiremos soplándolas ante nuestros ojos. Si es así, deben ser barridas.

—¿Pero cómo puede haber murmuración sin un murmurador?

—Toda la dificultad de entender el infierno reside en que la realidad que hay que entender es casi nada. Pero vos habréis tenido experiencias... La cosa comienza con un talante refunfuñón, aunque en ese momento todavía os consideráis distintos de vuestro humor, tal vez su crítico. Pero a vos mismo, en una hora baja, tal vez os agrade ese talante y lo abracéis. Podéis arrepentiros y abandonarlo de nuevo; pero puede llegar un día en que ya no podáis desprenderos de él. Entonces ya no quedará ningún tú para criticar el humor, ni siquiera para gozar de él, sino solo el refunfuño refunfuñando para siempre como una máquina. Pero ¡venid! Estáis aquí para ver y oír. Apoyaos en mi brazo e iremos a dar un corto paseo.

Yo obedecí. Apoyarme en el brazo de alguien mayor que yo era una experiencia que me devolvía a la infancia. Con ese apoyo encontré tolerable la marcha, tanto que me hice la ilusión de que mis pies eran ya más sólidos. La ilusión duró hasta que una mirada a mi pobre y transparente figura me convenció de que mi alivio se debía al fuerte brazo del maestro. Tal vez se debiera también a su presencia el hecho de que mis otros sentidos parecieran también vivificados. Sentía aromas que hasta ahora me habían pasado inadvertidos y el paisaje me mostraba nuevas bellezas. Había agua por todas partes, y flores menudas que oscilaban al ser acariciadas por la brisa. A lo lejos, en el bosque, vimos el paso fugaz de un ciervo y, más cerca, se nos aproximó ronroneando una pantera hasta ponerse junto a mi compañero. Vimos también muchos Fantasmas.

Creo que el más enternecedor era un Fantasma femenino. Su congoja era completamente opuesta a la que afligía a la otra mujer, la dama asustada por los unicornios. Esta parecía más ignorante de su aspecto fantasmal. Más de uno de la Gente Sólida trató de hablarle. Al principio yo estaba totalmente perplejo, sin poder entender su conducta hacia ellos; parecía contorsionar todo lo que tenía su rostro invisible y contonear su cuerpo de humo de un modo que no tenía ningún sentido. Al final llegué a la conclusión —increíble según parece— de que se creía capaz de ejercer atracción sobre ellos y lo estaba intentando. Era un ser que se había vuelto incapaz de entablar una conversación si no era como medio para ese fin. Si un cadáver en descomposición se hubiera levantado del ataúd y se hubiera pintado las encías con lápiz de labios intentado un coqueteo, el resultado no hubiera sido más sorprendente. Al final la mujer pronunció en voz baja las palabras «criaturas estúpidas» y se volvió al autobús.

Esto me recordó la necesidad de preguntarle a mi maestro qué pensaba él del lance de los unicornios.

—Podría haber tenido éxito —dijo—. Vos habréis adivinado que se trataba de asustarla. No es que el miedo pudiera hacer que ella fuera menos Fantasma, pero si hubiera conseguido apartar un momento la atención de sí misma, podría haber tenido, en ese instante, alguna oportunidad. He visto gente que ha sido salvada así.

Nos encontramos con varios Fantasmas que se habían acercado extraordinariamente al cielo con la única finalidad de hablar del infierno a los seres celestiales. Esta clase de Fantasma es, verdaderamente, una de las más comunes. Otros, que tal vez habían sido, como yo, profesores de alguna clase, querían dar conferencias sobre el infierno. Traían gruesos libros de notas llenos de estadísticas y mapas, y uno de ellos portaba una linterna mágica. Algunos querían contar anécdotas de pecadores célebres de todas las épocas con los que se habían encontrado abajo; pero la mayoría de ellos parecía pensar que el mero hecho de haber urdido por sí mismos tanta desgracia les daba cierta superioridad. «¡Has llevado una vida segura!», voceaban. «No conoces el revés de la medalla. Nosotros te lo enseñaremos». «Te mostraremos algunos hechos duros», decían, como si el único propósito que los había traído aquí hubiera sido teñir el cielo de imágenes y colores infernales. Con todo, hasta donde podía juzgar por mi propia experiencia del mundo inferior, eran totalmente indignos de confianza. Carecían, todos por igual, de curiosidad sobre el país al que habían llegado, y rechazaban cualquier intento que alguien hiciera de enseñarles. Cuando se dieron cuenta de que nadie los escuchaba, regresaron, uno tras otro, al autobús.

El curioso deseo de describir el infierno resultó ser, sin embargo, la forma más suave de una apetencia muy común entre los Fantasmas: el deseo de extender el infierno, de introducirlo enteramente, si pudieran, en el cielo. Había Fantasmas grandes como castillos que, con voz tenue como de murciélagos, animaban a los espíritus bienaventurados a librarse de sus grilletes, a huir de su encierro en la felicidad, a derribar montañas con las manos, a apoderarse del cielo «para sí mismos»: el infierno les ofrecía su colaboración.

Había también Fantasmas planificadores, que les suplicaban que represaran el río, cortaran los árboles, mataran a los animales, construyeran un ferrocarril en la montaña, cubrieran con asfalto la hierba horrible, el musgo y el brezo. Y había Fantasmas materialistas que informaban a los inmortales de que habían sido engañados: no había vida después de la muerte y este país entero era una alucinación.

Había Fantasmas sencillos y simples, meros espectros, absolutamente conscientes de su deterioro, que habían aceptado el rol tradicional del espectro y parecían mantener la esperanza de poder asustar a alguien. Yo no había tenido la menor sospecha de que fuera posible este deseo. Pero mi maestro me recordó que el placer de asustar no es, en modo alguno, desconocido en la tierra, y me trajo a la memoria la sentencia de Tácito: «Aterrorizan para no tener miedo». Cuando los desechos de un alma humana arruinada se descubran a sí mismos desmigajados en lo fantasmal y se digan: «Yo soy aquel al que toda la humanidad temía, esta fría sombra de cementerio, esta cosa horrible que no puede ser y, sin embargo, es de algún modo», cuando ocurra todo eso, aterrorizar a los demás les parecerá una huida de su destino: ser un Fantasma y, no obstante, seguir temiendo a los Fantasmas, temiendo incluso al Fantasma que ellos mismos son. Y tener miedo de sí mismo es lo más horrible de todo.

Pero, aparte de todo esto, vi otros Fantasmas grotescos en los que apenas quedaban rastros de su forma humana. Eran monstruos que habían afrontado el viaje hasta el autobús —situado tal vez a miles de kilómetros— y se habían acercado al país de la Sombra de la Vida para adentrarse en él, renqueando por la hierba torturadora, con el único propósito de escupir y decir disparates en un éxtasis de odio; de expresar su envidia y, lo que resulta más difícil de entender, su desprecio de la alegría. El precio del viaje les parecía muy pequeño si una vez, solo una, ante la visión del eterno amanecer, podían decirles a los presumidos, petimetres, a los embaucadores mojigatos, a los presuntuosos y «ricos» lo que pensaban de ellos.

—¿Cómo han podido siquiera venir aquí? —pregunté a mi maestro.

—He visto convertirse a gente así —contestó—, mientras que aquellos a los que vos podríais considerar no condenados del todo han regresado. Los que odian la bondad están, a veces, más cerca que los que no saben nada de ella y creen que ya la tienen. ¡Ahora, callad! —dijo mi maestro de repente.

Nos hallábamos junto a unos matorrales, más allá de los cuales vi a uno de la Gente Sólida y a un Fantasma que, al parecer, se habían encontrado en ese momento. Los rasgos del Fantasma parecían vagamente familiares, pero pronto me di cuenta de que lo que había visto en la tierra no era el hombre mismo, sino fotografías suyas en los periódicos. Había sido un famoso artista.

—¡Dios! —exclamó el Fantasma, echando un vistazo al paisaje.

—¿Dios qué? —dijo el Espíritu.

—¿Qué quiere decir «Dios qué»? —preguntó el Fantasma.

—En nuestra gramática Dios es un nombre.

—¡Oh, comprendo! Yo quería decir solamente «Válgame Dios» o algo parecido. Quería decir... bueno, todo eso. Es... es... ¡Me gustaría pintar todo esto!

—Si yo fuera usted no me preocuparía por eso ahora.

—Mire aquí. ¿No se nos va a permitir que sigamos pintando?

—Lo primero es mirar.

—Yo ya he mirado. He visto, justamente, lo que quiero hacer. ¡Dios! ¡Ojalá se me hubiera ocurrido traer mis cosas conmigo!

El Espíritu movió la cabeza, desparramando luz de su cabello al hacerlo.

—Ese tipo de cosas no tienen sentido aquí —dijo.

—¿Qué quiere decir —preguntó el Fantasma.

—Cuando usted pintaba en la tierra —al menos en los primeros tiempos—, podía hacerlo porque apresaba vislumbres del cielo en el paisaje terrestre. El éxito de su pintura consistía en que permitía a otros ver también esos destellos. Pero aquí tiene usted la realidad misma; de aquí es de donde venía el mensaje. No supone ningún bien *hablarnos* de este país, pues ya lo vemos. De hecho lo vemos mejor que usted.

—¿Entonces aquí ya no tiene ninguna gracia pintar?

—Yo no digo eso. Cuando usted crezca y se convierta en persona (está bien, todos tenemos que hacernos personas), habrá cosas que verá mejor que los demás, y querrá hablarnos de ellas. Pero todavía no. Su tarea en este momento es solo ver. Venga y vea. Él es infinito. Venga y aliméntese.

Se produjo una pequeña pausa.

—Será delicioso —dijo después el Fantasma con un tono ligeramente apagado.

—Entonces, venga —dijo el Espíritu ofreciéndole el brazo.

—¿Cuándo cree que podría empezar a pintar? —preguntó el Fantasma.

El Espíritu se echó a reír.

—¿Pero no ve que no volverá a pintar nunca más si es eso en lo único que está pensando? —le dijo.

—¿Qué quiere decir? —preguntó el Fantasma.

—Quiero decir que si solo está interesado en el paisaje porque quiere pintarlo, no aprenderá a verlo nunca.

—Sin embargo, así es como un verdadero artista se interesa por el paisaje.

—No. Está olvidando algo —dijo el Espíritu—. No fue así como usted comenzó. La luz fue su primer amor: usted amaba la pintura como medio para expresar la luz.

—¡Oh, pero eso fue hace mucho tiempo! —replicó el Fantasma—. Eso se va perdiendo poco a poco. Usted no ha visto, naturalmente, mis últimas obras. Uno tiene cada vez más y más interés en pintar por el simple hecho de pintar.

—Así ocurre, efectivamente. También yo tengo que recuperarme de esas cosas. Todo era engaño: la tinta, las cuerdas de tripa y la pintura eran necesarias ahí abajo; pero también son peligrosos estimulantes. Los poetas, los músicos, los artistas, salvo excepciones, pasan de amar las cosas de las que hablan a amar el decir mismo, hasta que, abajo, en el infierno profundo, se vuelven incapaces de interesarse por Dios en sí mismo. Su único interés pasa a ser lo que dicen sobre Él. La cosa no se detiene en el interés por la pintura, ¿comprende?, todos se degradan cada vez más, se interesan solo por su personalidad, por su reputación y nada más.

—Yo no creo estar perturbado de ese modo —dijo el Fantasma ceremoniosamente.

—Excelente —respondió el Espíritu—. Muchos de nosotros no habíamos superado la situación cuando llegamos por primera vez. Pero si queda la inflamación, se curará cuando llegue a la fuente.

—¿Qué fuente es esa?

—Está arriba, en la montaña —dijo el Espíritu—. Es fresca y clara, y se halla situada entre dos colinas. Se parece algo al Leteo.[1] Cuando beba de su agua, olvidará para siempre los derechos de propiedad sobre sus obras. Entonces disfrutará de ellas como si fueran de otra persona: sin orgullo y sin modestia.

—Será magnífico —dijo el Fantasma sin entusiasmo.

—Pues venga —dijo el Espíritu, arrastrando unos pasos a la sombra renqueante hacia delante, hacia el este.

—Siempre habrá, como es lógico —prosiguió el Fantasma como si hablara consigo mismo—, gente interesante con la que reunirse...

—Todos serán interesantes.

—¡Oh!, ¡ah, sí!, sin duda. Pero pensaba en gente de nuestra misma profesión. ¿Me toparé con Claude? ¿O con Cézanne? ¿O con...?

—Si están aquí, se encontrará con ellos antes o después.

—¿No los conoce usted?

—Pues bien, la verdad es que no. Solo llevo aquí unos años. Las circunstancias me han impedido toparme con ellos... Aquí hay mucha gente como nosotros, ¿comprende?

—Pero tratándose de gente distinguida, habrá oído algo.

—No son distinguidos; no más distinguidos que los demás. ¿No lo entiende? La gloria se derrama sobre todos y todos la reflejan: como la luz en el espejo. Aunque aquí se trata de la luz de las cosas.

—¿Quiere decir que no hay hombres famosos?

—Todos son famosos. Son conocidos, recordados y reconocidos por la única Mente que puede hacer un juicio absoluto.

—Oh, por supuesto, en *ese* sentido... —comentó el Fantasma.

—No se detenga —dijo el Espíritu, conduciéndole aún hacia delante.

---

1. Río mitológico del mundo de ultratumba. Se atribuía a sus aguas la virtud de procurar el olvido.

—Debemos estar, pues, satisfechos con haber quedado para la posteridad —dijo el Fantasma.

—Querido amigo —dijo el Espíritu—, ¿no lo sabe?

—Saber qué.

—Que en la tierra se han olvidado completamente de usted y de mí.

—¿Eh? ¿Qué significa eso? —exclamó el Fantasma soltando el brazo—. ¿Quiere decir que, a pesar de todo, han vencido esos condenados neorregionalistas?

—¡El Señor le bendiga! ¡Sí! —exclamó el Espíritu, iluminándose y desternillándose otra vez de risa—. Hoy día ni en Europa ni en América darían un céntimo ni por mis cuadros ni por los suyos. Hemos pasado de moda.

—Tengo que marcharme enseguida —dijo el Fantasma—. ¡Deje que me vaya! ¡Maldita sea! Uno tiene sus propias obligaciones para con el futuro del arte. Debo regresar con mis amigos. Tengo que escribir un artículo. Es preciso redactar un manifiesto. Debemos editar un periódico. Nos hace falta publicidad. Deje que me vaya. ¡Esto no es una broma!

Y sin escuchar la respuesta del Espíritu, el espectro desapareció.

La siguiente conversación la oímos también por casualidad.

—Es imposible, *totalmente* imposible —decía un Fantasma femenino a una mujer de los Espíritus Luminosos—. No soñaría con quedarme si esperara encontrar a Robert. Estoy, naturalmente, dispuesta a perdonarle. Pero cualquiera otra cosa es totalmente imposible. ¿Cómo habrá llegado hasta aquí?... pero eso es cosa de usted.

—Si le ha perdonado —dijo la otra—, seguramente...

—Como cristiana le he perdonado —dijo el Fantasma—, pero hay cosas que no se pueden olvidar.

—Pero no entiendo —empezó a hablar el Espíritu.

—Exactamente —dijo el Fantasma, esbozando una sonrisa—. Usted no lo ha entendido nunca. Usted ha creído siempre que Robert no haría nada malo, lo sé. Por favor, no me interrumpa durante un momento. Usted no tiene la menor idea de lo que sufrí con su querido Robert. ¡Cuánta ingratitud! Fui yo la que hice de él un hombre. ¿Y cuál fue mi recompensa? Absoluto y completo egoísmo. Y eso no es todo. Escuche. Cuando me casé con él, se quedaba sin blanca seiscientas veces al año. Y hubiera seguido en la misma situación hasta el día de su muerte, tenga presente lo que digo, Hilda, si no hubiera sido por mí. Fui yo la que tuve que conducirle cada trecho del camino, porque él no tenía ni una chispa de ambición. Pero estaba intentando algo parecido a levantar un saco de carbón. Tuve que sermonearle con insistencia para que aceptara un trabajo extra en otro departamento, a pesar de que eso fue, realmente, el principio de todo para él. ¡La pereza de los hombres! Me dijo ¡fíjese hasta dónde llegaba! que no podría trabajar más de trece horas al día! Como si yo no trabajara muchas más. Mi jornada de trabajo no terminaba cuando la suya. Yo tenía que hacerle ir todas las mañanas. ¿Sabe usted lo que quiero decir? Si hubiera hecho su capricho, se habría sentado en un sillón y se hubiera mostrado huraño después de la cena. Era yo la que tenía que sacarle de sí mismo, animarle y darle conversación. Y todo eso, por supuesto, sin ayuda por su parte. A veces ni siquiera escuchaba. Cuando le decía que hubiera esperado de él, ya que no otras cosas, por lo menos buenos modales... Él parecía haber olvidado que yo seguía siendo una dama aunque me hubiera casado con él. Me estaba matando a trabajar por él sin recibir el más mínimo aprecio de su parte. Solía pasarme largas horas y horas cuidando las flores para embellecer esa casa pequeña y miserable. Y en lugar de agradecérmelo, ¿sabe lo que dijo?, dijo que no le gustaba que llenara el escritorio de flores cuando él quería usarlo. Una mañana se produjo un lío verdaderamente espantoso porque se me cayó un florero sobre unos papeles suyos. El asunto carecía de sentido, pues los papeles no tenían nada que ver con su trabajo. En esos días él tenía la necia idea de escribir un libro... como si fuera capaz. Al final le hice desistir.

»No, Hilda, es usted la que tiene que escucharme a mí. ¡Menudo contratiempo tuve que afrontar! ¡Divertido! La intención de Robert era escaparse de vez en cuando a ver a los que llamaba sus viejos amigos... ¡y que yo me divirtiera por mi cuenta! Yo sabía desde el principio que esos amigos no le harían ningún bien. "No Robert —le dije—, tus amigos son mis amigos. Es mi deber tenerlos aquí, aunque esté muy cansada y aunque no podemos permitírnoslo". Pensará que fue suficiente con eso. Pero no; venían para quedarse un buen rato. Durante ese tiempo yo tenía que proceder con mucho tacto; una mujer lista solo puede dejar caer una palabra aquí o allá.

»Yo quería que Robert los viera desde otro punto de vista. Estaban completamente a sus anchas en mi salón, pero les parecía poco; a veces no podía evitar reírme. Robert, como es lógico, estaba incómodo mientras duraba la visita. Pero, a fin de cuentas, era todo por su bien. Ningún componente de aquella pandilla seguía siendo amigo suyo al final del primer año.

»Después consiguió un nuevo empleo. Fue un gran ascenso. ¿Qué cree usted que hizo? En lugar de darse cuenta de que ahora teníamos una oportunidad de vivir un tiempo a nuestras anchas, se limitó a decir "Ahora, por Dios, tengamos un poco de paz". Esas palabras casi terminaron conmigo; estuve a punto de darlo completamente por perdido. Pero yo sabía cuál era mi deber y siempre había cumplido mi deber. No puede imaginarse el trabajo que me costó lograr que aceptara la idea de trasladarnos a una casa más grande, y lo que tuve que pasar para encontrarla. Yo no hubiera escatimado el menor esfuerzo si él hubiera afrontado la situación con buen ánimo, si hubiera visto el lado alegre de todo aquello. Si hubiera sido otra clase de hombre, le habría gustado que le recibiera en el umbral de la puerta cuando regresaba de la oficina y le dijera: "Ven, Bob, hoy no hay tiempo para cenar. Acabo de oír hablar de una casa cerca de Watford. Tengo las llaves. Podemos ir hasta allí y estar de vuelta a eso de la una". ¡Pero con él, Hilda, aquello era un completo sufrimiento! Su admirable Robert se estaba convirtiendo en ese tipo de hombre que no se ocupa de nada salvo de la comida.

»Bien, al fin conseguí entrar en la nueva casa. Sí, ya lo sé, era algo más cara de lo que en ese momento podíamos costear, pero las cosas se iban despejando para él. Y yo, como es lógico, empecé a recibir a invitados como es debido; ya no era gente como sus antiguos amigos. Yo lo hacía todo por su bien. Gracias a mí hizo amigos excelentes. Naturalmente yo tenía que ir bien vestida. Aquellos deberían haber sido los años más felices de nuestra vida, y si no lo fueron, no se debió a nadie más que a él. ¡Oh, era un hombre irritante, sencillamente irritante! Se sumió completamente en sí mismo, y se limitaba a prepararse para envejecer; se volvió taciturno y gruñón... Podría haber parecido más joven si se lo hubiera propuesto; no necesitaba andar con la espalda encorvada, estoy segura de habérselo dicho repetidamente. Siempre que dábamos una fiesta, el trabajo caía sobre mis espaldas y Robert se mostraba como el más triste de los anfitriones. Era, sencillamente, un aguafiestas. Yo le decía —se lo dije una y cien veces— que no había sido así siempre; en otro tiempo se tomaba interés en todo tipo de cosas y estaba bien dispuesto a hacer amigos. "¿Qué diantres te pasa?", solía decirle yo; pero ya ni siquiera respondía. Se sentaba mirándome fijamente con sus ojos grandes e imponentes (llegué a odiar a un hombre con ojos oscuros) y —ahora lo sé— odiándome. Esa era mi recompensa. ¡Después de lo que yo había hecho! Era algo completamente perverso. Sentía por mí un odio absurdo, ¡justo cuando era el hombre rico que siempre había soñado ser! Yo solía decirle: "Robert, estás sencillamente echándote a perder". Los jóvenes que venían a casa —no era culpa mía que me gustaran más que el viejo y rudo de mi marido— solían reírse de él.

»Yo cumplí con mi obligación hasta el final. Le presionaba para que hiciera ejercicio, esa fue la principal razón que me llevó a comprar un gran danés. Seguí dando fiestas y le llevaba a las más maravillosas vacaciones. Vigilaba que no bebiera demasiado. Incluso cuando las cosas se pusieron desesperadas, le animé para que se dedicara de nuevo a escribir, pues por entonces eso ya no podía hacerle ningún daño. Pero ¿cómo podía ayudarle si al final tuvo una crisis nerviosa? Mi conciencia está tranquila: si ha habido alguna mujer que cumpliera sus deberes, esa soy yo. Ya puede ver por qué sería imposible...

»Y sin embargo... no sé. Creo que he cambiado de opinión. Les haré una propuesta honrada, Hilda. No me reuniré con Robert si eso no significa nada más que eso, reunirme con él. Pero si se me da carta blanca, me haré cargo de él otra vez; asumiré mi responsabilidad de nuevo. Pero tengo que tener carta blanca. Con todo el tiempo que tendríamos aquí, creo que podría hacer algo bueno de él, en algún sitio solo para nosotros. ¿No es un buen plan? Él no está capacitado para andar por su cuenta, así que deje que me ocupe de él. Le conozco mejor que usted, y sé que necesita mano dura.

»¿Qué es eso? ¡No, démelo a mí!, ¿me oye? No le consulte a él, démelo a mí. Yo soy su esposa, ¿no? No había hecho más que comenzar, y hay muchas, muchas, muchas cosas que todavía puedo hacer por él. No, escuche, Hilda. ¡Por favor, por favor! Soy tan desgraciada. Debo tener alguien al que hacerle las cosas. Allí abajo es, sencillamente, espantoso. Nadie se preocupa lo más mínimo de mí, y yo no puedo hacer que cambien. Es terrible verlos a todos sentados alrededor sin poder hacer nada con ellos. Devuélvamelo. ¿Por qué habría él de salirse con la suya? No es bueno para él, no es justo ni es bueno. Yo quiero a Robert. ¿Qué derecho tiene usted a mantenerlo apartado de mí? La odio. ¿Cómo puedo pagarle con la misma moneda si no me permite que lo tenga?

El Fantasma, que se había elevado como una llama agonizante, crepitó súbitamente. Un olor agrio y seco quedó flotando un momento en el aire y, al rato, era imposible ver a ningún fantasma.

9

UNO DE LOS encuentros más dolorosos que presenciamos fue el que tuvo lugar entre el Fantasma de una mujer y un Espíritu Luminoso que, al parecer, había sido su hermano. Debían de haberse encontrado solo un momento antes de que nos topáramos con ellos, pues el Fantasma decía en aquel instante, con un tono de franca decepción:

—¡Oh… Reginald! ¿Eres *tú*?, ¿eres tú?

—Sí, querida —decía el Espíritu—. Sé que esperabas a otra persona. ¿Puedes…? Espero que te alegres un poco de verme aunque venga yo solo, al menos por ahora.

—Yo pensaba que vendría Michael —dijo el Fantasma. Después, algo más furiosamente, preguntó—: ¿*Estará* aquí, naturalmente?

—Está aquí. Allí lejos, en lo alto de las montañas.

—¿Por qué no ha venido a reunirse conmigo? ¿No sabía que yo venía?

—Querida hermana, no te preocupes, dentro de poco se arreglará todo. Además, no habría venido en ningún caso; todavía no. No podría verte ni oírte tal como estás ahora; serías completamente invisible para Michael. Pero pronto haremos que tomes cuerpo.

—Había pensado que, si tú puedes verme, mi propio hijo también podría.

—No siempre ocurre así. ¿Sabes? Yo estoy especializado en estos asuntos.

—¡Oh, un asunto! ¿Soy un asunto? —dijo bruscamente el Fantasma. Luego, después de una pausa, añadió—: Bien, ¿cuándo se me va a permitir verlo?

—No se trata de permitirte nada, Pam. Tan pronto como pueda verte, querrá hacerlo, por supuesto. Tienes que hacerte algo más densa.

—¿Cómo? —dijo el Fantasma. La palabra tenía un tono duro y ligeramente amenazador.

—Me temo que el primer paso es difícil —dijo el Espíritu—. Pero después de los primeros pasos progresarás rápidamente. Te volverás lo bastante sólida para que Michael te pueda percibir cuando aprendas a querer a alguien además de a Michael. No digo «más que a Michael», por lo menos al principio. Eso vendrá después. Para comenzar el proceso necesitamos solo el germen, aunque sea pequeño, de un deseo de Dios.

—¡Oh! Te refieres a la religión y ese tipo de cosas. Este es un mal momento... y viniendo de ti peor todavía. Bien, no importa. Haré todo lo que sea necesario. ¿Qué quieres que haga? Vamos. Cuanto antes comience, antes me dejarán ver a mi hijo. Estoy completamente preparada.

—Pero Pam, piensa un poco. ¿No entiendes que no podrás comenzar mientras persistas en esa situación intelectual. Estás considerando a Dios como medio para llegar a Michael. Y el tratamiento para que te vuelvas sólida consiste en aprender a amar a Dios por Sí mismo.

—No hablarías así si fueras una madre.

—Quieres decir si fuera solo una madre. Pero no existe nadie que consista en ser solo una madre. Tú existes como madre de Michael porque existes, primero, como criatura de Dios. La relación es más originaria y más estrecha. No, escucha, Pam. Él también ama. Él también ha sufrido. Él también ha esperado mucho.

—Si Él me amara, me dejaría ver a mi hijo. Si Él me amaba, ¿por qué se llevó a Michael de mi lado? No pensaba decir nada sobre el asunto, pero es bastante difícil perdonar, ¿comprendes?

—Pero Él tuvo que llevarse a Michael. En parte, por su propio bien...

—Estoy segura de que hice todo lo que pude para que Michael fuera feliz. Le ofrecí mi vida entera...

—En primer lugar, los seres humanos no pueden hacerse totalmente felices unos a otros durante mucho tiempo. Y en segundo lugar, se lo llevó por tu bien. Él quería que el amor meramente instintivo por tu hijo —las tigresas también conocen ese amor, ¡ya sabes!— se convirtiera en algo mejor. Quería que amaras a Michael como Él entiende el amor. No se puede amar plenamente a un semejante hasta que no amamos a Dios. Esta transformación se puede hacer a veces sin dejar de complacer el amor instintivo. Pero, al parecer, en tu caso no existía esta posibilidad: tu instinto no tenía gobierno, y era fiero y monomaníaco. (Pregúntale a tu hija o a tu marido. Pregúntale a tu madre. Ni una sola vez pensaste en ella).

»El único remedio consistía en llevarse el objeto de tu amor. Era un caso de cirugía. Cuando este primer tipo de amor se frustra, surge la posibilidad de que, en la soledad y el silencio, pueda empezar a crecer algo nuevo.

—Todo eso es un sinsentido, un cruel y horroroso sinsentido. ¿Qué derecho tienes a decir esas cosas acerca del amor de una madre? El amor de madre es el sentimiento más alto y más sagrado de la naturaleza humana.

—Pam, Pam, los sentimientos naturales no son en sí mismos altos o bajos ni sagrados o impíos. Pero todos se convierten en sagrados cuando la mano de Dios lleva las riendas, y todos se echan a perder cuando se erigen en sentimientos autónomos y se convierten en falsos dioses.

—Mi amor por Michael no se hubiera echado a perder nunca, ni aunque hubiéramos vivido juntos millones de años.

—Estas equivocada. Y tú debes saberlo. ¿No te has encontrado, allí abajo, a madres que tienen con ellas a sus hijos, en el infierno? ¿Hace felices a los hijos el amor de sus madres?

—Si te refieres a gente como la señora Guthrie y a su desagradable Bobby, por supuesto que no. Espero que no estés insinuando... Si hubiera tenido a Michael conmigo, habría sido completamente feliz incluso en ese pueblo. Yo no habría estado hablando de mi hijo sin parar hasta que todo el mundo odiara oír su nombre, que es lo que Winifred Guthrie hacía con su mocoso. Yo no me habría peleado con la gente que no le hubiera hecho caso, ni me habría puesto celosa si se lo hubieran hecho. Yo no habría andado de un sitio para otro gimoteando ni quejándome de que no era amable conmigo, porque, por supuesto, era amable. No te atrevas a insinuar que Michael podría ser alguna vez como el hijo de Guthrie. Es algo que no puedo soportar.

—Lo que has visto en los Guthrie es aquello en lo que, al final, se convierte la inclinación natural si no cambia.

—Eso es mentira. Mentira perversa y cruel. ¿Cómo podría alguien amar a su hijo más de lo que yo amé al mío? ¿No he vivido todos estos años solo por su recuerdo?

—Eso fue un error, Pam. En el fondo de tu corazón sabes que fue un error.

—¿Qué es lo que fue un error?

—El ceremonial de dolor de estos diez años: conservar su habitación igual que él la dejó, celebrar sus cumpleaños, negarte a dejar la casa aunque Dick y Muriel fueran desgraciados en ella.

—A ellos no les importaba. Lo sé. Me di cuenta muy pronto de que no podía esperar compasión de ninguno de ellos.

—Te equivocas. Nadie ha sentido nunca más que Dick la muerte de un hijo. Ni ha habido chicas que quisieran a sus hermanos más que Muriel. No era contra Michael contra quien se sublevaban, sino contra ti. Se rebelaban contra el hecho de que toda su vida estuviera dominada por la tiranía del pasado, y no precisamente por el de Michael, sino por el tuyo.

—Eres despiadado, todo el mundo lo es. El pasado era lo único que yo tenía.

—Fue lo único que quisiste tener. Y eso fue un mal camino para afrontar el dolor. Elegiste el modo egipcio: embalsamar a un cuerpo ya muerto.

—¡Oh, por supuesto! Estoy equivocada, ¿no? Todo lo que digo o hago está, según tú, equivocado.

—Por supuesto —dijo el Espíritu, resplandeciendo tanto de amor y alegría que mis ojos se deslumbraban. Eso es lo que descubrimos todos cuando llegamos a este país. ¡Descubrimos que estábamos equivocados! Ese es el gran chasco. ¡Ya no es preciso seguir fingiendo que teníamos razón! Cuando dejamos de hacerlo empezamos a vivir.

—¿Cómo te atreves a reírte? Dame a mi hijo. ¿Me oyes? No me importan tus normas ni tus reglas. No creo en un Dios que separa a una madre de su hijo, yo creo en un Dios de amor. Nadie tiene derecho a interponerse entre mi hijo y yo. Ni siquiera Dios. Dile todo esto a Él en su cara. Quiero a mi hijo y pienso tenerlo. Es mío, ¿comprendes?, mío, mío, mío para siempre.

—Será tuyo, Pam. Todo será tuyo. El mismo Dios será tuyo. Pero no así. Nada puede ser tuyo por naturaleza.

—¿Qué? ¿Ni mi propio hijo, que nació de mi cuerpo?

—¿Y dónde está ahora tu cuerpo? ¿No sabes que la naturaleza llega a su fin? El sol sale, allí, sobre las montañas. Estará en lo alto en cualquier momento.

—Michael es mío.

—¿Cómo que es tuyo? Tú no lo hiciste. La naturaleza hizo que creciera en tu cuerpo sin necesidad de que tú intervinieras. E incluso contra tu voluntad... A veces olvidas que entonces no querías de ningún modo tener un hijo. Michael fue, al principio, un accidente.

—¿Quién te ha dicho eso? —dijo el Fantasma. Después, recuperándose, añadió—: Es mentira. No es verdad. Y además, no es asunto tuyo. Odio tu religión y odio y desprecio a tu Dios. Yo creo en un Dios de Amor.

—Sin embargo, Pam, en este momento no tienes amor ni por tu madre ni por mí.

—¡Oh! ¡Comprendo! Ese es el problema, ¿no es cierto? ¡Se trata, *realmente*, de Reginald! La idea de sentirte ofendido porque...

—¡Dios te bendiga! —dijo el Espíritu con una gran sonrisa—. No tienes que preocuparte por eso. ¿No comprendes que en este país no puedes hacer daño a nadie?

El Fantasma se quedó boquiabierto y en silencio un instante, más sereno por la noticia tranquilizadora que por ninguna otra cosa que le había dicho.

—Ven. Seguiremos un poco más adelante —dijo mi maestro, apoyando su mano en mi brazo.

—¿Por qué me lleva, señor? —dije cuando nos alejamos lo suficiente para que el infeliz Fantasma no pudiera oírnos.

—Esa conversación nos llevaría mucho tiempo —dijo mi maestro—. Y ya habéis oído lo suficiente para saber cuál es la elección acertada.

—¿Tiene ella alguna esperanza, señor?

—Sí, hay esperanzas. Lo que llama amor por su hijo se ha convertido en una cosa pobre, espinosa y adusta. Pero todavía hay en ella una pequeña chispa de algo que no es ella misma. Sobre eso se podría soplar hasta que salieran llamas.

—Entonces, ¿hay sentimientos naturales que son *realmente* mejor que otros? Quiero decir que si hay sentimientos naturales que sean mejor punto de partida para alcanzar las cosas reales.

—Los hay mejores y peores. Hay algo en el afecto natural que inclina al amor eterno más fácilmente de lo que podría inclinar el apetito natural. Pero también encierra algo que le hace pararse más fácilmente en el nivel natural y confundirlo con el celestial. El latón se confunde con el oro más fácilmente que la arcilla. Y si la inclinación natural rechaza, finalmente, convertirse, su corrupción será peor que la corrupción de lo que llamáis bajas pasiones. La inclinación natural es un ángel más fuerte, pero, cuando cae, es un demonio más cruel.

—No creo que me atreviera a repetir eso en la tierra, señor. Me dirían que era un ser inhumano. Me dirían que creía en la depravación total. Me dirían que estoy atacando las cosas mejores y más sagradas. Me llamarían...

—Si lo hicieran, nada de eso te causaría ningún mal —dijo con un guiño (al menos yo creí verlo realmente) de ojos.

—Pero ¿se atrevería —tendría cara— alguien, alguien que no haya sentido la desolación que produce la muerte de un ser querido, a acercarse a la madre afligida y traspasada por el dolor...?

—No, no, hijo, eso no es asunto tuyo. Tú no eres un hombre lo bastante bueno para eso. Cuando tu propio corazón se haya roto, será el momento de que pienses en hablar. Pero alguien debe decir lo que entre vosotros ha quedado sin decir todos estos años: que el amor, tal como los mortales entienden la palabra, no es suficiente. Todo amor natural brotará de nuevo y vivirá para siempre en este país. Pero ningún amor podrá volver a nacer hasta que no sea sepultado.

—Esa afirmación es muy difícil para nosotros.

—¡Ah, pero es cruel no decirla. Los que la entienden tienen miedo de decirla. He ahí por qué el sufrimiento que solía purificar ahora solo emponzoña.

—Según eso, Keats[1] se equivocó cuando dijo que estaba seguro de la santidad de sus inclinaciones.

—Dudo que supiera exactamente lo que quería decir. Pero tú y yo debemos saberlo con claridad. No hay sino un bien, y ese bien es Dios. Todo lo demás es bueno cuando mira hacia Él, y malo cuando se aparta de Él. Y cuanto más alto y poderoso sea algo en el orden natural, tanto más demoniaco se volverá si se rebela contra Él. No es de los malos ratones o de las malas pulgas de donde salen los demonios, sino de los malos arcángeles. La falsa religión del placer es más ruin que la falsa religión del amor de madre o del patriotismo o del arte. Sin embargo, es menos probable que el placer se convierta en religión. Pero ¡mirad!

Veía venir hacia nosotros un Fantasma que llevaba algo sobre el hombro. Era, como los demás Fantasmas, poco sólido, si bien estos se diferencian unos de otros como se diferencian las distintas clases de humo. Algunos eran blanquecinos, pero el que veíamos ahora era oscuro y aceitoso. Sobre su hombro se posaba un pequeño lagarto rojo, que movía la cola como un látigo y le susurraba cosas al oído. Cuando alcanzamos

---

1. Poeta inglés (1795–1821). De origen humilde, tuvo una vida tan breve como intensa y llena de sufrimientos. Murió en plena juventud a causa de la tuberculosis. Su poesía se inspira en el culto a la belleza y en el mundo griego.

a verlo, el Fantasma volvió la cabeza hacia el reptil con un gruñido de impaciencia.

—Te digo que cierres la boca —le dijo.

El reptil meneaba la cola y no dejaba de susurrarle. El Fantasma dejó de gruñir y comenzó a reír. Luego se volvió y comenzó a andar, renqueando, hacia el oeste, lejos de las montañas.

—¿Tan pronto os vais? —dijo una voz.

El ser que hablaba tenía una figura más o menos humana, pero era mucho más grande que un hombre, y tan luminoso que me resultaba difícil mirarle. Su presencia hirió mis ojos y todo mi cuerpo (despedía calor además de luz), como el sol de la mañana al comienzo de un implacable día de verano.

—Sí, me marcho —dijo el Fantasma—. Gracias por su hospitalidad, pero no hay nada bueno, ¿comprende? Le he dicho a este bichejo (en este momento señaló al lagarto) que tendría que estarse callado si venía (algo que insistió en decirle). Pero debo reconocer que no está hecho para esto; no quiere parar. Lo entiendo. Me tendré que ir a casa.

—¿Le gustaría que yo lo hiciera callar? —dijo el Espíritu flameante (Ahora comprendo que era un ángel).

—Por supuesto que me gustaría —dijo el Fantasma.

—Pues lo mataré —dijo el ángel dando un paso adelante.

—¡Oh! ¡Ay! ¡Cuidado! Me está quemando. No se acerque —dijo el Fantasma, retrocediendo.

—¿No *quiere* que lo mate?

—Al principio no dijo usted nada de *matarlo*. No se me ocurriría molestarle con una solución tan drástica como esa.

—No hay otra forma —dijo el ángel, cuyas manos abrasadoras estaban ahora muy cerca del lagarto—. ¿Quiere que lo mate?

—Bien, eso es otra cuestión. Si no hay otra forma, estoy dispuesto a considerarlo, pero es un tema nuevo, ¿no es cierto?

Quiero decir que de momento yo pensaba solo hacerlo callar, pues aquí arriba, bien, digamos que el lagarto es muy embarazoso.

—¿Me da permiso para matarlo?

—Ya tendremos tiempo después para discutirlo.

—No hay tiempo. ¿Me permite que lo mate?

—Por favor, nunca pensé que iba a suponer tanta molestia. Por favor, la verdad es que... no se moleste. ¡Mire! Se ha echado a dormir. Estoy seguro de que ahora todo irá bien. Muchísimas gracias.

—¿Quiere que lo mate?

—Sinceramente, no creo que haya la menor necesidad de hacerlo. Estoy seguro de que ahora podré tenerlo a raya. Creo que un proceso gradual sería mucho mejor que matarlo.

—El proceso gradual es completamente inútil.

—¿Eso cree usted? Bien, reflexionaré sobre lo que me ha dicho. Lo haré, se lo digo francamente. La verdad es que le dejaría que lo matara ahora, pero, sinceramente, hoy no me siento muy bien. Sería necio hacerlo ahora; para esa operación necesitaría que mi estado de salud fuera bueno. Tal vez otro día.

—No hay otro día. Ahora todos los días son presente ininterrumpido.

—¡Apártese! Me está quemando. ¿Cómo voy a decirle que lo mate? Si lo hiciera, me mataría también a mí.

—No, de ninguna manera.

—¿Cómo que no?, ahora me está haciendo daño.

—Yo no he dicho que no le hiciera daño. Lo que he dicho es que no lo mataría.

—¡Oh!, comprendo. Usted piensa que soy un cobarde. Pero no lo soy. No lo soy, de verdad. ¡Vaya! Déjeme que regrese en el autobús de la noche y recabe la opinión de mi médico. Vendré enseguida que me sea posible.

—Este momento incluye todos los momentos.

—¿Por qué me tortura? Se está burlando de mí. ¿*Puedo* permitir que me destroce? Si quería ayudarme, ¿por qué no ha matado al condenado animal sin preguntármelo, sin que yo lo supiera? Si lo hubiera hecho así, ya habría pasado todo.

—Yo no puedo matarlo contra su voluntad. Es imposible. ¿Me da su permiso?

Las manos del ángel estuvieron a punto de agarrar el lagarto, pero no llegaron a hacerlo, pues el reptil comenzó a cotorrear al Fantasma con una voz tan fuerte que hasta yo podía oír lo que estaba diciendo.

—Ten cuidado —decía—. Puede hacer lo que dice; puede matarme. Una palabra funesta por tu parte y *lo hará*. Entonces te quedarás sin mí para siempre. No es normal. ¿Podrías vivir sin mí? Serías simplemente una especie de fantasma, no un verdadero hombre como eres ahora. Él no entiende. Es solo una cosa fría y abstracta. Es posible que para él sea normal, pero para nosotros no lo es. Sí, sí. Ahora sé que no hay placeres reales, solo sueños. ¿Pero no son los sueños mejor que nada? Yo también seré bueno. Confieso que a veces, en el pasado, he ido demasiado lejos, pero prometo que no volverá a ocurrir. No volveré a darte nada salvo sueños verdaderamente hermosos, sueños dulces y nuevos y casi puros. Bueno, sería mejor decir completamente puros...

—¿Me da su permiso? —dijo el Ángel al Fantasma.

—Sé que me va a matar.

—No lo voy a hacer. Pero ¿y si lo hiciera?

—Tiene razón. Sería mejor estar muerto que vivir con esta criatura.

—Entonces, ¿me da su permiso?

—¡Maldito sea! ¿Por qué no lo hace? ¡Termine ya! Haga lo que le plazca —gritaba el Fantasma. Pero al final terminó gimoteando estas palabras—: Ayúdame, Dios mío, ayúdame, Dios mío.

Poco después, el Fantasma dio un grito de agonía como yo no había oído jamás en la tierra. El Ángel Abrasador agarró al reptil con su puño carmesí y lo retorció, mientras el reptil le mordía y se retorcía de dolor. Finalmente, lo arrojó, con el espinazo quebrado, al césped.

—¡Ay! ¡Ha hecho eso por mí! —gritaba el Fantasma, tambaleándose hacia atrás.

Durante un momento no pude percibir nada con precisión. Luego, entre donde yo estaba y un matorral cercano, inequívocamente sólido pero volviéndose progresivamente más sólido, vi un brazo que se alzaba y el hombro de un hombre. Luego, más clara y distintamente, vi las piernas y las manos. El cuello y la cabeza dorada se hicieron visibles mientras yo estaba observando, y si mi atención no hubiera vacilado, habría visto cómo se completaba la figura real de un hombre: un hombre inmenso, desnudo, no mucho más pequeño que el ángel. Lo que distrajo mi atención fue que, en ese mismo momento, al lagarto parecía ocurrirle algo. Al principio pensé que la operación había fracasado. Lejos de morir, el animal seguía luchando y haciéndose más grande conforme luchaba. Pero según crecía, iba cambiando. Sus cuartos traseros se iban redondeando. La cola, que seguía agitándose, se convirtió en una cola de pelo que se balanceaba en su grupa poderosa y brillante. Súbitamente di un respingo y comencé a restregarme los ojos. Ante mí aparecía el semental más grande que jamás haya visto, de color blanco plateado, pero con crines y cola doradas. Era suave y luminoso, henchido de carne y músculo, y relinchaba y pateaba con los cascos. Cada patada hacía temblar el suelo y trepidar los árboles.

El hombre hecho de nuevo se volvió y acarició las crines del caballo hecho de nuevo. Después olfateó su cuerpo brillante. Caballo y amo respiraba el uno en las ventanas de la nariz del otro. El hombre se apartó, se echó a los pies del Ángel Abrasador y los abrazó. Creo que cuando se levantó, su cara brillaba por las lágrimas que la bañaban, aunque podría tratarse tan solo del amor y resplandor límpidos (en este país no se puede distinguir entre ambas cosas) que fluía de él. No tuve mucho tiempo para pensar en ello. Con alegre precipitación, el joven saltó a lomos del caballo; girándose en la silla, hizo un ademán de despedida y luego lo arreó dándole un golpe con el calcañar. Se marcharon antes de que me diera cuenta de lo que estaba ocurriendo. ¡Eso sí es montar a caballo!

Salí de entre los matorrales tan pronto como pude para seguirlos con la vista, pero en ese momento parecían formar ya una estrella de fuego, allá a lo lejos, sobre la verde llanura, y, poco después, corrían entre las estribaciones de las montañas. Más tarde, aún con su aspecto de estrella, los vi ponerse tensos y escalar lo que parecían escarpados impracticables, más veloces cada vez, hasta que, cerca de la cumbre confusa del paisaje, tan altos que debía estirar el cuello para verlos, desaparecieron, luminosos, en la luminosidad rosada de la mañana perpetua.

Todavía seguía mirando cuando noté que la llanura y el bosque entero se estremecían con un sonido que en nuestro mundo hubiera sido demasiado intenso para oírlo, pero que aquí podía captar con alegría. Me di cuenta de que no era la Gente Sólida la que estaba cantando: era la voz de esta tierra, de estos bosques y estos ríos; un extraño clamor arcaico e inorgánico que venía de todas direcciones. La naturaleza, la naturaleza primigenia, de esta tierra se alegraba de haber sido surcada de nuevo, y por tanto consumada, en la persona del caballo. Esto es lo que cantaba:

«El Maestro dice a nuestro maestro: ¡sube! Comparte mi reposo y mi esplendor hasta que los seres que fueron tus enemigos se vuelvan esclavos para danzar ante ti, y lomos sobre los que puedas montar y solidez en la que apoyar tus pies.

»Desde más allá de todo tiempo y lugar, fuera del mismo espacio, te será dada autoridad. Las fuerzas que una vez se opusieron a tu voluntad serán fuego obediente en tu sangre y trueno celestial en tu voz.

»Véncenos, para que así, vencidos, podamos ser nosotros mismos. Anhelamos el comienzo de tu reino como anhelamos el alba y el rocío, la humedad y la llegada de la luz.

»Maestro, tu Maestro te ha escogido para siempre para que seas nuestro Rey de Justicia y nuestro Sumo Sacerdote».

—¿Comprendéis esas palabras, hijo mío? —dijo el Maestro.

—Desconozco todo lo que ha dicho, señor —respondí—. ¿Me equivoco cuando pienso que el lagarto se convirtió en caballo?

—Sí, pero primero tuvo que morir. No olvidéis esta parte de la historia.

—Intentaré no olvidarla, señor. Pero ¿significa eso que todo lo que hay en nosotros —todo— puede continuar hasta las montañas.

—Nada, ni siquiera lo mejor y más noble, puede seguir en su actual estado. A nada, ni siquiera a lo más bajo y bestial, le será impedido elevarse de nuevo si se somete a la muerte. Se siembra un cuerpo natural y nace un cuerpo espiritual. La carne y la sangre no pueden ir a las montañas. Y no por ser demasiado lozanas, sino por ser muy débiles. ¿Qué es un lagarto comparado con un semental? El placer es gimoteo pobre y débil, un suspiro, comparado con la riqueza y energía del deseo que brotará cuando se mate el placer.

—¿Debo decir en casa que la sensualidad de este hombre se encuentra con menos obstáculos que el amor de esa pobre mujer por su hijo? En el caso de la mujer, se trataba, de todas maneras, de un exceso de amor.

—No debéis decir cosas semejantes —respondió severamente—. ¿Exceso de amor decís? No fue exceso, fue defecto. Ella amaba a su hijo muy poco, no demasiado. Si le hubiera amado más, no habría dificultades. No sé cómo terminará el asunto. Pero bien podría ocurrir que en este momento exigiera tenerlo con ella ahí abajo, en el infierno. A veces, este tipo de personas parece completamente dispuesta, con tal de poseerla de algún modo, a hundir el alma de la persona que dicen amar en una desdicha infinita. No, no. Debéis aprender otra lección. Debéis hacer esta pregunta: si el cuerpo renacido, incluso el cuerpo renacido del apetito, es tan grande como el caballo que habéis visto, ¿cómo será el cuerpo renacido del amor maternal o de la amistad?

Pero, una vez más, mi atención se distrajo.

—¿Hay otro río, señor? —pregunté.

10

Diré la razón por la que pregunté si había otro río. A lo largo de un prolongado sendero del bosque, la parte baja de las ramas frondosas había comenzado a trepidar de luz danzarina. Yo no conocía en la tierra nada capaz de producir este fenómeno, que parecía una luz reflejada proyectada hacia arriba por la movilidad del agua. Momentos después me di cuenta de mi error. A nosotros se aproximaba una especie de procesión y la luz procedía de las personas que la formaban. En primer lugar venían Espíritus luminosos —no Fantasmas de hombres— que bailaban y esparcían flores. Eran flores que caían sin hacer ruido y se apilaban delicadamente, aunque, medidas con el patrón del mundo fantasmal, cada uno de sus pétalos podría haber pesado cien veces su peso y su caída podría haber sido semejante al estruendo producido por la caída de una gran roca. Detrás, a derecha e izquierda, a cada uno de los lados de la avenida del bosque, venían figuras juveniles, en un lado muchachos y en el otro muchachas. Si pudiera recordar sus cantos y poner por escrito sus notas, nadie que leyera la partitura se pondría enfermo o envejecería. Entre ellos iban los músicos y, detrás, una dama, en cuyo honor se hacía la procesión.

No podría recordar ahora si iba desnuda o vestida. Si iba desnuda, debió de ser la casi visible penumbra de su gentileza y alegría la que produce en mi memoria la ilusión de un gran séquito luminoso que la seguía por la hierba dichosa. Si iba vestida, la ilusión de desnudez se debía, sin duda, a la claridad con la que su espíritu más interior fulguraba a través del vestido. En este país los vestidos no son disfraces. El cuerpo espiritual vive a lo largo de cada una de sus hebras y hace de ellas órganos vivos. Una túnica o una corona son aquí rasgos del que los lleva, como lo son los labios o los ojos.

Pero ya lo he olvidado. Solo parcialmente recuerdo la irresistible belleza de su rostro.

—¿Es ella...? ¿Es ella? —susurré a mi guía.

—No, en absoluto —dijo él—. Es alguien de quien nunca habéis oído hablar. En la tierra se llamaba Sarah Smith y vivía en Golders Green.

—Parece que es..., digamos, una persona especialmente importante.

—Sí. Es una de las grandes. Vos habéis oído que la fama en este país y la fama en la tierra son dos cosas completamente distintas.

—¿Quién es esa gente gigantesca?... ¡Mire! Parecen esmeraldas... que bailan y echan flores delante de ella.

—¿No habéis leído a Milton? *Cien ángeles con librea la sirven.*

—¿Quiénes son los muchachos y muchachas que van a ambos lados?

—Son sus hijos e hijas.

—Debe de haber tenido una numerosa familia, señor.

—Cualquier joven, hombre o mujer, que se topara con ella se convertía en hijo suyo, incluso si se trataba del muchacho que llevaba la carne a su casa por la puerta trasera. Toda muchacha que se encontraba con ella se convertía en su hija.

—¿No es muy duro eso para los padres verdaderos?

—No. Hay, en efecto, quien roba los hijos a otras personas. Pero su maternidad era de un tipo diferente. Aquellos que eran acogidos bajo su maternidad regresaban queriendo mucho más a sus verdaderos padres. Pocos hombres la contemplaban que no se convirtieran, de un modo especial, en amantes suyos. Pero se trataba de ese tipo de amor que no hacía de ellos maridos infieles con sus verdaderas mujeres, sino esposos más fieles.

—¿Y cómo?..., pero ¡mire! ¿Qué son todos esos animales? Un gato, dos gatos, docenas de gatos. Y esos perros... ¡Toma! ¡No los puedo contar! Y también hay pájaros. Y caballos.

—Son sus animales.

—¿Es que mantiene una especie de zoo? Me parece que esto es algo excesivo.

—Cualquier bestia, cualquier pájaro que se acerque a ella tiene un lugar en su amor. A su lado llegan a ser ellos mismos. La abundancia de vida que ella tiene en Cristo, recibida del Padre, rebosa y los inunda.

Miré a mi maestro con asombro.

—Sí —dijo él—. Ocurre igual que cuando arrojamos una piedra a un estanque: que las olas concéntricas se expanden más y más. ¿Quién sabe dónde terminarán? La humanidad redimida es joven todavía, apenas ha alcanzado toda su fortaleza. Pero ya, incluso, hay suficiente gozo en el dedo meñique de un gran santo, como lo es aquella mujer, para despertar todas las cosas del universo que están muertas y llevarlas a la vida.

Mientras hablaba, la dama seguía avanzando hacia nosotros. Pero no era a nosotros a quienes miraba. Siguiendo la dirección de sus ojos, me di la vuelta y vi que se aproximaba un Fantasma con un aspecto singular. O, mejor, dos Fantasmas. Era un Fantasma muy alto, espantosamente delgado y tembloroso, que parecía llevar de una cadena a otro Fantasma, no más grande que el mono de un organillero. El Fantasma alto llevaba puesto un delicado sombrero negro y me recordaba a alguien que mi memoria no podía evocar. Después, cuando se acercó a pocos centímetros de la dama, extendió su flaca y temblorosa mano, tendida sobre el pecho con los dedos separados, y exclamó con voz ahuecada: «¡Por fin!». En ese momento supe a quién me recordaba. Se parecía a un actor raído de la vieja escuela.

—¡Querido! ¡Por fin! —dijo la dama.

«¡Dios mío! —pensé—. Seguro que no puede...». Luego noté dos cosas. En primer lugar, observé que no era el Fantasma grande el que llevaba al pequeño, sino, al contrario: la figura diminuta llevaba la cadena en sus manos, mientras que la figura teatral tenía puesto un collar. En segundo lugar, me di cuenta de que la dama miraba solo al Fantasma enano. Parecía pensar que era él quien se había dirigido a ella, o bien estaba ignorando deliberadamente al otro. Ella fijó los ojos en el pobre enano. El amor resplandecía no solo en su cara, sino en todos sus miembros, como si fuera un líquido que la bañara en ese momento. Después, para mi asombro, se acercó más. Se detuvo, bajó la cabeza y besó al enano. Verla tan cerca, en contacto con ese ser deslucido, viejo y encogido, produjo un estremecimiento. Pero ella no tembló.

—Frank —dijo la dama—, antes de nada quiero que me perdones. Te pido que me perdones todos mis errores y todo lo que no haya hecho bien desde el primer día que nos encontramos.

En este momento miré por primera vez al enano adecuadamente. O acaso fuera que al recibir el beso, se hizo algo más visible. Ahora podía distinguir el tipo de cara que habría tenido cuando era hombre: una cara pequeña, ovalada y pecosa, con una barba tenue y un diminuto mechón de pelo que parecía un bigote desafortunado. Echó una ojeada a la dama, aunque no la miró directamente, pues estaba observando al trágico con el rabillo del ojo. Luego dio un tirón de la cadena y fue el trágico, no él, el que respondió a la dama.

—Bueno, vale —dijo el trágico—. No hablaremos más de ello. Todos nos equivocamos —al pronunciar esas palabras se dibujó sobre sus facciones una mueca horrible que, en mi opinión, estaba destinada a producir una sonrisa festiva e indulgente.

»No hablaremos más —seguía diciendo—. No estoy pensando en mí, sino en ti. Eres tú la que has estado continuamente en mis pensamientos todos estos años. Todos estos años pensando en ti, en que estás aquí sola, destrozada por mi culpa.

—Ahora —dijo la dama al enano— puedes dejar de lado todo eso. Nunca más volveremos a pensar de ese modo. Todo ha pasado.

Su belleza iluminaba tanto que apenas podía ver lo demás. El enano, conmovido por la encantadora invitación, la miró ahora realmente por vez primera. Durante un segundo pensé que estaba creciendo hasta adquirir el tamaño de un hombre normal. Abrió la boca; esta vez era él el que iba a hablar. Pero ¡oh, qué decepción cuando empezó a pronunciar las palabras!

—¿Me has echado de menos? —gruñó con una voz débil parecida a un lamento.

Pero ni siquiera ahora estaba desconcertada la dama. El amor y la cortesía seguían brotando de ella.

—Querido, lo comprenderás muy pronto —dijo—. Pero hoy...

Lo que ocurrió a continuación me produjo un sobresalto. El enano y el trágico hablaron al unísono, pero no a ella, sino el uno al otro. «Habrás visto —le advertía cada uno de ellos al otro— que no ha respondido nuestra pregunta». Me di cuenta de que eran una sola persona, o mejor, los restos de lo que una vez había sido una sola persona. El enano volvió a agitar la cadena.

—¿Me has echado de menos? —preguntó el trágico a la dama con un temblor espantosamente teatral en la voz.

—Querido amigo —dijo la dama, que seguía prestando tención exclusivamente al enano—, puedes sentirte tranquilo sobre eso y sobre todo lo demás. Olvídalo todo para siempre.

Durante un momento pensé, realmente, que el enano iba a obedecerla, en parte porque el perfil de su cara se volvió algo más diáfano y, en parte, porque la invitación al gozo completo, que todo su ser pregonaba a voz en cuello como el trino de un pájaro una mañana de abril, me parecía dotada de una fuerza a la que ninguna criatura podría resistir. El enano vaciló. Después él y su cómplice volvieron a hablar al unísono.

—Sería más admirable y magnánimo, por supuesto, no insistir, —se dijeron el uno al otro—. Pero ¿podemos estar seguros de que ella se daría cuenta? Ya hemos hecho cosas así antes. En una ocasión le dejarnos el último sello que había en casa para que escribiera a su madre, y no dijo nada, aunque sabía que nosotros también queríamos escribir una carta. Pensamos que no lo olvidaría y que agradecería lo desinteresados que fuimos; pero no fue así. Y otra vez... ¡oh!, ¡han sido tantas, tantas veces!

El enano dio un tirón de la cadena.

—No puedo olvidarlo —gritó el trágico—. Y tampoco quiero. Podría perdonarles todo lo que me han hecho. Pero su sufrimiento...

—¡Oh! ¿No comprendes? —dijo la dama—. Aquí *no hay* sufrimiento.

—¿Quieres decir? —respondió el enano, como si la nueva idea le hubiera hecho olvidar por un momento al trágico—, ¿quieres decir que has sido *feliz*?

—¿No querías que lo fuera? Pero no importa. Quiérelo ahora. O no pienses más en ello.

El enano le hizo un guiño. No era difícil ver que una inaudita idea trataba de apoderarse de su pequeña mente. También era fácil ver que la idea estaba para él llena de dulzura. Durante un segundo casi soltó la cadena. Luego, como si fuera un cabo salvavidas, volvió a agarrarla de nuevo.

—Mira —dijo el trágico—, tenemos que afrontar la situación. Esta vez empleó su excelente tono «varonil»: el tono para hacer que las mujeres vieran las cosas mejor.

—Querido —le contestó la dama al enano—, no hay nada que afrontar. No te gusta que haya sufrido a causa de las penas de la vida. Piensas que solo debería haber sufrido por tu amor. Pero si esperas, verás que no es así.

—¡Amor! —dijo el trágico, golpeándose la frente con la mano. Luego, con voz más grave—: ¡Amor!, ¿conoces el significado de esta palabra?

¿Cómo podría ignorarlo? —contestó la dama—. Yo estoy enamorada. *Enamorada*, ¿comprendes? Sí, ahora amo de verdad.

—¿Quieres decir? dijo el trágico—, ¿quieres decir que *no* me amabas de verdad en los viejos tiempos?

—Solo con una forma pobre de amor —respondió la dama—. Te he pedido que me perdones. Mi amor encerraba un verdadero amor; pero lo que abajo llamábamos amor era solo un anhelo de ser amado. Yo te amaba a ti por amor hacia mí misma: porque te necesitaba.

—¿Y ahora? —dijo el trágico con un gesto gastado de desesperación—. ¿Ahora ya no me necesitas?

—Por supuesto que no —dijo la dama y me asombré de que su sonrisa no hiciera gritar de gozo a los dos fantasmas—. ¿Qué podría necesitar —añadió— ahora que lo tengo todo? Ahora estoy realmente enamorada. Estoy llena, no vacía. Amo al Verdadero Amor, no estoy sola. Ahora soy fuerte, no débil. Tú también lo serás. Ven y mira. Ahora no tendremos ninguna *necesidad* el uno del otro. Ahora podemos empezar a amar de verdad.

Pero el trágico seguía adoptando una actitud afectada.

—Ya no me necesita, no me necesita. Ya no me necesita —decía con voz ahogada, sin dirigirse a nadie en particular—. Ojalá me hubiera permitido Dios —continuó, pronunciando ahora la palabra «Dios» de un modo extraño—, ojalá me hubiera permitido Dios verla caer muerta a mis pies antes que haber oído esas palabras. Caer muerta a mis pies. ¡Caer muerta a mis pies!

No sé cuánto tiempo pensaba la criatura seguir repitiendo la frase, pues fue la dama la que le puso fin.

—¡Frank!, ¡Frank! —gritó con una voz que resonaba en todo el bosque—. Mírame, mírame. ¿Qué vas a hacer con ese muñeco grande y horrible? Suelta la cadena. Despáchalo. Es a ti a quien quiero. No ves que carece de sentido hablar de ello.

La alegría le bailaba en los ojos. Estaba bromeando con el enano, pero de una manera que el gigante no podía entender. Un esbozo de sonrisa hacía esfuerzos por asomar al rostro del enano, que ahora la miraba. La sonrisa le había hecho más vulnerable. El enano se esforzaba para que no asomara en su rostro, aunque con escaso éxito. Sin quererlo, estaba creciendo un poco más.

—¡Eh, tú, bobalicón —dijo ella—. ¿Qué bien nos reporta seguir hablando aquí de ese modo? Tú sabes, tan bien como yo, que hace ya años y años que me viste yacer muerta. No «a tus pies», por supuesto, sino en la cama de una clínica. Sin duda era una clínica magnífica. ¡Las enfermeras no hubieran pensado nunca en dejar los cuerpos tendidos en el suelo! Es ridículo que ese muñeco quiera mostrarse solemne sobre la muerte precisamente *aquí*. No resultará.

11

No RECUERDO HABER visto nunca nada más terrible que la pugna del enano contra el gozo; poco le faltó para vencerlo. En algún momento, hace incalculables años, debió de haber en él destellos de humor y de razón. Por un momento, mientras la dama le miraba con amor y regocijo, el enano vio lo absurdo que resultaba el trágico. En ese instante entendió la sonrisa de ella. También él había percibido hacía tiempo que no hay personas que se encuentren el uno al otro más absurdo que los amantes. Pero la luz que lo tocó, lo tocó contra su voluntad. No era esta la reunión que él había imaginado. No lo aceptaría. Se agarró una vez más a su cabo salvavidas y, súbitamente, habló el trágico.

—¿Te atreves a reírte de eso? —gritó con furia—. ¿En mi cara? ¿Merezco yo esa recompensa? Muy bien. Me alegro de que no te importe mi suerte. Así no tendrás que lamentarte cuando pienses que me has hecho retroceder al infierno. ¿Qué? ¿Crees que *ahora* me quedaría? Gracias. Creo que soy bastante agudo para darme cuenta de donde no se me quiere.

La expresión exacta, si recuerdo con exactitud, fue «donde no me necesitan».

A partir de este instante el enano no volvió a hablar. Pero la dama seguía dirigiéndose a él.

—Querido, nadie quiere devolverte al infierno. Aquí todo es alegría, todo te dice que te quedes.

Pero el enano se iba empequeñeciendo a medida que ella hablaba.

—Sí —dijo el trágico—, pero en las condiciones que se podrían ofrecer a un perro. Resulta que yo he entregado un poco de mi propia dignidad y sé que a ti te daría lo mismo que me fuera. A ti no te importa que regrese a las calles frías y en penumbra, a las calles solitarias, solitarias...

—No, Frank, no —dijo la dama—. No le permitas que hable así.

Pero el enano era ahora tan pequeño que ella tuvo que ponerse de rodillas para hablarle. El trágico se aferró ávidamente a las palabras, como un perro se aferra a un hueso.

—¡Ah, no puedes soportar oírlas! —gritó el gigante con aire de miserable triunfo—. Así ha sido siempre. Tú necesitas protección. Hay que apartar de tu vista las realidades desagradables. ¡Tú, que puedes ser feliz sin mí, olvidándote de mí! Tú no quieres ni siquiera oír hablar de mi sufrimiento. A eso dices *no*: que no te las cuente, que no te entristezca, que no irrumpan en tu pequeño cielo protegido y egocéntrico. Esta es la recompensa...

Ella dejó de hablar, más bajo todavía, al enano, que se había convertido en una figura no más grande que un gatito, colgado del extremo de la cadena con los pies separados del suelo.

—Esa es la razón por la que dije «No» —respondió ella—. Me proponía que dejáramos de actuar. No es bueno. Te está matando. Suéltate de la cadena. Ahora mismo.

—¡Actuar! —gritó el trágico— ¿qué quieres decir?

El enano se había vuelto tan pequeño que me resultaba imposible distinguirlo de la cadena a la que estaba abrazado. En este momento me asaltó por primera vez la duda sobre si la dama se dirigía a él o al trágico.

—Vamos, todavía hay tiempo —dijo ella—. Déjalo. Déjalo en seguida.

—¿Dejar qué?

—De usar la compasión, la compasión de los demás, de forma equivocada. Todos la hemos empleado así alguna vez en la tierra. Pretendíamos que la compasión fuera la espuela que impulsara al gozo a ayudar a la tristeza. Pero también se puede usar de forma totalmente equivocada; se puede utilizar la compasión como una especie de chantaje. Los que eligen el sufrimiento pueden secuestrar el gozo por compasión. ¿Ves?, ahora lo sé. Incluso cuando eras niño lo hacías: en vez de decir que lo sentías, te marchabas y te amohinabas en el desván... porque sabías que, antes o después, tu hermana diría: «Me resulta insoportable pensar que está sentado arriba solo y llorando». Utilizabas la compasión para chantajearlos y, al final, cedían. Después, cuando estábamos casados... ¡oh!, eso no importa, pero, al menos, deja de hacerlo.

—Y eso —dijo el trágico—, eso es todo lo que has entendido de mí después de todos estos años.

No sé en qué se habría convertido ya el enano. Tal vez estuviera trepando a la cadena como un insecto. Tal vez se hubiera fundido de algún modo con ella.

—No, Frank, *aquí* no —dijo la dama—. Escucha a la razón. ¿Crees que el gozo fue creado para vivir siempre bajo esa amenaza? ¿Para vivir indefenso frente a aquellos que preferirían ser desgraciados a contrariar a su obstinación? Para eso existía el verdadero sufrimiento. Ahora lo sé. Tú te hiciste a ti mismo verdaderamente desgraciado. Y todavía puedes seguir siéndolo. Pero ya no podrás seguir comunicando tu desgracia a los demás. Todo se vuelve más y más lo que realmente es. Aquí existe un gozo que no puede ser oscurecido. Nuestra luz se puede tragar vuestra oscuridad, pero vuestra oscuridad no puede infectar nuestra luz. No, no, no. Ven con nosotros, porque nosotros no iremos contigo. ¿Has pensado, de verdad, que el amor y la alegría estarían siempre a merced de enojos y suspiros? ¿No sabías que eran más fuertes que sus contrarios?

—¿Amor? ¿Cómo te atreves tú a pronunciar esa palabra sagrada? —exclamó el trágico.

En ese instante recogió la cadena, que había estado balanceándose inútilmente durante algún tiempo, y, por alguna razón, se deshizo de ella; no estoy seguro, pero creo que se la tragó. Entonces resultó claro por primera vez que la dama se dirigía exclusivamente a él.

—¿Dónde está Frank? —dijo ella—. ¿Y quién es usted, señor? No le conozco. Tal vez sería mejor que me dejara. O quédese si lo prefiere. Si eso le sirviera de ayuda, y si fuera posible, bajaría con usted al infierno. Pero usted no puede introducir el infierno dentro de mí.

—Tú no me amas —dijo el trágico con una voz tenue como de murciélago. Ahora resultaba muy difícil verle.

—Yo no puedo amar una mentira —replicó la dama—. No puedo amar lo que no es. Estoy enamorada, y sin amor no iré.

No hubo respuesta. El trágico había desaparecido. La dama estaba sola en el paraje arbolado. Un pájaro pardo brincaba un poco más allá, doblando con sus ligeros pies la hierba que yo no podía doblar.

Luego, la dama se levantó y comenzó a alejarse. Los demás Espíritus Luminosos se acercaban a recibirla cantando:

La Trinidad Bienaventurada es su hogar. Nada puede turbar su alegría.

Ella es el pájaro que elude cualquier red, el ciervo salvaje que salta por encima de cualquier trampa.

Como la madre para sus polluelos o el escudo para el brazo del caballero, es el Señor y su lucidez inalterable para su entendimiento.

Los duendes no la espantarán en la oscuridad, las balas no la asustarán durante el día.

En vano la asalta la falsedad ataviada de verdad, pues ve a través de la mentira como si fuera un cristal.

El germen invisible no le hará daño, ni la herirán los rayos resplandecientes del sol.

Miles fracasan al resolver el problema, decenas de miles eligen el camino equivocado, pero ella pasa por todos sin riesgo.

Él asigna seres inmortales para que la cuiden por todos los caminos por los que ha de pasar.

Ellos le dan la mano en los sitios difíciles para que no tropiece en la oscuridad.

Ella puede caminar entre leones y serpientes de cascabel, entre dragones y guaridas de cachorros.

Él la llena hasta el borde de la inmensidad de la vida, y la conduce a ver el anhelo del mundo.

—Y sin embargo... y sin embargo... —le dije a mi maestro cuando los cantos llegaron a su fin y los espíritus se alejaron y se adentraron en el bosque—, ni siquiera ahora estoy seguro del todo. ¿Es aceptable que ella fuera insensible a sus sufrimientos, aunque fueran sufrimientos que ellos se habían causado?

—¿Hubieseis preferido que él siguiera teniendo poder para torturarla? En la vida terrenal de ambos, lo hizo durante años y años.

—Bueno, no, supongo que no.

—Entonces, ¿qué quieres?

—No lo sé muy bien, señor. Lo que en la tierra dice mucha gente es que la perdición definitiva de un alma refuta el gozo de los salvados.

—Vos podéis ver que no es así.

—Pero creo que, en cierto modo, debería ser así.

—Eso suena muy misericordioso. Pero mirad lo que se esconde detrás.

—¿Qué?

—La exigencia de aquellos que viven sin amor y prisioneros de sí mismos de que se les debería permitir chantajear al universo, de que, hasta que accedan a ser felices (con las condiciones que ellos ponen), nadie deberá saborear la alegría, de que su alegría debería ser el poder final, de que el infierno debería poder vetar al cielo.

—Yo no sé lo que quiero, señor.

—Hijo, hijo, debéis elegir un camino u otro. O bien vendrá el día en que predomine el gozo y los artífices de infelicidad no puedan contaminarlo nunca más, o bien los artífices de infelicidad podrán destruir en los demás por los siglos de los siglos la felicidad que rechazan para sí mismos. Sé que suena muy bien decir que no aceptaréis una salvación que deje una sola criatura en la oscuridad exterior. Pero cuidaos de sofisterías o haréis de un egoísta, del perro del hortelano, el tirano del mundo.

—Pero ¿puede uno atreverse a decir —qué horrible es decirlo— que la misericordia morirá alguna vez?

—Debéis distinguir. La acción de misericordia vivirá para siempre. Pero la pasión de misericordia, no. Esa pasión, la misericordia que meramente se padece, el dolor que arrastra a los hombres a conceder lo que no se debe conceder y a halagar cuando se debe decir la verdad; la misericordia que ha engañado a muchas mujeres para que pierdan la virginidad y a muchos estadistas para que dejen de ser honrados, esa pasión desaparecerá. Esa misericordia ha sido utilizada por los malvados como arma contra los hombres buenos. Esa arma será destruida.

—¿Y cómo es la acción de misericordia?

—Es un arma en manos de los del otro lado. Salta más veloz que la luz del lugar más alto al más bajo para llevar salud y alegría, le cueste lo que le cueste. El arma convierte en luz la oscuridad. Pero no impondrá, conmovida por las astutas lágrimas del infierno, sobre el bien la tiranía del mal. Toda enfermedad que se someta a curación será sanada. Pero no llamaremos azul a lo amarillo para complacer a los que quieren seguir teniendo ictericia, ni haremos un estercolero del jardín del mundo para dar satisfacción a los que no pueden tolerar el olor de las rosas.

—Decís que la misericordia descenderá a lo más bajo, señor. Pero la dama no descendió al infierno con él. Ni siquiera fue a despedirlo al autobús.

—¿Dónde querríais que hubiera ido?

—¡Toma!, pues al lugar de donde llegamos todos en autobús. Al gran abismo situado más allá del risco; en aquel lado de allá. Desde aquí no lo puede ver, pero debe saber a qué lugar me estoy refiriendo.

Mi maestro esbozó una curiosa sonrisa.

—Mirad —dijo, y mientras pronunciaba la palabra se iba agachando hasta apoyar las manos en las rodillas. Yo hice lo mismo (¡cómo me dolían las rodillas!) y enseguida vi que había arrancado una brizna de hierba. Utilizando el extremo más delgado de la hierba como indicador, me hizo ver, tras haber mirado minuciosamente, una grieta en el suelo, tan pequeña que no hubiera podido identificarla sin su ayuda—. No puedo estar seguro —dijo— de que sea este el agujero por el que vos subisteis. Pero vinisteis, sin duda, por un agujero no mucho más grande que este.

—Pero, pero... —dije, jadeando con una sensación de estupefacción muy semejante al terror— vi un abismo infinito y riscos que se alzaban más y más. Finalmente, vi este país en la cima del risco.

—Sí. Pero el viaje no era mera locomoción. Ese autobús y todos los que ibais dentro de él aumentabais de tamaño.

—¿Quiere decir, entonces, que el infierno, ese infinito pueblo vacío, está ahí abajo en un agujero como este?

—Sí. El infierno entero es más pequeño que un guijarro de vuestro mundo terrenal, y más pequeño que un átomo de este mundo, el Mundo Verdadero. Mirad aquella mariposa. Si se tragara el infierno entero, no le haría ningún daño, ni le sabría a nada; tan pequeño es.

—Pero cuando uno está en él, parece bastante grande, señor.

—Sin embargo, todas las tristezas de la soledad, iras, odios, envidias y soberbias, concentradas en una sola experiencia y puestas en un platillo de la balanza, contra el más pequeño momento de alegría sentido por el último en el cielo, no tienen ningún peso que pueda medirse. El mal nunca logra ser tan malo como bueno es el bien. Si todas las miserias del infierno entraran en la consciencia de aquel pájaro pequeñito de color amarillo que está posado en aquel arbusto de allí, desaparecerían sin dejar rastro, como si arrojáramos una gota de tinta en el Gran Océano, comparado con el cual el océano Pacífico de la tierra es solo una molécula.

—Entiendo —dije por fin—. Ella no cabría en el infierno.

Él asintió con la cabeza.

—No hay espacio para ella —dijo—. El infierno no podría abrir la boca lo suficiente.

—¿Y no podría ella hacerse más pequeña?, como Alicia, ¿comprendéis?

—Ni por aproximación podría hacerse lo bastante pequeña. Un alma condenada es casi nada: está encogida y recluida en sí misma. Dios sacude a los condenados sin parar, como las olas encrespadas sacuden los oídos del sordo, pero ellos no pueden percibirlo. Sus manos están cerradas, sus dientes están apretados, sus ojos están casi cerrados. Al principio no quieren y al final no pueden abrir las manos para recibir regalos, ni la boca para recibir alimento, ni los ojos para ver.

—¿Entonces no hay nadie que pueda comunicarse con ellos alguna vez?

—Solo el más grande de todos se puede hacer lo suficientemente pequeño como para entrar en el infierno, pues cuanto más elevada es una cosa, tanto más bajo puede descender. Un hombre puede congeniar con un caballo, pero un caballo no puede congeniar con una rata. Solo Uno ha descendido al infierno.

—¿Y volverá a hacerlo alguna otra vez?

—No hace mucho que lo hizo. El tiempo no funciona de igual modo una vez que habéis dejado la tierra. Todos los momentos que han sido, o serán, o son, son presente en el momento de su descenso. No hay ni un solo espíritu en prisión al que Él no exhortara.

—¿Y lo oye alguno?

—Sí.

—En sus libros —dije yo— usted aparecía como un universalista. Hablaba como si todos los hombres se salvaran. Y san Pablo también.

—No podéis saber nada del fin de todas las cosas o, por lo menos, nada que se pueda expresar en esos términos. Podría ser, como el Señor dijo a Lady Julian, que todo esté bien, y que todo esté bien y todo género de cosas esté bien. Pero es difícil hablar de esas cuestiones.

—¿Porque son demasiado terribles, señor?

—No, sino porque todas las respuestas engañan. Si hacéis las preguntas dentro del tiempo y preguntáis sobre posibilidades, la respuesta es verdadera. La elección del camino te sale al encuentro, pues ninguno de los dos está cerrado. Todo hombre puede elegir la muerte eterna. Pero si intentáis lanzaros a la eternidad, si intentáis ver la situación final de todas las cosas tal como *será* (así es como tenéis que hablar) cuando no haya más posibilidades, excepto la Verdadera, entonces preguntáis por algo que no se puede responder a oídos humanos.

»El tiempo es la verdadera lente por la que veis —pequeño y claro, como ven los hombres cuando miran por el extremo equivocado del telescopio— algo que de otro modo sería demasiado grande para que pudierais verlo. Ese algo es la Libertad: el don por el que más os parecéis al Creador y por el que sois parte de la realidad eterna. Pero solo podéis verla a través de la lente del tiempo, en una imagen pequeña y clara, por el extremo contrario del telescopio. Es una imagen de momentos que se siguen unos a otros, y de vos mismo haciendo en cada uno de ellos una elección que podría haber sido de otro modo. Ni la sucesión temporal ni el espectro de lo que podíais haber elegido y no elegisteis es la Libertad. Las dos cosas son lentes. La imagen es un símbolo, aunque más cierta que cualquier teoría filosófica (o, quizás, más que cualquier visión mística) que afirma que la investiga. Cualquier intento de ver el aspecto de la eternidad que no se haga a través de las lentes del Tiempo destruye vuestro conocimiento de la libertad. ¿Atestigua la doctrina de la predestinación, la cual muestra, con bastante verdad, que la realidad eterna no espera un futuro en el que ser real? Si así fuera, lo haría al precio de la libertad, que es la más profunda de las dos verdades. ¿No haría el universalismo lo mismo? Vos no podéis conocer la realidad eterna por una definición. El tiempo mismo, y todos los actos y acontecimientos que llenan el Tiempo, son la definición, y la definición tiene que ser vivida. El Señor dijo que éramos dioses. ¿Cuánto tiempo podríais contemplar, sin las lentes del Tiempo, la grandeza de vuestra alma y la realidad eterna de su elección?

12

Súbitamente cambió todo. Ahora veía una gran reunión de figuras gigantescas —todas inmóviles, todas en profundo silencio— que estaban eternamente alrededor de una pequeña mesa de plata y sumidas en profunda contemplación. Sobre la mesa había figuras pequeñas, como piezas de ajedrez, que iban de aquí para allá haciendo esto y aquello. Me di cuenta de que cada pieza de ajedrez era el *idolum* o títere representativo de alguna de las grandes presencias que estaban cerca. Los actos y movimientos de cada pieza de ajedrez eran retratos en movimiento, mímicas o pantomimas, que bosquejaban la íntima naturaleza de su gigante maestro.

Las piezas de ajedrez son hombres y mujeres tal como se presentan a sí mismos y unos a otros en este mundo. La mesa de plata es el Tiempo. Los que están de pie a su alrededor, observando, son las almas inmortales de esos mismos hombres y mujeres.

Sobrecogido por el vértigo y el terror, agarré a mi maestro y le dije:

—¿Esa es la verdad? ¿Es falso, entonces, todo lo que he visto en este país? ¿Eran las conversaciones entre los Espíritus y los Fantasmas solo la imitación de elecciones que hicieron realmente hace mucho tiempo?

—¿No podríais decir también que son anticipaciones de una elección que se hará al final de todo? Pero es mejor que no digáis ni lo uno ni lo otro. Vos habéis visto las elecciones un poco más claras de lo que podíais verlas en la tierra: las lentes eran más transparentes. Pero, aun así, lo habéis visto a través de unas lentes. No pidáis de una visión en un sueño más de lo que una visión en un sueño puede dar.

—¿Un sueño? Entonces, entonces ¿no estoy realmente aquí, señor?

—No, hijo. No es tan hermoso —me dijo amablemente, tomando mi mano—. Todavía tenéis que pasar el trago amargo de la muerte. Solo estáis soñando. Y si contáis lo que habéis visto, os resultará claro que no fue sino un sueño. Lo veréis claramente. No deis pretexto a ningún pobre necio para que piense que afirmáis conocer lo que ningún mortal conoce. Entre mis hijos no tendréis un Swedenborg[1] ni un Vale Owens.[2]

—No lo quiera Dios, señor —dije, intentando parecer sensato.

—No lo ha querido. Eso es lo que os estoy diciendo.

Al decir esto parecía más escocés que nunca. Yo no dejaba de contemplar su rostro. La visión de las piezas de ajedrez había desaparecido. Ante nosotros se hallaban de nuevo los bosques tranquilos, envueltos en la fría luz que precede a la salida del sol. Luego, sin dejar de mirar el rostro de mi maestro, vi algo que me estremeció. En ese momento me hallaba de espaldas al este y las montañas, y él, que estaba frente a mí, las miraba despacio. Su cara enrojecía de luz nueva. Un helecho, situado a unos treinta metros de él, se volvió amarillo. El lado oriental de los troncos de los árboles resplandecía. Las sombras se hacían más intensas. Durante todo el tiempo yo había escuchado ruido de pájaros, trinos, gorjeos y sonidos semejantes. Pero ahora, de repente, un coro entero surgía de cada rama. Los gallos cantaban, había música de sabuesos y de cuernos. Además de todo esto, podía oír diez mil lenguas de hombres y de ángeles del bosque. Hasta el bosque cantaba. «¡Viene! ¡Viene!, cantaban. ¡Durmientes, despertad! ¡Viene, viene, viene!».

Intenté mirar por encima de mi hombro. Pero no tuve tiempo de ver (¿o lo vi?) el contorno de la salida del sol que disparaba Tiempo con flechas doradas y hacía volar a todas las figuras fantasmales. Con un grito, oculté el rostro entre los pliegues de la túnica de mi maestro.

—¡La mañana! ¡La mañana! —grité—. Estoy atrapado por la mañana y soy un fantasma.

Pero ya era tarde. La luz, como bloques sólidos, pesados y afilados, caía con estruendo sobre mi cabeza. Un instante después, los pliegues del vestido de mi maestro resultaron ser tan solo los pliegues del viejo mantel manchado de tinta de mi mesa de estudio, que había arrastrado conmigo al caerme de la silla. Los bloques de luz eran los libros que había sacado de la librería, y caían sobre mi cabeza. Me desperté en una fría habitación, acurrucado en el suelo junto a un negro hogar apagado; el reloj daba las tres y en lo alto aullaban las sirenas.

---

1. Teósofo y hombre de ciencia sueco (1688-1772). Pretendió descubrir el sentido esotérico de los Evangelios, y fundó una iglesia a la que llamó «La Jerusalén celeste».
2. Probablemente se refiere a Roben Owen, reformador social galés (1771-1858).

EL PROBLEMA DEL DOLOR

A los Inklings

El Hijo de Dios padeció hasta la muerte no para que los hombres no sufriéramos, sino para que nuestro dolor pudiera ser como el suyo.

GEORGE MACDONALD,
UNSPOKEN SERMONS, PRIMERA SERIE

EL PROBLEMA DEL DOLOR
CONTENIDO

A MIS LECTORES

Cuando Mr. Ashley Sampson me sugirió que escribiera este libro, le pedí que se me permitiera hacerlo de forma anónima, porque, si debía decir lo que realmente pensaba del dolor, me vería obligado a hacer afirmaciones tan manifiestamente valerosas que resultarían ridículas para todo aquel que supiera quién las hacía. Mi idea del anonimato fue rechazada por resultar inconsecuente con el espíritu de la serie. Mr. Sampson me indicó, no obstante, que podía escribir un prefacio para explicar que tampoco yo vivía en conformidad con mis propios principios. Este hilarante programa es el que estoy realizando ahora. Antes permítaseme confesar, con palabras del buen Walter Hilton, que a lo largo de todo el libro «me encuentro tan lejos de sentir auténticamente lo que digo, que no puedo sino suplicar misericordia y temple para sentir lo que digo hasta donde pueda).[1] Esa razón impide, sin embargo, que se me pueda hacer cierta crítica. Nadie podrá decir «se burla de las cicatrices quien jamás sintió una herida», pues ni por un momento me he encontrado en un estado de ánimo en que no me resultara completamente intolerable el mero hecho de imaginar el dolor agudo. Si hay alguien libre del peligro de subestimar a este adversario, ese soy yo.

Debo añadir, además, que el único propósito del libro es resolver el problema intelectual suscitado por el sufrimiento. Nunca he sido tan necio como para considerarme capacitado para la alta tarea de enseñar fortaleza y paciencia. Nada tengo que ofrecer a mis lectores, pues, sino mi

---

1. *Scale of perfection*, I, XVI.

convicción de que, cuando llega el momento de sufrir el dolor, ayuda más un poco de valor que un conocimiento abundante; algo de compasión humana más que un gran valor; y la más leve tintura de amor de Dios más que ninguna otra cosa.

Si algún teólogo auténtico lee estas páginas, verá fácilmente que son obra de un profano y un aficionado. Salvo en los dos últimos capítulos, algunas de cuyas partes son indudablemente especulativas, creo haber expuesto doctrinas antiguas y ortodoxas. Si algunas cuestiones del libro son «originales», en el sentido de nuevas y heterodoxas, lo son contra mi voluntad y fruto de mi ignorancia. Escribo, por supuesto, como laico de la Iglesia de Inglaterra, pero he intentado no dar por sentado nada que no sea profesado por los cristianos bautizados y en comunión.

Como no he tratado de escribir una obra erudita, apenas sí me he preocupado de indagar el origen de las ideas o las citas cuando no eran fácilmente accesibles. Cualquier teólogo comprobará sin dificultad cuáles y cuán pocas cosas he leído.

C. S. LEWIS
Magdalen College,
Oxford, 1940.

INTRODUCCIÓN

Es sorprendente la temeridad con que algunas personas hablan de Dios. En un tratado dirigido a los infieles, comienzan con un capítulo dedicado a demostrar la existencia de Dios a partir de las obras de la naturaleza. Este modo de proceder sirve exclusivamente para apuntalar la opinión de los lectores de que las pruebas de nuestra religión son muy frágiles. No deja de ser extraordinario que ningún escritor canónico se haya servido jamás de la naturaleza para demostrar la existencia de Dios.

PASCAL, *PENSÉES*, IV, 242, 243

SI ALGUIEN ME hubiera preguntado hace algunos años, cuando yo aún era ateo, que por qué no creía en Dios, la respuesta espontánea de mis labios hubiera sido más o menos la siguiente:

«Si miramos el universo en que vivimos, comprobaremos que buena parte de él, la mayor con diferencia, es un espacio vacío completamente oscuro y terriblemente frío. Aun cuando por él vagan pequeños cuerpos, son tan escasos e insignificantes, comparados con la inmensidad cósmica, que, aunque supiéramos que se hallan rebosantes de criaturas completamente felices, seguiría siendo difícil creer que la vida y la felicidad son algo más que un subproducto del poder hacedor del universo.

»A juicio de los científicos, es muy probable que solo un reducidísimo número de soles de los muchos desparramados por el ancho espacio —quizá ninguno salvo el nuestro— tenga planetas. Además, es dudoso que haya vida fuera de la Tierra en algún otro planeta de nuestro sistema solar. La misma Tierra ha existido durante millones de años sin albergar vida alguna, y seguirá existiendo tal vez durante muchos millones más después de que la vida haya desaparecido.

»Fijémonos, por lo demás, en cómo es la vida mientras existe. El único modo de sobrevivir conocido por las diferentes formas de vida consiste en atacar a las demás. En las formas más elementales todo ello no acarrea sino muerte. En las superiores aparece una cualidad nueva llamada conciencia, que las capacita para sentir el dolor. Las criaturas causan dolor al nacer, viven infligiéndose dolor y mueren, la mayoría de las veces, en medio de profundo dolor.

»En el hombre, la más compleja de las criaturas, surge una nueva cualidad denominada razón, un atributo que le permite prever su propio dolor. Desde ese momento, el dolor futuro irá precedido por un agudo sufrimiento del alma. La razón capacita al hombre para imaginar su propia muerte aun en los momentos en que le embarga un ardiente deseo de seguir viviendo. Finalmente, le permite urdir cientos de ingeniosas invenciones para infligir a sus semejantes o a las criaturas irracionales un dolor mayor que el que de otro modo hubiera podido causar. Los seres humanos han explotado el poder de la razón. La historia de la humanidad es en gran parte una secuencia de crímenes, guerras, enfermedades y dolor.

»En medio de tanto desastre aparecen ocasionalmente atisbos de felicidad, que sirven apenas para despertar en el hombre el angustioso temor de perderla cuando se goza de ella, y el hiriente sufrimiento de recordarla una vez desaparecida. En ciertos momentos los hombres mejoran parcialmente sus condiciones de vida. Entonces aparece una situación nueva llamada civilización.

»Todas las civilizaciones se extinguen, pero mientras existen causan un sufrimiento especial, muy superior seguramente al alivio que hayan podido producir al común dolor humano. Nadie duda de que nuestra propia civilización también ha acarreado dolor, y es muy probable que desaparezca como han desaparecido las anteriores. ¿Y si en este caso no ocurriera lo mismo?, ¿qué pasaría? Nada de ello alteraría el hecho de que el género humano está destinado a desaparecer. Las diferentes razas surgidas en el universo, da igual dónde, están destinadas a extinguirse. Según se dice, el cosmos declina. Llegará un momento, pues, en que sea una inmensidad uniforme de materia homogénea a baja temperatura. Entonces terminará la historia, y la vida no habrá sido, a la postre, sino una efímera mueca sin sentido en el necio rostro de la materia infinita».

»Si me piden que crea que todo esto es obra de un espíritu omnipotente y misericordioso, me veré obligado a responder que todos los testimonios apuntan en dirección contraria. Así pues, o bien no hay espíritu alguno fuera del universo, o bien es indiferente al bien y al mal, o es un espíritu perverso».

No podía yo imaginar, sin embargo, que me fuera a plantear alguna vez una pregunta muy especial. Jamás había reparado en que la solidez y facilidad del argumento invocado por los pesimistas planteaban un problema: ¿cómo es posible que un universo tan malo, incluso si solo fuera la mitad de lo que parece, haya sido atribuido constantemente por los seres humanos a la actividad de un sabio y bondadoso creador? Tal vez los hombres sean necios, pero es difícil que su estupidez llegue hasta ese extremo. Inferir directamente lo blanco de lo negro, la raíz virtuosa de la mala flor o la existencia de un artesano infinitamente sabio de una obra disparatada es un modo de razonar que hace tambalear la fe. El espectáculo cósmico que se ofrece a la experiencia no puede haber sido jamás el fundamento de la religión. Lo oportuno será decir, más bien, que el sentimiento de religación con lo divino, cuyo origen es otro muy distinto, se mantiene a pesar de todo ello.

Sería erróneo responder que nuestros antepasados eran ignorantes, seres cuya ingenuidad les hacía albergar ilusiones agradables sobre la naturaleza, desvanecidas después por el progreso de la ciencia. En aquellos lejanos siglos en que todos los hombres creían, eran conocidos ya el vacío y la extensión sobrecogedores del universo. Ciertos libros hablan de la creencia del hombre medieval en que la Tierra era plana y las estrellas estaban muy próximas a ella. Pero no es cierto. Por entonces se conocía ya la doctrina de Tolomeo, según la cual la Tierra es un punto matemático de dimensiones insignificantes comparadas con la distancia que la separa de las estrellas fijas, estimada por un popular texto medieval en unos ciento ochenta millones de kilómetros. En tiempos aún más remotos, desde el comienzo mismo de la historia, los hombres debieron experimentar la misma sensación de inmensidad hostil despertada por un principio más perceptible. El bosque cercano debía de parecer infinito al hombre prehistórico, y la extrañeza y hostilidad desoladoras que nosotros sentimos al pensar en rayos cósmicos y en soles agonizantes se asomaba a sus puertas todas las noches aullando y olisqueando. El dolor y decadencia de la vida humana han sido patentes en todas las épocas. Nuestra misma religión comienza entre los judíos, un pueblo oprimido en medio de grandes imperios belicosos, vencido y sometido a esclavitud una y otra vez, como le ha pasado a Polonia o a Armenia, que tienen una trágica historia de pueblos conquistados. Es pura necedad colocar el dolor entre los descubrimientos de la ciencia. Dejemos de lado este libro y reflexionemos cinco minutos sobre el hecho de que todas las grandes religiones han sido predicadas y practicadas en el mundo mucho antes del descubrimiento del cloroformo.

Así pues, inferir la bondad y sabiduría del Creador del curso de los acontecimientos de este mundo hubiera sido una deducción ridícula en cualquier época. A decir verdad, nunca se ha hecho:[1] la religión tiene un origen distinto. Es preciso dejar claro que las consideraciones siguientes no son ante todo un alegato en favor de la verdad cristiana, sino una descripción de su origen. Se trata, en mi opinión, de una tarea necesaria que sitúa el problema del dolor en el marco adecuado.

En todas las religiones desarrolladas descubrimos tres ramificaciones o elementos. En el cristianismo, en cambio, hallamos uno más. El primero de ellos es lo que el profesor Otto llama experiencia de lo *numinoso*. Quienes no conozcan el término podrán familiarizarse con él sirviéndose del siguiente recurso. Supongamos que se nos dijera: «En la habitación contigua hay un tigre». La noticia nos permitiría conocer que nos hallamos en peligro, y probablemente sentiríamos miedo. En cambio, si se nos dijera: «En la habitación contigua hay un espíritu» y lo creyéramos, experimentaríamos también una sensación de miedo, si bien sería un temor distinto del anterior: no estaría basado en el conocimiento de un peligro, pues nadie teme realmente lo que puedan hacer los espíritus, sino en el simple hecho de que se trata de un espíritu. Los espíritus no son peligrosos, sino «misteriosos», e infunden un género singular de temor. Lo misterioso nos sitúa al borde de lo *numinoso*.

Supongamos ahora que se nos dijera simplemente: «En la habitación contigua hay un espíritu poderoso», y nosotros lo creyéramos. En este

---

1. Nunca se ha hecho en los comienzos de una religión. Después de aceptar la creencia en la existencia de Dios, aparecerán a menudo de modo natural las «teodiceas» explicando o desnaturalizando las miserias de la vida.

caso, nuestra sensación se parecería aún menos al temor que infunde el peligro. En cambio, el desasosiego sería más profundo. Esta situación nos produciría admiración y un cierto menoscabo, es decir, un sentimiento de pequeñez ante semejante invitado. La emoción de ese momento se podría expresar magníficamente con estas palabras de Shakespeare: «Ante su presencia se sobrecoge mi ánimo». Este sentimiento se puede llamar sobrecogimiento, y el objeto que lo causa, lo *numinoso*.

Nada hay tan cierto como la creencia del hombre, mantenida desde muy temprano, en que el universo es frecuentado por los espíritus. El profesor Otto supondrá sin dificultad, seguramente, que esos espíritus fueron considerados desde el principio con sobrecogimiento numinoso. Es imposible probar tal cosa, por la sencilla razón de que la manifestación del espanto ante lo numinoso y la del simple temor al peligro se sirven del mismo lenguaje. Para probarlo, basta reparar en la posibilidad de decir tanto «tememos a los espíritus» como «tememos la subida de los precios». Por consiguiente, desde el punto de vista teórico, es posible que haya habido un tiempo en que los hombres consideraran los espíritus sencillamente como realidades peligrosas, y que sintieran hacia ellos exactamente lo mismo que hacia los tigres. Sea como fuere, no cabe la menor duda de la existencia actual de lo numinoso. Para retroceder hasta sus orígenes partiendo del momento presente, sería preciso remontarse muy lejos.

En *The Wind in the Willows* podemos encontrar un ejemplo moderno en el momento en que Rata y Topo se acercan a Pan en la isla. Basta con que no seamos demasiado orgullosos para buscarlo en esa obra.

«Recuperado el aliento, todavía agitado, susurró al oído:

—Rata, ¿tienes miedo?

—¿Miedo? —murmuró Rata con ojos radiantes de indescriptible amor—. ¿Miedo?, ¿de él? ¡Oh no! ¡Nunca, nunca! Y, sin embargo, sin embargo, tengo miedo, Topo».

Si retrocedemos más o menos una centuria, encontraremos numerosos ejemplos en Wordsworth. El más hermoso tal vez sea el pasaje del libro primero de *Prelude* en el que el poeta describe su experiencia mientras rema sobre las aguas de un lago en un bote robado. Remontándonos más atrás todavía, hallamos un ejemplo genuino y muy convincente en Malory.[1] Me refiero al momento en que Galahad empieza a temblar frenéticamente al comenzar la carne mortal a contemplar lo espiritual. En

---

1. XVII, xxii.

el inicio de nuestra era encontramos una expresión magnífica de experiencia numinosa en el pasaje del Apocalipsis en que el escritor cae «como muerto» a los pies de Cristo resucitado. Dentro de la literatura pagana nos topamos con la descripción que hace Ovidio de la oscura arboleda del Aventino. De ella se podría decir a primera vista, *numen inest*:[1] algún dios ronda el lugar, en él se detecta su presencia. Por su parte, Virgilio nos describe el palacio de Latinus como lugar «pavoroso (*horrendum*) lleno de bosques en el que reina la santidad (*religione*) de los días antiguos».[2] Un fragmento griego atribuido a Esquilo, probablemente de forma errónea, nos habla del estremecimiento de la tierra, el mar y la montaña bajo el «espantoso ojo de su Amo».[3] Y si retrocedemos más atrás aún, nos encontramos con Ezequiel, que en su teofanía nos habla de unos «aros [...] altos y espantosos»,[4] y también con Jacob, que al despertarse del sueño exclama: «¡Cuán terrible es este lugar!».[5]

Desconocemos hasta dónde se remonta este sentimiento dentro de la historia humana. Si nosotros compartiéramos las creencias de los hombres primitivos, con toda seguridad también lo experimentaríamos. Parece probable, pues, que el temor numinoso sea tan antiguo como la propia humanidad. Nuestro mayor interés no reside, sin embargo, en determinar su origen con exactitud. Lo verdaderamente importante es que, de un modo o de otro, surgió, se difundió y ni el incremento del conocimiento ni la civilización han conseguido arrancarlo de la mente humana.

El sobrecogimiento de que venimos hablando no es el resultado de una inferencia a partir del universo visible. No hay posibilidad alguna de deducir argumentativamente la existencia de lo misterioso de la mera presencia del peligro, y menos aún la realidad plenaria de lo numinoso. Parece natural, podríamos decir, que el hombre primitivo, rodeado de peligros reales y atemorizado por sus amenazas, inventara lo misterioso y lo numinoso. En cierto sentido así ocurrió. Tratemos de comprender, no obstante, lo que queremos decir.

Consideramos natural que el hombre primitivo hiciera algo así porque compartimos con nuestros antepasados una misma naturaleza humana, y, en ocasiones, nos imaginamos a nosotros mismos reaccionando de igual

---

1. *Fasti*, III, 296.
2. *Eneida*, VII, 172.
3. Fragmento 464. Edición Sidwick.
4. Ezequiel 1.18.
5. Génesis 28,17.

modo ante la peligrosa soledad. La reacción en cuestión es efectivamente «natural» en el sentido de que es la adecuada a la naturaleza humana. Pero no es «natural» en modo alguno si con ello queremos decir que la idea de lo misterioso o numinoso está contenida en la de peligro. Tampoco la percepción del peligro, o la aversión a las heridas y a la muerte que en ocasiones entraña, proporciona ninguna idea, por ligera que sea, de temor espiritual o numinoso a una inteligencia que antes no se haya formado ya alguna noción de él.

El paso del miedo físico al pavor y el sobrecogimiento supone un salto cualitativo, y entraña aprehender algo que, a diferencia de lo que ocurre con el peligro, no podrían proporcionar ni los hechos físicos ni las deducciones a partir de ellos. La mayoría de los intentos de explicar lo numinoso presupone lo que se pretende explicar. Así ocurre, por ejemplo, cuando los antropólogos lo derivan del temor a los muertos, sin explicar por qué los muertos (con toda seguridad el tipo menos peligroso de hombres) pueden despertar este sentimiento. Frente a semejantes intentos, hemos de insistir en que el pavor y el sobrecogimiento, por un lado, y el temor, por otro, están en dimensiones diferentes. El pavor y el sobrecogimiento son constitutivos de la interpretación humana del universo o de las impresiones que el hombre recibe de él. Y así como la enumeración de las cualidades de un objeto bello no puede incluir jamás su belleza, ni ofrecer la menor indicación de lo que entendemos por ella a una criatura sin experiencia estética, la descripción objetiva del entorno humano no puede incluir tampoco lo misterioso o lo numinoso, ni proporcionar el más leve indicio de ellos.

Al parecer, solo hay dos puntos de vista legítimos acerca del sobrecogimiento: o bien se trata de una peculiaridad de la mente humana sin la menor correspondencia con la realidad objetiva y sin función biológica alguna —pese a lo cual se muestra resistente a desaparecer de las mentes plenamente desarrolladas de poetas, filósofos o santos—, o bien consiste en una experiencia directa de la realidad sobrenatural, a la que conviene propiamente el nombre de *revelación*.

Lo numinoso no coincide con lo moralmente bueno. Abandonado a sí mismo, el hombre, sobrecogido por el temor reverencial, seguramente se sentirá inclinado a pensar en el objeto numinoso como algo situado «más allá del bien y del mal». Esto nos conduce al segundo aspecto o elemento de la religión. Todos los seres humanos de los que la historia da testimonio reconocen algún tipo de moralidad, es decir, experimentan hacia ciertas acciones que se proponen realizar el género de sentimiento expresado con las proposiciones «debo» o «no debo». Este sentimiento se parece al temor reverencial en el sentido de que tampoco se puede deducir lógicamente del entorno ni de las experiencias físicas del hombre que lo tiene. Podemos mezclar tantas veces como queramos expresiones del tipo «quiero», «me veo obligado», «sería aconsejable» o «no me atrevo». Jamás obtendremos de ellas el menor indicio de lo que significa «debo» y «no debo».

Los intentos de disolver la moral en cualquier otra cosa presuponen, una vez más, lo que intentan explicar. Ese es el caso de un famoso psicoanalista, que deduce la moral del parricidio prehistórico. El origen del sentimiento de culpa provocado por el parricidio se halla en la creencia de los hombres de que no debían haberlo cometido. De no haberlo creído así, no hubieran tenido ningún sentimiento de culpa.

La moralidad, como el temor numinoso, es un salto, pues supone traspasar el ámbito de lo «dado» en los hechos de experiencia. Por lo demás, parece una característica singularísima difícil de pasar por alto. Los códigos morales vigentes entre los hombres pueden diferir unos de otros, pero, bien mirado, no son tan distintos como a menudo se afirma. Todos coinciden en prescribir un comportamiento que sus partidarios no logran poner en práctica. Los hombres todos se sienten censurados de igual modo, es decir, no por códigos éticos ajenos, sino por los propios. Todos tienen, pues, conciencia de culpa. Por lo tanto, el segundo elemento de la religión no es simplemente el conocimiento de la ley moral, sino la conciencia en una ley moral, aprobada una vez y luego desobedecida. Este tipo de conciencia no es resultado de inferencia alguna, ni lógica ni ilógica, de los hechos empíricos; si no la situamos previamente en la experiencia, jamás la encontraremos en ella. Se trata de una ilusión inexplicable o de una revelación.

Las experiencias moral y numinosa distan tanto de coincidir que podrían existir durante largos periodos de tiempo sin entrar en contacto recíproco. En muchas formas de paganismo, la adoración a los dioses y las reflexiones éticas de los filósofos tienen muy poco que ver entre sí. El tercer momento del desarrollo religioso surge cuando los hombres identifican las experiencias moral y numinosa, es decir, cuando convierten el poder numinoso hacia el que hasta ahora sentían temor en guardián de la moralidad a la que se sentían obligados. De nuevo nos encontramos ante un fenómeno al parecer muy «natural». ¿Hay algo más natural para un salvaje, obsesionado tanto por el temor como por el sentimiento de culpa, que la creencia en la identidad del poder al que teme con el poder que censura su culpa? Una identificación así es natural, también para la humanidad; sin embargo, no es obvia en modo alguno. El comportamiento efectivo de este universo tan frecuentado por lo numinoso no tiene la menor semejanza con el que la moralidad exige de nosotros. Aquel parece derrochador, despiadado e injusto, y este nos ordena todo lo contrario. La identificación de ambos no se puede explicar como cumplimiento de un deseo, pues no satisface los deseos de nadie. Nada es menos deseable que ver la ley, cuya simple autoridad nos resulta insoportable, provista de las exigencias de lo numinoso. Este es, sin la menor duda, el salto más sorprendente de la historia religiosa de la humanidad. No es extraño que muchos grupos humanos lo rechacen. Religión sin moral y moral sin religión han existido siempre, y siguen existiendo todavía.

Seguramente solo un pueblo, como tal pueblo, se atrevió a dar con decisión el nuevo paso. Me refiero, naturalmente, al pueblo judío. De forma individual lo han dado también los grandes hombres de todas las épocas y lugares; solo estas figuras egregias están a salvo de la obscenidad y la barbarie del culto inmoral, y de la fría y triste beatería del puro moralismo. A juzgar por sus frutos, el paso en cuestión es el camino hacia la salud acrecentada. Aunque la lógica no nos obligue a darlo, es muy difícil resistirse a ello. Incluso dentro del paganismo y el panteísmo hace acto de presencia inevitablemente la moralidad; el mismo estoicismo, quiéralo o no, dobla la rodilla ante Dios. Todo esto no puede ser, de nuevo, sino locura o revelación. De ser locura, se trata de una especie congénita al hombre de resultados extraordinariamente propicios. Y si es revelación, las naciones todas son benditas real y verdaderamente en Abraham, pues fueron los judíos quienes identificaron plena e inequívocamente la prodigiosa presencia que aparecía en las negras cumbres montañosas y en los oscuros nubarrones con el justo Señor que «ama la justicia».[1]

La cuarta ramificación o elemento conductor del cristianismo es un acontecimiento histórico. Hubo un hombre nacido entre los judíos que afirmaba ser ese Alguien —hijo suyo o «uno con él»— que aparece sobrecogedoramente en la naturaleza y la ley moral. Esta escandalosa afirmación —¡una paradoja, una atrocidad, cuya monstruosidad nos puede inducir fácilmente a tomarla con ligereza!— solo permite considerar al

---

1. Salmos 11.7.

hombre que la dijo de uno de estos dos modos: o bien era un lunático fantaseador especialmente abominable, o bien era —y es— exactamente lo que decía que era. No hay término medio. Y como las evidencias de que disponemos hacen inaceptable la primera hipótesis, resulta obligado aceptar la segunda. Mas si lo hacemos, se tornan plausibles las demás afirmaciones de los cristianos: que el Hombre de que venimos hablando sigue viviendo después de haber sido asesinado, y que su muerte, incomprensible hasta cierto punto para el pensamiento humano, ha cambiado realmente, y de modo favorable para nosotros, nuestra relación con el «sobrecogedor» y «justo» Señor.

Preguntar si el universo, tal como nosotros lo vemos, se asemeja a la obra de un Creador sabio y bondadoso o si parece más bien un producto de la casualidad, la indiferencia o la malevolencia, significa omitir desde el comienzo los factores relevantes del problema religioso. El cristianismo no es la conclusión de un debate filosófico sobre los orígenes del universo, sino un acontecimiento histórico catastrófico dentro del proceso de larga preparación espiritual que acabo de describir. Tampoco es un sistema en el que debamos encajar la compleja realidad del dolor, sino un hecho difícil de ajustar con cualquier sistema que podamos construir. En cierto sentido, el cristianismo crea más que resuelve el problema del dolor, pues el dolor no sería problema si, junto con nuestra experiencia diaria de un mundo doloroso, no hubiéramos recibido una garantía suficiente de que la realidad última es justa y amorosa. Ya he indicado de algún modo por qué considero digna de confianza la garantía en cuestión. Desde luego, no se obtiene por compulsión lógica. Por eso, el hombre puede rebelarse en cualquier etapa del desarrollo religioso. Y le cabe hacerlo sin incurrir en absurdo, aunque no sin causar violencia a su propia naturaleza. Con tal de estar dispuesto a separarse de la mitad de los grandes poetas y profetas de su especie, de su infancia, de la riqueza y profundidad de la experiencia permitida, le será posible cerrar los ojos a lo numinoso. No le es imposible tampoco considerar ilusoria la ley moral y separarse de ese modo del suelo común de la humanidad. Puede, en fin, negarse a identificar lo numinoso con lo justo y seguir siendo un bárbaro que adora la sexualidad, la muerte, la fuerza de la vida o el futuro. El precio es, no obstante, muy alto.

Cuando llegamos al último escalón, la Encarnación en el tiempo histórico, la garantía adquiere seguridad completa. El relato de la Encarnación tiene una curiosa semejanza con ciertos mitos aparecidos en la religión desde el principio. Sin embargo, se distingue de todos ellos. La Encarnación no es transparente a la razón. No hubiéramos podido, pues, inventarla nosotros. Tampoco posee la sospechosa transparencia *a priori* del panteísmo o de la física newtoniana. En cambio, tiene un rasgo característico y aparentemente arbitrario que la moderna ciencia nos ha ido enseñando lentamente a tolerar en este mundo premeditado en el que la energía está dispuesta en cantidades pequeñas imposibles de predecir, la velocidad no es ilimitada, la irreversible entropía da al tiempo una dirección real y el cosmos, que ha dejado de ser estático o cíclico, se mueve como un espectáculo dramático desde un comienzo real a un verdadero fin. Si alguna vez llegara a nosotros algún mensaje desde el corazón de la realidad, deberíamos encontrar en él la sorpresa, la dramática e intencionada anfractuosidad que descubrimos en la fe cristiana. Finalmente, la Encarnación posee un toque magistral, la aspereza y el sabor viril de la realidad. Posee, pues, cualidades que, aun cuando no son obra nuestra ni están hechas por nosotros, nos golpean en pleno rostro.

Si, apoyándonos en estas razones u otras mejores, seguimos el curso por el que ha sido llevada la humanidad y nos hacemos cristianos, nos toparemos con el problema el dolor.

2

LA OMNIPOTENCIA DIVINA

Nada que implique contradicción cae bajo el
entendimiento de Dios.

TOMÁS DE AQUINO, *SUMM. THEOL.*, I.º
Q XXV, ART, 4

«SI DIOS FUERA bueno, querría que sus criaturas fueran completamente felices; y si fuera todopoderoso, podría hacer lo que quisiera. Mas como las criaturas no son felices, Dios carece de bondad, de poder o de ambas cosas». He ahí el problema del dolor en su forma más simple. Para resolverlo, es preciso mostrar la ambigüedad de los términos «bueno», «todopoderoso» y, quizá también, «feliz». Es preciso admitir desde el principio que si el significado atribuido habitualmente a esas palabras es el mejor o el único posible, el argumento anterior es irrefutable. En el presente capítulo haré algunos comentarios sobre la idea de omnipotencia y en el siguiente explicaré la noción de bondad.

Omnipotencia significa «poder hacerlo todo, sea lo que sea».[1] Por su parte, las Escrituras dicen: «para Dios todo es posible». En la discusión con no creyentes se suele oír con frecuencia cosas como esta: «Si Dios

---

1. El significado original latino sería seguramente: «poder sobre todo o en todo». Yo le doy el que, a mi juicio, tiene en el uso habitual.

existiera y fuera bueno, haría tal o cual cosa». Si les hacemos ver que la acción que proponen es imposible, recibiremos generalmente la réplica siguiente: «Creíamos que Dios era capaz de hacer cualquier cosa». Esta respuesta plantea el problema de la imposibilidad.

En el uso habitual, la palabra imposible implica una cláusula restrictiva que comienza con la expresión «a menos que». Así, me es imposible ver la calle desde donde estoy escribiendo en este momento, es decir, es imposible ver la calle a menos que suba al último piso, donde estaré a una altura suficiente para ver por encima del edificio que ahora me impide divisarla. Si tuviera una pierna rota, diría: «Me es imposible subir al último piso». Con esas palabras querría decir, sin embargo, que no es posible *a menos que* aparezca algún amigo que quiera subirme.

Ascendamos ahora a otro nivel de imposibilidad. Nos situamos en él cuando decimos: «Es absolutamente imposible ver la calle mientras yo permanezca donde estoy y el edificio que se interpone entre ella y mi visión siga donde está». Alguien podría añadir a ello la siguiente observación: «A menos que la naturaleza del espacio o de la visión fuera diferente de la que es». Desconozco qué responderían a ello los grandes filósofos y científicos. Yo, por mi parte, le daría esta contestación: «Ignoro si existe la posibilidad de que el espacio y la visión tengan una naturaleza como la que usted sugiere».

Es evidente que la palabra *posibilidad*, tal como la acabamos de utilizar, hace referencia a un tipo absoluto de posibilidad e imposibilidad completamente distinto de las posibilidades e imposibilidades relativas que hemos considerado. No puedo afirmar si es posible o no en el nuevo sentido ver a través de las paredes, pues desconozco si es o no internamente contradictorio. Pero sé, sin el menor género de dudas, que si es algo internamente contradictorio, será absolutamente imposible. Lo absolutamente imposible se puede denominar también intrínsecamente imposible, pues encierra dentro de sí una imposibilidad constitutiva o esencial, no prestada por otras imposibilidades cuya imposibilidad dependiera, a su vez, de otras. La imposibilidad esencial no permite usar la cláusula *a menos que*, pues indica que algo es imposible bajo cualquier condición, en todos los mundos posibles y para todos los agentes.

«Todos los agentes» incluye en este contexto también a Dios. La omnipotencia divina significa un poder capaz de hacer todo lo intrínsecamente posible, no lo intrínsecamente imposible. Podemos atribuir milagros a Dios, pero no debemos imputarle desatinos. Eso no significa poner límites a su poder. Si se nos ocurriera decir: «Dios puede otorgar y negar al mismo tiempo una voluntad libre a sus criaturas», nuestra afirmación no acertaría a manifestar cosa alguna sobre Él. Las combinaciones disparatadas de palabras no adquieren súbitamente sentido por anteponerles la expresión «Dios puede». En cualquier caso, sigue siendo cierto que para Dios son posibles todas las cosas, pues lo intrínsecamente imposible no es una cosa, sino una no entidad. Realizar dos alternativas que se excluyen mutuamente no es más posible para Dios que para la más débil de sus criaturas. Y ello no porque su poder encuentre obstáculo alguno, sino porque un sinsentido no deja de ser sinsentido por ponerlo en relación con Dios.

No estaría de más recordar que los hombres versados en dialéctica yerran frecuentemente, unas veces por argumentar a partir de datos falsos, y otras por descuido en el propio argumento. Así podemos llegar a pensar que son posibles cosas realmente imposibles y *viceversa*.[1] De ahí la necesidad de definir con el mayor cuidado aquellas imposibilidades intrínsecas que ni siquiera la omnipotencia divina puede realizar. Las explicaciones siguientes no se deben considerar tanto como afirmaciones de lo que es cuanto como muestras de cosas aparentemente probables.

Las inexorables *leyes de la naturaleza*, cuya legalidad se cumple a despecho del sufrimiento o el merecimiento humanos, y que la oración es incapaz de eliminar, parecen proporcionar a primera vista un sólido argumento contra la bondad y el poder divinos. Me permito decir que ni siquiera el Ser omnipotente podría crear una sociedad de almas libres sin crear de forma simultánea una naturaleza relativamente independiente e «inexorable».

No hay razón para suponer que la autoconciencia, la capacidad de la criatura de percibirse a sí misma como un «yo», pueda existir de otro modo que en contraposición con lo «otro», con algo distinto del «yo». La conciencia del propio «yo» surge por oposición al entorno, especialmente al entorno social integrado por otros «yoes». Todo ello debería plantear a los meramente teístas una dificultad acerca de la conciencia de Dios. En cambio, los cristianos sabemos por la doctrina de la Santísima Trinidad que en el seno del Ser divino existe algo semejante a la «sociedad» desde el comienzo de los tiempos y por toda la eternidad. Los cristianos

---

1. En los buenos juegos de mano, el mago hace algo que al público le resulta contradictorio con sus *data* y su poder de razonar.

sabemos que Dios es amor, no en el sentido de que sea la idea platónica de amor, sino porque dentro de Él existe la reciprocidad concreta del amor antes de la creación del mundo. Por esa razón se propaga a las criaturas.

La libertad de la criatura debe significar libertad de elección, y la elección implica cosas diferentes entre las que elegir. Una criatura sin entorno carecería de posibilidad de escoger. De ahí que tanto la libertad como la autoconciencia, que seguramente son una y la misma realidad, exijan también la presencia ante el «yo» de algo distinto del propio «yo».

La condición mínima de la autoconciencia y la libertad es, pues, que la criatura perciba a Dios y se perciba a sí misma como distinta de Dios. No hay por qué descartar la existencia de criaturas conscientes de la existencia de Dios y de sí mismas, pero ajenas a la existencia de otras criaturas semejantes. Para unos seres así, la libertad consiste lisa y llanamente en elegir entre amar a Dios más que a sí mismos o a sí mismos más que a Dios. Nos es imposible imaginar, empero, una vida reducida a lo estrictamente constitutivo. Tan pronto como intentamos introducir el conocimiento mutuo entre criaturas semejantes, tropezamos con la necesidad de la «naturaleza».

De la conversación habitual de la gente parece desprenderse que nada hay más fácil para las inteligencias que el «encuentro» mutuo y la recíproca percepción de cada una de ellas por la otra. Pero yo no veo posibilidad de algo semejante fuera del medio común formado por el «mundo exterior» o entorno. El más pequeño intento de imaginar un entorno semejante entre espíritus incorpóreos insinúa, subrepticiamente al menos, la idea de un espacio y un tiempo comunes sin los cuales no es posible dar sentido al prefijo «co» de «co-existencia». El espacio y el tiempo constituyen ya un entorno. Todavía es preciso, sin embargo, algo más. Si los pensamientos y pasiones de los demás estuvieran presentes ante mi conciencia como los míos propios, sin el menor indicio de exterioridad o diferencia, ¿cómo podría distinguirlos de los míos? ¿Cómo podría tener pensamientos o pasiones sin objetos que sentir o en los que pensar? Más aún, ¿podría alcanzar las nociones de «exterioridad» o «alteridad» sin tener experiencia de un mundo exterior? Algunos cristianos pueden responder diciendo que Dios (y Satanás) influyen directamente en la conciencia sin el menor vestigio de «exterioridad». Así es, y el resultado es que la mayoría de la gente sigue ignorando la existencia de ambos.

Podemos suponer, pues, que si las almas humanas influyeran directa e inmaterialmente unas sobre otras, el que cualquiera de ellas creyera en la existencia de las demás significaría un triunfo poco común de la fe y la inteligencia. En esas condiciones me resultaría más difícil conocer a mi vecino que a Dios, pues para reconocer el influjo de Dios sobre mí cuento con la ayuda de ciertas cosas que llegan del mundo exterior, como la tradición de la iglesia, las Sagradas Escrituras y el diálogo con amigos religiosos.

Para que exista sociedad humana necesitamos exactamente lo que tenemos: una realidad neutral, distinta de ti y de mí, que ambos podemos manejar para hacernos señas el uno al otro. Yo puedo hablar contigo porque ambos podemos emitir ondas sonoras a través del común espacio interpuesto entre nosotros. La materia mantiene separadas las almas, pero también las une. Asimismo, permite a cada uno de nosotros tener «exterioridad» e «interioridad», de suerte que los actos voluntarios y los pensamientos son para mí ruidos y destellos. Además de ser, nos es posible aparecer. Eso permite a cada hombre el placer de trabar conocimiento con otros hombres.

La sociedad implica, pues, un ámbito común o mundo en el que se encuentran sus miembros. Si existe una sociedad angélica, como afirma la creencia compartida por los cristianos, los ángeles deberán tener también un ámbito, un mundo como ese, algo semejante a lo que para nosotros es la «materia» entendida en sentido moderno, no en el de la escolástica.

Pero si la materia ha de servir de campo neutral, deberá tener una naturaleza fija característica. Si el «mundo» o sistema material tuviera un solo habitante, podría ajustarse en todo momento a sus deseos. «Los árboles se agolparían para complacerle y le cobijarían bajo su sombra». En cambio, en un mundo que cambiara de acuerdo con los caprichos de alguien, nos sería imposible obrar; perderíamos la capacidad de ejercitar el libre albedrío, y nos resultaría difícil dar a conocer nuestra presencia a los demás. Cualquier género de materia empleada para hacer señales estaría ya en su poder. Por consiguiente, no podría ser manejado por nosotros.

Por lo demás, si la materia tiene una naturaleza fija y obedece leyes constantes, sus diferentes estados no se acomodarán de igual modo a los deseos de un alma determinada, ni serán igualmente beneficiosos para ese particular agregado de materia que es su cuerpo. El mismo fuego que alivia el cuerpo situado a conveniente distancia lo destruye cuando la distancia se suprime. De ahí la necesidad, incluso en un mundo perfecto, de señales de peligro, para cuya transmisión parecen estar diseñadas las fibras nerviosas sensibles al dolor. ¿Significa esto la necesidad de que exista algún elemento del mal (en forma de dolor) en cualquier mundo posible? Yo no lo creo, pues aunque sea cierto que el pecado más pequeño es un mal incalculable, el mal causado por el dolor depende de su intensidad. Por debajo de cierta intensidad, el dolor no es temido ni considerado en modo alguno como un quebranto. Nadie siente molestia por la secuencia «templado, agradablemente caliente, muy caliente, abrasador», que nos adviene de la necesidad de retirar la mano expuesta al fuego. Por lo demás, si confiamos en el testimonio del sentimiento propio, deberemos reconocer que un ligero dolor de piernas al ir a la cama tras un día de caminata es realmente agradable.

Si la naturaleza inmutable de la materia le impide ser siempre y en cualquier situación igualmente agradable para cada individuo, aún más difícil es que se distribuya en todo momento de manera que resulte igualmente conveniente y satisfactoria para los diferentes miembros de la sociedad. El camino cuesta arriba para quien va en una dirección se torna cuesta abajo para quien va en dirección contraria. Si un guijarro se halla en el lugar que alguien quiere, no puede estar, salvo por una rara coincidencia, en el que otro desea. Todo esto está muy lejos de constituir un mal. Por el contrario, brinda una magnífica ocasión para el ejercicio de la cortesía, el respeto y la generosidad con los que se expresan el amor, el buen humor y la moderación.

Mas también deja expedito el camino, ciertamente, a un gran mal, a saber, la competencia y la hostilidad.

Si las almas son libres, no se les puede impedir que traten de resolver los problemas con enfrentamientos, en lugar de hacerlo con cortesía. Y una vez que la rivalidad entre las almas se haya convertido en verdadera hostilidad, pueden aprovechar la naturaleza inmutable de la materia para infligirse daño mutuamente. La naturaleza inmutable de la madera, que nos permite utilizarla como viga, también nos brinda la oportunidad de usarla para golpear la cabeza del vecino. La inmutable naturaleza de la materia en general significa, en los casos de lucha entre seres humanos, que quienes tienen mejores armas, mayor destreza y fuerzas más numerosas consiguen habitualmente la victoria aun cuando su causa sea injusta.

Tal vez fuera posible imaginar un mundo en el que Dios corrigiera los continuos abusos cometidos por el libre albedrío de sus criaturas, de suerte que la viga de madera se tornara suave hierba al emplearla como arma, o que el aire se negara a obedecer cuando intentáramos emitir ondas sonoras portadoras de mentiras e insultos. En un mundo así sería imposible cometer acciones erróneas, pero eso supondría anular la libertad de la voluntad. Más aún, si lleváramos el principio hasta sus últimas consecuencias, resultarían imposible los malos pensamientos, pues la masa cerebral utilizada para pensar se negaría a cumplir su función cuando intentáramos concebirlos. La materia cercana a un hombre malvado estaría expuesta a sufrir alteraciones imprevisibles.

Una de las convicciones más arraigadas de la fe cristiana es la creencia en el poder que Dios posee (ejercido en ocasiones) de modificar el comportamiento de la materia y realizar los llamados milagros. La genuina concepción de un mundo común y estable exige, no obstante, que las ocasiones señaladas sean extraordinariamente infrecuentes. En el juego de ajedrez podemos hacer ciertas concesiones arbitrarias al adversario, las cuales mantendrían con las reglas normales del juego una relación semejante a la de los milagros con las leyes de la naturaleza. Podemos dejar que el adversario nos coma una torre o permitirle que repita una jugada y corrija un movimiento realizado inadvertidamente. Pero si le permitiéramos hacer todo lo que le conviniera en cada momento —si pudiera repetir todos los movimientos o tuviéramos que quitar nuestras piezas de su lugar siempre que no le gustara su posición en el tablero—, no tendría sentido alguno seguir hablando de juego de ajedrez.

Lo mismo ocurre con la vida de las almas en el mundo. Las leyes inmutables, las consecuencias derivadas de la necesidad causal y el entero orden natural constituyen los límites dentro de los que está confinada la vida común entre los hombres, pero también la ineludible condición de posibilidad de semejante tipo de vida. Si tratáramos de excluir el sufrimiento, o la posibilidad del sufrimiento que acarrea el orden natural y la existencia de voluntades libres, descubriríamos que para lograrlo sería preciso suprimir la vida misma.

Como he dicho anteriormente, la explicación de la intrínseca necesidad del mundo se ha propuesto únicamente como ejemplo de lo que podría ser. Lo que realmente es solo puede decirlo el Ser omnisciente, pues Él es el único que posee los datos y la sabiduría para penetrar en su esencia. No creo, sin embargo, que sea menos complicado de lo que yo he sugerido. Huelga decir que «complicado» alude aquí exclusivamente a la comprensión que el hombre tiene de la necesidad. No debemos entender la argumentación de Dios como la nuestra, es decir, como un proceso deductivo desde el fin —en el caso presente, la coexistencia de espíritus libres— hasta las condiciones necesarias para alcanzarlo, sino más bien como un único acto creador totalmente coherente en sí mismo, el cual se nos presenta al principio como creación de una pluralidad de cosas independientes y, después, como creación de cosas mutuamente necesarias. Cabe, incluso, elevarse por encima del concepto de necesidad mutua tal como lo he bosquejado. Podemos, efectivamente, reducir la materia (tanto la que separa las almas como la que las reúne) a un único concepto, el de pluralidad, del que la «separación» y la «reunión» son exclusivamente aspectos diferentes.

Con cada progreso del pensamiento se tornará más clara la unidad del acto creador y la imposibilidad de jugar con la creación como si fuera posible eliminar de ella este o aquel elemento. Tal vez no sea este «el mejor de los mundos posibles», sino el único posible. La expresión «mundos posibles» no puede significar sino «mundo que Dios podría haber hecho y no hizo». La idea encerrada en la fórmula «lo que Dios podría haber hecho» entraña una concepción exageradamente antropomórfica de la libertad de Dios. Sea cual sea el sentido de la libertad humana, la divina no puede significar indecisión entre alternativas y elección de una de ellas. La bondad perfecta no puede deliberar sobre el fin que se debe perseguir, y la perfecta sabiduría no puede meditar sobre los medios adecuados para alcanzarlo. La libertad de Dios consiste en que la única causa y el único obstáculo de sus actos es Él mismo, en que su bondad es la raíz de sus acciones y su omnipotencia el aire en que florecen.

Esto nos pone en contacto con la siguiente cuestión: la bondad divina. Nada hemos dicho hasta ahora de ella, ni hemos intentado responder a la objeción de que, si el universo debe admitir desde el principio la posibilidad del dolor, no podría haber sido creado por la bondad absoluta. Debo advertir al lector que no intentaré probar que sea mejor crear que no crear. Desconozco por completo con qué balanza humana podríamos pesar tan portentosa cuestión. Se pueden establecer comparaciones entre unos y otros estados del ser, pero el intento de comparar el ser y el no ser termina necesariamente en mera palabrería. «¿Sería mejor para mí no existir?». «Para mí», ¿en qué sentido? Si yo no existiera, ¿qué beneficio me reportaría no existir? Mi propósito es menos ambicioso. Se trata simplemente de descubrir el modo de concebir sin contradicción la bondad divina y el sufrimiento, en un mundo sufriente y contando con la garantía, fundada en razones diferentes, de que Dios es bueno.

3

LA BONDAD DIVINA

El amor puede transigir, puede perdonar... pero no se puede hermanar con un objeto repulsivo. Nunca se podría armonizar, pues, con tus pecados, ya que el pecado como tal no es susceptible de ser modificado. En cambio, se podría concertar con tu persona, pues el ser personal sí puede ser renovado.

TRAHERNE, *CENTURIES OF MEDITATION*, II, 30

REFLEXIONAR SOBRE LA bondad divina supone inmediatamente enfrentarse con un dilema. La primera de sus alternativas se puede formular así: si Dios nos excede en sabiduría, sus juicios sobre muchas cosas —pero especialmente sobre el bien y el mal— deberán diferir de los nuestros. Lo que a nosotros nos parece bueno puede no serlo a los ojos de Dios, y acaso no sea malo lo que nosotros estimamos como tal.

La segunda puede exponerse de este otro modo: si el juicio moral de Dios difiere del nuestro hasta el punto de que lo «negro» para nosotros pueda ser «blanco» para Él, nos será imposible dar sentido a nuestras palabras cuando lo llamemos bueno. La razón está en que, si afirmamos «lo bueno para Dios es totalmente distinto de lo bueno para nosotros», al decir «Dios es bueno» no diríamos en última instancia sino «no sabemos lo que es Dios». La existencia en Dios de una cualidad completamente desconocida es incapaz, empero, de proporcionar argumentos morales para amarle u obedecerle. Si no es «bueno» en el sentido que nosotros damos a esa palabra, le obedeceremos, caso de hacerlo, solo por miedo. De ser esa la causa, obedeceríamos con semejante diligencia a un demonio omnipotente. La doctrina de la depravación total, especialmente si lleva a la conclusión de que, por ser seres completamente contingentes, nuestra idea de bien carece de valor, podría transformar el cristianismo en una forma de adoración al diablo.

Para eludir este dilema, es preciso observar lo que ocurre en las relaciones humanas cuando una persona de bajo nivel moral ingresa en una sociedad de hombres mejores y más sabios y aprende paulatinamente a aceptar sus normas. Casualmente puedo describir un proceso así con absoluta exactitud, pues he pasado por él. Cuando llegué por primera vez a la Universidad, tenía tan escasa conciencia moral como cualquier otro muchacho de mi edad. Mis más altos logros eran una tenue aversión a la crueldad y a la mezquindad en cuestiones monetarias. Sobre la castidad, la veracidad y la abnegación pensaba lo mismo que piensa un mandril sobre la música clásica.

Gracias a Dios, caí entre un grupo de jóvenes con una inteligencia e imaginación afín a las mías, lo que hizo aparecer inmediatamente un sentimiento de intimidad entre nosotros. Ninguno de ellos era cristiano, pero todos conocían e intentaban obedecer una ley moral. Por eso, su opinión sobre el bien y sobre el mal era completamente distinta de la mía. Lo que ocurre en casos semejantes no se parece en absoluto a una situación en que se nos pidiera considerar «blanco» lo tenido hasta ese momento por «negro». Aunque trastocáramos de hecho su sentido, los juicios morales nuevos no penetraban nunca en la mente como una subversión de los previos, sino «como señores largamente esperados». Esto permite conocer con seguridad la dirección en que nos movemos: los juicios morales nuevos se parecen más al bien que los pequeños jirones de bien poseídos previamente, aunque en cierta medida está en armonía con ellos. La prueba definitiva consiste, sin embargo, en darse cuenta de que el reconocimiento de las normas nuevas va acompañado de un sentimiento de vergüenza y de culpa. En ese momento tomamos clara conciencia de haber entrado en una sociedad en la que no encajamos.

A la luz de experiencias así debemos considerar la bondad de Dios. Su idea de «bondad» es diferente, sin duda alguna, de la nuestra. Pese a ello, no hay por qué tener miedo de que se nos pida invertir nuestros principios morales cuando nos aproximemos a ella. Cuando se nos haga presente la diferencia esencial entre la ética divina y la nuestra propia, no tendremos duda alguna de que el cambio que se nos pide tiene que ver con lo que consideramos «mejor». Aunque la bondad divina se diferencia de la nuestra, no es, sin embargo, completamente distinta de ella. No se distinguen entre sí como el blanco del negro, sino como el círculo perfecto de la rueda pintada por primera vez por un niño. Cuando el niño aprenda a pintar, percibirá que el círculo que ahora es capaz de trazar es el que ha estado intentando dibujar desde el comienzo.

En las Escrituras hay indicios de esta doctrina. La llamada al arrepentimiento hecha por Cristo a los hombres carecería de sentido si las normas de Dios fueran enteramente distintas de las ya conocidas y no practicadas por los hombres. El Señor apela a nuestro juicio moral: «¿Y por qué no juzgáis por vosotros mismos lo que es justo?».[1] En el Antiguo Testamento Dios amonesta a los hombres, y lo hace sirviéndose del modo humano de entender la gratitud, la fidelidad y el juego limpio. Dios se somete de algún modo al tribunal de sus propias criaturas. «¿Qué maldad hallaron en mí vuestros padres, que se alejaron de mí...?».[2]

Tras estas observaciones preliminares, podemos sugerir con absoluta confianza, así lo espero yo al menos, que ciertas concepciones de la bondad divina que tienden a dominar el pensamiento, aunque raras veces son expresadas con demasiadas palabras, quedan abiertas a la crítica.

Por bondad de Dios entendemos hoy día de forma casi exclusiva el amor divino. Es posible que no nos equivoquemos al hacerlo. Por amor entiende la mayoría de nosotros en este contexto benevolencia, deseo de ver felices a los demás, de que sean completamente dichosos, no solo en este o aquel aspecto particular. Lo realmente satisfactorio para nosotros sería un Dios que dijera de todo cuanto nos gustara hacer: «¿Qué importa lo que hagan si están contentos?». No queremos tener realmente un padre en el cielo, sino un abuelo, una benevolencia senil que disfruta viendo a los jóvenes, como suelen decir los ancianos, «pasándolo en grande»; un ser cuyo plan para el universo fuera sencillamente poder decir de verdad al final de cada día «Todos se lo han pasado bien».

---

1. Lucas 12.57.
2. Jeremías 2.5.

Debo admitir que no hay mucha gente dispuesta a formular la teología exactamente en esos términos, pero detrás de muchas mentes se esconde una concepción no muy diferente. Tampoco yo pretendo ser una excepción. A mí también me gustaría vivir en un universo gobernado con tales normas. Sin embargo, como no vivo evidentemente en un mundo así, y tengo abundantes razones para creer, pese a todo, que Dios es amor, debo concluir que mi concepción del amor precisa ser corregida.

De los poetas deberíamos haber aprendido que el amor es algo más austero y espléndido que la mera amabilidad; que incluso el amor entre los sexos es, como afirma Dante, «un señor de aspecto terrible». La benevolencia forma parte del amor, pero no coincide con él. Cuando la benevolencia, en el sentido arriba indicado, se separa de los demás elementos del amor, acarrea una evidente indiferencia hacia su objeto, e incluso algo parecido al desprecio hacia él. La benevolencia consiente muy rápidamente en eliminarlo. Todos nos hemos encontrado alguna vez con personas cuyo amor a los animales los impulsaba una y otra vez a matarlos para evitar que sufrieran. La mera benevolencia no se ocupa como tal de si su objeto se hace bueno o malo. Se conforma con evitarle sufrimiento. Son los bastardos los que son mimados, como dicen las Escrituras; los hijos legítimos, los encargados de continuar la tradición familiar, son castigados.[1] Solo para personas que no nos preocupan exigimos felicidad a toda costa. Con nuestros amigos, personas queridas o nuestros hijos, en cambio, somos exigentes, y preferiríamos con mucho verlos sufrir antes que verlos disfrutar de una felicidad despreciable y alienante.

Si Dios es amor, entonces es, por definición, algo más que mera condescendencia. Todos los testimonios disponibles indican que, aunque Dios nos reprende y censura, jamás nos mira con desprecio. Dios nos hace el increíble cumplido de amarnos con el amor más grande, más trágico y más incontrovertible.

La relación entre Creador y criatura es, sin duda alguna, única, y no se puede comparar con la que existe entre una criatura y otra. Dios está más lejos y más cerca de nosotros que ningún otro ser. Está más lejos de nosotros por la infinita diferencia que media entre tener el principio de la existencia en sí mismo y poseerlo de forma participada, comparada con la cual la diferencia que existe entre un arcángel y un gusano es absolutamente insignificante: Él crea; nosotros somos creados. Él es el ser

---

1. Hebreos 12.8.

original; nosotros, derivados. Sin embargo, simultáneamente y por la misma razón, la intimidad entre Dios y la más insignificante de sus criaturas es más estrecha que la que puedan alcanzar las criaturas entre sí. Nuestra vida es posible en todo momento por Él. El minúsculo y milagroso poder de nuestro libre albedrío solo produce efectos en cuerpos que su incesante energía mantiene en la existencia. Nuestra misma capacidad de pensar es participación de la suya.

Una relación tan singular como esa solo se puede aprehender mediante analogía. Partiendo de los diferentes tipos de amor conocidos entre las criaturas, alcanzamos una concepción útil (aunque inadecuada) del amor de Dios por el hombre.

El tipo más bajo de amor, hasta el punto de que lo es tan solo por ampliación del sentido de la palabra «amor», es el del artista por su obra. Así es descrita la relación de Dios con el hombre en la visión de Jeremías del alfarero y la arcilla.[1] Así es pintada también por san Pedro cuando habla del conjunto de la iglesia como un edificio en el que trabaja el mismo Dios y de cada uno de sus miembros como piedras suyas.[2] El límite de esa analogía es, por supuesto, que el símbolo utilizado, la piedra, es incapaz de sentir, y que quedan ausentes ciertas cuestiones acerca de la justicia o la misericordia que surgen cuando las «piedras» son realmente seres «vivos». De todos modos se trata de una analogía pertinente. Los seres humanos somos, no metafóricamente sino de verdad, obras de arte divinas que Dios hace y con lo que, por consiguiente, no quedará satisfecho hasta que posea determinadas características. Aquí nos topamos de nuevo con lo que he llamado «cortesía intolerable». Ningún artista se tomaría seguramente demasiadas molestias en hacer un boceto en ratos de ocio para distraer a un niño. No tendría, tal vez, el menor inconveniente en dejarlo a medio hacer, aun cuando no reflejara exactamente su idea. En cambio, se tomaría infinitas molestias si se tratara de la gran obra de su vida, de una pintura a la que amara tan intensamente, aunque de manera distinta, como un hombre a una mujer o una madre a su hijo. Y si el cuadro fuera capaz de sentir, le causaría sin duda alguna infinitos sinsabores. No es difícil imaginar que, después de haber sido frotada, raspada y recomenzada por décima vez, una pintura viva deseará ser tan solo un boceto minúsculo que el pintor hace en un momento. De manera semejante, no es menos natural nuestro deseo de que Dios hubiera

---

1. Jeremías 18.
2. 1 Pedro 2.5.

proyectado para nosotros un destino menos glorioso y menos arduo. Mas cuando deseamos tal cosa, no anhelamos más amor, sino menos.

Otra clase de amor es el del hombre por el animal, que también aparece con frecuencia en las Escrituras para simbolizar la relación entre Dios y los hombres: «Pueblo suyo somos, y ovejas de su prado». Desde cierto punto de vista, esta analogía es mejor que la anterior, porque en ella la parte inferior es un ser vivo sin dejar por ello de ser inequívocamente inferior. Pero, por otro lado, es peor, pues el hombre no ha hecho a la bestia, en consecuencia, no la conoce completamente. Su gran mérito consiste en que la sociedad de hombre y perro, pongamos por caso, persigue ante todo el beneficio del primero. La primera tarea del hombre al domesticar al perro es hacerlo digno de su amor, no tratar de que el can ame a su dueño. Quiere, pues que el animal le sirva a él, no él al animal. Pero, al mismo tiempo, los intereses del perro no son sacrificados a los del hombre. El hombre no puede alcanzar plenamente el fin apetecido, amar al perro, sin que el perro le ame también a su modo. Tampoco el perro puede servir al hombre sin ser servido, aunque de manera diferente, por él. Comoquiera que el perro es considerado generalmente por el hombre como una de las «mejores» criaturas irracionales y un objeto adecuado del amor humano —en el grado y la forma convenientes a su naturaleza, sin necias exageraciones antropomórficas—, el ser humano interviene en la vida del perro y lo hace más digno de amor. En estado salvaje, el perro tiene un olor y unas costumbres que truncan el amor humano. El hombre lo lava, lo domestica, le enseña a no robar, y de ese modo lo pone en condiciones de ser amado. En el supuesto de que fuera teólogo, este modo de proceder podría despertar graves dudas en el cachorro sobre la «bondad» del hombre. En cambio, el perro adulto, perfectamente amaestrado, más grande, más saludable y de más larga vida que el salvaje, que ingresara graciosamente, digámoslo así, en un mundo de afectos, lealtades, intereses y comodidades completamente ajenos a su destino animal, no tendría dudas de ese tipo.

Es preciso tener en cuenta que el hombre, el hombre bueno naturalmente, se toma todas esas molestias por el perro y le causa tantos inconvenientes por ser el perro un animal que ocupa un lugar elevado en la escala zoológica, por estar tan próximo a los objetos dignos de ser amados que vale la pena hacer de él un objeto completamente amable. El hombre no domestica a las tijeretas ni baña a los ciempiés. Tal vez podríamos desear tener tan escaso valor para Dios como para preferir que nos dejara abandonados a nuestros impulsos, que cejara en su empeño de prepararnos para una tarea tan extraña a nuestra condición natural. Pero tampoco ahora estaríamos pidiendo más amor, sino menos.

Una analogía más excelsa, sancionada por la orientación incesante de la enseñanza de nuestro Señor, es la que existe entre el amor de Dios por el hombre y el de un padre por su hijo. Sin embargo, siempre que hagamos uso de ella —lo cual ocurre cada vez que oramos el Padrenuestro—, debemos recordar que el Salvador la utilizó en un tiempo y un lugar en los que la autoridad paterna gozaba de un crédito más alto que en el mundo actual. El símbolo más engañoso de la Paternidad Divina es un padre medio avergonzado de haber traído a su hijo al mundo, temeroso de mantenerlo a raya por miedo a crearle inhibiciones, y receloso, incluso, de instruirlo por temor a interferir en su independencia de juicio.

No estoy discutiendo ahora si la autoridad paterna tal como se entendía antiguamente es una cosa buena o mala. Tan solo deseo explicar lo que debió de significar la idea de paternidad para los primeros oyentes de nuestro Señor y para los sucesores de este a lo largo de los siglos. Todo ello resultará aún más claro si tenemos en cuenta cómo consideraba nuestro Señor (que según nuestra fe es uno con el Padre y eterno como Él —cosa que no ocurre a ningún hijo con su padre terrenal—) su propia filiación, sometiendo plenamente su voluntad a la del Padre y no aceptando que se le llamara «bueno» por ser bueno el nombre del Padre. De acuerdo con el símbolo que estamos utilizando, el amor entre padre e hijo significa esencialmente amor con autoridad, por un lado, y amor obediente, por otro. El padre usa su autoridad para hacer del hijo el tipo de ser humano que él, correctamente y según su superior sabiduría, quiere que sea. Si alguien dijera en nuestros días: «Amo a mi hijo, pero no me preocupa que sea un perfecto truhan con tal de que lo pase bien», sus palabras carecerían absolutamente de lógica.

Finalmente, existe una analogía, que aun cuando está llena de peligros y es susceptible de una aplicación muy restringida, es la más útil para nuestro actual propósito. Me refiero a la semejanza, de uso frecuente en las Escrituras, entre el amor de Dios por el hombre y el amor del hombre por la mujer. Israel es una esposa infiel, pero el Esposo Celestial no puede olvidar los días felices. «Me he acordado de ti, del cariño de tu juventud, del amor de tus desposorios, cuando andabas en pos de mí en el desierto, en una tierra no sembrada».[1] Israel es la novia pobre y desamparada a la que el amante halla abandonada al borde del camino, a la que viste, engalana, embellece y por la que, sin embargo, es traicionado.[2] Santiago nos llama «almas adúlteras» por habernos desviado y volcado en «la amistad del mundo», y Dios, por el Espíritu «que él ha hecho habitar en nosotros nos anhela celosamente».[3]

La iglesia es la esposa del Señor, a la que el esposo divino ama tanto que no tolera en ella mancha ni arruga alguna.[4] La verdad subrayada en esta analogía es que el amor, por su propia naturaleza, exige perfeccionar al amado, y que la mera «condescendencia», dispuesta a tolerarlo todo excepto el sufrimiento del amado, es en este sentido el polo opuesto del amor. ¿Deja de preocuparnos, una vez enamorados de una mujer, si va sucia o limpia, si es honesta o grosera? ¿No es precisamente entonces cuando empiezan a preocuparnos todas esas cosas? ¿Acaso estima la mujer un signo de amor que el hombre ignore su aspecto exterior o no muestre interés por él? El enamorado puede seguir amando a su amada después de que la belleza de ella se haya marchitado, pero no porque haya desaparecido. El amor puede perdonar todas las flaquezas y seguir amando a pesar de las debilidades del amado, pero no puede cejar en su empeño de eliminarlas. El amor es más sensible que el odio a las manchas del amado. Su «sensibilidad es más suave y delicada que los tiernos cuernos del caracol». El amor tiene una capacidad de perdón superior a cualquier otro poder. Pero es también el menos dispuesto de todos a tolerar las manchas del amado, y aunque se satisface con poco, lo exige todo.

Cuando el cristianismo dice que Dios ama al hombre, quiere decir exactamente que lo ama. La idea cristiana del amor divino no significa, pues, que Dios se ocupe de nuestro bienestar con indiferencia o desinterés, sino que somos objetos de su amor. He ahí una impresionante y sorprendente verdad. ¿No preguntábamos por un Dios que fuera amor? Pues aquí lo tenemos. El magno espíritu alegremente invocado, el «Señor de aspecto terrible», está presente. No es la senil benevolencia que desea perezosamente que cada cual sea feliz a su modo, ni la gris filantropía de un magistrado escrupuloso, ni tampoco la solicitud del anfitrión deseoso de atender bien a sus invitados, sino un fuego voraz, el amor creador de

---

1. Jeremías 2.2.
2. Ezequiel 16.6-15.
3. Santiago 4.4-5.
4. Efesios 5.27.

los mundos, tenaz como el amor del artista por su obra, despótico como el del hombre por el perro, providente y venerable como el del padre por su hijo, celoso, inflexible y exigente como el amor entre los sexos.

Desconozco cómo es posible un amor así. Explicar por qué las criaturas, especialmente criaturas como las humanas, poseen un valor tan prodigioso a los ojos del Salvador es algo superior a las posibilidades de la razón. Se trata ciertamente de un caudal de gloria muy superior a nuestros merecimientos, y más excelente, salvo en raros momentos de gracia, que nuestros deseos. Los seres humanos tendemos, como las doncellas del teatro clásico, a desaprobar el amor de Zeus.[1] Mas el hecho parece incuestionable. El Impasible habla como si fuese víctima de la pasión, y el Ser que contiene dentro de sí la causa de su bienaventuranza y la de los demás seres, se expresa como si estuviera necesitado y anhelante. «¿Es Efraín el hijo predilecto para mí?, ¿es el niño mimado? [...]. Por eso mis entrañas suspiran por él; ciertamente tendré de él compasión».[2] «¿Cómo podré abandonarte, oh Efraín? ¿Cómo podré entregarte, oh Israel? [...]. Mi corazón se revuelve dentro de mí, se inflama toda mi compasión».[3] «¡Jerusalén, Jerusalén, que matas a los profetas, y apedreas a los que te son enviados! ¡Cuántas veces quise juntar a tus hijos, como la gallina junta sus polluelos debajo de las alas, y no quisiste!».[4]

El problema de reconciliar el dolor humano con la existencia de un Dios que es amor resulta insoluble únicamente si damos a la palabra «amor» un sentido trivial, si consideramos las cosas como si el hombre fuera el autor de ellas. Pero el hombre no es el centro. Dios no existe por motivo del hombre; y el hombre no es la causa de su propia existencia: «Tú creaste todas las cosas, y por tu voluntad existen y fueron creadas».[5] La principal razón de la creación no fue que el hombre pudiera amar a Dios, aunque también fue creado para amarlo, sino que Dios pudiera amar al hombre, que pudiéramos convertirnos en objetos en los que el amor divino pudiera «complacerse». Pedir que el amor de Dios se contente con nosotros tal como somos significa pedir que Dios deje de ser Dios. Habida cuenta de que Dios es el que es, su amor, por imperativo de la naturaleza misma de las cosas, tiene que ser dificultado y rechazado

---

1. *Prometheus Vinctus*, 887-900.
2. Jeremías 31.20.
3. Oseas 11.8.
4. Mateo 23.37.
5. Apocalipsis 4.11.

por ciertas manchas de nuestro actual carácter. Y como Él nos ama previamente, tiene que afanarse por hacer de nosotros seres dignos de ser amados. Tan absurdo como el deseo de la criada pordiosera de que el rey Copetua estuviera contento con sus harapos e inmundicia, o como la pretensión del perro que ha aprendido a amar a un hombre de que el dueño tolerara en su hogar los ladridos, parásitos y suciedad de una criatura procedente de una jauría salvaje, sería el empeño en que Dios se resignara, ni siquiera en nuestros mejores momentos, con nuestras actuales impurezas. Lo que en ese caso llamamos nuestra «felicidad» no se ajusta al parecer de Dios. Cuando nos hagamos seres a los que Él pueda amar sin obstáculos, entonces seremos realmente felices.

Preveo claramente que el curso de mi argumentación provocará protestas. Yo había asegurado que el hecho de entender la bondad divina no entrañaría la exigencia de aceptar una inversión de nuestros principios éticos. Se me puede objetar, sin embargo, que lo que se nos ha pedido que aceptemos es, justamente, una inversión de ese tipo. La clase de amor que atribuyo a Dios, podría alegar alguien, es considerada por los seres humanos precisamente como «egoísta» o «dominante», y queda muy por debajo, pues, del amor que busca ante todo la felicidad del amado, y no la satisfacción del amante. Tal como yo lo entiendo, no estoy seguro de que el amor humano sea exactamente así. No creo que se pueda valorar en mucho el amor de un amigo que se preocupa solo de mi felicidad y no siente disgusto porque me vaya convirtiendo en un ser licencioso. Demos la bienvenida, no obstante, a la objeción, pues la respuesta correspondiente arrojará nueva luz sobre el asunto y servirá para corregir las limitaciones de nuestro anterior tratamiento.

A decir verdad, la antítesis entre amor egoísta y amor altruista no se puede aplicar sin más al amor de Dios por sus criaturas. Los conflictos de intereses y las ocasiones de ser egoístas o desprendidos tienen lugar exclusivamente entre seres que habitan un mundo común. Dios no puede entrar en competencia con la criatura, así como Shakespeare tampoco puede hacerlo con Viola. Al hacerse hombre y vivir en Palestina como una criatura entre las demás criaturas, Dios acepta el supremo sacrificio de su vida que le habría de conducir al Calvario. Un filósofo panteísta moderno ha dicho: «Cuando el Absoluto cae en el mar, se convierte en pez». De igual modo, los cristianos podemos destacar la Encarnación y decir que, al despojarse de su gloria y someterse a las condiciones en que el egoísmo y el altruismo tienen un significado claro, Dios aparece como paradigma del más desprendido altruismo. No es fácil pensar de igual modo, sin embargo, en la trascendencia de Dios, en Dios como fundamento incondicionado de todas las condiciones.

Llamamos egoísta a aquel género de amor humano que satisface sus necesidades a expensas de las del objeto amado. Así es el amor del padre que, incapaz de renunciar a su compañía, retiene a los hijos en casa, aun cuando, de pensar en su interés, debiera dejarlos salir de ella para que entraran en contacto con el mundo. Un amor semejante implica necesidad o pasión del amante, necesidad del amado incompatible con la del amante, e indiferencia o ignorancia culpable del amante respecto a las necesidades del amado. Ninguna de esas tres condiciones se da en la relación de Dios con el hombre. Dios no tiene necesidad alguna. El amor humano es, como enseña Platón, hijo de la indigencia, es decir, de la carencia y la necesidad: su causa es un bien real (o supuesto) del amado que el amante desea y necesita. En cambio, el amor de Dios, lejos de ser causado por la bondad del objeto amado, es su verdadera causa. La primera manifestación del amor divino consiste en instalar al amado en la existencia. A ello sigue el deseo divino de hacer de él un verdadero, aunque derivado, objeto de amor. Dios es bondad. Dios puede otorgar el bien, pero ni lo necesita ni puede recibirlo. En ese sentido, su amor es, digámoslo así, infinitamente generoso por definición: lo da todo y no recibe nada.

Dios habla a veces como si el Impasible pudiera sufrir algún tipo de pasión, o como si la Plenitud Eterna estuviera necesitada de unos seres a los que ella otorga cuanto tienen, empezando por la existencia y continuando por lo demás. El único significado (caso de que tenga alguno inteligible para nosotros) de este modo divino de hablar es que Dios se ha hecho a sí mismo milagrosamente capaz de sentir hambre, ha creado en sí mismo algo que nosotros podemos satisfacer. Si Dios nos necesita, se trata de una necesidad elegida por Él. La causa de que el inmutable corazón divino se pueda afligir por los títeres salidos de sus manos es el libre sometimiento —solo él— de la divina omnipotencia, realizado con una humildad superior a nuestra capacidad de comprensión.

La misma existencia del mundo (que no ha sido implantado en el ser para que nosotros podamos amar a Dios, sino principalmente para que Dios pueda amarnos a nosotros) constituye, visto en un nivel más profundo, un milagro realizado en atención a nosotros. La razón de que Aquel que no puede carecer de nada haya elegido tener necesidad de los hombres reside en que nosotros necesitamos que Él nos necesite. Las relaciones de Dios con el hombre, tal como nos han sido dadas a conocer por el cristianismo, están precedidas por un insondable acto divino de pura generosidad, y van seguidas por otro semejante. Ese incomparable don divino consiste en una elección por la que el hombre es sacado de la nada para convertirse en un ser amado por Dios, necesitado y deseado de algún modo por el Ser que, fuera de este acto, no necesita ni desea nada, pues tiene y es eternamente plenitud de bondad. Ese acto dadivoso lo ha realizado Dios por nosotros. Bueno es que conozcamos el amor, pero mejor es, sin embargo, conocer el amor del ser más excelso, de Dios.

Ahora bien, entenderlo como un amor en el que nosotros seamos ante todo los pretendientes y Dios el cortejado, en el que nosotros fuéramos los exploradores y Dios el hallado, en el que su asentimiento a nuestras necesidades preceda a nuestra aquiescencia a las suyas, sería entenderlo de forma errónea, sin tener en cuenta la verdadera naturaleza de las cosas. Somos únicamente criaturas. Nuestro *rôle* deberá ser siempre, pues, el del paciente respecto del agente, el de la hembra respecto del varón, el del espejo respecto de la luz, el del eco respecto de la voz. Nuestra más alta actividad debe ser responder, no tomar la iniciativa. La experiencia del verdadero amor divino, no de sus formas ilusorias, consiste en descubrir la grandeza que supone abandonarnos a sus exigencias y acomodarnos a sus deseos. La experiencia contraria es, digámoslo así, un solecismo contra la gramática del ser.

No niego, como es lógico, que sea correcto en determinadas circunstancias hablar de que el alma se lanza a la búsqueda de Dios, o de que Dios es asilo del amor del alma. Sin embargo, la búsqueda de Dios por parte del alma no puede ser, a la larga, sino una forma o manifestación (*Erscheinung*) de la búsqueda del alma por parte de Dios, pues todo procede de Él. La misma posibilidad de amarle es un don suyo, y la libertad humana es exclusivamente libertad de responder mejor o peor. De ahí que, a mi juicio, nada separe más radicalmente el teísmo pagano del cristianismo que la doctrina aristotélica según la cual Dios, inmóvil en sí mismo, mueve el universo como el amado mueve al amante.[1] Para la cristiandad, el amor no consiste, sin embargo, en que «nosotros hayamos amado a Dios, sino en que él nos amó a nosotros».[2]

---

1. *Metafísica*, XII, 7.
2. 1 Juan 4.10.

En Dios no se cumple, pues, la primera condición del llamado amor egoísta entre los hombres. Dios no tiene necesidades naturales ni pasiones que contraríen su deseo de bienestar para el amado. Mas si hubiera algo en Él cuya representación imaginativa fuera posible solo por analogía con la pasión o la necesidad, se trataría de algo querido por su divina voluntad para bien nuestro.

Tampoco se cumple en Él la segunda condición. Los intereses efectivos del hijo pueden discrepar de lo que exige instintivamente el cariño del padre, pues el hijo es un ser distinto del padre y nunca conocido plenamente por él, dotado de una naturaleza con necesidades propias, y cuya existencia no se debe exclusivamente a la acción del padre ni alcanza su más alta perfección por ser amado por él. Las criaturas, en cambio, no están separadas de su Creador, el cual las conoce perfectamente y sin resquicio. El puesto asignado a cada una de ellas en su plan universal es el lugar para el que han sido creadas. Cuando lo alcanzan, realizan plenamente su naturaleza y consiguen la felicidad. En el universo se ha soldado un hueso roto, ha pasado la angustia. Si ambicionamos ser diferentes de como Dios quiere que seamos, anhelamos realmente algo que no nos hará felices. Las exigencias divinas, incluso cuando a nuestro oído natural suenan como apremios de un déspota en vez de como ruegos de un amante, nos conducen realmente adonde nos gustaría ir si supiéramos lo que queremos. Dios reclama de nosotros que le adoremos, le obedezcamos y nos postremos ante Él. ¿Creemos, acaso, que estas acciones pueden procurarle algún bien a Dios o causarle algún temor, tal como ocurre en el cura de Milton, según el cual la irreverencia humana puede ocasionar «una disminución de su gloria»? El poder del hombre de disminuir la gloria de Dios negándose a adorarle es como el del demente para apagar el sol garabateando la palabra «oscuridad» en las paredes de su celda.

Dios quiere nuestro bien, y nuestro bien es amarle con el delicado amor propio de las criaturas. Pero para amarle, debemos conocerle. Cuando le conozcamos, nos postraremos ante su presencia. No hacerlo es una prueba de que el ser al que intentamos amar aún no es Dios, aunque tal vez sea la mayor aproximación a Él de que es capaz nuestro pensamiento y nuestra imaginación. La llamada divina no pretende únicamente que nos postremos ante Él y le reverenciemos temerosamente. Se trata, más bien, de una invitación a reproducir la vida divina, a participar como criaturas de los atributos divinos, lo cual es algo muy superior a nuestros actuales deseos. Se nos manda, pues, «revestirnos de Cristo», asemejarnos a Dios.

Dios persigue, querámoslo o no, damos lo que realmente necesitamos, no lo que creemos necesitar en este preciso momento. De nuevo nos sentimos desconcertados por una galantería excesiva, por un amor desbordante, no por un amor pequeño.

Seguramente este parecer no alcanzará tampoco a expresar la verdad. No se trata tan solo de que Dios nos haya hecho gratuitamente, de tal manera que Él sea nuestro único bien. Dios es, propiamente, el único bien de toda criatura. Cada una de ellas debe hallar su bien en la fruición de Dios de una forma y en un grado que varían de acuerdo con su naturaleza, y la creencia en la posibilidad de algún otro bien es un sueño ateo. En un lugar de su obra, que ahora me es imposible localizar, George MacDonald nos presenta a Dios dirigiendo estas palabras al hombre: «Debéis ser fuertes con mi fuerza y bienaventurados con mi bienaventuranza, pues no tengo otra cosa que daros». Esta es la conclusión del asunto. Dios nos da lo que tiene. Dios nos da la verdadera felicidad, no una felicidad engañosa. Ser Dios, ser como Dios y compartir su bondad respondiendo a su llamada como criaturas, y convertirnos en seres despreciables son las tres únicas alternativas posibles. Si no queremos aprender a comer el único alimento que el universo produce —el único que cualquier universo imaginable puede producir—, padeceremos hambre eternamente.

4

LA MALDAD HUMANA

El más claro indicio de orgullo arraigado es creerse
suficientemente humilde.

LAW, *SERIOUS CALL*, CAP. XVI

LOS EJEMPLOS DEL anterior capítulo trataban de mostrar que el amor puede causar dolor al objeto amado única y exclusivamente si este ha de sufrir algún cambio para convertirse en un ser digno de ser amado. Mas, ¿por qué necesitamos los hombres cambiar tanto? La respuesta cristiana afirma que la causa de esa transformación está en que el hombre pone su libre voluntad al servicio del mal. Se trata de una doctrina de sobra conocida, lo que nos exime de exponerla. Con todo, resulta extremadamente difícil aplicarla a la vida real y a la mentalidad del hombre moderno, también a los cristianos de nuestros días.

Cuando los apóstoles predicaban la doctrina de Jesús, podían asumir que sus oyentes paganos tenían verdadera conciencia de merecer la cólera divina. Los misterios paganos existían para aliviar esta conciencia, y la filosofía epicúrea pretendía liberar al hombre del temor al castigo divino. Enfrentándose a esta atmósfera apareció la Buena Nueva del evangelio. La Palabra de Dios anunciaba al hombre, conocedor de que estaba mortalmente enfermo, la posibilidad de curación.

Todo esto ha cambiado. En este momento, el cristianismo debe dar a conocer el diagnóstico —una noticia verdaderamente mala— para conseguir que se preste atención a su mensaje de curación. Dos son las causas principales de todo esto. La primera es que durante los últimos cien años aproximadamente nos hemos concentrado tanto en una virtud —la «benevolencia» o misericordia— que nos creemos incapaces, en la mayoría de los casos, de sentir otra bondad que la de la benevolencia y otra maldad que la de la crueldad. No son infrecuentes los desarrollos éticos desproporcionados de este tipo. Las demás épocas han tenido también sus virtudes favoritas y sus curiosas insensibilidades. Es cierto que si hay una virtud que deba ser cultivada a expensas de las demás, ninguna tiene más altos merecimientos para ello que la misericordia. Los cristianos deben rechazar con repugnancia la propaganda encubierta en favor de la crueldad, así como su empeño en eliminar del mundo la misericordia llamándola cosas como «filantropía» y «sentimentalismo». Ahora bien, el verdadero escollo de la «bondad» estriba en que se trata de una cualidad que nos atribuimos con extraordinaria facilidad a nosotros mismos apoyándonos en razones poco sólidas. Todo el mundo se siente benévolo en los momentos en que nada le molesta. Aun cuando jamás hayan hecho el menor sacrificio por sus semejantes, los hombres se consuelan de sus vicios apoyándose en la convicción de que «en el fondo tienen buen corazón» y «son incapaces de matar a una mosca». Creemos ser buenos cuando en realidad solo somos felices. Pero no es fácil considerarse a sí mismo sobrio, casto o humilde apoyándose en semejantes razones.

La segunda causa se debe situar en el efecto del psicoanálisis sobre la opinión pública, especialmente de la doctrina de la represión y la inhibición. Sea cual sea el verdadero significado de estas teorías, han despertado en la mayoría de la gente la impresión de que el sentimiento de vergüenza es peligroso y nocivo. Nos hemos esforzado en vencer el sentimiento de cohibición y el deseo de encubrimiento, atribuidos por la propia naturaleza o por la tradición de casi toda la humanidad a la cobardía, la lujuria, la falsedad y la envidia. Se nos dice que «saquemos nuestras cosas a la luz del día», pero no con el deseo de que nos humillemos, sino por la sencilla razón de que «estas cosas» son completamente naturales y no debemos avergonzarnos de ellas. Mas, salvo que el cristianismo sea completamente falso, la única percepción verdadera de nosotros mismos debe ser la que tenemos en los momentos de vergüenza. La misma sociedad pagana ha reconocido habitualmente que la «desvergüenza» es el nadir del alma.

Al tratar de extirpar la vergüenza, hemos derribado una de las murallas del espíritu humano, y nos hemos deleitado incesantemente en la hazaña, como se regocijaron los troyanos cuando derribaron las murallas de la ciudad e introdujeron el caballo de Troya. No creo que se pueda hacer nada mejor al respecto que emprender la reconstrucción tan pronto como sea posible. Eliminar la hipocresía suprimiendo la tentación de ser hipócritas es necio empeño. La «franqueza» de personas hundidas en la vergüenza es una franqueza barata.

Es esencial para el cristianismo recuperar el viejo sentido del pecado. Cristo da por supuesto que los hombres son malos. Mientras no reconozcamos que la presunción del Señor es verdadera, no formaremos parte de la audiencia a la que van dirigidas sus palabras, aun cuando pertenezcamos al mundo que Él vino a salvar. Nos falta la primera condición para entender de qué estamos hablando. Cuando los hombres intentan ser cristianos sin esta conciencia preliminar del pecado, el resultado es inevitablemente un cierto resentimiento contra Dios, al que se considera un ser continuamente enojado que pone siempre demandas imposibles. La mayoría de nosotros ha sentido alguna vez una secreta simpatía por aquel granjero agonizante que respondió a la disertación del vicario sobre el arrepentimiento con esta pregunta: «¿Qué daño le he hecho jamás a Él?». ¡Ahí está el problema! Lo peor que le hemos hecho a Dios consiste en haberle abandonado. ¿Por qué no puede Él devolver el cumplido? ¿Por qué no seguir la máxima «vive y deja vivir»? ¿Qué necesidad tiene Él, entre todos los seres, para estar «enfadado»? ¡Para Él es fácil ser bueno!

En los momentos, muy infrecuentes en nuestra vida, en que el hombre siente verdadera culpabilidad, desaparecen todas esas blasfemias. Tal vez nos parezca que muchas cosas deban ser perdonadas como debilidades humanas. Pero no ese género de acciones inconcebiblemente sórdidas y repugnantes que ninguno de nuestros amigos haría jamás, de las que incluso un perfecto sinvergüenza como X sentiría vergüenza y que nosotros no permitiríamos que se divulgaran. Actos así no se pueden perdonar. Cuando los cometemos, percibimos cuán odiosa es y debe ser para los hombres buenos, y para cualquier poder superior al hombre que pudiera existir, nuestra naturaleza tal como se trasluce en esas acciones. Un dios que no las mirara con disgusto incontenible no sería un ser bueno. Un dios así no podría ser deseado por nosotros. Hacerlo sería como desear que desapareciera del universo el sentido del olfato, que el aroma del humo, de las rosas o del mar no deleitara nunca más a las criaturas por el hecho de que nuestro aliento huela mal.

Cuando nos limitamos a decir que somos malos, la «cólera» de Dios parece una doctrina bárbara. Mas tan pronto como la percibimos, nuestra maldad aparece inevitablemente como un corolario de la bondad de Dios. Para comprender adecuadamente la fe cristiana, por tanto, debemos tener presente en todo momento el conocimiento alcanzado en los momentos que acabo de describir, y aprender a descubrir la injustificable corrupción, bajo unos disfraces cada vez más complicados. Nada de esto es, por supuesto, una doctrina nueva. En este capítulo no pretendo nada extraordinario. Tan solo trato de hacer pasar al lector, pero más todavía a mí mismo, por el *pons asinorum*, intento que dé el primer paso para salir del paraíso de los necios y escapar de lo absolutamente ilusorio. Pero ha crecido tanto la ilusión en los últimos tiempos que me veo obligado a añadir unas cuantas consideraciones con el propósito de hacer menos increíble la realidad.

1. Nos equivocamos por mirar exteriormente las cosas. Nadie se cree peor que Y, considerado por todos una persona decente; mejor, desde luego —aunque no nos atreveríamos a proclamarlo en voz alta—, que el abominable X. Probablemente nos engañemos al respecto ya en este nivel superficial. No debo ufanarme de que mis amigos me consideren tan bueno como Y. El mero hecho de elegirle como término de comparación resulta sospechoso. Probablemente esté muy por encima de mí y de mis amistades, dirán muchos. Pero supongamos que ni Y no yo parezcamos «malos». La engañosa apariencia de Y, caso de que lo sea, es asunto entre él y Dios (aunque acaso me engañe y no lo sea). Mas sé que la mía sí lo es. ¿No puede ser este modo de proceder un nuevo ardid? ¿No se podría decir lo mismo de Y y de cualquier otro hombre? Ahí reside precisamente el problema. Salvo que sean verdaderamente santos o muy arrogantes, los hombres deben «vivir en conformidad con» la apariencia externa de los demás, pues son conscientes de la existencia dentro de ellos de algo que queda muy por debajo de su conducta pública más descuidada. ¿Qué pasa por nuestra mente en el momento en que el amigo titubea buscando una palabra? Nunca decimos toda la verdad.

Podemos confesar hechos repugnantes —un acto de vil cobardía o de ruin y grosera impureza—, pero el tono es falso. El mero hecho de confesar, trátese de una mirada ligeramente hipócrita o de un toque de humor, sirve para disociar los hechos de la persona como tal. Nadie podría imaginar cuán familiares y afines con nuestra alma fueron esos hechos, hasta qué punto fueron conformes con todo lo demás. En lo más hondo de cada uno, en la secreta y cálida intimidad, no sonaban como notas discordantes, no resultaban ni con mucho tan raros ni separables del resto de nuestro ser como parecían cuando eran traducidos en palabras. Solemos sugerir —y a menudo incluso lo creemos— que los vicios habituales son actos excepcionales aislados. Con las virtudes cometemos, en cambio, el error opuesto. Nos ocurre como a los malos tenistas, que definen su estado normal de forma como «tener un mal día» y confunden sus infrecuentes éxitos con días normales. No es culpa nuestra, me parece a mí, la imposibilidad en que nos hallamos de decir la verdad acerca de nosotros mismos. Ocurre sencillamente que no nos es posible expresar con palabras el persistente e incesante murmullo interior de rencor, de celos, lascivia, codicia y autocomplacencia. Lo importante es, sin embargo, no confundir nuestras palabras, inevitablemente limitadas, con un relato completo de lo peor que habita en nuestro interior.

2. En la actualidad ha surgido un nuevo despertar de la conciencia social, una reacción saludable en sí misma, contra las concepciones puramente privadas o particulares de la moralidad. Nos sentimos envueltos en un sistema social malvado, compartiendo una culpa corporativa. Todo ello es muy cierto; pero el enemigo puede aprovecharse incluso de las verdades para engañarnos, incitándonos a usar la idea de culpa colectiva para apartar la atención de las propias responsabilidades cotidianas ya pasadas de moda, que nada tienen que ver con «el sistema», y permiten ser resueltas sin esperar a que termine el milenio. Seguramente no sea posible —de hecho no lo es— sentir la culpabilidad colectiva con la misma intensidad que la personal; pero para la mayoría de nosotros, tal como ahora somos, esta concepción es una mera excusa para eludir el verdadero problema. Cuando hayamos aprendido realmente a conocer nuestra corrupción individual, podremos pensar en la culpabilidad colectiva. Siempre será poca la atención que le prestemos, pero debemos aprender a andar antes de correr.

3. Tenemos también la extraña ilusión de que basta el tiempo para borrar el pecado. He oído a otras personas, y a mí mismo, contar entre sonrisas las crueldades y falsedades cometidas en la infancia como si no tuvieran nada que ver con el que las relata. El tiempo es incapaz, no obstante, de modificar el pecado o la culpabilidad por haberlo cometido. No es el tiempo el que limpia la culpa, sino el arrepentimiento y la sangre

de Cristo. Si nos arrepintiéramos de los pecados tempranos, recordaríamos el precio de nuestro perdón y seríamos humildes. Por lo que se refiere al hecho del pecado, ¿existe la posibilidad de que alguna cosa pueda borrarlo? Para Dios todas las épocas están eternamente presentes. ¿No sería posible que en alguna línea de su multidimensional eternidad nos viera arrancándole las alas a una mosca en la guardería, adulando servilmente a los profesores, mintiendo y fornicando en los años juveniles? ¿No nos verá eternamente Dios, una vez ya alféreces, en los momentos de cobardía e insolvencia? Acaso la salvación no consista en anular esos momentos eternos, sino en perfeccionar la humildad para que pueda sentir vergüenza y sea capaz de regocijarse por la ocasión ofrecida con ella a la compasión de Dios, y de alegrarse de que sea conocida por todo el universo. Quizás en este momento eterno, san Pedro —¡que me perdone si me equivoco!— negará para siempre a su Maestro. De ser así, sería realmente cierto que el gozo celestial consistiría para la mayoría de los hombres, en su actual condición, en un «gusto adquirido», y que ciertas formas de vida impedirían seguramente adquirir el gusto en cuestión. Los perdidos serán tal vez los que no se atrevan a ir a un lugar público semejante. No sé, desde luego, si esto es así. Pero, a mi juicio, merece la pena considerar la posibilidad de que lo sea.

4. Debemos guardarnos de pensar que hay «seguridad en la cantidad». Es natural creer que si los hombres todos son tan malos como los cristianos dicen, la maldad debe ser disculpable. Si todos los chicos reciben calabazas en un examen, ¿no estará la razón en la excesiva dificultad de la prueba? Eso pensarán, en efecto, los profesores antes de conocer que en otros colegios el noventa por ciento la ha aprobado. A partir de ese momento, empiezan a sospechar que la culpa no es de los examinadores. Muchos de nosotros hemos tenido la experiencia de vivir en algún círculo local de asociación humana —colegio, facultad, regimiento o profesión particular— cuyo ambiente era malo. Dentro de estos círculos, determinadas acciones son consideradas normales («todo el mundo lo hace»). Otras, en cambio, son estimadas como virtudes quijotescas impracticables. Pero, al salir de esa mala sociedad, descubrimos horrorizados que en el mundo exterior ninguna persona decente hace las cosas consideradas «normales» en ella, y que las calificadas de quijotescas son aceptadas espontáneamente como nivel mínimo de decencia. Lo que nos parecían escrúpulos exagerados y fantásticos mientras estábamos dentro de nuestro círculo, resulta el único momento de cordura de que hemos gozado dentro de él.

Es prudente encarar la posibilidad de que la raza humana, a pesar de su pequeñez en el conjunto del universo, sea de hecho un círculo local de maldad como el referido, una especie de escuela o regimiento donde el menor atisbo de decencia pasa por virtud heroica y la total corrupción por imperfección perdonable. ¿Hay alguna evidencia fuera de la doctrina cristiana de que las cosas son así? Me temo que sí. En primer lugar, entre nosotros hay personas singulares que se niegan a aceptar las normas locales y demuestran la inquietante verdad de que es posible comportarse de modo enteramente distinto. Pero hay algo todavía peor. Es innegable que las personas de ese tipo, aun cuando se hallen muy separadas en el espacio y en el tiempo, poseen una sospechosa facilidad para ponerse de acuerdo entre sí sobre los principales problemas. ¡Parece como si estuvieran en contacto con la opinión pública ampliamente compartida fuera de sus respectivos círculos! Lo que hay de común entre Zaratustra, Jeremías, Sócrates, Gautamá y Cristo[1] es algo sustancial.

En tercer lugar, encontramos dentro de nosotros, incluso en el momento actual, una aprobación teórica de formas de conducta no seguidas por nadie. Dentro del círculo tampoco decimos que la justicia, la misericordia, la fortaleza y la temperancia carezcan por completo de valor, sino solo que las costumbres locales son tan justas, valerosas, sobrias y misericordiosas como cabe esperar razonablemente. Comienza a cundir la idea de que las normas escolares incumplidas precisamente dentro de esta escuela poco recomendable pueden estar enlazadas con un mundo más amplio, de que cuando termine el trimestre podríamos vernos enfrentados con la opinión pública en él dominante. Y aún queda lo peor. No podemos por menos de percibir que solo el grado de virtud considerado impracticable en este momento podría salvar a nuestra especie del desastre sobre el planeta. Las normas introducidas en el «círculo», al parecer desde fuera, resultan extraordinariamente adecuadas a las condiciones existentes dentro de él. Tanto que, si el género humano practicara consecuentemente la virtud durante diez años, la paz, la abundancia, la salud, la alegría y el sosiego inundarían la tierra de un extremo a otro como ninguna otra cosa sería capaz de hacer.

Tal vez sea costumbre tratar las normas de conducta como papel mojado o como consejos perfeccionistas, mas quienquiera que se pare a

---

1. Menciono al Dios Encarnado entre los maestros humanos para subrayar el hecho de que la diferencia principal entre Él y los maestros humanos no reside en la enseñanza ética, que es de lo que ahora me estoy ocupando, sino en su Persona y en su Misión.

pensar sobre ello en este preciso momento verá que su incumplimiento nos costará la vida a todos nosotros cuando nos enfrentemos al enemigo. Será entonces cuando envidiemos a la persona «pedante» o al «entusiasta» que enseña realmente a su compañía a disparar, a atrincherarse y a economizar agua.

5. Para algunos seguramente no existirá la extensa sociedad con la que estoy comparando el «círculo» humano. De todas formas, no tenemos experiencia de ella. No nos solemos encontrar con ángeles ni con seres no caídos. Sin embargo, sí podemos encontrar algún atisbo de la verdad incluso dentro de nuestra propia especie. Las diferentes épocas y culturas pueden ser consideradas como «círculos» cuando se comparan entre sí. En páginas anteriores he dicho que cada época sobresale por diferentes virtudes. Si, como consecuencia, nos sintiéramos inclinados a pensar que los modernos europeos occidentales no podemos realmente ser tan malos, habida cuenta de que, comparativamente hablando, somos bondadosos; si creyéramos que por esa razón Dios podría estar contento con nosotros, deberíamos preguntarnos si creemos que Dios debe estar contento con la crueldad de las épocas crueles por el hecho de que sobresalieran por su valor o su castidad. Si lo hacemos, comprobaremos inmediatamente que no es posible. Considerando cuán cruel resulta para nosotros el modo de proceder de nuestros antepasados, alcanzaremos algún atisbo de cuán blando, mundano y tímido les parecería a ellos el nuestro. Todo ello nos permitirá, por su parte, saber cómo aparecen ambos modos de proceder a los ojos de Dios.

6. Mi insistencia en la palabra «bondad» habrá provocado seguramente protestas en la mente de algunos lectores. ¿No somos realmente nosotros una generación cada vez más cruel? Posiblemente sí. Pero, a mi juicio, hemos llegado a ello por intentar reducir todas las virtudes a la bondad. Platón enseñaba con razón que la virtud es una. No es posible ser bondadoso sin tener las demás virtudes. Si a pesar de ser cobardes, engreídos y perezosos, no hemos causado aún grandes daños a nuestros semejantes, deberemos buscar la razón en que su bienestar no ha entrado en conflicto hasta el momento con nuestra seguridad, autocomplacencia y comodidad. Los vicios conducen sin excepción a la crueldad. Incluso una emoción buena como la compasión conduce a la ira y a la crueldad cuando no es controlada por la caridad y la justicia. La mayoría de las atrocidades es estimulada por relatos de atrocidades cometidas por el enemigo. Separada de la ley moral como un todo, la compasión por las clases oprimidas

conduce, por necesidad natural, a las incesantes brutalidades características de un reinado del terror.

7. Ciertos teólogos modernos han protestado con razón contra una interpretación excesivamente moral del cristianismo. La santidad de Dios es algo más que perfección moral, y algo distinto de ella. Asimismo, la exigencia que nos plantea a todos nosotros no solo es algo más que el imperativo del deber moral, sino también algo distinto de él. No niego nada de todo ello. Sin embargo, esta concepción, como la de culpabilidad colectiva, es utilizada con mucha facilidad para eludir el verdadero problema. Dios es más que bondad moral (desde luego no es menos), pero el camino a la tierra prometida pasa por delante del Sinaí. La ley moral existe seguramente para ser superada; mas quienes no admiten previamente las exigencias que plantea no ponen todo su empeño en cumplirlas, ni se enfrentan limpia y honestamente con su fracaso, no podrán hacerlo.

8. «Que nadie diga cuando es tentado: Estoy siendo tentado de parte de Dios».[1] Muchas escuelas de pensamiento nos alientan a trasladar la responsabilidad de nuestra conducta desde las espaldas de cada uno a una necesidad inherente a la naturaleza de la vida humana. De ese modo, se nos anima indirectamente a imputársela al Creador. Entre las formas más populares de esta opinión destacan la doctrina evolutiva —según la cual lo que llamamos maldad es una herencia inevitable de nuestros antepasados animales— y la teoría idealista, para la cual se trata exclusivamente de una consecuencia de la finitud de nuestro ser.

Si yo he entendido correctamente las epístolas de Pablo, el cristianismo reconoce que al hombre no le es posible de hecho obedecer perfectamente la ley moral inscrita en nuestros corazones, y necesaria incluso en el dominio biológico. Esta idea plantearía una dificultad efectiva acerca de nuestra responsabilidad si la obediencia perfecta tuviera alguna relación práctica con la vida de la mayoría de nosotros. Es posible, ciertamente, que ni ustedes ni yo hayamos alcanzado en las últimas veinticuatro horas determinado grado de obediencia; no debemos utilizar este hecho como un medio más de evasión. Para la mayoría de nosotros, el interés por el problema paulino es menos acuciante que el suscitado por esta sencilla afirmación de William Law: «Si os detenéis y os preguntáis por qué no sois tan piadosos como los primeros cristianos, vuestro propio corazón os

---

1. Santiago 1.13.

dirá que no es por ignorancia ni por incapacidad, sino sencillamente por no haberlo intentado seriamente jamás».[1]

Si alguien calificara este capítulo de ratificación de la doctrina de la depravación total, significaría que habría sido malinterpretado. Yo no creo en esa doctrina por dos razones. La primera es de carácter lógico, pues si nuestra depravación fuera total, no podríamos conocernos a nosotros mismos como seres depravados. La segunda deriva de la experiencia, la cual nos muestra una considerable bondad en la naturaleza humana. No por eso recomiendo, sin embargo, el pesimismo universal. El sentimiento de vergüenza no ha sido estimado como emoción, sino por el discernimiento a que conduce. Una sagacidad así debería permanecer, a mi juicio, de forma permanente en la mente del hombre. Establecer la conveniencia o no de estimular las emociones dolorosas que la acompañan es, en cambio, un problema técnico de dirección espiritual, del que como profano tengo poco que decir. Por si sirve de algo, mi idea sobre el particular es que la tristeza que no provenga del arrepentimiento de un pecado concreto y no se apresure en busca de una enmienda o restitución igualmente concreta, o que no tenga su origen en la compasión que busca apremiantemente ayuda, es sencillamente mala. A mi juicio, pecamos, tanto como por cualquier otra razón, por desobedecer sin necesidad la invitación apostólica a la alegría. Tras la sacudida inicial, la humildad debe ser una virtud alegre. El verdaderamente triste es el no creyente de espíritu magnánimo que intenta con desesperación, pese a sus reiteradas desilusiones, no perder «la fe en la naturaleza humana».

He estado apuntando a un efecto intelectual, no emocional. He intentado despertar en el lector la creencia de que en el momento presente somos criaturas cuya condición debe resultar en ocasiones horrorosa a los ojos de Dios, como resulta para nosotros mismos cuando la vemos como realmente es. Creo que eso es un hecho, y observo que cuanto más santo es el hombre tanto más consciente es de ello. Tal vez hayamos imaginado que la humildad de los santos es una piadosa ilusión que despierta la sonrisa de Dios. Se trata de un error extremadamente peligroso. Lo es en el plano teórico, pues lleva al absurdo de identificar una virtud —es decir, una perfección— con una ilusión —es decir, una imperfección—. Y lo es en el aspecto práctico, pues incita al hombre a confundir la comprensión inicial de la propia corrupción con el comienzo de una aureola

---

1. *Serious Call*, cap. 2.

alrededor de su necia cabeza. No es así. Cuando los santos —¡incluso ellos!— dicen que son viles, están indicando una verdad con precisión científica.

¿Cómo se ha llegado a este estado de cosas? En el siguiente capítulo explicaré lo mejor que pueda la respuesta cristiana a esta pregunta.

5

LA CAÍDA DEL HOMBRE

Obedecer es la función propia del alma racional.

MONTAIGNE, IL, XII

LA RESPUESTA CRISTIANA a la pregunta planteada en el último capítulo se halla en la doctrina de la caída. De acuerdo con ella, el hombre en su estado actual es una infamia para Dios y para sí mismo, y una criatura mal adaptada al universo; pero no por haber sido creado así por Dios, sino por haberse hecho de ese modo abusando de su libre albedrío. esta es, a mi juicio, la única función de la doctrina indicada, la cual existe para protegernos de dos teorías no cristianas sobre el origen del mal. La primera es el monismo, y establece que Dios mismo, situado «por encima del bien y del mal», produce los efectos a los que nosotros damos esos dos nombres. La segunda es el dualismo, y afirma que Dios produce el bien, mientras que el mal es obra de un poder igual e independiente.

Frente a estas dos opiniones, el cristianismo afirma lo siguiente: Dios es bueno e hizo buenas todas las cosas y por causa de su bondad. Una de las cosas buenas creadas por Él, el libre albedrío de las criaturas racionales, incluía por su propia naturaleza la posibilidad del mal, y las criaturas se han hecho malas aprovechándose de ella. Es preciso distinguir esta función, la única que reconozco en la doctrina de la caída, de otras que se le atribuyen, y que yo rechazo. La doctrina no responde, a mi juicio, a la cuestión de si es mejor para Dios crear o no crear. Ese es un problema que ya he desestimado: como creo que Dios es bueno, estoy seguro de que si la pregunta tiene algún sentido, la respuesta debe ser que es mejor. Dudo, no obstante, de que la pregunta tenga el menor sentido, pero incluso si lo tuviera, la respuesta correspondiente —estoy persuadido de ello— no se podría alcanzar con la clase de juicios de valor que el hombre se puede formar.

En segundo lugar, la doctrina de la caída no se puede utilizar, a mi juicio, para mostrar que es «justo» en términos de justicia distributiva castigar a los individuos por las faltas de sus remotos antepasados. Algunas versiones parecen implicar tal cosa. Mas yo me pregunto si alguna de ellas, tal como las entienden sus partidarios, significa realmente eso. Los Padres de la Iglesia tal vez dijeran ocasionalmente que hemos sido castigados por el pecado de Adán. Mucho más a menudo dicen, no obstante, que nosotros hemos pecado «en Adán». No es fácil averiguar el significado de esa afirmación, y cabe la posibilidad de decidir por nuestra cuenta que es errónea. Pero no creo que podamos rechazar su modo de hablar acusándolo de ser mero «modismo». Los Padres de la Iglesia creían, juiciosa o disparatadamente, que estamos realmente comprometidos —y no solo por ficción legal— en la acción de Adán. Tal vez resulte inaceptable el intento de formular esta creencia diciendo que estábamos «en Adán» en sentido físico, que Adán fue el primer vehículo del «plasma del germen inmortal». Muy distinta es, sin embargo, la cuestión de si la creencia misma es una confusión o se trata de una penetración real en las realidades espirituales superior a nuestro modo habitual de comprensión. Mas por el momento no se plantea esta cuestión. Como ya he dicho, no es mi propósito sostener que la transmisión al hombre moderno de las incapacidades contraídas por sus remotos antepasados sea un paradigma de justicia retributiva. Para mí es más bien una muestra del género de cosas, consideradas en el capítulo 2, implicadas necesariamente en la creación de un mundo estable.

Dios no hubiera tenido la menor dificultad, sin duda alguna, en borrar milagrosamente las consecuencias del primer pecado cometido por un ser humano. Sin embargo, la acción divina no hubiera producido un gran bien a menos que el Creador hubiera estado dispuesto a eliminar también las del segundo, las del tercero y las de todos los sucesivos. Si dejara de producirse el milagro, alcanzaríamos antes o después nuestra lamentable condición presente. Si no lo hiciera, el mundo, sostenido y corregido continuamente por intervención divina, sería un universo en el que nada importante dependería de la elección humana, en el que la certeza de que una de las aparentes alternativas no conduciría a parte alguna —es decir, no sería realmente una alternativa— haría desaparecer la propia elección. Como hemos tenido ocasión de ver, la libertad del ajedrecista para jugar al ajedrez depende de la exactitud de las casillas y los movimientos.

Después de aislar lo que, en mi opinión, constituye el verdadero significado de la doctrina del hombre como criatura caída, podemos considerar ahora la doctrina como tal. El relato del Génesis, lleno de profundas sugerencias, habla de una fascinadora manzana del conocimiento. En la doctrina desarrollada, la fascinación inherente a la manzana desaparece por completo, y el relato del Génesis se convierte sencillamente en la historia de una desobediencia. Siento un profundo respeto incluso por los mitos paganos, y más profundo todavía por los de las Sagradas Escrituras. No dudo, pues, de que la versión que recalca la manzana fascinadora y reúne el árbol de la vida y el del conocimiento contiene una verdad más profunda y sutil que la versión que hace de la manzana pura y simplemente una garantía de obediencia. Doy por sentado, sin embargo, que el Espíritu Santo no hubiera permitido que la última versión se impusiera en la iglesia y lograra la aprobación de los grandes doctores si no fuera, tal como es, verdadera y útil. Esta es la versión de la que voy a tratar, pues aunque sospecho que la primitiva es mucho más profunda, sé que me será imposible en cualquier caso adentrarme en sus profundidades. No voy a ofrecer a mis lectores lo mejor en sentido absoluto, sino lo mejor de que dispongo.

En la doctrina desarrollada se afirma que el hombre, tal como Dios le creó, era completamente bueno y feliz. Pero desobedeció al Creador y se tornó el ser que ahora conocemos. Mucha gente cree que la ciencia ha demostrado que esta proposición es falsa. «Ahora sabemos, se suele decir, que los hombres, lejos de surgir de un estado original de virtud y felicidad, han ido ascendiendo lentamente desde una situación de brutalidad y salvajismo». En esta afirmación hay, a mi juicio, una confusión total. Los términos bruto y salvaje pertenecen a esa clase desafortunada de palabras usadas ya retóricamente, como expresión de oprobio, ya científicamente, como términos descriptivos. Pues bien, el argumento pseudocientífico contra la caída se basa en la confusión entre ambos usos. Si al señalar que el hombre ha ido ascendiendo a partir de un estado de brutalidad queremos decir simplemente que desciende físicamente del animal, no tengo objeción alguna al respecto. De ello no podemos deducir, sin embargo, que cuanto más retrocedamos tanto más brutal (en el sentido de inicuo y miserable) será el hombre que encontremos: ningún animal tiene virtudes morales. Tampoco se puede afirmar que toda conducta animal sería despreciable si fuera seguida por los hombres. Al contrario, no todos los animales tratan a las demás criaturas de su misma especie tan mal como el hombre. No todos son tan glotones o lascivos como nosotros, y no hay ninguno ambicioso.

Tal vez tengamos razón si decimos que los primeros hombres eran «salvajes» en el sentido de que sus utensilios, como los de los salvajes modernos, eran escasos y toscos. Pero decir que eran «salvajes» en el sentido de lascivos, feroces, crueles y traicioneros es hacer afirmaciones que rebasan toda evidencia posible. Y ello por dos razones. En primer lugar, los antropólogos y misioneros modernos están menos inclinados que sus padres a endosar tan desfavorable imagen ni siquiera a los salvajes actuales. En segundo lugar, no es lícito deducir de las herramientas de los hombres primitivos que eran en todos los aspectos como los pueblos contemporáneos que fabrican un utillaje semejante. Debemos mantenernos alertas contra una ilusión engendrada, al parecer de modo natural, por el estudio del hombre prehistórico, al que conocemos exclusivamente por los objetos materiales que hizo, o, mejor aún, por una selección casual de los más duraderos. No es culpa de los arqueólogos carecer de mejores evidencias.

Esta penuria constituye, sin embargo, una continua tentación de inferir más de lo que legítimamente podemos, de dar por sentado que la comunidad que fabricara mejores instrumentos sería mejor en todos los sentidos. Cualquiera puede ver la falsedad de esta suposición, la cual permitiría extraer la conclusión de que las clases acomodadas de nuestra época son superiores en todos los aspectos a las de la época victoriana. Los hombres prehistóricos que hicieron la peor alfarería podrían haber hecho la mejor poesía, y nosotros nunca lo sabríamos. La hipótesis resulta más absurda todavía cuando comparamos los hombres prehistóricos con los salvajes de nuestra época. La similar rusticidad de los utensilios no dice nada sobre la inteligencia o la virtud de sus fabricantes. Lo que se aprende mediante ensayo y error es necesariamente tosco al principio, sea cual sea el carácter del principiante. La misma vasija podría servir como prueba de la genialidad del artífice si hubiera sido la primera jamás fabricada en el mundo, o como exponente de su torpeza si hubiera sido fabricada tras milenios de alfarería. La moderna estimación del hombre primitivo está basada, sin excepción, en la idolatría del artefacto, uno de los grandes pecados colectivos de nuestra civilización. Olvidamos que, a excepción del cloroformo, nuestros antepasados prehistóricos han hecho los descubrimientos más útiles jamás realizados. A ellos debemos el lenguaje, la familia, el vestido, el uso del fuego, la domesticación de animales, la rueda, el barco, la poesía y la agricultura.

La ciencia no tiene nada que decir, pues, ni a favor ni en contra de la doctrina de la caída. Un teólogo actual, con el que están en deuda todos los estudiosos del asunto, ha planteado una dificultad más filosófica.[1] Este autor señala que la idea de pecado supone una ley contra la que pecar. Pero, habida cuenta de los siglos que hubieron de transcurrir para que el «instinto gregario» cristalizara en costumbres y las costumbres se plasmaran en leyes, el primer hombre, caso de que haya habido alguna vez un ser que se pueda calificar así, no pudo cometer el primer pecado. El argumento da por sentado que la virtud y el instinto gregario coinciden por lo común, y que el «primer pecado» fue esencialmente un pecado «social». La doctrina tradicional habla, sin embargo, de un pecado contra Dios, de un acto de desobediencia, no de una falta contra el prójimo. Si queremos mantener el sentido real de la doctrina de la caída, debemos buscar el gran pecado en un plano más profundo e intemporal que el de la moralidad social.

Este pecado ha sido calificado por san Agustín de fruto del orgullo, de movimiento por el que la criatura, es decir, un ser esencialmente dependiente —cuya existencia no proviene de sí mismo, sino de otro—, intenta asentarse sobre sí mismo, existir por sí mismo.[2] Un pecado así no necesita complejas condiciones sociales, gran experiencia o un profundo desarrollo intelectual. Desde el momento en que una criatura conoce a Dios como Dios y a sí mismo como «yo», se le abre la terrible alternativa de elegir como centro a Dios o al «yo». Este pecado es cometido diariamente tanto por niños y campesinos ignorantes como por personas refinadas; por los solitarios no menos que por quienes viven en sociedad. En cada vida individual, en cada día de cada vida individual, la caída es el pecado fundamental tras el que se esconden todos los demás pecados. Usted y yo lo estamos cometiendo en este mismo momento, estamos a punto de cometerlo o arrepintiéndonos de haberlo cometido.

---

1. N. P. Williams, *The Ideas of the Fall and the Original Sin*, p. 516.
2. *De Civitate Dei*, XIV, xiii.

Al despertar, tratamos de ofrecer a Dios el nuevo día. Antes de terminar de asearnos, se convierte en nuestro día, y la participación de Dios en él nos parece un tributo que debemos pagar de «nuestro propio» bolsillo, una deducción de un tiempo que, según creemos, debería ser «nuestro». Un hombre comienza un nuevo empleo con sentido de vocación. Durante la primera semana tal vez siga considerando que su fin consiste en cumplir su vocación, recibiendo de la mano de Dios, cuando se presenten, los placeres y sinsabores como «accidentes». La segunda semana comienza a «saber de qué va la cosa», y a la tercera trazará su propio plan de trabajo. Cuando proceda de acuerdo con él, estimará que obtiene lo que en derecho le corresponde, y cuando no pueda obrar en conformidad con su propósito, considerará que está siendo estorbado.

Obedeciendo un impulso completamente ciego, lleno tal vez de buena voluntad y animado por el deseo y la necesidad de no olvidarse de Dios, un amante abraza a su amada. En ese momento experimenta del modo más inocente la emoción del placer sexual. Pero el segundo abrazo quizá persiga exclusivamente el goce en cuestión y sea tan solo un medio para alcanzar el fin, es decir, el primer paso cuesta abajo hacia ese estado en que los semejantes son considerados como cosas, como máquinas usadas para obtener placer. Así se impide que en nuestros actos florezca la inocencia. Así se logra también que desaparezca la obediencia y la buena disposición a aceptar lo que nos pueda sobrevenir. Los pensamientos hilvanados por amor de Dios, como los que nos ocupan en estos momentos, continúan al principio como si fueran un fin en sí mismos, después como si el fin fuera el placer que sentimos al pensar, y, finalmente, como si lo fuera nuestro orgullo o nuestra celebridad. De ese modo nos deslizamos, resbalamos y caemos durante el día entero y durante todos los días de nuestra vida, como si en nuestra actual condición Dios fuera un suave plano inclinado sin ningún punto de apoyo. La verdad es, ciertamente, que nuestra actual naturaleza nos hace resbalar. El pecado, aunque sea venial, es inevitable; pero Dios no puede habernos hecho así. La fuerza que nos aleja de Él, «el regreso al hogar, al "yo" habitual», debe ser, a mi juicio, un producto de la caída.

No sabemos exactamente lo que sucedió cuando cayó el hombre. Mas si se me permite hacer conjeturas, brindo el siguiente cuadro. Se trata de un «mito» en sentido socrático,[1] no de una fábula inverosímil.

---

1. Es decir, de un relato de lo que acaso haya sido el hecho histórico. No se debe confundir el mito socrático con la noción de «mito» del doctor Niebuhr como representación simbólica de una verdad no histórica.

Durante largos siglos, Dios perfeccionó la forma animal llamada a convertirse en vehículo de la humanidad e imagen suya. Le dio manos con un pulgar capaz de aplicarse a cada uno de los demás dedos. Le dotó de mandíbulas, dientes y garganta capaces de articular, y de un cerebro lo bastante complejo para realizar las operaciones materiales que sirven de soporte al pensamiento racional. Es probable que las criaturas hayan existido durante siglos en ese estado previo a la aparición del hombre. Tal vez fueran, incluso, tan inteligentes como para hacer cosas que un arqueólogo moderno aceptaría como pruebas de su condición humana. Sin embargo, en ese momento eran exclusivamente animales, pues sus procesos físicos y psíquicos perseguían fines puramente materiales y naturales.

Más tarde, en el momento oportuno, Dios hizo descender al organismo, a su psicología y fisiología, un nuevo tipo de conciencia capaz de decir «yo» y «a mí», de verse a sí mismo como objeto, de conocer a Dios, de hacer juicios sobre la verdad, la bondad y la belleza. Por lo demás, esa singular instalación sobre el tiempo le permitía ser consciente del transcurrir temporal. La nueva conciencia, que no se limitaba, como la nuestra, a seleccionar los movimientos surgidos en una parte del organismo —en el cerebro—, gobernaba e iluminaba el organismo entero, inundando de luz cada una de sus partes. En ese estado el hombre era conciencia. El moderno *yogui* pretende, con razón o sin ella, tener controladas las funciones que, a nuestro juicio, forman parte prácticamente del mundo exterior, como la digestión y la circulación. El primer hombre disponía específicamente de un poder así. Los procesos orgánicos obedecían la ley de la voluntad, no la de la naturaleza. Los órganos elevaban los apetitos a la sede del juicio, situado en la voluntad, no porque aquellos tuvieran que hacerlo, sino porque esta lo había elegido.

El sueño no era para aquel hombre un sopor que se apoderara de él, sino reposo consciente y voluntario. Permanecía despierto para gozar del placer y el deber del sueño. Como el proceso de decadencia y regeneración de sus tejidos era también consciente y sumiso, acaso no sea muy fantástico suponer que la duración de la vida quedaba sujeta a su voluntad. Con un dominio completo sobre sí mismo, el ser humano mandaba sobre las criaturas inferiores con las que mantenía contacto. Todavía hoy encontramos individuos extraños con un misterioso poder de amansar a las fieras. El hombre del Paraíso disfrutaba de él de un modo eminente, de ahí que la imagen antigua de animales lisonjeando a Adán mientras jugaban delante de él tal vez no sea exclusivamente simbólica. También en la actualidad hay más animales de los que podamos imaginar dispuestos a adorar al hombre si este les diera una oportunidad razonable. No en balde fue creado el hombre para ser sacerdote —y en cierto sentido el Cristo— de los animales, el mediador a través del cual aprehenden el esplendor divino proporcionado a su naturaleza irracional. Y Dios no era para el hombre un resbaladizo plano inclinado. La nueva conciencia había sido creada para descansar en su Creador, y en Él descansaba. Por rica y variada en caridad, amistad y amor sexual que fuera la experiencia de sus compañeros (o de su compañera), de las bestias o del mundo circundante, percibido entonces por primera vez como bello y sobrecogedor, Dios ocupaba (sin el menor esfuerzo doloroso por parte del hombre) el primer lugar cn su amor y sus pensamientos. En perfecto movimiento cíclico, el ser, el poder y el gozo descendían de Dios al hombre en forma de dones, y volvían del hombre a Dios como amor obediente y adoración extática. En este sentido, el hombre era entonces, aunque no en todo, verdaderamente el hijo de Dios, el prototipo de Cristo, y representaba perfectamente, con el gozo y la naturalidad de sus facultades y sentidos, la entrega filial de sí mismo realizada por nuestro Señor en la agonía de la crucifixión.

Si la juzgáramos por sus utensilios o por su lengua, esta bendita criatura nos parecería indudablemente un salvaje. Le quedaba por aprender todo cuanto la experiencia y el ejercicio pueden enseñar. Si tallaba la piedra, lo hacía a buen seguro de forma bastante tosca, y seguramente hubiera sido incapaz de expresar mediante conceptos su experiencia paradisíaca. Mas todo esto es por completo irrelevante. Todos recordamos haber tenido desde la infancia —antes de que nuestros padres nos consideraran capaces de «entender» cosa alguna— experiencias espirituales tan puras y graves como las que hayamos podido tener después, aunque, por supuesto, menos ricas en hechos. El propio cristianismo nos enseña que existe un momento, el único importante a fin de cuentas, en que el instruido y el adulto no tienen en absoluto ventaja alguna sobre el sencillo y el niño. No tengo la menor duda de que si el hombre del Paraíso apareciera ahora ante nosotros, lo consideraríamos un completo salvaje, una criatura a la que explotar o, en el mejor de los casos, tratar con aire protector. Solo uno o dos, los más santos de entre nosotros, se tomarían la molestia de mirar por segunda vez a la criatura desnuda, desgreñada, de poblada barba y hablar torpe; mas, tras algunos minutos, se postrarían a sus pies.

No sabemos cuántas criaturas como estas creó Dios, ni durante cuánto tiempo permanecieron en el estado paradisíaco. Alguien o algo les susurró que podían ser como dioses, que podrían dejar de ordenar su vida de acuerdo con su Creador y de recibir sus deleites como gracias inmerecidas, como «accidentes» (en sentido lógico) surgidos en el curso de una vida no ordenada al deleite, sino a adorar a Dios. Así como el joven desea recibir de su padre una asignación regular con la que contar, como algo propio para trazar sus planes individuales —con todo derecho, por lo demás, pues el padre es al fin y al cabo una criatura como él—, aquellos hombres deseaban ser independientes, cuidar de su futuro, hacer planes para obtener placer y seguridad, tener un *meum* —algo propio, no de Él— con lo que pagar a Dios un tributo razonable en forma de tiempo, atención y amor. Querían, por así decirlo, «considerar sus almas como algo suyo». Esto significaba, no obstante, vivir una mentira, pues nuestras almas no son realmente nuestras. Anhelaban poseer un rincón en el universo, desde el que pudieran decir a Dios: «Esto es asunto nuestro, no tuyo»; mas no hay un escondite semejante. Deseaban ser nombres; pero eran y serán eternamente adjetivos.

No tenemos la menor idea del acto específico o serie de actos en que halló expresión ese deseo imposible e internamente contradictorio. Hasta donde yo alcanzo a ver, pudo tener relación con comer realmente una fruta; pero el hecho carece de importancia. Este acto de obstinación por parte de la criatura, que constituye un completo falseamiento de su condición creatural, es el único pecado que se puede identificar con el concepto de caída. La dificultad del primer pecado estriba, en efecto, en ser completamente abominable —de lo contrario sus consecuencias no serían tan terribles— y, a la vez, de una índole tal que pudiera ser cometido por un ser libre de las tentaciones del hombre caído. Se trata de un pecado posible incluso para el hombre del Paraíso, pues la mera existencia de un «yo» —el simple hecho de llamarle «yo»— incluye desde el principio el peligro de idolatrase a sí mismo. Si yo soy yo, vivir para Dios, en vez de para mí mismo, exige un acto de autorrenuncia, por pequeño y fácil que sea. Este es, si se quiere, el «punto débil» de la naturaleza auténtica de la creación, el riesgo que, al parecer, Dios consideraba que valía la pena correr.

El pecado, no obstante, fue realmente atroz porque el «yo» que el hombre del Paraíso debía entregar a Dios no tenía naturalmente oposición alguna para someterse a Él. Sus *data*, valga la expresión, eran un organismo psicofísico enteramente sujeto a la voluntad, y una voluntad naturalmente dispuesta, no forzada, para entregarse a Dios. La entrega de sí anterior a la caída no entrañaba esfuerzo alguno. Tan solo exigía una dulce victoria sobre un mínimo apego al propio «yo», el cual se deleitaba en ser vencido. Podemos ver aún hoy una débil analogía en el arrobamiento de la entrega mutua de los amantes. El hombre del Paraíso no se sentía tentado —en el sentido actual del término «tentación»— de elegir el «yo», ni tenía pasiones o inclinaciones que le empujaran en esa dirección. Nada salvo el hecho escueto de que el «yo» era él mismo.

Hasta ese momento, el espíritu humano había controlado completamente el organismo, y esperaba a todas luces retener el control una vez hubiera dejado de obedecer a Dios. Pero como su autoridad sobre el organismo era delegada, la perdió cuando él mismo dejó de ser delegado de Dios. Al separarse hasta donde pudo de la fuente de su ser, se alejó también de la fuente del poder, pues cuando decimos (refiriéndonos a las cosas) que A gobierna a B, queremos decir realmente que Dios gobierna a B por medio de A. Ignoro si para Dios hubiera sido intrínsecamente posible seguir gobernando el organismo a través del espíritu humano una vez que este se rebeló contra Él. En todo caso, no lo hizo.

A partir de ese momento comenzó a gobernarlo de un modo más externo, no por las leyes del espíritu, sino por las de la naturaleza.[1] De ese modo, los órganos, no gobernados ya por la voluntad del hombre, quedaron sometidos al gobierno de las leyes bioquímicas generales, y sufrieron las consecuencias de la interacción de unas con otras, como el dolor, la senilidad y la muerte. En la mente del hombre empezaron a aparecer deseos no elegidos por su razón, sino causados por los hechos bioquímicos y ambientales. La propia mente quedó sujeta a las leyes psicológicas de la asociación y otras semejantes, creadas por Dios para gobernar la psicología de los antropoides superiores. A la voluntad, atrapada en la ola de marea de la naturaleza desnuda, no le quedó otro recurso que hacer retroceder por la fuerza algunos de los nuevos pensamientos y deseos. Esos desasosegados rebeldes se convirtieron en el subconsciente tal como hoy lo conocemos.

---

1. Esta idea es un desarrollo del concepto de ley sostenido por Hooker. Desobedecer la ley propia, la ley hecha por Dios para un ser como nosotros, significa obedecer una de las leyes inferiores de Dios. Si al caminar por un suelo resbaladizo, por ejemplo, no tenemos en cuenta la ley de la prudencia, nos encontraremos súbitamente obedeciendo la ley de la gravedad.

El proceso no es comparable, a mi juicio, con el simple deterioro que ahora pudiera sufrir un individuo cualquiera. Realmente significó la pérdida del rango característico de su especie. Con la caída, el hombre perdió, en última instancia, su específica naturaleza original: «Polvo eres, y al polvo volverás». El organismo entero, elevado a la categoría de vida espiritual, retrocedió a la condición meramente natural de la que había sido alzado en el momento de la creación. Algo semejante había ocurrido mucho antes en la historia de la creación, al elevar Dios la vida vegetal hasta convertirla en vehículo de la animalidad, el proceso químico en vehículo de la vida vegetal y el proceso físico en vehículo del químico. De señor de la naturaleza, el espíritu humano se convirtió en simple huésped —y a veces incluso prisionero— en su propia casa. La conciencia racional se transformó en lo que ahora es: una luz intermitente apoyada en una parte pequeña de los mecanismos cerebrales.

La limitación de los poderes del espíritu significó, sin embargo, un mal mucho menor que la corrupción del propio espíritu, que se apartó de Dios para convertirse en su propio ídolo.[1] Aunque mantenía la posibilidad de volver a Él, solo podía hacerlo con un doloroso esfuerzo, pues su tendencia natural lo inclinaba hacia sí mismo. El orgullo y la ambición, el deseo de aparecer hermoso a sus propios ojos, de despreciar y humillar a todos sus rivales, la envidia y la búsqueda desasosegada de más y más seguridad fueron desde entonces las actitudes más naturales para él. No solo era un débil rey de su propia naturaleza, sino un mal soberano de ella, pues despertaba en el organismo psicofísico deseos mucho peores que los que este causaba en él. Esta condición fue transmitida de forma hereditaria a las generaciones siguientes, pues no era simplemente lo que los biólogos llaman variación adquirida, sino la aparición de una nueva clase de hombre. Una nueva especie, no creada por Dios en ningún momento, se instaló en la existencia como consecuencia del pecado. El cambio sufrido por el hombre no fue comparable con el desarrollo de un nuevo órgano o la adquisición de un hábito original, sino un cambio radical de su naturaleza, un trastorno de la relación entre sus diferentes partes y la íntima perversión de una de ellas.

Dios podía haber detenido este proceso mediante un milagro. Pero eso hubiera significado, por decirlo con una metáfora un tanto irreverente,

---

1. Los teólogos percibirán que no intento hacer contribución a la controversia pelagiano-agustiniana. Solo deseo poner de manifiesto que ni entonces ni ahora es imposible el regreso a Dios.

eludir el problema que se había planteado a sí mismo al crear el mundo: expresar su bondad mediante el drama universal de un mundo de seres libres capaces de usar su libertad para rebelarse contra Él. El símbolo del drama, la sinfonía o la danza es útil para corregir el despropósito que puede surgir cuando hablamos en exceso de Dios como un ser que piensa y crea el mundo para el bien, insistiendo al tiempo en que el bien es desbaratado por el libre albedrío de las criaturas. Todo ello puede suscitar la ridícula idea de que la caída pilló a Dios por sorpresa y trastornó sus planes, o el pensamiento, más ridículo todavía, de que los planes de Dios exigían unas condiciones que, como bien sabía Él, no se darían nunca.

La verdad es que Dios vio la crucifixión en el instante en que creó la primera nebulosa. El mundo es un baile en el que el bien, que viene de Dios, es obstaculizado por el mal, cuyo origen está en las criaturas. El conflicto entre ambos es resuelto por la decisión divina de asumir la naturaleza doliente, que es la causa del mal. La doctrina de la caída, un acto libre del hombre, afirma que el mal (que hace de combustible o materia prima de un segundo y más complejo género de bien) no es obra de Dios, sino del hombre. Ello no significa que Dios no hubiera logrado una totalidad armónica de semejante esplendor —en caso de que no cejemos en hacernos preguntas así— si el hombre hubiera seguido en su estado de inocencia original. Conviene tener presente, sin embargo, que cuando hablamos de lo que podría haber ocurrido, de contingencias ajenas a la realidad, ignoramos por completo de qué estamos hablando. No hay un tiempo ni un espacio fuera del universo existente en los que «pudiera ocurrir» o «pudiera haber ocurrido» todo esto. El modo más decidido de afirmar la libertad efectiva del hombre consiste, a mi juicio, en decir que si en algún lugar del universo real existieran otras especies racionales distintas del hombre, no sería necesario suponer que también hubieran caído.

El hecho de ser miembros de una especie corrompida explica nuestra condición presente. No quiero decir, desde luego, que nuestro sufrimiento sea un castigo por ser algo que ahora ya no podemos dejar de ser, ni tampoco que seamos moralmente responsables de la rebelión de un remoto antepasado. Si, pese a todo, estimo nuestra condición presente una consecuencia del pecado original y no simplemente el resultado de un infortunio primigenio, se debe a que nuestra actual experiencia religiosa no nos permite considerarla de otro modo. En teoría, podemos decir: «Sí, es cierto, nos comportamos como alimañas porque somos alimañas. Pero, a fin de cuentas, eso no es culpa nuestra». Ahora bien, lejos de admitirlo como excusa, el hecho de ser alimañas constituye para nosotros una vergüenza y una aflicción mayores que cualquiera de los actos particulares causados por esa mezquina condición nuestra. La situación no es tan difícil de entender como algunos quieren hacernos creer; surge entre los seres humanos siempre que un muchacho mal educado es introducido en una familia decente, cuyos miembros se recordarán unos a otros que «no es culpa» del chico ser pendenciero, cobarde, chismoso y embustero. Sea cual sea la causa por la que llegó a esa situación, su actual carácter es detestable. No pueden amarlo tal como es; pero sí pueden intentar cambiarlo. Mientras tanto, aunque el muchacho sea completamente desgraciado por haber sido educado de ese modo, no podemos decir que su carácter es una «desdicha», como si el joven fuera una cosa y su carácter, otra. Es él, precisamente él, el que busca pendencia, roba y disfruta haciéndolo. Y cuando comience a enmendarse, sentirá vergüenza de lo que está empezando a dejar de ser.

Con esto he dicho todo cuanto se puede decir en el nivel en que me he situado, el único desde el que me siento capaz de tratar el tema de la caída. No obstante, he de advertir una vez más a mis lectores que es un nivel profundo. No hemos dicho nada sobre el árbol de la vida y el árbol del conocimiento, que encierran, sin lugar a dudas, un gran misterio. Nada hemos dicho tampoco sobre la declaración paulina de que «así como en Adán todos mueren, también en Cristo todos serán vivificados».[1] Este pasaje constituye el trasfondo de la doctrina patrística acerca de la presencia física del hombre en la costilla de Adán, y de la enseñanza anselmiana sobre la inclusión por ficción legal de todos nosotros en el Cristo doliente. Esas ideas tal vez hicieran bien en su época, mas a mí no me han procurado ninguno. Sin embargo, no voy a inventar otras. Recientemente hemos oído por boca de diferentes científicos que no debemos esperar ninguna descripción adecuada del mundo real, y que si construimos imágenes ideales para ilustrar la física cuántica, nos alejaremos de la realidad en lugar de acercarnos a ella.[2] Pues aún tenemos menos derecho a exigir que sean objetos de descripción precisa o de explicación conceptual las más altas realidades espirituales.

La verdadera dificultad de la fórmula paulina reside en el término *en*, usado repetidamente en el Nuevo Testamento con un sentido que nos

---

1. 1 Corintios 15.22.
2. Sir James Jeans, *The Mysterious Universe*, cap. 5.

resulta imposible entender adecuadamente. El que podamos morir en Adán y vivir en Cristo parece implicar, a mi juicio, que el hombre, tal como es, difiere bastante del hombre tal como es representado por las categorías del pensamiento y las imágenes tridimensionales. Asimismo comporta, a mi modo de ver, que la separación percibida entre individuos —modificada solamente por relaciones causales— está equilibrada en la realidad absoluta por algún tipo de «animación recíproca» de la que no tenemos idea alguna. Tal vez las acciones y sufrimientos de grandes arquetipos individuales, como Adán o Cristo, sean nuestras, no por ficción legal, metafóricamente o de modo casual, sino de una manera mucho más profunda. No se trata, como es lógico, de individuos que se disuelvan en una especie de continuo espiritual, como creen los sistemas panteístas; esa idea es completamente descartada por nuestra fe. Pero puede haber alguna tensión entre la individualidad y algún otro principio. Creemos que el Espíritu Santo puede estar realmente presente y obrando de forma eficaz en el espíritu humano, pero no consideramos, como hacen los panteístas, que su acción en nosotros nos convierta en «partes», «modificaciones» o «cualidades» de Dios. A la larga, tal vez sea preciso aceptar como verdadero en el grado conveniente algo semejante incluso para los espíritus creados. Acaso debamos admitir de algún modo —como seguramente hayamos de aceptar la «acción a distancia» dentro de nuestra concepción de la materia— que cada ser espiritual creado por Dios está presente en todos o en algunos de los demás sin dejar de ser distinto de ellos. Cualquiera de nosotros habrá percibido seguramente cómo parece ignorar a veces el Antiguo Testamento nuestra concepción del individuo. La promesa hecha a Jacob: «Yo descenderé contigo a Egipto, y yo también te haré volver»[1] es cumplida por Dios bien mediante el entierro del cuerpo de Jacob en Palestina, bien mediante el éxodo de los descendientes de Jacob al abandonar Egipto. Es correcto relacionar esta noción con la estructura social de las primitivas comunidades, en las que el individuo es pasado por alto continuamente en beneficio de la tribu o la familia.

Nosotros debemos expresar esta relación, sin embargo, mediante dos proposiciones de igual importancia. La primera afirma que la experiencia social de las comunidades primitivas no permitía a los antiguos ver ciertas verdades percibidas por nosotros, y la segunda, que los hacía sensibles, en cambio, a verdades para las que nosotros somos ciegos. La ficción legal,

---

1. Génesis 46.4.

la adopción, la transmisión del mérito y la imputación de culpabilidad no habrían desempeñado el papel que desempeñaron dentro de la teología si hubieran sido consideradas siempre tan artificiales como nosotros las consideramos ahora.

Me ha parecido oportuno echar una ojeada como la precedente a algo que para mí es una cortina impenetrable. Sin embargo, como ya he dicho, no forma parte de mi argumentación presente. Sería fútil a todas luces intentar resolver el problema del dolor creando otro problema. La tesis de este capítulo se puede formular sencillamente así: el hombre, considerado en sentido específico, dañó su propia naturaleza; por consiguiente, el bien proporcionado al ser humano en su actual situación debe ser ante todo enmendador o corrector. A continuación nos ocupamos del papel efectivo del dolor en esa rectificación o corrección.

6

EL DOLOR HUMANO

«Comoquiera que la vida de Cristo es de las más amargas en todos los aspectos para la naturaleza y la individualidad del yo (pues la verdadera vida de Cristo exige que la individualidad, el yo y la naturaleza sean abandonados, se pierdan y mueran completamente), la naturaleza de cada uno de nosotros tiene horror a todo ello».

THEOLOGIA GERMANICA, XX

EN EL CAPÍTULO anterior he tratado de mostrar que la posibilidad del dolor es inherente a la misma existencia de un mundo en el que las almas pueden encontrarse. Cuando las almas se vuelven malvadas y crueles usan esa posibilidad para infligirse daños unas a otras. Ello explica quizá las cuatro quintas partes del sufrimiento de los seres humanos. Han sido los hombres, no Dios, quienes han inventado los potros de tortura, los látigos, las cárceles, la esclavitud, los cañones, las bayonetas y las bombas. La avaricia y la estupidez humanas, no la mezquindad de la naturaleza, son las causas de la pobreza y el trabajo agotador.

Queda, no obstante, una enorme cantidad de sufrimiento cuyo origen no se halla en nosotros. Aun cuando todo el dolor fuera causado por el hombre, nos gustaría conocer la razón de la enorme libertad concedida por Dios a los hombres más malvados para torturar a sus semejantes.[1] Decir, como he señalado en el capítulo anterior, que para criaturas como nosotros, en nuestro estado actual, el bien es ante todo corrector o enmendador, constituye una respuesta incompleta. No toda medicina tiene un sabor repugnante; mas el que muchas lo tengan es uno de los hechos desagradables cuya causa nos gustaría conocer.

Antes de seguir, debo retomar un asunto planteado en el capítulo 2. Allí dije que el dolor no causa disgusto cuando su intensidad no es excesiva. Por debajo de cierto nivel puede, incluso, ser aceptado con gusto. Una afirmación semejante llevaría a responder (seguramente con razón) más o menos lo siguiente: «Cosas así no se deberían llamar dolor». La verdad es, no obstante, que la palabra dolor tiene dos sentidos que conviene distinguir. En primer lugar, «dolor» significa un género especial de sensación transmitido seguramente por las fibras nerviosas especializadas y reconocido como tal por el paciente, tanto si le agrada como si no. El dolor casi imperceptible de mis extremidades, pongamos por caso, debería admitirse como tal dolor, aunque no cause el menor disgusto. En segundo lugar, «dolor» alude a cualquier experiencia física o mental desagradable para el que la sufre. Conviene advertir que los dolores en el primer sentido se convierten en dolores en el segundo sentido cuando superan un nivel de intensidad muy pequeño. En cambio, lo contrario no ocurre necesariamente. «Dolor» en el sentido indicado en segundo lugar es sinónimo de «sufrimiento», «angustia», «tribulación», «adversidad» o «congoja», y es este el que plantea realmente el problema del dolor. A partir de ahora emplearemos el término «dolor» en este segundo sentido para referirnos a todo tipo de sufrimiento. Nos olvidaremos, pues, del primer significado de «dolor».

El bien proporcionado a la criatura es entregarse a su Creador, es decir, llevar a cabo intelectual, volitiva y emocionalmente la relación adecuada a su condición creatural. Cuando lo hace así, es buena y feliz. Salvo que consideremos nuestra entrega al Creador como un infortunio, ese tipo de bien comienza en un nivel muy superior al de las criaturas.

---

1. En lugar de «hombres más malvados», tal vez deberíamos decir «criaturas». No rechazo en modo alguno la opinión de que la «causa eficiente» de la enfermedad, o de algunas enfermedades, pueda ser un ser creado distinto del hombre (véase cap. 9). En las Escrituras, Satanás aparece relacionado con la enfermedad, especialmente en Job, Lucas 13.16, 1 Corintios 5.5 y probablemente en 1 Timoteo 1.20. Para nuestro actual argumento es indiferente que sean humanas o no las voluntades creadas a las que Dios concede el poder de atormentar a otras criaturas.

El mismo Dios, la Segunda Persona, el Hijo desde toda la eternidad, entrega con obediencia filial a Dios Padre el ser generado eternamente en el Hijo por el amor paternal del Padre. Para imitar este modelo fue creado el hombre; y así lo hizo efectivamente el hombre del Paraíso. Allí donde la criatura, mediante un acto de obediencia alegre y gozoso, brinda sin reservas la voluntad otorgada por el Creador, ahí precisamente está el cielo, ahí obra el Espíritu Santo. El problema del mundo tal como nosotros lo conocemos radica en descubrir cómo recuperar el sentido de la entrega de sí mismo. No somos meras criaturas imperfectas que deban ser enmendadas. Somos, como ha señalado Newman, rebeldes que deben deponer las armas. La primera respuesta a la pregunta de por qué nuestra curación debe ir acompañada necesariamente de dolor es, pues, que someter la voluntad reclamada durante tanto tiempo como propia entraña, no importa dónde ni cómo se haga, un dolor desgarrador. En el mismo Paraíso sería preciso, a mi juicio, vencer alguna resistencia por pequeña que fuera. Aunque la superación y la entrega irían acompañadas de sublime arrobamiento.

Rendir la propia voluntad inflamada e hinchada durante años de usurpación es, sin embargo, una especie de muerte. Todos recordamos la voluntad volcada hacia el propio «yo» tal como era en la infancia. En esa temprana edad se presentaba como amarga y prolongada rabia contra los obstáculos, como explosión colérica de lágrimas, como un aciago y satánico deseo de matar o morir antes que ceder. Las niñeras y los padres de otros tiempos tenían bastante razón al pensar que el primer paso de la educación era «quebrar la voluntad del niño». Los métodos podían ser equivocados, pero no ver su necesidad significa, a mi juicio, quedar impedido para entender las leyes espirituales. Y si ahora que somos adultos no aullamos ni pataleamos, se debe, de un lado, a que nuestros mayores comenzaron en la guardería el proceso de quebrar o sofocar la voluntad volcada hacia el propio yo, y, de otro, a que las mismas pasiones adoptan actualmente formas más sutiles y han adquirido gran habilidad en evitar la muerte por medio de diversas «compensaciones». De ahí la necesidad de morir diariamente. Aun cuando con frecuencia creamos haber amansado al rebelde «yo», seguiremos encontrándolo vivo. Este proceso no es posible sin dolor, como atestigua suficientemente la misma historia de la palabra «mortificación».

Sin embargo, el dolor intrínseco a la mortificación del «yo» usurpado —que también se puede llamar muerte— no lo es todo. Aunque la mortificación es en sí misma un dolor, se hace más llevadera, por paradójico que parezca, cuando en su trama está presente el sufrimiento. Esto ocurre, a mi juicio, de tres modos.

El espíritu humano no intentará siquiera someter la voluntad volcada hacia el «yo» mientras las cosas parezcan irle bien. El error y el pecado tienen la propiedad de que, cuanto más graves son, menos sospecha su víctima que existen. Son males enmascarados. El dolor, en cambio, es un mal desenmascarado e inconfundible. Todos sabemos que algo va mal cuando sentimos dolor; y el masoquista no constituye una verdadera excepción al respecto. El sadismo y el masoquismo aíslan y exageran respectivamente un «momento» o «aspecto» de la pasión sexual normal. El sadismo[1] exagera la faceta de apresamiento y dominación hasta el extremo de que el pervertido solo encuentra satisfacción maltratando al amado. El sádico parece decir: «Soy dueño tuyo hasta el punto de que tengo derecho a atormentarte». El masoquista, por su parte, exagera el aspecto opuesto y complementario, y dice: «Soy cautivo tuyo hasta el extremo de recibir con agrado dolor de tus manos». Si el masoquista sintiera el dolor como un mal, como un ultraje que recalca el completo dominio de la otra parte, dejaría de ser para él un estímulo erótico.

El dolor no es solo un mal inmediatamente reconocible, sino una ignominia imposible de ignorar. Podemos descansar satisfechos en nuestros pecados y estupideces; cualquiera que haya observado a un glotón engullendo los manjares más exquisitos como si no apreciara realmente lo que come deberá admitir la capacidad humana de ignorar incluso el placer. Pero el dolor, en cambio, reclama insistentemente nuestra atención. Dios susurra y habla a la conciencia a través del placer, pero le grita mediante el dolor: es su megáfono para despertar a un mundo sordo. El hombre malo y feliz no tiene la menor sospecha de que sus acciones no «responden», de que no están en armonía con las leyes del universo.

Tras el universal sentimiento humano de que el hombre malo merece sufrir, se esconde la percepción de esta verdad. Es inútil desdeñar ese sentimiento como algo completamente ruin. En un nivel benigno apela al sentido humano de justicia. En cierta ocasión en que mi hermano y yo, siendo todavía pequeños, dibujábamos en la misma mesa, le di un codazo que le hizo trazar una línea inoportuna en el centro de su obra. El asunto

---

1. No es útil la tendencia actual a utilizar la expresión «crueldad sádica» para indicar simplemente «gran crueldad» o crueldad especialmente reprobable para el escritor.

quedó resuelto amigablemente al permitirle yo que dibujara otra línea de igual longitud en el centro de la mía. Al «ponerme en su lugar», pude ver mi negligencia desde el otro extremo.

En un nivel más severo aparece la misma idea como «castigo retributivo» o como «dar a cada uno lo que se merece». Ciertas personas ilustradas quisieran desterrar las ideas de retribución y de mérito de su teoría del castigo. Todas ellas se empeñan en reducir el valor del castigo al efecto disuasorio sobre los demás o a la reforma del propio criminal. No ven que, al proceder de ese modo, hacen injusta cualquier género de sanción. ¿Hay algo más inmoral que causar dolor a alguien sin merecerlo para disuadir a los demás? Y si lo merece, entonces estamos admitiendo que la «retribución» es pertinente. ¿Puede haber algo más vejatorio, caso de no ser merecido, que atrapar a alguien sin su consentimiento y someterle a un proceso desagradable de enmienda moral?

En un tercer nivel nos encontramos con la pasión vindicativa o sed de venganza. Ese sentimiento es malo, y a los cristianos les está expresamente prohibido entregarse a él. Al tratar del sadismo y el masoquismo, tal vez haya quedado claro que las acciones más viles de la naturaleza humana consisten en pervertir cosas buenas e inocentes. La pasión vindicativa es también la perversión de algo bueno, como pone de manifiesto con sorprendente claridad la definición de sed de venganza dada por Hobbes: «Deseo de obligar a alguien, causándole dolor, a condenar por cuenta propia algún acto».[1] La venganza pierde de vista el fin por culpa de los medios, pero el fin como tal no es del todo malo, pues quiere que la maldad del malvado sea para él lo que para cualquier otro. La prueba está en que el vengador no quiere simplemente que el culpable sufra, sino que sufra a manos suyas, que lo sepa y sepa por qué. De ahí el impulso a reprochar el crimen al culpable en el momento de la venganza. Eso explica también expresiones tan habituales como «¿Te gustaría que te lo hicieran a ti?» o «Ya te enseñaré yo». Por la misma razón, cuando insultamos a alguien le decimos: «Te voy a decir lo que pienso de ti».

Cuando nuestros antepasados se refieren al dolor y la aflicción como «venganza» de Dios por el pecado, no atribuyen necesariamente a Dios malas pasiones. Con esa expresión reconocían seguramente el elemento positivo de la idea de retribución. El hombre malvado vivirá encerrado en un mundo de ilusiones mientras no descubra en su existencia la

---

1. *Leviathan*, Pt. i, cap. 6.

presencia inequívoca del mal en forma de sufrimiento. Cuando le despierte el dolor, descubrirá que «tiene que habérselas» de un modo o de otro con el mundo real. Entonces tal vez se rebele —con la posibilidad de aclarar el asunto y arrepentirse profundamente en algún momento posterior— o intente algún arreglo, que, de ser continuado, le conducirá a la religión. Ciertamente, ninguno de esos dos efectos es tan seguro ahora como lo era en otras épocas en que la existencia de Dios —o incluso la de dioses— era generalmente reconocida. Pero también en nuestros días seguimos viéndolos actuar. Hasta los propios ateos se rebelan y expresan su rabia contra Dios, como hacen Hardy y Housman, aunque según su opinión no existe —tal vez lo hagan precisamente porque creen que no existe—. Otros autores, como Huxley, son movidos por el sufrimiento a plantear radicalmente el problema de la existencia y a encontrar algún modo de entendimiento con ella que, si bien no es cristiano, es muy superior a la fatua complacencia de la vida impía. El dolor como megáfono de Dios es, sin la menor duda, un instrumento terrible. Puede conducir a una definitiva y contumaz rebelión. Pero también puede ser la única oportunidad del malvado para enmendarse. El dolor quita el velo y coloca la bandera de la verdad en la fortaleza del alma rebelde.

Si la primera y más humilde operación del dolor destroza la ilusión de que todo marcha bien, la segunda acaba con el sueño de que todo cuanto tenemos, sea bueno o malo, es nuestro y resulta suficiente para nosotros. Todos hemos observado cuán difícil nos resulta dirigir el pensamiento a Dios cuando todo marcha bien. «Tenemos todo lo que deseamos» es una afirmación terrible cuando el término «todo» no incluye a Dios, cuando Dios es visto como un obstáculo. San Agustín dice al respecto, en alguna de sus obras, lo siguiente: «Dios quiere darnos algo, pero no puede porque nuestras manos están llenas. No tiene sitio en el que poner sus dádivas». O como dice un amigo mío: «Consideramos a Dios como el aviador considera el paracaídas. Lo tiene ahí para casos de emergencia, pero no espera usarlo nunca». Ahora bien, Dios, que nos ha creado, sabe lo que somos y conoce que nuestra felicidad se halla en Él. Pero nosotros nos negamos a buscarla en Él tan pronto como el Creador nos permite rastrearla en otro lugar en que creemos que la encontraremos. Mientras lo que llamamos «nuestra propia vida» siga siendo lisonjera, no se la ofreceremos a Él. ¿Qué otra cosa puede hacer Dios en favor nuestro salvo hacernos un poco menos agradable «nuestra propia vida» y eliminar las fuentes engañosas de la falsa felicidad?

Precisamente en ese instante, en el momento en que la providencia divina parece ser más cruel, es cuando la humillación divina, la condescendencia del Altísimo merece mayores alabanzas. Nos quedamos perplejos al ver cómo les sobreviene la desgracia a personas honestas, inofensivas y dignas, a madres de familia hábiles y laboriosas, a pequeños comerciantes diligentes y sobrios, a quienes han trabajado dura y honestamente por una modesta porción de felicidad y parecen, por fin, disfrutar con todo merecimiento de ella. ¿Cómo podría decir con ternura suficiente las palabras adecuadas a situaciones así? No me preocupa la certeza de convertirme a los ojos del lector hostil en responsable, por así decir, del sufrimiento que trato de explicar. También de san Agustín se viene hablando hasta el día de hoy como si él quisiera que los niños no bautizados fueran al infierno. En cambio, me preocupa muchísimo la posibilidad de privar a alguien de la verdad. Permítaseme suplicar al lector que intente creer solo por un momento que Dios, que ha creado a las dignas personas de nuestros ejemplos, puede tener razón para pensar que su modesta prosperidad y la felicidad de sus hijos no son suficientes para hacerlos bienaventurados, que al fin y al cabo todas esas cosas desaparecerán y que serán desgraciados si no han aprendido a conocerle a Él. De ahí que los aflija para prevenirles sobre las insuficiencias que habrán de descubrir algún día. Su vida y la de sus familias se interpone entre ellos y el reconocimiento de su necesidad; por eso Dios les hace la vida menos dulce.

Llamo a esto humildad divina, pues es mezquino arriar la bandera ante Dios cuando el barco está hundiéndose, acudir a Él como último recurso, ofrecerle «todo cuanto tenemos» cuando no merece la pena conservarlo. Si Dios fuera orgulloso, no nos aceptaría fácilmente en esas condiciones. Pero no lo es, y se rebaja para conquistarnos, nos acepta aun cuando hayamos demostrado que preferimos otras cosas antes que a Él y vayamos en pos suya porque no haya «nada mejor» a lo que recurrir. La misma humildad se descubre en la apelación divina a nuestros miedos que turba a los lectores nobles de las Escrituras. No es agradable para Dios comprobar que le elegimos a Él como alternativa al infierno. Mas también esto lo acepta. La ilusión de autosuficiencia que padece la criatura debe ser destruida por su propio bien. Y Dios, «sin pensar en la disminución de su propia gloria», la destruye mediante desgracias en la tierra o el temor a sufrirlas y mediante el miedo cruel al fuego eterno. Quienes desean que el Dios de las Escrituras sea puramente ético no saben lo que piden. Si Dios fuera kantiano y no nos aceptara mientras no acudiéramos a Él movidos por los motivos mejores y más puros, ¿quién podría salvarse? La ilusión de autosuficiencia puede ser muy grande en ciertas personas honestas, bondadosas y sobrias. A ellas les debe sobrevenir, pues, la desgracia.

Los peligros de la autosuficiencia ostensible explican por qué nuestro Señor considera los vicios de los irreflexivos y disipados con más indulgencia que los que conducen al hombre en pos del éxito mundano. Las prostitutas no corren peligro de considerar su vida presente tan satisfactoria como para negarse a acudir a Dios. El orgulloso, el avaro y el santurrón sí corren ese peligro.

La tercera operación del sufrimiento es un poco más difícil de entender. Nadie tendrá dificultad en admitir que la elección es un acto esencialmente consciente. Elegir implica saber qué se elige. El hombre del Paraíso elegía siempre conforme a la voluntad de Dios. Y siguiéndola satisfacía sus propios deseos, pues las acciones que le exigía el Creador eran conformes con su recta inclinación, y servir a Dios constituía por sí mismo el placer más intenso, la piedra de toque de los demás, sin la cual cualquier alegría le hubiera parecido insulsa. La pregunta «¿Hago esto por Dios o porque casualmente me gusta hacerlo?» no se planteaba, pues hacer las cosas por Dios era, «casualmente», lo que más gustaba al hombre del Paraíso. Su voluntad, que se hallaba bajo la tutela divina, gobernaba la felicidad con la misma facilidad con que montamos un caballo bien adiestrado. La nuestra, en cambio, es arrastrada por la felicidad experimentada en los momentos felices, como un barco a la deriva empujado por la impetuosa corriente. El placer era una ofrenda agradable para Dios, pues la dádiva como tal era un placer. Hemos heredado unos deseos que, aunque no están necesariamente en contradicción con la voluntad de Dios, tras siglos de autonomía usurpada la ignoran resueltamente. Aun cuando lo que nos guste hacer sea de hecho lo que Dios quiere que hagamos, la razón para hacerlo no es, sin embargo, que Dios lo quiera; se trata de una feliz coincidencia. De ahí que no podamos saber si obramos parcial o totalmente por Dios a menos que nuestra acción sea contraria a nuestras inclinaciones —o dolorosa si se prefiere—, y no resulte posible elegir lo que sabemos que estamos eligiendo.

El acto de entrega total a Dios causa dolor al sujeto. Para ser perfecta, la acción de consagrarse a Dios debe proceder de una pura voluntad de obediencia, sin dejarse llevar por la inclinación, o, incluso, oponiéndose a ella. Por propia experiencia en el momento actual, sé cuán difícil es que el yo se entregue a Dios dejándole hacer lo que le gusta. Cuando emprendí la tarea de escribir este libro, esperaba que la voluntad de obedecer cierta «dirección» se encontrara de algún modo entre los motivos que me llevaban a ello. Pero ahora, cuando me encuentro plenamente abismado en él, se ha convertido en una tentación más que en un deber. Sigo confiando, desde luego, en que el hecho de escribirlo esté en conformidad con la voluntad divina, mas sería ridículo sostener que estoy aprendiendo a renunciar a mi propio yo por hacer algo tan atractivo para mí.

Aquí pisamos un terreno escabroso. Según Kant, las acciones carecen de valor moral si no se hacen por puro respeto a la ley moral, es decir, sin ser movidos a ellas por la inclinación. El filósofo alemán ha sido acusado de poseer «un estado de ánimo mórbido», que mide el valor de las acciones por el agrado o el desagrado que causan. La opinión popular está, ciertamente, de su lado. La gente no admira jamás a un hombre por hacer algo que le gusta. La expresión habitual en estos casos, «le gusta hacerlo», invita a concluir «por tanto no tiene mérito alguno». Frente a Kant se alza, no obstante, la verdad evidente, subrayada por Aristóteles, de que cuanto más virtuoso es el hombre tanto más disfruta realizando acciones virtuosas. Ignoro cuál deba ser la actitud del ateo ante el conflicto entre la ética del deber y la ética de la virtud, mas como cristiano propongo la siguiente solución.

A menudo se ha planteado el problema de si Dios manda ciertas cosas por ser buenas o si son buenas porque Dios las manda. Yo me adhiero resueltamente con Hooker, y frente a la opinión del doctor Johnson, a la primera alternativa. La segunda puede llevar a la atroz conclusión (alcanzada según creo por Paley) de que la caridad es buena tan solo porque Dios manda arbitrariamente practicarla. Según eso, si nos hubiera ordenado odiarle a Él y aborrecernos unos a otros, sería bueno hacerlo. Yo creo, por el contrario, que «se equivocan quienes piensan que la voluntad divina que manda hacer una u otra cosa no se apoya en razón alguna fuera de la propia voluntad».[1] La voluntad de Dios está determinada por su sabiduría, clarividente siempre, y por su bondad, que se adhiere sin excepción a lo intrínsecamente bueno. Al decir que Dios manda las cosas solo porque son buenas, debemos añadir que una de las cosas intrínsecamente buenas es el deber de las criaturas racionales de someterse libre y obedientemente a su Creador. El contenido de la obediencia —lo que se nos manda hacer— será siempre algo intrínsecamente bueno, algo que

---

1. Hooker, *Laws of Eccl*. Polity, I, i, 5.

deberíamos hacer aun en el imposible supuesto de que Dios no lo hubiera mandado. Pero no solo el contenido de la obediencia, sino el mero hecho de obedecer es también intrínsecamente bueno, pues, al hacerlo, la criatura racional representa de forma consciente su *rôle* creatural, trastoca el acto responsable de la caída, retrocede siguiendo la huella dejada por Adán y vuelve al principio.

Estamos de acuerdo con Aristóteles en que lo intrínsecamente bueno no tiene por qué ser desagradable, y que cuanto mejor sea el hombre tanto más le gustará hacerlo. Pero coincidimos con Kant en la medida en que afirmamos la existencia de un acto bueno —la renuncia de sí— que no puede ser querido enardecidamente por las criaturas caídas a menos que sea desagradable. Añadamos que este acto bueno incluye toda otra bondad, que la cancelación definitiva de la caída de Adán, la navegación «a popa a toda máquina» para desandar el largo viaje desde el Paraíso y desatar el antiguo y apretado nudo, tendrá lugar cuando la criatura, sin deseo alguno de prestar su colaboración, despojada completamente de la misma voluntad de obediencia, abrace algo contrario a su naturaleza y haga aquello para lo que solo hay un motivo posible. Un acto así puede ser descrito como prueba del regreso de la criatura a Dios. Por eso decían nuestros padres que las desgracias nos eran enviadas «para ponernos a prueba». Un ejemplo familiar es la «prueba» de Abraham cuando le fue ordenado sacrificar a Isaac. De momento no me interesa la historicidad ni la moralidad del relato, sino plantear una pregunta obvia: «¿Por qué esa tortura innecesaria si Dios es omnisciente y sabe lo que haría Abraham sin necesidad de experimento alguno?». Mas, como señala san Agustín,[1] sea cual fuera el conocimiento de Dios, Abraham no sabía en modo alguno que su obediencia podría soportar una orden así hasta que se lo enseñó el hecho mismo, y no se puede decir que hubiera elegido la obediencia que él mismo no sabía que elegiría. La realidad de la obediencia de Abraham fue el hecho mismo. Y lo que Dios sabía por su conocimiento anticipado de que Abraham «obedecería» se circunscribía a la obediencia efectiva de Abraham en aquel momento sobre la cumbre de la montaña. Decir que Dios «no necesitaba haber hecho el experimento» significa tanto como afirmar que lo que Dios sabe, precisamente porque Él lo sabe, no tiene necesidad de suceder.

---

1. *De Civitate Dei*, XVI, xxxii.

Aun cuando el dolor destruye a veces la falsa autosuficiencia de la criatura, en la «prueba» suprema o sacrificio le enseña lo que debería ser su verdadera autosuficiencia, a saber, «aquella fortaleza que, aunque otorgada por el cielo, se puede considerar propia». Quien la posee obra, incluso sin motivos y apoyos naturales, con la fuerza que Dios le confiere a través de su voluntad sumisa, solo con ella. La voluntad humana es auténticamente creativa y realmente nuestra cuando pertenece por completo a Dios. Este es uno de los múltiples sentidos en el que encuentra su alma quien la pierde.

En las demás acciones, la voluntad se nutre de la naturaleza, es decir, de las demás realidades creadas que no son el «yo», como los deseos con que nos equipa el organismo físico o la herencia. Cuando obramos por propia iniciativa —es decir, por la acción de Dios en nosotros— somos colaboradores e instrumentos vivos de la creación. De ahí que esas acciones deshagan «con sortilegios de poder separador» el maleficio destructor echado por Adán a su especie. Por eso, si el suicidio es la expresión típica del espíritu estoico y la batalla la mejor manifestación del ánimo guerrero, la realización y perfección supremas del cristianismo sigue siendo el martirio. Esta acción grandiosa fue iniciada para nosotros, se hizo por nosotros, se nos puso como ejemplo para que la imitásemos, y ha sido comunicada misteriosamente a todos los creyentes por Cristo en el Calvario. En el martirio, la aceptación de la muerte llega a límites inimaginables, e, incluso, los supera. Quien los sufre se halla desasistido de todo apoyo natural y sin la presencia del Padre a quien se ofrece el sacrificio. El mártir no vacila en entregarse a Dios aunque Dios le «abandone».

La doctrina de la muerte que acabo de describir no es exclusiva del cristianismo. La misma naturaleza la ha escrito por todo el mundo en el drama repetido de la semilla enterrada y el grano surgido de ella. Las primeras comunidades agrícolas la aprendieron seguramente observando la naturaleza, y con sacrificios animales y humanos enseñaron durante siglos la verdad de que «sin derramamiento de sangre, no hay perdón de pecados».[1] Aun cuando en principio semejantes ideas se relacionaran tal vez con las cosechas y la descendencia de la tribu exclusivamente, más tarde, con los Misterios, llegan a ponerse en relación con la muerte espiritual y la resurrección del individuo. La ascética india predica la misma lección mortificando el cuerpo en un lecho de clavos. El filósofo griego

---

1. Hebreos 9.22.

nos dice que la vida de sabiduría consiste en «ejercitarse en la muerte».[1] El pagano noble y sensible de nuestros días hace «morir en vida»[2] a sus dioses imaginarios. Huxley expone la teoría del «desapego». No es posible evitar la doctrina por el hecho de no ser cristiano. Es un «evangelio eterno» revelado a los hombres allí donde los hombres han buscado la verdad y han padecido por ella, el verdadero centro neurálgico de la redención, puesto al descubierto por la sabiduría esmerada de todas las épocas y lugares el conocimiento ineludible de que la luz que ilumina al hombre pone en la mente de todos los que interrogan con seriedad sobre el «sentido» del universo. La peculiaridad de la fe cristiana no reside en enseñar esta doctrina, sino en hacerla más admisible. El cristianismo nos enseña que la trágica tarea se ha cumplido ya de algún modo, que la mano del maestro sujeta la nuestra cuando intentamos trazar las letras difíciles, que nuestro manuscrito debe ser tan solo una «copia», no el original. Mientras otros sistemas destinan nuestra naturaleza entera a la muerte, como ocurre con la renuncia budista, el cristianismo exige únicamente enderezar el rumbo equivocado. Tampoco declara la guerra al cuerpo, como ocurre con Platón, ni a los elementos físicos de nuestro carácter. Finalmente, no exige de todos el sacrificio supremo. Penitentes y mártires son salvados, y ciertos ancianos, de cuyo estado de gracia difícilmente se podría dudar, llegan a los setenta años con sorprendente facilidad. El sacrificio de Cristo se repite y resuena entre sus discípulos con diferente intensidad, desde el martirio cruel hasta la sumisión espontánea de la voluntad, cuyos signos externos son indiscernibles de los frutos normales de la temperancia y la «dulce sensatez». Desconozco las causas de una distribución de la intensidad como esa. Sin embargo, desde nuestro punto de vista actual debería quedar claro que el verdadero problema no es por qué sufren ciertas personas humildes, devotas y piadosas, sino por qué no sufren otras. Como se recordará, el único modo empleado por nuestro Señor para explicar la salvación de los afortunados en este mundo fue referirse a la inescrutable omnipotencia de Dios.[3]

Los argumentos aducidos para justificar el sufrimiento provocan resentimiento contra su autor. A los lectores les gustaría saber cómo me comporto cuando siento dolor, no cuando escribo libros sobre él. No necesitan hacer conjeturas al respecto, pues se lo voy a decir: soy un

---

1. Platón, *Fedón*, 81, A. *comp.* 64, A.
2. Keats, *Hyperion*, III, 130.
3. Marcos 10.27.

cobarde. Mas ¿de qué sirve esta confesión? «Sobrepasa con mucho mi presencia de ánimo» pensar en el dolor, en la ansiedad devastadora como el fuego, en la soledad que crece como el desierto, en la angustiosa rutina de la aflicción monótona, en el sordo dolor que ennegrece completamente el paisaje, en la repentina sensación nauseabunda que aplasta de un solo golpe el corazón humano, en el dolor que golpea aún con más fuerza cuando ya parecía insoportable, en el exasperante daño causado por la picadura del escorpión, capaz de sobresaltar a un hombre medio muerto por sus anteriores torturas e inducirle a realizar movimientos extravagantes. Si conociera algún modo de escapar de él, me arrastraría por las cloacas para encontrarlo. Mas, ¿de qué le sirve al lector que yo le hable de mis sentimientos? Ya los conoce: son como los suyos. No afirmo que el dolor no sea doloroso. El dolor hiere. Eso es lo que significa la palabra. Mi propósito consiste exclusivamente en poner de manifiesto la verosimilitud de la vieja doctrina cristiana sobre la posibilidad de «perfeccionarse por las tribulaciones».[1] Pero no pretendo demostrar que sea una doctrina agradable.

Al examinar la verosimilitud de la doctrina, es preciso tener en cuenta dos principios. En primer lugar, debemos recordar que el dolor actual, el de este momento, es exclusivamente el centro de algo que podríamos llamar sistema de sufrimiento, el cual se extiende por el miedo y la compasión. Los efectos beneficiosos de estas experiencias, sean las que sean, dependen del centro, de suerte que, aun cuando el dolor careciera de valor espiritual, si no careciera de él el miedo o la piedad, debería existir para proporcionar el objeto del temor y de la compasión. Por lo demás, resulta indudable cuánta ayuda nos proporcionan ambas emociones para volver a la obediencia y la caridad. Todos hemos comprobado alguna vez la eficacia de la compasión para abrirnos al amor de lo indigno de él, para movernos a amar a los hombres no por resultarnos naturalmente agradables de una u otra manera, sino por ser hermanos nuestros. La mayoría de nosotros aprendió los efectos beneficiosos del miedo durante el periodo de «crisis» que ha desembocado en la guerra actual. Mi propia experiencia es más o menos como sigue. Avanzo por la senda de la vida sin modificar mi naturaleza normal, satisfecho de mi descreimiento y de mi condición caída, subyugado por las alegres reuniones mañaneras con mis amigos, un poco de trabajo que halague hoy mi vanidad, un día de

---

1. Hebreos 2, 10.

fiesta o un nuevo libro. De pronto, una puñalada causada por un dolor abdominal que amenaza con una enfermedad grave, o un titular de periódico que nos advierte de la posibilidad de destrucción total, hace que se desmorone el entero castillo de naipes. Al principio me siento abrumado, y mi pequeña felicidad se asemeja a un montón de juguetes rotos. Después, lentamente y de mala gana, poco a poco, trato de recuperar el estado de ánimo que debiera tener en todo momento. Me acuerdo de que ninguno de esos juguetes fue pensado para poseer mi corazón, de que el verdadero bien se halla en otro mundo, de que mi único tesoro auténtico es Cristo.

La gracia de Dios me ayuda a tener éxito, y durante uno o dos días me convierto en una criatura consciente de su dependencia de Dios y que extrae su fuerza de la fuente debida. Ahora bien, desaparecida la amenaza, mi entera naturaleza se lanza de nuevo a los juguetes, deseosa —Dios me perdone— de desterrar de mi mente el único sostén frente a la amenaza, asociada ahora con el sufrimiento de aquellos días. Así se manifiesta con claridad terrible la necesidad de la tribulación. Dios ha sido mi único dueño durante cuarenta y ocho horas, pero solo por haber apartado de mí todo lo demás. Si el Señor envainara su espada un instante, me comportaría como un cachorro tras el odiado baño. Me sacudiría para secarme cuanto pudiera, y me apresuraría a recuperar mi confortable suciedad en el cercano lecho de flores o, peor aún, en el contiguo montón de estiércol. Esa es la razón por la que la adversidad no cesará hasta que Dios nos rehaga de nuevo o vea que carece de esperanzas seguir intentándolo.

En segundo lugar, cuando consideramos el dolor en sí mismo, como centro de todo el sistema del sufrimiento, debemos prestar atención a lo que sabemos, no a lo que imaginamos. Esta es la razón por la que la parte central de este libro está dedicada al dolor humano, mientras que el dolor animal queda relegado a un capítulo especial. Del dolor humano tenemos conocimiento; del animal solo podemos hacer conjeturas. Pero incluso dentro del género humano, hemos de poner sumo cuidado en obtener la evidencia del dolor de ejemplos sometidos a observación. Este novelista o aquel poeta pueden sentirse inclinados a representar el sufrimiento como realidad cuyos efectos son completamente nocivos, como la causa y justificación de cualquier género de malicia y brutalidad del que lo padece. Tanto el dolor como el placer pueden ser acogidos, ciertamente, de ese modo. Todo cuanto le es dado a una criatura con voluntad libre tiene necesariamente un doble filo. Y no por la naturaleza del que da ni de lo dado, sino por la del que recibe.[1] Por lo demás, pueden multiplicarse las consecuencias funestas del dolor si quienes rodean a las víctimas les enseñan insistentemente que son esas las secuelas apropiadas y varoniles que deben manifestar. Indignarse por el sufrimiento de los demás es una pasión generosa, pero precisa ser bien conducida para no agotar la paciencia o la humildad de los atribulados y para evitar que sean sustituidas por la cólera y el cinismo.

No estoy convencido, sin embargo, de que el sufrimiento produzca de modo natural semejante mal si se pasa por alto la indiscreta indignación de los demás. No he visto más odio, egoísmo, sublevación y falta de honradez en las trincheras del frente o en los cuarteles generales que en los demás lugares. En cambio, he visto gran belleza de espíritu en personas afligidas por el sufrimiento; he comprobado cómo, por lo general, los hombres mejoran con los años, en vez de empeorar; he observado que la enfermedad final produce tesoros de entereza y mansedumbre en individuos poco prometedores. En figuras históricas amadas y veneradas, como Johnson y Cowper, descubro rasgos muy difíciles de poseer si hubieran sido más felices. Si el mundo es realmente «un valle donde se forman las almas», parece que, por lo general, realiza bien su tarea.

No me atrevo a hablar de la pobreza como de mí mismo, esa aflicción que incluye actual o potencialmente las demás miserias. Quienes rechazan el cristianismo no se conmoverán por la afirmación de Cristo de que los pobres son bienaventurados. Sin embargo, en este punto me sirve de ayuda un hecho notable. Quienes con más desdén repudian el cristianismo, al que consideran meramente «opio del pueblo», desprecian a los ricos, es decir, a toda la humanidad excepto a los pobres, a los que consideran como los únicos seres que merecen ser preservados de la «liquidación», y en los que depositan, pues, las esperanzas del género humano. Mas esto no es compatible con la creencia en la maldad absoluta de los efectos de la pobreza sobre los que la sufren. La deducción correcta sería que sus consecuencias son buenas. Así pues, el marxista descubre la existencia de un acuerdo efectivo con el cristianismo en dos creencias exigidas paradójicamente por la doctrina cristiana: que los pobres son bienaventurados y que, sin embargo, la pobreza debe ser eliminada.

---

1. Sobre el «doble filo» característico de la naturaleza del dolor, véase el Apéndice.

7

MÁS SOBRE EL DOLOR HUMANO

Todo lo que es como debe ser se ajusta a esta segunda ley
eterna. Y aun lo que no se acomoda a ella está, pese a
todo, ordenado en cierta forma por la primera ley eterna.

HOOKER, *LAWS OF ECCLES.* POL., I, III, I

EN EL PRESENTE capítulo ofrezco seis proposiciones necesarias para completar el tratamiento del sufrimiento humano. Ninguna de ellas deriva de las demás; por consiguiente, se exponen en un orden necesariamente arbitrario.

1. En el cristianismo hay una paradoja sobre la tribulación. «Bienaventurados los pobres», pero estamos obligados a eliminar la pobreza siempre que sea posible mediante «el juicio» —es decir, la justicia social— y la limosna. «Bienaventurados los que padecen persecución», pero debemos evitar la persecución huyendo de una ciudad a otra, y es legítimo orar, como oró nuestro Señor en Getsemaní, para ser dispensados de ella. Si el sufrimiento es bueno, ¿no deberíamos perseguirlo en vez de evitarlo? Mi respuesta a esta pregunta es que el sufrimiento no es bueno en sí mismo. Lo verdaderamente bueno para el afligido en cualquier situación dolorosa es la sumisión a la voluntad de Dios. Para el observador de

la tribulación ajena lo realmente beneficioso es, en cambio, la compasión que despierta y las obras de misericordia a las que mueve.

En un universo como el nuestro, caído y parcialmente redimido, debemos distinguir varias cosas: (1) el bien simple, cuyo origen es Dios; (2) el mal simple, producido por criaturas rebeldes; (3) la utilización de ese mal por parte de Dios para su propósito redentor; (4) el bien complejo producido por la voluntad redentora de Dios, al que contribuye la aceptación del sufrimiento y el arrepentimiento del pecador. El poder de Dios de hacer un bien complejo a partir del mal simple no disculpa a quienes hacen el mal simple, aunque puede salvar por misericordia. Esta distinción es de capital importancia. El escándalo es inevitable, mas ¡ay del que escandalizare! El pecado hace realmente que abunde la gracia, pero no podemos convertir ese hecho en excusa para seguir pecando. La misma crucifixión es el mejor —y también el peor— de todos los acontecimientos históricos, pero el *rôle* de Judas continúa siendo sencillamente perverso.

Estas ideas se pueden aplicar, en primer lugar, al problema el sufrimiento ajeno. El hombre misericordioso ambiciona el bien de su prójimo. Así, cooperando conscientemente con el «bien simple», hace la «voluntad de Dios». El hombre cruel oprime a su prójimo, y al obrar así hace el «mal simple». Pero al hacerlo es utilizado por Dios, sin saberlo ni dar su consentimiento, para producir el bien complejo. El primer hombre sirve a Dios como hijo y el segundo como instrumento. Obremos de un modo o de otro, realizaremos invariablemente los planes de Dios. Con todo, existe una gran diferencia entre servirle como Judas o como Juan. El sistema entero está calculado, digámoslo así, para el choque entre hombres buenos y malos. Asimismo, los beneficiosos frutos de la fortaleza, la paciencia, la piedad y la misericordia, por cuya virtud se permite al hombre cruel ser despiadado, presuponen que el hombre bueno persiste generalmente en la búsqueda del bien simple. Digo «generalmente» porque algunas veces tiene derecho a hacer daño a su prójimo —y, a mi juicio, incluso a matarlo—, mas únicamente en caso de necesidad extrema y cuando el bien que se espera obtener sea evidente. Normalmente, aunque no siempre, ese derecho se da cuando el que inflige dolor está revestido de autoridad para hacerlo, como el padre, cuya autoridad procede de la naturaleza, el magistrado o el soldado, que la obtiene de la sociedad civil, y el cirujano, al que le viene en la mayoría de los casos del paciente. Convertir esa idea en carta blanca para afligir a la humanidad por el hecho de que «la congoja es buena para los hombres» (como el lunático Tamberlaine de Marlowe alardeaba de ser el «azote de Dios») no significa quebrantar el esquema divino, sino ofrecerse como voluntario para desempeñar el papel de Satanás dentro de él. Quien haga este trabajo deberá estar preparado para recibir el salario correspondiente.

El problema de cómo eliminar el dolor propio admite una solución parecida. Algunos ascetas han recurrido a la mortificación. Como profano, no emito ninguna opinión sobre la prudencia de tal régimen de vida. Sean cuales sean sus méritos, yo insisto, no obstante, en que la mortificación es completamente diferente de la tribulación enviada por Dios. Ayunar es, como todo el mundo sabe, una experiencia distinta de dejar de hacer una comida fortuitamente o por razones de pobreza. El ayuno refuerza la voluntad frente al apetito. Su recompensa es el autodominio, y su mayor peligro, el orgullo. El hambre involuntaria somete los apetitos y la voluntad a la voluntad divina, pero también proporciona una ocasión para el sometimiento y nos expone al peligro de rebelión. En cambio, el efecto redentor del sufrimiento reside básicamente en su propensión a reducir la voluntad insumisa. Las prácticas ascéticas, muy adecuadas en sí mismas para fortalecer la voluntad, solo son útiles si capacitan a esta para poner en orden su propia casa —las pasiones— como preparación para ofrecer el propio ser completamente a Dios. Son necesarias como medio. Como fin en sí mismas serían abominables, pues si se conformaran con sustituir la voluntad por el apetito, no harían sino cambiar el propio «yo» por el diabólico. Con razón se ha afirmado que «solo Dios puede mortificar».

La tribulación desarrolla su labor en un mundo en el que los seres humanos buscan generalmente cómo evitar con medios legales el mal natural y cómo obtener el bien natural. Presupone, pues, un mundo así. Para someter la voluntad a Dios, es preciso tener voluntad. Por su parte, la voluntad debe tener sus correspondientes objetos. La renuncia cristiana no es la apatía estoica, sino la disposición a preferir a Dios antes que otros fines inferiores legítimos en sí mismos. De ahí que el Perfecto Hombre expusiera en Getsemaní la voluntad, la firme voluntad, de eludir el sufrimiento y escapar a la muerte si ello fuera compatible con la voluntad del Padre. Pero también manifestó una disposición absoluta a obedecer si no se pudiera hacer su voluntad. Algunos santos recomiendan una «renuncia total» en los umbrales mismos del discipulado. A mi juicio, esa exhortación solo puede significar una disposición total a soportar cualquier renuncia particular que se nos pueda exigir,[1] pues sería imposible vivir sin desear un momento tras otro otra cosa que la sumisión como tal a Dios. ¿Cuál podría ser la materia de una subordinación así? Decir «Lo que quiero es someter lo que quiero a la voluntad de Dios» sería a todas luces una afirmación internamente contradictoria, pues el segundo *lo que* no tiene contenido alguno. Todos ponemos el mayor cuidado posible en evitar el dolor. El propósito, sumiso en el momento oportuno, de soslayarlo sirviéndose de medios legítimos está conforme con la naturaleza, es decir, con el entero sistema operativo de la vida de las criaturas, para las cuales está calculada la obra redentora de la tribulación.

Sería completamente falso, pues, suponer que el punto de vista cristiano sobre el sufrimiento es incompatible con la resuelta tarea y la obligación de dejar el mundo, incluso en sentido temporal, «mejor» de lo que lo encontramos. En la imagen más cabalmente parabólica del juicio, nuestro Señor parece reducir las virtudes a la beneficiencia activa. Aunque sería engañoso aislar esta descripción del evangelio en su conjunto, es suficiente para asentar de manera indudable los principios básicos de la ética social cristiana.

2. Si la tribulación es un elemento necesario de la redención, debemos esperar que no cesará hasta que Dios vea el mundo redimido o lo considere irredimible. El cristiano no puede creer, en consecuencia, a quienes prometen el cielo en la tierra con solo hacer alguna reforma en el sistema económico, político o sanitario. Habrá quien piense que esta idea puede tener un efecto desalentador sobre las personas dedicadas a actividades sociales, pero no hay razones en la práctica para llevarlas al desánimo. La verdad es exactamente la contraria. Un agudo sentido para percibir las miserias comunes de los hombres es un estímulo para eliminar cuanta miseria nos sea posible tan bueno como mínimo como esas insensatas esperanzas que inducen al hombre a buscar su realización quebrantando la ley moral, y que resultan ser polvo y lodo una vez cumplidas. Si la aplicáramos a la vida intelectual, la doctrina que afirma la necesidad de imaginarse el cielo en la tierra para comprometerse con la erradicación del mal actual revelaría de inmediato su incongruencia. Los hambrientos buscan comida y los enfermos curación, aun cuando sepan que tras la comida o la cura les seguirán aguardando los altibajos ordinarios de la vida.

---

1. Comp. Brother Lawrence, *Practice of the Presence of God*, Cuarta Conversación, 25 de noviembre de 1667. Una «renuncia de corazón» tiene que ver allí «con todo aquello de lo cual somos conscientes que no nos conduce a Dios».

No entro en el problema de si son o no deseables cambios drásticos en nuestro sistema social. Tan solo quiero recordar al lector que no se debe confundir una medicina particular con el elixir de la vida.

3. Ya que se han cruzado en nuestro camino los problemas políticos, debo dejar claro que la doctrina cristina de la autorrenuncia y la obediencia es puramente teológica, no política. No tengo nada que decir, pues, sobre las formas de gobierno, la autoridad civil o la obediencia ciudadana. La clase y el grado de obediencia que la criatura debe al Creador son únicos, pues única es la relación entre criatura y Creador. De ello no se puede deducir, en consecuencia, proposición política alguna.

4. La doctrina cristiana del sufrimiento explica, creo yo, un hecho muy curioso sobre el mundo en que vivimos: Dios nos niega —por la misma naturaleza del mundo— la felicidad y la seguridad estables que todos deseamos. Pero también ha derramado liberalmente alegría, placer y regocijo. Nunca estamos seguros, pero tenemos diversiones y alguna posibilidad de arrobamiento. No es difícil descubrir por qué. La seguridad anhelada nos enseñaría a buscar en este mundo descanso para nuestro corazón, y supondría un obstáculo para retornar a Dios. En cambio, unos momentos de amor feliz, un paisaje, una sinfonía, el encuentro alborozado con nuestros amigos, un baño o un partido de fútbol no tienen el mismo desenlace. Nuestro Padre nos reconforta en el viaje procurándonos albergue en posadas acogedoras, pero no nos alienta a confundirlas con el hogar.

5. No debemos hacer que el problema del dolor sea peor de lo que es usando expresiones vagas como «la suma inimaginable de la miseria humana». Supongamos que yo tuviera un dolor de muelas de intensidad x, e imaginemos que tú, sentado junto a mí, comenzaras a tener un dolor de muelas de intensidad x. Se puede decir, si se quiere, que la cantidad de dolor que hay en el lugar en que nos encontramos es ahora de 2x. Explórese el tiempo y el espacio enteros. Jamás encontraremos ese dolor doble en la conciencia de nadie. No existe tal suma de sufrimiento, pues nadie la padece. Si llegáramos hasta el límite de la capacidad de sufrimiento del hombre concreto, descubriríamos sin duda algo aterrador, pero tendríamos también todo el dolor que puede haber jamás en el universo. La suma de un millón más de seres humanos atribulados no incrementa ni un ápice la cantidad de dolor experimentado por uno solo.

6. El dolor es, entre todos los males, el único esterilizado o aséptico. El mal intelectual o error se puede repetir porque la causa del primer

yerro —la fatiga o la poca claridad de la escritura— continúa actuando. Pero, al margen de ese hecho, el error engendra error por derecho propio. Si es errónea la primera premisa de un argumento, las consecuencias extraídas de él lo serán igualmente. El pecado se puede repetir porque se mantiene la tentación original. Pero, fuera de ello, el pecado engendra pecado por su misma naturaleza, pues refuerza la propensión a pecar y debilita la conciencia. El dolor, como los demás males, puede reaparecer también, pues la causa del primer dolor —la enfermedad, el enemigo— sigue activa todavía. Pero el dolor no tiene en sí mismo tendencia alguna a reproducirse. Cuando ha pasado, ha pasado, y la consecuencia natural es la alegría.

Esta distinción se puede establecer exactamente al revés. Tras el error, no hace falta únicamente eliminar las causas —la fatiga o la poca claridad de la escritura—, sino también corregir el tropiezo mismo. Después de pecar, no solo es preciso apartarse de la tentación hasta donde sea posible, sino además retroceder y arrepentirse del pecado como tal. En ambos casos se requiere «deshacer» algo. El dolor no necesita deshacer nada. Lo realmente necesario será curar la enfermedad que lo produce. Pero el dolor mismo, una vez pasado, es improductivo. En cambio, los errores no corregidos y los pecados de los que no nos hemos arrepentido son por derecho propio una fuente de nuevos errores y nuevos pecados que mana hasta el fin de los tiempos. Cuando yerro, mi error contagia a quienes me creen. Cuando peco públicamente, el observador me perdona, compartiendo de ese modo mi culpa, o me condena, arrostrando el peligro inmediato que eso supone para su caridad y su humildad. El sufrimiento, sin embargo, no produce en el observador, a menos que sea un ser insólitamente depravado, un efecto pernicioso, sino beneficioso, es decir, compasivo. Así pues, el mal del que Dios se sirve preferentemente para producir el «bien complejo» es notablemente limpio, pues está privado de esa tendencia multiplicadora que constituye la característica más perniciosa del mal en general.

8

EL INFIERNO

¿Qué es el mundo, oh soldados?
El mundo soy yo.
Yo soy esta nieve incesante,
este cielo del norte.
¡Soldados! Esta soledad
que atravesamos
soy yo.

W. DE LA MARE, *NAPOLEÓN*

Ricardo ama a Ricardo; es decir, yo soy yo.

SHAKESPEARE

EN EL CAPÍTULO anterior hemos establecido que si el dolor tan solo fuera capaz de mover al hombre malo a reconocer que nada va bien, podría conducir a una incontrita sublevación final. Hemos admitido sin reservas que el hombre tiene una voluntad libre y que, por consiguiente, los dones con que se halla adornado son armas de doble filo. De estas premisas deriva inmediatamente el hecho de que el esfuerzo divino para redimir el mundo no tenga garantizado el éxito en cada alma individual. Algunas no quieren ser redimidas.

Ninguna otra doctrina eliminaría con más gusto del cristianismo si de mí dependiera, pero está plenamente respaldada por las Escrituras y, sobre todo, por las palabras de nuestro Señor. Además, ha sido sostenida ininterrumpidamente por la cristiandad, y cuenta con el apoyo de la razón. Si tomamos parte en un juego, debemos contar con la posibilidad de perder. Si la felicidad de la criatura reside en la autorrenuncia, nadie sino uno mismo, aunque ayudado quizá por muchos otros —ayuda que se puede rechazar—, podrá llevar a cabo el abandono de sí. Daría cualquier cosa por la posibilidad de decir: «Todos serán salvados»; pero mi razón replica: «¿Con su consentimiento o sin él?». Si digo: «Sin él», percibo inmediatamente la contradicción: ¿cómo puede ser involuntario el supremo acto voluntario de entregarse? Si respondo: «Con mi consentimiento», mi razón arguye: «¿Cómo es posible si no quieren entregarse?».

Las homilías dominicales sobre el infierno van dirigidas, como todos los sermones del domingo, a la conciencia y la voluntad, no a la curiosidad intelectual. Si nos mueven a la acción convencidos de una posibilidad terrible, logran seguramente lo que se proponían. Y si el mundo en su conjunto estuviera habitado por cristianos convencidos, no sería necesario decir una palabra más sobre el particular. Tal como están las cosas, sin embargo, la doctrina del infierno es uno de los principales argumentos empleados para atacar al cristianismo, acusarlo de bárbaro e impugnar la bondad de Dios. Se nos dice que es una doctrina detestable —yo mismo la detesto, en efecto, de todo corazón—, y se nos recuerda las tragedias ocurridas en la vida humana por haber creído en ella. No se nos habla tanto, en cambio, de las desdichas causadas por no creer en ella. Por estas razones, y solo por ellas, resulta necesario tratar de este asunto.

El problema no es simplemente el de un Dios que entrega alguna de sus criaturas a la perdición definitiva. Eso sería posible si fuéramos mahometanos. El cristianismo, fiel como siempre a la complejidad de lo real, nos presenta algo más difícil y ambiguo: un Dios tan misericordioso que se hace hombre y muere torturado para impedir la perdición definitiva de sus criaturas, y que, cuando fracasa ese heroico remedio, parece remiso o incapaz de detener la ruina mediante un acto de nuevo poder. Hace un momento he dicho con ligereza que haría «cualquier cosa» por eliminar esta doctrina. Mentía. No podría hacer ni la milésima parte de lo que Dios ha hecho para suprimir el hecho. Y ahí reside el verdadero problema. ¡A pesar de tanta misericordia, existe el infierno!

No voy a tratar de demostrar que es una doctrina tolerable. No nos engañemos: no es tolerable. Sin embargo, mediante la crítica de las objeciones hechas o sentidas contra ella, se puede mostrar, a mi juicio, que se trata de una doctrina moral.

Muchas inteligencias ponen objeciones a la idea de castigo retributivo como tal. De ello hemos tratado ya en un capítulo anterior. Sosteníamos en él que el castigo se torna injusto cuando se suprimen de él las ideas de deuda y retribución. Asimismo, descubríamos la esencia de la justicia en la misma pasión vindicativa, en la exigencia de impedir que el malvado se sienta completamente satisfecho de su propio mal, de forzarlo a que la maldad aparezca ante él tal como aparece ante los demás, es decir, como maldad. Además, señalé que el dolor despliega la bandera en una fortaleza rebelde. Finalmente, traté del dolor susceptible de conducir al arrepentimiento. Pero ¿qué ocurre si no lo hace, si la única conquista consiste en desplegar la bandera en esa fortaleza rebelde?

Tratemos de ser honestos con nosotros mismos. Imaginémonos que un hombre ha alcanzado riqueza y poder merced a un modo de proceder lleno de traición y crueldad, explotando para fines puramente egoístas los nobles ademanes de sus víctimas y riéndose al propio tiempo de su simplicidad. Supongamos que ese hombre, encaramado en la cumbre del éxito como hemos indicado, lo utiliza para satisfacer su placer y su odio, hasta que, finalmente, se desprende del último harapo de honor entre ladrones traicionando a sus propios cómplices y mofándose de sus últimos momentos de desilusión desconcertante. Imaginémonos, por último, que no siente tormento ni remordimiento para hacer todo eso, como a nosotros nos gustaría creer, sino que sigue comiendo a dos carrillos y durmiendo como un niño lleno de salud; es decir, que el autor de todo cuanto precede es un hombre jovial, de mejillas sonrosadas, despreocupado de cuanto pasa en el mundo, completamente seguro hasta el final de ser el único que ha encontrado la respuesta al enigma de la vida, de que Dios y el hombre son unos necios de los que se ha aprovechado, de que este estilo de vida es próspero, satisfactorio e intachable. Hemos de ser cautos en este punto. La menor indulgencia con el deseo de venganza es un grave pecado mortal. La caridad cristiana nos aconseja dedicar toda clase de esfuerzos a la conversión de un hombre así, preferir su conversión a su castigo, aun a riesgo de nuestra propia vida, y tal vez de nuestra alma. La conversión es infinitamente preferible al castigo. Pero no es ese el problema. ¿Qué destino en la vida eterna consideramos adecuado para él en el supuesto de que no quiera convertirse? ¿Podemos desear realmente que a un hombre así, sin dejar de ser como es —y como ser libre debe ser capaz de continuar en el mismo estado— le sea ratificada para siempre su actual felicidad? ¿Podemos aceptar que continúe convencido por toda la eternidad de que ha reído el último? ¿Solo la maldad y el rencor nos impiden considerar tolerable esa situación? ¿No descubrimos en este momento de modo muy claro el conflicto entre justicia y misericordia, considerado en ocasiones como un fragmento anticuado de teología? ¿No sentimos palpablemente que llega a nosotros desde arriba, no desde abajo?

No nos mueve el deseo de causar dolor a esa desgraciada criatura, sino la exigencia estrictamente ética de que se imponga la justicia tarde o temprano y se despliegue la bandera en esta alma rebelde, aun cuando a todo ello no siga una conquista mejor y más completa. En este sentido, es mejor para la criatura reconocerse a sí misma como un fracaso o un error aunque no se haga buena nunca. A la propia misericordia le será difícil desear que un hombre semejante continúe ufanamente en su horrible ilusión por toda la eternidad. Tomás de Aquino dice del sufrimiento lo que Aristóteles había señalado acerca de la vergüenza, a saber, que aun no siendo bueno en sí mismo, puede resultar bueno en determinadas circunstancias. Cuando está presente el mal, el dolor que supone percibirlo es una forma de conocimiento y, como tal, algo relativamente bueno. Si no pudiera conocerlo, el alma ignoraría la existencia del mal o su condición de realidad opuesta a su naturaleza. «Ambas cosas, dice el filósofo, son manifiestamente malas».[1] Y yo creo, aunque nos estremezca, que estamos de acuerdo con él.

La exigencia de que Dios debiera perdonar a un hombre semejante sin cambiar lo más mínimo su modo de ser está basada en una confusión entre condonar y perdonar. Condonar un mal significa simplemente ignorarlo, tratarlo como si fuera bueno. El perdón, en cambio, debe ser ofrecido y aceptado para ser completo, y el hombre que no admite culpa alguna no puede aceptar el perdón.

He comenzado con la concepción del infierno como un positivo castigo retributivo infligido por Dios por ser esa la forma que provoca más rechazo y porque deseo atajar la objeción más determinante. Aunque

---

1. *Summa Theologica*, I, II, Q. xxxix, Art. 1.

nuestro Señor habla a menudo del infierno como de una sentencia dictada por un tribunal, otras veces dice también que el juicio consiste en el sencillo hecho de que los hombres prefieren la oscuridad a la luz, y que no es Él, sino «su Palabra» la que juzga a los hombres.[1] Como ambas concepciones significan a fin de cuentas lo mismo, quedamos en libertad para pensar que la perdición del hombre malo de nuestro ejemplo no es una condena que se le impone, sino el simple hecho de ser lo que es. El rasgo característico de las almas perdidas es «el rechazo de todo cuanto no sea ellas mismas».[2] Nuestro imaginario egoísta ha intentado transformar lo que le sale al paso en una provincia o apéndice de sí mismo. El gusto por el otro, es decir, la capacidad de gozar el bien, estaría completamente apagado en él si su cuerpo no lo siguiera arrastrando a mantener algún contacto superficial con el mundo exterior. La muerte elimina este último contacto. Tiene, pues, lo que desea: vivir completamente en el «yo» y hacer lo mejor con lo que encuentre en él. Y lo que encuentra en él es el infierno.

Otra objeción gira en torno a la aparente desproporción entre condena eterna y pecado transitorio. Si pensamos en la eternidad como mera prolongación del tiempo, es efectivamente desproporcionada. Muchos rechazarían, no obstante, esta idea de eternidad. Si concebimos el tiempo como una línea —y no se trata de una mala imagen, pues como sus partes son sucesivas, ninguna de ellas puede coexistir con las otras, es decir, no hay anchura en el tiempo, sino solo longitud—, deberemos concebir seguramente la eternidad como un plano o incluso como un volumen. Así pues, la realidad integral del ser humano se debería representar como una figura sólida. Esa figura sería obra de Dios principalmente cuando obrara de acuerdo con la gracia y la naturaleza. Mas el libre albedrío habría aportado la línea de base que llamamos vida terrenal. Si se dibuja torcida la línea de base, el cuerpo entero quedará trastocado. El hecho de que la vida sea breve, o, en lenguaje simbólico, que aportemos una pequeña línea al conjunto de la figura completa, se puede considerar como misericordia de Dios. Si el propio trazado de la pequeña línea referida, dejado a nuestra voluntad, está tan mal hecho que arruina el conjunto, ¡cuánto mayor desastre causaríamos si se nos hubiera confiado la figura entera!

---

1. Juan 3.19; 12.48.
2. Véase von Hügel, Essays and Adresses, 1st series, *What do we mean by Heaven and Hell?*

Una forma más simple de la misma objeción consiste en decir que la muerte no debería ser el final, que debería haber una segunda oportunidad.[1] A mi juicio, si existiera la menor probabilidad de que se iba a utilizar para hacer el bien, se daría un millón de oportunidades. El maestro sabe a menudo, aunque los padres y los alumnos lo ignoren, que es completamente inútil hacer que un estudiante se presente de nuevo a un examen. Alguna vez se ha de tomar la decisión, y nos es preciso tener mucha fe para creer que el ser omnisciente sabe cuándo.

La tercera objeción se refiere a la espantosa intensidad de los dolores del infierno, tal como sugieren el arte medieval y algunos pasajes de las Escrituras. Von Hügel nos previene en este punto para que no confundamos la doctrina en sí misma con la imaginería empleada para transmitirla. Nuestro Señor se sirvió de tres símbolos para hablar del infierno. El primero es el castigo («castigo eterno», Mt 25.46). El segundo, la destrucción («temed más bien a aquel que puede destruir alma y cuerpo en el infierno», Mt 10.28). Y el tercero, la privación, exclusión o destierro a las «tinieblas de afuera», como en la parábola del hombre sin traje de boda, o en la de las vírgenes sabias y necias. La imagen del fuego, la más frecuente de todas, es especialmente significativa, pues combina las ideas de tormento y destrucción. Es enteramente cierto que el propósito de todas estas expresiones es sugerir algo indescriptiblemente horrible. Me temo, pues, que cualquier interpretación que no reconozca este hecho queda descalificada desde el principio. No es necesario, empero, centrar la atención en la imagen de la tortura hasta el punto de excluir aquella otra que sugiere destrucción y privación.

¿Qué realidad es esa de la cual las tres imágenes son símbolos igualmente adecuados? Es natural suponer que «destrucción» signifique «disolución» o «supresión» de lo destruido. La gente habla a menudo como si la «aniquilación» del alma fuera intrínsecamente posible. Sin embargo, si nos atenemos a los datos de la experiencia, la destrucción de una cosa significa el surgimiento de otra. Si quemamos un tronco, obtendremos gases, calor y ceniza. Haber sido tronco significa ser ahora esas tres cosas. ¿No existiría también la situación de haber sido alma humana si esta pudiera ser destruida? ¿Y no es eso, acaso, el estado descrito como tormento, destrucción y privación? Recuérdese que en la parábola los salvados van a un lugar preparado para ellos, mientras que los condenados se dirigen

---

1. No se debe confundir la idea de «segunda oportunidad» con el purgatorio (para almas ya salvadas) ni con el limbo (para almas ya perdidas).

a un sitio no dispuesto en modo alguno para los hombres.[1] Entrar en el cielo significa ser más plenamente humano de lo que jamás se haya sido en la tierra. Ingresar en el infierno supone ser desterrado de la humanidad. Lo arrojado —o lo que se arroja a sí mismo— al infierno no es un hombre, sino «restos» suyos. Ser un hombre completo significa hacer que las pasiones obedezcan a la voluntad y ofrecer la voluntad a Dios. Haber sido hombre —ser ex-hombre o un «espíritu maldito»— significará seguramente poseer una voluntad completamente centrada en sí misma y unas pasiones desembarazadas totalmente del control de la voluntad. Es imposible imaginar cómo podría ser la conciencia de semejante criatura, que en su estado actual es ya un cúmulo incoherente de pecados antagónicos más que un pecador.

Tal vez sea cierto el dicho de que «el infierno no es infierno desde su propio punto de vista, sino desde el punto de vista del cielo». Nada de esto desmiente, a mi juicio, la severidad de las palabras de nuestro Señor. Solo a los condenados puede no parecerles su destino insoportable. Y debemos reconocer que cuando pensamos en la eternidad, como hemos hecho en los últimos capítulos, comienzan a retroceder las categorías de placer y dolor, que han ocupado nuestra atención durante un tiempo considerable, a medida que aparece en lontananza un bien y un mal más vastos. Ni el dolor ni el placer como tal tienen la última palabra. Aun en el caso de que la experiencia de los condenados —si cabe llamarla así— no fuera dolorosa, sino extraordinariamente placentera, el negro placer sería tal que lanzaría a las almas todavía no condenadas a entregarse, llenas de un terror de pesadilla, a sus oraciones para evitarlo. Y si en el cielo existiera dolor, todo el que fuera capaz de comprender desearía sufrirlo.

La cuarta objeción se puede formular como sigue: ningún hombre caritativo puede ser bienaventurado en el cielo sabiendo que una sola alma humana está todavía en el infierno. ¿Acaso somos nosotros, si ese fuera el caso, más misericordiosos que Dios? Tras esta objeción late una representación del cielo y el infierno como realidades coexistentes en un tiempo lineal —igual que coexisten las historias de Inglaterra y América—, de suerte que el bienaventurado podría decir en cada momento: «Los sufrimientos del infierno están teniendo lugar ahora». Repárese, no obstante, en que nuestro Señor, aunque subraya el terror del infierno con profunda severidad, no destaca habitualmente la idea de

---

1. Mateo 25.34-41.

duración, sino la de finalidad. El envío al fuego destructor es considerado por lo general como el fin de la historia, no como el comienzo de una nueva. No podemos poner en duda que el alma condenada se mantiene eternamente afianzada a su actitud diabólica. Sin embargo, nos es imposible decir si esta invariabilidad eterna implica una duración infinita —ni siquiera si implica simplemente duración—. El doctor Edwyn Bevan ha hecho algunas reflexiones interesantes sobre el asunto.[1] Sabemos mucho más del cielo que del infierno, pues el cielo es el hogar de la humanidad y contiene, en consecuencia, todo cuanto supone la vida humana glorificada. El infierno, en cambio, no ha sido hecho para el hombre. No es en ningún sentido paralelo al cielo. Se trata de las «tinieblas de afuera», el borde externo donde el ser se derrama en la nada.

Por último, se arguye que la pérdida definitiva de una sola alma significa la derrota de la omnipotencia. Y así es. Al crear seres dotados de voluntad libre, la omnipotencia se somete desde el principio a la posibilidad de semejante descalabro. A un desastre así yo lo llamo milagro. Crear seres que no se identifican con el Creador, y someterse de ese modo a la posibilidad de ser rechazado por la obra salida de sus manos, es la proeza más asombrosa e inimaginable de cuantas podamos atribuir a la Divinidad. Creo de buen grado que los condenados son, en cierto sentido, victoriosos y rebeldes hasta el fin, que las puertas del infierno están cerradas por dentro. No quiero decir que las almas no deseen salir del infierno, como el hombre envidioso «desea» ser feliz, sino que no quieren asumir, ciertamente, las fases preliminares de entrega y autorrenuncia mediante las cuales el alma puede alcanzar cualquier bien. Por lo tanto, gozan para siempre de la horrorosa libertad reclamada. Por consiguiente, se han hecho esclavas de sí mismas, como los bienaventurados, sometidos para siempre a la obediencia, se tornan más y más libres por toda la eternidad.

La respuesta a quienes critican la doctrina del infierno es, a la postre, una nueva pregunta: «¿Qué pedimos que haga Dios?». ¿Que borre los pecados pretéritos y permita a todo trance un comienzo nuevo, allanando las dificultades y ofreciendo ayuda milagrosa? Pues eso es precisamente lo que hizo en el Calvario. ¿Perdonar? Hay quienes no quieren ser perdonados. ¿Abandonarlos? Mucho me temo, ¡ay!, que eso es lo que hace.

Termino con una advertencia. Para dar a las mentes modernas la posibilidad de entender estas cuestiones, me he aventurado a introducir

---

1. *Symbolism and Belief*, p. 101.

en este capítulo una imagen del tipo de hombre malvado susceptible de ser percibido sin dificultad por la mayoría de nosotros como realmente malvado. Pero cumplida su tarea, cuanto antes se olvide esta imagen mucho mejor. En cualquier tratamiento del infierno no solo deberíamos tener presente la posibilidad de que se condenen nuestros amigos o nuestros enemigos (pues ambas eventualidades inquietan nuestra razón) sino también la de que nos condenemos nosotros mismos. Este capítulo no se ocupa de nuestra esposa o de nuestros hijos, ni de Nerón o Judas Iscariote, sino de ti y de mí.

9

EL DOLOR ANIMAL

«Jehová Dios formó, pues, de la tierra toda bestia del campo, y toda ave de los cielos, y las trajo a Adán [...]; y todo lo que Adán llamó a los animales vivientes, ese es su nombre».

GÉNESIS 2.19

«Hemos de estudiar lo natural en los seres que se mantienen fieles a su naturaleza y no en los corrompidos».

ARISTÓTELES, *POLÍTICA* I, V, 5

HASTA AHORA NOS hemos ocupado del dolor humano. Pero todo este tiempo «ha perforado el cielo un lamento de dolor inocente». El dolor animal constituye un problema impresionante; y ello no porque los animales sean muy numerosos (pues como hemos visto, el dolor no es mayor cuando lo sufre un millón de personas que cuando lo padece una sola), sino porque la explicación cristiana del dolor humano no puede hacerse extensiva al animal. Que nosotros sepamos, las bestias no son capaces de pecado ni de virtud; en consecuencia, no merecen el dolor ni pueden perfeccionarse padeciéndolo. No debemos permitir, por lo demás, que el problema de la aflicción animal se convierta en el centro de la cuestión del dolor; no porque se trate de algo sin importancia —todo lo que proporciona argumentos plausibles para cuestionar la bondad de Dios es verdaderamente muy importante—, sino porque queda fuera del alcance del conocimiento. Dios nos ha proporcionado datos y noticias que nos permiten de algún modo entender el propio dolor, pero no nos ha dado ninguno que permita hacernos cargo del de las bestias. No sabemos ni por qué han sido creadas ni qué son. Así pues, todo cuanto digamos al respecto es una conjetura. La doctrina de la bondad de Dios permite deducir de forma segura que la aparición en el reino animal de una crueldad divina excesiva es una ilusión. El hecho de que el único dolor conocido de primera mano —el propio— no resulte una crueldad hace más fácil creer en ello. Todo lo demás son cábalas.

Podemos empezar desechando algunas de las fanfarronadas pesimistas recogidas en el primer capítulo. El hecho de que en la vida vegetal unas especies vivan «a expensas» de otras en «despiadada» competencia carece en absoluto de significación moral. La «vida» en sentido biológico no tiene nada que ver con el bien y el mal hasta que no aparece la sensibilidad. Las mismas palabras «vivir a expensas» y «despiadada» son simples metáforas. Wordsworth creía que las flores «gozaban del aire que respiraban». Mas no hay razón alguna para suponer que estuviera en lo cierto. La vida vegetal reacciona a las agresiones de manera distinta, ciertamente, que la materia inorgánica. Pero un cuerpo humano anestesiado reacciona de forma más diferente todavía, y semejantes reacciones no prueban la existencia de sensibilidad. Está justificado, por supuesto, hablar de la muerte o el deterioro de una planta como si se tratara de una tragedia, con tal que seamos conscientes de que estamos usando una metáfora. Una de las funciones de los mundos animal y vegetal es, seguramente, proporcionar símbolos para describir las experiencias espirituales; pero no debemos ser víctimas de nuestras metáforas. Un bosque en el que la mitad de los árboles esté destruyendo la otra mitad puede ser un bosque absolutamente bueno, pues su bondad reside en su utilidad y belleza, y no siente.

Si dirigimos nuestra atención a las bestias, surgen tres interrogantes. El primero es una cuestión de hecho, y se puede formular así: ¿qué sufren los animales? El segundo se refiere al problema del origen: ¿cómo entran la enfermedad y el dolor en el mundo animal? El tercero atañe al problema de la justicia, a saber, ¿cómo se puede armonizar el sufrimiento animal con la justicia de Dios?

1. La respuesta al primer interrogante es, a la postre, la siguiente: no lo sabemos. Tal vez merezca la pena, sin embargo, hacer algunas conjeturas al respecto. Debemos empezar distinguiendo unos animales de otros. Si el mono pudiera entendernos, se sentiría muy ofendido al verse amontonado con la ostra y el gusano en la misma clase «animal», y contrapuesto a los hombres. Es indudable que el hombre y el mono tienen hasta cierto punto más semejanzas entre sí que cualquiera de ellos con el gusano. En el nivel inferior del reino animal no es menester suponer la existencia de algo susceptible de ser admitido como sensibilidad. Al distinguir entre las formas de vida animal y vegetal, el biólogo no hace uso de la sensibilidad, la locomoción u otras características semejantes que el no versado en la materia pudiera escoger de forma natural. Al mismo tiempo, no hay duda de que la sensibilidad empieza en algún momento, aunque no sepamos cuándo, pues los animales superiores tienen un sistema nervioso muy semejante al nuestro. Mas en este nivel hemos de distinguir todavía entre sensibilidad y conciencia. Si no han oído hablar de esta distinción antes de ahora, seguramente la encontrarán sorprendente. Sin embargo, goza de gran autoridad, y no sería aconsejable rechazarla precipitadamente.

Supongamos tres sensaciones sucesivas A, B y C. Quien las sienta experimentará la secuencia A-B-C. Pero reparemos en lo que ello implica. Ante todo, que hay en él algo exterior a A y a B que le permite percibir cómo pasa A, y cómo surge B y empieza a ocupar el espacio dejado por A. Pero, sobre todo, le concede la posibilidad de reconocerse a sí mismo como un ser idéntico a través de los cambios de A a B y de B a C. Puede decir, pues: «Yo he tenido la experiencia A-B-C». Llamo conciencia o alma a ese algo en cuestión, y el proceso recién descrito es una prueba de que el alma, aunque siente el tiempo, no es en sí misma completamente «temporal». La vivencia más sencilla de A-B-C, aquella que la percibe como una sucesión, exige la existencia de un alma que no sea ella misma una sucesión de estados, sino un cauce permanente por el que discurren las diferentes partes del torrente de sensaciones, capaz de reconocerse invariablemente como idéntico en todas ellas.

Es casi seguro que el sistema nervioso de los animales superiores posee la capacidad de experimentar sensaciones sucesivas; pero de esto no se desprende que tengan «alma», algo que se perciba a sí misma como una realidad que ha experimentado A, que ahora experimenta B y distingue cómo se escurre B para hacer sitio a C. Si no existe un «alma» semejante, no tendrán lugar jamás experiencias como la que hemos llamado A-B-C. Tan solo habrá, por decirlo con lenguaje filosófico, «una sucesión de percepciones»; es decir, las sensaciones se sucederán efectivamente en el orden indicado, y Dios sabe que está sucediendo así, pero el animal, no. No hay «percepción de la sucesión».

Eso significa que si diéramos dos latigazos a un animal, habría realmente dos dolores, pero no habría un único yo capaz de conocer que es el sujeto invariable que «ha experimentado dos dolores». Ni siquiera cuando padece un único dolor hay un «yo» capaz de decir: «Tengo dolor». Si el animal pudiera distinguirse a sí mismo como distinto de la sensación, si fuera capaz de distinguir el cauce del torrente, si pudiera decir: «Yo tengo dolor», sería capaz de conectar las dos sensaciones y hacer de ellas una experiencia suya. La descripción correcta debería ser: «En este animal está teniendo lugar un dolor», no «Este animal siente dolor», como decimos habitualmente, pues las palabras «este» y «siente» introducen de contrabando la idea de que hay un «yo», un «alma» o una «conciencia» por encima de las sensaciones y capaz de organizarlas como nosotros hasta formar una «experiencia».

A mi juicio, no hay modo de imaginarse una sensibilidad así sin conciencia; y no porque nosotros nunca la experimentemos, sino porque, cuando ocurre, la describimos como una forma «inconsciente» de sensibilidad; es una certera descripción. Las reacciones del animal al dolor son muy semejantes a las nuestras, desde luego, pero eso no constituye, como es natural, prueba alguna de que sean conscientes, pues nosotros podemos reaccionar también del mismo modo cuando nos hallamos bajo los efectos de la anestesia e, incluso, responder preguntas durante el sueño.

No quiero hacer conjeturas acerca de hasta dónde se puede extender en la escala animal la sensibilidad inconsciente. Es difícil imaginar, ciertamente, que el mono, el elefante y los animales domésticos superiores no tengan de algún modo un «yo» o un alma capaz de conectar las experiencias y dar origen a una rudimentaria individualidad; pero aun así, buena parte del aparente sufrimiento animal no se debe considerar como tal en ningún sentido real. Posiblemente hayamos sido nosotros los inventores del animal «doliente» mediante la «falacia patética» de atribuir a las bestias un «yo» del que no hay la menor evidencia real.

2. Las primitivas generaciones podían rastrear el origen del dolor animal hasta llegar a la Caída del hombre; el mundo entero fue contagiado

por la rebelión destructora de Adán. Hoy día no es posible admitir esta idea, pues tenemos buenas razones para creer que los animales han existido mucho antes que el hombre. La conducta carnívora, con todo lo que implica, es más antigua que la humanidad. Mas en este punto resulta imposible no recordar cierto relato sagrado, no incluido nunca en el Credo, pero ampliamente aceptado dentro de la iglesia y que parece sobreentenderse en ciertas afirmaciones de san Pablo y san Juan. Me refiero al relato de que no fue el hombre la primera criatura en rebelarse contra el Creador, sino que un ser más antiguo y poderoso abjuró de Él y es ahora príncipe de las tinieblas y, lo que es más importante aún, señor de este mundo.

A algunos les gustaría suprimir todas esas ideas de la enseñanza de nuestro Señor. Se podría aducir al respecto que, cuando el Señor se despoja a sí mismo de su gloria, se humilla para compartir como hombre las supersticiones de su época. Yo creo, ciertamente, que Cristo, considerado como hombre de carne y hueso, no era omnisciente. Un cerebro humano no podría ser, según cabe presumir, el vehículo de una conciencia omnisciente, y decir que el pensamiento de nuestro Señor no estaba realmente condicionado por el tamaño y la forma de su cerebro significaría negar la encarnación real y convertirse en docetista. Si nuestro Señor hubiera hecho alguna afirmación histórica o científica conocida por nosotros como falsa, mi fe en su divinidad no vacilaría lo más mínimo. Pero la doctrina de la existencia y caída de Satanás no se halla entre las cosas conocidas por nosotros como falsas. No contradice, pues, los hechos descubiertos por los científicos, sino tan solo el confuso «estado de opinión» en el que nos toca vivir. Pero yo no doy demasiada importancia a los «estados de opinión».

Me parece razonable la suposición de que cierto poder creado y extraordinariamente poderoso hubiera estado trabajando para el mal en el universo material, en el sistema solar o, al menos, en el planeta Tierra antes de que el hombre entrara en escena. No es descabellado pensar, pues, que alguien le tentara para que cayera. Esta hipótesis no es introducida como «explicación general del mal», sino que se limita a explicar más ampliamente el principio de que el origen del mal se debe situar en el abuso del libre albedrío. Si existe un poder semejante, como yo mismo creo, pudo muy bien haber corrompido la creación animal antes de que apareciese el hombre. La maldad intrínseca al reino animal consiste en el hecho de que los animales, o algunos de ellos, viven destruyéndose entre sí. No acepto que el mismo hecho sea un mal en el reino vegetal.

La corrupción satánica de las bestias sería análoga en un sentido a la corrupción satánica del hombre, pues una de las consecuencias de la caída del hombre fue el alejamiento de su animalidad de la humanidad a la que había sido elevado, y la imposibilidad de que desde entonces esta pudiera gobernar a aquella. De modo semejante, la animalidad sería alentada seguramente a adoptar sigilosamente el tipo de conducta propia de las plantas. Es cierto, sin lugar a dudas, que la inmensa mortalidad causada por el hecho de que muchos animales vivan a expensas de otros se equilibra en la naturaleza con una alta tasa de natalidad. Pudiera parecer que si todos los animales hubieran sido herbívoros y sanos, hubieran muerto de hambre como consecuencia de su propia multiplicación. Mas yo considero que la fecundidad y la tasa de mortalidad son fenómenos correlativos. Quizás no hubiera necesidad de un exceso semejante de impulso sexual. El señor del mundo pensó en él como respuesta al comportamiento carnívoro; un falso ardid para conseguir la mayor cantidad de tortura. Donde yo digo que las criaturas vivas fueron corrompidas por un maligno ser angélico, se puede decir, si se estima menos ofensivo, que fue corrompida la «fuerza de la vida». En ambos casos se quiere decir lo mismo, pero yo encuentro más fácil creer en un mito de dioses y demonios que en un mito de hombres abstractos hipostasiados. Después de todo, nuestra mitología está seguramente mucho más cercana de lo que suponemos a la verdad literal. No olvidemos que nuestro Señor atribuyó en cierta ocasión la enfermedad humana no a la cólera de Dios ni a la naturaleza, sino explícitamente a Satanás.[1]

Si esta hipótesis es digna de consideración, también lo es averiguar si el hombre tenía que desempeñar una función redentora desde el momento mismo de su venida al mundo. Incluso ahora puede el hombre hacer prodigios con los animales: el gato y el perro viven juntos en mi casa y parece gustarles. Una de las funciones del hombre tal vez haya sido restablecer la paz en el reino animal, y si no se hubiera pasado al enemigo, podría haber tenido en la tarea un éxito difícil de imaginar.

3. Por último, está el problema de la justicia. Hemos considerado las razones que inducen a creer que no todos los animales sufren como nosotros creemos que sufren. Hay, sin embargo, algunos casos en que da la impresión de que tuvieran un «yo». ¿Qué podemos hacer por este inocente? También hemos considerado la posibilidad de creer que el dolor

---

1. Lucas 13.16.

animal no es obra de Dios, sino algo que comenzó con la mala voluntad de Satanás y se perpetuó por la deserción del hombre de su destino. Mas si Dios no lo ha causado, al menos lo ha permitido. Una vez más se nos plantea la pregunta: ¿Qué debemos hacer por estos inocentes?

Me han advertido que no suscite siquiera el problema de la inmortalidad animal si no quiero encontrarme «en compañía de todas las solteronas».[1] Pues bien, nada tengo que objetar a esa clase de compañía. A mi juicio, ni la virginidad ni la ancianidad son despreciables; algunas de las inteligencias más perspicaces con las que me he topado habitaban en cuerpos de solteronas. Tampoco me conmueven demasiado preguntas jocosas del tipo: «¿Dónde pondrá usted a los mosquitos?», que merecen una respuesta del mismo tipo: «En el peor de los casos, el cielo para mosquitos y el infierno para hombres podrían combinarse convenientemente».

El completo silencio de las Escrituras y la tradición cristiana sobre la inmortalidad animal constituye una objeción más seria. Pero esta solo sería definitiva si la revelación cristiana diera muestras de haber sido pensada como un *système de la nature* para responder a todas las preguntas. Y no es nada de eso. La cortina se ha rasgado en un punto, y solo en uno, para desvelar nuestras necesidades prácticas inmediatas, no para satisfacer nuestra curiosidad intelectual. De acuerdo con el conocimiento que poseemos del método seguido por Dios en la revelación, si los animales fueran efectivamente inmortales es improbable que nos hubiera revelado esa verdad. Nuestra propia inmortalidad es una doctrina tardía en la historia del judaísmo. El argumento apoyado en el silencio es, pues, muy débil.

La verdadera dificultad de la hipótesis de que la mayor parte de los animales son inmortales reside en que la inmortalidad carece de sentido para una criatura que no es «consciente» en el sentido explicado más arriba. ¿Qué sentido tendría decir que Dios puede hacer volver a la vida a una lagartija muerta hoy si su vida consistiera estrictamente en una sucesión de sensaciones? Aunque volviera a la vida, no se reconocería a sí misma como la misma. Las sensaciones placenteras de cualquier otra lagartija que viviera tras su muerte serían una recompensa tan grande —o tan pequeña— por sus sufrimientos terrenos, si los hubo, como las experimentadas por… iba a decir el «yo» resucitado, pero el quid de la cuestión se halla en que la lagartija no tiene seguramente «yo». De acuerdo con

---

1. Pero también en la de J. Wesley, Sermon LXV. *The Great Deliverance*.

esta hipótesis, ni siquiera se podría decir lo que intentábamos decir. A mi juicio, el problema de la inmortalidad no se plantea, pues, a propósito de las criaturas dotadas exclusivamente de sensibilidad. La justicia y la misericordia tampoco exigen que se plantee, porque semejantes criaturas no tienen experiencia del dolor. Un sistema nervioso pronuncia las letras L, O, D, R, O. Mas, como no sabe leer, no compone con ellas la palabra «DOLOR».

Esta es *seguramente* la situación de todos los animales. Sin embargo, si no es mera ilusión nuestra firme convicción de que los animales superiores, especialmente los domesticados, tienen cierta personalidad, aunque muy rudimentaria, su destino exige una consideración más profunda. Debemos evitar el error de considerarlos en sí mismos. El hombre solo puede ser entendido en su relación con Dios. Las bestias han de ser entendidas únicamente en su relación con el hombre y, a través de él, con Dios.

En este punto debemos ponernos en guardia contra ciertas amalgamas inalterables del pensamiento ateo, vivas a menudo en la mente de algunos creyentes de nuestros días. El ateo considera la coexistencia del hombre y los demás animales como resultado contingente de la interacción de hechos biológicos; y la domesticación de animales por el hombre, como interferencia completamente arbitraria de una especie en otra. Para el ateo, el animal «verdadero» o «natural» es el salvaje. El domesticado, en cambio, es artificial o no natural. El cristiano no debe pensar de ese modo. El hombre fue designado por Dios para dominar sobre las bestias. Todo lo que el hombre hace al animal es un ejercicio o un abuso sacrílego de una autoridad poseída por derecho divino. En su más profundo sentido, el animal domesticado es, pues, el único animal «natural», el único que ocupa el lugar para el que fue creado. Por lo demás, nuestras teorías acerca de las bestias se deben basar sin excepción en él.

Ahora se podrá ver que el animal domesticado debe casi enteramente a su amo el «yo» o personalidad real que en cierto sentido posee. El buen perro pastor parece «casi humano» porque un buen pastor lo ha hecho así. Ya he llamado la atención sobre la fuerza misteriosa de la palabra «en». Los diferentes sentidos que posee en el evangelio no son, en mi opinión, idénticos. En la expresión «el hombre es en Cristo, Cristo en Dios, y el Espíritu Santo en la Iglesia y en cada uno de los creyentes», no tiene exactamente el mismo significado en todos los casos; más que una acepción única, posee diferentes significaciones que riman o se corresponden entre sí. Ahora voy a sugerir —con la mejor disposición a ser corregido por los verdaderos teólogos— que tal vez haya un sentido de *en* semejante —aunque no idéntico— al que tiene cuando decimos que los animales capaces de alcanzar un verdadero «yo» son *en* sus amos. Eso significa que no debemos pensar en el animal por sí mismo ni atribuirle «personalidad», y, a continuación, preguntar si Dios resucitará y bendecirá a un ser semejante. Es preciso tener en cuenta el contexto entero en que las bestias adquieren su personalidad: «El-hombre-bueno-y-la-buena-esposa-gobernando-sobre-sus-hijos-y-sus-animales-en-un-hogar-bueno». El contexto entero se puede considerar como «un cuerpo» en sentido paulino, o muy próximo a él. ¿Quién puede predecir qué partes de este «cuerpo» resucitarán junto con el hombre bueno y la buena esposa? Presumiblemente, cuantas sean necesarias no solo para la gloria de Dios y la bienaventuranza de la pareja humana, sino también para esa gloria y esa bienaventuranza particulares coloreadas eternamente por la experiencia terrena particular.

En este sentido, sí me resulta posible imaginar que ciertos animales sean inmortales, no en sí mismos, sino en la inmortalidad de sus amos. La dificultad de la identidad personal de una criatura no personal desaparece cuando se mantiene dentro de su contexto. Si preguntamos dónde reside la identidad personal de un animal erigido miembro del Cuerpo completo del hogar, responderé del siguiente modo: «Allí donde siempre habitó durante su vida terrena, en su relación con el Cuerpo mencionado y, sobre todo, con el dueño, que es la cabeza». El hombre, podemos decir también, conocerá a su perro; el perro a su amo, y al conocerlo será él mismo. Preguntar si podría conocerse también de otro modo es seguramente inquirir algo sin sentido. Los animales no son así y tampoco quieren serlo.

Mi descripción del buen perro pastor en el hogar bueno no incluye, como es lógico, los animales salvajes ni los domésticos maltratados (un asunto más urgente aún). Pero ha sido propuesta solo como ilustración sacada de un ejemplo privilegiado —el único normal y no extraviado desde mi punto de vista— de los principios generales que deben tenerse en cuenta al elaborar una teoría de la resurrección animal. A mi juicio, los cristianos podrán dudar con toda razón de que cualquier animal sea inmortal, por dos razones. En primer lugar, por temor a que, al atribuir a las bestias un «alma» en sentido pleno, se oscurezca la diferencia entre el animal y el hombre, que es tan clara en la dimensión espiritual como confusa y problemática en la biológica. En segundo lugar, porque entendida simplemente como compensación por el sufrimiento de su vida presente —miles de años en verdes praderas como indemnización por los «daños» de tantos años tirando de una carreta—, la idea de felicidad futura de una bestia parece una torpe afirmación de la bondad divina. Como seres falibles, los hombres causamos con frecuencia daño a un niño o a un animal sin querer; lo mejor que podemos hacer en esos casos es «compensarlos» con cariño y una caricia o alguna golosina. Pero no es muy piadoso imaginarse al Ser omnisciente obrando de ese modo. ¡Como si Dios pisara en la oscuridad la cola del animal y luego quisiera arreglarlo del mejor modo posible! Me resulta imposible reconocer un toque maestro en ese arreglo chapucero. La respuesta verdadera, sea la que sea, deberá ser mejor que esa. La teoría que estoy sugiriendo trata de evitar ambas objeciones. Por de pronto, pone a Dios como centro del universo, y al hombre como cabeza subordinada de la naturaleza material. Los animales no son criaturas iguales al hombre, sino subordinadas a él, y su destino está estrictamente relacionado con el suyo. La inmortalidad derivada que, según hemos indicado, les corresponde no es mera *amende*, o compensación, sino parte esencial del cielo y la tierra nuevos relacionada orgánicamente con el doloroso proceso de la caída y redención del mundo.

Suponiendo, como hago yo, que la personalidad de los animales domésticos sea en buena parte un regalo del hombre —que la mera sensibilidad de que están dotados renazca como alma en nosotros, de igual modo que nuestra alma renace como espiritualidad en Cristo—, muy pocos animales en estado salvaje llegarán realmente, creo yo, a poseer «yo» o ego. Pero si alguno lo lograra y la bondad de Dios conviniera en que viviera de nuevo, su inmortalidad también estaría relacionada con el hombre, aunque no con unos dueños concretos, sino con la humanidad. Eso significa que, si el valor casi espiritual y emocional que la tradición humana atribuye a la bestia, como la «inocencia» del cordero o la noble realeza del león, tiene en algún caso un fundamento real en la naturaleza animal (y no es algo meramente accidental o arbitrario), la esperanza de que la bestia acompañe al hombre resucitado y forme parte de su «séquito» se apoya total o parcialmente en esa capacidad. Mas si ese valor tradicional fuera algo completamente equivocado, la vida celestial[1] de la

---

1. Su participación en la vida celestial de los hombres en Cristo hacia Dios. Una «vida celestial» para el animal como tal carece probablemente de sentido.

bestia se debería al efecto —real pero desconocido— ejercido sobre el hombre durante su historia.

Si la cosmología cristiana es verdadera en algún sentido —no digo en sentido literal—, todo lo que existe sobre nuestro planeta está relacionado con el hombre. Las mismas criaturas extinguidas antes de que existiera el hombre son vistas en su verdadera luz cuando se las contempla como heraldos inconscientes del ser humano.

Cuando nos referimos a criaturas tan distantes de nosotros como las bestias salvajes o los animales prehistóricos, nos resulta extraordinariamente difícil saber de qué estamos hablando. Bien pudiera ocurrir que no tuvieran un «yo» ni experimentaran dolor. No sería extraño, incluso, que cada especie tuviera un «yo» común, es decir, que hubiera sido la «especie león», no los leones particulares, la que hubiera participado en el trabajo de la creación y la que habrá de compartir la restauración de todas las cosas. Si ya nos resulta difícil imaginar nuestra propia vida eterna, mucho más arduo será representarnos la vida que los animales puedan tener como «socios» nuestros. Si el león terrenal pudiera leer la profecía terrenal referida al día en que él mismo comerá heno como un buey, no la consideraría una descripción del cielo, sino del infierno. Y si no hay nada en él excepto sensibilidad carnívora, es un ser inconsciente y su eternidad carece de sentido. Pero si el león tiene un «yo» rudimentario, Dios, si le place, podrá darle un «cuerpo», que ya no vivirá destruyendo al cordero. Pero no por eso dejará de ser plenamente león, en el sentido de que será capaz de expresar la energía, el esplendor, el exultante poder alojados en el león visible de esta tierra.

Me parece, aunque estoy dispuesto a ser corregido, que el profeta utilizó una hipérbole oriental al hablar del león y el cordero yaciendo juntos. Eso sería muy osado por parte del cordero. Tener leones y corderos hermanados de ese modo significaría —excepto en alguna rara y trastornada saturnalia celestial— tanto como no tener ni corderos ni leones. A mi juicio, cuando el león deje de ser peligroso, seguirá siendo temible. En ese momento veremos por primera vez los colmillos y garras de los cuales los actuales son una torpe imitación satánicamente envilecida; no desaparecerá algo semejante al movimiento de una áurea melena, y el buen Duque dirá frecuentemente: «que ruja de nuevo».

10

EL CIELO

Es necesario que despiertes tu fe.
Entonces todo queda en calma.
Cuidado, los que piensan que es ilegal este asunto
en que estoy metido que se vayan.

SHAKESPEARE, *WINTER'S TALE*

Sumido en la profundidad de tu misericordia, déjame
morir la muerte que toda alma viva desea.

COWPER, *MADAME GUION*

«PUES CONSIDERO QUE las aflicciones del tiempo presente no son comparables con la gloria venidera que ha de manifestarse en nosotros».[1] Si esto
es verdad, un libro sobre el sufrimiento que no diga nada del cielo omite
casi por completo uno de los aspectos del asunto. Las Escrituras y la tradición suelen poner en la balanza la alegría celestial como contrapeso del
sufrimiento terrenal, y ninguna solución del problema del dolor que no lo
plantee así se puede llamar cristiana.

---

1. Romanos 8.18.

Hoy día tratamos por todos los medios de evitar cualquier mención del cielo. Tememos que se burlen de nosotros acusándonos de construir «castillos en el aire», y nos asusta oír que intentamos «eludir» el deber de hacer un mundo más feliz aquí y ahora por dedicarnos a soñar con un mundo feliz en otro lugar. Ahora bien, o existen esos «castillos en el aire» o no existen. Si no existen, el cristianismo es falso, pues esta doctrina está entrelazada en todo el tejido cristiano. Si existen, esa verdad deberá ser aceptada, como cualquier verdad, tanto si es útil en las reuniones políticas como si no.

Asimismo, tenemos miedo de que el cielo sea un soborno que nos impida en lo sucesivo obrar desinteresadamente si lo convertimos en el fin de nuestra aspiración. No es así. El cielo no ofrece nada que pueda desear un alma mercenaria. Es procedente decir a los puros de corazón que verán a Dios, pues solo los puros de corazón quieren verlo. Ciertas recompensas no manchan los motivos. El amor de un hombre por una mujer no es mercenario porque quiera casarse con ella, ni es codicioso su amor a la poesía por desear leerla, ni menos desinteresada su afición al ejercicio físico por el deseo de correr, saltar y caminar. El amor busca, por definición, gozar de su objeto.

Se podría pensar que hay otra razón para no hablar del cielo: que no lo deseamos realmente. Sin embargo, esto es seguramente una ilusión. Lo que voy a decir a continuación es solo una opinión personal sin la menor autoridad, que someto al juicio de mejores cristianos y eruditos más sabios que yo: hubo un tiempo en que pensaba que no deseamos el cielo; pero cada vez con mayor frecuencia me encuentro preguntándome si en el fondo de nuestros corazones hemos deseado alguna vez otra cosa con más vehemencia.

Quizá ustedes hayan notado que los libros que más estiman están unidos entre sí por un hilo secreto. Todos conocemos bien cuál es la cualidad común que nos hace apreciarlos, aunque no podemos expresarla con palabras. Pero la mayoría de nuestros amigos no la ve en absoluto y se pregunta a menudo por qué gustándonos tal cosa no nos gusta también tal otra.

Todos nos hemos parado ante un paisaje que parecía encarnar lo que habíamos estado buscando durante toda nuestra vida. Sin embargo, al volvemos hacia el amigo situado a nuestro lado, que parecía contemplar lo mismo que nosotros, y escuchar sus primeras palabras, notamos cómo se abre un abismo entre ambos. Inmediatamente entendemos que el paisaje significaba para él algo por completo diferente, que persigue una visión extraña y no ama en absoluto la inefable fascinación que a nosotros nos arrebata. ¿No ha habido siempre, incluso en nuestros pasatiempos, cierta afición secreta ignorada y fisgoneada curiosamente por los demás? ¿No encerraban todas ellas algo imposible de identificar con el olor de la madera cortada en el aserradero, o el golpeteo del agua contra la quilla del barco, pero a punto siempre de irrumpir en ellos? ¿No nacen las amistades duraderas en el momento en que encontramos finalmente a otro ser humano con atisbos (pálidos e inciertos en el mejor de los casos) de algo deseado por nosotros desde el momento de nacer, de algo buscado, esperado y oído de día y de noche, año tras año, desde la infancia a la vejez, bajo el flujo de los demás deseos y en los silencios momentáneos entre las pasiones más ruidosas? Nunca hemos poseído algo así. Las cosas poseídas en lo más profundo del alma no son sino indicios de ello: fulgores mortificantes, promesas nunca perfectamente cumplidas, ecos que se derraman al llegar a nuestros oídos. Pero si se manifestara realmente, si alguna vez llegara a nosotros el eco inextinguible y aumentara hasta convenirse en sonido, entonces podríamos conocerlo. «Aquí está por fin, diríamos sin el menor asomo de duda, aquello para lo que he sido creado». Nadie puede instruir a otro sobre ello. Se trata de la rúbrica secreta de cada alma, de una necesidad incomunicable e inextinguible; de algo deseado antes de encontrar a nuestra esposa, de conocer a nuestros amigos o de elegir nuestro trabajo, algo que seguiremos deseando postrados en el lecho de muerte, cuando nos sea imposible ya reconocer a nuestra esposa, al amigo o el trabajo.[1] Mientras seamos, ella también lo es. Si la perdemos, lo perdemos todo.

La señal de cada alma puede ser un producto de la herencia y el medio, pero eso solo significa que la herencia y el medio forman parte de los instrumentos utilizados por Dios para crear el alma. No estoy considerando cómo hace Dios única a cada alma, sino por qué. No veo la necesidad de que Dios creara más de un alma si tuviera en poco las diferencias entre ellas. Podemos estar seguros de que los pormenores de nuestra individualidad no son un misterio para Él, y algún día dejarán de serlo para nosotros. El molde empleado para hacer una llave resultaría extraño para quien no hubiera visto jamás una cerradura. Cada alma tiene una forma

---

1. No estoy sugiriendo, como es natural, que los anhelos de inmortalidad recibidos del Creador por ser hombres deban ser confundidos con los dones que el Espíritu Santo concede a los que están en Cristo. No debemos imaginar que somos santos por ser humanos.

peculiar porque es un hueco hecho para acoplarse a un saliente particular de los contornos infinitos de la substancia divina, o una llave para abrir una de las puertas de una casa de numerosas estancias. No es la humanidad en abstracto la que se salva, sino tú —tú, lector, Juan Pérez o Juana Rodríguez—. ¡Bienaventurada y feliz criatura! ¡Tus ojos, no los de otro, le contemplarán! Todo lo que eres, salvo el pecado, está destinado a alcanzar completa satisfacción si dejas que se cumpla plenamente la voluntad de Dios. El espectro de Brocken «le parecía a cada uno su primer amor» porque era una trampa. Pero Dios le parecerá su primer amor a cada alma porque es el primer amor de todas ellas. Nuestro lugar en el cielo parecerá estar hecho exclusivamente para cada uno de nosotros porque fuimos creados para ocuparlo; fuimos creados para ello puntada a puntada, como el guante para la mano.

Desde este punto de vista podremos entender el infierno como privación. Un éxtasis inasequible se ha estado cerniendo durante nuestra vida fuera del alcance de la conciencia. Se acerca el día en que despertaremos para descubrir que lo hemos alcanzado contra toda esperanza, o para darnos cuenta, por el contrario, de que, habiéndolo tenido a nuestro alcance, lo hemos perdido para siempre.

Todo esto parece una idea peligrosamente privada y subjetiva de la perla valiosa; pero no lo es. No estoy hablando de una experiencia. Tan solo hemos experimentado la necesidad; mas la realidad no ha sido encarnada realmente jamás en pensamientos, imágenes o emociones. Nos ha emplazado siempre fuera de nosotros mismos. Y si no queremos salir de nosotros para seguirla, si nos sentamos a darle vueltas al deseo e intentamos acariciarlo, nos abandonará el propio deseo. «La puerta que conduce a la vida se abre generalmente detrás de nosotros», y la «única sabiduría» para alguien «perseguido por la fragancia de las rosas invisibles es el trabajo».[1] Este fuego secreto se apaga cuando se utiliza el fuelle. Si lo alimentamos con un combustible aparentemente tan inadecuado como el dogma y la ética, le damos la espalda y atendemos nuestras obligaciones, entonces se encenderá en llamas.

El mundo es como un cuadro sobre un fondo áureo, y nosotros somos las figuras. Hasta que no descendamos del cuadro y nos adentremos en las vastas dimensiones de la muerte, no podremos ver el oro. Pero tenemos cosas que nos lo hacen recordar. La oscuridad, por utilizar otra metáfora,

---

1. George MacDonald, *Alec Forbes*, cap. XXXIII.

no es completa; hay resquicios. Muchas veces el paisaje cotidiano parece mayor con su secreto.

Esta es mi opinión, y tal vez sea errónea. Quizá ese secreto deseo sea parte también del Hombre Viejo y deba ser crucificado antes del fin. Pero esta opinión dispone de un curioso ardid para eludir el rechazo. El deseo —y la satisfacción más todavía— se ha negado siempre a estar plenamente presente en la experiencia. Cualquier cosa con la que intentemos identificarlo resultará una realidad distinta, no la del deseo. Difícilmente podría ir, pues, la crucifixión o transformación más allá de lo que el deseo nos mueve a esperar. Si esta opinión no es verdadera, es algo mejor. Pero «algo mejor» —no esta o aquella experiencia, sino algo que las trasciende— es aproximadamente la definición de lo que estoy intentando describir.

Lo anhelado nos convoca a salir del propio «yo». El mismo deseo de algo vive únicamente si nos abandonamos a él. Esta es la ley definitiva: la semilla muere para vivir, el pan debe ser echado sobre las aguas, el que pierda su vida la salvará. Pero la vida de la simiente, el hallazgo del pan y la recuperación del alma son tan reales como el sacrificio preliminar. De ahí que se haya dicho acertadamente que «en el cielo no hay propiedad. Si alguien se atreviera en el cielo a llamar suya a una cosa, sería arrojado inmediatamente al infierno y se tornaría un espíritu malvado».[1] Pero también se ha dicho esto otro: «Al que venza, le daré a comer del maná escondido, y le daré una piedrecita blanca, e inscrito en la piedrecita un nombre nuevo, el cual ninguno conoce sino el que lo recibe».[2] ¿Puede haber algo más propio del hombre que este nuevo nombre que permanece eternamente en secreto entre Dios y él? ¿Qué significado atribuiremos a ese misterio? Su sentido será, seguramente, que cada alma redimida conocerá y alabará por siempre algún aspecto de la alianza divina mejor de lo que puede hacerlo cualquier otra criatura.

¿No fueron creadas las criaturas como seres singulares para que Dios, amándolas a todas infinitamente, pudiera amar de una manera distinta a cada una de ellas? Esta diferencia, lejos de producir menoscabo, confiere pleno significado al amor mutuo entre las criaturas bienaventuradas, es decir, a la comunión de los santos. Si todos experimentaran a Dios de igual modo y le rindieran idéntico culto, el himno de la Iglesia Triunfante no tendría sinfonía alguna, sería como una orquesta en que todos

---

1. *Theologia Germanica*, LI.
2. Apocalipsis 2.17.

los instrumentos tocaran la misma nota. Aristóteles dice que «la ciudad es por naturaleza una multiplicidad»,[1] y san Pablo indica que el cuerpo es una unidad de miembros diferentes.[2] El cielo es una ciudad y un cuerpo, pues los bienaventurados serán diferentes por toda la eternidad. El cielo es, en suma, una sociedad, pues cada bienaventurado tendrá algo que decir a todos los demás, alguna noticia reciente, siempre reciente, de «mi Dios», que todos descubren en Aquel al que alaban como «nuestro Dios». El intento de las almas (continuamente coronado por un éxito nunca completo) de comunicar su particular visión a las demás —el empeño del arte y la filosofía terrenales son torpes imitaciones de todo ello— es, sin lugar a dudas, uno de los fines para los que fue creado el individuo.

La unión existe únicamente entre distintos. Desde este punto de vista, tal vez captemos un fulgor momentáneo del significado de las cosas. El panteísmo es un credo falso, pero es todavía más una doctrina superada por el tiempo. Antes de la creación podría haber sido cierto decir que todo era Dios. Pero Dios creó: hizo que las cosas fueran distintas de Sí mismo; que, siendo distintas, pudieran aprender a amarle y alcanzar la unión en vez de la mera identidad. Y arrojó también el pan sobre las aguas. Dentro de la propia creación, podríamos decir que la materia inanimada, carente de voluntad, es una con Dios en un sentido en que no lo son los hombres. No es propósito de Dios, sin embargo, que retrocedamos a la vieja identidad, como ciertos místicos paganos nos obligarían seguramente a hacer, sino que avancemos para alcanzar la mayor singularidad posible y reunirnos con Él de un modo más elevado. Ni siquiera en el seno del Santísimo basta con que la Palabra sea Dios, sino que además debe ser con Dios. El Padre engendra eternamente al Hijo, y el Espíritu Santo obra. La Divinidad introduce la distinción dentro de sí, de forma que la unión de amores recíprocos pueda trascender la unidad meramente aritmética o autoidentidad.

La originalidad eterna de las almas —el secreto que hace de la unión entre cada una de ellas y Dios una especie en sí misma— no abolirá nunca la ley que prohíbe la propiedad en el cielo. La actividad de cada alma con las criaturas semejantes a ella consistirá, a mi juicio, en ocuparse eternamente de regalar a las demás lo que recibe. En cuanto a su relación con Dios, para entenderla es preciso recordar que el alma no es sino un vacío

---

1. *Política*, 11, 2, 4.
2. 1 Corintios 12.12-30.

que Dios llena. Su unión con Dios es, casi por definición, una continua autorrenuncia, una apertura, un desvelamiento, una entrega de sí. Un espíritu bienaventurado es un molde cada vez más tolerante con el metal brillante derramado en su seno, un cuerpo más abierto al resplandor diáfano del sol espiritual. No es necesario suponer que termine alguna vez la necesidad de algo análogo a la conquista del propio «yo», o que la vida eterna no sea también eternamente un modo de morir. En este sentido, se puede decir que tal vez haya placeres en el infierno —Dios nos libre de ellos—, y que acaso en el cielo haya algo no completamente distinto del dolor; Dios nos conceda saborearlo pronto.

En la propia entrega nos es dado no solo palpar el ritmo de la creación, sino el de todas las cosas. El Verbo Eterno se entrega en sacrificio, y no solo en el Calvario, ya cuando el Señor fue crucificado «hizo en tiempo tormentoso de sus provincias remotas lo que había hecho en su hoy con gloria y gozo».[1] Desde antes de la creación del mundo, Él entrega obediente la Divinidad engendrada a la Divinidad engendradora. Y así como el Hijo glorifica al Padre, así también el Padre glorifica al Hijo.[2] Permítaseme afirmar, con la sumisión propia de un profano, que en mi opinión es acertado decir que «Dios no se amó a sí mismo como tal, sino como Bondad, y si hubiera habido algo mejor que Dios, lo hubiera amado en vez de a Sí mismo».[3] Desde el más egregio al más bajo, el «yo» existe para ser depuesto, y con esa remoción se torna un «yo» más verdadero para inmediatamente declinar más aún, y así por toda la eternidad. No es esta una ley celestial que podamos eludir siendo seres terrenales, ni tampoco una ley terrena a la que podamos sustraernos para ser salvados. Fuera del sistema de la entrega de sí no está ni la tierra, ni la naturaleza, ni la «vida ordinaria», sino única y exclusivamente el infierno. Pero incluso el infierno deriva de esta ley su realidad. El feroz encarcelamiento en el «yo» no es sino el reverso de la entrega de sí —que es una realidad absoluta—, la forma negativa adoptada por las tinieblas exteriores al rodear y delimitar el contorno de lo real.

Arrojada entre falsos dioses, la áurea manzana de la personalidad se torna manzana de la discordia, pues los falsos dioses se la disputarán a gritos. Ninguno de ellos conoce la primera regla del juego sagrado, a saber: cada jugador debe tocar el balón por todos los medios y, a continuación,

---

1. George MacDonald, *Unspoken Sermons*, Tercera Serie, pp. 11-12.
2. Juan 17.1, 4, 5.
3. *Theolog. Germ.*, XXXII.

pasarlo inmediatamente. Ser sorprendido con él en las manos es falta, y abrazarse a él significa la muerte. Mas cuando la pelota vuela de uno a otro lado entre los jugadores tan velozmente que no pueden seguirla con la vista, cuando el Maestro excelso dirige el juego, ofreciéndose realmente a sus criaturas por medio del Verbo y entregándose en el sacrificio, la danza eterna «hace realmente que el cielo se embriague de armonía».

Los placeres y dolores conocidos en la tierra son preludios tempranos de esa danza. Pero la danza misma es incomparable con el sufrimiento del tiempo presente. Conforme nos acercamos a su ritmo increado, el placer y el dolor declinan hasta casi extinguirse. Aunque la danza produce júbilo, no es esa la razón de su existencia; ni siquiera lo es el bien o el amor. Ella es el Amor y la Bondad mismos, y, por ende, la felicidad. Tampoco existe gracias a nosotros, sino nosotros gracias a ella. La magnitud y vacío del universo que nos espantaban al comienzo del libro deberían seguir asustándonos todavía, pues aunque quizá no sean más que un subproducto subjetivo de nuestra imaginación tridimensional, simbolizan una egregia verdad. Como la Tierra es al conjunto de los astros, así somos los hombres y nuestras inquietudes al conjunto de la creación. Como los astros son al espacio, así son los tronos, potestades y poderosos dioses creados a la inmensidad del Ser Autoexistente, Padre, Redentor y Creador nuestro, que mora en nosotros, y del que ni hombres ni ángeles pueden decir ni concebir lo que es en sí y por sí mismo, ni lo que es la obra que «hizo desde el principio hasta el final». Como son seres derivados, no substanciales, los abandona la visión, y cubren sus ojos para protegerse de la luz cegadora de la Realidad Absoluta que fue, es y será; que no podría haber sido de otra forma; que no tiene igual.

APÉNDICE

(La siguiente explicación sobre los efectos observables del dolor me fue facilitada amablemente por R. Havard, doctor en medicina, y ha sido extraída de la experiencia clínica).

El dolor es un hecho común y definido fácilmente reconocible. No es tan fácil, completa y exacta, sin embargo, la observación del carácter ni de la conducta, especialmente en la relación transitoria (aunque íntima) entre médico y enfermo. Pese a estas dificultades, en el curso de la práctica médica van tomando forma ciertas impresiones confirmadas posteriormente cuando se amplía la experiencia.

Un breve ataque de dolor físico agudo es abrumador mientras dura: por lo general, el paciente no se queja ruidosamente; suplica alivio para su dolor, pero no desperdicia el aliento en explicar su aflicción. Es raro que pierda el control de sí mismo y se torne salvaje e irracional. En este sentido, no es frecuente que el dolor físico más agudo se haga insoportable; y cuando pasa, no deja alteraciones visibles en la conducta.

El dolor prolongado tiene efectos más perceptibles. La mayoría de las veces es aceptado con pocas o ninguna queja, y permite desarrollar gran fuerza y resignación. El orgullo es humillado, y en ocasiones viene a parar en la resolución de disimular el dolor. Las mujeres con artritis reumática muestran una alegría peculiar comparable a la *spes phthisica* del tísico, quizá debida más a una ligera intoxicación del paciente a causa de la infección que al fortalecimiento del carácter. Algunas víctimas de dolor crónico degeneran. Se vuelven quejumbrosos, y utilizan su privilegiada posición de enfermos para ejercer una tiranía doméstica. Mas el prodigio es que sean tan pocos los fracasados y tantos los héroes. El dolor físico representa un desafío que la mayoría es capaz de reconocer y afrontar.

Por otro lado, la enfermedad prolongada, incluso sin dolor físico, debilita tanto la mente como el cuerpo. El enfermo renuncia a la lucha, y se deja arrastrar hasta caer en un estado de desesperación autocompasivo. En un estado físico similar, algunos conservarán la serenidad y generosidad hasta el fin. Presenciarlo es una experiencia rara pero conmovedora.

El dolor psíquico es menos dramático que el físico, pero es más común y más difícil de soportar. El frecuente empeño en disimularlo contribuye a aumentarlo; es más fácil decir «me duele una muela» que «tengo el corazón roto». Sin embargo, si se acepta y se afrontan las causas, el conflicto fortalece y purifica el carácter. Por lo general, suele remitir con el tiempo, pero a veces persiste, y entonces el efecto es devastador. Si no se admiten las causas ni se les hace frente, produce un terrible estado de neurosis crónica.

Hay quienes vencen heroicamente incluso el dolor psíquico crónico. Esas personas crean a menudo una obra excelente, y fortalecen, templan y afilan su carácter hasta volverse como el acero templado.

En la locura verdadera, el cuadro es más negro. Nada hay en toda la medicina más terrible que contemplar cómo se hunde un hombre en un estado de melancolía crónica. La mayoría de los dementes, no obstante, no son infelices ni conscientes de su estado. En ambos casos, si se restablecen, experimentan un sorprendente y profundo cambio, y con frecuencia, no recuerdan nada de su enfermedad.

El dolor proporciona una oportunidad para el heroísmo que es aprovechada con asombrosa frecuencia.

UNA PENA EN OBSERVACIÓN

UNA PENA EN OBSERVACIÓN
CONTENIDO

UNO

NADIE ME HABÍA dicho nunca que la pena se viviese como miedo. Yo no es que esté asustado, pero la sensación es la misma que cuando lo estoy. El mismo mariposeo en el estómago, la misma inquietud, los bostezos. Aguanto y trago saliva.

Otras veces es como si estuviera medio borracho o conmocionado. Hay una especie de manta invisible entre el mundo y yo. Me cuesta mucho trabajo enterarme de lo que me dicen los demás. Tiene tan poco interés. Y sin embargo quiero tener gente a mi alrededor. Me espantan los ratos en que la casa se queda vacía. Lo único que querría es que hablaran ellos unos con otros, que no se dirigieran a mí.

Hay momentos en que, de la forma más inesperada, algo en mi interior pugna por convencerme de que no me afecta mucho, de que no es para tanto, al fin y al cabo. El amor no lo es todo en la vida de un hombre. Yo, antes de conocer a H., era feliz. Era muy rico en lo que la gente llama «recursos». A todo el mundo le pasan estas cosas. Vamos, que no lo estoy llevando tan mal. Le avergüenza a uno prestar oídos a esa voz, pero por unos momentos da la impresión de que está abogando por una causa justa. Luego sobreviene una repentina cuchillada de memoria al rojo vivo y todo ese «sentido común» se desvanece como una hormiga en la boca de un horno.

Y de rechazo cae uno en las lágrimas y en el *pathos*. Lágrimas sensibleras. Casi prefiero los ratos de agonía, que son por lo menos limpios y decentes. Pero el asqueroso, dulzarrón y pringoso placer de ceder a revolcarse en un baño de autocompasión, eso es algo que me nausea. Y, es más, cuando caigo en ello, me doy cuenta de que me lleva a tergiversar la imagen misma de H. En cuanto le doy alas a este humor, al poco rato la mujer de carne y hueso viene sustituida por una simple muñeca sobre la que lloriqueo. Gracias a Dios, el recuerdo de ella es todavía lo suficientemente fuerte (¿lo seguirá siendo siempre tanto?) como para salir adelante.

Porque H. no era así en absoluto. Su pensamiento era ágil, rápido y musculoso, como un leopardo. Ni la pasión ni la ternura ni el dolor eran capaces de hacerle bajar la guardia. Olfateaba la falsedad y la gazmoñería a la primera vaharada, e inmediatamente se abalanzaba sobre ti y te derribaba antes de que hubieras podido darte cuenta de lo que estaba pasando. ¡Cuántos globos me pinchó! Enseguida aprendí a no darle gato por liebre con mis palabras, excepto cuando lo hacía por el simple gusto —y esta es otra cuchillada al rojo vivo— de exponerme a que se burlara de mí. Nunca he sido menos estúpido que como amante suyo.

Y nadie me habló nunca tampoco de la desidia que inyecta la pena. No siendo en mi trabajo —que ahí la máquina parece correr más aprisa que nunca— aborrezco hacer el menor esfuerzo. No solo escribir, sino incluso leer una carta se me convierte en un exceso. Hasta afeitarme. ¿Qué importa ya que mi mejilla esté áspera o suave? Dicen que un hombre desgraciado necesita distraerse, hacer algo que lo saque de sí mismo. Lo necesitará, en todo caso, como podría echar de menos un hombre aperreadamente cansado una manta más cuando la noche está muy fría; seguro que este hombre preferiría quedarse tumbado dando diente con diente antes que levantarse a buscarla. Es fácil de entender que la gente solitaria se vuelva poco aseada, y acabe siendo sucia y dando asco.

Y, en el entretanto, ¿Dios dónde se ha metido? este es uno de los síntomas más inquietantes. Cuando eres feliz, tan feliz que no tienes la sensación de necesitar a Dios para nada, tan feliz que te ves tentado a recibir sus llamadas sobre ti como una interrupción, si acaso recapacitas y te vuelves a Él con gratitud y reconocimiento, entonces te recibirá con los brazos abiertos, o al menos así es como lo vive uno. Pero vete hacia Él cuando tu necesidad es desesperada, cuando cualquier otra ayuda te ha resultado vana, ¿y con qué te encuentras? Con una puerta que te cierran en las narices, con un ruido de cerrojos, un cerrojazo de doble vuelta en el interior. Y después de esto, el silencio. Más vale no insistir, dejarlo. Cuanto más esperes, mayor énfasis adquirirá el silencio. No hay luces en las ventanas. Debe tratarse de una casa vacía. ¿Estuvo habitada alguna vez? Eso parecía en tiempos. Y aquella impresión era tan fuerte como la de ahora. ¿Qué puede significar esto? ¿Por qué es Dios un jefe tan omnipresente en nuestras etapas de prosperidad, y tan ausente como apoyo en las rachas de catástrofe?

He intentado exponerle esta tarde a C. algunas de estas reflexiones. Él me ha recordado que lo mismo, según parece, le ocurrió a Jesucristo. «¿Por qué me has abandonado?». Ya lo sé. ¿Y qué? ¿Se consigue con eso que las cosas se vuelvan más fáciles de entender?

No es que yo corra demasiado peligro de dejar de creer en Dios, o por lo menos no me lo parece. El verdadero peligro está en empezar a pensar tan horriblemente mal de Él. La conclusión a que temo llegar no es la de: «Así que no hay Dios, a fin de cuentas», sino la de: «De manera que así es como era Dios en realidad. No te sigas engañando».

Nuestros mayores se resignaban y decían: «Hágase tu voluntad». ¿Cuántas veces no habrá la gente sofocado por puro terror un amargo resentimiento, y no se habrá sacado de la manga un acto de amor (sí, un acto, en todos los sentidos) para camuflar la operación?

Claro que resulta muy fácil decir que Dios parece estar ausente en nuestras necesidades más graves porque Él es ausencia, no-existencia. Pero entonces, ¿qué pasa?, ¿por qué se nos antoja tan presente cuando, para hablar en plata, no le echamos de menos?

De todas maneras, el matrimonio me ha servido para una cosa. Nunca podré volver a creer que la religión es una manipulación de nuestros inconscientes y hambrientos deseos, mediante la cual se sustituye al sexo. En estos breves años pasados, H. y yo festejábamos el amor; en cualquiera de sus modalidades: la solemne y alegre, la romántica y realista, tan dramática a veces como una tempestad, otras veces tan confortable y carente de énfasis como cuando te pones unas zapatillas cómodas. No había fisura del corazón o del cuerpo que quedara insatisfecha. Si Dios fuera un simple sustituto del amor, habríamos perdido todo interés por Él. ¿A quién le importan los sustitutos cuando tiene en las manos la cosa misma? Pero no es esto todo lo que ocurre. Nosotros dos sabíamos que deseábamos algo que estaba por encima del uno y del otro, algo especial y bien diferente, una clase de deseo bien diferente. Lo contrario sería como decir que cuando los amantes se tienen uno a otro, ya en adelante no van a tener nunca ganas de leer, de comer o de respirar.

Hace años, a raíz de la muerte de un amigo, tuve durante algún tiempo una viva sensación de certeza con respecto a la continuidad de su vida, casi como si se viera realzada. He implorado que se me concediera ahora por lo menos una centésima parte de esa misma certeza en el caso de H. No ha habido respuesta. Solamente el cerrojazo en la puerta, el telón de acero, el vacío, el cero absoluto. «A los que piden, no se les dará». Fui un tonto al pedir nada. Lo que es ahora, incluso aunque me volviera a habitar esa certeza, desconfiaría de ella. Pensaría que era una autosugestión provocada por mi propia plegaria.

En cualquier caso, lo que tengo que hacer es mantener a raya a los espiritualistas. Le prometí a H. que lo haría. Ella sabía mucho de estos cotarros.

Mantener las promesas hechas a un muerto, o a cualquier otra persona, es algo que está muy bien. Pero empiezo a darme cuenta de que «respeto hacia los deseos de un muerto» entraña también una trampa. Ayer me detuve a tiempo antes de decirme, con ocasión de no sé qué bagatela: «Esto a H. no le hubiera gustado».

No conviene, no es bueno para los demás.

En breve acabaría echando mano del «lo que le hubiera gustado a H.» como un instrumento de tiranía doméstica. Y además sus presuntas ataduras se irían convirtiendo en un disfraz cada vez más sofocante de mi propio ser.

A los niños no puedo hablarles de ella. Las veces que lo he intentado, en sus rostros no asoma dolor, miedo, amor ni compasión, sino embarazo, que es el peor de todos los falsos consejeros. Me miran como si estuviera cometiendo una indecencia. Están deseando que me calle. A mí me pasó lo mismo cuando murió mi madre, cada vez que mi padre la nombraba. No se lo puedo reprochar. Es la manera de ser de los niños.

Muchas veces pienso que la vergüenza, hasta cuando se da en forma torpe e inadvertida, es mucho más eficaz para impedir los actos buenos y la recta dicha que ninguno de nuestros vicios. Y esto no pasa solo en la infancia.

¿O son ellos, los niños, los que tienen razón? ¿Qué pensaría la propia H. de este terrible cuadernito de notas al que vuelvo una vez y otra vez? ¿No son morbosos estos apuntes? Una vez leí la siguiente frase: «Permanezco despierto toda la noche con dolor de muelas, dándole vueltas al dolor de muelas y al hecho de estar despierto». Esto también se puede aplicar a la vida. Gran parte de una desgracia cualquiera consiste, por así decirlo, en la sombra de la desgracia, en la reflexión sobre ella. Es decir, en el hecho de que no se limite uno a sufrir, sino que se vea obligado a seguir considerando el hecho de que sufre. Yo cada uno de mis días interminables no solamente lo vivo en pena, sino pensando en lo que es vivir en pena un día detrás de otro. ¿No servirán mis apuntes únicamente para agravar este aspecto de la cuestión? ¿Para confirmar simplemente las vueltas que le da la mente al mismo tema, como si se tratara de la monótona andadura en torno a un molino? Y sin embargo, ¿qué voy a hacer? Necesitaría alguna droga, y por ahora leer no es una droga lo bastante fuerte. Escribiendo para echarlo todo fuera (¿todo?, no, un pensamiento entre miles) me parece que me separo un poco de ello. Así es como justificaría mi caso ante H. Pero apuesto doble contra sencillo a que ella le vería la trampa a esta justificación.

Y no me pasa solo con los niños. Un extraño subproducto de mi pérdida es que me doy cuenta de que resulto un estorbo para todo el mundo con que me encuentro en el trabajo, en el club, por la calle. Veo que la gente, en el momento en que se me acerca, está dudando para sus adentros si «decirme algo sobre lo mío» o no. Me molesta tanto que lo hagan como que no lo hagan. Algunos meten la pata de todos modos. R. me ha estado evitando durante toda una semana. Prefiero a la gente joven bien educada, casi niños todavía, que se enfrentan conmigo como con el dentista, se ponen muy colorados, lo dejan y se escurren a meterse en un bar lo más rápidamente que la educación les permite. Me pregunto si los afligidos no tendrían que ser confinados, como los leprosos, a reductos especiales.

Para algunos, soy algo peor todavía que un estorbo. Cada vez que me encuentro con un matrimonio feliz, noto que tanto él como ella están pensando: «Uno de nosotros se verá más tarde o más temprano igual que él se ve ahora».

Al principio me espantaba ir a los sitios donde H. y yo fuimos felices, a nuestro *pub* o a nuestro parque favoritos. Pero de repente decidí empezar a hacerlo, como quien quiere lo más pronto posible volver a incorporar al vuelo a un piloto que acaba de tener un accidente. Y me sorprendió ver que no suponía gran diferencia. La ausencia de H. no cobra mayor énfasis en los lugares que digo que en otro cualquiera. No se trata en absoluto de un asunto de tipo local. Me imagino que si le prohibieran a uno tomar sal, no la echaría más en falta en unos alimentos que en otros. Comer se volvería en general algo diferente, todos los días, en todas las comidas. Es algo por el estilo. El acto de vivir se ha vuelto distinto por doquier. Su ausencia es como el cielo, que se extiende por encima de todas las cosas.

Pero no, no está dicho de forma correcta. Hay un lugar donde su ausencia vuelve a albergarse y localizarse, un lugar del que no puedo escaparme. Me refiero a mi propio cuerpo. ¡Cobraba una importancia tan distinta cuando era el cuerpo del amante de H.! Ahora es como una casa vacía. Pero tampoco voy a engañarme a mí mismo. Este cuerpo volvería a cobrar importancia para mí, y bien pronto, si pensara que algo no marchaba bien en él.

Cáncer, y cáncer, y cáncer. Mi madre, mi padre, mi mujer. Me pregunto quién será el siguiente en la lista.

Y sin embargo la propia H., cuando se estaba muriendo de cáncer, y perfectamente consciente de la cuestión, dijo que había perdido gran parte del horror que antes le tenía. Cuando llegó la hora de la verdad, el hombre y la idea estaban ya desactivados en alguna medida. Y hasta cierto punto, casi lo entendí. Esto es muy importante. Nunca se encuentra uno precisamente con el Cáncer o la Guerra o la Infelicidad (ni tampoco con la Felicidad). Solamente se encuentra uno con cada hora o cada momento que llegan. Con toda clase de altibajos: cantidad de manchas feas en nuestros mejores ratos y de manchas bonitas en los peores. No abarcamos nunca el impacto total de lo que llamamos «la cosa en sí misma». Pero es que nos equivocamos al llamarla así. La cosa en sí misma consiste simplemente en todos estos altibajos, el resto no pasa de ser un nombre o una idea. Es increíble cuánta felicidad y hasta cuánta diversión vivimos a veces juntos, incluso después de que toda esperanza se había desvanecido. Qué largo y tendido, qué serenamente, con cuánto provecho llegamos a hablar aquella última noche, estrechamente unidos.

Pero no, no tan unidos. Existe un límite marcado por la «propia carne». No puedes compartir realmente la debilidad de otra persona, ni su miedo, ni su dolor. Lo que sientes tal vez sea erróneo. Probablemente podría ser tan erróneo como lo que sentía el otro, y sin embargo desconfiaríamos de quien nos advirtiera que era así. De todas maneras seguiría siendo bastante diferente, en todo caso. Cuando hablo de miedo me refiero al miedo puramente animal, al rechazo del organismo frente a su destrucción, a un sentimiento sofocante, a la sensación de ser un ratón atrapado en una ratonera. Esto no puede transferirse a otro. La mente es capaz de solidarizarse con ello; el cuerpo, menos. En cierto sentido, los cuerpos de los amantes son menos capaces todavía. Todos sus episodios de amor los han arrastrado a tener no idénticos, sino complementarios, correlativos y hasta opuestos sentimientos de cada uno con relación al otro.

Nosotros dos lo sabíamos bien. Yo tenía mis miserias, no las suyas; ella tenía las suyas, no las mías. Y el final de las suyas habría de dar paso a la llegada de las mías. Estábamos partiendo hacia diferentes rutas. Esta verdad velada, esta terrible regulación del tráfico («usted, señor, por la izquierda») marca precisamente el comienzo de la separación que supone la muerte misma.

Y esta separación, creo yo, nos está esperando a todos. He estado pensando en H. y en mí como seres peculiarmente desgraciados a causa de nuestra separación desgarradora. Pero es posible que todos los amantes estén abocados a tal separación. Ella me dijo un día: «Incluso si nos muriéramos los dos exactamente en el mismo instante, tal como estamos echados aquí ahora uno al lado del otro, sería seguramente una separación mucho mayor que la que tanto temes». Por supuesto que ella no sabía, o al menos no más de lo que yo sé. Pero estaba cerca de la muerte; lo suficientemente cerca como para dar en el clavo. Solía citar una frase: «Solo dentro de la soledad». Decía que lo que sentía era algo así. ¡Y cómo iba a ser de otra manera! Resultaría infinitamente improbable. Tiempo, espacio y cuerpo eran los verdaderos elementos que nos unían, los hilos de teléfono a través de los cuales nos comunicábamos. Si se corta uno de ellos o los dos al mismo tiempo, para el caso es lo mismo, ¿cómo no va a interrumpirse la comunicación? A no ser que se diera por sentado que algún otro medio de comunicación, radicalmente distinto pero encargado de desempeñar el mismo trabajo, pudiera venir a sustituir a aquellos. Y aun en este caso, ¿se puede concebir un procedimiento tan eficaz como los antiguos? ¿Es que Dios es un payaso que te arrebata sin más tu cuenco de sopa para reemplazártelo acto seguido por otro cuenco lleno de la misma sopa? Ni siquiera la naturaleza hace estas payasadas. Nunca toca dos veces la misma melodía.

Hace falta mucha paciencia para aguantar a esa gente que te dice: «La muerte no existe» o «la muerte no importa». La muerte claro que existe, y sea su existencia del tipo que sea, importa. Y ocurra lo que ocurra tiene consecuencias, y tanto ella como sus consecuencias son irrevocables e irreversibles. Por ese principio podríamos decir que nacer no importa. Alzo los ojos al cielo de la noche. Es de todo punto evidente que si me fuera permitido rebuscar en toda esa infinidad de espacios y tiempos, nunca volvería a encontrar en ninguna parte el rostro de ella, ni su voz, ni su tacto. Murió. Está muerta. ¿Es que se trata de una palabra tan difícil de comprender?

No conservo ninguna fotografía suya donde quedara un poco bien. Ni siquiera en mi imaginación soy capaz de reproducir su cara con todo detalle. Y sin embargo, el rostro extraño de cualquier extraño atisbado esta mañana entre la multitud puede presentarse ante mí con nítida perfección al cerrar los ojos por la noche. La explicación es bastante sencilla, creo yo. Los rostros de los seres a quienes mejor hemos conocido, los hemos visto desde tantos ángulos, bajo tantas luces y dotados de tantas expresiones (paseando, durmiendo, riéndose, llorando, comiendo, hablando o pensando) que todas estas impresiones se nos enmarañan simultáneamente dentro de la memoria y quedan confundidas en un simple borrón. Pero su voz está todavía viva. Su voz añorada que en el momento menos pensado me puede convertir en un niño que se echa a llorar.

DOS

POR PRIMERA VEZ he vuelto atrás y he estado leyendo estas notas. Me he quedado horrorizado. Por la forma en que he venido hablando, cualquiera tendría derecho a pensar que lo que más me importa de la muerte de H. son sus efectos sobre mí mismo. Su punto de vista parece haber desaparecido del panorama. ¿Es que he olvidado aquel momento de amargura cuando exclamó «¡Y con lo que me queda por vivir!»? La felicidad no había llegado temprano en su vida. Mil años gozando de ella no habrían sido bastantes para hacerla sentirse *blasée*.[1] Su paladar para todo goce de los sentidos, de la inteligencia y del espíritu permanecía fresco e intacto. Nada se había desgastado dentro de ella. Le gustaban muchas cosas y le gustaban más que a nadie que yo haya conocido. Un noble apetito, largamente insatisfecho, encontró al fin su propio alimento y casi instantáneamente lo atrapó al vuelo. El destino (o lo que quiera que sea) se deleita en crear una gran capacidad para luego frustrarla. Beethoven se quedó sordo. Medido por nuestro rasero, una broma cruel; la sarcástica triquiñuela de un imbécil rencoroso.

Tengo que pensar más en H. y menos en mí mismo.

Sí, ya, se dice muy fácil. Pero existe una dificultad. Estoy pensando en ella casi siempre. Pensando en la realidad de H.: en sus verdaderas palabras, miradas, risas y acciones. Y sin embargo es mi propia mente quien las selecciona y las agrupa. Ya ahora, a menos de un mes de distancia de su muerte, puedo percibir el lento e insidioso comienzo de un

---

1. Harta, estragada. En francés en el original. *(N. de la T.)*

proceso que irá convirtiendo a la H. que recuerdo en una mujer cada vez más imaginaria. Claro que basándome en la realidad como me baso, no crearé nada totalmente ficticio, o por lo menos eso espero. Pero de todas maneras, ¿no resultará inevitablemente una composición cada vez más de mi propia cosecha? La realidad ya no está aquí para hacerme un chequeo, para agarrarme por las solapas, como ella, la real H., hizo tantas veces, tan de sopetón, a base de ser tan palmariamente ella y no yo.

El regalo más precioso que me hizo el matrimonio fue el de brindarme un choque constante con algo muy cercano e íntimo pero al mismo tiempo indefectiblemente otro y resistente, real, en una palabra. ¿Todo este trabajo ha de ser desmantelado? ¿Es que voy a tener que seguir llamando a H. para que se disgregue lamentablemente en ese no ser más que una de mis viejas fantasías de soltero? Ay amada, amada mía, vuelve por unos instantes y llévate a este miserable fantasma. ¿Por qué, oh Dios mío, te tomaste tantas molestias para sacar a la fuerza de su concha a esta criatura, si ahora la condenas a que sea nuevamente absorbida al interior de esa concha?

Hoy he tenido que ver a un hombre al que no había visto desde hace diez años. Y durante todo este lapso de tiempo creía que me estaba acordando correctamente de él, de cómo miraba y hablaba, del tipo de cosas que solía hacer. Al sobrevenir mi encuentro con su persona real, esta, en diez minutos, hizo añicos aquella imagen. No porque haya cambiado propiamente hablando. Todo lo contrario. Me quedé pensando: «Ya, claro, sí, me había olvidado de que pensaba eso, o no le gustaba lo otro, o sabía lo de más allá, o sacudía la cabeza hacia atrás de esa manera». Sabía ya antes todas esas cosas y las reconocí en cuanto le volví a ver. Pero se habían desvanecido dentro de mi pintura mental de él, y cuando su actual presencia las volvió a poner en su sitio, el efecto del conjunto dio un resultado asombrosamente distinto de la imagen que yo había acarreado conmigo a lo largo de diez años. ¿Cómo voy a poder esperar que no le pase lo mismo a mi recuerdo de H.? ¿No estará ocurriendo ya?

Poco a poco, quedamente, como copos de nieve —como esos pequeños copos que empiezan a caer cuando va a nevar toda la noche—, así de pequeños copos de mí, de mis impresiones, de mis propias selecciones, se van posando sobre la imagen de ella. Al final, la silueta real quedará bastante camuflada. Diez minutos, diez segundos de la H. real corregirían todo esto. Y a pesar de todo, incluso si esos diez segundos me fueran concedidos, un segundo más tarde los pequeños copos empezarían a caer de nuevo. El áspero, agudo, tonificante regusto de su otredad se ha esfumado.

¡Qué tentación tan lamentable la de decir: «Ella vivirá para siempre en mi memoria»! ¿Vivir? Eso es precisamente lo que nunca volverá a hacer. Puede uno pensar, si quiere, como los antiguos egipcios, que embalsamando a los muertos, los va uno a conservar. ¿Habrá algo capaz de persuadirnos de que no se han ido? ¿De que nos han dejado? Un cadáver, un recuerdo y un fantasma en sus diferentes versiones. Nada más que burlas, nada más que horrores.

Tres nuevas maneras de conjurar la palabra muerto. Era a H. a quien yo amaba. Pero si lo que quiero es enamorarme de mi recuerdo de ella, el resultado será una imagen elaborada por mí. Sería una especie de incesto.

Recuerdo que una mañana de verano, hace ya mucho tiempo, me quedé bastante horrorizado al ver que entraba en el cementerio de la iglesia un campesino fornido y jovial llevando una azada y un cubo de agua. Cerró la verja detrás de sí, al tiempo que les gritaba a dos amigos por encima del hombro: «Hasta luego, ahora voy a visitar a Mamá». Quería decir que iba a quitar las malas hierbas de su tumba, y a lavarla y a arreglarla. Me horrorizó porque esta forma de sentimiento, todo este lío de los cementerios, era y sigue siendo sencillamente odioso y hasta inconcebible, para mí. Pero a la luz de mis recientes reflexiones, estoy empezando a preguntarme si, caso de que uno pudiera tomar la opción de ese hombre (que yo no puedo), no habría bastante que decir al respecto. La Madre se había convertido para él en una cama florida de seis pies por tres. A eso se reducía el símbolo de ella, su relación con ella. Visitarla era cuidar de eso. ¿Y después de todo, no será mejor eso, en cierto sentido, que preservar y acariciar una imagen elaborada en el recuerdo? La tumba y la imagen tienen una función equivalente como lazos con lo irrecuperable y como símbolos de lo inimaginable. Pero en el segundo caso, se añade el inconveniente de que la imagen hace lo que uno le mande. Sonreirá o fruncirá la frente, será tierna, alegre, descarada o discutidora, según se lo vayan pidiendo mis humores. Es una marioneta cuyos hilos manejo. Claro que todavía no. La realidad aún está demasiado fresca. Todavía, gracias a Dios, una serie de recuerdos genuinos y totalmente involuntarios pueden irrumpir para arrancarme esos hilos de las manos. Pero la fatal obediencia a la imagen, mi insípida dependencia de ella, está condenada a aumentar. Y por otra parte, la tumba florida es un obstinado, resistente y a veces insoluble pedazo de realidad, tal como sin duda lo sería aquella Madre en vida. Como lo era H.

O mejor dicho, como lo es. ¿Puedo asegurar honestamente que H. ahora ya no es nada? La mayoría de la gente con quien hablo, en el trabajo, me refiero, seguramente pensará que ella no está. Porque, naturalmente, no serían capaces de profundizar en mi punto de vista. O por lo menos no en el de ahora. ¿Qué pienso en realidad? Siempre he sido capaz de orar por los demás muertos, y todavía lo hago, con algo de fe. Pero cuando intento orar por H., me sobresalto. La confusión y el trastorno se me vienen encima. Tengo una cadavérica sensación de irrealidad, de estar hablando al vacío sobre una entelequia.

Las razones de la diferencia están muy claras. Nunca sabe uno hasta qué punto cree en algo, mientras su verdad o su falsedad no se convierten en un asunto de vida o muerte. Es muy fácil decir que confías en la solidez y fuerza de una cuerda cuando la estás usando simplemente para atar una caja. Pero imagínate que te ves obligado a agarrarte a esa cuerda suspendido sobre un precipicio. Lo primero que descubrirás es que confiabas demasiado en ella. Pues con la gente pasa igual. Durante muchos años yo habría jurado que tenía una confianza absoluta en B. R. Pero llegó un día en que tuve que plantearme si confiarle o no un secreto realmente importante. Eso arrojó una luz totalmente nueva sobre lo que yo llamaba «fiarme de él». Me di cuenta de que no existía tal confianza. Solamente un riesgo real atestigua la realidad de una creencia. Seguramente la fe —creo que será fe— que me permite orar por los otros muertos me ha parecido fuerte solo porque no me ha importado en realidad, o al menos no de una forma desesperada, que existieran o no. Aunque creyera que me importaba.

Pero existen además otros inconvenientes. «¿Dónde está ella ahora?», lo que quiere decir es: en qué sitio está en este mismo momento. Pero si H. no es un cuerpo —y el cuerpo que yo amaba no cabe duda de que ya no es ella—, H. no está en ninguna parte en absoluto. Y «este mismo momento» es una fecha, un punto, en nuestras series de tiempo. Es como si se hubiera ido de viaje sin mí y yo dijera: «Me pregunto si estará en Euston ahora». Pero a no ser que ella avance a sesenta segundos por minuto, recorriendo esta misma línea de tiempo por la que vamos viajando los seres vivos, ¿qué sentido tiene decir *ahora*? Si los muertos no están en el tiempo, o por lo menos en nuestra clase de tiempo, ¿hay alguna diferencia notoria, cuando hablamos de ellos, entre era, es y será?

La gente buena me suele decir: «Está con Dios». En cierto sentido, esto es lo más probable. Ella, como Dios, es incomprensible e inimaginable.

Y, sin embargo, yo encuentro que esta cuestión, por importante que pueda ser en sí misma, no lo es tanto, a fin de cuentas, en relación con la pena. Vamos a suponer que las vidas terrenales que ella y yo compartimos durante unos pocos años no sean en realidad más que el fundamento, el preludio o la apariencia terrena de otros dos algos inimaginables, super-cósmicos y eternos. Estos algos podrían ser representados como esferas o globos. Por donde el plano de la Naturaleza los atraviesa, aparecen como dos círculos o rebanadas de esfera. Dos círculos que se tocaban. Pues bien, estos dos círculos y sobre todo el punto en que se tocaban, es lo que real-mente echo de menos, de lo que tengo hambre, por lo que llevo luto. Me decís: «Se ha ido». Pero mi corazón y mi cuerpo están gritando «¡Vuelve, vuelve! Vuelve a ser un círculo que toca el mío en el plano de la Natura-leza». Esto es imposible, claro, ya lo sé. Sé que la cosa que más deseo es precisamente la que nunca tendré. La vida de antes, las bromas, las bebi-das, las discusiones, la cama, aquellos minúsculos y desgarradores luga-res comunes. Desde cualquier punto de vista que se mire, decir «H. se ha muerto» es decir «Todo aquello se acabó». Forma parte del pasado. Y el pasado es pasado, que no otra cosa quiere decir el tiempo, porque el tiempo en sí mismo no es ya más que otro nombre de la muerte, y el mismo cielo una región donde han ido a parar las cosas de antaño, al fallecer.

Habladme de la verdad, de la Religión, y os escucharé de buen grado. Habladme de los deberes de la Religión y os escucharé sumiso. Pero no vengáis a hablarme de los consuelos de la Religión, o tendré que sospe-char que no habéis entendido nada.

A no ser, claro, que creáis a pies juntillas en todo ese galimatías de las reuniones familiares en el más allá descritas en términos totalmente terre-nales. Pero todo esto es contrario a las Sagradas Escrituras, está sacado de malos himnos y litografías. No existe en la Biblia una sola palabra acerca de ello. Y suena a hueco. Sabemos que no puede ser así, que la realidad nunca se repite. Nunca, cuando se nos quita una cosa, se nos devuelve exactamente la misma cosa. ¡Qué bien se las arreglan los espiritualistas para poner cebo a su anzuelo! «Las cosas en ese más allá no son tan dife-rentes, después de todo». También se fuman puros en el cielo. Eso es lo que a todos nos gustaría. La restauración del pasado feliz.

Y por esto, precisamente por esto, es por lo que clamo en mis locas ple-garias y amorosas endechas de medianoche, lanzadas al vacío.

Y C., el pobre, me repite: «No te aflijas como los que no tienen esperanza». Me deja perplejo esa forma en que somos invitados a aplicarnos a nosotros mismos unas palabras evidentemente dedicadas a los mejores. Lo que dice san Pablo solamente puede confortar a quien ame a Dios más que a sus muertos y a sus muertos más que a sí mismo. Si una madre está llorando no por lo que ha perdido, sino por lo que ha perdido su hijo muerto, será un consuelo para ella pensar que el hijo no ha perdido la finalidad para la que fue creado. Y otro consuelo pensar que ella misma, al perder el principal motivo de su felicidad, el único natural, no ha perdido algo que vale mucho más, el poder conservar su esperanza de «glorificar a Dios y gozar de Él para siempre». Consolarse en el espíritu imperecedero de «Dios como meta» que dentro de la madre habite. Pero este consuelo no sirve para su maternidad. Lo específico de su felicidad maternal tiene que darlo por perdido. Nunca ya, en ningún sitio ni en ningún tiempo, volverá a sentar a su hijo en sus rodillas, ni a bañarlo, ni a contarle un cuento, ni a hacer proyectos para su futuro, nunca conocerá a los hijos de su hijo.

Me dicen que H. ahora es feliz, me dicen que descansa en paz. ¿Qué les hace estar tan seguros de esto? No quiero decir que yo tema lo peor. Casi sus últimas palabras fueron: «Me encuentro en paz con Dios». No siempre lo había estado. Y ella nunca mentía. No era fácil engañarla, y menos todavía cuando el engaño redundaba en su propio provecho. No es eso, pues, lo que quiero decir. Pero ¿cómo pueden estar seguros de que la angustia acaba con la muerte? Más de la mitad de los cristianos del mundo, y millones de seres en todo Oriente, piensan de otra manera. ¿Cómo pueden saber que descansa en paz? ¿Por qué la separación (ciñéndonos solo a ella), esa separación que es agonía para el amante abandonado, habría de ser indolora para el amante que nos deja?

«Porque ella ahora está en las manos de Dios». Pero si esto fuera así, tendría que haber estado en manos de Dios todo el tiempo, y yo he sido testigo del trato que esas manos le dieron en la tierra. ¿Van a volverse más cariñosas para nosotros justo en el momento en que nos escapamos del cuerpo? ¿Y por qué razón? Si la bondad de Dios no es consecuente con el daño que nos inflige, una de dos: o Dios no es bueno, o no existe; porque en la única vida que nos es dado conocer nos golpea hasta grados inimaginables, nos hace un daño que supera nuestros más negros presagios. Y si Dios es consecuente al hacernos daño, puede seguírnoslo haciendo después de muertos de una forma tan insoportable como antes.

A veces resulta difícil no decir: «Dios perdona a Dios», y otras lo que resulta difícil es llegar a decir tanto. Porque Él, si nuestra fe no nos engaña, no fue tal cosa lo que hizo. Se crucificó a Él mismo.

Vamos a ver, ¿qué adelantamos con las evasiones? Estamos atrapados y no podemos escapar. La realidad, mirada cara a cara, es insoportable. ¿Y cómo y por qué una realidad de este tipo ha florecido (o se ha enconado) por doquier hasta dar en el terrible fenómeno que llamamos consciencia? ¿Por qué ha producido seres como nosotros capaces de verla y de retroceder con repugnancia una vez que la han visto? Y —lo que es más raro todavía— ¿quién va a tener ganas de verla y tomarse la molestia de sacarla a la luz, si nada nos obliga a hacerlo, si a su vista se abren incurables llagas en el corazón? ¿Quién? Pues gente como la misma H., que estaba empeñada en alcanzar la verdad a toda costa.

Si H. *no existe*, entonces es que nunca existió. Confundí una nube de átomos con una persona. No existe nadie, nunca existió nadie. Solamente la muerte revela una vacuidad que siempre estuvo ahí. Lo que llamamos seres vivientes son sencillamente aquellos que todavía no han sido desenmascarados. Todos en idéntica bancarrota, solo que aún no declarada en algunos casos.

Pero esto puede que sea una tontería. ¿Vacuidad revelada a quién?, ¿bancarrota declarada a quién? A otras cajas de fuegos artificiales o de nubes de átomos. Nunca creeré —mejor dicho, no lo puedo creer— que una serie de elementos físicos pueda acarrear el error de otros de otro tipo.

No, el verdadero miedo que tengo no es al materialismo. Si fuera verdad, nosotros —o lo que confundimos con nosotros— podríamos sacar la cabeza, salir de la trampa. Una sobredosis de somnífero, y asunto concluido. Lo que realmente me asusta es pensar que somos ratones atrapados en una ratonera. O, todavía peor, ratones en un laboratorio. Creo recordar que alguien dijo: «Dios siempre geometriza». ¿No querría decir en realidad: «Dios siempre descuartiza» ?

Más tarde o más temprano tendré que enfrentarme con la pregunta claramente y sin rodeos: dejando aparte nuestros propios y más desesperados deseos, ¿qué razón tenemos para creer que Dios, con arreglo a cualquier patrón que podamos concebir, es *bueno*? ¿Es que toda evidencia inmediata no sugiere exactamente lo contrario? ¿Qué podemos oponer a esto?

Podemos oponer a Jesucristo. Pero ¿y si Él se hubiera equivocado? Las que fueron casi sus últimas palabras encerraban un mensaje bien claro a este respecto. Acababa de entender que el Ser Supremo a quien llamaba Padre era infinita y tremendamente diferente de lo que Él había imaginado. El anzuelo, tan larga y cuidadosamente aparejado, tan sutilmente tendido, se lo tragó al final, en la cruz. La vil broma pesada se había consumado con éxito.

Lo que me estrangula cualquier plegaria o esperanza es el recuerdo de todas las plegarias que H. y yo alzamos al cielo y todas las falsas esperanzas que abrigamos. Esperanzas que no tomaban vuelo meramente al calor de nuestro propio deseo, no, eran esperanzas a las que daban pábulo, aun en contra de nuestra voluntad, los falsos diagnósticos, las radiografías, las extrañas remisiones o una mejoría provisional que podía tomarse por milagro. Paso a paso nos encaminábamos hacia «el sendero del paraíso». Y una hora tras otra, a medida que Él se mostraba más misericordioso, lo que estaba haciendo en realidad era preparar la próxima tortura.

Esto lo escribí anoche. Se trataba de un aullido más que de un pensamiento. Voy a intentar volver sobre ello. ¿Es racional creer en un Dios malo? ¿O en ese caso en un Dios sumamente malo, un Sádico del Cosmos, un imbécil cargado de rencor?

Creo que resulta, cuando menos, demasiado antropomórfico. Llegar a figurarse así a Dios es mucho más antropomórfico que pintarlo como un viejo rey de luenga barba y gesto grave. Esta imagen es un arquetipo jungiano. Vincula a Dios con todos los reyes viejos y sabios de los cuentos de hadas, con los profetas, con los sabios, con los magos. Aunque, desde un punto de vista formal, sea el retrato de un hombre, sugiere algo que rebasa la humanidad. O induce a pensar, por lo menos, en algo más viejo que uno mismo, que encierra sabiduría, en algo que no se puede llegar uno a imaginar. Algo que preserva el misterio. Y de ahí que dé cabida a la esperanza. Y de ahí que ceda el paso a un pavor reverente que no tiene por qué confundirse con el simple miedo a un potentado desdeñoso. Pero el cuadro que yo estaba elaborando anoche era simplemente el retrato de un hombre parecido a S. C., que solía sentarse junto a mí para cenar y contarme lo que les había estado haciendo a sus gatos aquella tarde. Ahora bien, un ser como S. C., por mucho que quiera uno magnificarlo, no podría crear, inventar ni gobernar cosa alguna. Podría preparar anzuelos y tratar de ponerles cebos. Pero nunca se le ocurriría pensar en cebos como amor, risa, narcisos o una puesta de sol glacial. ¿Cómo iba a inventar un universo si no pudo crear una broma, ni un saludo, ni una disculpa, ni un amigo?

¿O es que vamos a acoger en serio la idea de un Dios malo, colándose por la puerta trasera, a través de una especie de calvinismo llevado a sus extremos? Se nos podrá decir que somos seres caídos y depravados. Tan depravados que nuestra noción de bondad es inoperante, menos que nada: el mero hecho de que pensemos en algo bueno encierra la presunta evidencia de su real maldad. De hecho Dios —y en eso se revelan verdaderos nuestros más crudos temores— posee todas las características que atribuimos a los malos: irracionalidad, vanidad, revanchismo, injusticia, crueldad. Pero todos estos puntos negros (tal como aparecen ante nosotros) son realmente luminosos. No es más que nuestra depravación lo que hace que nos parezcan negros.

¿Y entonces qué? A efectos prácticos y especulativos, eso es como borrar a Dios de la pizarra. La palabra «bueno», aplicada a Él, se vacía de sentido, se vuelve abracadabra. No hay razón para que le obedezcamos. Ni siquiera para que le tengamos miedo. Es verdad que tenemos sus amenazas y sus promesas. Pero ¿por qué habría que tomárselas en serio? Si, desde el punto de vista, la crueldad es algo bueno, decir mentiras también puede ser bueno. Y aunque fueran verdades, ¿con eso qué? Si las ideas de Dios sobre lo bueno son tan diferentes de las nuestras, lo que Él llama Cielo bien puede corresponder a lo que nosotros llamaríamos Infierno, y viceversa. Y por último, si carece hasta tal punto de sentido en sus mismas raíces (o dándole la vuelta, si nosotros somos tan absolutamente imbéciles), ¿qué más da ponerse a pensar en Dios que en otra cosa cualquiera? El nudo se afloja cuanto más intenta uno apretarlo.

¿Por qué le doy cabida en mi mente a tanta basura y bagatela? ¿Acaso espero que disfrazando de pensamiento a mi sentir, voy a sentir menos intensamente? ¿No son todas estas notas las contorsiones sin sentido de un hombre incapaz de aceptar que lo único que podemos hacer con el sufrimiento es aguantarlo? Un hombre empeñado en seguir pensando que hay alguna estrategia (que es cuestión de encontrarla) capaz de lograr que el dolor no duela. Pero en realidad da igual agarrarse crispadamente a los brazos del sillón del dentista que dejar las manos reposando en el regazo. El taladro taladra igual.

Y la pena se sigue sintiendo como miedo. Aunque tal vez fuera más exacto decir que como un «suspense». O como una expectativa; eso es. Es como estar colgado a la espera de algo que va a pasar. Esto confiere a la vida una sensación permanente de provisionalidad. Parece como si no valiera la pena empezar nada. No soy capaz de encontrar asiento, ando azogado y nervioso, bostezo, fumo muchísimo. Antes nunca llegaba a tiempo para nada. Ahora no hay nada más que tiempo. Tiempo en estado casi puro, una vacía continuidad.

Éramos uña y carne. O, si lo preferís, un solo barco. El motor de proa se fue al garete. Y el motorcito de reserva, que soy yo, tiene que ir traqueteando a duras penas hasta tocar puerto. O, mejor dicho, hasta que acabe el viaje. ¿Cómo voy a poder alcanzar el puerto? Más que una orilla resguardada, lo que hay es una noche oscura, un huracán ensordecedor, olas gigantes que se te echan encima y el oscilar en el naufragio de cualquier luz que brille en tierra. Así era la recalada de H. Y también la de mi madre. Me refiero a su forma de avistar tierra, no a su forma de llegar.

TRES

No es verdad que esté pensando siempre en H. El trabajo y la conversación me lo hacen imposible. Pero los ratos en que no estoy pensando en ella puede que sean los peores. Porque entonces, aunque haya olvidado el motivo, se extiende por encima de todas las cosas una vaga sensación de falsedad, de despropósito. Como en esos sueños en que no ocurre nada terrible —ni siquiera que parezca digno de mención al contarlos a la hora del desayuno—, y sin embargo la atmósfera y el sabor del conjunto son mortíferos. Pues igual. Veo rojear las bayas del fresno silvestre y durante unos instantes no entiendo por qué precisamente ellas pueden resultar deprimentes. Oigo sonar una campana y una cierta calidad que antes tenía su tañido se ha esfumado en él. ¿Qué pasa con el mundo para que se haya vuelto tan chato, tan mezquino, para que parezca tan gastado? Y entonces caigo en la cuenta.

Esta es una de las cosas que más miedo me dan. Las agonías, los momentos nocturnos de locura, siguiendo un curso natural, tendrán que acabar por desvanecerse. Pero ¿y qué viene luego? ¿Nada más que esta apatía, esta mortal insulsez? ¿Llegará un día en que deje de chocarme que el mundo me parezca una calle tan estrecha, por haber llegado a aceptar la sordidez como cosa normal? ¿Es que la pena acaba por desleírse en aburrimiento matizado por una ligera náusea?

Sentimientos, sentimientos, sentimientos. Vamos a ver si en vez de tanto sentir puedo pensar un poco. Desde un punto de vista racional, ¿qué nuevo factor ha introducido en la problemática del universo la muerte de H.? ¿Qué pie me ha dado para dudar de todo lo que creo? Yo ya sabía que estas cosas, y otras peores, ocurren a diario. Y habría jurado que contaba con ello. Me habían advertido —y yo mismo estaba sobre aviso— que no contara con la felicidad terrenal. Incluso ella y yo nos habíamos prometido sufrimientos. Eso formaba parte del programa. Nos habían dicho: «Bienaventurados los que lloran», y yo lo aceptaba. No me ha pasado nada que no tuviera previsto. Claro que es diferente cuando una cosa así le pasa a uno y no a los demás, cuando pasa en realidad, no a través de la imaginación. Sí, pero a pesar de todo, ¿puede suponer una diferencia tan enorme para un hombre en sus cabales? No. Ni tampoco para un hombre cuya fe no fuera de pacotilla y al que de verdad le importaran los sufrimientos ajenos. La cuestión está bien clara. Si me han derribado la casa de un manotazo, es porque se trataba de un castillo de naipes. La fe que «contaba con todas esas cosas» no era fe, sino simple imaginación. Tomarlas en cuenta no significaba simpatizar realmente con ellas. Si a mí me hubieran importado —como creí que me importaban— las tribulaciones de la gente, no me habría sentido tan disminuido cuando llegó la hora de mi propia tribulación. Se trataba de una fe imaginaria jugando con fichas inocuas donde se leía «Enfermedad», «Dolor», «Muerte» y «Soledad». Me parecía que tenía confianza en la cuerda hasta que me importó realmente el hecho de que me sujetara o no. Ahora que me importa, me doy cuenta de que no la tenía.

Los jugadores de *bridge* me dicen que tiene que haber algún dinero circulando en juego porque si no «la gente no se lo toma en serio». Parece que esto también es algo así. Se puede apostar por Dios o por la negación de Dios, por un Dios bueno o por el Sádico del Cosmos, por la vida eterna o por la nada, pero depende de lo que se haya expuesto en el envite el que este sea serio o no lo sea. Y nunca se entera uno de lo serio que era hasta que las apuestas se disparan a una altura horrible; hasta que se da uno cuenta de que no está jugando con fichas o con calderilla, sino que lo que está en juego es hasta el último penique que puede llegar a adquirirse en el mundo. Nada más que eso es capaz de zarandear a un hombre —o por lo menos a un hombre como yo— y sacarlo de sus pensamientos de boquilla y de sus creencias meramente especulativas. Tiene que sentirse entontecido por el puñetazo para poder volver luego a sus cabales. Solamente la tortura saca a la luz la verdad. Solo bajo tortura podrá el hombre descubrirse a sí mismo.

Y seguramente también tendré que admitir —H. me habría obligado a admitirlo inmediatamente— que, si mi casa era un castillo de naipes, cuanto antes me lo derribaran, mejor. Y ese derribo no lo logra más que el sufrimiento. Pero ahí es donde el Sádico del Cosmos y Eterno Despiezador se convierte en una hipótesis innecesaria.

Ahora bien, esta última anotación ¿no está dando fe de que no tengo cura; de que cuando la realidad hace añicos mis sueños, lo que hago es desinflarme y gruñir mientras dura el primer golpe, y luego ponerme a reunir otra vez los añicos y a tratar de pegarlos pacientemente, estúpidamente? ¿Y siempre va a ser así? ¿Siempre que se caiga el castillo de naipes me voy a poner a reconstruirlo de nuevo? ¿No es precisamente eso lo que estoy haciendo ahora?

En el fondo es como si lo que podría llamarse —caso de que se produjera— «restauración de la fe» resultara ser también otro castillo de naipes. Y no sabré si lo es o no hasta que llegue el segundo golpe, por ejemplo cuando también a mi cuerpo se le diagnostique una enfermedad irreversible, o estalle la guerra, mi trabajo se hunda en la ruina por haber cometido en él algún error irreparable. Pero aquí se perfilan dos preguntas. ¿En qué sentido sería eso un castillo de naipes? ¿Por ser un mero sueño las cosas en que creo o porque lo único que hago es soñar que creo en ellas?

En cuanto a las cosas mismas, ¿por qué regla de tres lo que pensaba de ellas hace una semana va a ser más digno de crédito que las nociones más correctas que tengo ahora? Creo firmemente que ahora, en términos generales, soy una persona más cuerda que entonces. ¿Por qué habría de ser particularmente de fiar aquel imaginarme a mí mismo irremisiblemente como un hombre desorientado? (Como alguien a quien han golpeado, escribí). ¿Tal vez porque esas imaginaciones no entrañaban espejismo? ¿O porque, al ser tan horribles, resultaba más probable, por eso mismo, que fueran verdad? Pero los temores tienen su cumplimiento, igual que lo tienen los sueños. ¿Y eran tan sumamente desagradables? No. En cierto modo, a mí me gustaban. Incluso me doy cuenta de que opongo un leve rechazo a aceptar los pensamientos de signo opuesto. Toda esa mandanga del Sádico del Cosmos no era tanto la expresión de un pensamiento como de un odio. Sacaba de ello la única compensación que puede esperar un hombre atormentado: el derecho al pataleo. Era realmente un puro Billingsgate,[1] el insulto por el insulto: «echarle a Dios en cara lo que pensaba de Él». Y, claro, como en todo lenguaje injurioso, «lo que pensaba»

---

1. Antiguo mercado de pescado, en Londres, famoso por el lenguaje injurioso y obsceno de los vendedores. Por extensión, dícese de todo lenguaje injurioso. (*N. de la T*).

no era exactamente lo que creía de verdad. Era lo que creía que más podía ofenderle a Él y a sus fieles. Este tipo de cosas nunca dejan de decirse con algo de placer. Sirven de desahogo. Y, por unos momentos, se siente uno mejor.

Pero un estado de ánimo no es garantía de nada. Naturalmente que el gato puede bufarle al cirujano y escupirle si puede. Pero el quid de la cuestión está en saber si es un veterinario o un disecador. Los malos modos del gato no arrojan luz sobre la cuestión ni en un sentido ni en otro.

Y yo puedo atribuirle a Dios el papel de veterinario cuando pienso en mis propios sufrimientos. La cosa se pone más difícil cuando pienso en los de ella. ¿Qué es la pena comparada con el dolor físico? Digan lo que digan los necios, el cuerpo puede llegar a sufrir veinte veces más que el alma. La mente siempre tiene alguna capacidad de evasión. En el peor de los casos, un pensamiento insoportable lo más que hace es volver una y otra vez, pero el dolor físico puede ser completamente ininterrumpido. La pena es comparable a un bombardero que nos sobrevuela dando vueltas y dispuesto a soltar una bomba cada vez que una de estas vueltas desde arriba coincide justamente con nuestra cabeza. El dolor físico es como el fuego constante en una trinchera durante la Primera Guerra Mundial, horas y horas sin cejar ni un minuto. El pensamiento nunca es estático, el dolor físico lo es muchas veces.

¿Qué clase de amante soy yo, pensando tan sin cesar en mis tribulaciones y tan poco en las de ella? Hasta cuando la llamo locamente y le pido «¡Vuelve!», lo hago de forma egoísta. Nunca se me ha ocurrido plantearme la cuestión de si esa vuelta, caso de ser posible, sería buena para ella. Necesito su vuelta como un ingrediente para la restauración de mi pasado. ¿Cabría desear por mi parte algo peor para ella? ¿Haber alcanzado la meta una vez, a través de la muerte de nuevo? Dicen que san Esteban fue el primer mártir. Decir esto ¿no es tratar injustamente a Lázaro?

Empiezo a ver claro. Mi amor por H. y mi fe en Dios eran de una calidad muy parecida. Tampoco es que quiera exagerar. Si había algo más que imaginación en mi fe o algo más que egoísmo en mi amor, eso Dios lo sabrá. Yo no lo sé. Debía haber algo más, sobre todo en mi amor por H. Pero ni una ni otro eran lo que yo creía. Ambas tuvieron mucho de castillo de naipes.

¿Qué más da el proceso que lleve mi pena ni lo que haga con ella? ¿Qué más da mi manera de recordar a H. o incluso que la recuerde o no?

Ninguna de estas alternativas servirá para dulcificar o agravar las angustias que pasó ella.

Las angustias que pasó. ¿Y cómo puedo saber que sus angustias pasaron? Antes nunca creía —o lo consideraba altamente improbable— que el alma más colmada de fe pudiera zambullirse en la perfección y en la paz cuando el estertor de la muerte le estuviera rechinando en la garganta. Sería un espejismo redomado edificar ahora tal creencia. H. era un ser esplendoroso, un alma recta, brillante y con temple de acero. Pero no una santa sin fisuras. Era una pecadora, casada con un pecador; dos penitentes de Dios no redimidos aún. Me doy cuenta de que no solamente quedan lágrimas por enjugar, sino también manchas por limpiar. El acero se tiene que abrillantar más todavía.

Pero, oh, Dios misericordioso, ya despedazaste su cuerpo en el potro de tortura, cuando aún lo llevaba puesto, un mes detrás de otro, una semana detrás de otra. ¿No te basta con eso?

Lo más horrible es que, en estos asuntos, un Dios bueno a carta cabal resulte menos de temer que un Sádico del Cosmos. Cuanto más creemos que Dios nos hace daño solamente por nuestro bien, menos capaces somos de concebir que implorar compasión no vaya a servir de nada. Un hombre cruel puede ser sobornado, puede llegar a cansarse de su abyecto deporte, puede tener un ataque transitorio de piedad, igual que los alcohólicos atraviesan fases de sobriedad. Pero imagina que quien te pone en un aprieto es un cirujano cuyas intenciones son buenas sin sombra de mal alguno. Cuanto más acendradas sean su bondad y su esmero, más inexorable se mostrará en manejar el bisturí. Si cediese a nuestras súplicas, si interrumpiese la operación antes de darla por concluida, todo el dolor padecido hasta ese momento no habría servido para nada. Pero ¿es posible creer que una tortura llevada a tales extremos le venga bien a nadie? En fin, cada uno que piense lo que quiera. Las torturas tienen lugar. Si son innecesarias, es que no existe Dios o que el que hay es malo. Si existe un Dios bienintencionado, será que esas torturas son necesarias. Porque ningún Ser medianamente bueno podría infligirlas o permitírselas, si hubiera otro remedio.

De un modo o de otro, hay que pasarlas.

¿Qué quiere decir la gente cuando afirma: «Yo a Dios no le tengo miedo porque sé que es bueno»? ¿Han ido al dentista alguna vez?

El caso es que esto es insoportable. Y me pongo a balbucear: «Si pudiera aguantarlo, o por lo menos una parte, la peor, sufrirlo yo en vez de ella». Pero no se puede saber hasta qué punto va en serio esta oferta, porque en realidad no se ha apostado nada. Si de repente «sufrir en vez de ella» se convirtiera en una posibilidad real, entonces por primera vez nos daríamos cuenta de la importancia de su significado. ¿Se nos ha permitido esto alguna vez?

Se le permitió a una Persona, según nos han contado, y me doy cuenta de que ahora puedo volver a creer que Él hizo en nombre de otro todo lo que es posible hacer en ese sentido. Y Él contesta a nuestro balbuceo: «No puedes y no te atreves. Yo pude y me atreví».

Me ha ocurrido algo bastante inesperado. Fue esta mañana temprano. Por una serie de razones, no todas misteriosas en sí mismas, mi corazón estaba más aliviado que nunca desde hacía varias semanas. En primer lugar, creo que me estoy recuperando físicamente de una sobrecarga de simple agotamiento. Y el día antes había pasado once horas de un cansancio saludable, seguidas a la noche de un sueño profundo. Y después de tres días de nubarrones bajos y grises y de una humedad bochornosa y estática, el cielo brillaba y había una brisa ligera. Y de repente, en el mismo momento en que por última vez, hasta ahora, estaba llorando por H. me acordé de su parte mejor. En realidad se trataba de algo casi mejor que el recuerdo: una impresión momentánea e irrefutable. Decir que fue como un encuentro sería ir demasiado lejos. Pero había algo en ella que provocaba la tentación de explicarla en tales términos. Era como si la pesadumbre, al alzar el vuelo, derribase una barrera.

¿Por qué nadie me había avisado de una cosa así? ¡Cuán a la ligera habría yo juzgado a otro hombre en semejante situación! Seguro que habría dicho: «Lo ha superado. Ha olvidado a su mujer», cuando la verdadera interpretación sería: «La recuerda mejor precisamente porque lo ha superado en parte».

Eso fue lo que me pasó. Y creo que puedo sacar partido de ello. No somos propiamente capaces de ver nada cuando tenemos los ojos enturbiados por las lágrimas. No podemos, en la mayoría de los casos, alcanzar lo que deseamos si lo deseamos de una forma demasiado compulsiva, o por lo menos no seremos capaces de sacar de ello lo mejor que tiene. Decir «¡Venga!, vamos a tener una conversación buena de verdad» al más pintado lo condena al silencio, y decir: «Tengo que dormir a pierna suelta esta noche» desemboca en horas de insomnio. Las bebidas más refinadas no sirven de nada para una sed realmente voraz. ¿No podría compararse esto a la cruda intensidad de la añoranza que descorre el telón de acero, que nos hace sentir que estamos mirando al vacío cuando pensamos en nuestra propia muerte? «Ellos, los que piden» (o en todo caso «que piden de forma demasiado importuna») no recibirán. Tal vez no puedan.

Y quién sabe si con Dios no pasará lo mismo. Poco a poco he llegado a sentir que la puerta ya no está cerrada ni tiene echados los cerrojos. ¿No sería mi propia necesidad frenética lo que me la cerraba en las narices? Los momentos en que el alma no encierra más que un puro grito de auxilio deben ser precisamente aquellos en que Dios no la puede socorrer. Igual que un hombre a punto de ahogarse al que nadie puede socorrer porque se aferra a quien lo intenta y le aprieta sin dejarle respiro. Es muy posible que nuestros propios gritos reiterados ensordezcan la voz que esperábamos oír.

Porque por mucho que nos digan: «Llama y se te abrirá», llamar no significa aporrear y martillear la puerta como un poseso. Se nos dice también: «A los que tienen sed se les dará». Pero, a fin de cuentas, hay que tener capacidad para recibir; si no, ni la omnipotencia sería capaz de dar. Seguramente es la propia pasión lo que destruye temporalmente esa capacidad.

Toda clase de errores son posibles cuando se tienen tratos con Él. Hace mucho tiempo, antes de casarnos, recuerdo que H. estuvo obsesionada toda una mañana durante su trabajo con la oscura sensación de que tenía a Dios «pisándole los talones», por así decirlo, y reclamando su atención. Y claro, no siendo una santa como no lo era, tuvo la impresión de que se trataba, como suele tratarse, de una cuestión de pecado impenitente o de tedioso deber. Hasta que por fin se entregó —yo sé bien hasta qué punto se aplazan estas cosas— y miró a Dios a la cara. Y como el mensaje era: «Quiero darte algo», inmediatamente ella se adentró en la alegría.

Creo que estoy empezando a entender por qué la pena se siente como una expectativa. Procede de la frustración de tantos impulsos que se han hecho habituales. Todos mis pensamientos, sentimientos y acciones, uno por uno, tenían a H. por objeto. Sigo por rutina tensando el arco en la cuerda, pero de repente recapacito y me rindo a la evidencia. He tomado uno de los muchos caminos que llevan al pensamiento hacia H. Pero ahora hay un paso a nivel infranqueable que se cruza en mi ruta. Antes tantos caminos y ahora tantos callejones sin salida.

Y es que una buena esposa ¡contiene en su entraña a tantas personas! ¿Qué es lo que no era H. para mí? Era mi hija y mi madre, mi alumna y unión entre esas personas, mi camarada de fiar, mi amigo, mi compañero de viaje, mi colega de «mili». Mi amante, pero al mismo tiempo todo lo que ha podido ser para mí cualquier amigo de mi propio sexo (y los he tenido buenos). Tal vez incluso más. Si no nos hubiéramos enamorado, no por eso hubiéramos dejado de estar siempre juntos, y habríamos sido piedra de escándalo. A eso me refería cuando una vez le encomiaba a ella sus «virtudes masculinas». Pero enseguida me paró los pies preguntándome si a mí me gustaría ser ensalzado por mis virtudes femeninas. Fue una buena réplica, querida. Aunque había en ella algo de las Amazonas, algo de Penthesilea y Camila. Y tanto tú como yo nos alegramos de que lo hubiera. A ti te alegró que yo lo reconociese.

Salomón llama Hermana a su novia. ¿Pudo ser una mujer esposa cabal sin que en algún momento, bajo un peculiar estado de ánimo, un hombre no se sintiera inclinado a llamarla Hermana?

De nuestro matrimonio me veo tentado a decir «que era demasiado perfecto para durar». Pero esto puede entenderse en dos sentidos. Se puede tomar como una frase encarnizadamente pesimista, como si Dios, en cuanto se hubiera dado cuenta de que dos de sus criaturas eran felices, hubiera dado el frenazo («¡Aquí no consentimos nada de eso!»). Como la Anfitriona de un *party* cuando separa a dos de sus invitados tan pronto como estos dan muestras de estar anudando una verdadera conversación. Pero también puede querer decir: «Este asunto ha alcanzado su propio nivel de perfección. Ya ha llegado adonde estaba llamado a llegar. Así que no hay razón para que se prolongue». Como si Dios dijera: «Está bien, habéis hecho una obra maestra de este ejercicio. Estoy muy contento de ello. Y ahora ya estáis capacitados para acceder al próximo». Una vez que ha aprendido uno a hacer ecuaciones de segundo grado y a divertirse haciéndolas, no hay por qué seguir demorándose en ello. El profesor nos incita a progresar.

Porque realmente aprendimos algo y lo llevamos a su consumación. Ya se esconda o se ostente, hay siempre una espada entre uno y otro sexo, hasta que un matrimonio cabal los reconcilia. En nosotros, los hombres, es una arrogancia llamar «masculinas» a la franqueza, la justicia y la caballerosidad, cuando se dan en una mujer. Y en ellas es arrogancia adjetivar de «femeninos» el tacto, la ternura y la sensibilidad de un hombre. Pero también lo más que pueden hacer esos pobres y pervertidos fragmentos de humanidad, meros hombres y mujeres, es sacar provecho de las implicaciones de esta arrogancia. El matrimonio brinda un remedio. Juntándose uno con otro llegan a ser plenamente humanos. «Dios los creó a su imagen y semejanza». Y de ahí se deriva, paradójicamente, que este carnaval de sexualidad nos conduzca más allá de nuestro propio sexo.

Y de pronto, al uno o al otro les llega la muerte. Y lo vemos como un tajo en seco al amor. Como la interrupción en el curso de una danza, como una flor con la cabeza desventuradamente tronchada, algo que se truncó y perdió, por tanto, su debida forma. Me pregunto si es así. Si, como no puedo por menos de sospechar, el muerto también sufre el dolor de la separación (y debe ser este el mayor purgatorio de sus padecimientos), eso quiere decir que para ambos amantes —y para todas las parejas de amantes sin excepción—, el duelo forma parte integral y universal de la experiencia del amor. Es una continuación del matrimonio, de la misma manera que el matrimonio es una continuación del noviazgo o que el otoño es una continuación del invierno. No se trunca el proceso; es una de sus fases. No se interrumpe la danza; es la postura siguiente. Mientras el ser amado está aquí todavía, vive uno «fuera de sí». Luego viene la trágica postura de la danza, y tiene uno que aprender a seguir estando fuera de sí, aun careciendo de esa presencia corporal, aprender a amar a la Ella verdadera, en vez de retroceder a amar nuestro pasado, nuestra memoria, nuestra pesadumbre, nuestro alivio de la pesadumbre, nuestro propio amor.

Mirando hacia atrás, me doy cuenta de que hasta hace muy poco estaba totalmente obsesionado por el recuerdo de H., dándole vueltas a lo falso que pudiera o no llegar a volverse. Por no sé qué razón —el misericordioso buen sentido de Dios es la única que se me viene a las mientes— he dejado de preocuparme por esto. Y lo más curioso es que desde que ha dejado de preocuparme, parece como si ella me saliera al encuentro por doquier. «Salirme al encuentro» es demasiado decir. No me refiero a nada ni lejanamente parecido a una aparición o a una voz. Ni siquiera me refiero a ninguna impresionante experiencia emocional en un momento determinado. Se trata más bien de la sensación despejada pero imponente de que H. es, más que nunca, un factor a considerar.

«Un factor a considerar» tal vez sea una forma poco acertada de exponerlo. Suena como si H. fuera un arma arrojadiza. ¿Cómo puedo expresarlo mejor? ¿Diciendo «momentáneamente real» o «tenazmente real»? Es como si la experiencia me dijera: «Te gusta mucho, reconócelo, muchísimo que H. sea todavía un factor. Pero date cuenta además de que seguiría igualmente siendo un factor, te gustara o no. Tus preferencias no cuentan».

¿Y hasta dónde he llegado con esto? Pues creo que tan lejos como un viudo de otra índole que, dejando por un momento de curvarse sobre el azadón, contestase así a nuestras preguntas: «Alabado sea Dios. De nada sirve lamentarse. La echo de menos de una manera horrible. Pero dicen que estas cosas nos vienen enviadas para probarnos». Hemos llegado al mismo punto: él con su azadón, y yo —que no estoy ahora precisamente en condiciones de ponerme a cavar— con mi propio instrumento. Claro que lo de «enviadas para probarnos» conviene entenderlo a derechas. Dios no ha estado ensayando un experimento sobre mi fe o mi amor con vistas a poner en claro su calidad. Esa calidad ya la conocía Él. Era yo quien no la conocía. En este juicio, Dios nos obliga a ocupar al mismo tiempo el banquillo de los acusados, el escaño de los testigos y el tribunal. Él siempre supo que mi templo era un castillo de naipes. Su única manera de metérmelo en la cabeza era desbaratarlo.

¿Tan fácil era el restablecimiento? Pero no, las palabras son ambiguas. Decir de un paciente que se está restableciendo tras una operación de apendicitis es una cosa, y otra muy distinta aplicárselo a alguien a quien han amputado una pierna. En una operación como esta, una de dos: o el muñón herido cicatriza o el paciente muere. Si cicatriza, el atroz y continuado dolor cesará. Ese hombre, en adelante, tendrá que sacar fuerzas de flaqueza para andar lo mejor posible con la pata de palo. Se ha operado «un restablecimiento». Pero lo más probable es que a lo largo de toda su vida siga teniendo dolores recurrentes en el muñón, y seguramente bastante malos de aguantar. Y siempre será un hombre con una pierna mutilada. Será difícil que pueda olvidarlo ni por un momento. Al bañarse, vestirse, sentarse y volverse a levantar, incluso estar metido en la cama, todo se habrá vuelto distinto. Habrá cambiado su estilo total de vida. Toda clase de placeres y actividades que antaño daba por naturales, de pronto le están vedados sin más. Y también los derechos. Ahora estoy aprendiendo a andar con muletas. Dentro de poco puede que me pongan una pierna ortopédica. Pero nunca volveré a ser un bípedo.

No se puede negar que en cierto sentido «me encuentro mejor», pero de repente con eso me viene una especie de vergüenza y la sensación de que estoy sometido a algo así como un deber de mimar, fomentar y hacer duradera mi propia infelicidad. Había oído hablar de esto en los libros, pero nunca imaginé que me iba a pasar a mí. Estoy seguro de que a H. no le gustaría. Me diría que no fuera tonto. Y casi seguro que Dios me diría lo mismo. ¿Qué se oculta detrás de todo esto?

En parte vanidad, sin duda. Queremos demostrarnos a nosotros mismos que somos amantes superiores, héroes de tragedia griega. No seres corrientes y molientes engrosando el inmenso batallón de los afligidos y esforzándose por sacarle el mejor partido posible a una tarea ingrata. Pero con esto no queda totalmente explicado el asunto.

Creo que es también una cuestión de despiste. No deseamos realmente que la pena se prolongue en su primer estadio de agonía. Nadie podría desear eso. Pero deseamos algo más, algo de lo que la pena es normal síntoma, y lo que pasa es que confundimos el síntoma con la cosa misma. Escribía la otra noche que la aflicción no es el truncamiento del amor conyugal, sino una de sus fases regulares, como lo es la luna de miel. De lo que se trata es de vivir el matrimonio cabal y fielmente también a través de esta fase. Si duele —y claro que duele— hay que aceptar tal dolor como un elemento inherente a esta fase. No pretender esquivarlo a costa de la deserción o el divorcio, de matar al muerto por segunda vez. Éramos uña y carne. Ahora la uña se ha separado de la carne, no vamos a pretender que el dedo esté completo. Seguiremos casados, seguiremos enamorados. Y, por tanto, seguiremos sufriendo. Pero, si nos aclaramos con nosotros mismos, no vamos a estar buscando el dolor por el dolor. Cuanto menos, mejor, para que el matrimonio se conserve. Y cuanta más alegría pueda haber en la unión entre un vivo y un muerto, mejor también.

Mejor por cualquier parte que se mire. Porque he descubierto una cosa, el dolor enconado no nos une con los muertos, nos separa de ellos. Esto se me hace cada día más patente. Es precisamente en esos momentos en que siento menos pena (el de mi baño matutino suele ser uno de ellos) cuando H. irrumpe encima de mi pensamiento en toda su plena realidad, en su «otredad». No perfilada, enfatizada y solemnizada por mis propias miserias, como en mis peores momentos, sino como es ella por derecho propio. Esto es bueno y tonificante.

Me parece recordar (aunque en este momento no podría citar ninguno) toda clase de romances y cuentos de hadas en que el muerto nos dice que nuestro duelo le acarrea a él alguna especie de daño. Nos suplica que lo demos por terminado. Seguro que esto tiene mucha más enjundia de lo que antes me parecía. Y si es así, la generación de nuestros abuelos anduvo muy extraviada. Todo este ritual, que a veces duraba una vida entera, de visitas de pésames y celebración de aniversarios, o la costumbre de dejar la habitación vacía exactamente igual que la tenía «el ausente», de no mencionarlo nunca más o usando siempre un tono especial, hasta de sacar sus vestidos a la hora de la cena (como en el caso de la reina Victoria), entrañaba una especie de momificación. Volvía a los muertos mucho más muertos.

¿O no sería eso lo que, inconscientemente, se pretendía? Algo muy ancestral debe de estar funcionando ahí. Mantener a los muertos completamente muertos, asegurarse de que no van a volver furtivamente a visitar a los vivos es la preocupación fundamental del pensamiento primitivo. Procurar a toda costa que no rebullan. No cabe duda de que estos ritos enfatizaron de hecho la muerte de los muertos. Y puede que el resultado no fuera tan inoportuno, o no siempre, y que los ritualistas tuvieran razón al creer lo que creían.

Pero no es de mi incumbencia juzgarlos. No pasan de ser conjeturas. Más me vale conservar el aliento para soplar sobre mi sopa y enfriarla. Sea como sea, mi programa lo tengo bien claro. Volver a ella con alegría las más veces que pueda. Hasta saludarla con una sonrisa. Cuando menos la lloro, más cerca me parece sentirla.

Un programa admirable. Solo que, desgraciadamente, no se puede cumplir. Esta noche se me ha vuelto a abrir todo el infierno de la herida reciente; las palabras insensatas, el amargo resentimiento, el mariposeo en el estómago, la irrealidad de pesadilla, el baño de lágrimas. Porque en la pena nada se asienta. Está uno saliendo de una fase, pero siempre se repite. Vueltas y revueltas. Todo se vuelve a repetir. Avanzo en círculos, ¿o me atrevo a sostener que avanzo en espiral?

Pero además, en este caso, ¿voy hacia arriba de la espiral o hacia abajo?

¿Cuántas veces me voy a seguir sorprendiendo frente al inmenso vacío, como si se tratara de una novedad, y oyéndome decir: «Nunca me había dado cuenta de lo que he perdido hasta este momento». ¿Va a seguir siendo siempre así? Me amputan la misma pierna una y otra vez.

Dicen que los cobardes mueren muchas veces: eso les pasa a los seres amados.

¿No encontraba el águila un hígado fresco en Prometeo para despedazarlo cada vez que cenaba?

CUATRO

ESTE ES EL cuarto —y el último— cuaderno M. S. vacío que he podido encontrar en casa. O al menos casi vacío, porque al final tiene varias páginas escritas por J. sobre aritmética clásica. He decidido ponerle este límite a mis apuntes. No voy a empezar a comprar cuadernos para dedicarlos a este fin. En la medida en que estas notas pudieran suponer una defensa contra el colapso total, una válvula de escape, han dado algún resultado. La otra finalidad que les atribuía ha resultado estar basada en un malentendido. Creí que podría describir una «comarca», elaborar un mapa de la tristeza. Pero la tristeza no se ha revelado como una comarca, sino como un proceso. No es un mapa lo que requiere, es una historia; y si no dejo de escribir esta historia en un momento determinado, por caprichoso que sea, no habría razón para que dejara de escribir nunca. La pena es como un valle dilatado y sinuoso, que a cada curva puede revelar un paisaje totalmente nuevo. Pero no todas las curvas lo hacen, como ya he dejado dicho. A veces la sorpresa que recibimos es justamente la contraria; se nos brinda una clase de panorama idéntico al que creíamos haber dejado muchas millas atrás. Entonces es cuando se pregunta uno si el valle no será una trinchera circular. No lo es. Se dan recurrencias parciales, pero la misma secuencia no se repite.

Ahora, por ejemplo, hay una fase, una nueva pérdida. Camino todo lo que puedo, porque llegar a la cama sin estar muy cansado sería una locura. Hoy he estado repasando viejas apariciones, tomando una de las largas avenidas que me proporcionaron tanta felicidad en mis tiempos del bachillerato. Y en aquel tiempo la faz de la naturaleza no estaba vaciada de su hermosura y el mundo no parecía una calle mezquina (que es de lo que me quejaba hace pocos días). Por el contrario, cada visión de horizonte, cada cuesta, cada grupo de árboles me remitían a una especie de bienestar pretérito, a mi felicidad pre-H. Pero la invitación se me hizo horrible. La felicidad a la que me sentía convidado era insípida. Me doy cuenta de que no quiero retroceder y volver a ser feliz de esa manera. Me asusta pensar incluso que sea posible una mera vuelta atrás. Porque este destino me parecía el peor de todos: alcanzar un estadio en el que mis años de amor y matrimonio pudieran aparecer retrospectivamente como un episodio encantador —como unas vacaciones— que hubieran interrumpido brevemente mi interminable vida, devolviéndome luego inalterado a la normalidad. Y entonces llegaría a parecer irreal ese período, algo tan extraño a la textura habitual de mi historia que casi podría llegar a creer que le había ocurrido a otra persona. Con lo cual H. moriría para mí por segunda vez: una aflicción peor que la primera. Todo menos eso.

¿Te diste cuenta en algún momento, amor mío, de lo mucho que te llevaste contigo al morir? Me despojaste hasta de mi pasado, hasta de las cosas que nunca compartimos. Me equivoqué al decir que el muñón se estaba curando de los dolores de la amputación. Me engañaba, porque tiene tantas maneras de doler que solamente se pueden ir descubriendo una por una.

Y sin embargo, existen dos ingentes beneficios, aunque ya ahora me voy conociendo demasiado bien para llamarlos «duraderos». Mi pensamiento, cuando se vuelve hacia Dios, ya no se encuentra con aquella puerta del cerrojo echado. Y cuando se vuelve hacia H. ya no se encuentra con aquel vacío, con aquel embrollo de mis imágenes mentales sobre ella. Mis notas muestran parte del proceso, pero no tanto como yo esperaba. Tal vez estos dos cambios no se prestaban realmente a la observación. No se produjo una transición repentina, sorprendentemente emocional. Fue como una habitación que se va calentando, como la llegada del amanecer. Cuando te quieres dar cuenta, las cosas ya llevan tiempo cambiando.

Mis apuntes han tratado de mí, de H. y de Dios. Por ese orden. Exactamente el orden y las proporciones que no debieran haberse dado. Y no veo por ninguna parte que al pensar en Él ni en ella haya desembocado en la modalidad de cantar sus alabanzas. Alabar es una forma de amor que siempre contiene ciertos elementos de júbilo. Alabar como es debido, a Dios como benefactor, a ella como beneficio. ¿No disfrutamos en cierta manera de lo que alabamos, por lejos que podamos tenerlo, al cantar sus alabanzas? Tengo que dedicarme más a esto. He perdido la capacidad que antes tenía de disfrutar de H. Y en el valle de mi improbabilidad estoy lejos, lejísimos, del disfrute que a veces tuve de Dios, gracias a su infinita misericordia. Pero mediante la alabanza, aún puedo, en alguna medida, gozar de ella y de Él. Menos es nada.

Pero tal vez haya perdido el don. Veo que he descrito a H. comparándola con una espada. Esto es verdad hasta cierto punto. Pero fundamentalmente inadecuado en sí mismo y equívoco. Tendría que haberlo contrastado. Debía haber dicho: «Pero H. también es como un jardín. Como un nido de jardines, una pared dentro de otra y un seto dentro de otro, más secreto y más lleno de vida fragante y fértil cuanto más te adentras en él».

Y así tanto de ella como de cualquier cosa creada que yo pueda alabar debería decir: «En cierta manera es única, como lo es Quien la hizo».

Así vamos del jardín al Jardinero, de la espada al Herrero. A la Vida y la Belleza, impregnadas de aliento vital, que crean belleza.

«Ella está en manos de Dios». Esto adquiere una nueva energía cuando pienso en H. como en una espada. Es posible que la vida terrenal que compartí con ella fuera solo una parte de su temple. Ahora puede que Dios esté aferrando el puño, sopesando el arma nueva, haciéndola relampaguear en el aire. «Una buena hoja de cuchillo de Jerusalén».

Una de las fases de mi experiencia de anoche, tengo que describirla mediante símiles; si no sería imposible de traducir en palabras. Imaginad a un hombre sumido en la total oscuridad. Le parece estar en un sótano o en un calabozo. De pronto se oye un ruido. Le parece que es sonido venido de lejos, olas o árboles meneados por el viento, o un rebaño a media milla de distancia. Y si fuera así, eso probaría que no está en un calabozo, sino libre, a pleno aire. O podría ser un sonido mucho más pequeño, al alcance de la mano, una risa sofocada. Y si fuera así, habría un amigo junto a él en la oscuridad. De una manera o de otra un sonido bueno, muy bueno. No estoy tan loco como para tomar esta experiencia como evidencia de nada. Es simplemente el salto a una actividad imaginativa que en teoría siempre habría estado dispuesto a admitir: la idea de que yo o cualquier mortal, en cualquier momento, puede estar rematadamente equivocado con respecto a la situación por la que realmente está pasando.

Con un equipo de cinco sentidos, una inteligencia incurablemente abstracta, una memoria que selecciona al azar, una serie de prejuicios y asunciones tan numerosos que nunca logro examinar más que una pequeña parte si es que llego a ser consciente de ella; ¿qué porcentaje de realidad total puede llegar a ser penetrado?

No pienso trepar, si puedo evitarlo, a ese árbol ya sea plumoso o espinoso. Dos convicciones totalmente diferentes me atenazan. Una es la de que el Eterno Cirujano es aún más inexorable y las posibles operaciones aún más dolorosas de lo que nuestras más rigurosas fantasías pueden sospechar. Pero la otra es la de que «todo va a salir bien, muy bien, y cualquier problema imaginable se va a arreglar».

No importa que todas las fotografías de H. sean malas. Y tampoco importa demasiado que mi recuerdo de ella sea incorrecto. Las imágenes, ya sean sobre el papel o dentro de la mente, no tienen importancia en sí mismas, son meros eslabones. Vamos a considerarlo desde una esfera más alta. Mañana por la mañana, un ministro me hará comulgar con una oblea fría, pequeña, redonda e insípida. ¿Es una desventaja, o acaso en cierto modo una ventaja, que esa oblea no pueda pretender ninguna similitud con aquello a lo que tomarla me vincula?

Necesito a Jesucristo y no a nada que se le parezca. Quiero a H. y no a nada que se asemeje a ella. Una fotografía realmente buena acabaría convirtiéndose en una trampa, un horror, un obstáculo.

Las imágenes, supongo, servirán de algo, si no no se habrían hecho tan populares. (Da casi igual que sean retratos y estatuas exteriores al pensamiento o construcciones imaginativas interiores a él). Para mí, sin embargo, el peligro que entrañan es más obvio. Las imágenes de lo Sagrado se convierten fácilmente en imágenes sagradas, sacrosantas. Mi idea de Dios no es una idea divina. Hay que hacerla añicos una vez y otra. La hace añicos Él mismo. Él es el gran iconoclasta. ¿No podríamos incluso decir que su destrozo es una de las señales de su presencia? La Encarnación es el ejemplo por excelencia; reduce a ruinas todas las nociones previas que del Mesías pudieran tenerse. Y a la mayoría de la gente le ofenden la iconoclastia, pero benditos sean aquellos a quienes no les ofende. Lo mismo ocurre con nuestras plegarias privadas.

Toda la realidad es iconoclasta. La Amada terrenal, incluso en vida, triunfa incesantemente sobre la mera idea que se tiene de ella. Y quiere uno que así sea. Se la quiere con todas sus barreras, todos sus defectos y toda su imprevisibilidad. Es decir, es su directa e independiente realidad. Y esto, no una imagen o un recuerdo, es lo que debemos seguir amando, después de que ha muerto.

Pero «esto» resulta ahora inimaginable. En este sentido H. y todos los muertos son como Dios. En este sentido, amarla a ella se ha convertido, dentro de ciertos límites, como amarle a Él. En los dos casos tengo que hacer que el amor abra sus brazos y sus manos a la realidad (sus ojos aquí no cuentan), a través y por encima de toda la cambiante fantasmagoría de mis pensamientos, pasiones e imaginaciones. No debo conformarme con la fantasmagoría misma y adorarla en lugar de Él o amarla en lugar de ella.

No mi noción de Dios, sino Dios. No mi noción de H., sino H. Es más, tampoco la noción que tengo de mi vecino, sino mi vecino. Porque, ¿no es cierto que muchas veces cometemos este mismo error con respecto a personas todavía vivas, que están con nosotros en la misma habitación? Me refiero al error de hablar y tratar no con el hombre mismo sino con el retrato —casi el «précis»— que nos hemos hecho de él *in mente*. Y tiene que desviarse enormemente de este retrato para que lleguemos a darnos cuenta siquiera de ello. En la vida real, las palabras y actos humanos, si bien se mira, pocas veces salen de un personaje o de lo que nosotros atribuimos a su personaje. (Y esta es una de las cosas en que la vida se diferencia de las novelas). Siempre le queda en la manga alguna carta que desconocíamos.

La razón por la que creo que yo hago esto con los demás es que veo que muchas veces ellos lo hacen conmigo. Todos creemos que a los demás ya los tenemos catalogados.

Pero puede que todo lo que vengo diciendo sea también un castillo de naipes. Y si lo es, Dios volverá a desbaratármelo. Me lo desbaratará todas las veces que haga falta. A no ser que me den por un caso perdido y me dejen en el infierno construyendo palacios de cartón por siempre jamás, «libre entre los muertos».

¿No me estaré arrimando servilmente a Dios por creer que si hay algún camino que lleva a H., este camino pasa por Él? Pero por otra parte, sé perfectamente que a Él no se le puede utilizar como camino. Si te acercas a Él no tomándolo como meta sino como camino, no como fin sino como medio, no te estás acercando para nada a Él. Esto era lo que en el fondo fallaba en todas las pinturas populares que representaban las felices reuniones en el más allá. No me refiero a las candorosas y concretas imágenes en sí, sino al hecho de que conviertan en Final lo que solamente puede ser un subproducto del verdadero Final.

¿Son estas, Señor, tus verdaderas condiciones? ¿Puedo encontrarme con H. solo si te llego a amar tanto que ya deje de importarme encontrarme con ella o no? Ponte, Señor, en nuestro caso. ¿Qué pensaría la gente de mí si les dijera a los niños: «Nada de caramelos ahora. Pero cuando seáis mayores y ya no los queráis, tendréis todos los que os dé la gana»?

Si supiera que el estar separado siempre de H. y olvidado por ella eternamente pudiera añadir mayor alegría y esplendor a su ser, por supuesto que diría: «¡Adelante!». Igual que, aquí en la tierra, si hubiera podido curar su cáncer a costa de no volverla a ver, me las habría arreglado para no volver a verla. Lo tendría que haber hecho. Cualquier persona decente lo habría hecho. Pero eso es algo completamente diferente. Esa no es la situación en que me encuentro.

Cuando le planteo estos dilemas a Dios, no hallo contestación. Aunque más bien es una forma especial de decir: «No hay contestación». No es la puerta cerrada. Es más bien como una mirada silenciosa y en realidad no exenta de compasión. Como si Dios moviese la cabeza no a manera de rechazo, sino esquivando la cuestión. Como diciendo: «Cállate, hijo, que no entiendes».

¿Puede un mortal hacerle a Dios preguntas que para Él no tengan respuesta? Fácil que sea así, creo yo. Todas las preguntas disparatadas carecen de respuesta. ¿Cuántas horas hay en una milla? ¿El amarillo es cuadrado o redondo? Lo más probable es que la mitad de las cuestiones que planteamos, la mitad de nuestros problemas teológicos y metafísicos sean algo por el estilo.

Y ahora que lo pienso, no se me presenta ningún problema de tipo práctico. Conozco los mandamientos fundamentales y lo mejor que puedo hacer es atenerme a ellos. De hecho, la muerte de H. ha clausurado todo problema práctico. Antes de morir ella, yo, en la práctica, podía haberla antepuesto a Dios. Es decir, podría haber hecho lo que ella quería en vez de lo que quería Él. Eso caso de que hubiera surgido un conflicto. Lo que ha quedado no es un problema relacionado con nada que dependa de mí. Se trata de sopesar sentimientos, motivaciones y cosas de ese tipo. Es un problema que me estoy planteando a mí mismo. No creo para nada que sea Dios quien me lo plantea.

Gozar de la presencia de Dios. Re-unirse con los muertos. Ninguna de estas dos cosas puede aparecer en mi pensamiento más que como meros enunciados. Cheques en blanco. Mi idea (si así puede llamársele) del goce divino es una inmensa y arriesgada extrapolación de muy breves y contadas experiencias terrenales. Probablemente no tan valiosas como yo me figuro. Incluso tal vez más insignificantes que otras que ni siquiera he tomado en cuenta. Mi idea de la re-unión con los muertos es también una extrapolación. La realidad tanto de una como de otra —el cobro de uno u otro cheque— haría añicos cualquier noción que uno pudiera tener acerca de ambas, e incluso, más todavía, acerca de la relación existente entre ellas.

De una parte, tenemos la unión mística. De otra, la resurrección de la carne. No puedo llegar ni a la sombra de una imagen, de una fórmula, y ni siquiera de un sentimiento capaz de combinarlas a las dos. Pero la realidad que nos ha sido dada para que la entendamos, esa sí las combina. Una vez más, la realidad es iconoclasta. El cielo resolverá nuestros problemas, pero no creo que lo haga a base de mostrarnos sutiles reconciliaciones entre todas nuestras ideas aparentemente contradictorias. No quedará piedra sobre piedra de ninguna de nuestras nociones. Nos daremos cuenta de que no existió nunca ningún problema.

Y más de una vez tendremos aquella impresión que no logro describir más que como una risa sofocada en la oscuridad. La sensación de que una simplicidad apabullante y desintegradora es la verdadera respuesta.

Se cree a veces que los muertos nos están mirando. Y pensamos, con razón o sin ella, que, si nos miran, lo harán con mucha mayor claridad que antes. ¿Se dará cuenta ahora H. de cuánto espumarajo y oropel había en lo que tanto ella como yo llamábamos «mi amor»? Así sea. Mírame sin piedad, querida. Ni aunque pudiera hacerlo me escondería. No solíamos idealizarnos uno a otro. No teníamos secretos uno para el otro. Conocías de sobra mis rincones más putrefactos. Si ahora descubres algo aún peor, soy capaz de soportarlo. Y tú también. Rebate, explícate, búrlate de mí, perdóname. Porque este es uno de los milagros del amor; que consigue dar a la pareja —pero quizá más aún a la mujer— el poder de penetrar en sus propios engaños, y a pesar de todo no vivir desengañada.

Tener una visión un poco parecida a la de Dios. El amor de Dios y su sabiduría no se diferencian entre sí ni de Él mismo. Casi podríamos decir que ve porque ama, y por lo tanto, que ama a pesar de que ve.

A veces, Señor, se ve uno tentado a decir que si hubierais querido que nuestro comportamiento fuera como el de los lirios del campo, nos habríais dado una organización más parecida a la de ellos. Pero supongo que esto es simplemente vuestro gran experimento. O no; quizá no sea un experimento, ya que no tenéis necesidad de confirmar nada. Mejor sería decir que es vuestro gran proyecto: crear un organismo que sea espíritu al mismo tiempo; crear esa formidable paradoja que es el «animal espiritual». Agarrar a un pobre primate, una bestia con los nervios a flor de piel, una criatura cuyo estómago pide ser saciado, un animal reproductor que necesita a su pareja, y decirle: «Venga, y ahora conviértete en un dios».

Dije en uno de mis cuadernos anteriores que, incluso si llegase a algo parecido, a una garantía de la presencia de H., no le daría crédito. Es muy fácil de decir. Incluso ni siquiera ahora me atrevo a manejar ninguna prueba de este tipo como evidencia. Esa era la calidad de la experiencia de anoche. Lo que hace que la experiencia de anoche merezca ser registrada es su calidad, no por lo que prueba, sino por lo que fue en sí misma. Estuvo en realidad sorprendentemente exenta de emoción. No fue más que la impresión de que su intelecto se enfrentaba momentáneamente con el mío. El intelecto, no el alma, tal y como solemos concebir el alma. En el fondo, todo lo contrario de lo que nos mueve el alma, de lo *conmovedor*. Algo que no tiene nada que ver con la re-unión arrebatada de los amantes. Mucho más parecido a lo que sería recibir una llamada por teléfono o un telegrama de ella para resolver una cuestión práctica. No porque encerrase ningún mensaje, simplemente inteligencia y atención. No entrañaba sensación de alegría ni de tristeza. Ni siquiera amor, tal como se entiende comúnmente. Ni des-amor tampoco. Nunca, bajo ningún estado de ánimo, pude imaginarme que los muertos fueran tan al grano. No obstante, se produjo una suprema y jubilosa intimidad. Una intimidad que no se había abierto camino ni a través de los sentidos ni a través de las emociones.

Si esto fue un vómito de mi inconsciente, quiere decir que mi inconsciente debe ser un terreno muchísimo más interesante de lo que me habían hecho suponer los psicólogos de lo profundo. Para empezar parece ser mucho menos elemental que mi consciente.

Viniese de donde viniese, ha operado en mi mente una limpieza a fondo. Los muertos puede que sean eso: puro intelecto. Un filósofo griego no se habría extrañado de una experiencia del tipo de la mía. Habría dado por supuesto que si algo queda de nosotros después de la muerte, sería precisamente eso. Hasta ahora una cosa así me había parecido una idea de lo más árida y escalofriante. La ausencia de emoción me resultaba repelente. Pero en este encuentro (ya fuera aparente o real) no hubo nada de ese tipo. No hacía falta la emoción. La intimidad era completa sin necesidad de ella, incluso intensamente tonificante y restablecedora. Me pregunto si no consistirá el amor en este tipo de intimidad. El amor en vida va siempre acompañado de emoción, pero no porque sea una emoción en sí mismo ni porque necesite ir acompañado de ella, sino porque nuestras almas animales, nuestro sistema nervioso y nuestra imaginación se ven precisados a responder al amor de esa manera.

Si esto es así, ¡cuántos prejuicios tengo que borrar! Una sociedad, una comunión, basada en la pura inteligencia no tendría por qué ser fría, desolada e inhóspita. Claro que tampoco resultaría ser eso a lo que la gente se refiere cuando usa palabras como espiritual, místico o sagrado. Si yo pudiera tener un atisbo de ello sería como...; bueno, casi me da miedo echar mano de los adjetivos que puedo utilizar. ¿Enérgico? ¿Entusiasta? ¿Atinado? ¿Alerta? ¿Intenso? ¿Despierto? No sé, por encima de todo, sólido. Totalmente de fiar. Firme. Los muertos no se andan con tonterías.

Cuando digo «intelecto», incluyo la voluntad. La atención es un acto de voluntad. La inteligencia en acción es voluntad por excelencia. Lo que me dio la impresión de que venía a mi encuentro estaba lleno de resolución.

En una ocasión, cuando ya se acercaba su final, le dije: «Si puedes, si te dejan, ven junto a mí cuando yo también esté en mi lecho de muerte». «¿Dejarme? —me contestó—. Trabajo le va a costar al Cielo retenerme. Y en cuanto al Infierno, lo rompería en pedazos». Sabía que estaba usando una especie de lenguaje mitológico, del que no estaba ausente incluso un ingrediente de comedia. Había un centelleo en sus ojos, pero también lágrimas. No obstante, por lo que se refiere a la voluntad no había ni mitificación ni broma; era un sentimiento más profundo que cualquier otro de los que la estaban traspasando.

Pero el hecho de haber alcanzado un grado menor de malentendido sobre lo que debe ser la inteligencia pura no ha de hacerme llevarlo demasiado lejos. También cuenta, valga lo que valga, la resurrección de la carne. No somos capaces de entender. Puede que lo que menos entendamos sea lo mejor.

¿No se ha debatido ya, en tiempos, si la visión final de Dios era más un acto de inteligencia que de amor? Esta es probablemente otra de esas preguntas disparatadas.

¡Qué cruel sería convocar a los muertos caso de que pudiéramos hacerlo! Ella dijo, no dirigiéndose a mí, sino al sacerdote: «Estoy en paz con Dios». Y sonrió. Pero no me sonreía a mí. *Poi si torno all'terna fontana.*[1]

---

1. Luego se volvió a la fuente eterna. En italiano en el original. *(N. de la T)*.

LA ABOLICIÓN
DEL HOMBRE

O

REFLEXIONES EN TORNO A LA EDUCACIÓN
CON ESPECIAL REFERENCIA
A LA ENSEÑANZA DE LA LENGUA
EN LOS ÚLTIMOS CURSOS ESCOLARES

El Maestro dijo: «Quien se pone a trabajar con hilo distinto destruye el tejido entero».

confucio, analectas ii. 16

LA ABOLICIÓN DEL HOMBRE
CONTENIDO

I

HOMBRES SIN NADA
EN EL PECHO

Dio la orden de matarlos,
y a los pequeños asesinaron.

VILLANCICO TRADICIONAL INGLÉS

ME PARECE QUE no prestamos la suficiente atención a la importancia de los libros de texto de la enseñanza elemental. Por eso es por lo que he elegido como punto de partida para estas conferencias un librito de Lengua destinado a los «niños y niñas de los últimos cursos escolares». No creo que los autores de este libro (son dos) pretendiesen causar ningún daño, y les debo unas palabras de agradecimiento, a ellos o a la editorial, por enviarme un volumen de cortesía. Al mismo tiempo, no tengo nada bueno que decir sobre estas obras. Es una situación incómoda. No quiero poner en la picota a dos modestos maestros de escuela que hacían lo mejor que podían, pero no puedo guardar silencio ante lo que pienso que es la tendencia real de su trabajo. Por tanto, me he propuesto no revelar sus nombres. Me referiré a estos caballeros como Cayo y Titius, y a su obra como *El libro verde*. Pero les aseguro que el libro existe y que lo tengo por duplicado en mis estantes.

En su segundo capítulo, Cayo y Titius citan la conocida historia de Coleridge en la cascada. Como recordarán, había dos turistas: uno la calificó de «sublime» y el otro, de «bella»; Coleridge se adhirió mentalmente a la primera opinión y rechazó la segunda con desagrado. Cayo y Titius comentan: «Cuando el hombre dice "Esto es *sublime*", parecía estar comentando la cascada [...]. En realidad [...] no estaba refiriéndose a ella, sino a sus propios sentimientos. En realidad estaba diciendo: "Tengo sentimientos relacionados en mi mente con la palabra *sublime*", o, resumido: "Tengo sentimientos sublimes"». Aquí se presentan unas cuantas cuestiones de calado, tratadas de una manera bastante escueta. Pero no terminan ahí los autores. Añaden: «Esta confusión está presente siempre en el lenguaje tal como solemos usarlo. Parece que estamos diciendo algo muy importante sobre algo, cuando en realidad solo decimos algo sobre nuestros sentimientos».[1]

Antes de abordar las cuestiones que en realidad suscita el parrafito en cuestión (destinado, como recordarán, a «los últimos cursos escolares»), debemos eliminar una simple confusión en la que han caído Cayo y Titius. Aun desde su punto de vista —o desde cualquiera concebible—, el hombre que dice «Esto es sublime» no puede querer decir «Tengo sentimientos sublimes». Aun dando por sentado que cualidades tales como la sublimidad fuesen única y simplemente algo proyectado desde nuestras emociones, aun así, digo, las emociones que dan lugar a la proyección son los correlatos, y por consiguiente son casi los opuestos, de las cualidades proyectadas. Los sentimientos que hacen que alguien llame sublime a un objeto no son sentimientos sublimes, sino sentimientos de veneración. Si hay que reducir «Esto es sublime» a una aseveración sobre los sentimientos del hablante, la traducción apropiada sería «Tengo sentimientos de humildad». Si el punto de vista de Cayo y Titius se aplicara con coherencia llevaría a obvios absurdos. Tendrían que sostener que «Eres despreciable» significa «Tengo sentimientos despreciables»; o incluso que «Tus sentimientos son despreciables» significa «Mis sentimientos son despreciables». Pero no hagamos esperar al que es el auténtico *pons asinorum* de nuestro asunto. Seríamos injustos con Cayo y Titius si resaltáramos lo que sin duda fue un mero descuido.

El alumno que lee este pasaje de *El libro verde* creerá dos proposiciones: primero, que todas las frases que contienen un predicado de valor son afirmaciones acerca del estado emocional del hablante; y segundo, que todas esas afirmaciones son de nula importancia. Es cierto que Cayo

---

1. *El libro verde*, pp. 19, 20.

y Titius no han empleado tantas palabras para decirlo, solo se han referido a un predicado de valor en particular (*sublime*) como palabra que describe las emociones del hablante. Se deja a los alumnos la tarea de hacer extensivo ese mismo tratamiento a todos los predicados de valor; y no se pone el menor obstáculo a ello en su camino. Los autores pueden haber pretendido o no que lo hagan extensivo; puede que no hayan apartado cinco minutos para pensar seriamente en ello. No me preocupa tanto lo que hubieran deseado, sino el efecto que su libro tendrá con seguridad en la mente de los estudiantes. Del mismo modo, no han afirmado que los juicios de valor carecen de importancia. Sus palabras son que «*Parecemos* estar diciendo algo muy importante» cuando en realidad «*solamente* estamos diciendo algo acerca de nuestros sentimientos». Ningún alumno podrá resistirse al peso de lo que sugiere ese «solamente». Por supuesto, no estoy diciendo que el muchacho llegue a partir de lo que ha leído a inferir una teoría filosófica general de que todos los valores son subjetivos y triviales. El verdadero poder de Cayo y Titius se basa en el hecho de que están tratando con un muchacho, un jovencito que cree que está cursando su asignatura de Lengua y no tiene idea de que están en juego la ética, la teología y la política. Lo que ponen en su mente no es una teoría, sino un presupuesto que al cabo de diez años, ya olvidado su origen e inadvertida su presencia, condicionará al joven para posicionarse en un lado de una controversia que nunca reconoció como tal. Sospecho que los propios autores difícilmente sabrán qué le están haciendo al alumno, y este jamás se percatará de la intervención de ellos.

Antes de considerar las credenciales de la posición que Cayo y Titius han adoptado con respecto al valor, quisiera mostrar sus resultados prácticos sobre el procedimiento educativo. En su cuarto capítulo citan un ridículo anuncio comercial de un crucero de placer y proceden a inculcar en sus pupilos la aversión al tipo de redacción que se muestra en él.[1] El anuncio cuenta que quienes compren pasajes para ese crucero «surcarán los mares por los que navegó Drake [...] aventurándose tras los tesoros de las Indias» y que regresarán a casa con un «tesoro» de «momentos dorados» y «vivos colores». Por supuesto, es un texto lamentable, una explotación interesada y sensiblera de esas emociones de asombro y placer que las personas sienten al visitar lugares que poseen asociaciones emocionantes con la historia o la leyenda. Si Cayo y Titius se dedicaran

---

1. Ibíd., p. 53.

a su cometido y enseñaran a sus lectores (como prometían hacer) el arte de la redacción en inglés, se habrían ocupado de comparar este anuncio con pasajes de grandes autores en los que la emoción se encontrase adecuadamente expresada, para mostrarles en qué radica la diferencia.

Podrían haber usado el famoso texto de *Viaje a las Islas Occidentales de Escocia* de Johnson, que concluye: «Poco se ha de envidiar a este hombre cuyo patriotismo no renovó el vigor en las llanuras de Maratón y cuya piedad no se enardeció entre las ruinas de Iona».[1] Pudieron echar mano a esa parte de *El preludio* donde Wordsworth describe cómo la antigüedad de Londres le vino primero a la mente con «Peso y fuerza, una fuerza que aumenta bajo el peso».[2] Una lección que hubiera puesto a esta literatura frente al anuncio para distinguir lo bueno y lo malo habría sido una enseñanza conveniente. Podría haber tenido algo de sangre y savia: el árbol del conocimiento y el de la vida creciendo juntos. También hubiera contado con el mérito de ser una lección de literatura (una materia en la que Cayo y Titius, pese a su propósito expreso, no parecen muy duchos).

En realidad, lo que hacen es señalar que el moderno crucero de lujo no va a navegar donde lo hizo Drake, que los turistas no vivirán aventuras, que los tesoros que se llevarán a casa serán de carácter puramente metafórico y que un viaje a Margate les podría aportar «todo el placer y descanso» que necesitaran.[3] Todo muy cierto. Basta con un talento inferior al de Cayo y Titius para darse cuenta de eso. De lo que no se han percatado, o no les ha interesado en absoluto, es de que se podría aplicar un tratamiento muy similar a gran parte de la buena literatura que trata esa misma emoción. Después de todo, usando únicamente la lógica, ¿qué puede añadir la historia de los albores del cristianismo en Gran Bretaña a las motivaciones para la piedad que ya existían en el siglo XVIII? ¿Por qué había de afectar la antigüedad de Londres a que la residencia del señor Wordsworth sea más acogedora o a que el aire de esa ciudad sea más saludable? Si realmente existe algún obstáculo que impida a un crítico «desacreditar» a Johnson y Wordsworth (o a Lamb, Virgilio, Thomas Browne o De la Mare) como *El libro verde* desacredita ese anuncio comercial, Cayo y Titius no han contribuido en lo más mínimo a que sus jóvenes lectores lo descubran.

---

1. *Viaje a las Islas Occidentales de Escocia* (Samuel Johnson).
2. *Preludio*, viii, ll. 549–59.
3. *El libro verde*, pp. 53–5.

Con este pasaje, el alumno no adquirirá enseñanza alguna acerca de la literatura. Lo que aprenderá en seguida, y quizás para siempre, es la creencia de que todas las emociones suscitadas por asociación son en sí mismas contrarias a la razón y dignas de desprecio. No podrá saber que hay dos formas de ser inmune a ese anuncio comercial, que el anuncio fracasa igualmente con los que están por encima y con los que están por debajo de él, con el hombre dotado de verdadera sensibilidad y con un simple mono con pantalones que nunca ha podido concebir el Atlántico como algo más que millones de toneladas de agua salada y fría. Existen dos hombres a los que no tiene sentido presentarles un falso artículo editorial sobre patriotismo y honor: uno es el cobarde, el otro es el hombre patriota y de honor. A la mente del alumno no se le presenta nada de esto. Al contrario, se le insta a rechazar el atractivo de *Viaje a las Islas Occidentales de Escocia* sobre la peligrosísima base de que al hacerlo podrá presentarse como un tipo listo al que no pueden timar así como así. Cayo y Titius, sin enseñarle nada sobre las letras, privan a su alma, mucho antes de que tenga edad para poder elegir, de la posibilidad de disfrutar ciertas experiencias que pensadores de más autoridad que ellos han defendido como generosas, fructíferas y humanas.

Pero no son solo Cayo y Titius. En otro librito, a cuyo autor llamaré Orbilio, veo que se lleva a cabo la misma operación, aplicando la misma anestesia general. Orbilio opta por «desacreditar» un texto de muy pocas luces sobre los caballos, donde se elogia a estos animales como «atentos sirvientes» de los primeros colonos de Australia.[1] Y cae en la misma trampa que Cayo y Titius. No dedica ni una palabra a Ruksh y Sleipnir, a las lágrimas de los corceles de Aquiles, al caballo de batalla del Libro de Job —ni siquiera a Brer Rabbit y Perico el conejo travieso—, a la devoción del hombre prehistórico a «nuestro hermano el buey», a todo lo que el tratamiento semiantropológico de los animales ha significado en la historia del hombre y de la literatura en la que halla noble o sazonada expresión.[2] Ni siquiera habla de los problemas de psicología animal

---

1. El libro de Orbilio, p. 5.
2. Orbilio es tan sobradamente superior a Cayo y Titius que contrasta (pp. 19–22) un fragmento de buena escritura dedicada a los animales con el fragmento condenado. Sin embargo, por desgracia, la única superioridad que de verdad demuestra es la de su verdad factual. El problema específicamente literario (el uso y abuso de expresiones que son falsas *secundum litteram*) no lo aborda. De hecho, Orbilio nos dice (p. 97) que debemos «aprender a distinguir entre declaraciones figuradas legítimas e ilegítimas», pero no nos brinda ninguna ayuda para ello. Al mismo tiempo, es justo que conste mi opinión de que esta obra está en un nivel bastante diferente al de *El libro verde*.

que la ciencia se plantea. Se contenta con explicar que los caballos no tienen, *secundum litteram*, interés alguno en la expansión colonial.[1] Este retazo de información es en realidad todo lo que sus alumnos reciben de él. No se les dice nada acerca de por qué la redacción que tienen delante es mala, cuando otras a las que se acusa de lo mismo son buenas. Mucho menos aprenden de las dos clases de hombres que están, respectivamente, por encima y por debajo del peligro de semejante escrito: el hombre que conoce a los caballos y los ama de veras, no con ilusiones antropomórficas, sino con amor cabal, y el recalcitrante cabeza hueca urbano para quien un caballo no es más que un medio de transporte pasado de moda. Habrán perdido algo del disfrute de sus ponis o sus perros; habrán recibido algo de incentivo al trato descuidado o cruel a los animales; habrá entrado en sus mentes un cierto regodeo en su superioridad intelectual. Esa es su clase de Lengua del día, aunque de Lengua no habrán aprendido nada. Antes de tener edad suficiente para entenderlo, les han quitado sigilosamente de delante otro pedacito de su herencia como seres humanos.

Hasta aquí he asumido que maestros como Cayo y Titius no son plenamente conscientes de lo que están haciendo y no están en su intención las serias consecuencias que en realidad desencadenan. Por supuesto, hay otra posibilidad. Puede ser que el tipo de hombres que realmente quieren producir sea lo que yo he llamado (confiando en que participan de un determinado sistema tradicional de valores) el «mono con pantalones» y el «cabeza hueca urbano». Las diferencias entre nosotros pueden seguir su curso. Pueden sostener que los sentimientos humanos corrientes sobre el pasado, sobre los animales o sobre una inmensa cascada son contrarios a la razón, son despreciables y deben ser erradicados. Puede que tengan la intención de barrer totalmente los valores tradicionales y comenzar con un nuevo sistema. Más tarde trataremos esta postura. Si es la que Cayo y Titius están adoptando, debo, por el momento, conformarme con señalar que es una postura filosófica, no literaria. Al llenar con ella su libro han cometido una injusticia con el padre o instructor que lo compra y se encuentra con la obra de unos filósofos aficionados donde esperaba hallar el trabajo de unos lingüistas profesionales. Si un padre enviara a su hijo al dentista y a su regreso lo encontrara con la dentadura intacta pero con la cabeza llena

---

1. Ibíd., p. 9.

de los *obiter dicta* del odontólogo sobre el bimetalismo y las teorías de Bacon, seguro que no estaría muy contento.

Pero no creo que Cayo y Titius tuvieran la intención de propagar su filosofía bajo la tapadera de unas lecciones de Lengua. Creo que se han adentrado en esto por las siguientes razones. En primer lugar, la crítica literaria es difícil y lo que ellos hacen en la práctica es mucho más fácil. Explicar por qué un tratamiento deficiente de alguna emoción humana esencial es mala literatura, si excluimos los ataques que cuestionan la emoción en sí, resulta muy difícil. Incluso el doctor Richards, el primero en abordar seriamente el problema de lo que es malo en la literatura, fracasó en su intento. «Desprestigiar» la emoción, sobre la base de un racionalismo normal y corriente, es algo que casi todo el mundo puede hacer. En segundo lugar, creo que Cayo y Titius pueden haber malinterpretado, honestamente, la apremiante necesidad educativa del momento. Ven cómo la propaganda emocional domina su entorno —han aprendido de la tradición que todo joven es sentimental— y llegan a la conclusión de que lo mejor que pueden hacer es amurallar las mentes de los jóvenes contra la emoción. Mi propia experiencia como maestro me enseña lo contrario. Por cada alumno que necesita ser protegido de la flaqueza de un exceso de sensibilidad hay tres que necesitan ser despertados del letargo de la fría vulgaridad. La tarea del educador moderno no es talar selvas, sino irrigar desiertos. La defensa adecuada contra los falsos sentimientos es inculcar sentimientos justos. Al secar la sensibilidad de nuestros pupilos solo los estamos convirtiendo en presas más fáciles para el propagandista venidero. La naturaleza hambrienta se cobrará venganza, y un corazón duro no es protección infalible contra una mente débil.

Pero hay una tercera razón, y más profunda, para el procedimiento que adoptan Cayo y Titius. Pueden estar perfectamente dispuestos a admitir que una buena educación debería edificar algunos sentimientos a la vez que destruye otros. Pueden intentarlo. Pero es imposible que tengan éxito. Que hagan lo que quieran; al final lo único que cuente será la parte «desprestigiadora» de su obra. Para poder captar con claridad esta necesidad debo entrar por un momento en una digresión para mostrar que lo que podríamos llamar la propuesta educacional de Cayo y Titius es diferente de la de todos sus predecesores.

Hasta tiempos muy recientes, todos los maestros, incluso todos los hombres, creían que el universo era de tal modo que determinadas emociones por nuestra parte podrían ser o congruentes o incongruentes con él; creían, de hecho, que los objetos no simplemente reciben, sino que merecerían, nuestra aprobación o desaprobación, nuestra reverencia o nuestro desprecio. La razón por la que Coleridge coincide con el turista que llamó «sublime» a la cascada y no está conforme con el que la llamó «bella» era, por supuesto, que él creía que la naturaleza inanimada es tal que hace que ciertas respuestas puedan ser, con respecto a ella, más «justas», «oportunas» o «apropiadas» que otras. Y creía (acertadamente) que los turistas también pensaban así. El hombre que calificó la cascada de sublime no pretendía simplemente describir sus emociones con respecto a ella, estaba también afirmando que el objeto era tal que merecía tales emociones. Pero no hay tema para acuerdo o desacuerdo en esta afirmación. Discrepar con «Esto es bello» si estas palabras simplemente describían los sentimientos de la dama sería absurdo: si ella hubiera dicho «Me siento mal», Coleridge difícilmente podría haber replicado: «No; me siento bastante bien». Cuando Shelley, tras comparar la sensibilidad humana con el arpa eólica, añade que aquella difiere de esta en que tiene un poder de ajuste interno por medio del cual puede «acomodar sus cuerdas a los movimientos de aquello que las tañe»,[1] está dando por sentado la misma creencia. «¿Acaso puedes ser recto —pregunta Traherne— si no eres justo en dar a las cosas la estima que les es debida? Todas las cosas fueron hechas para ser tuyas y tú has sido creado para apreciarlas conforme a su valor».[2]

San Agustín define la virtud como *ordo amoris*, la ordenada condición de los sentimientos en la que a cada objeto se concede el tipo de grado de amor apropiado a él.[3] Aristóteles dice que el propósito de la educación es hacer que al pupilo le agraden y le desagraden las cosas adecuadas.[4] Cuando llega la edad del pensamiento reflexivo, el alumno que ha sido formado en los «afectos ordenados» o «sentimientos adecuados» encontrará fácilmente los primeros principios de la Ética; pero para el hombre corrupto serán imposibles de ver y no podrá progresar en esa ciencia.[5] Antes que él, Platón había dicho lo mismo. El pequeño animal humano no tendrá de primeras las respuestas correctas. Habrá que educarlo para

---

1. *Defensa de la poesía.*
2. *Centuries of Meditations*, i, 12.
3. *De Civ. Dei*, xv. 22. Cp. Ibíd. ix. 5, xi. 28.
4. *Et. Nic.* 1104 b.
5. Ibíd. 1095 b.

que sienta placer, agrado, desagrado y aborrecimiento ante las cosas que son placenteras, agradables, desagradables y aborrecibles.[1] En *La república*, la juventud correctamente educada es aquella «que puede ver con más claridad lo que está mal en las obras mal hechas del hombre o en los productos defectuosos de la naturaleza, y que con justo desagrado puede despreciar y odiar lo carente de belleza aun en su más tierna edad y puede deleitarse alabando la belleza, recibiéndola en su alma y nutriéndose de ella, de modo que lleguen a ser hombres de noble corazón. Todo ello antes de entrar en edad de razonar; de modo que cuando la Razón llegue a él, entonces, habiéndose formado así, el joven la reciba con brazos abiertos y la reconozca gracias a la afinidad que siente por ella».[2] En el hinduismo primitivo, la conducta de los hombres que puede calificarse como buena consiste en conformidad con, o casi participación en, el *Rta*, ese gran ritual o patrón de lo natural y sobrenatural que se revela en el orden cósmico, las virtudes morales y los ceremoniales del templo. La rectitud, lo correcto, el orden, el *Rta*, se identifican constantemente con *Satya*, la verdad, la correspondencia con la realidad. Así como Platón dijo que el Bien está «más allá de la existencia» y Wordsworth afirmó que mediante la virtud las estrellas se mantenían firmes, así los maestros indios dicen que los dioses mismos nacen del *Rta* y lo obedecen.[3]

Los chinos también hablan de algo grande (lo más grande) y lo llaman el *Tao*. Se trata de la realidad que hay más allá de todo lo que se puede afirmar, el abismo que existía antes que el Creador mismo. Es la Naturaleza, es el Camino, la Vía. Es el Camino por el que transcurre el universo, el Camino en el que las cosas eternamente salen, en silencio y tranquilidad, al espacio y el tiempo. También es el Camino que todo hombre debe pisar, imitando esa progresión de lo cósmico y sobrecósmico, moldeando todas las actividades conforme al gran patrón.[4] Dicen las *Analectas*: «En el ritual, lo que se valora es la armonía con la Naturaleza».[5] De modo similar, los antiguos judíos alababan la Ley como «verdadera».[6]

---

1. *Leyes*, 653.
2. *La república*, 402 a.
3. A. B. Keith, s.v. «Righteousness (Hindu)» *Enc. Religion and Ethics*, vol. x.
4. Ibíd., vol. ii, p. 454 b; iv. 12 b; ix. 87 a.
5. *Analectas* de Confucio, trad. ing. Arthur Waley, Londres, 1938, i. 12.
6. Salmos 119.151. El término es *emeth*, «verdad». Donde la *Satya* de las fuentes indias enfatiza la verdad como «correspondencia», *emeth* (relacionada con un verbo que significa «estar firme») enfatiza más bien el carácter de la verdad como algo digno de confianza. Los hebraístas han

Para ser breves, nos referiremos a este concepto, en todas sus formas (platónica, aristotélica, estoica, cristiana y oriental), como «el *Tao*». A muchos de ustedes, algunas de las citas que uso al respecto les parecerán, quizás, simple literatura exótica o mágica. Pero lo que todas tienen en común es algo que no podemos pasar por alto. Es la doctrina del valor objetivo, la creencia de que ciertas actitudes son realmente verdaderas y otras son realmente falsas con respecto a lo que es el universo y a qué somos nosotros. Quienes conocen el *Tao* pueden afirmar que llamar hermosos a los niños o venerable al anciano es algo más que el simple registro de un dato psicológico acerca de nuestras emociones paternales o filiales del momento, es el reconocimiento de una cualidad que *exige* de nosotros. Personalmente, la compañía de niños no es algo que me entusiasme: como hablo desde el *Tao*, reconozco que es un defecto mío, igual que quien reconoce que no tiene oído para la música o no puede distinguir un color. Y puesto que nuestra aprobación o desaprobación es el reconocimiento de un valor objetivo o la respuesta a un orden objetivo, los estados emocionales pueden estar en armonía con la razón (cuando nos agrada lo que es digno de aprobación) o fuera de la armonía con la razón (cuando nos agrada lo que debería disgustarnos). En sí misma, ninguna emoción es un juicio; en este sentido, todas las emociones, como los sentimientos, son alógicas. Pero pueden ser razonables o no en la medida en que se amoldan a la razón o no. El corazón nunca ocupa el lugar de la cabeza, pero puede, y debe, obedecerla.

Contra todo esto se alza el mundo de *El libro verde*. En él se ha excluido la mera posibilidad de un sentimiento que sea razonable, o incluso no razonable. Puede serlo o no únicamente si se conforma o no a alguna otra cosa. Decir que la catarata es sublime implica decir que nuestra emoción de humildad es apropiada o adecuada a la realidad, y, por tanto, habla de algo más aparte de la emoción, del mismo modo que decir que un zapato me va bien no solo habla del zapato, sino de mi pie. Pero esta referencia a algo más allá de la emoción es lo que Cayo y Titius excluyen de toda oración que contenga un predicado de valor. Tales afirmaciones, para ellos, se refieren exclusivamente a la emoción. Pero la emoción, así considerada en sí misma, no puede estar de acuerdo ni en desacuerdo con la Razón. Esto es irracional, no en el sentido en que

---

sugerido como significados alternativos los de *fidelidad* y *persistencia*. *Emeth* es lo que no engaña, no «da», no cambia, es lo que no deja escapar el agua. (Ver T. K. Cheyne en *Encyclopedia Bíblica*, 1914, s.v. «Truth»).

lo es un paralogismo, sino como lo es un hecho físico: ni siquiera llega a la dignidad de error. Desde este punto de vista, el mundo de los hechos, sin rastro de valor, y el mundo de los sentimientos, sin rastro de verdad o falsedad, de justicia o injusticia, se enfrentan entre sí y no hay *reacercamiento* posible.

Por tanto, el problema educacional es completamente distinto dependiendo de si uno está dentro o fuera del *Tao*. Para quienes están dentro, la tarea está en formar al alumno en aquellas respuestas que sean de por sí apropiadas, aunque nadie las esté formulando, y en establecer aquellas en que consiste la naturaleza misma del hombre. Los que están fuera, si son coherentes, deben considerar todos los sentimientos como igualmente no racionales, como mera bruma entre nosotros y los objetos reales. Como resultado, deben decidir si quitan, en la medida de lo posible, todos los sentimientos de la mente del alumno o fomentan ciertos sentimientos por razones que no tienen nada que ver con su «adecuación» o «pertinencia» intrínsecas. Esta última deriva los involucra en el cuestionable proceso de crear en otros, mediante «sugestión» o encantamiento, un espejismo al que su propia razón ha conseguido hacer desaparecer.

Tal vez lo veamos más claro si tomamos una frase específica. Cuando un padre romano le contaba a su hijo cuán dulce y honorable era morir por su patria, creía en lo que decía. Le comunicaba al hijo una emoción que él mismo compartía y que creía que estaba de acuerdo con el valor que su juicio distinguía en una muerte noble. Le daba al muchacho lo mejor que tenía, le daba de su espíritu para hacerlo humano como le había dado de su cuerpo para engendrarlo. Pero Cayo y Titius no pueden creer que al llamar «dulce y honorable» a esa muerte pudiera estar diciendo «algo importante sobre algo». Su propio método de desprestigio clamaría contra ellos si lo intentaran. Porque la muerte no es algo que se pueda comer, de modo que no puede ser *dulce* en un sentido literal y es poco probable que las sensaciones que la preceden sean algo *dulce*, ni siquiera por analogía. Y en cuanto al *decorum*, la honorabilidad, no es más que una palabra que describe cómo se sentirán otras personas acerca de la muerte de ustedes cuando piensen al respecto, lo cual no será a menudo, y desde luego no les aportará a ustedes ningún bien. Solo se presentan dos caminos posibles para Cayo y Titius. O van hasta el final y desprestigian este sentimiento como todos los demás o tienen que ponerse a trabajar para producir, desde fuera, en el alumno un sentimiento que ellos consideran sin valor y que puede costarle la vida, porque es útil para nosotros (los supervivientes) que nuestro joven lo sienta. Si se embarcan en este camino, la diferencia entre la educación nueva y la vieja será importante. Donde la antigua operaba una iniciación, la nueva se limita a «condicionar». La antigua trataba con sus pupilos como un pájaro adulto trata con sus polluelos cuando los enseña a volar; la nueva trata con ellos como el avicultor hace con estos, tratándolos de tal o cual manera con propósitos de los que el pájaro no tiene ni idea. En una palabra: la antigua era una especie de propagación, de hombres que transmiten a otros lo que es ser hombres, mientras que la nueva es simple propaganda.

La opción por la primera alternativa es algo que honra a Cayo y Titius. La propaganda es abominación para ellos, no porque su filosofía les dé una base para condenarla (ni a ella ni a cualquier otra cosa), sino porque ellos son mejores que sus principios. Probablemente poseen alguna vaga noción (algo que examinaré en mi próxima conferencia) de que el juicio de valor, la justicia y la buena fe son cosas que se pueden recomendar al alumno en el terreno que ellos llamarían «racional» o «biológico» o «moderno», si llegase a ser necesario. Mientras tanto, dejan a un lado el asunto y se dedican a la tarea de «desprestigiar».

Pero este camino, aunque no tan inhumano, no es menos desastroso que la alternativa opuesta, la cínica propaganda. Imaginemos por un momento que las más arduas virtudes pudiesen realmente ser justificadas teóricamente sin apelar a un valor objetivo. Sigue siendo cierto que ninguna justificación de la virtud capacitará a un hombre para ser virtuoso. Sin la ayuda de una formación en emociones, el intelecto no puede hacer nada contra el organismo animal. Prefiero jugar a los naipes con un hombre escéptico en cuanto a la ética pero educado para creer que «un caballero no hace trampas» antes que con un intachable filósofo moral que se ha criado entre estafadores. En la batalla, no son los silogismos los que mantendrán firmes los nervios y los músculos en la tercera hora de un bombardeo. El sentimentalismo más ordinario (el que Cayo y Titius no soportan) suscitado por una bandera, un país o un regimiento será más provechoso. Ya hace tiempo que Platón nos lo dijo. Así como el rey gobierna mediante su poder ejecutivo, así la Razón en el hombre debe gobernar lo que es mero instinto por medio del «elemento espiritual».[1] La cabeza gobierna el estómago a través de lo que hay dentro del pecho,

---

1. *La república*, 442 b, c.

que es donde se asienta, como Alanus nos cuenta, la Magnanimidad,[1] de las emociones organizadas, mediante el entrenamiento del hábito, en sentimientos estables. Corazón-Magnanimidad-Sentimiento, estos son los coordinadores imprescindibles entre el hombre cerebral y el visceral. Incluso podría decirse que es por este elemento intermedio por lo que el hombre es hombre, pues mediante su intelecto es mero espíritu y mediante su instinto es mero animal.

Lo que pretenden producir *El libro verde* y los de su tipo es lo que podría llamarse «hombres sin nada en el pecho». Es una barbaridad que se hable normalmente de ellos como de intelectuales. Esto les da la oportunidad de decir que quien los ataca a ellos ataca a la Inteligencia. Y no es así. No se distinguen del resto de los mortales por ninguna capacidad fuera de lo común para encontrar la verdad ni por ningún ardor virginal por buscarla. Más bien sería extraño que tuvieran algo así, pues no se puede mantener una perseverante devoción por la verdad, un adecuado sentido del honor intelectual, sin la ayuda de un sentimiento que Cayo y Titius desprestigiarían con tanta facilidad como a cualquier otro. No es un exceso de pensamiento, sino una falta de fructífera y generosa emoción lo que los señala. Sus cabezas no son más grandes de lo normal; lo que pasa es que sus pechos, donde va el corazón, están tan atrofiados que sus cabezas parecen mayores.

Y todo el tiempo —tal es la tragicomedia de nuestra situación— seguimos clamando justo por estas cualidades que hacemos imposibles. Apenas puede uno abrir un periódico sin que se le ponga delante la afirmación de que lo que nuestra civilización necesita es más «empuje» o dinamismo, o sacrificio personal, o «creatividad». En una especie de espeluznante simplismo, extirpamos el órgano y exigimos la función. Hacemos hombres sin nada en el pecho y esperamos de ellos virtud e iniciativa. Nos reímos del honor y nos sorprendemos de que haya traidores entre nosotros. Castramos y exigimos a los castrados que tengan prole.

---

1. Alanus ab Insulis. *De Planctu Naturae Prosa*, iii.

2

EL CAMINO

El caballero trabaja sobre lo esencial.

ANALECTAS DE CONFUCIO, I.2

EL RESULTADO PRÁCTICO de la educación en el espíritu de *El libro verde* tiene que ser la destrucción de la sociedad que la acepta. Pero esto no es necesariamente una refutación de la teoría del subjetivismo en cuanto a los valores. La doctrina verdadera debe ser tal que, si la aceptamos, estamos dispuestos a morir por ella. Nadie que hable desde el *Tao* la rechazaría por tal motivo: ἐν δὲ φάει καὶ ὄλεσσον.[1] Pero todavía no hemos llegado a ese punto. La teoría de Cayo y Titius tiene problemas teóricos.

Pese a lo subjetivos que pueden ser acerca de algunos valores tradicionales, Cayo y Titius han mostrado, por el simple acto de escribir *El libro verde*, que tienen que existir algunos otros valores acerca de los cuales no son subjetivos en absoluto. Ellos escriben con el fin de producir ciertas disposiciones mentales en la nueva generación; si no lo hacen porque piensan que tales disposiciones son intrínsecamente justas o buenas, sí lo hacen, desde luego, porque los ven como el medio para llegar a algún tipo de sociedad que ellos consideran deseable. No sería difícil recopilar de varios pasajes de *El libro verde* en qué consiste su ideal.

---

1. «Destrúyenos en la luz», o «Danos la luz y muramos» (*N. del T.*)

Pero no tenemos por qué hacerlo. Lo importante no es la naturaleza exacta de su fin, sino el hecho de que posean un fin. Deben tenerlo, o su libro (que es de intención puramente práctica) no tendría razón de ser. Y este fin debe tener un valor real ante sus ojos. Abstenerse de llamarlo «bueno» y utilizar en su lugar atributos como «necesario», «progresista» o «eficiente» sería un subterfugio. En una discusión, se podrían ver obligados a responder a preguntas como «necesario para qué», «progresista con qué horizonte», «eficiente en cuanto qué»; como último recurso tendrían que admitir algún estado de cosas que en su opinión fuera bueno para sus propósitos. En ese momento ya no podrían sostener que «bueno» se limita a describir sus sentimientos al respecto. Porque la razón de ser de su libro es la de condicionar al joven lector para que apruebe lo mismo que ellos aprueban, y algo así sería la empresa de un loco o un canalla, a menos que sostuvieran que las cosas que ellos aprueban son de alguna manera válidas o correctas.

De hecho, Cayo y Titius se encontrarán sosteniendo, con un dogmatismo absolutamente acrítico, la totalidad del sistema de valores que estuvo de moda entre los jóvenes de ámbitos profesionales durante el periodo de entreguerras.[1] Su escepticismo en lo relativo a los valores es algo superficial, para usarlo solo con los valores de otros; no hay nada de ese escepticismo cuando se trata de los valores que en la práctica integran su sistema. Y este fenómeno es muy habitual. Un gran número de los que «desprestigian» los valores tradicionales o, como ellos dicen, «sentimentales» poseen en su trasfondo valores propios que ellos consideran inmunes al procedimiento de desenmascaramiento. Proclaman

---

1. La verdadera (quizás inconsciente) filosofía de Cayo y Titius se ve con claridad si contrastamos estas dos listas de desaprobaciones y aprobaciones.
A. Desaprobaciones. Es «absurdo» que una madre apele a su hijo a ser «valiente» (*Libro verde*, p. 62). La referencia de la palabra «caballero» es «extremadamente vaga» (ibíd.). «Llamar cobarde a un hombre no nos indica realmente nada acerca de lo que él hace» (p. 64). Los sentimientos con respecto a un país o imperio son sentimientos «acerca de nada en particular» (p. 77).
B. Aprobaciones. Quienes prefieren las artes de la paz a las artes de la guerra (no se dice en qué circunstancias) son personas «a las que podemos llamar sabias» (p. 65). Se espera del alumno que «crea en una vida de comunidad democrática» (p. 67). «El contacto con las ideas de otras personas es, hasta donde sabemos, saludable» (p. 86). El motivo de que existan baños («que las personas tengan mejor salud y sea más agradable encontrarse con ellas cuando están limpias») es «demasiado obvio para que haya que mencionarlo» (p. 142). Está visto que el confort y la seguridad, según se experimenta en cualquier barrio residencial en tiempos de paz, son los valores máximos; aquellas cosas que producen o espiritualizan el confort y la seguridad son objeto de mofa. El hombre vive únicamente de pan, y la fuente final del pan es la camioneta del panadero: la paz es más importante que el honor y puede preservarse burlándose de los generales y leyendo periódicos.

estar eliminando el desarrollo parasitario de la emoción, la aprobación religiosa y los tabúes heredados con el propósito de que emerjan los valores «reales» o «esenciales». Ahora trataré de averiguar qué sucede si se aborda en serio esto.

Sigamos usando el ejemplo anterior —el de morir por una causa justa—, por supuesto, no porque la virtud sea el único valor o el martirio sea la única virtud, sino porque este es el *experimentum crucis* que pone los diferentes sistemas de pensamiento bajo una luz más clara. Supongamos que un Innovador en valores considera *dulce et decorum* y *nadie tiene mayor amor que este* como simples sentimientos irracionales que deben ser desterrados para que podamos descender al terreno «realista» o «esencial» de este valor. ¿Dónde encontrará semejante terreno?

En primer lugar, tal vez diga que el valor real radica en la utilidad de dicho sacrificio para la comunidad. Diría entonces: «"Bueno" *significa* que es provechoso para la comunidad». Pero, obviamente, la muerte de la comunidad no es provechosa para la comunidad, solo la muerte de alguno de sus miembros. Lo que realmente se quiere decir es que la muerte de algunos hombres es provechosa para otros hombres. Esto es muy cierto. Pero ¿sobre qué base se pide a algunos que mueran en beneficio de otros? Cualquier apelación al orgullo, al honor, a la vergüenza o al amor queda excluida por hipótesis. Dicha apelación supondría un regreso al sentimiento y la tarea del Innovador es, una vez ha cortado con todo eso, explicar a los hombres, en términos de puro razonamiento, por qué es un buen consejo decirles que mueran para que otros puedan vivir. Puede decir: «A menos que alguno de nosotros se *arriesgue* a la muerte, todos moriremos con *seguridad*». Pero se puede decir únicamente en un número limitado de casos; e incluso cuando es verdad suscita la muy razonable pregunta en contra: «¿Por qué tengo que ser yo uno de los que corran ese riesgo?».

En este punto, el Innovador puede preguntar por qué, después de todo, el egoísmo debería ser más «racional» o «inteligente» que el altruismo. Bienvenida sea la pregunta. Si por Razón queremos decir el procedimiento que emplean Cayo y Titius cuando se dedican a desprestigiar (es decir, a inducir por inferencia de proposiciones, derivadas en última instancia de datos de los sentidos, proposiciones ulteriores), entonces la respuesta debe ser que negarse a ese sacrificio no es más racional que acceder a hacerlo. Y no es menos racional. Ninguna elección es racional, o irracional, en absoluto. No se puede derivar ninguna conclusión *práctica* de proposiciones que se refieren a un hecho aislado. Un «esto preservará a la sociedad» no puede llevarnos a un «haz esto», a menos que tengamos un «hay que preservar la sociedad». Un «esto te va a costar la vida» no puede llevar directamente a un «no hagas esto»; únicamente puede conducir a ello si se siente un deseo o se reconoce un deber de autoconservación. El Innovador trata de llegar a una conclusión en imperativo partiendo de premisas en indicativo, y ni aunque se pase la eternidad intentándolo lo conseguirá, porque es imposible. Una de dos, o ampliamos la palabra Razón para incluir lo que nuestros antepasados llamaban la Razón Práctica y confesamos que juicios de valor como «hay que preservar la sociedad» (aunque no encuentren por sí mismos apoyo en el tipo de razones que Cayo y Titius exigen) no son simples sentimientos, son la racionalidad misma; o, de lo contrario, renunciamos de una vez para siempre al intento de encontrar un núcleo de valor «racional» tras todos los sentimientos que hemos desprestigiado. El Innovador no escogerá la primera opción, pues los principios prácticos que todos los hombres conocen como Razón son, sencillamente, el *Tao* que él se ha propuesto sustituir. Es más fácil que abandone la búsqueda de un núcleo «racional» y se dedique a perseguir un fundamento aún más «esencial» y «realista».

Es probable que le parezca haberlo hallado en el Instinto. La preservación de la sociedad, y la de la especie misma, son fines que no penden del frágil hilo de la Razón: los tenemos por Instinto. Por eso es por lo que no necesitamos discutir con el hombre que no los reconoce. Tenemos un impulso instintivo a preservar nuestra especie. Ese es el motivo por el que los hombres trabajan para las futuras generaciones. No tenemos un impulso instintivo a cumplir promesas o a respetar la vida del individuo: es por eso por lo que los escrúpulos de justicia y humanidad —en realidad, el *Tao*— se pueden obviar cuando entran en conflicto con nuestro fin real: la conservación de la especie. Esta es, una vez más, la razón por la que la situación actual permite y exige una nueva moral sexual. Los antiguos tabúes sirvieron a algún propósito real que ayudaba a conservar la especie, pero los contraceptivos han cambiado la situación y ahora ya podemos dejar muchos de los tabúes. Porque, por supuesto, el deseo sexual, como es instintivo, debe hallar gratificación siempre que no entre en conflicto con la conservación de la especie. De hecho, parece como si una ética basada en el instinto diera al Innovador todo lo que quiere y nada de lo que no quiere.

En realidad, no hemos avanzado ni un paso. No insistiré en el hecho de que Instinto es un nombre que damos a algo que no sabemos qué es (decir que las aves migratorias encuentran su camino por instinto es solo otra forma de decir que no sabemos cómo encuentran su camino las aves migratorias), pues creo que aquí se usa con un significado bastante definido, en el sentido de un impulso espontáneo e irreflexivo que siente la amplia mayoría de miembros de una determinada especie. ¿En qué nos ayuda el Instinto, así entendido, a encontrar valores «reales»? ¿Se puede asegurar que *debemos* obedecer al Instinto, que no podemos hacer otra cosa? En caso afirmativo, ¿por qué se escriben obras como *El libro verde* y otras semejantes? ¿Qué razón hay para esta corriente de exhortación que quiere llevarnos a donde no podemos evitar ir? ¿A qué se deben esos elogios a quienes se han sometido a lo inevitable? ¿O es que se está diciendo que si obedecemos al Instinto estaremos felices y satisfechos? Pero la verdadera cuestión que estamos considerando es la de enfrentarnos a la muerte, la cual (al menos, en cuanto le consta al Innovador) pone fin a toda posible satisfacción; y si tenemos un deseo instintivo de bien para las futuras generaciones, este deseo, por la propia naturaleza de la situación, jamás podrá ser satisfecho, puesto que logra su propósito, si es que lo consigue, cuando morimos. Tenemos la fuerte sensación de que el Innovador no debería decir que tenemos que obedecer al Instinto, ni que encontraremos satisfacción en esa obediencia, sino que *sería conveniente* obedecerlo.[1]

---

1. El esfuerzo más decidido que conozco para construir una teoría de los valores sobre la base de la «satisfacción de los impulsos» es el del doctor I. A. Richards (*Fundamentos de crítica literaria*, 1924). La vieja objeción a definir Valor como Satisfacción es el juicio de valor universal de que «mejor es un Sócrates insatisfecho que un cerdo satisfecho». Con este objeto, el doctor Richards se esfuerza por demostrar que nuestros impulsos pueden ordenarse en una jerarquía y que preferimos unas satisfacciones a otras, sin invocar otro criterio que el de dicha satisfacción. Esto lo hace valiéndose de la doctrina de que algunos impulsos son más «importantes» que otros (un impulso *importante* es aquel cuya frustración implica la frustración de otros impulsos). Una buena sistematización (i.e. vivir bien) consiste en satisfacer tantos impulsos como sea posible, lo que supone satisfacer el impulso «importante» en detrimento del «no importante». Se me ocurren dos objeciones a este esquema:
(I) Sin una teoría de la inmortalidad, no deja lugar para el valor de la muerte noble. Por supuesto, puede decirse que un hombre que ha salvado la vida mediante la traición sufrirá frustración el resto de sus días. Pero ¿no sufrirá frustración de todos sus impulsos? Mientras que el hombre muerto no tendrá satisfacción alguna. ¿O tal vez se sostiene que, como no tiene impulsos insatisfechos, está mejor que el hombre vivo que es desgraciado? Esto nos lleva a la segunda objeción.
(II) ¿Debe juzgarse el valor de una sistematización en función de la presencia de satisfacciones o la ausencia de insatisfacciones? El caso extremo es el del muerto, en quien tanto las satisfacciones como las insatisfacciones (desde la perspectiva moderna) son igual a cero, frente a la del traidor que se sale con la suya y todavía come, bebe, duerme, se rasca y copula, aun cuando carezca de

Pero ¿por qué deberíamos obedecer al Instinto? ¿Acaso existe otro instinto de orden superior que nos dirige a hacerlo, y un tercero de un orden aún más alto que nos dirige a obedecer al segundo… y así en una recurrencia infinita? Cabe presumir que esto no es posible, pero ninguna otra respuesta servirá. Partiendo de la aseveración acerca del hecho psicológico de que «Tengo un impulso para hacer esto y aquello» no podemos ser tan ingenuos como para deducir el principio práctico «Debería obedecer este impulso». Aun si fuera verdad que los hombres poseen un impulso espontáneo e irreflexivo de sacrificar sus vidas por la preservación de sus semejantes, sigue vigente la cuestión aparte de si se trata de un impulso que debería controlar o de uno por el que debería dejarse llevar. Porque hasta el Innovador reconoce que muchos impulsos (los que entran en conflicto con la conservación de la especie) tienen que ser controlados. Y este reconocimiento nos lleva seguramente a un problema aún más fundamental.

Decirnos que obedezcamos al Instinto es como decirnos que obedezcamos a «la gente». La gente dice cosas diferentes, lo mismo que los instintos. Nuestros instintos están en guerra. Si se sostiene que hay que obedecer al instinto de conservación de la especie a expensas de otros instintos, ¿de dónde derivamos esta regla de precedencia? Prestar oído a tal instinto, que nos habla en su propia causa, y decidir en su favor sería una simpleza. Cada instinto, si uno le hace caso, pedirá su gratificación a expensas del resto. Mediante el acto mismo de escuchar a uno en lugar de a los otros ya hemos prejuzgado el caso. Si no sometiéramos al examen de nuestros instintos un conocimiento de su dignidad comparativa, no podríamos aprender de ellos dicho conocimiento. Y este no puede ser instintivo: el juez no puede ser una de las partes en litigio. O, si lo es, la decisión no vale y no hay base para poner la conservación de la especie por encima de la autoconservación o del apetito sexual.

---

amistades, amor o respeto por sí mismo. Pero esto se eleva a otros niveles. Imaginemos que *A* tiene 500 impulsos y todos están satisfechos, mientras que *B* tiene 1.200 impulsos, de los cuales 700 quedan satisfechos y 500, no. ¿Cuál tiene la mejor sistematización? No hay duda de cuál prefiere el doctor Richards (¡incluso alaba el arte basándose en que nos hace estar «descontentos» con la dureza de la vida cotidiana! [*op. cit.*, p. 230]). El único rastro de base filosófica que encuentro para esta preferencia es la afirmación de que «cuanto más compleja es una actividad más consciente es» (p. 109). Pero, si la satisfacción es el único valor, ¿por qué habría de ser buena una mayor consciencia? Pues la consciencia es la condición de todas las insatisfacciones, así como de todas las satisfacciones, el sistema del doctor Richards no apoya su (y nuestra) preferencia real por la vida civil antes que la salvaje y por la humana antes que la animal (ni siquiera por la vida antes que la muerte).

La idea de que, sin apelar a ningún tribunal más alto que los instintos mismos, podemos encontrar un fundamento para dar preferencia a unos instintos por encima de otros lo tiene muy difícil. Nos agarramos a palabras inútiles: lo llamamos instinto «básico», «fundamental», «primario» o «más profundo». No sirve de mucho. Tales palabras, o bien esconden un juicio de valor que *sobrepasa* al instinto y, en consecuencia, no es derivable *de* él, o bien se limitan a registrar la intensidad con que lo sentimos, la frecuencia con que opera y la extensión con que se difunde. Si es lo primero, se ha abandonado todo intento de fundamentar el valor en el instinto; si es el segundo, esas observaciones acerca de los aspectos cuantitativos de un hecho psicológico no conducen a una conclusión práctica. Estamos ante el viejo dilema: o las premisas ya esconden un imperativo o la conclusión se queda en lo indicativo.[1]

Por último, cabe preguntarse si *existe* algún instinto que se preocupe por las generaciones futuras o preserve la especie. En mí no lo he descubierto,

---

[1]. Los inmediatos expedientes que se le pueden abrir a un hombre si pretende fundamentar el valor sobre el hecho los ilustra a la perfección el destino del doctor C. H. Waddington en *Ciencia y Ética*. El doctor Waddington explica en su libro que «la existencia es su propia justificación» (p. 14), y escribe: «Una existencia que es esencialmente evolutiva es por sí misma la justificación de una evolución hacia una existencia más comprehensiva» (p. 17). No creo que el propio doctor Waddington se encuentre cómodo con su perspectiva, porque se esfuerza por recomendarnos observar el curso de la evolución sobre tres fundamentos distintos de su simple existencia. (a) Que los estadios posteriores incluyen o «comprenden» a los anteriores. (b) Que el retrato que T. H. Huxley hace de la evolución nos revolvería las tripas si lo considerásemos desde un punto de vista «actuarial». (c) Que, de todos modos, después de todo, no es ni la mitad de malo de lo que la gente se figura («no es tan moralmente ofensivo que no podamos aceptarlo», p. 18). Estos tres atenuantes son más atribuibles al corazón del doctor Waddington que a su cabeza, y me da la sensación de que claudican de su posición principal. Si se alaba la evolución (o, al menos, se la defiende) sobre la base de *cualesquiera* propiedades que manifieste, estaremos usando un patrón externo y habremos abandonado el intento de hacer que la existencia sea la justificación de sí misma. Si mantenemos el intento, ¿por qué se concentra el doctor Waddington en la evolución, es decir, en una fase temporal de existencia orgánica en un planeta? Es algo «geocéntrico». Si es cierto que Bien = «lo que sea que esté haciendo la Naturaleza», entonces debemos fijarnos en que la Naturaleza actúa como un todo; y la Naturaleza como un todo, según entiendo, está obrando de manera firme e irreversible hacia la extinción final de toda vida en todas partes del universo, de modo que la ética del doctor Waddington, despojada de su inenarrable tendencia hacia un asunto tan endogámico como esa biología telúrica, nos dejaría como únicas obligaciones el asesinato y el suicidio. Confieso que me parece una objeción menor que la de la discrepancia entre el primer principio del doctor Waddington y los juicios de valor que los hombres hacen en la práctica. Dar valor a cualquier cosa simplemente porque sucede equivale a rendir culto al éxito, como Quislings o los hombres de Vichy. Podemos imaginarnos filósofos más perversos, pero no más vulgares. Lejos estoy de sugerir que el doctor Waddington practique en la vida real tan rastrera postración ante el *fait accompli*. Esperemos que *Rasselas*, cap. 22, nos dé una descripción correcta de cuánto vale su filosofía en acción. («El filósofo, dando por sentada la derrota del resto, se levantó y partió con ese porte de hombre que ha cooperado con el sistema presente»).

y eso que soy un hombre más bien propenso a pensar en futuros remotos, alguien que disfruta leyendo a Olaf Stapledon. Mucha más dificultad tengo para creer que la mayoría de personas que se sientan frente a mí en el bus o están delante de mí en las filas sientan un impulso irreflexivo por hacer cualquier cosa con respecto a la especie o a la posteridad. Solo las personas educadas de una determinada manera han tenido ante su pensamiento la idea de «posteridad». Es difícil atribuir al instinto nuestra actitud hacia un objeto que existe únicamente para el hombre reflexivo. Lo que por naturaleza tenemos es un impulso de preservar a nuestros propios hijos y nietos; un impulso que se hace cada vez más débil conforme la imaginación mira hacia adelante y que acaba muriendo en los «desiertos de la inmensa futuridad». Ningún padre guiado por su instinto soñaría ni por un momento con anteponer las reivindicaciones de sus hipotéticos descendientes a las del bebé que en este momento está llorando y pataleando en el cuarto. Aquellos de nosotros que aceptamos el *Tao* podemos, quizás, decir que ese padre debe obrar así, pero los que tratan el instinto como la fuente del valor no podrán decir lo mismo. Conforme pasamos del amor de una madre a la planificación racional del futuro, salimos del reino del instinto para entrar en el de la elección y la reflexión; y si el instinto es la fuente del valor, hacer planes de futuro tiene que ser menos respetable y menos vinculante que el lenguaje de carantoñas y mimos de una madre amorosa o que las más tontas historias para bebés de un papá adorable. Si hemos de basarnos en el instinto, tales cosas son la sustancia, y la preocupación por las generaciones futuras son la sombra, la enorme y parpadeante sombra de la felicidad infantil proyectada sobre la pantalla de un futuro desconocido. No digo que esta proyección sea algo malo, pero, entonces, no creo que el instinto sea el fundamento de los juicios de valor. Lo absurdo es proclamar que su preocupación por las generaciones futuras encuentra su justificación en el instinto, para luego mofarse a la menor ocasión del único instinto sobre el que se supone que se puede sustentar, casi arrancando al niño del pecho materno para llevarlo al jardín de infancia en aras del progreso de la raza venidera.

La verdad sale finalmente a la luz y se ve que el Innovador no puede encontrar la base para su sistema de valores ni maniobrando con distintas proposiciones factuales ni apelando al instinto. Es imposible hallar ahí ninguno de los principios que él exige, pero hay que encontrarlos en alguna otra parte. «Todas las cosas que hay en los cuatro mares son hermanas mías» (XII.5) dice Confucio del Chiin-tzu, el *cuor gentil* o gentilhombre. *Humani nihil a me alienum puto*, dice el estoico. «Hagan lo que querrían que otros hicieran con ustedes», dice Jesús. «Hay que preservar la humanidad», dice Locke.[1] Todos los principios prácticos que hay detrás del problema que el Innovador tiene en cuanto a la posteridad, a la sociedad o a la especie están, desde tiempo inmemorial, en el *Tao*. Pero no están en ninguna otra parte. A menos que uno los acepte sin dudar como algo que es al mundo de la acción lo mismo que los axiomas son al mundo de la teoría, no podrá tener principios prácticos de ninguna clase. Uno no puede llegar a ellos como conclusiones, son premisas. Puede usted, puesto que no pueden dar de sí mismos la clase de razón que tape la boca a Cayo y a Titius, considerarlos sentimientos; pero en ese caso debe dejar de establecer contraste entre el valor «real» o «racional» y el valor sentimental; y deberá confesar (bajo pena de abandonar todos los valores) que el sentimiento no es «simplemente» subjetivo. Por otro lado, también puede usted considerarlo tan racional —no la racionalidad en sí— como las cosas obviamente razonables que ni exigen ni admiten demostración. Pero entonces debe admitir que la Razón puede ser práctica, que un *debería* no se tiene que descartar porque no pueda presentar como credencial un *es*. Si nada es evidente en sí mismo, nada es demostrable. De modo similar, si nada es obligatorio por sí mismo, nada es obligatorio en absoluto.

A algunos les parecerá que simplemente estoy retomando con otro nombre lo que ellos siempre han conocido como instinto esencial o fundamental. Pero hay implicado mucho más que una elección de palabras. El Innovador ataca los valores tradicionales (el *Tao*) en defensa de lo que en principio él cree que son (en algún sentido especial) valores «racionales» o «biológicos». Pero, como hemos visto, todos los valores que usa al atacar el *Tao*, que incluso reivindica como sustitutorios de él, derivan del *Tao*. Si él realmente hubiera empezado desde cero, desde fuera de la tradición humana del valor, no habría malabarismo capaz de hacerle avanzar un palmo hacia la concepción de que un hombre debiera morir por la comunidad o trabajar por las generaciones futuras. Si cae el *Tao*, todas sus concepciones del valor caen con él. Ninguna de ellas puede arrogarse otra autoridad que la del *Tao*. Solo en esos retazos del *Tao* que ha heredado encuentra el medio y la capacidad para atacarlo. Por tanto, se suscita la cuestión de qué autoridad posee para seleccionar unos aspectos de él

---

1. Ver Apéndice.

para aceptarlos y otros para rechazarlos. Porque, si los aspectos que rechaza no tienen autoridad, tampoco la tienen los que mantiene; si lo que conserva es válido, lo que rechaza también lo es.

El Innovador, por ejemplo, otorga un alto valor a las cuestiones de la posteridad. No puede encontrar ninguna afirmación válida para la posteridad partiendo del instinto o (en el sentido moderno) de la razón. En realidad, está derivando nuestros deberes con las generaciones futuras a partir del *Tao*; nuestra obligación de hacer el bien a todos los hombres es un axioma de la Razón Práctica, y nuestro deber de hacer el bien a nuestros descendientes es una clara deducción de ella. Pero entonces, en todas las formas del *Tao* que han llegado hasta nosotros, junto con nuestro deber hacia nuestros hijos y descendientes está el deber hacia los padres y antepasados. ¿Con qué derecho rechazamos uno y aceptamos el otro? Una vez más, el Innovador coloca en primer lugar el valor económico. Tener a la gente alimentada y vestida es el gran fin, y en su búsqueda se dejan a un lado los escrúpulos sobre la justicia y la buena fe. Por supuesto, el *Tao* coincide con él en cuanto a la importancia de que la gente tenga alimento y abrigo. A menos que hubiese recurrido al *Tao*, el Innovador jamás habría aprendido que existe ese deber. Pero, junto con esta obligación, en el *Tao* está el deber de la justicia y el de la buena fe, que el Innovador trata de desprestigiar. ¿Con qué derecho? Puede que sea un jingoísta, un racista o un nacionalista radical que sostiene que el progreso de su pueblo es el objetivo ante el que debe rendirse todo lo demás. Pero esta opción no encontrará fundamento en ninguna clase de observación factual ni de apelación al instinto. Una vez más, de hecho, está derivándola del *Tao*: el deber hacia los nuestros, porque son como nosotros, forma parte de la moral tradicional. Pero junto con este deber, en el *Tao*, y acotándolo, están las inflexibles demandas de la justicia y la regla de que, a la larga, todos los hombres son nuestros hermanos. ¿De dónde le viene al Innovador la autoridad para seleccionar y elegir?

Puesto que no hallo respuesta para estas preguntas, llego a las siguientes conclusiones. Esto que por conveniencia he llamado el *Tao*, y que otros llaman Ley Natural o Moral Tradicional o los Cinco Principios de la Razón Práctica, no es uno entre una serie de posibles sistemas de valor. Es la única fuente de todos los juicios de valor. Si se rechaza, se rechaza todo valor. Si se conserva algún valor, se conserva todo él. El esfuerzo por refutarlo y levantar un nuevo sistema de valores en su lugar es contradictorio en sí mismo. Nunca ha habido, y nunca habrá, un juicio de valor radicalmente nuevo en la historia del mundo. Los que pretenden presentarse como nuevos sistemas o (como ahora los llaman) «ideologías», consisten todos ellos en fragmentos del *Tao*, sacados arbitrariamente del contexto de su totalidad para luego inflarlos hasta la locura como elementos aislados, pero siguen debiendo única y exclusivamente al *Tao* la validez que poseen. Si mi deber hacia mis padres es una superstición, también lo es mi deber hacia la posteridad. Si la justicia es una superstición, también lo es mi deber hacia mi país o mi gente. Si la búsqueda del conocimiento científico es un valor real, también lo es la fidelidad conyugal. La rebelión de las nuevas ideologías contra el *Tao* es una rebelión de las ramas contra el árbol: si los rebeldes consiguieran su propósito, se darían cuenta de que se habrían destruido a sí mismos. La mente humana no tiene más poder para inventar un nuevo valor del que tiene para imaginar un nuevo color primario, o, mejor dicho, para crear un nuevo sol y un nuevo cielo al que llevarlo.

¿Significa esto que no puede producirse ningún progreso en nuestras percepciones del valor? ¿Estamos obligados para siempre por un código inmutable que recibimos una vez y para siempre? ¿Y es posible, en cualquier caso, hablar de obedecer a lo que yo llamo el *Tao*? Si juntamos, como he hecho, la moral tradicional de Oriente, la de Occidente, la cristiana, la pagana y la judía, ¿no encontraremos muchas contradicciones y algunos absurdos? Reconozco que es así. Hace falta algo de crítica, eliminar contradicciones, incluso algo de desarrollo real. Pero hay dos clases diferentes de crítica.

Un teórico del lenguaje puede abordar su idioma natal como si se encontrara fuera de él, considerando su genialidad como algo que no tiene autoridad sobre él y abogando por cambios radicales de la lengua y el habla en aras de la conveniencia comercial o de la precisión científica. Esto es una cosa. Un gran poeta, alguien que «ha amado su lengua materna y se ha educado adecuadamente en ella», puede introducir también grandes cambios en el idioma, pero sus cambios los realiza con el espíritu de la lengua misma, trabaja desde dentro de ella. La lengua que los sufre ha inspirado también los cambios. Esto es otra cosa bien distinta, tan diferente como las obras de Shakespeare lo son del libro de Lengua de primaria. Es la diferencia entre el cambio desde dentro y el cambio desde fuera, entre lo orgánico y lo quirúrgico.

Del mismo modo, el Tao admite el desarrollo desde dentro. No es lo mismo un progreso moral real que una mera innovación. Desde el «No hagan a los demás lo que no quisieran que les hicieran a ustedes» de Confucio hasta el «Hagan lo que querrían que otros hicieran con ustedes» del cristianismo hay un progreso real. La moralidad de Nietzsche es mera innovación. La primera es progreso porque nadie que no admitiera la validez de la antigua máxima encontraría motivo para aceptar la nueva, y cualquiera que aceptara la antigua reconocería la nueva como una extensión del mismo principio. Si la rechazara, tendría que descartarla como un exceso, algo que ha ido demasiado lejos, no como algo simplemente heterogéneo desde sus propias ideas del valor. Pero la ética nietzscheana únicamente puede aceptarse si estamos dispuestos a desechar las morales tradicionales como un simple error, para luego ponernos a nosotros mismos en una posición en la que no encontraremos fundamento para ningún juicio de valor en absoluto. Esta es la diferencia entre un hombre que nos dice: «A usted le gusta que sus verduras sean moderadamente frescas, ¿por qué no las cultiva usted mismo y así las tendrá totalmente frescas?», y otro que nos dice: «Deshágase de estas hogazas y pruebe a comer en su lugar ladrillos con ciempiés».

Los que entienden el espíritu del *Tao* y han sido guiados por dicho espíritu pueden modificarlo en las direcciones que el espíritu mismo pide. Solo ellos pueden saber cuáles son esas direcciones. El que está afuera no sabe nada sobre el asunto. Sus intentos de cambio, como hemos visto, se contradicen a sí mismos. Lejos de ser capaz de armonizar, penetrando en su espíritu, las discrepancias que hay en su letra, simplemente trata de agarrarse a algún precepto en particular que, por accidentes del tiempo y el espacio, ha captado su atención, para cabalgar sobre él hacia la muerte, sin que pueda dar razón para ello. La única autoridad para modificar el *Tao* procede de dentro del propio *Tao*. Eso es lo que Confucio quiso decir cuando afirmó: «Es inútil tomar consejo de quienes siguen un Camino diferente».[1] Por eso mismo Aristóteles dijo que solo aquellos que hayan sido adecuadamente educados podrían estudiar Ética: el corrupto, el que es ajeno al *Tao*, no puede ver el verdadero punto de partida de esta ciencia.[2] Puede ser hostil, pero no crítico, no sabe de qué se está hablando. Por eso

---

1. *Analectas* de Confucio, XV. 39.
2. *Et. Nic.* 1095 b, 1140 b, 1151 a.

es por lo que dijo también: «Mas esta gente que no conoce la ley, son unos malditos»[1] y «el que no crea, será condenado».[2] Es útil tener una mente abierta, en cuestiones que no son las cruciales. Pero una mente abierta con respecto a los fundamentos últimos de la Razón Práctica o la Razón Teórica es una idiotez. Si un hombre abre su mente en estas cosas, por lo menos que cierre la boca. No puede decir nada para el fin que persigue. Fuera del *Tao* no hay base para criticar ni el *Tao* ni cualquier otra cosa.

Sin duda, hay casos particulares en los que puede ser delicado dirimir dónde termina la crítica interna legítima y dónde comienza la nefasta crítica externa. Pero siempre que se pone a prueba un precepto de la moral tradicional para que demuestre su validez, como si la responsabilidad de la prueba cayera sobre él, se está optando por la postura indebida. El reformador legítimo se esfuerza por mostrar que el precepto en cuestión entra en conflicto con algún precepto cuyos defensores admiten que es más fundamental, o por demostrar que realmente no incorpora el juicio de valor que declara incluir. El ataque frontal de «¿Por qué?», «¿Qué bien hace?» o «¿Quién lo dijo?» nunca se permite; no porque sea duro u ofensivo, sino porque no hay ningún valor que pueda justificarse en ese nivel. Si insiste en *ese* tipo de comprobación, destruirá todos los valores, y así acabará con las bases de su propia crítica al mismo tiempo que destruye lo que critica. No puede ponerle un arma en la cabeza al *Tao*. Tampoco podemos posponer nuestra obediencia hasta haber examinado las credenciales de un precepto. Solo los que practican el *Tao* lo entenderán. Es el hombre de esmerada educación, el *cuor gentil*, solo él, quien puede reconocer a la Razón cuando la tiene delante.[3] Es Pablo, el fariseo, el hombre «en cuanto a [...] la ley, irreprensible» quien puede ver dónde y en qué sentido era deficiente la ley.[4]

Para evitar malos entendidos, puedo añadir que, aunque soy teísta, cristiano en realidad, no estoy aquí tratando de presentar ningún argumento indirecto en favor del teísmo. Simplemente estoy argumentando que, si hemos de tener valores, debemos aceptar los principios últimos de la Razón Práctica como poseedores de validez absoluta; debemos aceptar que cualquier intento, desconfiando ya de ellos, de recolocar el valor en un

---

1. Juan 7.49. El que decía estas palabras lo hacía con malicia, pero expresando más verdad de la que pretendía. *Comp*. Juan 13.51.
2. Marcos 16.16.
3. *La república*, 402 a.
4. Filipenses 3.6.

puesto más bajo, sobre alguna base supuestamente más «realista», está condenado al fracaso. Que esta posición implique o no un origen sobrenatural del *Tao* es un asunto que no voy a tratar aquí.

¿Cómo se puede esperar que la mentalidad moderna acepte la conclusión que hemos alcanzado aquí? Este *Tao* al que, por lo que parece, debemos tratar como un absoluto es sencillamente un fenómeno como cualquier otro: el reflejo en las mentes de nuestros ancestros del ritmo de la agricultura en la que se movían sus vidas, o incluso de su fisiología. Ya sabemos cómo, en principio, se producían tales cosas; pronto lo sabremos con detalle; con el tiempo podremos producirlas a voluntad. Por supuesto, mientras no sabíamos en qué consistía la mente, aceptábamos este accesorio mental como una referencia, incluso como un amo. Pero muchas cosas de la naturaleza que antes eran nuestros señores ahora son nuestros siervos. ¿Por qué no esta también? ¿Por qué debería nuestra conquista de la naturaleza frenarse, en estúpida reverencia, ante este elemento, el último y más resistente, de la «naturaleza», al que hasta ahora hemos llamado la conciencia del hombre? Ustedes nos amenazan con algún oscuro desastre si nos salimos de ella, pero ya hemos tenido oscurantistas que nos amenazaban de esta manera en cada paso de nuestro progreso, y en todas las ocasiones la amenaza ha resultado infundada. Nos dicen que si nos salimos del *Tao* no tenemos valores en absoluto. Muy bien, tal vez descubramos que podemos estar muy cómodos sin ellos. Consideremos todas las ideas de lo que *debiéramos* hacer simplemente como una interesante reliquia psicológica; apartémonos de todo eso y comencemos a hacer lo que nos plazca. Decidamos por nosotros mismos lo que ha de ser el hombre y convirtámoslo en eso, no sobre un fundamento de valor imaginario, sino porque queremos que sea así. Una vez dominado nuestro entorno, ejerzamos ya el dominio sobre nosotros mismos y elijamos nuestro propio destino.

Esta es una muy plausible posición, y los que la adoptan no pueden ser acusados de contradecirse como los tibios escépticos que siguen esperando encontrar valores «reales» cuando han desprestigiado los tradicionales. Y esto supone el rechazo del concepto de valor. Voy a necesitar otra conferencia para dedicar atención a esto último.

3

LA ABOLICIÓN DEL HOMBRE

Entonces se clavó en mi mente como con hierro de fuego
el pensamiento de que, por más que me lisonjeaba,
cuando me tuviese ya en su poder me vendería como
esclavo.

JOHN BUNYAN

«LA CONQUISTA DE la Naturaleza por parte del Hombre» es una expresión que se usa con frecuencia para describir el progreso de las ciencias aplicadas. «El Hombre ha derrotado a la Naturaleza», le dijo alguien a un amigo mío no hace mucho. En su contexto, las palabras tenían una cierta belleza trágica, porque quien las pronunció se estaba muriendo de tuberculosis. «No importa —dijo—, sé que soy una de las bajas. Obviamente, hay bajas tanto en el lado del vencedor como en el del perdedor». He elegido esta historia como punto de partida con el propósito de dejar claro que no deseo menospreciar todo lo que tiene de realmente beneficioso el proceso descrito como «la conquista del Hombre», y mucho menos toda la verdadera dedicación y abnegado sacrificio que ha llegado a hacerla posible. Pero, aclarado esto, debo proceder a analizar esta concepción un poco más de cerca. ¿En qué sentido es el Hombre el poseedor de un poder cada vez mayor sobre la Naturaleza?

Consideremos tres ejemplos típicos: el avión, la radio y los anticonceptivos. En una comunidad civilizada, en tiempo de paz, todo el que pueda costeárselo puede usarlos. Pero, en sentido estricto, no puede decirse que cuando lo hacen están ejerciendo su poder propio o individual sobre la Naturaleza. Que yo pueda pagarle para que me lleve no significa que yo sea alguien fuerte. Cualquiera de estas tres cosas, o las tres, que he mencionado puede serles negada a algunos hombres por parte de otros (por los que las comercializan, por los que regulan su comercio, por los dueños de las fuentes de producción o por quienes manufacturan los productos). Lo que llamamos poder del Hombre es en realidad un poder que algunos hombres poseen, y estos pueden permitir, o no, que otros hombres se beneficien de él. Una vez más, al considerar los poderes que intervienen en el avión o la radio, el Hombre es tanto el sujeto paciente como el poseedor, puesto que es el destinatario tanto de las bombas como de la propaganda. Y, en lo que respecta a los anticonceptivos, hay un paradójico sentido negativo en el que todas las generaciones futuras son sujeto paciente de un poder que ostentan los que viven hoy. Simplemente mediante la contracepción, se les niega la existencia, puesto que, si se usan esos medios con fines de selección de quién nace, las generaciones futuras las constituirán, sin que cuente su voz, aquellos que la generación presente, guiada por sus propias razones, decida elegir. Desde este punto de vista, lo que llamamos poder del Hombre sobre la Naturaleza resulta ser un poder ejercido por algunos hombres sobre otros, valiéndose de la Naturaleza como su instrumento.

Por supuesto, es un tópico quejarse de que, hasta el presente, los hombres han usado incorrectamente y contra sus semejantes los poderes que la ciencia les ha dado. Pero no es este el punto que quiero tratar. No hablo de corrupciones y abusos particulares que se puedan arreglar con un aumento de la virtud moral; lo que estoy considerando es qué debe ser y qué es en esencia eso que llamamos «poder del Hombre sobre la Naturaleza». Sin duda, este cuadro podría modificarse mediante la propiedad pública de las materias primas y las fábricas, y el control estatal de la investigación científica. Pero, a menos que tengamos un gobierno mundial único, esto seguiría significando que una nación ejercería el poder sobre otras. E incluso con un único gobierno o estado mundial, esto implicaría, en general, el poder de las mayorías sobre las minorías y, en particular, el de un gobierno sobre el pueblo. Y todos los ejercicios de poder a largo plazo, especialmente en lo relativo a la natalidad, implican a la fuerza el poder de las generaciones anteriores sobre las posteriores.

Este último punto no siempre se subraya como debería, porque quienes escriben sobre cuestiones sociales todavía no han aprendido a emular a los físicos, que siempre incluyen el factor tiempo entre las dimensiones. Para entender completamente lo que significa de verdad el poder del Hombre sobre la Naturaleza y, por tanto, el poder de algunos hombres sobre los demás, debemos trazar un gráfico del surgimiento de la raza hasta su extinción. Cada generación ejerce poder sobre las que le suceden; y cada una de ellas, en la medida en que modifica el medio ambiente heredado y se rebela contra la tradición, se resiste al poder de sus predecesores y lo limita. Esto cambia el cuadro que a veces se nos presenta, en el que una emancipación progresiva de la tradición y un control progresivo de los procesos naturales dan como resultado un aumento continuo del poder humano. En realidad, desde luego, si en alguna era se alcanza, mediante la educación científica y la eugenesia, el poder de hacer que los descendientes sean como esa generación desea, todos los que vivan después de ella serán sujeto paciente de ese poder. Serán más débiles, no más fuertes, porque, aunque hayamos puesto máquinas maravillosas en sus manos, habremos preordenado cómo deben usarlas. Y si, como es casi seguro, la era en la que así hayamos alcanzado el poder máximo sobre las generaciones posteriores fuera también la era que más se haya emancipado de la tradición, se dedicaría a reducir el poder de sus predecesores casi tan drásticamente como el de sus sucesores. Y debemos recordar también que, aparte de esto, cuanto más reciente sea una generación (y más cerca viva de la fecha en que se extinga la especie) menos poder tendrá en cuanto a lo que hay por delante, puesto que sus sujetos serán menos. Por tanto, no se puede hablar de que la raza humana como un todo tenga un poder en firme incremento todo el tiempo de supervivencia de la especie. Los últimos hombres, lejos de ser herederos del poder, serán los más sujetos a la mortífera mano de los grandes planificadores y manipuladores, y serán los que menos poder ejerzan sobre el futuro.

El cuadro real nos muestra una era dominante —supongamos que en el siglo cien de nuestra era— que se resiste con más éxito a todas las épocas anteriores y domina a todas las eras posteriores de manera más irresistible. Pero entonces, en esta generación que se enseñorea (y que es en sí una minoría infinitesimal en la especie), el poder lo ejercerá una minoría aún más reducida. La conquista de la Naturaleza por parte del Hombre, si se cumple el sueño de algunos programas científicos, significa que unos pocos cientos de personas gobiernen sobre miles y miles de millones de seres humanos. No hay ni debe haber el más simple incremento de poder por parte del Hombre. Todo nuevo poder conseguido *por* el Hombre es también un poder *sobre* el Hombre. Cada paso de avance lo deja más débil a la vez que más fuerte. En cada victoria, además de ser el general vencedor, es el prisionero que desfila tras el carro triunfal.

Todavía no estoy analizando si el resultado total de tan ambivalentes victorias es algo bueno o malo. Simplemente estoy dejando claro qué es lo que significa realmente la conquista de la Naturaleza por parte del Hombre y, sobre todo, la etapa final de la conquista, que tal vez no esté lejos. La fase final llega cuando el Hombre, por medio de la eugenesia, a través de la manipulación prenatal y mediante una educación y propaganda basadas en una psicología aplicada perfecta, ha conseguido el control total sobre sí mismo. La naturaleza *humana* será la última parte de la Naturaleza que se rinda al Hombre. Entonces se habrá ganado la batalla. Habremos «arrebatado de las manos de Cloto el hilo de la vida» y, en adelante, seremos libres para hacer que nuestra especie sea como queramos. La batalla estará ganada, pero ¿quién exactamente la habrá ganado?

Porque el poder del Hombre para hacer de sí lo que le plazca implica, como hemos visto, el poder de algunos hombres para hacer de otros lo que a *ellos* les plazca. Sin duda, en todas las épocas, la formación y la educación han intentado, en algún sentido, ejercer su poder. Pero la situación que se nos pondrá delante será novedosa en dos aspectos. En primer lugar, el poder tendrá un alcance muchísimo mayor. Hasta el presente, los planes educativos han conseguido muy poco de lo que pretendían. De hecho, cuando leemos a sus promotores —como Platón, que considera al niño como «un bastardo criado en un pupitre»; como Elyot, que habría tenido a los pequeños sin ver a otra persona hasta cumplir los siete años y, aun después de esa edad, sin ver a ninguna mujer;[1] como Locke,[2] que quería que los niños calzaran zapatos agujereados y que se les privara de poesía—, bien podemos estar agradecidos a la benéfica obstinación de las madres reales, de las niñeras reales y, por encima de todo, de los niños

---

1. *The Boke Named the Governour*, I, IV: «Todos los hombres, salvo los médicos, deben ser excluidos y apartados del cuidado de los niños»; I, VI: «Cuando un niño ha llegado a los siete años de edad, lo más aconsejable es apartarlo de toda compañía de mujeres».
2. *Pensamientos sobre la educación*, §7. «Aconsejo asimismo que se les laven los pies cada día con agua fría, y que sus zapatos sean tan delgados que se empapen al tocar el agua, aunque sea poca». § 174. «Si nos encontramos con una vena poética […] me parece que sería de lo más extraño que un padre deseara o soportara que se respete o fomente algo así. Creo que los padres deben esforzarse todo lo posible por reprimirla y eliminarla». Y eso que Locke es uno de nuestros autores más sensibles acerca de la educación.

reales, por mantener a la raza humana en el grado de cordura que todavía posee. Pero los que van a moldear al Hombre en esta nueva era estarán armados del poder de un gobierno con competencias en todo y de una tecnología científica irresistible; tendremos al fin una raza de manipuladores que de veras podrán tallar a todas las generaciones posteriores con la forma que les plazca.

La segunda diferencia es aún más importante. En los sistemas antiguos, tanto la clase de hombres que los maestros querían producir como sus motivos para formarlos estaban prescritos por el *Tao*, una norma a la que los propios maestros se sujetaban y de la que no decían ser libres de desviarse. No moldeaban a los hombres conforme a algún patrón escogido por ellos. Transmitían lo que habían recibido: iniciaban al joven neófito en el misterio de la humanidad que cubría a pupilos y maestros por igual. Eran pájaros adultos enseñando a volar a los polluelos. Esto cambiará. Los valores son ahora meros fenómenos naturales. Se producirán juicios de valor en el alumno como parte de la manipulación. El *Tao*, sea cual sea, será el resultado, no el motivo, de la educación. Los manipuladores se habrán librado de todo eso. Lo que han conquistado es una parte más de la Naturaleza. Las fuentes últimas de la acción humana ya no son, para ellos, algo dado. Son algo que han sometido, como a la electricidad; la función de los manipuladores es controlarlas, no obedecerlas. Saben cómo *producir* conciencia y deciden qué clase de conciencia van a producir. Ellos están aparte, por encima. Estamos adoptando el último estado de la lucha del Hombre con la Naturaleza. Se ha logrado la victoria final. La naturaleza humana ha sido conquistada (y, por supuesto, ha vencido, sea cual sea el sentido que esas palabras puedan ya tener).

Los Manipuladores, entonces, deben elegir qué clase de *Tao* artificial quieren producir, según sus buenas razones, en la raza humana. Ellos son los motivadores, los creadores de motivos. ¿Pero de dónde vendrán sus propias motivaciones?

Durante un tiempo, tal vez procedan de reminiscencias en su mente del antiguo *Tao* «natural». De este modo, al principio puede que se vean a sí mismos como servidores y guardianes de la humanidad y se conciban con el «deber» de hacerlo «bien». Pero en ese estado solo pueden permanecer por confusión. Reconocen el concepto de deber como el resultado de determinados procesos que ahora pueden controlar. Su victoria ha consistido precisamente en salir del estado en el que estaban condicionados por dichos procesos al estado en que los emplean como herramientas. Una de las cosas que ahora tienen que decidir es si nos manipularán, o no, al resto de nosotros para que sigamos teniendo la idea antigua del deber y las viejas reacciones ante él. ¿Cómo puede el deber ayudarles a decidirlo? El deber mismo está siendo sometido a juicio, no puede ser también el juez. Y no le va mejor a la idea de hacerlo «bien». Saben muy bien cómo producir una docena de conceptos de «bien» en nosotros. La cuestión es cuál de ellos deben producir, si es que alguno. Ningún concepto de bien puede ayudarles a decidir. Es absurdo fijarse en una de las cosas que están comparando y convertirla en el modelo de comparación.

A algunos les parecerá que estoy inventando un problema artificial para mis Manipuladores. Otros críticos, más ingenuos, pueden preguntar: «¿Qué le hace suponer que serán hombres tan malvados?». Pero no estoy suponiendo que sean hombres malos. Más bien, no son en absoluto hombres, al menos en el sentido antiguo. Si lo prefieren, diré que son hombres que han sacrificado su propia parte de humanidad tradicional con el propósito de entregarse a la tarea de decidir qué va a significar de ahí en adelante «humanidad». Las palabras «bueno» o «malo» aplicadas a ellos carecen de contenido, pues de ahora en adelante el significado de esas palabras derivará de ellos. Tampoco se puede decir que su problema sea artificial. Podemos suponer que fuera posible decir: «Después de todo, la mayoría de nosotros quiere más o menos las mismas cosas: comida, bebida, relaciones sexuales, diversión, arte, ciencia y una vida lo más larga posible para los individuos y para la especie. Digámosles simplemente: "Esto es lo que nos agrada", y sigamos manipulando a los hombres de la forma que mejor lleve a ese resultado. ¿Qué problema hay?». Pero esto no es una respuesta. En primer lugar, no es verdad que a todos nos agraden las mismas cosas. Pero, aunque sí lo hicieran, ¿qué motivo impulsará a los manipuladores a desechar deleites y a vivir días laboriosos para que nosotros, y las generaciones posteriores, podamos tener lo que nos gusta? ¿Los moverá su deber? Pero eso no es más que el *Tao*, que pueden decidir imponernos, pero que no puede tener validez con ellos. Si lo aceptan, ya no serán los formadores de conciencia, sino sus sujetos, y su victoria final sobre la Naturaleza no se habría producido realmente. ¿Los moverá la conservación de la especie? ¿Y por qué habría de conservarse la especie? Una de las cuestiones que tienen delante es si este sentimiento hacia las generaciones futuras (saben bien cómo producirlo) debe proseguir o no. No importa cuán atrás vayan, o cuán abajo, no encontrarán un suelo sobre el que estar de pie. Cada motivación que traten de tomar como base se convierte a la vez en *petitio*. No es que sean hombres malvados, es que no son hombres. Al salirse del *Tao* se han adentrado en el vacío. Y no es que sus sujetos sean necesariamente hombres infelices, es que no son hombres: son artefactos. La conquista final del Hombre ha demostrado ser la abolición del Hombre.

Pero los Manipuladores reaccionarán. Donde acabo de decir que les fallan todas las motivaciones, debería haber dicho que todas menos una. Todos los motivos que reivindican tener alguna validez distinta a la del peso emocional experimentado en un momento dado les han fallado. Se ha justificado todo menos el *sic volo, sic iubeo*. Pero lo que nunca se arrogó objetividad no se puede destruir con subjetivismo. El impulso de rascarme cuando siento picor o de desmontar algo cuando quiero investigarlo es inmune al disolvente que puede deshacer mi justicia, mi honor o mi preocupación por las generaciones futuras. Cuando todo lo que dice «esto es bueno» ha quedado desprestigiado, sigue vigente aquello que dice «Yo quiero». No se puede reventar ni investigar porque nunca tuvo pretensión alguna. Los Manipuladores, por tanto, llegan a motivarse únicamente con su propio placer. No estoy hablando aquí de la influencia corruptora del poder ni expresando el temor de que los Manipuladores degeneren por él. Los términos «corrupto» y «degenerado» mismos implican una doctrina de valores, de modo que no significan nada en este contexto. Mi argumento es que quienes se mantienen fuera de todos los juicios de valor no pueden tener ninguna base para preferir uno de sus propios impulsos en lugar de otro, salvo la base de la fuerza emocional de ese impulso.

Podemos esperar legítimamente que, entre los impulsos que surgen en mentes despojadas de todos los motivos «racionales» o «espirituales», alguno habrá que sea bondadoso. Personalmente, dudo mucho que los impulsos bondadosos, arrancados de esa preferencia y estímulo que el *Tao* nos enseña a darles y entregados a su mera fuerza natural y a su frecuencia como hechos psicológicos, vayan a tener mucha influencia. Tampoco veo muy probable que la historia nos muestre un solo ejemplo de un hombre que, habiendo salido fuera de la moralidad tradicional y habiendo alcanzado el poder, haya usado ese poder de forma benevolente. Me inclino a pensar que los Manipuladores aborrecerán a los manipulados. Aun considerando como una ilusión la conciencia artificial que producen en nosotros sus súbditos, percibirán, sin embargo, que crea en nosotros una ilusión de significado para nuestras vidas que las hace comparativamente preferibles a las de ellos, y nos envidiarán como los eunucos envidian a los otros varones. Pero no voy a insistir en esto, que es mera conjetura. Lo que no es conjetura es que nuestra esperanza de una felicidad, incluso «manipulada», descansa en lo que normalmente se conoce como «posibilidad», la posibilidad de que los impulsos bondadosos tal vez predominen en nuestros Manipuladores. Porque sin el juicio de valor «La bondad es buena» (es decir, sin volver a entrar en el *Tao*) no pueden encontrar un fundamento para fomentar o estabilizar esos impulsos en lugar de otros. Siguiendo la lógica de su postura, deben tomar sus impulsos tal como vienen, partiendo de la posibilidad. Y aquí Posibilidad significa Naturaleza. Los motivos de los Manipuladores brotarán de la herencia, la digestión, el clima y las asociaciones de ideas. Su extremo racionalismo, gracias a que «ven a través» de todas las motivaciones «racionales», los deja como criaturas de conducta totalmente irracional. Si uno no quiere obedecer el *Tao*, o bien comete suicidio o el único camino que le queda es la obediencia al impulso (y, por tanto, a la larga, la obediencia a la mera «naturaleza»).

Así pues, en el momento de la victoria del Hombre sobre la Naturaleza encontramos a la raza humana al completo sujeta a algunos individuos, y a estos sometidos a lo que en ellos hay de puramente «natural»: a sus impulsos irracionales. La Naturaleza, sin la traba de los valores, rige a los Manipuladores y, a través de ellos, a toda la humanidad. La conquista de la Naturaleza por parte del Hombre resulta ser, en el momento de su consumación, la conquista del Hombre por parte de la Naturaleza. Todas las victorias que parecíamos conseguir nos han llevado, paso a paso, a esta conclusión. Todas las aparentes derrotas de la Naturaleza no han sido más que retiradas estratégicas. Creímos estar golpeándola en la retaguardia cuando en realidad ella nos estaba atrayendo con su señuelo. Lo que a nosotros nos parecían manos alzadas en señal de rendición eran realmente brazos abriéndose para atraparnos para siempre. Si el mundo completamente planificado y manipulado (cuyo *Tao* es un mero producto de la planificación) llegara a existir, la Naturaleza ya no tendría que preocuparse por la terca especie que se alzaba en revueltas contra ella desde hace tantos años, dejaría de sentir la molestia de su parloteo sobre la verdad y la misericordia y la belleza y la felicidad. *Ferum victorem cepit*: y si la eugenesia es suficientemente eficaz no habrá una segunda revuelta, sino un acomodo bajo los Manipuladores, y los Manipuladores bajo la Naturaleza, hasta que se precipite la luna o se enfríe el sol.

Para algunos, mi tesis quedará más clara expresada de otra manera. Naturaleza es una palabra de significados variables, que se puede entender mejor si consideramos sus distintos antónimos. Lo natural es lo contrario de lo artificial, lo civil, lo humano, lo espiritual y lo sobrenatural. Lo artificial no entra ahora en lo que nos interesa. Si tomamos el resto de la lista de opuestos, sin embargo, creo que podemos hacernos una idea básica de lo que los hombres han querido significar con Naturaleza y qué es lo opuesto a ella. Naturaleza parece ser lo espacial y temporal, frente a lo que no es espacial y temporal en la misma medida, o en ninguna medida. Al parecer, es el mundo de la cantidad, en contraste con el mundo de la cualidad; de los objetos, en contraste con la consciencia; de lo sujeto, en contraste con lo total o parcialmente autónomo; de lo que no conoce valores, en contraste con lo que posee y percibe el valor de las causas eficientes (o, en algunos sistemas modernos, de ninguna causalidad en absoluto) en contraste con las causas finales. Consideraré ahora la idea de que, cuando entendemos una cosa analíticamente y, en consecuencia, la dominamos y usamos para nuestra propia conveniencia, la reducimos al nivel de «Naturaleza», en el sentido de que suspendemos nuestros juicios de valor acerca de ella, ignoramos su causa final (si la tiene) y la tratamos en términos de cantidad. Esta represión de los elementos en lo que de otro modo sería nuestra reacción plena a ella es, en ocasiones, palpable e incluso dolorosa: hay que vencer algo antes de proceder a diseccionar a un hombre muerto o un animal vivo en una sala de disección. Estos objetos se *resisten* al movimiento de la mente por medio del cual se les empuja al mundo de la mera Naturaleza. Pero también en otras instancias se logra un precio similar por medio de nuestro conocimiento analítico y poder manipulativo, aun si hemos dejado de tenerlo en cuenta. No contemplamos los árboles ni como Dríadas ni como objetos hermosos cuando los convertimos en tablones: el primer hombre que taló uno puede que haya sentido intensamente el precio, y los árboles sangrantes de Virgilio y Spenser tal vez sean ecos lejanos de ese primigenio sentido de impiedad. Las estrellas perdieron su divinidad en el desarrollo de la astronomía, y el dios que muere y revive con las estaciones no tiene sitio en la agricultura química. Sin duda, muchos verán este proceso simplemente como el descubrimiento gradual de que el mundo real es diferente de lo que esperábamos, y la antigua oposición a Galileo o a los que desenterraban cuerpos no es más que oscurantismo. Pero esta no es la historia completa. No es el más grande de los científicos modernos el que se siente más seguro de que el objeto, una vez arrancadas sus propieda-des cualitativas y reducido a mera cantidad, es completamente real. Los científicos pequeños, y los pequeños seguidores acientíficos de la ciencia, pueden pensar así. Las grandes mentes saben muy bien que el objeto, tra-tado de esta manera, es una abstracción artificial, que se ha perdido algo de su realidad.

Desde este punto de vista, la conquista de la Naturaleza se presenta en una nueva luz. Reducimos las cosas a mera Naturaleza *de manera que* podamos «conquistarlas». Siempre estamos conquistando la Naturaleza *porque* «Naturaleza» es el nombre con el que nombramos lo que de algún modo hemos conquistado. El precio de la conquista es tratar una cosa como mera Naturaleza. Cada conquista sobre la Naturaleza incrementa su dominio. Las estrellas no se convierten en Naturaleza hasta que po-demos pesarlas y medirlas; el alma no llega a ser Naturaleza hasta que podemos psicoanalizarla. Arrancar poderes *de* la Naturaleza es también rendirle las cosas *a* ella. En la medida en que este proceso se detiene antes de la fase final, bien podemos sostener que la ganancia supera a la pér-dida. Pero en cuanto damos el paso final de reducir nuestra propia especie al nivel de mera Naturaleza, queda frustrado el proceso completo, porque esta vez la entidad que se aspira a obtener y la que ha sido sacrificada son una y la misma. Esa es una de las muchas instancias en las que llevar un principio a lo que parece su conclusión lógica produce el absurdo. Es como el famoso irlandés que descubrió que un determinado tipo de es-tufa reducía su factura de combustible a la mitad y llegó a la conclusión de que dos estufas de la misma clase le permitirían calentar su casa sin necesidad de gastar fuel. Es la ganga del mago: entregamos nuestra alma a cambio de poder. Pero, una vez entregadas nuestras almas (es decir, nosotros mismos), el poder así conferido no nos pertenecerá a nosotros. De hecho, seremos esclavos y títeres de aquello a lo que hemos entre-gado nuestras almas. Está en el poder del Hombre tratarse a sí mismo como mero «objeto natural» y a sus propios juicios de valor como mate-ria prima para la manipulación científica alterable a voluntad. La objeción a este proceder no radica en el hecho de que este punto de vista (como el primer día de uno en la sala de disección) es doloroso y repulsivo hasta que nos acostumbramos a ello. El dolor y la repulsión son más que nada alarma y síntoma. La objeción real es que, si el Hombre elige tratarse a sí mismo como materia prima, eso es lo que será; no materia prima que él mismo vaya a manipular, como ingenuamente imaginaba, sino que la manipulará la mera apetencia, es decir, la mera Naturaleza, en la persona de sus deshumanizados Manipuladores.

A semejanza del rey Lear, hemos estado tratando de disponer de las dos opciones: entregar nuestras prerrogativas humanas y al mismo tiempo retenerlas. Eso es imposible. O bien somos espíritu racional obligado por siempre a obedecer los valores absolutos del *Tao*, o bien somos mera naturaleza a la que amasar y dar forma de nuevas maneras para disfrute de los señores que, por hipótesis, no deben tener otros motivos que sus impulsos «naturales». Solo el *Tao* proporciona una ley de acción humana común que puede abarcar a los que gobiernan y a los gobernados por igual. Se necesita una creencia dogmática en el valor objetivo para la idea misma de un gobierno que no sea tiranía o una obediencia que no sea esclavitud.

Aquí no estoy pensado únicamente, quizá ni siquiera principalmente, en aquellos que son nuestros enemigos públicos en el momento. El proceso que, si no se somete a revisión, abolirá al Hombre se extiende a paso rápido tanto entre comunistas y demócratas como entre fascistas. Los métodos tal vez difieran (al principio) en brutalidad, pero muchos científicos de mirada apacible tras sus quevedos, muchos actores populares, muchos filósofos aficionados entre nosotros dan a entender, mirando a largo plazo, la misma perspectiva. Hay que «desprestigiar» los valores tradicionales y cortar la humanidad con nuevos troqueles hechos a voluntad (que ha de ser, siguiendo la hipótesis, una voluntad arbitraria) de unas pocas personas afortunadas de una generación afortunado que ha aprendido cómo hacerlo. La creencia en que podemos inventar «ideologías» a placer, y el tratamiento de la humanidad como mera ὕλη, como especímenes, como mejunjes, comienza a afectar a nuestro lenguaje. En otro tiempo matábamos a los hombres malvados: ahora eliminamos a los elementos antisociales. La virtud ha pasado a ser *integración* y la diligencia, *dinamismo*, y los muchachos que parecen dignos de que se les encarguen responsabilidades son «potenciales funcionarios». Lo más asombroso: quienes poseen las virtudes de la prudencia y la templanza, e incluso de la inteligencia normal, son *clientes difíciles*.

La verdadera importancia de lo que está sucediendo se ha ocultado con el uso de la abstracción «Hombre». No es que esa palabra sea necesariamente pura abstracción. En el *Tao* mismo, en la medida en que permanecemos dentro de él, encontramos que la realidad concreta en la que participamos es la de ser verdaderamente humano: la verdadera voluntad común y razón común de la humanidad, viva y creciendo como un árbol, diversificándose, conforme varía la situación, en nuevas expresiones de lo bello y aplicaciones de lo digno. Mientras hablemos desde dentro del *Tao*, podemos hablar del Hombre como poseedor del poder sobre sí mismo en un sentido verdaderamente análogo al dominio propio de un individuo. Pero, en el momento en que nos salimos de él y observamos el *Tao* como un mero producto subjetivo, esta posibilidad ha desaparecido. Lo que ahora es común a todos los hombres es un mero abstracto universal, un máximo común divisor, y la conquista de sí mismo por parte del Hombre implica simplemente el gobierno de los Condicionados sobre el material humano condicionado, el mundo de posthumanidad que, algunos sabiéndolo y otros sin saberlo, casi todos los hombres de todas las naciones están en el presente contribuyendo a llevar a cabo.

Nada de lo que yo pueda decir evitará que algunas personas describan esta conferencia como un ataque a la ciencia. Yo rechazo esa acusación, por supuesto; y los verdaderos Filósofos Naturales (hay algunos vivos aún) percibirán que al defender el valor defiendo *inter alia* el valor del conocimiento, que debe morir como cualquier otro cuando le talen sus raíces en el *Tao*. Pero puedo ir más allá. Puedo sugerir que la cura podría venir de la misma Ciencia.

He descrito como la «ganga del mago» este proceso por medio del cual el Hombre rinde objeto tras objeto, y por último a sí mismo, a la Naturaleza, esperando poder a cambio. Y sabía lo que decía. El hecho de que los científicos hayan tenido éxito donde el mago fracasó ha puesto un contraste tan grande entre ellos en el pensamiento popular que se ha malinterpretado la verdadera historia del nacimiento de la Ciencia. Uno puede encontrar incluso personas que escriben sobre el siglo XVI como si la Magia fuera reminiscencia medieval y la Ciencia fuese el elemento novedoso que llegó para quitar de en medio lo mágico. Los que han estudiado el período tienen mejor información. Había muy poca magia en la Edad Media: los siglos XVI y XVII representan el punto álgido de lo mágico. El verdadero esfuerzo mágico y el verdadero esfuerzo científico son gemelos: uno estaba enfermo y murió, el otro era sano y prosperó. Pero eran hermanos gemelos. Nacieron del mismo impulso. Admito que algunos (desde luego, no todos) de los primeros científicos surgieron gracias al puro amor al conocimiento. Pero, si consideramos el carácter de aquella época en su totalidad, podemos discernir el impulso a que me refiero.

Hay algo que une a la magia y la ciencia aplicada, a la vez que separa a ambas de la «sabiduría» de las épocas anteriores. Para el sabio de tiempos antiguos, el problema cardinal había sido cómo conformar el alma a la realidad, y la solución había sido el conocimiento, la disciplina personal y la virtud. Para la magia y para la ciencia aplicada, el problema era cómo someter la realidad a los deseos de los hombres: la solución es una técnica; y ambas, en la práctica de dicha técnica, están listas para hacer cosas que hasta entonces se consideraban impías y desagradables, como desenterrar y mutilar a los muertos.

Si comparamos al pregonero principal de la nueva era (Bacon) con el Fausto de Marlowe, la semejanza resulta asombrosa. Uno puede leer en algunos comentaristas que Fausto tiene sed de conocimiento. En realidad, apenas lo menciona. No es cierto que quiera de los demonios otra cosa que oro, armas y jovencitas. «Todo lo que se mueve entre los quietos polos se someterá a su mandato» y «un buen mago es un poderoso dios».[1] . En ese mismo espíritu, Bacon condena a quienes valoran el conocimiento como un fin en sí mismo; esto, para él, es lo mismo que usar como una señorita que proporcione el placer a quien debe ser una esposa que proporcione fruto.[2] El verdadero objetivo es extender el poder del Hombre a la realización de todas las cosas posibles. Él rechaza lo mágico porque no funciona;[3] pero su propósito es el del mago. En Paracelso se combinan los personajes del mago y el científico. Sin duda, quienes fundaron la ciencia moderna fueron por lo general aquellos cuyo amor a la verdad superaba a su amor al poder; en cada movimiento de combinación, la eficacia procede de los elementos buenos, no de los malos. Pero la presencia de los elementos malos no es irrelevante para la dirección que emprende la eficacia. Puede llegar incluso a decir que el movimiento científico moderno está viciado desde su nacimiento; pero creo que sería acertado afirmar que nació en un barrio inhóspito y en un hogar nada acogedor. Sus triunfos tal vez hayan sido demasiado rápidos y puede que haya pagado un precio demasiado alto: probablemente necesita una reconsideración de las cosas y algo así como un arrepentimiento.

¿Es, pues, posible imaginar una nueva Filosofía Natural, siempre consciente de que el «objeto natural» producido por el análisis y la abstracción no es la realidad, sino solo una perspectiva, y siempre dispuesta a corregir

---

1. *Fausto*, pp. 77–90 de la edición en inglés.
2. *Advancement of Learning*, Libro 1 (p. 60 en Ellis y Spedding, 1905; p. 35 de Everyman Edition).
3. *Filum Labyrinthi*, I.

la abstracción? No sé bien qué estoy pidiendo. He oído rumores de que la manera que Goethe tiene de abordar la naturaleza merece una mayor consideración, de que incluso el doctor Steiner puede haber visto algo que los investigadores ortodoxos han pasado por alto. La ciencia regenerada en que estoy pensando no haría ni a los minerales o las plantas lo que la ciencia moderna amenaza con hacer al hombre. Al explicarlos no los reduciría. Al hablar de las partes recordaría el todo. Aun estudiando el *Eso* no perdería lo que Martin Buber llama la situación del *Tú*. La analogía entre el *Tao* del Hombre y los instintos de una especie animal significan para ella nueva luz sobre eso que no se conoce, el Instinto, por medio de la realidad conocida desde dentro, la conciencia, y no una reducción de la conciencia a la categoría de Instinto. Sus seguidores no se sentirían libres con los adverbios «solo» y «meramente». En pocas palabras, la ciencia conquistaría la Naturaleza sin tener que pagar un precio tan alto como la vida.

Quizás estoy pidiendo imposibles. Quizás, dada la naturaleza de las cosas, la comprensión analítica deba ser siempre un basilisco que mate todo lo que ve y solo vea matando. Pero si los propios científicos no pueden detener este proceso antes de que llegue hasta la Razón común y también la asesine, alguien ha de haber que lo detenga. Lo que más temo es la réplica de que solo soy «un oscurantista más», de que esta barrera, como otros obstáculos levantados antes contra el avance de la ciencia, se puede superar sin peligro. Semejante réplica mana del fatídico concepto serial de la imaginación moderna: la imagen, que tanto acecha nuestra mente, de una progresión unilineal infinita. Como estamos tan habituados a trabajar con números, tendemos a concebir todos los procesos como si fueran semejantes a series numerales en las que cada paso, hasta la eternidad, es de la misma clase que el paso anterior. Les ruego que se acuerden del irlandés y sus dos estufas. Hay progresiones en las que el último paso es *sui generis* —no se puede medir mediante comparación con los otros— y en las que recorrer el camino completo es deshacer todo el trabajo del trayecto previo. Reducir el *Tao* a un mero producto natural es uno de esos pasos. En este punto, el tipo de explicación reduccionista puede darnos algo, aunque a un precio muy alto. Pero no se puede andar «reduciendo» para siempre: se llega al punto en que uno ha reducido a la propia explicación reduccionista. Uno no puede estar siempre «mirando a través» de las cosas para siempre. El propósito de mirar a través de algo es que se vea algo al otro lado. Está bien que el cristal de la ventana deba ser transparente, porque la calle o el jardín que se ve desde ella es opaco. ¿Qué pasaría si viéramos también a través del jardín? No tiene sentido tratar de «ver a través» de los principios primordiales. Si uno ve a través de todas las cosas, todo es transparente. Pero un mundo totalmente transparente es un mundo invisible. «Ver a través» de todas las cosas es lo mismo que no ver.

ILUSTRACIONES DEL *TAO*

LAS SIGUIENTES ILUSTRACIONES de la Ley Natural han sido recopila-
das de fuentes que han ido llegando a la mano de alguien que no es
historiador profesional. La lista no tiene pretensiones de exhausti-
vidad. Cabe señalar que autores como Locke y Hooker, que escribieron en la tradición cristiana, los he mencionado junto con citas
del Nuevo Testamento. Desde luego, esto sería absurdo si yo estuviera tratando de recopilar testimonios independientes para el *Tao*.
Pero (1) no pretendo demostrar su validez mediante el argumento del
consenso general. No es posible deducir su validez. Quienes no per-
ciben su racionalidad no lo considerarían demostrado ni con un consenso universal. (2) La idea de recopilar testimonios *independientes*
presupone que las «civilizaciones» han surgido en el mundo de manera independiente unas de otras; o incluso que la humanidad ha tenido varias instancias independientes de aparición en este planeta.
La biología y la antropología implicadas en semejante supuesto son altamente dudosas. No es en absoluto cierto que siempre haya habido (en
el necesario sentido de la palabra) más de una civilización en toda la
historia. Se puede, como mínimo, alegar que toda civilización que encontremos procede de otra y, en último término, de un origen único,
«transmitida» como una enfermedad infecciosa o como la sucesión
apostólica.

I. LA LEY DE BENEVOLENCIA GENERAL

(a) Expresada en negativo

«No he matado» (Tradición egipcia antigua. De la Confesión del Alma Justa, «Libro de los Muertos», *Encyclopedia of Religion and Ethics* [en adelante, *ERE*], vol. v, p. 478)

«No matarás» (Judía antigua. Éxodo 20.13)[1]

«No aterrorices a los hombres o Dios te aterrorizará a ti» (Egipcia antigua. Instrucciones de Ptahhotep. H. R. Hall, *Ancient History of the Near East*, p. 133n)

«En el Nástrond (= Infierno) vi [...] asesinos» (Nórdica. *Volospá* 38, 39)

«No he traído miseria a mis semejantes. No he hecho que sea más arduo el inicio de cada jornada para los ojos de los que trabajan para mí» (Egipcia antigua. Confesión del Alma Justa. *ERE*, v. 478)

«No he sido avaro» (Egipcia antigua. Ibíd.)

«Quien se plantea oprimir, ve la ruina de su morada» (Babilónica. *Himno a Samas*. *ERE*, v. 445)

«El cruel y calumniador tiene el carácter de un gato» (Hindú. Leyes de Manu. Janet, *Histoire de la Science Politique*, vol. i, p. 6)

«No calumniarás» (Babilonia. *Himno a Samas*. *ERE*, v. 445)

«No hablarás contra tu prójimo falso testimonio» (Judía antigua. Éxodo 20.16)

«No pronuncies una palabra con la que se pueda herir a alguien» (Hindú. Janet, p. 7)

«Ha [...] apartado a un hombre honesto de su familia? ¿Ha roto un clan que estaba bien unido?» (Babilónica. Lista de los Pecados, de tablillas de conjuros. *ERE*, v. 446)

«No he causado hambre. No he causado llanto» (Egipcia antigua. *ERE*, v. 478)

«Nunca hagas con los demás lo que no quieras que hagan contigo» (China antigua. *Analectas* de Confucio, trad. ing. de A. Waley, xv. 23; *comp.* xii. 2)[2]

«No aborrecerás a tu hermano en tu corazón» (Judía antigua. Levítico 19.17)

«Aquel cuyo corazón está, incluso en su grado más mínimo, orientado hacia la bondad no desagradará a nadie» (China antigua. *Analectas*, iv. 4)

(b) Expresada en positivo

«La naturaleza mueve a que un hombre desee que exista sociedad humana y que él pueda entrar en ella» (Romana. Cicerón, *De Officiis*, i. iv)

«Por la fundamental Ley de la Naturaleza, el Hombre ha de ser preservado en la medida de lo posible» (Locke, *Dos tratados sobre el gobierno civil*, ii. 3)

«Cuando la población ha aumentado mucho, ¿qué debe hacerse? El Maestro dijo: Enriquecerla. Ran Qiu dijo: Y una vez enriquecida, ¿qué es lo siguiente que se puede hacer por ella? El Maestro dijo: Darle educación» (China antigua. *Analectas*, xiii. 9)

---

1. Las citas bíblicas en este libro están tomadas de la versión Reina-Valera Revisada.
2. En español pueden consultarse numerosas traducciones, como la de A. Colodrón: Confucio, *Analectas* (Madrid: EDAF, 1998)

«Habla con gentileza [...] muestra buena voluntad» (Babilónica. *Himno a Samas. ERE*, v. 445)

«Los hombres vinieron a la existencia por el deseo de los propios hombres de hacerse el bien el uno al otro» (Romana. Cicerón. *De Off.* i. vii)

«El hombre es deleite del hombre» (Nórdica. *Hávamál* 47)

«Aquel a quien le piden limosna debería siempre darla» (Hindú. Janet, i. 7)

«¿Qué hombre de bien considera cualquier desgracia como algo que no le concierne?» (Romana. Juvenal xv. 140)

«Soy un hombre: nada humano me es ajeno» (Romana. Terencio, *Heaut. Tim.*)

«Amarás a tu prójimo como a ti mismo» (Judía antigua. Levítico 19.18)

«Al extranjero [...] lo amarás como a ti mismo» (Judía antigua. Ibíd. 33, 34)

«Así que, todo cuanto queráis que los hombres os hagan a vosotros, así también hacedlo vosotros a ellos» (Cristiana. Mateo 7.12)

2. LA LEY DE BENEVOLENCIA ESPECIAL

«El caballero trabaja sobre lo esencial. Cuando lo esencial está firmemente establecido, crece el Camino. Y no hay duda de que una conducta adecuada con los padres y los hermanos mayores es lo esencial de la bondad» (China antigua. *Analectas*, i. 2)

«Los hermanos se pelearán y se traerán ruina entre sí» (Nórdica. Relato de la Era Maligna antes del fin del mundo, *Volospá* 45)

«¿Ha insultado a su hermana mayor?» (Babilónica. Lista de los Pecados. *ERE*, v. 446)

«Los verás cuidar de sus parientes y de los hijos de sus amigos [...] sin rechazarlos lo más mínimo» (Piel roja. Le Jeune, citado en *ERE*, v. 437)

«Aplícate en amar a tu esposa. Alegra su corazón toda su vida» (Egipcia antigua. *ERE*, v. 481)

«Nada puede cambiar los deseos de bondad de un hombre de recto pensamiento» (Anglosajona. *Beowulf*, 2600)

«¿Acaso no amó Sócrates a sus hijos, aunque lo hizo como hombre libre y sin olvidar que los dioses tienen la primera palabra en nuestra amistad?» (Griega, Epicteto, iii. 24)

«El afecto natural es algo justo y conforme a la Naturaleza» (Griega. Ibíd. i. xi)

«No debo ser insensible como una estatua, debo desarrollar mis relaciones naturales y artificiales como devoto, como hijo, como hermano, como padre y como ciudadano» (Griega. Ibíd. iii. ii)

«Este consejo te doy: sé intachable con tus parientes. No te vengues ni aunque te hagan mal» (Nórdica. *Sigdrifumál*, 22)

«¿Acaso son los hijos de Atreus los únicos que aman a sus esposas? Todo hombre de bien, de mente recta, ama y aprecia a los suyos» (Griega. Homero, *La Ilíada*, ix. 340)

«La unión y el compañerismo entre los hombres durará más si manifestamos a cada uno mayor bondad cuanto más cercano nos sea» (Romana. Cicerón. *De Off.* i. xvi)

«Una parte de nosotros la reclama nuestro país, otra nuestros padres, otra nuestros amigos» (Romana. Ibíd. I. vii)

«Si un gobernante [...] alcanzara la salvación de todo el reino, sin duda lo llamarían Bueno, ¿no es así? El Maestro dijo: No sería ya una cuestión de ser «Bueno». Sería sin duda un «Sabio Divino» (China antigua. *Analectas*, vi. 28 [vi. 30 en algunas versiones; *N. de T.*])

«¿Acaso no eres consciente de que, a los ojos de los dioses y de los hombres buenos, tu tierra natal merece que le rindas aún más honor, devoción y reverencia que a tus padres y a todos tus antepasados? ¿Que deberías dar una respuesta más suave a su enojo que al enojo de un padre? ¿Que si no puedes convencerla para que cambie de opinión debes obedecerla sin alterarte, ya sea que te obligue a algo, te azote o te envíe a una guerra en la que podrías acabar herido o muerto?» (Griega. Platón, *Crito*, 51, a, b)

«Si alguno no provee para los suyos, y especialmente para los de su casa, ha negado la fe, y es peor que un incrédulo» (Cristiana. I Timoteo 5.8)

«Recuérdales que se sometan a los gobernantes y a las autoridades»; «Exhorto, pues, ante todo, a que se hagan rogativas, oraciones, peticiones y acciones de gracias, por todos los hombres; por los reyes y por todos los que están en eminencia» (Cristiana. Tito 3.1 y I Timoteo 2.1, 2)

3. DEBERES CON LOS PADRES, ANCIANOS Y ANTEPASADOS

«Tu padre es imagen del Señor de la Creación, tu madre es imagen de la Tierra. Para quien no los honra, ninguna obra de piedad sirve para nada. Este es el primer deber» (Hindú. Janet, I. 9)

«Ha menospreciado a su padre y a su madre?» (Babilónica. Lista de los Pecados. *ERE*, v. 446)

«Yo era un empleado al lado de mi padre [...] salía y entraba según me mandara» (Egipcia antigua. Confesión del Alma Justa. *ERE*, v. 481)

«Honra a tu padre y a tu madre» (Judía antigua. Éxodo 20.12)

«Debes cuidar de tus padres» (Griega. Lista de deberes en Epicteto, III. vii)

«Los niños, los ancianos, los pobres y los enfermos deberían ser considerados los señores de la atmósfera» (Hindú. Janet, I. 8)

«Delante de las canas te levantarás, y honrarás el rostro del anciano» (Judía antigua. Levítico 19.32)

«Atendí al anciano, le cedí mi bastón» (Egipcia antigua. *ERE*, v. 481)

«Los verás cuidar [...] de los ancianos» (Piel roja. Le Jeune, citado en *ERE*, v. 437)

«No he quitado las oblaciones de los benditos difuntos» (Egipcia antigua. Confesión del Alma Justa. *ERE*, v. 478)

«Cuando se muestra el respeto adecuado hacia el difunto en su final y se continúa después de su despedida, la fuerza moral (*tê*) de un pueblo ha alcanzado su punto álgido» (China antigua. *Analectas*, I. 9)

4. DEBERES HACIA LOS HIJOS Y LA DESCENDENCIA

«Los niños, los ancianos, los pobres [...] deberían ser considerados los señores de la atmósfera» (Hindú. Janet, i. 8)

«Casarse y engendrar hijos» (Griega. Lista de deberes. Epicteto, III. vii)

«¿Pueden imaginarse una comunidad de naciones epicúreas? [...] ¿Qué sucedería? ¿Cómo se sustentaría la población? ¿Quién impartiría la enseñanza? ¿Quién sería tutor de los muchachos? [...] ¿Quién dirigiría la instrucción física? ¿Qué se enseñaría?» (Griega. Ibíd.)

«La Naturaleza produce un amor especial por nuestros vástagos» y «Vivir conforme a la Naturaleza es el bien supremo» (Romana. Cicerón, *De Off.* I. iv, y *De Legibus*, I. xxi)

«El segundo de estos logros no es menos glorioso que el primero; pues, mientras que el primero hizo el bien en una ocasión, el segundo seguirá aportando beneficio al estado para siempre» (Romana. Cicerón. *De Off.* I. xxii)

«Un niño merece gran reverencia» (Romana. Juvenal, XIV. 47)

«El Maestro dijo: Respeten a los jóvenes» (China antigua. *Analectas*, IX. 22)

«La matanza de las mujeres, y muy especialmente de los muchachos y muchachas que habían de constituir la fortaleza del pueblo, es la parte más triste [...] y la lamentamos con gran dolor» (Piel roja. Relato de la Batalla de Wounded Knee. *ERE*, v. 432)

5. LA LEY DE LA JUSTICIA

(a) Justicia sexual

«¿Se ha acercado a la esposa de su prójimo?» (Babilónica. Lista de los Pecados. *ERE*, v. 446)

«No cometerás adulterio» (Judía antigua. Éxodo 20.14)

«Vi en el Nástrond (= Infierno) [...] a seductores de esposas ajenas» (Nórdica. *Volospá* 38, 39)

(b) Honestidad

«¿Ha trazado lindes falsas?» (Babilónica. Lista de los Pecados. *ERE*, v. 446)

«Perjudicar, robar, provocar un robo» (Babilónica. Ibíd.)

«No he robado» (Egipcia antigua. Confesión del Alma Justa. *ERE*, v. 478)

«No hurtarás» (Judía antigua. Éxodo 20.15)

«Elige la pérdida antes que las ganancias vergonzosas» (Griega. Quilón, Fr. 10. Diels)

«Justicia es la intención permanente y firme de hacer valer los derechos de todo hombre» (Romana. Justiniano, *Instituciones*, I. i)

«Si un nativo hacía un «descubrimiento» de cualquier tipo, como el descubrimiento de un árbol con miel, y lo marcaba, quedaba reservado para él, y todos los de su tribu respetaban eso, sin importar el tiempo que hubiera pasado» (Aborígenes australianos. *ERE*, v. 441)

«La primera obligación de la justicia es no hacer mal a nadie, a menos que se nos provoque con una conducta ofensiva. Y la segunda, tratar los bienes comunes como bienes comunes y la propiedad privada como propiedad privada. Pero no existe la propiedad privada por naturaleza, sino cosas que se han convertido en privadas ya sea por ocupación anterior (como cuando los antepasados se adueñaron de territorio despoblado) o por conquista, por ley, por acuerdo, por estipulaciones o suertes» (Romana. Cicerón, *De Off.* 1. VII)

(c) Justicia en los tribunales

«Quien no acepta soborno [...] bien complace a Samas» (Babilónica. *ERE*, v. 445)

«No he difamado al esclavo ante aquel que está sobre él» (Egipcia antigua. Confesión del Alma Justa. *ERE*, v. 478)

«No hablarás contra tu prójimo falso testimonio» (Judía antigua. Éxodo 20.16)

«Ten por el que conoces la misma consideración que por el que no conoces» (Egipcia antigua. *ERE*, v. 482)

«No harás injusticia en el juicio, ni favoreciendo al pobre ni complaciendo al grande» (Judía antigua. Levítico 19.15)

6. LA LEY DE LA BUENA FE Y LA VERACIDAD

«Un sacrificio queda manchado con la mentira, como una limosna se mancha con el fraude» (Hindú. Janet, I. 6)

«Aquel cuya lengua está llena de mentira, que no encuentre en ti avales: abrasa lo que salga de su boca» (Babilónica. *Himno a Samas. ERE*, v. 445)

«¿Estaba repleto de Sí en su boca, teniendo el corazón lleno de No?» (Babilónica. *ERE*, v. 446)

«No he dicho falso testimonio» (Egipcia antigua. Confesión del Alma Justa. *ERE*, v. 478)

«No procuré el engaño ni pronuncié juramentos en falso» (Anglosajona. *Beowulf,* 2738)

«El Maestro dijo: Tengan una buena fe inquebrantable» (China antigua. *Analectas,* VIII. 13)

«En Nástrond (= el Infierno) vi a los perjuros» (Nórdica. *Volospá* 39)

«Tan odioso como las puertas del Hades me resulta el hombre que dice una cosa y esconde otra en su corazón» (Griega. Homero. *Ilíada,* ix. 312)

«El fundamento de la justicia es la buena fe» (Romana. Cicerón, *De Off.* 1. vii)

«[El caballero] debe aprender a ser fiel a sus superiores y a mantener sus promesas» (China antigua. *Analectas*, i. 8)

«Cualquier cosa es mejor que la traición» (Nórdica. *Hávamál*, 124)

7. LA LEY DE LA MISERICORDIA

«Los pobres y los enfermos deberían ser considerados los señores de la atmósfera» (Hindú. Janet, i. 8)

«Quien intercede por el débil complace en ello a Samas» (Babilónica. *ERE*, v. 445)

«¿No ha liberado a ningún prisionero?» (Babilónica. Lista de los Pecados. *ERE*, v. 446)

«He dado pan al hambriento, agua al sediento, ropa al desnudo, una barca al que no la tenía» (Egipcia antigua. *ERE*, v. 446)

«No se debe golpear a una mujer; ni siquiera con una flor» (Hindú. Janet, i. 8)

«Ahí caíste, Thor, en desgracia, cuando golpeaste a las mujeres» (Nórdica. *Hárbarthsljóth* 38)

«En la tribu dalebura, una mujer, lisiada de nacimiento, era por turnos trasladada de un lado a otro por los de su tribu, hasta el día de su muerte o hasta cumplir los sesenta y seis años [...]. Ellos nunca abandonaban al enfermo» (Aborígenes australianos. *ERE*, v. 443)

«Verás cómo cuidan de [...] viudas, huérfanos y ancianos, sin rechazarlos lo más mínimo» (Piel roja. *ERE*, v. 439)

«La naturaleza da fe de haber entregado a la raza humana los corazones más tiernos, al concederles el don de llorar. Esto es lo mejor de nosotros» (Romana. Juvenal, xv. 131)

«Dijeron que había sido el más benigno y amable de los reyes del mundo» (Anglosajona. Elogio del héroe en *Beowulf*, 3180)

«Cuando siegues tu mies en tu campo, y olvides alguna gavilla en el campo, no volverás para recogerla; será para el extranjero, para el huérfano y para la viuda» (Judía antigua. Deuteronomio 24.19)

8. LA LEY DE LA MAGNANIMIDAD

(a)

«Hay dos géneros de injusticia: el primero es el de los que hacen la injuria, el segundo se encuentra en los que no protegen a otro de la injuria cuando podrían hacerlo» (Romana. Cicerón, *De Off.* 1. vii)

«Los hombres siempre han sabido que cuando se les causa daño y se usa la fuerza en su contra pueden defenderse; han sabido que no hay que soportar a quien procura su propio bienestar a costa del sufrimiento infligido a otros, sino que hay que combatirlo con todos los hombres y por todos los medios» (Inglesa. Hooker, *Laws of Eccl. Polity*, 1. ix. 4)

«Pasar por alto un ataque violento es fortalecer el corazón del enemigo. La firmeza es valiente, la cobardía es vil» (Egipcia antigua. Faraón Senusert III, citado por H. R. Hall, *Ancient History of the Near East*, p. 161)

«Llegaron a los campos del gozo, a los amenos vergeles de los Bosques Afortunados y a las moradas de los Dichosos [...]. Allí están los que fueron heridos luchando por su patria» (Romana. Virgilio, *Eneida*, VI. 638-9, 660)

«Cuando flaquean nuestras fuerzas, nuestro coraje ha de ser más grande, nuestro corazón más fuerte y nuestro espíritu más austero. Aquí yace nuestro señor, hecho pedazos, nuestro mejor hombre, en el polvo. Si alguno piensa en dejar esta batalla, eternamente lo lamentará» (Anglosajona. *Maldon*, 312)

«Alaba e imita a ese hombre para quien, cuando la vida le es placentera, la muerte no le es gravosa» (Estoica. Séneca, *Epístolas*, liv)

«El Maestro dijo: Amen la instrucción y, si sufren ataques, estén preparados para morir por el Buen Camino» (China antigua. *Analectas*, viii. 13)

(b)

«Preferible es la muerte a la esclavitud y los actos viles» (Romana. Cicerón, *De Off.* I. xxiii)

«Para todo hombre es mejor la muerte que la vida con ignominia» (Anglosajona. *Beowulf*, 2890)

«La naturaleza y la razón mandan que no se haga ni se piense nada indecoroso, afeminado o lascivo» (Romana. Cicerón, *De Off.* I. iv)

«No debemos escuchar a los que nos aconsejan "ser hombres para tener pensamientos humanos y ser mortales para tener pensamientos mortales", sino que debemos tener presente la inmortalidad en la medida de lo posible y tensar cada nervio para vivir conforme a la parte mejor que tenemos, la cual, aun siendo pequeña, supera ampliamente en poder y honor a todo lo demás» (Griega antigua. Aristóteles, *Et. Nic.* 1177 b)

«El alma debe, por tanto, conducir al cuerpo, y el espíritu de nuestra mente, al alma. Esta es, pues, la primera Ley, por medio de la cual el poder supremo de la mente exige obediencia de todo lo demás» (Hooker, *op. cit.* I. viii. 6)

«Que no desee morir, que no desee vivir, que espere a su hora [...] que con paciencia soporte duras palabras, que se abstenga por completo de los placeres físicos» (India antigua. Leyes de Manu. *ERE*, II. 98)

«Quien no se mueve, quien ha refrenado sus sentidos [...] es considerado devoto. Como una llama que se mantiene sin parpadear en un lugar sin viento, así es el devoto» (India antigua. Bhagavad gita. *ERE*, ii 90)

(c)

«¿Acaso su amor a la filosofía no es ejercitarse en estar muerta?» (Griega antigua. Platón, *Fedón*, 81 A)

«Sé que estuve colgado en el patíbulo nueve noches, herido de lanza como un sacrificio a Odín, yo ofrecido a mí mismo» (Nórdica. *Hávamál*, 1. 10 del *Corpus Poeticum Boreale*; estrofa 139 de *Lieder der Älteren Edda*, de Hildebrand, 1922)

«De cierto, de cierto os digo, que si el grano de trigo no cae en la tierra y muere, queda solo; pero si muere, lleva mucho fruto. El que ama su vida, la perderá» (Cristiana. Juan 12.24, 25)

LOS CUATRO AMORES

A Chad Walsh

LOS CUATRO AMORES
CONTENIDO

I

INTRODUCCIÓN

«Dios es amor», dice san Juan. Cuando por primera vez intenté escribir este libro, pensé que esta máxima me llevaría por un camino ancho y fácil a través de todo el tema. Pensé que podría decir que los amores humanos merecen el nombre de amor en tanto que se parecen a ese Amor que es Dios. Así que la primera distinción que hice fue entre lo que yo llamé amor-dádiva y amor-necesidad. El ejemplo típico del amor-dádiva es el amor que mueve a un hombre a trabajar, a hacer planes y ahorrar para el mañana pensando en el bienestar de su familia, aunque muera sin verlo ni participe de ese bienestar. Ejemplo de amor-necesidad es el que lanza a un niño solo y asustado a los brazos de su madre.

No tenía duda sobre cuál era más parecido al Amor en sí mismo. El Amor divino es Amor-Dádiva. El Padre da al Hijo todo lo que es y tiene. El Hijo se da a sí mismo de nuevo al Padre; y se da a sí mismo al mundo, y por el mundo al Padre; y así también devuelve el mundo, en sí mismo, al Padre.

Por otra parte, ¿qué hay de menos semejante a lo que creemos que es la vida de Dios que el amor-necesidad? A Dios no le falta nada, en cambio nuestro amor-necesidad, como dice Platón, es «hijo de la Necesidad»; es el exacto reflejo de nuestra naturaleza actual: nacemos necesitados; en cuanto somos capaces de darnos cuenta, descubrimos la soledad; necesitamos de los demás física, afectiva e intelectualmente; les necesitamos para cualquier cosa que queramos conocer, incluso a nosotros mismos.

Esperaba escribir algunos sencillos panegíricos sobre la primera clase de amor y algunas críticas en contra del segundo. Y mucho de lo que iba a decir todavía me parece que es verdad; aún pienso que si todo lo que queremos decir con nuestro amor es deseo de ser amados, es que estamos en una situación muy lamentable. Pero lo que no diría ahora (con mi maestro MacDonald) es que si significamos el amor solamente con ese deseo estamos, por eso, llamando amor a algo que no lo es en absoluto. No, ahora no puedo negar el nombre de «amor» al amor-necesidad. Cada vez que he intentado pensar en este asunto de otro modo, he terminado haciéndome un lío y contradiciéndome. La realidad es mucho más complicada de lo que yo suponía.

En primer lugar, forzamos el lenguaje —todos los lenguajes— si no llamamos «amor» al amor-necesidad. Es cierto que el lenguaje no es una guía infalible, pero encierra, aun con todos sus defectos, un gran depósito de saber de realidad y de experiencia. Si uno empieza a desvirtuarlo, el lenguaje acaba vengándose. Es mejor no forzar las palabras para que signifiquen lo que a uno le apetezca.

En segundo lugar debemos ser cautos antes de decir que el amor-necesidad es «solamente egoísmo». La palabra «solamente» es peligrosa. Sin duda el amor-necesidad, como todos nuestros impulsos, puede ser consentido egoístamente. Una ávida y tiránica exigencia de afecto puede ser una cosa horrible. Pero en la vida corriente nadie llama egoísta a un niño porque acuda a su madre en busca de consuelo, y tampoco a un adulto que recurre a un compañero para no estar solo. Los que menos actúan de ese modo, adultos o niños, son normalmente los más egoístas. Al sentir el amor-necesidad puede haber razones para rechazarlo o anularlo del todo; pero no sentirlo es, en general, la marca del frío egoísta. Dado que realmente nos necesitamos unos a otros («no es bueno que el hombre esté solo»), el que uno no tenga conciencia de esa necesidad como amor-necesidad —en otras palabras, el ilusorio sentimiento de que «es» bueno para uno estar solo— es un mal síntoma espiritual, así como la falta de apetito es un mal síntoma médico, porque los hombres necesitan alimentarse.

En tercer lugar llegamos a algo mucho más importante. Todo cristiano tiene que admitir que la salud espiritual de un hombre es exactamente proporcional a su amor a Dios. Pero el amor del hombre a Dios, por su misma naturaleza, tiene que ser siempre, o casi siempre, amor-necesidad. Esto es obvio cuando pedimos perdón por nuestros pecados o ayuda en nuestras tribulaciones; pero se hace más evidente a medida que advertimos —porque esta advertencia debe ser creciente— que todo nuestro ser es, por su misma naturaleza, una inmensa necesidad; algo incompleto, en preparación, vacío y a la vez desordenado, que clama por Aquel que puede desatar las cosas que están todavía atadas y atar las que siguen estando sueltas. No digo que el hombre no pueda nunca ofrecer a Dios otra cosa que el simple amor-necesidad: las almas apasionadas pueden decirnos cómo se llega más allá; pero también serían ellas las primeras en decirnos, me parece a mí, que esas cumbres del amor dejarían de ser verdaderas gracias, se convertirían en ilusiones neoplatónicas o hasta en diabólicas ilusiones, en cuanto el hombre se atreviera a creer que podría vivir por sí mismo en esas alturas del amor, prescindiendo del elemento necesidad. «Lo más alto —dice la *Imitación de Cristo*— no se sostiene sin lo más bajo». Sería muy insensato y muy necio el hombre que se acercara a su Creador y le dijera ufano: «No soy un mendigo. Te amo desinteresadamente». Los que más se acercan en su amor a Dios al amor-dádiva están, inmediatamente después, e incluso al mismo tiempo, golpeándose el pecho como el publicano, y mostrando su propia indigencia al único y verdadero Dador; por eso, Dios los acoge. Se dirige a nuestro amor-necesidad y nos dice: «Venid a mí todos los que estáis fatigados y cargados»; o bien, en el Antiguo Testamento: «Abre tu boca, y yo la llenaré».

Un amor-necesidad así, el mayor de todos, o coincide con la más elevada y más saludable y más realista condición espiritual del hombre o, al menos, es un ingrediente principal de ella. De eso se sigue una curiosa conclusión: en cierto sentido el hombre se acerca más a Dios en tanto que es menos semejante a Él; porque ¿es que hay algo más distinto que plenitud y necesidad, que soberanía y humildad, que rectitud y penitencia, que poder sin límites y un grito de socorro? Esta paradoja me desconcertó cuando me topé con ella por primera vez; y hasta echó por tierra todas mis anteriores tentativas de escribir sobre el amor. Cuando uno se enfrenta en la vida con eso, el resultado es parecido.

Debemos distinguir dos cosas, y quizá las dos se puedan llamar «cercanía de Dios». Una es la semejanza con Dios; Dios ha impreso una especie de semejanza consigo mismo, me parece a mí, a todo lo que Él ha hecho. El espacio y el tiempo son a su modo espejo de su grandeza; todo tipo de vida, de su fecundidad; la vida animal, de su actividad. El hombre tiene una semejanza más importante por ser racional. Creemos que los ángeles tienen semejanzas con Dios de las que el hombre carece: la inmortalidad (no tienen cuerpo) y el conocimiento intuitivo. En este sentido, todos los hombres, buenos o malos, todos los ángeles, incluso los caídos, son más semejantes a Dios que los animales. Su naturaleza está «más cerca» de la naturaleza divina. Pero en segundo lugar existe la que podríamos llamar cercanía de proximidad. Si las cosas son como decimos, las situaciones en que el hombre está «más cerca» de Dios son aquellas en las que se acerca más segura y rápidamente a su final unión con Dios, a la visión de Dios y su alegría en Dios. Y al distinguir cercanía de semejanza y cercanía de aproximación, vemos que no necesariamente coinciden; pueden coincidir o no.

Quizá una analogía nos pueda ayudar. Supongamos que a través de una montaña nos dirigimos al pueblo donde está nuestra casa. Al mediodía llegamos a una escarpada cima, desde donde vemos que en línea recta nos encontramos muy cerca del pueblo: está justo debajo de nosotros; hasta podríamos arrojarle una piedra. Pero como no somos buenos escaladores, no podemos llegar abajo directamente, tenemos que dar un largo rodeo de quizá unos ocho kilómetros. Durante ese «rodeo», y en diversos puntos de él, al detenernos veremos que nos encontramos mucho más lejos del pueblo que cuando estuvimos sentados arriba en la cima; pero eso solo será así cuando nos detengamos, porque desde el punto de vista del avance que realizamos estamos cada vez «más cerca» de un baño caliente y de una buena cena.

Ya que Dios es bienaventurado, omnipotente, soberano y creador, hay obviamente un sentido en el que donde sea que aparezcan en la vida humana la felicidad, la fuerza, la libertad y la fecundidad (mental o física) constituyen semejanzas —y, en ese sentido, acercamientos— con Dios. Pero nadie piensa que la posesión de esos dones tenga alguna relación necesaria con nuestra santificación. Ningún tipo de riqueza es un pasaporte para el Reino de los Cielos.

En la cumbre de la cima nos encontramos cerca del pueblo, pero por mucho que nos quedemos allí nunca nos acercaremos al baño caliente y a nuestra cena. Aquí la semejanza y, en este sentido, la cercanía que Él ha conferido a ciertas criaturas, y a algunas situaciones de esas criaturas, es algo acabado, propio de ellas. Lo que está próximo a Él por semejanza nunca, por solo este hecho, podrá llegar a estar más cerca. Pero la cercanía de aproximación es, por definición, una cercanía que puede aumentar. Y mientras que la semejanza se nos da —y puede ser recibida con agradecimiento o sin él, o puede usarse bien de ella o abusar—, la aproximación en cambio, aunque iniciada y ayudada por la Gracia, es de suyo algo que nosotros debemos realizar. Las criaturas han sido creadas de diversas maneras a imagen de Dios, sin su colaboración y sin su consentimiento. Pero no es así como las criaturas llegan a ser hijos de Dios. La semejanza que reciben por su calidad de hijos no es como la de un retrato; es, en cierto modo, más que una semejanza, porque es un acuerdo o unidad con Dios en la voluntad; aunque esto es así manteniendo todas las diferencias que hemos estado considerando. De ahí que, como ha dicho un escritor mejor que yo, nuestra imitación de Dios en esta vida —esto es, nuestra imitación voluntaria, distinta de cualquier semejanza que Él haya podido imprimir en nuestra naturaleza o estado —tiene que ser una imitación del Dios encarnado: nuestro modelo es Jesús, no solo el del Calvario, sino el del taller, el de los caminos, el de las multitudes, el de las clamorosas exigencias y duras enemistades, el que carecía de tranquilidad y sosiego, el continuamente interrumpido. Porque esto, tan extrañamente distinto de lo que podemos pensar que es la vida divina en sí misma, es no solo semejanza, sino que es la vida divina realizada según las exigencias humanas.

Tengo que explicar ahora por qué me ha parecido necesario hacer esta distinción para el estudio del amor humano. Lo dicho por san Juan —«Dios es amor»— quedó contrapuesto durante mucho tiempo en mi mente a esta observación de un autor moderno: «El amor deja de ser un demonio solamente cuando deja de ser un dios» (Denis de Rougemont). Lo cual puede ser también expuesto en esta forma: «El amor empieza a ser un demonio desde el momento en que comienza a ser un dios». Este contrapunto me parece a mí una indispensable salvaguarda; porque si no tenemos en cuenta esa verdad de que Dios es amor, esa verdad puede llegar a significar para nosotros lo contrario: todo amor es Dios.

Supongo que quien haya meditado sobre este tema se dará cuenta de lo que Rougemont quiso decir. Todo amor humano, en su punto culminante, tiene tendencia a exigir para sí la autoridad divina; su voz tiende a sonar como si fuese la voluntad del mismo Dios; nos dice que no consideremos lo que cuesta, nos pide un compromiso total, pretende atropellar cualquier otra exigencia y sostiene que cualquier acción sinceramente realizada «por amor» es legítima e incluso meritoria. Que el amor sensual y el amor a la patria puedan realmente llegar a «convertirse en dioses» es algo generalmente admitido; y con el afecto familiar también puede ocurrir lo mismo; y, de distinto modo, también puede suceder con la amistad. No desarrollaré aquí este punto porque nos lo encontraremos una y otra vez en capítulos posteriores.

Ahora bien, hay que advertir que los amores naturales proponen esta blasfema exigencia cuando están, según su condición natural, en su mejor momento, y no cuando están en el peor, es decir, cuando son lo que nuestros abuelos llamaban amores «puros» o «nobles». Esto es evidente sobre todo en la esfera erótica. Una pasión fiel y auténticamente abnegada habla como si fuera la misma voz de Dios. No ocurrirá lo mismo con lo que es meramente animal o frívolo; podrá corromper a su víctima de mil maneras, pero no de esta; una persona puede actuar según esas apetencias, pero no puede venerarlas, así como un hombre que se rasca no puede venerar el picor. El capricho pasajero que una estúpida mujer consiente —en realidad se lo consiente a sí misma— a su hijo malcriado —que es como su muñeco vivo mientras le dura la rabieta— tiene muchas menos probabilidades de «convertirse en dios» que la constante y exclusiva dedicación de una mujer que de veras «vive solo para su hijo». Y me inclino a pensar que el tipo de amor a la patria basado en tomarse una cerveza y en condecoraciones de latón no llevará a un hombre a hacer mucho daño a su país, ni tampoco mucho bien; estará probablemente muy ocupado tomándose otro trago o reuniéndose con el coro.

Y esto es lo que debemos esperar: nuestro amor humano no pide ser divino hasta que la petición sea plausible; y no llega a ser plausible hasta que hay en él una real semejanza con Dios, con el Amor en sí mismo. No nos equivoquemos en esto. Nuestros amores-dádiva son realmente semejantes a Dios, y son más semejantes a Dios los más generosos y más incansables en dar. Todo lo que los poetas dicen de ellos es cierto. Su alegría, su fuerza, su paciencia, su capacidad de perdón, su deseo de bien para el amado: todo es una real y casi adorable imagen de la vida divina. Ante ellos hacemos bien en dar gracias a Dios, «que había dado tal potestad a los hombres». Se puede decir con plena verdad, y de modo simple, que quienes aman mucho están «cerca» de Dios. Pero se trata evidentemente de «cercanía por semejanza», que por sí sola no produce la «cercanía de aproximación».

La semejanza nos ha sido dada; no tiene necesaria conexión con esa lenta y dolorosa aproximación, que es tarea nuestra, lo cual no quiere decir que sea sin ayuda.

La semejanza es algo esplendoroso; esta es la razón por la que podemos confundir semejanza con igualdad. Podemos dar a nuestros amores humanos la adhesión incondicional que solamente a Dios debemos, podemos convertirlos en dioses, en demonios. De este modo se destruirán a sí mismos y nos destruirán a nosotros; porque los amores naturales que se convierten en dioses dejan de ser amores. Continuamos llamándoles así, pero de hecho pueden llegar a ser complicadas formas de odio.

Nuestros amores-necesidad pueden ser voraces y exigentes; pero no se presentan como dioses: no están tan cerca de Dios por su semejanza como para pretenderlo siquiera.

De lo dicho se desprende que no debemos imitar ni a los que idolatran el amor humano ni a los que lo ridiculizan. Esta idolatría, tanto la del amor erótico como la de los «afectos domésticos», fue el gran error de la literatura del XIX. Browning, Kingsley y Patmore hablan a veces como si creyeran que enamorarse fuera lo mismo que santificarse; los novelistas contraponen el «mundo» no con el Reino de los Cielos, sino con el hogar. Ahora estamos viviendo una reacción en contra de eso. Los que ridiculizan el amor humano califican de sensiblería y de sentimentalismo casi todo lo que sus padres decían en elogio del amor; están siempre escarbando y poniendo al descubierto las raíces sucias de nuestros amores naturales. Pero pienso que no debemos escuchar ni al «supersabio» ni al «supertonto». Lo más alto no puede sostenerse sin lo más bajo. Una planta tiene que tener raíces abajo y luz del sol arriba, y las raíces no pueden dejar de estar sucias. Por otro lado, gran parte de esa suciedad no es más que tierra limpia, siempre que se la deje en el jardín y no se esparza sobre la mesa del despacho. Los amores humanos no pueden sin más ser gloriosas imágenes del amor divino. Son, ni más ni menos, cercanos por semejanza, que en ocasiones pueden ayudar y en otras dificultar la cercanía de aproximación. Y a veces quizá no tengan mucho que ver ni de un modo ni de otro.

II

GUSTOS Y AMORES
POR LO SUB-HUMANO

MUCHOS DE MI generación fuimos reprendidos cuando éramos niños por decir que «amábamos» las fresas. Hay gente que se enorgullece por el hecho de que el idioma inglés posea estos dos verbos «amar» y «gustar», mientras que el francés tiene que contentarse con «aimer» para ambas acepciones. Aunque el francés tiene muchos otros idiomas de su parte; incluso también tiene de su parte con mucha frecuencia el inglés actual hablado. Casi todas las personas cuando hablan, tanto da que sea gente pedante o piadosa, dicen una y otra vez que «aman»: «aman» una comida, un juego o una actividad cualquiera. En realidad hay una cierta relación entre nuestros gustos básicos por las cosas y nuestro amor por las personas. Y ya que lo más alto no se sostiene sin lo más bajo, será mejor que empecemos por la base, con los simples gustos; que «guste» algo indica que se siente placer por ello, por tanto, debemos empezar por el placer.

Es un descubrimiento muy antiguo que los placeres pueden dividirse en dos clases: los que no lo serían si no estuviesen precedidos por el deseo, y aquellos que lo son de por sí, y no necesitan de una preparación. Un ejemplo de lo primero sería un trago de agua: es un placer si uno tiene sed, y es un placer enorme si uno está muy sediento. Pero probablemente nadie en el mundo, salvo que se sienta empujado por la sed o por indicación del médico, se serviría un vaso de agua y se lo bebería por puro gusto. Un ejemplo de la otra clase serían los involuntarios e imprevistos placeres del olfato: el aroma proveniente de un sembrado de habas o de una hilera de guisantes de olor, que a uno le llega de improviso en su paseo matinal. Hasta ese momento uno estaba satisfecho sin desear nada; y entonces el placer —que puede ser muy grande— llega como un don no buscado, como algo que viene de pronto. Me estoy valiendo de ejemplos muy sencillos para mayor claridad, aunque realmente el asunto es muy complicado. Si a uno le sirven café o cerveza cuando lo que esperaba, y le bastaba, era un vaso de agua, es evidente que siente un placer de la primera clase —saciar la sed—, y al mismo tiempo de la segunda —el agradable sabor—. Del mismo modo también, un añadido puede hacer que un placer de la segunda clase se convierta en un placer de la primera: para el hombre sobrio un vaso de vino de cuando en cuando es algo agradable, como lo es el olor de un sembrado de habas; pero para el alcohólico, cuyo paladar y cuyo estómago hace tiempo que están dañados, ninguna bebida le produce placer salvo el de aliviar su insoportable ansiedad: hasta donde puede apreciar el sabor, beber le disgusta, pero incluso eso es mejor que la tortura de permanecer sobrio.

Sea lo que sea, y a pesar de todas sus variantes y posibles combinaciones, la distinción entre las dos clases de placer me parece que queda aceptablemente clara. Podríamos, por tanto, darles los nombres de placeres-necesidad y placeres de apreciación.

La semejanza entre los placeres-necesidad y los «amores-necesidad», de los que hablamos en el primer capítulo la puede advertir cualquiera. Recordemos, sin embargo, que en ese capítulo confesé que tuve que resistirme a la tentación de menospreciar los amores-necesidad, e incluso de considerarlos como si no fueran amores. En esto, y para la mayoría de la gente, puede darse una tendencia opuesta. Sería muy fácil extenderse en alabanzas a los placeres-necesidad y minusvalorar los placeres de apreciación. Los primeros son tan naturales (palabra esta mágica), tan necesarios, que están al abrigo de excesos por su mismo carácter de naturales; los otros, los de apreciación, no son necesarios, y abren la puerta a toda clase de lujos y de vicios. Si nos hiciera falta material sobre este tema, podríamos abrir, como con un grifo, las obras de los estoicos y brotaría tema hasta dejar una bañera llena; pero mientras tanto debemos procurar no tomar una actitud moral o de valor antes de tiempo. La mente humana, por lo general, es más propensa a elogiar o despreciar que a describir y definir. Quiere hacer de cada distinción una distinción valorativa, de ahí ese tipo nefasto de crítico que no puede señalar nunca la diferente calidad de dos poetas sin ponerlos en un orden de preferencia, como si fueran candidatos a un premio. No debemos hacer nada de ese estilo al tratar de los placeres: la realidad es demasiado compleja. Estamos ya advertidos sobre esto por el hecho de que el placer-necesidad es ese estado en el que los placeres de apreciación acaban; y acaban cuando, por añadidura, van mal.

En todo caso, para nosotros la importancia de estas dos clases de placer reside en que su alcance prefigura las características de nuestros «amores» propiamente dichos.

El hombre que, sediento, acaba de beber un vaso de agua, puede decir: «Qué ganas tenía». Lo mismo podría decir un alcohólico que acaba de tomarse un trago. Pero el que, en su paseo matinal, pasa junto a los guisantes de olor es probable que diga: «Qué olor más agradable»; y el entendido en vinos, después del primer sorbo de un famoso clarete, puede igualmente decir: «Es un gran vino». Cuando se trata de placeres-necesidad tendemos a hacer apreciaciones personales en pasado. Cuando se trata de placeres de apreciación, la tendencia es a hacer comentarios, sobre el objeto en cuestión, en presente. Y es fácil saber por qué.

Shakespeare describe así el deseo tiránico satisfecho: es algo, dice, «buscado fuera de toda razón y, nada más hallado, / odiado fuera de toda razón».

Pero los más inocentes y necesarios placeres-necesidad tienen algo de parecido; solo algo, por supuesto. No son odiados después que los hemos alcanzado, pero ciertamente «mueren en nosotros», por completo, y de forma asombrosamente repentina. El grifo del agua y el vaso resultan muy atractivos cuando entramos en casa sedientos después de haber cortado el césped; y al cabo de unos segundos han perdido todo su interés. El olor a huevos fritos es muy distinto antes y después del desayuno. Y, si se me perdona por poner un ejemplo límite, diré: ¿no ha habido momentos para casi todo el mundo, en una ciudad que no conocemos, en que la palabra «Caballeros» pintada en una puerta blanca ha despertado en nosotros una alegría casi digna de ser cantada en verso?

Los placeres de apreciación son muy distintos. Nos hacen sentir no solo que algo ha sido grato a los sentidos, sino que también ha exigido, como con derecho, que lo apreciáramos. El catador de vinos no solamente goza con su clarete como podría gozar calentándose los pies si los tuviera fríos; siente, además, que ese clarete es un vino que merece toda su atención, que justifica toda la elaboración y el cuidado que hicieron falta para conseguirlo, todos los años de catador que han dado a su paladar esa capacidad de saber apreciarlo; hasta hay en su actitud un algo de desinterés: desea que el vino se conserve y se guarde en buenas condiciones no solo por su propio bien, sino, aunque estuviera muriéndose y nunca más fuera a poder beber vino, porque se horrorizaría ante la sola idea de que esa cosecha se desperdiciara o se estropeara, o de que se la bebiera gente zafia, como yo, que no sabe distinguir entre un buen clarete y uno malo. Y lo mismo sucede con el que pasa al lado de los guisantes de olor: no solamente disfruta al olerlos, sino que advierte que esa fragancia merece ser disfrutada; se sentiría hasta culpable si pasara de largo, distraído, sin gozar de ese placer; eso sería de estúpidos, de insensibles; sería una lástima que algo tan hermoso se desperdiciara. Muchos años después será capaz de recordar aquel momento delicioso; y le dará pena saber que el jardín, por donde pasó un día, ha sido ahora tragado por un cine, un garaje y un nuevo desvío.

Científicamente sabemos que ambas clases de placer están relacionadas de modo indudable con nuestro organismo; pero los placeres-necesidad manifiestan no solo su evidente relación con la estructura humana, sino su condición de ser momentáneos; fuera de esa relación no tienen ningún significado ni interés para nosotros.

Los objetos que producen placer de apreciación nos dan la sensación —sea irracional o no— de que, en cierto modo, estamos obligados a prestarles atención, a elogiarlos, a gozar de ellos. «Sería casi un pecado darle un vino como este a Lewis», dice el experto en clarete. «¿Cómo puede usted pasar junto a ese jardín sin advertir el aroma?», preguntamos.

Pero nunca sentiríamos lo mismo respecto a los placeres-necesidad: nunca nos reprocharíamos a nosotros mismos ni a los demás el no haber tenido sed y, por tanto, el haber pasado junto a una fuente sin beber un vaso de agua.

Es obvio que los placeres-necesidad determinan nuestros amores-necesidad; en estos, lo amado se ve en función de nuestra propia necesidad, igual a como el sediento mira el grifo del agua y el alcohólico su copa de ginebra. El amor-necesidad, como el placer-necesidad, no dura más allá de la necesidad misma. Afortunadamente, esto no significa que todos los afectos que comienzan por el amor-necesidad tengan que ser transitorios; la misma necesidad puede ser permanente o recurrente. En el amor-necesidad puede brotar otra clase de amor. Los principios morales (fidelidad conyugal, devoción filial, gratitud y otros) pueden mantener una relación humana durante toda una vida. Pero si al amor-necesidad no se le ayuda, mal podremos evitar que «muera en nosotros» una vez desaparecida la necesidad. Por eso, en el mundo resuenan los lamentos de madres desatendidas por sus hijos, de mujeres abandonadas por amantes cuyo amor era solo una necesidad que ya saciaron. Nuestro amor-necesidad hacia Dios está en una posición diferente, porque nuestra necesidad de Él no puede terminar nunca, ni en este mundo ni en el otro; sin embargo, nuestra advertencia de ello sí que puede terminar, y entonces este amor-necesidad también puede morir. «Si el diablo se pusiera enfermo, se haría monje». Parece que no se debe calificar de hipócrita la breve piedad de aquellos cuya devoción se esfuma en cuanto los peligros, necesidades o tribulaciones desaparecen. ¿Por qué no pueden haber sido sinceros? Estaban desesperados y gritaron pidiendo socorro. ¿Quién no lo haría?

En cuanto a lo que determina el placer de apreciación no resulta tan fácil de describir.

En primer lugar es el punto de partida de toda nuestra experiencia de belleza. Es imposible trazar una línea de separación entre placeres «sensuales» y placeres «de belleza». La experiencia del experto en clarete contiene elementos de concentración, de juicio y de disciplinada percepción que no son sensuales; la experiencia del músico no deja de tener elementos que sí lo son. No hay una frontera sino una continuidad sin ruptura entre el placer sensual de los aromas de un jardín y el goce del campo como un todo, o de su «belleza», e incluso de nuestro placer ante la pintura o literatura que tratan de ella.

Y, como ya vimos, hay en estos placeres, desde el comienzo mismo, una sombra o apunte o insinuación de desinterés. Es claro que, en un cierto sentido, podemos ser desinteresados y altruistas, e incluso heroicos, respecto a los placeres-necesidad: por ejemplo, aquel vaso de agua que Sidney herido ofrece al soldado moribundo. Pero no me refiero ahora a este tipo de generosidad: Sidney amaba a su prójimo.

En los placeres de apreciación, incluso en su más bajo nivel, y a medida que crecen hacia una completa apreciación de toda belleza, conseguimos algo del objeto mismo de placer que difícilmente podemos no llamar «amor», algo que difícilmente podemos dejar de calificar como «desinteresado». Ese algo es el sentimiento que impediría a un hombre estropear una pintura valiosa aunque fuese el último ser vivo sobre la tierra e incluso estuviese también a punto de morir; ese algo que hace que nos alegremos de saber que hay bosques vírgenes que nunca veremos; ese algo que nos hace desear que el jardín y el huerto de habas sigan existiendo. No solo nos gustan simplemente las cosas, sino que las declaramos, imitando a Dios, «muy buenas».

Ahora ya nuestro principio de que hay que comenzar por lo más bajo, sin lo que «lo más alto no se sostiene», comienza a dar fruto. Y a mí me ha hecho advertir una deficiencia en la anterior clasificación de amores de necesidad y de dádiva: y es que hay un tercer elemento en el amor no menos importante que esos dos, y que viene determinado por nuestros placeres de apreciación: es ese sentimiento de que el objeto de placer es muy bueno, esa atención y casi homenaje que se le tributa como una obligación, ese deseo de que sea y siga siendo lo que es aunque no vayamos a gozar de él; y puede aplicarse no solo a cosas, sino a personas. Cuando ese homenaje es ofrecido a una mujer se le llama admiración; si es a un hombre, culto al héroe; y si a Dios, adoración.

El amor de necesidad clama a Dios desde nuestra indigencia; el amor-dádiva anhela servir a Dios y hasta sufrir por Él; el amor de apreciación dice: «Te damos gracias por tu inmensa gloria». El amor de necesidad dice de una mujer: «No puedo vivir sin ella»; el amor-dádiva aspira a hacerla feliz, a darle comodidades, protección y, si es posible, riqueza; el amor de apreciación contempla casi sin respirar, en silencio, alegre de que esa maravilla exista, aunque no sea para él, y no se quedará abatido si la pierde, porque prefiere eso antes que no haberla conocido nunca.

Para disecar un animal hay que matarlo. En la vida real, gracias a Dios, los tres elementos del amor se mezclan y se suceden el uno al otro, uno tras otro. Tal vez ninguno de ellos, salvo el amor-necesidad, se da solo de un modo «químicamente» puro más que unos pocos segundos. Y tal vez eso es así porque en nuestra vida nada en nosotros, excepto nuestra propia indigencia, es algo permanente.

Hay dos formas de amor a lo que no es persona, que exigen un análisis especial.

Para alguna gente, en especial para los ingleses y los rusos, lo que se llama «amor a la naturaleza» supone un sentimiento real y duradero. Me refiero a ese amor a la naturaleza que no puede calificarse de manera adecuada simplemente como una manifestación más de nuestro amor por lo bello. Por supuesto que muchas cosas naturales —árboles, flores, animales— son bellas; pero los amantes de la naturaleza a que me refiero no se interesan principalmente por objetos bellos de esa clase. Hay que decir, al contrario, que quien se interesa así por esos objetos desconcierta a los verdaderos amantes de la naturaleza. Pero un botánico entusiasta, por ejemplo, será también para ellos un pésimo compañero de paseo: siempre se está deteniendo para llamarles la atención sobre las particularidades que encuentra. Los amantes de la naturaleza tampoco son buscadores de «vistas panorámicas» o de paisajes; porque esos van siempre comparando «una escena» con otra, se recrean con «insignificantes cambios de color o de proporción». Wordsworth, el portavoz de los amantes de la naturaleza, despreciaba con energía esa actitud; y Wordsworth, por supuesto, tenía razón. Mientras uno está ocupado en esta actividad crítica y comparativa pierde lo que realmente importa: «el especial humor que provocan el tiempo y las estaciones» en un lugar, el «espíritu» del lugar. Por eso, si uno ama la naturaleza como un poeta, un pintor de paisajes se convierte (al aire libre) en un compañero aun peor que el botánico.

Lo que importa es ese «estado de ánimo», el «espíritu». Los amantes de la naturaleza quieren captar lo más plenamente posible todo lo que la naturaleza, en cada determinado momento, en cada preciso lugar, está diciendo. La evidente riqueza, gracia y armonía de ciertos paisajes es para ellos tan valiosa como pueda ser lo tétrico o sobrecogedor de otros, su aspecto desolado o monótono, su «fantasmal apariencia». Incluso la falta de carácter de un paisaje provoca también en ellos una respuesta positiva. Se entregan a la simple realidad de un paisaje campestre a cualquier hora del día. Quieren absorberlo todo, impregnarse totalmente de naturaleza.

Esta experiencia, como tantas otras, después de haber sido enaltecida hasta casi ponerla en las nubes durante el siglo XIX, ha sido ahora ridiculizada por los modernos como una exageración. Y, sinceramente, habrá que concederles a estos ridiculizadores que Wordsworth —no cuando transmitía está experiencia como poeta, sino cuando hablaba como filósofo, o más bien como filosofastro— dijo algunas cosas muy estúpidas. Es estúpido —a menos que alguien haya encontrado alguna prueba de lo que dice— pensar que las flores gozan con el aire que respiran, y más estúpido no añadir que, si eso fuera verdad, indudablemente sentirían de modo igual tanto el dolor como el placer. Y tampoco hay gente que haya aprendido filosofía moral debido a «la impresión de un bosque en primavera». Si eso ocurriera no sería muy probablemente el tipo de filosofía moral que Wordsworth defendía. Sería más bien una moral de inhumana competencia; y para algunos modernos me parece que así es. Aman la naturaleza con tal de que clame por «los oscuros dioses de la sangre»; y no a pesar de que el sexo, el hambre y el rígido poder obren ahí sin vergüenza ni piedad alguna, sino precisamente por eso.

Si uno toma a la naturaleza como maestra, le enseñará exactamente las lecciones que de antemano uno decidió aprender; y esta es, sencillamente, otra manera de decir que la naturaleza no nos enseña. La tendencia a tomarla como maestra se inserta obviamente con toda facilidad en esa experiencia que hemos llamado «amor a la naturaleza»; pero solo es una transferencia. Esos «estados de ánimo», aunque estemos sujetos a ellos, y ese «espíritu» de la naturaleza no señalan moral alguna. Una abrumadora alegría, una grandeza desmedida, una sombría desolación caen sobre uno; y uno entonces hará lo que pueda, si es que debe hacer algo. El único mandato que la naturaleza dicta es: «Mira. Escucha. Atiende».

El hecho de que ese mandato sea a menudo tan mal interpretado y mueva a la gente a hacer teologías y panteologías y antiteologías —todas las cuales pueden ser refutadas— no afecta realmente a la experiencia central misma. Lo que los amantes de la naturaleza consiguen —sean wordsworthianos o personas con «oscuros dioses en la sangre»— es una especie de iconografía, un lenguaje en imágenes; y no me refiero solo a imágenes visuales, sino que las imágenes son también esos «estados de ánimo», esos «rasgos cambiantes», las poderosas manifestaciones de terror, de abatimiento, de alegría, de crueldad y voluptuosidad, de inocencia y pureza. Cada persona puede arropar con ellas su propia creencia. Pero nuestra teología y nuestra filosofía tenemos que aprenderlas en otra parte, no tendría nada de extraño que de quien las aprendiéramos mejor fuera de los teólogos y los filósofos.

Pero cuando hablo de «arropar» nuestra creencia con tales imágenes no me refiero a nada que tenga que ver con usar la naturaleza para encontrar en ella semejanzas y metáforas al modo de los poetas. En realidad podría haber dicho «llenar» o encarnar las imágenes más que arroparlas. Muchas personas, yo entre ellas, no sabrían nunca —a no ser por lo que la naturaleza hace en nosotros— qué contenido dar a las palabras que debemos usar para confesar nuestra fe. La naturaleza en sí misma no me ha enseñado nunca que existe un Dios de gloria y de majestad infinitas. Lo aprendí por otras vías. Pero la naturaleza me dio un significado a la palabra «gloria» o esplendor; no sé en qué otro sitio podría haberle encontrado un sentido. No veo cómo podría decirme algo la palabra «temor» de Dios —salvo el leve y prudente esfuerzo por conseguir una cierta seguridad— si no hubiera sido por la contemplación de ciertos espantosos abismos e inaccesibles acantilados. Y si la naturaleza no hubiera despertado en mí determinadas ansias, inmensas áreas de lo que ahora llamo «amor» de Dios nunca, por lo que yo puedo entender, hubieran existido. Por supuesto que el hecho de que un cristiano pueda usar la naturaleza de este modo no es ni siquiera el inicio de una prueba de que el cristianismo es verdadero. Quienes sufren por «los oscuros dioses de la sangre» supongo que pueden utilizarla igualmente para su credo. Esta es, precisamente, la cuestión: la naturaleza no nos enseña. Una filosofía verdadera puede a veces corroborar una experiencia de la naturaleza; pero una experiencia de la naturaleza no puede hacer válida una filosofía. La naturaleza no verificará ninguna proposición teológica o metafísica, o no lo hará de la manera que estamos considerando ahora; ayudará, sí, a mostrar lo que esa proposición significa.

Y eso, según las premisas cristianas, no es por casualidad. Se puede esperar que la gloria —el esplendor— creada nos dé algún indicio de lo que la gloria increada es, porque la una proviene de la otra y, en cierto modo, la refleja.

«En cierto modo», decía; pero no de un modo tan simple y directo como a primera vista nos pudiera parecer; porque, por supuesto, los hechos señalados por los amantes de la naturaleza, y que pertenecen a otra escuela, son también hechos; hay gusanos en el estómago como hay primaveras en el bosque. Tratar de conciliarlos, o de mostrar que realmente no necesitan conciliación, es volver de la experiencia directa de la naturaleza a la metafísica, la teodicea o algo semejante. Quizá sea algo sensato que hay que hacer; pero hay que distinguirlo del amor a la naturaleza. Mientras permanezcamos en ese nivel, mientras sigamos diciendo que hablamos de lo que la naturaleza nos ha «dicho» directamente, a eso debemos atenernos. Hemos visto una imagen de la gloria. No debemos intentar que trascienda y vaya más allá de la naturaleza hacia un mayor conocimiento de Dios: el camino desaparece casi inmediatamente; lo obstruyen terrores y misterios, toda la profundidad de los designios divinos y toda la maraña de la historia del mundo; no podemos pasar, ese no es el camino. Tenemos que dar un rodeo, dejar las colinas y los bosques y volver a nuestros estudios, a la iglesia, a nuestra Biblia y a ponernos de rodillas. De otro modo, el amor por la naturaleza empezaría a convertirse en una religión de la naturaleza, y entonces, aun cuando no nos condujera a «los oscuros dioses de la sangre», nos llevaría a un alto grado de insensatez.

Pero no tenemos por qué entregar el amor a la naturaleza —depurado y ordenado como he sugerido— a sus detractores. La naturaleza no puede satisfacer los deseos que inspira, ni responder a cuestiones teológicas ni santificarnos. Nuestro verdadero viaje hacia Dios exige que con frecuencia demos la espalda a la naturaleza, que prescindamos de los campos iluminados por el alba y entremos en una humilde capilla, o vayamos quizá a trabajar a una parroquia de suburbio. Pero el amor a la naturaleza ha supuesto una valiosa y, para algunos, indispensable iniciación.

No hace falta que diga «ha supuesto», porque en realidad los que han concedido solo eso al amor por la naturaleza son, por lo que parece, los que lo han conservado. Eso es lo que uno debería esperar al menos. Porque este amor, cuando se erige en religión, se va haciendo un dios, es decir, un demonio; y los demonios nunca cumplen sus promesas. La naturaleza «muere» en aquellos que solo viven para amar la naturaleza. Coleridge acabó por volverse insensible a ella; Wordsworth, por lamentar que el esplendor hubiera pasado. Si uno ora en un jardín a primera hora, saldrá de él colmado de frescor y de alegría; pero si uno va con el propósito de conseguir eso, a partir de una cierta edad, de nueve veces sobre diez no sentirá nada.

Vuelvo ahora al amor a la patria. Aquí no es preciso que repita la máxima de Rougemont; a estas alturas todos sabemos ya que ese amor cuando se convierte en un dios se vuelve un demonio. Algunos incluso suponen que nunca ha sido otra cosa que un demonio; pero entonces tendrían que desechar casi la mitad de la hermosa poesía y de las acciones heroicas que nuestra raza ha llevado a cabo. Ni siquiera podríamos conservar el lamento de Cristo por Jerusalén: Él también demuestra amor por su patria.

Limitemos nuestro campo, no es necesario hacer un ensayo sobre ética internacional. Cuando este amor se hace demoníaco, realiza acciones inicuas —otros más expertos tendrán que decir qué actos entre naciones son inicuos—; ahora solo estamos considerando el sentimiento en sí, esperando poder distinguir lo que es bueno y lo que es demoníaco. Ni una cosa ni otra es causa eficiente de un determinado comportamiento nacional; porque, hablando propiamente, son sus gobernantes, no las naciones, quienes actúan internacionalmente. El patriotismo demoníaco de sus súbditos —escribo solo para los súbditos— les hará más fácil actuar inicuamente; y el patriotismo bueno puede dificultarlo. Cuando esos gobernantes son inicuos, pueden, mediante la propaganda, estimular esa condición demoníaca de nuestros sentimientos para asegurarse así nuestro asentimiento a su maldad. Si son buenos, pueden hacer todo lo contrario. Por ese motivo, como personas privadas, deberíamos mantener la mirada vigilante sobre la buena salud o la enfermedad de nuestro amor a la patria. Sobre eso estoy escribiendo.

Se puede advertir hasta qué punto es ambivalente el patriotismo en el hecho de que no hay dos escritores que lo hayan expresado con más vigor que Kipling y Chesterton. Si consistiera en un solo elemento, esos dos hombres no lo hubieran podido elogiar; pero, en realidad, el patriotismo contiene numerosos elementos, que hacen posible muy distintas mezclas.

En primer lugar está el amor a la tierra donde nacimos, o a los diversos sitios que fueron quizá nuestros hogares, y a todos los lugares cercanos o parecidos a ellos; amor a viejos conocidos, paisajes, sonidos y olores familiares. Hay que decir que todo eso no es otra cosa —en nuestro caso— que el amor a Inglaterra, Gales, Escocia, o el Úlster. Únicamente los extranjeros hablan de Gran Bretaña. La frase de Kipling —«No amo a los enemigos de mi imperio»— hiere como una ridícula nota falsa. ¡«Mi» imperio! Este amor por el sitio va acompañado por el amor a un modo de vida: por la cerveza, el té, las fogatas y asados al aire libre, los trenes con compartimentos, las fuerzas policiales y todo lo demás, o sea, el amor por lo dialectal y, un poco menos, por la lengua materna. Como dice Chesterton, las razones que uno tiene para no querer que su país sea gobernado por extranjeros son parecidas a las que tiene para no desear que su casa se queme; porque «ni siquiera podría empezar» a enumerar todas las cosas que perdería.

Sería difícil encontrar un punto de vista válido que permitiera condenar este sentimiento. Así como la familia nos hace posible el dar el primer paso más allá del amor egoísta, el amor a la patria nos hace posible dar el primer paso más allá del egoísmo familiar. Por supuesto que no es pura caridad: comprende el amor a quienes están próximos a nosotros en un sentido local, o sea, a nuestros vecinos, y no a nuestro prójimo en el sentido evangélico. Pero quienes no aman a quienes viven en el mismo pueblo o son vecinos en una misma ciudad, a quienes «han visto», difícilmente llegarán a amar al «hombre» a quien no han visto. Todos los afectos naturales, y aun este, pueden llegar a ser enemigos del amor espiritual, aunque también pueden llegar a ser como semejanzas preparatorias de él, como un entrenamiento por así decir de los músculos espirituales que la Gracia podrá, más adelante, poner al servicio de algo más elevado; algo así como las niñas juegan con muñecas, y años más tarde cuidan a los hijos. Puede llegar un momento en que haya que renunciar a este amor patrio: arrancarse el ojo derecho. Pero antes hay que tener ojo: quien no lo tiene, quien hasta ahora lo más que ha llegado a tener es una mancha «fotosensitiva», sacará muy poco provecho de meditar ese severo texto evangélico.

Por supuesto que un patriotismo de este tipo no tiene en el fondo nada de agresivo; solo quiere que lo dejen tranquilo. Se vuelve combativo únicamente para proteger lo que ama; en toda cabeza en que haya una pizca de imaginación eso trae consigo una actitud positiva hacia los extranjeros. ¿Cómo puedo yo amar de verdad a mi país sin darme cuenta a la vez de que los demás hombres, con el mismo derecho, aman el suyo? Cuando uno ve que a los franceses les gusta el *café complet* como a nosotros nos gustan los huevos con tocino, pues enhorabuena y que lo beban. Lo último que podríamos desear es que todo fuera en otras partes igual que en nuestra propia casa; no sería un hogar si no fuera diferente.

El segundo elemento es una especial actitud respecto al pasado de nuestro país. Me refiero a ese pasado tal como vive en la imaginación popular, las grandes hazañas de nuestros antepasados. Recordemos Maratón. Recordemos Waterloo. «Tenemos que ser libres o morir los que hablamos la lengua que Shakespeare habló». Sentimos ese pasado como imponiéndonos una obligación y como dándonos una seguridad; no debemos bajar del nivel que nuestros padres nos legaron, y porque somos sus hijos podemos esperar que no bajaremos de él.

Este sentimiento no tiene tan buen cartel como el estricto amor a lo propio. La verdadera historia de todos los países está llena de sucesos despreciables y hasta vergonzosos; las acciones heroicas, si se toman como algo típico, dan una impresión falsa de lo que es, y frecuentemente quedan a merced de una dura crítica histórica; de ahí que un patriotismo basado en nuestro glorioso pasado tiene en quienes lo ridiculizan una presa fácil. A medida que los conocimientos aumentan, ese patriotismo puede quebrarse y transformarse en un cinismo desilusionado, o puede ser mantenido con un voluntario cerrar los ojos a la realidad. ¿Pero quién podrá condenar algo capaz de hacer que mucha gente, en muchos momentos importantes, se comporte mejor de lo que hubiera podido hacerlo sin esa ayuda?

Pienso que es posible sentirse fortalecido con la imagen del pasado sin necesidad de quedar decepcionado y sin envanecerse. Esa imagen se hace peligrosa en la misma medida en que está equivocada, o sustituye a un estudio histórico serio y sistemático. La historia es mejor cuando es transmitida y admitida como historia. No quiero decir con eso que debería ser transmitida como mera ficción; después de todo, algunas veces es verdadera. Pero el énfasis debería ponerse en la anécdota como tal, en el cuadro que enciende la imaginación, en el ejemplo que fortalece la voluntad. El alumno que oye esas historias debería poder advertir, aunque fuera vagamente —y aunque no pueda expresarlo con palabras—, que lo que está oyendo es una «leyenda». Hay que dejarlo que vibre, y ojalá que también «fuera de la escuela», con los «hechos que forjaron el Imperio»; pero mientras menos mezclemos esto con las «lecciones de historia», y cuanto menos lo tomemos como un análisis serio del pasado, o peor aún, como una justificación de él, mejor será. Cuando yo era niño tenía un libro lleno de coloridas ilustraciones titulado «Historias de nuestra Isla»; siempre me ha parecido que ese título da exactamente la nota adecuada, y el libro además no tenía en absoluto el aspecto de un libro de texto.

Lo que a mí me parece venenoso, lo que da lugar a un tipo de patriotismo pernicioso si se perdura en él —aunque no puede durar mucho en un adulto instruido—, es el serio adoctrinamiento a los jóvenes de una historia que se sabe perfectamente falsa o parcial: la leyenda heroica disfrazada como un hecho real en un libro de texto. Con eso se cuela implícitamente la idea de que las otras naciones no tienen como nosotros sus héroes, e incluso se llega a creer —son sin duda unos conocimientos biológicos muy deficientes— que hemos «heredado» literalmente una tradición. Y todo esto conduce, casi inevitablemente, a una tercera cosa que a veces se llama patriotismo. Esta tercera cosa no es un sentimiento, sino una creencia: una firme y hasta vulgar creencia de que nuestra nación —es una cuestión de hecho— ha sido durante mucho tiempo, y sigue siéndolo, manifiestamente superior a todas las demás naciones. Una vez me atreví a decirle a un anciano clérigo, que vivía este tipo de patriotismo: «Pero, oiga, a mí me han dicho que "todos" los pueblos creen que sus hombres son los más valientes y sus mujeres las más hermosas del mundo...». A lo que replicó con toda seriedad —no podía estar tan serio ni cuando oraba el Credo ante el altar—: «Sí, pero en Inglaterra eso es verdad». Hay que decir que esta convicción no convertía a mi amigo, que en paz descanse, en un malvado; solo en un viejo burro extremadamente simpático; pero esta convicción puede producir no obstante burros que dan coces y muerden. Puede llegar al demencial extremo de convertirse en racismo popular, prohibido tanto por el cristianismo como por la ciencia.

Esto nos lleva al cuarto ingrediente. Si nuestra nación es mucho mejor que las demás, se debe admitir que tiene tanto los deberes como los derechos correspondientes a un ser superior a los demás. En el siglo XIX los ingleses se volvieron muy conscientes de tales deberes: «la carga del hombre blanco». Los que llamábamos «nativos» eran nuestros protegidos, y nosotros sus autodesignados guardianes. No todo era hipocresía. Les hicimos algún bien. Pero nuestra costumbre de hablar como si el motivo de Inglaterra por conseguir un Imperio —o los motivos de cualquier joven por conseguir un puesto en la administración pública del Imperio— fuera principalmente altruista provocaba náuseas en todo el mundo. Esto mostraba además el complejo de superioridad funcionando al máximo. Algunas naciones, que también lo han tenido, han exagerado los derechos olvidando los deberes; para ellas algunos extranjeros eran tan malos que uno tenía el derecho de eliminarlos, a otros —aptos solo para cortar leña y sacar agua para «el pueblo elegido»— era mejor dedicarlos a seguir cortando leña y a sacar agua. ¡Perros, reconoced a vuestros superiores! Estoy lejos de sugerir que las dos actitudes estén en el mismo nivel; pero ambas son nefastas, ambas exigen que el área en que operan «crezca todavía más y más»; y ambas llevan en sí esta segura marca del demonio: solo siendo terribles consiguen no ser cómicas. Si no hubiesen sido rotos los tratados con los pieles rojas, si no hubiera habido exterminios en Tasmania, si no hubiera ni cámaras de gas ni Belsen ni Amritsar, ni negros ni morenos ni *apartheid*, la arrogancia de ambas posturas sería una farsa grotesca.

Finalmente llegamos a la postura en que el patriotismo en su forma demoníaca se niega inconscientemente a sí mismo. Chesterton seleccionó dos versos de Kipling como ejemplo perfecto de esto. No jugó limpio con Kipling, que supo —y es sorprendente en un hombre apátrida— lo que el amor a la patria puede significar. Pero los dos versos, aisladamente tomados, sirven para resumir el asunto. Dicen así:

Si Inglaterra fuera lo que Inglaterra parece,
    qué pronto la abandonaríamos. ¡Pero no lo es!

El amor nunca habla así. Es como amar a los hijos «solo si son buenos», a la esposa solo si se conserva bien físicamente, al marido solo mientras sea famoso y tenga éxito. «Ningún hombre —dijo un griego—ama a su ciudad porque es importante, sino porque es suya». Un hombre que realmente ame a su país lo amará aun arruinado y en decadencia: «Inglaterra, aun con todos tus defectos, te sigo amando». Será poca cosa, pero es mía. Uno puede creer que es importante y buena porque la ama: esta ilusión engañosa es hasta cierto punto excusable. Pero el soldado de Kipling tergiversa las cosas: cree que su país es grande y bueno, y por eso lo ama, lo ama por sus méritos; es como una empresa que marcha bien, y su orgullo se siente complacido de pertenecer a ella. ¿Qué pasaría si dejara de ir bien? La respuesta está dada con toda claridad: «Qué pronto la abandonaríamos». Cuando el barco empiece a hundirse, lo abandonará. Este tipo de patriotismo, que se apoya en el ruido de los tambores y en el ondear de las banderas, inicia ese camino que puede terminar en Vichy. este es un fenómeno con el que volveremos a encontrarnos. Cuando los amores naturales se hacen ilícitos, no solamente dañan a otros amores, sino que ellos mismos cesan de ser lo que fueron, dejan completamente de ser amores.

El patriotismo, pues, tiene muchas caras. Quienes lo rechazan por completo no parecen haber pensado en lo que le sustituirá, y que ya empieza a sustituirlo. Durante mucho tiempo todavía, y quizá siempre, las naciones han de vivir en peligro; los gobernantes deben formar a sus ciudadanos para que las defiendan de algún modo, o al menos deben prepararles para esa defensa. Donde el sentimiento del patriotismo ha sido destruido, solo se puede llevar a cabo esa defensa presentando un determinado conflicto internacional bajo la perspectiva ética. Si las personas no quieren derramar ni sudor ni sangre «por su país», hay que hacerles comprender que los derramarán por la justicia, o por la civilización o por la humanidad. Eso es un paso atrás, no hacia adelante. El sentimiento patriótico no necesita, ciertamente, prescindir de la ética; los hombres honrados han de convencerse de que la causa de su país es justa; pero sigue siendo la causa de su país, no la causa de la justicia en cuanto tal. La diferencia a mí me parece importante. Yo puedo pensar sin fariseísmo ni hipocresía que es justo que defienda mi casa con la fuerza contra los ladrones; pero si empiezo a decir que le dejé un ojo morado a uno de ellos por razones morales, completamente indiferente al hecho de que la casa en cuestión era mía, me convierto en un tipo inaguantable. La pretensión de que cuando la causa de Inglaterra es justa es entonces cuando estamos del lado de Inglaterra —como podría estarlo cualquier quijote neutral— es igualmente falsa. Y este sinsentido arrastra tras de sí la maldad: si la causa de nuestro país es la causa de Dios, las guerras tienen que ser guerras de aniquilamiento. Se da una espúrea trascendencia a cosas que son exclusivamente de este mundo.

La grandeza del sentimiento antiguo consistía en que mientras hacía que los hombres se entregaran al máximo se sabía que solo era un sentimiento. Las guerras podían ser heroicas sin pretender que fueran santas. La muerte del héroe no se confundía con la muerte del mártir. Y, por suerte, el mismo sentimiento que podía ser tan decisivo en una acción de retaguardia podía también, en tiempos de paz, tomarse tan a la ligera como hacen con frecuencia los amores felices: era capaz de reírse de sí mismo. Nuestras viejas canciones patrióticas no pueden cantarse sin un dejo de humor. Las actuales suenan más a himnos. Prefiero mil veces el «The British granadiers» con su ton-roto-to-ton a ese «Land of hope and glory».

Debe advertirse que el tipo de amor que he estado describiendo, y todos sus ingredientes, puede darse por otros motivos que no sean propiamente el país: a una escuela, un regimiento, una gran familia o una clase social le son aplicables las mismas críticas. También se puede sentir amor por organismos que exigen algo más que afecto natural: por una iglesia o, desgraciadamente, por una fracción dentro de una iglesia, o por una orden religiosa. Este tema tan tremendo requeriría todo un libro; pero bastará con decir aquí que la sociedad celestial es también una sociedad terrena. Nuestro patriotismo puramente natural hacia la sociedad terrena puede apoderarse con demasiada facilidad de las exigencias trascendentales de la sociedad celestial, y usarlas para pretender justificar los más abominables crímenes. Si se escribe alguna vez el libro que yo no pienso escribir, tendrá que escribirse en él una completa confesión de la cristiandad por su específica contribución a la suma mundial de crueldades y traiciones humanas. Grandes zonas «del mundo» no nos querrán escuchar mientras no hayamos repudiado públicamente una gran parte de nuestro pasado. ¿Por qué deberían escucharnos? Hemos gritado el nombre de Cristo, y nos hemos puesto al servicio de Moloch.

Puede que alguien opine que no debería terminar este capítulo sin decir unas palabras sobre el amor a los animales; pero irán mejor en el próximo. Sea por el hecho de que los animales son subpersonas, o por otra razón, nunca se les quiere como animales. El hecho o la ilusión de personalizarlos está siempre presente, de modo que el amor por ellos es realmente un ejemplo de ese afecto que es tema del próximo capítulo.

III

EL AFECTO

EMPIEZO CON EL más sencillo y más extendido de los amores, el amor en el que nuestra experiencia parece diferenciarse menos de la de los animales. Debo añadir inmediatamente que no por eso le doy menos valor; nada en el ser humano es mejor o peor por compartirlo con las bestias. Cuando le reprochamos a un hombre que es «un animal», no queremos decir que manifieste características animales —todos las tenemos—, sino que manifiesta estas, y solo estas, cuando lo que se requiere es lo específicamente humano. Y al decir de alguien que es «brutal», generalmente queremos significar que comete crueldades de las que la mayoría de los brutos son incapaces, porque no son inteligentes.

Los griegos llamaban a este amor *storgé* (dos sílabas, y la g es «fuerte»). Aquí lo llamaré simplemente afecto. Mi diccionario griego define *storgé* como «Afecto, especialmente el de los padres a su prole», y también el de la prole hacia sus padres. Y esta es, no me cabe duda, la forma original de este afecto, así como el significado básico de la palabra. La imagen de la que debemos partir es la de una madre cuidando a un bebé, la de una perra o una gata con sus cachorros, todos amontonados, acariciándose unos a otros; ronroneos, lametones, gemiditos, leche, calor, olor a vida nueva.

Lo importante de esta imagen es que desde el principio se nos presenta como una especie de paradoja. La necesidad y el amor-necesidad de los pequeños es evidente; lo es así mismo el amor que les da la madre: ella da a luz, amamanta, protege. Por otro lado, tiene que dar a luz o morir; tiene que amamantar o sufrir. En este sentido, su afecto es también un amor-necesidad. Y aquí está la paradoja: es un amor-necesidad, pero lo que necesita es dar. Es un amor que da, pero necesita ser necesitado. Volveremos sobre este punto.

En la vida animal, y más aún en la nuestra, el afecto se extiende mucho más allá de la relación madre hijo. Ese cálido bienestar, esa satisfacción de estar juntos abarca toda clase de objetos. Es el menos discriminativo de los amores. De algunas mujeres podemos augurar que tendrán pocos pretendientes, y de algunos hombres que probablemente tengan pocos amigos: no tienen nada que ofrecer. Pero casi todo el mundo puede llegar a ser objeto de afecto: el feo, el estúpido e incluso esos que exasperan a todo el mundo. No es necesario que haya nada manifiestamente valioso entre quienes une el afecto: he visto cómo sienten afecto por un débil mental no solo sus padres, sino sus hermanos. El afecto ignora barreras de edad, sexo, clase y educación. Puede darse entre un inteligente joven universitario y una vieja niñera, aunque sus almas habiten mundos diferentes. El afecto ignora hasta las barreras de la especie: lo vemos no solo entre perro y persona, sino también, lo que es más sorprendente, entre perro y gato; Gilbert White asegura haberlo descubierto entre un caballo y una gallina.

Algunos novelistas lo han tratado con acierto. En *Tristram Shandy*, «mi padre» y tío Toby están tan lejos de tener alguna comunidad de intereses o ideas que no pueden hablar ni diez minutos sin discutir, pero nos hacen sentir su profundo afecto mutuo. Lo mismo ocurre con Don Quijote y Sancho Panza, Picwick y Sam Welles, Dick Swiveller y la Marquesa. Y lo mismo sucede también, aunque quizá sin la intención consciente del autor, en *El viento en los sauces*; el cuarteto formado por Mole, Rat, Badger y Toad manifiesta la asombrosa heterogeneidad que cabe entre los que están ligados por el afecto.

Pero el Afecto tiene sus propias reglas. Su objeto tiene que ser familiar. A veces podemos señalar el día exacto en que nos enamoramos o iniciamos una nueva amistad, pero dudo que podamos percibir el comienzo de un afecto. Cuando se toma conciencia de ello, uno se da cuenta de que ya venía de tiempo atrás. El uso de la palabra «viejo» o *«vieux»* como expresión de afecto es algo significativo. El perro ladra a desconocidos que nunca le han hecho ningún daño, y mueve la cola ante viejos conocidos, aun cuando nunca le hayan hecho ningún bien. El niño tendrá cariño a un viejo jardinero rudo, que apenas se ha percatado de él, y en cambio se aleja del visitante que está tratando de conseguir que el niño le mire; pero tiene que ser un viejo jardinero, uno que siempre haya estado ahí, ese «siempre» de los niños, breve en el tiempo, pero que parece inmemorial.

El afecto, como ya he dicho, es el amor más humilde, no se da importancia. La gente puede estar orgullosa de estar «enamorada» o de su amistad; pero el afecto es modesto, discreto y pudoroso. En una ocasión en que yo comentaba sobre el afecto que a menudo se podía observar entre perro y gato, un amigo mío replicó: «Sí, de acuerdo, pero apuesto a que ningún perro se lo confesaría a otros perros». Esto es, por lo menos, una buena caricatura de los afectos humanos. «Dejemos que los feos se queden en casa», dice Comus. Pues bien, el afecto tiene la cara de ir por casa; y también tienen la cara así muchos por quienes sentimos afecto. El hecho de quererlos, o de que nos quieran, no es prueba de nuestra finura o sensibilidad. Lo que he llamado amor de apreciación no es un elemento básico en el caso del afecto. Habitualmente son necesarios la ausencia y el dolor para que podamos alabar a quienes estamos ligados por el afecto: contamos con ellos, y esto de contar con ellos, que puede ser un insulto en el caso del amor erótico, aquí es hasta cierto punto razonable y adecuado, porque se aviene bien con la amable y sosegada naturaleza de este sentimiento. El afecto no sería afecto si se hablara de él repetidamente y a todo el mundo; mostrarlo en público es como exhibir los muebles de un hogar en una mudanza: están muy bien donde están, pero a la plena luz del día se ve lo raídos o chillones o ridículos que son. El afecto parece como si se colara o filtrara por nuestras vidas; vive en el ámbito de lo privado, de lo sencillo, sin ropajes: suaves pantuflas, viejos vestidos, viejos chistes, el golpeteo del rabo del perro contra el suelo de la cocina, el ruido de la máquina de coser, un muñeco olvidado en el jardín.

Pero debo rectificar de inmediato. Estoy hablando de afecto tal como es cuando se da fuera de los otros amores. A veces, sí, se da de ese modo, pero a veces no. Así como la ginebra no es únicamente para beber sola, sino que forma parte de muchos combinados, así el afecto, además de ser un amor en sí mismo, puede entrar a formar parte de otros amores, y colorearlos completamente, hasta llegar a ser como el ámbito en que ese amor se manifiesta cada día. Sin el afecto, los amores quizá no fueran muy bien. Hacerse amigo de alguien no es lo mismo que ser afectuoso con él; pero cuando nuestro amigo ha llegado a ser un viejo amigo, todo lo referente a él, que al principio no tenía que ver con la amistad, se vuelve familiar y se ama de un modo familiar.

En cuanto al amor erótico, no puedo imaginar nada más desagradable que sentirlo —salvo por breve tiempo— sin ese vestido casero del afecto; de otro modo no sería nada fácil: o demasiado angelical o demasiado animal, o una cosa después de la otra, nunca demasiado grande o demasiado pequeña para el hombre. Hay de hecho un encanto especial, tanto en la amistad como en el eros, en esos momentos en que el amor de apreciación descansa, por así decir, acurrucado y dormido, y únicamente una sosegada y cotidiana relación nos envuelve (libres, como en la soledad, aunque ninguno de los dos esté solo). No hay necesidad de hablar ni de hacer el amor; no hay necesidad de nada, excepto quizá de alimentar el fuego.

Esta mezcla y superposición de amores nos aparece muy clara por el hecho de que en la mayoría de los lugares y épocas los tres amores (el afecto, la amistad y el eros) han tenido en común, como una expresión suya, el beso. En la Inglaterra actual, la amistad ya no lo usa, pero sí lo hacen el afecto y el eros; pertenece tan plenamente a ambos que no podemos saber ahora cuál lo tomó del otro, o si es que hubo tal derivación. Lo que con seguridad podemos decir es que el beso del afecto es distinto del beso del eros. Sí; pero no todos los besos de los enamorados son besos de enamorados. De nuevo, ambos amores tienden —ante el desconcierto de mucha gente moderna— a usar una «lengua» y un «modo de hablar» infantiles. Y esto no es exclusivo de la especie humana.

El profesor Lorenz dice que cuando los cuervos están enamorados, sus llamadas «consisten principalmente en sonidos infantiles, reservados por los cuervos adultos para estas ocasiones» (*King Solomon's Ring*, p. 158). Nosotros y los pájaros tenemos la misma motivación. Las diferentes clases de ternura son todas ternura, y el lenguaje de la primera ternura que hemos conocido siempre revive para expresarse adecuadamente en su nuevo papel.

No hemos mencionado todavía uno de los más notables subproductos del afecto. Como he dicho, no es primordialmente un amor de apreciación, no es un amor que discrimine. Puede darse, aunque no sea fácil, entre las personas que menos podía esperarse. Aun con todo, curiosamente, este mismo hecho indica que en último término puede ser posible un aprecio que de otro modo no hubiera existido. Podemos decir, no sin razón, que hemos elegido a nuestros amigos y a la mujer que amamos por sus distintas cualidades —hermosura, franqueza, bondad, agudeza, inteligencia, o lo que sea—; pero tendrá que ser la clase especial de agudeza, el tipo especial de belleza, la clase especial de bondad que nos agrada, pues tenemos nuestros propios gustos respecto a estas y otras cualidades. He ahí por qué amigos y enamorados sienten que están «hechos el uno para el otro».

El especial mérito del afecto consiste en que puede unir a quienes más radicalmente —e incluso más cómicamente— no lo están: personas que si no hubiesen sido puestas por el Destino en el mismo sitio o ciudad no habrían tenido nada que ver la una con la otra. Si el afecto surge —por supuesto que a menudo no ocurre—, los ojos de esas personas comienzan a abrirse. Al simpatizar con el «viejo compañero», al principio solamente porque está ahí por casualidad; luego, muy pronto, porque descubro que, después de todo, en él «hay algo». En el momento en el que uno dice, sintiéndolo de verdad, que pese a no ser «mi tipo» es alguien muy bueno «a su modo», se da una especie de liberación.

Quizá no lo experimentamos así, puede ser que nos sintamos solo tolerantes e indulgentes; pero en realidad hemos cruzado una frontera. Ese «a su modo» quiere decir que estamos saliendo de nuestro propio modo de ser, que estamos aprendiendo a valorar la bondad o la inteligencia en sí mismas, y no la bondad e inteligencia preparadas y servidas para gustar solamente a nuestro propio paladar.

«Los perros y los gatos deberían criarse siempre juntos», decía alguien. «Eso les ensancha mucho la mente». Y el afecto ensancha la nuestra; de entre todos los amores naturales, ese es el más católico, el menos afectado, el más abierto. Las personas con quienes a uno le toca vivir en familia, en el colegio, a la hora del rancho, en un barco, en la comunidad religiosa son, desde ese punto de vista, un círculo más amplio que el de los amigos, por numerosos que sean, y a quienes uno ha elegido. El hecho de tener muchos amigos no prueba que yo tenga una honda apreciación de la especie humana; sería lo mismo que decir —para probar la amplitud de mis gustos literarios— que soy capaz de disfrutar con todos los libros que tengo en mi biblioteca. En ambos casos, la respuesta es la misma: «Usted eligió esos libros, usted eligió esos amigos. Es lógico que le agraden».

La verdadera amplitud de gustos a la hora de leer se muestra cuando una persona puede encontrar libros acordes con sus necesidades entre los que ofrece una librería de viejo. La verdadera amplitud de gustos respecto a los hombres se muestra igualmente en que encontremos algo digno de aprecio en el muestrario humano con que uno tiene que encontrarse cada día. Según mi experiencia, el afecto es lo que crea este gusto, y nos enseña primero a saber observar a las personas que «están ahí», luego a soportarlas, después a sonreírles, luego a que nos sean gratas, y al fin a apreciarlas. ¿Que están hechas para nosotros? ¡Gracias a Dios, no! No son más que ellas mismas, más raras de lo que uno hubiera creído, y mucho más valiosas de lo que suponíamos.

Y ahora nos acercamos al punto peligroso. El afecto, ya lo dije, no se da importancia. La caridad[1] —decía san Pablo— no es engreída. El afecto puede amar lo que no es atractivo: Dios y sus santos aman lo que no es amable. El afecto «no espera demasiado», hace la vista gorda ante los errores ajenos, se rehace fácilmente después de una pelea; como la caridad, sufre pacientemente, y es bondadoso y perdona. El afecto nos descubre el bien que podríamos no haber visto o que, sin él, podríamos no haber apreciado. Lo mismo hace la santa humildad.

Pero si nos detuviéramos solo en estas semejanzas, podríamos llegar a creer que este afecto no es simplemente uno de los amores naturales, sino el Amor en sí mismo, obrando en nuestros corazones humanos y cumpliendo su ley. ¿Tendrían razón entonces los novelistas ingleses de la época victoriana: es el amor de este tipo suficiente? ¿Son «los afectos caseros», cuando están en su mejor momento y en su desarrollo más pleno, lo mismo que la vida cristiana? La respuesta a estas preguntas, lo sé con seguridad, es decididamente No.

No digo solamente que esos novelistas escribieron a veces como si nunca hubieran conocido ese texto evangélico sobre el «aborrecer» a la esposa y a la madre y aun la propia vida —aunque, por supuesto, sea así—, sino que la enemistad entre los amores naturales y el amor de Dios es algo que un cristiano procura no olvidar. Dios es el gran Rival, el objeto último de los celos humanos; esa Belleza, terrible como la de una Gorgona, que en cualquier momento me puede robar —al menos a mí me parece un robo— el corazón de mi esposa, de mi marido o de mi hija. La amargura de una cierta incredulidad que se disfraza, en quienes la sienten, de anticlericalismo, de rechazo de la «superstición», se debe en realidad a esto. Pero no estoy pensando ahora en esa rivalidad: trataremos de ella en un capítulo posterior; por el momento nuestra tarea está «más pegada a la tierra».

---

1. Referencia a 1 Corintios 13, que en casi todas las Biblias no católicas en español traduce «amor» en lugar de «caridad». Hay que tener esto en cuenta en las numerosas ocasiones en que se usa el término «caridad» como uno de los cuatro amores en este libro. *(Nota del editor)*.

¿Cuántos «hogares felices» de esos existen? Peor incluso: los que son desgraciados, ¿lo son por falta de afecto? Yo creo que no. Puede estar presente y ser causa de desdicha, pues casi todas las características de este amor son ambivalentes, pueden actuar tanto para bien como para mal. Por sí mismo, dejándolo sencillamente que siga su natural inclinación, este amor puede ensombrecer y hasta degradar la vida humana. Los ridiculizadores y los enemigos del sentimiento no han dicho toda la verdad sobre él, pero todo lo que han dicho es verdad.

Un síntoma de eso es, quizá, la repugnancia por esas almibaradas canciones y esos poemas dulzones con que el arte popular expresa el afecto. Son repugnantes debido a su falsedad. Lo que ofrecen es una especie de receta para lograr la felicidad (e incluso la bondad), pero, en realidad, de lo que hablan es de una suerte puramente casual. No hay ni la más mínima sugerencia de que se deba hacer algo, basta con dejar que el afecto caiga sobre nosotros como una ducha caliente, y todo, se da por supuesto, irá bien.

El afecto, lo hemos visto, incluye tanto el amor-necesidad como el amor-dádiva. Empezaré con la necesidad: nuestra ansia del afecto de los demás.

Existe una razón muy clara por la que esta ansia, entre todas las ansias del amor, se convierte fácilmente en el amor menos razonable. Dije que casi todo el mundo puede ser objeto de afecto. Sí, y casi todo el mundo espera serlo. El egregio señor Pontifex, en *The way of all flesh*, se siente ofendido al comprobar que su hijo no le ama: no es natural que un hijo no quiera a su propio padre. No se le ocurre preguntarse si desde el primer día en que el niño pudo empezar a almacenar recuerdos ha dicho o hecho algo que inspire amor. Igualmente, al comienzo de *El Rey Lear*, el héroe aparece como un anciano muy poco amable, devorado por una insaciable hambre de afecto. Recurro a ejemplos literarios porque usted, lector, y yo no vivimos en el mismo sitio; si así fuera, no habría inconveniente en sustituirlos por ejemplos de la vida real, desgraciadamente, porque estas cosas pasan todos los días. Y podemos darnos cuenta del porqué. Todos sabemos que debemos hacer algo, si no para merecer el afecto, al menos para atraer el amor erótico o el amor de amistad; pero a menudo el afecto se considera como algo preparado y entregado gratuitamente por la naturaleza, que «nos lo incluye», «nos lo coloca», «nos lo trae a casa». Tenemos derecho a esperarlo así, decimos, y si los demás no nos lo dan son unos «desnaturalizados».

Esta presunción es, sin duda, una distorsión de la realidad. Es cierto que mucho viene «incluido»: somos de la especie mamífera, el instinto nos proporciona por lo menos un cierto grado, a veces bastante alto, de amor maternal; somos de una especie sociable, y el círculo familiar proporciona un ambiente en el que, si todo marcha bien, el afecto surge y crece con fuerza, sin exigir de nosotros unas cualidades brillantes; tanto es así que si se nos da afecto no suele ser necesariamente por nuestros méritos: podemos conseguirlo con muy poco esfuerzo.

Desde una confusa percepción de la verdad (muchos son amados con afecto independientemente de sus méritos), el señor Pontifex saca una absurda conclusión: «Por tanto yo, que no lo merezco, tengo derecho a él». Es como si —en un plano mucho más elevado— argumentáramos que dado que ningún hombre tiene por sus méritos derecho a la gracia de Dios, yo, al no tener mérito, tengo derecho a ella.

En ninguno de esos casos es cuestión de derechos. Lo que tenemos no es «un derecho a esperar», sino una «razonable expectativa» de ser amados por nuestros familiares si nosotros y ellos somos, más o menos, gente normal; pero puede que no lo seamos, puede que seamos insoportables. Si lo somos, «la naturaleza» obrará en contra nuestra, porque las mismas condiciones de familiaridad que hacen posible el afecto también, y no menos naturalmente, hacen posible un especial disgusto incurable, una especie de aversión tan «de siempre», constante, cotidiana, a veces casi inconsciente, como la correspondiente forma de amor.

Sigfrido, en la ópera, no podía recordar el momento en que se le hicieron aborrecibles el arrastrar de los pies, el refunfuñar y el constante ajetreo de su padrastro enano. Nunca advertimos esta clase de odio en su inicio, sucede lo mismo que con el afecto: estuvo siempre ahí. Observemos que «viejo» es un término tanto peyorativo como cariñoso: «sus viejas tretas», «su viejo estilo», «la vieja historia de siempre».

Sería absurdo decir que Lear carece de afecto; en la medida en que el afecto es amor-necesidad, casi enloquece por eso. Al menos, si no amara a sus hijas no desearía tan desesperadamente su amor. El padre o el niño que menos amor inspiran pueden estar poseídos de ese tipo de amor voraz, aunque redunda en su propia desgracia y en la de los demás. La situación se vuelve insoportable. Las personas que son de suyo difíciles de amar, su continua exigencia de ser amadas, como si fuera un derecho, su manifiesta conciencia de ser objeto de un trato injusto, sus reproches, sea con estridentes gritos o con quejas solamente implícitas en cada mirada o en cada gesto de resentida autocompasión, provocan en nosotros un sentimiento de culpa —esa es su intención— por una falta que no podíamos evitar y que no podemos dejar de cometer.

Esas personas sellan así la verdadera fuente en la que desean beber. Si en algún momento propicio surge en nosotros cualquier brizna de afecto por ellas, su exigencia creciente nos paraliza de nuevo. Y, por supuesto, esas personas desean siempre las mismas pruebas de nuestro amor: tenemos que estar a su lado, escucharles, compartir sus quejas contra alguna determinada persona... «Si mi hijo me quisiera de veras, se daría cuenta de lo egoísta que es su padre», «Si mi hermano me quisiera, tomaría partido por mí y contra nuestra hermana», «Si usted me quisiera, no permitiría que me trataran así».

Y, mientras tanto, siguen estando lejos del verdadero camino. «Si quieres ser amado, sé amable», dijo Ovidio. Ese viejo y simpático bribón solo quería decir: «Si quieres atraer a las chicas, tienes que ser atractivo»; pero su consejo tiene una aplicación más amplia. El amante de su generación era más listo que el señor Pontifex y que el rey Lear.

Lo verdaderamente asombroso no es que estas insaciables exigencias de los que menos amor inspiran resulten vanas a veces, sino que sean con tanta frecuencia atendidas. Uno puede ver cómo a una mujer en su adolescencia, en su juventud y en los largos años de madurez, hasta que llega casi a la vejez, se la atiende, se la obedece, se la mima, y quizá lo que se está haciendo es mantener a un vampiro materno para el que todo cariño y obediencia son pocos. El sacrificio —siempre hay dos puntos de vista sobre eso— puede ser hermoso; pero no lo es cuando esa vieja lo exige.

El carácter de «incluido» o inmerecido del afecto arrastra a una interpretación terriblemente equivocada, que se hace con tanta facilidad como falta de coherencia.

Se oye hablar mucho de la grosería de las nuevas generaciones. Yo soy una persona mayor y podría esperarse que tomara partido por los viejos, pero en realidad me han impresionado mucho más los malos modales de los padres hacia sus hijos que los de estos hacia sus padres. ¿Quién no ha estado en la incómoda situación de invitado a una mesa familiar donde el padre o la madre han tratado a su hijo ya mayor con una descortesía que, si se dirigiera a cualquier otro joven, habría supuesto sencillamente terminar con ellos toda relación? Las afirmaciones dogmáticas sobre temas que los jóvenes entienden y los mayores no, las crueles interrupciones, el contradecirles de plano, hacer burla de cosas que los jóvenes toman en serio —a veces sobre religión—, insultantes alusiones a amigos suyos..., todo eso proporciona una fácil respuesta a la pregunta: «¿Por qué están siempre fuera? ¿Por qué les gusta más cualquier casa que su propio hogar?». ¿Quién no prefiere la educación a la barbarie?

Si uno preguntara a una de esas personas insoportables —no todas, evidentemente, son padres de familia— por qué se comporta de ese modo en casa, podría contestar: «Oh, no fastidie, uno llega a casa dispuesto a relajarse. Un tío normal no está siempre en su mejor momento. Además, si un hombre no puede ser él mismo en su propia casa, ¿entonces dónde? Por supuesto que no queremos andarnos con fórmulas de urbanidad en casa. Somos una familia feliz. Podemos decirnos "cualquier cosa" y nadie se enfada; todos nos comprendemos».

Todo esto, de nuevo, está muy cerca de la verdad, pero fatalmente equivocado. El afecto es cuestión de ropa cómoda y distensión, de no andar con rigideces, de libertades que serían de mala educación si nos las tomáramos ante extraños. Pero la ropa cómoda es una cosa, y llevar la misma camisa hasta que huele mal es otra muy distinta. Hay ropa apropiada para una fiesta al aire libre, pero la que se usa para estar en casa también debe ser apropiada, cada una de manera distinta. De igual forma, existe una diferencia entre la cortesía que se exige en público y la cortesía doméstica. El principio básico para ambas es el mismo: «Que nadie se dé a sí mismo ningún tipo de preferencia». Pero cuanto más pública sea la ocasión, más «reglada» o formalizada estará nuestra obediencia a ese principio. Existen normas de buenos modales. Cuanto más familiar es la ocasión, menor es la formalidad; pero no por eso ha de ser menor la necesidad de educación.

En cambio, el mejor afecto pone en práctica una cortesía que es incomparablemente más sutil, más fina y profunda que la mera cortesía en público. En público se sigue un código de comportamiento. En casa, uno debe vivir en la realidad lo que ese código representa, o, si no, se vivirá el triunfo arrollador del que sea más egoísta. Hay que negarse sinceramente a sí mismo todo tipo de preferencias; en una fiesta basta con disimular esa preferencia que uno puede darse. De ahí el antiguo proverbio: «Ven a vivir conmigo y me conocerás». El comportamiento de un hombre en familia revela, sobre todo, el verdadero valor de (¡frase significativamente odiosa!) su comportamiento «en sociedad» o en una fiesta. Quienes olvidan sus modales cuando llegan a casa, después del baile o de la reunión social, es que allí tampoco viven una verdadera cortesía; solo remedan a los que la viven.

«Podemos decirnos "cualquier cosa"». La verdad que está detrás de esto es que el mejor afecto puede decir lo que el mejor afecto quiere decir, sin tener presentes las normas de educación que rigen en público; porque el mejor afecto no desea herir ni humillar ni dominar. Puedes dirigirte a la esposa de tu corazón llamándole «¡Cochina!» cuando inadvertidamente está bebiendo de tu *cocktail* además del suyo; se puede cortar la historieta que nuestro padre está contando ya demasiadas veces; podemos meternos con los demás y burlarnos y hacerles bromas; se puede decir: «¡Callaos, quiero leer!». Se puede decir «cualquier cosa» en el tono adecuado y en el momento oportuno, tono y momento que han sido buscados para no herir, y de hecho no hieren. Cuanto mejor es el afecto, más acierta con el tono y el momento adecuados (cada amor tiene su «arte de amar»).

Pero ese tipo grosero que al llegar a casa exige la libertad de poder decir «cualquier cosa» está pensando en algo muy distinto. Al poseer un tipo de afecto muy imperfecto, o quizá ninguno en ese momento, se apropia de las hermosas libertades a las que solo el afecto más pleno tiene derecho o sabe cómo usarlas. Ese las usa con mala fe, siguiendo el dictado del resentimiento, o de modo cruel y obedeciendo a su propio egoísmo; en el mejor de los casos las usa de un modo estúpido, por carecer del arte adecuado. Y es posible que durante todo el tiempo tenga buena conciencia, porque sabe que el afecto se toma esas libertades; por lo tanto, concluye él, al hacerlo así, está siendo afectuoso. Si alguien se ofende, él dirá que la culpa es del otro, que no sabe querer. Se siente herido, ha sido mal interpretado.

En esas ocasiones a veces se venga «levantando la cola» y adoptando una actitud buscadamente «educada», con la que implícitamente quiere decir: «¡Ah!, ¿de modo que no estamos en familia? ¿Así que tenemos que comportarnos como simples conocidos? Muy bien; yo esperaba que... Pero no importa, se hará como tú digas». Esto ilustra bastante bien la diferencia entre cortesía en familia y cortesía formal. Lo que es adecuado para una puede ser, justamente, lo que infringe la otra: una actitud despreocupada y desenvuelta al ser presentado a una persona eminente es tener malos modales; poner en práctica en casa ceremoniosas fórmulas de cortesía («actitudes públicas en lugares privados») es, y lo será siempre, una forma de tener malos modales.

En *Tristram Shandy* hay un delicioso ejemplo de lo que son verdaderos buenos modales en familia: en un momento particularmente inoportuno, el tío Toby se ha estado explayando sobre lo que son las fortificaciones, su tema favorito. «Mi padre», al ser llevado otra vez más allá de lo soportable, le interrumpe violentamente. Entonces ve la cara de su hermano, la cara de Toby, que en absoluto parece dispuesto a responderle de la misma manera —nunca se le hubiera ocurrido—, herido por el desprecio a ese noble arte de las fortificaciones. Viene la petición de excusas, y luego la reconciliación total. Tío Toby, para demostrar cómo lo ha olvidado todo, para mostrar que no se siente herido, reanuda su explicación sobre las fortificaciones.

Pero aún no hemos tocado el tema de los celos. Supongo que ahora nadie cree que los celos estén exclusivamente referidos al amor erótico. Si alguien lo cree, el comportamiento de niños, empleados y animales domésticos debería enseguida sacarles del error. Toda clase de amor, casi toda clase de relación está expuesta a los celos. Los celos del afecto están estrechamente ligados a la confianza con lo viejo y lo familiar. Lo mismo sucede con la falta de importancia, total o relativa, para el afecto de lo que yo denomino amor de apreciación. No deseamos que «los viejos rostros familiares» se vuelvan más vivos o más hermosos, que los viejos hábitos cambien, aunque sea para mejor, que las viejas bromas e intereses sean reemplazados por atrayentes novedades. Todo cambio es una traición al afecto.

Un hermano y una hermana, o dos hermanos —porque el sexo aquí no interviene—, crecen hasta cierta edad compartiéndolo todo. Leyeron los mismos tebeos, treparon a los mismos árboles; juntos fueron piratas o astronautas, comenzaron y abandonaron al mismo tiempo la colección de sellos. De pronto sucedió algo terrible. Uno de ellos se adelanta: descubre la poesía o las ciencias o la música seria o quizá pasa por una conversión religiosa. Su vida se llena con este nuevo interés, que el otro no puede compartir: se queda atrás. Dudo que la infidelidad de una mujer o de un marido produzca una sensación más terrible de abandono o de celos más fuertes que los que puede provocar a veces esta situación. No son aún los celos por los nuevos amigos, que pronto hará el «desertor»; pero eso vendrá. Al principio son celos por la cosa en sí: por esa ciencia, por esa música, por Dios (llamado en este contexto «religión», «todo eso de la religión»). Probablemente, los celos se manifiesten con un intento de ridiculizar ese nuevo interés del amigo: es «una solemne tontería», despreciablemente infantil (o, más bien, despreciablemente adulta); o bien se dice que el «desertor» no está de verdad interesado en eso, lo está haciendo solo por alardear, por ostentación, todo es pura afectación. Pronto le esconderá los libros, los muestrarios científicos aparecerán destruidos, desconectará violentamente las emisiones de radio de música clásica... Y es que el afecto es el más instintivo, y en este sentido el más animal, de los amores: sus celos son, proporcionadamente, feroces: gruñen y enseñan los dientes como un perro al que se le ha arrebatado su comida. ¿Por qué no habría de ser así? Algo o alguien ha arrebatado al niño que estoy describiendo su alimento de toda una vida, su segundo yo; su mundo está en ruinas.

Pero no solo los niños reaccionan así. Pocas cosas en la pacífica vida corriente de un país civilizado se acercan más a lo perverso que el rencor con que toda una familia no creyente mira al único miembro de ella que se ha hecho cristiano, o la manera como toda una familia de bajo nivel cultural mira al único hijo que da muestras de convertirse en un intelectual. No se trata, como yo antes pensaba, del odio espontáneo, y en cierto modo desinteresado, de la oscuridad hacia la luz. Una familia observante en la que uno de sus miembros se ha vuelto ateo no siempre se comportará mucho mejor: es la reacción ante la deserción, ante el robo, pues algo o alguien nos ha robado a «nuestro» hijo o hija. El que era uno de los nuestros se ha convertido en uno de ellos, de los otros. ¿Quién tenía derecho a hacer una cosa así? Él es «nuestro». Una vez que el cambio ha comenzado, ¡quién sabe dónde pueden ir a parar las cosas! (¡Y pensar que éramos tan felices, y estábamos tan tranquilos sin hacer daño a nadie...!).

A veces se sienten unos curiosos celos dobles, por así decir, o más bien dos celos incompatibles que pugnan uno contra otro en el ánimo del que los sufre. Por un lado, «todo esto es un disparate, un condenado y petulante disparate, una hipócrita farsa». Pero, por otro lado, «suponiendo —no puede ser, no debe ser—, pero suponiendo que esto tuviera algún sentido... Suponiendo que, en realidad, hubiera algo valioso en la literatura o en el cristianismo... ¿Y si "el desertor" hubiera entrado realmente en un nuevo mundo, que el resto de nosotros ni sospecha? Pero si fuera así, ¡qué injusticia! ¿Por qué él? ¿Por qué no nosotros?». «¡Qué chiquilla descarada! ¡Qué muchacho más atrevido! ¿Cómo se le pueden ocurrir cosas que a sus padres no se les ocurren?».

Y dado que esto resulta absolutamente increíble y difícil de admitir, los celos vuelven a la «hipótesis» anterior de que «todo es un disparate».

En esta situación, los padres se encuentran en una postura más cómoda que la de los hermanos y hermanas. Su pasado es desconocido por los hijos. Cualquiera que sea el nuevo mundo del desertor, siempre podrán decir que ellos pasaron por lo mismo y salieron ilesos. «Es una fase —dicen—, ya se le pasará». Nada es más satisfactorio que poder decir eso. Es algo que no puede comprobarse y ser refutado, ya que se trata de una afirmación de futuro. Duele, a pesar de que, dicho con ese tono de indulgencia, parece difícil que pueda doler. Es más, los mayores pueden llegar a creer de veras lo que dicen, y lo mejor es que puede resultar al final que tenían razón. Y si no, no será culpa suya.

«Hijo, hijo, tus locas extravagancias acabarán destrozando el corazón de tu madre». Esta queja, eminentemente victoriana, puede haber sido a menudo sincera. El afecto se sentía amargamente herido cuando un miembro de la familia se salía del *ethos* doméstico para caer en algo peor: el juego, la bebida, o el tener relaciones con una chica de revista. Por desgracia es casi igualmente posible destrozar el corazón de una madre al elevarse por encima del *ethos* del hogar. El tenaz conservadurismo del afecto actúa en ambos sentidos. Puede ser la reacción doméstica, propia de ese tipo de educación suicida para la nación, que frena al niño dotado porque los mediocres e incapaces podrían sentirse «heridos» si a ese niño se le hiciera pasar, de manera antidemocrática, a una clase más avanzada que la de ellos.

Estas perversiones del afecto están sobre todo relacionadas con el afecto como amor-necesidad. Pero, también, el afecto como amor-dádiva tiene sus perversiones.

Pienso en la señora Atareada, que falleció hace unos meses. Es realmente asombroso ver cómo su familia se ha recuperado del golpe. Ha desaparecido la expresión adusta del rostro de su marido, y ya empieza a reír. El hijo menor, a quien siempre consideré como una criaturita amargada e irritable, se ha vuelto casi humano. El mayor, que apenas paraba en casa, salvo cuando estaba en cama, ahora se pasa el día sin salir y hasta ha comenzado a reorganizar el jardín. La hija, a quien siempre se la consideró «delicada de salud» (aunque nunca supe exactamente cuál era su mal), está ahora recibiendo clases de equitación, que antes le estaban prohibidas, y baila toda la noche, y juega largos partidos de tenis. Hasta el perro, al que nunca dejaban salir sin correa, es actualmente un conocido miembro del club de las farolas de su barrio.

La señora Atareada decía siempre que ella vivía para su familia, y no era falso. Todos en el vecindario lo sabían. «Ella vive para su familia —decían—. ¡Qué esposa, qué madre!». Ella hacía todo el lavado; lo hacía mal, eso es cierto, y estaban en situación de poder mandar toda la ropa a la lavandería, y con frecuencia le decían que lo hiciera; pero ella se mantenía en sus trece. Siempre había algo caliente a la hora de comer para quien estuviera en casa; y por la noche siempre, incluso en pleno verano. Le suplicaban que no les preparara nada, protestaban y hasta casi lloraban porque, sinceramente, en verano preferían la cena fría. Daba igual: ella vivía para su familia. Siempre se quedaba levantada para «esperar» al que llegara tarde por la noche, a las dos o a las tres de la mañana, eso no importaba; el rezagado encontraría siempre el frágil, pálido y preocupado rostro esperándole, como una silenciosa acusación. Lo cual llevaba consigo que, teniendo un mínimo de decencia, no se podía salir muy seguido.

Además siempre estaba haciendo algo; era, según ella (yo no soy juez), una excelente modista aficionada, y una gran experta en hacer punto. Y, por supuesto, a menos de ser un desalmado, había que ponerse las cosas que te hacía. (El párroco me ha contado que, desde su muerte, las aportaciones de solo esta familia en «cosas para vender» sobrepasan las de todos los demás feligreses juntos). ¡Y qué decir de sus desvelos por la salud de los demás! Ella sola sobrellevaba la carga de la «delicada» salud de esa hija. Al doctor —un viejo amigo, no lo hacía a través de la Seguridad Social— nunca se le permitió discutir esta cuestión con su paciente: después de un brevísimo examen, era llevado por la madre a otra habitación, porque la niña no debía preocuparse ni responsabilizarse de su propia salud. Solo debía recibir atenciones, cariño, mimos, cuidados especiales, horribles jarabes reconstituyentes y desayuno en la cama.

La señora Atareada, como ella misma decía a menudo, «se consumía toda entera por su familia». No podían detenerla. Y ellos tampoco podían —siendo personas decentes como eran— sentarse tranquilos a contemplar lo que hacía; tenían que ayudar: realmente, siempre tenían que estar ayudando, es decir, tenían que ayudarla a hacer cosas para ellos, cosas que ellos no querían.

En cuanto al querido perro, era para ella, según decía, «como uno de los niños». En realidad, como ella lo entendía, era igual que ellos; pero como el perro no tenía escrúpulos, se las arreglaba mejor que ellos, y a pesar de que era controlado por el veterinario, sometido a dieta, y estrechamente vigilado, se las ingeniaba para acercarse hasta el cubo de la basura o bien donde el perro del vecino.

Dice el párroco que la señora Atareada está ahora descansando. Esperemos que así sea. Lo que es seguro es que su familia sí lo está.

Es fácil de ver cómo la inclinación a vivir esta situación es, por decirlo así, congénita en el instinto maternal. Se trata, como hemos visto, del amor-dádiva, pero de un amor-dádiva que necesita dar; por tanto, necesita que lo necesiten. Pero la decisión misma de dar es poner a quien recibe en una situación tal que ya no necesite lo que le damos: alimentamos a los niños para que pronto sean capaces de alimentarse a sí mismos; les enseñamos para que pronto dejen de necesitar nuestras enseñanzas. Así pues, a este amor-dádiva le está encomendada una dura tarea: tiene que trabajar hacia su propia abdicación; tenemos que aspirar a no ser imprescindibles. El momento en que podamos decir «Ya no me necesitan» debería ser nuestra recompensa; pero el instinto, simplemente por su propia naturaleza, no es capaz de cumplir esa norma. El instinto desea el bien de su objeto, pero no solamente eso, sino también el bien que él mismo puede dar. Tiene que aparecer un amor mucho más elevado —un amor que desee el bien del objeto como tal, cualquiera que sea la fuente de donde provenga el bien— y ayudar o dominar al instinto antes de que pueda abdicar; y muchas veces lo hace, por supuesto. Pero cuando eso no ocurre, la voraz necesidad de que a uno le necesiten se saciará, ya sea manteniendo como necesitados a sus objetos o inventando para ellos necesidades imaginarias; lo hará despiadadamente en cuanto que piensa (en cierto sentido con razón) que es un amor-dádiva y que, por lo tanto, se considera a sí mismo «generoso».

No solamente las madres pueden actuar así. Todos los demás afectos que necesitan que se les necesite —ya sea como consecuencia del instinto de progenitores, o porque se trate de tareas semejantes— pueden caer en el mismo hoyo; el afecto del protector por su *protégé* es uno de ellos. En la novela de Jane Austen, Emma trata de que Harriet Smith tenga una vida feliz, pero solo la clase de vida feliz que Emma ha planeado para ella. Mi profesión —la de profesor universitario— es en este sentido muy peligrosa: por poco buenos que seamos, siempre tenemos que estar trabajando con la vista puesta en el momento en que nuestros alumnos estén preparados para convertirse en nuestros críticos y rivales. Deberíamos sentirnos felices cuando llega ese momento, como el maestro de esgrima se alegra cuando su alumno puede ya «tocarle» y desarmarle. Y muchos lo están; pero no todos.

Tengo edad suficiente para poder recordar el triste caso del doctor Quartz. No había universidad que pudiera enorgullecerse de tener un profesor más eficaz y de mayor dedicación a su tarea: se daba por entero a sus alumnos, causaba una impresión imborrable en casi todos ellos. Era objeto de una merecida admiración. Como es lógico, agradecidos, le seguían visitando después de terminada la relación de tutoría; iban a su casa por las tardes y mantenían interesantes discusiones; pero lo curioso es que esas reuniones no duraban; tarde o temprano —podía ser al cabo de unos meses o incluso de algunas semanas— llegaba la hora fatal en que los alumnos llamaban a su puerta y se les decía que el profesor tenía un compromiso, y a partir de ese momento siempre tendría un compromiso: quedaban borrados para siempre de su vida. Y eso se debía a que en la última reunión ellos se habían «rebelado»: habían afirmado su independencia, discrepado del maestro y mantenido su propia opinión, quizá no sin éxito. No podía, el doctor Quartz no podía soportar tener que enfrentarse a esa misma independencia que él se había esmerado en formar, y que era su deber, en la medida de lo posible, despertar en ellos. Wotan se había afanado en crear al Sigfrido libre; pero al encontrarse ante el Sigfrido libre se enfureció. El doctor Quartz era un hombre desgraciado.

Esa terrible necesidad de que le necesiten a uno encuentra a menudo un escape mimando a un animal. Que a alguien «le gusten los animales» no significa mucho hasta saber de qué manera le gustan. Porque hay dos maneras: por un lado, el animal doméstico más perfecto es, por así decir, un «puente» entre nosotros y el resto de la naturaleza. Todos percibimos a veces, un tanto dolorosamente, nuestro aislamiento humano del mundo sub-humano: la atrofia del instinto que nuestra inteligencia impone, nuestra excesiva autoconciencia, las innumerables complicaciones de nuestra situación, la incapacidad de vivir en el presente. ¡Si pudiéramos echar todo eso a un lado! No debemos y, además, no podemos convertirnos en bestias; pero podemos estar «con» una bestia. Ese estar es lo bastante personal como para poder dar a la palabra «con» un significado verdadero; sin embargo, el animal sigue siendo muy principalmente un pequeño conjunto inconsciente de impulsos biológicos, con tres patas en el mundo de la naturaleza y una en el nuestro. Es un vínculo, un embajador. ¿Quién no desearía, como Bosanquet ha dicho, «tener un representante en la corte de Pan»? El hombre con perro cierra una brecha en el universo.

Pero, claro, los animales son con frecuencia utilizados de una manera peor. Si usted necesita que le necesiten, y en su familia, muy justamente, declinan necesitarle a usted, un animal es obviamente el sucedáneo. Puede usted tenerle toda su vida necesitado de usted. Puede mantenerle en la infancia permanentemente, reducirlo a una perpetua invalidez, separarlo de todo lo que un auténtico animal desea y, en compensación, crearle la necesidad de pequeños caprichos que solo usted puede ofrecerle. La infortunada criatura se convierte así en algo muy útil para el resto de la familia: hace de sumidero o desagüe, está usted demasiado ocupado estropeando la vida de un perro para poder estropeársela a ellos. Los perros sirven mejor a este propósito que los gatos. Y un mono, según me han dicho, es lo mejor; además tiene una mayor semejanza con los humanos. A decir verdad, todo esto supone una muy mala suerte para el animal; pero es probable que no se dé cuenta del daño que usted le ha hecho, mejor dicho, usted nunca sabrá si se dio cuenta. El más oprimido ser humano, si se le lleva demasiado lejos, puede estallar y soltar una terrible verdad; pero los animales no pueden hablar.

Sería muy aconsejable que los que dicen «cuanto más conozco a los hombres más quiero a los perros» —los que en los animales encuentran un «consuelo» frente a las exigencias de la relación humana— examinaran sus verdaderas razones para decirlo.

Espero que no se me interprete mal. Si este capítulo induce a alguien a pensar que la falta de «afecto natural» supone una depravación extrema, habré fracasado. Tampoco pongo en duda por el momento que el afecto es la causa, en nueve casos sobre diez, de toda la felicidad sólida y duradera que hay en nuestra vida natural. Por lo tanto, sentiré una cierta simpatía por aquellos que comenten estas últimas páginas diciendo algo así como «Por supuesto, por supuesto. Estas cosas suceden en la realidad. La gente egoísta y neurótica puede retorcer cualquier cosa, hasta el amor, y convertirlo en una especie de sufrimiento o de explotación. ¿Pero para qué poner el acento en casos límite? Algo de sentido común, un poco de tira y afloja, impiden que esto suceda entre personas normales». Aunque me parece que este comentario necesita a su vez otro comentario.

Primeramente, en cuanto a lo de «neurótico». No me parece que lleguemos a ver las cosas con mayor claridad por calificar todos esos estados dañinos para el afecto como patológicos. Sin duda hay elementos patológicos que hacen anormalmente difícil, y aun imposible para ciertas personas, resistir la tentación de caer en esos estados. Hay que llevar a estas personas al médico sea como sea. Pero pienso que todo el que sea sincero consigo mismo admitirá que esa tentación también la ha sentido.

Sentir eso no es una enfermedad; y si lo es, el nombre de esa enfermedad es ser hombre caído. Entre la gente normal el hecho de ceder a ellas —¿y quién no ha cedido alguna vez?— no es una enfermedad, sino un pecado. La dirección espiritual nos ayudará aquí más que el tratamiento médico. La medicina actúa con el fin de restablecer la estructura «natural» o la función «normal»; pero la codicia, el egoísmo, el autoengaño y la autocompasión no son antinaturales ni anormales en el mismo sentido en que lo son el astigmatismo o un riñón flotante. Porque ¿quién, ¡en nombre del Cielo!, podría calificar de natural o normal a la persona que no tuviera ninguna de esas deficiencias? Será «natural» si se quiere, pero en un sentido muy distinto: será archinatural, es decir, será una persona sin pecado original. Hemos visto solo a un Hombre así, y Él no responde en absoluto a la descripción que puede hacer el psicólogo del ciudadano integrado, equilibrado, adaptado, felizmente casado y con empleo. Uno no puede, realmente, estar muy «adaptado» a su mundo si se le dice que «tiene demonio» y termina clavado desnudo en un madero.

Pero, en segundo lugar, ese comentario admite justamente, en lo mismo que dice, lo que yo estoy intentando decir. El afecto produce felicidad si hay, y solamente si hay, sentido común, el dar y recibir mutuos —ese tira y afloja—, y «honestidad»; en otras palabras: solo si se añade algo más que el mero afecto, algo distinto del afecto, pues el sentimiento solo no es suficiente. Se necesita «sentido común», es decir, razón; se necesita «tira y afloja», esto es, se necesita justicia que continuamente estimule al afecto cuando este decae, y en cambio lo restrinja cuando olvida o va contra el «arte» de amar; se necesita «honestidad», y no hay por qué ocultar que esto significa bondad, paciencia, abnegación, humildad, y la intervención continua de una clase de amor mucho más alta, amor que el afecto en sí mismo considerado nunca podrá llegar a ser. Aquí está toda la cuestión: si tratamos de vivir solo de afecto, el afecto «nos hará daño».

Me parece que rara vez reconocemos ese daño. ¿Podía la señora Atareada estar realmente tan ajena a las innumerables frustraciones y aflicciones que infligía a su familia? Es difícil de creer. Ella sabía, ¡claro que lo sabía!, que echaba a perder toda la alegría de una velada fuera de casa cuando, al volver, uno la encontraba ahí sin hacer nada, acusadoramente, «en pie, esperándole». Seguía actuando así porque, si dejaba de hacerlo, se tendría que enfrentar al hecho que estaba decidida a no ver: habría sabido que no era necesaria. Ese es el primer motivo. Luego, además, la misma laboriosidad de su vida acallaba sus secretas dudas respecto a la calidad de su amor. Cuanto más le ardieran los pies y le doliera la espalda de tanto trabajar, mejor, porque esas molestias le susurraban al oído: «¡Cuánto debes quererles por hacer todo eso!». Este es el segundo motivo; pero me parece que hay algo más profundo: la falta de reconocimiento de los demás, esas terribles e hirientes palabras —cualquier cosa puede herir a la señora Atareada— con que ellos le rogaban que mandara a lavar la ropa fuera, le servían de motivo para sentirse maltratada y, por tanto, para estar constantemente ofendida, y para poder saborear los placeres del resentimiento. Si alguien dice que no conoce esos placeres, o es un mentiroso o un santo. Es cierto que esos placeres solo se dan en quienes odian; pero es que un amor como el de la señora Atareada contiene una buena cantidad de odio. Lo mismo sucede con el amor erótico, del que el poeta romano dice «Yo amo y odio»; e incluso otros tipos de amor admiten esa misma mezcla, pues si se hace del afecto el amor absoluto de la vida humana, la semilla del odio germinará; el amor, al haberse convertido en dios, se vuelve un demonio.

IV

LA AMISTAD

Cuando el tema de que hablamos es la amistad, o el eros, encontramos un auditorio preparado. La importancia y belleza de ambos ha sido reiteradamente destacada, y hasta exagerada una y otra vez. Aun aquellos que pretenden ridiculizarlos, como consciente reacción contra esa tradición de encomios, lo hacen también influidos por ellos. Pero muy poca gente moderna piensa que la amistad es un amor de un valor comparable al eros o, simplemente, que sea un amor. No puedo recordar ningún poema desde *In Memoriam*, ni ninguna novela que la haya celebrado. Tristán e Isolda, Antonio y Cleopatra, Romeo y Julieta tienen innumerables imitaciones en la literatura moderna; pero David y Jonatán, Pílades y Orestes, Rolando y Oliveros, Amis y Amiles no las tienen. A los antiguos, la amistad les parecía el más feliz y más plenamente humano de todos los amores: coronación de la vida y escuela de virtudes. El mundo moderno, en cambio, la ignora. Admite, por supuesto, que además de una esposa y una familia, un hombre necesita unos pocos «amigos»; pero el tono mismo en que se admite, y el que ese tipo de relación se describa como «amistades», demuestra claramente que de lo que se habla tiene muy poco que ver con esa *philia* que Aristóteles clasificaba entre las virtudes, o esa *amicitia* sobre la que Cicerón escribió un libro. Se considera algo bastante marginal, no un plato fuerte en el banquete de la vida; un entretenimiento, algo que llena los ratos libres de nuestra vida. ¿Cómo ha podido suceder eso?

La primera y más obvia respuesta es que pocos la valoran porque son pocos los que la experimentan. Y la posibilidad de que transcurra la vida sin esa experiencia se afinca en el hecho de separar tan radicalmente a la amistad de los otros dos amores (el afecto y la caridad). La amistad es —en un sentido que de ningún modo la rebaja— el menos «natural» de los amores, el menos instintivo, orgánico, biológico, gregario y necesario. No tiene ninguna vinculación con nuestros nervios; no hay en él nada que acelere el pulso o lo haga a uno empalidecer o sonrojarse. Es algo que se da esencialmente entre individuos: desde el momento en que dos hombres son amigos, en cierta medida se han separado del rebaño. Sin eros ninguno de nosotros habría sido engendrado, y sin afecto ninguno de nosotros hubiera podido ser criado; pero podemos vivir y criar sin la amistad. La especie, biológicamente considerada, no la necesita. A la multitud o el rebaño —la comunidad— hasta puede disgustarles y desconfiar de ella; los dirigentes muy a menudo sienten de ese modo: los directores y directoras de escuelas, los rectores de comunidades religiosas, los coroneles y capitanes de barco pueden sentirse incómodos cuando ven surgir íntimas y fuertes amistades entre sus súbditos.

Este carácter «no natural», por así llamarlo, de la amistad explica sobradamente por qué fue enaltecida en las épocas antigua y medieval, y que haya llegado a ser algo fútil en la nuestra. El pensamiento más profundo y constante de aquellos tiempos era ascético y de renunciamiento al mundo. La naturaleza, la emociones y el cuerpo eran temidos como un peligro para nuestras almas, o despreciados como degradaciones de nuestra condición humana. Inevitablemente, por tanto, se valoraba más el tipo de amor que parece más independiente, e incluso más opuesto, de lo meramente natural. El afecto y el eros están demasiado claramente relacionados con nuestro sistema nervioso, y son demasiado obviamente compartidos con los animales. Los sentimos cómo remueven nuestras entrañas y alteran nuestra respiración. Pero en la amistad —en ese mundo luminoso, tranquilo, racional de las relaciones libremente elegidas— uno se aleja de todo eso. De entre todos los amores, ese es el único que parece elevarnos al nivel de los dioses y de los ángeles.

Pero surgió entonces el Romanticismo y «la comedia lacrimógena» y el «retorno a la naturaleza» y la exaltación del sentimiento y, como séquito suyo, todo ese cúmulo de emociones que, aunque fuera a menudo criticado, perdura desde entonces. Por último surgieron la exaltación del instinto y los oscuros dioses de la sangre, cuyos hierofantes suelen ser incapaces de una amistad masculina. Bajo esa nueva consideración, todo lo que antaño se elogiaba en el amor de amistad comenzó a ir en contra suya. No había en él sonrisas llenas de lágrimas, ni finezas, ni ese lenguaje infantil que pudiera complacer a los sentimentales. No estaba suficientemente envuelto en sangre y visceralidad para que pudiera atraer a los primarios. Se le veía como un amor flaco y descolorido, como una especie de sustitutivo para vegetarianos de amores más orgánicos.

Otras causas han contribuido a eso. Para quienes —y ahora son mayoría— ven la vida humana como una vida animal más desarrollada y más compleja, todas las formas de comportamiento que no puedan mostrar el certificado de su origen animal y un valor de supervivencia resultan sospechosas. Los certificados de amistad no son muy satisfactorios. Una vez más, esa actitud que valora lo colectivo por encima de lo individual necesariamente menosprecia la amistad, que es una relación entre hombres en su nivel máximo de individualidad. La amistad saca al hombre del colectivo «todos juntos» con tanta fuerza como puede hacerlo la soledad, y aun más peligrosamente, porque los saca de dos en dos o de tres en tres. Ciertas manifestaciones de sentimiento democrático le son naturalmente hostiles, porque la amistad es selectiva, es asunto de unos pocos. Decir «estos son mis amigos» implica decir «esos no lo son». Por todas estas razones, si alguien cree (como yo lo creo) que la antigua apreciación de la amistad era la correcta, difícilmente escribirá un capítulo sobre ella si no es para rehabilitarla.

Esto me obliga a llevar a cabo, como comienzo, una muy ardua tarea de demolición, porque en nuestra época se hace necesario refutar la teoría de que toda amistad sólida y seria es, en realidad, homosexual.

La peligrosa expresión «en realidad» es aquí importante. Decir que toda amistad es consciente y explícitamente homosexual sería, es obvio, demasiado falso; los pedantes se escudan tras la acusación menos palpable de que es homosexual «en realidad», es decir, inconscientemente, crípticamente, en un cierto sentido propio del Club Pickwick. Y esto, aunque no se puede probar, no puede tampoco nunca, desde luego, ser rebatido. El hecho de que no pueda descubrirse ninguna positiva evidencia de homosexualidad en el comportamiento de dos amigos no desconcierta en absoluto a esos pedantes. Dicen gravemente: «Esto es justo lo que se podía esperar». La mismísima falta de pruebas es así valorada como una evidencia; la falta de humo es la prueba de que el fuego ha sido cuidadosamente ocultado. Sí, supuesto que exista; pero primero hay que probar que existe. De otro modo estaríamos argumentando como uno que dijera: «Si en esa silla hubiera un gato invisible, parecería vacía; la silla parece vacía, luego en ella hay un gato invisible».

La creencia en gatos invisibles quizá no se pueda refutar de un modo lógico, pero dice mucho acerca de quienes sostienen esa creencia. Los que no pueden concebir la amistad como un amor sustantivo, sino solo como un disfraz o una elaboración del eros, dejan traslucir el hecho de que nunca han tenido un amigo. Los demás sabemos que aunque podamos sentir amor erótico y amistad por la misma persona, sin embargo, en cierto sentido, nada como la amistad se parece menos a un asunto amoroso. Los enamorados están siempre hablándose de su amor; los amigos, casi nunca de su amistad. Normalmente, los enamorados están frente a frente, absortos el uno en el otro; los amigos van el uno al lado del otro, absortos en algún interés común. Sobre todo, el eros (mientras dura) se da necesariamente solo entre dos. Pero el dos, lejos de ser el número requerido para la amistad, ni siquiera es el mejor, y por una razón importante.

Lamb dice en alguna parte que si de tres amigos (A, B y C) A muriera, B perdería entonces no solo a A, sino «la parte de A que hay en C», y C pierde no solo a A, sino también «la parte de A que hay en B». En cada uno de mis amigos hay algo que solo otro amigo puede mostrar plenamente. Por mí mismo no soy lo bastante completo como para poner en actividad al hombre total, necesito otras luces, además de las mías, para mostrar todas sus facetas. Ahora que Carlos ha muerto, nunca volveré a ver la reacción de Ronaldo ante una broma típica de Carlos. Lejos de tener más de Ronaldo al tenerle solo «para mí» ahora que Carlos ha muerto, tengo menos de él.

Por eso, la verdadera amistad es el menos celoso de los amores. Dos amigos se sienten felices cuando se les une un tercero, y tres cuando se les une un cuarto, siempre que el recién llegado esté cualificado para ser un verdadero amigo. Pueden entonces decir, como dicen las ánimas benditas en el Dante: «Aquí llega uno que aumentará nuestro amor»; porque en este amor «compartir no es quitar».

Por supuesto que la escasez de almas afines —por no hacer consideraciones prácticas sobre el tamaño de las habitaciones y su acústica— pone límites a la ampliación del círculo; pero dentro de esos límites poseemos a cada amigo no menos sino más a medida que crece el número de aquellos con quienes lo compartimos. En esto la amistad muestra una gloriosa «aproximación por semejanza» al Cielo, donde la misma multitud de los bienaventurados (que ningún hombre puede contar) aumenta el goce que cada uno tiene de Dios; porque al verle cada alma a su manera comunica, sin duda, esa visión suya, única, a todo el resto de los bienaventurados. Por eso dice un autor antiguo que los serafines, en la visión de Isaías, se están gritando «el uno al otro» «Santo, santo, santo» (Isaías 6.3). Así, cuanto más compartamos el Pan del Cielo entre nosotros, más tendremos de Él.

La teoría homosexual, por tanto, no me parece en absoluto plausible. Esto no quiere decir que la amistad y el eros anormal no se hayan nunca combinado. Ciertas culturas en ciertas épocas parecen haber tendido a esa contaminación. En las sociedades de guerreros era, me parece a mí, muy posible que esa mezcla se deslizara entre el maduro Valiente y su joven escudero o escolta. La ausencia de mujeres, cuando el hombre se hallaba en la guerra, tenía sin duda algo que ver con eso. Al determinar —si es que uno cree que necesita o puede determinarlo— dónde se insinuaba o dónde no la homosexualidad, debemos guiarnos con seguridad por pruebas, cuando las hay, y no por una teoría *a priori*. Los besos, las lágrimas y los abrazos no son en sí mismos una prueba de homosexualidad. Las implicaciones serían, en todo caso, demasiado cómicas: Hrothgar abrazando a Beowulf, Johnson abrazando a Boswell (una pareja manifiestamente heterosexual) y todos esos viejos centuriones, rudos y peludos, que aparecen en Tácito estrechándose entre sus brazos unos a otros y pidiendo un último beso cuando la legión se disolvía..., ¿eran todos afeminados? Si puede usted creer eso, es que es capaz de creer cualquier cosa. Desde una perspectiva histórica amplia, no son, por supuesto, los gestos demostrativos de la amistad entre nuestros antepasados, sino la ausencia de estos gestos en nuestra propia sociedad lo que requiere una explicación especial. Somos nosotros, no ellos, los que nos hemos salido del tiesto.

He dicho que la amistad es el menos biológico de los amores. Tanto el individuo como la comunidad pueden sobrevivir sin ella; pero hay alguna otra cosa, que se confunde a menudo con la amistad, y que la comunidad sí necesita, una cosa que, no siendo amistad, es la matriz de la amistad.

En las primeras comunidades, la cooperación de los varones como cazadores o guerreros no era menos necesaria que la tarea de engendrar y criar a los hijos. Una tribu donde no hubiera inclinación por una de esas tareas moriría, con la misma seguridad que la tribu que no tuviera inclinación por la otra tarea. Mucho antes de que la historia comenzara, los hombres nos hemos reunido, sin las mujeres, y hemos hecho cosas;

teníamos que hacerlas. Y sentir agrado por hacer lo que es necesario hacer es una característica que tiene valor de supervivencia. No solo debíamos hacer cosas, sino que teníamos que hablar de ellas: teníamos que hacer un plan de caza y de batalla. Cuando estas terminaban, teníamos que hacer un examen *post mortem* y sacar conclusiones para el futuro; y esto nos gustaba todavía más. Ridiculizábamos o castigábamos a los cobardes y a los chapuceros, y elogiábamos a los que se destacaban en las acciones de guerra o de caza.

—Él tenía que haber sabido que nunca podría acercarse al animal con el viento dándole de ese lado...

—Es que yo tenía una punta de flecha más ligera; por eso resultó.

—Lo que yo siempre digo es que...

—Se lo clavé así, ¿ves? Así como estoy sosteniendo ahora esta vara...

Lo que hacíamos era hablar del trabajo. Disfrutábamos mucho de la compañía de unos con otros: nosotros los valientes, nosotros los cazadores, todos unidos por una destreza compartida, por los peligros y los padecimientos compartidos, por bromas hechas en confidencia, lejos de las mujeres y de los niños.

El hombre del paleolítico pudo o no haber llevado un garrote al hombro, como un bruto, pero ciertamente era miembro de un club, una especie de club que probablemente formaba parte de su religión, como ese club sagrado de fumadores, donde los salvajes, en *Typee* de Melville, se reunían todas las noches de su vida «maravillosamente a gusto».

¿Y mientras tanto qué hacían las mujeres? No lo sé, cómo podría saberlo yo: soy un hombre, y nunca he espiado los misterios de Bona Dea, la protectora de las mujeres. Seguramente tenían frecuentes rituales de los que los hombres estaban excluidos. Cuando, como sucedía a veces, tenían a su cargo la agricultura, adquirirían ciertas habilidades, conseguirían logros y triunfos comunes, igual que los hombres. Aun con todo, quizá su mundo no fue tan marcadamente femenino como fue masculino el de sus compañeros los hombres. Los niños permanecían con ellas; tal vez los ancianos también. Pero solo hago suposiciones; además, solo puedo rastrear la prehistoria de la amistad en la línea masculina.

Este gusto en cooperar, en hablar del trabajo, en el mutuo respeto y entendimiento de los hombres, que diariamente se ven sometidos a una determinada prueba y se observan entre sí, es biológicamente valioso. Usted puede, si quiere, considerarlo como un producto del «instinto gregario»; a mí me parece que considerarlo así es como dar un largo rodeo para llegar a algo que todos comprendemos hace tiempo mucho mejor que nadie ha comprendido la palabra «instinto»: algo que tiene lugar actualmente en miles de salas de espera, salas de estar, bares y clubes de golf: yo prefiero llamar a eso compañerismo, o «clubismo».

Este compañerismo es, sin embargo, solo la matriz de la amistad. Con frecuencia se le llama amistad, y mucha gente al hablar de sus «amigos» solo se refiere a sus compañeros; pero esto no es la amistad en el sentido que yo le doy a la palabra. Al decir eso no tengo la menor intención de menospreciar la simple relación de club: no menospreciamos la plata cuando la distinguimos del oro.

La amistad surge fuera del mero compañerismo cuando dos o más compañeros descubren que tienen en común algunas ideas o intereses o simplemente algunos gustos que los demás no comparten y que hasta ese momento cada uno pensaba que era su propio y único tesoro, o su cruz. La típica expresión para iniciar una amistad puede ser algo así: «¿Cómo, tú también? Yo pensaba ser el único».

Podemos imaginar que entre aquellos primitivos cazadores y guerreros, algunos individuos —¿uno en un siglo, uno en mil años?— vieron algo que los otros no veían, vieron que el venado era a la vez hermoso y comestible, que la caza era divertida y a la vez necesaria, soñaron que sus dioses quizá fueran no solo poderosos, sino también sagrados. Pero si cada una de esas perspicaces personas muere sin encontrar un alma afín, nada, supongo yo, se sacará de provecho: ni en el arte ni en el deporte ni en la religión nacerá nada nuevo. Cuando dos personas como esas se descubren una a otra, cuando, aun en medio de enormes dificultades y tartamudeos semiarticulados, o bien con una rapidez de comprensión mutua que nos podría asombrar por lo vertiginosa, comparten su visión común, entonces nace la amistad. E, inmediatamente, esas dos personas están juntas en medio de una inmensa soledad.

Los enamorados buscan la intimidad. Los amigos encuentran esta soledad en torno a ellos, lo quieran o no; es esa barrera entre ellos y la multitud, y desearían reducirla; se alegrarían de encontrar a un tercero.

En nuestro tiempo, la amistad surge de la misma manera. Para nosotros, desde luego, la misma actividad compartida —y, por tanto, el compañerismo que da lugar a la amistad—, no será muchas veces física, como la caza y la guerra; pero puede ser la religión común, estudios comunes, una profesión común, e incluso un pasatiempo común. Todos los que compartan esa actividad serán compañeros nuestros; pero uno o dos o tres que comparten algo no serán por eso amigos nuestros. En este tipo de amor —como decía Emerson—, el «¿Me amas?» significa: «¿Ves tú la misma verdad que veo yo?». O, por lo menos: «¿Te interesa?». La persona que está de acuerdo con nosotros en que un determinado problema, casi ignorado por otros, es de gran importancia puede ser amigo nuestro; no es necesario que esté de acuerdo con nosotros en la solución.

Se advertirá que la amistad repite así, en un nivel más individual, y menos necesario desde el punto de vista social, el carácter de compañerismo que fue su matriz. El compañerismo se da entre personas que hacen algo juntas: cazar, estudiar, pintar o lo que sea. Los amigos seguirán haciendo alguna cosa juntos, pero hay algo más interior, menos ampliamente compartido y menos fácil de definir; seguirán cazando, pero una presa inmaterial; seguirán colaborando, sí, pero en cierto trabajo que el mundo no advierte, o no lo advierte todavía; compañeros de camino, pero en un tipo de viaje diferente. De ahí que describamos a los enamorados mirándose cara a cara, y en cambio a los amigos, uno al lado del otro, mirando hacia adelante.

De ahí también que esos patéticos seres que solo quieren conseguir amigos, nunca podrán conseguir ninguno. La condición para tener amigos es querer algo más que amigos: si la sincera respuesta a la pregunta «¿Ves la misma cosa que yo?» fuese: «No veo nada, pero la verdad es que no me importa, porque lo que yo quiero es un amigo», no podría nacer ninguna amistad, aunque pueda nacer un afecto; no habría nada «sobre» lo que construir la amistad, y la amistad tiene que construirse sobre algo, aunque solo sea una afición por el dominó, o por las ratas blancas. Los que no tienen nada no pueden compartir nada, los que no van a ninguna parte no pueden tener compañeros de ruta.

Cuando dos personas descubren de este modo que van por el mismo camino secreto y son de sexo diferente, la amistad que nace entre ellas puede fácilmente pasar —puede pasar en la primera media hora— al amor erótico. A no ser que haya entre ellas una repulsión física, o a no ser que una de ellas ame ya a otra persona, es casi seguro que tarde o temprano pasará eso. Y al revés, el amor erótico puede llevar a la amistad entre los enamorados; pero esto, en lugar de borrar la diferencia entre ambos amores, los clarifica incluso más. Si alguien que, en sentido pleno y profundo, fue primero amigo o amiga, y gradual o súbitamente se manifiesta como alguien que también se ha enamorado, no querrá, es claro, compartir ese amor erótico por el amado con un tercero; pero no sentirá celos en absoluto por compartir la amistad. Nada enriquece tanto un amor erótico como descubrir que el ser amado es capaz de establecer, profunda, verdadera y espontáneamente, una profunda amistad con los amigos que uno ya tenía: sentir que no solo estamos unidos por el amor erótico, sino que nosotros tres o cuatro o cinco somos viajeros en la misma búsqueda, tenemos la misma visión de la vida.

La coexistencia de amistad y eros también puede ayudar a algunos modernos a darse cuenta de que la amistad es en realidad un amor, y que ese amor es incluso tan grande como el eros. Supongamos que usted ha sido tan afortunado que se ha «enamorado» y se ha casado con una amiga suya. Y supongamos que les dan a elegir entre estas dos posibilidades: «O ustedes dos dejarán de estar enamorados, pero seguirán siempre estando juntos en la búsqueda del mismo Dios, la misma Belleza, la misma Verdad, o bien, perdiendo la amistad, conservarán mientras vivan el éxtasis y el ardor, toda la maravilla y el apasionado deseo de eros. Elijan lo que quieran». ¿Cuál escogeríamos? ¿De qué elección no nos arrepentiríamos después de haberla hecho?

He insistido en el carácter «innecesario» de la amistad, y esto requiere ciertamente una mayor justificación de la que hasta ahora le he dado.

Podría alegarse que las amistades tienen un valor práctico para la comunidad. Toda religión civilizada se inició entre un grupo reducido de amigos. Las matemáticas empezaron realmente cuando unos pocos amigos griegos se juntaron para hablar de números y líneas y ángulos. Lo que hoy es la Royal Society fue originariamente la reunión de unos pocos caballeros que en sus ratos libres se juntaban para discutir cosas por las que ellos, y no muchos más, sentían afición. Lo que ahora llamamos Movimiento Romántico, en un tiempo «fue» Wordsworth y Coleridge hablando incesantemente —al menos Coleridge— de una secreta visión que les era propia. Del comunismo, del Movimiento de Oxford, del metodismo, del movimiento contra la esclavitud, de la Reforma, del Renacimiento, de todos ellos, sin exagerar mucho, puede decirse que empezaron de la misma manera.

Algo de esto hay; pero casi todos los lectores podrían pensar que algunos de esos movimientos eran buenos para la sociedad, y otros, malos. El conjunto de la lista, si es aceptada, tendería a demostrar que, en el mejor de los casos, la amistad es tanto un posible riesgo como un beneficio para la comunidad. Y aun como beneficio tendría no tanto un valor de supervivencia, sino lo que podríamos llamar «un valor de la civilización», algo, en frase aristotélica, que ayuda a la comunidad no a vivir, sino a vivir bien. El valor de la supervivencia y el valor de la civilización coinciden en ciertas épocas y bajo ciertas circunstancias, pero no en todas. Sea lo que sea, lo que parece cierto es que cuando la amistad da frutos que la comunidad puede utilizar, tiene que hacerlo accidentalmente, como con un subproducto. Las religiones diseñadas para un objetivo especial, como la adoración al emperador de los romanos, o las tentativas por «hacer pasar» el cristianismo como un medio para «salvar la civilización», no producen grandes resultados. Los pequeños círculos de amigos que dan la espalda al «mundo» son los que lo transforman de veras. Las matemáticas de Egipto y Babilonia tenían un sentido práctico y social, estaban al servicio de la agricultura y de la magia; pero las matemáticas griegas, practicadas por amigos en los ratos de ocio, han sido mucho más importantes para nosotros.

Otros dirán, además, que la amistad es sumamente útil, y hasta necesaria quizá, para la supervivencia del individuo. Podrán afirmar sentenciosamente que «desguarnecida está la espalda sin un amigo detrás», y que «se dan casos de estar más unido al amigo que al hermano». Pero al hablar así estamos interpretando la palabra «amigo» en el sentido de «aliado». En el sentido usual, «amigo» significa, o debería significar, más que eso. Un amigo, ciertamente, demostrará ser también un aliado cuando sea necesaria la alianza; prestará o dará cuando lo necesitemos, nos cuidará en las enfermedades, estará de nuestra parte frente a nuestros enemigos, hará cuanto pueda por nuestra viuda y huérfanos; pero esos buenos oficios no son la esencia de la amistad. Los casos en que se ejercen son casi interrupciones. En cierto sentido son irrelevantes, en otro, no; relevantes porque uno sería un falso amigo si no los ejercitara cuando surge la necesidad, pero irrelevantes porque el papel de benefactor siempre sigue siendo accidental, hasta un poco ajeno al papel de amigo; es casi algo embarazoso, porque la amistad está absolutamente libre de la necesidad que siente el afecto de ser necesario. Lamentamos que algún regalo, préstamos o noche en vela hayan sido necesarios..., y ahora, por favor, olvidémoslo, y volvamos a las cosas que realmente queremos hacer o de las que queremos hablar juntos. Ni siquiera la gratitud supone un enriquecimiento de este amor; la estereotipada expresión «No hay de qué» expresa en este caso lo que realmente sentimos. La señal de una perfecta amistad no es ayudar cuando se presenta el apuro (se ayudará, por supuesto), sino que esa ayuda que se ha llevado a cabo no significa nada; fue como una distracción, una anomalía; fue una terrible pérdida del tiempo —siempre demasiado corto— de que disponemos para estar juntos. Solo tuvimos un par de horas para charlar, y, ¡santo Cielo!, de ellas veinte minutos tuvimos que dedicarlos a resolver «asuntos».

Porque, por supuesto, no queremos estar enterados para nada de los asuntos de nuestro amigo. La amistad, a diferencia del eros, no es inquisitiva. Uno llega a ser amigo de alguien sin saber o sin importarle si está casado o soltero o cómo se gana la vida. ¿Qué tienen que ver todas estas cosas «sin interés, prosaicas», con la verdadera cuestión: «¿Ves tú la misma verdad que yo»? En un círculo de verdaderos amigos, cada persona es simplemente lo que es: solamente ella misma. A nadie le importa un bledo su familia, su profesión, clase, renta, raza o el pasado del otro. Por supuesto que usted llegará a saber muchas más cosas; pero, incidentalmente; todo eso saldrá poco a poco, a la hora de poner un ejemplo o una comparación, o sirve como excusa a la hora de contar una anécdota: nunca se cuenta por sí mismo. Esta es la grandeza de la amistad. Nos reunimos como príncipes soberanos de Estados independientes, en el extranjero, en suelo neutral, libres de nuestro propio contexto. Este amor ignora esencialmente no solo nuestros cuerpos físicos, sino todo ese conjunto de cosas que consisten en nuestra familia, trabajo, nuestro pasado y nuestras relaciones.

En casa, además de ser Pedro o Juana, llevamos un carácter genérico: somos marido o esposa, hermano o hermana, jefe, colega, o subordinado. No así entre nuestros amigos. Es un asunto de espíritus desprendidos o desvestidos. Eros quiere tener cuerpos desnudos; la amistad, personalidades desnudas.

De ahí, si no me interpretan mal, la exquisita arbitrariedad e irresponsabilidad de este amor. No tengo la obligación de ser amigo de nadie, y ningún ser humano en el mundo tiene el deber de serlo mío. No hay exigencias, ni la sombra de necesidad alguna. La amistad es innecesaria, como la filosofía, como el arte, como el universo mismo, porque Dios no necesitaba crear. No tiene valor de supervivencia; más bien es una de esas cosas que le dan valor a la supervivencia.

Cuando hablaba de amigos que van uno junto al otro o codo con codo, estaba señalando un contraste necesario entre su postura y la de los enamorados, a quienes representamos cara a cara; no quiero insistir en esa imagen más allá de ese mero contraste. La búsqueda o perspectiva común que une a los amigos no los absorbe hasta el punto de que se ignoren entre sí o se olviden el uno del otro; al contrario, es el verdadero medio en el que su mutuo amor y conocimiento existen. A nadie conoce uno mejor que a su «compañero»: cada paso del viaje común pone a prueba la calidad de su metal; y las pruebas son pruebas que comprendemos perfectamente, porque las experimentamos nosotros mismos. De ahí que al comprobar una y otra vez su autenticidad, florecen nuestra confianza, nuestro respeto y nuestra admiración en forma de un amor de apreciación muy sólido y muy bien informado. Si al principio le hubiéramos prestado más atención a él y menos a ese «entorno» al que gira nuestra amistad, no habríamos podido llegar a conocerle o a amarle tanto. No encontraremos al guerrero, al poeta, al filósofo o al cristiano mirándonos a los ojos como si fuera nuestra amada: será mejor pelear a su lado, leer con él, discutir con él, orar con él.

En una amistad perfecta, ese amor de apreciación es muchas veces tan grande, me parece a mí, y con una base tan firme que cada miembro del círculo, en lo íntimo de su corazón, se siente poca cosa ante todos los demás. A veces se pregunta qué pinta él allí entre los mejores. Tiene suerte, sin mérito alguno, de encontrarse en semejante compañía; especialmente cuando todo el grupo está reunido, y él toma lo mejor, lo más inteligente o lo más divertido que hay en todos los demás. Esas son las sesiones de oro: cuando cuatro o cinco de nosotros, después de un día de duro caminar, llegamos a nuestra posada, cuando nos hemos puesto las zapatillas, y tenemos los pies extendidos hacia el fuego y el vaso al alcance de la mano, cuando el mundo entero, y algo más allá del mundo, se abre a nuestra mente mientras hablamos, y nadie tiene ninguna querella ni responsabilidad alguna frente al otro, sino que todos somos libres e iguales, como si nos hubiéramos conocido hace apenas una hora, mientras al mismo tiempo nos envuelve un afecto que ha madurado con los años. La vida, la vida natural, no tiene don mejor que ofrecer. ¿Quién puede decir que lo ha merecido?

De todo lo dicho se desprende claramente que en la mayor parte de las sociedades y en casi todas las épocas las amistades se dan entre hombres y hombres, o entre mujeres y mujeres. Los sexos se encuentran en el afecto y en el eros, pero no en este amor. Y eso porque el afecto y el eros rara vez habrán gozado en las actividades comunes del compañerismo, que es la matriz de la amistad. Cuando los hombres tienen instrucción y las mujeres no, cuando uno trabaja y la otra permanece ociosa, o cuando realizan trabajos enteramente distintos, normalmente no tendrán nada «sobre» lo que puedan ser amigos. Podemos, pues, advertir fácilmente que es la falta de esto, más que cualquier otra cosa en su naturaleza, lo que excluye de la amistad, porque si pudieran ser compañeros también podrían llegar a ser amigos. De ahí que en una profesión, como es la mía, donde hombres y mujeres trabajan codo con codo, o en el campo misionero, o entre escritores y artistas, esa amistad sea muy común. Ciertamente, lo que una parte ofrece como amistad puede ser interpretado por la otra como eros, con penosos y embarazosos resultados. O bien lo que comienza como amistad puede convertirse para ambos también en eros. Pero decir que algo puede ser interpretado como otra cosa, o que puede convertirse en otra cosa, no significa negar la diferencia entre ellas, sino que más bien la implica; de otro modo no podríamos hablar de «convertirse en» o «interpretarse como».

En cierto sentido, nuestra sociedad es desafortunada. Un mundo donde los hombres y las mujeres no tienen ningún trabajo en común ni educación en común es probable que pueda arreglárselas bastante bien. En él, los hombres se buscan entre ellos para ser amigos y lo pasan muy bien. Supongo que las mujeres disfrutan de sus amistades femeninas igualmente.

Un mundo donde todos, hombres y mujeres, tuvieran una base común suficiente para esta relación podría ser también agradable. Actualmente, sin embargo, fracasamos al fluctuar entre dos alternativas. La base común necesaria, la matriz, existe entre sexos en ciertos grupos, pero no en otros. Está notablemente ausente en muchos barrios residenciales. En un barrio rico, donde los hombres han pasado su vida haciendo y acumulando dinero, las mujeres, algunas al menos, han empleado su tiempo libre en desarrollar su vida intelectual, se han aficionado a la música o a la literatura. En esos ámbitos, los hombres aparecen ante las mujeres como bárbaros entre gente civilizada.

En otros barrios es posible observar la situación contraria: ambos sexos han «ido a la escuela», por supuesto; pero desde entonces los hombres han tenido una educación mucho más seria, han llegado a ser doctores, abogados, clérigos, arquitectos, ingenieros u hombres de letras. Para ellos, las mujeres son como los niños para los adultos. En ninguno de esos barrios resulta en modo alguno probable la amistad entre los sexos; por eso, aunque es un empobrecimiento, podría ser tolerable si fuera admitido o aceptado. Pero el problema peculiar de nuestro tiempo es que los hombres y las mujeres, en esa situación, obsesionados por rumores e impresiones de grupos más felices, donde no existe esa diferencia entre los sexos, y deslumbrados por la idea igualitaria de que si algo es posible para algunos deberá ser, y por tanto es, posible para todos, se niegan a aceptar esa diferencia.

Es así como, por un lado, tenemos a la esposa en plan de profesora puntillosa y mandona, la mujer «culta» que está siempre tratando de llevar al marido «a que alcance su nivel». Lo arrastra a los conciertos, le gustaría que hasta aprendiera bailes tradicionales, e invita a gente «culta» a su casa. Es normal que eso no cause, sorprendentemente, ningún daño: el hombre de edad madura tiene un gran poder de resistencia pasiva y, ¡si ella lo supiera!, de indulgencia: «las mujeres tienen sus manías».

Algo mucho más penoso sucede cuando son los hombres los civilizados y las mujeres no, y sobre todo cuando las mujeres, y muchos hombres también, se niegan a reconocerlo. Cuando esto ocurre, nos encontramos con una actitud estudiadamente bondadosa, cortés y compasiva. «Se considera», como dicen los abogados, que las mujeres son miembros de pleno derecho del círculo masculino; el hecho, sin importancia en sí, de que ahora fumen y beban como los hombres aparece ante la gente sencilla como una prueba de que realmente lo son. Ninguna fiesta les está vedada; donde los hombres se junten, también las mujeres tienen que ir. Los hombres han aprendido a vivir entre ideas, saben lo que es una discusión, una argumentación, una explicación. Y una mujer que solo ha recibido enseñanza escolar, y que después del matrimonio ha dado de lado hasta a cualquier barniz de «cultura» que hubiera podido recibir, cuyas lecturas consisten en revistas femeninas y cuya conversación general es casi toda narrativa, realmente no puede ingresar en dicho círculo. Puede estar ahí, en la misma habitación, local y físicamente presente. ¿Y eso qué? Si los hombres son insensibles, ella se sienta, aburrida y silenciosa, dejando correr una conversación que no le dice nada. Si ellos son más corteses tratarán, por supuesto, de hacerla participar: se le explican las cosas, los hombres tratarán de elevar las inoportunas y desatinadas observaciones de ella dándoles algún sentido; pero pronto los esfuerzos fracasan, y debido a las buenas maneras, lo que podría haber sido una verdadera discusión, es deliberadamente diluido, y termina en chismes, anécdotas y chistes. La presencia de ella ha destruido justamente aquello que venía a compartir. Realmente nunca debió entrar en el círculo, porque el círculo deja de ser tal cuando ella entra en él, como el horizonte deja de ser horizonte cuando uno llega a él. Por haber aprendido a beber y a fumar, y quizá a contar historias escabrosas, no ha logrado, a este respecto, acercarse a los hombres ni un ápice más que su abuela.

Pero su abuela era mucho más feliz y más realista: se quedaba en casa hablando con otras mujeres de cosas verdaderamente femeninas, y tal vez haciéndolo con verdadera gracia, con criterio y hasta con ingenio. Ella misma podría ser capaz de hacerlo ahora; puede que sea tan inteligente como los hombres a quienes malogró la velada, o incluso más inteligente; pero, en realidad, no le interesan las mismas cosas, ni domina los mismos métodos; todos parecemos tontos cuando simulamos interés por cosas que no nos importan nada.

La presencia de tales mujeres, que son miles, ayuda a explicar el descrédito moderno de la amistad. Con frecuencia ellas acaban siendo vencedoras absolutas. Destierran el compañerismo masculino y, como consecuencia, la amistad masculina de barrios enteros. Desde el único mundo que conocen, un inacabable parloteo frívolo sustituye el intercambio de ideas. Todos los hombres que encuentran se ponen a hablar como mujeres cuando hay mujeres delante.

Esta victoria sobre la amistad es con frecuencia inconsciente. Existe, sin embargo, un tipo de mujer más combativa que incluso lo planea. Oí a una decir: «No dejes nunca que dos hombres se sienten juntos, porque se pondrán a hablar sobre algún "tema" y entonces se acabará la diversión». Su postura no podía quedar expresada con mayor exactitud: soltar, por descontado, y cuanto más mejor, incesantes cataratas de voces humanas; pero, por favor, un «tema» no. La conversación no tiene que recaer sobre nada... Esta alegre dama —vital, atenta, «encantadora», insoportable e inaguantable— solo buscaba diversión cada tarde, procurando que la reunión «resultara».

Pero la guerra consciente contra la amistad puede librarse en un plano más profundo. Hay mujeres que miran la amistad con odio, con envidia, con miedo, como un enemigo de eros y, más aún quizá, del afecto. Una mujer así se vale de mil artimañas para destruir las amistades de su marido. Se peleará ella misma con los amigos de él o, mejor aún, con las mujeres de estos. Se burlará, se opondrá, mentirá. No se dará cuenta de que ese marido, al que logra aislar de sus iguales, pierde su dignidad, ella le ha castrado; terminará por avergonzarse de él. O bien llegará a no poder controlar la parte de la vida de él que transcurre en lugares donde ella no puede vigilarlo; le surgirán a él nuevas amistades, pero esta vez las mantendrá secretas. Y ella se podrá llamar muy afortunada —más afortunada de lo que se merece—si no se producen luego otros «secretos»...

Todas estas mujeres son, por supuesto, estúpidas. Las mujeres con sentido común que, si quisieran, serían ciertamente capaces de entrar en el mundo de la discusión y de las ideas son precisamente aquellas que, si no están preparadas, no tratan nunca de participar en ese mundo, ni de destruirlo. Tienen otras cosas de que ocuparse. En una reunión de hombres y mujeres se instalan en un extremo de la sala a charlar de sus cosas con otras mujeres. Para eso no nos necesitan, así como nosotros no las necesitamos a ellas. Solo el desecho de la gente, que la hay en cada sexo, es la que desea estar «colgada» del otro incesantemente. Vivamos y dejemos vivir. Ellas se ríen mucho de nosotros. Así es como tiene que ser. Cuando los sexos que no tienen actividades compartidas se encuentran solamente en el eros y en el afecto —es decir, cuando no pueden ser amigos— es conveniente que cada uno tenga una vívida percepción de lo absurdo que es el otro. Eso es siempre ciertamente saludable. Nadie ha apreciado nunca realmente al otro sexo —así como nadie aprecia realmente a los niños o a los animales— sin sentir a veces que son divertidos; porque ambos sexos lo son. La humanidad es tragicómica; pero la división en sexos permite a uno ver en el otro lo gracioso, y también lo patético, que al propio sexo pasa a menudo inadvertido.

Anuncié que este capítulo sería en buena medida una rehabilitación. Espero que las páginas precedentes hayan dejado en claro por qué no es extraño, para mí al menos, que nuestros antepasados vieran la amistad como algo que nos eleva casi por encima de toda la humanidad. Este amor, libre del instinto, libre de todo lo que es deber, salvo aquel que el amor asume libremente, casi absolutamente libre de los celos, y libre sin reservas de la necesidad de sentirse necesario, es un amor eminentemente espiritual. Es la clase de amor que uno se imagina entre los ángeles. ¿Habremos encontrado aquí un amor natural que es a la vez el Amor en sí mismo?

Antes de sacar alguna precipitada conclusión de ese tipo, tengamos cuidado con la ambigüedad de la palabra «espiritual». Hay muchos pasajes en el Nuevo Testamento en que significa «relativo al Espíritu (Santo)», y en ese contexto lo espiritual, por definición, es bueno. Pero cuando lo «espiritual» se usa simplemente como lo contrario de lo corpóreo, del instinto o de lo animal, no es así. Existe el mal espíritu tanto como el espíritu bueno. Hay ángeles malvados tanto como ángeles santos. Los peores pecados del hombre son los espirituales. No debemos pensar que por ser «espiritual» la amistad ha de ser necesariamente santa o infalible en sí misma.

Hay que considerar tres hechos significativos. El primero, ya mencionado, es la desconfianza con que las autoridades tienden a considerar las amistades íntimas entre los que son sus súbditos. Puede ser una desconfianza injustificada, o puede tener alguna base.

En segundo lugar está la actitud que la mayoría adopta hacia todos los círculos de amigos íntimos. Los nombres con que designa o califica a esos círculos suelen ser casi todos más o menos denigrantes. En el mejor de los casos es una «pandilla». Será una suerte que no lo designe como una *coterie*, o una «camarilla» o un «pequeño senado» o una sociedad de bombos mutuos. Quienes en su propia vida no conocen más que el afecto, el compañerismo y el eros sospechan que los amigos son «unos pedantes engreídos que se creen demasiado buenos para los demás». esta, por supuesto, es la voz de la envidia. Pero la envidia siempre presenta la acusación más verdadera, o la que más se acerca a la verdad de todas las que cabe imaginar; es la que más duele. Esta acusación, por lo tanto, tiene que ser tomada en consideración.

Finalmente, debemos advertir que la amistad es muy raras veces la imagen bajo la que las Sagradas Escrituras representan al amor entre Dios y el hombre. No se prescinde de ella enteramente; pero mucho más a menudo, al buscar un símbolo del Amor Supremo, las Escrituras no tienen en cuenta este, que casi parece una relación angélica, y sondean la profundidad de lo que es más natural e instintivo. El afecto se toma como imagen cuando se quiere representar a Dios como nuestro Padre; eros, cuando Cristo se representa como el Esposo de la iglesia.

Comencemos por las suspicacias de quienes detentan la autoridad. Me parece que hay base para esas suspicacias, y que el examen de esa base saca a la luz algo importante. La amistad, lo he dicho ya, nace en el momento en que un hombre le dice a otro: «¡Cómo! ¿Tú también? Creía que nadie más que yo...». Pero los gustos, la perspectiva o el punto de vista comunes que así se descubren no siempre tienen por qué ser algo hermoso. A partir de ese momento pueden surgir, sí, el arte o la filosofía, o un adelanto en la religión o en el comportamiento moral; pero ¿por qué no también la tortura, el canibalismo, o los sacrificios humanos? Con seguridad la mayoría de nosotros ha experimentado en su juventud el carácter ambivalente de esos momentos. Fue maravilloso cuando, por primera vez, nos encontramos con alguien que admiraba a nuestro poeta preferido; lo que antes apenas se había entrevisto, adquiría ahora una forma definida; lo que antes casi nos avergonzaba, ahora lo podíamos admitir libremente. Pero no menos delicioso fue cuando nos encontramos por primera vez con alguien que compartía con nosotros una secreta perversidad; también esto se hizo más palpable y explícito; también de esto dejamos de avergonzarnos. Aun ahora, a cualquier edad, todos conocemos el peligroso encanto de un odio o de un agravio compartidos: resulta difícil no saludar como amigo al único que con nosotros veía realmente los defectos del vicerrector en la Universidad.

Solo entre compañeros hostiles, sostengo tímidamente ciertas opiniones y puntos de vista, medio avergonzado de confesarlos, y casi dudando de si, después de todo, son correctos o no. Pero al encontrarme de nuevo entre mis amigos, en media hora —en diez minutos— estas mismas opiniones y puntos de vista vuelven a ser indiscutibles. El criterio de este pequeño círculo, mientras estoy en él, supera el de mil personas ajenas a él: a medida que la amistad se fortalece, este efecto se producirá aun cuando mis amigos estén lejos. Pues todos queremos ser juzgados por nuestros iguales, por los hombres que son «nuestros predilectos». Solo ellos conocen realmente nuestro pensamiento, y solo ellos lo saben juzgar de acuerdo con las normas que admitimos plenamente. Son sus elogios lo que de verdad ambicionamos, y su crítica lo que de verdad tememos. Las pequeñas comunidades de los primeros cristianos sobrevivieron porque les interesaba exclusivamente el amor de los «hermanos», y hacían oídos sordos a la opinión de la sociedad pagana que les rodeaba. Pero un círculo de criminales, excéntricos o pervertidos sobrevive exactamente de la misma forma, haciéndose sordos a la opinión del mundo exterior, rechazándola como parloteo de entrometidos que «no entienden», de «convencionales», «burgueses», gente «del sistema», pedantes, mojigatos y farsantes.

Así pues, resulta fácil advertir por qué la autoridad arruga el ceño ante la amistad. Puede ser una rebelión de intelectuales serios contra un lenguaje vacío y ampuloso, destinado a captar aplausos y a ser aceptado por todos, o puede ser una rebelión de quienes defienden novedades dudosas contra nociones comúnmente aceptadas; de artistas verdaderos contra la fealdad de lo popular, o de charlatanes contra gustos elevados; de hombres buenos contra la maldad de la sociedad, o de hombres malvados contra el bien. Cualquiera que sea será mal recibida por los que mandan. En cada grupo de amigos hay una «opinión pública» sectorial que refuerza a sus miembros contra la opinión pública de la comunidad en general. Toda amistad, por tanto, es potencialmente un foco de resistencia. Los hombres que tienen verdaderos amigos son menos manejables y menos vulnerables; para las buenas autoridades son más difíciles de corregir, y para las malas son más difíciles de corromper. Por tanto, si nuestros jefes —por la fuerza o mediante la propaganda sobre la «camaradería», o bien haciendo veladamente que la intimidad y el tiempo libre resulten imposibles— lograran formar un mundo en el que todos fueran compañeros, no existirían los amigos; habrían suprimido así algunos riesgos, pero también nos habrían quitado lo que constituye la más sólida defensa contra la total esclavitud.

Los peligros son plenamente reales. La amistad, como la veían los antiguos, puede ser una escuela de virtud; pero también —ellos no lo vieron— una escuela de vicio. La amistad es ambivalente: hace mejores a los hombres buenos y peores a los malos. Analizar este punto sería una pérdida de tiempo. Lo que nos interesa no es explayarnos sobre la maldad de las malas amistades, sino tomar conciencia del posible peligro que encierran las buenas. Este amor, como los otros amores naturales, tiene una propensión congénita a sufrir una dolencia especial.

Es evidente que el elemento de separación, de indiferencia o de sordera, por lo menos en algunos aspectos, frente a las voces del mundo exterior, es común a todas las amistades, sean buenas o malas o simplemente inocuas. Aun así, la base común de la amistad es tan intrascendente como coleccionar sellos; su círculo, inevitablemente y con razón, ignora las opiniones de millones que creen que es una actividad tonta, y de miles que se han interesado por ella de una manera superficial. Los fundadores de la meteorología, inevitablemente y con razón también, ignoraron los juicios de millones que atribuían las tormentas a la brujería. En esto no hay ofensa. Y como sé que para un círculo de jugadores de golf, o de matemáticos, o de automovilistas, yo sería un extraño, reclamo igual derecho a considerarlos a ellos extraños al mío. Las personas que se aburren estando juntas deberían verse raras veces; quienes se interesan el uno por el otro deberían verse a menudo.

El peligro de las buenas amistades consiste en que esta indiferencia o sordera parcial respecto a la opinión exterior, aunque necesaria y justificada, puede conducir a una indiferencia o sordera completas. Los ejemplos más espectaculares de esto pueden verse, no en un círculo de amigos, sino en una clase teocrática o aristocrática. Sabemos lo que los sacerdotes de la época de nuestro Señor pensaban sobre la gente corriente. Los caballeros de las crónicas de Froissart no tenían ni simpatía ni misericordia con «los forasteros», los rústicos o labriegos. Pero esta lamentable indiferencia se entremezclaba estrechamente con una buena cualidad: existía verdaderamente entre ellos un elevado código de valor, de generosidad, cortesía y honor. Para el patán ordinario, cauto y avaro, este código era sencillamente una tontería. Los caballeros, al mantenerlo, no tenían en cuenta esa opinión, y así tenía que ser. No les importaba «ni un bledo» lo que aquel pensara. Si no hubiera sido así, nuestro código actual se habría visto empobrecido y vulgarizado. Pero esa costumbre de no importarles «ni un bledo» se desarrolla en una clase social. Desatender la voz del campesino cuando realmente debe serlo hace más fácil prescindir de ella cuando clama justicia o clemencia. La sordera parcial, que es noble y necesaria, alienta a la sordera total, que es arrogante e inhumana.

Un círculo de amigos no puede oprimir el mundo exterior como puede hacerlo una poderosa clase social; pero está sujeto, en su escala, al mismo peligro. Puede llegar a tratar como «extraños», en un sentido general y denigrante, a los que lo eran propiamente solo respecto a un asunto determinado. Así como una aristocracia puede crear a su alrededor un vacío a través del que no le llega voz ninguna. Los miembros del círculo literario o artístico que partió, con razón quizá, desechando las ideas del hombre corriente sobre arte o literatura pueden llegar a desechar igualmente sus ideas de que están obligados a pagar sus deudas, a cortarse las uñas y a comportarse civilizadamente. Sean cuales sean los fallos del círculo —y no hay círculo que no los tenga—, se convierten así en incurables. Pero eso no es todo. La sordera parcial y defendible estaba basada en una especie de superioridad, aunque fuese solamente un conocimiento superior respecto a los sellos. El sentido de superioridad quedará entonces ligado al de sordera completa. El grupo despreciará e ignorará a quienes estén fuera de él. Se habrá convertido, de hecho, en algo muy semejante a una clase social. Una *coterie* es una aristocracia que se nombra a sí misma.

Dije antes que en una buena amistad cada miembro del grupo se siente con frecuencia inferior frente al resto. Ve que los demás son maravillosos, y se considera afortunado de hallarse entre ellos. Pero, desgraciadamente, el «ellos» y «lo suyo» es también, desde otro punto de vista, el «nosotros» y «lo nuestro». De este modo, la transición desde esa sensación de inferioridad individual al orgullo corporativo es muy fácil.

No estoy pensando en lo que se podría llamar orgullo social o «arribista»: una complacencia por conocer y por hacer saber que uno conoce a gente distinguida. Esto es algo bastante distinto. El arribista desea vincularse a cierto grupo porque está considerado como una «elite»; los amigos están en peligro de considerarse a sí mismos una «elite» porque están ya vinculados. Buscamos personas a quienes admiramos por ser como son, y luego nos asombramos, alarmados o encantados, al oír que hemos llegado a ser una aristocracia. No es que lo llamemos así. El lector que haya conocido la amistad probablemente se sentirá inclinado a negar con cierto énfasis que su círculo pueda ser culpable de semejante absurdo. Yo siento lo mismo. Pero en estos asuntos es mejor no empezar por nosotros mismos. Sea lo que sea en lo que se refiere a nosotros, pienso que todos hemos advertido esa tendencia en determinados círculos a los que somos ajenos.

En cierta ocasión asistía yo a una conferencia donde dos eclesiásticos, obviamente muy amigos, empezaron a hablar de «energías increadas» distintas de Dios. Yo pregunté cómo podían existir cosas increadas, excepto Dios, si es que el Credo estaba en lo cierto al llamarlo «Creador de todas las cosas visibles e invisibles». Su respuesta consistió en mirarse entre ellos y reír. No tenía nada en contra de su risa, pero quería también una respuesta con palabras. No era una risa irónica o desagradable, en absoluto, sino que indicaba muy bien lo que alguien expresaría al decir: «¿A que es simpático?». Era como la risa de amables adultos cuando un *enfant terrible* hace el tipo de pregunta que no debe hacerse. Es difícil imaginar lo inofensiva que era, y con cuánta claridad transmitía la impresión de que ellos eran plenamente conscientes de vivir en un plano superior al del resto de nosotros; la impresión de que se encontraban entre nosotros como caballeros entre rústicos, o como adultos entre niños. Es muy posible que tuvieran una respuesta a mi pregunta, pero que comprendieran que yo era demasiado ignorante para entenderla. Si hubiesen contestado escuetamente «Sería muy largo de explicar», yo no les estaría atribuyendo ahora el orgullo de la amistad. El intercambio de miradas y la risa constituyen el punto determinante: la personificación auditiva y visible de una superioridad corporativa que se da por sentada y es evidente. La casi total inocuidad, la ausencia de todo deseo aparente de herir o mofarse (eran jóvenes muy simpáticos) subrayan realmente su actitud olímpica. Había aquí un sentido de superioridad tan seguro que podía darse el lujo de ser tolerante, cortés, sencillo.

Este sentido de superioridad corporativa no siempre es olímpico, es decir, sereno y tolerante; puede ser titánico: obstinado, agresivo y amargo. En otra ocasión, habiendo dado yo una conferencia a un grupo de universitarios, seguida de un correcto debate, un joven de expresión tensa, como la de un roedor, me interpeló de tal manera que tuve que decirle: «Perdone, pero en los últimos cinco minutos, y por dos veces, me ha llamado usted mentiroso; si no puede discutir un tema de otra manera, me veré obligado a marcharme». Yo esperaba que él haría una de estas dos cosas: o perder la calma y redoblar sus insultos, o sonrojarse y disculparse. Lo sorprendente fue que no hizo nada de eso. Ninguna nueva alteración vino a agregarse a la habitual *malaise* de su expresión. No repitió directamente que yo estaba mintiendo, pero, aparte de eso, siguió como antes. Era como chocar contra una pared; estaba protegido contra el riesgo de toda relación propiamente personal, fuera amistosa u hostil, con alguien como yo. Detrás de esas actitudes hay, casi con seguridad, un círculo de tipo titánico de autoarmados caballeros templarios, perpetuamente en pie de guerra para defender a su admirado Baphomet. Nosotros, para quienes somos «ellos», no existimos como personas; somos especímenes, especímenes de varios grupos de edades, tipos, opiniones, o intereses, que deben ser exterminados. Si les falla un arma, toman fríamente otra. En el sentido humanamente corriente, no están en relación con nosotros, sino que cumplen una tarea profesional: pulverizarnos con insecticida (le oí a uno usar esta expresión).

Mis dos simpáticos clérigos y mi no tan simpático roedor tenían un alto nivel intelectual. También lo tenía el famoso grupo del período eduardiano que llegó hasta la asombrosa fatuidad de llamarse a sí mismo «Las almas»; pero el mismo sentimiento de superioridad colectiva puede apoderarse de un grupo de amigos mucho más vulgares. En ese caso la prepotencia será mucho más descarnada. En el colegio hemos visto hacer eso a alumnos «antiguos» ante uno nuevo, o a soldados veteranos ante uno novato; otras veces, a un grupo bullicioso y grosero tratando de llamar la atención de los demás en un bar o en un tren. Esas personas hablan con un lenguaje de jerga y de forma esotérica a fin de llamar la atención, y demostrar así al que no pertenece a su círculo que está fuera de él. Es cierto que la amistad puede ser «en torno» a casi nada, aparte del hecho de ser excluyente. Hablando con un extraño, cada miembro del grupo se deleita llamando a los demás por sus nombres de pila o por sus motes, aunque el extraño no sepa a quién se refiere, y precisamente por eso. Conocí a uno que era todavía más sutil. Simplemente, se refería a sus amigos como si todos supiéramos —teníamos que saberlo— quiénes eran. «Como me dijo una vez Richard Button...», empezaba diciendo. Éramos todos muy jóvenes, y jamás nos hubiéramos atrevido a admitir que no habíamos oído hablar de Richard Button. Resultaba obvio, para cualquiera que fuese alguien, que se trataba de un nombre familiar, «no conocerlo significaba demostrar que uno no era nadie». Solo mucho tiempo después vinimos a caer en la cuenta de que ninguno había oído hablar de él. (Tengo ahora la sospecha de que algunos de estos Richard Button, Hezekiah Cromwell y Eleanor Forsyth existían tanto como Caperucita Roja; pero durante más de un año nos sentimos completamente intimidados).

De esa manera podemos detectar el orgullo de una amistad —ya sea olímpica, titánica o simplemente vulgar— en muchos círculos de amigos. Sería temerario suponer que nuestro propio círculo de amigos está a salvo de ese peligro, porque es justamente en el nuestro donde más podemos tardar en reconocerlo. El peligro de ese orgullo, en efecto, es inseparable del amor de amistad. La amistad es excluyente. Del inocente y necesario acto de excluir al espíritu de exclusividad hay un paso muy fácil de dar y, desde ahí, al placer degradante de la exclusividad. Si esto se admite, la pendiente hacia abajo se hará cada vez más pronunciada. Puede ser que nunca lleguemos a ser titanes o, simplemente, groseros; pero podríamos —lo que en cierta manera es peor— volvernos «Las almas». La visión común que en un primer momento nos unió puede desvanecerse. Seremos una *coterie* que existe por ser eso, *coterie*, una pequeña aristocracia autoseleccionada, y por lo tanto absurda, que se refocila a la sombra de su autoaprobación corporativa.

A veces, un círculo en esas condiciones empieza a derivar al mundo de lo práctico; convenientemente ampliado para poder admitir nuevos miembros, cuya participación en el interés común original es insignificante, pero a quienes se les hace sentir, en un sentido vago, «hombres justos», llega a ser un verdadero poder en el medio en que se mueve. El ser miembro de dicho círculo llega a tener cierta importancia política local, aunque la política en cuestión sea solo la de un regimiento o de un colegio o el recinto de una catedral; la manipulación de comités, la captación de empleos (para hombres justos) y el frente unido contra los pobres se convierten ahora en su principal ocupación; y quienes se juntaban antes para hablar de Dios o de poesía se reúnen ahora para hablar de cátedras o de empleos. Adviértase la justicia de su destino. «Polvo eres y en polvo te convertirás», dijo Dios a Adán. En un círculo que ha degenerado en un aquelarre de manipuladores, la amistad vuelve a ser el simple compañerismo práctico, que fue su origen. Ahora sus miembros forman un tipo de organismo semejante al de las primitivas hordas de cazadores. Cazadores, que eso es precisamente lo que son, no la clase de cazadores que profundamente respeto.

La masa del pueblo, que nunca tiene toda la razón, nunca se equivoca del todo. Se equivoca irremediablemente cuando cree que cada círculo de amigos se formó por el placer de la superioridad y del engreimiento. Se equivoca, a mi juicio, al creer que toda amistad se deleita con esos mismos placeres. Pero parece tener razón cuando diagnostica como peligro el orgullo al que las amistades están naturalmente expuestas; precisamente porque este es el más espiritual de los amores, el peligro que le acecha es el más espiritual. La amistad, si se quiere, hasta es angélica; pero el hombre necesita estar triplemente protegido por la humildad si ha de comer sin riesgo el Pan de los ángeles.

Quizá podamos ahora arriesgar una opinión de por qué las Escrituras usan tan poco de la amistad como imagen del Amor Supremo. Es ya, de suyo, demasiado espiritual para ser un buen símbolo de cosas espirituales. Lo más alto no se sostiene sin lo más bajo. Dios puede presentarse a sí mismo ante nosotros, sin riesgo de que le malentendamos, como Padre y como Esposo, porque solo un loco pensaría que es físicamente nuestro progenitor o que su unión con la iglesia es otra cosa que mística. Pero si la amistad fuese usada con ese propósito, podríamos tomar el símbolo por lo simbolizado. El peligro latente en la amistad se agravaría. Podríamos sentirnos además, por su misma semejanza con la vida celestial, inclinados a confundir esa cercanía, que ciertamente se da en la amistad, con una cercanía de aproximación, y no solo de semejanza.

En consecuencia, la amistad, como los demás amores naturales, es incapaz de salvarse a sí misma. Debido a que es espiritual, se enfrenta a un enemigo más sutil; debe, incluso con más sinceridad que los otros amores, invocar la protección divina si desea seguir siendo auténtica. Consideremos, pues, lo angosto que es el verdadero camino de la amistad. No debe llegar a ser lo que la gente llama «una sociedad de bombos mutuos»; pero si no está llena de admiración mutua, de amor de apreciación, no es amistad en absoluto, porque a menos que nuestras vidas se vean lastimosamente empobrecidas, con nuestras amistades debe ocurrir lo que con Cristiana y su tertulia en *El progreso del peregrino*:

Cada una parecía sentir terror de las demás, porque no podía ver en ella misma la aureola que podía ver en las otras. Por eso, cada una empezaba a estimar a las demás más que a sí misma. Porque «tú eres más guapa que yo», decía una; «y tú tienes más gracia que yo», decía otra.

A la larga hay una sola forma de probar con seguridad esta ilustrativa experiencia. Y Bunyan lo señala en el mismo pasaje: fue en la Casa del Intérprete, después de ser bañadas, ungidas y vestidas con limpias «ropas blancas», cuando las mujeres se vieron unas a otras bajo esa luz. Si recordamos el baño, la unción, la vestimenta, nos sentiremos seguros; y cuanto más elevada sea la base común de la amistad, más necesario será recordarla. Sobre todo en una amistad explícitamente religiosa, olvidarla sería fatal.

Porque entonces sentiremos que somos nosotros mismos —nosotros cuatro o cinco— quienes nos hemos elegido unos a otros, al percibir cada uno la belleza interior de los demás, todos iguales, y formando así una nobleza voluntaria, creeremos que nosotros mismos nos hemos elevado por encima del resto de la humanidad gracias a nuestros propios poderes. Los otros amores no suscitan la misma ilusión. Obviamente, el afecto requiere afinidad o, por lo menos, una proximidad que no depende nunca de nuestra elección. Y en cuanto al eros, la mitad de las canciones de amor y la mitad de los poemas de amor en el mundo nos dirán que el ser amado es nuestro destino o fatalidad, tan poco escogido por uno como la descarga de un rayo, ya que «no está en nuestro poder amar u odiar». Han sido las flechas de Cupido, los genes, cualquier cosa menos nosotros mismos.

Pero en la amistad, en la que se está libre de todo eso, creemos haber elegido a nuestros iguales, y en realidad unos pocos años de diferencia en las fechas de nacimiento, unos pocos kilómetros más entre ciertas casas, la elección de una universidad en vez de otra, el destino en distintos regimientos, la circunstancia accidental de que surja o no un tema en un determinado encuentro, cualquiera de estas casualidades podría habernos mantenido separados. Pero para un cristiano, estrictamente hablando, no hay casualidades.

Un secreto Maestro de Ceremonias ha entrado en acción. Cristo, que dijo a sus discípulos «No me elegisteis vosotros a mí, sino que yo os elegí a vosotros», puede realmente decir a cada grupo de amigos cristianos:

«Vosotros no os habéis elegido unos a otros, sino que Yo os he elegido a unos para otros». La amistad no es una recompensa por nuestra capacidad de elegir y por nuestro buen gusto de encontrarnos unos a otros, es el instrumento mediante el cual Dios revela a cada uno las bellezas de todos los demás, que no son mayores que las bellezas de miles de otros hombres; por medio de la amistad Dios nos abre los ojos ante ellas. Como todas las bellezas, estas proceden de Él, y luego, en una buena amistad, las acrecienta por medio de la amistad misma, de modo que este es su instrumento tanto para crear una amistad como para hacer que se manifieste. En este festín es Él quien ha preparado la mesa y elegido a los invitados. Es Él, nos atrevemos a esperar, quien a veces preside, y siempre tendría que poder hacerlo. No somos nada sin nuestro Huésped.

No se trata de participar en el festín siempre de una manera solemne. «Dios, que hizo la saludable risa», lo prohíbe. Una de las más exquisitas y difíciles sutilezas de la vida es reconocer profundamente que ciertas cosas son serias y, con todo, conservar el poder y la voluntad de tratarlas a menudo de manera ligera, como en un juego. Pero tendremos tiempo de decir algo más sobre esto en el próximo capítulo. Por ahora, solo citaré aquel consejo tan bellamente equilibrado de Dunbar:

> Hombre, complace a tu Hacedor y está contento,
> y que el mundo entero te importe un comino.

V

EROS

ENTIENDO POR «EROS» ese estado que llamamos «estar enamorado»; o, si se prefiere, la clase de amor «en el que» los enamorados están. Algunos lectores quizá se sorprendieran cuando, en un anterior capítulo, describí el afecto como el amor en el que nuestra experiencia parece acercarse más a la de los animales. Seguramente, cabría preguntarse: ¿nuestras funciones sexuales nos colocan igualmente cerca de ellos? Esto es muy cierto si se mira la sexualidad humana en general; pero no voy a ocuparme de la sexualidad humana simplemente como tal. La sexualidad forma parte de nuestro tema solo cuando es un ingrediente de ese complejo estado de «estar enamorado». Que esa experiencia sexual puede producirse sin eros, sin estar enamorado, y que ese eros incluye otras cosas, además de la actividad sexual, lo doy por descontado. Si prefiere decirse de otra manera, estoy investigando no la sexualidad que es común a todos nosotros y las bestias, o enteramente común a todos los hombres, sino una variedad propiamente humana de ella que se desarrolla dentro del «amor», lo que yo llamo eros. Al elemento sexual carnal o animal dentro del eros voy a llamarlo —siguiendo una antigua costumbre— venus. Y por venus entiendo lo que es sexual no en un sentido críptico o rarificado —como el que podría investigar un profundo psicólogo—, sino en un sentido perfectamente obvio: lo que la gente que lo ha experimentado entiende como sexual, lo que se puede definir como sexual tras la observación más simple.

La sexualidad puede actuar sin eros o como parte del eros. Me apresuro a añadir que hago esta distinción simplemente con el fin de limitar nuestra investigación, y sin ninguna implicación moral. No suscribo en modo alguno la idea, muy popular, de que es la ausencia o presencia del eros lo que hace que el acto sexual sea «impuro» o «puro», degradante o hermoso, ilícito o lícito. Si todos los que yacen juntos sin estar enamorados fueran abominables, entonces todos provenimos de una estirpe mancillada. Los lugares y épocas en que el matrimonio depende del eros son una pequeña minoría. La mayoría de nuestros antepasados se casaban a temprana edad con la pareja elegida por sus padres, por razones que nada tenían que ver con el eros. Iban al acto sexual sin otro «combustible», por decirlo así, que el simple deseo animal. Y hacían bien: cristianos y honestos esposos y esposas que obedecían a sus padres y madres, cumpliendo mutuamente su «deuda conyugal» y formando familias en el temor de Dios. En cambio, este acto realizado bajo la influencia de un elevado e iridiscente eros, que reduce el papel de los sentidos a una mínima consideración, puede ser, sin embargo, un simple adulterio, puede romper el corazón de una esposa, engañar a un marido, traicionar a un amigo, manchar la hospitalidad y causar el abandono de los hijos. Dios no ha querido que la distinción entre pecado y deber dependa de sentimientos sublimes. Ese acto, como cualquier otro, se justifica o no por criterios mucho más prosaicos y definibles; por el cumplimiento o quebrantamiento de una promesa, por la justicia o injusticia cometida, por la caridad o el egoísmo, por la obediencia o la desobediencia. Mi tratamiento del tema prescinde de la mera sexualidad —de la sexualidad sin eros— por razones que no tienen nada que ver con la moral: sino simplemente porque no atañe a nuestro propósito.

Para el evolucionista, el eros —variedad humana— es algo que procede de venus, es una complicación y desarrollo tardíos del impulso biológico ancestral. No debemos, sin embargo, suponer que esto es lo que sucede necesariamente dentro de la conciencia del individuo. Habrá quienes en un comienzo han sentido un mero apetito sexual por una mujer y más tarde han llegado a «enamorarse» de ella; pero dudo de que esto sea muy común. Con mayor frecuencia, lo que viene primero es simplemente una deliciosa preocupación por la amada: una genérica e inespecífica preocupación por ella en su totalidad. Un hombre en esa situación no tiene realmente tiempo de pensar en el sexo; está demasiado ocupado pensando en una persona. El hecho de que sea una mujer es mucho menos importante que el hecho de que sea ella misma. Está lleno de deseo, pero el deseo puede no tener una connotación sexual. Si alguien le pregunta qué quiere, la verdadera respuesta a menudo será: «Seguir pensando en ella». Es un contemplativo del amor. Y cuando en una etapa posterior despierte explícitamente el elemento sexual, no sentirá —a menos de estar influido por teorías científicas— que eso haya sido permanentemente la raíz de todo el asunto. Lo más probable es que sienta que la inminente marea del eros, habiendo demolido muchos castillos de arena y convertido en islas muchas rocas, ahora, por fin, con una triunfante séptima ola, ha inundado también esa parte de su naturaleza: el pequeño pozo de sexualidad normal, que estaba allí en su playa antes de que llegara la marea. El eros entra en él como un invasor, tomando posesión y reorganizando, una a una, todas las instituciones de un país conquistado; puede haberse adueñado de muchas otras antes de llegar al sexo, que también reorganizará.

Nadie ha señalado la naturaleza de esa reorganización de forma tan breve y precisa como George Orwell, quien la miraba con disgusto, y prefería la sexualidad en su manifestación primaria, no contaminada por el eros. En *1984*, su terrible héroe (¡cuánto menos humano que los cuadrúpedos héroes de su excelente *Animal Farm*!), antes de poseer a la heroína, exige una seguridad: «¿Te gusta hacer esto?», pregunta. «No me refiero solamente a mí, me refiero a la cosa en sí». No queda satisfecho hasta obtener esta respuesta: «Me encanta». Ese pequeño diálogo define la reorganización. El deseo sexual sin eros quiere «eso», «la cosa en sí». El eros quiere a la amada.

La «cosa» es un placer sensual, esto es, un hecho que sucede en el propio cuerpo. Usamos una expresión muy desafortunada cuando decimos de un hombre lascivo que va rondando las calles en busca de una mujer, que «quiere una mujer». Estrictamente hablando, una mujer es precisamente lo que no quiere. Quiere un placer, para el que una mujer resulta ser la necesaria pieza de su maquinaria sexual. Lo que le importa la mujer en sí misma puede verse en su actitud con ella cinco minutos después del goce (uno no se guarda la cajetilla después de que se ha fumado todos los cigarrillos).

El eros hace que un hombre desee realmente no una mujer, sino una mujer en particular. De forma misteriosa pero indiscutible, el enamorado quiere a la amada en sí misma, no el placer que pueda proporcionarle. Ningún enamorado del mundo buscó jamás los abrazos de la mujer amada como resultado de un cálculo, aunque fuera inconsciente, de que serían más agradables que los de cualquier otra mujer. Si se planteara esa cuestión, sin duda respondería que así era; pero el hecho de planteársela sería salirse completamente del mundo del eros. El único hombre de quien sé que se lo planteó fue Lucrecio, que, por cierto, no estaba enamorado cuando se hizo esa pregunta. Es interesante anotar su respuesta. Este austero sibarita opinaba que el amor en realidad perjudica el placer sexual; la emoción distrae; estropea la fría y exigente receptividad de su paladar (fue un gran poeta; pero, «¡Señor, qué tipos más bestias eran esos romanos!»).

El lector habrá observado que el eros transforma maravillosamente de este modo lo que *par excellence* es un placer-necesidad en el mejor de todos los placeres de apreciación. Es de la naturaleza del placer-necesidad mostrarnos el objeto solamente en relación a nuestra necesidad, incluso a nuestra necesidad momentánea. Pero en el eros, una necesidad en su máxima intensidad ve su objeto del modo más intenso como una cosa admirable en sí misma, algo que es importante mucho más allá de su mera relación con la necesidad del enamorado.

Si todos nosotros no hubiéramos experimentado eso, si fuéramos solamente lógicos, podríamos lucubrar ante el concepto del deseo de un ser humano como algo distinto del deseo de cualquier placer, bienestar o servicio que ese ser humano pueda darnos. Y, ciertamente, resulta difícil de explicar. Los propios enamorados consiguen expresar algo de eso, no mucho, cuando dicen que quisieran «comerse» uno a otro. Milton ha sido más expresivo al imaginar criaturas angélicas con cuerpos hechos de luz, que pueden conseguir una total interpenetración, en vez de nuestros simples abrazos. Charles Williams dijo algo de eso con estas palabras: «¿Te amo? Yo "soy" tú».

Sin el eros, el deseo sexual, como todo deseo, es un hecho referido a nosotros. Con el eros se refiere más a la persona amada. Llega a ser casi un modo de percepción y, enteramente, un modo de expresión. Se siente como algo objetivado, algo que está fuera de uno, en el mundo real. Por eso el eros, aun siendo el rey de los placeres, en su punto culminante tiende a considerar el placer como un subproducto. El hecho de pensar en el placer volvería a meternos en nosotros mismos, en nuestro propio sistema nervioso, mataría al eros, como podemos «matar» un hermoso paisaje de montaña al fijarlo en nuestra retina y en nuestros nervios ópticos. En todo caso, ¿es el placer de quién? Porque una de las primeras cosas que hace el eros es borrar la distinción entre el dar y el recibir.

Hasta ahora solo he estado intentando describir, no valorar. Pero ahora surgen inevitablemente ciertas cuestiones morales, y no debo ocultar mi punto de vista, que más bien plantea y no tanto afirma; y, por supuesto, está abierto a ser corregido por personas mejores, enamorados mejores y mejores cristianos.

Ha sido ampliamente sostenido en el pasado, y quizá lo sostiene hoy en día mucha gente sencilla, que el peligro espiritual del eros surge casi enteramente del elemento carnal que lleva consigo; que el eros es «más noble» o «más puro» cuando venus se reduce al mínimo. Parece cierto que los más viejos teólogos moralistas pensaron que el principal peligro contra el que habría que guardarse en el matrimonio es el de una entrega a los sentidos destructora del alma. Podrá observarse, sin embargo, que esto no es comprender bien las Escrituras. San Pablo, al disuadir del matrimonio a sus conversos, no dice nada sobre este lado de la cuestión, salvo que no aconseja una prolongada abstinencia de venus (1 Corintios 7.5). Lo que él teme es la preocupación, la necesidad constante —en atención al cónyuge— de «complacerle», las múltiples distracciones por las cosas domésticas. Es el matrimonio en sí mismo, no el lecho matrimonial, lo que puede entorpecer un servicio permanente a Dios. ¿Es que no tiene razón san Pablo? Si he de confiar en mi propia experiencia, con o sin matrimonio, las prácticas y prudentes preocupaciones de este mundo, aun las más insignificantes y prosaicas, son la gran distracción. Como nube de mosquitos, son las pequeñas ansiedades y decisiones sobre la conducta que debo adoptar en la hora siguiente las que han perturbado mi oración, con mucha más frecuencia que cualquier pasión o apetito. La permanente y gran tentación del matrimonio no está en la sensualidad sino, dicho claramente, en la avaricia. Con el debido respeto a los guías medievales, no puedo dejar de tener en cuenta que todos eran célibes y, probablemente, desconocían el efecto que tiene el eros sobre nuestra sexualidad; desconocen cómo, en vez de agravarlo, reduce el carácter machacón e insistente del mero apetito. Y esto, no simplemente por haberlo satisfecho: el eros, sin disminuir el deseo, hace más fácil la abstinencia. Tiende, sin duda, a una preocupación por el ser amado que puede, en efecto, ser un obstáculo para la vida espiritual; pero no principalmente una preocupación sensual.

En general, el verdadero peligro espiritual del eros reside, me parece a mí, en otra cosa. Volveré sobre este punto. Por el momento, quisiera hablar del peligro que hoy en día, a mi juicio, acecha especialmente al acto amoroso. Este es un tema sobre el que discrepo, no con la raza humana,

¡lejos de mí!, sino con muchos de sus más severos portavoces. Me parece que se nos induce a tomar a venus demasiado en serio o, al menos, con un tipo de seriedad equivocada. A lo largo de mi vida, ha existido una ridícula y exagerada solemnización del sexo.

Hay un autor que dice que venus debería presentarse en la vida conyugal «en tono solemne, sacramental». Un joven al que yo le había calificado como «pornográfica» una novela que a él le gustaba mucho, me respondió con verdadero asombro: «¿Pornográfica? ¿Pero cómo puede ser? ¡Trata el tema de manera seria!»; como si su severo rostro fuera una especie de desinfectante moral. Nuestros amigos, los que albergan en sus mentes a los dioses oscuros, intentan seriamente restablecer algo parecido a la religión fálica. Nuestros anuncios publicitarios, los más sexistas, pintan todo el asunto en términos de rapto, intensidad, de apasionada languidez; rara vez hay un atisbo de alegría. Y los psicólogos nos han confundido de tal manera con la tremenda importancia de un completo ajuste sexual y la casi imposibilidad de lograrlo que llego a pensar que algunas jóvenes parejas van ahora al sexo con las obras completas de Freud, Kraft-Ebbing, Havelock Ellis y del doctor Stopes desparramadas a su alrededor sobre las mesillas de noche. El vividor Ovidio, que nunca despreció un guijarro, pero que tampoco hizo de él una montaña, sería incluso más adecuado. Hemos llegado a un punto en que nada sería tan necesario como una buena carcajada «de las de antes».

Pero —se dirá— el asunto «es» serio. Sí, muy serio, y por cuatro razones: en primer lugar, teológicamente, porque es la participación del cuerpo en el matrimonio, que, por elección divina, es imagen de la unión mística entre Dios y el hombre. En segundo lugar por ser lo que me atrevo a llamar un sacramento subcristiano o pagano o natural, y por ser la participación humana en las fuerzas naturales de la vida y de la fertilidad, y expresión de ellas: el matrimonio del padre cielo con la madre tierra. Tercero, en el nivel moral, por las obligaciones que lleva consigo ser padre y progenitor, y su incalculable importancia. Y por último, porque tiene —a veces, no siempre— una gran importancia emocional en los participantes.

Pero también comer es algo serio: teológicamente, como vehículo del Santísimo Sacramento; éticamente, en cuanto a nuestro deber de dar de comer al hambriento; socialmente, porque desde tiempo inmemorial la mesa es el sitio para conversar; y médicamente, como todos los enfermos de estómago saben. Pero no llevamos un libro de cuentas al comedor ni nos comportamos como en una iglesia; son más bien los *gourmets*, y no los santos, quienes más se acercan a esa conducta. Los animales siempre son muy serios con la comida.

No tenemos que ser totalmente serios con venus. De hecho, no podemos ser totalmente serios sin hacer violencia a nuestra condición humana. No es casualidad que todas las lenguas y literaturas del mundo estén llenas de chistes sobre el sexo. Muchos pueden ser malos o de mal gusto, y casi todos son antiguos; pero debo insistir en que representan una actitud hacia venus que, a la larga, pone menos en peligro la vida cristiana que una reverencial gravedad. No tenemos que intentar encontrar un absoluto en la carne. Al desterrar el juego y la risa del lecho del amor, se abre la entrada a una falsa diosa, que será aún más falsa que la Afrodita de los griegos, porque ellos, si bien la adoraban, sabían que ella era «amante de la risa». La gran masa de gente está plenamente en lo cierto al pensar que venus es, en parte, un espíritu cómico. No estamos en absoluto obligados a cantar todos nuestros dúos de amor al modo de Tristán e Isolda de Wagner, vibrantes, en un mundo que no tiene fin, con el corazón desgarrado; cantemos más bien al modo del Papageno y la Papagena de Mozart en *La flauta mágica*.

La misma venus llevará a cabo una venganza terrible si tomamos su seriedad —ocasional— como un valor permanente. Y esto puede suceder de dos maneras. Una está ilustrada cómicamente, aunque sin intención cómica, por Sir Thomas Browne cuando dice que el servicio de venus es «el acto más necio que un hombre inteligente puede cometer en su vida; nada que pueda abatir más su imaginación, una vez enfriada, que considerar el indigno y extraño disparate que ha cometido». Pero si se hubiera dispuesto a realizar ese acto con menos solemnidad desde el comienzo, no habría sufrido ese «abatimiento»; si su imaginación no hubiera estado descaminada, su enfriamiento posterior no habría provocado esa revulsión. Pero venus tiene una venganza aún peor.

Ella misma es un espíritu burlón, malévolo, que tiene mucho más de duende que de deidad, y nos juega malas pasadas. Cuando todas las circunstancias externas son las más aptas para que ella nos sirva, dejará a uno o a ambos enamorados indispuestos para eso. Cuando todo acto al descubierto se hace imposible, y ni siquiera se pueden intercambiar miradas —en trenes, tiendas, y en interminables reuniones sociales—, ella los asaltará con todas sus fuerzas. Una hora más tarde, cuando el momento y el lugar sean apropiados, misteriosamente se retirará, y quizá solo de uno de ellos. ¡Qué desconcierto puede provocar esto —cuántos resentimientos, autocompasión, desconfianzas, vanidades heridas y toda esa palabrería actual sobre «frustración»— en aquellos que la han endiosado! Pero los enamorados con sentido común se ríen de eso. Todo forma parte del juego, un juego de lucha libre, y las escapadas y las caídas y colisiones frontales tienen que tomarse como travesuras suyas.

No puedo dejar de considerar como una broma de Dios que una pasión tan encumbrada, en apariencia tan trascendental, como el eros, esté así ligada en incongruente simbiosis con un apetito corporal que, como cualquier otro apetito, revela descaradamente sus conexiones con factores tan terrenos como el clima, la salud, la dieta, la circulación de la sangre y la digestión. En el eros hay momentos en que nos parece estar volando; venus nos da de pronto el tirón que nos recuerda que somos globos cautivos. Es una continua demostración de la verdad de que somos criaturas compuestas, animales racionales: por un lado semejantes a los ángeles, y por el otro a los gatos. Es malo no ser capaz de aguantar una broma. Y, peor aún, no aguantar una broma divina, hecha, es cierto, a nuestras expensas, pero también, ¿quién lo duda?, para nuestro incalculable beneficio.

El hombre ha mantenido tres puntos de vista respecto a su cuerpo. En primer lugar está el de los ascetas paganos, que lo llamaban la prisión o la «tumba» del alma, y de cristianos como Fisher, para quien era una «bolsa de estiércol», alimento de gusanos, inmundo, vergonzoso, fuente solo de tentación para los hombres malvados y de humillación para los buenos. Enseguida vinieron los neopaganos (que rara vez saben griego), los nudistas y las víctimas de los dioses oscuros, para quienes el cuerpo es algo glorioso. Pero en tercer lugar tenemos la definición que daba de su cuerpo san Francisco de Asís al llamarlo «Hermano asno». Las tres posturas pueden ser defendibles —aunque no estoy seguro—, pero yo me quedo con la de san Francisco.

«Asno» es exquisitamente correcto porque nadie en sus cabales puede reverenciar u honrar un burro. Es una bestia útil, robusta, suave, obstinada, paciente, amable, y exasperante, que merece o bien el garrote o bien la zanahoria; es una bestia patética y absurdamente hermosa a la vez. Y así es el cuerpo.

No hay modo de soportar el cuerpo si no reconocemos que una de sus funciones en nuestras vidas es la de desempeñar el papel de bufón. Todas las personas, hombre o mujer o niño, hasta que alguna teoría les haya complicado, saben esto. El hecho de que tengamos un cuerpo es la broma más vieja que existe. El eros (como la muerte, el dibujo figurativo y los estudios de Medicina) puede hacer que en ciertos momentos lo tomemos con toda seriedad. El error consiste en sacar como conclusión que el eros debería siempre tomarlo en serio, y eliminar para siempre la broma. Pero no es eso lo que sucede. Los mismos rostros de los enamorados felices que conocemos lo demuestran claramente. Los enamorados, a menos que su amor sea muy efímero, sienten una y otra vez que hay un elemento no solo de comedia, no solo de juego, sino incluso de bufonada en la expresión corporal del eros. Y el cuerpo nos dejaría frustrados si no fuera así. Sería demasiado torpe como instrumento para traducir la música del amor, si su misma torpeza —su grotesco encanto— no se pudiera sentir añadida a la experiencia total: una trama secundaria o un entremés que remeda, con su vigoroso y rudo desorden, el papel representado por el alma de forma más elevada. (Así, en las comedias antiguas, los líricos amores entre el héroe y la heroína eran parodiados y corroborados inmediatamente por un lío amoroso mucho más terreno entre un criado y una doncella). Lo más alto no se sostiene sin lo más bajo.

De hecho, hay en ciertos momentos una gran poesía en lo propiamente carnal; pero también, si se me permite, un elemento irreductible de obstinada y ridícula antipoesía. Si no se deja sentir en una ocasión, lo hará en otra. Es mucho mejor plantearlo a las claras, dentro del drama de eros, como un contrapunto cómico, en vez de pretender no haberlo advertido.

Realmente es necesario este contrapunto. La poesía está ahí tanto como la antipoesía; la gravedad de venus tanto como su ligereza, el *gravis ardor* o el quemar el peso del deseo. El placer, llevado a su límite, nos destroza como el dolor. El anhelo de una unión para la cual solo la carne puede ser el medio, en tanto que la carne —nuestros cuerpos se excluyen mutuamente— la hace por siempre inalcanzable, puede tener la grandeza de una búsqueda metafísica. La atracción amorosa, al igual que la aflicción, puede hacer derramar lágrimas. Pero venus no siempre viene así, «entera, aferrada a su presa»; y el hecho de que a veces lo haga es la razón principal para reservar siempre una pizca de espíritu travieso en nuestra actitud hacia ella. Cuando las cosas naturales parecen más divinas, lo demoníaco está a la vuelta de la esquina.

Esa negativa a ser absorbido del todo —esa reminiscencia de la ligereza aun cuando lo que se ha mostrado haya sido solo pesantez— es especialmente relevante ante cierta actitud que venus, en su máxima intensidad, despierta en la mayor parte de las parejas (aunque no en todas, supongo). El acto de venus puede llevar al hombre a una actitud, aunque corta en duración, extremadamente imperiosa, a la dominación propia del conquistador o del posesor; y a la mujer, a una correspondientemente extrema abyección y rendición. De ahí la rudeza, y hasta la fiereza, de cierto juego erótico: «el tormento del amante, que hace daño y es deseado». ¿Qué pensaría de todo esto una pareja sana? ¿Lo podría permitir una pareja cristiana?

Pienso que esto es inofensivo y sano con una condición. Debemos tener en cuenta que aquí se trata de lo que he llamado «el sacramento pagano» del sexo. En la amistad, como ya vimos, cada participante se sostiene precisamente por sí mismo, como individuo contingente que es. Pero en el acto del amor no somos solamente nosotros mismos. También somos representantes. No hay aquí un empobrecimiento, sino un enriquecimiento en el hecho de tener conciencia de que actúan en nosotros fuerzas más remotas y menos personales que nosotros mismos. Toda la virilidad y toda la feminidad del mundo, todo lo que es avasallador y todo lo que le responde, está momentáneamente bien enfocado en nosotros. El hombre, en efecto, representa el papel del padre cielo, y la mujer el de la madre tierra. Él representa el papel de la forma, y ella el de la materia. Pero debemos dar a la palabra «representar» todo su valor. Desde luego, ninguno de los dos «representa un papel» en el sentido de ser un hipócrita. Pero cada uno desempeña una parte o papel en..., bueno, en algo comparable a la representación de un misterio o de un ritual (en uno de sus extremos) y de una mascarada o hasta de una charada (en el otro extremo).

Una mujer que aceptara como propia, y al pie de la letra, esta rendición extrema sería una idólatra que ofrece a un hombre lo que solo pertenece a Dios. Y un hombre tendría que ser el más fatuo de los fatuos, y además un blasfemo, si se arrogara, siendo solo una persona, esa especie de soberanía a la que venus lo exalta por un instante. Pero aquello que no puede ser legítimamente cedido ni reclamado puede ser lícitamente representado. Fuera de este ritual o drama, él y ella son dos almas inmortales, dos adultos libres, dos ciudadanos. Estaríamos muy equivocados si supusiéramos que los matrimonios en que este dominio es más afirmado y reconocido en el acto de venus son aquellos en que el esposo es probablemente el dominante en el conjunto de la vida conyugal; lo contrario es quizá más probable. Pero dentro del rito o drama, ellos son un dios y una diosa entre quienes no hay igualdad, cuyas relaciones son asimétricas.

Algunos pensarán que es extraño que yo encuentre un elemento ritual o de mascarada en esta acción, que con frecuencia es considerada como la más real, la con menos disfraces, la más auténtica que realizamos. ¿Es que no somos acaso nosotros mismos cuando estamos desnudos? En cierto sentido, no. La palabra «desnudo» fue un participio pasado, que bajo el influjo del verbo desnudar (del latín *denudare*) sustituyó desde los orígenes del idioma a la palabra «nudo». El hombre des-nudo era el que había pasado por el proceso de desnudarse, esto es, de quitarse la envoltura. Desde tiempos inmemoriales, el hombre desnudo ha sido para nuestros antepasados no el hombre natural, sino el anormal; no el hombre que se abstiene de vestirse, sino el hombre que está, por alguna razón, desnudo. Y es un hecho simple —cualquiera puede observarlo en un recinto de baños masculinos— cómo la desnudez realza lo común de la humanidad, y quita voz a lo que es individual. En este sentido somos «más nosotros mismos» cuando estamos vestidos. Por la desnudez, los amantes dejan de ser Juan y María: se ha puesto el énfasis en el universal él y ella. Casi podría decirse que se «visten» la desnudez como una túnica de ceremonia, o como el disfraz para una charada. Porque debemos seguir evitando —y nunca tanto como cuando participamos del sacramento pagano en nuestros intercambios amorosos— el ponernos serios de manera equivocada. El propio padre cielo es solamente un sueño pagano de Alguien mucho más grande que Zeus, y mucho más masculino que el macho. Y un simple mortal no es ni siquiera el padre cielo, y en realidad no puede llevar su corona; solo una imitación hecha en papel de plata. Y no digo esto con desprecio. Me gusta el ritual, me gustan las funciones teatrales privadas, hasta me gustan las charadas. Las coronas de papel, en su contexto adecuado, tienen sus usos legítimos y serios. No son, en definitiva, mucho más endebles —«si la imaginación las arregla»— que todas las dignidades terrenas.

Pero no me atrevo a mencionar este sacramento pagano sin detenerme a prevenir al mismo tiempo contra el peligro de confundirlo con un misterio que es incomparablemente más alto: así como la naturaleza corona al hombre en esta breve acción, así la ley cristiana lo ha coronado en la relación permanente con el matrimonio, otorgándole —¿o diré más bien infligiéndole?— una cierta «autoridad». Esta es una coronación muy distinta. Y así como podríamos tomar el misterio natural demasiado en serio, podríamos igualmente no tomar el misterio cristiano con suficiente seriedad. Los escritores cristianos (especialmente Milton) han hablado a veces de la superior autoridad del esposo con una complacencia que hiela la sangre. Tenemos que volver a la Biblia. El marido es la cabeza de la esposa en la medida en que es para ella lo que Cristo es para la iglesia.

El marido debe amar a la esposa como Cristo amó a su iglesia y, sigamos leyendo, «se entregó a sí mismo por ella» (Efesios 5.25). Así pues, esta autoridad está más plenamente personificada no en el marido que todos quisiéramos ser, sino en Aquel cuyo matrimonio más se parece a una crucifixión, cuya esposa recibe más y da menos, es menos digna que él, es —por su misma naturaleza— menos amable. Porque la iglesia no tiene más belleza que la que el Esposo le da; Él no la encuentra amable, pero la hace tal. Hay que mirar el crisma de esta terrible coronación no en las alegrías del matrimonio de cualquier hombre, sino en sus penas, en la enfermedad y sufrimientos de una buena esposa, o en las faltas de una mala esposa, en la perseverante (y nunca ostentosa) solicitud o inextinguible capacidad de perdón de ese hombre; perdón, no aceptación. Así como Cristo ve en la imperfecta, orgullosa, fanática o tibia iglesia terrena a la Esposa que un día estará «sin mancha ni arruga», y se esfuerza para que llegue a serlo, así el esposo, cuya autoridad es como la de Cristo (y no se le ha concedido ninguna de otra clase), jamás debe desesperar. Es como el rey Cophetua, que después de veinte años todavía espera que la niña mendiga aprenda un día a decir la verdad, y a lavarse detrás de las orejas.

Decir esto no significa que haya virtud o sabiduría en contraer un matrimonio que lleve consigo tanto sufrimiento. No hay sabiduría ni virtud en buscar un martirio innecesario, o en provocar deliberadamente la persecución; no obstante, es en el cristiano perseguido y torturado donde el modelo del Maestro se representa de modo menos ambiguo. Por tanto, en esos matrimonios desgraciados, la «autoridad» del marido, si es que puede mantenerla, es más semejante a la de Cristo.

Las más inflexibles feministas no tienen que envidiar al sexo masculino la corona que les es ofrecida, ya sea en el misterio pagano o en el cristiano: porque una es de papel; la otra, de espinas. El verdadero peligro no está en que los maridos vayan a tomar la corona de espinas con demasiada vehemencia, sino que ellos permitan u obliguen a sus mujeres a que se la roben.

Paso ahora de venus como ingrediente carnal del eros al eros como un todo. Veremos aquí repetido el mismo modelo. Así como venus dentro del eros no aspira realmente al placer, así el eros no aspira a la felicidad. Podemos creer que lo hace, pero cuando es puesto a prueba, resulta que no es así. Todos saben que es inútil tratar de separar a los enamorados demostrándoles que su matrimonio va a ser desgraciado. Y esto no solo porque no nos creerán —sin duda no lo harán nunca—, sino porque, aunque nos creyeran, no se les podría disuadir de casarse. Es especialmente característico del eros que, cuando está en nosotros, nos haga preferir el compartir la desdicha con el ser amado que ser felices de cualquier otra manera. Aunque los dos enamorados sean personas maduras y con experiencia, que saben que a la larga las heridas del corazón acaban cicatrizando, y aunque puedan prever claramente que si tuvieran coraje para aguantar la agonía actual de separarse, casi con seguridad diez años después serían más felices que si se casaran, aun así, no se separarán. Todos los cálculos son ajenos al eros, así como el juicio fríamente brutal de Lucrecio es irrelevante para venus. Aunque resulte claro, más allá de toda duda, que el matrimonio con el ser amado no tiene posibilidad de llevar a la felicidad, cuando ni siquiera puede ofrecer otra vida que la de atender a un inválido incurable, de pobreza irremediable, de exilio, o de vergüenza, el eros nunca duda en decir: «Mejor esto que separarnos; mejor ser desdichado con ella que ser feliz sin ella. Dejemos que se rompan nuestros corazones con tal de que se rompan juntos». Si la voz dentro de nosotros no dice estas palabras, no es la voz del eros.

Esto constituye la grandeza y el horror del eros; pero observemos que, como antes, codo con codo con esta grandeza, hay un espíritu burlón. Eros, igual que venus, es tema de innumerables bromas. Y hasta cuando las circunstancias de los dos enamorados son tan trágicas que ningún observador pueda contener las lágrimas, ellos mismos, en su infortunio, en los recintos hospitalarios, en los días de visita en la cárcel, se ven sorprendidos por una alegría que impresiona al que los ve —no a ellos—, por esa especie de patetismo que no se puede soportar. Nada es más falso que la idea de que la burla tiene que ser necesariamente hostil: los enamorados, hasta que tienen un bebé del que se puedan reír, se están siempre riendo el uno del otro.

Es en la misma grandeza del eros donde se esconde el peligro: su hablar como un dios, su compromiso total, su desprecio imprudente de la felicidad, su trascendencia ante la estimación de sí mismo suenan a mensaje de eternidad.

Y aun con todo, siendo como es, no puede ser la voz de Dios mismo; porque el eros, hablando con igual grandeza y mostrando igual trascendencia respecto a sí mismo, puede inclinar tanto al bien como al mal. Nada es más superficial que creer que un amor que conduce al pecado es siempre cualitativamente más bajo —más animal o más trivial— que el amor que lleva a un matrimonio cristiano, fiel y fecundo. El amor que lleva a uniones crueles y perjuras, y aun a pactos de suicidio y de crimen, puede no ser lujuria desordenada o vano sentimiento, puede ser eros en todo su esplendor, sincero hasta destrozar el corazón, dispuesto a cualquier sacrificio antes de renunciar al amor.

Ha habido escuelas de pensamiento que han aceptado la voz de eros como algo trascendente de hecho y han tratado de justificar lo absoluto de sus mandatos. Platón sostendrá que «enamorarse» es el reconocimiento mutuo en la tierra de las almas que habían sido seleccionadas unas para otras en una existencia celestial anterior. Encontrar al ser amado es comprender que «nos amábamos antes de haber nacido». Como mito para expresar lo que sienten los enamorados es admirable; pero si uno lo aceptara al pie de la letra, se encontraría frente a embarazosas consecuencias. Tendríamos que concluir que en esa celestial y olvidada vida las cosas no funcionaban mejor que aquí. Porque el eros puede unir a los compañeros de yugo menos adecuados; muchos matrimonios desgraciados, cuya desgracia era previsible, fueron matrimonios de amor.

Una teoría con mejores probabilidades de ser aceptada en nuestros días es la que podríamos llamar romanticismo shawiniano (el propio Shaw podría haberlo llamado romanticismo «metabiológico»). De acuerdo con este romanticismo shawiniano, la voz del eros es la voz del *élan vital*, o fuerza vital, el «apetito evolutivo». Al subyugar a una pareja en particular, está buscando a los progenitores (los antecesores) del superhombre. Es indiferente tanto a la felicidad personal como a las reglas de la moral, porque apunta hacia algo que Shaw considera mucho más importante: la futura perfección de nuestra especie. Pero si todo esto fuese verdad, difícilmente aclararía si teníamos que obedecer o no, ni por qué, en caso de que fuera así. Todas las imágenes del superhombre que hasta ahora se nos han ofrecido son tan poco atractivas que uno hasta podría hacer inmediatamente voto de castidad para evitar el riesgo de engendrar un superhombre así. Y en segundo lugar esta teoría lleva a la conclusión de que la fuerza vital —¿o el apetito evolutivo?— no entiende muy bien su propia función, porque, hasta donde se puede ver, la existencia o la intensidad del eros entre dos personas no es garantía de que su vástago vaya a ser especialmente satisfactorio, o incluso de que vayan a tener descendencia. La receta para tener hijos hermosos es dos buenas «cepas» (en el sentido que le dan los criadores de ganado), no dos buenos enamorados. ¿Y qué demonios hacía la fuerza vital a lo largo de esas innumerables generaciones en que engendrar hijos dependía muy poco del eros mutuo, y mucho de los arreglos matrimoniales, de la esclavitud, de la violación? ¿O es que se les acaba de ocurrir esta brillante idea para mejorar la especie?

Ni el tipo platónico ni el shawiniano de trascendentalismo erótico pueden ayudar a un cristiano. No somos adoradores de la fuerza vital y no sabemos nada de existencias anteriores.[1] No le debemos obediencia incondicional a la voz del eros cuando habla pareciéndose demasiado a un dios. Aunque tampoco debemos ignorar o intentar negar su calidad cuasidivina. Este amor es real y verdaderamente como el Amor en sí mismo. En él hay una cercanía real a Dios (por semejanza); pero no, como consecuencia necesaria, una cercanía de aproximación. El eros, venerado hasta donde lo permite el amor a Dios y la caridad al prójimo, puede llegar a ser para nosotros un medio de aproximación. Su compromiso total es un paradigma o ejemplo, inherente a nuestra naturaleza, del amor que deberíamos profesar a Dios y al hombre. Así como la naturaleza, para los amantes de la naturaleza, da contenido a la palabra «gloria», esplendor, así el eros da contenido a la palabra «caridad». Es como si Cristo nos dijera por medio del eros: «Así, de ese mismo modo, con esa prodigalidad, sin considerar lo que pueda costar, tendrás que amarme a mí y al menor de mis hermanos». El honor que tributemos al eros variará, por supuesto, de acuerdo con nuestras circunstancias. De algunos se requerirá una total renuncia, aunque no un desprecio de él. Otros, teniendo al eros como impulso y también como modelo, podrán embarcarse en la vida conyugal, dentro de la cual el eros, por sí mismo, nunca será suficiente, solo sobrevivirá en la medida en que sea continuamente purificado y corroborado por principios superiores.

Sin embargo, el eros honrado sin reservas y obedecido incondicionalmente, se convierte en demonio. Y esa es precisamente la forma en que exige ser honrado y obedecido. Divinamente indiferente a nuestro

---

1. Aparte del tono de humor con que el autor se refiere a Platón al tratar este tema, cabe advertir que en la historia del cristianismo la doctrina de Platón se ha estudiado muy profunda y seriamente, y que —hablando en general— ha permitido esclarecer y explicar cuestiones relativas a la fe accesibles a la razón. La obra de Platón ha ayudado mucho en la evolución del pensamiento de corte cristiano, e incluso a maneras y expresiones, seculares, de su piedad (*N. del T.*).

egoísmo, es también diabólicamente rebelde a toda exigencia que se le oponga por parte de Dios o del hombre. Como dice el poeta:

Los enamorados no se mueven por bondad,
y oponerse a ellos hace que se sientan mártires.

«Mártires» es la expresión adecuada. Hace años, cuando escribí sobre la poesía amorosa en la Edad Media y analicé su extraña y medio fingida «religión del amor», fui tan ciego que traté el tema como un fenómeno casi puramente literario. Ahora lo veo mejor. El eros, por naturaleza, invita a eso. Entre todos los amores él es, cuando está en su culmen, el que más se parece a un dios y, por tanto, el más inclinado a exigir que le adoremos. Por sí mismo, siempre tiende a convertir el hecho de «estar enamorado» en una especie de religión.

Con frecuencia, los teólogos han temido en este amor el peligro de la idolatría. Pienso que con esto querían decir que los enamorados podían adorarse el uno al otro. A mí no me parece que este sea el verdadero peligro; ciertamente, no en el matrimonio. La intimidad deliciosamente prosaica y práctica de la vida conyugal hace eso absurdo. Lo mismo pasa con el afecto con que el eros está casi invariablemente vestido. Yo me pregunto si incluso en la fase del enamoramiento alguien que haya sentido la sed de lo Increado, o soñado que la sentía, imaginó alguna vez que la persona amada podría saciarle. Como compañero de peregrinación aguijoneado por el mismo deseo, es decir, como amigo, el ser amado puede ser gloriosa y útilmente adecuado; pero como un medio para eso..., bueno (no quiero ser grosero), es ridículo. El verdadero peligro, me parece a mí, no es que los enamorados se idolatren el uno al otro, sino que idolatren al propio eros.

No quiero decir, por supuesto, que le vayan a construir altares o que le dirijan oraciones. La idolatría de la que hablo puede apreciarse en la equivocada interpretación de las palabras de nuestro Señor: «Quedan perdonados sus pecados, que son muchos; por eso muestra mucho amor» (Lucas 7.47). Del contexto, y en especial de la precedente parábola de los deudores, resulta claro que debe significar: «La magnitud de su amor por mí es prueba de la magnitud de los pecados que le he perdonado». (El «por eso» es aquí como el «por» en la frase: «Por estar todavía su sombrero en el perchero del vestíbulo, no puede haber salido». La presencia del sombrero no es la causa de que esté en casa, sino una posible prueba de que se encuentra ahí). Pero miles de personas lo toman en un sentido muy diferente. Primero suponen, sin ninguna prueba, que sus pecados eran contra la castidad, aun cuando, por lo que sabemos, bien pueden haber sido la usura, el comercio fraudulento, o la crueldad con los niños. Y entonces suponen que nuestro Señor estaba diciendo: «Perdono su falta de castidad porque estaba muy enamorada». La deducción es que un gran eros atenúa —casi permite, casi santifica— toda acción a la que él le conduce.

Cuando los enamorados dicen de algún acto que nosotros podríamos censurar: «El amor nos llevó a hacerlo», debe advertirse el tono en que lo dicen. Un hombre que dice: «Lo hice porque estaba asustado» o «Lo hice porque estaba enfadado» habla de modo muy diferente. Está adelantando una excusa por algo que, según él, necesita disculpa. Pero los enamorados rara vez hacen eso. Notemos qué trémulamente, hasta con devoción, pronuncian la palabra «amor», no tanto alegando una «circunstancia atenuante», sino como apelando a una autoridad. La confesión casi puede llegar a ser ostentación. Quizás pueda haber en ella incluso un matiz de desafío. Se «sienten como mártires». En casos extremos, lo que expresan sus palabras es, en realidad, una recatada pero inamovible adhesión al dios del amor.

«Estas razones han pasado a ser buenas en la ley del amor», dice la Dalila de Milton. «En la ley del amor»: esta es la cuestión. «En el amor» tenemos nuestra propia «ley», una religión propia, nuestro propio dios. Cuando un eros real está presente, la resistencia a sus órdenes se considera como apostasía, y aun cuando según las normas cristianas son tentaciones, hablan con la voz de los deberes, deberes casi religiosos, actos de piadoso fervor al dios del amor. Él construye su propia religión en torno a los enamorados. Benjamin Constant señaló cómo, en unas cuantas semanas o meses, crea para ellos un pasado que les parece inmemorial. Vuelven continuamente a él con asombro y reverencia, como los salmistas vuelven a la historia de Israel. De hecho es como el antiguo testamento de la religión del amor; el recuerdo de los juicios y gracias del amor hacia la pareja elegida, hasta el momento en que descubrieron por primera vez que estaban enamorados. Después de eso empieza su nuevo testamento. Están ahora bajo una nueva ley, la que corresponde, en esta nueva religión, a la gracia: son criaturas nuevas: el «espíritu» del eros sobrepasa todas las leyes, y ellos no deben «agraviarle».

El «espíritu» del eros parece sancionar todo tipo de acciones, que de otro modo no se habrían atrevido a realizar. No me refiero únicamente, o principalmente, a actos que violan la castidad; es igualmente probable que se trate de actos contra la justicia, o faltas de caridad contra el mundo de los demás. A ellos les parecerán muestras de fervor y piedad hacia el eros. La pareja puede decirse —el uno al otro— casi con el tono de quien ofrece un sacrificio: «Es por causa del amor que he descuidado a mis padres... que he dejado a mis hijos... engañado a mi socio... fallado a mi amigo en su mayor necesidad». Estas razones en la ley del amor pasan por buenas. Sus fieles hasta pueden llegar a sentir que hay un mérito especial en estos sacrificios, porque ¿qué ofrenda más costosa puede dejarse en el altar del amor que la propia conciencia?

Y la broma siniestra es, siempre, que este eros, cuya voz parece hablar desde el reino eterno, no es ni siquiera necesariamente duradero. Es notorio que es el más mortal de nuestros amores. El mundo atruena con las quejas de su inconstancia. Lo que resulta desconcertante es la combinación de esta inconstancia con sus protestas de permanencia. Estar enamorados de verdad es, a la vez que prometerlo, estar dispuesto a ser fiel durante toda la vida. El amor erótico hace promesas que no se le piden; no hay modo de convencerle de que no las haga. «Seré siempre fiel» son casi siempre las primeras palabras que pronuncia. No por hipocresía, sino sinceramente. Ninguna experiencia adversa conseguirá curarle de esta ilusión. Todos hemos oído hablar de personas que vuelven a enamorarse cada pocos años; siempre sinceramente convencidos de que «"esta" vez sí que es la definitiva», que sus andanzas han terminado, que han encontrado su verdadero amor, y que serán mutuamente fieles hasta la muerte.

Y, en un cierto sentido, el eros tiene razón al hacer estas promesas. El hecho de enamorarse así es de tal naturaleza que hacemos bien al rechazar como intolerable la idea de que pudiera ser transitorio. De un solo salto se traspasa el macizo muro de nuestra individualidad; el mismo apetito erótico se hace altruista, deja a un lado la felicidad personal como una trivialidad e instala los intereses del otro en el centro del propio ser. Espontáneamente y sin esfuerzo hemos cumplido (hacia una persona) con la ley al amar a nuestro prójimo como a nosotros mismos. Es una imagen, un sabor anticipado de lo que llegaríamos a ser para todos si el Amor en sí mismo imperara en nosotros sin rival alguno. E incluso, bien usado, es una preparación para ese Amor. El solo hecho de recaer, el simple «desenamorarse» otra vez, es —si se me permite acuñar tan fea palabra— una especie de «desredención». El eros es llevado a prometer lo que el eros por sí mismo no puede cumplir.

¿Podemos estar en esta desinteresada liberación durante toda una vida? Apenas una semana. Entre los mejores enamorados posibles, su alta condición de tales es intermitente. El antiguo yo vuelve pronto a manifestarse no tan muerto como pretendía, sucede lo mismo que después de una conversión religiosa. En uno y otro caso puede quedar momentáneamente postrado el yo; pero muy pronto volverá a levantarse, si no sobre sus pies, sí al menos apoyándose en un codo; si no rugiendo, sí al menos volviendo a sus ásperas quejas o a su lamentoso gimoteo. Y entonces venus retrocede con frecuencia hacia la mera sexualidad.

Pero estas contrariedades no pueden destruir un matrimonio entre dos personas «decentes y razonables». La pareja cuyo matrimonio sí puede ciertamente verse en peligro por causa de ellas y, posiblemente, quedar expuesto al fracaso, es la que ha idolatrado el eros. Pensaron que tenía el poder y la veracidad de un dios. Esperaban que el solo sentimiento haría por ellos, y permanentemente, todo lo que fuera necesario. Cuando esta expectativa queda defraudada, culpan al eros o, con más frecuencia, se culpan mutuamente. En realidad, sin embargo, el eros, habiendo hecho su tan gigantesca promesa y después de haber mostrado, como en un destello, lo que tiene que ser su función, ha «cumplido con su cometido». Él, como padrino, hace los votos; somos nosotros quienes debemos cumplirlos. Nosotros somos los que debemos esforzarnos por hacer que nuestra vida cotidiana concuerde más plenamente con lo que manifestó aquel destello. Debemos realizar los trabajos de eros cuando eros ya no está presente. Esto lo saben todos los buenos enamorados, aun cuando no sean reflexivos ni sepan expresarse, y solo sean capaces de unas pocas frases convencionales sobre la necesidad de «aceptar lo desagradable junto con lo agradable», de «no esperar demasiado», de tener «un poco de sentido común» y cosas parecidas. Y todos los enamorados que son buenos cristianos saben que este programa, aunque parezca modesto, no podrá cumplirse sino con humildad, caridad y la gracia divina; pues realmente eso es toda la vida cristiana vista desde un ángulo particular.

Así el eros, como los demás amores —pero de modo más impresionante debido a su fuerza, dulzura, terror y atractiva presencia—, revela su verdadera condición. No puede por sí mismo ser lo que, de todos modos, debe ser si ha de seguir siendo eros. Necesita ayuda; por tanto, necesita ser dirigido. El dios muere o se vuelve demonio a no ser que obedezca a Dios; lo que sería bueno si, en ese caso, muriera siempre; pero es posible que siga viviendo, encadenando juntos, sin piedad, a dos personas que se atormentan mutuamente, sintiendo cada una en carne viva el veneno del odio enamorado, cada uno ávido por recibir y negándose implacablemente a dar, celoso, desconfiado, resentido, luchando por dominar, decidido a ser libre y a no dar libertad, viviendo de hacer «escenas». Leamos Ana Karenina y no pensemos que esas cosas suceden solo en Rusia. La vieja hipérbole de los enamorados que se «devoran» mutuamente puede estar terriblemente cerca de la verdad.

VI

CARIDAD

WILLIAM MORRIS ESCRIBIÓ un poema titulado *El amor basta*, y se dice que alguien lo comentó brevemente con estas palabras: «No basta». Ese ha sido el tema principal de mi libro: los amores naturales no son auto-suficientes. Algo inicialmente descrito de un modo vago como «decencia y sentido común» se revela luego como bondad y, finalmente —en una relación determinada—, como la vida cristiana en su conjunto, que debe venir en ayuda del solo sentimiento, si el sentimiento quiere conservar su dulzura.

Decir esto no es empequeñecer los amores naturales, sino indicar dónde reside su verdadera grandeza. No es menospreciar un jardín decir que no puede cercarse o desbrozarse por sí mismo, ni podar sus propios frutales, ni cortar la hierba de su césped; un jardín es algo bueno, pero esas no son las clases de bondad que posee. Un jardín seguirá siendo un jardín —distinto de un lugar agreste— solamente si alguien le hace todas esas cosas. Su verdadera gracia es de una especie muy distinta. El hecho mismo de que necesite ser constantemente desbrozado y podado testimonia esa misma gracia suya. Está rebosante de vida, brilla con sus colores, y huele que da gloria, y en cada hora de un día de verano exhibe una belleza que el hombre no hubiera podido crear jamás, y tampoco imaginar. Si queremos ver cuál es la diferencia entre su contribución a esa belleza y la del jardinero, pongamos la maleza más basta que produce junto a los azadones, rastrillos, tijeras y paquetes de herbicidas: habremos puesto belleza y fecundidad junto a cosas estériles y muertas.

Del mismo modo, nuestro «sentido común y nuestra decencia» aparecerán como algo gris y muerto al lado de la genialidad del amor. Y cuando un jardín está en la plenitud de su esplendor, la aportación del jardinero a ese esplendor seguirá siendo, en cierta forma, algo mezquino comparado con la contribución de la naturaleza. Sin la vida que surge de la tierra, sin la lluvia, sin la luz y el calor que descienden del cielo, el jardinero no podría hacer nada; cuando ha hecho todo lo que tenía que hacer, no ha hecho más que ayudar aquí e impedir allá fuerzas y bellezas que tienen diferente origen. Pero la participación del jardinero, aunque pequeña, es no solo laboriosa, sino indispensable.

Cuando Dios plantó un jardín puso a un hombre a su cuidado, y puso al hombre bajo Él mismo. Cuando Él plantó el jardín de nuestra naturaleza, e hizo que prendieran allí los florecientes y fructíferos amores, dispuso que nuestra voluntad los «vistiera». Comparada con ellos, nuestra voluntad es seca y fría, y a menos que su gracia descienda como descienden la lluvia y el sol, de poco serviría esa herramienta. Pero sus laboriosos —y por mucho tiempo negativos— servicios son indispensables; si fueron necesarios cuando el jardín era el Paraíso, ¡cuánto más ahora que la tierra se ha maleado y parecen medrar desmesuradamente los peores abrojos! Pero no permita el cielo que trabajemos con espíritu encogido o al modo de los estoicos. Mientras cortamos y podamos, sabemos muy bien que lo que estamos cortando y podando está lleno de un esplendor y de una vitalidad que nuestra voluntad racional no podría proporcionarle nunca. Liberar ese esplendor para que llegue a ser con plenitud lo que está intentando ser, para llegar a tener altos árboles en vez de enmarañados matorrales, y manzanas dulces en vez de ácidas, es parte de nuestro proyecto.

Pero solo parte; porque ahora debemos abordar un tema que he postergado largamente. Hasta ahora casi nada se ha dicho de nuestros amores naturales como rivales del amor a Dios. La cuestión no puede ser ya eludida por más tiempo. Mi dilación obedecía a dos razones.

Una —ya mencionada— es que esta materia no es por donde la mayor parte de nosotros necesita empezar. Rara vez se dirige «a nuestra natural condición» al comienzo. Para la mayor parte de nosotros, la verdadera rivalidad radica entre el yo egoísta y el yo humano, no inicialmente entre el yo humano y Dios. Resulta peligroso imponerle a un hombre el deber de llegar más allá del amor terreno cuando su verdadera dificultad consiste en llegar a él. Y sin duda es bastante más fácil amar menos a nuestros semejantes e imaginar que esto sucede porque estamos aprendiendo a amar más a Dios cuando la verdadera razón puede ser bien diferente: es posible que solo «estemos tomando las flaquezas de la naturaleza por un aumento de Gracia». Mucha gente no encuentra difícil odiar a su mujer o a su madre. Mauriac, en una hermosa escena, describe a los otros discípulos pasmados y asombrados de ese extraño mandamiento, pero no Judas Iscariote: este se lo traga fácilmente.

Pero destacar antes en este libro esa rivalidad entre los amores naturales y el amor de Dios hubiera sido prematuro también en otro sentido. Ese recurso a la divinidad al que nuestros amores acuden tan fácilmente puede ser refutado sin necesidad de ir tan lejos. Los amores demuestran que son indignos de ocupar el lugar de Dios, porque ni siquiera pueden permanecer como tales y cumplir lo que prometen sin la ayuda de Dios. ¿Por qué molestarse en probar que algún insignificante principillo no es el emperador legítimo, cuando sin la ayuda del emperador ni siquiera puede conservar su trono, subordinado a él, ni puede mantener la paz por medio año en su pequeña provincia?

Incluso por su propio interés, los amores naturales deben aceptar ser algo secundario, si han de seguir siendo lo que quieren ser. En este sometimiento reside su verdadera libertad: «Son más altos cuando se inclinan». Cuando Dios manda en un corazón humano, aunque a veces tenga que derrocar a algunas de sus originarias autoridades, mantiene a menudo a otras en sus puestos y, al someter su autoridad a la suya, da por primera vez a ese corazón una base sólida. Emerson ha dicho: «Cuando se van los semidioses, llegan los dioses». Esta es una máxima muy dudosa. Digamos mejor: «Cuando Dios llega, y solo entonces, los semidioses pueden quedarse». Entregados a ellos mismos desaparecen o se vuelven demonios. Solamente en su nombre pueden, con belleza y seguridad, «esgrimir sus pequeños tridentes». La rebelde consigna «Todo por amor» es, en realidad, la garantía de la muerte del amor (la fecha de la ejecución, por el momento, está en blanco).

Pero la cuestión de esta rivalidad, postergada tan largamente por estas razones, debe ahora ser tratada; en cualquier época anterior, excepto el siglo XIX, podría aparecer a lo largo de todo un libro sobre este tema. Si los victorianos necesitaban algo que les recordara que el amor no basta, teólogos más antiguos, en cambio, decían siempre en voz muy alta que el amor natural es probablemente demasiado. El peligro de amar demasiado poco a nuestros semejantes se les pasaba menos por la cabeza que el de amarlos de una manera idolátrica. En cada esposa, madre, hijo y amigo, ellos veían un posible rival de Dios, que es lo que por supuesto decía nuestro Señor (Lucas 14.26).

Hay un método para saber con seguridad si nuestro amor hacia nuestros semejantes es inmoderado, método que me veo obligado a rechazar desde el comienzo. Y lo hago temblando, pues me lo encontré en las páginas de un gran santo y gran pensador, con quien tengo, felizmente, incalculables deudas.

Con palabras que aún pueden hacer brotar lágrimas, san Agustín describe la desolación en que lo sumió la muerte de su amigo Nebridio (*Confesiones* iv, 10). Luego extrae una moraleja: esto es lo que pasa, dice, por entregar nuestro corazón a cualquier cosa que no sea Dios. Todos los seres humanos mueren. No permitamos que nuestra felicidad dependa de algo que podemos perder. Si el amor ha de ser una bendición, no una desgracia, debemos dedicárselo al único Amado que jamás morirá.

Esto es, por supuesto, tener un excelente sentido común. No pongamos el agua en una vasija quebrada. No invirtamos demasiado en una casa de la que nos pueden echar. Y no hay ningún hombre que pueda asumir con más convicción que yo tan prudentes máximas: ante todo, soy partidario de la seguridad. De todos los argumentos contra el amor, ninguno atrae tanto a mi naturaleza como «¡Cuidado!, eso te puede hacer sufrir».

A mi naturaleza, a mi temperamento, sí; pero no a mi conciencia. Cuando me dejo llevar por esa atracción me doy cuenta de que estoy a mil millas de Cristo. Si de algo estoy seguro es de que su enseñanza nunca tuvo por objeto confirmar mi preferencia congénita por las inversiones seguras y los riesgos limitados. Dudo de que haya en mí algo que pueda complacerle menos que eso. ¿Y quién podría imaginar el comenzar a amar a Dios sobre una base tan prudente, porque la seguridad, por así decir, es mejor? ¿Quién podría siquiera incluirla entre las razones para amar? ¿Elegiría usted una esposa o un amigo —y ya que estamos en eso, elegiría un perro— con ese espíritu? Uno debería irse fuera del mundo del amor, de todos los amores, antes de calcular así. El eros, el ilícito eros, al preferir al ser amado antes que la felicidad, se parece más al Amor en sí mismo que esto.

Pienso que este pasaje de las *Confesiones* es menos una parte del cristianismo de san Agustín que una resaca de las elevadas filosofías paganas en medio de las que creció. Está más cerca de la «apatía» estoica o del misticismo neoplatónico que de la caridad. Nosotros somos seguidores de Uno que lloró por Jerusalén, y sobre la tumba de Lázaro, y que, amándolos a todos, tenía sin embargo un discípulo a quien, en un sentido especial, Él «amaba». San Pablo tiene más autoridad ante nosotros que san Agustín: San Pablo, el cual no parece que haya sufrido «como un hombre» ante la grave enfermedad de Epafrodito, y da la impresión de que hubiera sufrido del mismo modo si Epafrodito hubiese muerto (Filipenses 2.27).[1]

Aun cuando se diera por sentado que las seguridades contra el dolor fueran nuestra máxima sabiduría, ¿acaso Dios mismo las ofrece? Parece que no. Cristo llega al final a decir: «¿Por qué me has abandonado?».

De acuerdo con las líneas sugeridas por san Agustín, no hay escapatoria. Ni tampoco de acuerdo con otras líneas. No hay inversión segura. Amar, de cualquier manera, es ser vulnerable. Basta con que amemos algo para que nuestro corazón, con seguridad, se retuerza y, posiblemente, se rompa. Si uno quiere estar seguro de mantenerlo intacto, no debe dar su corazón a nadie, ni siquiera a un animal. Hay que rodearlo cuidadosamente de caprichos y de pequeños lujos; evitar todo compromiso; guardarlo a buen recaudo bajo llave en el cofre o en el ataúd de nuestro egoísmo. Pero en ese cofre —seguro, oscuro, inmóvil, sin aire— cambiará, no se romperá, se volverá irrompible, impenetrable, irredimible. La alternativa de la tragedia, o al menos del riesgo de la tragedia, es la condenación. El único sitio, aparte del Cielo, donde se puede estar perfectamente a salvo de todos los peligros y perturbaciones del amor es el Infierno.

Creo que los amores más ilícitos y desordenados son menos contrarios a la voluntad de Dios que una falta de amor consentida, con la que uno

---

1. Como traductor no soy partidario de poner notas, pero como admirador de san Agustín no puedo por menos que defenderle de esta interpretación negativa que hace C. S. Lewis de su dolor y llanto por la muerte de su amigo, que, por otra parte, está relatada en los capítulos iv, 7–9; v, 10; vi, 11; vii, 12; viii, 13 y ix, 14 del libro cuarto; y no se refiere a Nebridio, sino a un amigo innominado, un amigo de la infancia, «mas entonces no era tan amigo como lo fue después, aunque tampoco después lo fue tanto como exige la verdadera amistad, puesto que no hay amistad verdadera sino entre aquellos a quienes Tú aglutinas entre sí por medio de la caridad, derramada "en nuestros corazones por medio del Espíritu Santo que nos fue dado" (Romanos 5.5)». Y de la base humana de esta amistad dice: «¡Oh, locura, que no sabe amar humanamente a los hombres!». Dice: «Había derramado mi alma en la arena, amando a un mortal como si no fuera mortal». Dice: «Bienaventurado el que te ama a ti, Señor, y al amigo en Ti». No me quejo y arrepiento —podría responder él mismo— de haber amado demasiado a mi amigo, sino de no haberle amado. Parece, pues, como se verá en las líneas siguientes, que se trata de una equivocada lectura de las *Confesiones*, no de que C. S. Lewis desacuerde doctrinalmente de san Agustín (*N. del T.*).

se protege a sí mismo. Es como esconder el talento en un pañuelo, y por una razón muy parecida. «Te conocía que eres hombre duro». Cristo no enseñó ni sufrió para que llegáramos a ser, aun en los amores naturales, más cuidadosos de nuestra propia felicidad. Si el hombre no deja de hacer cálculos con los seres amados de esta tierra a quienes ha visto, es poco probable que no haga esos mismos cálculos con Dios, a quien no ha visto. Nos acercaremos a Dios no con el intento de evitar los sufrimientos inherentes a todos los amores, sino aceptándolos y ofreciéndoselos a Él, arrojando lejos toda armadura defensiva. Si es necesario que nuestros corazones se rompan y si Él elige el medio para que se rompan, que así sea.

Ciertamente, sigue siendo verdad que todos los amores naturales pueden ser desordenados. «Desordenado» no significa «insuficientemente cauto», ni tampoco quiere decir «demasiado grande»; no es un término cuantitativo. Es probable que sea imposible amar a un ser humano simplemente «demasiado». Podemos amarlo demasiado «en proporción» a nuestro amor por Dios; pero es la pequeñez de nuestro amor a Dios, no la magnitud de nuestro amor por el hombre, lo que constituye lo desordenado. Esto también debe ser clarificado, porque si no podríamos perturbar a algunos que van por el camino correcto, pero se alarman porque no sienten ante Dios una emoción tan cálida y sensible como la que sienten por el ser amado de la tierra. Sería muy deseable —por lo menos eso creo yo— que todos nosotros, siempre, pudiéramos sentir lo mismo; tenemos que orar para que ese don nos sea concedido; pero el problema de si amamos más a Dios o al ser amado de la tierra no es, en lo que se refiere a nuestros deberes de cristianos, una cuestión de intensidad comparativa de dos sentimientos; la verdadera cuestión es —al presentarse esa alternativa—, a cuál servimos, o elegimos, o ponemos primero. ¿Ante qué exigencia, en última instancia, se inclina nuestra voluntad?

Como sucede con tanta frecuencia, las mismas palabras de nuestro Señor son a la vez muchísimo más duras y muchísimo más tolerables que las de los teólogos. Él no dice nada acerca de precaverse contra los amores de la tierra por miedo a quedar herido; dice algo —que restalla como un latigazo— acerca de pisotearlos todos desde el momento en que nos impidan seguir tras Él. «Si alguno viene a mí, y no aborrece a su padre, y madre, y mujer [...] y aun también su propia vida, no puede ser mi discípulo» (Lucas 14.26).

¿Pero cómo he de entender la palabra «aborrecer»? Que el Amor mismo nos esté mandando lo que habitualmente entendemos por odio —ordenándonos fomentar el resentimiento, alegrarnos con la desgracia del otro, gozándonos en hacerle daño— es casi una *contradictio in terminis*. Yo pienso que nuestro Señor, en el sentido que aquí se entiende, «aborreció» a san Pedro cuando le dijo: «¡Quítate de delante de mí, Satanás!; me eres tropiezo, porque tus sentimientos no son los de Dios, sino los de los hombres» (Mateo 16.23). Odiar es rechazar al ser amado, enfrentarse a él, no concederle nada cuando nos susurra las mismas insinuaciones del demonio, por muy tierna y por muy lastimosamente que lo haga. Un hombre, dice Jesús, que intenta servir a dos señores «aborrecerá» a uno y «amará» al otro. No se trata aquí, ciertamente, de meros sentimientos de aversión y de atracción, sino de lo que estamos tratando: es decir, se adherirá a uno, le obedecerá, trabajará para él, y, en cambio, no lo hará con el otro.

Examinemos igualmente la frase «amé a Jacob, pero aborrecí a Esaú» (Malaquías 1.2–3). ¿Cómo se presenta en la historia real esa cosa llamada «odio» de Dios por Esaú? No, de ningún modo, como podríamos esperarlo. No hay, por supuesto, base ninguna para suponer que Esaú tuvo un mal fin y que perdió su alma; el Antiguo Testamento, aquí y en otras partes, no tiene nada que decir respecto a tales puntos. Y, por lo que se nos cuenta, la vida terrena de Esaú fue, desde todos los puntos de vista corrientes, bastante más bendita que la de Jacob. Es Jacob quien sufre todos los desengaños, humillaciones, terrores y desgracias; pero tiene algo que Esaú no tiene: es un patriarca. Entrega a su sucesor la tradición hebraica, transmite la vocación y la bendición, llega a ser un antepasado de nuestro Señor. El «amor» a Jacob parece que significa la aceptación de Jacob para una elevada, y dolorosa, vocación; el «odio» a Esaú, su repudio: es «rechazado», no consigue «tener éxito», es considerado no apto para ese propósito divino. Así pues, en último término, debemos rechazar o descalificar lo que para nosotros sea lo más próximo y querido cuando eso se interponga entre nosotros y nuestra obediencia a Dios. Dios sabe que parecerá algo muy semejante al odio; pero no debemos obrar guiados por la compasión que sentimos, sino que debemos ser ciegos a esas lágrimas y sordos a esos ruegos.

No diré que este deber sea difícil; algunos lo encuentran demasiado fácil; otros lo consideran duro, más allá de lo soportable. Lo que es difícil para todos es saber cuándo surge la ocasión para este «odio». Nuestro temperamento nos engaña. Los que son blandos y tiernos —maridos complacientes, esposas sumisas, padres chochos, hijos irrespetuosos— no creerán fácilmente que pueda llegar alguna vez ese momento. Las personas prepotentes, con esa arrogancia propia de los matones, lo creerán demasiado pronto. Por eso es de tan extremada importancia moderar nuestros amores, de tal manera que sea imposible que esa ocasión se produzca.

Cómo puede suceder esto lo podemos ver, en un nivel muy inferior, cuando el Caballero poeta, al partir hacia la guerra, dice a su dama:

No podría quererte, oh amada, tanto
si no amara aún más el honor.

Hay mujeres para quienes esta argumentación no tendría el más mínimo sentido. El «honor» sería para ellas solamente una de esas cosas estúpidas de que los hombres hablan; una excusa formal, y, por lo tanto, un agravante, una ofensa contra la «ley del amor» que el Caballero poeta está a punto de cometer. Lovelace, en cambio, puede usarla con toda confianza, porque su dama es la dama de un caballero, que valora como él las exigencias del honor. Él no necesita «odiarla», enfrentarse a ella, porque él y ella reconocen la misma ley: desde hace tiempo están de acuerdo sobre este asunto, porque ambos lo han comprendido. No es necesario iniciar ahora la tarea de convertirla a ella a la fe en el honor —ahora, cuando tomar una decisión depende de ellos dos—. Es este previo acuerdo el que es tan necesario cuando se trata de exigencias aun mayores que la del honor. Sería demasiado tarde, cuando se presenta una crisis, empezar a decirle a la esposa o al marido o a la madre o al amigo que nuestro amor tenía desde siempre una reserva secreta: que estaba «sujeto a Dios» o que duraría «mientras un Amor superior no lo impidiera». Tenían que haber sido advertidos; no necesariamente de un modo explícito, sino por el contenido mismo de mil conversaciones, por los principios básicos en que uno cree y que quedan manifiestos en cien distintas decisiones sobre asuntos cotidianos. De hecho, un desacuerdo real sobre este problema tendría que haberse hecho sentir con suficiente antelación como para impedir que un matrimonio o una amistad llegaran a cuajar. El mejor amor, del tipo que sea, no es ciego. Oliver Elton, refiriéndose a Carlyle y a Mill, dijo que discrepaban acerca de la justicia, y que esa discrepancia era, naturalmente, fatal «para cualquier amistad digna de ese nombre». Si el «Todo por amor» está implícito en la actitud del amado, su amor no tiene entidad: no se relaciona de manera correcta con el Amor en sí mismo.

Y esto me lleva al pie de la última escarpada ascensión que este libro debe intentar. Tengo que tratar de relacionar las actividades humanas llamadas «amores» con ese Amor que es Dios con un poco más de precisión de lo que lo hemos hecho hasta ahora. La precisión puede ser, por supuesto, solo la de un modelo o un símbolo, seguros de que no nos fallará y de que, incluso mientras la usemos, necesitará ser corregida de acuerdo con otros modelos. El más humilde de nosotros, en estado de Gracia, puede tener cierto «conocimiento por familiaridad», gustar algún «sabor» del Amor en sí mismo; pero el hombre, aun en su más alto grado de santidad e inteligencia, no tiene un «saber» directo del Ser Supremo, sino solo por analogía. No podemos ver la luz, aunque por la luz podemos ver las cosas. Las afirmaciones sobre Dios son extrapolaciones del conocimiento de otras cosas que la iluminación divina nos permite conocer. Me detengo en hacer estas reservas porque, en lo que sigue, mi esfuerzo por ser claro (y no alargarme indebidamente) podría hacer pensar en una seguridad en lo que digo que no siento en absoluto. Estaría loco si la sintiera. Considérenlo como el sueño de un hombre, casi como una fábula de un hombre. Si en ello hay algo que a ustedes les sirva, úsenlo; en caso contrario, olvídenlo.

Dios es amor. Recordemos una vez más aquello de que «En esto consiste el amor: no en que nosotros hayamos amado a Dios, sino en que él nos amó a nosotros» (1 Juan 4.10). No debemos empezar con el misticismo, con el amor de la criatura a Dios, o con los maravillosos anticipos de la fruición de Dios, dispensados a algunos en su vida terrena. Comenzamos con el verdadero comienzo, con el Amor como energía divina. Este amor primordial es el Amor-Dádiva. En Dios no hay un hambre que necesite ser saciada; solo abundancia, que desea dar. La doctrina de que Dios no tenía ninguna necesidad de crear no es una fórmula de árida especulación escolástica, es algo esencial; sin ella difícilmente podríamos evitar el concepto de lo que se puede llamar un Dios «administrador»; un Ser cuya función o naturaleza sería la de «manejar» el universo, del que está atento, como un director lo está de su escuela, o como un hotelero al frente de su hotel. Pero el hecho de ser soberano del universo no es una gran tarea para Dios. En Sí mismo, en su casa, en «la tierra de la Trinidad», es Soberano de un reino mucho más grande. Debemos tener siempre presente esa visión de Lady Julian en la que Dios llevaba en su mano un objeto pequeño como una nuez, y que esa nuez era «todo lo que está hecho».

Dios, que no necesita nada, da por amor la existencia a criaturas completamente innecesarias, a fin de que Él pueda amarlas y perfeccionarlas. Crea el universo previendo —¿o deberíamos decir «viendo», pues en Dios no hay tiempo?— la zumbante nube de moscas en torno a la Cruz, su espalda desollada contra el rugoso madero, los clavos hundidos en la carne atravesando los nervios, la repetida asfixia creciente a medida que el cuerpo desfallece, la reiterada tortura de la espalda y los brazos al enderezar el cuerpo una y otra vez para poder respirar. Si se me permite una imagen biológica, diría que Dios es un «huésped» que crea deliberadamente sus propios parásitos; nos da el ser para que podamos explotarlo y «sacar provecho» de Él. Esto es el amor. Este es el diagrama del Amor en sí mismo, el inventor de todos los amores.

Dios, como Creador de la naturaleza, implanta en nosotros tanto los amores-dádiva como los amores-necesidad. Los amores-dádiva son imágenes naturales de Él mismo; cercanos a Él por semejanza, no son necesariamente, ni en todos los hombres, cercanía de aproximación. Una madre abnegada, un buen gobernante o maestro pueden dar y dan, mostrando así continuamente esa semejanza, sin que llegue a ser semejanza de aproximación. Los amores-necesidad, hasta donde me ha sido posible verlo, no tienen parecido con el Amor que es Dios. Son más bien correlativos, opuestos; no como el mal es opuesto al bien, sino como la forma de una torta es opuesta a la forma de su molde.

Pero, además de estos amores naturales, Dios puede conceder un don muchísimo mejor o, más bien —ya que nuestras mentes tienen que dividir y compartimentar—, dos dones.

Él comunica a los hombres una parte de su propio Amor-Dádiva, diferente de los amores-dádiva que ha infundido en su naturaleza. Estos amores nunca buscan, así, simplemente, el bien del objeto amado por el bien del objeto en sí. Se inclinan en favor de los bienes que pueden conceder, o de los que ellos prefieren, o bien de los que se adecuan a una imagen preconcebida de la vida que ellos desean que se lleve a término; pero el Amor-Dádiva divino —el Amor en sí mismo que actúa en un hombre— es enteramente desinteresado y quiere simplemente lo que es mejor para el ser amado.

Dicho de otro modo, el amor-dádiva natural va siempre dirigido a objetos que el enamorado considera en cierto modo intrínsecamente dignos de amor: objetos hacia los que lo atraen el afecto o el eros, o un punto de vista que ambos comparten o, a falta de eso, se inclina hacia los que son agradecidos o hacia los que se lo merecen, o tal vez hacia aquellos cuyo desamparo conmueve y obliga a decidirse por ellos.

Pero el amor-dádiva en el hombre le permite también amar lo que no es naturalmente digno de amor: los leprosos, criminales, enemigos, retrasados mentales, a los amargados, a los orgullosos y a los despreciativos.

Y, finalmente, como por una gran paradoja, Dios capacita al hombre para que tenga amor-dádiva hacia Él mismo. Es claro que, en un cierto sentido, nadie puede dar a Dios nada que no sea ya suyo, y si ya es suyo, ¿qué ha dado el hombre? Pero si, como es obvio, podemos desentendernos de Dios, desviar de Él nuestra voluntad y nuestro corazón, también, en ese sentido, podemos entregárselos. Lo que es suyo por derecho, y que no existiría ni por un instante si dejara de ser suyo (como la canción en el que está cantando), lo ha hecho sin embargo nuestro, de tal modo que podemos libremente ofrecérselo a Él de nuevo. «Nuestras voluntades son nuestras para que podamos hacerlas tuyas». Además, como todos los cristianos saben, hay otra manera de dar a Dios: cada desconocido a quien alimentamos y vestimos es Cristo. Y esto es amor-dádiva a Dios, lo sepamos o no. El Amor en sí mismo puede actuar en los que nada saben de Él. Las «ovejas» de la parábola no tenían ni idea ni del Dios escondido en el prisionero al que visitaban ni del Dios escondido en ellas mismas cuando hacían la visita. (Pienso que toda la parábola se refiere al juicio de los gentiles, porque comienza diciendo, en griego, que el Señor convocará a «todas las naciones» ante Él: presumiblemente, los gentiles, los *goyim*).

Ese amor-dádiva viene por la Gracia, y todos estarán de acuerdo en que debería llamarse caridad. Pero debo añadir algo que quizá no sea fácilmente admitido. Dios, a mi modo de ver, concede dos dones más: un amor-necesidad de Él sobrenatural, y un amor-necesidad sobrenatural de unos para con otros. Con el primero no me estoy refiriendo al amor de apreciación por Él, al don de adoración. Lo poco que tengo que decir sobre este tema tan elevado —elevadísimo— vendrá más adelante. Me refiero ahora a un amor que no sueña con el desinterés, sino a una indigencia sin fondo, como un río que va haciendo su propio cauce, como un vino mágico que al ser escanciado crea simultáneamente el vaso que lo contiene, así convierte Dios nuestra necesidad de Él en amor-necesidad de Él. Lo que es todavía más extraño es que cree en nosotros una más que natural receptividad de la caridad por nuestros semejantes, necesidad que está muy cerca de la voracidad, y como nosotros somos ya tan voraces, parece una gracia extraña; pero no puedo sacarme de la cabeza que esto es lo que sucede.

Consideremos primero ese sobrenatural amor-necesidad de Dios, concedido por la Gracia. Por supuesto que la Gracia no crea la necesidad. esta existía ya, era «un dado» (como dicen los matemáticos) en el mero hecho de ser nosotros criaturas, e incalculablemente incrementada por ser nosotros criaturas caídas. Lo que la Gracia da es el pleno reconocimiento, la conciencia sensible, la total aceptación, más aún —con ciertas reservas—, la complacida aceptación de esta necesidad; porque sin la Gracia nuestros deseos y nuestras necesidades entran en conflicto.

Todas aquellas expresiones de indignidad que la práctica cristiana pone en boca del creyente aparecen ante los extraños como las degradantes, insinceras y abyectas palabras de un adulador ante el tirano o, en el mejor de los casos, como una *façon de parler*, como esa desvalorización de sí mismo de un caballero chino cuando se autonominaba «esta ordinaria e ignorante persona». En realidad, sin embargo, esas expresiones manifiestan el intento, continuamente renovado, porque continuamente necesario, de negar esa falsa concepción de nosotros mismos y de nuestra relación con Dios que la naturaleza, hasta cuando oramos, nos está siempre recomendando. Tan pronto como creemos que Dios nos ama surge como un impulso por creer que es no porque Él es Amor, sino porque nosotros somos intrínsecamente amables. Los paganos obedecían a este impulso con cierto descaro: un hombre bueno era «caro a los dioses» porque era bueno. Nosotros, al estar más instruidos, recurrimos a un subterfugio. Lejos de nosotros pensar que tenemos virtudes por las que Dios podría amarnos, ¡pero qué magnífica forma tenemos de arrepentirnos de nuestros pecados! Como dice Bunyan al describir su primera e ilusoria conversión: «Creía que no había en toda Inglaterra un hombre que agradara tanto a Dios como yo». Superado esto, ofrecemos luego nuestra propia humildad a la admiración de Dios. ¿Le agradará «esto»? O si no es esto, será nuestra clara percepción y el humilde reconocimiento de que aún carecemos de humildad. Así pues, en lo más profundo de lo profundo, en lo más sutil de lo sutil, persiste la persistente idea de nuestro propio, muy propio, atractivo. Resulta fácil admitir, pero es casi imposible mantenerlo como algo real por largo tiempo, que somos espejos cuyo brillo, si brillamos, proviene totalmente del sol que resplandece desde allá arriba en nosotros. ¿Pero no tendremos un poco, aunque sea un poco, de luminosidad innata? ¿Será posible que seamos «solamente» criaturas?

Este embrollado absurdo de una necesidad, aun si es un amor-necesidad, que nunca reconoce del todo su propia indigencia, es sustituido por la Gracia por una aceptación plena, ingenua y complacida de nuestra necesidad, una alegría en total dependencia. Nos convertimos en «alegres mendigos». El hombre bueno se duele por los pecados que han aumentado su necesidad, no se duele por la nueva necesidad que han producido. Y no se duele nada por la inocente necesidad inherente a su condición de criatura. Esta ilusión a la que la naturaleza se aferra como a su último tesoro, esta pretensión de que tenemos algo que es nuestro, que podríamos retener durante una hora por nuestra propia fuerza lo bueno que Dios pueda derramar en nosotros, nos había impedido ser felices. Hemos sido como bañistas que quieren tener los pies, o un pie, tocando fondo, cuando la pérdida de ese punto de apoyo significaría entregarse al delicioso vaivén de las olas. Las consecuencias de separarnos de nuestro último anhelo de intrínseca libertad, poder o reconocimiento son la libertad, el poder o el merecimiento realmente nuestros solo porque Dios nos los concede, y porque sabemos que, en otro sentido, no son «nuestros». Ánodos se ha liberado de su sombra.

Pero Dios también transforma nuestro amor-necesidad de unos para con otros, que requiere igual transformación. En realidad, todos necesitamos a veces —algunos de nosotros muchas veces— esa caridad de los otros que, al estar el Amor en sí mismo en ellos, ama lo que no es amable. Pero esto, a pesar de que es la clase de amor que necesitamos, no es la que deseamos: queremos ser amados por nuestra inteligencia, belleza, generosidad, honradez, eficacia. Al advertir por primera vez que alguien nos está ofreciendo el amor supremo nos produce un impacto terrible. Esto es tan sabido que las personas malignas pretenderán que nos aman con caridad, precisamente porque saben que eso nos va a herir. Decirle a alguien que espera una reanudación del afecto, de la amistad o del eros: «Como cristiano, te perdono» es, sencillamente, una forma de continuar la pelea. Quienes lo dicen están, por supuesto, mintiendo; pero no se diría esa mentira con el propósito de herir si, de ser verdad, no hiriera.

A través de un caso extremo se puede ver lo difícil que es recibir y seguir recibiendo de otros un amor que no depende de nuestro propio atractivo. Suponga usted que es un hombre que, al poco tiempo de casarse, es atacado por una enfermedad incurable que, antes de que le mate, le deja durante muchos años inútil, imposibilitado para todo, y con un aspecto espantoso y desagradable, teniendo además que depender de lo que su mujer gana; se ve usted empobrecido, cuando su ambición había sido la de enriquecerse; disminuido incluso intelectualmente, y sacudido por accesos de malhumor incontrolables y lleno de perentorias exigencias. Y supongamos que los cuidados y la piedad de su mujer son inagotables.

El hombre que pueda asumir esto con buen ánimo, que pueda sin resentimiento recibirlo todo y no dar nada, que pueda abstenerse de decir esas pesadas frases sobre lo despreciable que es uno, que no son otra cosa que una petición de mimo y de seguridad, ese hombre estará haciendo algo que el amor-necesidad en su simple condición natural no podría hacer. (Sin duda, aquella esposa estará llevando a cabo algo que también sobrepasa el alcance del amor-dádiva, pero ahora no es ese nuestro tema). En un caso como ese, recibir es más duro y tal vez más meritorio que dar; pero lo que ilustra este caso extremo es algo universal: que todos estamos recibiendo caridad. Hay algo en cada uno de nosotros que, de modo natural, no puede ser amado; no es culpa de nadie que eso no sea amado, porque solo lo que es amable puede ser amado naturalmente; pretender lo contrario sería lo mismo que pedirle a la gente que le guste el sabor a pan rancio o el ruido de un taladro mecánico. Podemos ser perdonados, compadecidos y amados a pesar de todo, con caridad; pero no de otra manera. Todos los que tienen buenos padres, esposas, maridos o hijos pueden estar seguros de que a veces —y quizá siempre, respecto a algún rasgo o hábito en concreto— están recibiendo caridad, que no son amados porque son amables, sino porque el Amor en sí mismo está en quienes los aman.

Así Dios, admitido en el corazón humano, transforma no solo el amor-dádiva, sino el amor-necesidad; y no solo nuestro amor-necesidad por Él, sino el amor-necesidad de unos hacia otros. Esto, por supuesto, no es lo único que puede ocurrir; Él puede venir con algo que quizá nos parezca una misión más tremenda, y exigirnos totalmente la renuncia absoluta al amor natural. Una vocación superior y terrible, como la de Abraham, puede constreñir a un hombre a dar la espalda a su propio pueblo y a la casa de su padre. Puede que el eros, dirigido a un objeto prohibido, tenga que ser sacrificado; en tales casos, el proceso, aunque difícil de sobrellevar, es fácil de comprender. Aunque lo que más probablemente nos puede pasar por alto es la necesidad de una transformación cuando al amor natural se le permite continuar.

En ese caso, el Amor Divino no «sustituye» al amor natural, como si tuviéramos que deshacernos de la plata para dejar sitio al oro. Los amores naturales están llamados a ser manifestaciones de la caridad, permaneciendo al mismo tiempo como los amores naturales que fueron.

Se advierte aquí inmediatamente una especie de eco o imitación o consecuencia de la Encarnación misma. Y esto no debe sorprendernos, pues el Autor de ambos es el mismo. Como Cristo es perfecto Dios y perfecto Hombre, los amores naturales están llamados a ser caridad perfecta, y también amores naturales perfectos. Como Dios se hace Hombre «no porque la Divinidad se convierta en carne, sino porque la humanidad es asumida por Dios», lo mismo aquí: la caridad no se rebaja haciéndose simple amor natural, sino que el amor natural es asumido —haciéndose su instrumento obediente y armónico— por el Amor en sí mismo.

Cómo puede suceder esto es algo que la mayoría de los cristianos sabe. Todas las actividades de los amores naturales (con la sola excepción del pecado) pueden, a su tiempo, transformarse en obras de feliz y audaz y agradecido amor-necesidad, o en obras de generoso y sincero amor-dádiva, y ambos son caridad. Nada es ni demasiado trivial ni demasiado animal para que pueda ser así transformado: un juego, una broma, tomar una copa con alguien, una charla ligera, un paseo, el acto de venus, todas esas cosas pueden ser modos con los que perdonamos o aceptamos el perdón, con los que consolamos o nos reconciliamos, con los que «no buscamos nuestro propio interés». Así, en nuestros mismos instintos, apetitos y pasatiempos, el Amor se ha preparado «un cuerpo» para sí mismo.

Pero he dicho «a su tiempo». El tiempo pasa pronto. La total y segura transformación de un amor natural en forma de caridad es un trabajo tan difícil que quizá ningún hombre caído se haya siquiera aproximado a realizarlo con perfección. Con todo, la ley de que los amores deben transformarse así es, me parece a mí, inexorable.

Una dificultad está en que aquí podemos, como es habitual, tomar una dirección equivocada. Una agrupación o familia cristiana —quizá demasiado cristiana «de palabra»—, habiendo captado ese principio, puede hacer ostentación con su conducta exterior y especialmente con sus palabras de haber conseguido esa transformación: una ostentación elaborada, ruidosa, embarazosa e intolerable. Esas personas hacen de cualquier menudencia un asunto de una importancia explícitamente espiritual, y lo hacen en público y a voces (si se dirigieran a Dios, de rodillas, y tras una puerta cerrada, sería otra cosa). Siempre están pidiendo o bien ofreciendo el perdón aunque no haya necesidad y de un modo molesto. ¿Quién no preferiría vivir con esa gente corriente que supera sus rabietas (y las nuestras) sin darle importancia, dejando que el haber comido o el haber dormido o una amable broma arreglen todo? El verdadero trabajo, entre todos nuestros trabajos, tiene que ser el más escondido; incluso, en la medida que sea posible, escondido para nosotros mismos: que nuestra mano derecha no sepa lo que hace la izquierda. No llegaremos muy lejos si jugamos a las cartas con los niños «solamente» para entretenerles o para demostrarles que han sido perdonados. Si esto es lo mejor que podemos hacer, está bien que lo hagamos; pero sería mejor si una caridad más profunda, menos premeditada, nos diera un talante espiritual por el que divertirnos un poco con los niños fuese lo que en ese momento más deseáramos.

Somos, sin embargo, muy ayudados en esa necesaria tarea por ese aspecto de nuestra propia experiencia del que precisamente más nos quejamos: nunca nos falta la invitación a que nuestros amores naturales se conviertan en caridad, y le proporcionan esos roces y frustraciones en que ellos mismos nos ponen; prueba inequívoca de que el amor natural «no basta», inequívoca, a no ser que estemos cegados por el egoísmo. Cuando lo estamos, usamos de esas contrariedades de una manera absurda: «Con que hubiera tenido un poco más de suerte con mis hijos (este niño se parece cada día más a su padre), los hubiera podido querer perfectamente». Pero todos los niños son a veces exasperantes; y la mayoría de ellos son con frecuencia odiosos. «Solo con que mi marido fuera un poco más considerado, menos perezoso, menos extravagante...», «Solo con que mi mujer tuviera menos caprichos y más sentido común, y fuera menos extravagante...», «Si mi padre no fuera tan endemoniadamente prosaico y tacaño...». Pero en cada uno, y por supuesto en nosotros mismos también, existe eso que requiere paciencia, comprensión, perdón. La necesidad de practicar esas virtudes nos plantea primero, nos obliga luego a ese necesario esfuerzo de convertir —más estrictamente hablando: dejar a Dios que convierta— nuestro amor natural en caridad. Esas contrariedades y esos roces son beneficiosos. Hasta suele suceder que cuando escasean, la conversión del amor natural se hace más difícil. Cuando son frecuentes, la necesidad de superarlos es obvia. Superarse cuando uno se siente tan plenamente satisfecho y tan poco estorbado como lo pueden permitir las circunstancias terrenas —conseguir ver que debemos elevarnos cuando todo parece estar tan bien— puede requerir una conversión más sutil y una más delicada sensibilidad. De parecida manera le puede ser también difícil al «rico» entrar en el Reino.

Y con todo, creo yo, la necesidad de conversión es inexorable; al menos si nuestros amores naturales han de entrar en la vida celestial. Que pueden entrar lo cree la mayoría de nosotros. Podemos esperar que la resurrección del cuerpo signifique también la resurrección de lo que podríamos llamar el «cuerpo mayor», el tejido general de nuestra vida en la tierra con todos sus afectos y relaciones; pero solo con una condición, no una condición arbitrariamente puesta por Dios, sino una que es necesariamente inherente al carácter del Cielo: nada puede entrar allí que no haya llegado a ser celestial. «La carne y la sangre», la sola naturaleza, no pueden heredar ese Reino. El hombre puede subir al Cielo solo porque Cristo, que murió y subió al Cielo, está «informándole a él». ¿No deberíamos pensar que eso es verdad de igual manera con los amores naturales de un hombre? Solo aquellos en quienes entró el Amor en sí mismo ascenderán al Amor en sí mismo. Y solo podrán resucitar con Él si en alguna medida y manera compartieron su muerte; si el elemento natural se ha sometido en ellos a la transformación, o bien año tras año o bien con una súbita agonía. La figura de este mundo pasa. El nombre mismo de naturaleza implica lo transitorio. Los amores naturales pueden aspirar a la eternidad solo en la medida en que se hayan dejado llevar a la eternidad por la caridad, en la medida en que hayan por lo menos permitido que ese proceso comience aquí en la tierra, antes de que llegue la noche, cuando ningún hombre puede trabajar. Y ese proceso siempre supone una especie de muerte. No hay escapatoria. En mi amor por la esposa o por el amigo, el único elemento eterno es la presencia transformadora del Amor en sí mismo; si en alguna medida todos los otros elementos pueden esperar —como nuestros cuerpos físicos también lo esperan— a ser resucitados de la muerte, es solo por esta presencia. Porque en ellos solo esto es santo, solo esto es el Señor.

Los teólogos se han preguntado en ocasiones si nos «conoceremos unos a otros en el Cielo», y si las relaciones amorosas particulares conseguidas en la tierra seguirán teniendo algún sentido. Parece razonable contestar: «Depende de la clase de amor que hubiera llegado a ser, o que estaba llegando a ser, en la tierra». Porque seguramente encontrar a alguien en la vida eterna por quien sentimos en este mundo un amor, aunque fuese fuerte, solamente natural, no nos resultaría, sobre ese supuesto, ni siquiera interesante. ¿No sería como encontrar, ya en la vida adulta, a alguien que pareció ser un gran amigo en la escuela básica y lo era solamente debido a una comunidad de intereses y de actividades? Si no era más que eso, si no era un alma afín, hoy será un perfecto extraño; ninguno de los dos practica ya los mismos juegos, uno ya no desea intercambiar ayuda para la tarea de francés a cambio de la de matemáticas. En el Cielo, supongo yo, un amor que no haya incorporado nunca al Amor en sí mismo sería igualmente irrelevante; porque la sola naturaleza ha sido superada: todo lo que no es eterno queda eternamente envejecido.

Pero no puedo terminar este comentario. No me atrevo —y menos aun cuando son mis propios deseos y miedos los que me impulsan a ello— a dejar que algún desolado lector, que ha perdido a un ser amado, se quede con la ilusión, por otra parte difundida, de que la meta de la vida cristiana es reunirse con los muertos queridos. Negar esto puede sonar de modo desabrido y hasta falso en los oídos de los que sufren por una separación; pero es necesario negarlo.

«Tú nos hiciste para Ti —dice san Agustín—, y nuestro corazón está inquieto hasta que descanse en Ti». Esto, tan fácil de creer por unos instantes delante del altar, o quizá medio orando y medio meditando en un bosque en primavera, parece una burla cuando se está a la cabecera de un lecho de muerte. Pero nos sentiremos realmente mucho más burlados si, despreciando esto, anclamos nuestro consuelo en la esperanza de gozar algún día, y esta vez para siempre —quizá incluso con la ayuda de una *séance* y de la nigromancia—, del ser amado de la tierra, y nada más. Es difícil no imaginar que tal prolongación sin fin de la felicidad terrena sería absolutamente satisfactoria.

Pero, si puedo confiar en mi propia experiencia, inmediatamente sentimos una perspicaz advertencia de que hay algo equivocado en todo lo dicho: en el momento en que procuramos hacer uso de nuestra fe en el otro mundo con este propósito, esa fe se debilita. Aquellos momentos de mi vida en que mi fe se ha mostrado verdaderamente firme han sido momentos en que Dios mismo era el centro de mis pensamientos. Creyendo en Él podía entonces creer en el Cielo como corolario; pero el proceso inverso —creer primero en la reunión con el ser amado y luego, con motivo de esa reunión, creer en el Cielo, y, finalmente, con motivo del Cielo creer en Dios— no da buen resultado. Desde luego, uno puede imaginar lo que quiera; pero una persona con capacidad de autocrítica pronto se dará cuenta, y cada vez más, de que la imaginación en juego es la propia, y sabe que está urdiendo solo fantasías. Y las almas más sencillas encontrarán esos fantasmas con que tratan de alimentarse vacíos de todo consuelo y alimento; solo estimuladas a creer en un remedo de realidad mediante penosos esfuerzos de autohipnotismo, y quizá con la ayuda de innobles imágenes e himnos y, lo que es peor, de brujería.

Descubrimos así por experiencia que no es bueno apelar al Cielo para tener un consuelo terreno. El Cielo puede dar consuelo celestial, no de otra clase. Y la tierra tampoco puede dar consuelo terreno, porque, a la larga, no hay ningún consuelo terreno.

Porque el sueño de encontrar nuestro fin —aquello para lo que fuimos hechos— en un Cielo de amor puramente humano no podría ser verdad a menos que toda nuestra Fe estuviese equivocada. Hemos sido hechos para Dios, y solo siendo de alguna manera como Él, solo siendo una manifestación de su belleza, de su bondad amorosa, de su sabiduría o virtud, los seres amados terrenos han podido despertar nuestro amor. No es que los hubiéramos amado demasiado, sino que no entendíamos bien qué era lo que estábamos amando. No es que se nos vaya a pedir que los dejemos, tan entrañablemente familiares como nos han sido, por un Extraño. Cuando veamos el rostro de Dios sabremos que siempre lo hemos conocido. Ha formado parte, ha hecho, sostenido y movido, momento a momento, desde dentro, todas nuestras experiencias terrenas de amor puro. Todo lo que era en ellas amor verdadero, aun en la tierra era mucho más suyo que nuestro, y solo era nuestro por ser suyo. En el Cielo no habrá angustia ni el deber de dejar a nuestros seres queridos de la tierra. Primero, porque ya los habremos dejado: los retratos por el Original, los riachuelos por la Fuente: las criaturas que Él hizo amables por el Amor en sí mismo. Pero, en segundo lugar, porque los encontraremos a todos en Él. Al amarlo a Él más que a ellos, los amaremos más de lo que ahora los amamos.

Pero todo eso está lejos, en «la tierra de la Trinidad», no aquí en el exilio, en el valle de las lágrimas. Aquí abajo, todo es pérdida y renuncia. El designio mismo de una desgracia, en la medida en que nos afecta, puede haber sido decidido para forzarnos a aceptarla. Nos vemos entonces impelidos a procurar creer lo que aún no podemos sentir: que Dios es nuestro verdadero Amado. Por eso considerar algo como una desgracia es en cierto modo más fácil para el ateo que para nosotros: puede maldecir y rabiar, y levantar sus puños contra el universo entero, y, si es un genio, escribir poemas como los de Housman o Hardy; pero nosotros, desde nuestra situación más modesta, cuando el menor esfuerzo nos parece excesivo, debemos comenzar por intentar conseguir lo que parece imposible.

«¿Es fácil amar a Dios?», pregunta un antiguo autor. «Es fácil —contesta— para quien le ama». He incluido dos gracias bajo la palabra caridad; pero Dios puede dar una tercera, puede despertar en el hombre un amor de apreciación sobrenatural hacia Él. De entre todos los dones, este es el más deseable, porque aquí, y no en nuestros amores naturales, ni tampoco en la ética, radica el verdadero centro de toda la vida humana y angélica. Con esto, todas las cosas son posibles.

Y con esto, donde un mejor libro podría empezar, debe terminar el mío. No me atrevo a seguir. Dios sabe, no yo, si acaso he probado este amor. Tal vez solamente he imaginado su sabor. Los que, como yo, tienen una imaginación que va más allá de la obediencia, están expuestos a un justo castigo: fácilmente imaginamos poseer condiciones mucho más elevadas que las que realmente hemos alcanzado. Si describimos lo que hemos imaginado, podemos hacer que otros, como también nosotros mismos, crean que realmente hemos llegado tan alto. Y si solo lo he imaginado, acaso es un mayor engaño el que incluso lo imaginado haga que, en ciertos momentos, todos los demás objetos deseados —sí, incluso la paz, incluso el no tener ya miedo— parezcan juguetes rotos, flores marchitas. Quizá. Quizá para muchos de nosotros toda experiencia defina simplemente, por así decir, la forma del hueco donde debería estar nuestro amor a Dios. No es suficiente, pero algo es. Si no podemos poner en práctica «la presencia de Dios», algo es poner en práctica la ausencia de Dios; tomar creciente conciencia de nuestra inconsciencia, hasta sentirnos como quien está junto a una gran catarata y no oye ningún ruido, o como el hombre del cuento que se mira en el espejo y no encuentra en él ningún rostro, o como un hombre que en sueños tiende su mano hacia objetos visibles y no obtiene ninguna sensación táctil. Saber que uno está soñando es no estar completamente dormido.

Pero para saber de ese mundo en completa vigilia tendrán que recurrir ustedes a quienes son mejores que yo.

ÍNDICE

Las referencias a los distintos libros son como sigue: *Mero cristianismo* (mc), *Cartas del diablo a su sobrino* (cd), *Los milagros* (m), *El gran divorcio* (gd), *El problema del dolor* (pd), *Una pena en observación* (po), *La abolición del hombre* (ah) y *Los cuatro amores* (ca).

alma *(cont.)*.

confusión entre espíritu y, 382 (m); conocer la propia, 179 (mc); pérdida del, 217 (cd), 515 (gd); salvada, 110 (mc), 515 (gd)

«almas, Las», 844 (ca)

altruismo, 268-70 (cd)

ambición, 236 (cd)

amistad, la, 221-22, 224, 259 (cd), 666 (pd), 783, 803, 805, 806, 822-24, 875, 880 (ca); amigos múltiples y, 825, 830 (ca); amor entre Dios y el hombre y, 834 (ca); basada en el género, 833-34, 837 (ca); círculos de amigos, 838, 841-45 (ca); coexistencia de Amistad y Eros, 829-30 (ca); como espiritual, 837-38, 845 (ca); como inquisitivo, 832 (ca); como instrumento de Dios, 846-47 (ca); «¿Cómo, tú también? Yo pensaba ser el único», 828, 838 (ca); comunidad y, 830-31 (ca); Consejo de Dunbar, 847 (ca); *coterie*, 841, 844 (ca); cualidad «no natural», 823, 825, 830, 833, 837 (ca); desconfianza de las autoridades, 834, 839 (ca); destierro de la compañía masculina, por parte de las mujeres, 836-37 (ca); devaluación moderna de, 822-25 (ca); el afecto y, 833, 837 (ca); el orgullo como peligro de, 844, 845 (ca); elemento de exclusión, 841-844 (ca); elemento de secesión, 839, 840 (ca); en la literatura, 822 (ca); Eros frente a, 824-25, 829, 832-33, 837 (ca); escuela de virtud o escuela de vicio, 840 (ca); fundamento de, 828, 829, 830, 832, 838-39, 846 (ca); individualidad y, 801, 831, 857 (ca); la *Amicitia* de Cicerón, 822 (ca); la envidia y, 838 (ca); la *Philia* de Aristóteles, 822 (ca);

los aliados y, 831 (ca); los Antiguos y, 822, 823, 837, 840 (ca); los celos y, 825, 837 (ca); masculino, en la prehistoria, 827-28 (ca); matriz de (compañerismo) y, 826-29 (ca); movimientos sociales y, 830-31, 839 (ca); «sociedad de bombos mutuos», 845 (ca); teoría homosexual, 824-26 (ca);

amor de apreciación, 791, 804, 813, 817, 833, 851, 878, 887 (ca)

amor, 58-59 (mc), 236, 244, 268 (cd), 382 (m), 587-596, 665-67 (pd); a la naturaleza, 792-95, 862 (ca); a la patria, 783, 795 (ca); a uno mismo, 101-2 (mc), 232-34 (cd), 796 (ca); adoración y, 791 (ca); afecto, 802-20, 822, 830, 880 (ca); al prójimo, 796 (ca); amar «demasiado», 870-71, 873, 886 (ca); Amor de apreciación, 791, 805, 813, 817, 833, 878, 887 (ca); amor natural, 783, 784, 800, 807, 823, 837, 840, 845, 868, 869, 870, 873, 877, 881-83, 887 (ca); amor-dádiva, 779, 781, 791, 802, 817, 876, 877-78, 881-82 (ca); amor-necesidad, 779-81, 785, 787, 791, 792, 793, 802, 815, 831, 877, 878, 880, 881 (ca); como algo transitorio, 865, 866, 870-72 (ca); como demonio, 783-84, 785, 795, 820, 856, 862, 870 (ca) como energía divina, 876 (ca); como no suficiente, 866-71, 875 (ca); de Dios, 50 (mc), 712-13 (po), 780, 806, 869-70, 871, 875-87 (ca); de la humanidad, 22 (mc), 812-15 (ca); de los animales, 801, 803-5, 818 (ca); «Dios es» (Amor él mismo), 147 (mc), 343, 382 (m), 577, 587-97 (pd), 779, 782, 783-84, 807, 875-77, 879, 880, 881, 883, 885, 886 (ca); enamorarse/estar enamorado, 94-95,

98-99 (mc), 217, 244-45, 248-49, 256-58, 262-64, 274 (cd), 785, 803, 830, 849, 860, 865 (ca) de los amigos y de la familia, 783, 784, 796 (ca); Eros, 784, 785, 804, 813, 821, 822, 829-30, 832, 848-67, 880, 881 (ca); espiritual, 796 (ca); gustos y, por lo sub-humano, 786-801 (ca); la amistad como, 783, 803, 805, 806, 822-47, 880 (ca); la Regla de Oro; matrimonio y, 95-97, 99, 16 (mc), 244-46 (cd), 849, 852-53, 858-59, 860, 863, 866, 875 (ca); mezcla y superposición de tipos de, 804-5 (ca); «puro» o «noble», 783-84 (ca); «religión del amor», 863 (ca); rivalidad de, con el amor a Dios, 807, 808, 869-70 (ca); sentido cristiano, con el sentido de Caridad, 112 (mc), 209-10, 233, 248 (cd), 868-87 (ca); someterse a un segundo puesto, 870 (ca); Todo por amor», 870 (ca); vulnerabilidad y, 871-72 (ca); *Ver también*, Dios, amor al hombre.

amor-dádiva, 779, 781, 791, 802, 808, 816-17, 876, 877, 880-81 (ca); como caridad, 878, 882 (ca); como imagen de Dios, 877-88 (ca)

amor-necesidad, 779-81, 785, 787, 789, 790, 791, 802, 806, 808, 815, 831, 877, 878, 880, 881 (ca); como caridad, 882 (ca); de Dios, 877-79 (ca)

Ana Karenina (Tolstoy), 867 (ca)

Analectas de Confucio, 723, 736 (ah)

ángeles, 459 (m), 535-37, 541 (gd), 580 (pd), 781, 837, 838, 845, 851-52 (ca)

Animal Farm (Orwell), 850 (ca)

animales, los 802 (ca); afecto y los, 802-3, 848 (ca); inmortalidad de, 660, 663 (pd); carencia de naturaleza moral, 611-12 (pd); amor de, 801,

818-19 (ca); hombre y, 615 (pd); como sustitutos del amor humano, 818 (ca); sufrimiento de, 654-64 (pd); Anodos, 880 (ca)

ansiedad (inquietudes), 209, 237 (cd)

Antiguo Testamento, 53 (mc), 366-69, 382, 425 n. 1 (m), 586, 622 (pd), 864, 874 (ca)

Apocalipsis, 63-4 (mc)

Apocalipsis, libro de, 442 (m), 508 (gd); *2.17*, 670 (pd); *4.11*, 592 (pd)

Apolos en Corinto, 212 (cd)

apóstoles, los, 116 (mc)

Aquino, Tomás de, 576, 648 (pd)

Aristóteles, 330, 373 (m), 595, 632, 648, 654, 670 (pd), 730, 747 (ah), 822, 831 (ca)

Arnold, Matthew, 455 (m)

arrepentimiento, 36, 57-58, 84, 126, 162 (mc), 226, 229 (cd), 491-93, 497-98, 519-20, 537 (gd), 586, 300, 647 (pd)

Ascensión, la 432, 435, 438, 439, 445-47 (m)

Atanasio, 374 (m)

ateísmo, 41-44, 49 (mc), 565-69, 629, 660 (pd)

Austen, Jane, 817 (ca)

ayuno, 641 (pd)

Bacon, Francis, 762 (ah)

Barfield, Owen, 361, 367 (m)

Baxter, Richard, 6 (mc)

Beowulf, 826 (ca)

Bergson, Henri, 33 (mc)

Bevan, Edwyn, 358, 361 (m), 652 (pd)

Biblia, significado literal frente a figurado, 118 (mc), 360-70, 381, 443 (m)

Bios, 135, 148, 150, 183 (mc)

Blake, William, 381 (m), 473 (gd)

blasfemia, 221 (cd)

Constant, Benjamin, 864 (ca)
coraje, valentía, 278 (cd)
Cowper, William, 508 (gd), 638, 665 (pd)
creación, 877 (ca)
credo atanasio, 366 (m)
creencia, 119 (mc);-sentimientos y, 455 (m). *Ver también* fe
cristiandad, 801 (ca)
cristianismo, 8 (mc), 261 (cd), 573 (pd), 794, 799, 831 (ca); bautismo, creencia y comunión, 60-61, 63 (mc); buenas obras frente a fe, 127, 163 (mc); como algo fácil o difícil, 163-67 (mc); complejidad y profundidad del, 46 (mc); concepciones de Dios, 41-43 (mc); consuelo del, 37 (mc); conversión al, 196-97, 199, 229, 232, 238, 261 (cd), 814 (ca); cosmología, 663 (pd); creencia central del, 36-37, 55, 163-65 (mc), 433-52, 461 (m); doctrinas del, 365-70, 416 (m), 642-46 (pd); dualismo y, 46-48 (mc); el Dios triuno y el, 136-40 (mc), 366 (m), 577 (pd); encarnación y, 399-406, 408-12, 432 (m); esperanza del cielo, 116-17 (mc), 451-52 (m), 885-86 (ca); evangelios del, 433-36 (m); imaginería y, 362-70, 444 (m); milagro del, 358 (m); misterio del, 858 (ca); modas contemporáneas del cristianismo «y», 265-67 (cd); muerte en el, 414-22 (m); objeciones al, 339-42 (m); principio de vicariedad del, 409, 410-11, 422 (m); religión y, 371-84 (m); religiones del maíz frente a, 405, 406, 427 (m); ser hijos de Dios (pequeños Cristos) y la «buena infección», 133-35, 149, 153, 157-62, 163-67, 171, 185 (mc), 424-27 (m); teísmo y, 594 (pd); un Dios que

muere y, 405, 421-22 (m), 573-74, 646-47 (pd), 758 (ah);
cristiano (a/os/as), 8, 63-64 (mc), 780, 794, 807, 814, 833, 846, 862 (ca); amistad, 846-47 (ca); buenas personas frente a nuevas personas, 172-79 (mc); caridad, 878, 882 (ca); como indigno, 879 (ca); cuerpo y el, 855 (ca); deber, 873 (ca); dos descubrimientos de un, 122-23 (mc); escritores, 859 (ca); hermandad, 140 (mc); mártires, 859 (ca); matrimonio, 847, 857, 860 (ca); milagros, 423-52 (m); nacido de nuevo, 160-61 (mc), 460 (m); primeros, como círculo de amigos, 839 (ca); significado del término, 9 (mc); sociedad, 76-80 (mc); y agua, 45 (mc)
Cristo, 871-72; amor-dádiva y, 779, 878 (ca); antes de todos los mundos», 134 (mc); Ascensión de, 432, 435, 438, 45, 446-47 (m); calculando el precio», 168-71 (mc); como el Esposo, 838, 858-59 (ca); como el Nuevo Hombre, 174 (mc), 425, 425 n. 1 (m); como Hijo de Dios, 145-47, 150, 158-59 (mc), 359, 366 (m); como perfecto Dios y perfecto Hombre, 880 (ca); como salvador, 63-65 (mc); corona de espina, 859 (ca); encarnación y, 399-406, 414, 422, 428 (m), 573-74 (pd), 782-83 (ca); engendrado, no creado», 134-35, 136, 150-53 (mc); Eros y el amor de, 861 (ca); Jesús histórico, 259 (cd), 400 (m); lamento sobre Jerusalén, 795, 871-72 (ca); llegar a ser como, 157-61, 163-67 (mc); milagros y, 337, 420 (m); milagros, clasificación según Antigua y Nueva Creación, y revisión, 424, 426-32, 433-52 (m); muerte de (crucifixión),

Cristo *(cont)*.

55-59, 143 (mc), 341-42, 343-44, 433
(m), 633, 639, 653 (pd), 858, 876-77
(ca); presencia de, 161-62, 178-79
(mc), 202-4, 215, 247 (cd); que hizo,
53, 55-59, 150-52 (mc), 341-42, 409
(m), 646-47 (pd); quién es, 52, 53-54,
58, 60, 133-34, 138, 143 (mc), 259-61
(cd), 341, 399 (m); renacer, 402-6,
408, 410 (m); Resurrección, 433-52
(m); Rey de maíz frente a, 405-5, 407,
427 (m); riquezas, pobreza y, 176,
177 (mc), 638 (pd); Sed perfectos»,
168-71 (mc); Sígueme», 6 (mc); sobre
el matrimonio, 93 (mc), 245-46 (cd);
sobre morir para vivir, 97-98, 150-53
(mc), 573-74, 622-23, 647 (pd); sobre
ser como niños, 72 (mc); sufrimiento
de, 619 (pd); tiempo y, 142-43 (mc);
Transfiguración y la blancura resplandeciente, 442 (m);
Crónicas de Froissart, 841
crueldad, 47-48, 115 (mc), 206, 224
(cd), 598, 606-7, 639-41 (pd), 793,
801, 802, 860, 864 (ca)
cuerpo físico: desnudo, 832, 855, 857-58
(ca); tres perspectivas del, 855-56 (ca)
cumplimiento, 116-18 (mc), 236 (cd),
667-69 (pd)

Dalila, 864 (ca)
Dante Aligheri, 587 (pd), 825 (ca)
de la Mare, Walter, 345 (m), 645 (pd)
de Rougemont, Denis, 783, 795 (ca)
dejárselo a Dios», 126 (mc)
democracia e igualitarismo, 298, 407
(m), 760 (ah)
Demócrito, 374 (m)
desesperación, 218-19, 278 (cd)
desnudez, 832, 855, 858 (ca)

destino, 846-47 (ca)
Deuteronomio *4.15*, 367, 367 n. 3 (m)
diablo (Satanás o Poder Oscuro) y los
demonios, 45, 48, 50-53, 108-9, 155-
56, 177-78 (mc), 189, 191, 193-285
(cd), 420-21, 431 (m), 471 (gd), 579,
625 n. 1, 641, 657-58, 659-60 (pd),
874 (ca); Doctrina de la depravación
total, 585, 606 (pd)
dimensiones (tres), 136-40 (mc)
Dios, 365-66, 367, 374-84 (m), 644
(pd), 690-91, 712-13 (po); Adán y,
845 (ca); adoración de, 878 (ca);
amistad como instrumento de, 846-7
(ca); amor por, 780, 794, 806, 869,
870-71, 875-87 (ca) amor al hombre,
114 (mc), 215, 248 (cd), 341 (m), 530,
587-96 (pd), 838 (ca); amor-dádiva
y, 876-77 (ca); amores naturales
como rivales del amor de, 869 (ca);
amor-necesidad de, 877-78 (ca);
ayuda de, 91 (mc); bondad divina, 36
(mc), 576-83, 585-97 (pd); buenas acciones y, 121-22 (mc); caridad como
instrumento de, 880-81 (ca); «cercanía a Dios», 781-82, 785, 862 (ca);
como «algo detrás» de la vida empírica y la Ley Moral, 25-28, 31, 34-37,
43 (mc); como Amado, 871, 886 (ca);
como amor (Amor mismo), 146 (mc),
342-43, 383 (m), 579, 587 (pd), 779,
782, 783, 806, 875-76, 879, 880, 881,
883, 884, 886 (ca); como consuelo y
terror, 37 (mc), *Ver también* Numinoso; como creador, 29-33, 34-37,
43, 50, 52, 154, 170 (mc), 248, 260-61
(cd), 323, 336, 353-57, 366, 375, 396,
405, 410-12, 448, 452 (m), 568, 575,
587-88, 592, 616, 626, 658 (pd), 877,
885 (ca); como el gran Rival, 807

Eros *(cont).*

852 (ca); efectos en los amantes, 856-57 (ca); *élan vital* o fuerza vital y el, 861 (ca); elemento carnal, como Venus, 848, 849, 852, 853, 854-55, 856, 857, 859, 860, 866, 882 (ca); felicidad y, 860 (ca); grandeza de, 860 (ca); hipérbole de los amantes comiéndose entre sí y, 851, 866 (ca); idolatría y, 863; mártires y, 863, 864 (ca); matrimonio y, 849, 852-58, 859, 860, 861, 863 (ca); peligro de, 860, 863, 864 (ca); peligro espiritual de, 852-53 (ca); preocupación por la amada, 849-50 (ca); ser amado antes que la felicidad, 859-60, 871 (ca); ser amado y, 849, 850, 851, 852, 860-61, 863, 871, 873, 874, 875, 878 (ca); trascendentalismo y, 862 (ca);

Erskine de Linlathen, Thomas, 371 (m)

Esaú, 874 (ca)

escatología, 63, 108 (mc), 365-66 (m)

esperanza, 112, 116-18 (mc), 236 (cd), 452 (m)

Espíritu Santo, 147-48 (mc), 622 (pd)

Espíritu, 382, 401-2 (m); Espiritual y, 458-61, 461 n. 1 (m); Naturaleza y, 440 (m); palabra *espiritual*, significado de la, 837-38 (ca)

espíritus o fantasmas, 283-84 (cd), 293, 382, 435, 437 (m), 477-555 (gd), 652 (pd); *Refrigerium*, 525 (gd)

Esquilo, 570 (pd)

estado, 166 (mc), 643-44 (pd)

Esteban, san, 700 (ir)

estoicos, 787, 869, 872 (ca)

evolución creativa, 33 (mc), 236 (cd)

evolución, 33, 180-82 (mc), 310-14 (m)

existencia, 375-78 (m)

experiencia, 276 (cd)

extremismo, 212-13 (cd)

Ezequiel, 406 (m); *1.26*, 367, 367 n. 2 (m); *16.6-15*, 591 (pd)

familia, 75 (mc), 199-201, 221-22, 244-46, 269 (cd); afecto y, 783, 815-13, 820 (ca); amor y, 779, 796, 801, 818 (ca); celos y, 802 (ca); deberes para con los hijos y la posteridad, 768-69 (ah); deberes para con los padres, ancianos, antepasados, 768 (ah)

fascistas, 760 (ah)

fatiga, 280-82 (cd)

fe, 6-7, 112, 124-28 (mc), 219, 220, 236-37, 281 (cd), 885-86 (ca); como creencia, 119-23 (mc)

felicidad, 52, 75, 90 (mc), 227, 237, 271 (cd), 453 (m), 510, 544 (gd), 880, 885 (ca); afecto y, 819-20 (ca); amor a Dios y, 870-71 (ca); Eros y, 859-60 (ca)

Filipenses: *2.27*, 872 (ca)

filosofía, 793, 794 (ca)

Fisher, John, 855 (ca)

física cuántica, 304-5, 317, 373-74, 395-96 (m)

fortaleza, 74 (mc)

Fox, Canon Adam, 406 n. 1 (m)

Francisco, San, 855 (ca)

Freud, Sigmund, 81 (mc)

Fuerza vital, 32-33 (mc), 211, 258 (cd), 373, 383-4 (m), 861 (ca)

Génesis, 323 (m), 611-12 (pd); *1,1*, 367 (m); *2.19*, 654 (pd); *3.19*, 844-45 (ca); *46.4*, 622 (pd)

Giant-Land (Quizz), 296 (m)

gloria, 793, 794, 862, 868-69 (ca)

Goethe, Johann Wolfgang von, 763 (ah)

gracia, 97 (mc), 224, 229 (cd), 589 (pd),

Iglesia *(cont)*.

contemporánea, 196, 212, 238-39 (cd); facciones en, 239 (cd); importancia de, 159, 167 (mc); moral social y, 76-80 (mc)

imágenes y simbolismo, 358-70, 381, 382-84, 444 (m)

Imitación de Cristo (Kempis), 782 (ca); «lo más alto no se sostiene sin lo más bajo», 781, 785, 786, 791, 845, 856 (ca)

impulso, 20-24 (mc)

In Memoriam (Tennyson), 822, 878 (ca)

individualismo, 155 (mc), 824, 831 (ca)

infidelidad, 99 (mc), 246 (cd), 813, 864 (ca)

infierno, el, 45, 71 (mc), 191, 223-24, 244, 254, 257, 279 (cd), 471, 473, 476-86, 495, 514, 515, 518, 520, 536-53 (gd), 630, 645-53 (pd) , 872 (ca); camino a, 228 (cd), 518-21 gd)

instinto, 741 (ah), 809, 814, 817, 818, 823, 828, 837, 838, 882 (ca)

Interpretation of Christian Ethics, An (Niebuhr), 324 (m)

ira, 209, 253-55 (cd)

Isaías, 409 (m); *6.3*, 826 (ca); *26.19*, 436 (m)

islam. *Ver* mahometanismo

Islas Occidentales (Johnson), 726 (ah)

Jacob, 622 (pd), 874 (ca)

Jeans, Sir James, 56 (mc), 621 (pd)

Jeremías: *2.5*, 586 (pd); *18*, 588 (pd); *23.24*, 367 (m); *31.20*, 592 (pd)

Jerónimo, 323 (m)

Jesús, histórico, 259-61 (cd), 399 (m). *Ver también* Cristo

Job, 625 n. 1 (pd)

Johnson, Samuel, 76-77 (mc), 632, 638 (pd), 726 (ah), 826 (ca)

José, 338, 339 (m)

Juan el Bautista, 107 (mc)

Juan, apóstol, 640 (pd)

Juan, Evangelio de: *1.1*, 366 (m); *1.4*, 366 (m); *3.19*, 649 (pd); *5.19*, 423 (m); *12.48*, 649 (pd); *20.15*, 438 (m); *20.17*, 437 (m); *21.4*, 438 (m)

Judas, 640 (pd), 870 (ca)

judíos y el judaísmo, los, 41, 53, 78, 114-15 (mc), 366-68, 373, 405-7, 431, 434-37 (m), 546, 573 (pd), 730-31 (ah); como pueblo elegido, 407, 408 (m); vida después del *sheol*, 435-37 (m), 659 (pd)

Juliana de Norwich, 876 (ca)

Jung, Carl, 81 (mc)

justicia, 22, 74, 94 (mc), 236, 278, 281 (cd), 647, 656 (pd); Ley de la Justicia, 769 (ah); social, 261 (cd)

Kant, Immanuel, 319, 443 (m), 632 (pd)

Keats, John, 234 (gd), 635 (pd)

Kempis, Tomás de, 781, 782, 785, 786, 791 (ca)

King Solomon's Ring (Lorenz), 805 (ca)

Kingsley, Charles, 785 (ca)

Kipling, Rudyard, 796, 799-800 (ca)

Lamb, Charles, 825 (ca)

«Land of Hope and Glory» (canción), 801 (ca)

Law, William, 598, 606 (pd)

Lázaro, 440-41 (m), 700 (po), 872 (ca)

Lear, Rey, 808, 810 (ca)

lectura de textos religiosos, 120-21 (mc)

Leteo, 524 (gd)

Lewis, C. S. «Jack», 817-18, 834, 842-44, 851-52, 871, 885 (ca)

Ley de la Naturaleza Humana, 15-19, 25-28 (mc), 571 (pd); Deberes con

Owens, Vale, 555 (gd)
Pablo de Tarso, San, 73 , 126 (mc), 212, 245-46 (cd), 379-80, 433-34, 435, 441, 451 (m), 665, 670 (pd), 691 (po), 747 (ah), 807, 852, 872 (ca)

pacifismo, 104 (mc), 212-13, 220 (cd), 480 (gd)
Padrenuestro, 157 (mc), 208-9 (cd), 572 (pd)
paganismo, 7 (mc), 173 (cd), 598, 601, 611 (pd), 854, 855, 857-58, 859, 871, 879 (ca)
Paley, William, 632 (pd)
panteísmo, 42-43, 53 (mc), 372-84, 444, 454 (m), 573, 622, 670 (pd)
Paracelso, 762 (ah)
Pascal, Blaise, 344 (m), 565 (pd)
Patmore, C., 433 (m), 785 (ca)
patriotismo, 211-13 (cd), 783, 795-801 (ca); amor al hogar y, 796 (ca); amor al pasado de una nación y, 798-99 (ca); canciones patrióticas, 801 (ca); conquista, sometimiento y, 799-801 (ca); forma demoníaca de, 795, 799-800 (ca); sentimiento de superioridad nacional y, 799 (ca)
pecado, 45, 52, 92, 106-11, 160-61, 169 (mc), 228, 235, 271 (cd), 412, 418-20 (m), 495, 514, 516 (gd), 600, 610-623, 628, 648-49 (pd), 820, 849, 863-64, 880 (ca)
Pedro, apóstol, 432 (m), 874 (ca)
pena, la, 679-717 (po), 804, 856, 874, 885, 886-87 (ca)
Pensées (Pascal), 565 (pd)
perdón, 37, 101-5, 153 (mc), 493, 525 (gd), 652-53 (pd), 780, 859, 863, 882 (ca)
perfección (absoluta), 168-71, 172 (mc), 636 (pd), 882 (ca)

Phantastes (MacDonald), 513 (gd)
piedad, 547, 549 (gd)
placer, 218, 226, 229, 235, 256, 265 (cd), 516 (gd), 632 (pd), 786-91 (ca); adicción y, 787-88 (ca); del resentimiento, 821 (ca); dos tipos, 787 (ca)
placeres de apreciación, 787, 788-91, 765 (ca)
placeres-necesidad, 787-89, 790, 791 (ca); Eros y transformación de los, 851 (ca)
Platón y el platonismo, 373 (m), 594, 605, 633, 635 (pd), 730, 734, 753 (ah), 779, 861 (ca)
pobreza, 176, 178 (mc), 282 (cd), 637, 639 (pd)
poder, 108 (mc)
Poetic Diction (Barfield), 361 (m)
Pontifex, Sr., 808, 809, 810 (ca)
Possible Worlds (Haldane), 305, 340 (m)
predestinación, 553 (gd)
Prelude, The (Wordsworth), 726 (ah)
primarios, 824 (ca)
Primera Guerra Mundial, 104-5 (mc)
Principles of Literary Criticism (Richards), 302 (m)
propiedad, 253-55 (cd)
protestantes, 7 (mc), 515 (gd)
«providencias especiales», 462-64 (m)
prudencia, 72-73 (mc)
Prudentius, 513 (gd)
psicoanálisis (psicoterapia), 81-85 (mc), 211 (cd), 599 (pd), 820, 848, 853 (ca)
Ptolomeo, 340 (m), 569 (pd)
Punto de Vista Histórico, 218, 273, 276 (cd)
purgatorio, 495, 514, 515 (gd), 649 n. 2 (pd)
puritanismo, 220 (cd)

sobrenaturalista y sobrenaturalismo, 296-301, 30-5, 318, 330-35, 353, 458, 459 (m)

Socialismo, 78 (mc)

sociedad, 577-85 (pd); cristiana, 76-79 (mc); educación y, 736-49 (ah); Ley de la Naturaleza Humana y, 27-28 (mc); progreso en la, 334-35 (m)

soledad, 824, 828 (ca)

«Soneto 129» (Shakespeare), 788 (ca)

Spenser, Edmund, 758 (ah)

Spinoza, Baruc, 373 (m)

Stapledon, Olaf, 742 (ah)

Sterne, Laurence, 803 (ca)

subnatural, 303 (m)

sufrimiento, 213, 214, 229, 274 (cd), 408 (m), 514 (gd), 559, 563, 573, 574-75, 624-44 (pd); animal, 654-64 (pd); autotortura, 642, 642 n. 1 (pd); bondad divina y el, 583, 584-96 (pd); enfermedad, 625 n. 1 (pd); heroísmo y, 674 (pd); pena, 679-717 (po), 804-5, 856, 874-75, 884-85, 886-87 (ff); seis proposiciones sobre, 639-44 (pd)

sumisión o entrega (a Dios), 163-65, 186 (mc), 208, 229-31, 253 (cd), 490 (gd), 625, 641-42, 645 (pd), 681-82 (po); «son más altos cuando se inclinan», 870 (ca)

superhombre, 861 (ca)

superstición, 279 (cd)

Swedenborg, Emanuel, 555 (gd)

Symbolism and Belief (Bevan), 358, 361 (m), 652 (pd)

Tácito, 521 (gd), 826 (ca)

Tántalo, 508 (gd)

Tao , el, 731, 732-49, 754, 755-56, 760, 761, 763 (ah); Deberes hacia los hijos y la descendencia, 769 (ah); Deberes con los padres, ancianos y antepasados, 768-69 (ah); Ley de benevolencia general, 766-67 (ah); Ley de la benevolencia especial, 767-68 (ah); Ley de la buena fe y la veracidad, 770-71 (ah); Ley de la justicia, 769-70 (ah); Ley de la Magnanimidad, 771-73 (ah); Ley de la misericordia, 771 (ah)

Taylor, Jeremy, 513 (gd)

Teísmo, 313 (m), 578, 595 (pd), 747-48 (ah)

temperamento, 112, 161-62, 174-76 (mc), 220, 241-43 (cd)

templanza, 74 (mc)

Tennyson, Alfred Lord, 822, 877-78 (ca)

tentación, 122, 125 (mc), 220, 226-28, 231, 253, 279 (cd), 606, 617 (pd), 819, 852, 855, 864 (ca)

teodicea, 794 (ca)

teología, 132-33, 136, 138 (mc), 793, 794 (ca)

Teosofía, 373 (m)

tiempo, el, 215 (cd); «antes de todos los mundos», 134, 154-55 (mc); cambio y, 265 (cd); Dios y, 143-44 (mc), 271-73 (cd), 462-64 (m); eterno, 534, 552 (gd); futuro, 235, 236, 267 (cd); muertos y, 689-91 (po); Naturaleza y, 462-64 (m); pasado, 235 (cd); presente, 235-36 (cd), 534-35 (gd); valor de, 220 (cd);

tierra, 474 (gd)

Tolstoi, León, 866-67 (ca)

Totalitarismo, 155 (mc)

Traherne, Thomas, 730 (ah)

transfiguración, 442, 446 (m)

transformación, 180 (mc), 258 (cd);